제2판 수정증보판

# 근로기준법 주해

# Ⅱ

노동법실무연구회

박영사

# 발 간 사(제 2 판 수정증보판)

근로기준법 주해 제2판이 출판된 지도 벌써 5년이 지났습니다. 그 사이에 근로기준법 등 개별적 근로관계에 관한 법령이 수차례 개정되었고 주목할 만한 판례도 많이 선고되었습니다.

먼저 근로기준법이 타법 개정으로 인한 것을 제외하고도 5차례 개정되었습니다(2020. 3. 31. 법률 제17185호, 2021. 1. 5. 법률 제17862호, 2021. 4. 13. 법률 제18037호, 2021. 5. 18. 법률 제18176호, 2024. 10. 22. 법률 제20520호). 계속근로기간이 1년 미만인 근로자의 연차 유급휴가 사용 촉진을 위한 규정 등이 신설되었고, 단위기간이 3개월을 초과하고 6개월 이내인 탄력적 근로시간제가 신설되었으며, 직장 내 괴롭힘 금지제도와 관련하여 사용자에 대하여 객관적 조사 의무를 부여하고 사용자가 직장 내 괴롭힘을 한 경우 과태료를 부과하는 규정이 신설되었습니다. 부당해고 시 원직복직이 불가능한 경우에도 부당해고 구제절차를 통하여 금전보상을 받을 수 있는 근거가 마련되고 구제명령 불이행에 대한 이행강제금의 한도가 상향되었으며, 임신 중인 여성 근로자의 업무 시작 및 종료 시각의 변경 신청이 허용되었습니다. 미지급 임금에 대한 지연이자 지급의 적용 범위가 재직 중인 근로자까지 확대되었으며, 상습적인 체불사업주에 대한 제재조치를 확대·강화하기 위한 근거 등이 마련되었습니다. 근로기준법 개정에 발맞춰 남녀고용평등법, 근로자퇴직급여 보장법, 임금채권보장법 등 개별적 근로관계에 관한 법령도 개정되었습니다.

다음으로 여러 전원합의체 판결이 선고되어 해당 쟁점에 관한 법적 규율의 기준을 새롭게 세웠습니다. 대법원 2020. 1. 22. 선고 2015다73067 전원합의체 판결은 기준근로시간을 초과하는 약정 근로시간에 대한 임금으로서 월급 형태로 지급되는 고정수당을 시간급 통상임금으로 환산하는 경우, 특별한 정함이 없는 한 근로자가 실제로 근로를 제공하기로 약정한 시간 수 자체를 합산하여야 하는 것이지, 가산수당 산정을 위한 '가산율'을 고려한 연장근로시간 수와 야간근로시간 수를 합산할 것은 아니라고 하였습니다. 대법원 2020. 2. 20. 선고 2019두52386 전원합의체 판결은 근로자가 부당해고 구제신청을 하여 해고의 효력을 다투던 중 정년에 이르거나 근로계약기간이 만료하는 등의 사유로 원직에 복직하는 것이 불가능하게 되었으나 해고기간 중의 임금 상당액을 지급받을 필요가 있는 경우, 구제신청을 기각한 중앙노동위원회의 재심판정을 다툴 소의 이익이 있다고 보았습니다. 대법원 2023. 5. 11. 선고 2017다35588, 35595 전원합의체 판결은 사용자가 취업규칙을 근로자에게 불리하게 변경하면서 근로자의 집단적 의사결정방법에 따른 동의를 받지 못한 경우, 노동조합이나 근로자들이 집단적 동의권을 남용하였다고 볼 만한 특별한 사정이 없는 한 해당 취업규칙의 작성 또는 변경에 사회통념상 합리성이 있다는 이유만으로 그 유효성을 인정할 수는 없다고 하여 종전 판례의 이른바 '사회통념상 합리성 법리'를 폐기하였습니다. 대법원 2024. 12. 19. 선고 2020다247190 전원합의체 판결은 통상임금의 개념을 새로이 정립하여 종전 판례가 제시한 고정성 개념을 통상임금의 개념적 징표에서 제외하였습니다.

위 전원합의체 판결들 이외에도 플랫폼 종사자의 근로자성 판단 기준에 관한 판결, 전속적 지입차주의 근로자성에 관한 판결 등 근로기준법상 근로자 해당 여부에 관한 판결들, 임금인상 소급분을 통상임금에 해당한다고 본 판결, 파견과 도급의 구별에 관한 판결, 파견근로자였다가 직접 고용된 근로자에게 적용할 근로조건에 관한 판결, 정년유지형 임금피크제를 연령차별로 무효로 본 판결, 정년 후 재고용 기대권·용역업체 변경에 따른 고용승계 기대권·정규직 전환 채용 기대권 등 기대권에 관한 판결, 대학 시간강사의 소정근로시간에 관한 판결, 근무성적이나 근무능력 부진을 이유로 한 통상해고에 관한 판결, 정리해고 후 재고용의무 위반에 따른 손해배상책임에 관한 판결, 취업규칙이나 근로계약에 임금 공제의 근거를 마련한 경우 그 효력에 관한 판결, 대기시간·휴식시간·교육시간의 근로시간 해당 여부에 관한 판결, 1주간 연장근로 한도 초과 여부의 판단 기준에 관한 판결, 휴일 해당 여부에 관한 판결, 연차휴가 미사용수당 청구권의 소멸시효와 기산점에 관한 판결, 근로자의 작업중지권에 관한 판결, 사업주의 육아기 근로자에 대한 일·가정 양립을 위한 배려의무 위반 여부와 판단 기준에 관한 판결, 육아휴직을 마친 근로자에 대한 인사발령의 적법성에 관한 판결 등이 있었습니다.

이번 근로기준법 주해 제2판 수정증보판에서는 2024. 12. 31.까지 개정된 법률과 선고된 판례를 반영하였습니다. 다만, 제2판 출판 이후에 발간된 문헌의 경우 일부를 제외하고는 반영하지 못하였는데, 이에 관하여는 제3판에서의 반영을 기약해봅니다.

대법원 노동법실무연구회는 근로기준법 주해 제2판을 펴낸 이후 2023. 2.에 노동조합 및 노동관계조정법 주해 제2판을 펴낸 바 있습니다. 그에 이어서 근로기준법 주해 제2판 수정증보판 작업에도 함께해주신 집필자와 편집위원들께 진심으로 깊이 감사드립니다. 그리고 계속해서 이 책의 출판을 맡아준 박영사 관계자 여러분께도 감사의 말씀을 드립니다.

이 책이 개별적 근로관계에서 인간의 존엄성이 보장되어야 한다는 헌법의 구상이 실현되는 데 조금이나마 보탬이 되기를 기원합니다.

감사합니다.

2025. 1.

공동편집대표

이 흥 구

# 발 간 사(제 2 판)

대법원 노동법실무연구회(이하 '노실연'이라 약칭)가 초대 회장이신 김지형 전 대법관님의 주도 하에 2010년 9월 15일 근로기준법 주해 초판을 펴낸 뒤 강산이 변하기에 족한 세월인 10년이 흘렀습니다. 그동안 개별 근로관계 분야에는 상당한 변화와 발전이 있었습니다.

먼저, 상대적으로 약자의 지위에 있는 근로자에 대한 실효적 보호를 위해 법률의 개정이 몇 차례 있었습니다. 2010. 5. 25. 법률 제10319호로 개정되어 2012. 1. 1.부터 시행된 근로기준법(제15차 개정)은 사용자의 근로조건 명시 및 서면 교부의무를 강화하였습니다. 이러한 입법취지에 따라 판례는 포괄임금제를 제한해 왔습니다. 2012. 2. 1. 법률 제11270호로 개정된 근로기준법(제16차 개정)은 악의적이고 상습적인 임금체불 사업주에 대한 명단공개를 통해 임금체불을 예방하고자 하였고, 도급사업 근로자의 임금채권 보호를 위해 상위 수급인의 책임을 강화하였으며, 근로자의 휴가사용 촉진제도도 개선하였습니다. 2019. 1. 15. 법률 제16270호로 개정된 현행 근로기준법(제21차 개정)과 개정 산업재해보상보험법, 개정 산업안전보건법 등은 직장 내 괴롭힘 금지 규정을 신설하였습니다.

다음으로, 많다고 할 수는 없지만 중요한 대법원 전원합의체 판결들이 있었습니다. 대법원 2013. 12. 18. 선고 2012다89399 전원합의체 판결은 통상임금의 의의와 요건을 구체화하고 신의칙 항변의 기준을 적시하였습니다. 아울러 재직조건 기타 고정성 요건이나 근로관계에 대한 신의칙 항변 적용의 타당성에 대하여 학계의 많은 논의와 사회적 관심을 촉발하였습니다. 대법원 2018. 6. 21. 선고 2011다112391 전원합의체 판결은 연장근로와 휴일근로의 중복 가산임금 지급에 관하여 법리를 밝혔습니다. 대법원 2019. 4. 18. 선고 2016다2451 전원합의체 판결은 소정근로시간만을 단축하는 택시회사 노사 합의를 최저임금법을 잠탈하는 탈법행위로 규제하였습니다. 대법원 2019. 8. 22. 선고 2016다48785 전원합의체 판결은 선택적 복지제도에 기초한 복지포인트의 임금성 여부를 판단하였습니다.

그리고 전원합의체 판결 외에도 노동법 분야에 큰 영향을 미친 판례들이 많이 있었습니다. 근로기준법상 근로자성을 보다 확대한 판결들, 불법파견 법리를 정립하고 사용자성을 확대하여 간접고용 근로자의 보호를 도모한 판결들, 기간제근로자의 갱신기대권 법리와 정규직 전환기대권 법리 등을 통해 기간제근로자의 보호를 강화한 판결들, 유리 조건 우선 원칙에 따라 근로자에게 유리한 근로계약이 집단적 동의를 받은 취업규칙보다 앞선다는 것을 밝힘으로써 근로조건은 동등하고 자유롭게 결정되어야 한다는 법리를 확인한 판결 등을 꼽을 수 있습니다.

노실연은 위와 같은 법률 및 판례의 변화·발전과 고용관계의 다양화, 산업·노동환경의 변화를 둘러싸고 발생한 새로운 노동법 쟁점들에 대한 학계와 현장의 목소리를 노동법 실무에 반영하기 위해 노력해왔습니다. 노실연은 2015. 4. 1. 노동조합 및 노동관계조정법 주해를 출간한 데 이어 2015. 10.경 근로기준법 주해 개정 준비작업 착수를 의결하고 2017. 7.부터 본격적인 개정 작업을 진행하였습니다. 근로기준법 주해 초판 집필에 동참한 22명의 필진에 새로이 22명의 필진이 힘을 보태었습니다. 초판의 조문과 주제에 대한 해설 이외에 직장 내 괴롭힘 금지 등 신설 조문에 대한 해설을 새롭게 마련하였고, '사직, 합의해지 등', '정년제', '인사이동', '교원에 대한 불이익처분과 구제절차', '최저임금법', '도산절차와 근로관계', '남녀고용평등법상 모성보호 및 일·가정의 양립 지원' 등 새로운 주제에 대한 해설을 추가하였습니다. 각 조문, 주제의 집필자가 초고를 작성한 후에 노실연 발표와 편집위원회 독회 등을 통해 많은 토론과 수정 작업을 거쳐 최종 원고가 완성되었습니다. 2년 6개월 정도의 노력 끝에 제 2 판을 출판하게 되었습니다.

제 2 판 작업에도 함께 해주신 김지형 초대 회장님, 노동법을 사랑하고 올바른 노사관계를 고민하는 판사, 변호사, 교수로 구성된 집필진과 권창영, 김민기, 김진, 김진석, 도재형, 신권철, 최은배 편집위원, 김희수, 마은혁, 임상민 편집위원 겸 간사, 그리고 노실연 세미나에서 제 2 판 원고가 발표되고 치열하게 논의되도록 도와 준 대법원 근로조 재판연구관들, 제 2 판 원고의 교정 작업에 동참해 준 법원 노동법분야연구회 회원들의 희생적인 노고가 있었기에 제 2 판의 출판이 가능했습니다. 진심으로 깊이 감사드립니다. 그리고 초판에 이어 또 다시 이 책의 출판을 맡아준 박영사 관계자 여러분께도 감사의 말씀을 드립니다.

우리는 구성원 모두가 인간으로서의 존엄과 가치를 존중하고 행복하게 살아갈 수 있는 사회를 바랍니다. 우리 사회 구성원의 절대 다수를 차지하고 재화와 용역의 직접 생산자인 근로자들이 차별받지 않고 정당하게 대우받는 것이 그러한 사회의 출발점이 될 것입니다. 이 책이 노동이 존중받고 노사가 화합하며 사각지대에 있는 근로자가 보호받아 좀 더 아름답고 살기 좋은 사회를 이루는 데 한 점 보탬이 되기를 희망합니다. 부족한 점이 있겠지만, 노동법에 대한 사랑과 고민이 여기저기에 묻어 있습니다. 독자 여러분께서 따가운 질책과 더불어 부드러운 격려도 함께 해 주시기를 간곡히 부탁드립니다.

감사합니다.

2020. 1.
공동편집대표
김 선 수

# 제 2 판 펴냄에 즈음하여

현대 노동법의 아버지라고 불리는 후고 진쯔하이머(Hugo Sinzheimer, 1875~1945)는 그의 저서 『노동법 원리』(Grundzüge des Arbeitsrechts)에서 노동법학의 궁극적 과제를 **"종속노동(abhängige Arbeit)에 의존하는 인간의 지위를 사회구조 전체 안에서 어떻게 결정할 것인가"**로 집약했습니다. 그는 '노동 법령과 문헌·판례가 이러한 과제를 해결할 것'으로 희망했습니다. 오늘날 우리는 과연 이러한 과제에 얼마나 가까이 다가갔을까요.

돌아보면 2010년에 이 주해서의 초판이 나왔습니다. 늦었지만 우리 노동법 분야에서 최초로 선보인 주석서인 데다가 실무가들 중심으로 집필한 것이어서 처음 발간 당시의 기억과 감회가 지금도 새롭습니다. 그로부터 딱 10년이 지나 이번 제 2 판이 나왔습니다. 그사이 변모한 우리 노동 법령과 문헌·판례가 개정 작업을 떠밀었습니다.

개인적으로도 10년의 틈새에 여러 일이 있었습니다. 법복의 무게를 벗고 얼마 되지 않아 노동법연구소 해밀을 창립하였습니다. "노동의 문제가 있는 곳에 노동법이 진정한 해답이 되어야 한다"는 것이 '해밀'의 설립 목적이었습니다. 창립 7주년을 넘긴 것만으로도 스스로 대견합니다. 그동안 '삼성전자 반도체 및 LCD 사업장에서의 백혈병 등 희귀질환 발병을 둘러싼 문제해결을 위한 조정위원회', '구의역 사고 진상조사위원회'에 이어 최근의 '고 김용균 사망사고 진상규명과 재발방지를 위한 석탄화력발전소 특별노동안전조사위원회'에 이르기까지 노동 관련 사회적 의제를 다루는 논의기구에도 참여하였습니다. 성과는 불문으로 하고, 노동문제에 대한 사회적 논의의 장(場)이 마련되었다는 것, 노동현장의 문제를 곧바로 직접 다루었다는 것, 노동을 '상품이 아닌 인격'으로 바라볼 수 있는 사회적 경험의 축적이 시작되었다는 것, 이런 것들에서 엿볼 수 있는 의미가 없지는 않았다고 봅니다. 하지만 '노동이 자본과 상생하고 공존하는 해법'을 찾아내는 것은 결코 쉬운 일이 아닙니다. 애써 그 여정을 떠난 노동법이 앞으로도 걸어가야 할 길은 아직도 한참 멀구나 하는 생각을 지우기 어렵습니다. 이러한 생각은 "노동법을 어떻게 공부하고, 무엇을 노동법이라고 말할 것인가"라는 고민으로 직결됩니다.

그사이 많은 노동법 연구자들도 비슷한 고심을 해왔을 것으로 짐작합니다. 예를 들어, 도재형 교수는 2016년에 펴낸 『노동법의 회생』에서 노동법의 미래 과제를 짚어 주었습니다. 1990년대 이후 신자유주의적 구조조정 정책이 추진되면서 우리 노동법이 겪은 위기, 2000년대 중반 이후 노동법이 회생을 모색해 나간 과정 등을 서술하면서, 노동법이 앞으로 해결해야 할 과제가 무엇인지를 차분히 밝히고 있습니다. 서울대학교 고용복지법센터 이철수 교수가 2017년에 편저자로 펴낸 『전환기의 노동과제』도 눈여겨볼 만합니다. 노동법학 · 노동경제학 · 노사관계학 · 사회복지학 · 경영학 등 다양한 분야의 연구자들이 거시적인 관점의 노동현안과 아울러 법 개정 또는 정책적 개선이 필요한 노동과제 각론에 대해 문제점과 원인을 심층 분석 · 진단하고 해법이나 대안을 제시하려고 했습니다. 일일이 거명하지 못해 송구하지만, 대법원 노동법실무연구회를 비롯하여 한국노동법학회, 서울대학교 노동법연구회, 노동법이론실무학회, 한국노동연구원, 노동법연구소 해밀 등에 속한 수많은 실무가와 학자들이 꾸준히 노동법 연구에 진력해 왔습니다.

2020년의 이번 제 2 판 역시, 이렇게 다양한 경로로 축적되고 있는 노동법의 연구결과 및 논의들과 더불어, 노동법 관련 세부 이슈와 쟁점들에 대해 이해의 폭을 넓히고, 노동법이 장차 해결해야 할 과제들에 대해 문제의식을 공유하는 데 일조를 할 것입니다.

이 주해서 초판이 출간된 바로 같은 해에 경제평론가 아나톨 칼레츠키(Anatole Kaletsky, 1952~)가 저술한 『자본주의 4.0』이 나와 세계적인 주목을 받았습니다. 칼레츠키는 이 책에서 자본주의의 원년을 1776년으로 잡았습니다. 애덤 스미스(Adam Smith, 1723~1790)의 『국부론』이 출간된 해입니다. 이렇게 시작된 자본주의 경제 패러다임은 1930년경까지 1.0 버전의 자유방임주의, 1930년경부터 1980년경까지 2.0 버전의 수정자본주의를 거쳐, 1980년 이후 이른바 3.0 버전의 신자유주의로 이어졌으나, 2008년 맞이한 세계적인 금융위기를 계기로 4.0

버전으로 전환되었다고 진단합니다.

칼레츠키에 의하면 3.0 버전의 신자유주의에서는 정치와 경제가 분리되어 시장이 경제를 주도하였다고 합니다. 그러나 4.0 버전에서 정치와 경제는 분리될 수 없으며 정부와 시장이 상호의존적인 관계로 결속되어야 한다고 주장합니다. 노동법의 역할도 3.0 버전과 4.0 버전에서 서로 다를 것입니다. 칼레츠키의 이러한 견해에 비추어 본다면, 3.0 버전에서 4.0 버전으로 막 전환되던 무렵에 나온 초판과 비교하여 온전히 4.0 버전으로 바뀐 뒤에 나온 이 제 2 판에서 달라진 노동법의 변곡점을 읽어내는 것도 흥미로울 듯합니다.

물론 우리 노동법은 앞으로 더 많은 진화가 필요합니다. 따라서 이 제 2 판에도 불구하고 여전히 남겨져 있는 부분은 향후 제 3 판, 제 4 판 등에 담아내는 노력이 계속되어야 할 것입니다.

앞서 이미 말씀드렸듯이, 우리가 노동법학의 궁극적 과제에 얼마나 가까이 다가갔는지는 선뜻 답을 내놓기 어렵습니다. 그러나 적어도 이것 하나만은 분명합니다. 대법원 노동법실무연구회가 이 주해서 초판과 이어진 이번 제 2 판 발간 작업에 공을 들인 것은 우리에게 주어진 위 궁극의 과제를 해결하기 위한 작지만 한 걸음이고 결실이라는 점입니다.

그 길을 연구회의 역대 회장을 역임해 주신 김용덕 · 조희대 · 조재연 전 · 현 대법관님들과 현 회장이신 김선수 대법관님이 앞장서 이끌어 주셨습니다. 당연히 이 제 2 판 집필 작업에 헌신적으로 참여해 주신 분들이 계시지 않았다면 이 책은 세상에 나올 수 없었습니다. 집필진 44명 한분 한분의 성함은 본문에서 확인하는 것이 좋겠다고 판단해 여기서 거명하는 것은 과감히 줄이겠습니다. 나아가 편집위원들의 공로도 결코 빼놓을 수 없습니다. 김민기 · 김진석 고등법원 고법판사, 권창영 · 김진 · 최은배 변호사, 도재형 · 신권철 법학전문대학원 교수와 함께 편집위원회 간사인 마은혁 지방법원 부장판사, 김희수 · 임상민 재판연구관이 거칠고 힘든 편집작업에 정성을 다해 주었습니다. 특히 편집위원회 간사 마은혁 부장판사의 선한 의지, 성실한 추진력, 착한 열정은 자칫 더딜 수도 있는 발간 작업을 힘있게 견인해 주었습니다. 각별한 고마움을 표합니다. 그리고 막판 원고 교정 작업에 힘을 보태준 법원 노동법분야연구회 회원 여러분의 노고에도 치하의 말씀을 드립니다. 끝으로 초판에 이어 제 2 판 발간을 맡아준 박영사 관계자분들에게도 깊이 감사드립니다.

출산에는 산고(産苦)가 동반합니다. 하지만 출산은 축복입니다. 산고를 잊고 기쁨을 같이하게 합니다. 이 제 2 판 출간 역시 마찬가지입니다. 출간과 더불어 출간 때까지의 고통을 잊고 연구회 회원 모두, 그리고 이 책을 펼쳐 들 독자 여러분들과 기쁨을 같이 나누려 합니다. 출산과 동시에 갓난애가 산모인 엄마의 몸을 나와 세상을 마주하듯이, 이 책 역시 출간이 완료되는 순간부터는 연구회의 손을 떠나 이 책을 펴드는 독자 여러분들을 마주하게 됩니다. 그것은 새로운 소통의 시작입니다. 모쪼록 이 제 2 판 발간을 계기로 '노동이란 무엇인가', '노동법은 무엇이어야 하는가'에 대한 물밑 토론을 독자 여러분과 계속 이어가길 소망합니다.

감사합니다.

2020년 1월 31일

공동편집대표

김 지 형

# 책 펴냄에 즈음하여(초판)

## 법(法) 안에서 법을 묻다

법을 하는 사람들에게, 법은 언젠가 도달하여야 할 목표이다. 적어도 처음 시작할 때의 생각은 그러하였다. 넘어야 할 산(山)이었다. 시선은 저 높이 산봉우리부터 향하였고, 떠나기에 앞서 신발 끈을 질끈 동여매었다. 노동법이라고 다를 바 뭐 있으랴.

하지만 산(山)은 그런 치기(稚氣)를 받아주지 않았다. 그러기엔 너무 크고 끝이 없었다. 그래서 서서히 깨달을 수 있었다. 법은 극복해야 할 대상이 아니다. 정복해야 할 상대가 아니다. 정상(頂上)에서 만날 수 있는 그 무엇이 아니다.

그런 깨우침의 시간 속에서 많은 이들을 만날 수 있었다. 산길을 걸으면서 서로가 서로에게 물었다. 그래서 '길 위에서 길을 묻다'고 하였던가, '산속에서 산을 묻다'고 하였던가.

깊은 산속 옹달샘에서 솟아나는 샘물 한 모금으로 목마름을 달래본 적이 있는 이는 알 일이다. 문답을 나누는 것은 그것만으로 단맛 나는 즐거움이었다. 한번쯤 그런 이야기들을 남겨두어야겠다는 욕심이 들 법도 하지 않겠는가. 누구라도 산길에서 만날 수 있는 조그마한 이정표라도 세워둔다면 나쁘지 않을 것이다. 처음 산을 오를 때 산봉우리를 향했던 시선은 잠시 거두어도 좋지 않겠는가.

그러나 우리 모두는 잘 알고 있다. 아직 가야 할 길은 멀고 먼 길이다. 계속해서 그 길을 걷는 것을 멈추지 않을 것이다. 하지만 조급해 하지도 않을 것이다. 누군가의 말처럼, 빨리 가려면 혼자 갈 것이지만, 멀리 가려면 함께 가야 한다. 이 산에 이렇게 함께 갈 많은 이들이 있으니, 두려움도 없고 망설임도 없다. 그저 고맙고 든든하며 한없이 여유로울 뿐이다.

## 빛과 그리고 그림자

이 책이 드디어 세상에 빛을 보게 되었습니다. 책을 펴냄에 즈음하여 이 글을 쓰고 있는 이 순간, 기쁨에 넘쳐 주절주절 떠오르는 단상(斷想)부터 생각나는 대로 적어보았습니다.

내가 행복해야 세상이 행복한 것이 아니라 세상이 행복하여야 내가 행복할 수 있다고 믿는 사람들, 우리가 살고 있는 세상이 좀 더 아름다워질 수 있다고 믿는 사람들, 그런 법률가들이 만났습니다.

그 때가 2005년 여름쯤인 것으로 기억합니다. “세상을 경륜하고 백성에게 혜택을 베풀어주는 학문을 하라”는 다산(茶山)의 가르침에 공감하여 『노동법실무연구회』를 창립하였습니다.

“노동법에 관심 있는 법관이나 변호사 등 실무가들이 한데 모여 마음껏 이야기할 수 있는 공간이 있으면 좋겠다”는 바람에서 출발하였는데, 20명가량의 법관과 15명가량의 변호사들이 뜻을 같이 해 주었습니다.

“노동법에 관한 실무적 연구 성과를 통해 뭔가 우리 사회에 기여할 수 있는 길은 없는지 찾아보자”, “실무가들은 비교적 노동사건을 생생하게 접할 수 있는 위치에 있기에 실무가들끼리 현장감 있는 이야기를 나누어보면 좀 더 실제적이고 유익한 토론이 될 수 있겠다”는 등등, 많은 이야기 끝에 연구회의 활동을 하나로 집약할 수 있는 일차적인 목표로 근로기준법을 비롯한 노동법 주석서의 발간을 추진하기로 하였습니다.

연구회는 이후 대법원 산하 연구회로 공식 편성되었고 2006년 3월경부터 월례모임으로 본격적인 세미나를 가졌습니다. 집필자로 선정된 회원은 집필한 원고를 발제하고, 집필자마다 2명의 지정토론자를 두어 송곳처럼 날카로운 지적과 찬반토론을 주도하게 하였으며, 세미나에 참석한 회원 전원이 자유토론을 이어가게 함으로써 충실하고 물샐 틈 없는 논의가 이루어질 수 있도록 하였습니다.

2007년 12월까지 근로기준법 분야에 관한 발제를 마쳤습니다. 그 사이 편집위원회가 구성되어, 근로기준법 주석서 집필의 방향, 집필의 방식 및 체제의 통일 등에 관하여 논의하였습니다.

집필진에서는 이 책을 이렇게 써보겠다고 마음먹었습니다.

무엇보다 이 책은 법조문을 순서대로 따라가면서 그 법조문이 담고 있는 의미를 세밀하게 풀어쓴 '주석서'입니다. 따라서 우리 법조문의 해석론을 중심으로 서술함을 원칙으로 하였습니다. 해당 법조문의 연혁이나 비교법적 검토 등은 대부분 생략하였습니다. 다만, 외국에서 우리나라와 동일한 쟁점에 관하여 논의가 있는 경우에 한하여 이를 간략하게 소개하되, 이 때에도 외국의 법규정과 우리나라 법규정을 비교하여 외국에서의 논의가 그대로 우리 법상 해석론으로 적용될 수 있는지를 검토하는 정도에 그치는 것으로 하였습니다. 아울러 쟁점에 대한 깊은 연구와 그에 대한 집필자의 주관적 견해를 제시하기보다는, 다양하고 광범위한 쟁점의 발굴과 이에 대한 해석론이나 판례를 풍부하게 제시하는 데 비중을 두고 집필자의 개인적 견해는 간략하게 언급하고자 하였습니다.

이 책은 실무가들이 실무적 관점에서 쓴 '실무서'입니다. 학문적 연구 성과를 제공하는 것을 주된 목적으로 하는 이론서와는 구분될 수 있습니다. 따라서 실무적 해결에 도움을 줄 수 있는, 유용하고 품위 있는 법률정보의 제공을 목적으로 하였습니다. 해당 법조문의 모든 쟁점에 관하여 빠짐없이 서술하고, 경우에 따라서 구체적인 실무 현황에 관하여도 언급하려고 한 것은 바로 이런 연유에서입니다. 또한 우리 판례는 중요 하급심 판결을 포함하여 가능한 한 모두 수록함을 원칙으로 하되, 판례는 선고일자 및 사건번호를 기재하여 특정하고 본문 중에는 그 요지만을 기술하였습니다. 나아가 관련 판례에 대한 평석이 있는 경우 매우 중요한 몇몇 판례를 제외하고는 평석의 요지만을 설명하고, 각주에서 그 평석의 출처를 표시함으로써 그 상세한 내용을 확인할 수 있도록 하였습니다.

이 책은 이론서는 아니지만 '학술서'로서의 성격도 함께 갖추려고 하였습니다. 학술적 연구자료로서 가치를 가질 수 있도록 하기 위하여, 참고문헌을 최대한 광범위하게 인용하려고 하였습니다. 다만, 본문 중에 이를 일일이 열거하는 것보다는 해당 법조문 첫머리에 일괄하여 예시하고, 본문 중에는 저자와 면수만을 인용하는 방식을 택하였습니다. 한편 학설 및 판례는 국내의 것을 우선 소개하고 경우에 따라 일본 등 외국의 것을 보충하였습니다.

마지막으로 이 책은 동시에 '실용서'로서 기능하여야 한다고 생각하였습니다. 노동법이라는 전문분야를 다루기는 하지만 법률전문가뿐만 아니라 일반 노동실무가들에게도 접근이 가능하여야 하고, 따라서 될 수 있는 한 쉬운 문체로 서술하려고 하였습니다.

빛이 비추어지는 모든 것에는 반드시 그림자가 따릅니다. 이 책이 빛을 볼 수 있었던 것은 두말할 나위 없이 집필진을 포함한 연구회 회원들의 보이지 않는 땀과 열정이 있었기에 가능한 일이었습니다.

우리 모두에게는 갈증이 있었습니다. 노동법과의 인연을 공유하면서도 부족한 그 무엇을 채워야만 했습니다. 이 책은 한두 사람이 아닌 우리 모두의 힘으로 만든 것입니다. 그래서 우리에게 마르지 않는 샘이 되어 줄 것입니다. 처음 시작해서 5년여에 이르기까지 우리 모두 한결같이 함께 할 수 있었기에, 우리는 오늘 더욱 행복할 수 있습니다.

## '삶의 본질은 온기이다'

노동의 역사는 길지만, 노동법의 역사는 짧습니다. 노동법은 더욱 성장할 것이고, 또 성장하여야만 합니다. 노동법은 이제 더 이상 주변에 머물러 있는 법 영역이 아닙니다. 노동문제는 다름 아닌 인간의 문제입니다. 노동법은 서로 대립하고 상충할 수 있는 인간관계의 가장 본질적이고 중요한 문제를 다룹니다. 현재뿐만 아니라 미래의 우리 삶을 결정지을 수 있는 법 분야입니다. 그러기에 노동법에 관하여 우리 사회는 갈수록 어려운 여러 가지 숙제를 던져주고 있습니다. 개별 노동법규의 해석의 문제는 물론이고, 새로운 노동법제의 패러다임을 모색해야 하는 입법의 문제, 실체법의 문제뿐만 아니라 절차법의 문제에 이르기까지 숱한 난제들이 쌓여 있습니다. 이 책에서 다루어지고 있는 근로기준법은 그러한 노동법의 문제들 중 가장 기초적인 분야의 하나입니다. 집필에 관여한 우리 모두는 적지만 있는 힘을 다해 진지하게 고민하고 논의한 결과물을 이 책 속에 담아보려고 노력하였습니다.

그러나 우리는 이 책이 '완성'이라고는 결코 말하지 않습니다. 앞으로도 더 많은 '과정'이 남아 있음을 예감합니다. 누군가 '삶의 본질은 온기이다'라고 말한 것을 기억합니다. 아직 크게 부족하지만 서둘러 이 책을 선보이는 것은, 이 책에서 집필자들과 그 밖에 관계한 모든 분들의 순수한 온기가 느껴지기를 바라는 욕심 때문이라고 이해해 주시길 바랄 뿐입니다.

근로기준법에서 무엇을 어떻게 읽을 것인가, 그것은 이제 이 책을 펴 드시는 분들의 몫일 것입니다. 질정을 달게 기다리겠습니다.

앞으로도 우리 연구회는 처음 시작했을 때와 마찬가지로 정기적인 학술모임을 거듭하면서 많은 이야기를 나누고 노동법에 관한 유익한 경험을 쌓아갈 것입니다. 스스로의 부족함을 잘 알고 있기에 그 부족함을 채울 수 있다는 약속도 드릴 수 있습니다.

끝으로 이 책의 출판을 맡아준 박영사와 관계하신 직원 여러분에게도 감사를 전합니다.

고맙습니다.

2010년 8월 31일

編輯代表

金 知 衡

# 편집위원회(제 2 판 수정증보판)

편집대표

김선수[전 대법관, 사법연수원 석좌교수]
김지형[전 대법관, 변호사, 법무법인(유한) 지평]
이흥구[대법관, 노동법실무연구회 회장]

편집위원

권오성[연세대학교 법학전문대학원 교수]
권창영[변호사, 법무법인(유한) 지평]
김민기[수원고등법원 고법판사]
김　진[변호사, 법무법인 지향]
김진석[대전고등법원 청주재판부 고법판사]
도재형[이화여자대학교 법학전문대학원 교수]
신권철[서울시립대학교 법학전문대학원 교수]
최은배[변호사, 법무법인 엘케이비앤파트너스]

편집위원 겸 간사

김영진[변호사, 법무법인(유한) 광장]
김희수[의정부지방법원 고양지원 부장판사]
마은혁[헌법재판관]
박가현[광주지방법원 순천지원 부장판사]
성준규[서울서부지방법원 판사]
여연심[변호사, 법무법인 지향]
유동균[서울고등법원 고법판사]
이명철[변호사, 법무법인(유한) 율촌]
이병희[서울고등법원 고법판사]
임상민[부산고등법원 고법판사]
최윤정[창원지방법원 부장판사]

(이상, 가나다 순)

# 집 필 자(제 2 판 수정증보판)


강문대[변호사, 법무법인 서교]
고종완[대구지방법원 부장판사]
구민경[창원지방법원 부장판사]
권두섭[변호사, 법무법인 여는]
권창영[변호사, 법무법인(유한) 지평]
권혁중[서울고등법원 부장판사]
김민기[수원고등법원 고법판사]
김선일[변호사, 김·장 법률사무소]
김성수[변호사, 법무법인(유한) 태평양]
김용신[광주지방법원 부장판사]
김 진[변호사, 법무법인 지향]
김진석[대전고등법원 청주재판부 고법판사]
김태욱[변호사, 법무법인 여는]
김흥준[전 부산고등법원장]
김희수[의정부지방법원 고양지원 부장판사]
도재형[이화여자대학교 법학전문대학원 교수]
마은혁[헌법재판관]
민중기[변호사, 법률사무소 이작]
박상훈[변호사, 법무법인(유한) 화우]
성준규[서울서부지방법원 판사]
신권철[서울시립대학교 법학전문대학원 교수]
여연심[변호사, 법무법인 지향]
오승이[대구지방법원 김천지원 부장판사]
유동균[서울고등법원 고법판사]
이명철[변호사, 법무법인(유한) 율촌]

이미선[헌법재판관]
이병희[서울고등법원 고법판사]
이상훈[변호사, 법무법인(유한) 광장]
이용구[전 법무부차관]
이정아[대법원 재판연구관]
이정한[변호사, 법무법인(유한) 태평양]
이현석[변호사, 김 · 장 법률사무소]
이효은[서울남부지방법원 판사]
임상민[부산고등법원 고법판사]
임상은[서울중앙지방법원 판사]
임자운[변호사, 법률사무소 지담]
정재헌[변호사, 에스케이텔레콤 사장]
정지원[변호사, 법률사무소 정]
정진경[변호사]
진창수[변호사, 법무법인(유한) 광장]
차승환[서울중앙지방법원 부장판사]
최누림[서울중앙지방법원 부장판사]
최은배[변호사, 법무법인 엘케이비앤파트너스]
최정은[서울대학교 법학전문대학원 임상부교수]
홍준호[변호사, 김 · 장 법률사무소]

(이상, 가나다 순)

# 편집위원회(제 2 판)

# 집 필 자(제 2 판)

강문대[변호사, 청와대 사회조정비서관]
고종완[대구지방법원 의성지원 판사]
구민경[창원지방법원 부장판사]
권두섭[변호사, 민주노총 법률원]
권창영[변호사, 법무법인(유한) 지평]
권혁중[대전고등법원 부장판사]
김민기[서울고등법원 고법판사]
김선일[춘천지방법원 원주지원장]
김성수[변호사, 법무법인(유한) 태평양]
김용신[서울중앙지방법원 판사]
김　진[변호사, 법무법인 지향]
김진석[부산고등법원 창원재판부 고법판사]
김태욱[변호사, 민주노총 법률원]
김흥준[서울남부지방법원장]
김희수[대법원 재판연구관]
도재형[이화여자대학교 법학전문대학원 교수]
마은혁[서울중앙지방법원 부장판사]
민중기[서울중앙지방법원장]
박상훈[변호사, 법무법인(유한) 화우]
성준규[제주지방법원 판사]
신권철[서울시립대학교 법학전문대학원 교수]
여연심[대법원 재판연구관]
오승이[인천지방법원 판사]
유동균[법원행정처 정보화심의관]
이명철[대법원 재판연구관]

이미선[헌법재판관]
이병희[서울고등법원 고법판사]
이상훈[변호사, 법무법인(유한) 광장]
이용구[법무부 법무실장]
이정한[변호사, 법무법인(유한) 태평양]
이현석[대전지방법원 부장판사]
이효은[서울중앙지방법원 판사]
임상민[대법원 재판연구관]
임상은[서울서부지방법원 판사]
임자운[변호사, 법률사무소 지담]
정재헌[서울중앙지방법원 부장판사]
정지원[변호사]
정진경[변호사, 법무법인 정앤파트너스]
진창수[변호사, 법무법인(유한) 광장]
차승환[대전지방법원 부장판사]
최누림[대구지방법원 포항지원 부장판사]
최은배[변호사, 법무법인 엘케이비앤파트너스]
최정은[대법원 재판연구관]
홍준호[변호사, 김 · 장 법률사무소]

(이상, 가나다 순)

# 편집위원회(초판)

# 집 필 자(초판)

강문대(변호사, 법률사무소 로그)
구민경(부산지방법원 판사)
권두섭(변호사, 민주노총 법률원)
권창영(서울고등법원 판사)
김민기(대법원 재판연구관)
김성수(광주지방법원 순천지원 부장판사)
김 진(변호사, 법률사무소 이안)
김진석(서울고등법원 판사)
김흥준(수원지방법원 안산지원장)
김희수(창원지방법원 판사)
마은혁(서울가정법원 판사)
민중기(서울고등법원 부장판사)
박상훈(변호사, 법무법인 화우)
이병희(수원지방법원 판사)
이상훈(변호사, 법무법인 광장)
이용구(사법연수원 교수)
이정한(변호사, 법무법인 태평양)
정재헌(서울중앙지방법원 판사)
정지원(의정부지방법원 판사)
정진경(변호사, 법무법인 정세)
최은배(인천지방법원 부장판사)
홍준호(수원지방법원 성남지원 부장판사)

(이상, 가나다 순)

# 일러두기

이 책에 서술된 법률이론이나 견해는 집필자들이 소속된 기관의 공식 견해가 아님을 밝혀둔다.

## 1. 조　　문

법 2조 1항 1호←근로기준법 제2조 제1항 제1호

법 44조의2←근로기준법 제44조의2

영 10조 1항←근로기준법 시행령 제10조 제1항

## 2. 법령약어

### 가. 법　　률

| | |
|---|---|
| 건설근로자의 고용개선 등에 관한 법률 | 건설근로자법 |
| 경제사회노동위원회법 | 경사노위법 |
| 고용보험법 | 고보법 |
| 고용상 연령차별금지 및 고령자고용촉진에 관한 법률 | 고령자고용법 |
| 고용정책 기본법 | 고기법 |
| 공무원연금법 | 공연법 |
| 공무원의 노동조합 설립 및 운영 등에 관한 법률 | 공무원노조법 |
| 교원의 노동조합 설립 및 운영 등에 관한 법률 | 교원노조법 |
| 교육공무원법 | 교공법 |
| 국가공무원법 | 국공법 |
| 국민 평생 직업능력 개발법 | 평생직업능력법 |
| 국제노동기구헌장 | ILO 헌장 |
| 근로기준법 | 법 또는 근기법 |
| 근로복지기본법 | 근복법 |
| 근로자참여 및 협력증진에 관한 법률 | 근로자참여법 |

| | |
|---|---|
| 근로자퇴직급여 보장법 | 퇴직급여법 |
| 기간제 및 단시간근로자 보호 등에 관한 법률 | 기간제법 |
| 남녀고용평등과 일·가정 양립 지원에 관한 법률 | 남녀고용평등법 |
| 노동위원회법 | 노위법 |
| 노동조합 및 노동관계조정법 | 노조법 또는 노동조합법 |
| 민사소송법 | 민소법 |
| 민사조정법 | 민조법 |
| 민사집행법 | 민집법 |
| 산업안전보건법 | 산안법 |
| 산업재해보상보험법 | 산재법 또는 산재보험법 |
| 어선원 및 어선 재해보상보험법 | 어선원재해보험법 |
| 외국인근로자의 고용 등에 관한 법률 | 외국인고용법 |
| 임금채권보장법 | 임보법 |
| 장애인고용촉진 및 직업재활법 | 장애인고용법 |
| 장애인차별금지 및 권리구제 등에 관한 법률 | 장애인차별금지법 |
| 지방공무원법 | 지공법 |
| 직업교육훈련 촉진법 | 직업교육훈련법 |
| 직업안정법 | 직안법 |
| 진폐의 예방과 진폐근로자의 보호 등에 관한 법률 | 진폐예방법 |
| 채무자 회생 및 파산에 관한 법률 | 채무자회생법 |
| 청년고용촉진 특별법 | 청년고용법 |
| 최저임금법 | 최임법 또는 최저임금법 |
| 파견근로자 보호 등에 관한 법률 | 파견법 |
| 행정소송법 | 행소법 |
| 행정심판법 | 행심법 |

### 나. 시행령, 시행규칙 또는 예규

| | |
|---|---|
| 근로기준법 시행령 | 영 또는 근기법 시행령 |
| 근로기준법 시행규칙 | 규칙 또는 근기법 시행규칙 |
| 남녀고용평등 업무처리 규정 | 남녀고용평등규정 |
| 노동위원회규칙 | 노위규칙 |

## 3. 문헌약어

국내교과서 · 주석서, 일본교과서 · 주석서 등을 아래와 같이 저자명만으로 또는 서명 · 서명약어만으로 인용한다. 여기에 기재되지 아니한 참고문헌은 각 조에 대한 해설 첫머리의 참고문헌 모음에 표시하고, 참고문헌 모음에서 밑줄을 긋고 굵은 글씨로 표시한 저자명만으로 또는 서명 · 서명약어만으로 인용한다.

### 가. 국내교과서 · 주석서

김유성, 노동법 Ⅰ—개별적 근로관계법—, 법문사(2005) → 김유성

김유성, 노동법 Ⅱ—집단적 노사관계법—, 법문사(2001) → 김유성Ⅱ

김지형, 근로기준법 해설, 청림출판(2000) → 김지형

김형배, 노동법(제26판), 박영사(2018) → 김형배

노동법실무연구회, 근로기준법 주해 Ⅰ, 박영사(2010) → 근기법주해(초판) Ⅰ

노동법실무연구회, 근로기준법 주해 Ⅱ, 박영사(2010) → 근기법주해(초판) Ⅱ

노동법실무연구회, 근로기준법 주해 Ⅲ, 박영사(2010) → 근기법주해(초판) Ⅲ

노동법실무연구회, 노동조합 및 노동관계조정법 주해 Ⅰ, 박영사(2015) → 노조법주해 Ⅰ

노동법실무연구회, 노동조합 및 노동관계조정법 주해 Ⅱ, 박영사(2015) → 노조법주해 Ⅱ

노동법실무연구회, 노동조합 및 노동관계조정법 주해 Ⅲ, 박영사(2015) → 노조법주해 Ⅲ

민주사회를 위한 변호사모임 노동위원회, 변호사가 풀어주는 노동법Ⅰ—근로기준법(신판), 여림(2014) → 민변노동법Ⅰ

민주사회를 위한 변호사모임 노동위원회, 변호사가 풀어주는 노동법Ⅱ—노동조합 및 노동관계조정법, 민주사회를 위한 변호사모임(2009) → 민변노동법Ⅱ

민주사회를 위한 변호사모임 노동위원회, 변호사가 풀어주는 비정규직법, 법문사(2018) → 민변비정규직법

박홍규, 노동법 1—고용법 · 근로기준법—(제 2 판), 삼영사(2005) → 박홍규

이병태, 최신노동법(제 8 전정판), 중앙경제(2008) → 이병태

이상윤, 노동법(제16판), 법문사(2019) → 이상윤

이철수 · 김인재 · 강성태 · 김홍영 · 조용만, 로스쿨 노동법(제 4 판), 오래(2019)
→ 이철수 외 4명

임종률, 노동법(제17판), 박영사(2019) → 임종률

조용만 · 김홍영, 로스쿨 노동법 해설(제 4 판), 오래(2019) → 조용만 · 김홍영

하갑래, 근로기준법(전정제32판), 중앙경제(2019) → 하갑래

해고와 임금, 사법연수원(2016) → 해고와 임금

### 나. 일본교과서 · 주석서

스게노 카즈오, 이정 역, 일본노동법(전면개정판), 법문사(2015) → 菅野(역)

菅野和夫, 勞働法(第十一版補正版), 弘文堂(2017) → 菅野

東京大學勞働法硏究會, 注釋 勞働基準法(上) · (下), 有斐閣(2003)
→ 注釋 (上) · (下)

東京大學勞働法硏究會, 注釋 勞働時間法, 有斐閣(1990) → 時間法

西谷 敏, 勞働法(第2版), 日本評論社(2013) → 西谷

西谷 敏 · 野田 進 · 和田 肇, 新基本法コンメンタ-ル, 勞働基準法 · 勞働契約法, 日本評論社(2012) → 新基本法コンメ勞基 · 勞契

日本勞働法學會編, 現代勞働法講座 第1~15卷, 總合勞働硏究所(1981)
→ 現代講座

日本勞働法學會編, 講座21世紀の勞働法 第1~8卷, 有斐閣(2000) → 21世紀講座

日本勞働法學會編, 講座勞働法の再生 第1~6卷, 日本評論社(2017) → 再生講座

林豊 · 山川隆一 編, 新 · 裁判實務大系 16 · 17 勞働關係訴訟法[Ⅰ] · [Ⅱ], 靑林書院(2001) → 勞働訴訟[Ⅰ] · [Ⅱ]

靑木宗也 外 5人, 勞働判例大系 第1~20卷, 勞働旬報社(1993) → 判例大系

下井隆史, 勞働基準法(第4版), 有斐閣(2007) → 下井

荒木尙志, 勞働法(第3版), 有斐閣(2016) → 荒木

荒木尙志 · 菅野和夫 · 山川隆一, 詳說勞働契約法(第2版), 弘文堂(2014)
→ 詳說勞働契約法

厚生勞働省 勞働基準局編, 平成22年版勞働基準法 (上) · (下), 勞務行政硏究所 (2011) → 勞基(上) · (下)

## 4. 판례 인용례

아래와 같이 기재하고, 출처는 따로 표시하지 아니한다.

### 가. 법원 판례

대법원 판결 인용 시 → 대법원 1996. 4. 26. 선고 96다1078 판결[1)]

대법원 전원합의체 판결 인용 시 → 대법원 1995. 11. 16. 선고 94다56852, 56853 전원합의체 판결

대법원 결정 인용 시 → 대법원 1996. 11. 16.자 95마252 결정

하급심 판결 인용 시 → 서울중앙지법 2004. 3. 18. 선고 2003가합10574 판결

☞ 하급심 법원 이름은 '서울고등법원 → 서울고법', '서울중앙지방법원 → 서울중앙지법', '서울행정법원 → 서울행법', '제주지방법원 → 제주지법'과 같이 줄여 쓴다(법원명이 변경되거나 폐지된 경우에는 판결선고·결정고지 당시 법원명을 사용한다).

### 나. 헌법재판소 결정

헌법재판소 결정 인용 시 → 헌재 1994. 7. 29. 선고 92헌바49, 52 결정[2)]

---

1) 사건명은 적지 않는다. 사건 번호는 병합, 반소, 참가 사건 구분 없이 '94다56852, 56853'과 같이 나열한다. 다만 사건번호가 3개 이상 연속된 경우에는 최초의 사건번호만 표기하고 등을 말미에 첨가한다(예: 2005다123, 345, 678의 경우는 '2005다123 등'으로 표기한다).

2) 만일 소부에서 선고 없이 나온 결정이라면, '2007. ○. ○.자 2006헌바○ 결정'으로 표기한다.

# 차 례

근로기준법 주해 II

## 제 2 장 근로계약

## 근로기준법 주해 I



## 제1장 총 칙

근로기준법 주해 Ⅲ

## 제 3 장 임 금



## 제 4 장 근로시간과 휴식

## 제 5 장 여성과 소년

## 제 6 장 안전과 보건



## 제 6 장의2 직장 내 괴롭힘의 금지



## 제 7 장 기능 습득



## 제 8 장 재해보상

## 제 9 장 취업규칙



## 제10장 기 숙 사



## 제11장 근로감독관 등

# 제2장
# 근 로 계 약

# 제 2 장 근로계약

제15조(이 법을 위반한 근로계약)

① 이 법에서 정하는 기준에 미치지 못하는 근로조건을 정한 근로계약은 그 부분에 한정하여 무효로 한다.

② 제 1 항에 따라 무효로 된 부분은 이 법에서 정한 기준에 따른다.

〈세 목 차〉




[참고문헌]

**박수근**, "노동법의 강행성(퇴직금포기 계약의 효력)", 노동판례백선, 한국노동법학회(2015).


## Ⅰ. 의 의

법 15조는 근기법의 목적을 달성하기 위하여 개별적 노사 간의 합의라는 형식을 빌어 근로자로 하여금 근기법이 정한 기준에 미달하는 근로조건을 감수하도록 하는 것을 저지함으로써 근로자에게 실질적으로 최소한의 근로조건을 유지시켜 주기 위하여 둔 규정이다.[1] 따라서 근로계약 당사자는 근기법상 기준을 초과하는 약정을 자유롭게 할 수 있고, 이 경우 사용자는 그 약정에 따라야 한다.[2]

법 15조 1항과 2항은 법이 정한 기준에 미치지 못하는 근로계약을 무효로 하고, 그 무효로 된 부분은 법이 정한 기준으로 보충하도록 하고 있다. 법 15조 1항과 2항의 이러한 효력을 일컬어 각각 '강행적 효력'과 '보충적 효력'이라고

1) 대법원 2007. 11. 29. 선고 2006다81523 판결.

2) 대법원 2002. 6. 14. 선고 2001다2112 판결.

한다.[3] 법 15조 문언상으로는 근로계약만 언급하고 있으나 취업규칙이나 단체협약에 정한 근로조건에 대하여도 미친다(법 96조 1항).[4]

법이 정한 기준과 관련하여 하나의 근로조건에 포함된 여러 가지 요소가 상이할 경우 개별적인 비교는 허용되지 않고 하나의 근로조건 전체를 비교하여 기준을 준수하는지 검토하여야 한다.[5]

법은 그 이행 확보를 위한 수단으로서 형사벌과 행정적 감독을 예정하고 있다. 법 15조는 이러한 수단에 더하여 최저기준 입법으로서 법에 위반되는 근로조건이 설정된 경우에 근로자가 법에 정한 기준에 따라 내용이 수정된 근로조건을 실현하기 위하여 사법상 청구할 근거를 마련하고 있다. 이러한 점에서 법은 공법적인 성격과 아울러 사법적인 성격도 가진다고 할 수 있다.[6]

## Ⅱ. 민법상 무효 법리의 수정

법 15조는 근로계약이 법에 위반되는 근로조건을 두고 있는 경우 해당 근로조건만 무효가 되고 나머지 부분은 그 효력에 영향이 없다는 점을 명확히 하고 있다.[7] 예컨대, 근기법 소정의 통상임금에 산입될 수당을 통상임금에서 제외하기로 하는 노사 간의 합의는 그 전부가 무효로 되는 것이 아니라 법에 정한 기준과 전체적으로 비교하여 그에 미치지 못하는 근로조건이 포함된 부분에 한

3) 대법원 2010. 5. 13. 선고 2008다6052 판결; 임종률, 350면.

4) 김형배, 1087면; 임종률, 350면.

5) 대법원 2013. 1. 24. 선고 2011다81022 판결. 시간당 통상임금을 산정함에 있어 통상임금의 범위는 근기법에서 정한 바에 의하고 산정 기준이 되는 소정근로시간에 관하여는 노사 간의 합의에 따른다면, 이는 하나의 근로조건에 포함된 여러 가지 요소의 개별적인 비교를 허용하는 것이 되어 근기법의 법률 해석에 반하고 서로 다른 각 규정에서 근로자에게 유리한 것만을 취사선택할 수는 없는 것이어서 허용되지 아니할 뿐만 아니라, 시간당 통상임금 산정의 각 요소를 분리하여 근기법 위배 여부를 판단할 것이 아니라 근기법에 따라 산정한 시간당 통상임금 금액과 노사합의에 따라 산정한 시간당 통상임금 금액을 비교하는 것이 타당하다. 퇴직금과 관련하여 같은 취지로 판시한 대법원 1994. 5. 24. 선고 93다46841 판결 참조.

6) 注釋(上), 268면.

7) 근로계약이 단체협약에 위배되는 경우 그 효력에 관하여는 노동조합법 33조가 "단체협약에 정한 근로조건 기타 근로자의 대우에 관한 기준에 위반하는 취업규칙 또는 근로계약의 부분은 무효로 한다(1항). 근로계약에 규정되지 아니한 사항 또는 제 1 항의 규정에 의하여 무효로 된 부분은 단체협약에 정한 기준에 의한다(2항)."고 규정하고 있다. 한편 근로계약이 취업규칙에 위배되는 경우 그 효력에 관하여는 법 97조가 "취업규칙에서 정한 기준에 미달하는 근로조건을 정한 근로계약은 그 부분에 관하여는 무효로 한다. 이 경우 무효로 된 부분은 취업규칙에 정한 기준에 따른다."고 규정하고 있다.

하여 무효로 된다.8) 또한 근로시간의 산정이 어려운 등의 사정이 없음에도 포괄임금제 방식으로 약정된 경우, 그 포괄임금에 포함된 정액의 법정수당이 근기법이 정한 기준에 따라 산정된 법정수당에 미달하는 때에는 그에 해당하는 포괄임금제에 의한 임금지급계약 부분은 근로자에게 불이익하여 무효라 할 것이고, 사용자는 근기법의 강행성과 보충성 원칙에 의해 근로자에게 그 미달되는 법정수당을 지급할 의무가 있다.9) 근로계약상 임금지급약정에 붙은 부관도 법 43조에 반하여 허용될 수 없다면 부관만 무효이고, 나머지 임금지급약정은 유효하다.10)

민법 137조에 의하면 법률행위의 일부분이 무효인 때에는 그 전부가 무효로 되는 것이 원칙이고, 예외적으로 그 무효 부분이 없더라도 법률행위를 하였을 것이라고 인정될 때에 한하여 나머지 부분이 무효가 되지 아니할 뿐이다. 법 15조는 이러한 민법상의 일부무효 시 전부무효의 원칙의 적용을 배제하고 있다.11)

다만, 법 15조에 따른 일부무효의 원칙을 구체적으로 적용하는 것이 반드시 쉬운 것만은 아니다. 예컨대, 1일 10시간 근로에 대하여 임금 10만 원을 받기로 하는 근로조건을 정한 근로계약의 경우, 본조에 의하여 근로시간에 관한 부분만 8시간으로 되고 임금 10만 원은 그대로 유효한 것으로 보아야 할지 아니면 임금은 근로시간에 대응하여 정해지는 것이므로 근로계약의 내용은 1일 8시간 근로에 임금은 8만 원으로 되는지 여부에 대하여는 논란의 여지가 있을 수 있는데,12) 일본의 학설과 하급심 판례는 대체로 전자로 해석하고 있다.13)

---

8) 대법원 1993. 5. 11. 선고 93다4816 판결, 대법원 2007. 11. 29. 선고 2006다81523 판결.

9) 대법원 2010. 5. 13. 선고 2008다6052 판결.

10) 대법원 2020. 12. 24. 선고 2019다293098 판결. 대법원은 위 사례에서, 근로계약 중 '보조금을 수령하면 월 250만 원의 임금을 추가로 지급하겠다'라는 약정에 부가된 '보조금을 수령하면'이라는 사유는 정지조건이라기보다는 불확정기한이라고 봄이 타당하고, 이를 불확정기한으로 볼 경우 법 43조의 입법 취지에 반하여 허용될 수 없는바, 근로계약 중 '보조금을 수령하면'이라는 불확정기한은 무효이고, 나머지 월 250만 원의 임금지급약정은 유효하다고 판시하였다.

11) 근로계약이 강행성을 가진 근기법의 규정을 위반하여 무효라면, 그것은 근로자와 사용자에게 효력을 발생할 수 없는 무효인 경우와, 법 제15조의 적용으로 일부무효이고 법에서 정한 기준이 적용되는 경우로 구분할 수 있다. 위반하는 근로계약의 내용이 반사회적 질서 또는 실현될 수 없는 사항인 경우는 무효로 확정되지만, 그 대상이 근로조건의 기준을 정하거나 기본적인 생활을 보장하기 위한 근기법의 규정이라면 계속적 근로관계의 특성을 고려할 때 후자로 보아야 한다(박수근, 19면).

12) 단, 근로의 성질이나 계약의 취지에 비추어 시간급으로 정한 것이 명백한 경우는 제외한다.

13) 注釋(上), 270면.

한편 판례는 정기상여금을 통상임금 산정기준에서 배제하기로 노사가 합의한 사안에 대하여, 연장 · 야간 · 휴일근로에 대하여 통상임금의 50% 이상을 가산하여 지급하도록 한 근기법의 규정은 각 해당 근로에 대한 임금 산정의 최저기준을 정한 것이므로, 통상임금의 성질을 가지는 임금을 일부 제외한 채 연장 · 야간 · 휴일근로에 대한 가산임금을 산정하도록 노사 간에 합의한 경우 그 노사합의에 따라 계산한 금액이 근기법에서 정한 위 기준에 미달할 때에는 그 미달하는 범위 내에서 노사합의는 무효이고,[14] 무효로 된 부분은 근기법이 정하는 기준에 따라야 한다면서도, 이러한 일부무효의 법리도 신의칙에 의하여 제한될 수 있다고 하였다.[15] 그러나 신의칙에 의한 근기법상 강행규정의 적용배제는 근로조건의 최저기준을 정하여 근로자의 기본적 생활을 보장 · 향상시키고자 하는 근기법 등의 입법 취지를 충분히 고려하여 신중하고 엄격하게 판단해야 한다.[16]

---

14) 대법원 1994. 5. 24. 선고 93다5697 판결, 대법원 2007. 6. 15. 선고 2006다13070 판결.

15) 대법원 2013. 12. 18. 선고 2012다89399 전원합의체 판결. 대법원은 "임금협상 과정을 거쳐 이루어진 노사합의에서 정기상여금은 그 자체로 통상임금에 해당하지 아니한다고 오인한 나머지 정기상여금을 통상임금 산정 기준에서 제외하기로 합의하고 이를 전제로 임금수준을 정한 경우, 근로자 측이 앞서 본 임금협상의 방법과 경위, 실질적인 목표와 결과 등은 도외시한 채 임금협상 당시 전혀 생각하지 못한 사유를 들어 정기상여금을 통상임금에 가산하고 이를 토대로 추가적인 법정수당의 지급을 구함으로써, 노사가 합의한 임금수준을 훨씬 초과하는 예상외의 이익을 추구하고 그로 말미암아 사용자에게 예측하지 못한 새로운 재정적 부담을 지워 중대한 경영상의 어려움을 초래하거나 기업의 존립을 위태롭게 한다면, 이는 종국적으로 근로자 측에까지 피해가 미치게 되어 노사 어느 쪽에도 도움이 되지 않는 결과를 가져오므로 정의와 형평 관념에 비추어 신의에 현저히 반하고 도저히 용인될 수 없음이 분명하다. 그러므로 이와 같은 경우 근로자 측의 추가 법정수당 청구는 신의칙에 위배되어 받아들일 수 없다."고 판시하였다.

16) 대법원 2019. 2. 14. 선고 2015다217287 판결. 대법원은 "근로관계를 규율하는 강행규정보다 신의칙을 우선하여 적용할 것인지를 판단할 때에는 근로조건의 최저기준을 정하여 근로자의 기본적 생활을 보장 · 향상시키고자 하는 근로기준법 등의 입법 취지를 충분히 고려할 필요가 있다. 또한 기업을 경영하는 주체는 사용자이고, 기업의 경영 상황은 기업 내 · 외부의 여러 경제적 · 사회적 사정에 따라 수시로 변할 수 있으므로, 통상임금 재산정에 따른 근로자의 추가 법정수당 청구를 중대한 경영상의 어려움을 초래하거나 기업 존립을 위태롭게 한다는 이유로 배척한다면, 기업 경영에 따른 위험을 사실상 근로자에게 전가하는 결과가 초래될 수 있다. 따라서 근로자의 추가 법정수당 청구가 사용자에게 중대한 경영상의 어려움을 초래하거나 기업의 존립을 위태롭게 하여 신의칙에 위반되는지는 신중하고 엄격하게 판단하여야 한다."고 판시하였다. 다른 한편으로 대법원은 이른바 도급제 방식의 근로계약을 체결한 택시운전근로자들이 최저임금법 특례 조항에 따른 최저임금의 지급을 구한 사건에서도 "신의칙에 위배된다는 이유로 권리행사를 부정하기 위해서는 상대방에게 신의를 공여하였거나 객관적으로 보아 상대방이 신의를 가지는 것이 정당한 상태에 이르러야 하고 이와 같은 상대방의 신의에 반하여 권리를 행사하는 것이 정의관념에 비추어 용인될 수 없는 정도의 상태에 이르러야 한다. 단체협약 등 노사합의의 내용이 근로기준법 등의 강행규정을 위반하여 무효

[이 상 훈 · 진 창 수]

## 제16조(계약기간)

근로계약은 기간을 정하지 아니한 것과 일정한 사업의 완료에 필요한 기간을 정한 것 외에는 그 기간은 1년을 초과하지 못한다.

〈세 목 차〉



인 경우에, 그 무효를 주장하는 것이 신의칙에 위배되는 권리의 행사라는 이유로 이를 배척한다면 강행규정으로 정한 입법 취지를 몰각시키는 결과가 되므로, 신의칙을 적용하기 위한 일반적인 요건을 갖춤은 물론 강행규정성에도 불구하고 신의칙을 우선하여 적용하는 것을 수긍할 만한 특별한 사정이 있는 예외적인 경우에 해당하지 않는 한 그러한 주장이 신의칙에 위배된다고 볼 수 없다."고 하면서 신의칙 주장을 배척하였다(대법원 2018. 7. 11. 선고 2016다9261, 9278 판결).

[참고문헌]

강선희a, “근로계약 갱신거절의 합리적 이유 판단기준 및 이의 증명책임 등”, 노동리뷰 153호, 한국노동연구원(2017. 12.); 강선희b, “기간제법상 사용기간제한 2년의 산정방식(적용기간과 예외기간이 혼재되어 있는 경우), 노동리뷰 165호, 한국노동연구원(2018. 12.); 강선희c, “기간제법상 사용기간제한 2년에 해고기간이 포함되는지 여부”, 노동리뷰 161호, 한국노동연구원(2018. 8.); 강성태a, “기간의 정함이 있는 근로계약의 규율”, 노동법학 7호, 한국노동법학회(1997); 강성태b, “기간제근로자의 갱신기대권과 전환기대권”, 노동리뷰 142호, 한국노동연구원(2017. 1.); 국회 환경노동위원회 전문위원 검토보고서, 기간제및단시간근로자보호등에관한법률안검토보고서(기간제법안검토보고서)(2004. 11.); 권혁, “기간제 근로계약 관계와 갱신기대법리의 재검토”, 산업관계연구 26권 3호, 한국고용노사관계학회(2016); 김선수, “1년을 초과하는 근로계약기간을 정한 근로계약의 효력”, 노동법연구 6호, 서울대학교 노동법연구회(1997); 김인재, “기간제근로자의 사용기간 제한은 합헌”, 노동리뷰 98호, 한국노동연구원(2014. 1.); 김홍영 · 변성영, “현행 기간제법 하에서의 종전 판례법리의 유지가능성”, 성균관법학 23권 1호, 성균관대학교 비교법연구소(2011); 김홍영, “고령자이며 정년 후 재고용된 기간제 근로자에게 갱신기대권 법리를 인정한 사례”, 노동리뷰 146호, 한국노동연구원(2017. 5.); 노동부, 비정규직법 이해(2007); 노동부, 비정규직보호법률 해설자료(2006. 12.); 도재형a, “기간제 근로계약 갱신 거절권의 제한”, 노동법연구 24호, 서울대학교 노동법연구회(2008); 도재형b, “기간제법 시행 이후 갱신기대권 법리의 적용 가능성”, 노동법연구 42호, 서울대학교 노동법연구회(2017); 박수근, “고령자이며 정년 후 재고용된 기간제근로자와 갱신기대권”, 노동법률 326호, 중앙경제(2018. 7.); 박은정, “기간제 근로계약기간의 만료와 갱신기대권”, 노동리뷰 155호, 한국노동연구원(2018. 2.); 변성영, “갱신기대권 법리의 재검토”, 노동법학 53호, 한국노동법학회(2015); 신권철, “기간제 근로계약의 무기근로계약으로의 전환”, 노동법연구 30호, 서울대학교 노동법연구회(2011); 신용간, “정년 경과 기간제근로자의 계약갱신 기대권”, 노동법률 319호, 중앙경제(2017. 12.); 오세웅, “기간제법상 기간제근로자 사용기간 제한 예외에 관한 고찰”, 노동법포럼 18호, 노동법이론실무학회(2016); 유성재a, “기간의 정함이 있는 근로계약에 대한 입법론적 고찰”, 노동법학 12호, 한국노동법학회(2001); 유성재b, “「기간제법」의 제정과 기간제 근로계약의 갱신거부”, 중앙법학 12집 2호, 중앙법학회(2010); 이경우, “기간제 및 파견근로자의 고용간주와 근로조건 결정”, 노동법률 316호, 중앙경제(2017. 9.); 이미선, “기간제 근로계약에 있어서 근로자의 근로계약 갱신에 관한 기대권의 인정 문제”, 대법원판례해설 87호, 법원도서관(2011); 이종복, “해지와 해고제한의 법원리”, 노동법과 노동정책 — 탄은 김진웅 박사 화갑 기념, 일신사(1985. 11.); 최은배a, “기간제 근로계약의 규제”, 대법원판례해설 72호, 법원도서관(2008); 최은배b, “기간제 근로계약”, 노동법실무연구 1권(김지형대법관퇴임기념), 노동법실무연구회(2011).

## Ⅰ. 개　　설

### 1. 근로계약기간과 관련한 입법내용

법 16조는 "근로계약은 기간을 정하지 아니한 것과 일정한 사업의 완료에 필요한 기간을 정한 것 외에는 그 기간은 1년을 초과하지 못한다"라고 규정하여 근로계약기간의 설정에 대하여 일정한 제약을 두고 있다.

이는 사적 자치의 원칙에 의하여 근로계약의 기간의 약정 여부는 당사자의 자유에 맡기지만, 기간을 설정할 경우에는 일정한 사업 완료에 필요한 기간을 정한 것을 제외하고는 1년 이내로 하여야 한다는 것이다. 근로계약기간을 1년 이내로 하는 경우 반복·갱신에 제한은 없다.

다만, 2007. 7. 1.부터 시행되고 있는 기간제법이 기간의 정함이 있는 근로자의 사용기간을 최대 2년으로 제한하는 것을 포함하여 기간의 정함이 있는 근로계약과 관련한 사항에 관한 상세한 규정을 두게 되면서,[1] 근로계약기간에 관한 사항을 규정하고 있는 법 16조는 2007. 6. 30.까지만 효력이 있다.[2]

기간제 근로계약을 규제하는 방법은 기간제근로자를 사용할 수 있는 경우를 한정하는 사유제한 방법, 기간제근로자를 자유롭게 사용하되 사용기간을 제한하는 방법으로 나눌 수 있는데, 원칙적으로 기간제법은 사용 사유를 제한하지 않고 사용기간만 제한하고 있다. 기간제법이 기간제근로자 사용 가능 기간을 2년으로 제한하면서 그 기간 내에 반복 갱신 등에 대해 특별히 규정하고 있지 않은 것은 2년이라는 상한 기간 내에서는 양 당사자의 합의를 존중하고 그 기간 동안을 사적 자치 공간으로 충분히 보장하겠다는 의도로 해석할 수 있다.[3] 이러한 사용기간의 제한은 기간제근로자의 계약의 자유를 침해한다고 보지 않는다.[4]

1) 기간제법에 의하면 '기간의 정함이 있는 근로계약을 체결한 근로자'를 '기간제근로자'로 정의하면서 기간제근로자의 사용과 관련한 다음과 같은 규정을 두고 있다.

4조(기간제근로자의 사용) ① 사용자는 2년을 초과하지 아니하는 범위 안에서(기간제 근로계약의 반복갱신 등의 경우에는 그 계속근로한 총기간이 2년을 초과하지 아니하는 범위 안에서) 기간제근로자를 사용할 수 있다. 다만, 다음 각 호의 어느 하나에 해당하는 경우에는 2년을 초과하여 기간제근로자로 사용할 수 있다.

1. ~ 6. 생략.

2) 기간제법 부칙(8074호, 2006. 12. 21.) 3항 법 부칙(8372호, 2007. 4. 11.) 3조.

3) 권혁, 44면.

4) 헌재 2013. 10. 24. 선고 2010헌마219, 265 결정. 이에 대한 비판적인 견해로 김인재, 92면 참조.

이러한 기간제법의 사용기간 제한 등에 관한 규정은 같은 법 시행 후 근로계약이 체결·갱신되거나 기존의 근로계약기간을 연장하는 경우부터 적용된다.[5] 즉, 2007. 7. 1. 이후 기간제 근로계약이 체결·갱신되거나 기존 계약기간을 연장하는 경우, 체결·갱신·연장한 때부터 사용기간을 기산하여 그 때로부터 2년을 초과하여 기간제근로자를 사용할 때에는 기간의 정함이 없는 근로계약을 체결한 근로자로 간주된다. 예컨대, 이 법 시행 전인 2007. 1. 1.부터 1년 단위로 기간제 근로계약을 체결하는 경우 이 법 시행 후 갱신되는 2008. 1. 1.부터 기산하여 2년을 초과하여 근무하는 날인 2010. 1. 1.부터 기간의 정함이 없는 근로계약으로 간주된다. 다른 예로, 이 법 시행 전인 2007. 6. 1.에 체결된 계약기간 3년의 근로계약에 따라 3년간 근무한 경우, 그 근로자는 이 법 시행일인 2007. 7. 1.을 기준으로 2년을 초과하여 근무하였지만 그 근무는 이 법 시행일 전에 체결된 근로계약에 근거한 것이고 이 법 시행일 후에 이루어진 계약에 근거한 것이 아니므로 기간의 정함이 없는 근로자로 간주되지 않는다.

이와 같이 법 16조는 2007. 6. 30. 이전에 체결·갱신되거나 기존 계약기간이 연장된 근로계약에 대하여 여전히 적용되므로, 아래에서는 우선 법 16조에 관하여 살펴보고, 이어 2007. 7. 1. 이후에 체결·갱신되거나 기존 계약기간을 연장하는 경우부터 적용되는 기간제법상 근로계약기간의 제한과 관련된 사항에 대하여 살펴보기로 한다.

## 2. 법 16조의 입법취지

### 가. 퇴직의 자유 보장

본조의 입법 취지는 장기의 근로기간을 정함으로 인하여 근로자가 퇴직의 자유를 제한당하게 됨으로써 장기간 근로의 계속을 강요당하는 것을 방지할 목적으로 1년을 초과하는 근로계약에서 근로자에게 퇴직의 자유를 보장하려는 데 있다.[6]

민법에 의하면 고용기간의 약정이 있는 때에는 부득이한 사유가 없는 한 당사자는 계약을 해지할 수 없도록 되어 있고(민법 661조), 다만, 고용계약 기간이 3년을 넘거나 당사자의 일방 또는 제 3 자의 종신까지로 된 때에는 각 당사자는

5) 기간제법 부칙(8074호, 2006. 12. 21.) 2항.

6) 대법원 1996. 8. 29. 선고 95다5783 전원합의체 판결.

3년을 경과한 후 언제든지 계약해지의 통고를 할 수 있을 뿐이지만(민법 660조),[7] 법은 근로자의 보호를 한층 강화하기 위하여 계약기간의 상한을 원칙적으로 1년으로 단축하고 있다.

근로자의 부당한 장기간의 강제 근로 및 인신구속의 방지라고 하는 본조의 취지에서 보면, 법 7조(강제 근로의 금지), 20조(위약 예정의 금지), 21조(전차금 상계의 금지), 22조(강제 저금의 금지) 등과 그 맥락을 같이 한다.[8]

그런데 기간제법이 시행되는 2007. 7. 1.부터 법 16조가 효력을 상실하면서 기간제근로자가 1년을 초과하는 기간(단, 기간제근로자로 간주되는 기간인 2년 이하의 기간)으로 고용관계를 맺더라도 무효라 볼 수 없고, 그 기간 동안은 근로자가 자유롭게 근로계약을 해지할 수 없다고 해석된다. 이에 대하여는 기간제 근로계약의 계약기간이 1년을 초과하는 경우에는 그 기간에 관계없이 1년이 경과한 후에는 기간제근로자가 자유롭게 근로계약을 해지할 수 있다는 것을 기간제법에 명문화하는 입법적 보완이 필요하다는 견해가 있다.[9]

### 나. 근로관계의 존속보호

본조의 취지가 장기간의 계약을 하면 인신 구속이나 근로 강제가 될 우려 때문이지만 이러한 사정은 봉건적 산업 사회 초기의 법률 문제이며, 현대 사회에서는 오히려 근로자의 생존과 직접 관련하여 근로자의 직장 보호, 즉 근로관계의 존속보호라는 현대적 · 사회복지국가적 법사상을 법규가 보다 두텁게 구현해야 할 것인데도 민법 659조와 법 16조는 이를 외면하고 근로계약 해지권의 측면에서 동등 원칙을 고수하고 있다는 점에서 개정되어야 한다는 견해가 있었다.[10] 또한 법 16조가 오히려 기간제근로자의 고용불안을 증폭시키는 데 기여하

---

7) 참고로, 일본 민법 626조 1항은, “고용의 기간이 5년을 초과하거나 당사자의 일방 혹은 제 3 자의 종신까지 계속하여야 할 때는 당사자 일방은 5년을 경과한 후 언제라도 계약의 해제를 할 수 있다. 다만 이 기간은 상공업견습자의 고용에 있어서는 이를 10년으로 한다”고 규정하고 있다.

8) 注釋(上), 272면.

9) 민변비정규직법, 23면.

10) 이종복, 109면. 이 견해에 의하면, “민법 659조와 관련하여서는 종신 또는 3년 이상인 고용계약의 경우 근로자에게만 일방적 해지권을 부여하여 근로자의 인신구속 및 노동강제를 저지시키고, 또한 근로자의 장기적 직장보존도 아울러 꾀하여야 하였음에도 불구하고, 사용자에게도 동등한 해고권을 부여하였고, 더욱이 근로기준법 23조는 독일의 경우 원칙적으로 금지된 유기근로계약을 체결하도록 규정함으로써 근로자의 직장보호에 관한 고려를 외면하였다. 근로자보호에 있어 근로자의 생존과 생활안정을 위한 근로계약의 존속보호와 같은 실질적인 보호에 초점을 맞추지 아니하고 산업화 초기의 노동문제인 인신구속 내지 노동강제

였다거나[11] 법 16조를 해석할 때에는 근로자의 퇴직 자유 보장이라는 측면뿐만 아니라 근로관계의 존속보호라는 측면도 중요하게 고려하여야 한다고 하면서, 강제 근로의 폐단이 거의 사라진 현 상황에서는 1년이 지난 후에 근로자의 퇴직 자유를 보장하여야 할 필요성보다는 근로계약기간의 만료를 이유로 근로관계를 종료시키려는 사용자의 해고 자유를 견제하여야 할 필요성이 더욱 크다는 지적도 있다.[12]

## Ⅱ. 기간의 정함이 없는 근로계약

### 1. 의　　의

기간의 정함이 없는 근로계약은 당사자 간에 근로계약의 기간에 대하여 아무런 약정을 하지 아니한 계약을 말한다. 기간의 정함이 없는 계약을 체결한 경우 후술하는 바와 같이 근로자는 언제든지 근로계약을 해지할 자유가 있으므로 법에서는 그에 관한 별다른 제한을 두지 않는다.

이와 관련하여 법원은 정년이 '근로계약기간의 종기'를 정한 것인지에 관하여 "정년으로 정한 연령에 도달하면 근로계약이 당연히 종료되기는 하지만, 그렇다고 하여 정년으로 정한 시점이 근로계약기간의 종기라고 할 수는 없다. 만약 정년으로 정한 시점을 근로계약기간의 종기, 즉 당해 근로계약에서 정한 계약기간의 종료일로 본다면, 근로자 및 사용자는 그 계약기간에 구속되어 원칙적으로 정년에 이를 때까지는 근로계약의 이행 의무를 부담하게 되고, 이는 근로자의 퇴직의 자유를 제한하게 될 수 있어서 허용하기 어렵다. 오히려 정년이 있는 근로계약은 일반적으로 기간의 정함이 없는 근로계약으로 이해되고 있고, 정년은 기간의 정함이 없는 근로계약에서의 당연 종료 사유로 파악하는 것이 통상적인 해석이다."라고 판단하였다.[13]

---

와 관련하여 근로자의 자유보호에 중점을 두었다. 결국 근로기준법 16조는 근로자보호의 규범목적에 있어서 초점을 잘못 맞춘 법규정이며, 오히려 근로자의 직장의 정착을 저해하고 생활안정을 위협하는 규정이므로 개정되어야 한다"는 것이다.

11) 김홍영 · 변성영, 450면.

12) 김선수, 554면.

13) 서울고법 2018. 8. 21. 선고 2017나2072967 판결(대법원 2022. 8. 25. 선고 2018다267580 판결로 확정되었는데 위 쟁점은 상고이유로 다투어지지는 않았다).

### 2. 근로자의 계약해지권

법에는 근로자의 근로계약 해지와 관련한 특별한 규정이 없으나 민법 660조 1항은 '고용기간의 약정이 없는 때에는 당사자는 언제든지 계약해지의 통고를 할 수 있다'고 규정하고 있으므로, 근로자는 이에 기하여 계약을 해지할 수 있다. 다만, 계약해지는 사용자가 계약해지의 통고를 받은 날로부터 1월이 경과하여야 효력이 발생하고(같은 조 2항), 기간으로 보수를 정한 때에는 사용자가 해지통고를 받은 당기 후의 1기를 경과함으로써 효력이 발생한다(같은 조 3항).

### 3. 사용자의 계약해지권

민법 660조 1항 규정에도 불구하고 법 23조에 의하여 사용자는 정당한 이유 없이 근로자를 해고하지 못하므로 사용자의 일방적인 계약해지권은 제한된다.

### 4. 정년 후 재고용

취업규칙 등에 명시된 정년에 도달하여 당연퇴직하게 된 근로자에 대하여 사용자가 그 정년을 연장하는 등의 방법으로 근로관계를 계속 유지할 것인지 여부는 특별한 사정이 없는 한 사용자의 권한에 속하는 것으로서, 해당 근로자에게 정년연장을 요구할 수 있는 권리가 있다고 할 수 없다.[14]

그러나 정년으로 기간의 정함이 없는 근로계약이 종료된 후 근로자와 사용자 간의 합의에 의하여 정년 이전과 다른 조건으로 근로계약을 할 수 있다. 이 경우 근로계약은 기간의 정함이 없는 계약 또는 기간의 정함이 있는 계약 모두 가능하다. 기간제법 4조 1항 4호에 의하면 2년을 초과하여 기간제근로자로 사용할 수 있는 예외 사유로 '고령자고용법 2조 1호의 규정에 의한 고령자[15]와 근로계약을 체결하는 경우'를 들고 있으므로, 기간제법 시행 이후에는 정년 도래와 관계없이 근로자가 기간제법상의 고령자에 해당하는 경우에는 2년을 초과하는 기간의 정함이 있는 근로계약도 가능하다.

또한 근로계약, 취업규칙, 단체협약 등에서 정년에 도달한 근로자가 일정한 요건을 충족하면 기간제 근로자로 재고용하여야 한다는 취지의 규정을 두고 있

14) 대법원 2008. 2. 29. 선고 2007다85997 판결.
15) 55세 이상인 자가 이에 해당한다(고령자고용법 시행령 2조 1항 참조).

거나, 그러한 규정이 없더라도 재고용을 실시하게 된 경위 및 그 실시기간, 해당 직종 또는 직무 분야에서 정년에 도달한 근로자 중 재고용된 사람의 비율, 재고용이 거절된 근로자가 있는 경우 그 사유 등의 여러 사정을 종합하여 볼 때, 사업장에 그에 준하는 정도의 재고용 관행이 확립되어 있다고 인정되는 등 근로계약 당사자 사이에 근로자가 정년에 도달하더라도 일정한 요건을 충족하면 기간제 근로자로 재고용될 수 있다는 신뢰관계가 형성되어 있는 경우에는 특별한 사정이 없는 한 근로자는 그에 따라 정년 후 재고용되리라는 기대권을 가진다.[16] 근로자에게 정년 후 재고용에 관한 갱신기대권이 인정되는데도 사용자가 이를 배제하고 그 갱신을 거절한 경우, 거기에 합리적 이유가 있는지 여부는 사용자의 사업 목적과 성격, 사업장 여건, 근로계약 체결 경위, 근로계약 갱신 제도의 실제 운용 실태, 해당 근로자의 지위와 담당 직무의 내용 및 업무수행 적격성, 근로자에게 책임 있는 사유가 있는지 등 근로관계를 둘러싼 여러 사정을 종합하여 갱신 거절의 사유와 절차가 사회통념에 비추어 볼 때 객관적이고 합리적이며 공정한지를 기준으로 판단하여야 한다. 그리고 그러한 사정에 관한 증명책임은 사용자가 부담한다.[17] 이러한 법리는, 특별한 사정이 없는 한 기간제 근로자가 정년을 이유로 퇴직하게 된 경우에도 마찬가지로 적용된다.[18]

## Ⅲ. 사업 완료에 필요한 기간을 정한 근로계약

### 1. 의 의

'일정한 사업 완료에 필요한 기간을 정한 근로계약'이라 함은 그 사업이 지속적으로 수행되는 사업으로서 1년 이내(또는 기간제법 시행 이후의 근로계약과 관련하여서는 2년)[19]에 완료하는 것이 불가능하다는 사실이 객관적으로 명백한 경우에 그 사업의 완료 시기까지를 계약기간으로 정하는 것을 말한다. 계약기간으로 일정한 사업 완료에 필요한 기간이 정해진 경우에는 1년(또는 기간제법 시행 이후의 근로계약과 관련하여서는 2년)의 상한 규제를 받지 아니한다.

16) 대법원 2023. 6. 1. 선고 2018다275925 판결.
17) 대법원 2023. 6. 29. 선고 2018두62492 판결.
18) 대법원 2023. 11. 2. 선고 2023두41727 판결.
19) 기간제법 4조 1항은 기간제근로자를 사용할 수 있는 한도를 2년으로 하면서 예외적으로 2년을 초과하여 사용할 수 있는 예외사유의 하나로 '사업의 완료 또는 특정한 업무의 완성에 필요한 기간을 정한 경우'를 정하고 있다.

### 2. 사업 완료일의 불확정

일정한 사업 완료에 필요한 기간을 근로계약기간으로 정할 때, 예를 들면 2년으로 특정된 공사를 위하여 고용되는 경우와 같이 기간이 사전에 명확히 정해진 경우는 문제가 없으나, 계약기간을 사전에 명확히 하는 것이 불가능하거나 곤란한 경우에는 근로계약기간이 불확정적으로 되는 문제가 있다. 그 이유는 일정한 사업 완료에 필요한 기간은 대부분 장기간이므로 이 기간 중 천재지변, 기후변화, 인력수급 및 경제환경 변동 등 예측할 수 없는 일이 발생할 우려가 있기 때문이다. 따라서 사업의 성질상 구체적인 사업 완료일을 예측하기 힘든 경우에는 '본 공사가 완료될 때까지'로 기간을 약정하더라도 공사완료일이 객관적으로 명확히 정해질 수 있다면 허용된다.[20)]

그러나 전혀 불확정적인 것, 예컨대 언제 끝나는지 알 수 없는 공사에서 '공사 종료 시까지'로 정하는 것은 허용되지 않는다. 또한 단순하게 '회사가 필요로 하는 동안만 근무'하기로 한 계약처럼 존속기간의 시간적 측정이 객관적으로 명백하지 않고 그 기간의 만료가 회사의 주관적 사정에 의존하게 되는 계약은 존속기간의 약정이 있는 근로계약이라고 볼 수 없다.[21)]

### 3. 계약기간 중의 근로계약 해지

일정한 사업 완료에 필요한 근로계약기간을 정한 경우라고 하더라도 3년 이상이 경과한 경우에는 민법 659조에 따라 근로자는 3년이 경과된 후 언제든지 근로계약을 해지할 수 있으며 계약해지를 통고한 후 3월이 지나면 계약해지의 효력이 발생한다고 본다.

### 4. 근로관계 종료의 의사표시

일정한 사업 완료에 필요한 근로계약기간을 정한 경우에 근로자가 그 사업 완료 여부나 그 구체적인 완료 일자를 명확히 알 수 없는 경우가 많을 것이므로, 근로자를 보호하고 법률관계를 명확히 하기 위하여 그 사업 완료에 관한 사항을 근로자에게 통지하여야 비로소 근로관계가 종료된다. 사업이 완료되었음에

20) 注釋(上), 275면; 이상윤, 170면; 하갑래, 751면.
21) 서울민사지법 1990. 2. 21. 선고 88가합21171 판결.

도 근로자에게 통지하지 않고 근로자를 계속 사용하는 경우에는 묵시적으로 기간의 정함이 없는 근로계약이 체결된 것으로 보아야 한다.

참고로, 독일의 단시간 근로 및 기간제 근로에 관한 법률 15조 2항에 의하면 일의 종류, 일의 목적 또는 일의 완성까지로 계약기간을 정하는 근로계약의 경우에는 그 사업의 완성과 사용자가 근로자에게 사업 완성을 통지한 후 2주가 경과함으로써 근로관계가 종료하도록 하고 있다. 또한 같은 법 15조 5항은 약정한 기간이 경과하거나 사업의 목적이 달성되었음을 사용자가 인식하였음에도 불구하고 근로관계가 계속되고 있는 상황에서 사용자가 즉시 이의를 제기하지 않거나 근로자에게 사업의 완성을 통지하지 아니하면 기간의 정함이 없는 근로계약이 체결된 것으로 보고 있다.[22]

## Ⅳ. 기간의 정함이 있는 근로계약

### 1. 기간의 정함이 있는 계약의 적법성

기간의 정함이 있는 계약은 특별한 사정이 없는 한 적법한 것으로 해석되고 있다. 계약자유의 원칙을 반영하고 있는 민법의 고용 관련 조항이 기간의 정함이 있는 계약에 관하여 명문으로 규정하고 있고 이를 달리 수정하는 특별법이 존재하지 않으며, 법 16조는 기간의 정함이 있는 계약의 존재를 그 전제로 하고 있으므로 기간의 정함이 있는 계약 그 자체의 적법성은 인정된다. 또한 기간제법에 기간제근로자의 사용에 관한 사항이 명시적으로 규정된 이상 기간의 정함이 있는 계약의 적법성에 관하여는 더 이상 논란의 여지가 없게 되었다.

### 2. 기간의 상한

#### 가. 법 16조에 따른 상한

법 16조상으로는 원칙적으로 기간의 정함이 있는 계약이 정할 수 있는 기간은 1년 미만이다. 그러나 판례가 1년을 초과하는 근로계약의 유효성을 인정하면서 1년 초과 금지조항의 의미가 퇴색되었다.[23] 다만, 아래 3항에서 서술하는 바와 같이 1년을 넘는 기간을 정한 근로계약을 체결한 경우 사용자는 그 기간

---

22) 유성재a, 130면.

23) 대법원 1996. 8. 29. 선고 95다5783 전원합의체 판결.

내에는 정당한 사유 없이는 해지할 수 없으나 근로자는 1년이 경과하면 언제든지 근로계약을 해지할 수 있는 것으로 해석된다.

### 나. 기간제법상의 상한

#### (1) 의의 및 입법취지

법 16조는 기간제법이 시행되면서 2007. 7. 1.부터 효력을 상실하였지만 계약기간 상한에 관한 사항은 기간제법 4조에 규정되었고 아울러 그 기간의 상한도 2년으로 상향하였다. 또한 기간제법 4조는 기간의 상한을 적용함에 있어서 근로계약의 반복 갱신이 이루어진 경우에는 계속근로한 기간을 합산하여 2년을 초과할 수 없도록 명문화하였다.

이와 같이 기간제법이 기간제근로자 총 사용기간에 대한 제한을 두게 된 이유는, 법 16조에 근로계약기간을 정하는 경우는 1년을 상한으로 하고 있으나 기간을 정한 근로계약의 반복 갱신을 통한 총 사용기간에 대하여는 아무런 제한이 없어서 사용자들이 1년 이내의 근로계약을 반복 갱신함으로써 법 23조의 해고 제한 규정을 회피하는 수단으로 활용하여 왔고, 이에 대응하여 기간제법상 총 사용기간을 제한하여 기간제 근로계약의 남용을 방지함으로써 근로자의 지위를 보장하려는 데에 있다.[24][25]

#### (2) 적용범위

기간제법상 사용기간 제한은 소급 적용되지 않고 기간제법 시행일인 2007. 7. 1. 이후 근로계약이 체결·갱신되거나 기존의 근로계약기간을 연장하는 경우부터 적용된다.[26]

기간제법은 원칙적으로 상시 5인 이상의 근로자를 사용하는 모든 사업 또는 사업장에 적용된다. 상시 근로자 수를 판단할 때에는 근로자의 고용 형태를

---

24) 《연도별 기간제근로자 규모 추이》(괄호안은 임금근로자 중 비율)

| '13. 8. | → | '14. 8. | → | '15. 8. | → | '16. 8. | → | '17. 8. | → | '18. 8. |
|---|---|---|---|---|---|---|---|---|---|---|
| 345만 명<br>(18.7%) | | 353만 명<br>(18.6%) | | 366만 명<br>(18.8%) | | 367만 명<br>(18.6%) | | 372만 명<br>(18.6%) | | 382만 명<br>(19.0%) |

출처: 통계청 2018년 8월 경제활동인구조사 근로형태별 부가조사 결과.

25) 대법원 2016. 11. 10. 선고 2014두45765 판결, 대법원 2017. 2. 3. 선고 2016다255910 판결. 헌법재판소는 기간제법의 입법목적을 "기간제근로자 사용을 억제함으로써 이들의 고용불안을 해소하고 그 근로조건을 개선하기 위한 것"이라고 밝히고 있다(헌재 2013. 10. 24. 선고 2010헌마219 등 결정).

26) 기간제법 부칙(8074호, 2006. 12. 21.) 2항.

불문하므로 정규직 근로자뿐만 아니라, 기간제근로자, 단시간근로자, 불법 취업 외국인 근로자도 포함시켜야 한다. 다만, 파견근로자가 포함되는지 여부와 관련하여 노동부는 파견근로자는 상시 근로자의 수에 포함되지 않는다고 보고 있다.[27] 이에 대하여 사용사업주는 파견근로자를 직접 사용하고 있으므로 사업의 규모를 파악함에 있어서 근로자를 직접 고용한 경우와 달리 볼 이유가 없고, 기간제법의 적용을 회피할 목적으로 파견근로자의 사용을 남용할 우려가 있는 점 등에 비추어 상시 근로자의 수에는 파견근로자도 당연히 포함되어야 한다는 견해도 있다.[28]

상시 4인 이하의 근로자를 사용하는 사업 또는 사업자는 대통령령이 정하는 바에 따라 기간제법의 일부만이 적용될 수 있을 뿐인데, 그에 따라 제정된 기간제법 시행령에는 사용기간 제한에 관한 사항은 적용범위에 포함되어 있지 아니하므로, 현재로서는 상시 4인 이하 근로자를 사용하는 사업장은 사용기간의 제한을 받지 않는다(영 2조 별표 1호).

### (3) 기간의 계산 및 2년 초과의 효과

기간제법상 근로계약기간은 수습기간, 시용기간, 갱신기간 등이 모두 합산된다.

기간제 근로계약이 반복하여 체결되거나 갱신되어 일정한 공백기 없이 기간제근로자가 계속적으로 근로한 경우라면, 특별한 사정이 없는 한 최초 기간제 근로계약에서부터 최종 기간제 근로계약에 이르기까지 기간 전체가 기간제법 4조에서 말하는 기간제근로자의 사용기간으로서 '계속 근로한 총기간'에 포함되어야 한다. 다만 기간제 근로계약의 대상이 되는 업무의 성격, 기간제 근로계약의 반복 또는 갱신과 관련한 당사자들의 의사, 반복 또는 갱신된 기간제 근로계약을 전후한 기간제근로자의 업무 내용·장소와 근로조건의 유사성, 기간제 근로계약의 종료와 반복 또는 갱신 과정에서 이루어진 절차나 그 경위 등을 종합적으로 고려할 때 당사자 사이에 기존 기간제 근로계약의 단순한 반복 또는 갱신이 아닌 새로운 근로관계가 형성되었다고 평가할 수 있는 특별한 사정이 있는 경우에는 기간제근로자의 계속된 근로에도 불구하고 그 시점에 근로관계가 단절

27) 비정규직법 이해, 29면. 참고로 근기법의 적용 범위 규정인 법 11조 3항에서는 상시 사용하는 근로자 수를 산정하는 방법을 대통령령으로 정하고 있는데, 영 7조의2 4항은 파견법에 따른 파견근로자를 상시 근로자 수에서 제외하고 있다.

28) 민변비정규직법, 55면.

되었다고 보아야 하고, 그 결과 기간제법 4조에서 말하는 '계속 근로한 총기간'을 산정할 때 그 시점을 전후한 기간제 근로계약기간을 합산할 수는 없다.[29)]

계속근로를 판단함에 있어서 매년 일정기간 근로계약기간이 단절된 경우라도 그 근로계약이 이루어지게 된 동기 및 경위, 기간을 정한 목적과 당사자의 진정한 의사, 계절적·임시적 고용 여부, 근무기간의 장단 및 갱신횟수, 동일 사업(장)에서의 근무 여부 등을 종합적으로 고려하여 계속근로를 인정할 수도 있다.[30)]

반복하여 체결된 기간제 근로계약 사이에 기간제법 4조 1항 단서의 예외사유에 해당하는 기간이 존재하더라도 계약 체결의 경위와 당사자의 의사, 근로계약 사이의 시간적 단절 여부, 업무 내용 및 근로조건의 유사성 등에 비추어 예외 사유에 해당하는 기간 전후의 근로관계가 단절 없이 계속되었다고 평가되는 경우에는 예외사유에 해당하는 기간을 제외한 전후의 근로기간을 합산하여 기간제법 4조의 계속근로한 총기간을 산정한다.[31)] 이와 관련하여 대법원은 영어회화 전문강사 사안에서 "기간제 근로계약의 대상이 되는 업무의 성격, 기간제 근로계약의 반복 또는 갱신과 관련한 당사자들의 의사, 반복 또는 갱신된 기간제 근로계약을 전후한 기간제근로자의 업무 내용·장소와 근로조건의 유사성, 기간제 근로계약의 종료와 반복 또는 갱신 과정에서 이루어진 절차나 그 경위 등을 종합적으로 고려할 때 당사자 사이에 기존 기간제 근로계약의 단순한 반복 또는 갱신이 아닌 새로운 근로관계가 형성되었다고 평가할 수 있는 특별한 사정이 있는 경우에는 기간제근로자의 계속된 근로에도 불구하고 그 시점에 근로관계가 단절되었다고 보아야 하고, 그 결과 기간제법 4조에서 말하는 '계속 근로한 총기간'을 산정할 때 그 시점을 전후한 기간제 근로계약기간을 합산할 수는 없다."라고 판단하였다.[32)]

---

29) 대법원 2020. 8. 20. 선고 2017두52153 판결, 대법원 2020. 8. 20. 선고 2018두51201 판결, 대법원 2020. 8. 27. 선고 2017두61874 판결.

30) 고용정책평등과-406, 2010. 4. 5.

31) 대법원 2018. 6. 19. 선고 2017두54975 판결. 위 사안에서 원고 1은 기간제근로자로 5개월, 기간제근로자 예외 사유(정부의 복지정책·실업대책 등에 따라 일자리를 제공하는 경우)로 7개월, 기간제근로자로 24개월을 순차로 근무하였고, 원고 2는 기간제근로자로 3개월, 기간제근로자 예외 사유(정부의 복지정책·실업대책 등에 따라 일자리를 제공하는 경우)로 12개월, 기간제근로자로 24개월 순차로 근무하였는데, 각각 5개월+24개월 또는 3개월+24개월을 합산하여 원고들은 총 2년을 초과하여 기간제근로자로 근무한 것으로 인정되었다.

32) 대법원 2020. 8. 20. 선고 2018두51201 판결, 대법원 2020. 8. 20. 선고 2017두52153 판결 등.

한편 반복하여 체결된 기간제 근로계약 사이에 근로관계가 존재하지 않는 공백기간이 있는 경우에는, "공백기간의 길이와 공백기간을 전후한 총사용기간 중 공백기간이 차지하는 비중, 공백기간이 발생한 경위, 공백기간을 전후한 업무내용과 근로조건의 유사성, 사용자가 공백기간 동안 해당 기간제근로자의 업무를 대체한 방식과 기간제근로자에 대해 취한 조치, 공백기간에 대한 당사자의 의도나 인식, 다른 기간제근로자들에 대한 근로계약 반복·갱신 관행 등을 종합하여 공백기간 전후의 근로관계가 단절 없이 계속되었다고 평가될 수 있는지 여부를 가린 다음, 공백기간 전후의 근로기간을 합산하여 기간제법 제4조의 계속근로한 총기간을 산정할 수 있는지 판단하여야 한다."는 것이 판례의 태도이다.[33] 이때 근로계약 당사자가 일부 근로기간에 대하여 강행규정인 기간제법 4조 2항을 배제하기로 하는 합의를 하더라도 그 효력이 인정되지 않는다.[34]

그러나 4주 동안을 평균하여 1주의 소정근로시간이 15시간 미만인 단시간근로자로 기간제 근로계약을 체결하였다가 해당 근로관계가 종료된 이후 새로이 기간제법 4조 1항 단서에 해당되지 않는 일반 기간제 근로계약을 체결한 경우 단시간근로자로 근무한 기간은 기간제법 4조 2항의 '2년'에 포함되지 않는다.[35]

한편 사용자의 갱신거절이 부당해고와 마찬가지로 효력이 없고 근로자의 계약갱신에 대한 기대권이 갱신거절 이후까지 존속하지 않는다고 볼 만한 사정도 없다면, 최초 갱신거절로 인해 근로자가 실제로 근로를 제공하지 못한 기간(예컨대 부당해고를 다투는 쟁송기간)도 기간제법 4조 2항의 사용제한기간 2년에 포함된다.[36] 즉 기간제근로자가 갱신거절로 인한 부당해고를 다투던 중 2년이 경과하였는데 갱신기대권이 소멸되었다고 볼만한 사정이 없다면 해당 기간제근로자는 기간의 정함이 없는 근로자로 전환된다. 이는 사용자의 부당한 갱신거절의 법적 효과는 부당해고와 마찬가지로 효력이 없으므로 당사자의 근로관계는 원상회복되기 때문이다.[37]

나아가 기간제법 4조 1항 단서 6호, 기간제법 시행령 3조 3항 1호에 따라

33) 대법원 2019. 10. 17. 선고 2016두63705 판결. 이 판결은 대법원 2017두54975 판결 사안과 달리 복수의 기간제 근로계약 사이에 아예 근로관계가 존재하지 않는 공백기가 존재하는 사안에 대한 것이다.

34) 대법원 2018. 6. 15. 선고 2016두62795 판결.

35) 대법원 2014. 11. 27. 선고 2013다2672 판결.

36) 대법원 2018. 6. 19. 선고 2013다85523 판결.

37) 강선희c, 98면.

예외적으로 2년을 초과하여 기간제근로자를 사용할 수 있는 경우에는 다른 법령에서 허용한 최대 사용기간을 초과하여 기간제근로자를 사용한 시점에 기간제법 4조 2항에서 정한 바대로 기간의 정함이 없는 근로자로 전환되는 효과가 발생한다.38)

#### (4) 기간제근로자 사용기간 제한의 예외

기간제법 4조 1항 단서는 기간제근로자 사용기간 제한의 예외 규정을 두어 다음과 같은 '합리적 사유'가 있는 경우 2년을 초과하여 기간제근로자를 사용할 수 있도록 하였다. 사용기간 제한의 예외 사유는 ① 사업의 완료 또는 특정한 업무의 완성에 필요한 기간을 정한 경우나 휴직·파견 등으로 결원이 발생하여 당해 근로자가 복귀할 때까지 그 업무를 대신할 필요가 있는 경우, 근로자가 학업, 직업훈련 등을 이수함에 따라 그 이수에 필요한 기간을 정한 경우 등과 같이 일정 기간 동안 기간제 근로가 필요하나 그 기간이 특정되지 않는 경우에 있어 2년의 사용 제한을 일률적으로 적용하여 제한하는 것이 적절하지 않은 경우와 ② 고령자와 근로계약을 체결하는 경우, 근로소득 상위 100분의 25에 해당하는 경우, 1주 동안의 소정근로시간이 뚜렷하게 짧은 단시간 근로자를 사용하는 경우 등과 같이 기간제근로자에 대한 보호필요성이 다른 근로자들에 비해 상대적으로 적은 경우로 대별할 수 있다.39)

##### ㈎ 사업의 완료 또는 특정한 업무의 완성에 필요한 기간을 정한 경우(1호)

이는 건설공사, 특정 프로그램 개발 또는 프로젝트 완수를 위한 사업 등과 같이 객관적으로 일정 기간 후 종료될 것이 명백한 사업 또는 특정한 업무에 관하여 사업 또는 업무가 종료될 것으로 예상되는 시점까지로 계약기간을 정한 경우를 말한다.40)

예컨대, 한시적으로 이루어지는 석면관리사업을 위해 채용되어 계약기간 범위 내에서 특정한 업무를 수행할 것이 예정되어 있었던 경우 4년을 근무하였

38) 대법원 2020. 8. 20. 선고 2018두51201 판결(초중등교육법령은 기간제근로자인 영어회화 전문강사의 경우 4년을 초과하지 않는 범위에서 기간을 연장할 수 있다고 정하고 있으므로, 사용자로서는 2년을 초과하여 영어회화 전문강사를 사용할 수 있으나, 계속 근로한 총기간이 4년을 초과한 영어회화 전문강사의 경우에는 기간의 정함이 없는 근로계약을 체결한 근로자로 보아야 한다고 판단하였다).

39) 오세웅, 185면.

40) 대법원 2017. 2. 3. 선고 2016다255910 판결.

더라도 무기계약직으로 전환되지 않는다는 하급심 판결이 있다.[41] 판례와 행정해석에서 본 호에 따른 사용기간 제한의 예외에 해당되는 것으로 본 추가 사례로는, ① A 기업의 특정 B 프로젝트에 3년 근무 후 일반 기간제 계약직으로 1년 6개월 근무하고 그 후 또 다른 특정 C 프로젝트에 3년을 근무한 경우,[42] ② 특정 프로젝트의 공사 기간이 5년인 경우 1년 단위로 계약을 하고 2번 갱신 후 3년 되는 시기에 근로계약기간이 만료된 경우,[43] ③ 발주자로부터 특정한 업무의 완성에 필요한 기간을 명확히 정한 프로젝트를 수주받아 그 사업 수행에 필요한 근로계약기간을 정하는 경우,[44] ④ 3년 임기의 비상근 회장의 비서를 채용하는 경우 당해 근로자와 근로계약을 체결할 때 회장의 임기 동안만 일을 하는 것으로 근로계약을 체결한 경우,[45] ⑤ 법률의 규정에 의한 한시적 사업[46] 등이 있다.

다른 한편으로 대법원은 사용자가 기간제법 4조 2항의 적용을 회피하기 위하여 형식적으로 사업의 완료 또는 특정한 업무의 완성에 필요한 기간을 정한 근로계약을 반복 갱신하여 체결하였으나 각 근로관계의 계속성을 인정할 수 있는 경우에는, 기간제법 4조 1항 단서 1호에 따라 사용자가 2년을 초과하여 기간제근로자를 사용할 수 있는 '사업의 완료 또는 특정한 업무의 완성에 필요한 기간을 정한 경우'에 해당한다고 할 수 없다면서, 각 근로관계의 계속성을 인정할 수 있는지는 각 근로계약이 반복 갱신하여 체결된 동기와 경위, 각 근로계약의 내용, 담당 업무의 유사성, 공백기간의 길이와 발생이유, 공백기간 동안 근로자의 업무를 대체한 방식 등 관련 사정을 종합적으로 고려하여 한다는 기준을 제시하였다.[47] 본 호에 따른 사용기간 제한의 예외에 해당되지 아니하는 것으로 본 판례와 행정해석 사례로는, ① 건설회사에서 기간제근로자를 먼저 고용한 후

---

41) 서울고법 2013. 6. 20. 선고 2012누34497 판결.
42) 비정규직대책팀-3018, 2007. 7. 26., 유사 사례로 고용차별개선과-260, 2012. 2. 7.
43) 비정규직대책팀-3018, 2007. 7. 26.
44) 비정규직대책팀-2428, 2007. 6. 26., 유사 사례로 고용차별개선과-1485, 2011. 9. 15.
45) 비정규직대책팀-3017, 2007. 7. 26.
46) 대법원 2014. 6. 26. 선고 2013다10079 판결('일제강점하 강제동원피해 진상규명 등에 관한 특별법'상 일제강점하강제동원피해진상규명위원회 소속 기간제근로자), 고용평등정책과-113, 2011. 1. 13.('10·27법난 피해자의 명예회복 등에 관한 법률'상 법난명예회복지원단 소속 기간제근로자), 고용차별개선과-2477, 2011. 12. 27.('대일항쟁기 강제동원 피해조사 및 국외강제동원 희생자 등 지원에 관한 특별법' 및 '6.25전쟁 납북피해 진상규명 및 납북피해자 명예회복에 관한 법률'상 지원위원회 소속 기간제근로자).
47) 대법원 2017. 2. 3. 선고 2016다255910 판결.

유기(有期) 사업 및 특정 프로젝트에 근무 지시를 통해 순환 배치한 것에 불과한 경우,[48] ② 계절적인 요인으로 특정 시기로 국한하여 공장을 가동하고, 나머지 기간은 휴업 상태가 지속되는 형태가 매년 반복되는 경우(예컨대, 원료잎담배 가공 사업, 종묘 재배 사업),[49] ③ 매년 갱신되는 공공사업의 경우(여성새로일하기센터, 학교사회복지사),[50] ④ 다수의 감리용역을 수주받아 상시적으로 감리업무를 수행하여야 하는 사용자가 다수의 용역현장에서 근로자와 반복적으로 근로계약을 체결하여 감리업무를 수행하게 한 경우[51] 등이 있다.

#### (나) 휴직 · 파견 등으로 결원이 발생하여 당해 근로자가 복귀할 때까지 그 업무를 대신할 필요가 있는 경우(2호)

이는 출산 · 질병 · 군입대 등으로 인하여 휴직한 근로자나 장기 파견 근로자 등을 일시적으로 대신할 수 있는 근로자의 고용을 염두에 둔 것이다. 결원 근로자의 '업무'를 대신할 필요가 있는 경우에 한하여 사용기간 제한의 예외로서 인정되는 것이므로, 당초부터 그 업무와 전혀 별개의 업무를 수행하기 위하여 채용된 경우 또는 결원 근로자의 업무를 수행하기 위한 목적으로 채용되었으나 실제로는 다른 목적으로 사용되는 경우에는 이러한 예외 사유에 해당될 수 없다. 공무원이 근무하여야 하는 업무에 공무원 미발령으로 결원이 발생하여 공무원을 배치할 때까지 행정대체인력으로 사용하는 기간제근로자도 예외 사유에 해당하지 않는다고 본다.[52]

반대로 다수의 출산휴직자가 발생하여 각각의 출산휴직 기간 동안 업무를 대체한 것이라면 기간제근로자로 2년을 초과하여 사용할 수 있다.[53]

한편 동일한 기간제근로자가 휴직자 등을 대체하기 위해 사용한 기간(업무대체인력으로 근무한 기간)과 일반 기간제 근로계약 기간이 반복되는 경우에 기간제법상 2년 사용 시 무기계약 전환의 시점은 업무대체인력으로 근무한 기간을 제외하고, 일반 기간제 근로계약기간을 합산하여 2년을 초과하는 때이다.[54]

---

48) 비정규직대책팀-2742, 2007. 7. 9.
49) 비정규직대책팀-701, 2007. 3. 5., 유사 사례로 고용차별개선과-2429, 2012. 10. 30.(매년 일정 기간 반복적으로 수행하는 시티투어버스 운전기사).
50) 고용평등정책과-1058, 2010. 11. 12., 고용평등정책과-1326, 2010. 12. 3.
51) 대법원 2017. 2. 3. 선고 2016다255910 판결.
52) 고용차별개선정책과-2299, 2009. 12. 22.
53) 고용평등정책과-1672, 2010. 12. 30.
54) 고용차별개선정책과-38, 2010. 1. 6.

### ㈐ 근로자가 학업, 직업훈련 등을 이수함에 따라 그 이수에 필요한 기간을 정한 경우(3호)

이는 기간제근로자가 학생이나 직업훈련생 등인 경우에 졸업이나 수료에 필요한 기간을 근로계약기간으로 정한 경우를 의미한다. 학생이나 직업훈련생은 학위 또는 자격증 취득 후 취업이 중요하므로, 학업·직업훈련과 직장생활의 양립을 위하여 그 기간 중에는 근로계약기간의 제한을 적용받지 않도록 하기 위한 것이다.[55]

이 예외 사유는 사용자 측의 사정이 아닌 근로자 측의 사정을 고려하여 마련된 것이므로 근로자가 스스로의 필요에 따라 일정기간 동안 근로계약을 체결할 것을 요구한 경우에만 이 사유에 해당하는 것으로 보아야 한다. 따라서 사용자가 근로자가 학생인 것을 이유로 일정기간은 무조건 기간제 근로계약을 체결할 것을 요구한 경우에는 이 사유에 해당하지 않는다.[56] 또한 기간제근로자가 재직 중에 회사의 학위과정 이수 허용 방침 등과는 별개로 대학원에 진학한 것이라면 이는 근로자로서 근무하는 것과는 전혀 별개로 개인적으로 대학원에 진학한 것이므로 사용기간 제한의 예외에 해당된다고 보기는 어렵다.[57]

행정해석에 의하면, ① 산업체위탁교육전형에 따라 근로제공과 병행하여 대학에서 전문학사를 취득하는 경우,[58] ② 석사학위 또는 박사학위 이수에 필요한 기간을 근로계약기간으로 정한 경우[59] 등은 본 호 소정의 예외 사유에 해당한다고 본다. ③ 반대로 채용예정자가 별도의 훈련 약정을 체결하여 훈련요원 신분으로 교육에 참여하고 그 교육기간의 성적에 따라 이후 별도의 기간제 계약을 체결하더라도, 실질적으로 그 교육기간 중 근로를 제공하고 그 대가로 사용자가 임금을 지급하였다면 당해 교육기간은 기간제 근로기간으로 보아야 하므로, 이를 포함한 총 기간제 근로기간이 2년을 넘는 시점부터 기간의 정함이 없는 근로계약을 한 근로자로 전환된다고 본다.[60]

한편, 예외로 보는 '학업의 이수에 필요한 기간'은 학위(석사 또는 박사)를

55) 비정규직법 이해, 33면.
56) 민변비정규직법, 64면.
57) 고용차별개선정책과-457, 2009. 6. 19.
58) 고용평등정책과-438, 2011. 2. 23.
59) 고용차별개선과-210, 2012. 2. 1., 고용차별개선과-851, 2013. 5. 7.
60) 비정규직대책팀-2912, 2007. 7. 18.

취득할 때까지의 기간을 말하는 것이 아니라 수업을 듣는 기간 동안을 의미한다고 본다.

**㈑ 고령자고용법 2조 1호의 고령자**(만 55세 이상)**와 근로계약을 체결하는 경우**(4호)

고령자와 근로계약을 체결하는 경우를 2년을 초과하여 기간제근로자로 사용할 수 있는 경우로 정하고 있는 이유는 고령자에 대하여도 일반 근로자와 마찬가지로 2년을 초과하여 기간제근로자로 사용하면 기간의 정함이 없는 근로계약을 체결한 것으로 간주할 경우, 고령자에 대한 채용 자체가 기피되어 고령자에 대한 고용이 위축될 수 있다는 점을 고려한 것이다.[61] 본 호의 고령자는 기간제 근로계약을 최초로 체결할 당시 근로자가 만 55세 이상인 경우 또는 계속근로기간이 2년을 초과하지 아니한 때에 기간제 근로계약을 갱신하면서 당시 근로자의 연령이 만 55세 이상인 경우를 말한다. 만약 기간제 근로계약기간 중에 비로소 만 55세가 된 경우 계속근로한 기간이 2년을 초과하는 시점에서는 사용기간 제한의 예외라고 볼 수 없으며 해당 근로자는 무기계약 근로자로 간주된다.[62]

**㈒ 전문적 지식 · 기술의 활용이 필요한 경우와 정부의 복지정책 · 실업대책 등에 따라 일자리를 제공하는 경우로서 대통령령이 정하는 경우**(5호)

전문성과 직업능력이 높은 전문직종은 기간 제한을 통해 보호할 필요성과 당위성이 상대적으로 낮기 때문에 예외를 인정하였다.[63] 구체적으로는 ① 박사학위(외국에서 수여받은 박사학위를 포함)를 소지하고 해당 분야에 종사하는 경우, ② 국가기술자격법 9조 1항 1호에 따른 기술사 등급의 국가기술자격을 소지하고 해당 분야에 종사하는 경우, ③ 기간제법 시행령 별표 2에서 정한 전문자격[64]을 소지하고 해당 분야에 종사하는 경우가 있다(영 3조 1항).

박사학위 등을 소지한 자가 종사하는 기관 등에 대하여 법률이 특별히 제

---

61) 대법원 2017. 2. 3. 선고 2016두50563 판결.
62) 대법원 2013. 5. 23. 선고 2012두18967 판결.
63) 비정규직법 이해, 33면.
64) 이에는 건축사, 공인노무사, 공인회계사, 관세사, 변리사, 변호사, 보험계리사, 손해사정사, 감정평가사, 수의사, 세무사, 약사, 한약사, 한약업사, 한약조제사, 의사, 치과의사, 한의사, 경영지도사, 기술지도사, 사업운용조종사, 운송용조종사, 항공교통관제사, 항공기관사, 항공사 등 25가지의 전문자격이 포함된다.

한하고 있지 아니하므로, 연구소에 근무하는 경우뿐만 아니라 일반 기업체에서 박사학위 등을 소지하고 해당 분야에 종사하는 경우에도 기간 제한의 특례가 인정된다고 본다.[65] 반대로 박사학위 등을 소지하였더라도 해당 분야에 종사하지 않는 경우는 본 호 소정의 예외 사유에 해당하지 아니 한다.[66] 그리고 해당 분야의 직무를 주된 직무로 하되 무관한 직무는 일시적 · 간헐적으로 수행하거나 업무 비중이 일부에 그치는데 불과한 경우라면 기간제근로자 사용기간 제한의 예외에 해당될 수 있다.[67] 한편 박사 과정 중에 있거나 박사 과정 수료자의 경우,[68] 석사학위 소지자의 경우[69]에는 이에 해당되지 아니 한다.

이러한 예외 사유와 관련하여서는 그 범위가 너무 넓을 뿐만 아니라 기간제 보호대상에서 제외할 합리적 이유가 없다는 비판이 제기되고 있다.[70]

정부의 복지정책 · 실업대책 등에 따라 일자리를 제공하는 경우로서 대통령령이 정하는 경우에는 사용자가 2년을 초과하여 기간제근로자를 사용할 수 있다. 취로사업 · 자활사업 · 공공근로사업 등 정부 시책 사업은 참여자들의 생활안정, 취업기회 제공 등이 주된 목적으로 일반적인 근로관계와 차이가 있으며, 예산을 통해 시행되므로 사업의 성격상 사업기간에 맞추어 사용할 필요가 있기 때문에 기간 제한의 예외를 허용한다.[71] 이에 따라 영 3조 2항은 구체적으로 ① 고기법, 고보법 등 다른 법령에 따라 국민의 직업능력 개발, 취업 촉진 및 사회적으로 필요한 서비스 제공 등을 위하여 일자리를 제공하는 경우(1호), ② 제대군인 지원에 관한 법률 3조에 따라 제대군인의 고용 증진 및 생활 안정을 위하여 일자리를 제공하는 경우(2호), ③ 국가보훈기본법 19조 2항에 따라 국가보훈대상자에 대한 복지 증진 및 생활 안정을 위하여 보훈도우미 등 복지지원 인력을 제공하는 경우(3호)를 규정하고 있다.

국가나 지방자치단체가 국민 또는 주민에게 제공하는 공공서비스는 그 본질적 특성상 사회적으로 필요한 서비스의 성격을 가지고 있다. 따라서 국가나 지방자치단체가 공공서비스를 위하여 일자리를 제공하는 경우 위 1호에 해당하

65) 비정규직대책팀-1460, 2007. 5. 2.
66) 고용평등정책과-314, 2011. 2. 11.(의사자격증을 소지하고 의학전문기자로 종사하는 경우).
67) 고용차별개선과-1053, 2013. 6. 4.
68) 비정규직대책팀-2415, 2007. 6. 26.
69) 비정규직대책팀-2808, 2007. 7. 11.
70) 민변비정규직법, 67면.
71) 비정규직법 이해, 34면.

는지는 사업의 시행 배경, 목적과 성격, 사업의 한시성이나 지속가능성 등 여러 사정을 종합적으로 고려하여 판단하여야 한다.[72] 방과후학교 학부모 코디네이터 사업,[73] 공공도서관 개관시간 연장사업[74] 등이 위 1호에 해당한다.

국가보훈대상자의 취업지원사업에서 필요한 운영인력을 기간제근로자로 사용하는 경우에는 위 3호 사용기간 제한의 예외에 해당하나[75] 국가보훈대상자 등이 의무채용, 보훈특별고용, 가점취업 등의 취업지원을 받아 국가 또는 민간기업 등에 기간제근로자로 취업한 경우 그 기간제근로자까지 사용기간 제한의 예외에 해당한다고 볼 수 없다.[76]

#### (바) 그 밖에 위 각 사유에 준하는 합리적인 사유가 있는 경우로서 대통령령이 정하는 경우(6호)

이는 고용환경 변화에 따라 시행령에서 탄력적으로 규정할 수 있도록 하되, 위 각 사유에 준하는 정도의 합리적인 이유가 있는 경우에만 가능토록 하였다.

영 3조 3항에 따르면 구체적으로 ① 다른 법령에서 기간제근로자의 사용기간을 기간제법 4조 1항과 달리 정하거나 별도의 기간을 정하여 근로계약을 체결할 수 있도록 한 경우(1호),[77] ② 국방부장관이 인정하는 군사적 전문적 지

---

72) 대법원 2012. 12. 26. 선고 2012두18585 판결.

73) 갑 지방자치단체가 교육과학기술부로부터 특별교부금 형식으로 국고보조금 지원을 받아 시행하다가 자체 예산으로 지속한 '방과후학교 학부모 코디네이터(전담보조인력) 사업'의 일환으로 산하 공립학교장을 통하여 을 등과 '방과후학교 학부모 코디네이터 채용계약'을 체결한 경우 위 사업은 교육서비스 분야 일자리 창출 및 확대와 경제위기 심화 대비 실업극복 희망 만들기 대책 추진계획의 일환으로 '학부모 일자리 창출을 통한 경제위기 극복에 기여'를 하나의 목적으로 추진되었고, 일자리 창출을 위한 일시적·한시적 성격의 사업이라는 측면이 있는 점 등을 종합하면, 기간제근로자 사용기간 제한의 예외 사유가 존재한다(대법원 2016. 8. 18. 선고 2014다211053 판결).

74) 대법원 2012. 12. 26. 선고 2012두18585 판결.

75) 고용평등정책과-405, 2010. 9. 1.

76) 고용차별개선과-483, 2013. 3. 21.

77) 예컨대, 외국인 근로자가 출입국관리법 18조에 따라 취업할 수 있는 체류자격을 부여받아야 하는데 체류자격별 체류기간의 상한의 제한을 받는 경우(고용평등정책과-205, 2011. 1. 26.), 교공법 11조의4 1항 또는 사립학교법 53조의2 3항에 의한 대학 교원의 임용기간의 경우 등이 여기에 해당한다. 판례는, 초중등교육법령에 따라 임용된 기간제근로자인 영어회화 전문강사가 여기에 해당한다고 보았다(대법원 2020. 8. 20. 선고 2018두51201 판결 등). 반면에 계약서에 영어회화 전문강사로 채용한다는 점을 명시하지 않았고, 영어회화 전문강사의 자격기준을 갖추었는지 여부를 심사한 바도 없으며. 다른 영어회화 전문강사와 업무내용, 보수 등에서 차이가 있고, 교육청에 영어회화 전문강사로 보고하지도 아니한 사안에서 법원은 해당 근로자가 초중등교육법 시행령 42조 5항 소정의 영어전문강사에 해당하지 않으므로 기간제법 4조 1항 단서가 적용되지 않는다고 판단하였다(서울행법 2014. 5. 15. 선고 2013구합29551 판결).

식 · 기술을 가지고 관련 직업에 종사하거나 고등교육법 2조 1호에 따른 대학에서 안보 및 군사학 과목을 강의하는 경우(2호),[78] ③ 특수한 경력을 갖추고 국가안전보장, 국방 · 외교 또는 통일과 관련된 업무에 종사하는 경우(3호),[79] ④ 고등교육법 2조에 따른 학교(같은 법 제30조에 따른 대학원대학을 포함한다)에서 고등교육법 14조에 따른 강사, 조교, 고등교육법 시행령 7조에 따른 겸임교원, 명예교수, 초빙교원 등의 업무에 종사하는 경우(4호), ⑤ 통계법 22조에 따라 고시한 한국표준직업분류의 대분류 1과 대분류 2 직업에 종사하는 자의 소득세법 20조 1항에 따른 근로소득(최근 2년간의 연평균 근로소득을 말한다)이 고용노동부장관이 최근 조사한 고용형태별근로실태조사의 한국표준직업분류 대분류 2 직업에 종사하는 자의 근로소득 상위 100분의 25에 해당하는 경우(5호),[80] ⑥ 법 18조 3항에 따른 1주 동안의 소정근로시간이 뚜렷하게 짧은 단시간근로자를 사용하는 경우(6호),[81]

---

78) '국방부장관이 인정하는 군사적 전문적 지식 · 기술을 가지고 관련 직업에 종사하는 경우'와 관련하여, 군 관련 민간인력 직위는 전투력을 창출하는 고도의 전문직위로서 군경력 및 군사적 지식 보유가 필수적이므로 군 전임교수, BCTP(전투지휘훈련) 교관, 일반 및 전문대학의 안보학 및 부사관학과 교수, 학군단 교관 및 행정관 등을 말한다(고용평등정책과-771, 2010. 10. 14.).

79) 예컨대, 국방부 및 관련 기관(한국국방연구원, 방위사업청 등), 외교통상부 및 관련 기관(외교안보연구원 등), 통일부 및 관련 기관(남북회담본부 등)에서의 특수 경력 종사자가 여기에 해당될 수 있다(고용평등정책과-66, 2011. 1. 7.).

80) 계속근로한 기간이 2년을 초과하는 시점에서 산정한 최근 2년간의 연평균 근로소득과 최근 공고된 고용형태별근로실태조사의 한국표준직업분류 대분류 2 직업에 종사하는 자의 상위 100분의 25의 근로소득을 비교하여 판단한다(서울행법 2013. 10. 15. 선고 2013구합11123 판결). 여기서 근로소득은 소득세법 20조 1항에 따라 해당 과세기간(1. 1~12. 31)에 발생한 소득으로 근로를 제공함으로써 받는 봉급, 급료, 보수, 세비, 임금, 상여, 수당과 이와 유사한 성질의 급여 등을 말하므로 해당 과세기간에 수령한 연차휴가 미사용수당도 포함된다(고용차별개선과-1352, 2013. 7. 11.). 만약 근로자가 2개 이상의 직무를 수행하는 경우에는 관련 직무 내용상의 상관성이 가장 많은 항목으로 분류한다(고용차별개선과-1170, 2013. 6. 19.). 새로운 배가 건조될 때 선박의 건조 상황을 감시하고 보수를 계획하여 시행하는 업무를 감독하는 신조 감리업무 담당자(고용평등정책과-1254, 2010. 12. 1.), 증권사 영업직원(고용차별개선과-521, 2011. 4. 28.), 통역사(고용차별개선과-296, 2012. 2. 13.), 보험사 영업담당 차장(고용차별개선과-1170, 2013. 6. 19.) 등이 여기에 해당한다. 다만 이에 대하여 명확성 및 분쟁예방을 위하여 통상임금을 기준으로 소득을 비교해야 한다는 견해가 있다(오세웅, 195면). 5호의 적용 여부가 문제된 사안에서 법원은, 신한은행의 부지점장급에 해당하는 3급 직원으로 재직하다가 퇴사한 후 관리전담계약직군으로 1년 단위로 재채용된 근로자들의 2015년도 근로소득이 모두 70,000,000원을 상회하는데 비하여 2015년도 고용형태별근로실태조사의 한국표준직업분류 대분류 2 직업종사자(전문가 및 관련 종사자)의 근로소득 상위 100분의 25에 해당하는 금액은 57,313,000원이므로(고용노동부 공고 제2016-165호), 기간제법 4조 2항이 적용되지 않아 기간의 정함이 없는 근로계약을 체결한 근로자로 간주되지도 않는다고 판단하였다(대법원 2022. 8. 25. 선고 2018다267580 판결, 다만 위 쟁점은 상고이유는 아니었고 하급심에서 다투어졌다).

81) 인력운영의 탄력성을 위해 통상 고용하기 때문에 2년을 초과하여 근무하였음을 이유로 무기계약직으로 전환하는 것은 적절하지 않아 기간 제한 예외에 포함시킨 것이다.

⑦ 국민체육진흥법 2조 4호에 따른 선수와 같은 조 6호에 따른 체육지도자 업무에 종사하는 경우(7호),[82] ⑧ 다음 각 목의 연구기관에서 연구업무에 직접 종사하는 경우 또는 실험·조사 등을 수행하는 등 연구업무에 직접 관여하여 지원하는 업무에 종사하는 경우(8호)[83](국공립연구기관, 「정부출연연구기관 등의 설립·운영 및 육성에 관한 법률」 또는 「과학기술분야 정부출연연구기관 등의 설립·운영 및 육성에 관한 법률」에 따라 설립된 정부출연연구기관, 「특정연구기관 육성법」에 따른 특정연구기관, 「지방자치단체출연 연구원의 설립 및 운영에 관한 법률」에 따라 설립된 연구기관, 「공공기관의 운영에 관한 법률」에 따른 공공기관의 부설 연구기관, 기업 또는 대학의 부설 연구기관, 민법 또는 다른 법률에 따라 설립된 법인인 연구기관)가 있다.

## 3. 기간 상한을 초과한 기간을 정한 근로계약의 효력

### 가. 기간제법 시행 전의 논의

법 16조를 위반하여 일정한 사업의 완료에 필요한 경우가 아닌데도 불구하고 1년 이상의 기간을 정하여 근로계약을 체결한 경우 그 근로계약은 법 15조

82) 선수란 경기단체(대한체육회에 가맹된 법인 또는 단체)에 선수로 등록된 자이고, 체육지도자란 학교·직장·지역사회 또는 체육단체 등에서 체육을 지도하는 자로서 학교체육교사, 생활체육지도자, 경기지도자 등을 말하며, 선수는 통상 일정 기간 동안 활동하고, 체육지도자는 직종의 특성상 수요 변동성이 강하므로 기간 제한 예외에 포함시킨 것이다(대법원 2017. 10. 26. 선고 2016두33278 판결, 대법원 2017. 11. 9. 선고 2015두57611 판결, 대법원 2017. 11. 23. 선고 2017두56179 판결 등).

한편 위 2017두56179 사건에서 원심은 위 사용기간 제한의 예외 사유가 인정되기 위해서는 해당 근로자가 국민체육진흥법에 따라 체육지도자 자격을 취득한 사람이어야 한다는 전제 아래 그 자격을 취득한 바 없는 원고는 위 사유에 해당한다고 볼 수 없다고 판단하였으나, 대법원은 기간제법 4조 1항 단서는 해당 근로자가 종사하는 업무의 성격을 고려하여 2년 초과 근무의 예외를 인정한 것으로서, 그에 준하는 합리적인 사유가 있는 경우에는 같이 처우하려는 것이 6호의 취지이며, 따라서 해당 근로자가 학교·직장·지역사회 또는 체육단체 등에서 체육을 지도하는 업무에 종사하는 경우에는 기간제법 시행령 3조 3항 7호에 해당하여 같은 법 4조 1항 단서 6호가 적용될 수 있다고 해석하면서 원심판결을 파기하였다.

83) 연구기관이라 함은 '전문적인 연구업무를 주된 목적으로 독립된 연구시설이나 조직체계를 갖춰 설립된 기관'을 의미하므로, 전문적인 연구업무가 주된 목적인지 여부, 독립된 연구시설이나 조직체계를 갖추어 설립된 기관인지 여부를 전체적으로 파악하여 판단해야 하고, 연구기관이라고 하더라도 일부 다른 업무를 병행할 수는 있다고 본다.

한편 연구원 등의 경우 ⅰ) 연구과제의 수요가 불규칙적으로 발생하여 모든 연구원을 정규직으로 고용하는 데 한계가 있고 ⅱ) 석사학위 소지 연구 인력의 경우 계속적으로 연구경험을 쌓아야 함에도 기간 제한으로 인해 연구의 단절을 초래하는 불합리함이 발생하므로 이들의 업무를 기간제근로자 사용기간 2년 제한의 예외 사유에 포함시킨 것이다. 다만 전산업무지원, 도서실 사서업무, 행정지원 등을 주로 수행하는 연구보조원은 반드시 해당 연구분야에 대한 연구인력이 아니더라도 그 업무를 수행할 수 있으므로 일반적으로는 연구업무에 직접 관여하고 있다고 보기는 어렵다고 본다(고용평등정책과-425, 2010. 4. 6.).

1항, 2항에 의하여 1년인 근로계약으로 전환되는가, 아니면 계약이 전체적으로 유효 또는 무효인가 하는 논란이 있어 왔다.84)

대법원은 1년 이상의 근로계약이 체결된 경우라 하더라도 그 근로계약은 당연 무효로 되는 것이 아니라 계약기간이 1년인 근로계약으로 인정되고 그 이후의 근로관계는 특별한 사정이 없는 한 기간의 약정이 없는 것으로 보았다.85) 그러나 대법원은 1996. 8. 29. 선고 95다5783 전원합의체 판결을 통하여 근로계약기간은 법 15조 소정의 근로조건에 해당하지 아니하므로 근로계약 당사자는 원칙적으로 이를 임의로 정할 수 있고, 따라서 1년을 초과하는 기간을 정하여 근로계약을 체결하였다 하더라도 그 계약기간의 정함 자체는 유효하며, 그 약정기간 범위 안에서 사용자는 법 16조를 근거로 단순히 근로자에게 1년의 기간이 경과하였음을 이유로 근로관계의 종료를 주장할 수 없으나 근로자로서는 1년이 경과한 후에는 언제든지 당해 근로계약을 해지할 수 있다고 보았다. 그리고 근로계약기간을 정한 경우에 있어서 근로계약 당사자 사이의 근로관계는 특별한 사정이 없는 한 그 기간이 만료함에 따라 사용자의 해고 등 별도의 조처를 기다릴 것 없이 당연히 종료된다고 판시하였다.

반면에 학설은 근로기간의 만료로 당연히 근로관계가 종료하지 아니하고 일정한 법률적 제한이 따른다는 견해로서 이는 다시, ① 근로자가 1년을 초과하는 계약기간을 정한 것이 그의 자유로운 의사에 의한 것인 때에는 그 의사에 반해서 근로계약기간의 연장 가능성을 다시 문제 삼을 것은 없으나 사용자가 근로관계의 장기적 존속을 피하기 위하여 그 기간을 2년 또는 3년으로 정한 경우에는 근로관계의 존립 보호가 문제되므로 근로관계의 당연 소멸에 대한 타당성을 별도로 판단해야 한다는 견해86)와 ② 아무리 기간을 정하여 채용된 근로자라 하더라도 그 기간이 지났다고 하여 바로 근로계약이 종료한다고 보는 것은 지나치게 기계적인 해석으로서 부당하고 사용자가 그 기간의 만료를 이유로 근로계약의 종료를 주장하려면 명시적인 종료의 의사표시 또는 갱신거절의 의사 표시를 표명하여야 할 것이고 사용자에 의한 그러한 의사표시(갱신거절의 의

84) 다만, 법 15조에 의하면 같은 법에 정한 기준에 미치지 못하는 근로조건을 정한 근로계약은 그 부분에 한정하여 무효가 된다고 규정하고 있으므로, 법 16조 위반의 근로계약이라고 하여 그 계약 전체가 무효로 된다고 하는 견해는 없다.

85) 대법원 1989. 7. 11. 선고 88다카21296 판결.

86) 김형배, 821면.

사표시 등)는 본질적으로 해고와 동일한 성격의 것으로서 해고 제한 규정이 적용되어야 한다는 견해[87] 등이 있다.

### 나. 기간제법 시행 후

앞서 서술한 바와 같이 사용자가 기간제법 4조 1항 단서에 기재된 합리적 사유가 없거나 소멸되었음에도 불구하고 2년을 초과하여 사용하는 경우에는 기간의 정함이 없는 근로계약을 체결한 것으로 간주된다(기간제법 4조 2항). 이와 같이 기간제법 시행 후 근로계약을 체결, 갱신 또는 기존 근로계약기간을 연장하여 근로자를 2년을 초과하여 사용하면 기간의 정함이 없는 근로계약을 체결한 것으로 간주되므로 그 경우 사용자가 근로계약기간의 만료를 이유로 고용을 종료하면 해고에 해당되고, 따라서 법 23조의 '정당한 이유'가 있어야 한다. 기간제법상 구체적인 보호 법리에 관하여는 후술한다.

## 4. 근로계약의 갱신

### 가. 합의에 의한 갱신

근로계약기간이 종료되는 경우 당사자 간의 합의에 의하여 계약기간을 연장하는 계약을 새로이 체결할 수 있다. 또한 당사자 쌍방이 근로계약의 종료시점 일정 기간 전까지 이의가 없으면 자동적으로 갱신된다는 내용으로 미리 약정하는 것도 허용된다.[88] 기간제법 시행일 이후 이루어지는 갱신의 경우에는 시행일 이후부터 기산하여 갱신 기간의 합산기간이 2년을 초과할 수 없고, 만일 2년을 초과하는 경우에는 기간의 정함이 없는 근로계약으로 전환된다.

### 나. 묵시적 갱신

1년 이내로 정한 근로계약기간이 종료되었으나 당사자에게 근로계약 연장에 관한 아무런 합의 없이 근로자가 계속하여 근로를 제공하고 이에 대하여 사용자가 상당한 기간 이의를 제기하지 아니한 때에는 민법 662조 1항 규정에 의하여 근로계약의 묵시의 갱신이 있는 것으로 보아야 한다. 상당한 기간은 사무처리에서 착오 등 이의를 제기하지 아니한 이유를 살펴 사회통념상 합리성이 인정되는 기간이 될 것이다.[89] 이 경우 묵시의 갱신 후의 근로관계에 대하여는,

---

87) 김선수, 561면.

88) 김형배, 821면.

89) 하갑래, 771면. 판례는 계약기간 만료 후 근로자가 계속하여 근로를 제공하고 사용자가 약

기간의 정함이 없는 계약으로 보는 견해[90]와 종전의 근로계약과 동일한 기간의 근로계약으로 보는 견해[91]로 나뉜다. 우리 대법원 판례는 후자의 입장을 취하고 있다.[92]

다만 기간제법 시행일 이후부터 이루어지는 묵시적 갱신의 경우 그 갱신 기간의 합산 기간이 2년을 초과하면 기간의 정함이 없는 근로계약으로 전환된다.

### 5. 기간제법 시행 이전 기간제근로자 보호법리[93]

#### 가. 근로계약의 반복·갱신 등으로 인해 근로계약상 기간의 정함이 형식에 불과한 경우

기간제법 시행 이전에는 기간제근로자를 보호하는 명문의 규정이 없었기 때문에 판례는 기간을 정해 채용된 근로자라고 할지라도 장기간에 걸쳐서 그 기간의 갱신이 반복되거나 그 밖의 사정으로 인해 그 정한 기간이 단지 형식에 불과하게 된 경우에는 사실상 기간의 정함이 없는 근로자의 경우와 다를 바가 없게 되어 이 경우 사용자가 정당한 사유 없이 갱신계약의 체결을 거절하는 것은 해고와 마찬가지로 무효라고 보았다.[94]

---

2개월 동안 이의를 하지 않은 경우, 고용계약이 묵시적으로 갱신되었다고 보았다(대법원 1998. 11. 27. 선고 97누14132 판결).

90) 유성재a, 138면.

91) 하갑래, 772면.

92) 대법원 1986. 2. 25. 선고 85다카2096 판결[민법 662조에 의하면 고용계약이 만료된 후 노무자가 계속하여 노무를 제공하는 경우에 사용자가 상당한 기간 내에 이의를 하지 아니한 때에는 앞의 고용계약과 동일한 조건으로 고용한 것으로 보게 되어 있으므로 당초의 해외취업 계약기간이 1년이었다면 그 연장계약기간도 특단의 사정이 없는 한 1년으로 연장되었다고 보아야 하며, 이에 반하는 주장(예컨대, 6개월이라는 주장)을 하는 경우, 그 주장자에게 증명책임이 있다].

93) 학설상 기간제법 시행 이전의 기간제근로자 보호 법리와 관련하여 '근로계약상 기간의 정함이 형식에 불과한 경우'와 '갱신기대권이 형성된 경우'의 두 가지로 나누는 견해(도재형a, 157면 이하; 유성재b, 358면 이하)와 '과거 장기간 근로계약의 반복·갱신이 이루어진 경우', '근로계약상 기간의 정함이 형식에 불과한 경우', '갱신기대권이 형성된 경우', '기간제 근로계약을 인정하면서 해고 제한 법리가 유추적용된 경우'의 네 가지로 나누는 견해(김홍영·변성영, 453면 이하; 신권철, 204면 이하)가 있다.

94) 대법원 1994. 1. 11. 선고 93다17843 판결, 대법원 1995. 7. 11. 선고 95다9280 판결, 대법원 1998. 1. 23. 선고 97다42489 판결, 대법원 2003. 11. 28. 선고 2003두9336 판결, 대법원 2006. 2. 24. 선고 2005두5673 판결(위 사례에서 참가인 근로자들 중 1인의 계약기간은 갱신된 적이 없으나 동종 근로자들의 갱신 사실에 비추어 해당 근로자에게도 기간의 정함이 형식에 불과하다고 인정되었다), 대법원 2007. 9. 7. 선고 2005두16901 판결, 대법원 2007. 10. 11. 선고 2007두11566 판결, 대법원 2011. 11. 10. 선고 2010두24128 판결, 대법원 2013. 2. 14. 선고 2011두24361 판결,

장기간의 근로계약이 반복·갱신되는 등의 사정으로 근로계약기간의 정함이 형식에 불과한 경우는 기간제 근로계약상 당사자의 의사를 규범적으로 접근하여 기간 약정을 무력화시킴으로써 사실상 기간의 정함이 없는 계약으로 전환시켜 갱신 거절을 규제하는 것으로 볼 수 있다.[95]

### 나. 갱신기대권이 형성된 경우

판례는 '계속 근무할 수 있다는 기대관계(계속 고용에 대한 기대)'라는 '기대요소'를 기간제 근로계약에서의 기간의 정함이 형식에 불과하다고 인정하는 주된 근거로 삼았다. 그런데 대법원 2005. 7. 8. 선고 2002두8640 판결에서는 나아가 '재임용될 수 있으리라는 기대권', 즉 '재계약 기대권'이라는 새로운 기준을 제시하여 위 기대권에 반하는 갱신거절은 실질적으로 부당해고와 동일시할 수 있다고 판시하여 해고법리의 유추적용을 인정하였다.[96] 다만 위 판결은 재계약 기대권의 내용이나 위 기대권에 반하여 갱신거절을 하는 경우의 효과에 대하여는 명시적으로 밝히지 않았다.

그 후 대법원은 2011. 4. 14. 선고 2007두1729 판결에서 기간제 근로계약상 갱신기대권을 명시적으로 인정하면서, 사용자가 갱신기대권을 위반하여 기간만료를 통보하더라도 이는 부당해고와 마찬가지로 효력이 없으며 그 이후의 근로관계는 원칙적으로 종전과 동일하다고 밝혔다.[97]

---

반면에 기간을 정한 교원임용계약이 체결된 후 6차례에 걸쳐 재계약이 체결된 사정만으로는 위 임용계약에서 정한 기간이 단지 형식에 불과하다고 볼 수 없다고 한 사례(대법원 2010. 6. 24. 선고 2007다31471 판결), 1회 3년의 근로계약기간을 정하였고 관련 기준에 따라 매년 하위 5% 평가를 받는 근로자들에 대하여 재계약체결을 거부한 경우 위 근로계약에서 정한 기간이 단지 형식에 불과하다고 볼 수 없다고 한 사례(대법원 2011. 7. 28. 선고 2009두5374 판결) 등이 있다.

한편, 계약 갱신 횟수와 상관없이 "처음으로 근로계약을 체결하면서 기간을 정한 근로계약서를 작성한 경우 그 근로계약이 계약서의 문언에 반하여 기간의 정함이 없는 근로계약이라고 하기 위해서는 계약서의 내용과 근로계약이 이루어지게 된 동기 및 경위, 기간을 정한 목적과 당사자의 진정한 의사, 동종의 근로계약 체결방식에 관한 관행 그리고 근로자보호법규 등을 종합적으로 고려하여 그 기간의 정함이 단지 형식에 불과하다는 사정이 인정되어야"한다고 판시한 사례도 있다(대법원 1998. 5. 29. 선고 98두625 판결).

95) 이미선, 487면.

96) 이미선, 487면; 최은배a, 368면.

97) 대법원 2011. 4. 14. 선고 2007두1729 판결은 "근로계약, 취업규칙, 단체협약 등에서 기간만료에도 불구하고 일정한 요건이 충족되면 당해 근로계약이 갱신된다는 취지의 규정을 두고 있거나, 그러한 규정이 없더라도 근로계약의 내용과 근로계약이 이루어지게 된 동기 및 경위, 계약 갱신의 기준 등 갱신에 관한 요건이나 절차의 설정 여부 및 그 실태, 근로자가 수행하는 업무의 내용 등 당해 근로관계를 둘러싼 여러 사정을 종합하여 볼 때 근로계약 당사자 사이에 일정한 요건이 충족되면 근로계약이 갱신된다는 신뢰관계가 형성되어 있어 근로

판례는 장기간의 근로계약이 반복·갱신된 경우와 근로계약기간의 정함이 형식에 불과한 경우에 당사자의 주관적 의사해석에 기초하여 기간 약정의 효력을 부인하였으나, 당사자의 주관적 의사해석에도 불구하고(즉 당사자가 정한 근로계약기간이 형식에 불과한 것이 아니라고 하더라도) 재계약에 대한 정당한 기대권이 인정되는 경우에는 갱신거절이 해고에 해당한다는 점을 분명하게 밝혔다. 따라서 당사자의 내심의 의사가 어떠했는지와 관계없이 근로계약, 취업규칙, 단체협약 등에서 기간만료에도 불구하고 일정한 요건이 충족되면 당해 근로계약이 갱신된다는 취지의 규정을 두고 있거나, 그러한 규정이 없더라도 기간제근로자가 수행하는 업무의 성격상 계속 고용의 필요성이 인정되는지, 갱신절차 또는 갱신심사기준이 있는지, 갱신 가능성에 관한 사용자의 태도 등을 종합적으로 고려하여 근로계약 당사자 사이에 일정한 요건이 충족되면 근로계약이 갱신된다는 신뢰관계가 형성되어 있는 경우에 재계약 기대권을 인정할 수 있다.[98] 그리고 갱신기대권의 구체적인 효과는 근로자에게 재계약결정을 요구할 권리가 발생하거나 사용자에게 재계약체결의무를 부과하는 정도를 넘어서 사용자와 근로자 사이에 종전 근로계약과 동일한 근로관계가 인정된다.

### 6. 기간제법 시행 이후 기간제근로자 보호법리

#### 가. 기간제법 4조 2항에 따라 기간의 정함이 없는 근로계약으로 간주

기간제법 제정 전후를 불문하고 특별한 사정이 없는 한 기간제 근로계약은 적법한 것으로 해석된다. 따라서 기간을 정하여 근로계약을 체결한 근로자의 경우 그 기간이 만료됨으로써 근로자로서의 신분관계는 당연히 종료되고 근로계약을 갱신하지 못하면 갱신 거절의 의사표시가 없어도 당연 퇴직되는 것이 원칙이다. 그런데 사용자가 기간제법 4조 1항 단서에 기재된 합리적 사유가 없거나 소멸되었음에도 불구하고 2년을 초과하여 기간제근로자를 사용하는 경우에는 기간의 정함이 없는 근로계약을 체결한 것으로 간주된다(기간제법 4조 2항).[99]

---

자에게 근로계약이 갱신될 수 있으리라는 정당한 기대권이 인정되는 경우에는, 사용자가 이를 위반하여 부당하게 근로계약의 갱신을 거절하는 것은 부당해고와 마찬가지로 아무런 효력이 없고, 이 경우 기간만료 후의 근로관계는 종전의 근로계약이 갱신된 것과 동일하다"고 판시하였다. 같은 취지로 대법원 2011. 7. 28. 선고 2009두2665 판결, 대법원 2012. 6. 14. 선고 2010두8225 판결, 대법원 2014. 2. 13. 선고 2011두12528 판결, 대법원 2014. 2. 13. 선고 2011두19550 판결, 대법원 2014. 2. 13. 선고 2012두1402 판결.

98) 이미선, 494면.

교육공무원 내지 특정직공무원의 신분보장을 받는 대신 근무기간이 1년으로 법정된 조교에 대하여는, 기간제법, 특히 기간제법 4조 1항, 2항이 그대로 적용된다고 볼 수 없다는 것이 판례의 태도이다.[100]

그리고 이러한 규정에 따라 기간의 정함이 없는 근로계약을 체결한 것으로 간주되는 근로자의 근로조건에 대하여는, 해당 사업 또는 사업장 내 동종 또는 유사한 업무에 종사하는 기간의 정함이 없는 근로계약을 체결한 근로자가 있을 경우 달리 정함이 없는 한 그 근로자에게 적용되는 취업규칙 등이 동일하게 적용된다.[101]

### 나. 갱신기대권의 법리

기간제법 4조 2항에 따라 2년을 초과하여 기간제근로자를 사용하는 경우 무기직으로 전환되는 것과 별도로 기간제법 시행 이전 기간제근로자에 대한 보호법리가 여전히 적용될 수 있는지에 관하여 견해가 나뉜다.[102]

판례는 기간제법 시행 이후라도 그 이전에 형성된 갱신기대권은 여전히 유효하다는 입장이다.[103] 기간제법의 시행으로 사용자가 2년의 기간 내에서 기간제근로자를 사용할 수 있고, 기간제근로자의 총 사용기간이 2년을 초과할 경우 기간제근로자가 기간의 정함이 없는 근로자로 간주되더라도, 위 규정들의 입법 취지가 기본적으로 기간제 근로계약의 남용을 방지함으로써 근로자의 지위를 보장하려는 데에 있는 점을 고려하면, 기간제법의 시행만으로 시행 전에 이미 형성된 기

99) 이러한 기간제법의 규율과 별도로, 앞에서 살펴본 '사실상 기간의 정함이 없는 근로계약' 법리도 여전히 유효하다. 대법원 2011. 4. 14. 선고 2007두1729 판결은 "기간을 정한 근로계약서를 작성한 경우에도 예컨대 단기의 근로계약이 장기간에 걸쳐서 반복하여 갱신됨으로써 그 정한 기간이 단지 형식에 불과하게 된 경우 등 계약서의 내용과 근로계약이 이루어지게 된 동기 및 경위, 기간을 정한 목적과 당사자의 진정한 의사, 동종의 근로계약 체결방식에 관한 관행 그리고 근로자보호법규 등을 종합적으로 고려하여 그 기간의 정함이 단지 형식에 불과하다는 사정이 인정되는 경우에는 계약서의 문언에도 불구하고 그 경우에 사용자가 정당한 사유 없이 갱신계약의 체결을 거절하는 것은 해고와 마찬가지로 무효로 된다."라고 판시한 바 있다.

100) 대법원 2019. 11. 14. 선고 2015두52531 판결(1년 단위로 재임용되어 2년 이상 초과하여 근무한 전남대학교 조교에게 기간만료를 이유로 당연퇴직을 통보한 것이 부당해고인지가 다투어진 사안에서 부당해고를 인정한 원심을 파기환송하였다).

101) 대법원 2019. 12. 24. 선고 2015다254873 판결.

102) 소극설에는 유성재b, 373~374면, 적극설에는 도재형a, 182~184면; 도재형b, 208~214면; 신권철, 222~224면; 최은배b, 218~219면 등이 있다. 각 학설에 대한 자세한 소개는 김홍영·변성영, 458면 이하 및 변성영, 158면 이하 참조.

103) 대법원 2014. 2. 13. 선고 2011두12528 판결, 대법원 2014. 2. 13. 선고 2013다51674 판결, 대법원 2014. 2. 13. 선고 2011두19550 판결, 대법원 2014. 2. 13. 선고 2012두1402 판결.

간제근로자의 갱신에 대한 정당한 기대권이 배제 또는 제한된다고 볼 수는 없다.

위 판례에서는 기간제법 시행 이후 신규로 체결된 기간제 근로계약의 경우에도 갱신기대권이 인정되는지 분명하지 않았다. 기간제법 시행 이후 갱신기대권의 인정 여부에 대하여 하급심의 판단이 엇갈렸으나,[104] 대법원은 동일한 논거를 들어 기간제 근로계약이 기간제법 시행 후에 체결되었다고 하더라도, 그에 기한 근로관계가 반드시 2년 내에 종료된다거나 총 사용기간이 2년을 넘게 되는 갱신기대권이 인정될 수 없다고 볼 것은 아니라거나 기간제근로자의 갱신에 대한 정당한 기대권 형성이 제한되는 것도 아니라고 판시하여 기간제법 시행 이후에 체결된 기간제 근로계약의 경우에도 갱신기대권이 인정된다는 점을 확인하였다.[105]

그리고 정년을 이미 경과한 상태에서 기간제 근로계약을 체결한 경우[106]에도 갱신기대권이 인정될 수 있는데, 이때는 기간제법 및 고령자고용법의 관련 규정들의 입법취지, 사업장 내에서 정한 정년의 의미 및 정년 이후에 기간제 근로계약을 체결하는 근로계약 당사자의 일반적인 의사, 해당 직무의 성격에 의하여 요구되는 직무수행 능력과 당해 근로자의 업무수행 적격성, 연령에 따른 작업능률 저하나 위험성 증대의 정도, 해당 사업장에서 정년을 경과한 고령자가 근무하는 실태 및 계약이 갱신되어 온 사례 등을 종합적으로 고려하여 근로계약 갱신에 관한 정당한 기대권이 인정되는지 여부를 판단하여야 한다.[107] 일반적인 기간제 근로계약에서 갱신기대권과 갱신거절의 정당한 이유의 판단기준 이외에 해당 직무의 성격과 요구되는 직무수행 능력, 근로자의 업무수행 적격성, 연령에 따른 작업능률 저하나 위험성 증대의 정도 등이 판단기준으로 고려되어야 하고,[108] 근로자의 건강악화 가능성, 업무수행상 민첩성, 특정 업종의 경우 고객들이 느끼는 신뢰감 등도 고려될 수 있다.[109] 정년을 경과한 기간제근로

104) 서울고법 2011. 8. 18. 선고 2011누9821 판결, 서울고법 2014. 11. 6. 선고 2013누53679 판결.

105) 대법원 2016. 7. 29. 선고 2013다47125 판결, 대법원 2016. 11. 10. 선고 2014두45765 판결, 대법원 2017. 2. 3. 선고 2016두50563 판결, 대법원 2017. 10. 12. 선고 2015두59907 판결.

106) 예컨대, 정년 도과 후에 촉탁직 근로계약을 체결하는 경우.

107) 대법원 2017. 2. 3. 선고 2016두50563 판결. 위 사례에서 골프장을 운영하는 사용자가 정년이 도과한 골프코스 관리팀 근로자들과 근로계약기간을 1년으로 정한 근로계약을 체결한 후 근로계약기간이 만료되자 근로관계가 종료된다고 통보하였는데, 대법원은 위 근로자들에게 정년 이후에도 갱신기대권이 인정되는지를 판단하여야 한다면서 제반 사정에 비추어 위 근로자들에게는 정년이 도과하여 기간의 정함이 없는 근로자로 전환될 수는 없다고 하더라도 근로계약이 갱신되리라는 정당한 기대권이 인정된다고 판단하였다.

108) 김홍영, 97면.

자에게 갱신기대권이 인정될 수 있다면, 같은 취지에서 기간제법 4조 1항 단서에 열거된 경우로서 2년을 초과하여 기간제근로자를 사용할 수 있다고 하더라도(즉 기간제법 4조 2항에 따른 기간의 정함이 없는 근로자로 간주되는 법률적 효과가 발생하지 않더라도) 업무의 성격상 기간이 정해진 경우를 제외하고는 갱신기대권이 인정될 가능성이 있다.[110)]

한편 근로자에게 정당한 갱신기대권이 형성된 경우라도 사용자에게 갱신을 거절할 합리적인 이유가 있는 경우에는 갱신거절이 부당해고라고 할 수 없다. 합리적 이유가 있는지 여부는 사용자의 사업 목적과 성격, 사업장 여건, 근로자의 지위 및 담당 직무의 내용, 근로계약 체결 경위, 근로계약의 갱신에 관한 요건이나 절차의 설정 여부와 운용 실태, 근로자에게 책임 있는 사유가 있는지 등 당해 근로관계를 둘러싼 여러 사정을 종합하여 갱신 거부의 사유와 절차가 사회통념에 비추어 볼 때 객관적이고 합리적이며 공정한지를 기준으로 판단한다.[111)] 과거 대법원은 계약갱신에 대한 정당한 기대권이 인정될 경우 사용자의 갱신거절에는 해고제한의 법리가 유추 적용되므로 사회통념상 상당하다고 인정되는 합리적 이유가 있어야 한다는 취지로 판시했었는데, 최근에는 여기서 더 나아가 합리적 이유가 있는지 여부는 갱신기대권을 인정하는 취지에 비추어 근로관계를 둘러싼 제반 사정을 종합하여 '갱신거부의 사유와 그 절차가 사회통념에 비추어 볼 때 객관적이고 합리적이며 공정한지를 기준으로 판단'하여야 한다고 제시하고 있다.[112)]

합리적인 이유의 존재에 관하여는 사용자가 증명책임을 부담한다.[113)] 갱신거절은 해고제한의 법리가 유추 적용되고, 해고의 정당한 사유는 사용자에게 증명책임이 있듯이 갱신거절에 합리적 이유가 있다는 사정은 사용자가 증명책임을 부담함이 타당하다.[114)]

---

109) 박수근, 150면.

110) 신용간, 35면.

111) 대법원 2017. 10. 12. 선고 2015두44493 판결. 같은 취지로 대법원 2011. 7. 28. 선고 2009두5374 판결(계약직 근로자들에게는 근무성적 평가 결과 일정한 순위 이상의 성적을 얻게 되면 근로계약이 갱신되리라는 정당한 기대권이 인정되는데, 3년 동안의 실적평가가 최하위로서 '계약직 사원 평가 및 재계약 기준'이 정한 재계약 제외대상자(하위 5%)에 해당한 사실 등에 비추어 근로계약 갱신을 거절할 합리적인 이유가 있었다는 사례).

112) 강선희a, 101면.

113) 대법원 2017. 10. 12. 선고 2015두44493 판결.

114) 강선희a, 101면.

한편 위와 같은 갱신기대권 법리는 선원법이 적용되는 선원이 체결한 기간제 근로계약이 종료된 경우에도 마찬가지로 적용된다는 것이 판례의 태도이다.[115)]

다. 전환기대권의 법리

기간제법상 갱신기대권의 법리는 기간제 근로계약이 한 번 더 갱신되는 효력이 인정될 뿐이었는데, 대법원은 2016. 11. 10. 선고 2014두45765 판결에서 기간제법의 입법 취지와 규정 내용, 갱신기대권 법리 등을 토대로 일정한 경우 기간제근로자에게 기간의 정함이 없는 근로자로의 전환에 대한 정당한 기대권이 형성될 수 있고, 그러한 경우 사용자가 합리적 이유 없이 이를 거절하고 계약의 종료를 통보하더라도 부당해고와 마찬가지로 효력이 없고, 그 이후의 근로관계는 기간의 정함이 없는 근로자로 전환된 것과 동일하다고 판시하였다.[116)]

위 전환기대권 유무에 대한 판단기준은 원칙적으로 갱신기대권에 대한 판단기준과 동일하다고 본다. 다만, 근로계약, 취업규칙, 단체협약 등에서 기간제근로자의 계약기간이 만료될 무렵 인사평가 등을 거쳐 일정한 요건이 충족되면 기간의 정함이 없는 근로자로 전환된다는 취지의 규정을 두고 있거나, 기간의 정함이 없는 근로자로의 전환에 관한 기준 등에 관한 요건이나 절차가 존재하는 경우 전환기대권을 인정하기가 용이할 것이다.

갱신기대권과 전환기대권의 효력 차이는 기간제 근로계약의 갱신 또는 정규직 전환 이후의 근로조건에서 나타난다고 본다. 파견법은 사용사업주에게 파견근로자를 직접고용할 의무가 발생한 경우 해당 근로자의 근로조건에 대하여, 사용사업주의 근로자 중 당해 파견근로자와 동종 또는 유사업무를 수행하는 근로자가 있는 경우에는 그 근로자에게 적용되는 취업규칙 등에서 정하는 근로조

115) 대법원 2019. 10. 31. 선고 2019두45647 판결(같은 취지의 원심을 수긍하여 상고기각함).

116) 기간제법 5조, 8조 1항, 9조 1항의 내용 및 입법 취지에 기간제근로자의 기대권에 관한 법리를 더하여 살펴보면, 근로계약, 취업규칙, 단체협약 등에서 기간제근로자의 계약기간이 만료될 무렵 인사평가 등을 거쳐 일정한 요건이 충족되면 기간의 정함이 없는 근로자로 전환된다는 취지의 규정을 두고 있거나, 그러한 규정이 없더라도 근로계약의 내용과 근로계약이 이루어지게 된 동기와 경위, 기간의 정함이 없는 근로자로의 전환에 관한 기준 등 그에 관한 요건이나 절차의 설정 여부 및 그 실태, 근로자가 수행하는 업무의 내용 등 근로관계를 둘러싼 여러 사정을 종합하여 볼 때, 근로계약 당사자 사이에 일정한 요건이 충족되면 기간의 정함이 없는 근로자로 전환된다는 신뢰관계가 형성되어 있어 근로자에게 기간의 정함이 없는 근로자로 전환될 수 있으리라는 정당한 기대권이 인정되는 경우에는 사용자가 이를 위반하여 합리적 이유 없이 기간의 정함이 없는 근로자로의 전환을 거절하며 근로계약의 종료를 통보하더라도 부당해고와 마찬가지로 효력이 없고, 그 이후의 근로관계는 기간의 정함이 없는 근로자로 전환된 것과 동일하다(대법원 2016. 11. 10. 선고 2014두45765 판결).

건에 의할 것(6조의2 3항 1호), 사용사업주의 근로자 중 당해 파견근로자와 동종 또는 유사업무를 수행하는 근로자가 없는 경우에는 당해 파견근로자의 기존의 근로조건의 수준보다 저하되어서는 아니될 것(6조의2 3항 2호)으로 규정하고 있다. 그러나 기간제법은 기간제근로자가 정규직 또는 무기직으로 전환된 경우의 근로조건에 대하여 따로 규정하고 있지 않다. 따라서 단체협약, 취업규칙 등에서 전환 이후 근로조건을 정하고 있는 경우에는 그에 따르면 되지만, 그렇지 않은 경우[117] 그 근로조건의 규율은 해석에 맡겨져 있다. 이에 대하여 기간제근로자의 경우도 기간제법 8조(차별적 처우의 금지), 9조(차별적 처우에 대한 시정신청)의 규정의 취지 및 기간제법의 입법취지가 파견법과 유사한 점 등을 고려하여 기간제근로자가 2년 초과사용으로 고용간주되는 경우 파견근로자와 동일하게 동종·유사업무를 수행하는 근로자에게 적용되는 취업규칙 등에서 정한 근로조건이 적용되어야 한다는 견해가 있다.[118] 앞서 본 바와 같이 판례는, 기간제법 4조 2항에 따라 기간의 정함이 없는 근로계약을 체결한 것으로 간주되는 근로자의 근로조건에 대하여는, 해당 사업 또는 사업장 내 동종 또는 유사한 업무에 종사하는 기간의 정함이 없는 근로계약을 체결한 근로자가 있을 경우 달리 정함이 없는 한 그 근로자에게 적용되는 취업규칙 등이 동일하게 적용된다고 보고 있다.[119] 그런데 전환기대권이 인정되어 기간제근로자가 종전의 기간제 근로계약이 갱신되는 것이 아니라 정규직으로 전환되는 경우, 그 근로조건 역시 종전의 기간제 근로계약에 따르지 않고 정규직의 근로조건에 따르게 된다고 해석함이 논리적으로 일관된다.

### 라. 용역업체 변경에 따른 고용승계에 대한 기대권 법리

도급업체가 사업장 내 업무의 일부를 기간을 정하여 다른 업체(이하 '용역업체')에 위탁하고, 용역업체가 위탁받은 용역업무의 수행을 위해 근로자를 채용하여 사업을 영위하던 중 위탁계약기간만료 등으로 인해 새로운 용역업체가 해당 업무를 위탁받게 되는 경우, 종전 용역업체 근로자가 새로운 용역업체를 상대로

117) 그 전형적 예는 갱신기대권이 인정된 결과, 해당 기간제근로자의 사용기간이 2년을 초과하여 기간제법 4조 2항에 따라 기간의 정함이 없는 근로계약을 체결한 근로자로 간주되는 경우이다. 단체협약이나 취업규칙 등에서 정규직 또는 무기직 전환 규정을 두면서도 그 전환 이후 근로조건에 관한 규정을 두고 있지 않은 경우도 마찬가지이다.

118) 민변비정규직법, 72면; 이경우, 99면.

119) 대법원 2019. 12. 24. 선고 2015다254873 판결.

고용보호를 청구할 수 있는지는, '새로운 용역업체와 근로자 사이에 (묵시적) 근로계약이 성립하였는지' 또는 '종전 용역업체와 새로운 용역업체 사이에 영업양도가 이루어졌는지'라는 쟁점을 통해 다루어져 왔고,[120] 근래 하급심에서는 제 3 자를 위한 계약 성립의 문제로 다투어지기도 하였다.[121]

최근 대법원은, 새로운 용역업체가 종전 용역업체 소속 기간제근로자에 대한 고용을 승계하여 새로운 근로관계가 성립될 것이라는 신뢰관계가 형성되었다면, 특별한 사정이 없는 한 근로자에게는 그에 따라 새로운 용역업체로 고용이 승계되리라는 기대권이 인정되고, 이와 같이 근로자에게 고용승계에 대한 기대권이 인정되는 경우 근로자가 고용승계를 원하였는데도 새로운 용역업체가 합리적 이유 없이 고용승계를 거절하는 것은 부당해고와 마찬가지로 근로자에게 효력이 없다고 판단하였다. 나아가 이때 근로자에게 고용승계에 대한 기대권이 인정되는지 여부는 새로운 용역업체가 종전 용역업체 소속 근로자에 대한 고용을 승계하기로 하는 조항을 포함하고 있는지 여부를 포함한 구체적인 계약내용, 해당 용역계약의 체결 동기와 경위, 도급업체 사업장에서의 용역업체 변경에 따른 고용승계 관련 기존 관행, 위탁의 대상으로서 근로자가 수행하는 업무의 내용, 새로운 용역업체와 근로자들의 인식 등 근로관계 및 해당 용역계약을 둘러싼 여러 사정을 종합적으로 고려하여 판단하여야 한다.[122]

---

120) 예를 들어, 대법원 1991. 8. 9. 선고 91다15225 판결(영업양도 긍정), 대법원 2000. 3. 10. 선고 98두4146 판결(영업양도 부정), 대법원 2010. 1. 28.자 2009두19434 판결(심리불속행기각)의 원심판결(영업양도 부정, 명시적, 묵시적 근로계약의 성립 부정), 대법원 2001. 7. 13. 선고 2001두3709 판결(영업양도 부정, 묵시적 근로계약의 성립 부정), 대법원 2010. 2. 25.자 2009두20656 판결(심리불속행기각)의 원심판결(명시적, 묵시적 근로계약의 성립 부정), 대법원 2013. 12. 12. 선고 2012두14323 판결(영업양도 부정, 근로계약 성립 부정) 등 참조. 근로자의 고용승계 여부가 쟁점이 된 사안은 아니나, 용역업체 변경과 관련하여 묵시적 영엽양도계약 성립을 긍정한 판결로는, 대법원 2017. 10. 27.자 2017두51303 판결의 원심판결도 참조. 다만 위 판례들이 아래에서 보는 고용승계 기대권을 긍정한 판결과 비교할 때 법리적 쟁점이 다를 뿐만 아니라 구체적 사안도 달라 선례로서 의미가 있다고 할 수는 없어 보인다.

121) 대표적으로, 대전고법 2016. 10. 7. 선고 2016누11696 판결(아래 대법원 2016두57045 판결의 원심판결), 대전지법 2018. 12. 5. 선고 2017나115536 판결(미상고 확정), 서울고법 2020. 5. 29. 선고 2019누53992 판결(대법원 2020두40945 판결의 원심판결)은 제 3 자를 위한 계약이 성립한다고 보았다.

122) 대법원 2021. 4. 29. 선고 2016두57045 판결(고용승계 기대권 긍정, 승계거부의 합리적 이유 부정), 대법원 2021. 6. 3. 선고 2020두45308 판결(고용승계 기대권 긍정, 승계거부의 합리적 이유 부정), 대법원 2021. 6. 24. 선고 2017두72560 판결(고용승계 기대권 부정), 대법원 2021. 7. 8. 선고 2020두40945 판결(고용승계 기대권 긍정, 승계거부의 합리적 이유 부정). 이러한 법리를 설시하지는 않았으나, 고용승계 기대권은 인정하되 새로운 용역업체가 고용승계를 하지 않을 합리적 이유가 있다고 본 원심판결을 수긍한 판결로는, 대법원 2021. 4. 29. 선고

대법원이 이러한 고용승계 기대권을 인정한 사례들을 구체적으로 보면, 새로운 용역업체가 종전 용역업체 소속 근로자에 대한 고용을 승계·유지하는 조항을 포함하고 있는데다가[123] 도급업체 사업장에서 용역업체 변경에 따른 고용승계 관련 기존 관행까지 있어 해당 근로자에게 고용승계에 대한 신뢰를 인정할 수 있고, 그렇게 보더라도 새로운 용역업체에게 예상치 못한 결과를 초래하지 않는다고 보이는 사안이거나(대법원 2016두57045 판결, 대법원 2019두40444 판결, 대법원 2020두40945 판결), 용역계약 등에 아무런 정함은 없지만 고용승계의 관행이 매우 확고하여 새로운 용역업체도 고용승계의무를 인식하고 있는 사안(대법원 2020두45038 판결)으로 이해된다.

또한 도급업체가 직접 자회사를 설립하여 종전 용역업체가 수행하던 업무를 자회사에 위탁하는 경우에도 자회사가 용역업체 소속 근로자를 정규직으로 채용하여 새롭게 근로관계가 성립될 것이라는 신뢰관계가 형성되었다면, 특별한 사정이 없는 한 근로자에게는 자회사의 정규직으로 전환 채용될 수 있으리라는 기대권이 인정된다. 이때 근로자에게 정규직 전환 채용에 대한 기대권이 인정되는지 여부는 자회사의 설립 경위 및 목적, 정규직 전환 채용에 관한 협의의 진행경과 및 내용, 정규직 전환 채용 요건이나 절차의 설정 여부 및 실태, 기존의 고용승계 관련 관행, 근로자가 수행하는 업무의 내용, 자회사와 근로자의 인식 등 해당 근로관계 및 용역계약을 둘러싼 여러 사정을 종합적으로 고려하여야 한다.[124]

물론 고용승계 기대권이 인정되더라도 고용승계를 거부할 합리적 이유가 인정되는 경우라면, 부당해고와 같이 취급할 수 없을 것이다.[125]

[이 상 훈·진 창 수]

---

2019두40444 판결 참조.

123) 이러한 조항은, 정부가 2012년 마련한 「상시·지속적 업무 담당자의 무기계약직 전환 기준 등 공공부문 비정규직 고용개선 추진지침」 등에 영향 받은 바 크다. 위 지침 중 'Ⅲ. 용역근로자 근로조건 보호지침'은 청소·경비·시설물관리 등 단순노무용역에 종사하는 용역근로자들의 보호를 위해, 용역계약 체결 시에 '특별한 사정이 없는 한 고용을 승계하고 계약기간 중 고용 유지', '이를 위반 시 계약해지 및 향후 입찰참가자격 제한 가능'을 계약서에 명시하도록 정한 바 있다.

124) 대법원 2023. 6. 15. 선고 2021두39034 판결.

125) 대법원 2021. 4. 29. 선고 2019두40444 판결 참조.

제17조(근로조건의 명시)

① 사용자는 근로계약을 체결할 때에 근로자에게 다음 각 호의 사항을 명시하여야 한다. 근로계약 체결 후 다음 각 호의 사항을 변경하는 경우에도 또한 같다.

1. 임금
2. 소정근로시간
3. 제55조에 따른 휴일
4. 제60조에 따른 연차 유급휴가
5. 그 밖에 대통령령으로 정하는 근로조건

② 사용자는 제 1 항 제 1 호와 관련한 임금의 구성항목 · 계산방법 · 지급방법 및 제 2 호부터 제 4 호까지의 사항이 명시된 서면(「전자문서 및 전자거래 기본법」 제 2 조 제 1 호에 따른 전자문서를 포함한다)을 근로자에게 교부하여야 한다. 다만, 본문에 따른 사항이 단체협약 또는 취업규칙의 변경 등 대통령령으로 정하는 사유로 인하여 변경되는 경우에는 근로자의 요구가 있으면 그 근로자에게 교부하여야 한다.

〈세 목 차〉



[참고문헌]

**고용노동부**, 전자근로계약서 활성화를 위한 가이드라인(2016); **김기선**, “병원 야간경비근로자와 운전 · 주차관리근무자에 대한 휴게시간 미부여 및 근로조건의 서면명시의무 위반을 긍정한 사례”, 노동리뷰 99호, 한국노동연구원(2013. 6.); **이승길**, 근로계약법제에 관한 연구, 성균관대학교 대학원 박사학위논문(1999).

## Ⅰ. 의 의

법은 사용자로 하여금 근로계약을 체결할 때에 근로자에게 일정한 근로조건을 근로계약에 포함시켜 반드시 명시하도록 하고, 나아가 주요 근로조건은 서면으로 명시하여 근로자에게 교부하도록 하고 있다. 법에서 근로조건을 명시하도록 규정하고 있는 이유는 사용자가 자신의 우월한 지위를 남용하여 구체적인 근로조건을 제시하지 아니한 채 근로조건의 불확정 상태 하에서 근로자의 근로를 수령하는 것을 방지하여 근로자의 지위를 강화하기 위함이다.[1)]

근로자에게 교부해야 하는 서면은 종이로 된 문서로 해석되었으나 2021. 1. 5. 근기법 개정으로 전자문서 및 전자거래 기본법 2조 1호에 따른 전자문서도 포함되었다. 전자문서란 정보처리시스템에 의하여 전자적 형태로 작성·변환되거나 송신·수신 또는 저장된 정보를 말한다.

구 근기법(2010. 5. 25. 개정 전의 것)은 근로자가 요구하는 경우에만 사용자에게 서면교부의무를 부과하였으나 현재는 근로조건 중 주요내용에 대하여는 근로자의 요구 여부와 관계없이 사용자에게 서면교부의무를 부과하고 있다(법 17조 2항).

## Ⅱ. 명시할 근로조건

### 1. 단순 명시 근로조건

법 17조 1항은 사용자가 근로계약을 체결할 때 근로자에게 명시할 근로조건으로 임금(1호), 소정근로시간(2호), 법 55조에 따른 휴일(3호), 60조에 따른 연차유급휴가(4호), 그 밖에 대통령령으로 정하는 근로조건(5호)을 열거하고 있고, 영 8조는, '그 밖에 대통령령이 정하는 근로조건'으로 ① 취업의 장소와 종사하여야 할 업무에 관한 사항, ② 법 93조 1호부터 13호까지의 규정에서 정한 사항,[2)] ③ 사업장의 부속 기숙사에 근로자를 기숙하게 하는 경우에는 기숙사 규칙에서

1) 대법원 2016. 1. 28. 선고 2015도11659 판결; 이상윤, 160면.

2) 취업규칙을 작성하여 노동부장관에게 신고해야 할 사항을 말한다. 구체적으로 나열하면 다음과 같다. ① 업무의 시작과 종료 시각, 휴게시간, 휴일, 휴가 및 교대 근로에 관한 사항, ② 임금의 결정·계산·지급 방법, 임금의 산정기간·지급시기 및 승급(昇給)에 관한 사항, ③ 가족수당의 계산·지급 방법에 관한 사항, ④ 퇴직에 관한 사항, ⑤ 퇴직급여법 4조에 따른 퇴직급여, 상여 및 최저임금에 관한 사항, ⑥ 근로자의 식비, 작업 용품 등의 부담에 관한 사항, ⑦ 근로자를 위한 교육시설에 관한 사항, ⑧ 출산전후휴가·육아휴직 등 근로자의 모성 보호 및 일·가정 양립 지원에 관한 사항, ⑨ 안전과 보건에 관한 사항, ⑩ 근로자의 성별·연령 또는 신체적 조건 등의 특성에 따른 사업장 환경의 개선에 관한 사항, ⑪ 업무상과 업무 외의 재해부조(災害扶助)에 관한 사항, ⑫ 직장 내 괴롭힘의 예방 및 발생 시 조치 등에 관한 사항, ⑬ 표창과 제재에 관한 사항, ⑭ 그 밖에 해당 사업 또는 사업장의 근로자 전체에 적용될 사항.

정한 사항[3])을 열거하고 있다.

법 17조와 영 8조는 명시해야 할 근로조건을 열거하는 형식으로 규정하고 있지만 여기에 열거되지 아니하여도 근로조건과 밀접한 관계가 있는 사항은 명시되어야 할 것이다. 나아가 근로자를 위한 회사 사택의 임대 유무와 임대 조건, 근로자가 야간 학교를 통학하는 데 제공하는 편의 등 근로조건과 밀접한 관계가 있는 근로자의 '후생복지에 관한 사항'도 근로계약을 체결할 때에 명시하여야 한다.[4])

## 2. 서면 교부 근로조건

사용자는 17조 1항 1호의 근로조건 중 임금의 구성항목 · 계산방법 · 지급방법 및 2호 내지 4호까지의 사항이 명시된 서면을 근로자에게 교부하여야 한다.[5]) 서면의 교부는 근로자의 요구 유무에 관계없이 해야 한다. 다만 위 사항이 단체협약 또는 취업규칙의 변경 등 대통령령으로 정하는 사유로 인하여 변경되는 경우에는 근로자의 요구가 있으면 그 근로자에게 교부하여야 한다. 이때 근로자의 요구에 따라 사용자가 교부하여야 하는 것은 '변경된 사항이 명시된 근로계약서 등 서면'을 의미하는 것이지, 변경된 단체협약이나 취업규칙 자체를 말하는 것이 아니다.[6])

한편 전자근로계약서의 경우 비록 근로자가 스스로 출력할 수 있는 상황이라 하더라도 회사 서버에만 저장되어 있다면 사용자의 교부의무를 다하였다고 볼 수는 없을 것이며, 근로자가 전자근로계약서를 수신할 정보처리시스템(e메일 등)을 지정하게 하고 사용자가 해당 정보처리시스템에 전자근로계약서를 입력(발송)한 때 사용자가 근로계약서를 교부한 것으로 볼 수 있다. 만약 근로자가 정보처리시스템으로의 수신에 동의하지 않을 경우 사용자는 근로계약서를 직접 교부하여야 할 것이다.[7])

---

3) '기숙사 규칙에 관한 사항'은 사업장의 부속 기숙사에 근로자를 기숙하는 경우에 한하여 근로계약에 명시하여야 하는 것이며, 그 조항이 부속 기숙사를 설치하여 근로자를 기숙하도록 의무화하는 조항은 아니다.

4) 이승길, 120면.

5) 포괄임금제 하에서도 사용자에게 서면명시의무가 있다는 사례로는 서울남부지법 2013. 2. 21. 선고 2012고정4007 판결. 포괄임금제 계약이 있다고 하더라도 임금의 구성항목, 계산방법 및 지불방법 등을 서면으로 명시하는 것이 불가능하지 않기 때문이다(김기선, 97면).

6) 대법원 2016. 1. 28. 선고 2015도11659 판결.

7) 노동부 행정해석, 근로기준정책과-6384(2016. 10. 12.자).

## Ⅲ. 근로조건의 명시 시기

사용자가 근로자에 대하여 근로조건을 명시하여야 할 시기는 '근로계약을 체결할 때' 및 '근로계약 체결 후 변경할 때'이다.8) 보통 근로계약 체결 시기는 사용자가 근로자와 고용에 관한 의사표시를 하는 때라고 할 수 있다.

채용 내정의 경우에는 그 법적 성질을 어떻게 파악하느냐에 따라 차이가 있으나, 채용 내정의 시기를 계약의 성립 시기로 보아야 하므로 채용 내정시에 근로조건을 명시하여야 한다.9) 다만, 근로시간이나 휴게시간 등 근로자가 실제로 노무를 제공할 때부터 적용되는 규정들은 채용내정기간에는 적용되지 않는다.10)

이에 대하여는 근로계약을 체결할 때라 함은 반드시 근로자와 사용자 간에 근로계약이 유효하게 성립되는 시기에 국한하는 것은 아니며, 근로계약의 체결 전이라도 근로자와 사용자 간에 계약에 관한 교섭이 진행되는 시기를 포함하는 것으로 넓게 해석하여야 한다는 견해도 있다.11)

단체협약의 개정 또는 취업규칙의 변경에 의한 근로조건 변경의 경우 근로자 개개인에 대한 별도의 명시 의무는 없다고 볼 것이다. 왜냐하면 전자의 경우 노동조합에 의해 조합원에게 주지시킬 수 있고, 후자의 경우 취업규칙의 주지의무가 사용자에게 부과되므로 이중으로 사용자에 의한 명시의무가 인정될 필요가 없기 때문이다.12)

## Ⅳ. 근로조건의 명시 방법

① 임금의 구성항목 · 계산방법 · 지급방법, ② 소정근로시간, ③ 주휴일, ④ 연차 유급휴가에 대하여는 서면(「전자문서 및 전자거래 기본법」 2조 1호에 따른 전

---

8) 이와는 달리 직안법 10조에서는 "구인자가 직업안정기관의 장에게 구인신청을 할 때에는 구직자가 취업할 업무의 내용과 근로조건을 구체적으로 밝혀야 하며, 직업안정기관의 장은 이를 구직자에게 알려 주어야 한다"고 규정하여, '구인 신청을 할 때'에 명시하도록 요구하고 있다.

9) 김형배, 280면; 이승길, 115면.

10) 김형배, 280면.

11) 이상윤, 161면.

12) 이승길, 124면.

자문서를 포함한다)으로 명시하여 근로자에게 교부하여야 한다(법 17조 2항). 기간제 또는 단시간근로자와 근로계약을 체결하는 때에는 ① 근로계약기간, ② 근로시간 · 휴게, ③ 임금의 구성항목 · 계산방법 · 지불방법, ④ 휴일 · 휴가, ⑤ 취업의 장소와 종사하여야 할 업무, ⑥ 근로일 및 근로일별 근로시간(단시간근로자에 한한다)을 서면으로 명시하여야 한다(기간제법 17조).[13)]

위와 같이 서면으로 명시하도록 되어 있는 사항을 제외하고는 근로조건의 명시 방법에 관하여 아무런 제한을 두고 있지 아니하므로, 그 밖의 근로조건의 명시 방법은 문서 또는 구두 등의 어떠한 방법에 의하여도 무방하다고 본다. 다만, 당사자 사이에 있을지도 모르는 후일의 분쟁에 대비하기 위하여 문서 또는 게시의 방법에 의하여 명시하는 것이 바람직하다.

근로조건은 근로계약 이외에도 취업규칙이나 단체협약 등에 통일적으로 정하는 것이 일반적이다. 따라서 근로계약에는 당해 근로자의 개별적 사항만을 명시하고, 근로시간, 휴가, 징계 등 모든 근로자에게 공통적으로 적용되는 근로조건에 대해서는 근로계약에 단서 규정을 두어 '취업규칙 및 단체협약에 따른다'고 규정할 수 있다.[14)] 이 경우 취업규칙과 단체협약은 근로자들이 계약을 체결하기 전에 그 내용을 미리 볼 수 있도록 배포 · 게시하여야 한다. 이와 같이 근로계약에 명시되지 않은 사항이라도 취업규칙에 명시되어 있으면 근로조건 명시의무를 이행한 것으로 보아야 한다.[15)] 판례도 근로계약 체결 시 임금의 구성항목 등의 서면명시의무를 다하였는지 여부에 대하여는 임금의 구성항목 등에 관한 근로계약 이외에도 취업규칙 등의 제규정 등을 종합적으로 검토하여 판단해야 한다는 입장이다.[16)]

---

13) 기간제법상 근로계약서 서면 명시의무와 관련하여 전자근로계약서의 유효성 여부에 관하여 특별한 규정이 없으나 기간제 근로계약 시 작성한 전자근로계약서도 유효하다고 이해된다(전자문서 및 전자거래 기본법 3조는 '이 법은 다른 법률에 특별한 규정이 있는 경우를 제외하고 모든 전자문서 및 전자거래에 적용한다'고 정하고 있고, 4조 1항은 '전자문서는 전자적 형태로 되어 있다는 이유만으로 법적 효력이 부인되지 아니한다'고 규정하고 있다). 고용노동부는 2016. 8. 30. 이미 「전자근로계약서 활성화를 위한 가이드라인」을 제시하면서 사용자와 근로자는 전자근로계약서를 작성하는 방법으로 근로계약을 체결할 수 있다고 안내한 바 있다. 건설근로자를 고용한 때에는 사업주는 사업주의 성명 · 사업장의 명칭 및 소재지 · 노동시간 · 임금 · 고용기간 · 업무의 내용 등을 기재한 서류를 근로자에게 교부하여야 한다(건설근로자법 6조).

14) 이상윤, 162면; 하갑래, 131면.

15) 하갑래, 131면.

16) 대법원 2007. 3. 30. 선고 2006도6479 판결.

한편 여기서 서면은 사용자와 근로자가 서명날인한 '서면 근로계약서'만을 의미하지 않고 근로자가 사전에 예기치 못한 불리한 근로조건을 감수하게 될 수 있는 위험을 제거하는 데 충분한 증명이 될 수 있는 서면(예컨대, 이메일)도 포함된다.17)

## V. 명시의무 위반 효과

근로조건 명시의무를 위반하면 500만 원 이하의 벌금에 처한다(법 114조 1호). 기간제근로자 또는 단시간근로자에 대한 근로조건 서면명시의무에 위반하는 경우에는 500만 원 이하의 과태료에 처한다(기간제법 24조 2항 2호). 이처럼 기간제법이 정한 제재수단이 근기법이 정한 제재보다 더 약하므로 기간제근로자 또는 단시간근로자에 대하여 근로조건 명시의무를 이행하지 않은 사용자에 대하여는 기간제법에 따른 제재만 가능한지 문제된다. 대법원은 근기법 17조의 근로조건의 명시의무는 기간제 근로계약을 체결할 때에도 마찬가지로 적용된다고 보아 이를 이행하지 않은 사용자는 근기법위반죄를 구성하여 근기법 114조 1호에 따른 처벌을 받게 된다고 판단하였다.18)

이와 같이 근로조건 명시의무에 위반하는 경우 벌칙이 적용이 되는 것은 별론으로 하고 근로계약이 사법상 무효가 되는 것은 아니다.19)

[이 상 훈·진 창 수]

17) 헌재 2016. 12. 29. 선고 2016헌마105 결정.

18) 대법원 2024. 6. 27. 선고 2020도16541 판결. 위와 같이 판단한 근거로 근기법 17조가 그 적용 범위를 기간의 정함이 없는 근로계약을 체결한 근로자로 한정하고 있지 않고, 기간제법도 근기법 17조의 적용을 배제하고 있지 않은 점, 기간제 근로계약을 체결하려는 근로자는 대부분 기간의 정함이 없는 근로계약을 체결하려는 근로자보다 사용자에 대하여 열위에 있으므로 주요 근로조건을 사전에 명시할 필요성이 더 큰데도, 명문의 근거 없이 사용자의 명시의무 위반에 대하여 더 강한 제재수단을 둔 근기법의 규정을 배제하는 것은 근기법과 기간제법의 취지에 부합하지 않는 점, 기간제법의 근로조건 명시의무는 제정 이후 사실상 변함이 없는 반면, 근기법은 기간제법 제정 직후부터 여러 차례 개정을 통해 서면으로 명시하여야 하는 근로조건의 범위를 넓히는 등 사용자의 명시의무를 강화하여 왔는데 이는 기간제 또는 단시간 근로계약인지 아닌지를 구분하지 않고 이를 근기법에 의하여 통일적으로 규율하도록 한 것이라고 보아야 하는 점 등을 들고 있다.

19) 박홍규, 279면; 임종률, 399면; 하갑래, 133면.

第18조(단시간근로자의 근로조건)

① 단시간근로자의 근로조건은 그 사업장의 같은 종류의 업무에 종사하는 통상 근로자의 근로시간을 기준으로 산정한 비율에 따라 결정되어야 한다.

② 제 1 항에 따라 근로조건을 결정할 때에 기준이 되는 사항이나 그 밖에 필요한 사항은 대통령령으로 정한다.

③ 4주 동안(4주 미만으로 근로하는 경우에는 그 기간)을 평균하여 1주 동안의 소정근로시간이 15시간 미만인 근로자에 대하여는 제55조와 제60조를 적용하지 아니한다.

〈세 목 차〉



[참고문헌]

**강성태**, "노동법상 단시간근로의 보호", 법학의 현대적 제문제 — 덕암 김병대 교수 화갑기념논문집, 대흥기획(1998); **김근주 외 6명**, 비정규직 대책의 현황과 과제, 한국노동연구원(2018); **박종희 외 4명**, 비정규직 차별금지 판단기준 및 운영에 관한 연구, 중앙노동위원회(2006. 12.); 고용노동부, **비정규직보호법률 해설자료**(2006. 12.); **신홍**, "임시근로 및 시간제근로에 대한 보호법리", 노동법학 6호, 한국노동법학회(1996); **이승욱**, "단시간 근로 규제의 문제점과 과제", 법학 53권 1호, 서울대학교 법학연구소(2012. 3.); **정용진**, "기간제법상 단시간 근로자 보호에 대한 재검토", 노동법논총 39집, 한국비교노동법학회(2017); **조임영 외 4명**, 비정규직 차별시정제도의 운영에 관한 연구 — 기간제 근로자 차별시정제도를 중심으로, 국회 환경노동위원회(2006. 12.).

## Ⅰ. 비례 보호의 원칙

### 1. 의 의

단시간근로자는 다른 근로자들과 마찬가지로 모든 조건에서 균등한 처우를 받아야 하지만, 근로시간에 따라 보호의 형태를 달리할 수 있으므로 그 근로조건은 당해 사업장의 동종 업무에 종사하는 통상 근로자의 근로시간을 기준으로 산정한 비율에 따라 결정되어야 한다(법 18조 1항). 이러한 원칙을 '비례 보호의 원칙'이라 한다. '시간 비례적 평등대우의 원칙', '근로시간 비례의 원칙'[1], '시간비례의 근로조건 결정원칙'[2]이라고도 한다.

평등의 원칙은 법정 근로조건에만 미치는 것이 아니므로, 통상 근로자에게 법정 기준을 상회하는 근로조건을 정하고 있을 경우에도 이에 비례하여 동일하게 법정 기준을 상회하는 근로조건을 인정하여야 한다.[3]

이 원칙은 1996. 12. 31. 근기법 개정(1997. 3. 13. 폐지)과 1997. 3. 13. 근기법 제정 때 단시간근로자의 정의 조항과 함께 신설되었다.

### 2. 비례적 평등과 절대적 평등

법 18조 1항은 '비례적 평등'만을 규정하고 있지만, 이는 어디까지나 비례적 평등을 강조하기 위한 것일 뿐 '절대적 평등(같은 근로자로서 똑같이 대우를 받아야 한다는 요청)'을 배제하는 취지는 아니다. 따라서 근로시간과 관계없는 근로조건(법 23조·24조의 해고 제한, 43조의 임금지급 원칙, 55조의 주휴일, 73조의 생리휴가 및 74조의 산전후휴가, 93조 취업규칙)[4]은 통상 근로자와 동일하게 부여된다.[5]

한편 법이나 영이 명시하고 있지는 않으나 ILO 협약이 말하는 단결권·단체교섭권·근로자대표로서 행동할 권리, 산업안전과 보건, 고용·직업상의 차별, 모성보호, 고용종료, 유급휴일, 업무상 재해보상 등에도 절대적 평등 원칙을 적용하여도 무방하다.[6]

---

1) 임종률, 631면.
2) 김형배, 847면.
3) 김유성, 384면.
4) 산전후 유급휴가 일수에 관한 단시간근로자의 근로기준(최저기준)은 통상 근로자의 법정근로기준(최저기준)과 똑같이 한다는 의미로 해석하여야 한다(1997. 6. 18. 근기 68207-785).
5) 2004. 8. 30. 근기 4532(단시간근로자에 대한 근기법 적용지침).
6) 강성태, 913면. 반면 사회보험에는 일정한 제한을 두고 있다. 예컨대 고보법은 해당 사업에

## Ⅱ. 단시간근로자의 근로조건

비례 보호의 원칙에 따라 근로조건을 결정할 때에 기준이 되는 사항이나 그 밖에 필요한 사항은 대통령령으로 정한다(법 18조 2항). 이에 따라 영 9조 1항은 자세한 내용을 [별표 2]로 정하고 있다.[7)]

### 1. 근로계약서의 작성

사용자가 단시간근로자를 고용할 경우에는 임금, 근로시간, 그 밖의 근로조건을 명확히 적은 근로계약서를 작성하여 근로자에게 내주어야 하고, 단시간근로자의 근로계약서에는 계약기간, 근로일, 근로시간의 시작과 종료 시각, 시간급 임금, 그 밖에 고용노동부장관이 정하는 사항이 명시되어야 한다(영 [별표 2] 1호).[8)]

통상의 근로자에게도 근로조건 명시의무는 있지만(법 17조), 서면으로 명시해야 하는 것은 임금의 구성항목 · 계산방법 및 지불방법, 소정근로시간, 휴일, 연차 유급휴가에 관한 사항 정도인데, 단시간근로자는 서면으로 명시해야 하는 근로조건의 범위를 확대하고 근로계약서의 작성과 교부의무를 정한 것이다. 단시간근로자는 근로조건상의 불안정성이 클 수 있기 때문에 사전에 이를 방지함으로써 사후의 불필요한 분쟁의 소지를 줄이기 위한 것으로서 단시간근로자 보호를 위해 진일보한 특별 규정으로 볼 수 있다.[9)]

한편 후술하는 바와 같이 기간제법에서 이러한 근로계약 체결과 관련된 조항을 보다 상세히 규정하고 있으므로, 근기법상 이 조항은 그 의미가 줄어들었다.

### 2. 임금의 계산

단시간근로자의 임금산정 단위는 시간급을 원칙으로 하며, 시간급 임금을 일급 통상임금으로 산정할 경우에는, 1일 소정근로시간 수에 시간급 임금을 곱

---

서 1개월간 소정근로시간이 60시간 미만이거나 1주간의 소정근로시간이 15시간 미만인 근로자에게는 적용되지 않지만, 해당 사업에서 3개월 이상 계속하여 근로를 제공하는 근로자와 1개월 미만 동안 고용되는 일용근로자에게는 적용된다(고보법 10조; 고보법 시행령 3조).

7) 시행령 별표2에 관해서는 유사산 휴가에 관한 명문 규정의 신설, 생리휴가가 무급으로 바뀐 것, 출산휴가와 유사산휴가의 기간 중 최초 60일에 대하여서만 유급으로 한 것 등 모법의 개정 내용을 반영하지 않은 입법상 착오가 있어 바로잡아야 한다는 지적이 있다. 임종률, 632면.

8) '그 밖에 고용노동부장관이 정하는 사항'을 정한 시행규칙 규정은 발견되지 않는다.

9) 강성태, 913~914면.

하여 산정한다. 1일 소정근로시간 수는 4주 동안의 소정근로시간을 그 기간의 통상 근로자의 총 소정근로일 수로 나눈 시간 수로 한다(영 [별표 2] 2호).

일급 통상임금으로 산정할 경우는 주휴일수당, 연차휴가수당 등의 경우이다. 여기서 소정근로시간 산정의 대상 기간인 4주는 그 해당 임금을 지급하여야 할 사유가 발생한 날 이전 4주를 말한다. 가령 임금을 계산하여야 할 사유가 생긴 날 이전 4주 동안 소정근로시간이 75시간(주당 18.75시간)이고 같은 기간 중 통상 근로자의 총 소정근로일 수는 20일(4주 × 5일)이었다면, 1일 소정근로시간 수는 3.75시간이고, 시간급 임금이 시간당 8,000원이었다면, 일급 통상임금은 30,000원이다.

이러한 임금 계산 방법은 단시간근로의 경우 임금 체계가 통상 근로자와 다를 수밖에 없기 때문에 가산임금 등의 계산을 분명히 하기 위한 것이다.

### 3. 초과근로[10)]

사용자는 단시간근로자를 소정근로일이 아닌 날에 근로시키거나 소정근로시간을 초과하여 근로시키고자 할 경우에는 근로계약서나 취업규칙 등에 그 내용 및 정도를 명시하여야 하며, 사용자는 근로자와 합의한 경우에만 초과근로를 시킬 수 있다(영 [별표 2] 3호).

근로자와의 합의가 있는 경우에만 연장근로를 시킬 수 있다는 것은 통상 근로자도 마찬가지이지만(법 53조 1항), 단시간근로자의 경우 소정근로시간 외 시간 활용이 특히 중요하므로 근로계약서 등에 초과근로의 내용·정도를 명시하도록 하고, 연장근로(기준근로시간 초과근로) 외에 초과근로(기준근로시간 안이라도 소정근로시간 초과근로)에 대하여도 근로자와 합의하여야 함을 분명히 한 것이다. 초과근로에 관한 부분은 기간제법 6조가 다시 정하고 있지만 그 내용과 명시 의무에 관한 부분이 없으므로, 법과 영 규정의 의의는 남아 있다.

한편, 단시간근로자의 경우 소정근로시간을 초과하더라도 기준근로시간을 초과하지 않을 가능성이 크고, 기존 법 해석[11)]에 의하면 법내 초과근로의 경우에는 가산임금 지급이 법상 의무는 아니었기 때문에 '초과근로에 대하여 가산임

10) 소정근로시간을 초과하지만 기준근로시간(법 50조 등)은 초과하지 않는 경우가 거의 대부분이므로 '연장근로' 대신에 '초과근로'라는 용어를 사용한다. 영 [별표 2]도 '초과근로'라는 용어를 쓰고 있다.

11) 대법원 1995. 6. 29. 선고 94다18553 판결, 대법원 1998. 6. 26. 선고 97다14200 판결

금을 지급하기로 한 경우에는 그 지급률을 명시하여야 한다'고 정하였다. 그러나 2014. 3. 18. 기간제법 개정으로 "사용자는 제 1 항에 따른 초과근로에 대하여 통상임금의 100분의 50 이상을 가산하여 지급하여야 한다"는 조항(기간제법 6조 3항)이 신설되면서, 별표 2의 이 부분은 수정이 필요하게 되었다.

### 4. 휴일 · 휴가

사용자는 단시간근로자에 대하여 유급휴일(법 55조, 주휴일)을 주어야 하고, 연차 휴가, 생리휴가(법 73조), 출산전후휴가(산전 · 산후 휴가)와 유산 · 사산 휴가(법 74조)도 주어야 한다. 소정근로일이 아닌 날에 근로(휴일근로)를 시키려면 근로계약서나 취업규칙 등에 그 내용과 정도를 명시해야 하고(영 [별표 2] 3호), 휴일근로에 대하여는 법 56조에 따른 가산임금을 지급하여야 한다.

연차 휴가는 통상 근로자의 연차 휴가일수에 통상 근로자의 소정근로시간에 대한 단시간근로자의 소정근로시간의 비율을 곱하여 산정되는 일수를 시간 단위로 환산하여 부여한다.[12] 생리휴가와 출산전후휴가(유산 · 사산 휴가 포함)는 통상 근로자와 동일하게 부여해야 하며, 유급 휴일 · 휴가에 지급해야 하는 임금은 앞서 초과근로 설명 부분에서 본 일급 통상임금을 기준으로 한다.

### 5. 취업규칙

사용자는 단시간근로자에게 적용되는 취업규칙을 통상 근로자에게 적용되는 취업규칙과 별도로 작성할 수 있다. 이에 따라 취업규칙을 작성하거나 변경하고자 할 때에는 적용 대상이 되는 단시간근로자 과반수의 의견을 들어야 하고, 단시간근로자에게 불이익하게 변경하는 경우에는 그 동의를 받아야 한다. 단시간근로자에게 적용될 별도의 취업규칙이 작성되지 않은 경우에는 통상 근로자에게 적용되는 취업규칙이 적용된다. 다만, 취업규칙에서 단시간근로자에 대한 적용을 배제하는 규정을 두거나 다르게 적용한다는 규정을 둔 경우에는 그에 따른다. 이상과 같이 단시간근로자에게 적용되는 취업규칙을 작성 또는 변경하는 경우에는, '단시간근로자의 근로조건을 통상 근로자의 근로시간을 기준

12) 시간 단위로 산정하고, 1시간 미만은 1시간으로 본다. 영 [별표 2] 4호 나.목은 시간 단위로 산정하는 단시간근로자의 연차 휴가를 다음과 같은 산식으로 규정하고 있다.

$$\text{통상 근로자의 연차휴가일수} \times \frac{\text{단시간근로자의 소정근로시간}}{\text{통상 근로자의 소정근로시간}} \times 8\text{시간}$$

으로 산정한 비율에 따라 결정하여야 한다'(비례 보호의 원칙)는 법 18조 1항의 취지에 어긋나는 내용이 포함되어서는 아니 된다(영 [별표 2] 5호).

단시간근로자의 근로조건을 명확히 함과 동시에 취업규칙의 변경 등에서 단시간근로자의 참여권을 보장하기 위한 것이다. 종전 적용지침보다 일보 진전된 입법 태도이다.[13)]

## Ⅲ. 초단시간근로자의 근로조건

4주 동안(4주 미만으로 근로하는 경우에는 그 기간)을 평균하여 1주 동안의 소정근로시간이 15시간 미만인 근로자(이하 '초단시간근로자'라 한다)에 대하여는 주휴일 규정(법 55조), 연차 유급휴가 규정(법 60조)을 적용하지 아니한다(법 18조 3항).

근기법의 규정들은 통상 근로자를 전제로 한 것이 많기 때문에 이를 단시간근로자에게 그대로 적용할 때에는 사용자에게 가혹한 경우가 생길 수 있어, 법은 단시간근로자에서 더 나아가 소정근로시간이 현저하게 짧은 단시간근로자에게는 법 조항 중 일부를 적용하지 않을 수 있게 한 것이다. 그 취지에 관하여, 계산상의 번거로움에 비하여 소정근로시간에 비례하는 보호를 할 의미가 적기 때문이라고 설명하기도 한다.[14)]

2008. 3. 21. 개정 전의 법은 18조 3항에서 단순히 1주 동안의 소정근로시간이 현저하게 짧은 근로자로서 대통령령이 정하는 자에 대하여 법 규정 일부를 대통령령이 정하는 바에 따라 적용하지 않을 수 있게 하고, 영(2008. 6. 25. 개정되기 전의 것) 9조 2항 · 3항이 현행 법 18조 3항과 같은 내용을 규정하였다. 대통령령에서 정하던 사항을 법률에서 규정하는 차원에서 이루어진 2008. 3. 21. 개정 법에서 규정 형식과 단위기간이 현행과 같이 바뀌었다.

초단시간근로자에게는 법 55조와 60조 외에는 앞서 설명한 단시간근로자의 근로조건 모두가 그대로 적용된다. 즉 다른 단시간근로자와 같이 비례 보호의 원칙(법 18조 1항)과 근로조건 결정의 원칙(영 [별표 2])이 초단시간근로자에게도 그대로 적용된다. 하지만 이 밖에도 기간제법 시행령에서는 초단시간근로자를 2년을 초과하여 기간제근로자로 사용할 수 있는 유형의 하나로 규정하고 있고(기간

13) 강성태, 924면.
14) 임종률, 633면.

제법 시행령 3조 3항 6호), 퇴직급여법에서는 퇴직급여를 주지 않아도 되는 근로자로 규정하고 있으며(퇴직급여법 4조 1항 단서), 국민연금법은 "1개월 동안의 소정근로시간이 60시간 미만인 단시간근로자"인 경우 근로자에서 제외하고(국민연금법 시행령 2조 4호), 국민건강보험법에서도 직장가입자에서 탈퇴할 수 있도록 규정하고 있으며(국민건강보험법 시행령 9조 1호), 고보법도 적용되지 않는다(고보법 10조 2호, 시행령 3조 1항. 다만 2023. 6. 27. 시행령 3조 2항이 신설되어 해당 사업에서 3개월 이상 계속하여 근로를 제공하는 근로자, 일용근로자에게는 고보법이 적용된다).

이러한 광범위한 적용제외에 관해서는, 합리적인 근거나 입법례가 없다는 점을 지적하며 삭제하여야 한다는 입법론이 유력하게 제시되고 있다.[15)]

이처럼 초단시간근로자로 인정되는 경우 주휴일이나 유급휴가 규정의 적용을 받지 않으므로 근로자의 근로형태가 초단시간근로자에 해당하는지 여부가 다투어지기도 한다. 대법원은 비전업 대학 시간강사가 초단시간근로자에 해당하는지 문제된 사건에서 대학 강의의 특성상 강의 외 업무에 상당한 시간이 필요하기 때문에 강의시간의 정함이 곧 소정근로시간을 정한 것이라고 볼 수 없고, 특별한 사정이 없는 한 강의시간 수가 아니라 강의와 그에 수반되는 업무, 그 밖에 임용계약 등에서 정한 업무를 수행하는 데 통상적으로 필요한 근로시간 수를 기준으로 초단시간근로자인지 여부를 판단하여야 한다고 보았다.[16)]

## Ⅳ. 관련문제

### 1. 고용의 종료

법은 단시간근로자의 근로조건에 관하여만 일부 규정하고 있을 뿐 고용의 종료에 관해서는 별다른 언급을 하지 않고 있다.

단시간근로자도 해고 제한 법규(법 23조 내지 28조)의 적용을 받고 따라서 정당한 이유 없이 해고할 수 없다는 점은 의문의 여지가 없다.[17)] 그런데 단시간근로자에게 특히 문제되는 것은 정리해고의 경우 통상 근로자에 비해 단시간근로자를 우선 해고 대상으로 하는 것이 합리적이고 공정한 해고기준이라고 볼 수 있는가 하는 점이다. 단지 단시간근로에 종사함을 이유로 통상 근로자와 차별하여서는

15) 김근주 외 6명, 78면(박은정 집필부분); 이승욱, 179면
16) 대법원 2024. 7. 11. 선고 2023다217312 판결.
17) 적용지침, 6면.

안 되지만, 기업에 대한 공헌도나 결합도 등과 같은 일응 합리적이고 객관적인 기준이 적용됨으로써 그것이 낮은 단시간근로자를 우선 해고 대상으로 선정하는 것은 현실적으로 가능할 것이다. 그러나 이 경우에도 실근로시간, 근속연수 등 객관적인 기준에서 볼 때 단시간근로자보다 못한 동종 업무의 통상 근로자를 해고하지 않은 채, 단시간근로자를 해고하는 것은 정당성이 없어 무효일 것이다.[18)]

정리해고에서 협의 상대방이 되는 근로자대표도 문제될 수 있겠으나,[19)] 해고 대상 부문의 전체 근로자 중에서 단시간근로자가 차지하는 비율에 따라 근로자대표에 포함되어야 하고, 특히 단시간근로자만이 정리해고 대상으로 된 경우에는 반드시 단시간근로자 대표, 즉 당해 사업 또는 사업장에 단시간근로자의 과반수로 조직된 노동조합이 있는 경우에는 그 노동조합(단시간근로자의 과반수가 통상 근로자와 함께 노동조합을 조직하고 있는 경우에는 그 노동조합), 단시간근로자의 과반수로 조직된 노동조합이 없는 경우에는 단시간근로자의 과반수를 대표하는 자와 협의하여야 한다고 해석하는 것이 바람직할 것이다.[20)]

### 2. 기본급, 퇴직급여, 그 밖의 수당

단시간근로자에 대한 기본급, 퇴직급여, 그 밖의 수당도 평등대우의 원칙에 따라 공평하게 지급되어야 한다. 따라서 합리적인 구별 이유가 없을 때는 기본급을 비롯하여 각종 수당, 휴업수당, 퇴직급여는 동종(또는 유사) 업무에 종사하는 통상 근로자와 동일한 임금률 및 승급률로 계산한 금액(시간급의 경우에는 시간당 임금)을 단시간근로자의 근로시간에 비례하여 지급하여야 한다.

그 외 임금과 관련된 규정 중 임금의 지급방법(법 43조), 도급사업에 대한 임금지급(법 44조), 비상시 지급(법 45조), 임금대장(법 48조), 임금의 시효(법 49조), 금품 청산(법 36조), 임금채권 우선변제(법 38조) 등은 절대적 평등의 원칙이 적용되므로, 단시간근로자에게도 통상 근로자와 동일하게 적용된다.

### 3. 경력 또는 근속기간

단시간 근로자로 근무한 기간의 '경력' 또는 '근속기간'을 어떻게 볼 것인

18) 강성태, 917~918면.

19) 취업규칙 변경과 관련된 근로자대표와 관련하여서는 영 [별표 2] 5호 나.목이 입법적으로 해결하고 있다.

20) 강성태, 918면.

가에 관해서도 법은 별다른 언급을 하지 않고 있으나, 비례보호의 원칙이 적용되어야 한다. 따라서 앞서 본 휴가나 퇴직급여 산정에서 계속 근로기간 인정은 물론, 사업장 내부 규율에 따라 추가적으로 인정되는 경력 또는 근속기간에 따른 근로조건이나 보호 역시 차별 없이 인정될 필요가 있으며, 그 보호 수준은 해당 근로조건의 성격에 따라 통상근로자와 비례적 또는 절대적으로 평등하여야 한다.

이와 관련하여 공무원보수규정의 경력환산 기준에서 말하는 '상근'의 의미가 문제된 사건에서 대법원은 "'상근'이란 해당 사업장의 취업규칙 등에서 정한 바에 따라 근무일마다 출근하여 일정한 시간을 규칙적으로 근무한 경우를 의미하는 것이고, 1일 8시간, 1주 40시간을 근무하는 소위 '풀타임(Full-time)'만을 의미하는 것은 아니"라고 하여, '단시간근로 직업상담원'도 '통상근로 직업상담원'과 마찬가지로 공무원 초임호봉 획정에 그 경력이 인정되어야 한다고 한 바 있다.[21] 항고소송의 특성상 비례적 평등인지 절대적 평등인지를 명시하지는 않았으나, 공무원 경력의 경우 "「국가공무원법」 제26조의2에 따라 통상적인 근무시간보다 짧게 근무하는 공무원의 경력은 정상근무시간을 기준으로 근무시간에 비례하여 획정"한다는 공무원보수규정 8조 2항을 유추하면, 비례적으로 인정되는 것이 타당할 것으로 보인다.

## V. 기간제법의 단시간근로자 관련 규율

### 1. 단시간근로자의 정의

기간제법은 단시간근로자의 정의를 따로 정하지 않고 근기법상 단시간근로자의 정의 규정인 근기법 2조 1항 9호를 그대로 따르도록 하고 있다(기간제법 2조 2호). 따라서 기간제법에서 단시간근로자 역시 1주 동안의 소정근로시간이 당해 사업장의 동종 업무에 종사하는 통상 근로자의 1주 동안의 소정근로시간에 비하여 짧은 근로자를 말한다.

### 2. 기간제법의 적용 범위

기간제법은 상시 5인 이상의 근로자를 사용하는 사업·사업장에 적용한다.

21) 대법원 2020. 6. 4. 선고 2020두32012 판결.

다만, 동거의 친족만을 사용하는 사업 또는 사업장과 가사사용인에 대하여는 적용하지 않는다(기간제법 3조 1항). 상시 4인 이하의 근로자를 사용하는 사업·사업장에 대하여는 대통령령이 정하는 바에 따라 이 법의 일부 규정을 적용할 수 있다(기간제법 3조 2항). 이와 같은 기간제법의 적용 범위 규정은 근기법의 적용 범위 규정인 법 11조 1항·2항과 내용이 같다. 여기서 말하는 근로자에는 일용직, 외국인 근로자(미등록 취업자 포함), 단시간근로자 등이 모두 포함됨은 당연하다. 자세한 내용은 법 11조에 대한 해설 참조.

상시 4인 이하 근로자를 사용하는 사업·사업장에 적용되는 기간제법 규정 가운데 단시간근로자에 관한 규정은, 총칙 중 목적·정의 규정인 1조·2조, 통상근로자로의 전환 노력 의무를 규정한 7조, 일정한 사항의 근로조건을 서면으로 명시해야 한다는 규정과 그 위반에 대한 과태료 부과 규정인 17조(근로시간이나 휴가에 관한 것은 제외)·24조 2항 2호, 감독기관에 대한 통고 관련 규정인 18조와 그 통고 행위를 이유로 불이익 처우를 하지 못한다는 규정과 이를 위반하였을 때의 벌칙인 16조 4호·21조, 권한 위임과 취업촉진을 위한 국가 등의 노력 의무 규정인 19조·20조 등이다(기간제법 시행령 2조 [별표 1]).

국가·지방자치단체의 기관에 대하여는 상시 사용 근로자 수에 관계없이 기간제법을 적용한다(기간제법 3조 3항). 이는 공무원에게 기간제법을 적용한다는 의미가 아니라, 공무원 외에 상시 사용하는 근로자가 단 1명만 있어도 그 근로자에게 기간제법을 적용한다는 의미이다.[22)]

### 3. 초과근로의 제한

사용자는 단시간근로자에 대하여 근기법 2조 1항 8호의 소정근로시간을 초과하여 근로하게 하는 경우에는 당해 근로자의 동의를 얻어야 하고, 이 경우 1주간에 12시간을 초과하여 근로하게 할 수 없다(기간제법 6조 1항). 단시간근로자는 사용자가 자신의 동의를 얻지 아니하고 초과근로를 하게 하는 경우에 이를 거부할 수 있고(기간제법 6조 2항), 이에 위반하여 단시간근로자에게 초과근로를 하게 한 자는 1,000만 원 이하의 벌금에 처한다(기간제법 22조). 2014. 3. 18. 개정 시 법내 초과근로를 포함하여 모든 초과근로에 대하여 통상임금의 100분의 50 이상을 가산하여 지급하여야 한다는 조항이 신설되었다(기간제법 6조 3항).

22) 비정규직보호법률 해설자료, 23면.

### 4. 통상 근로자 전환

사용자는 통상 근로자를 채용하고자 하는 경우에 당해 사업 또는 사업장의 동종 또는 유사한 업무에 종사하는 단시간근로자를 우선적으로 고용하도록 노력하여야 하고(기간제법 7조 1항), 가사·학업 그 밖의 이유로 근로자가 단시간근로자로의 전환을 신청하는 때에는 당해 근로자를 단시간근로자로 전환하도록 노력하여야 한다(기간제법 7조 2항). 노력의무에 그치고 이를 위반한 경우에도 형사처벌 등 강제방법이 없다는 점에서 실효성에는 의문이 있다.[23)]

한편 기간제법상의 전환 외에 남녀고용평등법에서 정한 육아기 근로시간단축제도(남녀고용평등법 19조의2)나 가족돌봄휴직에 갈음한 근로시간단축제도(남녀고용평등법 22조의2)도 넓은 의미의 전환 제도에 포섭될 수 있는데, 이 중 육아기 근로시간단축제도의 경우 2012. 2. 1. 법 개정으로 사용자의 의무조항으로 개정되었다는 점에서 기간제법상 전환 제도보다 진일보하였다.[24)]

### 5. 차별적 처우의 금지

사용자는 단시간근로자임을 이유로 당해 사업 또는 사업장의 동종 또는 유사한 업무에 종사하는 통상 근로자에 비하여 차별적 처우를 하여서는 아니 된다(기간제법 8조 2항). 여기서 차별적 처우란 임금 그 밖의 근로조건 등에서 합리적인 이유 없이 불리하게 처우하는 것을 말한다(기간제법 2조 3호).

자세한 내용은 법 6조에 대한 해설 Ⅲ. 5. 참조.

### 6. 근로조건의 서면 명시

사용자가 근로자에게 일정 근로조건을 서면으로 명시하고 그 서면을 교부해야 한다는 법 17조와, 단시간근로자의 근로조건으로 일정 근로조건을 명확히 적은 근로계약서를 근로자에게 내주어야 한다는 법 18조, 영 9조 1항, [별표 2] 1호 나.목의 규정에 따라, 사용자는 근로계약을 하면서 임금의 구성항목·계산방법·지급방법, 소정근로시간, 주휴일, 연차 유급휴가 등에 관한 사항을 서면으로 명시하고 근로자의 요구가 있으면 이를 교부해야 하며, 임금, 근로시간 등

---

23) 이승욱, 170면; 정용진, 78면

24) 이승욱, 171면

근로조건을 명확히 적은 근로계약서를 작성하여 근로자에게 내주어야 하고, 근로계약서에 계약기간, 근로일, 근로시간의 시작과 종료 시각, 시간급 임금 등을 명시하여야 한다.

기간제법은 이에 더하여 근로계약기간, 근로시간·휴게, 휴일·휴가, 근로일 및 근로일별 근로시간 등 주요 근로조건을 서면으로 명시하도록 하고 있다. 즉 사용자는 단시간근로자와 근로계약을 할 때에 (i) 근로계약기간에 관한 사항, (ii) 근로시간·휴게에 관한 사항, (iii) 임금의 구성항목·계산방법 및 지불방법에 관한 사항, (iv) 휴일·휴가에 관한 사항, (v) 취업의 장소와 종사하여야 할 업무에 관한 사항, (vi) 근로일 및 근로일별 근로시간을 서면으로 명시해야 한다(기간제법 17조). 이 중 '근로일 및 근로일별 근로시간'은 단시간근로자에게만 적용된다.

서면 명시의 방법은 (i) 근로계약서에 명시하는 방법, (ii) 주요 근로조건이 취업규칙에 명시되었을 경우 근로계약서에는 개별 근로자에 해당하는 것만 기재하고 그 외 사항은 취업규칙의 내용을 주지시키는 방법 등이 있다.[25] 이에 위반한 자는 500만 원 이하의 과태료에 처한다(기간제법 24조 2항 2호).

### 7. 적용 시기

이상과 같은 사항이 담긴 기간제법은 2007. 7. 1.부터 시행되었다. 다만, 단시간근로자에 대한 차별 처우를 금지하는 기간제법 8조 2항과 그 차별시정 절차를 규정한 기간제법 9조 내지 15조, 차별시정신청을 이유로 한 불이익 처분을 금지한 기간제법 16조 2호, 시정명령에 대한 이행상황 제출요구에 응하지 않은 자에 대한 과태료 부과 규정인 기간제법 24조 2항 1호의 규정은 상시 300명 이상 근로자를 사용하는 사업·사업장, 국가·지방자치단체·정부산하기관·정부투자기관·지방공기업·정부출연연구기관·국립대학병원에는 2007. 7. 1.부터 시행되었지만, 나머지 사업장에는 사업장 규모별로 2008. 7. 1.(상시 100명 이상 300명 미만 근로자 사용 사업·사업장)과 2009. 7. 1.(상시 100명 미만 근로자 사용 사업·사업장)부터 시행되었다[기간제법 부칙(8074호, 2006. 12. 21.) 1항].

[이 정 한·김 진]

25) 비정규직보호법률 해설자료, 55면.

제19조(근로조건의 위반)

① 제17조에 따라 명시된 근로조건이 사실과 다를 경우에 근로자는 근로조건 위반을 이유로 손해의 배상을 청구할 수 있으며 즉시 근로계약을 해제할 수 있다.

② 제 1 항에 따라 근로자가 손해배상을 청구할 경우에는 노동위원회에 신청할 수 있으며, 근로계약이 해제되었을 경우에는 사용자는 취업을 목적으로 거주를 변경하는 근로자에게 귀향 여비를 지급하여야 한다.

〈세 목 차〉



[참고문헌]

**배병우**, "근로조건위반에 인한 손해배상청구 제도에 관한 고찰", 노동법의 제문제: 가산 김치선박사화갑기념, 가산김치선박사화갑기념논문집 편찬위원회(1983).

## Ⅰ. 손해배상청구권

법 19조 1항이 규정하는 손해배상청구권은 근로계약상의 채무불이행으로 인한 손해배상청구권을 확인하는 의미를 가지는 것이고 계약상 채무불이행으로 인한 손해배상채권은 원래의 채권과 그 동일성을 유지하면서 그 내용만 변경된 것이다.[1)]

명시된 근로조건이 사실과 다른 경우에 근로자는 채무불이행으로 인한 손해배상을 법원 또는 노동위원회에 청구할 수 있다. '명시된 근로조건이 사실과 다를 경우'란 명시된 근로조건을 사용자가 이행하지 않는 경우를 말하고, 예컨대 근로자를 유인하기 위하여 이행할 의사도 없이 유리한 근로조건을 명시한 경우가 이에 해당한다.[2)]

노동위원회에 대한 손해배상청구의 신청은 사용자의 근로조건 위반에 관한

1) 대법원 1997. 10. 10. 선고 97누5732 판결.
2) 임종률, 394면.

모든 손해배상청구에 대하여 허용되는 것은 아니며 근로계약 '체결 시'에 명시된 근로조건이 사실과 다른 것을 이유로 하는 경우에만 인정되는 것이다.[3] 예컨대, 법 23조 1항에 위반된 부당해고나 노조법 81조에 규정된 사용자의 부당노동행위로 인하여 근로자가 손해를 입은 경우 이를 이유로 노동위원회에 손해배상청구신청을 하였다 하더라도 노동위원회가 이를 심리·결정할 권한은 없다.[4] 노동위원회의 손해배상 판정에 대해서는 강제집행 방법이 보장되어 있지 아니하며 사용자가 이행하지 않았을 때 벌칙 적용도 없다는 점에서는 현실적으로 실효성이 확보되어 있지 않다.[5]

손해배상의 내용은 일반적으로 사용자가 명시된 근로조건을 이행하였더라면 근로자가 받게 될 이익과 그 조건을 이행하지 않음으로써 발생된 상태의 차액이다. 이 경우의 손해배상청구권은 근로계약상의 채무불이행으로 인한 손해배상청구권이지만 임금채권에 준하여 3년의 시효로 소멸한다는 것이 판례의 태도이다.[6]

## Ⅱ. 계약의 즉시해지권

명시된 근로조건이 사실과 다른 경우에 근로자는 근로계약을 즉시해지할 수 있다. 즉시해지권은 근로자가 원하지 않는 근로를 강제당하는 폐단을 신속히 정리하려는 것이므로,[7] 근로계약 체결 후 상당 기간이 경과한 경우에는 즉시해지권을 행사할 수 없다.[8]

법 19조 2항은 '해제'라는 문언을 사용하고 있으나, 이 경우 근로계약관계를 장래에 향하여 소멸시키는 것이므로 이는 해지를 의미한다.[9]

---

3) 대법원 1983. 4. 12. 선고 82누507 판결, 대법원 1984. 9. 11. 선고 84누448 판결, 대법원 1985. 11. 12. 선고 84누576 판결, 대법원 1986. 1. 21. 선고 83누667 판결, 대법원 1989. 2. 28. 선고 87누496 판결.

4) 대법원 1983. 4. 12. 선고 82누507 판결.

5) 하갑래, 133면.

6) 대법원 1997. 10. 10. 선고 97누5732 판결.

7) 배병우, 261면.

8) 대법원 1997. 10. 10. 선고 97누5732 판결; 김형배, 258면.

9) 이상윤, 163면.

## Ⅲ. 귀향 여비

사용자는 근로관계를 해지하고 취업을 목적으로 거주를 변경하는 근로자에게 귀향 여비를 지급하여야 한다.

여기서 귀향 여비에는 교통비 · 도중의 식비 · 숙박비, 취업을 위하여 주거를 이전하면서 가재도구 등을 옮긴 경우에는 이를 다시 운반하는 운송비까지 포함되며 동거 가족의 귀향 여비도 부담하여야만 이 조항의 효과를 얻을 수 있을 것으로 본다.[10)]

이 조항을 위반한 것에 대하여는 벌칙이 없으나, 귀향 여비를 지급하지 않았을 경우 법 36조에 규정된 금품청산 위반에 따른 벌칙을 적용할 수 있다.[11)]

[이 상 훈 · 진 창 수]

제20조(위약 예정의 금지)

사용자는 근로계약 불이행에 대한 위약금 또는 손해배상액을 예정하는 계약을 체결하지 못한다.

〈세 목 차〉



10) 이승길, 126면.
11) 하갑래, 134면.

[참고문헌]

**강성태**, “교육훈련비등의 상환약정의 효력”, 노동법률 111호, 중앙경제(2000. 8.); **신권철**, “근로자의 경업금지의무”, 노동법연구 18호, 서울대학교 노동법연구회(2005); **심재진**, “위약금 예정 금지”, 노동판례백선, 한국노동법학회(2015).

## Ⅰ. 의의 및 입법취지

법 20조는 근로계약을 체결할 때 근로자의 근로계약 불이행에 대한 위약금 또는 손해배상액을 예정하는 것을 금지하고 있다.

위약금이란 계약불이행의 경우에 근로자가 사용자에게 일정액을 지불하는 금액이고, 손해배상액의 예정이란 근로자의 계약불이행의 경우에 근로자가 사용자에게 실제 손해의 발생 여부 및 손해의 액수에 관계없이 일정액을 지불할 것을 미리 약정하는 것이다.

이러한 위약금 또는 손해배상액 예정 금지 규정을 둔 입법취지는 근로자가 근로계약을 불이행한 경우 반대급부인 임금을 지급받지 못하는 것에 추가하여 위약금이나 손해배상금을 지급하도록 예정되어 있다면 그 근로계약의 구속에서 쉽사리 벗어날 수 없을 것이므로 이러한 위약금이나 손해배상액 예정의 약정을 금지함으로써 근로자가 퇴직의 자유를 제한받아 부당하게 근로의 계속을 강요당하는 것을 방지하고, 근로자의 직장선택의 자유를 보장하며 불리한 근로계약을 해지할 수 있도록 보호하려는 데 있다.[1] 법 20조는 강제 근로를 금지하고 있는 법 7조를 구체화한 것이라 볼 수 있다.

따라서 근로자가 일정 기간 동안 근무하기로 하면서 이를 위반할 경우 소정 금원을 사용자에게 지급하기로 약정하는 경우, 그 약정의 취지가 약정한 근무기간 이전에 퇴직하면 그로 인하여 사용자에게 손해가 어느 정도 발생하였는지 묻지 않고 바로 소정 금액을 사용자에게 지급하기로 하는 것이거나 미리 정한 근무기간 이전에 퇴직하였다는 이유로 마땅히 근로자에게 지급되어야 할 임금을 반환하기로 하는 것일 때 그 약정은 무효이다.[2] 반면에 사용자가 근로자에게 일정한 금전을 지급하면서 의무근로기간을 설정하고 이를 지키지 못하면 그 전부 또는 일부를 반환받기로 약정한 경우, 의무근로기간의 설정 양상, 반환

1) 대법원 2004. 4. 28. 선고 2001다53875 판결, 대법원 2022. 3. 11. 선고 2017다202272 판결.
2) 대법원 2008. 10. 23. 선고 2006다37274 판결.

대상인 금전의 법적 성격 및 규모·액수, 반환 약정을 체결한 목적이나 경위 등을 종합할 때 그러한 반환 약정이 해당 금전을 지급받은 근로자의 퇴직의 자유를 제한하거나 그 의사에 반하는 근로의 계속을 부당하게 강요하는 것이라고 볼 수 없다면, 이는 근기법 20조가 금지하는 약정이라고 보기 어렵다.[3)]

## Ⅱ. 적용 여부의 구체적 검토

### 1. 연수, 교육, 훈련비 등 상환 약정

#### 가. 의 의

기업체가 직원에 대하여 일정 기간 교육, 연수, 훈련 등을 시키면서 그에 소요되는 비용을 지급하거나 또는 그 기간 동안 임금을 지급하고 만일 직원이 그 교육 수료일자부터 일정 의무재직기간 이상 근무하지 아니할 때에 그 지급한 비용 또는 임금의 전부 또는 일부를 상환하도록 하되 의무재직기간 동안 근무하는 경우에는 이를 면제하기로 약정한 경우, 이러한 약정이 법 20조가 금지하는 위약금 예정에 해당하는지 여부가 문제된다.

#### 나. 위약금 해당 여부 판단기준

##### (1) 판례의 경향

판례는 상환의 대상이 교육, 연수 또는 훈련비용에 해당하는 것인지 아니면 임금에 해당하는지에 따라 달리 판단한다. 즉, 교육, 연수 또는 훈련 등에 소요되는 비용은 본래 근로자가 부담하여야 할 것으로서 우선 사용자가 지출하는 경우에는 그 반환을 청구할 수 있으므로, 그러한 비용 상환 약정 또는 의무재직기간 근무 시 상환 의무 면제 약정은 법 20조에서 금지된 위약금 또는 손해배상을 예정하는 계약이 아니어서 유효하지만, 임금을 반환하도록 약정한 부분은 기업체가 근로자에게 근로의 대상으로 지급한 임금을 채무불이행을 이유로 반환하기로 하는 약정으로서 실질적으로는 위약금 또는 손해배상액을 예정하는 계약이므로 법 20조에 위반되어 무효라고 본다.[4)]

---

3) 대법원 2022. 3. 11. 선고 2017다202272 판결.

4) 대법원 1974. 1. 29. 선고 72다2565 판결, 대법원 1980. 7. 8. 선고 80다590 판결, 대법원 1982. 6. 22. 선고 82다카90 판결, 대법원 1992. 2. 25. 선고 91다 26232 판결, 대법원 1996. 12. 6. 선고 95다24944, 24951 판결. 한편, 1년을 초과하는 의무근무기간의 설정과 관련하여서는 근로계약의 기간 설정 시 1년 초과 금지를 정한 법 16조의 저촉도 문제될 수 있지만, 판례는

나아가 판례는 근로자가 업무를 수행하면서 필수 불가결하게 지출이 예정되어 있는 비용 등은 사용자가 부담하여야 하므로, 그 부담을 근로자에게 전가시켜 이를 반환하도록 한 약정도 법 20조에 위반된다고 보고 있다.

① **신영와코루 사건**[5]　직원이 간 해외연수 여행의 주된 실질이 교육훈련이 아니라 출장 업무를 수행한 것에 불과한 경우 이러한 해외 출장 업무에 대하여 지급한 금품은 출장이라고 하는 특수한 근로의 대상으로서 일종의 임금에 해당하거나 또는 업무를 수행하면서 필요 불가결하게 지출할 것이 예정되어 있는 경비를 보전해 준 것에 불과하다고 하였다.

② **아남반도체 사건**[6]　직원이 한 해외 파견 근무의 주된 실질이 연수나 교육훈련이 아니라 기업체의 업무상 명령에 따른 근로장소의 변경에 불과한 경우,

---

의무근무기간은 근로계약의 기간을 정한 것이 아니라 비용반환청구권 또는 경비상환의무의 면제기간을 정한 것으로 보아 법 16조 위반이 아니라고 보고 있다(대법원 1980. 7. 8. 선고 80다590 판결, 대법원 1982. 6. 22. 선고 82다카90 판결, 대법원 1992. 2. 25. 선고 91다 26232 판결). 또한 비행조종사의 훈련비 반환사건에서 상환면제기간이 10년이고, 연차별 면제비율 역시 마지막 4년간에 집중되는 차등식인 경우라도 근로자의 기본적 생활을 보장받는 수준을 상당히 넘는 급여를 받던 비행조종사가 저가항공사를 거쳐 비교적 단기간에 기장의 자격을 취득하고 중국항공사 등에서 높은 연봉과 대우를 받을 것을 기대하여, 스스로 고등과정 훈련비의 상환채무를 감내하면서까지 피고를 퇴직한 것으로 보이는 점에 비추어, 훈련비 상환약정의 전부나 일부를 무효로 하여 비행조종사를 보호하여야 할 정도로 퇴직의 자유가 부당하게 침해되었다고 하기 어렵다고 한 사례도 있다(서울고법 2018. 8. 30. 선고 2017나2026827, 2026834 판결. 심리불속행으로 확정).

5) 대법원 2003. 10. 23. 선고 2003다7388 판결. 이 사안에서 여성용 내의를 전문으로 제조·판매하는 원고 회사(주식회사 신영와코루)는 연구실 디자이너로 근무하는 피고를 비롯한 디자이너들을 새로운 제품의 연구 및 개발을 위하여 5회에 걸쳐서 짧게는 4일간, 길게는 8일간 외국에 연수여행을 보냈는데, 위 기간 동안 연수 대상 디자이너들을 위한 특별한 교육프로그램이나 훈련과정은 설정되어 있지 아니하였고, 단지 해당 디자이너들은 새로운 제품 개발에 필요한 자료를 얻기 위하여 전시회에 참가하거나 백화점 등 판매 장소를 둘러보고, 필요한 제품의 견본을 수집하는 등 주로 패션의 경향과 시장 조사에 관한 업무를 수행하였는데, 원고 회사는 위 연수 여행과 관련하여 연수 대상 디자이너들로부터 최근 여행 귀국 후 3년 이내에 퇴사하여 유사한 업종에 종사하는 경우에는 퇴사일로부터 소급하여 만 3년까지의 기간 동안 사용한 합계 금액은 물론, 영업비밀 유출에 대한 손해배상금 조로 그 사용한 합계 금액의 3배를 배상할 것을 서약하는 내용의 '국외 참관견학 연수여행 서약서'를 작성받았다.

6) 대법원 2004. 4. 28. 선고 2001다53875 판결. 이 사안에서 원고 회사(아남반도체 주식회사)는 인사 발령으로 피고에게 미국 현지 법인인 AMKOR 근무를 명하였고, 피고는 파견된 미국 회사에서 약 3년 1개월 동안 코디네이터 업무를 담당하다가 원고 회사로 복귀하였고(해외근무기간 중 특별한 연수나 교육훈련을 받지는 아니하였다), 원고 회사는 해외연수관리지침에 따라 피고의 해외 근무 기간 동안 통상 급여와 해외근무수당 외에 피고와 그 동반 가족을 위하여 부임 여비, 이주비, 주택임차료, 차량보조비, 가족여행비, 의료보험료, 세금 보조로 모두 2억 원 이상을 지출하였다. 원고 회사의 해외근무사원관리규정에 의하면 해외근무사원은 해외 근무 후 국내 귀임 시 해외 근무 기간에 해당하는 기간 이상을 근무하고 이에 위반할 경우에는 해외 근무를 위하여 회사가 지불한 일체 경비를 변제하도록 규정되어 있다.

이러한 해외 근무 기간 동안 직원과 그 동반 가족을 위하여 지급 또는 지출한 부임 여비와 기타 체재비는 장기간의 해외 근무에 대한 대가이거나 업무를 수행하면서 필요 불가결하게 지출할 것이 예정되어 있는 경비에 해당한다고 보았다.

③ 한국석유개발공사 사건[7] 직원이 해외교육훈련 파견에 앞서 해외파견자 관리규정에 따라 기업체와의 사이에 해외교육훈련을 종료한 후 의무근무기간이 경과하기 전에 사직하였을 경우 변상하기로 약정한 '파견에 직접 소요된 경비'에는 기준 임금은 포함되지 않고, 설사 당사자가 기준 임금까지 포함하여 '파견에 직접 소요된 경비'로서 변상하기로 약정하였다고 하더라도 기업체의 보수 규정에 의하면 기준 임금은 기업체의 필요에 의한 6개월 이상의 해외교육훈련 파견자에 대하여 당연히 지급하도록 규정되어 있어 그와 같은 반환 약정은 보수 규정에 반하는 것으로서 효력이 없다. 그러므로 기업체는 기준 임금으로 지급된 금액 상당에 대하여는 그것이 근로제공의 대가인 임금에 해당하는지 여부에 관계없이 반환 청구권을 가지게 된다고 할 수 없다고 보았다.

(2) 판례의 보완

판례는 교육, 연수, 훈련을 위하여 지급되는 비용의 반환 약정과 관련하여 그 비용이 본래 사용자가 부담하여야 할 경우에는 위약금 약정으로 보고 있으므로 그 반대의 경우 즉, 본래 근로자가 부담하여야 할 성질의 것일 경우에는 위약금 약정에 해당하지 않는 것으로 해석될 여지가 있다.

이와 같이 비용 부담 주체를 중심으로 위약금 약정 해당 여부를 판단하는 경우에는 일단 근로자가 부담할 비용으로 판단되기만 하면 사용자와 한 비용 반환 약정과 일정 기간 의무근무를 통한 면제 약정이 법 20조에 위반되지 않는 결론에 이르게 되고, 결국 사용자는 이러한 의무근무 약정을 통하여 근로자에

7) 대법원 1996. 12. 6. 선고 95다13104, 13111 판결. 이 사안에서 원고는 1979. 4. 26. 피고 공사(한국석유개발공사)에 입사하여 근무하다가 원고의 지원과 피고 공사의 추천에 따라 1980년경 동력자원부 석유개발기금에 의한 해외연수생(석유개발 부문 박사 과정)으로 선발된 다음, 피고 공사로부터 전자기파 가열을 이용한 중질 원유 회수 등의 분야에 관한 해외 선진기술을 습득하기 위한 목적의 해외연수 파견 명령을 받았다. 원고는 피고 공사를 휴직하지 아니한 채 1981. 8. 13. 미국 텍사스 주립대학 석유공학 박사 과정에 입학하였고 1984. 8.부터는 텍사스 에이 앤드 엠 대학교로 옮겨서 해외교육훈련을 받은 이후 1986. 8. 7. 그 대학교에서 박사 학위를 취득하고 1987. 6. 6. 귀국하여 피고 공사에서 근무하다가 1993. 2. 24. 사직하고 주식회사 동원탄좌의 이사로 취임하였다. 피고 공사의 해외파견자관리규정에 의하면 해외교육훈련자로서 의무근무기간 이내에 사직한 자는 파견에 소요된 경비 일체를 변상하여야 한다고 규정되어 있고, 피고 공사의 보수규정에는 공사의 필요에 따라 학술연수를 위한 6개월 이상의 국내·해외 교육 파견자에 대하여는 기준 임금을 지급한다고 규정하였다.

대하여 장기간 근로를 사실상 강제할 우려가 있다. 법 20조의 취지가 강제 노동 또는 퇴직 자유에 대한 제한을 금지하고자 하는 데에 있다는 점을 고려하면, 위와 같은 기준만으로 판단하는 것은 다소 부족하고 아울러 교육, 연수, 훈련 등을 하게 된 동기, 경위, 교육·연수·훈련의 기간, 의무근무기간의 장단, 의무근무기간이 교육기간에 비례하여 합리적으로 정해졌는지 여부 등을 실질적으로 고려하여 구체적으로 판단하여야 한다.[8]

판례도 "사용자의 업무상 필요와 이익을 위하여 원래 사용자가 부담하여야 할 성질의 비용을 지출한 것에 불과한 정도가 아니라 근로자의 자발적 희망과 이익까지 고려하여 근로자가 전적으로 또는 공동으로 부담하여야 할 비용을 사용자가 대신 지출한 것으로 평가되며, 약정 근무기간 및 상환해야 할 비용이 합리적이고 타당한 범위 내에서 정해져 있는 등 위와 같은 약정으로 인하여 근로자의 의사에 반하는 계속근로를 부당하게 강제하는 것으로 평가되지 않는다면" 법 20조 위반이 아니라고 하면서, 단순한 비용부담의 주체가 누구인지라는 시각에서 나아가 근로자의 희망 여부, 약정 근무기간과 상환 비용의 합리적 산정 등도 약정의 효력을 판단하는 데 고려요소로 보고 있다.[9]

## 2. 매각위로금 상환 약정

대법원은 회사가 근로자들에게 소속 기업집단의 변경에 따른 매각위로금을 지급하되 그 지급일로부터 8개월 안에 퇴사하는 경우 이를 월할 계산하여 반환하기로 하는 내용의 약정을 체결한 사안에서, 회사가 소속 기업집단을 변경하면서 이를 반대하는 비상대책위원회와 매각위로금을 지급하기로 합의한 점, 매각위로금이 임금이 아니라는 점을 명시한 점, 계속근로기간이 8개월로 비교적 단기인 점, 기업집단 변경 후 이탈 가능성이 크지 않은 사람들을 지급대상에서 제외한 점, 기업집단 변경 후 일정 기간 계속근로를 유도할 일회적이며 특별한 경영상 목적에서 매각위로금을 지급한 점 등의 사정을 종합하면, 매각위로금을 지급받은 근로자들이 위 약정으로 퇴직의 자유를 제한받는다거나 그 의사에 반하는 근로의 계속을 부당하게 강요받는다고 볼 수 없으므로, 위 약정 중 위로금 반환 부분이 근기법 20조에 위반된다고 단정하기 어렵다고 보았다.[10]

---

8) 강성태, 45~48면.
9) 대법원 2008. 10. 23. 선고 2006다37274 판결.
10) 대법원 2022. 3. 11. 선고 2017다202272 판결.

### 3. 현실적인 손해배상청구

위약 예정의 금지는 실제 발생한 손해액과 관계없이 일정액을 미리 정하여 근로자에게 배상하게 하는 근로계약을 금지하는 것이다. 따라서 근로자의 불법행위 등으로 사용자에게 손해가 발생했을 때 사용자가 근로자에게 이에 대한 손해배상을 실제로 청구하거나 청구할 수 있도록 근로계약에 명시하거나 단체협약·취업규칙 등에 정하는 것은 가능하며 법 20조에 위배되지 아니한다.

### 4. 결근 시 또는 징계수단으로서의 임금 삭감

지각·조퇴·무단 결근 등이 있는 경우에 그 시간에 대한 임금을 삭감하도록 정하거나 법 95조(제재 규정의 제한) 범위 안에서 징계의 수단으로 임금을 삭감하는 것은 법 20조에 위배된다고 볼 수 없다.

### 5. 근로계약 종료 후의 손해배상의 예정

손해배상의 예정이 금지되는 것은 근로계약의 유지 기간 중에 한한다. 영업비밀보호 계약 또는 경업금지 계약에 퇴직 후 계약 위반 행위에 대한 손해배상을 예정하는 것은 법 20조 위반은 아니라고 해석된다.[11][12]

### 6. 전속계약

유명 운동선수 또는 연예인 등이 구단주나 기획사 등과 소위 '전속계약'을 맺는 경우 그 양자 간에 사용종속관계가 있는 것으로 볼 수 없다면 근로계약에

---

11) 행정해석은 퇴직 후 동종 비밀 취급업체에 취업하는 것을 일정 기간 금하고 위반 시 일정액의 손해배상을 하도록 한 영업비밀보호계약에 대해 손해배상을 예상한 주된 목적이 근로관계를 강제하는 데 있지 않고 영업비밀을 보호하는 데 있다는 이유로 법 20조 위반이 아니라고 보았다(근기 01254-1732, 1992. 10. 17.).

12) 대법원은 경업금지약정이 유효함을 전제로 그 한계를 제시하고 있는바, 사용자와 근로자 사이의 경업금지약정이 헌법상 보장된 근로자의 직업선택의 자유와 근로권 등을 과도하게 제한하거나 자유로운 경쟁을 지나치게 제한하는 경우에는 민법 103조에 정한 선량한 풍속 기타 사회질서에 반하는 법률행위로서 무효라고 보아야 하며, 이와 같은 경업금지약정의 유효성에 관한 판단은 보호할 가치 있는 사용자의 이익, 근로자의 퇴직 전 지위, 경업 제한의 기간·지역 및 대상 직종, 근로자에 대한 대가의 제공 유무, 근로자의 퇴직 경위, 공공의 이익 및 기타 사정 등을 종합적으로 고려하여야 한다는 입장이다(대법원 2010. 3. 11. 선고 2009다82244 판결, 대법원 2016. 10. 27. 선고 2015다221903, 221910 판결 등). 한편, 학설 중에는 경업금지약정이 법 20조 위반으로 무효라고 보는 견해(신권철, 252면)가 있다.

해당되지 아니하므로, 근로계약을 전제로 하는 법 20조는 적용되지 아니한다. 하급심 판례도 재학 중인 운동선수가 특정 구단의 스카우트 제의를 받아 전속계약을 체결하고 그 불이행에 대한 위약금을 예정한 경우 그 전속계약은 근로계약이 아니므로 법 20조는 적용되지 아니하는 것으로 본 사례가 있다.[13)]

### 7. 제 3 자와 한 손해배상예정계약

위약금 또는 손해배상예정의 주체를 근로자로 하는 경우 뿐 아니라, 친권자, 신원보증인 또는 기타 제 3 자로 하는 경우에도 모두 법 20조 위반이 된다.[14)]

### 8. 신원보증계약

신원보증계약은 근로자가 업무를 수행하는 과정에서 그의 책임 있는 사유로 사용자에게 손해를 입힌 경우에 신원보증인이 그 손해를 배상할 채무를 부담하는 것을 약정하는 계약을 말한다.[15)] 법 20조는 사용자가 위약금 또는 손해배상액의 예정을 금지하는 것에 그치므로, 제 3 자가 현실적으로 발생한 손해의 배상책임을 부담하기로 하는 신원보증계약은 이에 해당되지 아니한다.[16)]

### 9. 불법행위

위약금 예정은 그 성격상 채무불이행의 경우에만 해당되나, 손해배상책임은 채무불이행 뿐 아니라 불법행위의 경우에도 발생할 수 있다. 그러나 법 20조는 문언상 '채무불이행'으로 인한 손해배상액의 예정만 금지하도록 규정하고 있으므로, 과연 불법행위로 인한 경우에도 손해배상의 예정이 금지되는지에 관하여는 의문이 제기될 수 있다. 법 20조의 취지가 손해배상의 사유 및 액수를 불문하고 손해배상액의 예정을 통한 근로자의 강제 노동을 금지하는 데 있으므로 긍정적으로 해석하여야 할 것이다.[17)]

---

13) 서울고법 1990. 2. 2. 선고 89나23072 판결. 반면 학원강사의 경우 근로자에 해당한다고 보고 전속강의계약이 무효라고 한 사례로는 서울고법 2014. 11. 14. 선고 2014나736 판결이 있고, 근로자에 대한 사이닝보너스 반환 약정이 무효라고 보는 학설(심재진, 40면)도 있다.

14) 김형배, 272면; 이상윤, 164면; 하갑래, 154면.

15) 신원보증인의 책임에 관하여는 신원보증법에서 구체적으로 규정하고 있다.

16) 대법원 1980. 9. 24. 선고 80다1040 판결.

17) 이상윤, 165면.

### 10. 사용자를 부담자로 하는 경우

법 20조의 입법취지는 근로자를 보호하기 위한 것이므로, 사용자의 근로계약 불이행에 대하여 위약금을 예정하는 경우에는 적용대상이 되지 아니한다.

### 11. 벌 칙

법 20조를 위반한 자는 500만 원 이하의 벌금에 처한다(법 114조 1호).

[이 상 훈·진 창 수]

## 제21조(전차금 상계의 금지)

사용자는 전차금(前借金)이나 그 밖에 근로할 것을 조건으로 하는 전대(前貸)채권과 임금을 상계하지 못한다.

〈세 목 차〉



## Ⅰ. 전차금 상계 금지의 의의

법 21조는 사용자가 근로자 내지 근로자가 될 자에게 미리 일정 금액을 대여하고, 이후 그 근로자가 근로 제공에 따라 취득하게 되는 임금채권을 대여금 반환 채권과 상계하는 것을 금지하는 규정이다. 이 규정은 근로자의 퇴직의 자유를 보호함으로써 전근대적인 인신구속성 근로계약의 폐단을 방지하고 근로계약을 담보로 하는 고리대금업을 금지하려는 데 의의가 있다.

만약 이러한 전차금 상계를 허용하면 사용자가 경제적으로 곤궁한 근로자에게 높은 이자를 붙여 금전을 대여한 후 이를 빌미로 위 차용금이 모두 변제될 때까지 퇴직하지 못하게 함으로써 장기간의 인신구속적인 고용관계를 창출할

위험이 있고, 근로자가 인신을 담보로 금전을 차용하는 폐단이 발생할 수 있다.[1)]

선원법에서는 "선박소유자는 선원에 대한 전차금이나 그 밖에 근로할 것을 조건으로 하는 전대채권과 임금을 상계하지 못한다"라고 규정하여 별도의 상계 금지 규정을 두고 있다(선원법 31조).[2)]

한편, 이 전차금 상계 금지 규정에 의하지 않더라도 전차금 채권으로 임금채권을 상계하는 것은 법 43조가 정한 임금 전액 지급의 원칙에 반한다.

## Ⅱ. 전차금 상계 금지의 내용

### 1. 금지 대상

전차금 상계 금지가 되는 대상은, 근로계약이 체결되어 있거나 체결될 예정인 사용자와 근로자 사이에, 근로할 것을 조건으로 사용자가 근로자에게 금전을 대여한 후 근로자가 근로의 대가로 받거나 받게 될 임금채권과 위 대여금 채권을 상계하기로 하는 약정 내지 상계의 의사표시이다.

상계의 자동채권은 근로할 것을 조건으로 하는 사용자의 근로자에 대한 채권이다. 근로할 것을 조건으로 하는 채권이면 족하므로 반드시 현재 근로계약이 체결되어 있을 필요는 없다. 장래 근로계약 체결이 예정되어 있는 상태에서 발생한 채권도 포함된다.

채권의 종류에 대하여 법은 전차금, 전대(前貸)채권이라는 표현을 사용하고 있다. 전대채권은 금전채권으로 해석된다. 상계의 대상이 되어야 하기 때문이다. 사용자의 근로자에 대한 금전소비대차에 따른 대여금 채권이 여기에 해당할 것이다.

사용자의 근로자에 대한 손해배상채권의 경우 위 조문에서 전차금 내지 전대채권으로 한정하여 규정되어 있고 그와 같은 손해배상채권이 근로할 것을 조건으로 한 채권이 아니며 위 규정에 해당되는 경우에는 형사처벌의 대상이 될 수 있다는 점에 비추어 볼 때 상계금지대상에 해당한다고 보기 어렵다. 다만, 손해배상채권에 의한 상계는 법 43조의 임금 직접 지급 원칙에 의하여 금지된다.[3)] 사용자의 근로자에 대한 부당이득반환채권의 경우 역시 위 손해배상채권

1) 최근에도 장기 외항어선 선원, 다방이나 유흥업소 여성종사자 등이 위 규정을 위반한 근로조건으로 근로계약을 체결하는 경우가 있다.

2) 개정 전 법률(법률 11024호)에서는 상계액이 통상임금의 3분의 1을 초과하지 아니하는 경우에는 상계할 수 있는 것으로 규정하고 있었다.

과 같은 이유로 여기에 해당하지는 않는 것으로 보아야 한다. 부당이득반환채권에 의한 상계 역시 원칙적으로는 법 43조의 임금 직접 지급 원칙에 의해 금지되나, 계산의 착오 등으로 임금을 초과 지급한 경우에, 근로자가 퇴직 후 그 재직 중 받지 못한 임금을 청구하거나, 근로자가 비록 재직 중에 임금을 청구하더라도 위 초과 지급한 시기와 상계권 행사의 시기가 임금의 정산, 조정의 실질을 잃지 않을 만큼 근접하여 있고 나아가 사용자가 상계의 금액과 방법을 미리 예고하는 등으로 근로자의 경제생활의 안정을 해할 염려가 없는 때에는, 사용자는 위 초과 지급한 임금의 반환청구권을 자동채권으로 하여 근로자의 임금채권과 상계할 수 있다. 다만 이 경우 민집법 246조 1항 4호에서 근로자인 채무자의 생활보장이라는 공익적, 사회 정책적 이유에서 '급여채권의 2분의 1에 해당하는 금액'을 압류금지채권으로 규정하고 있고, 민법 497조는 압류금지채권의 채무자는 상계로 채권자에게 대항하지 못한다고 규정하고 있으므로, 사용자가 근로자에게 임금 명목으로 지급한 금원 상당의 부당이득반환채권을 자동채권으로 하여 근로자의 임금채권을 상계하는 것은 임금채권의 2분의 1을 초과하는 부분에 해당하는 금액에 관하여만 허용된다.[4][5]

한편 상계가 금지되는 채권은 근로할 것을 조건으로 하는 대여금 채권이므로, 이러한 조건 아래에서 발생한 채권이 아닌 경우에는 비록 근로계약이 체결되어 있는 사용자와 근로자 사이의 채권이라도 이에 해당하지 않는다. 근로할 것을 조건으로 한 대차인지 여부는 대차를 하게 된 경위, 대차의 규모, 대차의 조건, 변제 방법과 아울러 근로자가 자유로운 의사로서 변제 전에 근로계약을 종료할 수 있는지 여부 등을 고려하여 판단하여야 한다. 예를 들어, 일반적으로 회사에서 근로자들의 복지를 위하여 제공하는 근로자 내지 자녀에 대한 학자금 융자, 주택구입자금 융자, 우리사주 매입금 융자 등은 이에 해당한다고 보기 어렵다. 다만, 이 경우에도 대여의 경위, 변제 방법 등이 합리적이고 타당하며 반환 전에 회사를 퇴사할 수 없다는 조건이 없는 경우이어야 한다.[6]

---

3) 대법원 1976. 9. 28. 선고 75다1768 판결, 대법원 1989. 11. 24. 선고 88다카25038 판결, 대법원 1990. 5. 8. 선고 88다카26413 판결.

4) 대법원 2010. 5. 20. 선고 2007다90760 전원합의체 판결, 대법원 2014. 12. 11. 선고 2011다77290 판결.

5) 이는 퇴직금에 있어서도 마찬가지이다(대법원 2014. 12. 11. 선고 2011다77290 판결).

6) 이 문제는 임금 전액 지급의 원칙과 관련하여 근로자가 상계에 동의한 경우 임금채권과의 상계가 허용될 수 있는지의 문제로 귀착한다.

## 2. 상계의 금지

상계가 금지된다는 것은 사용자가 대여금 채권을 자동채권으로 하고 근로자의 임금채권을 수동채권으로 하여 상계하지 못한다는 의미이다. 2007. 1. 26. 법 개정 전에는 '상계'라는 말 대신 '상쇄(相殺)'라는 말을 썼다.

근로자에 대한 임금은 직접 근로자에게 전액을 지급하여야 하는 것이므로 초과 지급된 임금의 반환 채권을 제외하고는 사용자가 근로자에 대하여 가지는 대출금이나 불법행위를 원인으로 한 채권으로써 근로자의 임금채권과 상계하지 못한다고 함이 판례이다.[7] 하지만 근로자가 임금채권을 자동채권으로 하고 사용자의 대여금 채권을 수동채권으로 하는 상계는 허용될 수 있다. 다만, 이 경우에도 형식적으로 근로자의 상계 의사표시가 있었다는 점만으로 적법성을 인정할 수는 없다. 실제 근로자가 자유로운 의사 아래 상계의 의사표시를 하였는지 여부를 살펴야 한다.[8]

한편, 근로자가 미리 상계에 동의하거나 근로자와 사용자 사이에서 근로계약 내지 소비대차계약과 별도로 상계 계약을 하고 이에 따라 상계하는 경우가 문제될 수 있다. 이에 대하여는 경제적으로 곤궁한 처지에 있는 근로자가 상계의 동의를 강제당하는 결과를 가져오게 될 것이어서 법 21조의 취지에 비추어 허용되지 않아야 한다는 견해와,[9] 근로자가 상계를 강제당하는 경우가 아니라면 허용하는 것이 근로자에게 오히려 유리한 경우도 있으므로 대여 조건과 변제 조건, 특히 전액 변제 전에 퇴직할 수 있는지 여부 등을 종합적으로 고려하여 근로자의 자유로운 의사 아래 이루어진 상계 합의라면 허용되어야 한다는 견해가 있다.[10]

## 3. 규정에 위반한 상계의 효력

위 규정을 위반한 상계는 무효이다. 따라서 상계의 대상이 된 근로자의 임금채권은 여전히 유효하게 존재하고, 사용자의 대여금 채권도 소멸하지 않는다.

---

7) 대법원 1999. 7. 13. 선고 99도2168 판결.
8) 김형배, 276면.
9) 김형배, 276면. 이 견해 역시 근로할 것을 조건으로 하지 않는 경우에는 허용된다고 보고 있으므로 결론에는 별다른 차이가 없는 것으로 보인다.
10) 이 문제는 다시 법 43조 임금 직접 지급 원칙과 관련하여 논의된다.

위 규정을 위반한 사용자는 500만 원 이하의 벌금에 처한다(법 114조 1호).

[정 재 헌·이 정 아]

제22조(강제 저금의 금지)

① 사용자는 근로계약에 덧붙여 강제 저축 또는 저축금의 관리를 규정하는 계약을 체결하지 못한다.

② 사용자가 근로자의 위탁으로 저축을 관리하는 경우에는 다음 각 호의 사항을 지켜야 한다.

1. 저축의 종류 · 기간 및 금융기관을 근로자가 결정하고, 근로자 본인의 이름으로 저축할 것
2. 근로자가 저축증서 등 관련 자료의 열람 또는 반환을 요구할 때에는 즉시 이에 따를 것

〈세 목 차〉



## Ⅰ. 입법 취지

사용자가 근로자로 하여금 임금의 일정액을 강제로 저축하게 하고 그 반환을 어렵게 하는 경우 근로자는 자신의 의사에 반하여 회사에 구속되는 결과를 가져올 우려가 있다. 또한 저축금이 기업의 경영 자금으로 유용되는 경우 경영이 악화된다면 그 반환이 어렵게 될 수도 있다. 따라서 이러한 폐단을 방지하기 위하여 법 22조는 강제 저축과 저축금 관리를 금지하고 있다.[1)]

1) 이상윤, 168면; 하갑래, 160면.

## Ⅱ. 구체적 내용

### 1. 근로계약에 덧붙이는 강제 저축 및 저축금관리계약의 금지

법 22조는 근로계약에 덧붙여 강제 저축 및 저축금관리계약의 체결을 금지하고 있다.

'근로계약에 덧붙여'라고 함은 근로계약의 체결 또는 존속의 조건으로 하는 것을 말한다. 예컨대, 저축하지 않으면 고용하지 않는다든가 취업 후 저축계약을 체결하지 않으면 해고하는 경우가 이에 해당한다.

'강제 저축의 계약'이라 함은 사용자 자신이 근로자와 계약하는 것은 물론 근로자에 대하여 사용자 이외의 제 3 자, 즉 은행, 우체국 등과 저축계약을 하도록 하는 것도 포함된다. 그러나 근로자가 자발적으로 저축을 할 의사가 있는 경우에 사용자가 자기의 거래 은행에 저축하도록 권유하는 것은 법 22조에 위반되지 않는다.

'저축금의 관리를 규정하는 계약'에는 사용자 자신이 직접 근로자의 예금을 받아 관리하는 '사내 예금'은 물론 사용자가 근로자의 예금을 받아 다시 개개 근로자 명의로 은행 기타 금융기관에 예금하여 그 통장과 인감을 보관하는 경우와 예금의 인출을 제한하는 경우도 포함된다.

### 2. 근로자의 위탁에 의한 저축금의 관리

근로계약에 부수하지 않고 근로자의 자유 의사에 의한 저축금을 위탁받아 관리하는 계약을 금지할 이유가 없다. 다만, 이러한 경우라도 그대로 방치하여 둔다면 사실상 강제 저축으로 작용할 우려가 있기 때문에, 사용자로 하여금 저축의 종류, 기간, 금융기관을 근로자가 결정하고 근로자 본인의 이름으로 할 것, 근로자가 저축증서 등 관련 자료의 열람 또는 반환을 요구할 때에는 즉시 이에 따를 것을 의무화하고 있다.

### 3. 벌　　칙

법 22조 1항에 위반하여 강제 저축 또는 저축금 관리를 규정하는 계약을 체결한 경우에는 2년 이하의 징역 또는 2,000만 원 이하의 벌금에 처하고(법 110

조 1호), 2항에 위반하여 저축금을 관리하는 경우에는 500만 원 이하의 벌금에 처한다(법 114조 1호).

[이 상 훈 · 진 창 수]

제23조(해고 등의 제한)

① 사용자는 근로자에게 정당한 이유 없이 해고, 휴직, 정직, 전직, 감봉, 그 밖의 징벌(懲罰)(이하 "부당해고등"이라 한다)을 하지 못한다.

② 사용자는 근로자가 업무상 부상 또는 질병의 요양을 위하여 휴업한 기간과 그 후 30일 동안 또는 산전(産前) · 산후(産後)의 여성이 이 법에 따라 휴업한 기간과 그 후 30일 동안은 해고하지 못한다. 다만, 사용자가 제84조에 따라 일시보상을 하였을 경우 또는 사업을 계속할 수 없게 된 경우에는 그러하지 아니하다.

제23조 전론(前論) 1: 해고 등 제한 총론

〈세 목 차〉

[참고문헌]

**강희원**, “해고법의 체계를 위하여”, 노동법학 10호, 한국노동법학회(2000); **강현주**, “영국의 부당해고 구제제도”, 노동법연구 14호, 서울대학교 노동법연구회(2003. 6.); **고영석**, “영업의 일부 양도에 따라 양도대상이 된 영업부문에 소속된 근로자에 대한 해고의 정당성”, 대법원판례해설 35호, 법원도서관(2001. 6.); **곽윤직**, 민법총칙, 박영사(2002); **구건서**, “회사가 사직서를 수리한 후에는 회사의 동의 없이는 사직서를 철회할 수 없다”, 월간 노동 309호, 한국산업훈련협회(2000. 11.); **권오성**, “‘직장 내 괴롭힘’ 관련 개정법(안)의 평가 및 과제”, 「직장 내 괴롭힘의 노동법적 쟁점」, 한국노동법학회, 사단법인 노동법이론실무학회(2018. 9.); **김규장**, “면직처분의 정당성과 그 판단대상 및 면직처분사유의 추가, 변경”, 국민과 사법 — 윤관 대법원장 퇴임 기념, 박영사(1999. 1.); **김기영**, “특정사유가 징계해고사유와 통상해고사유에 해당하는 경우 징계해고절차의 필요성 유무”, 노동법률 46호, 중앙경제(1995. 3.); **김남준**, “정년규정 신설이 취업규칙의 불이익변경에 해당하는지 여부와 노동조합장의 동의의 효력”, 1997 노동판례비평, 민주사회를 위한 변호사모임(1998. 8.); **김명수**, “정리해고의 실시와 쟁의행위의 대상”, 우리법연구회 논문집 I (1998. 9. ~ 2005. 5.), 우리법연구회(2005. 6.); **김선수**, “1년을 초과하는 근로계약기간을 정한 근로계약의 효력”, 노동법연구 6호, 서울대학교 노동법연구회(1997. 8.); **김엘림**, “교환직렬 정년차등의 남녀고용평등 위반 여부”, 노동법률 65호, 중앙경제(1996. 10.); **김용균**, “근로자의 퇴직 의사표시의 철회의 허용여부”, 대법원판례해설 17호, 법원행정처(1992); **김용빈**, “근로자가 징계면직처분을 받은 후 임의로 사직원을 제출하여 종전의 징계면직처분이 취소되고 의원면직처리된 경우, 그 사직의 의사표시를 비진의 의사표시로 볼 수 있는지 여부와 해고무효소송에 있어 신의성실(실효)의 원칙”, 대법원판례해설 34호, 법원도서관(2000. 11.); **김용일a**, “피고 회사에 합병된 소멸회사 근로자들의 퇴직금산정을 위한 계속근로년수의 통산이 인정되지 않은 경우”, 대법원판례해설 16호, 법원행정처(1992. 10.); **김용일b**, “1. 취업규칙의 소급적 불이익변경과 해당 근로자의 개별적 동의요건, 2. 계속근속년수의 통산”, 대법원판례해설 18호, 법원행정처(1993. 6.); **김유성a**, “정년제의 의의와 법적 문제”, 법학 90호, 서울대학교 법학연구소(1992. 9.); **김인재**, “사립학교법상 교수재임용제도에 대한 헌법불합치 결정”, 노동법률 146호, 중앙경제(2003. 7.); **김재진**, “통상해고, 징계해고, 정리해고”, 재판자료 39집, 법원도서관(1987); **김지형a**, “헌법상 기본권과 노동법: 개별적 노동관계에 있어서의 논의를 중심으로”, 재판자료 76집 헌법문제와 재판(중), 법원도서관(1997. 6.); **김지형b**, “회사의 합병에 따른 근로관계의 승계와 취업규칙상 퇴직금규정의 적용”, 인권과 정의 214호, 대한변호사협회(1994. 6.); **김지형c**, “영업양도와 근로관계의 승계”, 민사재판의 제문제 8권, 한국사법행정학회(1994. 10.); **김진**, “정리해고 철회를 목적으로 하는 쟁의행위의 정당성”, 2002 노동판례비평, 민주사회를 위한 변호사모임(2003. 10.); **김진수**, “판례를 통하여 본 계속근로년수”, 판례연구 6집, 부산판례연구회(1996. 1.); **김철영**, “구조조정 반대를 목적으로 한 쟁의행위의 정당성 여부", 노동판례평석모음집, 중앙노동위원회(2005. 3.); 김치중, "당연퇴직의 법률적 성질과 근로기준법 제27조 제 1 항", 대법원판례해설 20호, 법원행정처(1994. 5.); 김현철, "구 사립학교법 제53조의2 제 3 항 위헌소원: 대학교수 기간임용제도와 교원지위법정주의", 헌법재판소결정 해설집 2003, 헌법재판소(2004. 11.); 김형진a, "1년을 초과하는 근로계약기간을 정한 근로계약의 효력", 대법원판례해설 27호, 법원도서관(1997. 7.); 김형진b, "기업그룹내 계열회사 사이의 전적과 계속근로년수", 대법원판례해설 25호, 법원도서관(1996. 11.); 김홍영, "가스산업 구조개편 방침에 반대하는 목적에서 직권중재 회부 후 행해진 파업의 정당성", 노동법률 135호, 중앙경제(2002. 8.); 김홍영 · 변성영, "현행 기간제법 하에서의 종전 판례법리의 유지가능성", 성균관법학 23권 1호, 성균관대학교 비교법연구소(2011. 4.); 김홍준a, "구조조정으로서의 명예퇴직과 고용보장을 위한 시론", 노동법연구 9호, 서울대학교 노동법연구회(2000. 12.); 김홍준b, "근로자의 의사표시에 대한 사실인정과 그 해석", 노동법연구 12호, 서울대학교 노동법연구회(2002. 6.); 김홍준c, "전직의 정당성", 노동법연구 3호, 서울대학교 노동법연구회(1993); 노동부 편, 「유럽연합의 근로기준(정책자료)」(2001. 12.); 노상헌, "일본 근로계약법의 제정과 시사점", 노동법학 26호(2008. 6.); 노정희, "구조조정 반대를 목적으로 한 쟁의행위의 정당성", 노동법실무연구 1권: 김지형 대법관 퇴임기념, 사법발전재단(2011); 도재형a, "구조조정에 대항하는 쟁의행위의 정당성", 노동법률 148호, 중앙경제사(2003. 9.); 도재형b, "국 · 공립대학 교원의 재임용 심사신청권", 노동법연구 17호, 서울대학교 노동법연구회(2004. 12.); 도재형c, "직위해제에 이은 당연퇴직의 정당성", 강원법학 18권, 강원대학교 비교법학연구소(2004. 6.); 민중기a, "1년을 초과하는 근로계약기간을 정한 근로계약의 효력", 국민과 사법 — 윤관 대법원장 퇴임 기념, 박영사(1999. 1.); 민중기b, "기업이 동일성을 유지하면서 인적 · 물적 조직이 흡수 · 통합되거나 조직변경되고 그에 따라 소속 근로자들이 회사방침에 의하여 일괄사직하고 퇴직금을 수령한 경우, 근로관계가 단절되는지 여부", 대법원판례해설 32호, 법원도서관(1999. 10.); 박대준, "흡수 합병에 따른 퇴직 및 재입사와 근로관계 단절 여부", 대법원판례해설 44호, 법원도서관(2004. 1.); 박상훈a, "교수재임용 거부처분에 대한 구제절차", 노동법실무연구 1권(김지형 대법관 퇴임기념), 사법발전재단(2011); 박상훈b, "교수재임용제에 대한 헌법불합치 결정", 노동법연구 14호, 서울대학교 노동법연구회(2003. 6.); 박상훈c, "독일 노동법원 제도의 도입에 관하여", 사법개혁과 세계의 사법제도(Ⅰ), 사법제도비교연구회(2004. 12.); 박수근, "사직의 노동법상 쟁점과 분쟁", 판례연구 23집(2), 서울지방변호사회(2009. 12.); 박은정, "기간제 근로계약에 대한 갱신기대권", 노동법학 44호, 한국노동법학회(2012. 12.); 박종희, "명예퇴직금 수령을 목적으로 하는 근로관계 합의해지에 관한 의사표시의 해석", 노동법률 112호, 중앙경제(2000. 9.); 박정화, "기간제 근로계약에 있어서의 갱신기대권 및 갱신거절의 효력", 행정판례연구 17-2집, 박영사(2012. 12.); 박지순, "근로관계 종료에 관한 의사표시 해석에 관한 연구", 계간 조정과 심판 52호, 중앙노동위원회(2013); 박형준, "계약직(기간제) 근로자의 계약 갱신기대권”, 조세 286호, 조세통람사(2012. 3.); **배보윤**, “법원조직법 제45조 제 4 항 위헌확인: 법관정년연령제한과 공무담임권 및 법관의 신분보장”, 헌법재판소결정 해설집 2002, 헌법재판소(2003. 10.); **선재성**, “파산과 노동관계”, 재판자료 82집 파산법의 제문제(상), 법원도서관(1999); **송강직**, “단체협약 및 취업규칙상 징계사유와의 관계, 부당노동행위의 원인 경합”, 노동법률 99호, 중앙경제(1999. 8.); **심재진**a, “영국에서의 직장내 괴롭힘 규제”, 노동법논총 25집, 한국비교노동법학회(2012. 8.); **심재진**b, “직장 내 괴롭힘에 대한 구제의 확대방안 소고”, 「직장 내 괴롭힘의 노동법적 쟁점」, 한국노동법학회 · 사단법인 노동법이론실무학회(2018. 9.); **안말수**, “구조조정 실시 반대 파업은 불법”, 월간 노동 326호, 한국산업훈련협회(2002. 3.); **안태윤**, “경영상 조치가 노동쟁의의 대상이 될 수 있는지 여부”, 2003 노동판례비평, 민주사회를 위한 변호사모임(2004. 9.); **오문완**a, “전근처분의 성질과 그 한계: 호텔롯데사건”, 노동판례평석집 Ⅱ, 한국경영자총협회(1997); **오문완**b, “전화교환직렬 직원만의 정년을 차등규정한 규정의 효력”, 1996 노동판례비평, 민주사회를 위한 변호사모임(1997. 6.); **유성재**, “기간제법의 제정과 기간제 근로계약의 갱신거부”, 중앙법학 12집 2호(통권 36호), 중앙법학회(2010); **윤찬성**, “일괄사표제출과 특정인에 대한 사표수리의 정당성”, 노동법률 48호, 중앙경제(1995. 5.); **이경우**, “전직 · 전보명령권의 성질과 한계”, 1997 노동판례비평, 민주사회를 위한 변호사모임(1998. 8.); **이경운**, “교수재임용에 관한 대법원판례의 변경과 그 의의”, 행정판례연구 10집, 박영사(2005. 6.); **이근윤**, “합작투자로 신설된 회사로의 전출과 근로계속년수”, 대법원판례해설 28호, 법원도서관(1997. 12.); **이달휴**, “노동법상의 ‘진의’ 개념”, 노동법률 119호, 중앙경제(2001. 4.); **이미선**a, “경력사칭을 이유로 한 징계해고의 정당성”, 대법원판례해설 93호, 법원도서관(2013); **이미선**b, “기간제 근로계약에 있어서 근로자의 근로계약 갱신에 관한 기대권의 인정 문제”, 대법원판례해설 87호, 법원도서관(2011); **이병희**, “경영사항의 단체교섭 및 쟁의행위 대상성”, 재판자료 118집: 노동법 실무연구, 법원도서관(2009); **이상윤**a, “미국의 정리해고 및 노동조합”, 판례실무연구Ⅵ, 박영사(2003. 8.); **이선희**, “기간제로 임용된 국립대학교 교원에 대한 재임용거부행위의 처분성”, 21세기 사법의 전개 — 송민 최종영 대법원장 재임 기념, 박영사(2005. 9.); **이승길**a, “경영참여 및 해고의 동의 · 협의조항에 대한 소고”, 노동법률 149호, 중앙경제(2003. 10.); **이승길**b, 해고법제의 국제비교 연구, 한국경영자총협회(2006); **이우진**, “정당한 전직명령의 판단기준”, 노동법률 136호, 중앙경제(2002. 9.); **이승욱**, “미국 해고제한법리의 전개”, 노동법연구 3호, 서울대학교 노동법연구회(1993); **이원희**, “성적 괴롭힘(성희롱)의 법적 쟁점”, 「직장 내 괴롭힘의 노동법적 쟁점」, 한국노동법학회, 사단법인 노동법이론실무학회(2018. 9.); **이재홍**, “상급자의 지시에 의한 사직서제출과 진의 아닌 의사표시”, 민사판례연구 15권, 박영사(1993. 5.); **이정**, “부당해고에 대한 사법구제 및 법적 효력 — 영국, 독일, 프랑스의 해고법제를 통해서 본 일본 해고법제의 특징과 문제점 및 한국에 대한 시사 —”, 노동법학 13호, 한국노동법학회(2001. 12.); **이철수**a, “1년을 초과하는 근로계약 기간을 정한 근로계약의 효력: 한국KDK

사건”, 노동판례평석집 Ⅱ, 한국경영자총협회(1997. 12.); **이철수b**, “고령자고용과 정년제의 법적 과제”, 고령자 고용과 정년제의 법적 과제, 한국법제연구원(2003); **이흥재**, “프랑스의 해고제한의 법리에 관한 소고”, 법학연구 12집, 전북대학교부설법학연구소(1985); **장원찬**, “일괄사표의 강요와 선별수리의 무효판례에 대하여”, 노동법률 7호, 중앙경제(1991. 12.); **전윤구**, “근로계약의 갱신거절이 무효인 경우에 임금손해의 산정”, 경영법률 15집 2호, 한국경영법률학회(2005. 4.); **정연주**, “사립학교법상 기간임용제의 헌법적 문제”, 헌법논총 15집, 헌법재판소(2004. 12.); **전형배a**, “영국의 2010년 평등법과 차별적 해고”, 노동법학 45호, 한국노동법학회(2013. 3.); **전형배b**, “영국의 부당해고 구제시스템과 시사점”, 법조 673호, 법조협회(2012. 10.); **정인섭a**, “고용안정협약의 효력”, 노동법률 149호, 중앙경제(2003. 10.); **정인섭b**, “정리해고와 파업의 정당성”, 노동법률 131호, 중앙경제(2002. 4.); **정인섭c**, “퇴직금 산정시 계속근로에 관한 판례법리”, 노동법연구 11호, 서울대학교 노동법연구회(2001. 12.); **정진경a**, “미국에서의 부당해고의 사법적 구제에 관한 연구”, 노동법학 10호, 한국노동법학회(2001); **정진경b**, “미국의 해고자유원칙의 수정과 부당해고의 제한”, 노동법연구 8호, 서울대학교 노동법연구회(1999); **정진경c**, “소위 ‘경영권’과 단체교섭대상사항”, 재판실무연구 2004, 광주지방법원(2005. 1.); **조성혜**, “1년을 초과하는 근로계약 기간을 정한 근로계약의 효력”, 노동법률 68호, 중앙경제(1997. 1.); **조건주**, “학력 또는 경력을 사칭한 경우 징계해고의 정당성”, 민사판례연구 25권, 박영사(2003. 2.); **조용만a**, “명예퇴직일 이전 근로자 사망에 따른 명예퇴직금 지급의무의 존부”, 2000 노동판례비평, 민주사회를 위한 변호사모임(2001. 8.); **조용만b**, 프랑스의 정리해고 법리, 서울대학교 대학원 박사학위논문(1998); **조용만c**, “프랑스의 해고법제와 노동법원 구제제도”, 노동법의 존재와 당위: 김유성 교수 정년기념, 박영사(2006); **조임영**, “근로계약의 기간설정 유무의 판단”, 노동법률 104호, 중앙경제(2000. 1.); **차지훈**, “기간을 정한 근로계약에서 근로관계 존속의 보호”, 1998 노동판례비평, 민주사회를 위한 변호사모임(1999. 8.); **최명규**, “근로자에게 불이익한 취업규칙변경의 요건”, 판례연구 5집, 서울지방변호사회(1992. 1.); **최봉태**, “기한이 있는 근로계약의 묵시적 갱신”, 노동법률 100호, 중앙경제(1999. 9.); **최성주**, “1년을 초과하는 기간을 정한 근로계약의 효력”, 부산법조 15호, 부산지방변호사회(1997. 12.); **최은배**, “기간제 근로계약의 규제”, 대법원판례해설 72호, 법원도서관(2008. 7.); **한범수**, “명예퇴직 신청의 철회”, 대법원판례해설 44호, 법원도서관(2004. 1.); **황병일**, “영업양도와 중간퇴직금의 효력”, 판례월보 308호, 판례월보사(1996. 5.); **小宮文人**, 「イギリスの勞働法」, 信山社(2001); **Hans Brox**, Arbeitsrecht, 11. Auflage, Verlag W. Kohlhammer, 1993; **v. Hoyningen-Heune · Linck**, Kündigungschutzgesetz, 13. Auflage, Verlag C. H. Beck, 2002.

## Ⅰ. 해고 등의 제한에 관한 입법체계

### 1. 해고와 징벌의 개념

#### 가. 해고의 개념

##### (1) 해고의 정의

해고는 근로자의 의사에 반하여 근로계약을 해지하는 사용자의 일방적 의사표시이다. 판례에서는 해고를 '실제 사업장에서 불리는 명칭이나 그 절차에 관계없이 근로자의 의사에 반하여 사용자의 일방적인 의사에 의하여 이루어지는 모든 근로관계의 종료'를 의미한다고 표현하였다.[1] 그 내용을 나누어 설명하면 다음과 같다.

㈎ 근로관계의 종료를 목적으로 한 의사표시

해고는 근로관계의 종료를 목적으로 한다. 근로관계의 종료 사유는 근로자의 의사나 동의에 의하여 이루어지는 퇴직, 근로자의 의사에 반하여 사용자의 일방적 의사에 의하여 이루어지는 해고, 근로자나 사용자의 의사와는 관계없이 이루어지는 자동소멸 등으로 나눌 수 있다.[2] 근로관계의 종료사유 중 다른 사유들에 관해서는 뒤에서 보기로 한다.

㈏ 장래를 향한 해지의 의사표시

해고는 근로계약을 해지하는 의사표시이므로 해고로 말미암아 근로계약은 장래에 대하여 그 효력을 잃는다(민법 550조). 근로관계는 계속적 계약관계이므로 소급효가 발생하여 원상회복의 의무가 있는 해제(민법 548조)를 인정하는 것은 곤란하다. 대법원은 나아가 근로계약의 체결에 관한 당사자들의 의사표시에 무효 또는 취소의 사유가 있으면 상대방은 이를 이유로 근로계약의 무효 또는 취소를 주장하여 그에 따른 법률효과의 발생을 부정하거나 소멸시킬 수 있다고 하면서도, 다만 근로계약에 따라 그동안 행하여진 근로자의 노무 제공의 효과를 소급하여 부정하는 것은 타당하지 않으므로, 취소의 의사표시 이후 장래에 관하여만 근로계약의 효력이 소멸된다고 보았다.[3]

1) 대법원 1993. 10. 26. 선고 92다54210 판결(이 판결에 대한 평석으로는 김치중, 378면 이하), 대법원 2011. 3. 24. 선고 2010다92148 판결, 대법원 2015. 12. 10. 선고 2015다219160 판결.

2) 위 대법원 92다54210 판결.

3) 대법원 2017. 12. 22. 선고 2013다25194, 25200 판결.

㈐ 사용자의 의사표시

해고는 사용자의 의사표시라는 점에서 근로자의 의사표시에 따라 근로계약이 해지되는 사직(辭職)과 다르다. 그리고 해고는 근로자의 의사에 반한다는 점에서 근로자의 의사와 합치되어 이루어지는 합의해지와 다르다. 합의해지는 단독행위가 아니라 계약이므로 청약과 승낙에 의해 성립되는데, 뒤에서 다시 살펴보기로 한다.

㈑ 상대방 있는 단독행위

해고는 근로관계의 상대방인 근로자에 대하여 다른 당사자인 사용자가 단독으로 하는 상대방 있는 단독행위이므로, 해고의 의사표시가 상대방에게 도달하는 때에 효력이 발생한다(민법 111조 1항).[4)]

단독행위에 조건을 붙이면 상대방의 지위를 현저히 불리하게 하므로 단독행위에는 원칙적으로 조건을 붙일 수 없으나, 다만 상대방의 동의가 있다든가 상대방을 특별히 불리하게 하지 않을 때에는 허용될 수 있다.[5)] 이와 관련하여 독일에서 허용되는 변경해약고지(Änderungskündigung)에 관한 논의가 있다. 사용자가 근로자에게 근로조건의 변경을 청약하면서 근로자의 승낙을 해제조건으로 하는 해고, 즉 근로자가 변경된 근로조건을 승낙하면 해고의 효력이 소멸하는 변경해약고지가 우리나라에서도 허용될 것인가에 관한 것이다. 우리나라에서는 근로자의 거부를 이유로 해고의 효력이 발생하면 해고의 정당성에 관하여 평가해야 하고, 근로자가 승낙한 경우에도 근로조건의 변경이 근로자에게 불리하면 근로조건 변경의 정당성을 여전히 평가해야 하므로, 해고와 구별되는 독자적인 제도로 변경해약고지를 인정하여 그 유효성을 논의할 필요는 없을 것이다.[6)]

㈒ 명칭 불문

사용자가 예컨대 '형사상의 범죄로 유죄판결을 받았을 때' 등의 사유를 당연퇴직사유로 규정하고 그 절차를 통상의 해고나 징계해고와는 달리 하였더라도, 성질상 해고에 해당되면 법 23조 1항이 정한 '정당한 이유'가 있어야 유효

4) 김유성, 268면.
5) 곽윤직, 308면.
6) 김유성, 269면. 이에 반하여 하갑래, 923면에서는 해고의 대체수단으로 '변경해지제도'의 검토를 제안하고 있다.

하다.[7] 사직이나 합의해지의 형식을 띠고 있더라도 실질적으로 해고에 해당하는 경우가 있다. 실질적 의미의 해고로 볼 수 있는 경우에 관해서는 뒤에서 다시 살펴보기로 한다.

나아가 영국의 1996년 고용권법 95조 1항 (c)에서는 보통법상 사용자의 이행거절행위(취로거부)가 있고 근로자가 그것을 승인하여 고용계약을 종료시킨 경우 해고로 보는 의제해고(constructive dismissal)를 규정하고 있는데,[8] 우리나라에서도 근로자의 비자발적 조기퇴직으로부터 근로자를 보호할 수 있도록 하기 위해 '직장 내 괴롭힘'[9]에 대한 보호수단으로 의제해고제도가 논의되기도 한다.[10]

#### (2) 해고의 종류

##### ㈎ 근로계약기간의 유무와 해고

① 기간의 정함이 있는 계약의 기간 만료　　기간의 정함이 있는 계약은 근로계약기간이 정해진 계약이다. 근로계약기간을 정한 경우에 근로계약은 특별한 사정이 없는 한 그 기간이 만료되면 사용자의 해고 등 별도의 조치 없이 당연히 종료되는 것이 원칙이다.[11]

7) 위 대법원 92다54210 판결, 대법원 1995. 12. 5. 선고 94다43351 판결, 대법원 2002. 8. 23. 선고 2000두9113 판결, 대법원 2004. 10. 28. 선고 2003두6665 판결.

8) 강현주, 94, 95면. 예컨대, 사용자에 의한 계약상의 임금·수당·보수의 미지급 또는 일방적 감액, 취로장소의 변경 등 계약내용의 일방적 변경, 권한 정지처분의 실시, 안전문제에 관한 합리적 고충의 무시, 사용자에 의한 계약상의 명시·묵시의 의무위반을 이유로 한 근로자의 이직이 이에 해당한다고 한다(노동부, 「유럽연합의 근로기준」; 小宮文人, 97면 참조; 강현주, 95면에서 재인용). 의제해고에 관한 영미법상 논의로는 박수근, 272·273면; 심재진a, 69면; 일본의 논의로는 김홍준a, 11~17면; 박지순, 27면 각 참조.

9) 직장 내 괴롭힘에 관하여는 권오성, 43~69면; 심재진b, 1~35면; 이원희, 83~110면 참조. 2019. 1. 15. 법률 16270호 개정 근기법은 6장의2 '직장 내 괴롭힘의 금지'를 신설하고, 76조의2, 76조의3을 신설하여 2019. 7. 16.부터 시행하고 있다.

10) 하갑래, 922, 923면. 이 책에서 영국은 입법적으로 직장내 괴롭힘을 의제해고로 간주하여 제한하고 있으며, 프랑스도 이에 관한 법체계를 구비하고 있으며, 미국이나 독일은 이를 차별금지영역에서 흡수하면서 정의규정을 마련하고 있으며, 일본에서도 이에 관한 관심이 높다고 서술하고 있다.

11) 대법원 1995. 7. 11. 선고 95다9280 판결(금성관광 주식회사 촉탁사원 운전사 사건), 대법원 1998. 1. 23. 선고 97다42489 판결. 대법원 2010. 6. 24. 선고 2007다31471 판결(연구교수 사건)에서는 기간의 정함을 형식적인 것으로 볼 수 없다고 하였고, 대법원 2011. 10. 27. 선고 2010두17205 판결(아파트 관리소장 사건, 이 판결에 대한 평석으로는 박형준, 176면 이하)에서도 아파트 입주자대표회의가 계약기간을 1년으로 정하여 관리사무소장으로 근무하도록 하는 내용의 근로계약을 체결하고 한 차례 재계약을 체결하였는데, 이후 재계약기간 만료일 무렵 입주자대표회의 결의에 따라 계약갱신을 거절한 경우 근로계약에서 정한 계약기간이 단지 형식에 불과하다거나 근로계약서에 명시된 계약기간이 지나더라도 당연히 근로계약이 갱신될 수 있으리라는 정당한 기대권이 있다고 볼 수 없다고 하였다.

그러나 기간제법 4조 2항에서 2년을 초과하여 기간제근로자를 사용하는 경우에 그 기간제근로자는 기간의 정함이 없는 근로계약을 체결한 것으로 본다고 규정한 것처럼, 법률의 규정에 의해 당연종료의 예외가 인정되는 경우가 있다.

또한 판례는 당연종료의 예외에 관한 2가지 정도의 법리를 발전시켜 왔다.

첫째, 기간의 정함이 형식에 불과한 경우이다. 먼저 기간의 정함이 없는 계약이 장기간 반복 갱신된 경우에는 기간의 정함이 형식에 불과한 것으로 본 판례[12]가 있다. 다음으로 계약의 해석을 통해 기간의 정함이 형식에 불과한 것으로 볼 수 있다는 법리를 제시한 판례가 있다. 즉, 최초의 근로계약을 체결하면서 기간을 정한 근로계약서를 작성한 경우 그 근로계약이 계약서의 문언에 반하여 기간의 정함이 없는 근로계약이라고 하기 위해서는 계약서의 내용과 근로계약이 이루어지게 된 동기 및 경위, 기간을 정한 목적과 당사자의 진정한 의사, 동종의 근로계약 체결방식에 관한 관행 그리고 근로자보호법규 등을 종합적으로 고려하여 그 기간의 정함이 단지 형식에 불과하다는 사정이 인정되어야 한다.[13] 그 후 대법원은 단기의 근로계약이 장기간에 걸쳐서 반복하여 갱신된 경우에는 기간의 정함이 단지 형식에 불과하게 된 것으로 인정하고, 이 경우에는 계약서의 문언에도 불구하고 사용자가 정당한 사유 없이 갱신계약의 체결을 거절하는 것은 해고와 마찬가지로 무효로 된다고 보았다.[14]

둘째, 기간의 정함을 형식적인 것으로 볼 수는 없지만 근로자에게 '갱신기대권'이 인정되는 경우이다. 판례는 근로계약기간의 만료에도 불구하고 근로계약, 취업규칙, 단체협약 등에서 일정한 요건이 충족되면 근로계약이 갱신된다는 취지의 규정을 두고 있거나, 그러한 규정이 없더라도 근로계약의 내용과 근로계약이 이루어지게 된 동기 및 경위, 계약 갱신의 기준 등 갱신에 관한 요건이나 절차의 설정 여부 및 그 실태, 근로자가 수행하는 업무의 내용 등 당해 근로관계를 둘러싼 여러 사정을 종합하여 볼 때 근로계약 당사자 사이에 일정한 요건

12) 대법원 1994. 1. 11. 선고 93다17843 판결(연세대학교 언어교육연구원 한국어교육부 시간강사 사건), 대법원 1995. 7. 11. 선고 95다9280 판결, 대법원 1998. 1. 23. 선고 97다42489 판결.

13) 대법원 1998. 5. 29. 선고 98두625 판결(신한생명보험 주식회사 촉탁사원 사건, 이 판결에 대한 평석으로는 조임영, 67면 이하; 차지훈, 111면 이하).

14) 대법원 2006. 2. 24. 선고 2005두5673 판결, 대법원 2007. 9. 7. 선고 2005두16901 판결, 대법원 2007. 10. 11. 선고 2007두11566 판결, 대법원 2010. 6. 24. 선고 2007다31471 판결(이 판결에 대한 평석으로는 박상훈a, 516면 이하), 대법원 2011. 7. 28. 선고 2009두5374 판결, 대법원 2011. 11. 10. 선고 2010두24128 판결, 대법원 2013. 2. 14. 선고 2011두24361 판결.

이 충족되면 근로계약이 갱신된다는 신뢰관계가 형성되어 있어 근로자에게 근로계약이 갱신될 수 있으리라는 정당한 기대권이 인정되는 경우에는, 사용자가 이를 위반하여 부당하게 근로계약의 갱신을 거절하는 것은 부당해고와 마찬가지로 아무런 효력이 없고, 이 경우 기간만료 후의 근로관계는 종전의 근로계약이 갱신된 것과 동일하다는 법리를 확립하였다.[15]

위와 같은 법리에 따라 근로자에게 갱신기대권이 인정되는 경우에 사용자의 갱신 거절이 유효한 것으로 인정받기 위해서는 갱신 거절에 관하여 '합리적 이유'가 인정되어야 한다. 판례상 갱신 거절의 합리성이 부정된 사례로는, 서울특별시 시설관리공단이 계약기간을 1년으로 정하여 장애인콜택시 운행에 관한 위·수탁계약을 체결하고 장애인콜택시 운행업무를 수행하던 운전자 등에게 위탁기간 만료 후 계약 갱신을 거절한 경우,[16] 농업협동조합이 계약기간을 1년으로 정하여 계약직 직원과 시간제 업무보조원으로 고용한 뒤 매년 재계약을 체결하는 방법으로 6년간 근로관계를 유지해 오다가, 계속 근로기간이 '계약직 직원 운용규정' 등에서 한도로 정한 5년을 초과하였고 근무성적 평점이 재계약 기준이 되는 70점 미만이라는 이유로 재계약을 체결하지 않은 경우,[17] 김해시 시설관리공단이 계약기간을 2년으로 정하여 근로계약을 체결하고 한차례 계약을 갱신하여 노인종합복지관의 물리치료사로 근무해 오던 근로자와 재계약을 하지 않은 채 근로자에게 공개채용에 응시하도록 하고 근로자가 응시하지 않자 재계약 체결을 거절한 경우,[18] 시립교향악단에서 사용자가 갱신에 대한 정당한 기대권을 보유한 기간제근로자들에 대하여 사전 동의 절차를 거치거나 가점 부여 등의 구체적인 기준도 마련하지 않은 채 재계약 절차가 아닌 신규채용절차를 통하여 선발되어야만 계약 갱신을 해주겠다고 주장한 경우[19] 등이 있다.

판례상 갱신거절의 합리성이 인정된 사례로는, 3년 동안의 실적평가가 최하위인 근로자에 대하여 회사가 마련한 '계약직 사원 평가 및 재계약 기준'이 정한 재계약 제외대상자(하위 5%) 규정을 적용한 경우,[20] 은행과 계약기간을 2

15) 대법원 2011. 4. 14. 선고 2007두1729 판결(이 판결에 대한 평석으로는 박정화, 385면 이하; 이미선b, 475면 이하).
16) 위 대법원 2007두1729 판결.
17) 대법원 2011. 7. 28. 선고 2009두2665 판결.
18) 대법원 2012. 6. 14. 선고 2010두8225 판결(이 판결에 대한 평석으로는 박은정, 349면 이하).
19) 대법원 2017. 10. 12. 선고 2015두44493 판결.
20) 대법원 2011. 7. 28. 선고 2009두5374 판결.

년으로 정하여 근로계약을 체결한 후 2회에 걸쳐 계약기간을 1년으로 정하여 근로계약을 갱신하였다가 더 이상의 계약기간 갱신 없이 최종 계약기간이 만료된 경우,[21] 사용자(연구회)가 사업을 축소하는 과정에서 평정결과가 낮은 근로자에 대하여 계약갱신을 거절한 경우[22] 등이 있다.

나아가 판례에서는 갱신 거절의 '정당한 이유'라는 표현 대신 '합리적 이유'라는 표현이 주로 사용되고 있다. 예를 들어 근로자의 갱신기대권이 인정되는 경우 사용자가 '합리적 이유 없이' 기간의 정함이 없는 근로자로 전환하는 것을 거절하며 근로계약의 종료를 통보하더라도 부당해고와 마찬가지로 효력이 없다는 표현[23] 또는 갱신 거절의 사유와 절차가 사회통념에 비추어 볼 때 객관적이고 합리적이며 공정한지를 기준으로 판단해야 한다는 표현[24] 등이 사용되는 것이다. 징계해고의 '정당한 이유'에 관하여, 해고는 사회통념상 근로관계를 계속할 수 없을 정도로 근로자에게 책임 있는 사유가 있는 경우에 행하여져야 그 정당성이 인정된다는 판례의 표현[25]과 비교할 때, 판례의 추상적 표현 자체에서는 정당한 이유와 합리적 이유의 차이를 명백히 구분하기는 곤란하다. 그런데 '합리적 이유'가 인정된 위 사례들(평정결과 하위 5% 대상자, 연구회의 하위평정 대상자)의 경우 만일 갱신 거절이 아니라 일반적인 징계해고 또는 통상해고였다면 '정당한 이유'를 인정하기 어려웠을 것이다. 따라서 일반적인 해고를 위한 '정당한 이유'보다 갱신 거절의 '합리성'이 다소 완화된 기준으로 작용하여 근로계약의 종료를 좀 더 쉽게 인정하는 것으로 볼 여지가 있다.

한편, 기간제법이 2007. 7. 1.부터 시행됨으로써 기간을 정한 근로계약은 원칙적으로 2년의 범위 안에서만 가능하고(사업의 완료, 특정 업무 완성 필요 기간 등 일정한 예외가 있다. 기간제법 4조 1항 단서 참조), 2년을 초과하여 기간제근로자를 사용하는 경우에 그 기간제근로자는 기간의 정함이 없는 근로계약을 체결한 근로자로 본다(기간제법 4조 1항·2항). 따라서 2년을 초과한 기간제근로자에 대해서는 판

21) 대법원 2011. 11. 10. 선고 2010두24128 판결.
22) 대법원 2016. 7. 29. 선고 2013다47125 판결.
23) 대법원 2016. 11. 10. 선고 2014두45765 판결.
24) 대법원 2017. 10. 12. 선고 2015두44493 판결.
25) 대법원 1992. 5. 12. 선고 91다27518 판결, 대법원 1994. 1. 11. 선고 93다49192 판결, 대법원 1995. 4. 25. 선고 94누13053 판결, 대법원 1998. 11. 10. 선고 97누18189 판결, 대법원 2002. 5. 28. 선고 2001두10455 판결, 대법원 2002. 6. 14. 선고 2000두8349 판결, 대법원 2003. 5. 27. 선고 2001두8926 판결, 대법원 2003. 7. 8. 선고 2001두8018 판결, 대법원 2011. 3. 24. 선고 2010다21962 판결, 대법원 2017. 3. 15. 선고 2013두26750 판결.

례 법리에 따라 기간의 정함이 형식에 불과한 경우에 해당하지 않더라도, 사용자가 갱신 거절 등으로 노무 수령을 거절하면 이는 해고가 되고, 해고와 마찬가지로 정당한 이유가 있어야 유효하다.

기간제법 시행 이후에도 갱신기대권의 법리가 계속 인정되는지 여부에 관하여 판례는 “기간제법 제4조의 입법 취지가 기본적으로 기간제 근로계약의 남용을 방지함으로써 근로자의 지위를 보장하려는 데에 있는 점을 고려하면, 기간제법의 시행만으로 시행 전에 이미 형성된 기간제근로자의 갱신에 대한 정당한 기대권이 배제 또는 제한된다고 볼 수는 없다. 나아가 위 규정에 의하여 기간제근로자의 갱신에 대한 정당한 기대권 형성이 제한되는 것도 아니다”[26]라고 보았다.

하지만 기간제법 시행 이후 기간제근로자가 기간의 정함이 없는 근로자로 전환되는 것을 피하기 위하여 계약기간이 2년이 될 무렵 사용자가 일괄적으로 계약기간 만료를 이유로 근로관계를 종료시킬 수 있다는 견해가 있다.[27] 2년 이내의 범위에서는 기간제근로자의 사용에 대하여 제한을 가하지 않는 현행 기간제법 하에서는 해고제한 규정의 유추가 허용될 수 없고, 계약을 갱신할 경우 기간제법 4조 2항에 의해 무기계약 체결로 간주되는 것을 방지하기 위하여 계약갱신을 거절하는 데에 ‘합리적 이유’가 있다고 볼 수 있기 때문이다.[28] 기간제법의 시행 이후에도 근로자의 갱신기대권이 계속 형성될 수 있다는 취지의 대법원 판례는 총기간이 2년을 초과하는 경우에도 그 원용이 배제되는 것은 아니라고 보아야 한다. 하지만 대법원에서 그대로 확정된 위 서울고법 2016누73537 판결의 사례와 같이, 사용자로서는 현행 기간제법이 허용하는 2년의 기간 내에서만 기간제근로자를 단기간 계약의 갱신에 의해 사용하고 2년을 초과하여 기간제근로자를 사용하지 않겠다는 의사를 갖고서 기간제 계약을 운용하였으며 실제로도 2년을 초과한 사례가 없었기 때문에,[29] 현행법의 해석을 통해 총기간

26) 대법원 2016. 11. 10. 선고 2014두45765 판결. 대법원 2014. 2. 13. 선고 2011두12528 판결도 같은 취지이다. 기간제법 시행 이후 갱신기대권 관련 논의에 관하여는 김홍영 외 1명, 449면 이하; 유성재, 357면 이하 각 참조.

27) 유성재, 375면. 서울고법 2017. 10. 27. 선고 2016누73537 판결은 총 2년의 기간 내에 수차례 계약이 갱신된 근로자들은 다수 있지만 2년을 초과하도록 계약이 갱신된 근로자들은 전혀 없는 경우에 2년을 초과하는 계약갱신에 관한 기대권이 인정되지 않는다고 보았다(위 판결은 대법원 2018. 3. 15.자 2017두70700 판결에 의해 심리불속행 상고기각으로 확정되었다).

28) 유성재, 375면.

29) 수개월 단위로 계약이 반복하여 갱신된 경우에 총기간 2년의 범위 내에서 다시 수개월의

2년을 초과하는 계약의 갱신을 사용자가 거절하는 것을 탈법이라고 단정하기는 어려울 것이다.

실무상 기간제근로자의 총계약기간이 2년이 될 무렵 정규직 전환심사를 통해 정규직으로 전환하면서 기간제 근로계약 기간 중의 업무평정 및 성과, 임원면접 등 정규직 전환심사의 기준과 절차를 정한 사례가 종종 있다.[30] 이 경우에 사용자는 기간제법 9조의 차별에 해당하지 않는 범위 내에서 기간제근로자가 정규직 근로자에 비해 노동의 질적인 평가가 낮다는 등의 합리적 이유를 들어 기간제근로자의 근로조건을 정규직 근로자보다 열등하게 책정하기도 한다. 만일 기간제근로자가 정규직 전환심사를 통과하면 정규직으로 전환되어 정규직과 같은 트랙의 급여체계에 편입된다. 기간제근로자가 정규직으로 전환되는 심사를 받을 권리 또는 기대권을 '정규직 전환기대권'이라고 부를 수 있는데, 정규직 전환기대권은 갱신기대권의 특별한 유형으로 볼 수 있다. 일반적인 갱신기대권이 인정되고 사용자의 갱신거절의 합리성이 인정되지 않는 경우에 기간제근로자는 기존의 근로조건을 유지한 채 정년이 보장되는 이른바 '무기계약직'이 되는데, 정규직 전환기대권이 인정되고 사용자의 정규직 전환거부의 합리성이 인정되지 않는 경우에는 법원의 판결에 의해 정규직으로 채용할 의무의 확인을 구할 수 있기 때문에 양자는 실무상 차이가 있다.[31]

종전에 법 16조는 근로계약기간을 정할 때에는 원칙적으로 1년 이내로 하고, 다만 일정한 사업완료에 필요한 기간을 정한 경우에는 1년을 초과할 수 있다고 하였으나, 이 규정은 2007. 7. 1. 기간제법의 시행과 함께 효력을 상실하였다(법 부칙 3조). 과거 시행되던 법 16조의 규정을 위반하여 1년을 초과하는 근로계약기간을 정한 근로계약의 효력에 관하여, 판례는 계약기간의 정함 자체

---

기간제 계약을 체결할 수 있다는 갱신기대권이 인정되는지 여부는 별론으로 한다.

30) 서울행법 2016. 5. 13. 선고 2015구합73538 판결은 공공기업체에서 '정규직 전환방법'에 관한 규정을 두고 합격기준을 80점으로 정한 후 80점에 미달한 기간제근로자에 대한 계약을 만료한 사례에서 부당해고가 아니라고 판단하였고, 이 판결은 그 후 서울고법 2016. 12. 7. 선고 2016누46313 판결, 대법원 2017. 4. 13.자 2017두30641 판결(심리불속행 상고기각)으로 확정되었다.

31) 실무현장에서는 이른바 '무기계약직'을 정년 및 좋은 근로조건이 보장되는 정규직, 그리고 정년이 보장되지 않고 열등한 근로조건을 적용 받는 비정규직(기간제근로자) 사이에서 이른바 '중규직(中規職)'이라고 부르기도 한다. 이른바 중규직은 정년이 보장되지만 기간제근로자와 유사한 근로조건을 적용 받는다는 것이다. 물론 정규직과 기간제근로자 사이의 차별은 합리적 이유가 있어야 하고, 이른바 무기계약직과 정규직 사이의 차별에 관해서는 차별임금 청구가 인정되는지 여부라는 실무적 쟁점이 존재한다.

는 유효하다고 보아 사용자는 1년이 경과하더라도 근로계약의 종료를 주장할 수 없으나, 근로자는 1년이 경과한 후 언제든지 근로계약을 해지할 수 있다고 보았다.[32)]

근로계약기간이 정해진 계약의 경우 그 기간 중 사용자가 근로자를 해고하고자 할 때에 법 23조 1항에서 정한 '정당한 이유'가 있어야 함은 물론이고, 뒤에서 보는 것처럼 원칙적으로 해고예고의 절차를 거쳐야 한다. 근로계약기간이 만료한 후 근로자가 계속하여 노무를 제공하고 사용자가 상당한 기간 내에 이의를 하지 않은 경우에는 근로계약이 동일한 조건으로 다시 계속되어 '묵시의 갱신'이 이루어진 것으로 볼 수 있다(민법 662조 1항).[33)]

한편, 대학에서 기간을 정하여 교수를 임용한 후 기간이 경과하면 재임용할 것인지를 정하는 사립대학의 '교수재임용' 제도에 관하여, 헌법재판소는 헌법불합치 결정[34)]을 선고하였다.

헌법재판소는 임용기간이 만료되는 교원에 대한 재임용 여부와 재임용을 배제하는 기준이나 요건 및 그 사유의 사전통지 절차에 관하여 아무런 지침이 없으며 부당한 재임용거부의 구제에 관한 절차에 대해서도 아무런 규정을 두고 있지 않다는 이유로 위 조항이 헌법 31조 6항에서 규정한 교원지위 법정주의에 위반된다고 보았다. 대법원은 헌법재판소의 헌법불합치 결정 이후 기간제로 임용되어 임용기간이 만료된 국·공립대학의 조교수에 대하여 재임용 여부에 관하여 합리적인 기준에 의한 공정한 심사를 요구할 법규상 또는 조리상 신청권을 가진다고 하면서, 재임용을 거부하는 취지로 한 임용기간만료의 통지는 행정소송의 대상이 되는 처분에 해당한다고 보았다.[35)] 재임용 거부처분의 처분성을 부정하던 기존의 판례를 변경한 것이다. 이에 따라 2005년에 '대학교원 기간임용제 탈락자 구제를 위한 특별법'이 제정되어 과거 재임용에서 탈락한 대학교원의 구제절차를 마련하였다. 또한 변경된 판례에 따라 기간을 정하여 임용된 대

32) 대법원 1996. 8. 29. 선고 95다5783 전원합의체 판결(이 판결에 대한 평석으로는 김선수, 537면 이하; 김형진a, 385면 이하; 민중기a, 598면 이하; 이철수a, 23면; 전윤구, 445면 이하; 조성혜, 20면 이하; 최성주, 293면 이하).

33) 대법원 1998. 11. 27. 선고 97누14132 판결(이 판결에 대한 평석으로는 최봉태, 18면 이하).

34) 헌재 2003. 2. 27. 선고 2000헌바26 결정(이 결정에 대한 평석으로는 김인재, 19~24면; 김현철, 27~50면; 박상훈b, 229면 이하; 정연주, 629면 이하).

35) 대법원 2004. 4. 22. 선고 2000두7735 전원합의체 판결(이 판결에 대한 평석으로는 도재형b, 329면; 이경운, 61~91면; 이선희, 764면).

학교원은 국·공립대학이든 사립대학이든 그 기간이 만료되더라도 근로계약이 당연히 종료하는 것이 아니라, 재임용이 거부된 경우에는 그 거부처분의 정당성에 관하여 사법심사를 받을 기회가 보장된다.

교원재임용에 관해서는 '제23조 후론(後論) 4: 교원에 대한 불이익처분과 구제절차' 참조. 근로계약의 기간과 관련하여 보다 자세한 내용은 법 16조(계약기간)에 대한 해설 참조.

② **기간의 정함이 없는 계약의 해지** 민법 655조에 의한 고용계약의 경우 고용기간의 약정이 없는 때에는 당사자는 언제든지 계약해지의 통지를 할 수 있고, 이 경우 상대방이 해지의 통고를 받은 날로부터 1월이 경과하면 해지의 효력이 발생한다(민법 660조 1항·2항).

그러나 이와 같은 해지자유의 원칙은 법 23조 1항에 따라 해고제한의 원칙으로 변경되었다. 따라서 사용자는 정당한 이유가 있을 때에만 근로자를 해고할 수 있고, 뒤에서 보는 것처럼 원칙적으로 해고예고의 절차를 거쳐야 한다.

### ㈏ 해고의 사유에 따른 구분

독일의 해고제한법(Kündigungsschutzgesetz)에 의하면 '사회적 상당성'이 없는 해고는 무효이고, 사회적 상당성은 일신상(一身上, in der Person) 사유, 행동상(또는 행태상, in dem Verhalten) 사유, 긴박한 경영상 사유가 있을 때에 인정된다. 경영상 사유에 의한 해고를 따로 규정하지 않았던 1997. 3. 13. 전문 개정 전의 근기법이 27조 1항에서 규정한 '정당한 이유'를 학자들은 일반적으로 독일의 해고제한법에서 말하는 일신상·행동상·경영상 사유로 해석하였다. 이에 따라 일신상 사유에 의한 해고를 통상해고, 행동상 사유에 의한 해고를 징계해고, 경영상 사유에 의한 해고를 경영해고[36]로 분류하였다.

그런데 1997년 전문 개정된 법부터 법 24조(2007. 4. 11. 개정 전의 법 31조. 이하 구 법은 2007. 4. 11. 전문 개정 전의 법을 말한다)에서 경영해고를 따로 규정하게 되었다. 경영해고에 관한 규정이 없던 때에 대법원은 '정당한 사유'에 관하여 "사회통념상 근로계약을 계속시킬 수 없을 정도로 근로자에게 책임 있는 사유가 있거나 부득이한 경영상의 필요가 있는 경우"[37]라고 표현하여 징계해고와 경영해

36) 경영해고는 때로 정리해고, 경영상 해고 등의 명칭으로 불리고 있으나, 이하 '경영해고'로 용어를 통일하기로 한다.

37) 대법원 1987. 4. 14. 선고 86다카1875 판결, 대법원 1991. 3. 27. 선고 90다카25420 판결, 대법원 1992. 5. 22. 선고 91누5884 판결.

고를 명시하였지만, 통상해고 또한 정당한 이유가 있는 해고의 하나로 인정되고 있었다. 1997년부터 경영해고가 법에 따로 규정되면서 23조(구 법 30조) 1항에 의한 해고와 24조(구 법 31조)에 의한 해고를 각각 근로자의 영역에 속하는 해고와 사용자의 영역에 속하는 해고[38] 또는 근로계약관계상의 사유에 의한 해고와 근로계약관계 외적인 사유에 의한 해고[39]라고 구별하기도 한다. 위와 같은 구별에 의미가 있기는 하지만, 법 24조 5항에서는 사용자가 24조 1항부터 3항까지의 규정에 따른 요건을 갖추어 근로자를 해고한 경우에는 23조 1항에 따른 정당한 이유가 있는 해고를 한 것으로 본다고 규정하고 있으므로, 법 23조 1항의 '정당한 이유'에는 일신상·행동상·경영상 사유가 모두 포함되고, 그 중 경영상 사유에 관하여 24조에서 특별규정을 둔 것으로 볼 수 있다.

다만, 대법원은 사용자의 파산이나 폐업에 의한 해고를 통상해고에 포함시키고 있기 때문에[40] 우리나라의 통상해고는 일신상 사유에 의한 해고보다는 넓은 개념으로 볼 수 있다. 이에 따라 징계해고와 경영해고를 제외한 나머지 해고를 모두 통상해고로 보는 견해가 유력하게 제기되고 있다.[41] 대법원 판례를 감안하여 통상해고를 다시 정의하자면, 통상해고는 일반적으로 근로자측 사정에 의한 해고 중 일신상 사유에 의한 해고를 의미하지만, 여기에 덧붙여 사용자측 사정에 의한 사용자의 파산이나 폐업에 따른 해고를 추가할 수 있는 것이다.

판례는 징계해고의 '정당한 이유'에 관하여, 해고는 사회통념상 근로관계를 계속할 수 없을 정도로 근로자에게 책임 있는 사유가 있는 경우에 행하여져야 그 정당성이 인정된다고 전제한 후, 사회통념상 근로자와 고용관계를 계속할 수 없을 정도인지는 사용자의 사업 목적과 성격, 사업장의 여건, 근로자의 지위 및 담당 직무의 내용, 비위행위의 동기와 경위, 이로 인하여 기업의 위계질서가 문란하게 될 위험성 등 기업질서에 미칠 영향, 과거의 근무태도 등 여러 가지 사정을 종합적으로 검토하여 판단해야 한다고 하여 그 기준을 제시하고 있다.[42]

---

38) 김유성, 276~277면.
39) 김형배a, 681면.
40) 대법원 2003. 4. 25. 선고 2003다7005 판결
41) 강희원 290면; 김기영, 15면; 김재진 235면('보통해고'라는 용어를 사용하고 있다).
42) 대법원 1992. 5. 12. 선고 91다27518 판결, 대법원 1994. 1. 11. 선고 93다49192 판결, 대법원 1995. 4. 25. 선고 94누13053 판결, 대법원 1998. 11. 10. 선고 97누18189 판결, 대법원 2002. 5. 28. 선고 2001두10455 판결, 대법원 2002. 6. 14. 선고 2000두8349 판결, 대법원 2003. 5. 27. 선고 2001두8926 판결, 대법원 2003. 7. 8. 선고 2001두8018 판결, 대법원 2011. 3. 24. 선고 2010다21962 판결, 대법원 2017. 3. 15. 선고 2013두26750 판결. 관련 문헌으로는 김규장, 173면.

한편, 단체협약이나 취업규칙 등에 해고에 관한 규정이 있는 경우 그것이 법에 위배되어 무효가 아닌 이상 그에 따른 해고는 정당한 이유가 있는 해고라는 내용의 판례가 많이 축적되어 있다.[43]

하지만 단체협약이나 취업규칙에 해고사유로 규정되어 있더라도 그 사유가 바로 '정당한 이유'가 되는 것이 아니라, 사회통념상 근로관계를 계속할 수 없을 정도로 근로자에게 책임 있는 사유 또는 긴박한 경영상의 사유에 해당되는 경우에만 해고의 정당성이 인정된다는 판례도 많이 축적되어 있다.[44]

결국 징계해고의 경우에는 사회통념상 근로계약을 존속시킬 수 없을 정도로 근로자에게 책임 있는 사유가 있는 것을 말하는 것이므로, 단체협약이나 취업규칙에서 정한 징계사유가 과연 사회통념상 근로계약을 존속시킬 수 없을 정도로 중대한 것인지의 여부를 가려본 다음, 그 결과에 따라 사용자의 징계해고에 정당한 이유가 있는지를 판단해야 한다.[45] 예를 들어 경력사칭의 경우 대법원 2012. 7. 5. 선고 2009두16753 판결에서 "근로기준법 제23조 제 1 항은 사용자는 근로자에게 정당한 이유 없이 해고하지 못한다고 하여 해고를 제한하고 있으므로, 징계해고사유가 인정된다고 하더라도 사회통념상 고용관계를 계속할 수 없을 정도로 근로자에게 책임 있는 사유가 있는 경우에 한하여 해고의 정당성이 인정된다. 이는 근로자가 입사 당시 제출한 이력서 등에 학력 등을 허위로 기재한 행위를 이유로 징계해고를 하는 경우에도 마찬가지이고, 그 경우 사회통념상 고용관계를 계속할 수 없을 정도인지는 사용자가 사전에 허위 기재 사실을 알았더라면 근로계약을 체결하지 않았거나 적어도 동일 조건으로는 계약을 체결하지 않았으리라는 등 고용 당시의 사정뿐 아니라, 고용 후 해고에 이르기까지 근로자가 종사한 근로 내용과 기간, 허위기재를 한 학력 등이 종사한 근로의 정상적인 제공에 지장을 가져오는지 여부, 사용자가 학력 등 허위 기재 사실

43) 대법원 1987. 4. 14. 선고 86다카1875 판결, 대법원 1989. 9. 26. 선고 89다카5475 판결, 대법원 1990. 4. 27. 선고 89다카5451 판결, 대법원 1990. 11. 23. 선고 90다카21589 판결, 대법원 1990. 12. 7. 선고 90다카23912 판결, 대법원 1991. 3. 27. 선고 90다카25420 판결, 대법원 1991. 10. 11. 선고 91다20173 판결, 대법원 1992. 3. 13. 선고 91다39559 판결, 대법원 1992. 4. 14. 선고 91다17931 판결, 대법원 1998. 11. 10. 선고 97누18189 판결, 대법원 2016. 10. 27. 선고 2015다5170 판결. 관련 문헌으로는 김지형a, 667면; 송강직, 40~44면.

44) 대법원 1992. 5. 12. 선고 91다27518 판결, 대법원 1994. 1. 11. 선고 93다49192 판결, 대법원 1998. 11. 10. 선고 97누18189 판결, 대법원 2002. 12. 27. 선고 2002두9063 판결, 대법원 2012. 7. 5. 선고 2009두16763 판결, 대법원 2016. 10. 27. 선고 2015다5170 판결.

45) 대법원 1994. 1. 11. 선고 93다49192 판결(이 판결에 대한 평석으로는 조건주, 361면 이하), 대법원 1998. 11. 10. 선고 97누18189 판결, 대법원 2016. 10. 27. 선고 2015다5170 판결.

을 알게 된 경위, 알고 난 후 당해 근로자의 태도 및 사용자의 조치 내용, 학력 등이 종전에 알고 있던 것과 다르다는 사정이 드러남으로써 노사간 및 근로자 상호간 신뢰관계 유지와 안정적인 기업경영과 질서유지에 미치는 영향 기타 여러 사정을 종합적으로 고려하여 판단하여야 한다"고 보았다. 이 판결에 대한 해설[46]에서는 '정당한 이유'가 있는 경우에만 해고를 할 수 있다는 법 23조 1항이 경력사칭을 이유로 한 징계해고에도 오롯이 적용됨을 천명하면서, '정당한 이유'를 판단할 때에는 고용 당시의 사정뿐 아니라, 고용 후 해고에 이르기까지의 사정도 종합적으로 고려해야 함을 명확히 한 것으로 보았다.

그리고 근로자에 대한 해고에 정당한 이유가 있다는 증명책임은 사용자에게 있으므로,[47] 근로자가 제기한 해고무효확인 소송에서 사용자가 정당한 이유의 증명에 실패하면 그 해고는 무효로 된다. 이는 근로자가 법 28조에 의한 부당해고 구제신청을 하여 행정소송이 제기된 경우도 마찬가지다.[48]

① **통상해고** 일반적으로 사용자가 근로자의 일신상의 사유를 들어 하는 해고를 통상해고라고 하지만, 대법원 판례에 의하면 여기에 덧붙여 사용자의 파산이나 폐업에 의한 해고도 통상해고에 포함된다. 통상해고와 징계해고는 실무상 특정 사유에 대하여 징계절차를 거쳐 해고하도록 되어 있는지 여부에 따라 구분된다. 보통 단체협약이나 취업규칙에는 '인사'의 장과 '징계'의 장이 따로 구별되어 있고, 대체로 징계의 장에는 징계의 사유와 해고 등 징계의 종류 및 징계절차가 규정되어 있는 반면, 인사의 장에는 해고의 사유에 관해서만 규정되어 있는 경우가 있는데, 이 경우에 인사의 장에 정해진 해고의 사유에 따른 해고를 '통상해고'라고 볼 수 있다.[49]

사용자가 어떤 사유를 당연퇴직사유로 규정하고 그 절차를 통상의 해고나 징계해고와 달리한 경우에도, 그 당연퇴직사유가 근로자의 사망, 정년, 근로계약기간의 만료 등과 같이 근로관계의 자동 소멸 사유인 경우를 제외하고는 넓게 통상해고에 속하는 것으로 보아야 한다.[50]

자세한 내용은 '제23조 제 1 항 해설 1: 통상해고' 참조.

46) 이미선a, 731면 이하.
47) 대법원 1992. 8. 14. 선고 91다29811 판결, 대법원 1999. 4. 27. 선고 99두202 판결.
48) 대법원 1995. 2. 14. 선고 94누5069 판결, 대법원 1999. 4. 27. 선고 99두202 판결.
49) 해고와 임금, 333면.
50) 해고와 임금, 333면.

② **징계해고** 사용자가 징계의 사유를 들어 징계의 절차를 거쳐 하는 해고를 징계해고라고 한다. 징계해고는 통상해고보다 근로자에게 불리한 것으로 취급되나, 징계에 관한 절차 규정이 있는 경우에는 반드시 징계의 절차를 거쳐야 한다는 점에서 근로자는 절차적 보호를 받게 된다.

징계해고의 사유별 정당성 유무에 관한 자세한 내용은 '제23조 제 1 항 해설 2: 징계해고' Ⅲ. 참조.

③ **경영해고** 사용자가 긴박한 경영상의 필요성에 따라 하는 해고를 경영해고라 한다. 앞에서 본 것처럼 법 24조 5항에서는 사용자가 24조 1항부터 3항까지의 규정에 따른 요건을 갖추어 근로자를 해고한 경우에는 23조 1항에 따른 정당한 이유가 있는 해고를 한 것으로 본다고 규정하고 있으므로, 법 24조에 의한 경영해고에도 23조 1항의 '정당한 이유'가 필요한 것으로 해석할 수 있다.

경영해고와 관련하여 단체협약에서 경영해고의 실시 여부, 요건, 절차 등에 관한 노사 합의를 내용으로 하는 단체협약 조항을 두는 경우가 있다. 이와 같은 내용의 별도의 단체협약으로 체결하는 경우에는 고용안정협약이라고 한다. 고용안정조항 또는 고용안정협약의 유형으로는 첫째, 조합원의 정리해고에 대하여 노동조합의 사전 협의 또는 합의[51]를 요구함으로써 경영해고를 제한하는 것인데, 이는 일반적인 인사동의조항의 한 유형이기도 하다. 둘째, 경영해고를 할 때 노동조합과 사전 합의를 거치도록 함으로써 경영해고 자체를 제한하는 것이다.[52] 셋째, 예를 들어 공장이전 시점의 재직자에 대하여 경영해고를 하지 않는

51) 대법원 2012. 6. 28. 선고 2010다38007 판결에서는 "노사 쌍방 간 협상에 의한 최종 합의 결과 단체협약에 정리해고에 관하여 사전 '협의'와 의도적으로 구분되는 용어를 사용하여 노사 간 사전 '합의'를 요하도록 규정하였다면, 이는 노사 간에 사전 '합의'를 하도록 규정한 것이라고 해석하여야 하고, 다른 특별한 사정 없이 단지 정리해고 실시 여부가 경영주체에 의한 고도의 경영상 결단에 속하는 사항이라는 사정을 들어 이를 사전 '협의'를 하도록 규정한 것이라고 해석할 수는 없다"고 보았다.

52) 대법원 2002. 2. 26. 선고 99도5380 판결에서는 "사용자가 경영권의 본질에 속하여 단체교섭의 대상이 될 수 없는 사항에 관하여 노동조합과 '합의'하여 결정 혹은 시행하기로 하는 단체협약의 일부 조항이 있는 경우, 그 조항 하나만을 주목하여 쉽게 사용자의 경영권의 일부포기나 중대한 제한을 인정하여서는 아니 되고, 그와 같은 단체협약을 체결하게 된 경위와 당시의 상황, 단체협약의 다른 조항과의 관계, 권한에는 책임이 따른다는 원칙에 입각하여 노동조합이 경영에 대한 책임까지도 분담하고 있는지 여부 등을 종합적으로 검토하여 그 조항에 기재된 '합의'의 의미를 해석하여야 한다"고 보아 고용안정조항의 효력을 제한하였다(이 판결에 대한 평석으로는 김명수, 413면 이하; 김진, 148면 이하; 김철영, 178면 이하; 김홍영, 21면 이하; 노정희, 652면 이하; 도재형a, 19면 이하; 안만수, 60면 이하; 안태윤 317면 이하; 이병희, 321면 이하; 이승길a, 130면 이하; 정인섭a, 19면 이하; 정인섭b, 24면 이하; 정진경c, 79면 이하 참조). 같은 취지의 판결로는 대법원 2003. 7. 22. 선고 2002도7225 판결, 대

다는 것으로 경영해고의 실시 자체를 제한하는 것이다.[53] 고용안정조항에 위반한 정리해고는 원칙적으로 무효로 본다.[54]

자세한 내용은 법 24조에 대한 해설 참조.

㈐ **해고 예고의 필요성 유무에 따른 구분**

① **예고해고** 법 26조 본문에 따라 사용자는 근로자를 해고하려면 적어도 30일 전에 예고를 하여야 하고, 30일 전에 예고를 하지 아니하였을 때에는 30일분 이상의 통상임금을 지급하여야 한다. 이와 같이 해고 예고의 절차를 거쳐서 하는 해고를 '예고해고'라고 부를 수 있다.[55]

② **즉시해고** 법 26조 단서에 의하면, 근로자가 계속 근로한 기간이 3개월 미만인 경우(1호), 천재·사변 그 밖의 부득이한 사유로 사업을 계속하는 것이 불가능한 경우(2호), 근로자가 고의로 사업에 막대한 지장을 초래하거나 재산상 손해를 끼친 경우로서 고용노동부령으로 정하는 사유에 해당하는 경우(3호)에는 해고 예고 없이 즉시 해고를 할 수 있다. 이와 같이 해고 예고가 필요 없는 해고를 '즉시해고'라고 한다.

### (3) 근로관계의 종료 사유

앞에서 본 것처럼 근로계약의 종료 사유는 근로자의 의사에 반하여 사용자의 일방적 의사에 의하여 이루어지는 해고 외에도 근로자의 의사나 동의에 의하여 이루어지는 퇴직, 근로자나 사용자의 의사와는 관계없이 이루어지는 자동소멸 등으로 나눌 수 있고, 나아가 근로자와 사용자의 합의에 의한 합의해지가

---

법원 2010. 11. 11. 선고 2009도4558 판결, 대법원 2011. 1. 27. 선고 2010도11030 판결.

53) 대법원 2014. 3. 27. 선고 2011두20406 판결에서는 "정리해고의 실시를 제한하는 단체협약을 두고 있더라도, 단체협약을 체결할 당시의 사정이 현저하게 변경되어 사용자에게 단체협약의 이행을 강요한다면 객관적으로 명백하게 부당한 결과에 이르는 경우에는 사용자가 단체협약에 의한 제한에서 벗어나 정리해고를 할 수 있다"고 판단하면서 상고를 모두 기각하였다(구체적인 사실관계에 관해서는 원심인 서울고법 2011. 7. 21. 선고 2010누19647 판결 참조).

54) 대법원 2014. 3. 27. 선고 2011두20406 판결에서는 "사용자가 노동조합과의 협상에 따라 정리해고를 제한하기로 하는 내용의 단체협약을 체결하였다면 특별한 사정이 없는 한 단체협약이 강행법규나 사회질서에 위배된다고 볼 수 없고, 나아가 이는 근로조건 기타 근로자에 대한 대우에 관하여 정한 것으로서 그에 반하여 이루어지는 정리해고는 원칙적으로 정당한 해고라고 볼 수 없다"고 보았다.

55) 김지형, 510면에서는 '예고해고'를 '통상해고'라고 부르고 있으나, 통상해고는 징계해고와 대비하여 부르는 명칭이므로 혼동을 피하기 위해 즉시해고와 대비되는 개념을 예고해고라고 부를 수 있다.

있다.

㈎ **퇴직: 사직(辭職)과 합의해지(合意解止)**

근로자의 일방적 의사표시에 의한 근로계약의 해지를 사직(辭職), 근로자와 사용자의 합의에 의한 근로계약의 해지를 합의해지(合意解止)라고 하는데, 사직과 합의해지에 의한 근로계약의 종료를 합쳐서 퇴직이라고 한다. 실무상 사직의 의사표시를 담은 서면을 사표라고 하고, 합의해지에 의한 근로계약의 종료를 의원면직(依願免職)이라고 하는 경우가 많다.

퇴직에 관해서는 법이 따로 규정하지 않았으므로 민법이 적용된다. 기간의 약정이 없는 근로계약의 경우 근로자는 언제든지 계약해지(사직)의 통고를 할 수 있고(민법 660조 1항), 사용자가 해지의 통고를 받은 날로부터 1월이 경과하면 해지의 효력이 발생하여 근로계약이 해지되며(2항), 월급·주급 등 일정한 기간으로 임금을 정한 때에는 사용자가 사직의 통고를 받은 당기(當期) 후의 1기를 경과함으로써 해지의 효력이 생긴다(3항).

근로자가 사직의 통고를 할 때에 '정당한 이유'는 필요 없다. 사용자의 해고가 제한되는 데 비하여 근로자는 '사직의 자유'를 누린다. 다만, 근로자가 사직의 의사표시를 한 후 근로계약이 해지되기 전에 직장에 출근하지 않는 것은 채무불이행에 해당되어 손해배상책임을 진다.[56)]

근로자는 기간의 약정이 있는 경우에도 부득이한 사유가 있는 때에는 사직할 수 있다(민법 661조 본문). 부득이한 사유가 없는 때에도 법 7조에서 규정한 강제 근로의 금지에 따라 근로자는 사직할 수 있으나, 이 때에는 사용자에 대하여 조기 사직(早期 辭職)에 따른 손해배상책임을 진다.[57)] 그리고 근로자는 부득이한 사유가 근로자의 과실로 인하여 생긴 때에는 사용자에 대하여 손해를 배상해야 한다(민법 661조 단서).

앞에서 본 것처럼 근로계약기간이 만료한 후 근로자가 계속하여 노무를 제공하고 사용자가 상당한 기간 내에 이의를 하지 않은 경우에는 근로계약이 동일한 조건으로 다시 계속되어 '묵시의 갱신'이 이루어진 것으로 볼 수 있다(민법 662조 1항). 묵시의 갱신이 이루어진 후 근로자는 기간의 약정이 없는 경우와 마찬가지로 언제든지 사직의 통고로써 근로계약을 소멸시킬 수 있다.[58)]

---

56) 김형배a, 671면.
57) 하갑래, 657면.

① **퇴직의 의사표시의 하자: 강박과 비진의의사표시**(非眞意意思表示) 사용자가 근로자에게 퇴직할 것을 권유하고 근로자가 이에 응하여 사표를 제출하여 퇴직하는 것을 '권고사직'이라고 하고, 근로자가 사표를 낸 다음 사용자가 이를 수리하여 퇴직하는 것을 '의원면직'이라고 한다. 권고사직은 사직의 일종이므로 근로자의 사표 제출로써 퇴직의 효과가 발생하고, 의원면직은 합의해지의 일종이므로 사용자의 사표 수리로써 퇴직의 효과가 생긴다.

사용자가 근로자에게 퇴직 권유를 하면서 "사표를 제출하지 않으면 해고하겠다"는 의사표시를 한 경우에는 권고사직이나 의원면직의 형식을 취했다고 하더라도 사직이나 합의해지에 의해 근로관계가 종료되었다고 볼 수는 없고, 실질적 해고로 보아 정당한 이유가 있는지 여부에 따라 퇴직의 효력 여부를 판단해야 한다(조건부 해고의 의사표시에 따른 사직).

근로자의 사직원이 회사 간부 등의 폭행과 강요에 의하여 작성되거나 사표를 내지 않으면 해고하겠다고 하여 사직한 경우에는 의원면직의 형식을 취하더라도 실질적으로는 사용자의 일방적 의사표시에 의한 해고로 보아야 한다(폭행과 강요에 의한 사직서의 작성).[59]

사용자가 근로자로부터 사직서를 일괄적으로 제출받아 그중 일부를 선별적으로 수리하는 의원면직의 형식과 관련하여, 대법원은 사직의 의사 없는 근로자로 하여금 어쩔 수 없이 사직서를 작성 제출하게 한 경우에는, 사직의 의사표시는 비진의의사표시로서 무효일 뿐 아니라, 실질적으로는 사용자의 일방적 의사에 의하여 근로계약관계를 종료시키는 것이어서 해고에 해당한다고 보았다(일괄사직서의 선별수리).[60]

그러나 근로자가 사직을 진정으로 마음속에서 바라지는 않았더라도 당시의 상황에서는 그것을 최선이라고 판단하여 의사표시를 하였을 경우에는 이를 내심의 효과의사가 결여된 진의 아닌 의사표시라고 할 수 없다.[61]

---

58) 김형배a, 672면.

59) 대법원 1992. 3. 13. 선고 91누10046 판결, 대법원 1992. 7. 10. 선고 92다3809 판결, 대법원 1992. 9. 1. 선고 92다26260 판결.

60) 대법원 1991. 7. 2. 선고 90다11554 판결(이 판결에 대한 평석으로는 이재홍, 15~44면; 장원찬, 16~19면), 대법원 1992. 5. 26. 선고 92다3670 판결, 대법원 1992. 8. 14. 선고 92다21036 판결, 대법원 1993. 2. 9. 선고 91다44452 판결, 대법원 1993. 5. 25. 선고 91다41750 판결, 대법원 1994. 4. 29. 선고 93누16185 판결(이 판결에 대한 평석으로는 윤찬성, 119면).

61) 대법원 2000. 4. 25. 선고 99다34475 판결(이 판결에 대한 평석으로는 김용빈, 15~30면; 이달휴, 49~52면), 대법원 2001. 1. 19. 선고 2000다51919 등 판결, 대법원 2003. 4. 25. 선고 2002

여기에서 사직의 의사표시를 진정한 의사표시로 볼 것인가, 아니면 비진의 의사표시나 강박에 의한 의사표시에 해당되어 실질적 해고로 볼 것인가를 판단하는 기준을 정립할 필요가 있다. 이 기준은 근로자에게 사직의 의사표시에 의해 퇴직의 결과가 발생하는 것을 받아들일 의사가 있었는지 여부로 볼 수 있다. 형법 학설 중 미필적 고의와 인식 있는 과실을 구별하는 표준인 용인설(容認說)과 유사한 기준이다. 근로자가 강요에 의해 사표를 내거나 일괄사직서를 제출한 경우에는 근로자로서는 마음 속에 퇴직의 결과를 받아들이려는 의사가 없었기 때문에 실질적 해고로 보아야 하고, 근로자가 당시의 상황에서 최선이라고 생각하여 사표를 낸 경우에는 퇴직의 결과를 받아들이려는 의사가 있었기 때문에 해고로 볼 수 없다.[62)]

② **의원면직(합의해지)과 사표철회** 확정적인 사직의 의사표시를 담은 사표가 사용자에게 도달한 경우에 근로자는 1월이나 1기가 경과하여 해지의 효력이 발생하기 전에도 사직의 의사표시를 철회할 수 없다.[63)]

그러나 근로자가 사직원을 제출하여 합의해지를 청약하고 이에 대하여 사용자가 이를 수리하여 승낙함으로써 근로관계를 종료시키는 합의해지 내지 의원면직의 경우에는, 사용자가 사직원을 수리한 후 이를 근로자에게 통지한 시점에서 퇴직의 효력이 발생한다. 일반적으로 계약의 청약은 구속력 때문에 철회하지 못한다(민법 527조). 하지만 대법원은 근로자가 사직원을 제출하여 근로계약관계의 해지를 청약하는 경우 그에 대한 사용자의 승낙의사가 형성되어 그 승낙의 의사표시가 근로자에게 도달하기 이전에는 그 의사표시를 철회할 수 있다고 하여 원칙적으로 철회를 인정하되, 다만 근로자의 사직 의사표시 철회가 사용자에게 예측할 수 없는 손해를 주는 등 신의칙에 반한다고 인정되는 특별한 사정이 있는 경우에 한하여 그 철회를 허용하지 않고 있다.[64)] 대법원 1992. 12. 8. 선고 91다43015 판결은 사용자의 승낙의 의사표시가 근로자에게 도달한 경우에

---

다11458 판결, 대법원 2005. 9. 9. 선고 2005다34407 판결.

62) 이와 같은 기준이 일반 민사상 '강박'의 정도와 다른지에 관한 논의가 있는데, 사용자에 대하여 근로자가 종속적인 지위에 있는 근로관계의 특수성을 고려하여 판례는 '강요에 의한 사직'의 경우 '강박'의 정도를 다소 완화하고 있는 것으로 평가할 수 있다.

63) 대법원 2000. 9. 5. 선고 99두8657 판결.

64) 대법원 1992. 4. 10. 선고 91다43138 판결(이 판결에 대한 평석으로는 김용균, 289면), 대법원 1992. 12. 8. 선고 91다43015 판결, 대법원 1993. 7. 27. 선고 92누16942 판결, 대법원 1994. 8. 9. 선고 94다14629 판결(이 판결에 대한 평석으로는 구건서, 48면), 대법원 2000. 9. 5. 선고 99두8657 판결, 대법원 2001. 8. 24. 선고 99두9971 판결.

철회가 허용되지 않는다는 점을, 대법원 1992. 4. 10. 선고 91다43138 판결은 사직의 의사표시가 철회된 후에는 비록 징계해고의 사유가 있더라도 사표를 수리하는 방식으로 처리할 수는 없고 해고 절차를 새로 밟아야 한다는 점을 명확히 하였다.

③ **명예퇴직** 명예퇴직은 합의해지의 일종으로 근로자가 명예퇴직의 신청(청약)을 하고 사용자가 요건을 심사한 후 이를 승인(승낙)함으로써 근로관계를 종료시키는 것을 말하는데, 명예퇴직의 신청도 일반적인 합의해지의 경우와 마찬가지로 사용자의 승낙이 있기 전에는 근로자가 청약의 의사표시를 철회할 수 있다.[65] 사용자가 명예퇴직자 내지 희망퇴직자를 모집하는 것은 일반적으로 청약의 유인에 해당되는데, 사용자가 희망퇴직자의 퇴직 조건에 관하여 구체적인 내용을 모두 제시하고 근로자가 희망퇴직을 신청하기만 하면 별도의 심사 없이 모두 받아들이겠다는 의사를 표시한 경우에는 희망퇴직의 모집을 청약으로 볼 수도 있다.

노사의 합의에 따라 명예퇴직 대상자로 확정되면 예정된 명예퇴직일자에 비로소 퇴직의 효력이 발생하는데, 명예퇴직예정일이 도래하면 근로자는 당연퇴직이 되고 사용자는 명예퇴직금을 지급할 의무를 부담하게 되며, 명예퇴직의 합의가 이루어진 후에는 당사자 일방이 임의로 그 의사표시를 철회할 수 없다.[66] 다만, 명예퇴직의 합의 이후 명예퇴직예정일 도래 이전에 근로자에게 근로관계를 계속하게 하는 것이 곤란할 정도의 중대한 비위 행위가 있는 경우에는 사용자로서는 명예퇴직의 승인을 철회할 수 있다.[67]

④ 조건부 면직처분 조건부 면직처분은 근로자가 징계처분통지를 받은 날부터 일정한 기간 내에 사직원을 제출하지 않으면 징계면직하겠다는 사용자의 의사표시로, 실체상 또는 절차상의 이유로 조건부 면직처분이 무효가 되면 그에 따라 제출한 사직원에 의하여 이루어진 의원면직처분도 특별한 사정이 없는 한 무효로 보아야 한다.[68] 조건부 면직처분은 실질적인 해고로 보아 정당한

---

65) 대법원 2003. 4. 25. 선고 2002다11458 판결(이 판결에 대한 평석으로는 한범수, 795면).

66) 대법원 2000. 7. 7. 선고 98다42712 판결(이 판결에 대한 평석으로는 박종희, 26면; 조용만a, 217면), 대법원 2003. 6. 27. 선고 2003다1632 판결.

67) 대법원 2002. 8. 23. 선고 2000다60890 등 판결. 위 판결에서는 명예퇴직 합의 후 명예퇴직 예정일 사이에 허위로 병가를 받아 다른 회사에 근무하였음을 사유로 한 징계해임처분을 징계재량권의 일탈·남용으로 볼 수 없다고 보았다.

68) 대법원 1995. 11. 14. 선고 95누1422 판결.

이유가 있을 때에만 유효성을 인정할 수 있다.

⑤ **중간퇴직** 근로자가 회사의 경영방침에 따라 사직원을 제출하고 회사가 이를 받아들여 퇴직처리를 하였다가 즉시 재입사하는 이른바 '중간퇴직'의 경우, 실질적인 근로관계의 단절 없이 계속 근무하면서 사직원을 제출한 것은 근로자가 퇴직을 할 의사 없이 퇴직의사를 표시한 것으로서 비진의의사표시에 해당하고 회사 또한 그와 같은 진의 아님을 알고 있었으므로 퇴직의 효과는 생기지 않는다.[69] 일부 판결에서는 통정 허위표시로 무효라고 보았다.[70]

한편, 1996. 12. 31. 개정 근기법(1997. 3. 13. 법률 5305호로 폐지) 28조 3항과 1997. 3. 13. 제정 근기법 34조 3항(2005. 1. 27. 퇴직급여법 제정과 함께 삭제), 그리고 2005. 1. 27. 제정 퇴직급여법 8조 2항이 마련되어 1997. 3.부터 퇴직금 중간 정산제가 시행되었다. 퇴직급여법 8조 2항은 "사용자는 주택구입 등 대통령령으로 정하는 사유로 근로자가 요구하는 경우에는 근로자가 퇴직하기 전에 해당 근로자의 계속근로기간에 대한 퇴직금을 미리 정산하여 지급할 수 있다. 이 경우 미리 정산하여 지급한 후의 퇴직금 산정을 위한 계속근로기간은 정산시점부터 새로 계산한다"고 규정하였다. 그동안 대법원 판례는 퇴직금 중간정산이 사용자측 사정에 의해서 이루어진 경우에는 계속근로를 인정하고 근로자측 사정(주로 경제적 필요성)에 의한 경우에는 중간퇴직을 인정해왔는데, 퇴직금 중간 정산 제도는 이러한 대법원 판례의 법리를 명문화한 것이다. 중간퇴직으로 인정되기 위해서는 근로자의 요구가 있고, 중간퇴직금을 미리 정산해야 하며,[71] 사용자의 요구에 의한 경우에는 여전히 중간퇴직의 효과가 발생하지 않는다.

사직과 합의해지에 관하여는 '제23조 후론(後論) 1: 사직, 합의해지 등'

69) 대법원 1988. 5. 10. 선고 87다카2578 판결, 대법원 1990. 11. 27. 선고 89다카15939 판결, 대법원 1990. 12. 26. 선고 90다카24311, 대법원 2005. 4. 29. 선고 2004두14090 판결, 중간퇴직을 유효하게 본 사례로는 대법원 1992. 9. 14. 선고 92다17754 판결, 대법원 1996. 4. 26. 선고 95다2562등 판결 등.

70) 대법원 1988. 4. 25. 선고 86다카1124 판결, 한편, 회사의 합병과 관련하여 통정허위표시가 아니라고 본 판례로는 대법원 1991. 12. 10. 선고 91다12035 판결(이 판결에 대한 평석으로는 김용일a, 293면; 관련 문헌으로는 고영석, 415면; 김용일b, 459면; 김지형b, 86면; 김지형c, 1030면; 김진수, 471면; 김형진b, 340면; 김홍준b, 1면; 민중기b, 375면; 박대준, 963면; 이근윤, 357면; 정인섭c, 103면; 황병일, 9면).

71) 따라서 연봉제를 시행하면서 해당 연도 근무 기간에 대하여 아직 발생하지 않은 퇴직금을 미리 연봉에 포함하여 (분할) 지급하는 것은 퇴직금 중간 정산에 해당하지 않고 판례는 이를 허용하지 않고 있다(대법원 1998. 3. 24. 선고 96다24699 판결, 대법원 2002. 7. 12. 선고 2002도2211 판결, 대법원 2006. 9. 22. 선고 2006도3898 판결, 대법원 2007. 8. 23. 선고 2007도4171 판결 등). 자세한 내용은 법 34조에 대한 해설 참조.

참조.

㈏ **자동소멸**

① **기간만료** 기간의 정함이 있는 유기근로계약(有期勤勞契約)은 기간이 만료되면 근로계약관계가 자동적으로 종료된다.

② **정 년** 정년제에 관하여는 '제23조 후론(後論) 2: 정년제' 참조.

③ **당사자의 소멸: 사망과 청산** 민법 657조에 따라 근로계약관계는 일신전속적이기 때문에 근로자가 사망하면 근로계약관계가 종료된다. 자연인인 사용자가 사망한 경우에도 원칙적으로 근로계약관계가 종료되나, 그 기업이 상속인에게 상속되어 계속 운영됨으로써 사용자와 근로자 사이의 인적 관계가 문제되지 않는 경우에는 근로계약관계가 종료되지 않으며, 다만 인적 요소가 중요시되는 간병인이나 개인 비서, 전속 운전사 등의 근로계약관계는 새로운 사용자에게 이전되지 않는다.[72)]

사용자가 법인인 경우에 법인이 해산되면 근로계약관계가 종료되는데, 그 시기는 늦어도 청산의 종료 시라고 볼 수 있다.[73)] 회사의 해산이나 파산[74)]의 경우 파산관재인 등이 한 근로관계의 종료행위는 해고에 해당한다. 대법원은 기업이 파산선고를 받아 사업의 폐지를 위하여 청산 과정에서 근로자를 해고하는 것은 위장폐업이 아닌 한 기업경영의 자유에 속하는 것으로서 파산관재인이 파산선고로 인하여 파산한 회사가 해산한 후에 사업의 폐지를 위하여 행하는 해고는 경영해고가 아니라 통상해고라고 보았다.[75)]

④ **사업완료** 일정한 사업완료를 목적으로 한 근로계약은 사업의 완료로써 종료된다. 기간제법 4조 1항 단서 1호는 사업의 완료나 특정한 업무의 완성에 필요한 기간을 정한 경우 2년을 초과하여 기간제근로자를 사용할 수 있도록 하였다.

⑤ **휴직이나 직위해제에 이은 당연퇴직 또는 직권면직** 휴직, 직위해제에

72) 김유성, 336면; 김형배a, 674면.
73) 김형배a, 674면.
74) 파산과 노동관계에 관해서는 선재성, 504면 참조.
75) 대법원 2001. 11. 13. 선고 2001다27975 판결, 대법원 2003. 4. 25. 선고 2003다7005 판결도 같은 취지이다. 선재성, 505면은 파선선고 자체가 정당한 해고사유가 된다고 보았다. 이에 대하여 김유성, 337면은 파산선고 자체가 바로 정당한 해고사유가 되는 것은 아니고, 청산 절차가 시작되더라도 청산 업무에 종사할 근로자와 바로 근로관계가 종료될 근로자를 선택해야 하는데 이는 경영해고의 법리에 따라 해결해야 한다면서 위 판례에 반대하고 있다.

관하여는 '제23조 후론(後論) 3: 인사이동' 참조.

단체협약이나 취업규칙에서 정한 휴직기간이 만료된 후에도 휴직사유가 소멸하지 않는 때에는 당연퇴직한 것으로 본다는 규정을 두거나, 직위해제기간 중 직위해제의 사유가 소멸하지 않으면 직권면직할 수 있다는 규정을 둔 경우에, 휴직에 이은 당연퇴직 처분이나 직위해제에 이은 직권면직 처분은 이를 일체로 보아 근로자의 의사에 반하여 사용자의 일방적 의사에 따라 근로계약관계를 종료시키는 것이므로 실질적인 해고로 보아야 한다.[76] 따라서 법 23조 1항에 따라 정당한 이유가 있어야 당연퇴직 또는 직권면직의 처분이 유효하게 된다.

근로자가 구속기소되어 휴직처분을 받았다가 1심에서 유죄판결을 받으면 당연퇴직한다는 취지의 단체협약이나 취업규칙의 규정에 따라 당연퇴직으로 처리한 경우에는, 1심에서 실형을 선고받아 근로를 제공할 수 없게 된 경우에만 정당한 이유가 있고,[77] 집행유예나 벌금 등으로 석방된 경우에는 특별한 사정이 없는 한 정당한 이유를 인정하기 어렵다. 그리고 직위해제로 인하여 대기 명령을 받은 사람이 그 기간 중 능력의 향상 또는 개전의 정이 없다고 인정되면 그 직원을 직권면직할 수 있다고 규정한 경우에, 근로자가 직위해제 기간 동안에 그 직무수행 능력이 향상되었다거나 진정으로 자신의 잘못을 반성하는 등으로 개전의 정을 보이지 않고, 오히려 그 책임을 상급자에게 전가시키는 경우에는 직권면직 처분의 정당성을 인정할 수 있다.[78] 한편, 단체협약이나 취업규칙에 휴직기간 만료 시까지 휴직사유가 해소되었음에도 복직원을 제출하지 않으면 휴직기간 만료일에 자동퇴직한 것으로 간주한다는 규정을 둔 경우에는, 사용자의 별도의 처분 없이 근로계약관계의 종료를 인정할 수 있다.[79]

---

76) 대법원 1995. 12. 5. 선고 94다43351 판결(이 판결에 대한 평석으로는 도재형c, 71면), 대법원 1996. 10. 29. 선고 95누15926 판결, 대법원 1996. 10. 29. 선고 96다21065 판결, 대법원 1997. 7. 8. 선고 97다7790 판결, 대법원 2004. 10. 28. 선고 2003두6665 판결, 대법원 2005. 11. 25. 선고 2003두8210 판결; 김유성, 274~276면; 반대 견해로는 김형배a, 673면.

77) 대법원 1992. 11. 13. 선고 92누6082 판결, 대법원 1993. 5. 11. 선고 92다20712 판결, 대법원 1993. 5. 25. 선고 92누12452 판결. 대법원 2007. 10. 25. 선고 2007두9067 판결은 지하철공사의 근로자가 지하철 연장운행 방해행위로 유죄판결을 받았으나, 그 후 공사와 노조가 위 연장운행과 관련하여 조합간부 및 조합원의 징계를 최소화하며 해고자가 없도록 한다는 내용의 합의를 한 경우, 이는 적어도 해고의 면에서는 그 행위자를 면책하기로 한다는 합의로 풀이되므로, 공사가 취업규칙에 근거하여 위 근로자에 대하여 한 당연퇴직 조치는 위 면책합의에 배치된다고 판단하였다.

78) 대법원 1996. 10. 29. 선고 95누15926 판결 등.

79) 대법원 1995. 4. 11. 선고 94다4011 판결, 대법원 1996. 10. 29. 선고 96다21065 판결.

### 나. 징벌의 개념

#### (1) 징벌의 의미

법 23조 1항에서는 해고, 휴직, 정직, 전직, 감봉 그 밖의 '징벌'이라는 표현을 사용하고 있다. 여기에서 말하는 해고에는 징계해고 외에 통상해고와 경영해고가 포함되므로 징계적 의미가 없는 해고도 또한 제한된다. 해고는 근로자에게 가장 치명적인 처분이므로 일반적 징벌보다 더욱 엄격하게 제한하여 근로자를 보호하고 있으므로 다른 징벌에 비하여 특수성이 인정된다. 이에 따라 징벌을 해고와 기타 징벌로 나눌 수 있고, 기타 징벌을 줄여서 그냥 '징벌'이라고 부를 수도 있다.

징벌은 징계해고와 같이 근로자의 행동상 사유에 의한 제재를 가하는 것인데, 다만 그 정도의 점에서 징계해고보다 낮은 단계의 제재이다. 징벌은 부당노동행위 중 노조법 81조 1호 · 5호에서 규정한 불이익취급에서 말하는 '불이익'과 유사한 점이 있다. 일반적으로 불이익에는 경제적 불이익, 정신적 또는 생활상 불이익, 조합활동상 불이익이 포함된다고 설명한다. 여기에서 경제적 불이익과 정신적 또는 생활상 불이익은 '징벌'과 유사하나, 조합활동상 불이익은 징벌이라고 보기 어렵다. 경제적 불이익 중 해고를 뺀 나머지 불이익과 정신적 또는 생활상 불이익은 징벌과 상당 부분 겹친다.

#### (2) 징벌의 종류

법 23조 1항에서 예시한 징벌의 종류는 휴직, 정직, 전직, 감봉이 있다. 휴직, 전직은 징벌의 의미를 가지는 경우도 있지만, 일반적인 인사처분의 하나로 볼 수 있는 경우도 많다. 그 밖에 일반적으로 징벌로 이루어지는 것으로는 직위해제, 강등, 견책, 경고, 승무정지, 대기발령, 시말서 제출 등이 있다.

##### ㈎ 휴직(休職)과 직위해제(職位解除)

휴직, 직위해제에 관하여는 '제23조 후론(後論) 3: 인사이동' 참조.

택시회사나 버스회사에서 사용자가 근로자(운전사)에게 승무정지(乘務停止)를 명하는 경우가 있는데, 운전 업무에 종사하는 근로자의 주된 업무가 승무(乘務)라는 점을 고려하면 운전사에 대한 승무정지는 사실상 휴직(休職)과 유사하다.

사용자의 귀책사유에 의한 휴업(休業)의 경우에 법 46조에 따라 사용자가 평균임금의 70% 이상을 휴업수당으로 지급해야 하는 것과 달리, 근로자의 귀책사유에 의한 휴직, 직위해제, 승무정지 등의 경우에는 무노동 무임금의 원칙을 적용하되, 단체협약이나 취업규칙에서 일정한 금액을 지급하도록 규정한 경우에는 사용자가 이에 따른 일부 임금을 지급해야 한다.

(나) **정직**(停職)(출근정지, 대기발령)

정직에 관하여는 '제23조 후론(後論) 3: 인사이동' 참조.

(다) **전직**(轉職)(전보, 전근, 전출, 배치전환)

전직에 관하여는 '제23조 후론(後論) 3: 인사이동' 참조.

전직은 동일한 기업 안에서 근로자의 직무 내용이나 근무 장소를 변경하는 사용자의 인사명령을 말한다. 직무 내용을 변경하는 것을 전보, 근무 장소 변경을 수반하는 경우를 전근이라고 표현하기도 한다. 가끔 배치전환이라는 용어가 사용되기도 하지만 법령상 근로자참여법 20조 1항 6호에서 사용될 뿐 일반적으로 전직이라는 용어가 더 널리 사용되고 있다.[80]

모든 전직이 징벌에 해당하는 것은 물론 아니며, 오히려 현실에서는 징벌에 해당되지 않는 일상적 '인사이동'에 해당하는 전직이 더 많이 있다. 한편, 징계나 징벌에 관하여 단체협약이나 취업규칙에서 아무런 절차규정을 두고 있지 않은 경우에는, 실질적으로 징벌인 전직과 인사이동인 전직을 구별할 실익이 많지 않고 어느 경우에나 전직명령의 정당성 판단에 관한 일반적 기준을 충족해야 한다.

사용자는 근로계약을 체결할 때 근로자에게 취업의 장소와 종사하여야 할 업무에 관한 사항을 명시해야 한다(법 17조; 영 8조 1호). 근로계약에서 근로내용이나 근무장소를 특별히 한정한 경우에 사용자가 근로자에 대하여 전보나 전직처분을 하려면 원칙적으로 근로자의 동의가 있어야 한다.[81]

대법원은 일반적으로 근로자에 대한 전보나 전직이 원칙적으로 인사권자인 사용자의 권한에 속하므로 업무상 필요한 범위 내에서 사용자는 상당한 재량을 가지며, 업무상의 필요성과 근로자의 생활상의 불이익을 비교·교량하고, 근로자 측과의 협의 등 신의칙상 요구되는 절차를 거쳤는지 여부를 종합적으로 고려하여 전직명령의 정당성을 판단해야 한다는 견해를 일관되게 유지하고 있다.[82]

80) 김유성, 245면.

81) 대법원 1992. 1. 21. 선고 91누5204 판결, 대법원 1994. 2. 8. 선고 92다893 판결, 대법원 1997. 7. 22. 선고 97다18165 판결.

여기에서 대법원은 '법 등에 위반되거나 권리남용에 해당되는 등의 특별한 사정이 없는 한'이라고 표현하여 '정당한 이유'와 '권리남용'을 병렬적으로 나열하고 있으나, 권리남용의 법리는 해고 등 불이익 처분에 대하여 '정당한 이유'를 요구하는 조항이 없던 일본 노동기준법의 해석에서 유래하는 것으로, '정당한 이유' 조항을 가진 우리나라에서는 굳이 '권리남용'의 법리를 적용할 필요가 없다. 업무상 필요성, 근로자의 생활상 불이익, 근로자 측과의 협의 등 신의칙상 요구되는 절차의 준수 여부를 고려하여 전직의 '정당한 이유'의 유무를 판단하면 충분하고, 사용자의 전직명령이 권리남용에 해당되는지 여부를 판단하는 것은 불필요하다.

업무상 필요성은 노동력의 적정 배치, 업무의 능률 증진, 근로자의 능력 개발, 근무 의욕의 고양, 업무 운영의 활성화, 기술 혁신이나 기업 재편에 따른 인력 조정, 직장 질서의 유지·회복과 근로자 사이의 인화 등 다양한 이유에서 찾을 수 있다.[83] 사용자의 업무상 필요성과 근로자의 생활상 불이익을 비교할 때 경제적 불이익, 가족·사회생활상 불이익 등을 고려해야 하고, 불이익취급의 경우에는 조합활동상의 불이익도 문제가 된다.[84]

대법원은 신의칙상 요구되는 절차를 거쳤는지 여부가 정당한 인사권의 행사인지를 판단하는 하나의 요소이기는 하나, 그러한 절차를 거치지 않았다는 사정만으로 전보처분 등이 권리남용에 해당하여 당연히 무효가 된다고는 볼 수 없다는 견해를 유지하고 있다.[85]

#### ㈑ 감봉(減俸)

감봉 또는 감급(減給)은 근로 제공의 대가로 발생한 임금액에서 일정액을 삭감하는 제재이다. 지각, 조퇴, 결근, 휴직, 출근정지, 직위해제 등으로 근로제

82) 대법원 1991. 7. 12. 선고 91다12752 판결, 대법원 1995. 8. 11. 선고 95다10778 판결, 대법원 1996. 4. 12. 선고 95누7130 판결, 대법원 1997. 7. 22. 선고 97다18165, 18172 판결, 대법원 1997. 12. 12. 선고 97다36316 판결(이 판결에 대한 평석으로는 이경우, 236면), 대법원 1998. 12. 22. 선고 97누5435 판결, 대법원 2000. 4. 11. 선고 99두2963 판결(이 판결에 대한 평석으로는 이우진, 44면), 대법원 2009. 3. 26. 선고 2007다54498 판결, 대법원 2009. 4. 23. 선고 2007두20157 판결, 전직의 정당성에 관해서는 김홍준c, 121면 이하 참조.

83) 김유성, 246면. 대법원 1998. 12. 22. 선고 97누5435 판결은 "직장질서의 유지나 회복, 또는 근로자간의 인화를 위한 배치전환"도 업무상 필요성이 있다는 점을 명백히 하였다.

84) 김유성, 247면.

85) 대법원 1995. 10. 13. 선고 94다52928 판결, 대법원 1997. 7. 22. 선고 97다18165 판결(이 판결에 대한 평석으로는 오문완a, 122면).

공이 이루어지 않아서 그에 상응한 임금을 삭감하는 것은 무노동에 따른 결과이지 감급의 제재에는 해당되지 않는다.[86)]

법 95조에서는 감급의 한도에 관하여 "취업규칙에서 근로자에 대해서 감급의 제재를 정할 경우에 그 감액은 1회의 금액이 평균임금의 1일분의 2분의 1을, 총액이 1임금지급기에 있어서의 임금 총액의 10분의 1을 초과하지 못한다"고 규정하였다. 예컨대, 평균임금이 1일 10만 원, 월 급여가 약 300만 원인 근로자의 경우, 1회의 감급은 5만 원을 초과하지 못하고, 1개월에 걸쳐 여러 번 감급을 하더라도 그 합계액이 약 30만 원을 초과하지 못한다.

㈎ 강등(降等)

강등은 근로자의 직급을 낮추는 제재로 승진의 반대 개념이다. 실무상 강등은 별로 이루어지지 않고 있으나, 강등이 이루어지는 경우에는 직급이 낮아지고 임금이 감소하여 매우 무거운 징계로 파악된다. 강등의 경우에 근로자의 비위 정도에 비추어 그 정도의 불이익을 받아야 하는지에 관한 비례 관계가 유지되어야 하고, 그 비례성이 깨지면 정당성을 인정할 수 없을 것이다.

㈏ 견책(譴責), 시말서 제출, 경고

견책은 사용자가 근로자를 꾸짖는 제재로 보통 시말서의 제출과 관련되는 경우가 있다.[87)]

시말서 제출과 관련하여 대법원은 징계 대상자가 시말서 제출의 제재 처분을 받게 된 경위, 비위 사실의 구체적인 내용과 정도, 기업의 위계 질서가 문란케 될 위험성 등 기업 질서에 미칠 영향, 징계 대상자가 그 제재 처분에 따라 시말서를 제출하는 등으로 자신의 비위 사실에 대하여 반성하고 있는지 여부, 과거의 근무 태도, 기업 질서 위반으로 다른 징계 처분 등을 받은 전력이 있는지 여부 등 여러 사정을 종합적으로 검토해야 한다고 판단하였다.[88)]

하지만 시말서가 단순히 사건의 경위를 보고하는 데 그치지 않고 더 나아가 근로관계에서 발생한 사고 등에 관하여 '자신의 잘못을 반성하고 사죄한다는

86) 김유성, 265면.
87) 김형배a, 758면에서는 견책에 대하여 통상 사용자가 근로자에게 시말서를 받는 방법을 통하여 징계하는 것이라고 하였다. 대법원 1995. 4. 25. 선고 94누13053 판결에서는 시말서를 3회 또는 5회 이상 제출한 경우에 견책의 징계를 하도록 한 단체협약의 규정에 관하여 다루고 있다.
88) 대법원 1995. 4. 25. 선고 94누13053 판결.

내용'이 포함된 사죄문 또는 반성문을 의미하는 것이라면, 이는 헌법이 보장하는 내심의 윤리적 판단에 대한 강제로서 양심의 자유를 침해하는 것이므로, 사용자의 시말서 제출명령은 업무상 정당한 명령으로 볼 수 없다.[89)]

경고는 말 또는 서면으로 훈계하는 제재이다. 견책이나 시말서 제출, 경고 등을 받은 근로자는 승진이나 전직 등을 위한 인사고과에서 불이익을 받는 경우가 있다.[90)]

인사이동 일반에 관하여는 '제23조 후론(後論) 3: 인사이동' 참조.

### 2. 해고 제한과 징벌 제한의 입법체계

#### 가. 해고 · 징벌 사유의 제한

법 23조 1항에서는 해고, 휴직, 정직, 전직, 감봉, 그 밖의 징벌에 관하여 '정당한 이유'를 규정함으로써 해고사유와 징벌사유를 제한하고, 법 24조에서는 경영해고에 관하여 이를 구체적으로 규정하고 있다.

#### 나. 해고 · 징벌에 대한 절차적 제한

뒤에서 보는 것처럼 법 23조 1항에서 규정한 정당한 이유에는 해고사유의 실체적 정당성뿐 아니라 일정한 절차적 정당성도 포함한다. 징벌의 경우도 일정한 절차적 정당성을 포함한다고 볼 수 있다. 법 24조 3항 · 4항에서는 경영해고에 관하여 근로자대표와 하는 성실한 협의, 고용노동부장관에 대한 신고 등의 절차를 명문으로 규정하였다.

해고 등에 대한 절차적 제한에 관하여는 '제23조 전론(前論) 2: 해고 등의 절차적 제한 등' 참조.

#### 다. 해고 시기의 제한

법 23조 2항에서는 업무상 요양과 출산으로 인한 휴업기간과 그 후 30일간은 해고를 금지하였다. 해고 이외의 다른 징벌에 관해서는 이와 같은 제한이 없다. 선원법 32조 2항 1호에서도 선박 소유자에 대하여 선원이 직무상 부상 또는 질병의 요양을 위하여 직무에 종사하지 않는 기간과 그 후 30일 간은 선원근로계약을 해지할 수 없도록 규정하였다.[91)]

---

89) 대법원 2010. 1. 14. 선고 2009두6605 판결, 대법원 2014. 6. 26. 선고 2014두35799 판결.
90) 김형배a, 758면.
91) 선원근로계약의 해지를 제한하는 취지는 선원이 업무상의 재해로 인하여 노동력을 상실하

해고 시기의 제한에 관하여는 '제23조 전론(前論) 2: 해고 등의 절차적 제한 등' 참조.

라. 해고의 예고

법 26조에서는 30일 간의 해고 예고 제도를 두고 있는데 해고 이외의 다른 징벌에 관해서는 이와 같은 제도가 없다.

해고의 예고에 관하여는 법 26조에 대한 해설 참조.

마. 부당노동행위의 금지

노조법 81조 1호·5호에서는 근로자의 노동조합활동을 이유로 사용자가 근로자에게 불이익을 줄 수 없도록 하였다. 따라서 근로자의 노동조합활동을 이유로 해고는 물론 징벌도 하지 못한다.

바. 해고의 시기상 제한 위반죄

법 107조에서는 23조 2항에 위반한 경우에 5년 이하의 징역이나 5,000만 원 이하의 벌금에 처하도록 함으로써 시기상 제한에 위반한 해고를 한 사용자를 처벌하고 있다. 구 법에서는 23조 1항에 위반한 경우, 즉 정당한 이유 없는 부당해고의 경우에도 부당해고죄로 처벌했으나, 현행법에서는 부당해고죄 규정을 삭제하였다.[92)]

사. 법 위반 통보를 이유로 한 해고 등 불리한 처우의 금지

법 104조 2항에서는 근로자가 사용자의 법 위반을 고용노동부장관이나 근로감독관에게 통보한 것을 이유로 사용자가 근로자에게 해고나 그 밖에 불리한 처우를 하지 못하도록 규정하였다.

아. 차별적 처우 금지

법 6조에서는 사용자가 근로자에 대하여 남녀의 성을 이유로 차별적 대우를 하지 못하고, 국적·신앙 또는 사회적 신분을 이유로 근로조건에 대한 차별적 처우를 하지 못하도록 규정하고 있는데, 이 규정에 따라 해고나 징벌이 간접

---

고 있는 기간과 노동력을 회복하기에 상당한 그 후의 30일 간은 선원을 실직의 위협으로부터 절대적으로 보호하고자 함에 있는 것이므로, 선박소유자가 이에 위반하여 선원을 해고한 경우에는 위법한 해고로서 무효이고, 해고 후 위 기간의 경과로 인하여 무효였던 해고가 유효로 될 수도 없다(대법원 2001. 6. 12. 선고 2001다13044 판결).

92) 확정된 구제명령에 대한 위반에 대해서는 1년 이하의 징역 또는 1천만 원 이하의 벌금에 처하도록 한 규정은 여전히 시행되고 있다(법 111조).

적으로 제한된다.

자. 여성, 연소자 보호

법 65조에서는 임산부(임신 중이거나 산후 1년 지나지 않은 여성)와 18세 미만자를 도덕상 또는 보건상 유해·위험한 사업에 사용하지 못하고, 임산부가 아닌 18세 이상의 여성을 보건상 유해·위험한 사업 중 임신 또는 출산에 관한 기능에 유해·위험한 사업에 사용하지 못하도록 규정하고, 법 72조에서는 여성과 18세 미만의 자를 갱내(坑內)에서 근로시키지 못하도록 규정하면서 보건·의료, 보도·취재 등 대통령령으로 정하는 업무를 수행하기 위하여 일시적으로 필요한 경우에 예외를 규정하였다. 임산부, 18세 이상의 여성, 18세 미만의 연소자에 대해서는 위와 같은 업무를 맡도록 하는 전직이 금지된다.

차. 남녀고용평등법상 제한

남녀고용평등법 11조 1항·2항에서는 근로자의 해고에 관하여 남녀의 차별을 금지하고, 근로여성의 혼인·임신·출산을 퇴직 사유로 예정하는 근로계약의 체결을 금지하였으며, 남녀고용평등법 19조 3항에서는 육아 휴직을 이유로 한 해고, 그 밖의 불이익한 처우를 금지하고, 육아 휴직 기간 동안 해고를 금지하였다.

## Ⅱ. 외국의 입법례

### 1. 일　　본

일본에는 원래 해고와 관련하여 해고사유를 제한하는 법률 규정이 존재하지 않았다. 기간의 정함이 없는 고용계약에 관하여 일본 민법 627조 1항은 일방 당사자의 신청에 따라 2주일이 경과하면 계약이 종료된다고 규정하고, 628조에서는 기간의 정함이 있는 경우에도 부득이한 사유가 있으면 고용계약을 해지할 수 있도록 규정하였다. 다만, 노동기준법에서는 해고 시기에 관하여 업무상 부상 또는 질병으로 인한 요양을 위한 휴업 기간과 그 후 30일, 여성의 산전·산후 휴업 기간과 그 후 30일 동안 해고를 금지하였고(19조), 해고 예고 제도에 관하여 규정하였을 뿐이었다(20조).[93] 이에 따라 일본의 판례는 남녀 평등 처우의

93) 일본의 노동기준법 19조, 20조에 대한 주석으로는 勞基(上), 234~290면 등 참조.

원리에 위반한 해고가 '공공질서'에 반하여 무효이고 반조합적 해고가 불이익취급으로 무효라는 법리를 발전시키는 한편,[94] 권리남용(해고권 남용)의 법리를 발전시켰다. 최고재판소는 "사용자의 해고권의 행사도 그것이 객관적으로 합리적인 이유가 없고 사회통념상 상당하다고 시인할 수 없는 경우에는 권리의 남용으로 무효이다"라고 판단하였다.[95] 경영해고와 관련하여 일본의 판례는 인원 정리의 필요성, 해고 회피 노력, 피해고자 선정의 타당성, 근로자 및 노동조합과의 협의 등의 4요건론을 발전시켰다.[96]

그러다가 2003. 7. 노동기준법을 개정하면서 18조의2에 "해고는 객관적으로 합리적인 이유가 없고, 사회통념상 상당하다고 인정되지 않는 경우에는 그 권리를 남용한 것으로서 무효이다"라는 규정을 신설하였다.[97] 기존의 판례 법리를 명문화한 것이다. 이와 함께 근로자가 사용자에게 해고이유의 증명서를 청구할 권리(22조 2항)를 규정하고, 취업규칙의 필요 사항으로 '퇴직에 관한 사항'에 괄호 부분을 신설하여 "(해고 이유를 포함한다)"는 부분(89조 3호)을 신설하였다.[98]

일본의 해고 제도는 노동계약법이 2007. 12. 5. 제정되어 2008. 3. 1.부터 시행되면서 종합적으로 정리되었다. 먼저 노동기준법의 18조의2 해고권 남용금지의 원칙은 노동계약법 16조로 옮겨졌다. 해고권 남용의 법리에서 말하는 '해고의 객관적이고 합리적 이유'는 첫째, 근로자의 노무제공 불능과 근로능력 또는 적격성의 결여나 상실, 둘째, 근로자의 규율위반 행위, 셋째, 경영상 필요성에 근거한 이유로 합리화에 의한 직종의 소멸과 다른 직종으로의 배치전환 불능, 경영부진에 의한 인원정리,[99] 회사해산, 넷째, 유니언 숍 협정에 근거한 조합의 해고요구 등 4가지로 대별된다.[100] 한편, 기간의 정함이 있는 근로계약이 있는 경우에 사용자는 그 기간 중에 원칙적으로 근로자를 해고할 수 없고, 다만, '부득이한 사유'가 있는 경우에 한하여 해고할 수 있도록 규정되었다(노동계약법 17조).

---

94) 이승길b, 17면.

95) 最高裁 1975. 4. 25. 判決(日本食鹽製造 사건, 民集 29권 4호, 456면). 이승길b, 20면에서 재인용.

96) 이승길b, 22면.

97) 이승길b, 43면.

98) 이승길b, 61~64면.

99) 이른바 '정리해고'에 관하여 근로자 측은 판례법리에서 확립된 4요건, 즉, ① 해고를 해야 할 객관적 경영상의 필요성, ② 해고회피노력, ③ 해고대상자의 인선기준의 합리성, ④ 근로자 및 노동조합과의 성실한 협의의 명문화를 요구하였다가 실제로 명문화가 이루어지지는 않았으나, 해석상 4요건이 필요한 것으로 운영되고 있다고 한다. 노상헌, 376면.

100) 菅野, 738~739면.

## 2. 독 일

독일에서는 해고제한법(Kündigungschutzgesetz)[101]에 의해서 해고를 제한하고 있다. 해고제한법상 사회적 상당성(soziale Gerechtigkeit)이 없는 해고는 무효인데, 사회적 상당성은 일신상 사유(Gründe in der Person), 행동상의 사유(Gründe in dem Verhalten), 긴박한 경영상 사유(dringende betriebliche Gründe) 등 3가지 경우에 인정된다.[102] 긴박한 경영상 사유에 의한 해고, 즉 경영해고와 관련하여 일정한 절차적 제한 규정을 두고 있다.

독일에는 일정한 근로자에 대하여 일정 기간 동안 특별한 해고제한이 적용되는 경우가 있는데, 그 유형을 보면, 첫째, 단체협약 또는 근로계약에 의하여 보통해고가 제한되는 경우와 병역의무자, 중증장애인, 임신, 출산 또는 육아휴가 중인 근로자 등의 경우에 보통해고 그 자체를 제한하는 경우, 둘째, 특별해고(즉시해고)에 대하여 제 3 자의 동의 또는 승인이 필요한 경우, 셋째, 사업장평의회(Betriebsrat) 등의 의견청취가 필요한 경우 등이 있다.[103]

독일에서 해고 등 노동 사건은 노동법원에서 관할한다.[104] 해고와 관련하여 근로관계를 소멸시키되 사용자가 근로자에게 일정한 금전을 지급하는 보상금(Abfindung)[105] 제도가 많이 활용되고 있다. 독일 노동법원의 경우 화해율이 매우 높은 것이 특징인데, 이와 같이 재판상 화해율이 높은 이유로는 쟁송절차에 앞서 반드시 화해절차를 거친다는 점, 명예법관이 전문가로서 분쟁당사자에게 설득력을 가진다는 점, 법관이 쟁점정리와 설득을 통해 노동분쟁이 화해에 의해 해결될 수 있도록 노력한다는 점 등을 들 수 있다.[106] 그리고 해고소송의 경우 해고가 무효로 된 경우에도 직장에 복귀하지 않고, 사용자가 일정한 금전적 보상을 함으로써 근로관계가 종결되는 경우가 상당히 많다.[107]

---

101) 독일의 해고제한법(Kündigungschutzgesetz)에 대한 주석서로는 v. Hoyningen-Heune · Linck; Hans Brox, S. 121~150 등 참조.
102) Hans Brox, S. 138~142.
103) 이정, 51, 52면.
104) 독일의 노동법원제도에 관해서는 박상훈c, 204면 참조.
105) 박상훈c, 179면 참조.
106) 이정, 55면.
107) 이정, 55면.

### 3. 미 국

일반적으로 미국은 해고 자유의 원칙이 확립된 나라로 알려져 있다. 그러나 미국에서도 1960년대 이후 사용자의 해고권을 제한하려는 시도가 시작되었는데, 첫째, 단체협약에 조합원을 해고할 때에는 정당한 이유가 있어야 한다는 조항과 함께 중재조항을 두고 있으며, 둘째, 1980년대 이후 판례법상 해고제한의 범위가 대폭적으로 확대되는 경향이 있고,[108] 셋째, 전국노동관계법(NLRA)의 부당노동행위로 인한 해고의 제한규정, 산업안전보건법이나 각종 차별금지법의 해고제한규정, 1989년 내부고발자보호법(Whistle blower Protection Act)과 1988년의 집단적 일시해고 제한법(Worker Adjustment and Retraining Notification Act) 등 제정법에 의한 해고제한의 범위가 확대되고 있다.[109]

부당해고의 구제와 관련하여 전통적인 코먼로(common law)의 배상책임이 인정되는 경우에는 징벌적 손해배상, 그리고 정신적 고통에 대한 비금전적인 손해배상의 액수가 크기 때문에 근로자가 충분한 만족을 얻을 수 있고, 각종의 성문법이 적용되는 경우에도 형평법상의 구제수단이 가능하여 법원이 여러 가지 구체적인 사정을 고려하여 합당한 구제수단을 택할 수 있다.[110]

### 4. 영 국

영국에서는 1970년대부터 해고에 대하여 제정법에 의한 실질적인 규제가 이루어졌는데, 1975년 성차별금지법(The Sex Discrimination Act 1975)은 성별 및 결혼을 이유로 하는 해고를 금지하였고, 1976년 인종관계법(The Race Relations Act 1976)은 피부색, 인종, 국적, 민족 또는 출신국을 이유로 하는 해고를 금지하였으며, 1978년 고용보호통합법(Employment Protection Conciliation Act 1978, “EPCA”)은 해고의 정당한 사유, 즉 근로자의 능력(capability), 자격(qualification) 또는 행위(conduct)에 관한 것 또는 당해 근로자가 잉여인원(redundancy)일 것 등을 요구하였고, 사용자가 이러한 해고에 대한 정당한 사유를 증명하지 못하는 한 즉시 위법

108) 정진경b, 269~277면에서는 코먼로(common law)의 임의고용원칙의 수정과 관련하여 공공정책이론(사용자가 근로자를 부당한 이유로 해고하면 입법목적과 일반적인 사회정책이 좌절될 수 있다는 이론), 묵시적 계약이론, 선의의 부수의무(covenant of good faith) 이론 등을 소개하고 있다.

109) 이승욱, 96 · 97면.

110) 정진경a, 330면.

내지는 불공정해고(unfair dismissal)로 간주된다.[111] EPCA에서는 또한 기간의 정함이 있는 근로계약의 경우 근로자는 근로기간에 따라 고용 종결에 관한 최소한의 사전 통보를 받을 수 있도록 규정하였다.[112] 불공정해고에 대한 보호가 입법화된 이후, 불공정해고 금지의 법리는 1992년 노동조합·노동관계(통합)법, 1996년 고용권법으로 이어졌으며, 해고 제한 사유로는 조합원 자격 또는 조합 활동, 임신과 출산, 건강 또는 안전에 관한 고충, 제정법상의 권리의 주장 등이 있다.[113]

2010년 평등법(The Equality Act 2010)은 개별적으로 입법이 되던 차별금지법제를 하나로 통합한 것인데, 9개의 인적 속성, 즉, 성(sex), 성적 지향(sex orientation), 성 재정립(gender reassignment), 혼인과 동반자관계(civil partnership), 임신과 모성, 장애, 연령, 인종, 종교 또는 신념을 이유로 한 해고를 차별적 해고(discriminatory dismissal)라고 하여 금지하였다.[114] 2010년 평등법은 직접차별 뿐 아니라 간접차별에 의한 해고도 금지하면서 종전에 성차별금지법의 정의조항을 더욱 발전시킨 간접차별 조항을 19조에 신설하였다.[115]

해고 소송이 고용심판소에 제기되면 사용자는 해고 이유를 증명해야 하는데, 사용자가 피고용자의 자격 또는 행위, 피고용자의 잉여 인원 해당성, 피고용자의 고용 유지가 법률상 의무 또는 제한에 위반된 것, 해고를 정당화하는 '기타 실질적 이유' 중 하나를 증명하지 못하면 불공정해고가 된다.[116] 영국의 고용심판소는 법원의 한 형태이기는 하지만 노사를 대표하는 민간의 참심원이 재판부 구성에 참여하고, 화해전문기관인 ACAS(Advisory, Conciliation and Arbitration Service)의 화해절차가 중시되며, 구제수단으로 가처분, 원직 복직, 재고용 외에

111) 이정, 49면.
112) 이승길b, 97면.
113) 이승길b, 101면.
114) 전형배a, 372·375면.
115) 전형배a, 397~389면. 간접차별의 정의는 "1. B의 보호되는 인적 속성에 관하여 A가 B에게 차별적인 규정, 기준 또는 관행을 적용하면 A는 B를 차별한 것이다. 2. 1문단에 관하여 다음의 각호의 경우에 해당하는 때에는 B의 보호되는 인적 속성에 관하여 당해 규정, 기준 혹은 관행은 차별적이다. (a) B가 공유하지 않는 인적 속성을 갖는 사람들에게 그것을 적용하거나 적용하려는 경우 (b) 그것이 B가 공용하지 않는 인적 속성을 갖는 사람들과 비교하여 B가 공유하는 인적 속성을 갖는 사람들에게 특별한 불이익을 주거나 줄 수 있는 경우 (c) 그것이 B에게 해당 불이익을 주거나 줄 수 있는 경우 (d) A가 그것이 입법목적을 달성하기 위해 비례적 수단이라는 점을 증명하지 못하는 경우"라고 규정되어 있는데, 중립적으로 보이는 규정이라도 그것을 적용한 결과 보호되는 인적 속성을 갖는 사람들에게 불리한 결과가 있다면 해당 규정을 차별적 규정으로 간주하는 것이다.
116) 이승길b, 102면.

금전보상이 마련되어 있는데, 그중 금전보상은 상당히 널리 이용되고 있으며 금전보상에 관한 상세한 규정과 법리가 마련되어 있다.117)

영국에서는 경영해고에 관하여 별도의 규정을 두지 않고 있다가 1975년 대량해고에 관한 EC지침 이후 1975년 고용보호법, 1992년 노동조합·노동관계(통합)법, 1996년 고용권법에 의하여 '집단적 해고'에 대하여 규제하게 되었고, 판례상 경영해고의 요건으로 객관적인 잉여 인원 선정 기준의 설정, 공정한 적용, 배치전환 가능성의 검토, 가장 공정한 경영해고의 방법에 관한 노동조합의 협의 등을 들고 있다.118)

### 5. 프 랑 스

프랑스에서는 '기간의 정함이 없는 근로계약의 해약에 관하여 노동법전을 개정한 1973. 7. 13. 법률'에 의해 해고에 관한 규제가 시작되었는데, 사용자는 해고에 관하여 '진실하고 중대한 이유'를 제시해야 한다.119) 해고는 그 성질에 따라 '인적 이유에 의한 해고(licenciement pour motif personnel)'와 '경제적 이유에 의한 해고(licenciement pour motif economique)'로 구분되는데, 경제적 해고는 "특히 경제적 곤란이나 기술적 변동에 기인하는, 고용의 폐지나 변경 혹은 근로자에 의해 거부된 근로계약의 본질적 요소의 변경에 의해 발생하는, 근로자 본인에게 고유하지 않는 하나 또는 복수의 이유에 근거하여 사용자가 행하는 해고"(노동법전 L.321-1조 1항)로 정의되고, 해고규모에 따라 해고 절차가 달라지며, 경제적 해고에 해당하지 않는 해고는 모두 인적 해고로 볼 수 있고, 능력부족, 질병 등 근로자의 개인적 사정을 이유로 하는 해고와 근로자의 비행을 이유로 하는 해고가 인적 해고이다.120) 근로자의 출신, 성, 도덕관념, 가족상황, 민족, 국적, 인종, 정치적 의견, 노동조합 또는 공제활동, 파업권의 정상적 행사, 종교적 신념, 건강상태 또는 장해를 이유로 하는 해고는 금지된다.121)

경영해고에 관해서는 '경제적 이유에 의한 해고에 관한 1975. 1. 3. 법률'에서 규제가 시작되어 여러 차례의 개정을 거쳤는데, 경영해고의 절차에 관하여

117) 전형배b, 141면.
118) 이승길b, 104~107면.
119) 이승길b, 75면; '진실'은 객관적 정확성을, '중대'는 근로관계에 혼란을 줄 만큼의 중대성을 의미한다. 이흥재, 272 · 273면.
120) 조용만c, 224 · 225 · 232면.
121) 이정, 56면.

종업원 대표에 대한 정보제공과 자문, 해고 예정 근로자에 대한 서면 호출과 면담, 고용노동장관에 대한 경제적 해고 실시계획의 신고·통지, 피해고자에 대한 서면 예고, 해고된 근로자에 대한 재고용 우선권의 보장 등의 규정을 두고 있다.[122] 경영해고의 실체적 제한으로는 해고사유, 해고회피조치, 해고기준에 관한 제한이 있고, 부당해고의 구제는 사전구제와 사후구제가 있고, 해고된 근로자에 대한 우선재고용과 재취업촉진 또는 대체소득보장 및 고용기금지원 등의 제도가 마련되어 있다.[123]

[박 상 훈]

## 제23조 전론(前論) 2: 해고 등의 절차적 제한 등

〈세 목 차〉



122) 이승길b, 77~79면.
123) 조용만b, 10~12면.

[참고문헌]

강선희, “해고가 무효가 되더라도 이미 지급한 해고예고수당은 부당이득이 아니다”, 월간 노동리뷰 166호, 한국노동연구원(2019); 강성태, “근로자측 징계위원은 종업원만이 되어야 하는가?”, 노동리뷰 124호, 한국노동연구원(2015); 강용현, “징계절차의 적법성”, 법과 정의, 이회창 선생 화갑기념 논문집(1995); 고영한, “원징계절차에 있어서의 절차위반의 하자가 징계재심위원회가 구성되지도 않은 채 재심청구가 각하된 경우에도 치유되는지 여부”, 대법원판례해설 29호, 법원도서관(1998); 권혁, “해고서면주의”, 경영법률 19집 4호, 한국경영법률학회(2009); 김기영, “특정사유가 징계해고사유와 통상해고사유에 해당하는 경우 징계해고절차의 필요성 유무”, 노동법률 46호, 중앙경제(1995. 3.); 김남태, “근로관계소송과 입증책임”, 재판자료 40집 근로관계소송상의 제문제(하), 법원행정처(1987. 12.); 김동욱, “최근 노동쟁송 실무상의 쟁점과 흐름: 해고를 중심으로”, 노동법학 35호, 한국노동법학회(2010. 9.); 김상민, “징계시효의 기산점”, 노동법률 323호, 중앙경제사(2018. 4.); 김선수, “단체협약상의 해고동의(협의)조항에 대한 판결례의 검토”, 노동법연구 4호, 서울대학교 노동법연구회(1994); 김외숙, “직권면직처분 및 재심절차상의 하자를 중심으로”, 1998 노동판례비평, 민주사회를 위한 변호사모임(1999); 김용일a, “취업규칙에서 그 정해진 해고사유에 해당하는 자에 대한 해고시 노동부의 승인을 얻도록 규정하고 있는 경우에 그와 같은 승인을 얻지 아니한 해고의 효력”, 대법원판례해설 16호, 법원행정처(1992); 김용일b, “단체협약에 규정된 인사협의조항에 위반한 인사결정의 효력”, 대법원판례해설 17호, 법원행정처(1992); 김용직, “노조와의 사전합의조항에 위배된 징계처분의 효력 등”, 대법원판례해설 22호, 법원행정처(1995); 김유성a, “해고협의조항의 효력(상 · 하)”, 법률신문 2158, 2159호(1992. 10.); 김재훈, “징계절차의 하자관행과 징계행위의 효력”, 2001 노동판례비평, 민주사회를 위한 변호사모임(2002); 김진수, “해고협의조항의 효력”, 판례연구 3집, 부산판례연구회(1993); 김치중, “당연퇴직의 법률적 성격과 근로기준법 제27조 제 1 항”, 대법원판례해설 제20호, 법원행정처(1994); 김희철, “회사규칙에 정해진 징계의결의 해석 및 그 적용: 민형사상 시효와 관련하여”, 노동법률 94호, 중앙경제사(1999. 3.); 노상헌, “시용 후 본채용 거부 시 해고의 서면통지 요건”, 노동리뷰 131호, 한국노동연구원(2016. 2.); 노호창, “부당해고로 판단된 경우 기지급된 해고예고수당이 부당이득이 되는지 여부”, 노동법학 68호, 한국노동법학회(2018); 도재형a, 징계해고의 절차적 제한, 서울대학교 대학원 석사학위논문(1997); 도재형b “징계해고의 절차적 제한”, 노동법연구 9호, 서울대학교 노동법연구회(2000. 12.); 민중기, “노동관계행정소송의 현황과 쟁점”, 특별실무법관 연수자료, 사법연수원(2000. 4.); 박범석, “징계시효가 진행 중 경과규정 없이 취업규칙 개정으로 징계시효가 연장된 경우에 징계절차에서 개정된 취업규칙을 적용할 수 있는지 여부”, 대법원판례해설 99호, 법원도서관(2014); 박수근a, “단체협약상 노조간부의 해고동의조항”, 2013 노동판례비평, 민주사회를 위한 변호사모임(2013); 박수근b, “징계위원회에서 징계사유의 추가와 소명권의 침해”, 노동법학 42호, 한국노동법학회(2012); **박은정**, "해고의 절차", 노동법학 25호, 한국노동법학회(2007. 12.); **박지순 · 김희성 · 김기선**, "해고제도의 합리적 개선방안 마련을 위한 연구", 고용노동부(2014. 12.); **박해성**, "단체협약에 징계처분에 대하여 재심을 청구할 수 있도록 규정하고 있는 경우 징계해고의 효력발생시기", 대법원판례해설 19-2호, 법원행정처(1993); 노사관계제도선진화연구위원회, 노사관계법 · 제도 **선진화 방안**, 한국노동연구원(2003. 11.); 노동부, 노사관계**선진화 입법 설명자료**(2007. 1.); **양인석**, "지역의료보험조합운영규정에 위반하여 구성된 인사위원회의 결의에 기한 직위해제처분의 효력", 대법원판례해설 21호, 법원행정처(1994); **유성재**, 노동위원회 구제신청 대상 및 제척기간 등 쟁점사항 연구, 중앙노동위원회(2013. 11.); **이광범**, "노동관계소송의 현황과 쟁점", 특별실무법관 연수자료, 사법연수원(1998. 4.); **이동원**, "해고제한기간 중에 한 해고의 효력", 대법원판례해설 36호, 법원도서관(2001); **이미선**, "구 근로기준법 제30조 제2항에서 정한 해고가 제한되는 휴업기간의 의미", 대법원판례해설 89호, 법원도서관(2012); **이상윤a**, "단체협약상 해고합의조항", 노동판례백선, 한국노동법학회(2015); **이승길a**, "경영참여 및 해고의 동의 · 협의조항에 대한 소고", 노동법률 148호, 중앙경제(2003. 9.); **이승길b**, "노동법상 해고의 서면통지의 요건", 노동법학 47호, 한국노동법학회(2013. 9.); **이승욱**, "해고절차에 관한 고찰 — 해고동의(협의)조항을 중심으로", 노동법연구 2권 1호, 서울대학교 노동법연구회(1992); **이정**, "부당해고처벌규정의 실효성에 관한 연구", 외법논집 15집, 한국외국어대학교 법학연구소(2003. 12.); **이철수**, "개정 해고법제의 주요 내용과 그 평가", 노동법연구 22호, 서울대학교 노동법연구회(2007. 6.); **이홍재**, "정리해고의 절차적 제한", 법학 93호, 서울대학교 법학연구소(1993); **임종률 외 5명**, "해고보호제도의 유효성과 실효성 제고방안", 노동부 2006년도 용역보고서(2006); **장원찬**, "피해자가 징계위원으로 참여한 징계의결의 효력", 판례연구 9집, 서울지방변호사회(1996. 1.); **전형배**, "해고의 서면통지", 노동판례백선, 한국노동법학회(2015); **정인섭**, "해고동의절차에서의 대화와 타협", 사법 2호, 사법연구지원재단(2007. 12.); **정재성**, "징계절차를 위반한 징계의 효력", 노동법연구 2권 1호, 서울대학교 노동법연구회(1992); **정진경**, 부당해고의 구제, 경인문화사(2009); **정태욱**, 절차적 정의에 관한 연구, 서울대학교 대학원 박사학위논문(1995); **조영선**, "징계시 노조사전 동의를 받도록 한 단체협약 규정의 취지 및 이를 위반한 징계의 효력", 2003 노동판례비평, 민주사회를 위한 변호사모임(2004); **조용만**, "'해고법제의 개정과 평가' 토론문", 2006-2007 개정 노동법의 법리적 검토 — 서울대학교 노동법연구회 2007년 춘계공개학술대회 자료집; **최은배**, "단체협약상 해고 사전 합의 조항의 의미와 적용", 대법원판례해설 72호, 법원도서관(2008); **최진갑**, "징계위원회 개최 1일 전에 근로자에 대하여 한 출석통지와 징계절차의 위반 여부", 대법원판례해설 18호, 법원행정처(1993); **하경효**, "해고예고규정 위반 및 노조와 합의 없이 행한 징계면직의 효력", 노동판례평석집 I, 한국경영자총협회(1995); **한양석**, "다른 징계위원회의 의결에 따른 징계해고의 효력", 대법원판례해설 36호, 법원도서관(2001); **황영모**, "징계처분(해고) 절차에 관한 판례의 검토",

재판과 판례 4집, 대구판례연구회(1995. 8.).

## Ⅰ. 해고에 대한 절차적 제한

### 1. 절차적 정당성

#### 가. 해고 절차 관련 ILO 규정과 현행 입법 형태

ILO는 "고용주 주도 하의 고용종료에 관한 협약(158호 협약)"을 1982. 6. 채택하면서 해고절차와 관련하여 7조에서 근로자는 자신의 행위 또는 근무태도와 관련하여 당해 근로자가 자신에게 불리한 협의에 대한 변호의 기회를 갖기 이전에는 해고될 수 없다고 규정함으로써 변명의 기회 부여를 개별적 해고에 있어서 필요불가결한 해고 절차로 규정하고 있다.[1)]

반면 우리나라 노동현실에서는 단체협약이나 취업규칙에서 (i) 해고를 할 때에는 사전통지를 하여 변명의 기회를 제공하고 징계 심의 절차를 거친다든지, (ii) 노동조합(또는 본인)과 협의나 동의를 하여야 한다든지, (iii) 노동위원회의 인가를 받도록 하는 등 해고의 절차에 대한 규정을 두는 예가 많으나, 법 자체는 정당한 이유 없이는 해고하지 못한다는 일반 규정과 함께 해고예고, 해고시기 제한 규정만을 두고 있을 뿐, 해고사유의 사전 통지나 진술·변명의 기회 부여 등의 중요한 절차적 제한에 관하여는 구체적 규정을 두지 않았다. 그러다 2007. 1. 26. 개정 법은 절차적 제한 중 하나로 해고사유와 해고시기의 서면통지 제도를 입법화하였다.

해고예고, 해고시기 제한과 위와 같은 서면통지 제도는 해고의 절차적 제한의 한 형태지만, 이 글에서는 법 23조 2항, 26조, 27조에 대한 각 해설에서 따로 논의한다.

#### 나. 해고 관련 절차와 그 구분

해고와 관련하여 근로계약, 취업규칙, 단체협약, 법규정이 마련한 각종 절차로는 (i) 징계위원회 등을 통한 별도의 징계 심의 절차를 거치도록 하는 경우, (ii) 징계위원회의 구성과 관련하여 근로자의 이익을 대변하는 자를 징계위원으

1) 이승욱, 107면. 한편, 우리나라는 ILO 158호 협약을 아직 비준하지 않고 있다.

로 정하도록 하는 경우, (iii) 징계(해고)사유의 사전 통지 및 소명 기회를 부여하도록 하는 경우, (iv) 징계 관련 고용노동부 또는 노동위원회의 별도 승인 절차를 규정하는 경우, (v) 해고와 관련하여 노동조합의 동의 또는 협의절차를 별도로 거치도록 하는 경우, (vi) 해고예고 제도, 정리해고를 위한 노동조합과의 협의 절차 등을 거치도록 하는 경우 등이 있다.

이러한 절차는 크게 (i) 개인적 사유를 이유로 한 해고 관련 절차와 경영상 이유에 의한 해고 관련 절차, (ii) 해고를 가능한 한 회피하기 위한 목적의 해고 통지 전의 절차와 해고 통지 이후 그에 수반하는 불이익을 완화하기 위한 통지 후의 절차,[2] (iii) 노동조합에게 근로자에 대한 해고 관련 참여권을 보장하는 절차와 개별 근로자에게 해고 결정 과정에서 일정한 권리를 보장하는 절차 등으로 구분될 수 있다.

### 다. 절차적 정당성의 의의와 중요성

(1) 위와 같은 각종 절차 규정을 통해 해고를 제한하는 것은, 해고가 사용자의 일방적인 의사로 이루어지는 불이익한 처분이라는 점에서 사용자가 자의적으로 행하는 해고로부터 근로자를 보호함과 아울러 해고사유 등을 명확히 함으로써 해고 분쟁을 미리 방지하고 원활한 분쟁 해결을 도모하는 역할을 하고, 비록 해고의 정당한 사유가 있다고 판단되는 경우에도 해고가 근로자에게 초래할 불이익을 완화하기 위한 조치로서도 중요한 의미를 가진다.[3]

특히 해고가 주로 징계 차원에서 이루어지는 우리 현실에서는 근로자에 대한 비난과 질책이 정당화되기 위하여는 징계사유의 사전 고지와 당사자에 대한 소명 기회 보장이 필요하고, 이러한 점에서 절차적 정당성이 중요한 의미가 있다고 할 수밖에 없다.[4] 한편, 실체적 정의를 확보하기 위한 수단으로서 절차가

---

2) 임종률 외 5명, 16~17면은 해고예고 제도는 해고통지 이후에 그에 수반하는 불이익을 완화하는 취지의 제도로 해고통지 이후의 절차에 속한다고 한다. 해고통지 전의 절차를 위반한 해고의 경우 해고통지 후의 절차에 비해 그 효력을 더욱 인정하기 어려울 것이다.

3) 이흥재, 182면 이하; 도재형a, 4면은 징계해고는 징계처분 중 가장 중한 처분인데, 취업규칙 등에 징계처분으로 규정된 해고, 감급, 출근정지 등은 서로 분리되어 결정되는 것이 아니라 징계절차를 거치는 과정에서 동일한 사안에서 가중되거나 감경되는 등 그 결정이 매우 유동적이라는 점에서 개별 근로자가 참여할 필요성이 한층 요구되며, 특히 징계가 통상 사용자가 근로자에 대하여 격앙된 적대적 감정을 가진 상태에서 이루어진다는 점에서 서로의 감정을 조절하고 일방당사자의 처지를 진술할 기회가 요청될 뿐만 아니라 절차 경료에 소요되는 기간 자체가 일종의 냉각기간 역할을 수행한다고 한다.

4) 임종률 외 5명, 22~23면.

준수되어야 하는 것이 아니라 절차는 정의의 한 축으로서 실체적 정당성과 구별되는 독자적인 역할과 기능을 수행하는 것이라는 점에서 볼 때에도 이러한 절차적 정당성은 해고에서 반드시 요구되는 것이다.[5)]

(2) 법 23조 1항은 해고를 할 때 '정당한 이유'를 요구한다. 이 '정당한 이유'와 관련한 기존 판례들의 해석론은 모두 실체적 정당성에 국한되어 있기는 하나, 해고에 관하여 절차적 정당성의 위와 같은 의의와 중요성에 비추어 위 조항은 실체적으로 정당한 해고뿐만 아니라 절차적으로도 정당성을 갖춘 해고만을 '정당한 이유'가 있는 유효한 해고로 인정하는 것이라고 할 것이다.[6)]

### 라. 절차적 정당성의 주장 · 증명 책임

해고무효확인의 소 등에서 해고에 정당한 이유가 있다는 점은 사용자가 주장 · 증명하여야 하므로, 해고절차의 적법성에 관한 주장 · 증명책임도 사용자가 부담한다.[7)]

판례는, 법원이 해고 절차의 적법성에 관한 사용자의 주장을 증거에 의하여 배척하면서 그 과정에서 근로자가 구체적으로 주장하지 아니한 절차상 하자를 인정하였다 하여 변론주의에 반하는 위법이 있다고 할 수 없다고 한다.[8)]

### 마. 절차적 정당성이 문제되는 경우

실제로 단체협약이나 취업규칙에서 해고 절차 관련 규정을 두는 경우 이를 어떻게 해석하고, 이를 위반한 해고를 유효라고 할 수 있는지 여부가 해고의 절차적 정당성과 관련하여 문제된다. 또한 해고와 관련한 절차 규정이 전혀 존재하지 않는 경우 징계사유의 통보나 소명 기회 부여 등이 이루어지지 않은 채 행해진 해고가 '정당한 이유'를 요구하는 법 23조 1항의 규정과 절차적 정당성

5) 정태욱, 59면.

6) 강용현, 826면; 김유성, 301면; 김재훈, 99면; 김지형, 504면; 도재형a, 73~79면; 이흥재, 182~183면(근로자는 단순한 해고의 객체가 아니라 직업보유권의 향유 주체로서 해고의 절차에 주체적으로 참여하여 자신의 권익을 관철 · 실현시킬 수 있어야 하는 것이다. 이와 함께 헌법상 적법절차의 이념, 자연적 정의의 요청 등을 고려한다면 법 23조 1항 소정의 '정당한 이유'를 해석함에 있어서 그것이 실체적 정당성만을 다루는 것이 아니라 절차적 정의의 요청에 따른 절차적 정당성도 함께 다루고 있다고 해석함이 마땅하다); 한양석, 453면; 황영모, 673면(법 23조 1항은 적법절차에 관한 헌법규정의 기본정신이 해고의 절차적 정당성을 판단함에 있어서 구체화된 조항으로 볼 수 있다).

7) 대법원 1991. 7. 12. 선고 90다9353 판결, 대법원 1995. 2. 14. 선고 94다21818 판결 등; 김남태, 649면.

8) 대법원 1991. 7. 12. 선고 90다9353 판결.

의 관점에서 유효한 해고인지 여부가 문제된다.

## 2. 각종 절차 규정의 해석[9)]

### 가. 징계절차 규정이 있는 경우

#### (1) 징계사유의 사전 통지와 소명 기회 부여

##### (가) 개 설

단체협약이나 취업규칙에서 징계대상자에게 징계사유를 사전통지하게 하거나 징계위원회에 출석하여 진술을 하도록 규정한 경우 이는 징계권의 공정한 행사를 확보하고 징계제도의 합리적인 운영을 도모하기 위한 것으로서 중요한 의미가 있으므로 이에 위반하여 이루어진 해고는 절차적 정의에 반하는 것으로서 실체적인 해고사유의 정당성 여부를 따질 필요 없이 무효이다.[10)] 근로자에 대한 징계처분에 정당한 이유가 있는지는 중앙노동위원회가 재심판정에서 징계사유로 인정한 것에 의할 것이 아니라, 징계위원회 등에서 징계처분의 근거로 삼은 징계사유에 의하여 판단하여야 하므로,[11)] 징계사유의 사전 통지와 소명 기회 부여가 갖는 절차적 중요성은 매우 크다.

##### (나) 징계사유의 사전 통지

징계사유를 사전에 통지하도록 한 경우에도 그 통보의 시기와 방법에 관하여 특별한 규정이 있는 경우와 그렇지 않은 경우가 있다.

징계절차상 징계사실의 '통보 시기'와 관련하여 취업규칙 등에 그에 관한 명문의 규정이 있는 경우에는 그에 따라야 한다.[12)] 나아가 특별한 규정이 없더

9) 우리 해고 관련 실무에서 다루어지는 해고는 주로 징계해고로 행해지고, 징벌로서 행해지는 해고에서 절차적 정당성의 보장이 크게 문제되므로, 이하에서는 징계절차규정과 관련한 논의로 한정한다. 한편, 징계절차 규정이 없는 경우는 절차 규정의 해석과는 직접적 관련은 없으나, 별도로 서술한다.

10) 대법원 1991. 7. 9. 선고 90다8077 판결(이에 대한 평석으로는 정재성, 331면 이하; 강용현, 820면 이하 등), 대법원 1991. 7. 23. 선고 91다13731 판결, 대법원 1991. 8. 13. 선고 91다1233 판결, 대법원 1992. 7. 28. 선고 92다14786 판결, 대법원 1992. 9. 22. 선고 91다36123 판결, 대법원 1992. 11. 13. 선고 92다11220 판결, 대법원 1993. 7. 13. 선고 92다50263 판결, 대법원 1994. 10. 25. 선고 94다25889 판결, 대법원 2012. 1. 27. 선고 2010다100919 판결, 대법원 2015. 12. 10. 선고 2015다219160 판결, 대법원 2020. 1. 14. 선고 2020두48017 판결. 한편, 법 27조는 해고시기 및 해고사유의 서면통지를 결한 해고의 경우 무효라고 규정하고 있다. 자세한 내용은 법 27조에 대한 해설 참조.

11) 대법원 2016. 5. 12. 선고 2014두922 판결, 대법원 2016. 12. 29. 선고 2015두38917 판결.

12) 대법원 1991. 11. 26. 선고 91다22070 판결(5일 전에 해당 조합원에게 서면으로 통보하여야 한다는 규정은 그 서면이 5일 전에 해당 조합원에게 도달되어야 한다는 의미로 이해된다. 2

라도 징계사유에 대한 변명과 소명 자료를 준비하기 위한 상당한 기간을 두고 하여야 하며,[13] 이러한 시간적 여유를 주지 않고 촉박하게 이루어진 통보는 위법하다. 따라서 징계위원회 개최 당일 30분 전 또는 수 시간 전에 징계사유와 근거를 기재한 출석요구서를 전달한 후 징계해고를 의결하였다면 이는 절차에 위반한 해고로서 무효이다.[14] 그러나 징계위원회 개최 2~3일 전에 그 개최 사실을 통보하였다면 이것은 징계대상자가 변명과 소명자료를 준비할 만한 상당한 기간을 두고 이루어진 것으로 볼 수 있다.[15] 한편, 판례는 1차 징계위원회 소집통지서 등의 형식으로 사전에 징계사유를 통보받은 경우라면 2차 징계위원회 개최사실을 2시간 전 또는 직전에 통보받았다고 하더라도 소명의 준비를 할 시간적 여유가 없다고 할 수 없어 2차 징계위원회에 의한 징계를 무효라고 할 만한 절차상의 하자는 없다고 한다.[16]

징계사실의 '통보 방법'과 관련하여 명문의 규정이 없는 경우에는 서면(우편)이나 구두(전화) 등 적당한 방법에 의하되, '징계사유, 징계위원회의 개최일시·장소' 등을 특정하여 통보하여야 한다. 징계대상자의 방어 준비와 불복 기회를 보장함과 동시에 징계처분의 적법성을 보장하기 위한 것이라는 점에서 통지할 징계사유는 구체적이고도 명확하게 사실을 적시해야 하고, 너무 추상적이거나 모호하여서는 아니 된다.

취업규칙이나 단체협약에서 징계사실의 통보를 의무 조항으로 규정하였다면, 징계사유의 내용이 객관적으로 명확하다거나, 징계대상자가 다른 절차에서

---

일 전에 통보된 사례).

13) 대법원 1992. 9. 22. 선고, 91다36123 판결, 대법원 2004. 6. 25. 선고 2003두15317 판결, 대법원 2007. 10. 12. 선고 2006다59748 판결.

14) 대법원 1991. 7. 9. 선고 90다8077 판결(30분 전 통지. 근로자인 원고들 중 일부가 징계위원회에 출석하여 진술한 사안으로 하자의 치유가 문제된다), 대법원 1991. 7. 23. 선고 91다13731 판결(1시간 50분 전 통지. 징계위원회 불출석), 대법원 2004. 6. 25. 선고 2003두15317 판결(징계위원회 개최 당일 근로자의 집에 송달되어 징계위원회 개최 전에 도달되었는지 여부가 불분명한 사례. 징계위원회 불출석).

15) 대법원 1979. 11. 27. 선고 78누123 판결(1일 전 통지), 대법원 1992. 5. 12. 선고 91다27518 판결(2일 전 전화로 통지), 대법원 1992. 6. 26. 선고 91다42982 판결(1일 전 통지. 이에 대한 평석으로는 최진갑, 109면 이하), 대법원 2003. 10. 24. 선고 2003다24475, 24482 판결(2일 전 통지).

16) 대법원 1994. 5. 13. 선고 93다32002 판결(규정에 따라 3일 전 1차 징계위원회를 통보받았으나, 해고 결의된 2차 징계위원회 개최사실은 직전에 통보받은 사례), 대법원 1997. 7. 11. 선고 95다55900 판결(하루 전 1차 징계위원회 출석통지서 수령한 후, 해고 결의된 2차 징계위원회 개최 사실은 2시간 전 회사 정문에서 알게 된 사례).

징계사유에 대한 정당성을 주장했다거나, 징계대상자가 구속 중이라거나, 징계대상자가 징계사유 이외에 다른 불법행위를 저지를 위험이 있다거나, 징계대상자가 징계 혐의 사실 등을 부인하고 수사당국으로부터 내사를 받고 있다 하여 사전 통지 절차를 거치지 않아도 되는 것은 아니다.[17)]

판례는, 징계위원회 개최 통보서가 사용자의 귀책사유가 아닌 우체국의 사정으로 송달이 지체됨에 따라 근로자가 징계위원회에 참석하지 못한 경우에도 징계절차에 위반한 해고로 무효라고 하며,[18)] 징계 혐의자들이 출석통지서 송달 당시 가족들과 동거하지 않고 주소지나 본가에서 행방이 알려지지도 않은 점 등에 비추어 징계 혐의자들에 대한 징계위원회 출석통지는 이를 수령한 가족들이 실제로 그 취지를 징계 혐의자 본인에게 전달하였다는 등 특별한 사정이 없는 한 적법하게 이루어졌다고 할 수 없다고 한다.[19)]

㈐ 소명 기회의 부여

징계위원회가 음주상태로 출석하여 진술한 징계혐의자에게 '진술 시 품위손상'이 징계사유로 된다는 점을 징계위원회 개최 중에라도 전혀 고지하지 않았으므로, 징계혐의자가 음주 상태로 출석하게 된 경위에 관하여 답변하였다고 하여 징계사유에 대한 변명과 소명자료를 제출할 기회를 부여받았다고 할 수 없다고 본 판례가 있다.[20)] 한편 단체협약이나 취업규칙에 진술의 기회를 부여하는 규정이 있는 경우에도 그 대상자에게 그 기회를 제공하면 되고 소명 그 자체가 반드시 있어야 하는 것은 아니다.[21)] 근로자에게 소명의 기회를 주었는데도 근로자가 특별한 이유 없이 징계위원회에 출석하지 아니하거나 소명서 등을 제출하지 아니한 경우에는 통보만으로 징계절차를 진행할 수 있다.[22)] 판례는, 징계위

17) 대법원 1990. 12. 7. 선고 90다6095 판결, 대법원 1992. 7. 28. 선고 92다14786 판결, 대법원 1992. 9. 22. 선고 91다36123 판결.

18) 대법원 2004. 6. 25. 선고 2003두15317 판결(징계위원회 개최통보서가 우체국의 사정으로 송달이 지체된 경우와 같이 근로자가 징계위원회 개최통보서를 수령하지 못한 것이 사용자의 귀책사유에 의한 것이 아닌 경우에는 근로자가 징계위원회 개최통보서를 수령하지 못하여 징계위원회에 참석하지 못하였다고 하더라도 징계절차 위반에 해당하지 않는다는 상고이유의 주장은 독자적 견해로서 받아들일 수 없다).

19) 대법원 1993. 5. 25. 선고 92누8699 판결.

20) 대법원 2012. 1. 27. 선고 2010다100919 판결.

21) 대법원 2007. 12. 27. 선고 2007다51758 판결, 대법원 2014. 11. 27. 선고 2011다41420 판결.

22) 대법원 1993. 9. 28. 선고 91다30620 판결, 대법원 1995. 5. 23. 선고 94다24763 판결(징계위원회 연기 요청에 따라 1회 연기해주었음에도 불구하고 재차 연기를 요청하면서 출석하지 아니한 사례), 대법원 2003. 10. 24. 선고 2003다24475, 24482 판결(2회에 걸친 징계위원회의 개최 공

원회에서 징계대상자에게 징계혐의 사실을 고지하고 그에 대하여 진술할 기회를 부여하면 충분하며, 그 혐의사실 개개의 사항에 대하여 구체적으로 발문하여 징계대상자가 이에 대하여 빠짐없이 진술하도록 조치하여야 하는 것은 아니라고 한다.[23)]

#### (2) 고용노동부 또는 노동위원회의 승인 절차

단체협약이나 취업규칙에 해고가 고용노동부 또는 노동위원회의 인정을 받아야 한다고 규정되어 있는 경우에 이에 위반하여 한 해고의 효력에 대해서 판례는, 현행 법령의 규정상 사용자의 근로자에 대한 해고에 관하여 사전에 인정이나 승인할 수 있는 권한이 노동위원회에는 없고, 노동위원회나 고용노동부의 승인은 사용자의 자의에 의한 부당한 즉시해고를 방지하기 위한 행정감독상의 사실확인행위에 지나지 아니하는 것이며 취업규칙에 규정된 해고사유의 존부 자체는 객관적으로 정하여지는 것으로서 최종적으로는 법원의 판단을 받게 되므로 그와 같은 고용노동부의 승인이 없다 하더라도 사용자나 근로자의 사법적 권리 · 의무에 변동을 일으키는 효력은 없다고 한다.[24)]

이러한 판례에 대해, 고용노동부의 승인 절차는 절차적 정의 확보와는 성격을 달리하므로 그 규정에 위반하였다는 사정만으로 해고의 효력을 부정할 수 없다고 하면서 위 판례의 태도를 긍정하는 견해가 있다.[25)]

#### (3) 징계위원회

##### ㈎ 징계위원회를 거치지 않은 징계해고의 효력

징계위원회의 성격과 관련해서는 단순한 자문기관에 불과한지, 의사결정기관의 성격도 가지는지 여부에 대해서는 견해 대립이 있다.[26)] 징계위원회를 통한

---

고나 출석통지서를 통하여 이미 자신의 징계사유를 알 수 있는 상태에서 원고가 징계위원회에 불출석한 것은 원고 스스로 위 징계위원회에서 진술할 권리 내지 소명 기회를 포기한 것이다), 대법원 2006. 12. 22. 선고 2004두12902 판결(구속 내지 수배 중이어서 인사위원회에 출석하여 소명할 수 없다는 이유로 재심위원회의 연기를 요청하였음에도 회사가 소명서를 제출하라고 하면서 연기요청을 받아들이지 않은 것에 불과하다면 그러한 사정만으로는 소명의 기회를 부여하지 않았다고 할 수 없다).

23) 대법원 1995. 7. 14. 선고 94누11491 판결, 대법원 2014. 11. 27. 선고 2011다41420 판결.

24) 대법원 1991. 9. 24. 선고 90다18463 판결(이에 대한 평석으로는 김용일a, 453면 이하), 대법원 1993. 9. 24. 선고 93누4199 판결, 대법원 1994. 1. 11. 선고 93다49192 판결, 대법원 1994. 6. 14. 선고 93누20115 판결, 대법원 1994. 9. 30. 선고 94다4042 판결, 대법원 1994. 12. 27. 선고 94누11132 판결.

25) 해고와 임금, 375면.

26) 도재형a, 57~58면.

징계절차를 거치면서 근로자로서는 소명의 기회를 제공받을 수 있고, 징계위원회의 심의 결과는 임명권자의 징계 여부 결정에 중요한 자료로 결정적인 영향을 미치므로,[27] 징계를 할 때에 징계위원회를 통한 징계절차를 거칠 것을 규정하고 있음에도 이러한 절차를 거치지 아니한 징계해고의 효력은 원칙적으로 무효이다.[28]

㈏ 징계위원회 구성의 하자

① 단체협약이나 취업규칙 또는 이에 근거를 둔 징계규정에서 징계위원회의 구성에 관하여 정하고 있는 경우 이와 다르게 징계위원회를 구성한 다음 그 결의를 거쳐 징계처분을 하였다면, 그 징계처분은 징계사유가 인정되는지 여부와 관계없이 원칙적으로 절차상 중대한 하자가 있어 무효이다.[29]

② 징계위원회 구성의 공정성 측면에서 사용자측 임원만을 징계위원으로 정한 취업규칙 또는 단체협약 규정이 법 23조 1항 위반으로 무효가 되는지와 관련해, 판례는 징계위원회 구성에서 근로자 측이나 노동조합 측의 견해를 대변할 수 있는 사람을 징계위원회에 반드시 포함시켜야 할 법령상의 근거는 없으므로 회사가 취업규칙 등에 회사의 관리자들만으로 징계위원회를 구성하도록 한 것은 적법하다고 한다.[30]

③ 반면, 취업규칙 등에서 징계위원회에 근로자 측이나 노동조합의 대표가 참여하도록 규정한 경우에는 그에 따라야 하므로 그러한 규정에 위반하여 징계위원회를 구성하였다면 징계절차는 무효이다.[31] 따라서 징계사유와 징계대상자

27) 대법원 1993. 7. 13. 선고 92다50263 판결.

28) 대법원 1986. 7. 8. 선고 85다375, 85다카1591 판결, 대법원 1996. 2. 9. 선고 95누12613 판결, 대법원 2011. 1. 13. 선고 2010다42044 판결.

29) 대법원 1994. 4. 12. 선고 94다3612 판결, 대법원 1994. 8. 23. 선고 94다7553 판결, 대법원 2020. 11. 26. 선고 2017두70793 판결. 다만 징계위원회 구성에 관한 규정이 징계위원회 개의를 위한 요건을 정한 것이 아니라고 예외적으로 해석될 수도 있으므로, 절차적 정당성 판단에 신중을 기할 필요가 있다. 예를 들어 대법원 2019. 10. 17.자 2019두47599 판결의 원심(서울고법 2019. 7. 12. 선고 2019누32407 판결)은 직원의 징계처분에 관한 것인 경우에는 외부인사를 과반수로 하는 인사위원회를 구성한다는 규정을 두고 있는 경우, 이러한 규정에 따라 징계 인사위원회를 외부위원 4명(임기가 정해져 있음)과 내부위원 3명으로 구성하였으나, 징계 인사위원회 개최 당시에는 위원 5명이 참석하되 그 중 외부위원이 2명밖에 참석하지 않은 상태에서 근로자에 대한 징계해임이 의결된 사안이다. 법원은 징계 인사위원회 구성이 규정에 따라 이루어져 하자가 없고, 징계해임 당시 징계 인사위원회의 의사정족수·의결정족수에 절차 위배가 없다고 판단하였다.

30) 대법원 1993. 11. 9. 선고 93다35384 판결.

31) 대법원 1996. 6. 28. 선고 94다53716 판결, 대법원 1997. 3. 25. 선고 96다43416 판결, 대법원

를 특정할 것을 요구하는 노동조합의 요구를 거부한 상태에서, 노동조합의 징계위원 선정권을 박탈하여 노동조합 측 징계위원이 참여하지 않은 채 이루어진 징계는 무효이다.[32] 나아가 취업규칙 등에서 노·사 동수로 징계위원회를 구성하도록 하고 있다면 취업규칙에 직접적으로 징계위원의 자격과 선임 절차에 관하여 규정하지 않았더라도, 근로자 측 징계위원들이 이전부터 근로자를 대표하거나 근로자의 의견을 대변해왔다는 등의 특별한 사정이 없는 한 사용자가 근로자의 의견을 반영하는 과정 없이 임의로 근로자 측 징계위원을 위촉할 수 있다고 해석할 수는 없는 것이고, 사용자가 임의로 위촉한 근로자 측 징계위원이 참여한 징계해고는 무효이다.[33]

노·사 동수로 구성된 징계위원회에서 두 차례에 걸쳐 표결을 실시하였으나, 징계수위가 결정되지 않자(파면 3표, 감봉 3표), 별도로 회사 인사 내규에 따라 사측 인사위원들로만 구성된 인사위원회에서 근로자에 대한 파면을 결의한 후 이루어진 해고처분 역시 노·사 동수로 구성된 회의에서 징계를 심의·의결하도록 하는 규정에 위배하여 무효이다.[34]

그러나 징계위원회의 구성에 근로자 측 대표가 참여하도록 한 징계규정에도 불구하고 근로자 측이 스스로 근로자 측 위원 선정을 포기하였다면 근로자 측 위원이 참여하지 않은 채 이루어진 징계처분은 무효라고 할 수 없고,[35] 재심절차에 노동조합의 참여권이 보장되어 있으나 노동조합 측에서 재심 참여권을 포기하였거나 노동조합이 기능을 상실하여 활동을 중단하였다는 등 특별한 사정이 있는 경우에는 노동조합의 참여 없이 재심 의결이 있었더라도 절차상 하자는 없다.[36] 한편 쟁의행위기간 중 조합원 징계 금지 규정에도 불구하고 개최된 징계위원회와 관련하여 노동조합이 징계위원 선정을 거부하는 등의 행위를 한 경우라면, 이는 징계위원회 구성 권한을 남용하거나 포기한 것으로 볼 수

---

2006. 11. 23. 선고 2006다49901 판결(취업규칙 등에서 노·사 동수로 징계위원회를 구성하도록 하고 있다면 이는 근로자들 중에서 징계위원을 위촉하여 징계위원회에 대한 근로자들의 참여권을 보장함으로써 절차적 공정성을 확보함과 아울러 사측의 징계권 남용을 견제하기 위한 취지라고 한다), 대법원 2009. 3. 12. 선고 2008두2088 판결.

32) 대법원 1993. 2. 9. 선고 92다27102 판결.

33) 대법원 2006. 11. 23. 선고 2006다49901 판결, 대법원 2006. 11. 23. 선고 2006다48069 판결.

34) 서울행법 2008. 1. 15. 선고 2007구합8935 판결(항소취하 확정).

35) 대법원 1997. 5. 16. 선고 96다47074 판결, 대법원 1999. 3. 26. 선고 98두4672 판결, 대법원 2009. 3. 12. 선고 2008두2088 판결, 대법원 2011. 7. 28. 선고 2008두11693 판결, 대법원 2015. 5. 28. 선고 2013두3351 판결.

36) 대법원 1996. 2. 23. 선고 95다13708 판결, 대법원 1996. 6. 13. 선고 96다1323 판결.

없다.[37]

④ 기업별 단위노동조합과 사용자가 체결한 단체협약에서 징계위원회를 노사 각 동수의 위원으로 구성하기로 정하면서 근로자 측 징계위원의 자격에 관하여 아무런 규정을 두지 않은 경우, 그 근로자 측 징계위원은 사용자 회사에 소속된 근로자에 한정된다고 해석하여야 한다. 나아가 기업별 단위노동조합이 그 단체협약을 체결한 후 산업별 단위노동조합의 지부 또는 분회로 조직이 변경되고 그에 따라 그 산업별 단위노동조합이 단체협약상의 권리·의무를 승계한다고 하더라도, 노동조합의 조직이 변경된 후 새로운 단체협약이 체결되지 아니하였다면 근로자의 징계절차에는 기업별 단위노동조합일 때 체결된 단체협약이 그대로 적용되어야 하므로 그 징계절차에 있어서도 근로자 측 징계위원은 사용자 회사에 소속된 근로자에 한정되어야 한다.[38] 이에 대해서는 단체협약상 정함이 없다는 것은 노조자치에의 위임으로 보는 것이 타당하고, 노동조합 참여권 보장 취지에 비추어 볼 때 징계절차에서 징계위원으로서 관련 근로자나 노동조합의 의사나 이익을 잘 대변할 수 있는지가 중요한 것일 뿐 사용자 회사 소속인지가 단체협약을 해석하는 기준이 되어서는 안 된다는 비판이 있다.[39] 한편 산업별 노동조합 지회가 지회 사업장에서 정리해고된 근로자들을 노조측 징계위원으로 추천하자 지회 사업장 사용자가 사측 징계위원만으로 징계해고를 의결한 사안에서, 단체협약상 징계위원 자격에 관하여 제한을 두고 있지 않으므로 사업장 소속 근로자가 아닌 자도 노조측 징계위원으로 추천될 수 있다고 보

37) 대법원 2009. 2. 12. 선고 2008다70336 판결('쟁의기간 중에는 조합원에 대하여 어떠한 사유에 의해서도 징계, 부서이동 등 제반 인사조치를 할 수 없다'라는 단체협약 규정이 있는 사안에서, 이러한 규정은 쟁의행위가 그 목적에 있어 정당하고, 절차적으로 노조법의 제반 규정을 준수함으로써 정당하게 개시된 경우라면, 비록 그 쟁의 과정에서 징계사유가 발생하였다고 하더라도 쟁의가 계속되고 있는 한 그러한 사유를 들어 쟁의기간 중에 징계위원회의 개최 등 조합원에 대한 징계절차의 진행을 포함한 일체의 징계 등 인사조치를 할 수 없다는 취지로 해석된다고 보아, 이를 전제로 권한남용·포기 여부를 판단하고 있다), 대법원 2018. 10. 4. 선고 2016다242884 판결, 대법원 2019. 11. 28. 선고 2017다257869 판결(단체협약에서 '회사는 정당한 노동쟁의 행위에 대하여 간섭방해, 이간행위 및 쟁의기간 중 여하한 징계나 전출 등 인사조치를 할 수 없으며 쟁의에 참가한 것을 이유로 불이익 처분할 수 없다'고 정하고 있는 경우, 비위사실이 쟁의행위와 관련이 없는 개인적 일탈에 해당하거나 노동조합의 활동이 저해될 우려가 없는 경우에는 정당한 쟁의행위 기간 중에도 회사가 징계권을 행사할 수 있다는 식으로 위 규정의 적용 범위를 축소하여 해석할 수 없다고 보아, 이를 전제로 권한남용·포기 여부를 판단하고 있다).

38) 대법원 2015. 5. 28. 선고 2013두3351 판결.

39) 강성태, 84면.

아 이를 징계위원 선정권의 남용으로 보기 어렵다고 판단한 판례도 있다.40) 위 두 판결을 비교해 보면, 법원은 노동조합의 조직 형태에 따라 노조측 징계위원 자격을 달리 이해하고 있음을 알 수 있다.

⑤ 취업규칙 등에 징계혐의자의 친족이나 그 징계사유와 관계있는 자의 징계심의 관여를 금지하는 규정을 둔 경우, 이러한 규정은 제척사유를 규정한 강행규정에 해당하여 그 위반시 절차적 정의에 반한 징계권 행사로 무효이다.41) 여기에서 징계사유와 관련 있는 자라 함은 대체로 피징계자와 이해관계를 같이하거나 징계혐의 사유의 피해자를 말한다.42) 그러한 규정이 없는 경우에는 이해관계 있는 자가 징계위원으로 참여하였다고 하더라도 그 징계가 무효라고 할 수 없다.43) 한편 이해관계 있는 자의 징계위원 참여를 제한함에 따라 부당한 결과가 발생하는 등 부득이한 경우에는 그 징계위원 대신 새로운 징계위원을 위촉하여 징계위원회를 새로이 구성한 다음 징계결의를 하더라도 적법하다.44) 판례는 당연직 징계위원 3인 중 1인이 징계대상자가 됨에 따라 동인을 징계위원회에서 배제하고, 새로운 이사 1인을 인사위원으로 위촉하여 징계결의를 하는 것은 부득이한 것으로 적법하다고 한다.45)

---

40) 대법원 2013. 7. 25.자 2013두7278 판결의 원심판결(서울고법 2013. 3. 20. 선고 2012누26755 판결). 유사하게, 지역별 노동조합 지회가 지회 사업장 소속이 아닌 지역별 노동조합 위원장과 부위원장을 노조측 징계위원으로 추천하자 지회 사업장 사용자가 사측 징계위원만으로 징계해고를 의결한 사안에서, 징계절차상 하자가 있다고 본 사안으로는, 대법원 2011. 4. 28.자 2011두3845 판결의 원심판결(서울고법 2010. 11. 26. 선고 2010누4553 판결) 참조.

41) 대법원 1994. 8. 23. 선고 94다7553 판결(이에 대한 평석으로는 양인석, 391면 이하), 대법원 1994. 10. 7. 선고 93누20214 판결(이에 대한 평석으로는 장원찬, 356면 이하. 단순한 자문기관으로서의 성격을 가지는 것에 불과한 징계위원회의 구성과 관련하여 제척규정을 위반한 하자가 있다고 하더라도 해고의 효력에는 영향이 없다는 이유로 판례에 반대한다), 대법원 1995. 4. 28. 선고 94다59882 판결.

42) 위 대법원 94다7553 판결, 위 대법원 94다59882 판결. 근래 제척사유를 긍정한 판결로는 대법원 2018. 2. 28.자 2017두67711 판결의 원심판결(이사장을 비방하는 내용의 호소문을 작성·배포하여 선거의 공정중립의무를 위반하였다는 징계사유와 관련하여, 해당 이사장이 징계의결에 참여한 사안), 대법원 2018. 11. 15.자 2018두52792 판결의 원심판결(상사에 대해 폭언하였다는 징계사유와 관련하여, 해당 상사가 징계의결에 참여한 사안), 대법원 2019. 3. 14.자 2018두64580 판결의 원심판결(전체회의에서 대표이사를 비난하고, 직원들에게 진술거부를 강요하였다는 등의 징계사유와 관련하여, 해당 대표이사와 진술거부 강요의 피해자가 징계의결에 참여한 사안) 등이 있고, 제척사유를 부정한 판결로는, 대법원 2017. 5. 31.자 2017두34933 판결의 원심판결(부실대출 등 징계사유와 관련하여, 해당 징계대상 근로자들에 대한 관리책임 소홀로 징계를 받은 이사장이 징계의결에 참여한 사안).

43) 대법원 1995. 5. 23. 선고 94다24763 판결, 대법원 2009. 5. 14. 선고 2009다5230, 5247 판결, 대법원 2011. 7. 28. 선고 2008두11693 판결.

44) 해고와 임금, 378면.

⑥ 판례는, 인사위원회 결의에 자격 없는 자가 참가한 하자가 있다 하더라도 그 의사의 경과, 자격 없는 자의 표결을 제외하더라도 그 결의가 성립함에 필요한 정족수를 충족하는 점 등 제반 사정에 비추어 그 하자가 결의의 결과에 영향을 미치지 않았다고 인정된 때에는 그 결의를 무효라고 볼 것은 아니라고 한다.[46] 반면 판례는, 노사 각 4인씩으로 상벌위원회를 구성한다는 단체협약상 징계규정에도 불구하고 노동조합 측 위원 2명만 참석시키고 자격 없는 위원 2명을 포함하여 상벌위원회를 구성한 경우, 자격이 없는 위원을 제외하고 의결정족수가 충족된다고 하더라도 상벌위원회 구성 자체에 위법이 있는 이상 그 징계권 행사는 절차적 정의에 반하는 것이어서 무효라고 한다.[47] 두 판례를 어떻게 조화롭게 해석할지에 대해서는 논란이 있을 수 있으나, 자격 없는 위원을 제외한 나머지 위원들을 기준으로 하더라도 징계위원회 구성이 여전히 위법한 경우에 해당한다면 예외적 유효를 인정하는 전자의 판례가 적용될 여지는 없어 보인다.

⑦ 취업규칙이 정한 징계위원회와는 다른 징계위원회의 의결을 거쳐 행한 징계해고는 원칙적으로 효력을 인정할 수 없을 것이다. 판례는, 학교법인의 정관에 교원에 대한 징계를 의결하기 위하여 교원징계위원회를 두도록 한 것 외에 일반직원의 징계를 위하여 일반직원 징계위원회를 따로 두도록 규정하고 있는 경우, 일반직원 징계위원회를 구성하지 아니한 채 교원징계위원회의 징계의결에 의하여 이루어진 일반직원에 대한 징계는 학교법인의 정관 규정의 취지에 부합하지 아니할 뿐만 아니라 일반직원 징계위원회에 의한 징계절차보다 더 유리한 절차에 의하여 이루어졌다고 할 수 없으므로 절차상 중대한 하자가 있어 무효라고 한다.[48]

⑧ 징계위원에 대한 수 개의 기피신청이 있는 경우라도 신청을 당한 징계위원은 자신에 대한 기피의결에만 참여할 수 없을 뿐 다른 사람에 대한 기피의

---

45) 대법원 1997. 12. 12. 선고 97누3637 판결(가부동수 시 위원장이 결정하도록 하는 인사규정에 비추어, 당연직 인사위원이 징계대상자라는 이유로 배제되면 인사위원회의 결의는 위원장 1인의 의사에 따라 결정될 것이므로, 이는 인사위원회 제도의 취지에 반하고 공정한 징계권 행사를 위하여 바람직하지도 아니하므로, 부득이 징계대상자를 제외한 새로운 1인을 추천하여 3인의 인사위원회를 구성할 필요가 있다).
46) 대법원 1999. 7. 27. 선고 98두9202 판결.
47) 대법원 1996. 6. 28. 선고 94다53716 판결.
48) 대법원 2001. 4. 10. 선고 2000두7605 판결(이에 대한 평석으로는 한양석, 449면 이하).

결에는 참여할 수 있고, 다만 기피사유가 공통의 원인에 기인하는 경우에는 자신에 대한 기피의결뿐 아니라 다른 사람에 대한 기피의결에도 참여할 수 없다.[49] 한편 징계 대상자가 징계위원 전원 또는 대부분에 대하여 동시에 기피신청을 함으로써 징계위원회를 구성할 수 없게 하거나 징계위원회의 결정 자체를 불가능하게 하는 경우, 그 밖에 기피신청이 징계절차의 지연을 목적으로 함이 명백한 경우 등 기피신청권의 남용에 해당하는 경우에는 그 기피신청 자체가 부적법하므로, 이러한 경우에는 기피신청의 대상이 된 징계위원이 기피의결에 관여하는 것이 금지된다고 볼 수 없다. 여기서 기피신청이 징계절차의 지연을 목적으로 하는 경우에 해당하는지는 징계에 이르게 된 경위, 징계위원회 출석 여부 등 피징계자가 징계절차에서 취한 행태, 기피신청의 시기와 횟수, 기피신청으로 주장하는 기피사유의 내용 등을 종합적으로 고려하여 판단하여야 한다.[50]

⑨ 징계위원장이 징계위원회 회의를 소집하고 의장이 된다는 규정에도 불구하고 징계위원장(위원장으로서의 지위 및 역할을 위임받은 징계위원 포함)이 의장이 되어 진행하지 않은 채 이루어진 해고는 징계위원회 구성 및 의결 과정에 절차상 하자가 있어 무효이다.[51]

⑩ 인사위원회 위원장과 징계요청권자를 동일인이 담당하게 된 것이 인사위원회의 공정성을 해하는 것인지가 문제된 사안에서, 인사위원회 징계 심의의 공정성을 담보하기 위해서는 징계대상자에 대해 징계사유가 존재하는지 여부를 판단하여 징계를 요청한 자가 징계를 심의하는 인사위원회 위원으로 참여하지 못하게 하는 것이 바람직하기는 하나 회사의 인적·물적 규모, 직제·직급의 구성, 노동조합 등과의 교섭내용 등 다양하고 개별적인 상황에 맞게 회사가 징계 관련 규정을 마련할 수 있으므로 위와 같은 사정만으로 징계 심의의 공정성을 문제 삼기는 어렵다고 판단하였다.[52]

#### ㈐ 징계위원회 개최시한을 미준수한 징계의 효력과 기산점

단체협약에서 징계위원회 개최시한을 규정하면서 이를 위반하여 개최된 징계위원회의 징계를 무효로 한다는 취지의 규정을 두는 경우, 징계대상자 및 징

---

49) 대법원 2015. 11. 26. 선고 2015두36126 판결.
50) 위 대법원 2015두36126 판결, 대법원 2015. 11. 27. 선고 2015다34154 판결.
51) 대법원 2010. 6. 10. 선고 2009다97611 판결.
52) 대법원 2022. 10. 14. 선고 2022두41362 판결.

계사유의 조사 및 확정에 상당한 시간이 소요되어 위 규정을 준수하기 어렵다는 등의 부득이한 사정이 없는 한, 위 규정을 위반하여 개최된 징계위원회에서 한 징계 결의는 무효이다.[53] 한편 징계위원회 개최시한의 기산점은 원칙적으로 징계사유가 생긴 때이지만, 징계를 하는 것이 불가능한 사정이 있는 경우에는 그러한 사정이 없어진 때부터 위 기간이 기산된다. 만일 근로자에게 징계사유가 있더라도 그 사유가 나중에 밝혀지기 전까지 징계를 할 수 없었던 부득이한 사정이 있다면, 사용자가 징계절차를 개시해도 충분할 정도로 징계사유에 대한 증명이 있다는 것을 알게 된 때부터 징계위원회의 개최시한이 기산된다고 보아야 한다.[54]

이러한 판례 사안들은 징계위원회 개최시한을 징계사유 발생일로부터 15일 또는 10일이라는 단기간으로 정하고 있는 경우로, '징계사유가 발생한 날로부터 O년이 경과한 경우에는 징계를 요구하지 못한다'는 일반적인 징계시효제도 규정 형식과는 다소 구분된다. 징계권의 제한이라는 측면에서는 양자가 유사한 면이 있지만, 매우 단기간으로 정해진 징계위원회 개최시한의 특성상 징계사유가 발생한 날로부터 징계절차를 진행하지 않거나 못한 상태가 비교적 장기간 계속된 경우 그 상태를 존중하고자 하는 징계시효제도와는 다소 상이한 면이 있다.[55] 부득이한 사정이 있어 사용자가 이러한 짧은 기한을 준수하지 못한 경우 기한의 예외를 인정할 필요성도 더욱 크므로, 양자의 기산점 해석이 완전히 동일할 수는 없어 보인다.[56]

한편 하급심 판결례 중에는 징계위원회 개최시한을 따르지 않은 징계에 대해

53) 대법원 2013. 2. 15. 선고 2010두20362 판결(징계사유 발생일로부터 15일 이내에 징계위원회를 개최되어야 한다고 정하고 있는 사안).

54) 위 대법원 2010두20362 판결(쟁의행위기간 중의 징계금지 규정이 있는 경우에는 쟁의행위가 종료된 때로부터 위 기간이 기산된다고 판단하였다), 대법원 2017. 3. 15. 선고 2013두26750 판결[징계사유 발생일로부터 10일 이내에 징계위원회가 개최되어야 한다고 정하고 있는 사안. 회사가 횡령 혐의를 확인한 이후의 사정(징계대상자의 부인, 노조의 반발)과 수사절차 진행 경과(경찰의 불기소의견 송치 후, 검찰 재수사 지휘에 따른 추가조사와 기소의견 송치) 등에 비추어 경찰로부터 기소의견을 통지받은 날에서야 비로소 징계절차를 개시해도 충분할 정도로 징계사유가 증명되었음을 알았다고 볼 수 있다고 판단하여, 경찰에 고소한 시점부터 개최시한을 기산한 원심을 파기하였다].

55) 김상민, 103면은 징계위원회 개최 시한을 정한 경우나 징계요구기간을 정한 경우 사이에 본질적인 차이가 있다고 보기 어렵다는 입장이다.

56) 실제로 징계위원회 개최시한의 기산점과 관련한 위 대법원 판결들은 일반적인 징계시효제도와 관련한 선례들(대법원 94다14650 판결, 대법원 2008두2484 판결 등)을 참고 판례로 언급하고 있지 않고, 징계시효라는 용어를 사용하고 있지도 않다.

무효로 한다는 명시적인 규정을 두고 있지 않은 사안에서 이러한 규정을 되도록 이른 시일 내에 징계절차를 실행하라는 의미의 절차적 훈시규정으로 이해한 사례[57]와 효력규정으로 이해한 사례가 모두 존재한다.[58]

이와 달리 징계의결을 요구 받은 때로부터 일정 기간 내에 의결하도록 규정한 경우에 이를 훈시규정으로 본 대법원 판례가 있다.[59]

㈑ **징계위원회에서의 징계사유 추가 가능 여부**

취업규칙 등 징계규정에서, 근로자에게 일정한 징계사유가 있을 때 징계의결 요구권자가 먼저 징계사유를 들어 징계위원회에 징계의결 요구를 하고 징계의결 결과에 따라 징계처분을 하되 징계위원회는 징계대상자에게 진술의 기회를 부여하고 이익되는 사실을 증명할 수 있도록 하며 징계의결을 하는 경우에는 징계의 원인이 된 사실 등을 명시한 징계의결서에 의하도록 규정하고 있을 경우, 징계위원회는 어디까지나 징계의결 요구권자에 의하여 징계의결이 요구된 징계사유를 심리대상으로 하여 그에 대하여만 심리·판단하여야 하고 징계의결이 요구된 징계사유를 근본적으로 수정하거나 징계의결 이후에 발생한 사정 등 그 밖의 징계사유를 추가하여 징계의결을 할 수는 없다.[60] 다만 징계의결이 요구된 당초의 징계사유와 기본적 사실관계의 동일성이 인정되는 한도 내에서는

---

57) 대법원 2015. 12. 24.자 2015다51685 판결의 원심판결인 서울고법 2015. 7. 22. 선고 2013나56169 판결(단체협약상 징계위원회는 징계사유 발생 30일 이내에 개최하여야 한다고 정하고 있는 사안. 이러한 규정은 징계의 시효에 관한 것이 아니라고 판단하였다). 대법원 2016. 7. 22.자 2016두36246 판결의 원심판결인 서울고법 2016. 3. 16. 선고 2015누35743 판결 역시 징계사유 발생일로부터 15일 이내에 대상자의 징계사유, 징계위원회의 개최 일시 및 장소를 명시하여 해당 사원 등에게 징계위원회 개최 3일 전까지 출석요구서를 통보하여야 한다고 정하고 있던 사안에서, 이러한 규정 내용과 취지, 형식 등에 비추어 볼 때 징계시효 또는 효력규정에 해당하는 징계위원회 개최시한을 정한 규정이라고 보기 어렵다고 판단하였다.

58) 대법원 2016. 12. 15.자 2016두50013 판결의 원심판결인 서울고법 2016. 8. 24. 선고 2016누44331 판결(단체협약상 징계위원회는 징계사유 발생일 또는 발견일로부터 60일 이내에 개회하여야 하며, 불가피한 사유로 개회하지 못할 경우에 90일 이내에 개회하도록 정하고 있는 사안. 이러한 조항 작성의 경위, 불가피한 경우의 기한 연장 규정까지 두고 있는 점 등을 고려하여 효력규정으로 판단하였다).

59) 대법원 1993. 2. 23. 선고 92누16096 판결(징계의결의 기한을 규정한 교육공무원징계령 제7조는 징계사유의 시효와 달리 훈시적 규정이라고 판단한 사안), 대법원 2000. 5. 26. 선고 2000두1270 판결(학교법인 정관에 징계위원회가 징계의결 요구를 받은 때에는 그 요구서를 접수한 날로부터 60일 이내에 징계에 관한 의결을 하여야 하고, 1차에 한하여 30일을 연장할 수 있다고 규정하고 있던 사안. 징계의결 요구가 징계시효기간 내에 이루어진 이상 징계의결이 위법한 것은 아니라고 판단하였다).

60) 대법원 2012. 1. 27. 선고 2010다100919 판결(이에 대한 평석으로는, 박수근b, 387면 이하), 대법원 2015. 6. 24. 선고 201다38227 판결.

징계사유를 추가하거나 변경할 수 있다.[61]

#### ㈒ 징계위원회의 구성과 운영에 관한 규정이 없는 경우

회사 규정에 징계에 관하여 인사위원회 심의를 거치도록 한 규정이 있는데도 인사위원회의 운영과 구성에 대한 아무런 규정을 두지 않은 경우 인사위원회를 거치지 않고 이루어진 징계의 효력을 부정하는 하급심 판결이 있다. 즉, 취업규칙은 사용자가 다수의 개별적 근로관계를 처리하는 데 편의를 위하여 근로계약의 내용이 되는 사항과 복무 규정, 직장 질서에 관한 사항을 정하는 것이므로 취업규칙에 징계절차 규정을 갖출 권한과 책임 역시 사용자가 부담하는데, 사용자가 취업규칙에 징계 절차 규정을 두지 않은 잘못을 근로자에게 전가하여 취업규칙이 정한 징계절차 규정을 무시하여 진행한 징계가 적법하게 된다고 할 수는 없다는 것이다.[62]

판례는, 국가인권위원회 징계규칙으로 징계혐의자(국가공무원)에게 징계위원회 의결에 대해 재심사청구권[63]을 인정하면서도 재심사위원회의 구성에 관하여 특별한 규정을 두고 있지 아닌 사안에서, 재심사위원회를 징계위원회와 동일한 위원들로 구성하였다는 것 자체만으로 징계혐의자의 재심사청구권을 침해하거나 절차상 위법이 있다고 볼 수 없다고 한다.[64]

### (4) 재심절차

#### ㈎ 원징계절차와 재심절차의 관계

징계처분에 대한 재심절차는 징계처분에 대한 구제 내지 확정절차로서 원래의 징계절차와 함께 전부가 하나의 징계처분 절차를 이루는 것이므로 그 절차의 정당성도 징계 과정 전부에 관하여 판단되어야 하고, 원래의 징계처분이 그 요건을 모두 갖추었더라도 재심절차를 전혀 이행하지 않거나 재심절차에 중대한 하자가 있어 재심의 효력을 인정할 수 없는 경우에는 그 징계처분은 무효

61) 대법원 2015. 8. 27. 선고 2013다99300 판결.

62) 서울행법 2005. 5. 3. 선고 2004구합18689, 18702 판결(항소기각, 상고기각으로 확정).

63) 일반적으로 국가공무원법상 징계혐의자에 대한 재심사청구권은 징계의결요구권자에게만 부여되어 있으나(82조 2항), 위 징계규칙은 징계절차의 중립성, 객관성, 공정성을 최대한 유지하고, 징계혐의자의 방어권을 최대한 보장하기 위해 징계혐의자에게도 재심사청구권을 보장하고 있다.

64) 대법원 2017. 4. 13. 선고 2014두8469 판결(국가공무원법상 재심사청구제도와 구분되는 징계규칙에 근거한 재심사청구제도에 관한 사안으로, 국가공무원인 징계혐의자에게는 소청심사나 행정심판을 통해 징계의 위법을 다툴 별도의 기회가 인정되는 특수성이 있는 사안이다).

가 된다.[65)]

예를 들어, 근로자의 적법한 재심청구를 반려하고 원징계처분을 확정시켜 퇴직 조치하였다가 인사규정에서 정한 재심절차 기간이 지난 후 적법한 재심절차를 거치지 않아 징계가 무효라는 제 1 심 판결이 선고되자 비로소 인사위원회를 열어 재심청구를 기각한 경우, 해당 근로자가 해당 인사위원회에 출석하여 의견을 진술하였다 하더라도 그 재심절차는 적법한 재심절차로 볼 수 없다.[66)] 또한 징계해고처분을 받고 정해진 기간 안에 재심신청을 하였는데 상당한 기간이 지난 후 징계처분의 효력을 다투는 소가 제기되자 비로소 재심절차를 개시한 경우,[67)] 회사가 재심청구를 반려하여 원징계처분을 확정시키고 징계해고처분과 퇴직조치까지 끝냈다가 상당한 기간이 경과한 뒤 뒤늦게 재심징계위원회를 개최하여 원징계처분을 그대로 유지하는 재심결정을 한 경우[68)] 역시 그 재심절차들은 원징계처분에 대한 적법한 구제절차가 될 수 없고 이 때 근로자가 재심절차에서 답변서를 제출하고 의견을 진술하였다 하여도 재심결정이 적법한 것으로 치유되지 않는다.

징계처분권자가 원징계의결이 너무 가볍다는 이유로 이에 따른 징계처분을 하지 아니하여 징계요구권자만 재심청구를 할 수 있을 때, 징계요구권자의 재심청구로 원징계의결보다 무거운 징계를 하기로 하는 재심의결이 이루어지고 이에 따라 근로자가 징계처분을 받은 경우 그 근로자는 그 징계처분에 대한 구제수단으로 재심청구를 할 수 있어야 한다. 만일 이 때 근로자의 재심청구에 의한 재심절차가 이행되지 않았다면 징계처분은 전체로서 무효이다. 그리고 이 때 근로자에게 위 징계요구권자의 청구로 개시된 재심절차에 출석하여 진술하고 유리한 자료를 제출할 기회가 보장되었더라도 달리 볼 것이 아니다.[69)]

---

65) 대법원 1981. 6. 9. 선고 80다1769 판결, 대법원 1987. 9. 22. 선고 87다카1187 판결, 대법원 1992. 2. 28. 선고 91다23349 판결, 대법원 1992. 9. 22. 선고 91다36123 판결, 대법원 1993. 10. 22. 선고 92다49935 판결, 대법원 1993. 10. 26. 선고 93다29358 판결, 대법원 1993. 11. 9. 선고 93다17690 판결, 대법원 1994. 8. 23. 선고 94다7553 판결, 대법원 1995. 1. 24. 선고 93다29662 판결, 대법원 1995. 3. 10. 선고 94다33552 판결, 대법원 1995. 6. 13. 선고 95다1323 판결, 대법원 1996. 2. 23. 선고 95다13078 판결, 대법원 1997. 9. 30. 선고 97다10956, 10963 판결, 대법원 1998. 12. 8. 선고 98다31172 판결, 대법원 2020. 11. 26. 선고 2017두70793 판결.

66) 대법원 1997. 9. 30. 선고 97다10956, 10963 판결.

67) 대법원 1994. 1. 14. 선고 93다968 판결(재심청구 6, 7개월 경과 후 소가 제기되자 재심절차를 개시한 사안).

68) 대법원 1987. 9. 22. 선고 87다카1187 판결(해고와 퇴직처분 완료 후 1년 7개월이 지난 후 재심위원회를 개최한 사안).

### ㈏ 원징계절차 규정의 재심절차 적용

원징계를 의결한 인사위원회가 재심 역시 담당하는 경우 인사위원회의 원징계 관련 절차 규정이 재심절차에도 적용되는 것으로 징계절차 관련 규정이 해석될 수 있다.[70] 판례 중에는 원징계절차는 심의 의결기관인 공장징계위원회에 의해 이루어지지만, 재심은 공장징계위원회의 의견을 들어 사업부장이 결정한다고 규정되어 있는 사업장의 경우, 공장징계위원회에 적용되는 규정이 당연히 재심절차에도 적용된다고 할 수 없음을 전제로, 재심절차에서 징계대상자에게 진술의 기회를 부여하는 규정이 없으므로, 재심의 절차가 징계대상자에게 진술의 기회를 부여하지 않고 진행되었다고 하여 무효라고 할 수 없다고 판단한 사례도 있다.[71]

### ㈐ 재심절차와 징계해고의 효력발생시기

재심절차 규정이 없다면 당해 징계절차를 종료한 후 사용자에 의하여 징계해고가 내려진 때 징계의 효력이 발생한다는 것은 의문의 여지가 없으나, 따로 재심규정을 둔 경우 징계해고의 효력발생시기가 문제된다.

판례는 법상 해고가 단독행위라는 성질에 비추어 일단 내려진 징계해고는 그 즉시 효력을 발생하며, 다만 재심에서 징계해고처분이 취소되는 경우에는 소급하여 해고되지 아니한 것으로 볼 뿐이라고 한다.[72] 이러한 판례의 태도에 대하여는 이를 비판하는 견해(재심절차에서 재심청구가 인용된 경우 징계해고처분의 효력이 소급하여 소멸된다고 하는 것은 법률관계를 명확하게 하지 못한다. 당초의 징계처분과 재심절차는 각각 별개의 절차가 아니라 전체적으로 하나의 징계절차를 이룬다는 판례와 일관성을 유지하지 못한다)가 있고,[73] 반면 이를 긍정하는 견해(원징계절차와

---

69) 대법원 1998. 12. 8. 선고 98다31172 판결(이에 대한 평석으로는 김외숙, 177면 이하).

70) 대법원 2006. 12. 22. 선고 2004두12902 판결(인사위원회는 징계대상직원의 의사에 따라 징계혐의 사실에 관한 소명서를 제출받거나 인사위원회에 직접 출두시켜 징계혐의사실에 관하여 진술할 수 있는 기회를 주어야 한다고 규정한 상벌 규정이 인사위원회가 동일하게 담당하는 재심 절차에도 그 적용이 있다고 해석한 사건이다).

71) 대법원 1995. 7. 14. 선고 94누11491 판결.

72) 대법원 1993. 5. 11. 선고 91누11698 판결[해고의 효력은 징계해고처분일이 아니라 재심청구가 기각되는 시점에 발생하는 것임에도 불구하고 징계해고처분이 이루어졌다는 사실만으로 행해진 원고에 대한 (특례보충역편입처분취소와) 현역병입영통지처분은 위법하다는 원심을 위와 같은 이유를 들어 파기한 사례. 이에 대한 평석으로는 박해성, 300면 이하].

73) 도재형a, 64면, 재심절차에서 징계처분이 취소되지 아니한 때에 비로소 해고의 효력이 발생한다고 한다.

재심절차가 하나의 절차를 이루고 있다는 판례는 징계절차상의 문제일 뿐 재심절차를 둔 경우 징계의 효력발생시기와는 무관하다. 재심청구 여부는 전적으로 근로자의 재량에 따르는 것으로 재심청구 여부에 따라 징계의 효력발생시기가 달라진다는 것은 타당하지 않다. 재심청구기간이 특정되지 않은 경우 효력발생시기를 특정하기 곤란하다)도 있다.[74]

한편, 이러한 판례에 따라 법 28조 2항의 부당해고등 구제신청 기간과 노조법 82조 2항의 부당노동행위 구제신청 기간은 원칙적으로 재심신청에 대한 기각결정 등으로 재심절차가 종료된 날부터 기산하는 것이 아니라 원래의 처분이 있은 날부터 기산한다.[75] 이에 대하여는 효력발생시기를 원징계처분이 있은 날로 보더라도 구제신청 기산점은 재심절차 종료일이 되어야 한다는 비판적 견해가 있다.[76]

### (5) 단체협약상 해고동의 · 협의조항

#### ㈎ 개 설

일반적으로 채용, 인사이동, 상벌, 해고 등의 인사에 관한 조항을 총칭하여 인사조항이라 하는데, 인사의 결정 방법으로 사용자의 독자적 결정을 제외하면 노동조합의 관여 정도에 따라 동의(동의결정, 합의, 승인), 협의결정, 협의, 자문(의견참작), 사전통지 등으로 나눌 수 있다. 인사에 관하여 사전에 조합과 협의 등을 하여야 한다는 규정을 두고 있는 경우, 징계 역시 인사사항에 관한 것이므로, 특별한 사정이 없는 한 징계해고의 경우에도 위 규정이 적용된다.[77] 그 중 근로자의 해고에 관하여 노동조합 또는 노사협의기관의 동의 또는 협의를 요건으로 한다는 조항을 특히 해고동의(협의)조항이라 한다.[78] 해고 때 노동조합이

74) 박해성, 305~306면; 황영모, 711면.

75) 대법원 1996. 8. 23. 선고 95누11238 판결; 민중기, 7면. 한편 이러한 징계해고의 효력발생시기의 문제는 퇴직금 산정시점과도 관련되며, 실무상으로는 해고무효확인의 소에서 청구취지와 주문에 해고처분일을 특정하는 데에도 의미가 있다.

76) 유성재, 103면.

77) 대법원 1992. 5. 22. 선고 91다22100 판결, 대법원 1992. 9. 22. 선고 92다13400 판결, 대법원 1995. 3. 10. 선고 94다33552 판결, 대법원 1995. 7. 14. 선고 95다1767 판결, 대법원 2012. 6. 28. 선고 2010다38007 판결, 다만 대법원 1997. 4. 25. 선고 97다6926 판결은 단체협약 해석상 인사에는 징계가 포함되지 않는다고 본 원심을 수긍하였다.

78) 이승욱, 109면. 해고동의(협의)조항의 법적 성질과 관련한 채무적 효력설, 규범적 효력설, 제도적 효력설, 절차적 정의설의 대립 및 단체협약의 효력론과 연관시킨 위와 같은 논의에 대한 평가와 관련하여서는 이승욱, 110~113면; 이승길a, 112~114면 참조. 규범적 효력설, 제도적 효력설, 절차적 정의설은 해고동의 · 협의조항에 위반한 해고를 무효로 보며, 채무적 효력설은 해고동의 · 협의조항에 위반한 해고를 유효하다고 본다.

관여할 수 있는 정도에 따라 위와 같이 다양한 용어가 사용되고 있는데, 한편으로 이는 사용자가 행하여야 하는 협의의 정도를 나타내는 것이다.

판례는, 인사권이 원칙적으로 사용자의 권한에 속하더라도 사용자는 스스로의 의사에 따라 그 권한에 제약을 가할 수 있으므로 사용자는 노동조합과의 사이에 체결한 단체협약에 따라 조합원의 인사에 대한 조합의 관여를 인정하였다면 그 효력은 단체협약 규정의 취지에 따라 결정된다고 한다.[79]

한편 판례는, 사용자의 인사규정에 의한 당연퇴직 처분과 관련하여서는 해고동의(협의)조항에 위반하더라도 그 효력을 인정하고 있다.[80] 이에 대하여는 근로계약의 계속이 객관적으로 불가능한 사망, 정년과 같은 사유에 따른 당연퇴직 처분이 아닌 한 해고동의(협의)조항이 적용되어야 하고, 위반시 효력을 인정할 수 없다는 비판이 있다.[81]

㈏ 의견참작

노동조합의 인사 관여 정도 중 가장 낮은 단계라 할 수 있다. 참작(參酌)의 사전적 의미는 '이리저리 비추어 보아서 알맞게 고려함'이다.[82]

판례는, 단체협약에 조합원의 신규 채용, 해고, 휴직, 상벌에 관하여 노동조합의 의견을 참작하여야 한다는 규정이 있는 경우 조합원의 해고에 노동조합의 의견을 참작하지 않았더라도 그 해고는 무효가 아니라고 한다.[83] '의견참작'이 노동조합과 협의하여 결정하는 경우와 달리 단지 노동조합의 의견을 인사결정에 참고자료로 삼기 위한 것에 지나지 아니하여 인사결정의 효력에 영향을 미치지 않는다는 것을 이유로 삼았다.

이 판례에 대하여는, 본인에게 소명 기회를 주지 아니한 징계가 무효인 것

---

79) 대법원 1992. 9. 25. 선고 92다18542 판결.

80) 대법원 1992. 6. 9. 선고 91다41477 판결(노동조합이 원고들에게 그와 같은 당연퇴직사유가 이미 발생하였거나 머지않아 발생할 것임을 미리 알고 있었다면, 피고로 하여금 다시 위와 같은 사전협의절차를 밟도록 하여야 할 필요가 있다고도 할 수 없으므로, 피고가 위와 같은 사전협의를 거치지 아니한 채 이사건 퇴직처분을 하였다고 하여 이 사건 퇴직처분의 절차에 중대한 하자가 있다고 보기는 어렵다), 대법원 1995. 7. 14. 선고 95다1767 판결(노사간에 성실히 의견 교환을 하여 합의 절차를 거친다 하더라도 사용자가 취업규칙 등의 규정에 의하여 필요적으로 해당 인사처분을 하지 않을 수 없는 사정이 있어서 애당초 의견의 합치를 볼 가능성이 없는 경우에는 노동조합과의 합의 절차를 거치지 않았다고 하여 그 인사처분의 효력에 무슨 영향이 있다고 할 수 없다).

81) 김선수, 312~314면.

82) 국립국어원 표준국어대사전(https://stdict.korean.go.kr) 참조.

83) 대법원 1992. 4. 14. 선고 91다4775 판결(이에 대한 평석으로는 김용일b, 323면 이하).

처럼 노동조합의 의견참작 절차 규정이 있다면 이를 전혀 준수하지 않은 해고는 무효라고 보아야 한다는 비판이 있다.[84)]

다만 판례는, 조합원을 징계하고자 할 때는 노동조합 대표가 참석하여 징계에 대한 의견을 제시할 수 있고, 그러한 절차에 의하지 않은 징계는 무효라는 규정까지 두고 있는 경우, 노동조합 대표에게 징계위원회에 참석하여 의견을 진술할 기회를 부여하지 않은 경우 해당 근로자에 대한 해고는 무효라고 판단하였다.[85)]

㈐ 협 의

협의(協議)의 사전적 의미는 '둘 이상의 사람이 서로 협력하여 의논함'이다.[86)]

판례는 의견참작의 경우와 마찬가지로, 노동조합 간부 등을 징계해고할 때 '사전협의'하도록 한 단체협약 규정을 위반한 해고라도 무효가 아니라고 한다.[87)] 단체협약에 '사전협의'를 규정한 취지는 회사가 노동조합간부 등에 대해 자의적(恣意的)으로 인사권을 행사하여 노동조합의 정상적 활동이 저해되는 것을 막기 위한 것으로서 회사로 하여금 노동조합 간부 등에 대한 인사의 내용을 노동조합에 미리 통지하고, 노동조합에게 징계를 포함한 인사의 공정을 기하기 위해 필요한 노동조합 측의 의견을 제시할 기회를 주고 노동조합으로부터 제시된 의견을 참고자료로 고려하게 하는 정도에 지나지 않는 것이라고 해석된다는 것을 근거로 한다.

그러나 사전협의를 의견참작과 같은 뜻으로 해석하고 이러한 협의 절차를 전혀 이행하지 않아도 해고의 효력에는 영향이 없다는 대법원의 위와 같은 견해는 타당하지 않으며, 다만 협의가 동의나 합의보다 노동조합의 관여 정도가 낮다는 점은 부정할 수 없으므로, 기업의 영리성에 대한 요청과 근로자의 생존권적 요청을 비교·형량하여 협의 의무를 다한 것인지 판단할 것인데, 해고에 관하여 노동조합과 협의하고 그 의견을 충분히 반영함과 동시에 회사가 의도하

84) 민변노동법Ⅰ, 370면.
85) 대법원 2010. 10. 28. 선고 2009다79859 판결.
86) 국립국어원 표준국어대사전(https://stdict.korean.go.kr) 참조.
87) 대법원 1992. 6. 9. 선고 91다41477 판결(이에 대한 평석으로는 김유성a, 10면; 김진수, 395면 이하 등), 대법원 1992. 9. 22. 선고 92다13400 판결, 대법원 1992. 9. 25. 선고 92다18542 판결, 대법원 1993. 4. 23. 선고 92다34940 판결, 대법원 1994. 3. 22. 선고 93다28553 판결(이에 대한 평석으로는 하경효, 101면 이하), 대법원 1995. 8. 11. 선고 95다10778 판결, 대법원 1996. 4. 23. 선고 95다53102 판결, 대법원 2011. 7. 28. 선고 2008두11693 판결.

는 바를 노동조합 측에 이해시키고 납득시킬 수 있을 정도가 최소한 요구된다는 비판이 있다.[88)]

㈑ 동의(합의)

① 원 칙 단체협약에 노동조합 간부 등의 인사에 관하여 단순한 사전협의를 넘어서서 노동조합의 '동의' 또는 '승인'이 있어야 한다거나, 노동조합과 '합의'하여야 한다고 규정한 경우에는 노동조합 간부 등에 대한 징계해고를 할 때 이러한 절차를 거치지 않았다면 그 해고는 원칙적으로 무효이다.[89)]

물론 단체협약상 명문으로 '합의'를 요한다고 규정하고 있는 경우에도 그것을 "인사나 징계의 공정을 기하기 위하여 노동조합에게 필요한 의견을 제시할 기회를 주고, 제시된 노동조합의 의견을 참고로 하게 하는 취지"로 해석하여 의견참작 정도에 불과한 것으로 해석한 판결례[90)]가 없는 것은 아니지만, 노동조합의 동의 또는 승인, 합의의 취지는 '의견참작' 또는 '협의'와는 달리 인사에 대하여 노동조합이 회사와 공동결정권을 가지거나 노동조합과의 합치된 의사에 따르게 하는 경우임을 명확히 한 것이므로 그에 반하는 해고의 효력은 원칙적으로 무효라고 보아야 한다.

② 동의의 방법 노동조합의 동의는 노동조합의 대외적인 의사표시로 이루어지면 충분하다. 예를 들어, 회사가 피징계자들에 대한 징계에 관하여 사전에 노동조합 조합장으로부터 동의를 받았고, 노동조합 간부들이 상벌위원회에 참석하여 심의·의결하였다면 비록 운영위원회를 개최하는 등 노동조합 자체의 의견을 수렴하는 절차를 거치지 아니하여도 이는 노동조합의 내부적인 절차에

88) 김유성a, 14면; 김진수, 411~412면(협의 조항을 단체협약의 규범적 부분으로 본다); 김선수, 303면 이하; 이승욱, 116~117면; 민변노동법 I, 370면; 황영모, 706면. 한편 해고와 임금, 384면은 '협의하여 결정'하기로 하는 규정에 위반한 해고는 무효라고 한다.

89) 대법원 1992. 12. 8. 선고 92다32074 판결, 대법원 1993. 7. 13. 선고 92다45735 판결, 대법원 1993. 7. 13. 선고 92다50263 판결, 대법원 1993. 8. 24. 선고 92다34926 판결, 대법원 1993. 9. 28. 선고 91다30620 판결, 대법원 1994. 9. 13. 선고 93다50017 판결(이에 대한 평석으로는 김용직, 402면 이하), 대법원 2007. 9. 6. 선고 2005두8788 판결(이에 대한 평석으로는 최은배, 381면 이하 및 이상윤a, 154면 이하), 대법원 2012. 6. 28. 선고 2010다38007 판결(이에 대한 평석으로는 박수근a, 281면 이하).

90) 대법원 1994. 3. 22. 선고 93다28553 판결. 이 판결에 대하여는, '합의'의 의미에 대한 자의적 해석으로, 이를 '의견참작' 정도로 이해하는 것은 당사자의 의사에도 배치되어 부당하고, 당해 회사의 단체협약의 해석에만 적용될 수 있는 특수한 사례에 불과하여 이를 일반화하기 어렵다는 의견이 있다(김선수, 320~323면). 한편 쟁의행위의 정당성이 문제된 사안에서 단체협약상 '사전합의'를 '사전협의'로 해석한 판결로는, 대법원 2003. 7. 22. 선고 2002도7225 판결, 대법원 2003. 12. 11. 선고 2001도3429 판결 참조.

불과하여 징계의 효력에는 영향이 없다.[91] 한편 노동조합 등에 일정한 내부절차를 거치도록 규정되어 있고, 사용자도 그러한 사정을 알고 있는 경우라면, 노동조합의 대표자가 그러한 내부절차를 무시하고 일방적으로 동의하더라도 그 효력을 부정하는 방향으로 해석되어야 한다는 비판적인 견해가 있다.[92]

③ **동의가 필요한 노동조합 간부 자격 구비 시점** 노동조합 간부의 인사에 대해 사전동의를 얻도록 한 경우 어느 시점에서 노동조합 간부의 지위에 있어야 하는가가 문제될 수 있다.

판례는 인사조치의 사유가 발생한 시점을 기준으로 삼아야 하는 것이 아니라 인사조치를 행할 당시를 기준으로 삼아야 한다고 한다.[93] 다시 말해 사유 발생 때는 노동조합 간부였지만 나중에 징계를 할 때에는 노동조합 간부직에 있지 않았다면 노동조합의 동의가 필요하지 않고, 거꾸로 사유 발생 때는 노동조합 간부가 아니었지만 나중에 징계를 할 때에는 노동조합 간부였다면 노동조합의 동의가 필요하다.

④ **사후 동의 인정 여부** 해고동의조항은 사전 동의를 얻도록 규정된 경우가 대부분이다. 설사 '사전'에 동의를 얻어야 한다고 명문으로 규정을 두지 않았더라도 그 동의는 사전에 얻어야 하는 것으로 이해된다.

사전에 동의를 얻도록 규정되어 있음에도 징계 해고 후에 노동조합의 사후 동의를 받은 경우 효력이 문제될 수 있다.[94] 이에 관하여는 사후 절차의 효력을 인정하는 것은 합의 절차 자체를 형해화시킬 우려가 있으므로 부정적으로 보아야 한다는 견해가 있다.[95]

㈑ 동의(합의)권의 포기 · 남용

① 판례는, 해고동의조항에 위반한 해고의 효력에 관하여 원칙적으로 무효라고 하면서도, 노사 협상의 산물로 노동조합 간부에 대한 징계해고 때 노동조합의 사전 합의를 받도록 하였더라도 이는 사용자의 노동조합 간부에 대한 부당한 징계권 행사를 제한하자는 것이지 사용자의 본질적 권한에 속하는 피용자

91) 대법원 1993. 7. 13. 선고 92다42774 판결.
92) 김선수, 326면.
93) 대법원 1992. 5. 22. 선고 91다22100 판결.
94) 해고협의조항에 위반한 해고의 효력이 유효라는 판례의 논리에 따르면, 사후 협의의 효력은 문제되지 않을 것이다.
95) 김선수, 325면.

에 대한 징계권 행사 그 자체를 부정할 수 없으므로, 노동조합의 사전합의권 행사는 어디까지나 신의성실의 원칙에 입각하여 합리적으로 행사되어야 한다고 하면서, 노동조합 측이 동의권을 포기하거나 동의거부권의 행사가 신의칙에 반하여 남용되었다는 등 특별한 사정이 있는 경우에는 이러한 절차를 거치지 않았더라도 이를 이유로 징계해고를 무효라고 할 수 없다고 한다.[96)]

이러한 법리에 따라 (i) 관례상 노동조합 간부 징계 때 노동조합 관계자가 징계위원회에 참석하여 회사측과 합의해 왔는데, 회사가 징계위원회에 회부된 당사자와 노동조합 측에 구두 또는 서면으로 3회에 걸쳐서 사전 통고를 하였음에도 모두 징계위원회 참석을 거부한 경우,[97)] (ii) 노동조합 측 징계위원이 징계위원회의 개최나 심의를 방해하거나 그 방해를 위하여 징계위원회 출석 자체를 거부하고, 또는 출석하더라도 징계사유에 대한 정당한 의견 제시를 하지 않고, 명백하고 중대한 징계사유가 있음에도 피징계자가 노동조합 간부라는 이유만으로 무작정 징계를 거부한 경우,[98)] 판례는 동의권을 포기 또는 남용한 것으로 보았다. 이러한 판례 태도에 대하여는 강한 비판이 있다.[99)]

반면 판례는, (iii) 회사가 노동조합의 적법성을 인정하지 아니하여 단체협약에 규정된 서면 통보나 사전 합의를 하지 않았다면, 단체협약에 규정된 사전 합의를 못한 것은 사용자가 이를 거부했기 때문이지 근로자나 노동조합 측에서 합의 절차를 포기했다고 볼 수 없고, 노동조합 간부 등에 대한 징계 당시 쟁의 등 분쟁 상태였다고 하여도 노동조합과 사전 합의 등 절차를 거치지 않아도 된다고 볼 수는 없다고 한다.[100)]

② 이후 대법원은, 노동조합이 사전동의권을 남용한 경우라 함은 노동조합

---

96) 대법원 1992. 12. 8. 선고 92다32074 판결, 대법원 1993. 7. 13. 선고 92다45735 판결, 대법원 1993. 8. 24. 선고 92다34926 판결, 대법원 1993. 9. 28. 선고 91다30620 판결, 대법원 1994. 6. 14. 선고 93다29167 판결, 대법원 1994. 9. 13. 선고 93다50017 판결, 대법원 1995. 1. 24. 선고 94다24596 판결, 대법원 1995. 3. 28. 선고 94다46763 판결, 대법원 2003. 6. 10. 선고 2001두3136 판결(이에 대한 평석으로는 조영선, 173면 이하).

97) 대법원 1992. 12. 8. 선고 92다32074 판결.

98) 대법원 1993. 7. 13. 선고 92다45735 판결, 대법원 1993. 8. 24. 선고 92다34926 판결.

99) 김선수, 333면; 조영선, 185면(동의권 포기·남용 법리는 노동조합이 명시적으로 동의권을 포기한 경우, 노동조합의 중대하고도 명백한 위법행위 내지 귀책사유로 인하여 절차를 진행할 수 없었던 경우, 이에 대하여 회사의 진지하고도 성실한 교섭 노력이 있었던 경우 등으로 한정할 필요가 있다); 최은배, 400~404면.

100) 대법원 1994. 9. 13. 선고 93다50017 판결, 대법원 1995. 1. 24. 선고 94다24596 판결, 대법원 1995. 3. 28. 선고 94다46763 판결.

측에 중대한 배신행위가 있고 그로 인하여 사용자측의 절차의 흠결이 초래되었다거나, 피징계자가 사용자인 회사에 대하여 중대한 위법행위를 하여 직접적으로 막대한 손해를 입히고 비위사실이 징계사유에 해당함이 객관적으로 명백하며 회사가 노동조합 측과 사전 합의를 위하여 성실하고 진지한 노력을 다하였음에도 불구하고 노동조합 측이 합리적 근거나 이유 제시도 없이 무작정 반대함으로써 사전 합의에 이르지 못하였다는 등의 사정이 있는 경우를 말하므로,[101] 이러한 경우에 이르지 아니하고 단순히 해고사유에 해당한다거나 실체적으로 정당성 있는 해고로 보인다는 이유만으로는 노동조합이 사전동의권을 남용하여 해고를 반대하고 있다고 단정하여서는 아니 된다고 판시하여,[102] 동의권 남용 법리의 적용·해석에 엄격한 태도를 보이고 있다.

#### (6) 징계시효의 문제

##### ㈎ 개념 및 취지 등

징계사유가 존재하더라도 그 발생일로부터 일정한 기간이 경과하면 사용자는 그 사유를 들어 징계를 할 수 없다는 이른바 징계사유의 시효(징계시효) 제도는 징계권의 내재적인 법리로서 당연히 인정된다기보다는 취업규칙 등에서 그와 같은 내용의 규정이 있어야만 인정되는 개념이다. 다만 국가공무원법과 지방공무원법, 사립학교법은 징계시효에 관한 일반 규정을 마련하고 있다.[103]

통상의 사업장에서는 '징계사유의 시효'라는 제목 하에 '징계의결의 요구는 징계사유가 발생한 날로부터 O년이 경과한 때에는 이를 행하지 못한다'라는 규정 형식을 취하고 있다.

이러한 징계시효 제도는, 근로자에 대한 징계사유가 발생하여 회사가 일방적으로 근로자를 징계할 수 있었음에도 그 행사 여부를 확정하지 아니함으로써 근로자로 하여금 상당기간 불안정한 지위에 있게 하는 것을 방지하고 아울러 회사가 비교적 장기간에 걸쳐 징계권행사를 게을리 하여 근로자로서도 이제는 회사가 징계권을 행사하지 않으리라는 기대를 갖게 된 상태에서 회사가 새삼스럽게 징계권을 행사하는 것은 신의칙에도 반하는 것이 되므로 위 기간의 경과

101) 대법원 2007. 9. 6. 선고 2005두8788 판결, 대법원 2010. 7. 15. 선고 2007두15797 판결, 대법원 2012. 6. 28. 선고 2010다38007 판결.

102) 대법원 2007. 9. 6. 선고 2005두8788 판결(이에 대한 평석으로는 정인섭, 79면 이하; 최은배, 381면 이하).

103) 국공법 83조의2 1항, 지공법 73조의2 1항, 사립학교법 66조의4 1항.

를 이유로 사용자의 징계권행사에 제한을 가하려는 취지이다.[104)][105)]

징계시효 제도의 취지를 고려하면, 이에 위반하여 이루어진 징계는 무효이다.[106)] 한편 징계시효가 경과하여 징계사유는 될 수 없다고 하더라도 그 사유는 징계양정의 판단자료로 삼을 수 있다는 것이 판례의 태도이다.[107)]

㈏ 징계시효의 기산점

징계시효의 기산점은 원칙적으로 징계사유가 발생한 때(즉 비위행위를 저지른 때)이고, 사용자가 징계사유를 알았거나 알 수 있었을 때가 아니다.[108)] 비위행위가 계속적으로 행하여진 일련의 행위라면 기산점은 위 일련의 행위 중 최종적인 행위 시를 기준으로 한다.[109)]

지방공기업 근로자의 금품수수가 나중에 수사대상이 되고 언론에 보도되었다는 우연한 사정에 의하여 새로운 징계사유가 생긴 것으로 보거나 그 언론보도 등의 시점을 새로운 징계시효의 기산점으로 볼 것은 아니라고 본 판례가 있다.[110)]

---

104) 대법원 1995. 3. 10. 선고 94다14650 판결, 대법원 1998. 6. 12. 선고 97누16084 판결, 대법원 2008. 7. 10. 선고 2008두2484 판결.

105) 징계시효기간의 법적 성질과 관련하여서는, 소멸시효기간이라는 견해, 징계권 실효기간이라는 견해, 제척기간이라는 견해가 주장될 수 있다. 이는 징계시효기간의 기산점을 어떻게 파악할 것인지 등과 관련되어 있다. 소멸시효기간이라는 견해에 대해서는 사용자의 구체적 징계권이 소멸시효의 대상이 되는 권리가 아니라는 비판이 가능하다. 징계시효에 관한 규정이 징계사유가 발생한 날을 기산점으로 삼고 있고, 뒤에서 보는 바와 같이 판례도 그 기산점을 징계사유가 발생한 때라고 보고 있는 것을 고려하면, 권리자가 권리의 존재를 알고 있음을 전제로 하는 실효의 원칙과 유사한 징계권 실효기간이라고 보는 견해 역시 한계가 있어 보인다. 이러한 점을 고려하면, 제척기간이라고 이해하는 견해가 가장 타당해 보인다. 다만 징계시효기간이 제척기간이라는 상고이유 주장을 배척한 대법원 판례가 존재하는데(대법원 1981. 5. 26. 선고 80다2945 판결), 이 부분은 방론적 설시로 이해할 수 있다.

106) 대법원 2008. 7. 10. 선고 2008두2484 판결(징계시효가 완성된 후에 이루어진 징계처분이 적법하다고 판단한 원심판결에 징계시효에 관한 법리를 오해하여 판결에 영향을 미친 위법이 있다고 판단하였다) 등.

107) 대법원 1995. 9. 5. 선고 94다52294 판결.

108) 대법원 1995. 3. 10. 선고 94다14650 판결(경력사칭을 징계사유로 삼은 사안. 이러한 법리에 따라 징계시효의 기산점을 피고 회사가 근로자인 원고의 경력허위기재사실을 알았거나 알 수 있었을 때라고 해석한 원심 판단에 잘못이 있다고 판단하였다. 다만 회사는 아무런 잘못 없이 이러한 징계사유를 알지 못하여 징계시효기간을 도과하였음에도 불구하고 이를 이유로 근로자가 자신에 대한 징계처분의 효력을 다투는 것은 보통인의 정의관념에 비추어 볼 때 신의칙에 위반되어 허용될 수 없다고 보았다), 대법원 2008. 7. 10. 선고 2008두2484 판결(지방공기업 근로자의 금품수수가 문제된 사안), 대법원 2014. 10. 30. 선고 2012두25552 판결(공무원 뇌물수수 등 사안. 또한 징계시효의 만료를 이유로 정직처분의 효력을 다투는 것이 신의칙에 어긋난다는 사용자의 상고이유 주장도 함께 배척하였다).

109) 대법원 1986. 1. 21. 선고 85누841 판결, 대법원 2005. 11. 25. 선고 2005두9019 판결.

한편 공무원, 사립학교 교원이 그 임용과 관련된 비위행위에 의하여 임용되었다면 그 신분을 취득하기까지의 일련의 행위가 국가공무원법 또는 사립학교법상의 징계사유에 해당하므로, 각각의 법상 징계시효의 기산점도 임용 전의 비위행위시가 아니라 공무원 또는 교원으로 임용된 때로부터 기산하여야 한다.[111]

㈐ 징계시효기간 만료 후 재차 이루어진 징계처분의 효력

판례는 징계시효기간 내에 이루어진 1차 징계처분이 무효라는 판결이 확정되자 동일한 사유를 들어 징계시효기간이 지난 후 행한 2차 징계해고처분은 적법하다고 판단하고 있다.[112] 이러한 판례의 태도에 대해서는, 일정한 기간이 경과하면 징계요구를 하지 못한다는 징계시효기간은 제척기간으로 보아 엄격히 준수되어야 하는 점, 사용자와 근로자 간의 불안정한 분쟁 상태를 빨리 종식시킬 필요가 있는 점, 새로운 징계를 하지 못하게 함으로써 절차를 갖춘 적정한 처분을 내릴 수 있도록 할 필요가 있는 점 등을 들어 비판하는 견해가 있다.[113]

㈑ 징계시효 진행 중 취업규칙 개정으로 징계시효가 연장된 경우

징계시효의 연장으로 징계요구를 할 수 있는 기간이 늘어남에 따라 징계를 받을 가능성이 높아질 수는 있지만, 이는 징계사유를 추가 또는 변경함으로써 행위 당시에 징계사유가 아닌 것으로 징계하는 것과는 달리 근로자에게 전혀 예측하지 못한 새로운 부담을 주는 것이 아니고, 단지 근로자의 신분보호 안정성에 대한 기대를 종전과 같이 보호하지 못하는 것일 뿐이다.[114] 판례는, 경과

---

110) 대법원 2008. 7. 10. 선고 2008두2484 판결(인사규정 등에 근거가 없는 이상 징계시효가 정지되거나 중단되는 것으로 볼 수도 없다고 보았다), 대법원 2019. 10. 18. 선고 2019두40338 판결.

111) 대법원 1990. 5. 22. 선고 89누7368 판결, 대법원 1996. 3. 8. 선고 95누18536 판결.

112) 대법원 1981. 5. 26. 선고 80다2945 판결[징계시효기간 내에 이루어진 해직처분이 무효라는 법원의 판결이 확정되자 시효기간이 경과된 시점에서 동일한 징계사유에 대해 정직 6월의 징계처분을 한 사안. 국가공무원의 징계시효에 관련한 판례 법리(대법원 1980. 8. 19. 선고 80누189 판결)에 따라 정직 6개월과 관련한 징계요구는 새로운 징계요구가 아니라 이미 적법하게 요구된 징계의결의 내용을 수정한 것에 불과하다고 보았다], 대법원 1998. 6. 12. 선고 97누16084 판결[직위해제처분과 면직처분에 대해 절차상 하자로 인해 각 무효임을 확인하는 판결이 확정되자 징계시효기간 경과 후 사용자가 동일한 사유에 대해 정직 3월의 징계처분을 한 사안. 판례는 징계시효제도의 취지에 반하지 않는 점(사용자가 징계사유에 대해 소극적인 태도를 보였다거나 근로자에게 징계권 불행사의 기대가 성립되었다고 할 수 없다), 면직처분에 의해 근로자 지위를 상실함으로써 무효확인판결 확정시까지 사용자가 새로운 징계처분을 할 수도 없는 점을 근거로 들고 있다].

113) 김희철, 34~35면.

규정 없이 징계시효를 연장한 취업규칙 개정에 있어 개정 당시 징계시효가 완성된 것이 아닌 이상 헌법상 불소급의 원칙에 위배된 것이 아니므로 원칙적으로 취업규칙 상의 명문규정에 따른 해석을 하여야 하고, 예외적으로 개정 전 취업규칙의 존속에 대한 근로자의 신뢰가 개정 취업규칙의 적용에 관한 공익상의 요구보다 더 보호가치가 있다고 인정되는 경우에 한하여 그러한 근로자의 신뢰를 보호하기 위하여 신의칙상 적용이 제한될 수 있다고 보고 있다.[115)][116)]

#### (7) 징계절차상 하자의 치유

##### (개) 개 설

단체협약이나 취업규칙 등에 정한 징계절차 규정에 위반하여 징계 사실의 사전 통지를 하지 않았거나 그 통지의 시기·방법을 제대로 지키지 않았거나 징계위원회가 제대로 구성되지 않는 등 절차상 하자가 있더라도 하자를 보완·치유할 만한 사유가 있으면 징계절차상 종전의 하자는 치유되었다고 볼 때가 있다.

##### (내) 통지·소명 절차 관련 하자의 치유

① 징계대상자에게 징계사실의 사전통지를 전혀 하지 않았거나, 변명과 소명 자료를 준비할 만한 상당한 시간적 여유를 주지 않고 징계사실을 통보하였거나, 징계위원회 개최일시 및 장소를 일정한 기간의 여유를 두고 통지하도록 하고 있음에도 이를 위반한 하자가 있더라도, 징계대상자가 스스로 징계위원회에 출석하여 통지절차에 대한 이의를 제기함이 없이 충분한 변명을 하거나 소명자료를 제출하였을 경우 절차상 하자는 치유된다.[117)] 하지만 변명과 소명자료를 준비할 만한 시간적 여유를 주지 않고 촉박하게 징계위원회 출석 통보가 이루어진 경우, 설사 징계대상자가 징계위원회에 출석하여 진술을 했더라도 스스

114) 박범석, 387면.

115) 대법원 2014. 6. 12. 선고 2014두4931 판결(이에 대한 평석으로는, 박범석, 376면 이하), 대법원 2014. 6. 12. 선고 2013두25382 판결.

116) 이와 달리 판례는, 징계사유의 유무에 관한 결정은 징계사유 발생시 시행되고 있던 구 인사규정에 따라 행하여야 한다고 보고 있다(대법원 1994. 12. 13. 선고 94다27960 판결).

117) 대법원 1991. 2. 8. 선고 90다15884 판결(3일 전까지 통보하도록 되어 있음에도 2일 전에 통지한 사례), 대법원 1992. 7. 24. 선고 92누6563 판결(3시간 반 전 통보), 대법원 1992. 11. 13. 선고 92다11220 판결(징계위원회 당일 아침에 통보받은 경우 및 기숙사에서 잠을 자던 중 사내 방송으로 통지받은 경우), 대법원 1993. 5. 11. 선고 92다27089 판결(3시간 반 전 통지), 대법원 1995. 10. 13. 선고 95누6434 판결(3일 전 통보 규정에도 불구하고 2일 전 통보된 사안), 대법원 1999. 3. 26. 선고 98두4672 판결(1주일 전 통보 규정에도 불구하고 6일 또는 2일 전 통보된 사안), 대법원 2016. 11. 24. 선고 2015두54759 판결(3일 전 통보 규정에도 불구하고 1일 또는 2일 전 통보된 사안).

로 징계에 순응하는 경우가 아닌 한 그 징계위원회의 의결에 터잡은 징계해고는 징계절차에 위배한 부적법한 징계권의 행사로 무효라고 판시하여 하자 치유를 제한한 판례도 있다.[118)]

② 또한 재심절차는 원래의 징계절차와 함께 전부가 하나의 징계처분 절차를 이루는 것으로서 그 절차의 정당성도 징계 과정 전부에 관하여 판단되어야 하므로, 원래의 징계 과정에 절차 위반의 하자가 있더라도 재심 과정에서 보완되었다면 그 절차 위반의 하자는 치유된다.[119)] 그리고 재심절차에서 근로자가 반드시 출석하여 소명의 기회를 가진 경우에만 하자가 치유되었다고 인정되는 것은 아니며, 재심 기회를 부여받았음에도 정해진 기간 안에 재심청구를 하지 아니하였다면 피징계자가 방어권을 포기한 것으로 볼 것이고 더 이상 절차의 하자가 문제되지 아니한다.[120)] 그러나 재심절차에 이르기까지 징계사유를 끝내 통지받지 못하였다면 공정한 징계를 기대하기 어렵다는 우려와 출석하지 않겠다는 의사만을 담은 답변서를 제출하고 재심징계위원회에 불출석한 것만을 가지고 피징계자 스스로 방어권을 포기하였다고 단정할 수는 없다.[121)]

㈐ 징계위원회 구성상 하자 치유

① 징계위원회 구성 자체가 적법하지 않은 경우나 재심절차가 적법하지 않은 경우, 충분하게 변명권을 부여했다거나 근로자가 출석하여 의견을 진술했다는 사정으로 그 적법하지 못한 징계절차의 하자가 치유되지 못한다.[122)]

118) 대법원 1991. 7. 9. 선고 90다8077 판결(개최 30분 전에 통보된 사안으로, 근로자인 원고들 중 일부가 징계위원회에 출석하여 진술한 사안), 대법원 2004. 6. 25. 선고 2003두15317 판결(개최 전 통보 여부가 명확하지 않고, 근로자가 징계위원회에 출석하여 소명한 경우도 아닌 사안). 한편 '스스로 징계에 순응하는 경우'에 한하여 절차의 하자가 치유되는 것으로 하자 치유의 범위를 좁히고 있는 이러한 판례의 태도에 대해 절차적 정의의 실질적 보장이라는 측면에서 타당하며, 대상 판례의 법리가 후속 판결에 연결되지 아니한 것으로 보인다는 논의에 대해서는, 강용현, 834~835면.

119) 대법원 1981. 6. 9. 선고 80다1769 판결, 대법원 1992. 9. 22. 선고 91다36123 판결, 대법원 1993. 7. 16. 선고 92다55251 판결, 대법원 1993. 10. 26. 선고 93다29358 판결, 대법원 1993. 11. 9. 선고 93다17690 판결, 대법원 1994. 8. 23. 선고 94다7553 판결, 대법원 1997. 11. 11. 선고 96다23627 판결, 대법원 1999. 3. 26. 선고 98두4672 판결, 대법원 2005. 11. 25. 선고 2003두8210 판결.

120) 대법원 1994. 3. 11. 선고 93다27413 판결.

121) 대법원 1994. 1. 28. 선고 92다45230 판결.

122) 대법원 1987. 9. 22. 선고 87다카1187 판결, 대법원 1994. 1. 14. 선고 93다968 판결, 대법원 1997. 9. 30. 선고 97다10956, 10963 판결(이상 3개 판결은 재심절차가 적법하지 않았던 사안이다), 대법원 2001. 4. 10. 선고 2000두7605 판결(교원징계위원회에 출석하여 이의 없이 변명의 기회를 가졌다고 하더라도 일반직원징계위원회의 의결이 없었던 이상 하자가 치유될 수

② 반면 원징계절차에서 징계위원회 구성에 하자가 있더라도 재심위원회에서 하자 있는 징계위원이 배제되고 적법하게 심의·의결을 거쳤다면 원징계절차의 하자는 치유될 수 있다.[123] 그러나 이 경우에도 재심위원회가 개최되지도 않은 채 재심청구가 각하되었다면 그 하자는 재심절차에서 보완되어 치유되었다고 볼 수 없다.[124]

㈑ 기 타

징계위원회에 회부하기에 앞서 시말서 등을 받도록 한 규정에 위반하여 시말서를 받지 않았더라도, 징계대상자가 징계사유를 알았고 징계위원회 개최 통보를 받고 출석하여 변명의 기회가 주어졌다면 징계해고의 효력에 영향이 없다.[125]

단체협약상 노조원을 징계하고자 할 때 노조에서 추천하는 자 1인을 징계위원회에 참관하도록 하고 있고, 참관인이 필요하다고 노조가 요청할 경우에는 징계위원장은 변론 및 자료열람권을 참관인에게 부여하여야 한다고 규정하고 있는 경우, 이러한 규정을 위반한 징계처분은 무효이며, 징계대상 노조원에게 진술의 기회를 제공하였다고 하여 달리 볼 수 없다.[126]

(8) 절차 규정이 임의 규정인 경우

단체협약이나 취업규칙에서 심의에 필요하다고 인정되는 관계자를 징계위원회에 출석시켜 의견을 청취할 수 있다는 규정만 있을 뿐 징계대상자에게 필요적으로 변명의 기회를 부여할 것을 규정하지는 않은 경우, 판례는 그와 같은 규정이 무효라 할 수는 없고, 이 때 변명의 기회를 부여하지 않은 채 징계처분을 했다고 해도 위법하지 않다고 한다.[127]

그러나 당사자에게 구두 또는 서면으로 소명할 기회를 부여할 수 있다는 규정만 있는 경우 피징계자에게 소명의 기회를 부여할 것인지 여부는 인사위원회의 재량사항이지만 피징계자에 대한 소명의 기회는 보장되어야 하고, 당사자에게 소명의 기회를 부여하지 못할 정도로 장소적·시간적으로 급박한 사정이

---

없다. 한양석, 494~495면).

123) 대법원 1994. 8. 23. 선고 94다7553 판결(이에 대한 평석으로는 양인석, 391면 이하), 대법원 1997. 11. 11. 선고 96다23627 판결.

124) 대법원 1997. 11. 11. 선고 96다23627 판결(이에 대한 평석으로는 고영한, 348면 이하).

125) 대법원 1992. 12. 8. 선고 91누11025 판결.

126) 대법원 2010. 5. 27. 선고 2009다103905 판결.

127) 대법원 1993. 7. 13. 선고 92다42774 판결.

없었다면 피징계자에게 소명의 기회를 부여하지 아니한 채 해고를 한 것은 징계절차의 재량권을 남용한 것이라는 한 판결도 있다.[128]

#### (9) 통상해고와 징계절차 규정 준수

징계절차 규정은 징계해고의 경우에 적용된다. 징계해고가 아닌 당연퇴직, 직권면직 등 통상해고에는 징계절차에 관한 규정이 적용되지 않는다.[129]

징계해고사유를 들어 통상해고를 할 수 있는지, 만일 가능하다면 징계절차는 생략이 가능한지가 문제된다. 이에 관하여 판례는, 징계해고사유에는 해당하나 통상해고사유에는 해당하지 않는 경우에도 사용자가 통상해고 처분을 하는 것은 가능하다고 한다.[130] 하지만 그렇다고 하여 해고의 절차를 거치지 않아도 되는지에 관하여는 부정적으로 본다. 그리하여 판례는 절차적 보장 규정의 취지가 회피됨으로써 근로자의 지위에 불안정이 초래되는 것은 허용되지 않고, 따라서 특정 사유가 징계해고사유뿐만 아니라 통상해고사유에도 동일하게 해당하는 경우에 그 사유를 들어 근로자를 해고하면서 징계해고 처분에 의하지 않고 통상해고의 방법을 취할 수는 있으나, 그 경우라도 징계해고 절차를 거쳐야 하고,[131] 특정 사유가 징계해고사유로만 되어 있고 통상해고사유에는 해당하지 않는 경우에도 통상해고처분을 할 때 징계절차를 거쳐야 한다고 한다.[132] 이러한 법리는 단체협약 등에서 당연퇴직사유를 규정하면서 그 절차

---

128) 서울행법 2005. 5. 3. 선고 2004구합18689, 18702 판결(항소기각, 상고기각으로 확정).

129) 대법원 1992. 5. 8. 선고 91누10480 판결, 대법원 1992. 11. 13. 선고 92누6082 판결, 대법원 1993. 5. 25. 선고 92누12452 판결, 대법원 2000. 6. 23. 선고 98다54960 판결(대기발령과 징계절차의 관계를 설시한 판결이다), 대법원 2015. 8. 27. 선고 2012두10666 판결(배치전환과 징계절차의 관계를 설시한 판결이다), 대법원 2020. 1. 14. 선고 2020다48017 판결(단체협약 및 취업규칙에서 징계의 종류로 규정된 전직이 근로자의 과거 비위행위에 대한 징벌적 제재로서 이루어진 이상 징계절차를 거쳐야 한다고 보았다). 한편 김선수, 312~313면은, 직권면직 또는 당연퇴직 처분 역시 법상의 해고인 이상 해고제한의 법리와 절차적 정의에 의하여 규제하는 것이 타당하므로 취업규칙 또는 단체협약에 규정된 징계절차규정이 적용되어야 한다고 한다.

130) 대법원 1994. 10. 25. 선고 94다25889 판결(이에 대한 평석으로는 김기영, 14면 이하). 징계를 면한다는 점에서 근로자에게 유리한 면이 있음을 이유로 했다. 대법원 2023. 12. 28. 선고 2021두33470 판결도 참조(이 판결은 이러한 법리를 기초로 하여 취업규칙상 '사회통념상 근로를 계속할 수 없다고 판단되는 자'라는 통상해고 규정은 징계해고 사유가 있는 경우에도 사회통념상 근로를 계속할 수 없다고 판단되면 근로자에게 유리한 통상해고를 할 수 있다는 의미로 해석함이 타당하다고 보았다).

131) 다만, 판례는 이 부분에서 "근로자에게 변명의 기회가 부여되지 않더라도 해고가 당연시될 정도라는 등의 특별한 사유가 없는 한"이라는 단서를 붙였다.

132) 위 대법원 94다25889 판결.

를 통상의 해고나 징계해고와 달리 정하고 있는 경우에도 마찬가지로 적용되고, 따라서 당연퇴직사유가 동일하게 징계사유로도 규정되어 있는 경우에 사용자는 해고에 해당하는 당연퇴직처분을 하는 경우 일반의 징계절차를 거쳐야 한다.[133)]

그러나 이러한 경우를 제외하고는, 징계해고사유와 통상해고사유가 중복되어 규정되지 않고 서로 구분된 경우에는 통상해고사유를 들어 해고 또는 당연퇴직처분을 할 때 징계절차를 거칠 필요가 없다.[134)] 그리고 이 때 비록 그 통상해고사유가 실질적으로 징계사유로 보이더라도 징계해고 처분에 필요한 징계절차를 거칠 필요가 없다.[135)]

한편, 징계대상자의 비위사실이 징계해고사유에 해당하고 사용자가 징계대상자를 위 비위사실을 이유로 징계위원회에 회부하였다면, 그 동일한 사유가 동시에 당연퇴직사유에 해당하더라도 재심규정 등 징계절차에 관한 규정을 모두 준수하여야 한다.[136)]

#### (10) 외관상 징계위원회 의결을 거쳤으나 실질적인 징계 절차가 아닌 경우

외관상 징계위원회에서 의결 등의 절차가 진행되었으나 실질적으로 징계해고에 이르게 된 사실 조사나 판단 과정이 징계절차에 해당하지 않는 때에는 징계절차에 위반한 경우에 해당한다. 판례는, 이미 정식 사원의 지위에 있던 근로자에게 임시 고용 사원임을 전제로 정식 사원 임용을 거부하면서 징계위원회에서 정식 사원 임용 거부를 의결하는 절차를 취한 경우 정식 사원 임용거부처분은 법상 해고인데, 정식 사원 임용거부처분에 이르기까지 밟은 절차는 정식 사원 채용 거부 절차에 불과하고 징계사유의 인정이나 징계 양정에 초점을 맞춘 징계해고 절차라고 볼 수 없어 그에 따른 해고는 무효라고 한다.[137)]

#### (11) 적용하여야 할 절차 규정

취업규칙의 일부로 인정되는 일정한 규정에 있는 징계절차가 취업규칙에 규정된 징계절차와 다른 경우 어느 것을 적용하여야 하는지가 문제된다. 이러한

---

133) 대법원 2023. 12. 7. 선고 2023도2318 판결.
134) 대법원 1996. 11. 26. 선고 95누17571 판결.
135) 대법원 1995. 3. 24. 선고 94다42082 판결, 대법원 1995. 7. 14. 선고 95다1767 판결, 대법원 1998. 4. 24. 선고 97다58750 판결, 대법원 2000. 6. 23. 선고 99두4235 판결.
136) 대법원 1993. 10. 22. 선고 92다49935 판결.
137) 대법원 1999. 10. 26. 선고 99두2604 판결(이에 대한 평석으로는 도재형b, 173면 이하).

경우에는 이른바 질서의 원칙에 따라 후에 성립한 규정을 우선하여 적용하거나 또는 특별 규정 우선의 원칙에 따라 업무 내용, 근무 장소와 관련한 특별 규정을 우선 적용하여야 한다.138)

(12) 절차 규정에 비해 유리한 징계절차를 거친 경우

판례는, 사용자와 노동조합 사이에 근로자에 대한 징계절차를 취업규칙에 정해진 것보다 근로자에게 유리한 방식으로 운영하기로 합의가 이루어져 상당한 기간 그에 따라 징계절차가 운영되어 왔고, 이에 대하여 근로자들도 아무런 이의를 제기하지 아니하였다면, 그와 같은 징계절차의 운영이 취업규칙의 징계절차에 따르지 않았더라도 그 효력을 부인할 수는 없다고 한다.139)

(13) 절차 위반 해고에 대한 새로운 해고

1차 징계해고처분이 절차상의 위법을 이유로 해고가 무효임을 확인하는 판결이 확정된 경우, 새로이 징계절차를 밟아 동일한 사유로 다시 2차 징계해고처분을 하는 것은 가능하다.140) 그리고 이 경우 2차 징계해고처분이 정당하다고 하는 판단이 처음에 있은 확정판결의 기판력에 저촉되는 것이 아니다.141)

나. 징계절차 규정이 없는 경우

단체협약이나 취업규칙 등에 징계대상자에 대한 사전 통고나 변명 기회 부여 등의 절차 규정이 없는 경우에는 징계사실 통고 의무가 없고, 그와 같은 절차를 거치지 않았더라도 징계해고 처분이 무효라고 할 수 없다는 것이 판례 태도이다.142) 마찬가지로 취업규칙 등에 징계처분에 대한 재심절차에서 징계대상자에게 진술의 기회를 부여한다는 규정이 없는 이상 재심의 절차가 징계대상자

138) 이광범, 89면.

139) 대법원 1995. 2. 14. 선고 94다21818 판결.

140) 대법원 1995. 12. 5. 선고 95다36138 판결(이러한 해고가 일사부재리 원칙이나 신의칙에 위배되는 것이라 할 수 없고, 법원의 판결을 잠탈하는 것이라고 볼 수도 없다고 한다).

141) 대법원 1998. 6. 12. 선고 97누16084 판결.

142) 대법원 1979. 1. 30. 선고 78다304 판결, 대법원 1979. 12. 26. 선고 79누306 판결, 대법원 1986. 7. 8. 선고 85다375, 85다카1591 판결, 대법원 1991. 4. 9. 선고 90다카27402 판결, 대법원 1992. 2. 25. 선고 91다43923 판결, 대법원 1992. 3. 27. 선고 91다29071 판결, 대법원 1992. 4. 14. 선고 91다4775 판결, 대법원 1992. 9. 25. 선고 92다18542 판결, 대법원 1992. 10. 9. 선고 91다14406 판결, 대법원 1993. 7. 13. 선고 92다42774 판결, 대법원 1995. 2. 3. 선고 94다17758 판결, 대법원 1996. 2. 27. 선고 95누15698 판결, 대법원 1998. 11. 27. 선고 97누14132 판결, 대법원 2004. 1. 29. 선고 2001다6800 판결, 대법원 2005. 1. 27. 선고 2004다46595 판결, 대법원 2006. 11. 23. 선고 2006다49901 판결, 대법원 2012. 6. 28. 선고 2011다98457 판결.

에게 진술의 기회를 부여하지 않고 진행되었다고 하여 무효라고 할 수 없다고 한다.[143)]

이러한 판례의 태도에 대해서는 적법 절차와 자연적 정의의 요청에 의하면, 해고는 정당한 권한을 가진 자에 의하여 행해져야 하며, 피해고자에게 서면 통지와 변명 기회를 부여하여야 할 뿐만 아니라 해고를 결정하는 기관은 공정하게 구성되어야 하므로, 최소한 징계사유에 대한 사전 통지와 변명기회의 부여는 단체협약 등에 그 규정이 없는 경우에도 인정되어야 하며, 이러한 해석이 법 23조 1항의 정당한 이유라는 규정을 두어 절차적 정당성을 요구하는 것과 일관된다는 비판이 있다.[144)]

다만, 앞서 언급한 바와 같이 2007. 1. 개정된 법이 해고사유와 해고시기의 서면 통지를 의무화하였다. 따라서 해고 절차와 관련하여 별도의 규정이 없더라도 위 법 규정에 따르지 않은 해고는 당연히 무효가 된다(이에 관한 자세한 내용은 법 27조에 대한 해설 참조).

## Ⅱ. 해고에 대한 법령상 제한

### 1. 개 설

해고에 대한 법령상 제한은 크게는 근기법에서 정하고 있는 해고 제한과 다른 특별법에서 정하고 있는 해고 제한으로 구분될 수 있다.

해고에 대한 법상 제한으로 가장 기본적인 것은 해고에는 정당한 사유가 있어야 한다는 법 23조 1항 규정이다. 해고의 정당성은 '제23조 제 1 항 해설 1, 2', 24조에 대한 해설에서 통상해고, 징계해고, 경영상 이유에 의한 해고로 나누어 자세하게 살펴보기로 한다.

법 23조 1항 외에 법이 정하고 있는 해고의 제한인 시기 제한, 해고예고 제도, 서면 통지 제도에 대해서도 그 자세한 설명은 해당 법 조문 해설 부분에서 살펴본다.

---

143) 대법원 1995. 7. 14. 선고 94누11491 판결.

144) 강용현, 837~839면; 김유성, 302면; 김유성a, 10면; 김재훈, 99면; 도재형a, 64~77면; 박홍규, 302~303면; 이병태, 984면; 이승욱, 125~128면; 이철수, 41면; 정재성, 341면; 황영모, 679면; 민변노동법 I, 362면. 그리고 이러한 비판은 임의규정형식으로 되어 있는 절차규정의 해석에도 그대로 적용될 수 있다.

추가로 남녀고용평등법과 선원법에 의한 해고 시기 제한과 해고사유에 관한 특별한 제한으로 특별법상 제한을 논의하고, 마지막으로 Ⅲ.에서 부당해고에 대한 형사처벌 문제를 구 법상 형사처벌 조항을 중심으로 간략히 보기로 한다.

## 2. 해고시기의 제한

### 가. 법에 의한 제한

사용자는 근로자가 업무상 부상 또는 질병의 요양을 위하여 휴업한 기간과 그 후 30일 동안 또는 산전(産前)·산후(産後)의 여성이 이 법에 따라 휴업한 기간과 그 후 30일 동안은 해고하지 못한다. 다만, 사용자가 84조에 따라 일시보상을 하였을 경우 또는 사업을 계속할 수 없게 된 경우에는 그러하지 아니하다(법 23조 2항).

이에 관한 자세한 내용은 '제23조 제 2 항 해설' 참조.

### 나. 남녀고용평등법에 의한 제한

사업주는 육아휴직 기간 동안 근로자를 해고하지 못한다. 다만, 사업을 계속할 수 없는 경우에는 그렇지 않다(19조 3항). 사용자가 이러한 규정에 위반한 경우 3년 이하의 징역 또는 3,000만 원 이하의 벌금에 처한다(37조 2항 3호).

### 다. 선원법에 의한 제한

선박소유자는 선원이 직무상 부상의 치료 또는 질병의 요양을 위하여 직무에 종사하지 아니하는 기간과 그 후 30일간 및 산전·산후의 여성 선원이 법 74조에 따라 작업에 종사하지 아니한 기간과 그 후 30일간 동안에는 선원근로계약을 해지할 수 없다(32조 2항). 판례는 선원이 업무상의 재해로 인하여 노동력을 상실하고 있는 기간과 노동력을 회복하기에 상당한 그 후의 30일간은 선원을 실직의 위협으로부터 절대적으로 보호하고자 함에 있는 것이므로 선박소유자가 이에 위반하여 선원을 해고한 경우에는 위법한 해고로서 무효라고 할 것이고, 해고 후 위 기간의 경과로 인하여 무효였던 해고가 유효로 될 수도 없다고 한다.[145)]

145) 대법원 2001. 6. 12. 선고 2001다13044 판결(이에 대한 평석으로는 이동원, 460면 이하).

## 3. 해고의 예고

사용자는 근로자를 해고(경영상 이유에 의한 해고를 포함한다)하려면 적어도 30일 전에 예고를 하여야 하고, 30일 전에 예고를 하지 아니하였을 때에는 30일분 이상의 통상임금을 지급하여야 한다(법 26조 본문). 다만, 근로자가 계속 근로한 기간이 3개월 미만인 경우, 천재·사변, 그 밖의 부득이한 사유로 사업을 계속하는 것이 불가능한 경우, 근로자가 고의로 사업에 막대한 지장을 초래하거나 재산상 손해를 끼친 경우로서 고용노동부령으로 정하는 사유에 해당하는 경우에는 그러하지 아니하다(법 26조 단서).

이에 관한 자세한 내용은 법 26조에 대한 해설 참조.

## 4. 해고사유 등의 서면 통지

사용자는 근로자를 해고하려면 해고사유와 해고시기를 서면으로 통지하여야 한다(법 27조 1항). 근로자에 대한 해고는 1항의 규정에 따라 서면으로 통지하여야 효력이 있다(같은 조 2항). 사용자가 26조에 따른 해고의 예고를 해고사유와 해고시기를 명시하여 서면으로 한 경우에는 제 1 항에 따른 통지를 한 것으로 본다(같은 조 3항).

이에 관한 자세한 내용은 법 27조에 대한 해설 참조.

## 5. 해고사유에 관한 특별 제한

### 가. 근기법에 의한 기타 해고 제한

#### (1) 차별 대우 금지

사용자는 근로자에 대하여 남녀의 성(性)을 이유로 차별적 대우를 하지 못하고, 국적·신앙 또는 사회적 신분을 이유로 근로조건에 대한 차별적 처우를 하지 못하는데(법 6조), 이에 의하여 해고사유가 간접적으로 제한된다. 이를 위반한 경우 500만 원 이하 벌금에 처한다(법 114조 1호).

#### (2) 법령 위반 통보를 이유로 한 해고 금지

사업(장)에서 법 또는 대통령령에 위반한 사실이 있으면 근로자는 그 사실을 고용노동부장관 또는 근로감독관에게 통보할 수 있는데(법 104조 1항), 사용자는 이러한 통보를 이유로 근로자를 해고할 수 없다(법 104조 2항). 이를 위반한 경우 2년 이하 징역 또는 2,000만 원 이하 벌금에 처한다(법 110조 1호).

#### (3) 직장 내 괴롭힘 신고 등을 이유로 한 해고 금지

사용자는 직장 내 괴롭힘 발생 사실을 신고한 근로자 및 피해근로자등(직장 내 괴롭힘과 관련하여 피해를 입은 근로자 또는 피해를 입었다고 주장하는 근로자)에게 해고나 그 밖의 불리한 처우를 하여서는 아니 된다(법 76조의3 6항). 이를 위반한 경우 3년 이하의 징역 또는 3,000만 원 이하 벌금에 처한다(법 109조 1항).

### 나. 노조법상 해고 제한(부당노동행위에 의한 해고 제한)

#### (1) 개 설

근로자가 노동조합에 가입 또는 가입하려고 하였거나 노동조합을 조직하려고 하였거나 기타 노동조합의 업무를 위한 정당한 행위를 한 것을 이유로 하여 근로자를 해고할 수 없으며(81조 1호), 근로자가 정당한 단체행위에 참가한 것을 이유로 하거나 또는 노동위원회에 사용자의 부당노동행위를 신고하거나 그에 관한 증언을 하거나 기타 행정관청에 증거를 제출한 것을 이유로 그 근로자를 해고할 수 없다(81조 5호).

#### (2) 부당해고와 부당노동행위 사이의 관계

부당노동행위에 해당하는 해고는 강행법규 위반으로서 당연무효이다. 하지만 해고가 부당노동행위에 해당하여 무효로 되는 것은 해고가 법 23조 1항에서 정한 정당한 이유가 없어 무효로 되는 것과는 별개의 문제이다. 판례는 "근로자에 대한 불이익취급행위로서 법률행위(대기발령과 해고처분)가 부당노동행위로서 무효인 이상 그것이 법 23조 소정의 정당한 이유가 있는지 여부는 더 나아가 판단할 필요가 없다"고 한다.[146)]

해고의 원인으로 사용자의 부당노동행위 의사가 있더라도 사용자가 별도로 내세우는 해고사유 자체는 정당한 것으로 인정되는 경우에 유효한 해고로 볼 수 있는가가 주로 문제된다. 학설과 실무계에서 논란이 있으나, 판례는 사용자가 근로자에 대하여 해고를 하면서 표면적으로 내세우는 해고사유와는 달리 실질적으로 근로자의 정당한 조합활동을 이유로 해고한 것으로 인정되면 그 해고는 부당노동행위라고 보아야 하지만, 정당한 해고사유가 있어 이를 이유로 해고

146) 대법원 1993. 12. 21. 선고 93다11463 판결.

를 한 경우에는 비록 사용자가 근로자의 노동조합 활동을 못마땅하게 여긴 흔적이 있다거나 사용자에게 반노동조합의 의사가 추정된다고 하여도 그 해고 사유가 단순히 표면상의 구실에 불과하다고 할 수는 없는 터이므로 부당노동행위에 해당한다고 할 수 없다고 한다.[147)]

#### (3) 벌 칙

부당노동행위로 근로자를 해고하면 2년 이하의 징역 또는 2,000만 원 이하의 벌금에 처한다(90조).

### 다. 남녀고용평등법에 의한 해고 제한

사업주는 근로자의 정년·퇴직 및 해고에서 남녀를 차별하여서는 아니 되고(11조 1항), 직장 내 성희롱과 관련하여 피해를 입은 근로자 또는 성희롱 피해 발생을 주장하는 근로자를 해고하여서는 아니 되고(14조 6항 1호), 육아휴직을 이유로 해고하여서도 아니 된다(19조 3항)

이에 관한 자세한 내용은 법 6조에 대한 해설 참조.

### 라. 기간제법, 파견법에 의한 해고 제한

(1) 사용자는 기간제근로자 또는 단시간근로자가 (i) 6조[148)] 2항의 규정에 따른 사용자의 부당한 초과근로 요구의 거부(1호), (ii) 9조[149)]의 규정에 따른 차별적 처우의 시정신청, 10조[150)]의 규정에 따른 노동위원회 참석 및 진술, 14조

---

147) 대법원 1996. 4. 23. 선고 95누6151 판결, 대법원 1997. 7. 8. 선고 96누6431 판결, 대법원 2000. 6. 23. 선고 98다54960 판결 등.

148) 6조(단시간근로자의 초과근로 제한)

① 사용자는 단시간근로자에 대하여 근로기준법 제2조의 소정근로시간을 초과하여 근로하게 하는 경우에는 당해 근로자의 동의를 얻어야 한다. 이 경우 1주간에 12시간을 초과하여 근로하게 할 수 없다.

② 단시간근로자는 사용자가 제1항의 규정에 따른 동의를 얻지 아니하고 초과근로를 하게 하는 경우에는 이를 거부할 수 있다.

149) 9조(차별적 처우의 시정신청)

① 기간제근로자 또는 단시간근로자는 차별적 처우를 받은 경우 노동위원회법 제1조의 규정에 따른 노동위원회에 그 시정을 신청할 수 있다. 다만, 차별적 처우가 있은 날(계속되는 차별적 처우는 그 종료일)부터 3월이 경과한 때에는 그러하지 아니하다.

②, ③, ④ 생략

150) 10조(조사·심문 등)

① 노동위원회는 제9조의 규정에 의한 시정신청을 받은 때에는 지체 없이 필요한 조사와 관계당사자에 대한 심문을 하여야 한다.

② 노동위원회는 제1항의 규정에 따른 심문을 하는 때에는 관계당사자의 신청 또는 직권으로 증인을 출석하게 하여 필요한 사항을 질문할 수 있다.

③, ④, ⑤ 각 생략

의 규정에 따른 재심신청 또는 행정소송의 제기(2호), (iii) 15조[151] 2항의 규정에 따른 시정명령 불이행의 신고(3호), (iv) 18조[152]의 규정에 따른 통고(4호) 행위를 한 것을 이유로 해고 그 밖의 불리한 처우를 하지 못한다(기간제법 16조). 이를 위반하면 2년 이하 징역 또는 1,000만 원 이하의 벌금에 처한다(기간제법 21조).

(2) 파견근로자가 차별적 처우를 받은 경우 노동위원회에 그 시정을 신청할 수 있는데(파견법 21조 2항), 파견사업주 또는 사용사업주는 파견근로자가 이 때 준용되는 기간제법 규정에 따른 시정신청, 노동위원회 참석·진술, 재심신청 또는 행정소송의 제기, 시정명령 불이행의 신고를 한 것을 이유로 해고 그 밖의 불리한 처우를 하지 못한다(파견법 21조 3항; 기간제법 9조 내지 16조). 이를 위반하면 2년 이하 징역 또는 1,000만 원 이하 벌금에 처한다(파견법 43조의2).

### 마. 기타 법률에 의한 해고 제한

#### (1) 교원노조법·공무원노조법

교원인 전임자는 그 전임기간 중 전임자임을 이유로 승급 또는 그 밖의 신분상의 불이익을 받지 아니하며(교원노조법 5조 4항), 국가 및 지방자치단체는 공무원이 전임자임을 이유로 승급이나 그 밖에 신분과 관련하여 불리한 처우를 하여서는 아니 되므로(공무원노조법 7조 4항), 전임자인 교원 및 공무원의 근무관계(임용관계) 종료 사유가 제한된다.

#### (2) 고 보 법

피보험자 또는 피보험자였던 자는 언제든지 고용노동부장관에게 피보험자격의 취득 또는 상실에 관한 확인을 청구할 수 있고(17조 1항), 사업주는 근로자가 이와 같은 확인의 청구를 한 것을 이유로 그 근로자에게 해고나 그 밖의 불이익한 처우를 하여서는 아니 된다(105조).

---

151) 15조(시정명령 이행상황의 제출요구 등)
① 고용노동부장관은 확정된 시정명령에 대하여 사용자에게 그 이행상황을 제출할 것을 요구할 수 있다.
② 시정신청을 한 근로자는 사용자가 확정된 시정명령을 이행하지 아니하는 경우 이를 고용노동부장관에게 신고할 수 있다.

152) 18조(감독기관에 대한 통고) 사업 또는 사업장에서 이 법 또는 이 법에 의한 명령을 위반한 사실이 있는 경우에는 근로자는 그 사실을 고용노동부장관 또는 근로감독관에게 통고할 수 있다.

(3) 산 안 법

사업주는 산업재해가 발생할 급박한 위험이 있다고 믿을 만한 합리적인 근거가 있을 때 작업을 중지하고 대피한 근로자에 대하여 이를 이유로 해고 기타 불리한 처우를 하여서는 아니 된다(52조 4항).[153] 또한 고객응대근로자(41조 1항)는 고객의 폭언 등으로 건강장해가 발생하거나 발생할 현저한 우려가 있는 경우 사업주에게 업무의 일시적 중단 또는 전환 등 필요한 조치를 요구할 수 있는데, 사업자는 고객응대근로자의 이러한 요구를 이유로 해고 기타 불리한 처우를 하여서는 아니 된다(41조 3항). 그리고 사업주에게 사업장에서 산안법 또는 산안법에 의한 명령에 위반한 사실이 있는 때에는 근로자는 그 사실을 고용노동부장관 또는 근로감독관에게 신고할 수 있는데, 사업주는 이러한 신고를 이유로 근로자에 대하여 해고 기타 불리한 처우를 하지 못한다(157조 3항).

(4) 진폐예방법

고용노동부장관은 진폐근로자 중 고용노동부령으로 정하는 기준에 해당하는 자를 분진작업이 아닌 작업에 종사하도록 조치(이하 “작업전환조치”라 한다)할 것을 사업주에게 권고하거나 지시할 수 있고(21조 2항), 그 권고 또는 지시에 따라 작업전환조치가 된 자가 고용노동부령으로 정하는 바에 따라 작업전환조치 전에 근무한 기간에 대한 퇴직금 지급을 청구하면 퇴직금을 지급하여야 한다(22조 1항). 이 때 사업주는 퇴직금 지급을 이유로 해당 근로자를 해고하여서는 아니 된다(같은 조 2항).

사업주가 진폐예방법 또는 진폐예방법에 따른 명령을 위반한 사실이 있으면 근로자는 그 사실을 고용노동부장관에게 신고할 수 있는데, 이 때 사업주는 신고를 이유로 근로자에 대하여 해고, 그 밖의 불이익한 처우를 하여서는 아니 된다(29조).

(5) 장애인차별금지법

사용자는 모집 · 채용, 임금 및 복리후생, 교육 · 배치 · 승진 · 전보, 정년 · 퇴

153) 대법원은 구 산안법(2019. 1. 15. 법률 16272호로 전부 개정되기 전의 것)상 근로자는 산업재해가 발생할 급박한 위험이 있다고 믿을 만한 합리적인 근거가 있을 때에는 작업을 중지하고 대피할 수 있는 작업중지권을 보유하며, 사용자로서는 근로자의 적법한 작업중지권 행사에 대해서는 불이익처분을 할 수 없음을 분명히 하였다(대법원 2023. 11. 9. 선고 2018다288662 판결).

직·해고에 있어 장애인을 차별하여서는 아니 된다(10조 1항).

### (6) 가정폭력방지 및 피해자보호 등에 관한 법률 및 성폭력방지 및 피해자보호 등에 관한 법률

피해자를 고용하고 있는 자는 누구든지 가정폭력범죄의 처벌 등에 관한 특례법에 따른 가정폭력범죄 또는 성폭력과 관련하여 피해자를 해고하거나 그 밖의 불이익을 주어서는 아니 된다(가정폭력방지 및 피해자보호 등에 관한 법률 4조의5; 성폭력방지 및 피해자보호 등에 관한 법률 8조).

### (7) 대일항쟁기 강제동원 피해조사 및 국외강제동원 희생자 등 지원에 관한 특별법 및 일제강점하 반민족행위 진상규명에 관한 특별법

누구든지 이 법에 따라서 위원회에 한 신청·신고·진술·자료제출 등의 이유로 불이익을 받지 아니하며(대일항쟁기 강제동원 피해조사 및 국외강제동원 희생자 등 지원에 관한 특별법 14조), 누구든지 일본제국주의에 협력한 행위의 조사와 관련하여 정보제공·진술 또는 자료제출 등을 하였거나 하려 한다는 이유로 해고·정직·감봉 또는 전보 등 어떠한 불이익도 받지 아니한다(일제강점하 반민족행위 진상규명에 관한 특별법 22조 3항).

### (8) 진실·화해를 위한 과거사정리 기본법

누구든지 진실규명사건의 조사와 관련하여 정보를 제공하였거나 제공하려 한다는 이유로 해고, 정직, 감봉, 전보 등 어떠한 불이익도 받지 아니한다(30조 2항).

### (9) 국가인권위원회법

누구든지 이 법에 따라 위원회에 진정, 진술, 증언, 자료 등의 제출 또는 답변을 하였다는 이유만으로 해고, 전보, 징계, 부당한 대우 그 밖에 신분이나 처우와 관련하여 불이익을 받지 아니한다(55조 1항).

### (10) 부패방지 및 국민권익위원회의 설치와 운영에 관한 법률

누구든지 이 법에 따른 신고나 이와 관련한 진술 그 밖에 자료 제출 등을 한 이유로 소속기관·단체·기업 등으로부터 징계조치 등 어떠한 신분상 불이익이나 근무조건 상의 차별을 받지 아니한다(62조 1항).

(11) 국민의 형사재판 참여에 관한 법률

누구든지 배심원·예비배심원 또는 배심원후보자인 사실을 이유로 해고하거나 그 밖의 불이익한 처우를 하여서는 아니 된다(50조).

(12) 채무자회생법

누구든지 이 법에 따른 회생절차·파산절차 또는 개인회생절차 중에 있다는 이유로 정당한 사유 없이 취업의 제한 또는 해고 등 불이익한 처우를 받지 아니한다(32조의2).[154)]

(13) 특정범죄신고자 등 보호법

범죄신고자등을 고용하고 있는 자(고용주를 위하여 근로자에 관한 업무를 행하는 자를 포함한다)는 피고용자가 범죄신고등을 하였다는 이유로 해고나 그 밖의 불이익한 처우를 하여서는 아니 된다(5조).

(14) 국민건강보험법

근로자(직장가입자에서 제외되는 국민건강보험법 6조 2항 각 호에 정한 자 제외)를 고용하는 사용자는 그 고용한 근로자가 이 법에 의한 직장가입자로 되는 것을 방해하거나 그가 부담하는 부담금의 증가를 기피할 목적으로 정당한 사유 없이 근로자의 승급 또는 임금 인상을 하지 아니하거나 해고나 그 밖의 불리한 조치를 할 수 없다(93조).

(15) 원자력안전법

원자력관계사업자 또는 판독업무자는 그가 사용하는 종업원이 (i) 원자력안전법에 정한 운영기술지침서, 안전관리규정, 판독에 관한 품질보증계획서를 준수하기 위한 행위(1호), (ii) 원자력관계사업자 또는 판독업무자가 1호의 규정에 의한 운영기술지침서·안전관리규정 및 판독에 관한 품질보증계획서를 위반하였거나 위반할 우려가 있는 경우에 이를 교육과학기술부장관 또는 교육과학기술부장관의 권한을 위임받거나 위탁받은 기관의 장에게 알려주는 행위(2호), (iii) 동법에 의한 각종 검사 또는 조사에 응하기 위하여 증언을 하거나 증거를 제출하는 행위(3호), (iv) 방사선안전관리자의 업무행위 또는 방사선안전관리자

---

154) 파산자로서 복권되지 아니한 자를 당연퇴직사유로 규정하고 있는 인사규정에 따라 당연퇴직처분한 것이 법상의 해고에 해당하고, 위 조항의 취지 및 제반 사정에 비추어 정당한 이유를 인정할 수 없다는 서울중앙지법 2006. 7. 14. 선고 2006가합17954 판결(미항소 확정) 참조.

가 방사선안전관리에 관하여 조치·권고하거나 안전관리에 필요한 조치나 협력을 요청하는 행위(4호)를 한 것을 이유로 해고하거나 불이익을 주어서는 아니 된다(102조).

(16) 항공·철도 사고조사에 관한 법률

이 법에 의하여 위원회에 진술·증언·자료 등의 제출 또는 답변을 한 사람은 이를 이유로 해고·전보·징계·부당한 대우 또는 그 밖에 신분이나 처우와 관련하여 불이익을 받지 아니한다(32조).

(17) 행정규제기본법

공무원이 규제개선업무를 능동적으로 추진함에 따라 발생한 결과에 대하여 당해 공무원의 행위에 고의 또는 중대한 과실이 없는 경우에는 불리한 처분이나 부당한 대우를 받지 않도록 하고 있는바(37조 1항), 이에 의해 공무원 근무관계의 종료 사유가 제한된다.

## Ⅲ. 부당해고에 대한 형사처벌[155)]

### 1. 처벌 규정의 삭제

구 법(2007. 1. 26. 법률 8293호[156)]로 개정되기 전의 것)은 부당해고 등을 한 자에 대해 형사처벌을 하였으나(구 법 110조, 30조 1항),[157)] [158)] 개정 법은 23조 1항의 정당한 이유 없는 해고에 대한 형사처벌 규정을 삭제하는 대신,[159)][160)] 정당한 이유 없는 해고에 대한 노동위원회의 구제명령의 실효성을 확보하기 위하여 구제명령 불이행자에 대하여 2천만 원 이하의 이행강제금을 1년에 2회 범위 안에

155) 자세한 논의는 정진경, 317~350면.

156) 시행일 2007. 7. 1.

157) 법이 1953. 5. 10. 법률 286호로 제정될 당시 형사처벌 규정이 들어가 조문의 순서가 변경되고 법정형의 형량이 강화되었다.

158) 헌재 2005. 5. 31. 선고 2003헌바12 결정은 정당한 이유 없는 해고에 대해 형벌을 가하는 구 법 110조가 헌법상 명확성의 원칙에 반하지 않으며, 자의적이고 불균형한 처벌로서 형벌체계의 정당성을 해친다고 볼 근거가 없고, 과잉금지의 원칙에 위배되지도 않는다고 판단하였다(소수의견 있음).

159) 법 6조, 23조 2항, 104조 2항에 위반한 해고 및 해고예고 기간 위반(법 26조 1항)에 대해서는 벌칙 규정이 존치하고 있다. 나아가 법 이외의 법률상 해고제한 사유에 위반한 해고를 형사처벌하는 규정은 여전히 존재한다.

160) 부칙(2007. 1. 26.) 4항은 "이 법 시행 전에 행한 행위에 대한 벌칙의 적용에 있어서는 종전의 규정에 따른다"고 하여, 2007. 7. 1. 이전에 행한 부당해고에는 여전히 벌칙 규정이 적용된다.

서 최대 2년까지 부과하도록 하고(33조), 확정된 구제명령 또는 구제명령을 내용으로 하는 재심판정을 이행하지 아니하는 자에 대하여는 벌칙(1년 이하의 징역 또는 1,000만 원 이하의 벌금)을 부과할 수 있게 하였다(111조).

## 2. 처벌규정에 대한 기존 논의 및 삭제 배경

부당해고에 대한 처벌 규정은 근로자의 생존권을 직접 위협하는 부당해고에 대한 사회적 반감을 고려하여 사용자가 사회 통념에 반하여 근로자를 정당한 이유 없이 해고하는 것을 범죄화하고 그 위반 행위를 형벌로 응징함으로써 그 피해자의 피해 감정을 완화·회복시키며, 나아가 널리 사용자에게 부당해고를 경고하며 이를 예방하고자 하는 것이었다.[161] 그러나 근로자의 진의와 달리 민사상 분쟁이 형사사건화되고 사용자의 정당한 해고권을 제약한다는 비판이 있어 왔으며, 국제적인 입법례가 거의 없고,[162] 실제로 징역형이 선고되는 예가 드물고 거의 소액의 벌금형에 그쳐 그 효과가 매우 미미한 실정이며, 처벌 규정의 상징적 의미만으로 근로자의 권리 구제에 도움이 되지 않는다는 지적에 따라 처벌 규정이 삭제되었다. 한편, 벌칙 규정 삭제로 인한 부당해고에 대한 남용을 방지하고 부당해고 구제제도의 실효성을 확보하기 위하여 앞서 본 바와 같이 이행강제금 제도 및 확정된 구제명령 불이행에 대한 형사처벌 규정을 마련하게 되었다.[163]

[김 희 수]

161) 헌재 2005. 5. 31. 선고 2003헌바12 결정.

162) 부당해고와 관련한 독일, 일본, 영국, 프랑스의 입법례에 대한 논의로는, 이정, 3~20면 참조.

163) 선진화 입법 설명자료, 88~90면; 선진화 방안, 140~141면.

## 제23조 제 1 항 해설 1: 통상해고

〈세 목 차〉



[참고문헌]
**강희원**, “해고법의 체계를 위하여”, 노동법학 10호, 한국노동법학회(2000); **김기영**, “특정사유가 징계해고사유와 통상해고사유에 해당하는 경우 징계해고절차의 필요성 유무”, 노동법률 46호, 중앙경제(1995. 3.); **김선수**, “해고 및 근로관계의 승계”, 2003 노동판례 비평, 민주사회를 위한 변호사모임(2004. 9.); **김용일**, “위장폐업과 부당노동행위”, 대법원판례해설 17호, 법원도서관(1992. 12.); **김재진**, “통상해고, 징계해고, 정리해고”, 재판자료 39집, 법원도서관(1987); **김치중**, “당연퇴직의 법률적 성격과 근로기준법 제27조 제 1 항”, 대법원판례해설 20호, 법원도서관(1994. 5.); **김형진**, “위장폐업의 법률적 문제”, 법률신문 1808호(1988. 12.); **도재형**, “청산과정에서 근로자를 해고하는 것이 정리해고에 해당하는지 여부”, 2001 노동판례비평, 민주사회를 위한 변호사모임(2002); **서울중앙지방법원 파산부 실무연구회**, “개인파산 · 회생실무”, 박영사(2014); **선재성**, “파산과 노동관계”, 재판자료 82집 파산법의 제문제(상), 법원도서관(1999); **이동원**, “청산과정에서의 해고와 정리해고의 차이”, 대법원판례해설 38호, 법원도서관(2002. 6.); **이상국**, 근로기준법, 신론사(2006); **하경효**, “형사유죄확정판결에 대한 당연퇴직규정의 적용한계”, 조정과 심판 1호, 중앙노동위원회(2000. 4.).

### Ⅰ. 통상해고의 의의

사용자는 정당한 이유 없이 근로자를 해고하지 못한다(법 23조 1항). 해고가 유효하려면 일단 근로자에게 어떤 해고사유가 인정되어야 하고, 나아가 그 해고사유에 정당한 이유가 있어야 한다.[1] 따라서 단체협약이나 취업규칙 등이 정한

1) 대법원 2016. 10. 27. 선고 2015다5170 판결.

해고사유에 해당하는 경우라도 그에 따라 이루어진 해고가 당연히 정당한 것으로 인정되는 것은 아니고, 사회통념상 고용관계를 계속할 수 없을 정도로 근로자에게 책임 있는 사유[2] 또는 긴박한 경영상 필요(법 24조 1항)가 있는 경우라고 인정될 때에 한하여 해고의 정당성이 인정된다. 이와 같이 해고사유와 정당한 이유는 개념적으로 구분되지만 그렇다고 양자가 전혀 별개이거나 무관한 것은 아니다. 해고에 정당한 이유가 있는지 여부는 결국 해고사유에 대한 법적 평가의 문제이기 때문이다.

근기법은 23조 1항에서 해고의 일반적 제한을 규정하고 24조에 경영상 이유에 의한 해고의 특칙을 두고 있는데, 우리나라의 학설과 실무는 대체로 해고사유를 몇 가지로 유형화하여 해고의 정당성을 판단하는 입장을 취한다. 해고사유를 어떻게 유형화할지에 관하여 학설상으로는 일신상 사유, 행동상 사유, 긴박한 경영상 필요에 의한 사유로 3분하는 견해,[3] 근로자측의 사유와 경영상 사유로 구분하는 견해[4] 등이 제시되고 있는데, 실무에서는 통상해고, 징계해고, 정리해고로 3분하는 것이 일반적이다.

해고사유를 통상해고, 징계해고, 정리해고로 3분하는 경우에도 이를 어떤 기준에 의해 구분할지에 관하여 ① 종래에 통설적인 견해는 해고사유를 일신상 사유, 행동상 사유, 경영상 사유로 나누어 일신상 사유에 의한 해고를 통상해고로, 행동상 사유에 의한 해고를 징계해고로, 경영상 사유에 의한 해고를 정리해고로 구분하였으나,[5] ② 기업질서유지를 위한 징계 목적으로 행하는 징계해고와 경영상 필요에 의해 인원감축을 목적으로 행하는 정리해고를 제외한 나머지 일반적인 해고를 모두 통상해고로 보는 견해가 유력하게 제기되고 있다.[6]

대법원은 통상해고의 개념을 명시적으로 정의하지 않으면서도,[7] 각종 비위

2) 대법원 1987. 4. 14. 선고 86다카1875 판결, 대법원 1990. 4. 27. 선고 89다카5451 판결, 대법원 1992. 3. 13. 선고 91다39559 판결, 대법원 1992. 9. 8. 선고 91다27556 판결, 대법원 1998. 11. 10. 선고 97누18189 판결. 대법원 2016. 10. 27. 선고 2015다5170 판결.

3) 독일의 해고제한법은 해고의 상당성과 관련하여 해고사유를 일신상 사유, 행동상 사유, 긴박한 경영상 사유로 구분하고 있다.

4) 김형배, 693면.

5) 김지형, 510면 등.

6) 김기영, 15면; 김재진, 235면; 강희원, 290면에서는 근로자측 사정에 의한 해고를 '일반해고'로 분류하면서, 일반해고 중 징계처분에 의한 해고를 '징계해고', 그렇지 않은 해고를 '보통해고'로 분류할 것을 제안하고 있다.

7) 반면 헌법재판소는 헌재 2013. 12. 26. 선고 2012헌바375 결정에서 해고의 유형이 일신상

행위[8]와 같은 행동상 사유에 의한 해고나 파산선고 후 파산관재인이 한 해고[9]와 같이 사용자 측의 사유에 의한 해고에 대하여도 통상해고를 긍정하는 등 통상해고를 반드시 근로자의 일신상 사유에 의한 해고로만 한정하고 있지 않다. 결국 대법원 판례에 의하면 통상해고는 일반적으로 근로자 측 사정에 의한 해고 중 일신상 사유에 의한 해고를 의미하지만, 여기에 더하여 사용자 측 사정에 의한 회사의 파산이나 폐업에 따른 해고를 추가한 것으로 볼 수 있다.

한편 우리나라에서 해고사유에 따라 통상해고, 징계해고, 정리해고로 3분하는 것이 과연 필요한지에 관해서는 논란의 여지가 있다. 특히 징계해고라는 표현에는 마치 사용자에게 징계권이라는 고유의 권한이 있는 것처럼 비치기 때문에 우리나라에서는 통상해고와 징계해고라는 구분이 불필요하고, 모든 해고에는 '정당한 이유'가 있어야 한다는 점을 강조하는 것으로 충분하다는 논의도 있다. 하지만 실무상 대부분의 단체협약이나 취업규칙 등에서 통상해고인지 아니면 징계해고인지 여부에 따라 해고의 사유나 징계절차 등 해고에 필요한 절차를 달리 정하고 있다는 점에서 해고의 실체적·절차적 정당성 여부를 판단할 때 통상해고와 징계해고 구분의 유용성을 부정하기 어렵다고 본다.[10]

단체협약이나 취업규칙 등에서 정한 당연퇴직사유가 사망, 정년, 근로계약기간 만료 등과 같은 근로관계의 자동소멸 사유가 아니라면 그에 따른 퇴직처분은 해고에 해당하고,[11] 직권면직도 근로자의 의사에 반하여 사용자의 일방적 의사에 따라 근로계약 관계를 종료시키는 것이어서 실질적으로 해고에 해당한다.[12] 이러한 당연퇴직이나 면직, 직권면직이 징계해고, 정리해고에 해당하지

---

사유에 의한 해고인 통상해고, 행동상 사유에 의한 해고인 징계해고, 경영상 이유에 의한 해고로 분류될 수 있다고 판단하였다.

8) 대법원 2009. 1. 30. 선고 2007두24005 판결.

9) 대법원 2003. 4. 25. 선고 2003다7005 판결.

10) 그 외에 취업규칙 등에서 징계해고로 퇴직하는 근로자에 대하여 퇴직금 감액 등 불이익처분을 정한 경우가 있는데, 이 경우에도 근로기준법이 정한 하한을 기준으로 한 퇴직금은 반드시 지급되어야 한다. 대법원 2004. 6. 25. 선고 2002다51555 판결 참조.

11) 대법원 1993. 10. 26. 선고 92다54210 판결, 대법원 1993. 12. 21. 선고 93다43866 판결, 대법원 1996. 10. 29. 선고 96다21065 판결, 대법원 1997. 2. 14. 선고 96다43904 판결, 대법원 2007. 10. 25. 선고 2007두2067 판결, 대법원 2009. 2. 12. 선고 2007다62840 판결(주차관리 및 경비요원을 파견하는 사업을 하는 사용자가 근로자가 근무하는 건물의 소유자 등과의 관리용역계약이 해지될 때에 근로자와의 근로계약도 해지되는 것으로 본다고 근로자와 약정하였더라도 그와 같은 해지사유를 근로관계의 자동소멸사유라고 할 수 없다), 대법원 2018. 5. 30. 선고 2014다9632 판결.

12) 대법원 1997. 9. 26. 선고 97누1600 판결, 대법원 2007. 9. 21. 선고 2006다25240 판결.

않는 때에는 넓은 의미의 통상해고[13]에 해당할 수 있다.[14]

## Ⅱ. 통상해고와 징계해고 및 정리해고의 관계

### 1. 통상해고와 징계해고

징계해고를 근로자의 행동상 사유에 의한 해고로 본다면 통상해고는 근로자의 일신상 사유에 의한 해고로 징계해고와 구별된다. 통상해고의 사유인 '일신상 사유'와 징계해고의 사유인 '행동상 사유'를 명백히 구분하기 어려운 경우가 있는데, 이때에는 근로관계의 존립을 기대할 수 없는 일차적 원인이 근로자의 적성이나 능력 내지 성격을 이유로 한 경우에는 '일신상 사유', 근로자의 행동으로 말미암은 경우에는 '행동상 사유'로 구별할 수 있다고 본다.[15] 반면 징계해고, 정리해고를 제외한 나머지 일반적인 해고를 통상해고로 본다면 통상해고는 징계 이외의 사유로 인한 해고로 징계해고와 구별된다.[16]

실무에서는 단체협약이나 취업규칙 등에서 특정사유에 대하여 징계절차를 거쳐 해고하도록 되어 있는지 여부에 따라 징계해고와 통상해고를 구분한다.[17]

징계해고의 경우 대체로 단체협약이나 취업규칙 등에서 징계해고사유를 정하는 외에 징계절차 등 일정한 절차를 거쳐 해고하도록 정하고 있는데, 이러한 절차는 실체적 징계사유의 존부, 부당노동행위 해당 여부를 불문하고 징계해고의 유효요건이다.[18] 반면 통상해고의 경우에는 특별한 사정이 없는 한 징계절차를 거칠 필요가 없다는 점에서 차이가 있다.[19]

특정 사유가 단체협약이나 취업규칙 등에서 징계해고사유와 통상해고사유

13) 판례에 따라서는 '통상의 해고'와 당연퇴직, 직권면직을 구분하는 취지로 설명하는 경우가 있으나, 이는 개별 기업의 단체협약이나 취업규칙 등에서 '통상해고사유'와 당연퇴직사유 또는 직권면직사유를 각각 별도로 정하였기 때문이다. 대법원 1993. 10. 26. 선고 92다54210 판결은 "단체협약이나 취업규칙 등에 당연퇴직으로 규정되었더라도 이는 그 절차에 있어서 일반 해고절차와 구분하기 위해 회사가 내부적으로만 그 명칭을 달리한 것에 불과하다"고 판단하였다.

14) 김치중, 391, 392면; 해고와 임금, 333면.

15) 김형배, 705면.

16) 김기영, 15면; 김재진, 235면; 강희원, 290면.

17) 해고와 임금, 333면.

18) 대법원 1994. 10. 25. 선고 94다25889 판결, 대법원 1995. 11. 14. 선고 95누1422 판결, 대법원 1996. 2. 9. 선고 95누12613 판결, 대법원 1996. 9. 6. 선고 95다16400 판결, 대법원 2010. 6. 10. 선고 2009다97611 판결.

19) 통상해고라 하더라도 단체협약이나 취업규칙 등에서 별도의 해고절차를 거치도록 정한 경우에는 그러한 절차를 거쳐야 한다. 이에 관하여는 뒤에서 보는 Ⅳ. 부분 참조.

의 양쪽에 모두 해당하는 경우뿐 아니라 징계해고사유에는 해당하나 통상해고사유에는 해당하지 않는 경우에도, 사용자가 근로자에게 더 유리한 통상해고처분을 택하는 것은 법 23조 1항에 반하지 않는 범위 내에서 사용자의 재량에 속한다.[20] 그러나 사용자가 통상해고를 선택한 경우에 근로자에게 변명의 기회가 부여되지 않더라도 해고가 당연시될 정도라는 등의 특별한 사정이 없는 한 징계해고에 필요한 절차는 반드시 거쳐야 하고, 징계해고사유를 가지고 통상해고를 한다는 명목으로 징계절차를 생략할 수 없다. 그 이유는 징계해고사유에 해당되지만 사용자가 근로자에게 유리한 통상해고를 한다는 것을 구실로 징계절차를 생략하는 것을 허용하면 절차적 보장을 한 관계규정의 취지가 회피됨으로써 근로자의 지위에 불안정이 초래될 수 있기 때문이다.[21]

당연퇴직사유 또는 면직·직권면직사유 중에는 무단결근 등 실질적으로 징계사유로 볼만한 것이 규정된 경우들이 있지만, 판례는 당연퇴직이나 면직·직권면직에 대하여 일반의 징계해고와 달리 아무런 절차 규정이 없는 경우에는, 당연퇴직사유 등이 동일하게 징계사유로도 규정되어 있는 경우를 제외하고는 당연퇴직이나 면직·직권면직처분을 할 때 일반의 징계절차를 거칠 필요가 없다고 본다.[22] 위 판례 취지에 의하면 당연퇴직이나 면직·직권면직에 대하여 징계절차를 거치도록 규정된 경우에는 일반의 징계절차를 거쳐야 한다고 볼 수 있다.[23] 그리고 판례는 당연퇴직 사유가 동일하게 징계사유로도 규정되어 있는 경우에는 당연퇴직 처분을 하면서 일반의 징계절차를 거쳐야 한다고 하였다.[24]

### 2. 통상해고와 정리해고

정리해고를 사용자의 경영상 사유에 의한 해고로 보면 통상해고는 근로자

20) 대법원 1994. 10. 25. 선고 94다25889 판결(이 판결에 대한 평석으로는 김기영, 14~17면). 대법원 2023. 12. 28. 선고 2021두33470 판결도 참조.

21) 대법원 1994. 10. 25. 선고 94다25889 판결. 해고할 수 있는 징계사유를 규정한 취업규칙의 여러 규정의 내용이 서로 일부 다른 경우에는 근로자에게 보다 유리한 규정을 적용해야 한다는 취지의 판결로는 대법원 1994. 5. 27. 선고 93다57551 판결.

22) 대법원 1995. 3. 24. 선고 94다42082 판결, 대법원 1995. 7. 14. 선고 95다1767 판결, 대법원 1996. 10. 29. 선고 96다21065 판결, 대법원 1996. 11. 26. 선고 95누17571 판결, 대법원 2000. 6. 23. 선고 99두4235 판결 등.

23) 대법원 1993. 10. 22. 선고 92다49935 판결. 이 판결에서 대법원은 징계해고사유 외에 당연퇴직사유에 해당한다고 하더라도 사용자가 징계대상자가 비위사실을 이유로 징계위원회에 회부한 이상 징계절차에 관한 규정을 준수하여야 한다고 판단하였다.

24) 대법원 2023. 12. 7. 선고 2023도2318 판결.

의 일신상 사유에 의한 해고로 정리해고와 구별된다. 징계해고, 정리해고를 제외한 나머지 일반적인 해고를 통상해고로 보게 되면 통상해고는 일반적 해고이기 때문에 경영상 필요에 의해 인원감축을 목적으로 행하는 정리해고와 구별된다.[25]

대법원은 정리해고가 경영상 이유에 의한 인원 감축 목적으로 해고하는 것을 가리킨다는 이유에서, 인원 감축이 아니라 기구와 인원 배치 조정을 위한 직제 규정 개정으로 직책이 폐지된 것에 대해 변경된 직책으로는 근무하지 않겠다고 하는 근로자를 해고한 것은 정리해고가 아니라 통상해고라고 보았고,[26] 다른 회사와 공동 사업을 위해 동업체를 설립하고 그 업무 수행을 위해 근로자를 채용하였다가 직원 감축을 위한 것이 아니라 다른 회사 사이의 관계 악화로 동업체가 소멸함에 따라 그 근로자에게 다른 합작 기업으로 전적을 권유하였으나 이에 응하지 않은 근로자를 해고한 것 또한 통상해고에 해당한다고 판단하였다.[27] 반면 대법원은 종합유선방송위원회가 사무국 조직을 축소·개편하여 그 정원을 감축하면서 정원 외 직원을 직권면직한 것은 정리해고에 해당한다고 판단하기도 하였다.[28]

한편, 정리해고는 기업의 유지·존속을 전제로 하므로, 기업이 파산선고를 받거나 법에 정한 해산사유가 발생하여 사업의 폐지를 위하여 그 청산 과정에서 근로자를 해고하거나, 폐업을 단행하여 근로자 전원을 해고하는 것은 정리해고에 해당하지 않고, 통상해고의 법리에 따라 정당한 이유가 있으면 그 해고는 유효하다.[29] 이와 같은 경우는 기업의 해산이라는 사용자측의 사유에 의한 해고에 해당하지만, 판례는 기업이 더 이상 유지·존속하지 않는다는 특별한 사정을 고려하여 예외적으로 해고의 정당성을 인정한 것이라고 볼 수 있다. 다만, 회사의 폐업이 진정한 폐업이 아니라 위장폐업이라면 그렇지 않다.[30] 즉, 형식적으

25) 김기영, 15면; 김재진, 235면; 강희원, 290면.
26) 대법원 1991. 9. 24. 선고 91다13533 판결.
27) 대법원 1996. 10. 29. 선고 96다22198 판결.
28) 대법원 2001. 12. 24. 선고 2001다54038 판결.
29) 대법원 1993. 6. 11. 선고 93다7457 판결, 대법원 2001. 11. 13. 선고 2001다27975 판결(이에 대한 평석으로는 이동원, 551~566면; 도재형, 172~191면), 대법원 2003. 4. 25. 선고 2003다7005 판결(이에 대한 평석으로는 김선수, 23~25면. 선재성, 505면은 파선선고 자체가 정당한 해고사유라고 보았다. 이에 대해 김유성, 337면은 파산선고 자체가 바로 정당한 해고사유가 되는 것은 아니고, 청산절차가 시작되더라도 청산 업무에 종사할 근로자와 바로 근로관계가 종료될 근로자를 선택해야 하는데 이는 정리해고의 법리에 따라 해결해야 한다면서 위 판결을 반대한다).

로는 기존의 회사를 폐업하고 새로운 회사를 설립하는 모양새를 갖추더라도, 실질적으로 보면 노동조합 활동을 한 근로자들을 해고하고 새로운 근로자들을 채용하여 회사를 계속 경영하는 경우에는, 이른바 '위장폐업'에 해당되어 정리해고의 법리를 적용할 수도 있고, 이른바 '법인격 부인론'을 적용할 여지도 있다.

한편 일부 사업 부문을 폐지하고 그 사업 부문에 속한 근로자를 해고한 경우와 관련하여 판례는, 이는 원칙적으로 사업 축소에 해당할 뿐 사업 전체의 폐지라고 할 수 없으므로 정리해고의 요건을 갖추어야 하고, 그 요건을 갖추지 못하였지만 폐업으로 인한 통상해고로서 예외적으로 정당하기 위해서는 일부 사업의 폐지·축소가 사업 전체의 폐지와 같다고 볼 특별한 사정이 있어야 한다고 판시하고 있다.[31] 이 때 일부 사업의 폐지가 폐업과 같다고 인정할 수 있는지는 해당 사업 부문이 인적·물적 조직 및 운영상 독립되어 있는지, 재무 및 회계의 명백한 독립성이 갖추어져 별도의 사업체로 취급할 수 있는지, 폐지되는 사업 부문이 존속하는 다른 사업 부문과 취급하는 업무의 성질이 전혀 달라 다른 사업 부문으로의 전환배치가 사실상 불가능할 정도로 업무 종사의 호환성이 없는지 등 여러 사정을 구체적으로 살펴 종합적으로 판단하여야 한다.[32]

## Ⅲ. 통상해고의 정당성

통상해고의 정당성은 '사회통념상 고용관계를 계속할 수 없을 정도로 근로자에게 책임 있는 사유'가 있는 경우에 한하여 인정된다.[33] 앞서 본 것처럼 사용자 측 사유에 의한 통상해고에 대하여 그 정당성을 인정한 판례가 있기는 하지만, 이는 기업 해산이라는 특별한 사정을 고려하여 예외적으로 정당성을 인정한 경우라고 보아야 한다.

통상해고는 단체협약이나 취업규칙 등에서 해고사유로 규정하지 않은 사유에 의하여도 가능하다. 그러나 단체협약이나 취업규칙 등에서 근로자에 대한 해고사유를 제한하고 있는 경우에는 이러한 제한에 위배된 해고처분은 정당한 이유가 없는 것으로 무효이다.[34] 그리고 단체협약이나 취업규칙에서 정한 해고사

30) 대법원 1993. 6. 11. 선고 93다7457 판결 등, 김용일, 499~506면; 김형진, 10면 등.
31) 대법원 2021. 7. 29. 선고 2016두64876 판결.
32) 대법원 2021. 7. 29. 선고 2016두64876 판결.
33) 대법원 2016. 10. 27. 선고 2015다5170 판결.

유가 인정되더라도 그에 따라 이루어진 해고가 당연히 정당한 것으로 인정되는 것은 아니므로, 사회통념상 고용관계를 계속할 수 없을 정도로 근로자에게 책임 있는 사유가 있는지 여부에 관한 심리가 별도로 이루어져야 한다.[35)]

또한 단체협약이나 취업규칙에서 직권면직사유를 정하고 있고 사용자가 위 규정에 의하여 근로자를 직권면직 처분하였다면 그 직권면직의 정당성 여부는 당해 처분에서 면직사유로 삼은 사유에 의하여 판단하여야 하고 이와 전혀 별개의 사유까지 포함하여 정당성 여부를 판단할 수 없다.[36)]

사용자가 근로자를 해고할 때 표면적으로 내세우는 해고사유와는 달리 실질적으로는 근로자의 정당한 노동조합 활동을 이유로 해고한 것으로 인정되는 경우 그 해고는 부당노동행위에 해당하여 정당한 이유가 있다고 볼 수 없다.[37)]

한편 국공법이나 지공법은 국가공무원 또는 지방공무원에게 특정사유가 발생한 때에는 당연퇴직 또는 직권면직 할 수 있도록 정하고 있으며(국공법 69조, 70조 1항; 지공법 61조, 62조 1항), 그 중에는 성질상 통상해고에 해당하는 것들이 있다. 그러나 위와 같은 공무원에 대한 임면과 복무 등에 관하여는 해고 제한에 관한 법 23조 1항이 적용되거나 유추적용 되지 않고,[38)] 국공법 및 그 특례규정인 교공법이 적용되는 교육공무원이나 사립학교법이 적용되는 사립학교 교원의 경우에도 법 23조 1항은 적용되지 않는다.[39)]

대법원이 통상해고를 근로자의 일신상 사유에 의한 해고로 한정하고 있지는 않지만, 통상해고의 정당성에 관한 판례의 상당수는 근로자의 일신상 사유에 관한 것들이다. 통상해고의 사유인 '일신상 사유'란 계약상의 급부 의무의 이행에 필요한 정신적·육체적 또는 기타의 적격성(Eignung)을 현저하게 저해하는 사정이 근로자에게 발생하여 그 결과 근로자가 사업장 안에서 자신의 지위에 상응하여 정당하게 요구되는 업무를 충분히 감당할 수 없게 된 경우라고 말할 수

34) 대법원 1992. 9. 8. 선고 91다27556 판결. 위 판례는 피고의 정관이 직원의 신분보장과 관련하여 임면권자가 직원을 그 의사에 반하여 면직할 수 있는 경우를 제한하는 취지의 규정을 두고 있음에도 정관의 위임에 따라 제정되는 인사규정에서 정관 규정에 위배되어 징계면직 외에 직권면직을 규정한 것은 무효이고, 무효인 인사규정에 근거한 피고의 면직처분은 정당한 이유가 없는 것으로 무효라고 판단하였다.

35) 대법원 1987. 4. 14. 선고 86다카1875 판결.

36) 대법원 1992. 6. 9. 선고 91다11537 판결.

37) 대법원 1999. 11. 9. 선고 99두4273 판결.

38) 대법원 2002. 11. 8. 선고 2001두3051 판결(국가공무원 중 별정직공무원의 경우), 대법원 2005. 4. 15. 선고 2004두14915 판결(지방공무원의 경우).

39) 해고와 임금, 53면.

있다.[40] 근로관계는 계속적 계약으로서 당사자 사이의 특별한 신뢰관계를 기초로 하는 것이므로,[41] 근로자의 근무실태나 능력이 사용자의 주의나 지도를 통해서 시정 또는 개선될 여지가 없거나 사용자와의 신뢰관계가 근본적으로 훼손되어 더 이상 회복될 가능성이 없고 그 밖에 사용자의 노력이 무의미한 경우인지 여부, 해고로 인하여 근로자가 받게 되는 불이익과 그에 대하여 근로자측의 책임으로 돌릴 수 없는 사정이 존재하는지 여부, 사용자측의 불충분한 대응이나 조치 등이 있었는지 여부 등을 종합적으로 고려하여 통상해고의 정당성 여부를 판단하여야 한다.[42] 아래에서는 일신상 사유를 비롯한 통상해고사유의 정당성에 관하여 구체적으로 경우를 나누어 살펴본다.

### 1. 질병 등

#### 가. 일 반 론

부상·질병과 이에 따른 신체장해를 이유로 한 해고의 정당성에 관하여 대법원은 "근로자가 취업규칙에서 정한 '신체장해로 인하여 직무를 감당할 수 없을 때'에 해당한다고 보아 퇴직처분을 함에 있어서 그 정당성은 근로자가 신체장해를 입게 된 경위 및 그 사고가 사용자의 귀책사유 또는 업무상 부상으로 인한 것인지 여부, 근로자의 치료 기간 및 치료 종결 후 노동능력 상실의 정도, 근로자가 사고를 당할 당시 담당하고 있던 업무의 성격과 내용, 근로자가 그 잔존노동능력으로 감당할 수 있는 업무의 존부와 내용, 사용자로서도 신체장해를 입은 근로자의 순조로운 직장 복귀를 위하여 담당 업무를 조정하는 등의 배려를 하였는지 여부, 사용자의 배려에 의하여 새로운 업무를 담당하게 된 근로자의 적응노력 등 제반 사정을 종합적으로 고려하여 합리적으로 판단하여야 한다"[43]고 보았다.

#### 나. 업무상 부상·질병

사용자는 근로자가 업무상 부상 또는 질병의 요양을 위하여 휴업한 기간과 그 후 30일 동안은 해고하지 못한다(법 23조 2항). 하지만 그 30일이 지난 경우에는 어떻게 되는가. 근로자의 업무상 부상 또는 질병이 완치된 경우에는 원직에

40) 김형배, 705면.
41) 대법원 2018. 3. 15. 선고 2017다279029 판결.
42) 김형배, 704면.
43) 대법원 1996. 12. 6. 선고 95다45934 판결.

복귀하는 데 아무런 문제가 없겠지만, 근로자가 업무상 부상 또는 질병으로 말미암아 노동능력이 상실 또는 감소된 경우에는 문제가 된다. 근로자는 업무상 부상 또는 질병으로 말미암아 노동능력이 상실된 경우에 산재법에 따른 보상을 받은 후 퇴직할 수밖에 없다. 만일 근로자가 퇴직을 거부하면 사용자로서는 근로자가 더 이상 노무제공을 할 수 없게 되었다는 사정으로 말미암아 그 근로자를 해고할 수 있다. 이러한 해고는 통상해고이다.

그런데 업무상 부상·질병의 경우에는 근로자의 노동능력이 감소되었더라도 근로자가 원래 하던 일을 계속할 수 있으면 사용자는 원칙적으로 해고할 수 없고, 근로자의 노동능력 감소에 대응한 임금의 삭감이나 배치전환만 가능하다고 보아야 한다. 임금 삭감분은 근로자가 노동능력 감소에 따라 수령하는 장해급여로 보충된다고 볼 수 있다. 업무상 부상·질병으로 근로자의 노동능력이 감소되어 원래 하던 일을 계속할 수는 없지만, 그 회사 내의 다른 일을 할 수 있는 경우에, 사용자로서는 근로자에 대한 배치전환을 할 수 있고 합리성이 있으면 배치전환이 유효한 것으로 볼 수 있지만, 배치전환을 시도하지 않고 바로 해고하는 것은 원칙적으로 허용되지 않는다고 보아야 한다. 왜냐하면 근로자의 노동능력이 감소된 원인이 업무상 사유에 기인한 경우에는 사용자에 대하여 근로계약상의 배려의무가 있다고 보거나[44] 또는 정리해고에 준하여 신의칙상 해고회피 노력의무가 있다고 볼 수 있기 때문이다.

대법원은 생산부 업무에 종사하던 근로자가 업무상 부상으로 우측 팔에 영구적인 장애를 입어 종전 업무를 감당할 능력을 상실하였고, 임시로 종사한 공정점검 업무도 원활히 수행하지 못하였으며, 위 근로자를 적정한 직종으로 전환배치할 방법도 없었다면 해고의 정당성이 인정된다고 본 반면,[45][46] 탄광 광부가 업무상 질병으로 우측 귀에 고도난청의 신체장해를 입었으나 전환배치 된 업무를 수행함에 특별히 문제가 없었음에도, 근로자의 신체장해등급이 형식적으로

44) 김형배, 706면(여기에서는 독일의 논의도 언급하고 있다); 이상국, 715면.

45) 대법원 1996. 12. 6. 선고 95다45934 판결.

46) 한편 종래 대법원은 대법원 1996. 11. 12. 선고 95누15728 판결에서 업무상 부상으로 요추부분에 신체장해를 입은 갱내 기계수리공이 종전과 같이 갱내 굴진·채탄작업 등에 사용되는 기계 등의 중량물을 취급하는 업무를 수행할 수 없고, 만일 이를 계속 담당할 경우에 장해부위가 악화될 가능성도 있다는 점을 근거로 해고의 정당성이 인정되며, 나아가 사용자가 반드시 장해 근로자에 대하여 일정 기간 유예 기간을 두고 배치전환 등을 하여 근무하도록 하면서 관찰할 의무는 없다고 판단하였다. 이러한 경우 만일 업무상 부상으로 인한 신체장해의 정도가 경미했다면 사용자는 배치전환을 고려해야 할 신의칙상 의무가 있다고 보아야 한다.

인사지침상 해고사유에 해당한다는 이유로 사용자가 위 근로자를 직권면직 하였다면 해고의 정당성이 인정될 수 없다고 판단하였다.[47)][48)]

### 다. 업무 외 부상 · 질병

#### (1) 장기간 치료가 필요한 경우

근로자가 업무 외의 사유로 부상을 입거나 질병에 걸린 경우에 이를 회복하기 위해 장기간이 필요하게 되면, 사용자는 업무상 공백을 메우기 위해 다른 근로자를 채용하거나 배치전환을 하고 그 근로자를 해고할 수 있다. 근로자의 업무 외 부상 또는 질병이 근로자의 귀책사유에 해당된다고 할 수는 없지만, 사용자의 영역에서 발생한 것은 명백히 아니며, 근로자로서는 노무제공의무를 다 할 수 없기 때문이다.

대법원은 버스 운수회사가 "휴직기간은 45일을 초과할 수 없고, 휴직기간 만료 전일까지 복직원을 제출하지 않으면 퇴직처리한다"는 단체협약 규정에 따라, 근로자가 업무 외 부상으로 단체협약의 최고 한도보다 약 3배나 많은 기간 동안의 휴직 연장을 신청한 근로자에 대해 퇴직처분한 것을 정당하다고 보았다.[49)]

#### (2) 장해가 남은 경우

근로자가 부상 또는 질병으로 말미암아 노동능력을 완전히 상실한 경우에는 통상해고의 정당한 이유가 있다고 보아야 한다.

근로자가 업무 외 부상 또는 질병으로 말미암아 노동능력이 감소되었으나 원래 하던 일을 계속할 수 있거나 사업장 안에서 다른 일을 할 수 있는 경우에, 사용자는 원직 근무, 배치전환 중 하나를 선택한 후 임금삭감을 할 수도 있고 해고를 선택할 수도 있다. 이 경우 통상해고의 정당성은 근로자가 신체 장해를 입게 된 경위 및 그 사고가 사용자의 귀책사유 또는 업무상 부상으로 인한 것인지의 여부, 근로자의 치료기간 및 치료 종결 후 노동능력 상실의 정도, 근로

47) 대법원 1997. 8. 26. 선고 96누14593 판결.

48) 대법원 1998. 1. 20. 선고 96다56313 판결은 항운노조 조합원인 근로자가 중노동인 항만하역 작업에 종사할 수 없는 신체적 상태에 있고, 노무 제공의 현실적 수령자인 항만하역자 측에서 근로자의 노무 제공에 대하여 수령을 거절하고 있는 경우, 항운노조가 근로자를 취로시키지 않은 것은 정당하다고 판단하였는데, 위 판례는 항운노조가 취로를 거절하였다고 하여 근로자를 해고 또는 제명하였다고 볼 수 없다는 점을 이유로 하고 있다.

49) 대법원 1996. 10. 29. 선고 96다21065 판결, 대법원 1993. 7. 13. 선고 93다3721 판결(휴직 가능 기간이 2개월인 사례였는데, 휴직 기간 만료 때 2~3개월의 치료가 더 필요하다는 추가 진단서가 제출되었다).

자가 사고를 당할 당시 담당하고 있던 업무의 성격과 내용, 근로자가 그 잔존노동능력으로 감당할 수 있는 업무의 존부 및 그 내용, 사용자로서도 신체 장해를 입은 근로자의 순조로운 직장 복귀를 위하여 담당 업무를 조정하는 등의 배려를 하였는지 여부, 사용자의 배려에 의하여 새로운 업무를 담당하게 된 근로자의 적응노력 등 제반 사정을 종합적으로 고려하여 합리적으로 판단하여야 한다.[50]

알콜중독이나 약물중독은 의학적으로 질병에 해당할 정도의 증세인 경우에는 질병으로 취급되고 근로관계를 계속할 수 없을 정도로 중대할 때에는 통상해고의 사유가 될 수 있다.[51]

하급심 판례 중에는 생산직 근로자가 업무 외 질병인 뇌출혈 발병으로 기존의 업무는 물론 임시로 전환배치 된 업무도 정상적으로 수행하는 것이 어려운 경우 해고의 정당성이 인정된다고 본 사례,[52] 반면 50대인 생산직 근로자가 뇌혈관 성형술을 받은 후에는 기존 업무를 수행할 수 없다고 단정할 수 없고 생산직에서 갑작스럽게 사무직으로 보직이 변경되어 업무를 제대로 수행하지 못하였다고 하여 정신적 또는 육체적 장애로 업무수행능력이 현저하게 낮다고 볼 수 없어 해고의 정당성이 인정되지 않는다고 본 사례[53] 등이 있다.

### 2. 결격사유의 발생

단체협약이나 취업규칙 등에서 사원채용의 결격사유를 규정한 경우 일단 채용된 근로자에게 사후적으로 위 규정에 열거된 사유가 발생하였다고 하여 당연히 근로자의 지위를 상실한다고 볼 수 없다.[54]

채무자회생법 32조의2는 “누구든지 회생절차·파산절차 또는 개인회생절차 중에 있다는 이유로 정당한 사유 없이 취업의 제한 또는 해고 등 불이익한 처우를 받지 아니한다”라고 정하고 있으므로, 단체협약이나 취업규칙 등에서 근로자가 파산선고를 받고 복권되지 않은 경우를 해고사유로 규정하였더라도 특별한 사정이 없는 한 그 정당성을 인정하기 어려울 것이다.[55] 다만 개별 법령에서 파산선고를 받고 복권되지 않은 경우를 결격사유로 정한 경우 또는 그로 인한

50) 대법원 1996. 12. 6. 선고 95다45934 판결 등; 하갑래, 966~967면 참조.
51) 김형배, 706면.
52) 대전지법 2018. 9. 5. 선고 2017구합107291 판결(항소 없이 확정).
53) 대전고법 2017. 4. 13. 선고 2016누12637 판결(상고심에서 심리불속행기각으로 확정).
54) 대법원 1993. 8. 24. 선고 92다55480 판결.
55) 서울중앙지방법원 파산부 실무연구회, 112면.

면허나 자격의 취소를 정한 경우에는 해고의 정당성이 인정될 여지가 있다.[56]

국공법 33조 1~8호는 피성년후견인 또는 피한정후견인, 파산선고를 받고 복권되지 아니한 자, 금고 이상의 실형을 선고받고 그 집행이 종료되거나 집행을 받지 아니하기로 확정된 후 5년이 지나지 아니한 자, 금고 이상의 형을 선고받고 그 집행유예 기간이 끝난 날부터 2년이 지나지 아니한 자, 금고 이상의 형의 선고유예를 받은 경우에 그 선고유예 기간 중에 있는 자, 법원의 판결 또는 다른 법률에 따라 자격이 상실되거나 정지된 자, 공무원으로 재직기간 중 직무와 관련하여 횡령, 배임, 업무상 횡령, 배임의 죄(형법 355조, 356조)로 300만 원 이상의 벌금형을 선고받고 그 형이 확정된 후 2년이 지나지 아니한 자, 업무상위력 등에 의한 간음죄 등(형법 303조, 성폭력범죄의 처벌 등에 관한 특례법 10조)으로 300만 원 이상의 벌금형을 선고받고 그 형이 확정된 후 2년이 지나지 아니한 자, 징계로 파면처분을 받은 때부터 5년이 지나지 아니한 자, 징계로 해임처분을 받은 때부터 3년이 지나지 아니한 자를 결격사유로 규정하고 있다. 국공법 69조는 공무원이 33조 각 호의 사유에 해당되면[57] 당연퇴직 하는 것으로 규정하였다. 이와 같은 당연퇴직은 그 법적 성격을 통상해고로 볼 수 있다.

이와 같은 결격사유와 당연퇴직사유에 관한 국공법의 내용은 지공법 31조, 61조에도 똑같이 규정되어 있지만, 사립학교법 57조에서는 선고유예의 예외를 두지 않고 국공법 33조 1~8호의 사유 전부를 모두 당연퇴직사유로 규정하고 있다.[58] 다만 위와 같은 국공법, 지공법 등의 해고에 관하여는 법 23조 1항이 적용되지 않는다는 점은 앞서 본 것과 같다.

공기업도 취업규칙의 성격을 갖는 인사규정 등에서 일정한 결격사유와 당연퇴직사유를 두고 있다. 서울지하철공사가 금고 이상의 형을 받고 그 집행유예기간이 경과되지 아니한 것을 채용결격사유와 당연퇴직사유로 삼은 규정에 따라 근로를 해고한 것은 정당하다고 본 하급심 판결[59]이 있다.

---

56) 이에 관한 자세한 내용은 서울중앙지방법원 파산부 실무연구회, 112~114면 참조.

57) 단, 2호는 면책신청을 하지 않거나 면책불허가 또는 면책 취소가 확정된 경우로 한정되고, 5호는 금고 이상의 형의 선고유예를 받은 경우 등으로 한정된다.

58) 국공법과 지공법이 적용되는 국·공립학교 교원보다 사립학교 교원에 대한 당연퇴직사유를 더 넓게 규정할 필요는 없으므로, 이 조항은 평등의 원칙에 위반된 조항이라고 볼 소지가 있다. 가급적 국·공립학교 교원과 동일하게 개정할 필요가 있다.

59) 서울고법 1997. 3. 25. 선고 96구5294 판결(이에 대한 평석으로는 하경효, 51~56면).

### 3. 직무능력의 결여

근로자가 업무를 수행하기 위해 필수적인 자격이나 면허를 상실한 경우 해당 근로자가 더 이상 노무를 제공할 수 없다는 점을 이유로 한 해고는 통상해고이다. 운전 업무에 종사하는 근로자가 운전면허 취소처분을 받았거나, 변호사·의사·약사·공인회계사·변리사·세무사·건축사·교사 등의 자격을 전제로 근무하던 중 그 자격을 상실한 경우, 사용자가 각 분야에서 일정한 기술 자격을 가진 근로자를 채용할 의무에 따라 채용된 근로자가 기술자격을 상실한 경우 근로자를 해고한 것은 정당성이 인정될 수 있다.

국공법 70조 1항 8호, 지공법 62조 1항 6호는 "해당 직급에서 업무를 수행하는 데 필요한 자격증의 효력이 없어지거나 면허가 취소되어 담당 직무를 수행할 수 없게 된 때"를 직권면직 사유로 삼았는데, 그 법적 성격은 통상해고로 볼 수 있다. 다만 앞서 본 것처럼 위와 같은 국공법, 지공법 등의 해고에 관하여는 법 23조 1항이 적용되지 않는다.

운전면허정지와 같이 자격이 일정한 기간 동안 정지된 경우에는 면허정지 기간, 면허정지를 받게 된 사유, 근무 기간, 업무 내용 등을 종합하여 근로관계를 계속할 수 없을 정도로 중대한 사유인지, 아니면 정직이나 휴직 등 다른 징계나 제도에 의해 해고를 회피할 수 있는지를 판단한다. 대법원은 운수회사의 단체협약이나 취업규칙 등에 운전면허가 취소된 경우를 당연퇴직사유로 규정하고 있고 이에 따라 운전면허가 취소된 운전기사가 당연퇴직된 때에는 이후 위 운전면허취소처분이 행정심판절차에 의하여 다시 취소되어 소급하여 무효로 돌아간다고 하여도 당연퇴직이 무효로 되는 것은 아니라고 판단하였다.[60] 하급심 판례 중에는 징계해고와 관련하여 음주운전으로 면허가 취소되었지만 특별사면에 따라 면허를 재취득하여 실제 운전업무에 종사할 수 없었던 기간이 37일에 불과하였다면 해고의 정당성을 인정할 수 없다는 사례[61]가 있다.

국책연구기관이 연구원의 채용조건으로 해당 분야의 박사학위 소지자일 것을 요구하고 박사학위 논문을 제출하도록 하는 것은 단순히 학위 소지를 증명하는 데 그치지 않고 해당 분야의 연구능력 및 전문지식과 함께 연구원으로서

60) 대법원 1993. 12. 21. 선고 93다43866 판결.
61) 서울고법 2017. 11. 17. 선고 2017누59156 판결(상고 없이 확정).

의 진정성과 정직성, 연구 환경에 대한 적응성 등을 판단하기 위한 자료를 확보하고, 나아가 상호 간 신뢰관계의 형성과 안정적인 연구 환경의 유지 등을 도모하고자 하는 데에도 그 목적이 있는 것으로, 이는 고용계약의 체결뿐 아니라 고용관계의 유지에서도 중요한 고려요소가 되기 때문에, 고용계약서나 인사관리규정에서 해당 연구원이 채용 당시 제출한 박사학위 논문에 부정 또는 하자가 있는 때를 해고사유로 특히 명시하고 있는 경우, 이를 이유로 해고하는 것은 채용 당시 및 그 이후의 제반 사정에 비추어 보더라도 사회통념상 현저히 부당하지 않다면 그 정당성이 인정된다.[62)]

원래 근로자의 일신상 사유는 대체로 근로자가 스스로 극복할 수 없는 사유이지만, 그것이 일정 기간의 훈련(기술 부족), 합리적 기회 부여(자격 상실), 기타 작업 환경의 개선 등으로 극복될 수 있다면 사용자는 근로계약상 배려의무에 따라 근로자를 해고할 수 없다고 보아야 한다.[63)]

대법원은 이른바 '저성과자 해고'에 관하여 "일반적으로 사용자가 근무성적이나 근무능력이 불량하여 직무를 수행할 수 없는 경우에 해고할 수 있다고 정한 취업규칙 등에 따라 근로자를 해고한 경우, 사용자가 근로자의 근무성적이나 근무능력이 불량하다고 판단한 근거가 되는 평가가 공정하고 객관적인 기준에 따라 이루어진 것이어야 할 뿐 아니라, 근로자의 근무성적이나 근무능력이 다른 근로자에 비하여 상대적으로 낮은 정도를 넘어 상당한 기간 동안 일반적으로 기대되는 최소한에도 미치지 못하고 향후에도 개선될 가능성을 인정하기 어렵다는 등 사회통념상 고용관계를 계속할 수 없을 정도인 경우에 한하여 해고의 정당성이 인정된다. 이때 사회통념상 고용관계를 계속할 수 없을 정도인지는 근로자의 지위와 담당 업무의 내용, 그에 따라 요구되는 성과나 전문성의 정도, 근로자의 근무성적이나 근무능력이 부진한 정도와 기간, 사용자가 교육과 전환배치 등 근무성적이나 근무능력 개선을 위한 기회를 부여하였는지 여부, 개선의 기회가 부여된 이후 근로자의 근무성적이나 근무능력의 개선 여부, 근로자의 태도, 사업장의 여건 등 여러 사정을 종합적으로 고려하여 합리적으로 판단하여야 한다."라고 판단 기준을 제시하였다.[64)]

---

62) 대법원 2016. 10. 27. 선고 2015다5170 판결. 입사 당시 제출한 이력서 등에 학력 등을 허위로 기재한 경우 징계해고의 정당성을 인정한 판례로는 대법원 2012. 7. 5. 선고 2009두16763 판결.

63) 이상국, 715면.

한편 시용기간 중에 있는 근로자를 해고하거나 시용기간 만료시 본계약의 체결을 거부하는 것은 사용자에게 유보된 해약권의 행사로서, 당해 근로자의 업무능력, 자질, 인품, 성실성 등 업무적격성을 관찰·판단하려는 시용제도의 취지·목적에 비추어 볼 때 보통의 해고보다는 넓게 인정되나, 이 경우에도 객관적으로 합리적인 이유가 존재하여 사회통념상 상당하다고 인정되어야 한다.[65)]

### 4. 기 타

기업상 비밀의 유지가 요구되는 지위에 있는 근로자가 경쟁기업주와 인척관계에 있거나 근로자와 가까운 친척이나 친교관계에 있는 자가 경쟁기업체에 있는 경우, 그로 인하여 사업상의 기밀이 누설될 위험이 있을 때에는 일신상의 사유로 해고가 인정된다는 견해[66)]가 있는데, '사업상의 기밀이 누설될 위험이 있을 때'라는 요건을 엄격히 적용할 필요가 있다. 나아가 이러한 위험성에 그치지 않고 실제로 근로자가 기업상 비밀을 누설한 경우에는 물론 징계해고의 대상이 된다.

통상해고사유의 하나로 정당성이 인정될 수 있다고 거론되는 것으로는 이른바 성격·인품상의 부적격성이라고 하여 동료 직원과 불화로 업무 분위기를 해치는 경우,[67)] 팀워크가 중시되는 사업에서 동료 사이에 협조가 되지 않는 경

64) 대법원 2021. 2. 25. 선고 2018다253680 판결(甲 주식회사가 취업규칙에서 정한 해고사유인 '근무성적 또는 능력이 현저하게 불량하여 직무를 수행할 수 없다고 인정되었을 때'에 해당한다는 이유로 乙 등을 해고한 사안에서, 甲 회사가 다년간 실시한 인사평가 결과 乙 등은 최하위권에 해당하는 저조한 업무수행실적을 보였고, 甲 회사로부터 수차례 직무경고를 받는 등 장기간 실적이 상당한 정도로 부진하였으며, 甲 회사는 乙 등에게 10개월 동안 직무역량 향상과 직무재배치를 위한 직무교육을 실시한 다음 乙 등을 직무재배치하였으나 이후 실시된 다면평가에서 乙 등의 업무역량이 부족하고 乙 등의 업무상 잘못으로 여러 차례 문제점이 발생하였다는 점이 지적된 사정에 비추어 보면 乙 등의 직무역량이 상대적으로 저조하였던 것이 아니라 甲 회사가 부여하는 직무를 수행하기에 실질적으로 부족하였던 것으로 보이고, 乙 등은 직무재배치 이후에도 부서 공동업무에 대한 관심이 부족하고 업무능력을 습득하려는 의지가 부족하다는 평가를 받거나, 직무재배치 교육 이전에도 여러 차례 업무향상계획서의 제출을 거부하기까지 하는 등 업무능력 향상에 대한 열의가 없었으며, 직무재배치 이후에도 능력부족과 개선의지 부족이라는 평가를 받는 등 乙 등에게 업무능력 향상의지가 있다고 보기 어려우므로, 해고에 정당한 이유가 있다고 본 원심판단을 수긍한 사례). 대법원 2023. 12. 28. 선고 2021두33470 판결도 참조. 대법원 2022. 9. 15. 선고 2018다251486 판결에서는 단지 대기발령 기간 동안 근로자의 근무성적이나 근무능력이 개선되지 않았다는 이유만으로 해고가 정당하다고 판단한 원심을 파기하였다.

65) 대법원 2005. 7. 15. 선고 2003다50580 판결, 대법원 2006. 2. 24. 선고 2002다62432 판결.

66) 김형배, 707면.

67) 대법원 2003. 7. 22. 선고 2003다5955 판결은 동료와의 불화를 해고의 정당성을 인정하는

우[68] 등이 있다. 통상해고와 징계해고 양면에서 모두 정당성에 관하여 살펴볼 필요가 있다.

독일에서는 정치 · 노동조합 · 신앙 · 과학 · 미술 · 교육 · 언론에 종사하는 사업을 경향사업(Tendenzbetrieb)이라고 하고, 경향사업의 특징적 활동을 직접 수행해야 할 의무가 있는 근로자, 예를 들면 교회에 고용된 목사, 노동조합이 발행하는 신문의 편집국장 등이 그 경향사업에 반하는 행위를 한 경우에는 해고제한법의 규정에 관계없이 해고될 수 있다는 견해가 제시되고 있다.[69][70]

## Ⅳ. 통상해고와 해고절차

통상해고의 경우에는 특별한 사정이 없는 한 일반의 징계절차를 거칠 필요가 없다는 점은 앞서 보았다. 다만, 단체협약이나 취업규칙 등에서 통상해고를 하는 때에도 일정한 절차를 거치도록 정한 경우에는 위와 같은 절차를 준수하여야 하고, 이를 위반하면 원칙적으로 그 해고는 무효이다.[71] 그리고 통상해고에 해당한다고 하더라도 단체협약이나 취업규칙 등에서 당연퇴직이나 직권면직과 그 밖의 통상해고를 구분하여 절차를 달리 정하는 경우에는 각각의 규정된 절차에 의하면 절차적 정당성이 인정될 수 있다.[72]

통상해고라고 하더라도 근기법이 정한 해고의 절차를 지켜야 함은 물론이고, 관련 법령에서 일정한 절차를 거치도록 정한 경우에는 그와 같은 절차도 거쳐야 한다. 대법원은 학교법인이 그 교원을 직권면직 할 때 사립학교법 및 당해 법인의 정관에 위배되어 무효인 인사규칙에 따라 징계위원회의 동의를 얻지 않

---

요소 중 하나로 인정하였다.

68) 東京高裁 1967. 1. 24. 判決(김형배, 706면에서 재인용).

69) 김형배, 713, 714면.

70) 우리나라에서 경향기업과 유사한 경우로 서울특별시가 설립한 도시개발공사 소속 근로자가 부동산 투기 행위를 한 것에 대해 징계해고의 정당성을 인정한 사례가 있다(대법원 1994. 12. 13. 선고 93누23275 판결).

71) 대법원 2003. 6. 10. 선고 2001두3136 판결. 대법원은 이 판결에서 인사처분에 관하여 단체협약 등에 노동조합과의 사전합의조항을 둔 경우 위와 같은 절차를 거치지 않은 인사처분은 원칙적으로 무효라고 하면서, 다만 예외적으로 인사처분이 유효라고 볼 수 있는 경우를 인정하고 있다.

72) 대법원 1995. 3. 24. 선고 94다42082 판결, 대법원 1995. 7. 14. 선고 95다1767 판결, 대법원 1996. 10. 29. 선고 96다21065 판결, 대법원 1996. 11. 26. 선고 95누17571 판결, 대법원 2000. 6. 23. 선고 99두4235 판결 등.

은 경우, 그 직권면직 처분은 절차상의 하자로 인하여 무효이고, 비록 소송 계속 중에 학교법인이 징계위원회를 개최하여 동의를 얻었다고 하더라도 이러한 사유로 그 하자가 치유된다고 할 수 없다고 판단하였다.73)

[박 상 훈·차 승 환]

## 제23조 제1항 해설 2: 징계해고

〈세 목 차〉



73) 대법원 1996. 3. 8. 선고 95다51847 판결.

[참고문헌]

강기탁, "노동조합 전임자의 법적 지위", 1999 노동판례비평, 민주사회를 위한 변호사모임(2000); 강명수, "논문 작성에 있어 자기 또는 타인 저작물 인용의 적법요건", (계간)저작권 2018 봄호, 한국저작권위원회(2018); 권혁재, "판례를 통하여 본 해고사유", 재판자료 39집 근로관계소송상의 제문제(상), 법원행정처(1987. 12.); 김건일, "징계처분의 취소", 대법원판례해설 22호, 법원행정처(1995. 5.); 김규장a, "면직처분의 정당성과 그 판단대상 및 면직처분사유의 추가, 변경", 국민과 사법 — 윤관 대법원장 퇴임 기념, 박영사(1999. 1.); 김규장b, "직장을 상대로 한 법적 쟁송의 계속, 직장 내부사실의 외부공표(감사원에 대한 심사청구, 감독관청에 대한 청원) 등 근로자의 이른바 품위손상행위의 징계사유 해당성", 대법원판례해설 33호, 법원도서관(2000. 5.); 김기선, "학력 허위 기재와 해고", 노동법학 43호, 한국노동법학회(2012. 9.); 김기중a, "노동조합전임자의 근로관계", 노동법연구 5호, 서울대학교 노동법연구회(1996); 김기중b, "노조전임자가 노조 업무 수행 중 재해를 입은 경우", 1996 노동판례비평, 민주사회를 위한 변호사모임(1997); 김도형, "이력서 허위기재를 이유로 한 해고와 부동노동행위와의 관계", 노동법연구 6호, 서울대학교 노동법연구회(1997); 김린, "채용조건인 논문의 표절과 해고의 정당성", 노동리뷰 142호, 한국노동연구원(2017); 김성진, "근무성적 불량자에 대한 노동법의 대응", 노동법학 31호, 한국노동법학회(2009. 9.); 김선수, "노사갈등의 현황과 쟁점", 노동법학 8호, 한국노동법학회(1998. 12.); 김소영a, "사용자의 징계권의 범위 —판례법리에 의한 '징계의 정당성 판단'을 중심으로 —", 노동법학 34호, 한국노동법학회(2010); 김소영b, "경력 사칭을 이유로 하는 징계해고의 정당성", 기업법연구 26권 3호, 한국기업법학회(2012); 김재진, "통상해고, 징계해고, 정리해고", 재판자료 39집 근로관계소송상의 제문제(상), 법원행정처(1987. 12.); 김재훈, "단체협약상의 해고사유와 취업규칙상의 해고사유", 노동법연구 4호, 서울대학교 노동법연구회(1994); 김준우, "학력사칭 노동자에 대한 해고의 법리", 2012 노동판례비평, 민주사회를 위한 변호사모임(2013); 김지형a, "헌법상 기본권과 노동법 — 개별적 근로관계에 있어서의 논의를 중심으로—, 재판자료 76집 헌법문제와 재판(중), 법원도서관(1997. 6.); 김형배a, "경력사칭과 징계해고 — 대법원 85. 4. 9. 83다카2202 판결에 대한 비판", 노동법과 노동정책 — 탄은 김진웅 박사 화갑 기념, 일신사(1985. 11.); 김홍영a, "노조전임자에게 출·퇴근에 관한 취업규칙이 적용되는지 여부", 노동법률 175호,

중앙경제(2005. 12.); **김홍영b**, "노동조합 내부문제를 이유로 한 징계", 노동법률 225호, 중앙경제(2010); **남형두**, "표절에 관한 최초의 본격적인 대법원판결의 명암", 저스티스 162호, 한국법학원(2017); **노동판례연구회**, "안전운행 및 징계처분 이후의 비위행위와 징계양정", 노동법률 83호, 중앙경제(1998. 4.); **도재형**, "해고와 당연퇴직", 노동판례백선, 한국노동법학회(2015); **문형배**, "사생활상 비행을 이유로 한 해고의 정당성", 판례연구 9집, 부산판례연구회(1998. 12.); **민법주해[Ⅱ]** 총칙(2), 박영사(1992); **민법주해[XV]** 채권(8), 박영사(1997); **박범석**, "징계시효가 진행 중 경과규정 없이 취업규칙 개정으로 징계시효가 연장된 경우에 징계절차에서 개정된 취업규칙을 적용할 수 있는지 여부", 대법원판례해설 99호, 법원도서관(2014); **박병휴**, "부당한 배치전환에 대하여 항의하면서 5일간의 작업을 거부한 것을 이유로 한 해고의 효력", 대법원판례해설 15호, 법원행정처(1992. 6.); **박수근**, "부당노동행위에서의 노동조합의 업무를 위한 정당한 행위", 1999 노동판례비평, 민주사회를 위한 변호사모임(2000); **박인호**, "학력사칭과 징계해고", 대법원판례해설 6호, 법원행정처(1987. 7.); **박철**, "배치전환명령과 징계", 민사판례연구 15권, 박영사(1993. 5.); **박지순**, "징계제도의 법적 구조 및 개별 쟁점의 재검토", 노동법포럼 1호, 노동법이론실무학회(2008. 10.); **박홍규a**, "취업규칙과 단체협약의 관계 및 무단결근을 이유로 한 해고의 정당성", 노동법률 144호, 중앙경제(2003. 5.); **방준식**, "징계해고규제법리의 재검토", 강원법학 35-1권, 강원대학교 비교법학연구소(2012); **송강직a**, "근로자의 양심의 자유 —일본 판례를 중심으로—", 노동법학 10호, 한국노동법학회(2000. 8.); **송강직b**, "단체협약 및 취업규칙상의 징계사유와의 관계, 부당노동행위의 원인경합", 노동법률 99호, 중앙경제(1999. 8.); **송강직c**, "노조전임자의 조합활동과 부당노동행위", 노동법률 117호, 중앙경제(2001. 2.); **송강직d**, "학력위조와 근로계약의 효력", 노동법학 29호, 한국노동법학회(2009); **송강직e**, "사용자의 징계권의 범위", 2008 노동판례비평, 민주사회를 위한 변호사모임(2009); **송강직f**, "노동법학에서의 헌법학의 역할", 동아법학 48호, 동아대학교 법학연구소(2010); **신권철**, 근로자의 경업금지의무, 서울대학교 대학원 석사학위논문(2005. 8.); **양태종**, "징계해고와 정리해고에 있어서의 정당한 이유", 대법원판례해설 7호, 법원행정처(1988. 12.); **오창수**, "학력사칭을 이유로 한 징계해고의 효력", 인권과 정의 156호, 대한변호사협회(1989. 8.); **유성재**, "하자있는 근로계약의 효력", 법학논문집 23집 1호, 중앙대학교 법학연구소(1998년); **유해용**, "해고제한에 관한 연구 —근로기준법 제27조 제 1 항의 '정당한 이유'에 관한 판례의 분석을 중심으로—", 사법연수생논문집 19기, 사법연수원(1990); **이국환**, "피징계자가 징계에 대한 재심을 구한 경우 재심절차에서 징계사유를 추가할 수 있는지 여부", 대법원판례해설 26호, 법원도서관(1996. 12.); **이미선a**, "경력 사칭을 이유로 한 징계해고의 정당성", 대법원판례해설 93호, 법원도서관(2012); **이미선b**, "경력 사칭을 이유로 한 해고", 법과 정의 그리고 사람: 박병대 대법관 재임기념 문집, 사법발전재단(2017); **이상수**, "경력사칭과 징계해고", 판례월보 177호, 판례월보사(1985. 6.); **이승욱**, "징계처분의 범위와 한계", 1997 노동판례비평, 민주사회를 위한 변호사모임(1998); 이원재, “연차유급휴가의 시기지정권”, 노동판례평석집 Ⅱ, 한국경영자총협회(1997. 12.); 이전오a, “학력사칭을 이유로 한 징계해고의 요건(상)”, 법률신문 1858호(1989. 7.); 이전오b, “학력사칭을 이유로 한 징계해고의 요건(하)”, 법률신문 1859호(1989. 7.); 이종복, “학력 내지 경력사칭으로 인한 근로관계종료에 관한 법리구성”, 판례연구 4집, 고려대학교 법학연구소(1986. 12.); 이철남, “표절의 판단기준”, 지식재산정책 34호, 한국지식재산연구원(2018. 3.); 이철수a, “단체협약상의 해고사유와 취업규칙상의 해고사유”, 노동법률 42호, 중앙경제(1994. 11.); 이철수b, “노조조합장 불신임운동이 기업질서를 위반함을 이유로 한 징계해고의 정당성”, 노동판례평석집 Ⅱ, 한국경영자총협회(1997. 12.); 임종률a, “80년대 전반기의 노동판례동향”, 노동법학 1호, 한국노동법학회(1987. 9.); 임종률b, “근로자 징계의 법리”, 법학논총 5집, 숭실대학교 법학연구소(1989. 12.); 임종률c, “정당한 조합활동 —판례를 중심으로—”, 성균관법학 8호, 성균관대학교 비교법연구소(1997. 12.); 장우건, “근로자에 대한 징계해고가 부당노동행위가 되기 위한 요건”, 대법원판례해설 11호, 법원행정처(1989. 4.); 정준영, “직장 내 성희롱 행위자에 대한 징계해고의 정당성”, 대법원판례해설 77호, 법원도서관(2009); 정재성a, “단체협약상의 해고 사유와 취업규칙상의 해고 사유”, 노동판례 평석: 노동현장에서 부딪히는 노동사건 주요 판례 평석, 인쇄골(1999. 4.); 정재성b, “징계사유가 아닌 사실을 징계양정의 자료로 삼을 수 있는지”, 노동판례 평석: 노동현장에서 부딪히는 노동사건 주요 판례 평석, 인쇄골(1999. 4.); 정지원, “성희롱의 법적 개념과 성희롱 가해자에 대한 징계해고의 정당성에 관한 판단기준”, 젠더법학 2권 1호, 한국젠더법학회(2010); 조건주, “학력 또는 경력을 사칭한 경우 징계해고의 정당성”, 민사판례연구 25권, 박영사(2003. 2.); 조성혜, “단체협약상의 직권면직사유인 ‘금고 이상의 유죄판결’의 의미”, 노동법률 80호, 중앙경제(1998. 1.); 조용만, “사용자의 승인 없는 공직(지방의회의원직) 취임과 해고의 정당성”, 노동법학 45호, 한국노동법학회(2013. 3.); 조원철, “경력사칭해고”, 판례연구 3집, 대구지방법원 판례연구회(1992. 12.); 지성수, “시말서 제출명령과 양심의 자유 침해”, 대법원판례해설 84호, 법원도서관(2010); 최홍엽a, “개정 노동법상 노조전임자의 지위”, 노동법연구 7호, 서울대학교 노동법연구회(1998); 최홍엽b, “노조전임자 관련 판례”, 1997 노동판례비평, 민주사회를 위한 변호사모임(1998); 추대호, 해고의 제한, 한양대학교 행정대학원 석사학위논문(1986); 하경효a, “학력은폐시 징계해고의 타당성”, 노동법률 97호, 중앙경제(1999. 6.); 하경효b, “징계해고의 정당사유와 절차에 관련된 문제”, 조정과 심판 6호, 중앙노동위원회(2001); 하경효c, “노조전임자 급여지원 관행”, 경영계 221호, 한국경영자총협회(1996. 7.); 하경효d, “형사유죄확정판결에 대한 당연퇴직규정의 적용한계”, 조정과 심판 1호, 중앙노동위원회(2000); 하경효e, “징계해고의 정당사유와 절차에 관련된 문제”, 조정과 심판 6호, 중앙노동위원회(2001); 하경효f, “시말서제출요구와 근로자의 양심의 자유”, 노동법률 229호, 중앙경제(2010. 6.); 하경효g, “경력사칭과 해고”, 노동판례백선, 한국노동법학회(2015); 현창종, “징계해고를 둘러싼 노동법률”, 노동법률 78호, 중앙경제(1997. 11.).

## Ⅰ. 징계해고의 의의와 법적 근거

### 1. 의 의

기업은 인적·물적 조직의 유기적 결합체로서 그 사업목적을 달성하기 위해서는 다수의 근로자들에게 일률적으로 적용되는 일정한 질서를 확립하고 유지할 필요가 있다. 징계는 근로자의 기업질서 위반 행위에 대하여 불이익을 가하는 제재를 말한다.[1] 징계처분 속에는 일반적인 사법(私法)법리로는 설명하기 어려운 정직이나 감봉 등의 처분도 포함되어 있기 때문에 손해배상이나 계약해지와 같은 계약의무위반에 대한 제재와는 질적으로 다른 질서벌로서의 성격을 가진다.[2]

법은 사용자의 징계권의 근거를 명시적으로 규정하고 있지는 않지만 징벌(법 23조, 28조) 또는 제재(법 93조 12호, 95조)라는 표현을 사용함으로써 징계 제도의 존재를 예정하고 있다. 현실적으로는 취업규칙이나 단체협약에서 징계사유와 징계의 종류를 정하여 이를 기초로 사용자가 징계권을 행사하고 있다.[3]

제재의 수단으로는 경고(견책), 감급(감봉), 출근 정지(정직), 징계해고 등이 있다. 여기서 징계해고는 사업장에서 사용자가 정한 복무규율을 위반하는 등 징계사유가 있는 근로자에 대하여 사업의 정상적인 운영과 기업의 질서유지를 위하여 더 이상 근로관계를 계속하기 곤란한 경우에 그 근로관계를 끝맺겠다고 하는 사용자의 일방적인 의사표시이다.[4]

근로자의 입장에서 보면 사용자가 징계권을 남용할 경우 가혹한 불이익을 받게 되고 징계해고의 경우에는 근로자의 생계에 위협을 받게 되므로 징계권 행사에는 일정한 법적 한계가 있다.

법은 사용자의 근로자에 대한 징계를 여러 가지로 제한하고 있다. 즉, 법은 (i) 23조 1항에서 정당한 이유 없는 해고·휴직·정직·전직·감봉 등 기타의 징벌을 금지하고, (ii) 93조에서 취업규칙의 내용으로 제재에 관한 사항을 반드시

1) 김유성, 260면; 이병태, 954면.
2) 하경효b, 35면.
3) 김형배, 603면.
4) 김지형, 512면. 다만 박지순, 249면 이하(현행 법은 해고의 제한으로 23조 이하에 별도의 규정을 두고 있으므로 별도의 징계해고제도를 설정하는 것은 근로기준법의 강행적 취지에 부합하지 않는다고 한다).

기재하게 하며, (iii) 95조에서 취업규칙으로 근로자에 대한 감급의 제재를 정할 경우 그 감액의 한도를 제한하고, (iv) 28조에서는 정당한 이유 없이 제재를 한 때에는 당해 근로자는 노동위원회에 구제를 신청할 수 있도록 하고 있다.[5)]

## 2. 징계권의 법적 근거

대등한 근로관계의 일방당사자인 사용자에게 징계권이 인정되는 근거는 어디에서 구할 수 있는가? 예컨대 취업규칙에 징계해고사유가 규정되어 있다고 해서 곧 사용자에게 징계해고권이 있다고 할 수는 없다. 왜냐하면, 사법상 계약의 일방 당사자에 지나지 않는 사용자가 근로자를 징계할 수 있는 권한을 평등한 사적 관계인 근로관계 자체에서 끌어낼 수는 없기 때문이다.[6)] 따라서 사용자가 징계권을 행사할 수 있기 위한 징계권의 근거에 관해 학설상 여러 가지 견해가 제시되고 있다.

이 문제는 단체협약, 취업규칙 등에 징계해고에 관한 규정이 없는 경우에도 징계해고가 가능한가,[7)] 취업규칙 등에 징계의 사유나 수단을 열거하고 있는 경우에 그 열거는 한정적인가 예시적인가 하는 점에 그 논쟁의 실익이 있다.

징계권의 본질과 근거를 사용자의 고유한 권한에서 찾는 견해(고유권설)에 따르게 되면 단체협약상 해고 규정을 예시적 규정으로 해석할 여지가 많고, 계약이나 법규범에서 찾는 견해(계약설, 법규범설, 공동규범설)에 따르게 되면 한정적 열거로 해석할 여지가 많다.[8)]

### 가. 학　　설

징계권의 법적 근거에 관해서는 다양하게 학설이 개진되고 있다. 그 견해들을 유형화하면 대체로 다음과 같다.

#### (1) 사용자의 고유권설

징계권의 근거를 사용자의 고유권 내지 경영권에서 찾는 견해이다. 이 견해에 따르면, 경영질서의 형성 및 유지와 그 위반에 대한 제재는 본래 사용자의

5) 행정해석에서는 정당한 해고사유의 운영기준에 대한 업무지침(1984. 12. 10. 근기 1451-24180)을 마련하여 징계해고사유를 정하고, 부당해고 등과 관련한 민원사건 처리지침(1990. 2. 23. 근기 01254-2719)을 마련하여 부당한 징계에 대한 구제절차를 정하고 있다.

6) 김형배, 604면.

7) 김재진, 245면; 이승욱, 118면.

8) 이철수a, 19면.

고유한 권한에 속한다고 하면서, 사용자의 징계권은 취업규칙이나 단체협약에 아무런 규정이 없는 경우에도 인정된다고 한다.[9)]

위 학설에 대하여 사용자의 지시권은 근로자에 대한 인적 지배가 아닌 근로자의 노동력을 구체적으로 사용하는 권한을 그 내용으로 하고 있을 뿐이고, 징계권은 상하의 지배관계가 존속하는 경우에만 법적으로 가능한 것인데, 근로자와 평등한 당사자 관계에 있는 사용자가 근로관계를 기초로 하여 근로자에 대하여 징계권을 갖는다고 말할 수 없고,[10)] 고유권설은 징계권의 기능을 제시하였지만 노사관계에서 사용자의 우월한 지위를 인정하는 구체적인 근거를 제시하지 못하였다는 비판이 있다.[11)]

(2) 계 약 설

징계권의 근거를 노사의 합의에서 구하는 견해이다. 이 견해에 따르면 사용자의 고유한 징계권은 존재하지 않는다고 전제하고, 다만 근로자가 근로계약을 체결하면서 징계규정이 포함된 취업규칙에 따라 계약을 한다면 이를 매개로 사용자의 징계권을 인정할 수 있다고 한다. 따라서 취업규칙에 징계에 관한 규정을 두고 있지 않다면 사용자는 근로자를 징계할 수 없다.[12)][13)]

위 학설에 대하여는 종속관계에 있는 근로자의 자유의사를 의제한 허위성에 기초한 것이고,[14)] 징계처분은 근로자를 사용자의 권력적 지배에 종속시키는 조치이므로, 근로자와 평등한 당사자관계에 있는 사용자 일방이 근로자에 대하여 법적 근거 없이 징계권을 가지는 것은 타당하지 않다는 비판이 있다.[15)]

---

9) 김형배, 604면; 이상윤, 478~479면(징계권의 근거를 사용자의 고유권한인 경영권에서 찾되, 다만 이러한 징계의 행사는 무제한적인 것이 아니며 법 23조 1항의 규정에 의한 정당한 이유가 있는 경우에 한하여 인정되고, 또한 단체협약·취업규칙 및 근로계약에 의한 제한이 적용되며, 권리남용금지의 원칙 및 신의칙 등에 의하여 제한받는다고 한다).

10) 김형배, 606면.

11) 이병태, 956면.

12) 김형배, 604면.

13) 그런데 법은 상시 10명 이상의 근로자를 사용하는 사용자의 취업규칙의 필요적 기재사항으로서 징계에 관한 사항(법 93조 12호)을 열거하고 있어 대부분의 취업규칙에는 징계에 관한 사항이 규정되어 있다고 말할 수 있다. 그러므로 취업규칙상 징계규정에서 사용자의 징계권 행사에 대한 근로자의 동의 내지 합의의 의사표시를 도출한다는 것은 바로 취업규칙 자체에서 동의 내지 합의를 도출하는 것과 동일한 의미가 있다. 따라서 계약설은 취업규칙의 법적 성질에 관한 계약설과 맥락을 같이한다(이철수a, 17면).

14) 이병태, 956면.

15) 김형배, 606면.

### (3) 법규범설

노사관계를 지배하는 일정한 법규범(취업규칙)을 근거로 하여 법 소정의 요건을 갖추는 한에서 사용자에게 근로자를 징계할 권한이 있다는 견해이다. 이 견해는 취업규칙을 법규범으로 보고, 그 이론 구성에 있어서는 취업규칙을 자치법으로 보는 자치법설, 관습법으로 보는 관습법설, 법 93조에 근거를 두는 수권설 등으로 나뉜다.[16] 이 견해에 따르면 취업규칙에 징계에 관한 규정이 있어야 근로자에 대한 사용자의 징계가 인정된다는 점에서 계약설과 결론이 같지만, 근로자의 승낙을 매개하지 않는 점에서 계약설과 차이가 있다.[17]

법규범설에 대하여는, 사용자가 취업규칙에 미리 일방적으로 정한 징계사유에 관한 규정이 징계의 근거가 될 수 없고, 사용자가 국가와 같이 제재벌을 미리 정할 수 있는 지위에 있지 않으며, 이러한 견해에 의할 경우 사용자는 위반행위자에 대해 당연히 징계권을 과할 수 있는 것이 되어 실질적으로 고유권설과 구별될 수 없다는 비판이 있다.[18]

### (4) 공동규범설

징계는 기업의 공동 질서를 위반한 행위에 대한 제재를 규정한 노사의 공동규범에 그 근거를 두고 있다는 견해이다. 이 견해에 따르면, 징계 제도는 단체협약 또는 노사협정과 같이 노사가 공동으로 참여하는 제도에 의하여 정립되어야 하고, 징계는 단체협약과 노사협정을 통한 노사의 집단적·사회적 자치를 통하여 이루어지며, 징계 제도의 설정은 그 기업 공동체 구성원들이 스스로 그들의 행위를 규율하는 규약의 정립 행위와 같은 방식을 취하는 것이 옳으며 취업규칙상의 제재에 관한 규정은 이에 대한 근로자와 사용자의 합의를 통하여 공동규범으로서의 성질을 가지는 징계권의 근거규정이 될 수 있다고 한다.[19] 징

---

16) 임종률b, 160면(법이 근로자의 보호를 위한 일정한 제한을 부과하면서 취업규칙으로 정하도록 요구하고 있으므로 현행법의 해석론으로는 법규범설을 취할 수밖에 없다고 한다); 현창종, 57~58면(징계권의 법이론적 근거는 근로계약에 따른 일정한 범위로 사용자에게 지휘명령권을 용인한 데에서 그 근거를 찾을 수 있다고 한다. 그러나 지휘명령권의 행사는 막연한 것이 아니고 일정한 규범적인 제한과 근거가 요구되는데, 이것이 법 93조에 따른 취업규칙의 규정이며, 취업규칙의 필요적 기재 사항의 하나로서 제재에 관한 사항을 정하고 있으므로 이렇게 본다면 법규범설이 논리적으로 타당하다고 한다); 이병태, 951면.

17) 이철수a, 17면.

18) 김형배, 608~609면.

19) 김형배, 607~608면; 하경효b, 33면. 그러므로 징계 제도를 정립할 때에는 단체협약이나 노사협정 등 노사의 공동규범에 의하여 징계사유와 징계방법, 징계의 집행 주체와 징계절차 등

계에 관한 규정이 없으면 사용자는 징계권을 가질 수 없고, 징계처분을 할 수 없다.[20)]

위 학설에 대하여는 징계권의 근거를 지나치게 축소함으로써 합리적인 기업질서 확립·유지의 필요성을 충족시키지 못하고 있다는 비판이 있다.[21)]

독일은 공동규범설에 따라 징계해고에 관하여 ① 징계규정이 유효하게 정립되고 근로자에게 알려져 있어야 하고, ② 징계의 유형, 정도가 규정되어 있어야 하며, ③ 법치국가적 질서에 대한 타당한 절차를 준수하고, ④ 변호와 청문의 기회가 보장될 것을 그 요건으로 한다.[22)]

### 나. 판 례

판례는 "근로자의 상벌 등에 관한 인사권은 사용자의 고유권한으로서 그 범위에 속하는 징계권 역시 기업운영 또는 근로계약의 본질상 당연히 사용자에게 인정되는 권한이기 때문에 그 징계규정의 내용이 강행법규나 단체협약의 내용에 반하지 않는 한 사용자는 그 구체적 내용을 자유롭게 정할 수 있다",[23)] "기업질서의 확립·유지에 필요하고 합리적인 것인 한 근기법 등 관계법령에 반하지 않는 범위 내에서 그 위반행위에 대한 규율을 취업규칙으로 정할 수 있다",[24)] "사용자의 본질적 권한에 속하는 피용자에 대한 징계권 행사"[25)]라고 판시하여 기본적으로 고유권설에 가까운 입장을 취하고 있는 것으로 보인다.

그러나 판례 중에는, 취업규칙에서 규정한 사유 이외의 사유를 이유로 한 징계해고는 징계사유가 존재하지 않기 때문에 무효라고 하거나,[26)] 정관에 해고사유로 당연퇴직과 징계면직을 열거하고 있을 뿐인데, 정관의 위임에 따른 인사규정이 직권면직을 규정하고 있다면 이는 정관에 위배되어 무효이고 위 인사

---

을 명확히 규정하여야 한다. 즉 징계처분이 효력을 발생하기 위해서는 징계규정이 설정되어 근로자에게 충분히 주지되어야 하고, 징계의 사유와 수단 등이 상세히 규정되어야 하며, 적법한 절차에 의하여 행해져야 하고, 청문과 소명의 기회가 주어져야 한다고 한다.

20) 김형배, 608면.

21) 김유성, 261면.

22) 하경효b, 33면. Schaub, ArbRHb., 8. Aufl., S. 439 f; BAG AP 1 zu § 87 BetrVG 1972 Betriebsbuße.

23) 대법원 1994. 9. 30. 선고 94다21337 판결.

24) 대법원 1994. 6. 14. 선고 93다26151 판결, 대법원 1999. 3. 26. 선고 98두4672 판결.

25) 대법원 1993. 7. 13. 선고 92다45735 판결, 대법원 1993. 9. 28. 선고 91다30620 판결, 대법원 1994. 6. 14. 선고 93다29167 판결, 대법원 2003. 6. 10. 선고 2001두3136 판결, 대법원 2011. 7. 28. 선고 2008두11693 판결.

26) 대법원 1992. 7. 14. 선고 91다32329 판결.

규정에 따른 직권면직 처분도 무효라고 하여[27] 계약설에 가까운 입장을 취한 것도 일부 있다.[28]

### 다. 검 토

사용자의 고유권설은 근로관계를 전근대적 시각에서 파악하고 있고, 계약설은 의무위반에 대하여 통상의 계약위반에 대한 조치와는 다른 특별한 제재를 가하기 위한 근거가 되기 어렵다.[29]

징계의 기능이 기업과 경영의 질서유지를 위반한 것에 대한 제재를 목적으로 한다면 대등한 근로관계에서는 그 근거를 찾을 수 없고 다만 노사가 공동으로 정립한 공동규범에서 그 근거를 구함이 타당하다. 따라서 징계권이 사용자가 일방적으로 정하는 방법으로 행사되어서는 안 된다. 그런데 근기법에서는 정당한 이유 있는 경우의 사용자의 징벌권행사 가능성을 열어놓았고(23조 1항), 제재에 관한 사항을 취업규칙의 필요적 기재사항(93조 12호)으로 함으로써 사용자가 일방적으로 작성하는 취업규칙에 징계규정을 두도록 하고 있는 점에 비추어 공동규범설을 취하기에는 실정법상의 한계가 있다.[30]

## Ⅱ. 징계해고의 정당한 이유

### 1. 의 의

### 가. 정당한 이유 개관

해고는 근로자의 의사와 무관하게 사용자의 일방적인 근로관계 종료의 의사표시에 의해 이루어진다. 법 23조 1항에서 말하는 해고란 실제 사업장에서 사용되는 명칭이나 그 절차에 관계없이 근로관계의 종국적인 종료를 초래하는 일체의 행위를 의미한다.[31]

법 23조 1항의 정당한 이유란, 징계해고의 경우에는 사회통념상 근로계약

27) 대법원 1992. 9. 8. 선고 91다27556 판결.
28) 이승욱, 117면; 하경효b, 32면.
29) 하경효b, 32면.
30) 하경효b, 33면. 이에 대해 김유성, 261면은 제재에 관한 사항은 취업규칙의 필요적 기재사항이고(93조), 취업규칙의 작성과 변경에 대해서는 일정한 법적 제한이 가해지고 있는 점(94조)에 비추어 볼 때, 징계권의 근거를 취업규칙에서 찾는 법규범설이 현행법의 체계에 가장 부합한다고 한다.
31) 대법원 1996. 10. 26. 선고 92다54210 판결.

을 계속시킬 수 없을 정도로 근로자에게 책임 있는 사유가 있는 것을 말한다.[32)]

한편 위 정당한 이유의 범위와 관련하여 과거 1980년대 후반 및 1990년대 초반에 걸친 다수의 판결에서 징계해고사유에 해당하면 원칙적으로 정당한 이유가 있다는 취지의 판결이 있었다.[33)]

이와 대조적으로 1992년경부터 선고된 다수의 판결에서는 징계해고 규정 해당사유가 있다는 점만으로 당연히 그 징계해고처분이 정당한 이유가 있다고 볼 수 없고, 사회통념상 근로관계를 계속시킬 수 없을 정도로 근로자에게 책임 있는 사유가 있어야 한다는 판시가 주류를 이루었고,[34)] 나아가 1998년부터는 사회통념상 당해 근로자와의 고용관계를 계속할 수 없을 정도인지의 여부는 당해 사용자의 사업의 목적과 성격, 사업장의 여건, 당해 근로자의 지위 및 담당직무의 내용, 비위행위의 동기와 경위, 이로 인하여 기업의 위계질서가 문란하게 될 위험성 등 기업질서에 미칠 영향, 과거의 근무태도 등 여러 가지 사정을 종합적으로 검토하여 판단한다라고 하여 구체적인 판단기준도 함께 제시하였다.[35)]

징계해고의 정당한 이유는 징계해고사유의 해당성과 징계 양정의 정당성이라는 2가지 국면에서 모두 고려되어야 하므로, 징계해고가 정당하기 위해서는

---

32) 대법원 1992. 5. 12. 선고 91다27518 판결, 대법원 1994. 1. 11. 선고 93다49192 판결.

33) 대법원 1991. 3. 27. 선고 90다카25420 판결(정당한 이유라 함은 사회통념상 근로계약을 계속시킬 수 없는 정도로 근로자에게 책임 있는 사유가 있다던가 부득이한 경영상의 필요가 있는 경우를 말하는 것이므로 근로계약이나 취업규칙 등 사규에 해고에 관한 규정이 있는 경우 그것이 근로기준법에 위배되어 무효가 아닌 이상 그에 따른 해고는 정당한 이유가 있다). 대법원 1987. 4. 14. 선고 86다카1875 판결, 대법원 1989. 9. 26. 선고 89다카5475 판결, 대법원 1990. 4. 27. 선고 89다카5451 판결, 대법원 1990. 11. 23. 선고 90다카21589 판결, 대법원 1990. 12. 7. 선고 90다카23912 판결, 대법원 1991. 3. 27. 선고 90다카25420 판결, 대법원 1991. 10. 11. 선고 91다20173 판결, 대법원 1992. 3. 13. 선고 91다39559 판결, 대법원 1992. 4. 24. 선고 91다17931 판결, 대법원 1992. 5. 22. 선고 91누5884 판결, 대법원 1998. 11. 10. 선고 97누18189 판결에서도 유사하게 판시되었다.

34) 대법원 1992. 5. 12. 선고 91다27518 판결, 대법원 1994. 1. 11. 선고 93다49192 판결, 대법원 1998. 11. 10. 선고 97누18189 판결, 대법원 2002. 12. 27. 선고 2002두9063 판결, 대법원 2004. 3. 12. 선고 2003다68437 판결, 대법원 2006. 4. 27. 선고 2004두12766 판결, 대법원 2006. 6. 15. 선고 2005두8047 판결, 대법원 2007. 6. 14. 선고 2006다48489 판결, 대법원 2012. 7. 5. 선고 2009두16763 판결, 대법원 2016. 10. 27. 선고 2015다5170 판결.

35) 대법원 1998. 11. 10. 선고 97누18189 판결, 대법원 2002. 5. 28. 선고 2001두10455 판결, 대법원 2002. 12. 27. 선고 2002두9063 판결, 대법원 2003. 7. 8. 선고 2001두8018 판결, 대법원 2004. 3. 12. 선고 2003다68437 판결, 대법원 2006. 4. 27. 선고 2004두12766 판결, 대법원 2006. 6. 15. 선고 2005두8047 판결, 대법원 2006. 11. 23. 선고 2006다48069 판결, 대법원 2007. 6. 14. 선고 2006다48489 판결, 대법원 2011. 3. 24. 선고 2010다21962 판결, 대법원 2017. 5. 17. 선고 2014다13457 판결.

징계사유가 존재해야 하고(징계해고사유 해당성), 징계사유에 해당하는 근로자의 비위행위가 사회통념상 근로계약을 유지할 수 없을 정도(징계 양정의 정당성)여야 한다.

따라서 징계해고의 정당성을 판단할 때에는 징계해고사유의 해당 여부를 살핀 후 그 징계해고가 징계권을 일탈·남용했는지를 살핀다.

### 나. 일반징계 판단기준과 징계해고 판단기준의 준별

징계처분의 정당한 이유 판단에 있어서 '어떠한 처분을 할 것인가는 원칙적으로 징계권자의 재량에 맡겨져 있는 것이므로 그 징계처분이 위법하다고 하기 위해서는 징계처분이 사회통념상 현저하게 타당성을 잃어 징계권자에게 맡겨진 재량권을 남용한 것이라고 인정되어야 한다. 그리고 징계처분이 사회통념상 현저하게 타당성을 잃은 처분이라고 하려면 구체적인 사례에 따라 직무의 특성, 징계의 사유가 된 비위 사실의 내용과 성질, 징계에 의하여 달성하려는 목적과 그에 수반되는 제반 사정을 참작하여 객관적으로 명백히 부당하다고 인정되는 경우라야 한다.'는 일반법리가 형성되어 왔다.[36)]

그런데 징계해고의 경우 위 가.항에서 본 바와 같이, '사회통념상 근로관계를 계속시킬 수 없을 정도로 근로자에게 책임 있는 사유가 있어야 하고, 사회통념상 당해 근로자와의 고용관계를 계속할 수 없을 정도인지의 여부는 당해 사용자의 사업의 목적과 성격, 사업장의 여건, 당해 근로자의 지위 및 담당직무의 내용, 비위행위의 동기와 경위, 이로 인하여 기업의 위계질서가 문란하게 될 위험성 등 기업질서에 미칠 영향, 과거의 근무태도 등 여러 가지 사정을 종합적으로 검토하여 판단하여야 한다.'고 한다.

징계해고에 있어서 위 두 판단기준의 관계가 문제될 수 있는데, 판례는 위 두 법리를 모두 설시하는 사례[37)]가 있는가 하면, 징계해고에 관하여 징계의 법리에 의하여 판단한 사례[38)]도 있다.

36) 대법원 2000. 10. 13. 선고 98두8858 판결, 대법원 2007. 12. 28. 선고 2006다33999 판결.
37) 대법원 2017. 4. 7. 선고 2013두16418 판결.
38) 대법원 2008. 9. 11. 선고 2007두21099 판결.

## 2. 징계해고사유 해당성

### 가. 일 반 론

징계해고사유에 해당하기 위해서는 ① 징계해고사유에 대하여 근로계약, 취업규칙, 단체협약 등에 규정이 존재해야 하고, ② 해당 비위행위가 징계해고사유에 해당해야 하며, ③ 비위행위 당시 징계해고사유 규정이 존재해야 하고, ④ 징계해고사유가 적법해야 한다.

### 나. 근로계약 · 취업규칙 · 단체협약 등 규정의 존재

사용자가 '갑'이라는 사유를 들어 근로자를 징계해고 하였다면 그 '갑'이라는 사유는 근로계약 · 취업규칙 · 단체협약 등에 정한 징계해고사유에 해당하여야 한다.

#### (1) 근로계약 · 취업규칙 · 단체협약에 징계규정이 없는 경우

만일 취업규칙 등에 구체적인 징계규정이 없다면, 정당성 판단은 법 23조 해석 일반으로 돌아가 판단한다.

#### (2) 한정적 열거 징계사유인 경우

단체협약이나 취업규칙에 근로자에 대한 징계해고사유가 제한적으로 열거되어 있는 경우에는 그와 같이 열거되어 있는 사유 이외의 사유로는 징계해고할 수 없다.[39)]

즉 취업규칙이나 단체협약 등에서 해고사유를 정하고 있을 때에는 그 사유는 한정적 열거로 해석하여 취업규칙 등에서 정한 경우에 한하여 징계할 수 있다.[40)]

예를 들어, 이력서의 경력 허위 기재가 중대한 사항일 때만 당연퇴직사유로 되어 있을 뿐 징계사유로는 규정되지 않았다면 이를 가지고 근로자를 징계해고

---

39) 대법원 1992. 7. 14. 선고 91다32329 판결, 대법원 1992. 9. 8. 선고 91다27556 판결, 대법원 1993. 11. 9. 선고 93다37915 판결, 대법원 1994. 12. 27. 선고 93다52525 판결.

40) 김유성, 279면; 박홍규, 302면; 이병태, 964면; 임종률, 551면; 그러나 김유성, 279면은 실제로는 취업규칙 등에서 해고사유를 정할 때 '기타 앞의 사유에 준하는 경우', '기타 사업장 질서를 문란하게 하는 경우'와 같은 포괄규정이 포함되어 있는 경우가 많기 때문에 이와 같이 포괄규정을 둔 경우에는 제한적으로 열거한 의미가 상쇄될 수 있으므로 취업규칙 등에 기한 해고의 정당성은 결국 해고의 정당한 이유가 있는지 여부에 의하여 판단하여야 하는 경우가 많다고 한다. 임종률, 541면도 같은 취지로, 취업규칙 등에서 해고사유를 열거하면서 위와 같은 포괄조항을 두고 있기 때문에 취업규칙상 해고 사유 열거를 한정열거로 보든 예시열거로 보든 실제로는 차이가 없다고 한다.

할 수 없다.[41] 그리고 취업규칙에서 징계사유로 '고의로 중대한 사고를 발생시켜 손해를 끼친 경우'라고 정하였다면 과실에 대하여는 징계할 수 없다.[42]

취업규칙에서 징계사유로 규정하고 있을 뿐 징계해고사유로 규정되어 있지 않은 사유를 이유로 근로자를 징계해고 한 것 역시 정당성 없는 해고로서 무효이다.[43]

#### (3) 하나의 단체협약이나 취업규칙 안에 규정이 상충하는 경우

하나의 단체협약이나 취업규칙 내에서 서로 상충되는 규정이 있고, 그 어느 하나에 근로자에게 유리한 규정이 있는 경우에는, 근로자에게 유리한 규정이 적용된다.[44]

예를 들어, 단체협약 등에서 '시말서를 연 5회 이상 제출한 때'를 징계사유로 규정하면서도 징계의 종류 중 하나로 견책을 규정하면서 견책 처분을 할 수 있는 경우로 '시말서 3회 제출'을 들었다면, 시말서 제출 횟수가 5회 미만에 대하여는 징계를 할 수 없고, 당연히 견책도 할 수 없다고 보아야 한다(즉 견책 관련 규정에 있는 '시말서 3회 제출'의 기재는 무의미하다).[45]

그리고 취업규칙에는 징계사유로 '회사의 승인 없이 집회 또는 유인물을 배포하였을 때'라고 규정하고, 징계규정에는 '회사의 허가 없이 사내에서 집회, 연설 또는 유인물을 배포하였을 때'라고 규정한 경우, 이 두 규정은 동일한 징계사유를 규정한 것이어서 취업규칙의 규정에도 '사내에서'라는 제한이 있다고 보아야 한다.[46]

41) 대법원 1994. 12. 27. 선고 93다52525 판결.
42) 대법원 1993. 11. 9. 선고 93다37915 판결.
43) 대법원 1992. 7. 14. 선고 91다32329 판결. 한편, 하갑래, 914면은 사실관계를 미리 예상하여 취업규칙, 단체협약에 모두 열거하는 것은 현실적으로 어려우므로 단체협약이나 취업규칙에 열거되어 있지 않은 사항도 사회통념상 근로관계를 계속할 수 없다고 인정되는 해고사유가 있을 수 있고, 그 해고사유가 타당성을 인정받으려면 사용자의 자의적 처분이 아니어야 하고, 근로자에게 예기치 못한 불리함을 주지 말아야 하며, 징계의 일반원리에 어긋나지 말아야 한다고 한다.(같은 취지, 이상윤, 478~479면). 이와 관련하여 2004. 10. 4. 근기 5273은 "정상을 참작할 특별한 사유가 있을 때에는 인사위원회 의결에 따라 그 처분을 경감할 수 있다"는 규정을 적용하여 권고사직 처분을 취업규칙에 열거되지 않은 강임 처분으로 적용하더라도 이를 무효로 볼 수 없다고 한다.
44) 대법원 1994. 5. 27. 선고 93다57551 판결; 이병태, 955면.
45) 대법원 1995. 4. 25. 선고 94누13053 판결.
46) 대법원 1991. 4. 12. 선고 90다8084 판결.

### (4) 단체협약상 해고사유와 취업규칙상 해고사유 사이의 관계

#### (가) 서로 저촉되는 규정이 있는 경우

취업규칙은 단체협약에 위반되어서는 안 되고(법 96조 1항) 위반된 부분은 단체협약에서 정한 기준에 따라 규율된다(노조법 33조).

하나의 징계사유나 징계절차에 관하여 단체협약과 취업규칙이 서로 저촉하는 경우 단체협약이 우선한다.[47] 예를 들어, 취업규칙에서 '업무상 명령 불복종시'라는 규정을 해고사유로 규정하고 있는 데 반해, 단체협약에서 '정당한 지시에 불응한 자'에 대하여 해고 이외의 징계사유로만 규정하고 있는 경우에는 정당한 지시로 볼 수 없는 업무 명령에 응하지 않은 근로자를 징계해고 할 수 없다.[48]

#### (나) 단체협약이 우선한다는 규정이 있는 경우

단체협약에 "해고는 단체협약에 의하여만 하고 취업규칙에 의해서는 할 수 없다"고 규정하거나, "단체협약에 정한 사유 외의 사유로는 해고할 수 없다"고 규정하는 경우가 있다. 이 경우 단체협약에 의하여야 하고, 단체협약에는 없는 취업규칙의 새로운 사유로 징계해고 할 수 없다.[49][50]

#### (다) 단체협약에서 정한 해고사유 이외의 사유가 취업규칙에 규정된 경우

단체협약에서 정한 해고사유 이외의 사유가 취업규칙에 규정되어 있는 경우 그러한 취업규칙에 근거하여 해고하는 것이 정당하다고 할 수 있는가.[51]

**① 판 례** 판례는 이러한 경우 취업규칙에 따른 해고가 단체협약 위

---

47) 대법원 1994. 6. 14. 선고 93다26151 판결(이에 대한 평석으로는 김재훈, 337면 이하; 이철수a, 14면 이하; 정재성a, 102면 이하), 대법원 1997. 7. 25. 선고 97다7066 판결.

48) 대법원 1994. 6. 14. 선고 93다26151 판결.

49) 대법원 1993. 4. 27. 선고 92다48697 판결, 대법원 1994. 6. 14. 선고 93다62126 판결, 대법원 1995. 2. 14. 선고 94누5069 판결, 대법원 1999. 3. 26. 선고 98두4672 판결(이에 대한 평석으로는 송강직b, 40면 이하), 대법원 1999. 11. 26. 선고 98두15825 판결, 대법원 2005. 5. 26. 선고 2005두1152 판결.

50) 이 경우 취업규칙이 단체협약에 위반되어 무효가 되는지 문제될 수 있는데, 대법원 1994. 6. 14. 선고 93다62126 판결은, 위 단체협약 56조 1항은 "회사는 조합원이 다음 각 호의 1에 해당하는 경우를 제외하고는 징계할 수 없다"고 규정하고 있으므로, 단체협약 56조 1항에 규정된 사유 이외에 새로운 징계사유를 규정한 피고 회사의 취업규칙 61조 20 · 22 · 23 · 52 · 55 각 호는 무효라고 판단한 원심의 판단이 정당하다고 판시하였다. 한편 이와 구별할 판례로 대법원 1993. 4. 27. 선고 92다48697 판결 참조.

51) 이와 관련하여 통상의 경우 '기타 정당한 해고사유'가 단체협약상 해고사유로 규정된 경우가 대부분이어서 취업규칙상의 해고사유와 괴리가 일어나지 않는다고 하는 논지도 있다(송강직b, 42면).

반이라거나 무효가 되는 것은 아니라고 한다. 즉, 앞서 (나)항에서 본 경우와 같이 단체협약에 의한 사유 외에는 징계할 수 없다는 취지로 단체협약에 제한이 있지 않다면, 취업규칙에서 단체협약과는 다른 사유를 해고사유로 규정하는 것이 단체협약 위반이라 할 수 없고, 단체협약에서 해고사유와 해고 이외의 징계사유를 나누어 구체적으로 열거하고 있더라도 취업규칙에서 이와 다른 사유를 해고사유로 규정하는 것이 단체협약에 반할 수 없으며, 그러한 취업규칙상의 징계사유에 터잡아 징계가 가능하다고 한다.[52)]

또한, 단체협약에 “이 협약은 취업규칙보다 우선한다”, “이 협약에 명시되지 않은 사항은 취업규칙에 따르되 단체협약상의 근로조건을 저하시킬 수 없다”라거나 “이 협약에 정한 기준은 회사의 취업규칙과 규정에 우선하며 협약기준에 미달하거나 상반되는 개별 근로계약을 무효로 하고 무효로 된 부분은 이 협약 기준에 따른다”라고 규정하고 있어도, 이 규정의 의미는 동일한 징계사유나 징계절차에 관하여 단체협약상의 규정과 취업규칙 등의 규정이 상호 저촉될 경우 단체협약이 우선한다는 취지를 규정한 것일 뿐이고, 사용자가 취업규칙에 새로운 해고사유를 정할 수 없다는 취지로는 해석되지 않는다고 한다.[53)]

단체협약 규정의 의미가 단체협약과 취업규칙 등의 규정이 저촉될 경우 단체협약 규정이 우선 적용된다는 의미일 경우에는, 단체협약에 반하지 않는 한 사용자는 취업규칙에서 새로운 징계사유를 정할 수 있고, 그 징계사유에 기하여 징계할 수 있다.

② 학　설　　이 점에 관해 학설은 다음과 같이 판례를 비판하면서 단체협약에 없는 취업규칙상 해고사유의 효력을 설명한다.

단체협약상 해고사유에 관한 규정은 규범적 부분에 해당하므로, 단체협약

52) 대법원 1993. 1. 15. 선고 92누13035 판결, 대법원 1993. 4. 27. 선고 92다48697 판결, 대법원 1994. 6. 14. 선고 93다26151 판결, 대법원 1995. 1. 20. 선고 94다37851 판결, 대법원 1995. 4. 7. 선고 94다30249 판결, 대법원 1997. 6. 13. 선고 97다13627 판결, 대법원 1999. 3. 26. 선고 98두4672 판결.

53) 대법원 1993. 2. 23 선고 92다40297 판결, 대법원 1994. 6. 14. 선고 93누20115 판결, 대법원 1995. 1. 12. 선고 94다27472 판결, 대법원 1995. 1. 20. 선고 94다37851, 대법원 1995. 4. 7. 선고 94다30249 판결, 대법원 2001. 10. 12. 선고 2001다13990, 14009 판결, 대법원 2016. 1. 28. 선고 2015다57126 판결(버스운수회사의 단체협약상 해고사유 ‘현재 승무 운전직에 종사하는 자로서 법령상 결격사유가 발생하여 운전면허가 취소되었을 시’와 취업규칙상 해고사유 ‘도로교통법 시행규칙에 의한 운전면허 행정처분의 기준에 의하여 산출된 점수가 81점 이상인 자’는 동일한 징계사유에 관하여 상호 저촉된다고 볼 수 없다는 이유로 후자에 터잡은 징계해고의 효력을 인정하였다).

에 정한 근로조건 기타 근로자의 대우에 관한 기준에 위반하는 취업규칙은 무효이고, 무효로 된 부분은 단체협약에서 정한 기준에 따라야 한다. 그리고 단체협약에 규정된 해고사유를 예시적으로 볼 것인지 아니면 한정적 열거로 볼 것인지에 따라 단체협약에 규정되지 않은 취업규칙상 해고사유를 추가하는 것이 허용되는지 달리 보아야 한다.[54)]

판례에 따를 경우 단체협약에서 징계 내지 해고 규정을 두려는 양 당사자 간의 의사가 취업규칙에 의해 무시된다. 단체협약을 취업규칙에 우선하여 적용하는 것이 노조법의 취지이자, 계약 법리로도 합리적이고 타당한 점,[55)] 단체협약을 체결하면서 다른 의사가 있지 않는 한, 해고 관련 규정은 통상의 근로조건 이상으로 근로자의 처우에 영향을 미치는 것이고, 노동조합의 활동은 단결력을 가지고 단체행동권을 배경으로 하여 근로조건을 확보하는 것이 목적인 점[56)]에 비추어 볼 때, 단체협약상 해고사유는 원칙적으로 한정적 열거로 보아야 한다.[57)]

단체협약 소정의 사유 이외의 사유를 해고사유로 규정한 취업규칙 부분은 단체협약에 위반한 것으로서 무효이고, 단체협약과 취업규칙상 해고사유 규정의 효력 관계는 단체협약과 취업규칙 제정의 선후에 따라, (i) 단체협약이 취업규칙보다 뒤에 체결되었다면 그 이전의 취업규칙 중 단체협약의 해고사유에 해당하지 않는 취업규칙 부분은 효력을 상실하고,[58)] (ii) 단체협약보다 취업규칙이 뒤에 제정되거나 개정되었다면 단체협약상 해고사유보다 넓은 해고사유를 규정한 취업규칙 부분은 취업규칙의 불이익변경에 해당하여 노동조합의 동의 또는 근로자 과반수의 동의를 얻어야 하고 그러한 동의를 얻지 않았으면 무효로 보아야 한다.[59)]

### 다. 해당 비위행위의 징계해고사유 해당[60)]

#### (1) 판단 방법

㈎ 일정한 사유로 징계해고를 하였다면 그 해고 처분의 정당성은 그 사유만으로 판단하여야 한다. 어떠한 비위행위가 징계사유로 되어 있느냐 여부는 징

54) 김재훈, 344면; 이철수a, 18면; 정재성a, 105면.
55) 이철수a, 19면.
56) 김재훈, 348면; 정재성a, 107면.
57) 김재훈, 344면; 이철수a, 19면; 정재성a, 105면.
58) 김선수, 41~42면.
59) 김선수, 42면; 김재훈, 349면.
60) 징계해고사유를 확정하는 문제로, 어떤 비위행위를 해고사유로 삼았는지 확정해야 한다.

계위원회 등에서 그것을 징계사유로 삼았는가 여부에 의하여 결정되어야 하는 것이고, 징계위원회에서 어떤 사유를 징계사유로 삼았는지는 징계의결서나 징계처분서에 기재된 취업규칙이나 징계규정 소정의 징계 근거사유만으로 한정되는 것은 아니고 구체적인 자료를 통해 판단하여야 한다.[61] 또한 처음에 징계해고를 하면서 사유로 삼지 않았던 별개 사유를 정당성 판단 근거로 삼아서는 안 된다.[62]

예를 들어 유인물 배포를 징계해고사유로 삼아 그 근로자를 해고하였다면 학력·경력 은폐 또는 이력서 허위 기재 사실을 가지고 그 해고의 정당성을 판단해서는 안 된다.[63]

또한, 원래의 징계처분에서 징계사유로 삼지 않은 사유를 재심 절차에서 추가하는 것은, 추가된 징계사유에 대한 재심의 기회를 박탈하는 것이 되므로 허용되지 않는다.[64]

(나) 징계사유로 삼은 비위행위가 '정당한 징계사유'에 해당하는지 여부는 취업규칙 등 징계사유를 정한 규정의 객관적인 의미를 합리적으로 해석하여 판단하여야 한다.[65] 따라서 문제 되는 비위행위가 징계사유에 해당함을 특정하여 표

61) 대법원 1988. 12. 13. 선고 86다204, 86다카1035 판결, 대법원 1996. 9. 20. 선고 95누15742 판결, 대법원 1997. 3. 14. 선고 95누16684 판결, 대법원 2002. 5. 28. 선고 2001두10455 판결, 대법원 2003. 6. 24. 선고 2001다23652 판결, 대법원 2008. 9. 11. 선고 2007두10174 판결, 대법원 2016. 12. 29. 선고 2015두776 판결, 대법원 2016. 12. 29. 선고 2015두38917 판결.

62) 대법원 1993. 11. 23. 선고 92다34933 판결, 대법원 1998. 3. 27. 선고 96누8994 판결. 이는 징계해고뿐만 아니라 직권면직 등 통상해고나 대기발령 등 불이익처분의 당부에 관하여도 동일하게 적용된다(대법원 1995. 3. 10. 선고 94누11880 판결, 대법원 2000. 6. 23. 선고 98다54960 판결 참조). 또한, 정리해고의 경우에도 마찬가지이다. 예를 들어, 기구축소로 인한 감원을 이유로 근로자를 정리해고하였다면 위 해고의 당부는 위 정리해고의 사유가 있는지 여부에 따라 판단하여야 하고 위 근로자에게 별도로 인사비리에의 관여, 직무유기, 직무수행능력 부족 등 사유가 있다고 하더라도 이처럼 당초의 해고사유와는 그 성격과 내용이 전혀 다른 사유를 내세워 그 정당성 여부를 판단하는 것은 허용될 수 없다(대법원 1992. 6. 9. 선고 91다11537 판결 참조, 이에 대한 평석으로는 김규장a, 173면 이하).

63) 대법원 1988. 12. 13. 선고 86다204, 86다카1035 판결, 대법원 1993. 7. 13. 선고 93다21125 판결, 대법원 2003. 6. 24. 선고 2001다23652 판결, 대법원 2006. 6. 15. 선고 2005두8047 판결. 설사 경력 은폐나 이력서 허위 기재가 취업규칙에 별도의 징계해고사유로 규정되어 있더라도 마찬가지이다.

64) 대법원 1996. 6. 14. 선고 95누6410 판결(이에 대한 평석으로는 이국환, 241면 이하), 대법원 1998. 5. 22. 선고 98다2365 판결.

65) 대법원 2016. 1. 28. 선고 2014두12765 판결, 대법원 2020. 6. 25. 선고 2016두56042 판결(징계의결통지서에 행위자의 귀책사유를 '집단 괴롭힘 및 왕따', '사생활 관련 유포'라는 용어를 사용한 경우, 비위행위가 위 용어의 개념에 포함되는지를 기준으로 그 비위행위가 정당한 징계사유에 해당하는지 여부를 판단할 것이 아니라 징계의 근거규정인 '임직원은 상호 존중하

현하기 위해 징계권자가 징계처분 통보서에 어떤 용어를 쓴 경우, 그 비위행위가 징계사유에 해당하는지는 원칙적으로 해당 사업장의 취업규칙 등 징계규정에서 정하고 있는 징계사유의 의미와 내용을 기준으로 판단하여야 하고, 단지 그 비위행위가 통보서에 쓰인 용어의 개념에 포함되는지 여부만을 기준으로 판단할 것은 아니다.[66]

#### (2) 징계 양정 참작 가능 여부

다만 직접 징계해고사유로 삼지 않은 징계처분 전후의 사정은 원징계처분이나 그 재심절차에서 징계 양정의 참작사유로 삼을 수 있다.[67] 면책하기로 합의하였거나 징계시효가 지난 비위행위도 징계 양정에서는 이를 참작할 수 있다.[68]

### 라. 비위행위 당시에 규정의 존재

#### (1) 소급효의 금지

행위 시에는 징계처분 대상이 되지 않은 사유에 대해 해고 처분 당시에는 그 행위를 해고사유로 한다는 규정이 새로 생긴 경우, 새로운 규정을 근거로 해고할 수 있는가?

징계는 근로자에게 불이익한 처분이기 때문에 문제가 된 행위 당시에 시행되던 취업규칙 등에 따라 징계권의 존부를 결정해야 한다. 즉 행위 당시 징계처분의 대상으로 규정되지 않았다가 해고 처분 시점에 비로소 징계처분의 대상으로 규정된 때에는 새로이 부가된 징계사유에 따른 징계처분은 허용되지 않는다.[69]

판례도, 행위 시와 징계처분 시에 각기 다른 내용의 취업규칙이 있는 경우, 특별한 사정이 없는 한 해고 등의 의사표시는 해고 등의 시점에 시행되는 새로운 취업규칙상의 절차에 따라 행하면 되지만, 징계권(징계사유)의 유무에 관한

---

고, 동료 또는 상하간에 직장생활에 필요한 기본 예의를 지키며, 불손한 언행이나 임직원을 비방하는 행위를 하지 않는다.'는 윤리강령 위배의 징계사유에 해당하는지를 기준으로 판단해야 한다), 대법원 2021. 4. 29. 선고 2020다270770 판결, 대법원 2021. 11. 25. 선고 2019두30270 판결.

66) 대법원 2021. 4. 29. 선고 2020다270770 판결.

67) 대법원 1989. 9. 26. 선고 89다카5475 판결, 대법원 1990. 4. 27. 선고 89다카5451 판결, 대법원 1996. 4. 23. 선고 96다2378 판결, 대법원 1997. 2. 14. 선고 96누4244 판결, 대법원 1997. 12. 9. 선고 97누9161 판결(위 96누4244 및 97누9161 판결 등의 판례평석으로는, 이승욱, 113면 이하), 대법원 1998. 5. 22. 선고 98다2365 판결, 대법원 2002. 5. 28. 선고 2001두10455 판결.

68) 대법원 1994. 9. 30. 선고 94다4042 판결, 대법원 1995. 9. 5. 선고 94다52294 판결, 대법원 1999. 11. 26. 선고 98두10424 판결, 대법원 2014. 11. 27. 선고 2011다41420 판결.

69) 문형배, 484~485면; 박홍규, 303면; 이승욱, 122~123면.

결정은 징계가 근로자에게 불이익한 처분이므로 문제된 행위 시에 시행되던 구 취업규칙에 따라 행하여야 한다고 한다.[70]

하지만, 신·구 취업규칙이 실질적으로 같다면 근로자에게 불이익이 없기 때문에 새로운 취업규칙에 의한 징계도 가능하다.[71] 즉 새로운 취업규칙상의 징계사유가 구 취업규칙상의 징계사유에서 부가·확대된 것이 아니라 이와 동일하거나 이를 유형화·세분화한 것에 불과하다면 사용자가 징계권(징계사유)을 행사하면서 구 취업규칙과 함께 신 취업규칙을 적용하였다 하더라도 그 징계는 무효가 아니다.[72]

(2) 징계시효의 경우

개정 취업규칙이 경과규정 없이 징계시효를 연장하는 규정을 두고 있는 경우, 징계사유 규정과 징계시효 규정은 본질, 적용국면, 신뢰보호의 필요성에서 차이가 있으므로 개정 당시 징계시효가 완성되지 않은 이상 헌법상 불소급의 원칙에 위배된 것이 아니어서 원칙적으로 개정 취업규칙의 징계시효가 적용되고, 개정 전 취업규칙의 존속에 대한 근로자의 신뢰가 개정 취업규칙의 적용에 관한 공익상의 요구보다 더 보호가치가 있다고 인정되는 예외적인 경우에 한하여 신의칙상 적용이 제한될 수 있을 뿐이다.[73]

### 마. 징계해고사유의 적법성

#### (1) 취업규칙 등에 규정된 징계해고사유의 적법성

일정한 사유가 취업규칙 등에 정한 징계해고사유에 해당하더라도 그와 같은 사유를 징계해고사유로 한 취업규칙 등의 규정은 적법하여야 한다. 즉, 근로계약이나 취업규칙 또는 단체협약 등의 징계해고 규정이 법에 위배되거나 신의칙에 위반한다거나 권리남용에 해당하는 내용을 징계해고사유로 규정하고 있다면, 그 규정을 가지고 징계해고 하는 것은 정당성이 없다.[74] 또한, 규정된 징계해고의 사유는 강행법규나 선량한 풍속, 사회질서(민법 103조)에 반하여서도 안 된다.[75]

---

70) 대법원 1994. 12. 13. 선고 94다27960 판결.
71) 이승욱, 127~128면.
72) 대법원 1994. 12. 13. 선고 94다27960 판결.
73) 대법원 2014. 6. 12. 선고 2014두4931 판결(이에 대한 판례평석으로는 박범석, 376면 이하).
74) 대법원 1987. 4. 14. 선고 86다카1875 판결, 대법원 1990. 12. 7. 선고 90다카23912 판결, 대법원 1991. 10. 11. 선고 91다20173 판결.

### (2) 징계해고사유의 합리적 한정해석

징계해고사유의 적법성과 관련하여 판례는 해고는 징계처분 중 가장 무거운 처분이므로 그 의미를 제한적으로 해석하는 경우가 있는데, 징계해고사유 중 '7일 이상 무단결근 하였을 때'란 일정한 시간적 제한이 없이 합계 7일 이상의 무단결근을 한 모든 경우를 의미하는 것이 아니라 상당한 기간 내에 합계 7일 이상의 무단결근을 한 경우를 의미한다고 제한적으로 해석하여야 한다거나,[76] 단체협약에 해고사유로 '업무 외의 사건으로 형사상 유죄판결을 받은 자'라는 규정을 두고 있는 경우 여기서의 유죄판결이란 단체협약의 규정상 미확정 유죄판결도 해고사유로 삼고 있음이 분명한 경우를 제외하고는 '유죄의 확정판결을 받은 자'만을 의미하는 것으로 해석하여야 할 것이라고 한다.[77]

## 3. 징계 양정의 정당성 — 징계 양정의 적정성 또는 상당성

일정한 사유가 취업규칙 등에 정한 징계해고사유에 해당하고 그 규정이 적법하더라도, 구체적인 전후 사정에 비추어 볼 때 그 사유에 터잡은 해고가 지나친 것이 되어서는 아니 된다.[78]

### 가. 사회통념상 근로계약을 계속시킬 수 없을 정도로 근로자에게 책임 있는 사유

해고는 근로자에게 가장 불이익한 제재이다. 해고보다 가벼운 제재 조치로 징계의 목적을 달성할 수 있음에도 해고 조치를 하였다면 이는 사용자가 징계에 관한 재량권을 남용한 경우로서 정당한 해고라 할 수 없다. 외형상으로 적법한 징계해고사유가 있다고 해도 그 징계해고가 반드시 정당한 것이라고는 말할 수 없는 것이다.[79]

그리하여 사용자가 취업규칙 등의 징계에 관한 규정을 구체적으로 적용하

75) 이병태, 964면.

76) 대법원 1995. 5. 26. 선고 94다46596 판결.

77) 대법원 1997. 7. 25. 선고 97다7066 판결(다만, 이와 비교할 판례로 대법원 1997. 5. 23. 선고 97다9239 판결은 '유죄의 확정판결을 받은 자'를 '근로제공이 불가능한 신체의 구속상태가 해소되지 아니하는 내용의 유죄판결을 받은 자'만을 의미하는 것으로 볼 수는 없다고 하였다). 그 밖에 징계사유 해석과 관련하여 대법원 1989. 3. 14. 선고 87누980 판결, 대법원 1999. 3. 26. 선고 98두4672 판결, 대법원 2007. 6. 14. 선고 2006다48489 판결.

78) 해고와 임금, 340면.

79) 해고와 임금, 341면.

여 징계처분 중 가장 무거운 해고 처분이 정당하다고 말할 수 있으려면, 그 징계 사유에 해당하는 근로자의 비위행위가 '사회통념상 근로계약을 계속시킬 수 없을 정도로 근로자에게 책임 있는 사유'에 해당하여야 한다.[80)]

사회통념상 근로계약을 계속시킬 수 없을 정도인지 여부는 당해 사용자의 사업 목적과 성격, 사업장의 여건, 당해 근로자의 지위 및 담당 직무의 내용, 비위 행위의 동기와 경위, 이로 인하여 기업의 위계질서가 문란하게 될 위험성 등 기업 질서에 미칠 영향, 과거의 근무 태도 등 여러 사정을 종합적으로 검토하여 판단하여야 한다.[81)]

### 나. 징계 양정의 판단 대상 행위

#### (1) 징계사유 및 징계처분 전후 행위

판례는, 근로자에게 불리한 것이거나 유리한 것이거나 막론하고 피징계자의 평소의 소행, 근무성적, 징계처분 전력 이외에도 당해 '징계사유 전'에 저지른 행위와 '징계사유 이후부터 징계처분 시까지 사이'에 저지른 행위뿐만 아니라 '징계처분 이후'의 행위도 법원이 징계 양정의 판단 자료로 삼을 수 있다고 한다.[82)]

---

80) 김유성, 278면은 '사회통념상 근로계약을 계속할 수 없을 정도로 근로자에게 책임 있는 사유가 있는 경우'에 대한 판단기준으로, "(i) 근로자의 영역에 속하는 사정에 기인하여야 한다. (ii) 더 이상 근로관계를 계속하는 것을 기대할 수 없어야 한다. (iii) 이로 인하여 근로관계를 현저하게 침해하여야 한다. (iv) 이를 방치한다면 장래에도 유사한 행위가 반복될 우려가 있어야 한다. (v) 마지막으로 해고는 최후수단으로서의 성격이 있어야 한다"고 한다.

81) 대법원 1992. 5. 12. 선고 91다27518 판결, 대법원 1994. 1. 11. 선고 93다49192 판결, 대법원 1995. 4. 25. 선고 94누13053 판결, 대법원 1995. 5. 26. 선고 94다46596 판결, 대법원 1998. 11. 10. 선고 97누18189 판결, 대법원 2002. 5. 28. 선고 2001두10455 판결, 대법원 2003. 7. 8. 선고 2001두8018 판결, 대법원 2003. 9. 26. 선고 2003두6634 판결(잘못이 발생할 당시에는 아무런 조치도 취하지 않다가 징계권자가 알거나 알 수 있었던 때로부터 시간이 많이 흐른 다음에야 문제로 삼는다면 징계의 정당성이 약화될 수 있을 것이다), 대법원 2004. 5. 14. 선고 2003두11858 판결, 대법원 2006. 2. 24. 선고 2005두11630 판결, 대법원 2006. 4. 27. 선고 2004두12766 판결, 대법원 2006. 11. 23. 선고 2006다48069 판결, 대법원 2011. 3. 24. 선고 2010다21962 판결, 대법원 2013. 10. 31. 선고 2013두13198 판결, 대법원 2014. 12. 24. 선고 2012다116864 판결, 대법원 2017. 3. 15. 선고 2013두26750 판결, 대법원 2017. 5. 17. 선고 2014다13457 판결.

82) 징계사유 이전의 행위를 징계 양정 판단의 자료로 삼을 수 있다는 것으로는, 대법원 1989. 9. 26. 선고 89다카5475 판결, 대법원 1990. 4. 27. 선고 89다카5451 판결, 대법원 1995. 9. 5. 선고 94다52294 판결, 대법원 1998. 5. 22. 선고 98다2365 판결, 대법원 2004. 6. 25. 선고 2002다51555 판결. 징계사유 이후부터 징계처분 시까지 사이의 행위를 징계 양정 판단 자료로 삼을 수 있다는 것으로는, 대법원 1991. 2. 12. 선고 90누5627 판결, 대법원 1997. 2. 14. 선고 96누4244 판결, 대법원 2002. 5. 28. 선고 2001두10455 판결. 징계처분 이후의 행위를 징계 양정 판단 자료로 삼을 수 있다는 것으로는 대법원 1996. 4. 23. 선고 96다2378 판결, 대법원 2006.

징계처분 이후의 행위도 징계처분의 당부를 판단하는 자료로 삼을 수 있다는 판례의 태도에 대하여는, 징계처분 당시 고려하지 않았고 인식하지도 않았던 사정은 징계처분의 정당성 판단에 고려될 수 없다는 비판과,[83] 징계처분 후 징계처분의 당부가 종국적으로 판가름나는 소송이 확정되기까지 오랜 시간이 소요되고 그 과정에서 피징계자는 징계처분의 부당성을 지적하며 회사에 대하여 비위행위라고 볼 수도 있는 행위를 하게 되는데 이들 비위행위까지 포함하여 징계처분의 당부를 판단하는 것은 징계절차에서 징계사유로 삼지 않은 사실까지 징계사유로 삼는 것과 같아서 사실상 징계절차를 회피하는 결론에 이르게 되어 부당하다는 비판이 있다.[84]

#### (2) 해고 후 재심 전까지 발생한 사정

재심 절차와 징계절차는 그 전체가 하나의 징계해고 처분 절차를 이룬다. 그러므로 해고 후 재심 결정 전까지 발생한 사정도 재심 신청의 당부를 판단할 때 참작하여야 한다. 만일 그러한 사정을 참작하지 않고 재심 신청을 기각하고 해고 처분을 그대로 유지하였다면 그 해고는 징계권 남용으로 무효이다.

예를 들어 교사가 전국교직원노동조합 활동을 이유로 면직처분을 받았는데 당시 면직처분의 기준은 위 노동조합에서 탈퇴하였는지 여부였을 때, 면직처분 후 위 노동조합 탈퇴서를 제출하고 재심위원회에 재심 신청을 하였음에도 재심위원회가 그와 같은 노동조합 탈퇴의 사정을 고려하지 않고 재심 신청을 기각하였다면 이는 재량권을 남용한 것이다.[85]

피징계자가 징계를 받은 후 징계사유가 된 비위 사실로 당연면직 사유인 유죄 확정 판결을 받았다는 사실은 징계의 정당성 판단의 자료가 될 수 있다.[86]

#### (3) 징계위원회에서 거론되지 않은 사유

한편 판례 중에는 징계 양정은 징계위원회에서 징계 양정의 사유로 삼은

---

2. 24. 선고 2005두11630 판결(이 두 판결은 "징계처분 이후의 비위행위라 하더라도 그것이 사회통념상 근로계약관계를 계속시킬 수 없을 정도의 비위행위에 해당하는 경우에는, 그러한 비위행위도 징계 양정의 판단자료로 삼을 수 있다"고 한다), 대법원 1994. 10. 25. 선고 94다26448 판결, 대법원 1997. 12. 9. 선고 97누9161 판결(이에 대한 평석으로는 노동판례연구회, 42면 이하; 정재성b, 109면 이하), 대법원 1998. 5. 22. 선고 97다49701 판결.

83) 이승욱, 129~130면.

84) 정재성b, 116면.

85) 대법원 1981. 6. 9. 선고 80다1769 판결, 대법원 1992. 2. 28. 선고 91다23349 판결.

86) 대법원 1995. 11. 14. 선고 95다14244 판결.

사유에 따라 판단하여야 하고 징계 과정에서 거론되지 않은 새로운 사유를 포함시켜 징계처분의 당부를 판단할 수는 없다는 것이 있다.

즉, 근로자의 평소 소행, 근무 성적, 징계처분 전력 외에 당해 징계처분 사유 전후에 저지른 비위 사실도 징계 양정의 참작 자료가 될 수 있으나, 단체협약이나 취업규칙에서 징계는 징계위원회의 의결을 거쳐 행하도록 규정하였다면 그 징계처분의 당부는 징계위원회에서 징계 양정의 사유로 삼은 것에 따라 판단하여야 하고, 징계위원회에서 거론되지 않은 사유를 징계처분의 정당성 판단 근거로 삼아서는 안 된다는 것이다.[87]

이에 따르면 징계해고 처분이 효력을 발생한 날 이후에 발생한 근로자의 여러 비행 행위는 징계해고 당시 인사위원회에서 거론될 수조차 없었으므로 향후 별도의 징계절차에서 징계해고사유로 삼는 것은 별론으로 하고 이러한 사유들을 징계해고의 정당성 판단 자료로 할 수 없다.

#### (4) 과거의 근무 태도

단체협약이나 취업규칙에서 정한 표창이나 수상 경력이 있으면 징계 양정이 경감될 수 있다.[88] 그런데 표창 등을 받은 경력을 참작하지 않고 징계 양정이 이루어진 경우에도 그것만으로는 징계 양정이 위법하다고 할 수 없고, 표창 경력 등을 모두 참작하여 보았을 때 징계해고가 사회통념상 현저히 타당성을 잃었는지 여부에 따라 그 적정성을 판단해야 한다. 이와 관련하여 피징계자가 이전의 징계처분 절차에서 표창을 받은 경력이 참작되어 징계를 감경받았다면, 위 표창 경력을 당해 사건의 징계 양정에서 다시 경감 사유로 고려하지 않더라도 부당하다고 할 수 없다는 하급심 판결이 있다.[89]

한편 대법원 2015. 11. 12. 선고 2014두35638 판결은 경찰공무원 징계 양정 등에 관한 규칙에 상훈감경 규정과 함께 상훈감경 제외사유를 규정하고 있는 사안에서 상훈감경 제외사유에 해당하지 아니함에도 해당 비위행위가 상훈감경 제외사유에 해당한다는 이유로 그 공적사항을 징계 양정에 전혀 고려하지 아니한 것은 관계 법령이 정한 징계절차를 지키지 아니한 것으로 위법하다고 판시하였다.

87) 대법원 2003. 6. 24. 선고 2001다23652 판결, 대법원 2006. 6. 15. 선고 2005두8047 판결.
88) 하갑래, 917면.
89) 서울고법 2004. 4. 29. 선고 2003누12754 판결(상고기각으로 확정).

### 다. 판단의 기준

#### (1) 상당성(비례의 원칙)

징계사유와 징계처분과의 사이에 사회통념상 상당하다고 인정되는 균형의 존재가 요구되고, 경미한 징계사유에 대하여 가혹한 제재를 과하는 것은 징계권의 남용으로서 무효이다.[90)]

#### (2) 형평의 원칙

징계 대상자가 된 2명 이상의 근로자들 사이에 형평의 원칙에 반하여 징계해고가 이루어진 경우도 징계권이 남용된 경우에 해당한다. 따라서 같은 정도의 비위를 저지른 자들 사이에 그 직무의 특성, 평소의 소행이나 근무성적, 개전의 정이 있는지 여부 등에 있어 별다른 차이가 없음에도 징계 종류의 선택과 양정에 있어서 합리적 사유 없이 자의적으로 차별적 취급을 하는 것은 형평에 반하여 정당성을 인정받을 수 없다.[91)]

##### ㈎ 동일 비위 동일 징계

종전에 저질렀거나 다른 근로자가 저지른 것과 같은 비위행위에 대한 징계는 종전 또는 다른 근로자에게 한 징계와 같은 종류, 같은 정도여야 한다. 따라서 동일한 비위행위에 대하여 다른 근로자보다 현저히 무거운 징계를 결정하는 것은 유효하다고 볼 수 없다. 다만, 종전의 상벌 경력, 비위행위에 대한 반성의 정도를 종합적으로 고려하여 징계 수단을 달리한 경우에는 그렇지 않다.

종전에 묵인하여 왔거나 경고 정도의 가벼운 징계를 해오던 비위행위에 대하여 갑자기 징계를 하거나 무거운 징계처분을 과하는 것도 형평성의 원칙에 비추어 정당성이 없다. 다만, 그 비위행위에 대하여 앞으로는 취업규칙을 엄격히 적용하여 묵인하지 않겠다거나 무거운 징계를 과하겠다는 방침을 사전에 충분히 주지시킨 경우에는 그렇지 않다.[92)]

---

90) 대법원 1991. 1. 11. 선고 90다카21176 판결, 대법원 1991. 10. 25. 선고 90다20428 판결, 대법원 1992. 5. 22. 선고 91누5884 판결, 대법원 1998. 12. 23. 선고 98다22895 판결. 한편, 공무원에 관한 사안으로 비례의 원칙 또는 평등의 원칙을 언급하고 있는 판례로 대법원 2008. 10. 9. 선고 2006두12852 판결, 대법원 2008. 10. 23. 선고 2006두13596 판결.

91) 대법원 1999. 8. 20. 선고 99두2611 판결, 대법원 2006. 4. 27. 선고 2004두12766 판결.

92) 박홍규, 303면; 임종률, 535면.

(나) 판 례

형평의 원칙과 관련하여 판례는, 동일한 징계해고사유에 해당하는 자가 수 없이 많아 그 자들을 전부 징계해고 한다면 업무에 지장을 줄 우려가 있다고 판단하여 상대적으로 비위의 정도가 낮은 자를 구제하기 위해 기준을 정하고 이에 따라 징계처분을 하였다면, 그 기준이 전혀 합리성이 없다거나 특정 근로자를 해고하기 위한 방편이라는 등의 특별한 사정이 없는 한 그 징계처분이 형평의 원칙에 반하는 것이 아니라고 한다.[93]

또한, 간호조무사들의 1일 집단 결근을 이유로 주임 간호조무사만 해고 처분을 한 것은 징계권 남용이라는 사례,[94] 직무상 부정행위를 이유로 한 징계처분이 동종의 부정행위에 가담한 다른 근로자들에 대한 징계처분보다 지나치게 가혹하여 위법하다고 한 사례가 있다.[95][96]

### 라. 판단의 방법

#### (1) 종합적 · 전체적 판단 — 2개 이상의 징계해고사유

근로자에게 2개 이상의 징계해고사유가 있을 때 그 징계해고 처분이 적정한지의 여부는 그 사유를 하나씩 떼어서 또는 그 중 일부의 사유만 가지고 판단할 것이 아니라 전체의 사유에 비추어 사회통념상 근로계약을 계속시킬 수 없을 정도로 근로자에게 책임이 있는지 여부에 따라 판단해야 한다.[97]

한편, 해고가 근로자로서는 생존권을 위협하는 가장 무거운 벌이라는 점을 고려하면 하나하나로는 해고사유가 될 수 없는 사유를 망라하여 해고를 정당화하는 것은 타당하지 않다는 견해가 있다.[98]

또한, 여러 가지 사유 중 일부가 부당하더라도 나머지 사유가 정당하고 그

---

93) 대법원 1979. 1. 30. 선고 78다304 판결, 대법원 1997. 9. 12. 선고 97누7165 판결, 대법원 1997. 10. 28. 선고 96누5780 판결, 대법원 1999. 8. 20. 선고 99두2611 판결, 대법원 2007. 2. 22. 선고 2006두10573 판결.

94) 대법원 1998. 11. 10. 선고 97누18189 판결.

95) 대법원 1994. 5. 24. 선고 93다26854 판결.

96) 형평의 원칙에 대하여 언급한 판례로 대법원 1991. 5. 28. 선고 90다8046 판결, 대법원 1997. 7. 22. 선고 95다53096 판결, 대법원 1998. 12. 23. 선고 98다22895 판결, 대법원 2006. 4. 27. 선고 2004두12766 판결, 대법원 2007. 2. 22. 선고 2006두10573 판결 등.

97) 대법원 1991. 11. 22. 선고 91다6740 판결, 대법원 1996. 5. 31. 선고 95누2487 판결, 대법원 1996. 9. 20. 선고 95누15742 판결, 대법원 1997. 12. 9. 선고 97누9161 판결, 대법원 2011. 3. 24. 선고 2010다21962 판결, 대법원 2013. 10. 31. 선고 2013두13198 판결, 대법원 2015. 9. 10. 선고 2015다208313 판결, 대법원 2015. 11. 26. 선고 2015두46550 판결.

98) 이승욱, 129면.

것만으로 근로관계를 유지할 수 없는 정도라고 인정된다면 그에 따른 해고는 정당하다.[99)]

### (2) 구체적 · 개별적 판단

징계해고가 징계권을 남용한 것인지 여부는 앞에서 설명한 바를 고려하여 사안에 따라 구체적 · 개별적으로 판단하여야 한다.[100)]

### (3) 거듭된 비위에 대한 가중

같은 잘못을 거듭 저질렀을 때 징계의 양정을 가중하는 규정을 두더라도 이는 유효하다. 다만, 가중 정도, 가중 기간, 가중 대상 징계 등이 사회통념상 현저하게 타당성을 잃으면 재량권의 일탈 · 남용으로 징계처분의 효력이 부정될 수 있다.[101)]

나아가 '정직 3회는 해고'처럼 하위 양정이 일정 횟수 이상일 경우 양정을 높이는 가중 규정도 가능하다. 이 경우 가중이 적용되는 기간을 노사가 협의하여 명시하는 것이 일반적이다. 다만, 가중 적용 기간을 명시하지 않았다고 해서 가중 조항의 효력을 부인할 수는 없다.[102)] 하지만 하위 양정이 일정 횟수 이상일 경우 해고할 수 있다는 규정이 있다고 하여 바로 그 규정에 따라 해고가 정당화되는 것이 아니라 다시 법 23조에 따라 정당한 이유를 심리해야 한다.

99) 대법원 1983. 4. 26. 선고 82누405 판결, 대법원 1992. 4. 24. 선고 91다17931 판결, 대법원 2004. 6. 25. 선고 2002다51555 판결, 대법원 2014. 11. 27. 선고 2011다41420 판결, 대법원 2015. 11. 26. 선고 2015두46550 판결.

100) 판례상 징계권 남용으로 인정된 사례로는 대법원 1991. 5. 28. 선고 90다8046 판결(이에 대한 판례평석으로는 박병휴, 293면 이하), 대법원 1991. 7. 12. 선고 90다9353 판결, 대법원 1991. 10. 25. 선고 90다20428 판결, 대법원 1991. 11. 26. 선고 90다4914 판결, 대법원 1991. 12. 13. 선고 90다18999 판결, 대법원 1991. 12. 24. 선고 90다12991 판결, 대법원 1992. 2. 11. 선고 91다25109 판결, 대법원 1992. 7. 14. 선고 92다14434 판결, 대법원 1994. 4. 29. 선고 93다34718 판결, 대법원 1994. 5. 24. 선고 93다26854 판결, 대법원 1997. 12. 12. 선고 97누3637 판결, 대법원 1998. 11. 10. 선고 97누18189 판결, 대법원 1999. 4. 23. 선고 98두618 판결, 대법원 1999. 11. 9. 선고 99두4273 판결(이에 대한 평석으로는, 박수근, 243면 이하), 대법원 1999. 12. 21. 선고 98두7787 판결 등. 징계권 남용으로 인정되지 않은 사례로는 대법원 1991. 3. 22. 선고 90다18944 판결, 대법원 1991. 7. 12. 선고 90다9353 판결, 대법원 1993. 7. 13. 선고 92다42774 판결, 대법원 1994. 5. 27. 선고 93다57551 판결, 대법원 1994. 8. 12. 선고 94누1890 판결, 대법원 1995. 4. 25. 선고 94누13053 판결, 대법원 1996. 9. 24. 선고 95다11504 판결, 대법원 1997. 9. 12. 선고 97누7165 판결, 대법원 1999. 6. 25. 선고 99다8377 판결, 대법원 1999. 8. 20. 선고 99두2611 판결, 대법원 1999. 11. 26. 선고 98두10424 판결 등.

101) 대법원 2014. 2. 13. 선고 2013두19714 판결.

102) 하갑래, 918면.

## Ⅲ. 징계해고의 구체적 사례

### 1. 학력 · 경력의 사칭 · 은폐, 이력서 허위 기재

#### 가. 징계해고사유 해당성과 그 근거

##### (1) 경력 사칭의 의의

회사가 사원을 신규 채용하면서 일정한 학력 이상의 자일 것을 채용요건으로 정하는 경우가 많다. 이 때 신규 입사자는 학력이나 경력을 기재한 이력서나 증명서를 회사에 제출한다. 이 경우 취업규칙 등에 '성명, 학력, 경력을 속이거나 이력서를 허위 기재한 것'을 징계해고사유의 하나로 규정하는 것이 보통인데,[103] 일반적으로 경력 사칭이란 근로자가 기업에 채용될 때에 제출하는 이력서나 면접 등에 학력, 경력, 학생운동 전력, 노동운동 전력, 범죄경력 등을 사칭하거나 진실을 숨기는 것을 의미한다.

##### (2) 판　　례

근로자는 사용자에 대하여 신의성실 의무에 따라 피용자의 적격성을 사용자가 판단할 자료로 경력을 정확하게 진술할 의무가 있다.[104]

판례는 그와 같은 진실 의무의 범위가 직접 노동력의 평가에 관계된 사항에 그치는지 아니면 근로자의 전인격적인 사항에까지 이르는지에 관하여, 기업이 근로자를 고용하면서 학력 또는 경력을 기재한 이력서나 그 증명서를 요구하는 이유는 단순히 근로자의 근로 능력, 즉 노동력을 평가하기 위해서만이 아니라, 노사간의 신뢰 형성과 기업 질서 유지를 위하여 근로자의 지능과 경험, 교육 정도, 정직성, 직장에 대한 정착성과 적응성 등 전 인격적 판단을 거쳐 고용 여부를 결정할 필요가 있어 그 판단 자료로 삼기 위한 것이라고 한다.[105]

---

103) 김지형, 518면.

104) 김소영a, 167면; 김준우, 261면(다만 근로자의 진실고지의무는 근로능력의 평가, 업무관련성과 관계된 영역에서만 있고, 사용자의 질문권도 그 한도 내에서 제한되어야 한다. 특히 학력하향사칭은 업무관련성 평가와 관련이 없다는 측면에서 징계사유 자체가 되지 않는다); 김형배, 262~265면(사용자의 질문, 조회와 근로자의 고지의무 참조); 이상수, 42면.

105) 김지형a, 697면(사칭이라는 행위 자체보다 행위의 대상이 되는 경력이 노무의 제공이라는 근로자의 급무의무와 관련이 되는 것인지 여부에 따라 판단되어야 하는데 판례법리는 근로관계에 있어서 계약법상의 내재적 제약을 고려한 해석론의 범위를 넘어 근로자의 노무급부 이행에 있어서 전인격적 지배관계를 승인한 것이 아닌가라는 오인을 받을 우려가 있다고 한다).

또한 이력서에 허위의 경력을 기재한다는 것은 그 자체가 근로자의 정직성에 대한 중요한 부정적인 요소가 됨은 물론, 기업이 고용하려고 하는 근로자들에 대한 전인격적인 판단을 그르치게 하는 것이므로, 채용 당시부터 사용자에 대하여 그 채용 여부 등에 중요한 영향을 미칠 경력을 은폐하고 허위의 경력을 기재하는 것은 사용자와 피용자 사이에 요구되는 신의칙상의 의무에 위배되는 것이고, 따라서 기업 질서 문란의 현실적 결과가 발생하지 않았더라도 징계사유가 된다.[106]

#### (3) 학 설

학설은 다음과 같이 설명하면서 대체로 판례의 태도를 비판한다.

① 징계처분은 근로계약을 전제로 근로자의 기업 질서 위반에 대하여 과해지는 제재벌인데 반해, 경력 사칭은 근로계약 체결 전의 사유이므로 이를 이유로 해고하는 것은 부당하다.[107] 경력 사칭의 효과가 근로계약 중에 계속 존속함을 이유로 해고의 정당성을 인정할 여지가 없는 것은 아니지만, 경력 사칭이 근로관계의 성립·존속에 영향을 미쳐 해고사유가 되고 정당성 판단의 근거가 되는 것은, 사칭 행위 자체보다는 사칭된 경력이 노무 제공 내지 근로 능력의 평가와 관련 있는 것에 한정되어야 한다.[108] 노동조합 활동, 학생 운동, 정치 활동 등 과거 활동에 관한 사칭은 근로 능력의 평가와는 관련이 없어 이를 이유로 한 해고는 원칙적으로 정당하지 않다.[109]

② 근로자가 중요한 경력을 사칭하고 그 결과 근로계약이 체결된 경우에는 사용자가 이로 인해서 직장의 규율 유지와 관련하여 구체적 피해를 본 경우에

106) 대법원 1989. 3. 14. 선고 87다카3196 판결, 대법원 1990. 10. 30. 선고 89다카30846 판결, 대법원 1990. 12. 7. 선고 90다카23912 판결, 대법원 1995. 3. 10. 선고 94다14650 판결, 대법원 1999. 3. 26. 선고 98두4672 판결, 대법원 2000. 6. 23. 선고 98다54960 판결(근로자의 채용시의 허위경력기재행위 내지 경력은폐행위를 징계해고사유로 규정하는 취업규칙 등은 허위사항의 기재가 작성자의 착오로 인한 것이거나 그 내용이 극히 사소하여 그것을 징계해고사유로 삼는 것이 사회통념상 타당하지 않다는 등의 특별한 사정이 있는 경우까지에도 적용되지 않는 한, 정당한 해고사유를 규정한 것으로 유효하다).

107) 김유성, 292면; 김형배, 621면; 오창수, 103면.

108) 민변노동법 I, 400면(예를 들어 운전직에 종사할 근로자가 운전면허에 관한 사항을 허위로 기재하거나 기능직에 종사할 근로자가 자격증에 관한 사항을 허위로 기재하는 경우에는 정당한 해고사유가 되나, 기능이 필요 없는 생산직에 종사할 자가 대졸 학력을 누락한 경우나 고도의 기능이 요구되지 않은 직종에 종사할 자가 다른 회사에서 근무한 경력 사항을 기재하면서 실제 근무기간을 사실과 달리 기재하였다고 하더라도 노동력 제공에 별다른 문제점이 없다면 그 자체만으로 정당한 해고사유가 되기에는 부족하다).

109) 김유성, 282면; 김지형a, 697~698면.

한하여 징계사유가 인정되어야 한다.[110] 경력 사칭으로 인해 근로자의 노동력·전인격·사회성에 대한 사용자측의 평가를 그르치게 하거나 그르치게 할 위험성이 있다는 것만으로는 부족하고, 경력 사칭으로 인하여 임금 수준·직급 결정 등 근로조건의 체제를 문란하게 하거나 적정한 노무 배치를 저해하는 등 현실적으로 기업 질서를 문란하게 하는 결과가 발생해야 징계가 가능하다.[111]

③ 경력 사칭이 징계사유로 되기 위하여는, 그 경력 사칭이 신의칙에 반하고 기업 질서를 현실적으로 침해하여야 하며 근로계약 체결 후 상당한 기간이 지나지 않아야 한다.[112] 기업 질서를 침해하는 경우란 경력 사칭의 결과 객관적·구체적인 기업 질서를 침해하고 그 침해가 중대하다고 인정되는 경우를 말한다. 근로자의 경력 사칭을 알고 상당한 기간을 경과하여 경력 사칭을 이유로 징계하지 아니할 것으로 신뢰할 만한 상당한 기대를 가지게 된 때에는 징계권을 행사할 수 없다.

④ 경력 사칭은 근로관계가 성립하기 전의 행위이므로 그러한 사칭이 있었던 근로계약의 체결 당시에 착오나 사기에 의한 근로계약의 취소가 문제될 수 있는바,[113] 민법상 일반 원칙인 취소 제도는 고용계약에도 적용되므로,[114] 고용계약을 체결하면서 근로자가 기망 행위를 하였거나 사용자가 착오를 일으켰다면 사용자는 이를 이유로 하여 고용계약을 취소할 수 있다.[115] 학력 은폐, 경력

110) 민변노동법Ⅰ, 400면; 오창수, 103면; 유해용, 491면; 이종복, 252면(어떠한 사항이 중요한 경력에 해당되느냐 하는 것은 객관적으로 판단해야 할 것이며, 특히 노동력의 평가에 관한 사항이 결정적 의의를 가지는 것으로 보아야 한다고 한다); 하경효b, 38면.

111) 서울고법 1989. 8. 9. 선고 89나9267 판결; 김유성, 282면; 박홍규, 307면; 이병태, 978면; 이전오b, 11면; 하경효b, 38면, 하경효g, 160면.

112) 이병태, 978면.

113) 김유성, 282면; 박홍규, 306면; 이종복, 179~193면; 하경효a, 18면.

114) 민법주해[Ⅲ], 467~469면, 556면; 민법주해[XV], 326면. 판례(대법원 1994. 8. 26. 선고 94다15479 판결)도 "사립학교 교원의 임용을 위한 계약의 법적 성질은 사법상의 고용계약에 다름 아닌 것으로 그 계약체결에 관한 당사자들의 의사표시에 무효 또는 취소의 사유가 있으면 그 상대방은 이를 이유로 당연히 그 임용계약의 무효, 취소를 주장하여 그에 따른 법률효과의 발생을 부정하거나 소멸시킬 수 있다"고 한다.

115) 김형배, 265면. 다만 이미 근로관계가 성립되어 취업상태가 진행되어온 경우에는 사용자의 취소권은 장래에 대하여 효력을 가진다.; 조건주, 375~376면. 위 견해에 따를 경우 해고와 취소는 서로 그 지도원리, 요건, 효과 등에서 상이한 별개의 제도이므로 서로 대체될 수 없는 것이고, 따라서 고용계약의 취소에 있어 중요 부분 착오, 기망, 인과관계 등의 요건 외에 '정당한 이유'라는 제한은 그 요건이 될 수 없는 것으로 보게 된다. 다만 취소를 인정하더라도 계속적 채권관계로서의 고용계약의 특성을 고려하여 의사표시가 행하여질 당시에는 법률행위의 내용의 중요 부분에 착오가 있었으나 고용관계가 여러 해 존속되어 그러한 착오가 계약관계의 실행에 대하여 더 이상 아무런 의미를 가지지 못하여 착오를 이유로 한 취소가 의

사칭 또한 이러한 행위로 말미암아 사용자가 근로자의 인적 성상·자격 등에 관한 중요한 부분에 착오를 일으켰다면 사용자는 고용계약을 취소할 수 있고(민법 109조), 근로자가 학력 은폐라는 기망 행위로 사용자를 착오에 빠뜨린 것이라면 역시 고용계약을 취소할 수 있다(민법 110조). 이와 같이 학력 은폐는 계약 체결 시 의사표시와 관련된 문제로서 취소의 법리로 해결되어야지, 근로관계의 존속과 관련된 해고 문제로 다룰 수는 없는 것이다.[116)]

### 나. 징계해고의 정당성 판단 기준

#### (1) 기존 판례

앞서 본 바와 같이, 기업이 근로자를 고용하면서 학력 또는 경력을 기재한 이력서나 증명서를 요구하는 이유는, 단순히 노동력을 평가하기 위한 것만이 아니라, 전인격적 판단을 거쳐 노사간의 신뢰 형성과 기업 질서 유지 안정을 도모하기 위하는 것이기도 하므로, 근로자가 은폐·사칭한 학력·경력이 노사 신뢰관계와 기업 질서 유지 어느 것이든 영향을 주는 것으로서, 은폐·사칭이 사전에 발각되었다면 사용자는 고용계약을 하지 아니하였거나 적어도 같은 조건으로는 고용계약을 하지 아니하였을 것으로 인정되는 정도의 것이라면 징계해고 사유가 된다.[117)]

징계해고사유가 되는 최종 학력의 사칭에는 낮은 학력을 높게 사칭하는 것만이 아니라 높은 학력을 낮게 사칭하는 것도 포함되고,[118)] 근로자가 낮은 학력

---

미를 상실한 경우에는 취소는 신의성실의 원칙에 반하여 허용되지 않는 것으로 보아 취소의 요건 및 효과에 있어서 일정한 제한을 두도록 하고 있다(사기의 경우도 마찬가지임).; 송강직 d, 254면. 근로계약 체결 이후 상당기간이 경과한 이후 또는 사용자가 경력 사칭에 대하여 알았거나 알 수 있었던 경우에는 취소권을 행사할 수 없다.

116) 김형배, 621면; 방준식, 202면; 유성재, 202면; 하경효a, 18면.

117) 대법원 1985. 4. 9. 선고 83다카2202 판결(이에 대한 평석으로는 김형배a, 125면 이하; 이상수, 40면 이하; 임종률a, 168~170면), 대법원 1986. 10. 28. 선고 85누851 판결(이에 대한 평석으로는 박인호, 321면 이하; 이종복, 163면 이하 등), 대법원 1988. 2. 9. 선고 87누818 판결, 대법원 1989. 1. 31. 선고 87다카2410 판결, 대법원 1989. 3. 14. 선고 87다카3196 판결(이에 대한 평석으로는 오창수, 94면 이하; 이전오a·b), 대법원 1990. 10. 30. 선고 89다카30846 판결, 대법원 1990. 12. 7. 선고 90다카23912 판결, 대법원 1992. 6. 23. 선고 92다8873 판결, 대법원 1992. 9. 25. 선고 92다18542 판결, 대법원 1994. 8. 12. 선고 93누21521 판결, 대법원 1995. 3. 10. 선고 94다14650 판결, 대법원 1995. 8. 22. 선고 95누5943 판결, 대법원 1997. 5. 28. 선고 95다45903 판결, 대법원 1997. 8. 29. 선고 96누12672 판결, 대법원 1997. 12. 26. 선고 97누11126 판결, 대법원 1999. 3. 26. 선고 98두4672 판결, 대법원 1999. 12. 21. 선고 99다53865 판결(이에 대한 평석으로는 조건주, 361면 이하), 대법원 2000. 6. 23. 선고 98다54960 판결.

118) 대법원 1989. 1. 31. 선고 87다카2410 판결.

을 숨기고 취업하였으나 모자라는 학력 때문에 하는 일에 지장을 받은 일도 없고 오랜 기간 동안 성실히 근무하여 왔더라도 정당한 징계해고사유가 된다.[119)]

(2) 학　　설

학설은 이러한 판례의 태도에 대하여 다음과 같이 비판한다.

① 판례는 "경력 사칭을 사전에 알았다면 고용계약을 체결하지 아니하였거나 적어도 동일 조건으로 계약을 체결하지 아니하였을 것으로 인정되는 경우"라고 하여 '가정적인 인과관계'의 판단으로 '정당한 이유'를 대체하고 있다. 이는 해고에 정당한 이유를 요구하는 법에 맞지 않다.[120)] 또한, 경력 사칭에 관하여 판례는 다른 징계사유에서 판례가 취하는 태도와 배치된다. 즉 판례는 다른 징계사유에서는 '사회통념상 근로계약을 계속시킬 수 없을 정도로 근로자에게 책임 있는 사유'에 해당하여야 해고가 정당하고, 이에 해당하는지 여부는 사업의 목적과 성격, 사업장의 여건, 당해 근로자의 지위 및 담당 직무 내용, 비위 행위의 동기와 경위, 기업의 위계질서가 문란하게 될 위험성 등 기업 질서에 미칠 영향, 과거의 근무 태도 등 여러 가지 사정을 종합적으로 검토하여 판단하여야 한다고 하는데 [Ⅱ. 3. 가. 참조], 경력 사칭에서는 그와 같은 종합 판단을 생략한 채, 오로지 근로계약 시 사용자의 주관적 사정만을 고려하고 있다. 이는 합리적이지 않다.[121)]

② 위와 같은 판례의 태도는, 기업 질서 유지에 미칠 부정적인 영향이라고 하는 추상적 위험성으로서 구체적인 정황 판단을 사상해 버린다. 그 결과 근로자는 근로계약 체결 시의 사소한 잘못 때문에 언제든지 직장으로부터 배제될 처지에 놓이게 된다. 이는 근로자의 생활 보호를 목적으로 하여 제정된 법의 취지에 반한다.[122)]

③ 판례가 말하는 전인격이라고 하는 개념은 추상적이고, 판례가 기업 질서 문란의 현실적 결과가 발생한 것이 없어도 상당 기간이 지난 뒤에 전인격 판단의 문제를 시비하는 것은 부당하다.[123)]

④ 허위 경력 기재의 징계해고사유 해당성은, 사용자가 기업 경영을 위하여 채용 과정에서 일정한 사적 사항을 신고·표명 받음으로써 보호받아야 할 법

119) 대법원 1989. 3. 14. 선고 87다카3196 판결.
120) 조건주, 378면.
121) 조건주, 378~379면.
122) 오창수, 108면.
123) 박홍규, 307면.

익과 그러한 신고·표명을 하면서 부딪치게 되는 근로자의 사적 영역인 인격적 법익에 대한 보호의 필요성 사이의 비교 형량을 통하여 결정되어야 한다.[124)]

⑤ 사용자의 해고권을 제한함으로써 근로자의 직장 보호를 목적으로 하는 법 23조 1항은 근로관계의 존립을 유지하기 위한 규정이므로 해고의 정당한 이유는 해고가 문제되는 당시를 중심으로 근로관계 계속이 기대 불가능한지 여부가 객관적으로 판단되어야 한다.[125)] 채용 당시로 소급하여 경력 사칭과 사용자의 주관적 판단 사이의 인과관계에 의하여 결정되어야 할 문제는 아니다. 따라서 징계해고 당시의 사정에 기초하여, 과거의 사칭 사실이 해고 당시 근로자의 해고를 정당화할 수 있는 것이냐에 따라 결정되어야 한다.[126)]

#### (3) 수정된 판례법리

근로자가 입사 당시 제출한 이력서 등에 학력 등을 허위로 기재한 행위를 이유로 징계해고를 하는 경우에도 법 23조 1항에 따라 사회통념상 고용관계를 계속할 수 없을 정도로 근로자에게 책임 있는 사유가 있는 경우에 한하여 해고의 정당성이 인정되고, 사회통념상 고용관계를 계속할 수 없을 정도인지는 사용자가 사전에 허위 기재 사실을 알았더라면 근로계약을 체결하지 않았거나 적어도 동일 조건으로는 계약을 체결하지 않았으리라는 등 고용 당시의 사정뿐 아니라, 고용 후 해고에 이르기까지 근로자가 종사한 근로 내용과 기간, 허위 기재를 한 학력 등이 종사한 근로의 정상적인 제공에 지장을 가져오는지 여부, 사용자가 학력 등 허위 기재 사실을 알게 된 경위, 알고 난 후 당해 근로자의 태도 및 사용자의 조치 내용, 학력 등이 종전에 알고 있던 것과 다르다는 사정이 드러남으로써 노사간 및 근로자 상호간 신뢰관계 유지와 안정적인 기업경영과 질서유지에 미치는 영향 기타 여러 사정을 종합적으로 고려하여 판단한다.

다만 사용자가 이력서에 근로자의 학력 등의 기재를 요구하는 것은 근로능력 평가 외에 근로자의 진정성과 정직성, 당해 기업의 근로환경에 대한 적응성 등을 판단하기 위한 자료를 확보하고 나아가 노사간 신뢰관계 형성과 안정적인 경영환경 유지 등을 도모하고자 하는 데에도 목적이 있는 것으로, 이는 고용계약 체결뿐 아니라 고용관계 유지에서도 중요한 고려요소가 된다고 볼 수 있다.

124) 김지형a, 699면.
125) 하경효a, 17면.
126) 김형배, 622면; 박홍규, 307면.

따라서 취업규칙에서 근로자가 고용 당시 제출한 이력서 등에 학력 등을 허위로 기재한 행위를 징계해고사유로 특히 명시하고 있는 경우에 이를 이유로 해고하는 것은, 고용 당시 및 그 이후 제반 사정에 비추어 보더라도 사회통념상 현저히 부당하지 않다면 정당성이 인정된다.127)

(4) 검 토

① 기존 판례가 경력 사칭에 따른 징계해고의 정당성 판단 기준으로 들고 있는 가정적 인과관계 법리(이른바 사용자가 사전에 경력 사칭을 알았더라면 근로계약을 체결하지 아니하였거나 적어도 동일 조건으로는 계약을 체결하지 아니하였을 것)는 해고제한 법리를 천명한 법 23조 1항에 부합하지 않으므로 판단 기준을 재정립할 필요가 있다.128)

② 또한 사회, 경제적 상황 변화로 학력 허위 기재가 근로자들 사이에 인화를 해칠 우려가 있어 기업질서를 침해한다고 보기 어려우며, 노동조합에 대한 인식 변화 및 노동3권에 대한 의식 향상 등으로 노동조합 설립 내지 활동을 목적으로 학력을 허위로 기재하여 입사한 행위에 대해 적대적으로 보던 시각이 상당 부분 개선되어 기존의 경력 사칭 해고에 대한 판례 법리도 해고제한 법리에 맞게 수정될 필요가 있다.129)

③ 사용자의 해고권을 제한함으로써 근로자의 직장 보호를 목적으로 하는 법 23조 1항은 근로관계의 존립을 유지하기 위한 규정이므로 해고의 정당한 이유는 해고가 문제되는 당시를 중심으로 근로관계 계속이 기대 불가능한지 여부가 객관적으로 판단되어야 한다.130) 채용 당시로 소급하여 경력 사칭과 사용자의 주관적 판단 사이의 인과관계에 의하여 결정되어야 할 문제는 아니다. 따라서 징계해고 당시의 사정에 기초하여, 과거의 사칭 사실이 해고 당시 근로자의 해고를 정당화할 수 있는 것이냐에 따라 결정되어야 한다.131)

---

127) 대법원 2012. 7. 5. 선고 2009두16763 판결(이에 대한 평석으로는 김기선, 310면 이하; 김소영b, 241면 이하; 김준우, 233면 이하; 이미선a, 731면 이하; 이미선b, 267면 이하; 하경효g, 158면 이하), 대법원 2013. 9. 12. 선고 2013두11031 판결.

128) 이미선a, 746~747면.

129) 송강직d, 254면은 한국의 경력 사칭 문제는 그 자체가 문제라기보다 주로 당해 근로자의 노동조합활동 등과 관련하여 문제되고 있고, 기존 대법원 판례 흐름도 노사간의 신뢰이익 보호라기보다 사용자의 보복적인 인사조치 등에 대하여 이를 정당화하는 논리로 변질되어 왔다고 평가한다(같은 취지, 송강직f, 824면 이하); 이미선a, 747~748면.

130) 하경효a, 17면.

131) 김형배, 622면; 박홍규, 307면.

④ 수정된 판례는 징계해고사유가 인정된다고 하더라도 사회통념상 고용관계를 계속할 수 없을 정도로 근로자에게 책임 있는 사유가 있는 경우에 한하여만 해고의 정당성이 인정된다는 법 23조 1항이 경력 사칭을 이유로 한 징계해고에 있어서도 적용된다는 법리를 재확인하는 동시에, '정당한 이유'를 판단함에 있어서는 경력 사칭을 이유로 한 해고에 이르기까지의 전 근로 기간에서 드러난 모든 사정을 종합적으로 고려하여 정당한 이유가 있을 때에만 해고가 유효하다는 점을 명확히 하였다.[132)]

⑤ 한편, 최근 근로자의 이력서 허위 기재를 이유로 사용자가 근로계약을 취소한다는 의사표시를 한 사안에서, 근로계약 체결에 관한 당사자들의 의사표시에 무효 또는 취소의 사유가 있으면 그 상대방은 이를 이유로 근로계약의 무효 또는 취소를 주장하여 그에 따른 법률효과의 발생을 부정하거나 소멸시킬 수 있고, 다만 근로계약에 따라 그동안 행하여진 근로자의 노무 제공 효과를 소급하여 부정하는 것은 타당하지 않으므로 이미 제공된 근로자의 노무를 기초로 형성된 취소 이전의 법률관계까지 효력을 잃는다고 보아서는 아니 되고, 취소의 의사표시 이후 장래에 관하여만 근로계약의 효력이 소멸된다는 판례가 있다.[133)]

### 다. 하자의 치유

판례의 견해에 따라 경력 사칭이 징계해고사유에 해당됨을 인정한다고 하더라도 근로자가 이후 장기간 성실하게 근무한 경우에는 그와 같은 하자가 치유되었다고 인정할 여지는 없는 것인가.

판례는 이를 쉽게 인정하지 않는 경향이다. 즉 사원 자격으로 중졸 이상의 학력과 중학교 졸업증명서 제출을 요구하였는데, 중학교 졸업이 아님에도 졸업증명서를 위조하여 입사한 사안에서, 학력 미달에 따른 능력 부족으로 작업에 지장을 초래한 일이 없었다고 하여도 이는 노동력을 뒷받침할 사유는 될지언정 정직성 등 인격적 측면에서 고려할 고용 조건까지 뒷받침하는 사유는 될 수 없고 근로자가 입사 후 8년간 계속 근무하여 왔다는 것은 위와 같은 학력 사칭과 문서 위조 등 부정 사실이 그토록 장기간 발각됨이 없이 은폐되었다는 점에서 오히려 피고 회사의 기업 질서 유지에 부정적인 영향을 미친다고 볼 수 있을지언정 8년의 시일 경과로 위와 같은 하자가 치유되었다고 보는 것은 타당하지

132) 이미선a, 750~751면; 이미선b, 268면.
133) 대법원 2017. 12. 22. 선고 2013다25194, 25200 판결.

않다고 하였다.[134]

이에 대하여는, “근로관계는 계속적인 이행 과정을 거쳐가는 동안 구체적인 이행 행위를 통하여 재구성되어 가는 것이므로 경력 사칭과 같은 반가치적 행위가 있었다고 해도 이는 상당한 기간의 성실한 근무로 치유될 수 있는 것으로 봄이 타당하다”는 취지의 비판이 있다.[135]

### 라. 징계시효

취업규칙, 단체협약 등에서 징계사유가 발생한 후 일정한 기간이 지난 뒤에는 징계를 할 수 없다는 취지의 징계시효 규정을 두는 경우, 경력 사칭에서 징계시효를 주장할 수 있는지가 문제된다.

판례는 이 경우에도 경력 사칭은 신의칙의 중대한 위반이므로, 그 시효를 주장할 수 없다고 본다.

즉, 근로자가 학력 은폐로 입사한 후 사용자가 잘못 없이 그 사실을 알지 못해 징계시효 기간이 지났고, 시효 기간이 지난 후 그 사실을 알고 곧바로 징계 절차를 취하였음이 분명하다면, 오히려 허위 경력 은폐로 회사가 잘못이 없이 그와 같은 징계사유를 알지 못해 징계시효 기간을 도과한 것이고, 근로자 측이 이를 이유로 자신에 대한 징계처분의 효력을 부정하는 것은 보통인의 정의관념에 비추어 볼 때 신의칙에 위반되어 허용될 수 없다고 한다.[136]

이에 대하여는 다른 모든 징계사유에 대하여는 징계시효 규정을 적용하여 법적 안정성을 도모하는데 유독 경력 사칭만 징계시효 적용을 봉쇄하는 것은 타당성이 없다는 비판이 있다.[137]

### 마. 신의칙 문제

사용자가 경력 은폐 사실을 알고도 상당한 기간 동안 징계권을 행사하지 않았다가 뒤늦게 경력을 은폐한 근로자를 징계해고를 하는 것이 신의칙에 반하는 것인가에 관하여, 판례는 다음과 같은 사안에서 신의칙 위반이 아니라고 한 바 있다.

즉 대학 졸업 사실을 숨기고 고등학교 졸업 후 트럭 조수 등으로 근무하다

---

134) 대법원 1989. 3. 14. 선고 87다카3196 판결.

135) 김형배a, 148면; 오창수, 105면; 유해용, 491면; 이상수, 46면; 조원철, 291면; 하경효a, 18면.

136) 대법원 1995. 3. 10. 선고 94다14650 판결.

137) 조건주, 385면.

군에 입대한 것처럼 학력과 경력을 숨긴 사실을 사용자는 이미 알았고, 그 사실을 안 지 약 1년 3개월 후 근로자를 징계해고를 한 사안에서 판례는, 회사가 징계권을 행사하지 아니할 것으로 신뢰할 만한 정당한 기대를 가지게 된 경우에 해당하지 않는다고 하면서 신의성실 원칙 위반에 해당하지 않는다고 하였다.[138)]

이에 대하여는 은폐 사실을 알고도 1년 이상 징계하지 않았다면 기업 질서를 침해하였다고 볼 수 없고, 1년 정도 경과하였으면 징계를 하지 않으리라는 신뢰를 가질 만한 상당한 기간이 경과하였다고 보아야 하므로 학력 은폐를 이유로 한 해고는 타당하지 않다는 비판이 있다.[139)]

바. 구체적 사례

(1) 정당성이 인정된 경우

① 다른 공장에서 봉제공으로 근무한 경력이 있음에도 그 공장이 노사분규와 관련하여 폐쇄된 것으로 항간에 알려져 있어 그 기간 동안 다른 회사에 근무한 것처럼 이력서에 기재하여 봉제공으로 취업한 경우[140)]

② 고교 재학 중 특수강도 등의 혐의로 형사 입건되어 고등학교에서 퇴학처분을 받았음에도 고등학교 졸업으로 이력서를 허위 기재하고 상호신용금고에 입사한 경우[141)]

③ 공업고등학교 졸업, 공업전문대학 2학년 중퇴 사실을 은폐하고 중학교 졸업으로 이력서에 학력을 기재한 경우[142)]

④ 중학교 졸업 이상 학력을 요건으로 하는 회사에 입사하면서 중학교 졸업을 사칭하고 졸업증명서를 위조하여 제출한 후 8년간 계속 근무해온 경우[143)]

⑤ 종전 회사에서 근무 성적 불량으로 해고당한 사실과 주거침입 혐의로 지명수배된 사실을 숨기고, 실재하지 않는 다른 회사에서 근무한 것처럼 경력을 사칭한 경우[144)]

⑥ 실제 철도청 공작창에 근무한 기간이 1년 4개월 남짓임에도 중공업 회사에 입사하면서 같은 곳에서 약 4년간 근무한 것처럼 이력서에 경력을 기재한

138) 대법원 1994. 1. 28. 선고 92다45230 판결.
139) 이병태, 979면; 조건주, 385면.
140) 대법원 1985. 4. 9. 선고 83다카2202 판결.
141) 대법원 1988. 2. 9. 선고 87누818 판결.
142) 대법원 1989. 1. 31. 선고 87다카2410 판결.
143) 대법원 1989. 3. 14. 선고 87다카3196 판결.
144) 대법원 1990. 10. 30. 선고 89다카30846 판결.

경우[145)]

⑦ 근로자의 대부분이 여자인 회사에 입사지원서와 이력서를 제출하면서 강간치상죄로 형사 처벌을 받고, 그것 때문에 징집이 면제된 전과 사실을 은폐하고 경력을 과장한 경우[146)]

⑧ 고등학교를 졸업하고 대학교에서 4학년 2학기만 남기고 휴학하였다가 자퇴하였고, 좌익 성향을 가진 대학생들이 조직한 단체의 조직 지도책으로 지명수배되었다가 대통령의 특별사면 조치로 수배해제된 바 있는 근로자가 고의로 대학 입학, 수학, 자퇴의 전 과정을 누락시키고 고등학교만을 졸업한 것처럼 이력서에 허위 경력과 학력을 기재한 경우[147)]

⑨ 대학교 졸업 사실을 누락시키고 고등학교 졸업 후 트럭 조수 등으로 근무하다가 군에 입대한 것처럼 경력을 허위로 기재한 이력서를 제출하여 입사한 근로자를, 사용자가 그 경력 허위 기재 사실을 알면서 1년 3개월여 기간이 경과한 후 해고한 경우[148)]

⑩ 대학에 입학하여 학생 운동, 노동 운동을 하였고, 다른 회사에 학력을 은폐한 채 취업한 사실이 있고 대학교 3학년 2학기 재학 중에 군에 징집된 사실을 누락시킨 경우[149)]

⑪ 고등학교만을 졸업하였음에도 입사하면서 이력서에 초급 대학 졸업이라 학력을 허위로 기재하였고, 그와 같은 대학 졸업 사실이 크게 작용하여 빠르게 승진한 경우[150)]

⑫ 입사 전 3개 업체에 2년 미만씩 근무하고 마지막 회사에서 근무 중 해고당하자 부당해고 구제신청을 하고 사용자와 합의하여 구제신청을 취하하고 퇴사하였음에도, 이력서를 제출하면서 경력란에 마치 2개 업체에서 7년과 3년여

145) 대법원 1990. 12. 7. 선고 90다카23912 판결.
146) 대법원 1991. 4. 9. 선고 90다카27402 판결.
147) 대법원 1992. 6. 23. 선고 92다8873 판결. 이에 관해 송강직a, 147~150면은 "입사 시 학생운동이나 국가보안법 등의 전력, 또는 특정 사상의 동조자임을 이력서에 기재하지 않은 경우 등은 근로자 개인의 양심의 자유와 관련되어 있는데, 이러한 근로자 개인의 양심의 자유와 관련한 경력에 관하여는 경향 사업의 경우를 제외하면 일반적으로 진실 의무는 없으며 이러한 경력 사칭을 징계처분의 대상으로 삼을 수 없다"고 하면서, "근로자 개인의 양심의 자유와 관련한 질문, 조사는 근본적으로 헌법상, 근로기준법(5조)상의 양심의 자유, 나아가 공서양속에 반하는 것으로 무효"라고 한다.
148) 대법원 1994. 1. 28. 선고 92다45230 판결.
149) 대법원 1994. 8. 12. 선고 93누21521 판결.
150) 대법원 1995. 8. 22. 선고 95누5943 판결.

동안 근무하였고, 위 마지막 회사는 근무한 적이 없는 것처럼 기재한 경우[151]

⑬ 사실은 대학교에 입학하여 3학년까지 마친 후 제적되었음에도, 생산직 여사원 자격을 고등학교 졸업 이하의 미혼 여성으로 제한한 회사에 입사하면서 이력서에 고등학교만 졸업한 것으로 기재하였고, 각서를 제출하여 이력서상 학력과 경력 등에 허위 사실이 발견되면 어떠한 처벌도 감수하겠다고 한 경우[152]

(2) 정당성이 부정된 경우

① 국민학교 5학년 중퇴의 학력임에도 고등학교 2학년을 중퇴하였다고 하여 회사에 입사하였는데, 주로 납땜 업무에 종사하여 학력이 업무 능력에 미치는 영향이 거의 없었고 입사 후 2년 9개월 동안 성실하게 직무를 수행하여 학력 미달로 인한 능력 부족이나 그 밖의 결함이 없었던 경우[153]

② 단순 생산직 육체노동에 종사한 근로자로서 학교 이름만 조금 다르게 기재했을 뿐이고, 그를 채용할 때 학력이 전혀 문제되지 않은 경우[154]

③ 근로자가 입사 당시 과거에 형사 처벌을 받고 파면되었던 사실을 은폐하였으나 입사 후 13년간 성실하게 근무한 경우.[155] 또 다른 예로, 철도청에 근무하다 업무상 배임죄로 형사 처벌을 받고 파면된 후 6년이 지나 그 사실을 은폐하고 관광호텔에 입사하였지만, 철도청의 직무와는 다른 종류인 관광 숙박업 종사원 자격증을 취득하고 호텔 식음료부에 13년간 성실하게 근무한 경우[156]

④ 근로자가 이력서를 제출하면서 최종 학력을 기재하지 않고 다른 회사에서 근무한 기간을 실제보다 길게 기재한 것이 취업규칙상 징계해고사유에 해당하기는 하나, 실제로는 그 근로자가 주동이 되어 노동조합을 설립하고 위원장이 되어 단체교섭을 요구하는 등 적극적으로 노동조합 활동을 하는 것을 혐오하여 위와 같은 최종 학력 미기재 등의 사유를 표면적인 구실로 내세워 그를 해고한 경우[157]

⑤ 버스 회사에 입사할 때 이력서를 제출하면서 다른 버스 회사에 4개월 동안 근무한 경력을 누락하였으나, 비위 사실을 은폐할 목적으로 고의로 이를

151) 대법원 2000. 6. 23. 선고 98다54960 판결.
152) 대법원 2003. 5. 16. 선고 2002다25525 판결.
153) 대법원 1986. 10. 28. 선고 85누851 판결.
154) 대법원 1989. 5. 9. 선고 88다카4918 판결.
155) 대법원 1993. 10. 8. 선고 93다30921 판결.
156) 대법원 1993. 10. 8. 선고 93다30921 판결.
157) 대법원 1996. 2. 9. 선고 94누9771 판결(이에 대한 평석으로는 김도형, 571면 이하).

누락한 것이 아니라 그 경력 외에 다른 버스 회사에서 2년 이상 대형 버스를 운전한 경험이 있고 이것만으로 회사가 입사 자격으로 삼는 운전 경력(2년 이상 대형 버스 운전)을 나타내는 데 큰 지장이 없다고 판단하여 이를 누락하게 된 것이고, 회사가 위와 같은 4개월 운전 경력을 중대한 고려 대상으로 삼을 만한 구체적 사정이 인정되지 않는 경우[158)]

⑥ 이력서를 제출하면서 대학교 중퇴와 다른 택시 회사 근무 경력을 누락하였으나, 실제로 회사에는 대졸 학력을 가진 근로자가 최소한 5명 이상 있었고, 위 근로자나 대졸 학력자들이나 모두 같은 조건으로 근무했던 점, 그 학력·경력이 근로계약 체결 여부나 근로조건 결정에 크게 영향을 주지 않은 점, 고학력 때문에 동료들 사이에 위화감이나 위장 취업에 따른 노사 분쟁을 야기한 적이 없는 등 학력·경력 은폐와 관련한 문제가 없었던 점, 징계 당시 징계위원회에서도 처음에는 이력서 허위 기재가 징계사유에 해당하지 않았다가 위원회를 세 번 속행을 하면서 마지막에야 징계사유로 추가된 경우[159)]

⑦ 현장 단순노무직인 창고관리원으로 채용될 때 이력서를 제출하면서 대학교 입학·졸업 학력, 신문사에서 기자 및 문화사업국 팀장 등으로 근무한 경력을 누락하였으나, 사용자는 채용 후 신문사 홈페이지 검색을 통하여 근로자의 실제 학력과 경력이 이력서에 기재된 것과 다르다는 사실을 알고 있었음에도 급여에 대한 불만을 표출한 소란행위가 있기 전까지 별다른 조치를 취하지 않고 있었고, 채용공고 당시 '경력조건 : 관계없음', '학력조건 : 학력무관'이라고 명시하였고, 직원 중 전문대 졸업의 학력을 갖추고 동일한 업무를 수행하는 직원도 있으며, 그 업무와 최종학력 및 경력 사이에 별다른 관련성이 없는 경우[160)]

### 사. 논문 표절

근로자의 채용조건으로 일정 수준 이상의 학위 소지자일 것을 요구하여 근로자가 이와 관련하여 학위 논문을 제출한 경우 그 학위 논문에 표절 등 연구부정행위의 하자가 있음을 이유로 해고하는 경우가 있다.[161)]

이를 이유로 한 징계해고에서 사회통념상 고용관계를 계속할 수 없을 정도인지 여부는 학위 논문 전체를 기준으로 한 연구부정행위의 정도, 사용자가 사

158) 대법원 1999. 12. 21. 선고 99다53865 판결.
159) 대법원 2004. 2. 27. 선고 2003두14338 판결.
160) 대법원 2013. 9. 12. 선고 2013두11031 판결.
161) 표절 여부의 판단기준에 관하여는 각주 160) 판결 참조.

전에 학위 논문의 그와 같은 하자를 알았더라면 근로계약을 체결하지 아니하였거나 적어도 동일 조건으로는 계약을 체결하지 아니하였으리라는 등 고용 당시의 사정뿐 아니라, 고용 이후 해고에 이르기까지 그 근로자가 종사한 근로의 내용과 기간, 학위 논문의 하자로 인하여 근로의 정상적인 제공에 지장을 초래하는지, 학위 논문의 하자가 드러남으로써 노사 간 및 근로자 상호 간 신뢰관계의 유지나 안정적인 기업 경영과 질서유지에 미치는 영향 그 밖에 여러 사정을 종합적으로 고려하여 판단하여야 한다.[162)]

## 2. 무단결근 등 불성실 근무

### 가. 의 의

무단결근과 불성실 근무란 근로자가 정당한 이유 없이 정해진 근로일이나 근로시간에 근로를 하지 않거나, 근로를 했더라도 근무 성과가 현저히 낮은 경우를 말한다. 무단결근 외에 지나치게 많은 지각·조퇴, 근무 성적 불량, 직장 이탈 등도 이에 해당한다.

취업규칙 등에 '며칠 이상(또는 월 몇 회 이상) 무단결근한 때', '근무성적 또는 근무능력이 불량한 때' 등으로, 무단결근 등 불성실 근무를 징계해고사유로 규정한 예가 많이 있다.

다만, 이러한 무단결근 내지 불성실 근무는 그 자체로는 단순한 채무불이행이므로, 계약 법리로는 결근 일수에 상응하는 급여를 삭감하는 내용의 민사 책임을 묻는 것으로 충분하고, 그 외 인사 고과 반영으로 충분하다.[163)] 나아가 그것이 다른 근로자의 근무 태도에 악영향을 주는 등 근무 규율 내지 직장 질서에 반한다고 인정되어야 비로소 정당한 징계사유가 된다는 견해가 있다.[164)]

---

162) 대법원 2016. 10. 27. 선고 2015다5170 판결(국책연구기관이 연구원의 채용조건으로 해당 분야의 박사학위 소지자일 것을 요구하고 박사학위 논문을 제출하도록 하였고, 고용계약서나 인사관리규정에서 '연구원이 채용 당시 제출한 박사학위 논문에 부정 또는 하자가 있는 때'를 해고사유로 명시하고 있었던 사안에서, 연구원이 채용 당시 제출한 박사학위 논문에 자신의 석사학위 논문과 다른 일부 저자들의 저서를 출처표시 없이 무단 사용한 것을 이유로 한 해고의 정당성을 인정하였다. 이에 대한 평석으로는 강명수, 5면 이하; 김린, 135면 이하; 남형두, 341면 이하; 이철남, 94면 이하).

163) 김유성, 285~286면.

164) 박홍규, 305면; 이병태, 966면; 임종률, 530면. 그러나 김형배, 612~613면; 하경효b, 37면은, 무단결근, 근무 실적 저조, 직무 능력 부족 등이 고의적인 근무 해태의 결과가 아닌 이상, 이는 노무 제공 의무를 게을리하는 것으로서 채무불이행에 해당하고 직장 질서 위반으로 볼 수 없으므로 징계처분의 대상이 될 수 없다고 한다. 하경효e, 32면은 다만 근로관계의 존속

판례는 무단결근, 불성실 근무 등을 징계해고사유로 규정한 취업규칙 등은 특별한 사정이 없는 한 법에 위반되어 무효라고 할 수 없으므로 무단결근 등을 징계해고의 사유로 삼아 근로자를 해고하는 것은 정당한 이유가 있다고 한다.[165]

결근이나 지각, 조퇴 등의 횟수에 의한 해고사유를 취업규칙 등에서 정하였더라도 그 횟수만으로 해고의 정당성을 논하는 것은 옳지 않다.[166] 그러한 무단결근 등이 사용자의 작업 배치나 일시적인 업무 변경 등을 불가능하게 하고 장래에도 안정적인 근로의 제공을 기대할 수 없어 사회통념상 근로계약을 계속할 수 없을 정도로 근로자에게 책임이 있는지 여부에 따라서 해고의 정당성을 구체적이고 개별적으로 판단하여야 한다.[167]

### 나. 무단결근

#### (1) 무단결근에 해당하는 경우

무단결근이란 정당한 사유 없이 근로일에 사업장에 나오지 않은 것을 말한다.[168] 어떠한 경우가 무단결근에 해당하는가는 징계해고사유로 정한 취업규칙 등의 규정에 따라 가려보아야 한다.

##### ㈎ 사용자의 승인을 얻지 않은 근로 제공 불이행

근로자가 근로계약에 의하여 사용자에게 부담하는 근로 제공 의무를 이행하지 못한 것이 정당화되기 위하여는, 사용자의 사전 또는 사후의 승인이 있어야 한다. 근로자의 일방적 통지로 근로 제공 의무의 불이행이 정당화될 수는 없다.[169] 다시 말해 사용자의 승인이 없으면 무단결근에 해당한다.

예컨대, 취업규칙 등에 질병이나 부득이한 사유로 결근하려 할 때에는 사전에 결근계를 제출하여 승낙을 받아야 하고, 전화나 구두로 알려 사전 승낙을 받은 경우에도 사후에 사유서를 첨부한 결근계를 제출하도록 규정하였다면, 결근

---

을 객관적으로 기대할 수 없을 정도인 경우에는 통상해고가 정당화될 수 있을 뿐이라고 한다.

165) 대법원 1989. 9. 26. 선고 89다카5475 판결, 대법원 1990. 4. 27. 선고 89다카5451 판결, 대법원 1992. 4. 24. 선고 91다17931 판결.

166) 박홍규, 314면.

167) 김유성, 285~286면; 대법원 1989. 3. 14. 선고 87누980 판결(단체협약서에 해고사유의 하나로 '계속 7일 또는 월 3회 이상 무단결근하였을 때'라고 규정한 취지가 정당한 사유의 유무를 불문하고 계속 7일 이상 결근하기만 하면 무조건 해고할 수 있다는 취지라고 해석할 수는 없다).

168) 이병태, 966면.

169) 대법원 1991. 3. 27. 선고 90다15631 판결, 대법원 1997. 4. 25. 선고 97다6926 판결, 대법원 2002. 12. 27. 선고 2002두9063 판결 등.

계를 제출하지 않은 이상 실제로 질병 또는 부득이한 사유가 있었다거나 전화나 구두로 알려 사전 승낙을 받았다 해도 무단결근에 해당한다.170)

그리고 취업규칙 등에 질병이나 부득이한 사유로 인한 결근이나 조퇴 등에 관한 특별한 규정이 없는 경우에도 객관적인 소명 자료를 제시하는 등 적당한 방법에 의하여 사용자측의 사전 또는 사후 승인을 받아야 결근이나 조퇴 등이 정당화된다.171)

#### (나) 연차휴가 실시

반면 연차휴가 실시를 요청하고 이에 대해 회사가 시기변경권(時期變更權)(법 60조 5항)을 행사하지 않았다면 이에 따른 휴가 실시는 결근이 아니다. 가령 근로자가 갑자기 부상을 입고 치료를 받게 되어 전화로 치료 기간 중 연차휴가를 실시한 것으로 처리하여 달라고 하였고, 이에 대하여 회사가 시기변경권을 행사하지 아니하였다면 이에 따라 출근하지 않은 기간은 연차휴가권 행사이지 결근이 아니다.172) 하지만, 근로자가 연월차휴가 신청을 하면서 어떤 휴가를 언제부터 언제까지 사용할 것인지를 특정하지 않았고 회사도 이에 대한 승인을 하지 않았다면 이는 적법한 시기지정권 행사라 할 수 없다. 이는 무단결근에 해당한다.173)

#### (다) 업무로 인한 부상 치료를 위한 결근

업무와 관련하여 회사의 간부로부터 구타를 당하여 부상을 입고 그 치료를 위하여 수일간 결근한 것은 무단결근이 아니다. 그러나 이 때 치료 기간이 장기화되어 오랜 기간 결근하게 된 경우에는 특별히 결근계를 제출하기 어려운 사정이 없었던 이상 결근계를 제출하지 않은 것에 아무런 책임이 없다고 할 수 없다.174) 상사·동료의 폭행, 협박으로 직장 생활을 감당할 수 없어 휴직 신청을 하였으나 회사가 이를 승인하지 아니하자 계속 승인을 요구하면서 출근을 거부하고 결근한 것은 무단결근에는 해당하지만 이를 이유로 해고를 한 것은 징계권 남용이다.175)

---

170) 대법원 1987. 4. 14. 선고 86다카1875 판결(이에 대한 평석으로는 양태종, 167면 이하), 대법원 1990. 4. 27. 선고 89다카5451 판결.

171) 대법원 1992. 4. 24. 선고 91다17931 판결.

172) 대법원 1992. 4. 10. 선고 92누404 판결.

173) 대법원 1997. 3. 25. 선고 96다4930 판결(이에 대한 평석으로는 이원재, 85면 이하).

174) 대법원 1989. 9. 29. 선고 88다카19804 판결.

㈑ 무단결근의 원인이 사용자에게 있는 경우

무단결근이 사용자가 근로의 수령을 부당하게 거절한 데서 비롯된 경우에는 무단결근을 이유로 한 해고는 정당성이 없을 때가 많을 것이다.[176)]

㈒ 노동조합 활동과 무단결근·불성실 근무, 기타

노사분규가 수습되어 회사의 업무가 정상으로 돌아왔는데도 불구하고 회사의 근무 촉구에 응하지 않고, 노조의 결의·구체적 지시에 의한 조합 의사에 따르지 않은 채 농성으로 인한 사태 수습 내지 어용 노조의 임원 개선을 위한 노동조합 활동임을 내세워 장기간 승무에 임하지 않은 것,[177)] 노동조합 대의원 선거에 입후보하여 선거운동을 하여야 한다는 이유로 결근한 것,[178)] 사용자가 부당하게 시간 외 근로수당을 지급하지 않는 경우 적법한 절차에 따라 수당의 지급을 구하는 것은 별론으로 하고 이를 사유로 불성실 근무를 하는 것[179)] 등은 결근의 정당한 사유가 되지 못하고 무단결근에 해당한다.

(2) 무단결근 기간

㈎ 기간 설정의 가부

판례는 정당한 이유 없이 1개월 동안 연속 3일 무단결근한 것을 해고사유로 규정한 단체협약이 법에 저촉되는 것이 아니라고 하고,[180)] 5일 이상 무단결근을 징계해고사유로 규정한 것은 정당하다고 한다.[181)]

이에 대하여는 3일 무단결근을 징계해고사유로 정하는 것은 너무 가혹하고, '원칙적으로 정당한 이유 없이 장기간(상황에 따라 다르겠으나 일반적으로 1주일 이상) 무단결근하고도 사용자의 출근 독촉에 따르지 아니하거나, 평소 출근 성적이 불량하여 사용자로부터 3회 이상 주의를 받고도 이를 시정하지 아니하는 등 근무 태도가 극히 불량하다고 인정되는 경우'에 이르러야 징계해고할 수 있다는 견해가 있다.[182)]

175) 대법원 1997. 7. 22. 선고 95다53096 판결(이에 대한 평석으로는 이승욱, 113면 이하).
176) 대법원 1991. 3. 22. 선고 90다18944 판결, 대법원 2000. 9. 5. 선고 99두10650 판결.
177) 대법원 1990. 10. 23. 선고 89누4666 판결, 대법원 1993. 7. 13. 선고 92다42774 판결.
178) 대법원 1992. 2. 11. 선고 91다5976 판결.
179) 대법원 1992. 4. 24. 선고 91다17931 판결.
180) 대법원 1991. 3. 27. 선고 90다15631 판결.
181) 대법원 2002. 12. 27. 선고 2002두9063 판결(이에 대한 평석으로는 박홍규a, 68면 이하).
182) 1984. 12. 10. 근기 1451-24180; 이병태, 966면.

㈏ 기간의 의미

취업규칙 등에 며칠(예를 들어 7일) 이상 무단결근하였을 때를 징계해고사유로 규정하고 있는 경우, 그 의미는 일정한 시간적 제한 없이 해당 일수 동안(위의 예에서는 합계 7일)의 무단결근을 한 모든 경우를 가리키는 것이 아니라, 상당한 기간 내에 그 일수(위의 예에서는 7일)의 무단결근을 한 경우를 뜻한다.[183)]

결근 일수는 역일(曆日)(즉, 오전 0시부터 오후 12시까지의 하루)에 의하여 계산함이 원칙이다.

격일제나 교대제 등 특수한 근무 형태에서 결근 일수 계산은 어떻게 하는가. 예를 들어 3일 연속 근무 후 3일을 계속 쉬는 근무 형태에서 일정 기간 계속 결근한 경우, 출근하지 않은 첫날부터 대상 기간 종료일까지 전부를 결근 기간으로 한다. 즉 비번 일수를 결근 일수에서 공제할 것이 아니다. 3일 간의 비번 일은 3일간을 정상적으로 근무한 경우에 인정되는 휴식일이기 때문이다.[184)]

(3) 노동조합 전임자와 무단결근

먼저, 노동조합 전임자는 휴직 상태에 있는 것과 유사하므로 노동조합 전임자가 교육·연수·훈련에 참가하지 않은 것은 징계사유에 해당하지 않는다.[185)]

판례는 노동조합 전임자도 노동조합 사무실에서 노동조합의 업무를 볼 상태에 임하지 않으면 무단결근이라 한다. 노동조합 전임자도 출·퇴근에 관한 취업규칙이나 사규의 적용을 받고(단체협약에 노동조합 전임자에 관하여 특별한 규정을 두거나 특별한 관행이 존재하는 경우에는 그에 따른다), 노동조합 업무가 사용자의 노무관리 업무와 무관하지 않고 안정된 노사관계의 형성이라는 면에서 볼 때 오히려 밀접하게 관련되어 있음을 근거로 한다.[186)]

또한, 사용자가 해당 근로자에게 노동조합 전임 발령을 하지 않은 상태에서 그 근로자가 종전 근무 부서에서 결근하면 특별한 사정(단체협약상 특별한 규정, 관행 등)이 없는 한 무단결근에 해당한다고 한다.[187)]

---

183) 대법원 1995. 5. 26. 선고 94다46596 판결.

184) 대법원 1989. 5. 9. 선고 88다카4277 판결, 대법원 1996. 11. 26. 선고 95누17571 판결.

185) 대법원 1999. 11. 23. 선고 99다45246 판결(이에 대한 평석으로는 강기탁, 315면 이하).

186) 대법원 1993. 8. 24. 선고 92다34926 판결, 대법원 1994. 2. 22. 선고 92누14502 판결(이에 대한 평석으로는 김기중b, 319면 이하), 대법원 1995. 4. 11. 선고 94다58087 판결(이에 대한 평석으로는 김기중a, 271면 이하), 대법원 1997. 3. 11. 선고 95다46715 판결(이에 대한 평석으로는 최홍엽b, 286면 이하), 대법원 2000. 7. 28. 선고 2000다23297 판결(이에 대한 평석으로는 송강직c, 47면 이하), 대법원 2005. 10. 13. 선고 2005두5093 판결.

노동조합 전임자에게 취업규칙상 출근 규정이 적용된다고 하는 판례 태도에 대하여는 비판이 많다. 그 비판의 요지는 노동조합 전임자의 출근 의무는 노사 합의에 따라 면제되었으므로[188] 그에게는 취업규칙 등의 결근 규정이 적용되지 않고, 이와 같은 판례 취지는 노동조합의 자주성과 노동조합활동의 독립성을 해칠 염려가 있다는 것이다.[189]

### 다. 지각, 조퇴, 근무 이탈

근로자가 정당한 사유 없이 지각이나 조퇴를 한 경우 징계사유가 된다. 지각이란 정해진 출근 시간이 지난 후에 출근하는 것을 말하며, 조퇴는 근로시간이 끝나기 전에 퇴근하는 것을 말한다.

지각, 조퇴가 정당한 사유가 있는지 여부는 시기 · 방법 · 횟수 · 원인 · 결과 등 구체적 사정을 고려하여 판단하여야 한다. 정당한 이유 없이 계속 또는 빈번하게 지각 · 조퇴를 한 경우 징계사유가 된다.[190] 허락 없이 근로장소에서 이탈하는 행위도 징계사유가 된다.

예를 들어, 근로자가 3개월 간 59회의 무단 외출과 7일 간의 지각을 하고도 반성하는 태도를 보이지 않은 경우, 징계해고사유가 된다.[191]

그러나 노동조합 설립을 추진하던 근로자가 노동조합 해체 등을 권유하는 상사와 면담하거나 노동조합 가입 권유 활동으로 말미암아 4일 동안 30분가량 작업장을 이탈하거나 5분 내지 10분가량 작업장에 늦게 들어온 일이 몇 번 있은 경우 이를 이유로 한 해고는 정당성이 없다.[192]

---

187) 대법원 1997. 4. 25. 선고 97다6926 판결(이에 대한 평석으로는 최홍엽b, 286면 이하). 논거는 단체협약의 노동조합 전임 규정이 근로자의 근로계약관계를 직접 규율할 수 없다는 점을 들었다.

188) 강기탁, 319면; 최홍엽a, 247면 이하; 최홍엽b, 299면 이하는 대법원 1999. 11. 23. 선고 99다45246 판결이 "노동조합 전임자는 휴직상태에 있는 근로자와 유사하여 근로제공의무가 일정 기간 면제된다"고 하고 있는데, 노동조합 전임자에게 출근의무를 인정하는 것은 위 판결과 모순된다고 비판한다.

189) 강기탁, 320~321면; 김기중a, 285면; 김기중b, 338면; 김형배, 969면; 김홍영a, 42면; 최홍엽a, 248면; 최홍엽b, 299면; 하경효c, 14면.

190) 이병태, 968~969면.

191) 대법원 1996. 6. 28. 선고 96다3982 판결.

192) 대법원 1990. 10. 23. 선고 88누7729 판결.

### 라. 근무 성적 · 태도 불량

#### (1) 근무 성적 · 태도 불량의 의미

근무 성적 불량이란 근로자의 근무 상태가 그 근로자에게 요구되는 일정 기준에 미치지 못하거나 다른 근로자에 비해 현저히 낮으며, 사용자의 거듭된 지시에도 불구하고 개선하지 않는 것을 말한다.[193)]

근무 성적 불량이라는 결과만으로 일률적으로 징계의 대상이 된다고 볼 수 없다. 근로자가 성실하게 최선을 다해 근무했음에도 해당 업무에서 요구하는 최소한의 기준을 충족하지 못하는 경우에 근로자를 징계할 수는 없다. 근로계약상 근로자의 근로제공의무는 해당 업무에 요구되는 적절한 근로를 제공할 것을 전제로 한다는 점에서 그러한 경우는 근로자의 일신상의 이유로 근로제공의무를 제대로 이행할 수 없는 상태에 해당할 수 있으므로 통상해고 사유는 될 수 있을 것이다.

현저하게 근무 성적이나 근무능력이 불량한 것이 객관적으로 증명되고, 이러한 상태가 오랫동안 계속되거나 재교육 등 충분한 기회를 주었음에도 개선되지 않으며, 이러한 근무 성적 불량이 불성실한 근무 태도나 업무 지시 등을 이행하지 않은 데에서 비롯된 경우라야 징계가 가능하다. 판례는 실적이 불량한 보험회사 사원이 근로자로서 최소한도의 직무수행능력이 결여되었다고 인정되는 경우에 징계규정에 따라 해고한 데에 정당한 이유가 있다고 하여 근무 성적 불량을 징계 사유의 하나로 인정하고 있다.[194)]

#### (2) 판단 기준

근무 성적 불량은 근로자의 지위 · 보수 · 근무 능력, 다른 근로자의 근무 성적, 회사의 경영 실태 등의 여러 조건을 종합적으로 고려하여 해당 지위에 있는 근로자의 근무성적이나 근무능력이 다른 근로자에 비하여 상대적으로 낮은 정도를 넘어 상당한 기간 동안 일반적으로 기대되는 최소한의 직무 능력을 결여하여 향후에도 개선될 가능성을 인정하기 어렵다는 등 사회통념상 고용관계를 계속할 수 없을 정도인지 여부에 따라 판단해야 한다.[195)][196)] 계속된 근무 평정

193) 이병태, 969면.

194) 대법원 1991. 3. 27. 선고 90다카25420 판결.

195) 통상해고가 문제된 사안이기는 하나, 근무 성적 불량을 이유로 해고가 이루어진 경우 해고의 정당성 기준으로 참고할 만한 판례로 대법원 2021. 2. 25. 선고 2018다253680 판결(사용자가 근로자의 근무성적이나 근무능력이 불량하다고 판단한 근거가 되는 평가가 공정하고 객

불량, 불성실한 근로에서 비롯된 작업 실적 부진[197] 등을 예로 들 수 있다. 반면 근무 성적이 나쁘더라도 정당한 사유가 있거나 일시적인 경우(입사 초기 포함)에는 정당한 징계사유가 되지 않는다.[198]

단순히 인사 고과에서 하위 일정 비율에 속한다는 이유 또는 추상적인 업무 능력 부족을 이유로 한 해고는 정당성이 없다. 특히 상대 평가에 의한 인사 고과에 따라 일정 비율 인원을 해고할 수 있다고 하면, 이는 사용자가 자유롭게 일정 비율 근로자를 해고할 수 있는 결과가 되어 부당하다.[199]

#### (3) 하급자에 대한 지휘·감독 불량

근무 성적 불량에는 하급자에 대한 지휘·감독 불량도 포함된다. 자신의 지휘·통솔 아래 있는 자가 범법행위 또는 부당한 행위를 한 경우 책임자는 지휘·통솔 책임을 지며 지휘·감독 의무 위반의 점이 있다면 취업규칙에서 정하는 바에 따라 징계가 가능하다. 반면 검사·감독의 권한이 없거나 제도상 지휘·통솔의 한계가 있는 경우 지휘·통솔 책임을 물을 수 없다.[200]

---

관적인 기준에 따라 이루어진 것이어야 할 뿐 아니라, 근로자의 근무성적이나 근무능력이 다른 근로자에 비하여 상대적으로 낮은 정도를 넘어 상당한 기간 동안 일반적으로 기대되는 최소한에도 미치지 못하고 향후에도 개선될 가능성을 인정하기 어렵다는 등 사회통념상 고용관계를 계속할 수 없을 정도인 경우에 한하여 해고의 정당성이 인정된다. 이때 사회통념상 고용관계를 계속할 수 없을 정도인지는 근로자의 지위와 담당 업무의 내용, 그에 따라 요구되는 성과나 전문성의 정도, 근로자의 근무성적이나 근무능력이 부진한 정도와 기간, 사용자가 교육과 전환배치 등 근무성적이나 근무능력 개선을 위한 기회를 부여하였는지 여부, 개선의 기회가 부여된 이후 근로자의 근무성적이나 근무능력의 개선 여부, 근로자의 태도, 사업장의 여건 등 여러 사정을 종합적으로 고려하여 합리적으로 판단하여야 한다). 대법원 2022. 9. 15. 선고 2018다251486 판결에서는 근무성적이나 근무능력 부진에 따른 대기발령 후 일정 기간이 경과하도록 보직을 다시 부여받지 못하는 경우에는 해고한다는 규정을 두고 사용자가 이러한 규정에 따라 해고한 때에도 대법원 2021. 2. 25. 선고 2018다253680 판결에서 제시한 해고의 정당성 판단의 법리가 마찬가지로 적용된다고 판시하였다.

196) 근무태도로 말미암은 해고가 정당하다고 인정한 사례로, 대법원 1968. 11. 5. 선고 68다1619 판결, 대법원 1977. 3. 22. 선고 74다1403 판결.

197) 대법원 1987. 4. 14. 선고 86다카1875 판결(거래처 개척, 계약서 관리, 거래중지자 미수금 관리 등을 그 임무로 하고 있는 신문사 판매관리부 차장이 1년간 미수금회수 실적이 없고, 다음해에도 같은 업무에 종사하는 다른 사원의 10%에도 미치지 못한 것은 사무분장 및 미수금회수 거래처의 분담관계가 불리한 상황을 감안하더라도 성실히 복무하여야 할 의무를 다한 것으로 볼 수 없다).

198) 임종률, 531면; 징계가 정당하기 위해 갖추어야 할 구체적인 요소에 대하여 김성진, 92면, 94면 이하 참조; 대법원 1991. 11. 26. 선고 90다4914 판결(정식 직원으로 채용된 근로자가 익숙하지 못한 새 직장에 정착하기까지 다소 마찰을 빚어 언쟁을 벌였다든지, 1회 조퇴한 정도, 날씨가 춥고 냉장고에 자주 드나드는 관계로 보온을 위하여 몇 차례 위생복 위에 사복을 덧입었다는 등의 사유는 근무성적 불량 해고의 정당한 사유가 되지 못한다).

199) 민변노동법 I, 384면.

지휘·감독 의무 위반의 구체적인 판단 기준으로는 검사·감독 권한 유무, 제도상 한계 유무,[201] 중대한 사고인지 여부, 취업규칙 등의 규정 내용 등을 들 수 있다.[202]

### 3. 전근·전보·전적 등 인사 명령 불응

#### 가. 출근 거부

근로자가 사용자의 전근·전보·전적 등 인사 이동에 관한 명령에 반발하고 회사에 출근하지 않아 취업규칙상 무단결근 또는 업무상 명령 위반이라는 징계해고사유에 해당되는 경우가 있다.

이러한 회사 출근 거부를 이유로 한 징계해고가 정당한지 여부는, 먼저, 전근·전보·전적 등 인사 명령의 정당성에 달려 있다.[203] 그리하여 정당한 인사 명령을 따르지 않고 부임 등을 거부하는 것은 잘못이고,[204] 회사는 이를 무단결근으로 보고 그 근로자를 해고할 수 있지만,[205] 부당한 인사명령을 거부하고 새로운 근무지 출근을 거부하는 것은 징계나 해고사유가 될 수 없다.[206]

#### 나. 항의 수단의 상당성

인사 명령의 정당성에 항의하는 수단은 적정해야 하고, 단순 출근 거부 또는 인사 명령의 부당성 호소 등 사회적으로 상당한 범위 안이어야 한다.[207]

근로자가 그 거부 의사를 표시한다면서 사업장 안에서 다른 직원에게 폭력을 행사하거나 허위의 사실을 유포함으로써 사용자의 명예를 심각하게 훼손하였다면, 이를 이유로 한 해고의 정당성은 인사 명령의 당부와 함께 폭력 행위나 명예훼손 행위에 대한 평가도 함께 고려되어야 한다.[208]

---

200) 이병태, 970면; 하갑래, 927면.

201) 대법원 1971. 8. 31. 선고 71다1400 판결(기말결산에서 계정의 금액을 맞추어 보기 전에는 결재자로서 부하직원의 부정행위를 밝혀낼 수 없다면 이를 근무태만으로 볼 수 없다).

202) 하갑래, 927면.

203) 대법원 1994. 5. 10. 선고 93다47677 판결, 대법원 1995. 8. 11. 선고 95다10778 판결. 전직, 전보 명령의 정당성에 대한 자세한 내용은 '제23조 후론(後論) 3: 인사이동' 참조.

204) 대법원 1991. 9. 24. 선고 90다12366 판결(이에 대한 평석으로는 박철, 283면 이하), 대법원 1994. 5. 10. 선고 93다47677 판결.

205) 대법원 1995. 8. 11. 선고 95다10778 판결.

206) 대법원 1997. 12. 12. 선고 97다36316 판결.

207) 대법원 1994. 5. 10. 선고 93다47677 판결(유효한 전직처분에 불응하고 취업규칙에서 정한 사전신고도 하지 않은 채 8일간이나 계속 출근하지 아니한 경우 항의의 수단으로는 지나치므로 무단결근을 사유로 한 징계해고는 적법하다고 판단하였다).

### 다. 해고 후 복직 인사 명령의 거부

일단 해고한 근로자를 법원의 판결, 노동위원회의 구제 명령·권고 등에 따라 복직시키면서 종전과 다른 업무에 종사하게 하는 인사 명령을 근로자가 거부한 경우, 해고가 유효함을 전제로 이미 이루어진 인사 질서, 사용자의 경영상 필요, 작업 환경의 변화 등을 고려하여 복직 근로자에게 그에 합당한 일을 시켰다면, 이는 정당한 복직 조치이므로 이러한 복직 조치에 응하지 않고 오랜 기간 작업을 거부하는 것은 징계사유가 된다.[209)]

## 4. 업무상 지시 위반

### 가. 업무상 지시의 정당성

사용자의 업무상 지시에 응하지 않은 것을 이유로 징계해고를 한 것이 정당한지는, 그 사용자의 지시가 근로계약·취업규칙·단체협약이나 법령에 위반되지 않는 정당한 것인지에 따라 판단하여야 한다.[210)]

따라서 사용자의 업무 명령이 부당하면 이를 거부한 행위를 들어 그 근로자를 해고할 수 없다.

예를 들어, 사용자가 노사 합의로 정한 소정근로시간 또는 법이 정한 기준근로시간을 넘어 근로자에게 근로를 명한 경우나 휴일 근로를 명한 경우 이것이 적법·정당한 근무 명령이 아니라면 근로자가 이를 거부하였다고 하여 징계해고사유로 삼을 수 없다.[211)] 업무 지시가 명백히 불공정하거나 개인의 인권을 침해하는 경우 또한 그 지시 위반에 대하여 징계할 수 없다.[212)]

근로자가 제공하여야 할 본래의 노무 급부의 성질상 생명·신체에 위험이 통상적으로 수반되는 경우(경호원의 경호 업무 등)에는 그것이 사회통념상 특별히 위험한 근로라고 하더라도 그러한 근로의 제공은 근로계약의 범위 내에 속하지만, 원래 예정된 통상의 위험을 넘어서 생명·신체에 특별한 위험이 뒤따를 염려가 있는 근로에 대하여는 그러한 근로의 제공은 근로계약상의 의무에 속하지

208) 민변노동법 I, 392면.
209) 대법원 1994. 7. 29. 선고 94다4295 판결, 대법원 1997. 5. 16. 선고 96다47074 판결, 대법원 2013. 2. 28. 선고 2010다52041 판결.
210) 해고와 임금, 351면.
211) 해고와 임금, 351면.
212) 임종률b, 161면.

않으므로 사용자가 이를 강제할 수 없다.[213] 나아가 이와 같은 특별한 위험이 없더라도 근로자는 사용자가 산안법을 위반하여 지시하는 근로에 관하여 근로의무를 부담하지 않고 사용자의 근무 명령을 거부할 수 있다.[214]

노동조합이 정기총회 개최일에 체육행사 등을 포함한 대동제를 실시함을 알고서도 상당 기간 아무런 이의를 제기하지 않다가 총회 전날에서야 총회 당일 오전에 정상 근무를 하도록 한 사용자의 지시는 노사관계의 신뢰를 해하는 것으로서 부당하고, 그 지시를 어긴 것을 징계해고사유로 삼는 것은 신의성실의 원칙에 반한다.[215]

업무명령 위반이 성립하기 위하여는 사용자의 구체적인 직무 명령을 위반해야 한다. 상사의 직무 명령에 대하여 그 어려움을 호소하기 위하여 항의의 의사표시를 한 것은 상사의 직무상 명령에 불복한 경우에 해당하지 않는다.[216]

### 나. 업무명령 위반에 대한 징계처분의 정당성

업무명령 위반에 대한 징계처분의 정당성은 업무명령이 근로계약의 범위 내에 있는 것으로서 유효한 것인지 여부, 근로자가 그 명령에 복종하지 않은 것에 대해 부득이한 사유가 없었는지 여부, 그 명령 위반에 대한 징계해고가 상당한 것인지 등을 구체적으로 판단하여야 한다.[217]

상당한 이유 없이 기능직 사원을 사무직으로, 다시 사무직에서 기능직으로 수시로 여러 차례 전직 처분을 하고, 다른 기능직 사원과 차별하여 연장근로 등을 시키지 않음으로써 급여가 감소된 데 대한 항의 내지 시정 요구의 수단으로 5일 간 작업을 거부한 근로자를 해고한 것은 징계권의 남용이거나 형평의 원칙에 위배되어 무효이다.[218]

회사측으로부터 노동조합이 불법 집회에 참가하기 위하여 집단적인 연·월

213) 김지형a, 715면(여기서 말하는 '특별한 위험'인가는 근로자가 근로를 수행함에 있어서 선량한 관리자로서의 주의의무를 다하여도 회피하는 것이 곤란한 위험인지 여부를 기준으로 하여 객관적으로 판단해야 한다고 한다).

214) 김지형a, 716면.

215) 대법원 1995. 3. 28. 선고 94다45715 판결.

216) 대법원 1990. 12. 7. 선고 90다6095 판결, 그 외에도 근로자가 자신의 비위행위를 조사하기 위한 회사의 출석요구에 응하지 아니하였다 하더라도 이러한 출석요구 자체는 징계절차의 일환일 뿐 근로자가 수행하여야 할 본연의 업무명령에 해당한다고 볼 수 없으므로 위 출석요구에 불응하였다고 하여 이를 징계사유로 삼을 수는 없다는 하급심 판결이 있다[서울고법 2001. 9. 6. 선고 2000누16694 판결(상고기각으로 확정)].

217) 박홍규, 306면; 이병태, 971면; 임종률, 531면.

218) 대법원 1991. 5. 28. 선고 90다8046 판결.

차 휴가를 사용하려 하므로 집단적인 휴가 사용을 승인하지 말라는 내용의 업무 지시를 받았음에도 직원 20여 명 중 약 절반이 집회 참석 목적을 명시하여 연차휴가와 조퇴를 신청한 것에 대해 이를 승인하여 정당한 지시 명령에 불복했다는 이유로 징계해고한 사안에서, 근로자가 상사의 지시를 어기고 직원들의 연차휴가와 조퇴 신청을 승인하였다는 사유만으로는 사회통념상 고용관계를 지속시킬 수 없을 정도로 근로자에게 책임 있는 사유가 있다고 보기 어렵고, 다른 징계대상자들과 비교하여 보아도 징계의 형평을 유지하였다고 보기 어렵다고 한 판례가 있다.[219)]

### 다. 운송 사업체 승무 관련 지시의 정당성

운송 사업체에서 승무직 근로자에게 행하는 배차 또는 승무 지시나 배차 정지 또는 승무 정지 처분 등의 성격과 그 정당성 여부에 관하여, 판례는 다음과 같이 본다.

#### (1) 배차 행위의 성격과 거부 행위의 징계해고사유 정당성

자동차운송사업을 영위하는 사용자가 운전사에 대하여 행하는 배차 행위 또는 배차 지시는 통상적인 업무수행명령에 속하므로, 근로자인 운전사는 특별한 사정이 없는 한 이러한 사용자의 배차 지시에 따라야 할 것이고, 이를 거부하는 것은 근로계약에 따른 근로자의 본질적이고 기본적인 의무인 근로제공의무를 이행하지 않는 것으로서 채무불이행이 될 뿐 아니라 해고사유가 된다.[220)]

나아가 운전수가 배차 지시를 거부함으로써 여객 운송이 중단되거나 운송질서가 문란케 된 경우에는, 무단결근의 경우이든 출근 후 승무 거부이든 구별할 것 없이 중대한 근로계약 위반 행위이고, 단순한 무단결근과는 성질이 다르다.[221)]

예를 들어, 고속버스 운전기사가 배차 지시를 받고서 1일 결근하여 예정 노선이 1회 결행, 2회 대리 운행되었다면, 정기성 · 계속성이 요구되는 고속버스사업의 특수성과 공익성을 고려할 때 그 운전기사에 대한 해고는 정당하다.[222)]

---

219) 대법원 2006. 4. 27. 선고 2004두12766 판결.

220) 대법원 1994. 12. 23. 선고 94누3001 판결, 대법원 1997. 11. 28. 선고 97다33119 판결, 대법원 2000. 6. 23. 선고 98다54960 판결.

221) 대법원 1994. 8. 23. 선고 93누21514 판결, 대법원 1994. 9. 13. 선고 94누576 판결, 대법원 1994. 12. 23. 선고 94누3001 판결, 대법원 1997. 11. 28. 선고 97다33119 판결, 대법원 2000. 6. 23. 선고 98다54960 판결.

222) 대법원 1994. 9. 13. 선고 94누576 판결.

### (2) 승무 정지 처분의 정당성

판례는, 운송 사업체 승무직 근로자에 대한 배차 정지, 즉 승무 정지 처분은, 사용자가 업무 수행을 위하여 근로자에 대하여 행하는 업무명령인 승무 지시의 소극적 양태이고, 비록 이로 인하여 근로자에게 금전상의 불이익이 생기더라도 위와 같은 업무명령으로서의 승무 정지는 일반적으로 출근 의무까지 면제하는 것이 아닌 이상 징계처분으로서 출근 정지를 수반하는 승무 정지에 해당하는 정직 처분과는 그 성질상 구분된다고 한다.[223)]

이에 따르면, 징계처분을 위한 잠정적 조치로서 승무 정지 처분을 할 때에는 징계 절차가 필요 없고,[224)] 승무 정지 처분 후 징계처분을 하였더라도 이는 동일한 사유를 원인으로 한 이중 징계에 해당하지 않는다.[225)]

반면 승무 정지 조치는 그 성질상 징계처분은 아니더라도 근로자에게 임금의 감소 등 불이익을 초래하므로 그 처분 경위나 목적, 그 정지 기간 등에 비추어 경영상 필요나 업무 수행을 위한 합리적인 이유에 터잡아야 정당성이 있다(그러한 정당성이 없다면 그 승무 정지 처분은 무효이다).[226)] 만일 승무 정지 처분이 정당한 이유 없이 행하여졌고 그로 인하여 징계처분의 사유가 되는 일련의 행위가 유발되었다면 그 징계처분은 정당성이 없다.

### (3) 운행 경로 이탈 등 행위의 징계사유 해당성

운수 회사 근로자의 운행 경로 이탈 · 배차 거부 · 지시 불응 · 운행 중 장시간 무단 주차 등이 단체협약이나 취업규칙에 징계사유로 규정되어 있더라도, 이는 근로계약상의 의무와 사용자의 지시를 위반한 계약 위반에 불과하므로 징계사유는 아니라는 견해가 있지만,[227)] 판례는 운수 회사가 운행 경로 이탈, 배차 거부, 지시 불응, 운행 중 장시간 무단 주차, 교통사고 재발 등을 이유로 근로자를 해고한 것은 정당하다고 한다.[228)]

---

223) 대법원 1994. 8. 12. 선고 94누1890 판결, 대법원 1997. 11. 25. 선고 96누13231 판결.

224) 대법원 1994. 8. 12. 선고 94누1890 판결.

225) 대법원 1997. 11. 25. 선고 96누13231 판결.

226) 대법원 1991. 3. 22. 선고 90다18994 판결, 대법원 1994. 8. 12. 선고 94누1890 판결, 대법원 1997. 11. 25. 선고 96누13231 판결.

227) 김형배, 613면.

228) 대법원 1990. 10. 23. 선고 89누6792 판결.

### 라. 시말서 제출

근로자에게 비교적 경미한 기업 질서 위반 등의 과오가 있을 때, 그러한 사실 관계를 확인하고 그에 대한 사죄 또는 반성의 뜻을 표명하는 것을 주요 내용으로 하는 시말서를 제출하도록 하는 경우가 흔히 있다.

취업규칙 등에 징계처분을 당한 근로자는 시말서를 제출하도록 규정되어 있는 경우 시말서를 제출하지 아니한 것이 징계사유가 되는지 문제된다.

#### (1) 시말서 부제출의 새로운 징계사유 해당성과 징계해고의 적정성

판례에 따르면, 취업규칙 등에 징계처분을 당한 근로자는 시말서를 제출하도록 규정되어 있는 경우 징계처분에 따른 시말서를 제출하지 않은 것은 그 자체가 사용자의 업무상 정당한 명령을 거부한 것으로서 새로운 징계사유가 될 수 있다고 한다.[229)]

다만, 그 징계사유는 종전 징계처분에 뒤따르는 시말서 부제출이라는 가벼운 비위로서 특단의 사정이 없는 한 이것만으로 징계 종류 중 가장 무거운 해고를 선택한 것은 징계권 범위 일탈로 보는 것이 일반적이다.[230)]

#### (2) 누적된 시말서 제출 요구와 징계해고

판례는, 1년이 되지 않은 근무 기간 동안 5차례에 걸쳐 시말서 제출을 요구받은 근로자를 징계해고한 것은 정당하다고 하였다.[231)] 판례는 시말서 제출 거부 자체가 해고사유가 된다기보다는 계속되는 징계사유로 더 이상 근로관계를 유지할 수 없을 정도로 근로자에게 책임이 있는지 여부로 해고의 정당성을 판단하여야 한다고 하였고, 그와 같은 판단을 하려면 시말서 제출을 요구받게 된 경위, 그 처분을 받게 된 비위 사실의 구체적인 내용과 그 정도, 그 비위 사실로 기업의 위계질서가 문란케 될 위험성 등 기업 질서에 미치는 영향, 징계 대상자가 시말서 제출 등으로 자신의 행위에 대하여 반성하는지 여부, 과거 근무 태도, 기업 질서 위반으로 다른 징계처분 등을 받은 전력 여부 등 여러 사정을 종합적으로 검토하여야 한다고 하였다.

---

229) 대법원 1991. 8. 13. 선고 91다12745 판결, 대법원 1991. 12. 24. 선고 90다12991 판결, 대법원 1995. 3. 3. 선고 94누11767 판결.

230) 대법원 1991. 12. 24. 선고 90다12991 판결, 대법원 1995. 3. 3. 선고 94누11767 판결.

231) 대법원 1995. 4. 25. 선고 94누13053 판결.

#### (3) 사죄문 또는 반성문의 의미를 가지고 있는 시말서 제출 요구

취업규칙에서 사용자가 사고나 비위행위 등을 저지른 근로자에게 시말서를 제출하도록 명령할 수 있다고 규정하는 경우, 그 시말서가 단순히 사건의 경위를 보고하는 데 그치지 않고 더 나아가 근로관계에서 발생한 사고 등에 관하여 자신의 잘못을 반성하고 사죄한다는 내용이 포함된 사죄문 또는 반성문을 의미하는 것이라면, 이는 헌법이 보장하는 내심의 윤리적 판단에 대한 강제로서 양심의 자유를 침해하는 것이므로, 그러한 취업규칙 규정은 헌법에 위반되어 법 96조 1항에 따라 효력이 없고, 그에 근거한 사용자의 시말서 제출명령은 업무상 정당한 명령으로 볼 수 없다.[232)233)]

### 5. 동료 또는 상사에 대한 폭력 행사

#### 가. 폭력 행사 관련 취업규칙, 단체협약 규정의 효력

취업규칙이나 단체협약에서 근로자가 직장 동료 또는 상사 등에게 폭력 행위를 한 것을 징계해고사유로 규정하는 것은 통상적으로 회사의 경영 질서유지를 위하여 사원들의 엄격한 근무 기강 확립이 요구된다는 점에서 법에 위배되는 무효의 규정이라고 할 수 없다.[234)]

#### 나. 해고 처분의 정당성

근로자의 폭력 행사를 징계사유로 한 해고 처분은 특히 그 비행의 동기와 경위 등 전후의 여러 가지 사정을 종합하여 그 징계해고 처분이 징계권의 남용

---

232) 대법원 2010. 1. 14. 선고 2009두6605 판결(이에 대한 판례평석으로는 지성수, 141면 이하; 하경효f, 66면 이하).

233) 김지형a, 702~703면(한편, 이 글에서는, 헌재 1991. 4. 1. 선고 89헌마160 결정에서 사죄광고의 위헌성을 인정하면서 "헌법 19조에 의하여 기본권으로 보장되는 양심의 자유에서 말하는 양심이란 널리 개인의 인격형성에 관계되는 내심에 있어서의 가치적·윤리적 판단을 가리키므로 양심의 자유에는 내심의 자유는 물론 윤리적 판단을 외부에 표명하도록 강제받지 않는 침묵의 자유까지 포괄한다"고 하면서 "자기의 신념에 반하여 자기의 행위가 비행이며 죄가 된다는 윤리적 판단을 형성, 강요하여 외부에 표시하기를 명하거나 의사에 맞지 않는 사과라는 도의적 의사까지 공표하게 하는 것은, 우리 헌법이 보호하고자 하는 정신적 기본권의 하나인 양심의 자유의 제약이라고 보지 않을 수 없으며, 한편으로 인격의 자유로운 발현을 위해 보호받아야 할 인격권이 무시되고 인격형성에 분열을 필연적으로 수반하게 된다는 의미에서 헌법에서 보장된 인격의 존엄과 가치 및 그를 바탕으로 하는 인격권에 큰 위해가 된다"고 판시하고 있는 것에 비추어 보더라도 시말서 제출명령의 효력을 인정하지 않는 견해가 설득력을 가진다고 한다); 박지순, 244면; 임종률b, 161면; 해고와 임금, 353면.

234) 대법원 1992. 3. 13. 선고 91다39559 판결.

에 해당하지 않아야 정당한 이유가 있다.[235)]

다. 구체적 사례

① 자기보다 16세 연상이고 회사 근무 경력이 10년 많은 노동조합 위원장을 탁자 위에 뛰어올라 발로 턱을 차 쓰러뜨리고 주먹으로 얼굴을 때리는 등 폭행을 가하여 약 3주 동안 치료가 필요한 상해를 입히고 그로 인하여 형사 처벌까지 받았다면, 비록 그가 입사 후 단 한 차례도 징계처분을 받은 적이 없고, 다른 근로자가 동료를 칼로 찔러 3주 동안 치료가 필요한 상해를 가한 것에 대하여 회사가 아무런 징계도 하지 않은 사정이 있더라도 위 징계해고 처분을 징계권 남용이라고 말할 수 없다.[236)]

② 사립대학 서무과장이 이른바 학원 사태에 관하여 같은 대학의 교수와 의견이 엇갈려 대학 구내에서 서로 폭력을 행사하고, 교수에게 상해를 가하여 형사 처벌을 받았다면, 서무과장의 경력, 상해의 동기나 결과 등을 감안하더라도 학원 내의 폭력 배제나 대학 교직원 사이의 위계질서, 기강 확립, 품위 유지 등을 고려할 때 특별한 사정이 없는 한 서무과장을 파면한 것은 정당하다.[237)]

③ 근로자가 승진과 관련하여 직장 상사에게 부당한 언동을 하고 책상서랍을 던져 상사에게 신체적 위협을 가하였으며 동료사원과의 대화내용을 몰래 녹음하는 등 회사 내 복무질서를 문란하게 하였다면, 근로자의 책임 있는 사유로 사회통념상 고용관계를 계속할 수 없는 상황에 이르게 되었다.[238)]

④ 상사 폭행을 이유로 징계해고를 하였지만, 그 상사가 먼저 근로자를 폭행함으로써 싸움이 유발되었고 그 근로자는 약 4주의 치료가, 상사는 약 10일의 치료가 각 필요한 상해를 입었으며 그 후 수습 과정에 참작할 만한 사정이 있다면, 그 징계해고는 징계권 남용이다.[239)]

⑤ 회사 직원들과 술집에서 단합 대회를 하다가 술기운에 상사의 멱살을 잡아당겨 옷이 찢어지게 하는 등의 폭행을 한 근로자를 징계해고한 것은 징계권 남용이다.[240)]

---

235) 해고와 임금, 354면.
236) 대법원 1992. 3. 13. 선고 91다39559 판결.
237) 대법원 1984. 1. 24. 선고 83다카442 판결.
238) 대법원 2011. 3. 24. 선고 2010다21962 판결.
239) 대법원 1992. 2. 11. 선고 91다25109 판결.
240) 대법원 1992. 5. 22. 선고 91누5884 판결.

## 6. 범죄행위와 중대 사고로 인한 손해 야기

### 가. 해고 처분의 정당성

회사에 대하여 횡령, 배임, 절도, 손괴 등 범죄행위를 하거나, 과실로 인하여 중대한 사고를 발생시킨 경우,[241] 이는 근로계약상 근로자의 성실 의무를 중대하게 위반한 것이어서, 이러한 행위를 이유로 징계해고하는 것은 정당성이 있다.[242]

### 나. 횡 령

횡령은 범죄행위로서 그 액수가 적다 하여 비행의 정도가 낮다고 할 수 없다. 비록 횡령금의 일부를 회사 업무에 사용하였고, 사용자가 입은 손해를 배상하였더라도 횡령을 이유로 한 징계해고는 재량권의 범위 일탈이 아니다.[243]

특히 택시 회사나 버스 회사에서 영업 수익의 대부분을 차지하는 요금을 횡령한 행위는 그 횟수나 금액이 어떠하든지 간에 노사간 신뢰를 치명적으로 손상시키고, 회사 경영에 심각한 지장을 주게 되므로 해고사유가 된다. 시내버스 운행 도중 요금 5,000원(1990년대)을 횡령한 것을 이유로 운전기사를 해고한 것도 정당성이 있다.[244]

한편, 횡령 행위에 대한 징계는, 당해 근로자의 지위를 살펴보아 횡령에 대해 어느 정도의 인식을 가지거나 책임을 물을 수 있는지 여부를 따져 정당성을 판단한다. 예를 들어 신입 사원이 단순히 선배 사원들의 예에 따라 어떤 행위를 하였고 그것이 범죄라거나 횡령 행위라는 사실을 인식하지 못하고 있었다면 그와 같은 행위를 들어 행한 해고는 정당하다고 할 수 없다. 그리고 횡령 금액이 적더라도 행위를 저지른 근로자가 평사원인 경우와 간부인 경우를 같이 취급할

---

241) 이에 해당하는 사례로는, 대법원 1992. 4. 14. 선고 91다4775 판결, 대법원 1992. 8. 18. 선고 92다19910 판결, 대법원 1993. 9. 28. 선고 93다22524 판결, 대법원 1997. 4. 8. 선고 96다33556 판결 등 참조.

242) 해고와 임금, 354~355면.

243) 대법원 1990. 11. 23. 선고 90다카21589 판결.

244) 대법원 1997. 7. 8. 선고 96누6431 판결. 시내버스 운전기사가 요금 2,600원을 횡령한 사건에서 징계권 일탈, 남용이 아니라는 하급심 판결도 있다[서울행법 2002. 11. 21. 선고 2002구합18074 판결(항소기각, 상고기각으로 확정)]. 민변노동법 I, 383면은 대법원의 입장을 횡령이 관행화되어 있는 경우에 회사가 경고 혹은 사전 교육을 통해 그것이 범죄행위라는 점을 근로자들에게 인식시켰다면 그 후 횡령 행위를 이유로 해고한 것은 부당한 것이 아니라고 해석하고 있다.

수 없다. 즉 횡령에 따른 해고는 당해 사용자의 사업의 목적과 성격, 당해 근로자의 지위와 담당 직무의 내용, 비위행위의 동기와 경위 등을 중심으로 정당성 여부를 판단해야 한다.[245)]

### 다. 운송수입금 미납

운송수입금을 회사에 입금하지 않은 경우, 운송수입금 전액관리제 시행 여부에 따라 판례는 횡령 여부를 달리 본다.

회사가 운송수입금 전액관리제를 시행하지 않고, 일정 금액의 사납금을 초과하는 금액은 월급명세서에서 누락시키고, 이를 추가 입금이라는 형태로 근로자에게 전액 반환하고, 사납금에 미달하는 금액은 월급에서 공제하는 방식으로 운송사업을 행하였다면, 운전수가 운송수입금 중 일부를 회사에 입금하지 않았더라도 운전수에게는 운송수입금 전액을 입금할 의무가 있다고 볼 수 없어 이를 가지고 운전수를 징계할 수 없다.[246)]

반면, 운송수입금 전액관리제도 아래에서 택시 기사가 미터기를 사용하지 않고 운송수입금을 횡령하였고, 이전에도 같은 사유로 3차례에 걸쳐 징계처분을 받았다면, 이러한 비위 사실은 사회통념상 근로계약 관계를 지속하는 것이 현저히 불합리하다고 볼 정도로 중대한 귀책사유에 해당한다.[247)]

### 라. 해사행위

징계사유로서 '해사행위나 회사에 손해 또는 불이익을 초래할 수 있는 행위'를 규정하고 있는 경우에, 근로자가 자신이 근무하는 회사의 발행주식을 취득한 행위는 기존 주주나 경영진의 경영권을 위협하고 회사 경영에 영향을 미칠 수 있게 된다 하더라도, 이는 주주나 경영진이 아닌 회사에 불이익을 주거나 해를 끼치는 행위라고 볼 수 없어 위 징계사유에 해당하지 않는다.[248)]

---

245) 민변노동법 I, 383면.

246) 대법원 2002. 2. 22. 선고 2000두9984 판결. 대법원 2006. 11. 23. 선고 2006다48069 판결(택시회사의 운전기사가 운송수입금을 납입하지 않다가 한꺼번에 납입한 행위에 대해 징계해고한 사안에서, 재량권의 범위를 일탈하였다고 본 사례), 한편, 운송수입금 전액관리제를 않더라도 임금협정에 '정당한 사유 없이 월간 운송수입금이 기준액에 미달한 자'를 징계대상으로 규정하고 있는 경우 월간 운송수입금 기준액 미납행위는 징계사유에 해당한다(대법원 2013. 10. 31. 선고 2013두13198 판결).

247) 서울행법 2001. 2. 1. 선고 99구23884 판결(항소기각으로 확정).

248) 대법원 2009. 9. 10. 선고 2008다21983 판결.

### 마. 중대한 과실

취업규칙 등에 '과실로 중대한 사고를 일으킨 경우'를 징계사유로 규정하였다면, 이는 중대한 과실로 사고를 일으키고 이로 인하여 발생한 인명 피해나 물적 손해 등이 중대한 경우를 말하는 것으로 한정하여 해석해야 한다. 예를 들면 다음과 같다.

① 시내버스 운전사가 회사 주차장에서 브레이크 대신 가속 페달을 밟아 동료를 사망케 하고 여러 대의 차량을 파손시킨 행위는 해고사유가 된다.[249)]

② 원목 수입·판매 담당자가 매출 채권 관리 내규 등의 제 규정에 따른 조치를 취하지 아니하고 거래처와 신용 거래를 시작하였고, 그 후 자체 감사에서 불량 채권 과다, 매출 채권 잔액 대비 담보 미달 등에 대한 시정 지시를 받았으며, 또한 거래처의 신용 상태가 악화되고 있다는 사정을 충분히 알 수 있었음에도 그에 대한 적절한 조치 없이 신용 거래를 계속하다가 거래처의 부도로 회사에 대하여 중대한 손해를 발생케 하였다면, 그에 따른 해고는 징계권 일탈이 아니다.[250)]

③ 새마을금고 상무가 규정에 위배하여 이사회 의결 없이 금고 여유 자금 중 5억 원을 보장 금리가 없는 주식형 수익증권에 투자하였다가 주가 하락으로 약 4,000만 원의 손해를 입혔는데, 이러한 투자가 새마을금고 회관 신축 비용을 마련할 목적이었지 사적인 이익을 도모하려고 규정을 위반하여 여유 자금을 운용한 것이 아니었고, 그와 같은 자금 운용 방법이 이사장이나 이사회에도 사후에 보고되어 추인을 받은 점, 여유 자금을 부정적으로 운영한 것으로 적발된 다른 새마을금고는 손실금에 대한 변상조치 외에 책임자에 대한 징계 조치를 따로 행하지 않은 점 등을 고려하면, 위와 같은 비위행위로 해고까지 한 것은 재량권 범위의 일탈, 남용이다.[251)]

### 바. 시설 안전 규칙 위반

기업 재산과 물적 시설의 보존이나 안전 규칙을 위반한 것도 징계사유가 된다. 상시 화약류를 취급하는 공장 내 폭발 위험성이 가장 높은 공간에서 1m 떨어진 금연 구역에서 흡연한 것을 사규 위반으로 해고한 것이 정당하다고 한

249) 대법원 1997. 4. 8. 선고 96다33556 판결.
250) 대법원 1997. 4. 25. 선고 96누9508 판결.
251) 대법원 1999. 4. 23. 선고 98두618 판결.

사례가 있다.[252)]

### 사. 기　　타

회사의 사고 운전자 처벌 기준의 횟수를 어느 시점부터 기산할 것인지에 관하여, '연 3회 이상 교통사고를 야기한 자'에서 말하는 '연 3회'란 최종 사고일로부터 역산한 1년 사이에 3회 이상으로 봄이 타당하고, 그 기간을 징계위원회의 개최일을 기준으로 역산할 것은 아니다.[253)]

## 7. 사생활 비행

### 가. 징계사유 해당성

사생활의 비행은 주로 '사용자나 기업의 명예 · 신용 실추', '품위 유지 의무 위반'이라는 이름으로 징계사유가 된다.

사생활의 비행은 노동력의 평가나 근로의 제공과 직접 관련되는 것이 아니기 때문에 원칙적으로 해고사유가 되지 않는다.[254)] 사용자와 근로자의 관계는 노동력의 처분을 매개로 하여 맺어지므로 사용자는 근로계약상 취업 시간 안에만 노동력의 처분 권능으로서 지휘명령권을 가질 뿐이다. 기업 바깥이나 취업 시간이 아닌 때에는 근로자는 시민으로서 사생활의 자유를 누린다. 따라서 시민생활 영역에서 근로자의 행위는 그것이 비록 사회적으로 비난받고 위법시 되더라도 사용자는 근로자에게 책임을 추궁할 수 없다.[255)]

다만, 사용자는 사업활동을 원활하게 수행함에 필요한 범위 내에서 규율과 질서를 유지하기 위해 근로자에 대하여 징계권을 행사할 수 있는바, 근로자의 사생활 비행이 사업 활동에 직접 관련이 있거나 기업의 사회적 평가를 훼손할 염려가 있다면 그러한 경우에 한하여 그 근로자를 징계할 수 있고, 정도가 심하다면 해고까지 이를 수도 있다.[256)]

이 경우 기업의 사회적 평가를 훼손할 염려가 있다고 하기 위하여는 반드시 구체적인 업무 저해의 결과나 거래상의 불이익이 발생하여야 하는 것은 아니고 당해 행위의 성질과 정상, 기업의 목적과 경영 방침, 사업의 종류와 규모,

252) 대법원 1991. 8. 27. 선고 91다20418 판결.
253) 대법원 1993. 7. 13. 선고 92다42774 판결.
254) 김유성, 288면.
255) 권혁재, 289면.
256) 대법원 1994. 12. 13. 선고 93누23275 판결.

그 근로자의 기업 내 지위와 담당 업무 등 여러 사정을 종합적으로 고려하여, 그 비위행위가 기업의 사회적 평가에 미친 악영향이 상당히 중대하다고 객관적으로 평가될 수 있어야 한다.257)

### 나. 구체적 사례

#### (1) 부동산 투기

도시개발공사에서 부동산에 관련된 사무를 담당하는 직원이 부동산매매업을 영위하였다고 볼 수 있을 정도로 부동산 투기를 계속한 행위는 징계해고사유가 된다.258)

#### (2) 교사의 품위 유지 위반

① 유부녀인 여교사가 같은 학교에 근무하는 동료 교사의 남편에게 연정을 느끼고 애정을 표현하는 편지를 10여 회 보내고, 3회에 걸쳐 그와 단둘이 만나 노래방을 가거나 저녁식사를 하였으며, 자신이 보낸 편지를 동료 교사로부터 회수하기 위하여 동료 교사의 수업 시간에 함부로 들어가거나 복도에서 많은 학생들이 보는 가운데 위 동료 교사와 몸싸움을 하였고, 결국 이로 인해 위 동료 교사의 부부 관계가 완전히 파탄에 이르렀다면, 이러한 여교사의 행위는 교사로서 품위를 현저히 손상시킨 것으로서 징계해고사유가 된다.259)

② 교사가 학교에서 물의를 빚을 정도로 기혼자인 동료 교사와 가깝게 지냈고, 둘 사이에 불륜 관계가 있다고 의심할 만한 행위를 하였으며, 이러한 행동으로 위 동료 교사의 가정이 파탄에 이르게 되었고, 처와 이 문제로 계속 불화하여 오다가 처를 상대로 이혼 소송을 제기하였으나, 법원에서 그 청구가 받아들여지지 아니하였고, 오히려 처가 제기한 반소 청구(부정행위를 원인으로 한 이혼 및 위자료, 재산분할청구)가 받아들여져 이혼 판결이 선고되었다면 그 교사의 행위는 국공법의 품위 유지 의무 위반 행위가 된다.260)

257) 대법원 2001. 12. 14. 선고 2000두3689 판결. 김유성, 289면도 사용자의 지휘, 명령에서 해방되는 근로시간 외의 생활공간은 기본적으로 근로자의 사적 영역에 속한다는 점을 고려하여 사생활의 비행이 기업의 사회적 평가에 직접적이고 중대한 침해를 야기한 경우에만 정당한 해고사유로 인정하여야 한다고 한다.

258) 대법원 1994. 12. 13. 선고 93누23275 판결.

259) 대법원 1998. 2. 10. 선고 97누18523 판결.

260) 대법원 1996. 4. 26. 선고 95누18727 판결. 이와 관련하여 추대호, 91면은, 같은 직장 내에서의 남녀 간의 교제에 대한 물의 등의 비도덕적 행위는 특수한 경우를 제외하고는 회사업무가 심각하게 방해될 정도의 풍기 문제가 되는 것은 아니라고 한다. 그러나 유해용, 472면은 기업이 종교단체 또는 교육기관이어서 풍기문란을 절대적으로 허용할 수 없는 경우 또는 미

### (3) 음주, 도박[261]

① 업무 수행과 관련 없이, 동료 교사들이 마련해준 전근 축하회에서 우연히 도박에 가담했다가 술기운에 차츰 도금의 액수가 커지면서 분위기에 휩쓸려 도박을 하게 된 경우 해임 처분은 재량권 한계 일탈이다(교사의 직무 집행과 직접 관련이 없는 비위이고, 동료 교사들과 단 한 번 도박한 것을 이유로 해임 처분을 하는 것은 사회통념상 현저하게 타당성을 잃었다).[262]

② 고속버스 운전기사들이 00 : 15경 운전기사 숙소에서 취침 시간을 어기고 술을 마시면서 새벽 04 : 00경까지 도박 행위를 하였다면, 그동안 충실하게 근무해왔고, 이튿날 아무 사고 없이 운행을 완료했던 점 등의 이유만으로 징계해고 처분이 재량권 일탈이라고 보기 어렵다(승객을 안전하게 수송하는 직무를 수행하기 위해 지방 숙소 숙박시 숙소 생활의 규칙을 지키고 충분한 휴식과 수면을 취한 후 다음날의 안전 운행에 대비하여야 하고, 그 밖에 고속버스 업무의 특수성, 교통부의 강력한 교통안전 대책, 교통사고의 다발, 대형화 추세에 대비한 고속버스 회사의 소속 직원들에 대한 교양과 교육 심화, 회사 상벌 규정이 “사내풍기를 문란케 하거나 도박행위를 한 자는 징계해고 또는 권고사직의 대상이 된다”고 규정한 점 등을 감안하면 징계해고는 적법하다).[263]

### (4) 개인회생 및 파산

누구든지 회생절차 · 파산절차 또는 개인회생절차 중에 있다는 이유로 정당한 사유 없이 취업의 제한 또는 해고 등 불이익한 처우를 받지 아니한다.[264]

하급심 판례 중 직원이 파산선고를 받는 경우 예외 없이 당연퇴직시키도록 하는 인사규정은 직원의 근로의 권리, 직업 행사의 자유를 과도하게 침해하는 것으로, 개인의 경제적 사정으로 인하여 파산을 선고받았다는 사유만으로는 사

---

성년자에 대한 추행 등으로 회사의 명예를 치명적으로 손상시킨 경우에는 징계해고의 사유가 된다고 한다. 한편, 대법원 1993. 9. 24. 선고 93다21736 판결(이에 대한 평석으로는 문형배, 461면 이하)도 유사한 사례에서 품위 유지 의무 위반으로 보았다.

261) 하갑래, 928면은 음주, 도박 행위 등이 직장 안이나 기숙사 등에서 이루어지거나 업무수행과 관련된 경우에는 취업규칙 등에 정하는 바에 따라 징계사유가 된다. 뿐만 아니라 그러한 행위로 인해 기업 경영에 중대한 지장, 재산상 손해 또는 인명 피해가 발생할 우려가 있는 경우에는 해고의 정당한 사유가 될 수 있다. 다만, 해고사유를 판단할 때에는 비위행위 가담 정도, 각자의 근무에 미치는 영향, 근로자들 사이의 형평성 등을 감안하여야 한다고 한다.

262) 대법원 1985. 3. 26. 선고 84누711 판결.

263) 대법원 1983. 11. 22. 선고 83다카1243 판결.

264) 채무자회생법 32조의2.

회통념상 고용관계를 계속할 수 없을 정도로 근로자에게 책임 있는 사유가 발생한 경우에 해당한다고 보기 어렵다고 한 사례가 있다.[265)]

(5) 기 타

① 동료 직원들의 대화 내용을 비밀리에 녹음하여 형사고소 사건의 자료로 이용한 행위는 사생활의 비밀과 자유를 침해하고 직원 사이에 불신을 야기하여 직장 내 화합을 해하는 것으로서 징계해고사유가 된다.[266)]

② 하급심 판결 중 해당 근로자가 사기 및 상습도박을 한 사실이 텔레비전과 신문, 인터넷 등 언론에 보도된 사안에서, 해당 근로자가 같은 직장 동료를 상대로 한 사기 및 상습도박으로 인하여 직장동료들 사이의 신뢰관계 형성 및 직장질서 유지에 심대한 악영향을 끼쳤다고 할 수 있는 점, 사용자 소속 근로자가 폭력, 사기, 강도, 강간 등 다른 범죄행위로 유죄판결을 받은 경우에도 징계해고를 한 적은 없었다고 하더라도 위와 같은 범죄행위들은 주로 사생활에서의 비행에 해당하여 사용자의 명예나 기업질서 또는 사업수행에 미치는 악영향이 해당 근로자가 저지른 행위와는 질적인 차이가 있는 점 등을 종합하면, 비록 근무시간 외에 직장 밖에서 이 같은 범죄를 저질렀고 지금까지 성실하게 근무해 왔다고 하더라도 징계해고사유가 된다.[267)]

## 8. 경업 · 겸직 금지 위반

### 가. 근로자의 경업 금지, 영업 비밀 유출 금지 의무

근로자의 경업 금지 의무는 근로자가 근로관계의 존속 중에, 또는 종료 후에 사용자와 경쟁적 관계에 있는 동종 영업을 영위하거나, 사용자와 경쟁하는 다른 동종 업체에 전직하는 등의 방법으로 사용자와 경쟁적 영업 행위나 직업 활동을 해서는 아니 될 일종의 부작위 의무를 말한다.[268)]

---

265) 서울중앙지법 2006. 7. 14. 선고 2006가합17954 판결(확정). 당연퇴직 사안이지만 징계해고에도 동일하게 적용할 수 있을 것이다.

266) 대법원 1995. 10. 13. 선고 95다184 판결, 대법원 2011. 3. 24. 선고 2010다21962 판결. 하급심에서는 대화자 간 녹음이 통신비밀보호법 등에 저촉되는 행위는 아니더라도 동료상사나 직원과의 대화내용을 반복적으로 녹음하고, 이를 근거자료로 동료직원을 형사적으로 처벌받게 하거나 녹음내용을 동료 근로자에게 전달하는 것은 회사의 단결력을 저해하고 회사 내 질서를 문란하게 하는 행위이므로 징계사유가 된다고 판단한 사례들이 있다. 다만 녹음행위가 회사의 단결력을 저해하거나 회사 내 질서를 문란하게 하는 행위로 평가될 수 없는 것이라면 징계사유로 보기 어려울 것이다.

267) 울산지법 2008. 6. 5. 선고 2007가합3014 판결(확정).

근로자가 다른 사업장에서 일하는 것은 근로자 개인 능력에 따른 사생활의 범주에 속하므로 기업 질서나 노무 제공에 지장이 없는 겸직까지 전면적이고 포괄적으로 금지하는 것은 부당하다. 그러나 겸직은 그 내용에 따라 근로자의 피곤을 가중케 하여 노무 제공에 지장을 가져오거나 기업 질서를 문란하게 할 우려가 있다. 따라서 노무 제공에 지장을 줄 정도의 장시간의 겸직, 경쟁 회사의 임원에 취임하는 경우 등으로 근로자의 겸직이 기업 질서를 문란하게 하거나 사용자의 이익을 부당하게 침해하는 경우 이는 금지 대상이 될 수 있고 이를 위반하는 경우 징계해고사유가 될 수 있다.[269]

이에 대하여, 겸직은 본질적으로 노사 사이의 개별적 문제이고 집단적 공동 질서에 관한 것은 아니므로, 근로자가 겸직 금지를 위반하는 경우 근로계약상 성실의무 위반의 문제가 생길 뿐이고 공동 질서의 위반이라고 볼 수 없으므로 징계사유가 되지 않는다는 견해가 있다.[270]

영업 비밀에 관하여는 부정경쟁방지법에 여러 규제 수단이 마련되어 있고, 이러한 규정이 적용되는 범위 안에서는 사용자의 영업 비밀은 당연히 보호를 받는다. 이러한 규제 대상 이외의 사항에 관하여 영업 비밀의 외부 유출이나 경업 활동에 의한 손실을 예방하기 위하여 사용자가 근로자와 근로계약을 하면서 이를 금지하는 내용의 약정을 하거나 그에 관한 취업규칙 등의 규정을 두는 경우, 이러한 경업 금지 약정, 규정 등은 사용자의 사업 활동상의 정당한 이익 확보와 헌법상 보장되는 근로자의 직업 활동의 자유라는 법익과의 비교 형량을 통해 합리적으로 조정되어야 한다.[271] 구체적으로 근로자의 경업 금지 의무 약정과 사용자의 사업 활동상 정당한 이익을 비교 형량하여 근로자의 직업 활동 자유를 제약하는 정도가 합리적이고 필요불가결한 범위를 넘은 것인지 여부를 판단하기 위하여는, 근로자의 종전 직무상의 지위와 직무 내용, 경업 금지의 목적, 제한의 대상으로 된 시기, 지역, 직업활동 범위 등의 내용, 제한으로 인하여 근로자가 입게 될 손실을 전보할 수 있는 대상 조치 유무 등의 사정을 종합적

268) 신권철, 14면.
269) 이병태, 981면; 하갑래, 942면. 근로자가 자동차부품제조업체에 재직 중임에도 사적으로 다방 영업을 수행한 경우, 사적으로 다방 영업을 행한 사실로 인하여 회사의 기업 질서나 노무 제공에 지장이 초래되었다고 볼 증거가 없으므로 이를 징계사유로 삼을 수 없다고 한 판결 [서울행법 2001. 7. 24. 선고 2001구7465 판결(항소기각으로 확정)]도 있다.
270) 김형배, 615면.
271) 김지형a, 735~736면.

으로 고려해야 한다.[272)]

한편 법 10조는 '사용자는 근로자가 근로시간 중에 선거권, 그 밖의 공민권 행사 또는 공의 직무를 집행하기 위하여 필요한 시간을 청구하면 거부하지 못한다. 다만, 그 권리 행사나 공의 직무를 수행하는 데에 지장이 없으면 청구한 시간을 변경할 수 있다.'고 규정하여, 근로자의 공직 겸직을 허용하고 있다.[273)]

### 나. 경업 · 겸직 금지가 문제되는 경우

경업 · 겸직 금지는 세 가지 형태에서 문제될 수 있다.[274)]

#### (1) 근로자가 근로관계 존속 중에 경업 행위를 하는 경우

근로자가 근로관계의 존속 중에 경업 행위(예를 들어 근로자가 사용자와 경쟁적 영업을 스스로 영위하거나, 경쟁 업체의 영업을 돕는 경우)를 하는 경우 사용자는 근로자를 징계할 수 있다. 취업규칙 등에 회사의 승인 없이 다른 업무에 종사한 경우를 징계사유로 규정한 경우가 많다. 경쟁 업체 이사 등의 지위를 겸직하거나 업무 외 시간에 경쟁 업체를 위한 활동을 한 경우도 징계사유가 될 수 있다.

근로자가 무기정직 및 대기발령 처분을 받은 상태에서 경쟁 업체를 설립하여 경쟁매체를 발간한 경우, 무기정직 및 대기발령 처분이 사회통념상 현저하게 타당성을 잃어 무효이더라도, 경업 금지 의무 위반에 대한 징계해고는 정당성이 인정될 수 있다.[275)]

---

272) 김지형a, 736면.

273) 위 규정은 공민권 행사 등을 위해 필요한 시간을 보장하는 것이지 그 시간에 대한 사용자의 임금지급까지 보장하는 취지는 아닌 것으로 일반적으로 이해되고 있다(조용만, 481면).

한편 서울고법 2012. 7. 18. 선고 2012누883 판결(상고취하)은 법 10조와 관련하여 근로자가 공직에 취임 재직하는 경우에 사용자가 근로자에게 그 공무담임 기간에 겸직승인 또는 휴직명령을 하여야 하는 것으로 볼 수 없다는 이유로, 지방의료원에 재직 중인 근로자가 원장의 승인 또는 휴직명령을 받지 않고 지방의회의원직을 겸직하는 것은 의료원 정관, 인사규정 및 복무규정 상의 겸직 금지 의무를 위반하였다고 판단하였다.

이에 대하여는, 지방의회의원은 공익을 위해 그 직무를 수행하는 자로서 지방의회의원직에의 취임과 그 직의 수행은 법 10조가 규정하는 공민권의 행사 내지 공의 직무집행의 범주에 해당하고, 취업규칙 등에서 겸직 금지를 정한 취지는 근로자의 경업을 금지함으로써 근로계약상의 의무가 성실하게 이행될 수 있도록 하기 위함이므로 지방의회의원직의 겸직과 수행은 취업규칙 등에서 정한 겸직 금지 의무 위반에 해당하지 않고, 다만 장기간 겸직으로 인해 근로계약의 목적이 달성될 수 없는 경우에 한하여 통상해고 사유가 될 수 있다는 견해가 있다(조용만, 481면).

274) 신권철, 35~36면.

275) 대법원 2012. 9. 27. 선고 2010다99279 판결(시사주간지를 발행하는 회사의 기자가 무기정직 및 대기발령처분을 받은 상태에서 파업에 적극적으로 참여하고 퇴직자들과 함께 경쟁 업체를 설립하여 경쟁매체를 발간하였는데 그 후 회사가 기자를 해고한 사안에서 징계재량권 범위를 일탈하거나 남용하였다고 볼 수 없다고 하였다).

### (2) 근로관계 존속 중의 경업 준비 행위

근로를 제공하는 업체와 같은 업종의 다른 회사를 설립하거나 경쟁 업체로 이직할 것을 준비하는 행위, 거래처 등을 상대로 자신이 새로 옮기게 될 직장이나 자신이 설립할 영업체를 고지하는 행위[276] 등이 문제될 수 있다.

근로자는 직업 선택의 자유와 근로의 권리를 가지므로 퇴직할 자유와 아울러 이직의 자유가 있고, 퇴직이나 이직 무렵에는 불가피하게 앞으로 얻을 직장이나 새로운 영업을 미리 준비해야 할 필요가 있는 점에 비추어 단순히 경쟁 업체 이직 준비나 경쟁 업체 설립 준비 또는 거래처 등에 자신의 이직을 알리는 정도는 징계사유가 될 수 없다.

근로관계가 아직 유지되고 있기는 하나 그 종료가 임박한 시점, 예를 들어 명예퇴직 합의 후 명예퇴직 예정일 전의 경업 행위에 관하여 판례는, 그와 같은 시점에 허위로 병가를 받아 다른 회사에 근무한 것을 이유로 근로자를 징계해임한 것은 재량권 일탈·남용이 아니라고 하였다(인사 규정의 겸직 금지와 병가 신청 관련 규정을 위반한 사안).[277]

### (3) 근로관계 종료 후의 경업 행위

근로관계 종료 후 퇴직 근로자의 경업 행위는, 퇴직과 더불어 사용자의 징계권이 소멸하므로 징계 대상이 되기 어렵다. 법이 퇴직의 자유를 보장하고 있고 퇴직 후에도 사용자에게 금품 청산과 취업 방해 금지 등의 의무를 지우고 있는 점에 비추어 퇴직(사표 제출) 후 경업을 이유로 한 징계는 허용되지 않는다.[278]

## 9. 노동조합 활동, 기타 사업장 내 업무 외 활동 금지 위반

### 가. 일반적 금지·허가 규정의 정당성

취업규칙이나 단체협약에 근로자에 대하여 회사 내에서 노무 제공과 무관한 집회, 연설, 벽보판의 게시, 유인물의 배포 등 활동을 일반적으로 금지하고, 다만 사용자의 허가를 받은 경우에 한하여 허용한다는 규정을 두고 이에 위반

276) 의정부지법 2002. 10. 16.자 2002카합714 결정(이 사안은 미술 학원 강사가 퇴직 무렵 학원 수강생들에게 자신이 새로운 곳에 학원을 차릴 것을 고지한 것으로 학원장이 위 강사를 상대로 상법상의 경업 금지 의무, 부정경쟁방지법상의 경업 금지 의무를 주장하였다가 청구 기각되었다).

277) 대법원 2002. 8. 23. 선고 2000다60890, 60906 판결.

278) 신권철, 36면.

한 것을 징계해고사유로 삼는 경우가 있다.

사업장에서 업무 이외의 활동에 대하여 허가제를 규정한 것은 취업 시간뿐만 아니라 휴게 시간 중에도 사업장 내 시설 관리나 다른 직원이 휴게 시간을 자유롭게 이용하는 것을 방해할 염려가 있고 그 내용에 따라서는 기업 질서를 어지럽힐 가능성이 있으므로 그 합리성을 부인할 수는 없다. 이러한 점에서 사업장 내 업무 외 활동을 징계해고사유로 하는 취업규칙을 무효라 할 수 없고, 유인물 배포를 징계사유로 규정한 취업규칙 또한 헌법상 언론의 자유를 침해한 것으로서 무효라고 말할 수 없다.[279)]

### 나. 노동조합 활동과 관계

근로자의 집회, 연설, 유인물 게시, 배포 등이 헌법과 노조법에서 보장되는 노동조합 활동에 해당한다면 사용자는 앞서 본 허가제를 이유로 이를 금지할 수 없다.[280)]

따라서 징계해고사유가 된 근로자의 업무 외 활동이 노동조합 활동에 해당한다면 이를 이유로 한 징계해고는 부당하고, 노동조합 활동에 해당하지 않는다면 징계해고사유가 된다. 이는 흔히 위 해고 처분이 노조법상 부당노동행위(노조법 81조 1호)에 해당하는지 여부의 관점에서 문제된다.

판례[281)]에 의하면, 근로자의 행위가 노동조합 활동으로서 정당하다고 인정받기 위하여는 다음과 같은 요건이 충족되어야 한다.

첫째, 행위의 성질상 노동조합의 업무를 위한 활동으로 볼 수 있거나 노동조합의 묵시적 수권 혹은 승인을 받았다고 볼 수 있어야 한다(성질).

둘째, 근로조건의 유지·개선과 근로자의 경제적 지위의 향상을 도모하기 위하여 필요하고 근로자들의 단결 강화에 도움이 되는 행위이어야 한다(목적).

셋째, 취업규칙이나 단체협약에 별도의 허용규정이 있거나 노동 관행·사용자의 승낙이 있는 경우 외에는 취업시간 외에 행해져야 한다(시기).

넷째, 사업장 내의 조합활동은 사용자의 시설관리권에 바탕을 둔 합리적인

279) 대법원 1994. 9. 30. 선고 94다4042 판결.

280) 대법원 1988. 10. 11. 선고 87누147 판결, 대법원 1991. 11. 12. 선고 91누4164 판결, 대법원 1992. 6. 23. 선고 92누4253 판결, 대법원 1993. 12. 28. 선고 93다13544 판결, 대법원 2011. 2. 24. 선고 2008다29123 판결, 대법원 2017. 8. 18. 선고 2017다227325 판결.

281) 대법원 1990. 5. 15. 선고 90도357 판결, 대법원 1992. 4. 10. 선고 91도3044 판결, 대법원 1992. 9. 25. 선고 92다18542 판결.

규율이나 제약에 따라야 하고 폭력과 파괴행위 등의 방법에 의하지 않아야 한다(방법).

### 다. 노동조합 관련 개인 행위

위 요건 중 노동조합 활동의 성질 측면과 관련하여, 노동조합의 결의나 노동조합의 구체적 지시에 터잡은 것이 아니거나, 노동조합의 결정이나 방침에 반대하며 이에 대항하는 행위는 조합원의 개인적 활동이지 노동조합 활동은 아니다.[282)]

하지만 노동조합 내부에서 노동조합의 집행부를 비판하는 행위는 노동조합 내 민주주의의 원칙에 따라 노동조합 활동으로 보아야 할 것이다.

조합원이 조합의 결의나 구체적인 지시에 따라서 한 노동조합의 조직적인 활동 그 자체가 아닐지라도 그 행위의 성질상 노동조합의 활동으로 볼 수 있거나 노동조합의 묵시적 수권 혹은 승인을 받았다고 볼 수 있을 때에는 노동조합의 활동이다. 노동조합의 위원장으로 출마하는 행위,[283)] 다수의 노동조합 위원장 후보자 중 일부만 사퇴하고 복수 이상의 후보자가 남았는데 그 중 한 사람이 사퇴자의 사퇴 이유를 왜곡하여 선거 운동에 이용하는 경우 사퇴자가 자신의 사퇴 이유를 조합원에게 알리기 위하여 유인물을 배포한 행위[284)]는 노동조합 활동이다.

### 라. 목적 · 수단의 정당성

유인물 배포의 경우, 회사의 사전 승인이나 허가를 받아야 한다 하더라도 근로조건의 유지 · 향상이나 복지 증진을 위한 정당한 행위까지 금지할 수는 없다. 따라서 유인물 기재 내용으로 다른 사람의 인격 · 신용 · 명예 등이 훼손 · 실추되거나 그렇게 될 염려가 있고, 또 기재된 사실 관계 일부가 허위이거나 그 표현에 다소 과장되거나 왜곡된 점이 있더라도, 유인물 배포 목적이 다른 사람의 권리나 이익을 침해하려는 것이 아니라 근로조건의 유지 · 개선과 근로자의 복지 증진 기타 경제적 · 사회적 지위의 향상을 도모하기 위한 것으로서 내용이 전체적으로 진실하다면 정당성이 있다.[285)]

---

282) 대법원 1989. 4. 25. 선고 88누1950 판결(이에 대한 평석으로는 장우건, 467면 이하), 대법원 1991. 9. 24. 선고 91누124 판결, 대법원 1992. 9. 25. 선고 92다18542 판결.

283) 대법원 1990. 8. 10. 선고 89누8217 판결.

284) 대법원 1991. 11. 12. 선고 91누4164 판결.

285) 대법원 1993. 12. 28. 선고 93다13544 판결(이 판결에서는 배포 목적에 '노동조합원들의 단결'을

그리고 유인물 배포가 정당한지 여부는 회사의 승인이나 허가 여부만으로 판단할 것은 아니고, 그 유인물의 내용·매수, 배포의 시기·대상·방법, 이로 인해 기업이나 업무에 영향을 미친 정도 등 여러 가지 사정을 고려하여 판단하여야 한다.[286] 특히 취업 시간이 아닌 휴게 시간 중의 배포는 그것이 다른 근로자의 근로 제공에 나쁜 영향을 미치거나 휴게 시간의 자유로운 이용을 방해하거나 구체적으로 직장 질서를 문란하게 하지 않았다면 정당성이 없다고 볼 수는 없다.[287] 예를 들어 휴게 시간인 점심시간에 회사 시설물을 이용하지 않고 다른 조합원들에게 유인물을 전달하였을 뿐이고, 배포한 유인물의 내용이 노동조합 위원장 선거 입후보와 관련한 의견을 말하는 것이라면 정당성이 있다.[288]

하지만, 배포한 유인물이 허위 사실을 적시하여 회사를 비방하는 내용을 담고 있어 근로자들로 하여금 사용자에 대하여 적대감을 유발시킬 염려가 있고, 위 유인물을 근로자들에게 직접 건네지 않고 사업장에 은밀히 뿌리는 것은 사용자의 시설관리권을 침해하는 것인바, 이러한 행위가 직장 질서를 문란하게 할 구체적인 위험성이 있는 것이라면 비록 그 유인물의 배포 시기가 노동조합의 대의원 선거운동 기간이었다 해도 그 유인물 배포는 정당성이 없다.[289]

또한, 근로자가 작성하여 회람시킨 인쇄물이 회사 간부의 명예를 훼손하는 내용으로서 일부는 근거가 없고, 그 인쇄물이 회사와 노동조합 또는 근로자 사이의 근로관계와는 직접 관계없는 사항을 가지고 집단적으로 월차휴가를 실시할 것을 선동하는 내용인 데다가, 그 결과 다수 근로자가 이에 동조하여 사업장을 무단 이탈하고 이로써 회사 업무의 정상적 운영에 지장을 주었다면 이러한 유인물 배포 행위는 정당한 노동조합 활동이 아니다.[290]

### 마. 기타 사업장 내 업무 외 활동

① 병원 직원인 노동조합원들이 병원의 승인 없이 위생복 위에 구호가 적

추가하고 있다), 대법원 1997. 12. 23. 선고 96누11778 판결, 대법원 1998. 5. 22. 선고 98다2365 판결, 대법원 2001. 12. 28. 선고 2000두7315 판결, 대법원 2011. 2. 24. 선고 2008다29123 판결.

286) 대법원 1992. 3. 13. 선고 91누5020 판결, 대법원 1996. 9. 24. 선고 95다11504 판결, 대법원 1997. 12. 23. 선고 96누11778 판결.

287) 대법원 1991. 11. 12. 선고 91누4164 판결.

288) 대법원 1991. 11. 12. 선고 91누4164 판결. 후보 사퇴에 따른 조합원들의 오해를 해명하기 위한 것이고, 그 속에 다소 과장된 표현이나 개인적인 자기변명을 한 부분이 있으며 부분적으로 사실과 다른 내용이 포함되어 있어도 정당성이 있다는 취지이다.

289) 대법원 1992. 6. 23. 선고 92누4253 판결.

290) 대법원 1992. 3. 13. 선고 91누5020 판결.

힌 주황색 셔츠를 근무 중에 계속 착용하여 환자들에게 불안감을 주는 등으로 병원 내의 정숙과 안정을 해쳤고, 벽보 등을 노동조합의 전용 게시판이 아닌 지정 장소 외의 곳에 부착하였으며, 노동조합이나 병원과는 직접적인 관련이 없는 내용의 현수막을 병원 현관 앞 외벽에 설치한 후 병원의 거듭된 자진 철거 요구에 불응하였고, 조합원들이 점심시간을 이용하여 집단행동을 하였더라도 그러한 집단행동이 병원의 질서와 규율을 문란하게 한 경우에는 징계사유에 해당한다.[291]

② 노동조합원이 허위 사실 등을 유포하며 이에 근거하여 노동조합장 불신임 운동을 전개하는 것은 기업의 공동체 질서를 위태롭게 하는 것이고,[292] 노동조합의 규약 등에 조합장에 대한 불신임 절차가 규정되어 있다 하여 허위 사실 등에 근거하여 노동조합장 불신임 운동을 전개하는 것은 정당한 노동조합 활동이 아니다.[293]

③ 회사의 승낙 없이 회사를 비난하는 등의 성명서를 회사 내 전자통신망을 통하여 근로자 500여 명에게 배포하고, 사설 통신망에 노동조합 가입의 당위성을 주장하고 회사가 사무직 근로자들의 노동조합 가입을 저지하고 있다고 비난하는 글을 게시하였더라도 성명서와 게시문의 그 기본적 목적이 회사의 이익을 침해하거나 명예를 훼손하려는 것이 아니라 근로자의 단결권에 포함될 수 있는 사무직 근로자의 노동조합 가입을 촉구하려는 데 있고, 그 내용에 일부 사실과 다른 점이 있고 표현이 다소 과장되거나 과격한 점이 있기는 하나 기본적으로 회사의 사무직 근로자들의 근로조건 향상과 복지 증진 등을 도모하기 위한 것으로서 전체적으로 그 내용이 진실한 것이라면 이는 징계사유가 되지 않는다.[294]

④ 노동조합 내부의 문제라 하더라도 그로 인하여 회사의 손실 등이 초래

291) 대법원 1996. 4. 23. 선고 95누6151 판결. 한편, 이에 관하여 임종률c, 287~289면은, 사용자의 승낙 없이 사업장 시설에 선전물을 부착했더라도 조합활동으로서 필요성과 그로 인한 시설관리권 침해의 정도 등 제반 사정을 고려하여 정당성 여부를 판단해야 하는데, 부착한 시설의 성질, 부착된 범위, 선전물의 형상, 문언, 매수, 첨부방법 등을 종합하여 부착할 필요성이 있고 시설관리상의 실질적 지장을 초래하지 않는 경우에는 정당성을 인정해야 한다고 한다.

292) 판례는 그 근거를 다음과 같이 들었다. “단체협약상 ‘회사의 공동체 파괴행위로 위계질서를 문란하게 한 자’란 규정은 기업질서유지를 위한 징계사유인 점을 고려하면, ‘회사라는 기업공동체의 질서를 위태롭게 하는 행위를 한 자’를 의미하고, 노동조합의 조직도 기업질서의 한 부분을 이룬다.”

293) 대법원 1995. 2. 14. 선고 94누5847 판결(이에 대한 평석으로는 이철수b, 137면 이하).

294) 대법원 2002. 10. 25. 선고 2001두8339 판결.

되는 경우에는 회사 취업규칙 등에서 규정하는 징계사유에 해당될 수 있다.[295)]

### 10. 쟁의행위 관련

#### 가. 징계해고사유 해당성

근로자의 노동조합 활동 가운데 특히 근로자가 노동조합의 조합원으로서 위법하게 파업 등 쟁의행위를 하였음을 직접 또는 간접의 징계해고사유로 삼아 그 근로자를 해고할 수 있다.

판례 중에는, 근로자가 정당성이 없는 쟁의행위를 하였다면, 이는 단체협약 또는 취업규칙상의 징계해고사유 중 '중대한 비행 또는 정당한 명령에 대한 고의적인 불복종'에 해당한다고 본 것이 있다.[296)]

#### 나. 부당 해고 후 복직 전까지 기간 중 쟁의행위 가담 행위의 징계사유 해당성

부당 해고 후 복직 전까지 기간 중 쟁의행위에 가담하였는데, 그 쟁의행위가 위법한 쟁의행위일 때 판례는 그 쟁의행위 가담 행위가 징계사유가 된다고 한다. 즉 판례는, 부당 해고되어 현실적으로 근로 제공을 하고 있지 않은 근로자라도 부당노동행위 구제신청을 하였을 때는 중앙노동위원회의 재심판정이 있을 때까지는 근로자가 아닌 자로 해석하여서는 아니 되므로(노조법 2조 4호 라목 단서), 그 한도 안에서는 쟁의행위 관련 회사 규정이나 법령을 지켜야 한다고 한다. 따라서 이러한 경우 가담한 쟁의행위가 위법한 것일 때는 그에 대한 책임을 지고, 그와 같은 쟁의행위 참가는 후에 해고가 무효로 되어 근로자의 신분을 회복하였을 때 징계사유가 된다고 한다.[297)]

해고된 기간 중 행위에 대한 징계 가능성에 관하여는 'VI. 해고 취소·무효 확인과 해고 기간 중 행위'에서 따로 해설한다.

---

295) 대법원 2009. 4. 9. 선고 2008두22211 판결(이에 대한 평석으로는, 김홍영b, 66면 이하; 송강직e, 257면 이하). 따라서 노동조합 내부의 문제로 하더라도 그 때문에 직원들 사이에 분쟁이 발생하여 회사에 손실이 초래된다면, 회사 취업규칙의 징계사유인 '서약서 또는 회사의 제규정에 위반하거나 직무에 배치되는 행위를 한 경우' 및 '고의 또는 과실로 업무상의 장해 또는 분쟁을 야기시키거나 회사발전을 저해할 원인을 조장하여 회사에 손실을 초래하는 경우'에 해당할 수 있다고 하였다.

296) 대법원 1992. 9. 22. 선고 91다4317 판결.

297) 대법원 1994. 9. 30. 선고 93다26496 판결.

### 다. 쟁의행위의 정당성

어느 경우이건 쟁의행위를 이유로 한 해고는, 그 쟁의행위가 정당성이 있는 것인지 여부에 따라 정당성 여부가 판가름난다. 다만, 쟁의행위의 정당성이 부정되더라도 그 점만으로 해고의 정당성이 인정되는 것은 아니고 징계 양정의 적정성은 구체적·개별적으로 따로 판단해야 한다.

## 11. 형사상 범죄와 유죄 판결

### 가. '유죄 판결을 받은 때'의 의미

근로자가 형사상 범죄행위를 저질러 형사 처벌을 받으면 경우에 따라 회사의 명예나 신용이 훼손되고, 근로자에 대한 사용자의 신뢰가 심각하게 침해된다. 특히 근로자가 직무와 관련하여 범죄행위를 저지른 경우에는 그 직무를 계속 그 근로자에게 맡길 것을 사용자에게 요구할 수 없을 것이다.[298] 더욱이 그 범죄행위로 인하여 구속되어 근로자의 기본적인 의무인 근로제공의무를 장기간 이행할 수 없는 상태에 이르면 근로계약의 목적 자체가 달성될 수 없게 된다.[299]

근로자가 형사상 범죄로 유죄 판결을 받았다는 점은 단체협약이나 취업규칙 등에 징계해고사유로 규정될 수도 있지만, 당연퇴직사유 또는 '기소 휴직 중에 있는 근로자에 대한 퇴직사유' 등으로 규정될 수도 있다. 이 경우 그 의미는 그 규정 취지나 다른 징계사유·당연퇴직사유의 내용 등에 비추어 개별적·합리적으로 판단하여야 하고 그 의미를 모든 경우에 일률적으로 해석할 것은 아니다.[300]

단체협약이나 취업규칙 등에 징계해고사유로 '형사상의 범죄로 유죄 판결을 받았을 경우'를 규정하고 있을 때, 그 규정의 취지는 통상 그러한 유죄 판결로 말미암아 (i) 근로자의 기본적 의무인 근로 제공 의무를 이행할 수 없는 상태가 오래 계속되어 근로계약의 목적을 달성할 수 없거나, (ii) 사용자와 근로자의 신뢰 관계가 상실됨으로써 근로관계 유지를 기대할 수 없거나, 기업 내 다른

298) 업무와 관련 없는 순수한 사적 생활 영역에서 형사상 범죄로 인하여 유죄 판결을 받게 된 경우에 그 자체로 해고사유가 되는 것이 아니고, 그것으로 인하여 근로 제공이 불가능하게 되어 근로계약의 목적을 달성할 수 없게 되는 경우에 해고가 정당하다고 보아야 한다(박홍규, 315면; 하경효d, 56면).

299) 민변노동법 I, 395면.

300) 대법원 1999. 9. 3. 선고 98두18848 판결.

종업원 사이의 신뢰 관계나 인간관계가 손상되어 직장 질서가 유지되기 어렵거나, (iii) 당해 근로자의 지위나 범죄행위의 내용에 따라서는 사용자인 회사의 명예나 신용을 심히 훼손하거나 거래 관계에 악영향을 미치기 때문이다.301)

이 경우 '유죄 판결'이라 함은 단체협약이나 취업규칙 등에 다른 규정(미확정의 유죄 판결도 징계해고사유로 삼는다는 등)이 없는 한 유죄의 확정 판결을 받은 경우만을 의미한다.302)

그리고 '유죄의 확정 판결을 받은 경우'라는 것은, 신체가 구속되어 근로 제공이 불가능한 실형의 유죄 판결 확정만을 의미하는 것은 아니다.303) 판례는, 지하철 공사 직원의 파업 관련 집행유예 판결에 관하여, 그 유죄 판결이 중재시 파업을 주도하여 공익사업 업무를 방해한 것에 따른 것이고, 그 집행유예 판결을 받고도 계속 근무하는 것이 공공성이 강한 지하철 운송 사업의 직장 질서 유지에 악영향을 미칠 것이 명백하다면, 그 집행유예 유죄 판결은 '유죄의 확정 판결을 받은 경우'라는 징계해고사유에 해당한다고 한다.304)

그리고 여기서 말하는 '유죄 판결'은 앞서 본 바와 같이 특별한 사정이 없는 한 '유죄의 확정 판결'을 의미하므로, 징계처분 당시 유죄 판결이 확정되어야 한다. 처분 당시 유죄 판결이 확정되지 않은 이상 징계처분 후에 확정된다고 하여 하자가 치유되는 것은 아니다.305)

### 나. 실형의 유죄 판결을 의미하면서 미확정 판결도 포함하는 경우

취업규칙 등에 '형사상 범죄로 유죄 판결을 받았을 경우'가 당연퇴직사유로 규정되어 있는데, 이와 함께 당연퇴직사유 또는 당연면직사유로 규정된 것으로, 명시적 또는 묵시적으로 근로 제공 의사가 없음을 표시한 경우(사직원 제출, 휴직기간 종료 또는 휴직 사유 소멸 후 복직원 미제출, 무단결근 후 회사의 출근 요구 불응, 군 입대자의 직업군인 전환), 근로 제공을 할 수 없는 경우[사망, 한정치산·금치산(개정 민법에 따를 경우 제한능력자)·파산 선고], 근로 기간이 만료한 경우(정년, 근

301) 대법원 1997. 5. 23. 선고 97다9239 판결, 대법원 1997. 7. 25. 선고 97다7066 판결, 대법원 1997. 9. 26. 선고 97누1600 판결(이에 대한 평석으로는 조성혜, 13면 이하).

302) 대법원 1994. 6. 24. 선고 93다28584 판결, 대법원 1997. 5. 23. 선고 97다9239 판결, 대법원 1997. 7. 25. 선고 97다7066 판결.

303) 대법원 1997. 5. 23. 선고 97다9239 판결, 대법원 1997. 9. 26. 선고 97누1600 판결. 즉 앞서 본, 유죄 확정 판결의 징계해고사유 해당성의 취지 가운데 (i)만이 징계해고사유 정당성의 근거가 되는 것이 아니라 (ii), (iii)도 정당성의 근거가 된다는 것이다.

304) 대법원 1997. 9. 26. 선고 97누1600 판결.

305) 대법원 1997. 5. 23. 선고 97다9239 판결.

로 계약 기간 만료) 등이 있다면, '형사상 범죄로 유죄 판결을 받았을 경우'를 당연퇴직사유로 한 취지도 근로계약에 따른 근로자의 기본적인 의무인 근로제공의무를 이행할 수 없는 상태가 장기간 계속되어 사용자가 근로자를 당연퇴직시켜도 근로자측에서 이의를 제기할 여지가 없을 정도의 상태, 즉 형사상 범죄로 구속되어 현실적으로 근로 제공이 불가능한 신체의 구속 상태가 해소되지 않은 경우 당연퇴직하도록 한다는 것이므로, 이 경우 유죄 판결은 신체 구속 상태가 해소되지 않는 유죄 판결(예컨대 1심 실형 유죄 판결)을 받은 경우를 의미한다.[306]

그리고 이 경우 현실적인 근로제공이 사실상 불가능한 상황을 근거로 1심에서 실형의 유죄 판결이 선고되어 당연퇴직사유가 발생한 이상, 그 유죄 판결이 취소되지 않는 한 이에 터잡은 당연퇴직 처분은 정당하고, 그 처분 당시 이미 그 근로자가 항소심에서 집행유예의 판결을 선고받아 석방되었더라도 그러한 사정 때문에 당연퇴직사유가 소멸하는 것은 아니다.[307]

### 다. 구속 기소에 따른 휴직과 유죄 판결

근로자가 형사상 범죄로 구속 기소되었을 경우에 그에 따른 휴직 처분을 하고, 이와 아울러 '구속 기소로 휴직한 후 유죄 판결을 받았을 때'를 당연퇴직사유로 규정하는 경우가 있다.

이 경우 '기소 휴직 후 유죄 판결을 받았을 때'의 의미는 구속 기소로 인하여 휴직한 것으로 된 근로자가 1심 판결이 선고될 때까지도 신체 구속이라는 당초의 실질적 휴직 사유가 해소되지 아니하는 내용의 유죄 판결, 즉 실형의 판결을 선고받는 것을 의미한다.[308]

그리고 그 당연퇴직이 정당하다고 인정되기 위하여는 종국적으로 법 23조 1항에서 말하는 '정당한 사유'가 있어야 하고, 또 그 정당성 유무는 결국 휴직 기간 만료시 조기 석방 가능성, 구속이 직장에 미치는 영향, 당해 형사사건의

306) 대법원 1995. 3. 24. 선고 94다42082 판결, 대법원 1999. 9. 3. 선고 98두18848 판결. 이러한 해석이 무죄 추정의 원칙에 반하는 것이 아니라고 한다.

307) 대법원 1995. 3. 24. 선고 94다42082 판결, 대법원 1999. 9. 3. 선고 98두18848 판결.

308) 대법원 1992. 11. 13. 선고 92누6082 판결, 대법원 1993. 5. 11. 선고 92다20712 판결, 대법원 1993. 5. 25. 선고 92누12452 판결. 즉, 기소 휴직 후 유죄 판결 선고를 당연퇴직사유로 하는 취지는, 그 유죄 판결의 범죄 사실이 확정적으로 인정되었음에 따라 퇴직 처분을 한다는 것이 아니라, 휴직 기간이 끝나는 1심 판결의 선고 후에도 장기 구속이라는 근로자측의 사정으로 근로계약상 기본적 의무인 근로의 제공을 할 수 없게 되었다는 것에 있고, 이것은 헌법상 무죄 추정의 원칙에 어긋나는 것이 아니라고 한다.

성질 등 여러 사정을 종합적으로 고려하여 합리적으로 판단하여야 한다.[309)]

라. 벌금형, 경범죄 포함 여부

소액의 벌금형과 같이 가벼운 형벌의 유죄 판결도 포함되는지 문제된다. 단체협약 등에 이를 구체적으로 명확하게 정하지 않았다면 가벼운 형벌의 유죄 판결이 있었을 때 그 근로자를 징계해고를 할 수 있는지는, 유죄 판결이라는 사실보다 그러한 죄의 구체적인 내용을 고려할 때 근로관계를 계속 유지하는 것이 어렵다고 인정될 만한지에 따라 판단한다.[310)]

10일의 구류선고를 받았다 하여도 그 사실만으로 그 근로자의 해고를 정당하다고 할 수 없고, 범죄 내용에 따라 정당성을 판단해야 한다.[311)]

마. 업무 외 사건에 대한 유죄 판결[312)]

단체협약에서 업무 이외의 사건으로서 형사상 파렴치범으로 6개월 이상의 실형이 확정된 자를 해고사유의 하나로 규정한 경우, 이 규정의 취지는 업무 수행으로 인하여 형사 처벌을 받은 경우와는 달리 업무 외의 형사 사건으로 유죄 판결을 받았을 때에는 '6개월 이상의 실형'인 경우에만 해고사유로 삼음으로써 업무 외의 사건으로 형사 처벌을 받은 근로자의 해고요건을 업무 수행과 관련된 형사 처벌을 받은 근로자에 대한 해고요건보다 더 엄격하게 설정하려는 데 있다. 따라서 위 조항에서 말하는 업무는 회사의 업무를 뜻하고 노동조합의 업무는 이에 포함되지 않는다.[313)]

바. 기 타

운수 회사의 단체협약에 "사고로 인하여 약식기소된 자에 한하여 인사조치를 할 수 없다"라는 규정이 있는 경우 '약식기소된 자'의 의미는 경미한 사고로 인하여 약식기소되더라도 그 사유만으로 징계 등 불이익한 처분을 하지 않는다는 취지이지, 약식기소된 사고 외에 여러 차례에 걸친 교통사고 유발행위와 종전의 불성실한 근무 태도 등을 보태거나 그 사고 발생의 원인을 따져 근로계약관계를 계속 유지하는 것이 객관적으로 부당한 경우까지 인사조치할 수 없다는

309) 대법원 1992. 11. 13. 선고 92누6082 판결, 대법원 1993. 5. 25. 선고 92누12452 판결.
310) 하갑래, 940~941면.
311) 대법원 1957. 12. 9. 선고 4290민상495 판결.
312) 이는 징계해고사유 중 사생활 비행 행위에도 해당할 수 있을 것이다.
313) 대법원 1993. 1. 15. 선고 92누13035 판결.

취지로는 볼 수 없으므로 이러한 경우 다른 사정을 종합하여 징계 조치를 할 수 있다.[314)]

## 12. 회사에 대한 비방, 진정, 회사 비밀 누설

### 가. 징계사유 여부

근로자는 사용자의 이익을 배려해야 할 근로계약상의 성실 의무를 진다. 그러므로 근로자가 직장 내부의 사실을 외부에 공표하여 사용자의 비밀, 명예, 신용 등을 훼손하는 것은 징계사유가 된다. 구체적으로는 공표 내용과 그 진위, 공표 경위와 목적, 공표 방법 등에 비추어 판단한다.[315)]

예를 들어 뚜렷한 자료 없이 사업체 대표자를 고소, 고발하거나 그의 인격을 비난하는 내용이 담긴 진정서 등을 다른 기관에 제출하는 행위, 공개 석상에서 진실과 다른 내용이나 과장된 내용을 가지고 회사를 비방하는 행위 등은 징계사유가 된다.[316)]

하지만, 고소, 고발하거나 언론에 제보한 내용이 거짓이 아니거나, 상당한 근거가 있는 경우에는 징계사유에 해당하지 않거나, 징계사유에 해당하더라도 징계해고까지 하는 것은 재량권을 일탈한 것이고, 공공성이 강한 경우에는 더욱 그러하다.[317)] 구체적으로 판례는, 범죄에 해당한다고 의심할 만한 행위에 대해 처벌을 구하고자 고소·고발 등을 하는 것은 합리적인 근거가 있는 한 적법한 권리행사라고 할 수 있으므로 수사기관이 불기소처분을 하였다는 이유만으로 고소·고발 등이 징계사유에 해당하지는 않고, 이러한 고소·고발 등이 징계사유에 해당하는지는 고소·고발 등의 내용과 진위, 고소·고발 등에 이르게 된 경위와 목적, 횟수 등에 따라 신중하게 판단하여야 한다고 판시하고 있다.[318)] 나아가 노동조합 또는 노동조합의 대표자가 사용자 측을 근로기준법이나 노동

314) 대법원 1992. 2. 11. 선고 91다5976 판결.

315) 대법원 1999. 9. 3. 선고 97누2528, 2535 판결, 대법원 1999. 12. 21. 선고 98두7787 판결. 반면 김형배, 614면은 회사의 기밀이나 영업상의 비밀을 누설하는 것은 근로계약상 부수적 의무인 성실 의무에 위반하는 것이기 때문에 기업의 공동 질서를 위반하는 행위로서 징계의 대상이 되는 데에는 의문이 있다고 한다. 다만, 의사나 간호사 또는 교환수가 직무상 알게 된 비밀을 누설하는 행위 등은 그 직장의 품위·신뢰·대외적 관계와 관련되는 공동 질서를 위반하는 행위라고 평가될 수 있다고 한다.

316) 대법원 1992. 6. 26. 선고 91다42982 판결, 대법원 1995. 3. 3. 선고 94누11767 판결, 대법원 1996. 3. 12. 선고 95다51403 판결.

317) 대법원 1995. 3. 3. 선고 94누11767 판결, 대법원 2020. 8. 20. 선고 2018두34480 판결.

318) 대법원 2020. 8. 20. 선고 2018두34480 판결.

조합 및 노동관계조정법 위반 등으로 수사기관 등에 고소·고발·진정한 내용에 과장되거나 왜곡된 부분이 있더라도, 그것이 대체로 사실에 기초하고 있고 그 목적이 사용자에 의한 조합원들의 단결권 침해를 방지하거나 근로조건에 관한 법령을 준수하도록 하는 것이라면 고소·고발 등은 노동조합의 정당한 활동범위에 속하는 것으로 보아야 하므로, 이를 이유로 노동조합의 대표자에게 불이익을 주는 것은 원칙적으로 허용되지 않는다고 보고 있다.[319)]

### 나. 내부 고발

공익을 위한 이른바 내부 고발 행위는 일부 사실과 다른 내용이 있더라도 전체적인 내용이 사실에 근거하고 목적이 정당하다면 해고사유로 할 수 없다는 견해가 있다.[320)]

특히 고도의 공공성을 갖는 공법인에서는 그 업무가 관련 법령과 규정에 따라 적법하게 수행되어야 하고, 업무 수행 중 위법 행위는 널리 공법인의 내·외부에서 감시, 견제되어야 한다. 그러므로 소속 직원이 업무 관련 사실을 공표하는 행위는 사기업과 같이 평가되어서는 아니 된다.[321)] 그러나 공법인의 업무수행에서 적법성이 강조되는 것은 공법인의 목적 사업 자체의 공익성 때문이고, 공법인 또한 사업의 원활한 수행을 위하여 스스로 규율과 질서를 유지하여야 할 필요가 있으므로, 공표된 내용이 공법인 업무의 공익성에는 영향을 미치지 않는 경미한 사항으로서 주로 사익적인 목적이나 동기에서 이루어진 공표 행위에 대하여는 징계가 가능하다.[322)]

지방공사 의료원 직원이 의료원의 비정상적인 약품 구입 절차를 조사하여 시정하여 달라는 내용으로 도지사에게 진정하고, 그 진정서 사본을 도의회 의원에게 제공한 행위는 복무규정 위반이 아니고, 상급자와 의료원장에게 공개 질의서나 이의 신청서를 제출한 것에 대해 그 명예와 권위를 훼손하고 기강을 어지럽힌 행위를 하였다는 사유로 파면처분을 한 것은 징계 재량권의 범위를 일탈한 것이다.[323)]

---

319) 대법원 2020. 8. 20. 선고 2018두34480 판결.
320) 김유성, 289면.
321) 대법원 1999. 12. 21. 선고 98두7787 판결.
322) 대법원 1999. 9. 3. 선고 97누2528, 2535 판결(이에 대한 평석으로는 김규장b, 414면 이하).
323) 대법원 1999. 12. 21. 선고 98두7787 판결.

### 다. 소송 제기, 청원권 행사 등

근로자도 사용자에 관한 사항으로서 널리 공공기관의 권한에 속하는 사항에 대하여는 청원할 수 있음은 당연하다. 다만, 청원서의 내용이 허위 사실이거나 사용자를 비방하는 것이라면 사용자의 인격, 비밀, 명예, 신용 등을 훼손하여서는 아니 되는 성실 의무에 반하여 징계사유가 된다. 이는 청원 행위 자체를 이유로 한 불이익 처분이 아니므로 청원법에 반하는 것이 아니다.[324)]

그리고 직원이 회사를 상대로 행정심판이나 소송을 제기하였다가 청구가 기각된 경우, 그러한 소송이 법률적 견해의 차이에서 비롯된 것이고, 사용자에게 손해를 입히려는 목적으로 한 행위가 아니며, 또한 사용자에 대해 소송비용의 상환을 거부하였다고 하더라도 소송비용 상환 의무는 소송당사자로서 상대방 당사자에게 부담하는 채무일 뿐 공단의 직원으로서 지는 직무상의 의무가 아니므로 이러한 소송 제기와 소송비용 상환 거부를 가지고 그 근로자를 징계할 수 없다.[325)]

## 13. 기타 사유

### 가. 사내 전자게시판 문서게시 행위

사내 전자게시판에 공단의 인사원칙에 따라 전보된 인력관리실장을 특정할 수 있는 표현을 하면서 정당하지 못한 방법으로 인사상 특혜를 입었다는 취지의 글을 게시한 사안에서, 사내 인사규정 중 '직원은 직무내외를 불문하고 그 품위를 손상하는 행위를 하여서는 아니된다'는 의무위반이 문제되었는데, 개인적인 명예를 훼손시킬 수 있는 표현들이 있으나 전체적인 글의 취지는 자의적 인사의 폐해를 방지해달라고 건의하는 것으로 게시 목적이 타인의 권리나 이익을 침해하려는 것이 아니라 근로조건의 유지개선과 근로자의 복지증진 기타 경제적 사회적 지위의 향상을 도모하기 위한 것으로서 문서의 내용이 전체적으로 보아 진실한 것이라면 이는 근로자의 정당한 활동범위에 속한다고 하였다.[326)]

---

324) 대법원 1999. 9. 3. 선고 97누2528, 2535 판결.

325) 대법원 1999. 9. 3. 선고 97누2528, 2535 판결.

326) 대법원 2012. 1. 27. 선고 2010다100919 판결. 이 사안에서 대법원은 사내 전자게시판의 문서게시행위가 해고사유에 해당하는지를 판단함에 있어서 유인물 배포 행위에 대한 판단기준과 동일한 기준으로 판단하였다. 9.의 라. 첫 단락 참조.

### 나. 개인 홈페이지 등에 기사게시 행위

인터넷 신문에 게재된 기사를 그대로 복사하여 개인 홈페이지 등에 게시한 행위에 대해, 기사 내용에 일부 과장되거나 왜곡된 표현의 사용으로 회사의 명예 등이 훼손되거나 그러한 염려가 있다고 하더라도, 기본적으로 근로자가 속한 노조원들의 단결을 도모하여 근로조건의 향상과 복지 증진 등을 도모하기 위한 것이고 기사 내용도 전체적으로 진실한 것이라면 노동조합의 업무를 위한 정당한 활동범위에 속한다고 하였다.[327)]

### 다. 직장 내 성희롱[328)]

#### (1) 징계해고사유 해당성

단체협약, 취업규칙 등에 성희롱을 독자적인 징계사유로 규정하고 있지 않은 경우, 대체로 근로계약, 취업규칙, 단체협약 등에 정해진 복무규율에서 '타인의 작업을 방해하거나 동료 간의 불화를 야기하는 언행 등 직장 내 규율과 질서를 문란하게 하여서는 아니된다'는 규정이나 해고사유로 '고의 또는 중대한 과실로 회사에 손해를 끼치거나 회사의 위신을 추락시키고 사회적 물의를 일으킬 때'라는 규정 및 이와 유사한 규정들이 성희롱을 포섭한다고 볼 수 있다.[329)]

#### (2) 정당성 판단기준

판례는 남녀고용평등법상 '직장 내 성희롱'의 전제요건인 '성적인 언동 등'이란 남녀 간의 육체적 관계나 남성 또는 여성의 신체적 특징과 관련된 육체적, 언어적, 시각적 행위로서 사회공동체의 건전한 상식과 관행에 비추어 볼 때 객관적으로 상대방과 같은 처지에 있는 일반적이고도 평균적인 사람으로 하여금 성적 굴욕감이나 혐오감을 느끼게 할 수 있는 행위를 의미하며, 위 규정상의 성희롱이 성립하기 위해서는 행위자에게 반드시 성적 동기나 의도가 있어야 하는 것은 아니지만, 당사자의 관계, 행위가 행해진 장소 및 상황, 행위에 대한 상대방의 명시적 또는 추정적인 반응의 내용, 행위의 내용 및 정도, 행위가 일회적

---

327) 대법원 2011. 2. 24. 선고 2008다29123 판결.

328) 남녀고용평등법에서는, '직장 내 성희롱'을 사업주, 상급자 또는 근로자가 직장 내의 지위를 이용하거나 업무와 관련하여 다른 근로자에게 성적인 언동 등으로 성적 굴욕감 또는 혐오감을 느끼게 하거나 성적 언동 그 밖의 요구 등에 대한 불응을 이유로 고용상의 불이익을 주는 것으로 규정하고(2조 2호), 이를 금지하는 규정(12조)과 예방 교육(13조), 발생 시 조치(14조 이하) 등 규정을 두고 있다. 이에 관하여는 법 6조에 대한 해설 Ⅲ. 1. 아. 참조.

329) 정지원, 184~185면.

또는 단기간의 것인지 아니면 계속적인 것인지 여부 등의 구체적 사정을 참작하여 볼 때, 객관적으로 상대방과 같은 처지에 있는 일반적이고도 평균적인 사람으로 하여금 성적 굴욕감이나 혐오감을 느낄 수 있게 하는 행위가 있고, 그로 인하여 행위의 상대방이 성적 굴욕감이나 혐오감을 느꼈음이 인정되어야 할 것이고,[330] 한편 객관적으로 상대방과 같은 처지에 있는 일반적이고도 평균적인 사람의 입장에서 보아 어떠한 성희롱 행위가 고용환경을 악화시킬 정도로 매우 심하거나 또는 반복적으로 행해지는 경우 사업주가 사용자책임으로서 피해근로자에 대해 손해배상책임을 지게 될 수도 있을 뿐 아니라 성희롱 행위자가 징계해고되지 않고 같은 직장에서 계속 근무하는 것이 성희롱 피해근로자들의 고용환경을 감내할 수 없을 정도로 악화시키는 결과를 가져 올 수도 있으므로, 근로관계를 계속할 수 없을 정도로 근로자에게 책임이 있다고 보아 내린 징계해고처분은 객관적으로 명백히 부당하다고 인정되는 경우가 아닌 한 쉽게 징계권을 남용하였다고 보아서는 아니된다고 하였다.[331]

징계해고의 정당성이 인정된 구체적인 사례는 다음과 같다.

① 신입사원 대상 직무교육에 교육강사 겸 피교육생으로 참가하여 신입여직원과 술을 함께 마신 후 숙소에서 속옷차림으로 여직원들 방으로 들어가 자신도 함께 자겠다며 여직원들에게 옷을 벗을 것을 요구하고, 여직원 중 1명을 강제로 침대에 눕혀 키스하려 하였고, 이후에도 여직원에게 만남을 강요하였으나 여직원이 만남을 거부하자 자신의 관리 하에 있는 남자 직원에게 위 여직원과 통화할 수 있게 해달라거나 사진을 구해달라고 요구하고 이를 거부한 남자 직원에게 전화를 걸어 위협적인 언사를 한 경우[332]

② 항공사 팀의 부사무장이 회식 중 여승무원의 맨발을 손으로 만지고, 노래방에서 여승무원들의 치마를 들추고 들춰진 치마 속을 들여다보는 시늉을 하였으며 자신이 노래를 부를 때에는 여승무원들 쪽을 향하여 성행위를 연상시키는 춤 동작을 보여주었고, 평소 비행 시 항공기 내에서 여승무원들의 머리를 만지거나 다리에 손을 올려놓는 등 불필요한 스킨십을 한 경우[333]

330) 대법원 2007. 6. 14. 선고 2005두6461 판결, 대법원 2008. 7. 10. 선고 2007두22498 판결(이에 대한 평석으로는 정준영, 753면 이하).
331) 대법원 2008. 7. 10. 선고 2007두22498 판결.
332) 대법원 2006. 6. 29. 선고 2006두6369 판결.
333) 대법원 2006. 11. 23. 선고 2006다67459 판결.

③ 자신이 책임자로 있던 부서의 저녁회식 중 여직원들의 의사에 반하여 러브샷을 하면서 몸을 밀착시키고 목에 키스를 하려 한 행위로 회사로부터 경고조치를 받은 전력이 있음에도, 이후 외국에서 개최된 모회사 업무회의에서 운영보고를 하면서 성적 의미가 내포된 부적절한 말을 하고 회의 후 회식자리에서 여자동료들에게 노골적인 성적 언행을 계속하고 한국식 러브샷을 한 경우[334)]

④ 카드회사 지점장이 8명의 여직원을 상대로 14회에 걸쳐 반복적으로 성희롱 행위를 한 경우(성희롱 행위가 왜곡된 사회적 인습이나 직장문화 등에 의하여 형성된 평소의 생활태도에서 비롯된 것으로서 특별한 문제의식 없이 이루어진 것이라 하여 이를 가볍게 평가할 수는 없다)[335)]

### 라. 자료의 무단 도용

다른 직원들의 메일계정에 불법으로 접속하여 그 곳에 저장되어 있던 회사의 주요정보가 담긴 문서파일 968건을 무단으로 열람하고 다운로드한 행위는 회사 징계규정 비위사실 중 '업무상 지득한 기밀사항이나 불이익이 되는 사항을 타에 누설하거나 회사의 문서, 도면, 장부 등을 외부에 열람 또는 제공한 때와 하려고 한 때'에 해당되어 징계해고사유가 된다.[336)]

## 14. 당연퇴직과 징계해고

단체협약이나 취업규칙에, 징계해고와는 별도로 일정한 사유가 발생한 경우에 통상의 해고 절차와 달리 근로자의 신분을 자동적으로 상실케 하는 규정을 두는 경우가 많다. 이를 이른바 당연퇴직 규정이라 한다. 근로자의 사망, 정년, 근로계약 기간 만료 등 근로관계의 자동 소멸 사유를 당연퇴직사유로 규정하는 것이 보통이다.

그런데 실질적으로는 징계사유에 해당하는 것을 당연퇴직사유로 규정하는 경우, 이에 따른 당연퇴직 조치의 효력을 어떻게 보아야 하는지 문제된다.[337)] 그것이 근로자의 사망, 정년, 근로계약 기간 만료 등 근로관계의 자동 소멸 사유에 해당하지 않고, 실질적으로 사용자가 일방적으로 근로관계를 종료시키는 것이라면 실질적으로 이것 또한 해고로서 법에 의한 제한을 받는다. 따라서 그

334) 대법원 2008. 3. 13. 선고 2007두24487 판결.
335) 대법원 2008. 7. 10. 선고 2007두22498 판결.
336) 대법원 2016. 9. 15. 2015다24409 판결.
337) 민변노동법 I, 408면.

당연퇴직 조치가 유효하기 위하여는 법 23조가 정한 정당한 이유가 있어야 하고, 그 사유 발생만으로 근로관계가 종료되는 것이 아니며 사용자의 의사표시가 있어야 근로관계가 종료된다.[338)]

다만, 이 경우도 그에 따른 당연퇴직 처분에 대하여 징계해고에서 정한 것과 같은 절차 규정이 없다 해도, 이를 두고 법상 해고 제한 규정을 회피하는 것이라고 볼 수는 없다. 따라서 그 당연퇴직사유가 동일하게 징계사유로도 규정되어 있지 않는 한 당연퇴직 처분을 하면서 징계절차를 거칠 필요는 없다.[339)]

'파산자로서 복권되지 아니한 자'를 당연퇴직사유로 하는 규정에 따라 파산자를 당연퇴직 조치한 것은 해고에 해당하고, 그 해고는 정당성이 없다고 한 하급심 판결이 있다.[340)]

## 15. 권고사직과 징계해고

근로자에 대한 징계 수단으로서 가장 무거운 것이 징계해고인데, 징계해고의 경우에는 직장질서 위반 행위가 문제되어 해고되었음이 드러나고 이로써 다른 사업장에 취직하는 것에 장애가 되는 등 사실상의 불이익을 입을 수 있으며, 경우에 따라서는 누진 퇴직금의 감액을 수반하기도 한다. 그리하여 이러한 징계해고의 가혹성을 완화하기 위하여 '권고사직'을 행하는 경우가 있다. 즉 징계해고를 할 만한 사유가 있는 근로자에게 사직의 의사표시를 권고하여 이에 응하면 즉시 퇴직시키고, 일정 기간 안에 사직의 의사표시를 하지 않으면 그 근로자를 징계해고를 하는 것을 이른바 권고사직이라 한다.[341)]

판례는, 만일 징계의 종류로 징계해고와 권고사직 등이 있고, 권고사직 조

338) 대법원 1993. 10. 26. 선고 92다54210 판결(이에 대한 평석으로는 도재형, 118면 이하), 대법원 1995. 3. 24. 선고 94다42082 판결, 대법원 1995. 7. 14. 선고 95다1767 판결, 대법원 1997. 2. 14. 선고 96다43904 판결.

339) 대법원 1995. 3. 24. 선고 94다42082 판결, 대법원 1998. 4. 24. 선고 97다58750 판결. 대법원 2023. 12. 7. 선고 2023도2318 판결에서는 당연퇴직 사유가 동일하게 징계사유로도 규정되어 있는 경우에는 당연퇴직 처분을 하면서 일반의 징계절차를 거쳐야 한다고 하였다.

340) 서울중앙지법 2006. 7. 14. 선고 2006가합17954 판결(확정). 파산 선고에 따른 구 파산법(2005. 3. 31. 법률 7428호로 폐지되기 전의 것)상 행동의 제약이 근로자의 업무 수행에 특별한 지장을 가져온다고 보기 어렵고, "누구든지 회생절차·파산절차 또는 개인회생절차 중에 있다는 이유로 정당한 사유 없이 취업의 제한 또는 해고 등 불이익한 처우를 받지 아니한다"는 채무자회생법 32조의2의 규정 내용 등에 비추어, 사회통념상 고용관계를 계속할 수 없을 정도로 근로자에게 책임 있는 사유가 발생한 경우에 해당한다고 보기 어렵다는 점을 근거로 하였다.

341) 임종률, 537면.

치를 받은 근로자가 1개월 안에 사직하지 않으면 징계해고 조치한다고 규정되어 있는 경우, 권고사직 조치와 이에 응하지 않아 효력을 발생한 징계해고는 권고사직 조치일부터 1개월 이내에 사직원을 제출하여 퇴직 조치되지 아니함을 조건으로 하여 효력을 발생하는 것이거나, 양자가 서로 불가분의 관계에 있는 것으로서 1개의 징계조치로 볼 것이지, 권고사직 조치가 징계해고를 하기 위한 전 단계의 독립된 단순한 절차라고 볼 것은 아니라고 한다. 그리하여 권고사직과 이에 따른 해고의 무효 확인을 구하는 것은 1개 징계 조치의 무효를 구하는 것으로서 그 청구의 당부를 판단하여야지 권고사직 조치 부분의 효력을 징계해고와 따로 떼어서 볼 것은 아니라고 한다.[342)]

## Ⅳ. 노사 면책 합의와 징계해고

### 1. 면책 합의의 의의

취업규칙이나 단체협약상 징계해고사유에 해당하는 근로자의 행위에 대해 노사간 합의로 그 책임을 면제하기로 하였다면, 그 근로자를 징계해고하는 것은 면책 합의에 반하는 것으로서 정당성이 없다.

노사가 합의를 하면서 노동조합측은 '징계를 하지 않는다'고 합의하려 하였으나, 회사측에서는 재판 결과를 보고 징계 여부를 결정하여야 하므로 위와 같은 문구 대신 '최대한 선처하겠다'라고 수정 제안하여, 결국 회사측 안대로 합의한 경우는 앞서 말하는 징계 면책 합의가 아니다.[343)]

이러한 면책 합의는 회사의 근로자들에 대한 민·형사상의 책임 추궁이나 고용계약상 불이익 처분을 하지 않겠다는 취지이지 회사에 권한이 없는 법률상 책임의 면제를 약속한 취지는 아니어서 선량한 풍속 기타 사회질서 위반이 아니다.[344)]

### 2. 면책 합의의 효력 범위

쟁의행위에 가담한 근로자들에 대하여 민·형사상 일체의 책임을 묻지 않

342) 대법원 1991. 11. 26. 선고 91다22070 판결.
343) 대법원 1993. 5. 11. 선고 93다1503 판결, 노동조합 전임자인 노동조합 조합장의 면책 요건과 관련해서는 대법원 1993. 5. 11. 선고 93다5147 판결.
344) 대법원 1992. 7. 28. 선고 92다14786 판결.

기로 하는 면책 합의는 다른 특별한 사정이 없는 한 쟁의기간 중 일어난 일체의 행위에 대해, 민·형사상 책임뿐만 아니라 사용자의 징계권 행사에 따른 책임까지도 포괄하여 면책시킨다는 취지이다.

예를 들어, 노동쟁의의 원인이 된 근로조건에 관하여 타협이 이루어져 농성을 종식하기로 합의하면서 농성기간 중의 행위에 대하여 민·형사상의 책임이나 신분상 불이익 처분 등 일체의 책임을 묻지 않기로 합의한 경우, 그 취지는 위 농성 중의 행위와 일체성을 가지는 행위 또는 위 농성 중의 행위와 필연적으로 연속되는 행위로서 불가분적 관계에 있는 행위에 대해서도 면책시키기로 한 것이라고 보아야 한다. 따라서 면책 합의 이전의 농성 행위 등으로 인하여 면책 합의 이후에 유죄 판결을 받아 처벌을 받고 그로 인하여 결근한 행위는, 그것이 설사 인사 규정 등의 징계해고사유에 해당하더라도 따로 징계해고사유가 되지 못한다.[345]

하지만, 이러한 면책 합의는 비위행위를 징계사유로 삼지 않기로 하는 것이지, 다른 비위행위를 징계사유로 하여 근로자를 징계할 때 징계 양정의 판단 자료로 삼는 것까지 금하는 것은 아니다.[346]

## V. 1차 징계해고 후 2차 징계해고

### 1. 2차 징계해고의 가부

근로자에 대한 징계처분은 근로자의 기업 질서 위반 행위에 대한 제재로서 행해지는 벌이고, 자체 재심 절차에서 취소될 수도 있다. 그러므로 사용자가 스스로 징계 절차의 하자를 인정하거나 징계사유의 인정·징계 양정 등에 잘못이 있음을 인정하여 노동위원회의 구제명령이나 법원의 무효 확인 판결을 기다릴 것 없이 스스로 징계처분을 취소할 수 있고, 새로이 적법한 징계처분을 하는 것도 가능하다.[347]

징계해고 처분이 취소되면 해고 무효 확인 판결이 확정된 것과 마찬가지로

---

345) 대법원 1991. 1. 11. 선고 90다카21176 판결, 대법원 1991. 8. 13. 선고 91다1233 판결, 대법원 1992. 7. 28. 선고 92다14786 판결.

346) 대법원 1994. 9. 30. 선고 94다4042 판결.

347) 대법원 1994. 9. 30. 선고 93다26496 판결(이에 대한 평석으로는 김건일, 414면 이하), 대법원 1994. 12. 27. 선고 94누11132 판결; 하갑래, 919~920면; 하경효b, 41면.

소급하여 해고가 없던 것으로 보게 되므로, 그 후 새로이 같은 사유 또는 새로운 사유를 추가하여 다시 징계처분을 한다고 하여 일사부재리의 원칙이나 신의칙에 위배된다고 볼 수 없다. 징계 무효 확인 판결이 선고된 뒤에 징계처분을 취소한다고 하여도 법원의 판결을 잠탈하는 것도 아니다.

### 2. 1차 징계처분을 취소하지 않은 채 행해진 새로운 징계처분

1차 징계해고 처분의 효력이 다투어지는 상태에서 그 징계처분을 취소하지 않은 채 징계절차를 보완하고 징계사유를 추가하여 2차 징계해고 처분을 하는 것도 가능하다.[348]

그리하여 판례는, 지방노동위원회의 구제명령에 따라 근로자를 복직시킨 후 중앙노동위원회에 재심신청을 하고, 절차를 보완하고 징계사유를 추가하여 다시 근로자를 해고한 것에 대하여, 이는 1차 해고를 취소함이 없이 예비적으로 1차 해고가 무효로 확인될 것에 대비하여 2차 해고를 한 것으로서 무효가 아니며, 2차 해고가 1차 해고의 효력이 다투어지는 도중에 이루어졌다 하여 일사부재리의 원칙, 신의칙, 금반언의 원칙에 어긋나는 것도 아니라고 한다.[349]

또한, 판례는 사용자가 1차 해고의 효력을 다투는 소송계속 중에 항소를 취하하고 근로자를 복직시킨 후 그 소송 중 주장하지 않았던 다른 사실을 들어 근로자를 다시 해고한 경우, 그 취하했던 소송에서 새로운 해고사유에 관한 사실 관계를 주장하지 않았다 하여 근로자에게 장차 이를 문제 삼지 않겠다는 신뢰를 부여하였다고 볼 수 없고, 사용자가 그 다른 해고사유 사실을 알게 된 것은 1차 해고사유 발생 이후이어서 다른 해고사유 사실을 알고도 근로관계를 용인하였다고 볼 아무런 근거가 없다는 점을 들어 2차 해고[350]를 신의칙에 반한 징계권 남용이라 볼 수 없다고 하였다.[351]

### 3. 1차 징계해고 처분에 대한 해고 무효 확인 판결 후 행해진 2차 징계해고 처분

1차 징계해고 처분이 무효라는 판결이 확정되더라도 그 후 새로이 징계절

348) 대법원 1996. 4. 23. 선고 95다53102 판결.
349) 대법원 1996. 4. 23. 선고 95다53102 판결.
350) 판례의 사안에서는 그 다른 해고사유를 안 때부터 5년 이상 지난 후 2차 해고가 이루어졌다.
351) 대법원 1997. 5. 28. 선고 95다45903 판결, 대법원 1998. 3. 24. 선고 97누13450 판결.

차를 밟고 해고가 아닌 다른 처분을 행하는 2차 징계처분을 하는 것은 가능하다.[352] 특히 그 무효 판결의 취지가 절차 위반이라거나 징계권 일탈·남용이라면 2차 징계처분은 성질상 가능하고, 다른 취지라도 다른 사유를 추가하여 2차 징계처분을 하는 것도 경우에 따라 가능하다.

그러므로 1차 징계해고 처분이 절차상 위법하다는 이유로 해고 무효 확인 판결이 확정된 후, 사용자가 절차를 다시 밟아 1차 징계해고 처분 때와 같은 사유로 근로자를 징계해고한 경우, 그 해고는 일사부재리의 원칙이나 신의칙에 위배되어 무효이거나 법원의 판결을 잠탈하는 것이 아니다.[353]

다시 말해, 해고 무효 확인 판결의 기판력은 판결 주문에 포함된 1차 징계해고 처분의 무효 여부에 대한 법률적 판단의 내용에 미치는 것이어서 2차 징계해고 처분에서 1차 해고 처분과 동일한 사유를 해고사유로 삼았다고 하더라도 위 확정 판결의 기판력에 저촉된다고 할 수 없다.

나아가 판례는, 위와 같이 1차 징계해고 처분의 효력을 다투는 소송 도중에 징계 시효가 경과했더라도 2차 징계해고 처분이 가능하다고 하고,[354] 정해진 시효 기간 안에 징계해직 처분을 하였다가 소송에서 재량권 한계를 일탈하였다는 이유로 그 처분이 무효라는 판결이 확정되자 다시 재심청구를 하여 정직 처분을 하였다면, 이는 새로운 징계 의결의 요구가 아니라 이미 적법하게 요구된 징계 의결의 내용을 수정하는 것에 불과하므로 시효 기간이 경과된 후에 정직 처분이 이루어졌더라도 잘못이 아니라고 한다.[355]

## VI. 해고 취소·무효 확인과 해고 기간 중 행위

### 1. 문제의 소재

징계해고 처분이 취소되거나 이에 대한 무효 확인 판결이 확정되면 해고 처분은 처음부터 없던 것으로 보게 되고(소급하여 무효), 따라서 처음부터 그러한 처분이 없었던 것과 같은 상태로 된다.[356]

352) 대법원 1995. 12. 5. 선고 95다36138 판결, 대법원 1998. 6. 12. 선고 97누16084 판결.
353) 대법원 1995. 12. 5. 선고 95다36138 판결.
354) 대법원 1998. 6. 12. 선고 97누16084 판결.
355) 대법원 1981. 5. 26. 선고 80다2945 판결.
356) 대법원 1992. 3. 31. 선고 90다8763 판결, 대법원 1992. 12. 8. 선고 92다39860 판결, 대법원 1993. 5. 11. 선고 91누11698 판결, 대법원 1993. 9. 24. 선고 93다21736 판결.

이 경우 근로자가 해고된 후 해고가 취소될 때까지 그 근로자가 한 행위가 단체협약이나 취업규칙에 위배된다는 이유로 이를 징계사유로 삼을 수 있는지가 문제된다.[357)]

## 2. 판례와 가능한 견해

판례는 해고의 효력을 다투고 있는 근로자가 불법 쟁의에 가담하였다면 해고 무효로 근로자의 신분을 회복한 후에도 그 불법 쟁의 참여 행위를 징계사유로 삼을 수 있다고 한다.[358)]

이 문제에 대하여는 다음과 같은 견해가 가능하다.

첫째 견해는, 징계해고가 취소되거나 무효 확인 판결이 확정되면 해고는 소급해서 무효로 되고, 그동안에도 근로계약 관계는 유효하게 계속되고 있었으므로, 해고된 기간 동안의 행위도 제한 없이 징계사유로 삼을 수 있다는 견해이다.

둘째 견해는, "해고의 취소로 근로자는 소급하여 근로자의 신분을 회복하나, 사용자는 근로자를 해고함으로써 스스로 근로 제공의 수령을 거절하였으므로, 근로 제공과 관련되는 규정을 준수할 것을 요구하는 것은 금반언에 위배된다. 따라서 근로 제공과 관련 있는 무단결근이나 업무 태만 등의 사유는 징계사유가 될 수 없다. 하지만, 그 외 규정은 이를 위반하였을 때 징계사유가 될 수 있다. 해고된 근로자 또한 계속 근로관계가 있음을 주장하였으므로, 이를 징계사유로 삼는 것은 신의칙 위반이 아니다"라는 견해이다.

셋째 견해는, "해고의 취소 또는 해고의 무효 확인 판결은 단지 근로자로서의 지위를 해고 당시로 소급해서 회복시키거나 해고 무효를 확인하는 데 그치고, 근로자로서의 지위를 잃고 있었던 취소 또는 판결 확정 전의 시기에 한 행동을 근로자의 행동으로 간주하는 결과를 초래하는 것은 아니다. 해고 후 취소 전까지의 행동 또는 복직 전 행동을 이유로 다시 근로자를 해고하는 것은 위법하다"는 견해이다.

사용자가 근로자를 스스로 해고하고서는 그 근로자에게 계속 회사의 복무규율을 준수하라고 요구하는 것은 법령 등에 근거가 없고 금반언 원칙에도 반한다고 보는 것이 옳다.

---

357) 김건일, 421~423면.

358) 대법원 1994. 9. 30. 선고 93다26496 판결.

해고 처분의 취소나 무효 확인 판결의 효력은 소급효가 있어 처음부터 해고되지 아니한 것으로 보게 되나, 이는 어디까지나 임금의 지급, 퇴직금 산정 시의 근로관계의 계속 등을 위해 법적으로 그렇게 간주한다는 것이지, 해고로 말미암아 근로관계에서 배제된 사실상의 상태까지 없던 것으로 볼 수는 없다. 해고 후 취소 또는 복직 전의 행위는 당해 근로관계를 전제로 한 행위로 볼 수 없으며, 이를 징계사유로 삼는 것 또한 원칙적으로 허용되지 않는다.

다만, 해고된 근로자 스스로 해고가 무효라고 하면서 자신이 여전히 근로자의 지위에 있다고 주장하고 소송, 구제신청 등을 통해 해고의 효력을 다투면서도, 근로 제공과 관계없는 사항에 관하여 근로자로서 할 수 없는 행동을 하는 경우, 이는 자신의 주장과 상반되어 금반언 원칙에 위배되는 면이 있고, 나중에 근로자의 지위가 회복된 후에도 근로관계를 계속하기 어려운 상태에 있을 수 있는 경우가 있다. 이 때는 징계사유로 삼을 수도 있다.[359)]

## Ⅶ. 이중 징계, 일사부재리 금지

정당한 징계사유가 있더라도 동일한 사유에 대하여 이중으로 징계할 수는 없다.[360)]

그러나 종전의 징계가 절차상의 흠 또는 징계 수단의 상당성 결여로 노동위원회의 구제 절차나 소송 절차에서 부당한 것으로 밝혀지자 사용자가 동일한 사유에 대하여 다시 절차를 밟거나 징계의 수준을 낮추어 다시 징계하거나, 사용자 스스로 종전의 징계를 취소하고 새로이 징계하는 것은 가능하다.[361)]

한번 징계를 받은 비위행위에 관하여 종전에 징계를 받았던 점을 징계 회부 여부나 징계 수단의 결정에 참고하는 것 또한 이중 징계가 아니다.[362)] 이중 징계에 해당하려면 선행 처분과 후행 처분이 모두 징계처분이어야 하고, 선행 징계처분이 취소됨이 없이 유효하게 확정되어야 하며, 선행 처분과 후행 징계처분의 징계혐의 사실이 동일해야 한다.[363)]

359) 김건일, 421~422면.
360) 박홍규, 303면; 임종률, 535면; 하갑래, 919면.
361) 이 글의 V. 부분 참조.
362) 임종률, 535면.
363) 하갑래, 919면.

## Ⅷ. 징계해고의 전환

### 1. 통상해고 전환

사용자가 징계해고를 하여 그 효력이 법원에서 다투어지는 과정에서 사용자가 예비적 주장으로 그 해고는 징계해고로는 무효이나 통상해고로는 유효하다는 주장을 할 수 있는가.

먼저 해고 자체가 허용되지 않는 경우, 예컨대 적법한 쟁의행위를 징계해고사유로 하는 해고는 징계해고이든 통상해고이든 모두 정당한 이유가 없어서 무효이다.

징계해고의 의사표시가 무효인 경우(예를 들어, 징계해고사유로 규정되어 있지 않음에도 징계해고를 한 경우), 통상해고로는 유효하다는 주장에 대하여, 징계해고는 통상해고와 구별되는 독자적인 제재벌로서 취업규칙에 제도화되고, 실제로도 퇴직금 수급 자격 상실이나 경력상 하자와 같이 사실상 불이익을 수반하는 경우가 있어 통상해고와 그 내용·효과·절차 등에서 성질을 달리하므로, 징계해고의 효력은 독자적으로 판단해야 하고 징계처분으로 한 해고를 통상해고라고 주장하는 것은 허용되지 않는다.[364)]

### 2. 그 외 다른 처분 전환

징계해고가 무효이지만 다른 처분의 요건을 갖춘 경우 다른 처분으로서 효력을 발휘할 수 있는가.

판례는 부정한다. 즉, 징계 해임이 무효라도, 그 징계 해임 이후 유죄 확정 판결을 받아 인사 규정상 직권 해임으로 유효하고, 그렇지 않다 해도 그것이 적어도 인사 규정상 휴직 처분으로서 효력이 있는 경우, 직권 휴직과 징계 해임은 각각 그 사유와 절차를 달리하므로 어느 한 처분이 정당한 사유나 절차의 흠결로 무효라면, 다른 처분으로서 정당한 사유나 절차를 갖추었다고 해도 그 다른

364) 방준식, 196면 이하(이론적으로는 민법 138조 무효행위의 전환규정의 적용으로 징계해고의 의사표시를 통상해고의 의사표시로 전환을 인정할 여지도 있으나, 이 경우 해고의 의사표시 해석에 관한 근로자의 선택권을 침해한다고 한다). 그러나 하경효e, 32면 이하에서는 징계해고를 해고의 정당사유 중에서 직장질서위반이 관련된 것으로 이해한다면 통상해고로 주장하는 것을 인정하는 것이 논리적으로 타당하다고 한다.

처분으로서 효력을 발휘할 수 없다.[365)]

[구 민 경·이 효 은]

## 제23조 제 2 항 해설

〈세 목 차〉



### Ⅰ. 취 지

사용자는 근로자가 업무상 부상 또는 질병의 요양을 위하여 휴업한 기간과 그 후 30일간에는 근로자를 해고할 수 없다. 또한, 산전·산후(産前·産後)의 여성 근로자가 법 규정에 의하여 휴업한 기간과 그 후 30일간은 해고할 수 없다 (법 23조 2항 본문). 이와 같이 해고시기에 관하여 제한을 둔 것은 해고의 정당한 이유가 있는 경우라도 업무상의 재해나 임신·출산으로 노동력을 사실상 상실하고 있는 기간과 노동력을 회복하기에 상당한 기간으로서 휴업 후 내지 산후 30일 동안은 근로자를 실직의 위협에서 절대적으로 보호하기 위함이다.[1)]

365) 대법원 1993. 5. 25. 선고 91다41750 판결.

※ 제23조 제 2 항 해설에 관한 각주의 참고문헌은 '제23조 전론(前論) 2: 해고 등의 절차적 제한 등'의 참고문헌을 가리킨다.

1) 대법원 1991. 8. 27. 선고 91누3321 판결, 대법원 2021. 4. 29. 선고 2018두43958 판결. 다만, 제도의 취지와 관련하여 학자들은 약간씩 견해 차이를 보인다. 즉, 해고를 금지함으로써 편

## Ⅱ. 적용 범위

일본에서는 업무상 부상 또는 질병의 요양을 위하여 휴업한 기간에 대한 해고 제한 규정(노동기준법 19조 1항)이 업무상 상병의 요양을 위해 한 상병휴직기간의 만료에 의한 해고의 경우에도 적용된다고 보고 있고, 그뿐 아니라 최근 하급심판결들에서는 그와 같은 상병휴직 기간 만료에 의한 퇴직 처리에도 동 규정이 적용 또는 유추적용된다고 하고 있다.[2] 우리 판례 중에도, 휴직기간 만료 후 7일 이내에 복직신청을 하지 않은 경우를 퇴직사유로 정하고 있는 취업규칙에 따라 퇴직처리가 이루어진 사안에서, 이러한 퇴직처분은 해고에 해당하고, 당시 업무상 부상으로 인한 상병의 요양을 위하여 휴업할 필요가 있었던 것으로 보이므로, 법 23조 2항에서 정한 해고금지기간 중의 해고에 해당한다고 판단한 사례가 있다.[3]

업무상 재해로 인한 요양 때문에 계약기간의 정함이 있는 근로계약의 잔여기간의 진행이 중단되는 것도 아니고, 요양을 위한 휴업기간 중의 해고금지를 규정한 본 조항에 의하여 근로계약이 그 기간의 만료로써 종료될 수 없는 것도 아니다.[4]

하급심 판결 중에는 경영상 이유에 의한 해고대상자 선정의 합리성 및 공정성 여부와 관련하여, 해고 금지 기간 중인 자를 해고대상자에서 제외한 조치의 정당성을 인정할 수 있다는 판결[5]과 경영상 이유에 의한 해고와 관련하여

안하고 안정된 상태에서 심신을 회복하도록 보장하기 위한 것이라는 견해(이상윤, 490면), 근로자가 업무상의 부상, 질병의 경우의 요양 및 산전·산후의 휴업을 안심하고 사용할 수 있도록 하기 위해 노동기준법이 제정 당초부터 설계한 해고 제한 규정이라는 견해(菅野, 730~731면), 그 기간에 해고되면 근로자가 다음의 직장을 찾는 것이 정상적인 건강 상태에 있는 경우에 비하여 현저히 곤란하기 때문이라는 견해(박홍규, 322면), 노동능력을 상실하거나 노동 능력의 회복에 필요한 기간 동안 해고를 금지함으로써 근로자의 생계를 유지하도록 하는 한편, 법에 업무상 재해에 대한 보호(78조 이하), 임산부에 대한 보호(74조)를 명문화하고 있음에도 사용자가 해고할 수 있다면 그 보호의 의의가 상실되어 버리기 때문이라는 견해(김유성, 305면) 등이 있다.

2) 菅野, 731~732면.

3) 대법원 2015. 12. 10.자 2015두3478 판결의 원심판결(서울고법 2015. 8. 20. 선고 2014누3657 판결).

4) 대법원 1992. 9. 1. 선고 92다26260 판결.

5) 서울고법 2014. 2. 7. 선고 2012나14427 판결(단체협약에 조합원이 업무상 질병 또는 부상으로 요양 중에 있거나 완치 후 70일간 해고하지 아니한다는 규정을 두고 있던 사업장에서 경영상 이유에 의한 해고 시점에 산재요양 대상자이거나 완치 후 70일이 경과되지 않은 자들을 해고대상자에서 제외한 것은 정당하다고 본 사안이다).

근로자가 요양 중이라는 사정은 해고시기를 제한하는 사유는 될 수 있으나 해고대상자 선정을 제한하는 사유로 볼 수 없다는 판결[6]이 있다.

시용 근로관계에 있는 근로자에 대해서도 본 조항이 적용된다. 따라서 시용 근로관계에 있는 근로자가 업무상 부상 등으로 요양이 필요한 휴업 기간 중에는 사용자가 시용 근로자를 해고하거나 본계약 체결을 거부하지 못한다.[7]

## Ⅲ. 해고 금지 기간

### 1. 업무상 부상 또는 질병의 요양을 위하여 휴업한 기간

업무상 부상 또는 질병의 요양을 위하여 휴업한 기간이란 업무상 부상 또는 질병의 요양을 위하여 실질적으로 근로제공을 하지 못한 기간을 말한다.

#### 가. 개 설

'업무상 부상 또는 질병'으로 인한 경우이어야 하므로, 업무 이외의 부상이나 질병으로 인한 휴업기간은 이에 해당하지 않는다.

그리고 '요양을 위하여' 휴업한 기간인 경우이어야 하므로, 업무상 재해로 인하여 요양이 필요해도 다른 목적·이유로 휴업한 때에는 해고가 금지되지 않는다. '요양'은 업무상 부상 또는 질병의 치유에 필요한 치료 또는 휴식을 의미하는 개념으로, 업무상 부상 또는 질병에 대한 치료가 종결되어 증상이 고정된 이후에는 해고 제한 기간에 포함될 수 없다.[8]

'휴업한 기간' 중이어야 한다. 대법원은, "근로자가 업무상 부상 등을 입고 치료 중이라 하더라도 휴업하지 아니하고 정상적으로 출근하고 있는 경우 또는 업무상 부상 등으로 휴업하고 있는 경우라도 요양을 위하여 휴업할 필요가 있다고 인정되지 아니하는 경우에는 해고가 제한되는 휴업한 기간에 해당하지 아

---

6) 서울고법 2013. 8. 30. 선고 2012나92373 판결(미상고 확정. 이러한 규정이 업무상 부상으로 인한 요양 전에 발생한 해고사유에 의하여 요양기간 종료 후에도 해고할 수 없다거나, 경영상 이유에 의한 해고 절차에서 요양 중인 근로자만을 다른 근로자들과의 관계에서 특별히 보호하기 위한 제도가 아니며, 요양 중이라는 사유가 대규모 실직을 유발하여 해고대상자 선정에 형평의 관점이 특히 강조되는 경영상 이유에 의한 해고에 있어서 이를 제한하는 사정이 될 수 없다고 판단하였다. 요양 중인 근로자를 해고대상자로 선정한 후 해고일자를 '요양기간 종료 후 30일이 경과한 날'로 통지한 사안이다).

7) 대법원 2021. 4. 29. 선고 2018두43958 판결.

8) 菅野, 731면[하급심판결로는, 大阪高裁 2012. 12. 13. 判決(勞働判例 1072호, 55면) 등].

니한다. 여기서 '정상적으로 출근하고 있는 경우'란 단순히 출근하여 근무하고 있다는 것으로는 부족하고 정상적인 노동력으로 근로를 제공하는 경우를 말하는 것이므로, 객관적으로 요양을 위한 휴업이 필요함에도 사용자의 요구 등 다른 사정으로 출근하여 근무하고 있는 것과 같은 경우는 이에 해당하지 아니한다. '요양을 위하여 휴업이 필요한지'는 업무상 부상 등의 정도, 부상 등의 치료과정 및 치료방법, 업무의 내용과 강도, 근로자의 용태 등 객관적인 사정을 종합하여 판단하여야 한다. 따라서 해고를 전후하여 근로자에 대하여 산재법에 의한 요양승인이 내려지고 휴업급여가 지급된 사정은 해고가 본 조항에서 정한 휴업기간 중의 해고에 해당하는지를 판단하는 데에 참작할 사유가 될 수는 있지만, 법원은 이에 기속됨이 없이 앞서 든 객관적 사정을 기초로 실질적으로 판단하여 해고 당시 요양을 위하여 휴업을 할 필요가 있는지를 결정하여야 한다." 라는 태도를 취하고 있다.[9] 이러한 판례의 태도는, 휴업기간에 해당하는지 여부는 휴업의 필요성이 있는지 여부, 정상적으로 근로를 제공할 수 있는지 여부를 기준으로 판단하여야 하며,[10] 그 판단과 관련하여 근로복지공단의 요양 승인과 휴업급여 지급은 사실상 유력한 자료가 될 것이나, 이에 기속될 것은 아니고 법원이 여러 사정을 고려해 실질적으로 판단하여야 한다는 입장으로 이해할 수 있어 보인다.

병원에 입원하여 치료를 받는 기간은 물론, 집에서 통원 치료를 받으면서 취업하지 못한 기간도 요양을 위한 휴업기간에 해당한다.

### 나. 일부 휴업

틈틈이 출근, 취업하면서 통원 치료 등 요양을 위한 휴업을 계속하는 기간, 즉 부분휴업기간에도 해고가 금지되는지 여부가 문제된다. 이러한 논의는 근로

---

9) 대법원 2011. 11. 10. 선고 2009다63205 판결(근로자인 원고가 근로복지공단을 상대로 요양연기불승인처분 취소의 소를 제기하여 소송 진행 중 피고 회사가 원고를 징계해고하였으나, 징계해고일로부터 약 11개월 후 요양연기불승인처분을 취소하는 판결이 확정되었고, 이에 근로복지공단이 해고 시점을 전후한 기간 동안 요양을 승인하고 휴업급여까지 지급하자 원고가 해고무효확인의 소를 제기한 사안이다. 대법원은, 위 법리를 전제로 여러 사정에 비추어 보면, 원심이 해고 당시 원고의 상태가 휴업을 할 객관적 필요성이 있는 정도가 아니었다고 판단한 것이 정당하다고 판단하여 원고의 상고를 기각하였다), 대법원 1991. 8. 27. 선고 91누3321 판결(트럭운전사가 업무상 부상 등으로 치료기간 중 회사에 나와 파업농성을 주도했다는 것만으로는 업무성격으로 보아 부상의 요양을 위하여 휴업을 할 필요가 없는 경우라고 단정할 수는 없다고 판시하였다).

10) 이미선, 621면.

자가 업무상 재해로 종전 업무에 완전히 복귀하는 것이 곤란한 상태에 있는 것을 전제하므로, 노동력의 상실 없이 정상적으로 출근하면서 단지 통원치료를 받는 정도에 불과한 경우는 일부 휴업이라고 볼 수 없다.[11][12] 하급심 판결 중에도 근로자가 회사에 정상적으로 출근하면서 통원치료를 받은 경우, 정상적으로 출근할 수 있게 된 시점부터는 요양을 위해 휴업할 필요가 있다고 인정되는 기간이 아니라고 보아, 일부 휴업을 이유로 해고 금지 기간에 해당한다는 주장을 배척한 사안이 있다.[13]

업무상의 부상 또는 질병이 있는 근로자가 완치될 때까지 부분적으로 휴업하고 있는 경우에 법 23조 2항의 적용을 배제한다면 이 규정의 기본취지를 살리기 어렵다는 점, 부분적으로 취업 상태에 있더라도 '요양을 위해 휴업'하고 있다는 점, 이 기간에 구직활동은 어느 정도 할 수 있지만 다른 직장에 채용될 가능성은 희박하다는 점, 또 법 23조 2항 단서는 휴업기간이 장기화될 경우를 대비하여 사용자가 일시보상을 하고 근로관계를 소멸시킬 수 있는 가능성을 마련하고 있는 점, 산재법이 부분휴업급여제도를 도입하여 요양과 취업의 병행을 인정하고 있는 점 등을 고려하면, 일부 휴업의 경우에도 해고가 금지된다.[14] 판례도 본 조항에서 말하는 '요양을 위하여 필요한 휴업'에는 정상적인 노동력을 상실하여 출근을 전혀 할 수 없는 경우뿐만 아니라, 노동력을 일부 상실하여 정상적인 노동력으로 근로를 제공하기 곤란한 상태에서 치료 등 요양을 계속하면서 부분적으로 근로를 제공하는 부분휴업도 포함된다고 판시하고 있다.[15] 일본 하급심 판결 중에도 '일부 휴업'이 해고가 제한되는 휴업기간에 해당한다고 본 것이 있다.[16]

---

11) 이미선, 627면.

12) 한편 2007. 2. 14. 전부 개정된 산재법은 부분휴업급여제도를 도입하였는데, 이에 의하면 요양 또는 재요양을 받고 있는 근로자가 그 요양기간 중 일정 기간 또는 단시간 취업을 하는 경우에는 부분휴업급여를 지급하도록 하고 있다(53조).

13) 대법원 2012. 6. 28. 선고 2011다98457 판결의 원심판결(서울고법 2011. 10. 21. 선고 2011나30859 판결).

14) 김형배, 695면; 이미선, 629면; 임종률, 561면. 다만, 김유성, 306면은 통원치료를 하면서 회사에 계속 출근하는 경우는 휴업이라고 할 수 없으므로, 본조의 적용이 없다고 한다. 이동원, 464면은 위 대법원 91누3321 판결이 이러한 견해를 취하고 있다고 설명하나, 이미선, 629면은 그와 같이 해석하기에는 무리가 있다는 입장이다.

15) 대법원 2021. 4. 29. 선고 2018두43958 판결.

16) 大阪地裁 1990. 8. 31. 決定(勞働判例 570호, 52면).

### 2. 산전 · 산후(産前 · 産後)의 여성 근로자가 법에 따라 휴업한 기간

임신 중의 여성 근로자가 법 74조 1항에 의해 부여받은 출산전후휴가 90일(한 번에 둘 이상 자녀를 임신한 경우는 120일)이 여기에 해당함은 분명하다. 2005. 5. 31. 법 개정으로 유산 · 사산한 경우에도 보호휴가를 주어야 한다는 규정이 신설되었는데(현행 법 74조 3항), 입법취지와 문언 내용상 이러한 보호휴가기간도 해고가 금지되는 휴업 기간에 해당한다.[17)]

일부 견해는 여성근로자가 출산 전에 휴업을 청구하지 않고 계속 취업하고 있는 경우에도 마찬가지로 해고가 금지된다고 한다.[18)] 그러나 법 규정에 '휴업한 기간'이라고 규정되어 있고, 기간이 정해진 보호휴가기간 동안 해고를 금지하는 것인 이상, 보호휴가를 청구하고 있지 않은 근로자에 대해 해고가 금지된다고 하기는 어려워 보인다.

### 3. 그 후 30일 간

'그 후 30일 간'의 기산일은 업무상 부상 또는 질병의 요양을 위하여 휴업할 필요가 더 이상 인정되지 않아 다시 출근한 날 또는 출근할 수 있는 상태로 회복된 날, 보호휴가를 마치고 다시 출근한 날이다.

## Ⅳ. 해고 금지 기간에 행한 해고의 효력

### 1. 무 효

해고 금지 기간 중에 행한 해고의 효력은 무효이다.[19)] 대법원은 업무상 재해와 관련하여 같은 내용을 둔 선원법 규정의 해석과 관련하여 해고 금지 기간 중 행한 해고의 효력을 무효라는 법리를 명시적으로 설시한 바 있다.[20)]

---

17) 민변노동법Ⅰ, 414면; 임종률, 561~562면.

18) 김형배, 695~696면.

19) 임종률, 562면; 박홍규 322면; 이상윤, 490면. 한편 대법원은 법 26조의 해고예고의무를 이행하지 않은 해고는 그 유효성을 인정한다.

20) 대법원 2001. 6. 12. 선고 2001다13044 판결(이에 대한 평석으로는 이동원, 460면 이하).

### 2. 해고 금지 기간 경과 후 효력

해고 금지 기간 중에 한 해고가 그 금지 기간이 지나면 유효한 해고로 효력이 생기는지가 문제된다. 한번 무효가 된 해고가 금지 기간이 지났다 하여 유효한 것으로 된다고 할 수 없다. 대법원은 같은 내용의 선원법 해석과 관련해서는 금지 기간 종료 후에도 여전히 해고는 무효라고 한다.[21)]

## V. 해고 금지 기간과 해고예고 제도

### 1. 해고예고 기간 중에 해고 금지의 사유가 생긴 경우

이와 관련하여, 이미 행한 해고예고는 해고 금지 기간 중 중단되는 데에 그치고 해고예고 자체가 무효로 되는 것이 아니므로, 휴업기간이 상당히 장기간으로 되어 해고예고를 한 의미가 상실되었다고 볼 특별한 사정이 있는 경우가 아닌 한 해고 금지 기간이 만료된 후에 중단된 해고예고 기간이 다시 계속된다는 견해와,[22)] 이미 이루어진 해고예고는 효력을 상실하게 되고 사용자는 해고금지기간 경과 후 다시 해고예고를 하여야 한다는 견해[23)]가 대립한다.[24)]

### 2. 해고 금지 기간 중에 해고예고도 금지되는지

이에 관해서는 허용설과 금지설이 대립한다. 허용설[25)]은 법은 해고와 해고예고를 명확히 구분하고 있고, 휴업 기간만이 아니라 '그 후의 30일간'도 해고 금지 기간으로 한 취지는 정상 상태가 회복된 휴업 기간 종료 시점에서 해고예고를 하더라도 그 효과는 예고 기간 후에 발생하도록 하려는 데 있다고 보아 법의 금지 대상은 해당 기간 중에 근로자가 해고되어 직장을 상실하는 것에 한정되고 해고의 예고까지 포함하는 것은 아니라고 한다. 금지설[26)]은 (i) 법 23조

21) 위 대법원 2001다13044 판결.
22) 김유성, 311면.
23) 민변노동법 I , 414면; 이병태, 646면.
24) 한편, 하갑래 1,004면은 해고예고 기간은 진행되나 예고 기간이 지나더라도 해고 금지 기간이 지난 후 해고의 효과가 발생한다고 한다. 해고와 해고예고를 구분하지 않는 입장에서의 논의라고 이해된다.
25) 김유성, 311면; 이상윤, 490면; 임종률, 562면.
26) 김형배, 696면; 민변노동법 I , 415면; 박홍규, 322면; 하갑래, 1,004면; 이동원, 470면도 해고예고를 하는 것이 금지된다는 취지로 이해된다.

2항의 해고에는 해고예고도 포함된다고 해석될 수 있으며, (ii) 위 규정은 현실적으로 실직시키는 것을 금지하는 것뿐만 아니라 실직의 위협을 주는 것을 금지하는 것이라고 보아야 하므로 해고 금지 기간 중에 해고예고의 절차를 밟는 것도 허용되지 않고, (iii) 해고 금지 기간 제도가 휴업을 안심하고 사용할 수 있도록 하기 위한 것이라는 취지에 비추어 해고예고 역시 금지되어야 하며, (iv) '그 후 30일간'의 해고를 금지하는 것은 휴업기간 종료 후에 바로 건강 상태가 정상적으로 되지 않기 때문에 일종의 회복 기간을 둔 것으로 이해될 뿐 이를 허용설과 같이 해고예고와 상응하는 조항이라고 할 수 없고, (v) 해고의 의사표시와 해고예고의 의사표시가 분명히 구분되기도 어려운 점이 있으며, 해고가 금지되는 이상 해고의 사전 단계라 할 수 있는 해고예고도 금지하는 것이 해고 금지 기간 제도의 취지에도 더욱 부합하는 것이라고 한다.

## Ⅵ. 해고 금지 기간의 예외

사용자가 업무상 부상 또는 질병의 요양을 받고 있는 자에게 법 84조[27)]에 따른 일시 재해보상금을 지급한 경우 또는 사용자가 사업을 계속할 수 없게 된 경우에는 예외적으로 근로자를 해고할 수 있다(법 23조 2항 단서).

근로자가 업무상의 부상, 질병에 대하여 일시보상을 받은 경우에는 그 요양의 비용과 요양 기간 중의 생활비를 확보하여 그 기간 중에 해고되더라도 바로 재취업을 위한 구직활동을 하지 않아도 된다는 점과 지나치게 장기간의 휴업이 이루어지면 사업 운영에 장애가 초래되어 사용자의 지나친 부담이 된다는 점을 고려하여 예외를 인정한 것이다.

산재법상 요양급여를 받는 자가 요양개시 후 3년이 경과한 날 이후에 상병보상연금을 받고 있는 경우에는 그 3년이 경과된 날 이후에는 법 84조의 일시보상을 지급한 것이 되므로(산재법 80조 4항), 이 경우에도 해고를 할 수 있다.

한편 '사업을 계속할 수 없게 된 경우'란 해당 근로자가 소속한 사업장 또는 부서의 사업을 상당 기간 중지할 수밖에 없게 된 경우를 말한다. 종래에는 단지 사업을 계속할 수 없게 되었다고 해서 무조건 해고시기의 제한을 받지 않

27) 78조에 따라 보상을 받는 근로자가 요양을 시작한 지 2년이 지나도 부상 또는 질병이 완치되지 아니하는 경우에는 사용자는 그 근로자에게 평균임금 1,340일분의 일시보상을 하여 그 후의 이 법에 따른 모든 보상책임을 면할 수 있다.

는 것이 아니라 사업을 계속할 수 없게 된 사유가 '천재·사변 기타 시행규칙에서 정하는 부득이한 사유'에 해당하고 그 사유에 관하여 '노동부장관의 인정'을 받는 경우에만 예외적으로 해고시기의 제한을 받지 않는 것으로 규정되어 있었다.[28] 그런데 1999. 2. 8. 법 개정으로 '사업을 계속 할 수 없게 된 경우'에는 그 구체적인 사유를 묻지 않고 해고시기 제한을 받지 않게 되었으므로, 천재·사변 기타 부득이한 사유로 인한 것이든 불경기나 관리 소홀로 인한 것이든 불문한다. 다만, 일시적으로 사업이 중지되는 경우까지 예외로 인정하려는 취지는 아니다.[29] 이에 대한 증명책임은 사용자가 부담한다.

하급심 판결 중에는 해고 금지 기간을 설정하면서 단체협약에 법 23조 2항 단서 규정이 별도로 규정되어 있지 않다는 사정만으로 노사가 위 단서 규정의 적용을 배제하기로 합의하였다고 추단할 수는 없다고 판단한 사례가 있다.[30] 구체적 사안에서 단체협약을 어떻게 해석할 것인지에 관한 문제로 이해된다.

## Ⅶ. 벌 칙

사용자가 이와 같이 해고가 금지되는 기간 중에 근로자를 해고하면 5년 이하의 징역 또는 5,000만 원 이하의 벌금에 처한다(법 107조). 판례는 근로자의 업무상 부상으로 인한 휴업기간 중에 해고한 것은 법 위반이며 그 후에 위 근로자가 그 해고를 승인하였다 하여도 위 죄의 성립에 영향이 없다고 한다.[31]

[김 희 수]

28) 일본 노동기준법 19조 1항 단서 후단·2항은 여전히 이런 규정을 유지하고 있다.
29) 김형배, 696면; 민변노동법 I , 414면; 하갑래, 1,004면.
30) 광주고법 2018. 10. 24. 선고 2018나22274 판결(상고취하로 확정).
31) 대법원 1984. 4. 10. 선고 84도367 판결.

## 제23조 후론(後論) 1: 사직, 합의해지 등

〈세 목 차〉



[참고문헌]


**권오성a**, “근로계약의 취소와 소급효의 제한 — 대법원 2017. 12. 22. 선고 2013다25194(본소), 2013다25200(반소) 판결을 소재로 —”, 노동법포럼 23호, 노동법이론실무학회(2018); **권오성b**, “해고의 존부 판단의 법적 지위”, 노동법논총 44집, 한국비교노동법학회(2018); **김기우a**, “의사표시에 기한 계약관계의 종료에 관한 고찰”, 비교사법 17권 4호, 한국비교사법학회(2010); **김기우b**, “반복 · 갱신된 기간제 근로자의 사직서 제출시 의사표시규정의 검토 요부(要否)”, 노동법학 64호, 한국노동법학회(2017); **김남태**, “근로관계소송과 입증책임”, 재판자료 40집, 법원도서관(1987); **김동욱**, “최근 노동쟁송 실무상의 쟁점과 흐름”, 노동법학 35호, 한국노동법학회(2010); **김상중**, “의사표시의 효력과 계약관계의 합의해지”, 광운비교법학 5호, 광운대학교 비교법연구소(2004); **김소영**, “비진의 의사표시에 의한 사직", 노동판례백선, 박영사(2015); **김승정**, "명예퇴직금이 재산분할의 대상이 되는지 여부 및 재산분할의 대상이 되는 범위", 대법원판례해설 89호, 법원도서관(2012); **김영천**, "20년 이상 근속한 지방공무원이 명예퇴직수당 지급대상자로 확정되기 전에 그 명예퇴직수당채권에 대하여 압류할 수 있는지 여부", 대법원판례해설 38호, 법원도서관(2002); **김용균**, "근로자의 퇴직 의사표시의 철회의 허용여부", 대법원판례해설 17호, 법원행정처(1992); **김용빈**, "근로자가 징계면직처분을 받은 후 임의로 사직원을 제출하여 종전의 징계면직처분이 취소되고 의원면직처리된 경우, 그 사직의 의사표시를 비진의 의사표시로 볼 수 있는지 여부와 해고무효소송에 있어 신의성실(실효)의 원칙", 대법원판례해설 34호, 법원도서관(2000); **김진**, "상시적 구조조정 수단으로서의 금융기관 '후선 발령'의 정당성", 노동법실무연구 1권, 노동법실무연구회(2011); **김홍준**, "구조조정으로서의 명예퇴직과 고용보장을 위한 시론", 노동법연구 9호, 서울대학교 노동법연구회(2000); **노상헌**, "특별퇴직금의 지급거부에 대한 정당성 판단", 노동법학 60호, 한국노동법학회(2016); **도재형**a, "노동법에서의 권리남용 판례 법리", 노동법연구 29호, 서울대학교 노동법연구회(2010); **도재형**b, "사직 의사표시의 해석과 철회", 노동판례백선, 박영사(2015); **박상훈**, "근로계약의 합의해약", 사법논집 22집, 법원행정처(1991); **박수근**, "사직의 노동법상 쟁점과 분쟁", 판례연구 23집, 서울지방변호사회(2009); **박종희**a, "명예퇴직금 수령을 목적으로 하는 근로관계 합의해지에 관한 의사표시의 해석", 노동법률 112호, 중앙경제(2000. 9.); **박종희**b, "사직서 제출에 있어서 의사표시 해석 및 명예퇴직과 정리해고와의 관계", 고려법학 38호, 고려대학교 법학연구소(2002); **박지순**, "근로관계 종료에 관한 의사표시 해석에 관한 연구", 계간 조정과 심판 52호, 중앙노동위원회(2013); **박홍대**, "사직원의 철회", 판례연구 5집, 부산판례연구회(1995); **방준식**, "기간제 근로계약의 해지에 관한 법적 고찰", 노동법학 32호, 한국노동법학회(2009); **유성재**a, "사직 의사 표시의 철회 가능성", 노동리뷰 42호, 한국노동연구원(2008); **유성재**b, "해고사실의 존재에 대한 증명책임", 노동법연구 38호, 서울대학교 노동법연구회(2015); **이상윤**, "명예퇴직의 수리거부", 1999 노동판례비평, 민주사회를 위한 변호사모임(2000); **이승길**, "근로계약법제하의 근로자의 퇴직자유확보에 대한 소고", 성균관법학 11호, 성균관대학교 비교법연구소(1999); **이윤승**, "사직할 의사 없이 사직서를 제출한 경우의 법률관계", 대법원판례해설 20호, 법원행정처(1994); **이철수**, "사직서 제출과 근로관계의 종료", 「노동판례평석모음집」, 중앙노동위원회(2005); **장원찬**, "사직원의 부대조건과 철회요건", 서울지방변호사회 판례연구 11집, 서울지방변호사회(1998); **전형배**, "근로계약 합의해지 법리의 재고", 노동포스트 39호, 노동포스트(2018); **조성혜**, "판례에 나타난 근로관계의 합의해지", 노동법학 16호, 한국노동법학회(2003); **하경효**a, "근로자의 사직의 의사표시의 해석", 계간 조정과 심판 23호, 중앙노동위원회(2005); **하경효**b, "조건부 사직의사표시의 성질과 효력", 재산법연구 28권 4호, 한국재산법학회(2012); **한범수**, "명예퇴직 신청의 철회", 대법원판례해설 44호, 법원도서관(2004); **홍일표**, "사직원제출을 둘러싼 문제점의 고찰", 인천법조 4집,

인천지방변호사회(1998); **홍진영**, “희망퇴직 의사표시의 해석 및 그 효력에 관한 고찰”, 재판자료 118집 노동법 실무연구, 법원도서관(2009).

## Ⅰ. 의 의

### 1. 의 의

근로관계가 법률행위에 의하여 종료되는 경우는 일반적으로 ① 사용자의 근로자에 대한 단독행위인 해고, ② 근로자의 사용자에 대한 단독행위인 사직(해약고지) 및 ③ 당사자 쌍방의 의사 합치(계약)가 이루어진 합의해지의 세 가지로 나뉘진다.[1]

사직과 합의해지는 원칙적으로 사적 자치의 원칙이 보장되는 영역에 속한다. 따라서 근로자는 자유롭게 근로관계의 존속 여부를 결정할 수 있고 퇴직의 자유가 보장된다.[2] 노동법은 퇴직의 사유, 시기, 방법 및 목적 등에서 정당성이나 특별한 절차를 요구하지 않는다. 근로자의 자유로운 퇴직을 제한하는 취업규칙이나 계약은 무효이고, 직·간접적으로 제약하는 조치(예를 들면 위약금이나 손해배상액의 예정, 퇴직 후 경업금지약정)는 노동법의 규율 대상이 될 수 있다.

사직과 합의해지에 의하여 근로관계가 종료되는 경우, 사용자의 입장에서는 근기법이 해고에서 요구하는 ‘정당한 이유’가 필요하지 않다. 이 점 때문에 해고무효확인소송에서 피고(사용자) 쪽은 해당 근로관계의 종료 사유가 해고가 아닌 사직 또는 합의해지에 해당하는지를 먼저 검토한다. 근로자의 사직이나 합의해지에 의해 근로계약 해지의 효력이 생긴 후 사용자가 근로자에 대하여 한 근로계약 소멸의 통지는 관념의 통지에 불과하고 이를 해고라고 할 수 없으며, 따라서 해고제한법제의 적용을 피할 수 있기 때문이다.[3]

해고와 사직(해약고지), 합의해지는 개념상 명백히 구분되나, 실제 사건에서는 그 구분 여부가 다투어지는 경우가 있다.[4] 예컨대 외관상 근로자가 자발적

---

1) 이윤승, 11면; 홍일표, 32면.
2) 대법원 1996. 8. 29. 선고 95다5783 전원합의체 판결.
3) 대법원 1997. 7. 30. 선고 95누7765 판결.
4) 흔히 기업 실무에서 근로관계의 종료를 의욕하는 근로자의 단독행위를 표시하는 용어로서 퇴직 또는 사직 등을 함께 사용하고 두 단어 사이에 특별한 의미의 차이도 없다. 재판 실무도 마찬가지이며 위 용어들과 함께 해약고지란 단어도 쓰고 있다. 다만, 이 부분에서는 설명

으로 사직원을 제출하는 모습을 띠고 있더라도, 실질적으로는 사용자가 근로자를 속이거나 사직서 제출을 강요함으로써 사실상 해고로 보아야 할 때가 있다. 사용자가 퇴직할 의사가 없는 근로자로 하여금 어쩔 수 없이 사직원을 제출하게 하고 이를 수리하는 의원면직의 형식을 취하여 근로관계를 종료시키는 경우가 그 전형적 사안이다.[5] 이렇게 근로자가 사직원을 제출하는 방법으로 근로계약이 종료된 경우 이를 해고로 보아 노동법을 적용할 것인지, 사직 또는 합의해지로 보아 민사법을 적용할지 여부, 의사표시의 해석에서 근로관계의 종속적 특성의 반영 여부 및 그 정도 등은 실무적으로 중요한 의미를 갖는다.[6]

### 2. 간접적 고용조정 방식으로서 사직과 합의해지

구조조정 과정에서 기업은 강제적·직접적 고용조정 방식인 경영해고보다는 근로자들의 사직 혹은 합의해지에 의한 간접적 고용조정 수단을 자주 이용한다.[7] 한국에서 부당해고의 구제는 원직복직 방식에 의해 이루어지므로, 만약 사용자의 강제적 고용조정(경영해고) 조치가 법률적 분쟁으로 발전하면, 사용자로서는 경영상 불안 요소를 안게 되기 때문이다. 이러한 점 때문에 기업은 해고 이외의 방식을 통한 간접적 고용조정을 선호한다.[8]

사직 등을 이용한 간접적 고용조정에서 때때로 그 대상자는 '상대평가'를 통해 일정 비율의 실적 부진자로 선별되고, 이 점에서 업무 능력 부족자에 대한 퇴출 압박의 효과가 있다. 그리고 그들에게 사직을 권유하고, 이에 불응할 경우 후선배치 또는 역직위[9] 처분을 내려 궁극적으로는 퇴직급여 감액 등의 경제적 압박을 통하여 사실상 퇴직을 강제하는 것이다. 이러한 간접적 고용조정을 통해 기업은 ① 경영해고 요건이 충족되지 않아도 구조조정을 시작할 수 있고 ② 기업이 원하지 않는 고비용 또는 저효율 근로자를 대상자로 선정할 수 있으며 ③

---

의 편의를 위하여 사직(해약고지)과 합의해지의 청약을 포괄하는 뜻으로 '퇴직'이란 용어를 쓰고 '사직'은 근로자의 단독행위에 한정하여 사용하고자 한다. 그리고 근로자가 퇴직의 의사표시를 위하여 사용자에게 제출하는 서면은 일반적인 용례에 따라 '사직원' 또는 '사직서'라 한다.

5) 이윤승, 11면.

6) 이철수, 33~35면.

7) 이승길, 217면.

8) 법원 역시 희망퇴직 등을 경영해고의 해고 회피 노력 조치로 제시하며 사직 또는 합의해지의 고용조정적 기능을 긍정하고 있다(대법원 2004. 1. 15. 선고 2003두11339 판결; 홍진영, 76면).

9) '역(逆)직위' 또는 '역(逆)발령'이란 금융기관 등 기업에서 평가 결과가 좋지 않은 근로자를 직무, 보수, 승진, 퇴직금 등에서 이전보다 불리한 하위 직위로 발령하는 제도를 뜻한다.

종국적으로 그들을 현직에서 배제하거나 퇴직하도록 함으로써 업무 능력 부족자에 대한 엄격한 해고 제한 요건을 회피할 수 있다.[10)]

구조조정 과정에서 사직 또는 합의해지로 근로관계가 종료된 근로자들 중 일부는 사용자의 강요 등에 의해 그것이 행해졌다고 주장하며 사직이나 합의해지의 효력을 다투게 된다. 뒤에서 살펴보는 사직 또는 합의해지에 관한 판례 중 상당수는 간접적 고용조정 과정과 관련된 것들이다.

## Ⅱ. 사직과 합의해지

### 1. 사 직

#### 가. 의 의

'사직'(해약고지)이란 근로자가 일방적 의사표시에 의하여 사용자와의 사이에 존재하는 근로관계를 장래에 향하여 종료시키는 것을 말한다.[11)] 사직은 부득이한 사유가 있는 경우에 즉시 근로관계를 종료하는 즉시해약(민법 661조)과[12)] 근로관계를 일방적 해약의 고지 방법에 의하여 종료시키는 것(민법 660조)으로[13)] 나눌 수 있다. 사직과 관련해서 근기법은 별도의 제한 규정도 두고 있지 않고, 원칙적으로 근로자는 자유로이 사직할 수 있다.[14)]

---

10) 김진, 33면.

11) 김유성, 327면; 김형배, 667면; 이승길, 214면; 임종률, 569면.

12) 민법 661조(부득이한 사유와 해지권) 고용기간의 약정이 있는 경우에도 부득이한 사유있는 때에는 각 당사자는 계약을 해지할 수 있다. 그러나 그 사유가 당사자 일방의 과실로 인하여 생긴 때에는 상대방에 대하여 손해를 배상하여야 한다.

13) 민법 660조(기간의 약정이 없는 고용의 해지통고) ① 고용기간의 약정이 없는 때에는 당사자는 언제든지 계약해지의 통고를 할 수 있다.
② 전항의 경우에는 상대방이 해지의 통고를 받은 날로부터 1월이 경과하면 해지의 효력이 생긴다.
③ 기간으로 보수를 정한 때에는 상대방이 해지의 통고를 받은 당기후의 일기를 경과함으로써 해지의 효력이 생긴다.

14) 사용자에게 근로계약 해지에 따른 손해를 끼친 경우 손해배상의 문제가 발생할 수 있고(민법 661조 참조), 이러한 경제적 손실 가능성이 사직 의사의 결정에 다소 영향을 미칠 수 있지만, 법적으로 근로계약의 해지권을 제한하는 것은 아니다(전형배, 39면). 한편, 실무에서는 근기법 20조의 위약 예정 금지 및 손해 발생 또는 손해액 증명의 어려움 때문에 사직으로 인한 손해배상 청구 사건은 거의 발생하지 않는다.

### 나. 성립요건

#### (1) 상대방 있는 단독행위

사직은 상대방 있는 단독행위이므로 그 의사표시가 상대방에게 도달함으로써 성립하고 효력을 발생한다. 법률행위로서 사직의 의사표시는 객관적으로 명확하고 확정적으로 표명되어야 한다.[15] 단지 근로조건에 대한 불만 등을 표현하는 방법으로서 그만두겠다는 말을 하였다면, 이를 근로관계의 종료를 의욕하는 일방적 의사표시로 보기는 어렵다.

사직의 의사표시는 형성권적 효력을 가지는 단독행위로서 원칙적으로 조건부 사직은 인정되지 않는다.[16] 사직과 같은 해지는 계약관계의 변동(소멸)을 초래한다는 점에서 조건을 붙이게 되면 상대방의 지위를 현저하게 불리하게 만들 수 있기 때문에 원칙적으로 조건을 붙일 수 없는 법률행위로 보고 있으며, 예외적으로 상대방의 동의가 있거나 상대방을 특별히 불리하게 하지 않는 경우에는 조건부 해지도 가능하다고 한다.[17] 이 점에서 사직은 합의해지의 청약과 구별된다.

사직의 의사표시는 서면뿐만 아니라 구두로도 행해질 수 있고, 근로자의 행위나 태도 등에 의하여 묵시적 의사표시로 추인될 수 있다. 무단결근의 기간, 퇴직 청산 절차의 이행, 대여된 물품의 반환이나 빈번하게 직장을 옮긴다는 취지의 언동이 있는 경우 등이 그러한 묵시적 사직 의사표시 여부를 판단할 때 고려할 수 있는 사정이다.[18]

#### (2) 사직 의사표시의 철회 여부

사직의 경우 사용자에게 그 의사표시가 도달한 시점에 해약 고지로서의 효과가 발생하고, 그 의사표시가 효력을 발생한 후에는 근로자가 마음대로 사직 의사표시를 철회할 수 없으며, 사용자의 동의가 있는 경우에만 철회가 가능하다.[19] 즉 근로자의 근로관계 종료의 의사표시가 사직에 해당할 경우, 그 의사표시가 사용자에게 도달하면 근로자로서는 사용자의 동의 없이는 비록 민법 660조 2항 또는 3항 소정의 기간이 경과하기 이전이라 하더라도 사직의 의사표시

15) 김형배, 668면; 박상훈, 614면 참조.
16) 하경효b, 177면.
17) 하경효b, 177면.
18) 박지순, 24~26면.
19) 대법원 2000. 9. 5. 선고 99두8657 판결; 김용균, 295면.

를 철회할 수 없다(민법 543조 2항).[20][21]

앞에서 설명한 바와 같이 사직은 권리자인 근로자의 일방적 의사표시에 의하여 근로계약 해지의 효력을 발생하게 하는 형성권이므로, 그 행사 이후에 근로자가 일방적으로 철회하는 것은 성질상 허용되지 않는 것이다.

### 다. 효 과

근로자의 사직 의사표시는 단체협약, 취업규칙, 근로계약 등에서 달리 정하고 있는 경우를 제외하고는,[22] 그 의사표시가 사용자에게 도달한 날부터 1월이 경과하면[기간의 보수를 정한 때에는 사용자가 사직서를 제출받은 당기(當期) 후의 1기를 경과하면] 효력이 발생하고 근로계약은 해지된다(민법 660조 2항, 3항).

### 라. 금전 지급 등

사직으로 근로관계가 종료되더라도 기존의 근로관계로부터 파생된 개별적인 권리의무가 만족을 얻거나 이행되지 않았다면, 그 범위 내에서 법률관계는 유지된다.[23] 예를 들면 만족을 얻지 못한 임금청구권이나 재해보상청구권 등은 근로관계 종료 후에도 소멸시효가 완성될 때까지 존속한다.

## 2. 합의해지

### 가. 의 의

'합의해지'란 근로자와 사용자가 계속적 법률관계인 근로관계의 기초가 되는 근로계약을 합의(계약)에 의해 장래에 향하여 종료시키는 것을 말한다.[24] 즉 당사자 일방의 청약에 대해 상대방이 승낙함으로써 근로관계를 종료시키는 경우로서[25] 사직에 관한 민법의 규정(660조, 661조)과 근기법의 해고 제한 규정(23조, 24조 등)이 적용되지 않는다. 합의해지는 합의에 의해 근로관계가 종료된다는 점에서 단독행위인 사직, 해고와 구별된다. 명예퇴직, 권고사직 등이 그 대표적 예

20) 민법 543조(해지, 해제권) ① 계약 또는 법률의 규정에 의하여 당사자의 일방이나 쌍방이 해지 또는 해제의 권리가 있는 때에는 그 해지 또는 해제는 상대방에 대한 의사표시로 한다. ② 전항의 의사표시는 철회하지 못한다.

21) 대법원 2000. 9. 5. 선고 99두8657 판결.

22) 사직의 효력 발생 시기를 정한 민법 660조는 근로자의 퇴직의 자유를 보장하는 규정으로서 근로자에게 불리하지 않는 한 그 기간이나 절차에 관하여 취업규칙에서 이와 달리 규정하는 것도 가능하다(대법원 1997. 7. 8. 선고 96누5087 판결).

23) 김기우a, 200면.

24) 김유성, 329면; 김홍준, 5면; 박상훈, 603면; 이승길, 212면.

25) 임종률, 569면.

이다(이에 대해서는 다음의 Ⅲ.에서 구체적으로 설명한다).

### 나. 성립요건

#### (1) 근로계약 해지의 합의

일반 계약이 해소되는 경우와 마찬가지로, 근로계약의 합의해지는 계약의 청약과 승낙이라는 서로 대립하는 의사표시가 합치될 것을 요건으로 한다. 예를 들면 근로자가 1주일 후에 그만두겠다고 했는데, 사용자가 3개월 후에 그만두라고 한 경우에는 사용자가 근로자에게 새로운 청약을 한 것으로 파악되고 이에 대한 근로자의 승낙 여부에 따라 합의해지의 성립 여부가 결정된다.[26]

합의해지의 청약이 반드시 근로자의 의사표시여야 하는 것은 아니며 권고사직의 예처럼 사용자도 근로계약의 합의해지를 청약할 수 있으나, 어떤 경우에도 특히 근로자에게 진지하고 확정적인 해지 의사를 인정할 수 있어야 한다. 해고에서는 근로자의 이러한 퇴직 의사가 존재하지 않음이 분명하기 때문이다.[27]

사직과 마찬가지로 합의해지의 청약 또는 승낙의 의사표시는 서면뿐만 아니라 구두로도 행해질 수 있고, 근로자나 사용자의 행위나 태도 등에 의하여 묵시적 의사표시로 추인될 수 있다. 다만 묵시적 합의해지가 인정되기 위하여는 당사자 쌍방이 근로계약 실현 의사의 결여 또는 포기로 근로계약을 실현하지 않을 의사가 일치되어야 한다.[28]

근로자가 합의해지의 청약을 한 경우 사용자의 승낙 의사표시의 형성은, 내부적 결재 절차가 있다면 그것을 거쳐야 한다. 그 절차를 흠결한 경우에는, 인사권을 가진 자(예를 들면 인사 담당 임원)의 승인이 내려졌다는 이유만으로는 승

26) 박수근, 272면.

27) 김유성, 329면.

28) 대법원 2021. 10. 14. 선고 2017다204070 판결 참조[동 판결은, 계약의 합의해지에 관한 판례 법리(대법원 2018. 12. 27. 선고 2016다274270, 274287 판결) 및 채권의 포기 및 면제에 관한 판례 법리(대법원 1987. 3. 24. 선고 86다카1907, 1908 판결 등)를 전제로, 국내 회사(피고)에서 근무하다가 중국 현지 법인으로 옮긴 근로자들(원고들)에 대하여 피고와 사이에 근로계약이 합의해지 된 것으로 보기 어렵다고 본 사례이다. 피고의 인사명령에 따라 중국 현지 법인에서 근무하게 되었고, 그 이동 무렵 사직서를 제출하는 등의 절차를 거치지도 않아 근로계약을 실현하지 않을 의사를 표시하였다고 볼 사정이 없고, 원고들이 중국 현지 법인에 제공하는 근로에 대하여 피고 등에 대하여 임금을 포기하거나 면제한다는 의사를 표시하였다고 볼 사정도 없는 반면, 원고들이 중국 현지 법인과 연봉계약을 체결하였다거나, 중국 현지 법인의 지휘·감독을 받아 근로를 제공하였다거나, 피고 복귀 여부나 시기에 관하여 구체적으로 정하지 않았다는 사정만으로는 근로계약을 합의해지하였다고 볼 수 없다고 판단하였다].

낙의 의사표시가 있다고 볼 수 없다.[29] 다만, 이러한 절차 규정 등이 없고 인사권을 가진 자의 재량에 의하여 퇴직 처리가 이루어지는 경우에는 그렇지 않다.[30] 이렇게 형성된 사용자의 승낙 의사표시가 해당 근로자에게 도달해야만 합의해지가 성립한다. 취업규칙이나 기업 규정상 인사명령지의 교부 또는 게시의 방법으로 합의해지의 승낙이 표시되어야 하는 경우에는 그 교부 또는 게시가 행해져야 한다. 만약 그런 절차 규정이 없고 관행도 존재하지 않는다면, 사용자의 확정된 의사에 근거한 이상, 구두에 의한 표시도 가능하다.[31]

합의해지가 성립하기 위해서는 쌍방 당사자의 표시행위에 나타난 의사가 객관적으로 일치해야 하므로, 계약 당사자의 일방이 계약해지에 관한 조건을 제시한 경우에는 그 조건에 관한 합의까지 이루어져야 한다(앞에서 설명한 바와 같이 사직과 달리 합의해지의 청약에는 조건을 붙일 수 있다).[32] 이렇게 조건을 붙이는 것이 허용되는 이유는, 합의해지의 경우에는 상대방의 승낙의 의사표시에 의하여 계약관계의 소멸이라는 효과가 발생한다는 점에서 청약에 조건을 붙이더라도 상대방의 지위가 불안해질 위험이 없기 때문이다.[33] 이와 같이 조건부 합의해지의 청약은 원칙적으로 허용되지만, 조건이 선량한 풍속이나 사회질서에 반하는 경우에는 무효가 된다.[34] 또한 그 내용이 근기법, 노동조합법, 기간제법 등 강행법규에 위반될 때에도 합의해지의 효력은 부인된다. 예를 들면, 기간제법상 2년의 사용기간 제한 규정의 적용을 회피하기 위하여 형식적으로는 기간의 정함이 없는 근로계약을 체결하되, 3년 후 퇴직하기로 합의하는 합의해지가 이루어진다면, 이러한 합의해지는 설령 근로자의 진의에 의한 것이라 하더라도 효력을 인정하기는 어렵다.

근로자의 합의해지 청약에 대해 사용자가 승낙하지 않으면, 그 근로관계는 계속 유지된다(따라서 근로자가 사직원의 제출 후 사용자가 승낙하지 않은 상태에서 다음 날부터 출근하지 않으면 무단결근으로 취급되어 징계처분을 받을 수 있다).[35] 다만, 그 사직원 제출 행위에 사직 의사표시도 함께 존재한다고 볼 수 있다면, 설령 취업규칙 등에서 일정한 기간 내에 사용자의 승인을 얻도록 정하고 있는 경

29) 김용균, 298면.
30) 김용균, 298면.
31) 김용균, 298면.
32) 대법원 2007. 11. 30. 선고 2005다21647, 21654 판결; 홍진영, 123면.
33) 하경효b, 177면.
34) 하경효b, 177면.
35) 대법원 1992. 12. 8. 선고 91다43015 판결; 박수근, 272면.

우라 하더라도, 사용자가 근로자의 사직원을 합리적 이유 없이 승인하지 않을 때에는 민법 660조 소정의 기간(취업규칙 등에서 이보다 짧은 기간을 규정한 때에는 그 기간)이 경과함으로써 근로관계는 종료된다.[36]

(2) 합의해지 청약의 철회

근로자가 사직원을 제출하여 근로계약의 해지를 청약하는 경우, 그에 대한 사용자의 승낙 의사가 형성되어 그 승낙의 의사표시가 근로자에게 도달하기 이전에는 청약의 의사표시를 철회할 수 있다.[37] 합의해지에서 근로자의 퇴직 의사표시는 근로계약 해지의 청약이고 해지의 성부(成否)는 상대방인 사용자의 승낙 여부에 좌우되며, 사용자의 승낙이 있을 때까지는 계약관계의 종료가 확정되지 않고 퇴직 의사표시를 철회할 여지가 존재하기 때문이다. 이 경우 사용자의 동의는 필요하지 않고,[38] 이 점에서 합의해지는 사직과 구별된다.

합의해지의 청약 철회에 관한 이러한 해석은 민법 527조가 "계약의 청약은 이를 철회하지 못한다."고 규정하여 청약의 구속력을 인정하는 것과 어긋난다. 이와 같이 근로계약 관계에서 합의해지의 청약 철회에 대해 예외를 두는 이유로는 ① 민법 527조가 적용되는 전형적 사례는 새로운 계약 관계를 형성하는 경우인데, 계속적인 인적 결합 관계에 있는 근로계약 당사자 사이의 합의해지의 청약에서는 철회를 자유롭게 허용하더라도 상대방의 보호에 지장을 초래할 가능성이 적은 점,[39] ② 사용자의 우월적 지위가 근로자의 의사 형성에 영향을 미칠 가능성이 크기 때문에 그 의사표시의 철회를 허용할 필요가 있는 점, ③ 근로자의 직장 존속에 대한 보호 필요성과 신중하지 못하거나 부적절한 퇴직 의사 결정으로부터 근로자를 보호할 필요가 있는 점,[40] ④ 청약 후에 미처 예상하

---

36) 대법원 1997. 7. 8. 선고 96누5087 판결. 이 판결에서 대법원은 "근로자가 사직서를 작성하여 사용자에게 제출한 경우에, 특별한 사정이 없는 한 그 사직서는 사용자와의 근로계약관계를 해지하는 의사표시를 담고 있는 것이므로 당사자 사이의 근로계약관계는 사용자가 그 사직서 제출에 따른 사직의 의사표시를 수락하여 합의해지(의원면직)가 성립하거나 민법 제660조 소정의 일정기간의 경과로 그 사직서 제출에 따른 해지의 효력이 발생함으로써 종료되는 것이나 [···] 민법 제660조는 근로자의 해약의 자유를 보장하는 규정으로서 근로자에게 불리하지 않는 한 그 기간이나 절차에 관하여 취업규칙에서 이와 달리 규정하는 것도 가능하다" 고 판시하였다.

37) 대법원 1992. 4. 10. 선고 91다43138 판결(이에 대한 평석으로는 김용규, 290면 이하; 박흥대, 416면 이하), 대법원 1994. 8. 9. 선고 94다14629 판결, 대법원 2000. 9. 5. 선고 99두8657 판결, 대법원 2003. 4. 25. 선고 2002다11458 판결.

38) 한범수, 799면.

39) 김용균, 296면; 김유성, 332면; 박흥대, 425~426면.

지 못한 사정이 발생한 경우에도 기존의 청약에 구속력을 유지시키는 것은 부당한 점 등을 들 수 있다.[41]

철회의 의사표시는 특별한 형식을 갖출 필요는 없으나, 취업규칙이나 단체협약 등에서 일정한 형식을 요구하는 경우에는 그에 따라야 한다.[42] 일반적으로 철회 의사표시의 도달 사실을 쉽게 증명할 수 있는 방법이 이용된다. 그 의사표시는 인사에 관하여 권한이 있는 자에게 해야 한다.[43]

이렇게 대법원은 청약의 철회 가능성을 열어 두면서도, 청약을 철회하는 것이 사용자에게 예측할 수 없는 손해를 주는 등 신의칙에 반한다고 인정되는 특별한 사정이 있는 경우에는 철회가 허용되지 않는다고 판시하고 있다.[44] 이는 위와 같은 예외를 설정하는 근거가 근로계약 관계의 특성상 철회를 허용하더라도 상대방의 신뢰 보호에 지장을 초래하지 않는다는 점 때문인데, 그러한 전제가 없어지면 청약 의사표시의 철회 역시 제한될 수밖에 없다는 생각에 기초한 것이다.[45] 다만 신의칙 · 권리남용 등과 같은 민법상 일반원리를 노동법 관계에 적용하는 것은 가급적 삼가야 한다는 점 등을 고려할 때,[46] 합의해지 청약의 철회 제한 법리가 사용자에게 근로계약 존속 여부를 좌우할 수 있는 재량을 부여하는 것은 아니며 그 적용은 엄격히 제한되어야 한다.

### 다. 효 과

단체협약, 취업규칙, 근로계약 등에서 달리 정하고 있는 경우를 제외하고는, 일방 당사자의 합의해지 청약에 대해 상대방 당사자가 승낙할 때에 합의해지는 성립하고 당해 근로관계는 종료된다. 반드시 그 승낙일이 합의해지의 효력발생일이 되어야 하는 것은 아니고, 시기를 달리 정하는 것도 가능하다.[47]

한편 앞에서 살펴본 바와 같이 근로자의 의사표시가 합의해지의 청약에 해당하는 경우, 그 근로자는 사용자의 승낙 의사표시가 자신에게 도달하기 이전까지 청약 의사표시를 철회할 수 있다. 그러나 근로자와 사용자가 근로계약관계를

40) 김상중, 253면.
41) 한범수, 800면; 홍진영, 126면.
42) 한범수, 801면.
43) 한범수, 801면.
44) 대법원 1992. 4. 10. 선고 91다43138 판결, 대법원 1993. 7. 27. 선고 92누16942 판결, 대법원 2000. 9. 5. 선고 99두8657 판결.
45) 도재형b, 132면.
46) 도재형a, 38면.
47) 김기우a, 180면; 홍진영, 121면.

해지하기로 합의하였다면, 그 합의 시에 근로자의 근로계약 해지의 청약 의사표시에 대하여 사용자의 승낙 의사가 확정적으로 형성·표시되어 해지 의사의 합치가 있었다고 할 것이므로, 이러한 경우에는 어느 일방 당사자가 임의로 청약 또는 승낙의 의사표시를 철회할 수 없다(그 반대의 경우, 예를 들면 권고사직과 같은 사안에서도 마찬가지이다). 이는 근로자와 사용자가 위 합의 시 특별히 근로계약관계를 일정 기간 경과 후 종료하기로 약정한 경우에도 마찬가지이다.[48]

합의해지에 의해 근로계약이 종료됨에 따라 사용자는 퇴직급여법이 정한 법정 퇴직급여 외에도 취업규칙, 단체협약 등에 의하여 정해진 기준에 따라 명예퇴직금 또는 특별퇴직금 등을 지급할 의무를 부담하는 경우가 있다.[49]

#### 라. 금전 지급 등

사직의 경우와 마찬가지로 합의해지로 근로관계가 종료되더라도 기존의 근로관계로부터 파생된 개별적인 권리·의무가 만족을 얻거나 이행되지 않았다면, 그 범위 내에서 법률관계는 유지된다. 또한 임금청구권이나 재해보상청구권 외에도, 예컨대 명예퇴직과 관련해서 보상금의 지급을 약정한 경우에 사용자는 근로관계가 종료된 이후에도 그 보상금 지급 의무를 부담하게 된다.[50]

### 3. 사직원 제출 행위의 해석

#### 가. 문제 상황

근로자의 의사에 따라 근로관계가 종료되는 사직과 합의해지는 일반적으로 근로자의 사직원 제출 과정을 거치게 되는데, 구체적인 사건에서 사직원 제출의 의미 또는 효과, 그 효력 발생 시기 등이 문제되는 경우가 있다.[51] 노사 간의 격앙된 감정으로 인해 근로자가 자신의 본심과는 다르게 사직원을 제출하는 경우가 실제 존재하며, 이때 그 의사가 단독행위로서 사직의 의사표시인지 아니면 합의해지의 청약인지에 따라 근로자의 법적 지위에 차이가 발생하기 때문이다.[52] 즉, 앞에서 살펴본 바와 같이 근로자의 퇴직 의사표시를 사직 또는 합의해지의 청약 중 어느 쪽으로 분류할 것인지는 그 철회 가능성과 직접 연결된다.

---

48) 대법원 1994. 8. 9. 선고 94다14629 판결, 대법원 2003. 6. 27. 선고 2003다1632 판결.
49) 홍진영, 121~122면.
50) 대법원 2003. 6. 27. 선고 2003다1632 판결; 김기우a, 204~205면.
51) 홍일표, 33면.
52) 박지순, 13면.

사직원을 합의해지의 청약으로 해석하는 경우 근로자로서는 그 청약을 철회함으로써 근로관계를 유지할 수 있고, 이렇게 청약의 철회가 있었음에도 사용자가 퇴직 처리를 한 조치는 해고로 취급되어 해고제한법제를 적용받게 된다. 이 점에서 사직원의 해석 문제는 사직과 합의해지에 대해 근기법의 적용 여부를 판가름하는 중요한 쟁점이다.

〈 사직과 합의해지 청약의 구별 〉

| | 사직 | 합의해지 청약 |
|---|---|---|
| 공통점 | 근로자의 일방적 의사표시 | |
| 법적 효과 | 근로관계의 일방적 종료 | 사용자의 승낙이 있을 때 근로관계가 종료 |
| 법적 제약 | 원칙적으로 조건을 붙일 수 없고, 철회 불가 | 조건을 붙일 수 있고, 철회 가능 |

### 나. 학설 및 판례

근로자의 퇴직 의사표시는 기본적으로 합의해지의 청약으로 해석해야 한다는 견해가 있다. 즉, 많은 경우에 근로자의 퇴직 의사가 희박하고 가능한 한 계속 일하고 싶다는 의사를 가진 것으로 볼 수 있으므로, 근로자의 사직 의사가 확고한 경우 외에는 근로자 보호의 견지에서 그 퇴직 의사표시는 합의해지의 청약이라고 해석하는 것이 합리적이라고 주장한다.[53)]

법원은 근로자가 한 근로관계 종료에 관한 의사표시를, 특별한 사정이 없는 한 해당 근로계약을 종료시키는 취지의 사직(해약고지)으로 본다.[54)]

### 다. 해석 기준

위 판례 법리에 의하더라도, 근로자가 사직원을 제출하는 모든 경우에 근로관계를 일방적으로 종료시키려는 의사만이 존재한다고 단정할 수 없음은 물론이다. 근로자로서는 사용자가 사직원을 수리하면 퇴직하고 수리하지 않으면 그대로 근무하겠다는 생각으로 사직원을 제출할 수 있는데, 이런 경우는 합의해지의 청약에 해당하기 때문이다.[55)]

그렇다면, 어떤 경우에 근로자의 사직원 제출행위를 사직으로 파악하고 어

53) 김용균, 294면; 박지순, 14면; 박홍대, 421면; 하경효b, 177~178면; 한범수, 804면.
54) 대법원 2000. 9. 5. 선고 99두8657 판결.
55) 홍일표, 37면.

떤 경우에는 합의해지의 청약으로 봐야 할까? 이것은 의사해석의 문제이다.[56] 일단 사직원에 사직의 의사표시라고 볼 수 없는 단순한 농담만을 기재한 것으로 인정되는 등 특별한 사정이 없는 한 그 사직원은 사용자와의 근로관계를 해지하는 의사표시를 담고 있다고 볼 수 있다.[57] 그리고 그 해지의 의사표시를 사직으로 볼 것인지, 아니면 합의해지의 청약으로 볼 것인지는 사직서의 기재 내용, 사직서 작성·제출의 동기 및 경위, 사직서 제출 이후의 사정, 사직 의사표시 철회의 동기 등 제반 사정을 고려하여 판단하여야 한다.[58] 그와 함께 근로관계의 특수성과 근기법상 근로관계 존속 보장의 이념 등이 고려될 수 있을 것이다.[59]

첫째, 위와 같이 사직원의 기재 내용이 1차적 의사해석 기준이 되어야 한다는 것은 사직원이 처분문서로서의 성격을 지닌다는 점에서 당연하다. 예를 들면 사직서에 "개인적인 사정에 의해 사직한다."라고만 기재한 경우와 "개인적인 사정에 의해 사직하고자 하니 수락하여 주시기 바랍니다."라고 기재한 경우는 달리 해석할 여지가 있다.[60]

둘째, 사직서 작성·제출의 경위를 살펴 사직원의 의미를 판단하여야 한다. 즉 그 의사 형성 과정이 근로자 측에 전적으로 귀속되는지 아니면 근로자와 사용자 양쪽의 의사 교환 절차를 거쳤는지 등이 문제된다. 예를 들면 근로자가 이직을 위하여 퇴직하는 경우에는 근로자의 일방적 의사 형성에 기초한 것이므로 사직의 의사표시라 볼 수 있다. 반대로, 사용자가 근로자에게 퇴직할 것을 권유하고 근로자가 그에 따라 사표를 제출하여 퇴직하는 권고사직의 경우, 철회 가능성을 남겨 두어야 하므로 근로자의 사직의 의사표시는 합의해지의 청약으로 파악될 수 있다.

셋째, 사직원 제출이나 철회의 동기를 살펴야 하는 것 역시 의사해석의 일반적 기준이다. 사직원 제출에 즈음하여 근로관계 종료에 대한 협의나 조건, 교환 관계가 형성되는지를 살필 필요가 있다. 예를 들면, 명예퇴직금을 받을 수 있는 명예퇴직자를 사용자가 선별(승낙)하는 사안에서 근로자의 명예퇴직원 제출 행위는 합의해지의 청약이라 볼 수 있다.

---

56) 김용균, 294면; 유성재a, 73면.

57) 대법원 1997. 7. 8. 선고 96누5087 판결, 대법원 1996. 7. 30. 선고 95누7765 판결(이에 대한 평석으로는 장원찬, 334면 이하).

58) 대법원 2000. 9. 5. 선고 99두8657 판결, 대법원 2003. 4. 25. 선고 2002다11458 판결.

59) 하경효a, 18면; 홍진영, 127~128면.

60) 홍일표, 35~36면.

넷째, 근로자의 의사표시 후 근로관계 종료 과정에서 사용자가 사직원의 수리 외에 특별한 조치를 취하였는지, 그에 대한 근로자의 대응 태도 등도 검토하여야 한다. 예를 들면, 사용자가 거듭 사직원의 철회와 복귀를 요청함에도 근로자가 이를 거부한 경우에는 특별한 사정이 없는 이상 사직으로 보아야 한다.[61]

그 밖에도 해당 기업의 사직원 등 처리 절차도 하나의 기준이 될 수 있다. 취업규칙 등에서 근로자가 사직원을 제출할 경우 사용자의 승인 여부를 결정하는 절차를 규정하고 있는 경우, 일반적으로 그 근로자의 의사표시는 합의해지의 청약으로 파악할 수 있다.[62]

### 라. 철회기간 규정 등의 신설 방안

앞에서 살펴본 바와 같이 근로자의 사직 또는 합의해지의 청약의 구별 문제가 다투어지는 사안의 상당수는 그 의사표시의 철회가 가능한지 여부와 연결되어 있다. 그리고 판례에서 일정한 해석 기준을 제시하고 있으나, 여전히 이것은 재판 실무에서 까다로운 쟁점 중 하나이다.

학설상으로는 이와 같은 불필요한 분쟁을 방지하기 위하여 숙고기간 또는 철회기간의 의미를 지닌 기간을 설정할 것을 제안하는 견해가 있다. 즉, 근로자의 사직 또는 합의해지 청약의 의사표시가 사용자의 요구나 권유에 의한 것일 때에는 일정기간 그 효력을 발생하지 않는 것으로 하여 그 사이에 근로자가 철회할 수 있도록 하자는 것이다.[63] 이 방안이 실현될 경우, 근로자의 근로관계 종료에 관한 의사표시를 사직으로 볼 것인지 아니면 합의해지의 청약으로 볼 것인지, 청약 의사표시의 철회를 인정할 것인지, 민법 107조 내지 110조의 적용 여부에 대한 해석론적 문제 등을 입법적으로 해결할 수 있다고 한다.[64]

그리고 해고와 마찬가지로 사직과 합의해지의 경우에도 근로관계의 종료 방식을 서면주의로 전환하자는 제안도 있다.[65] 이렇게 할 경우 당사자 간의 법률관계를 명확히 한다는 장점과 근로자에게 자신의 의사표시가 가져올 효과에 대한 심사숙고를 촉구하는 장점이 있다는 점을 그 이유로 든다.[66]

---

61) 박지순, 15면.
62) 도재형b, 132면.
63) 하경효a, 19~20면.
64) 하경효a, 20면.
65) 박지순, 29면.
66) 박지순, 29~30면.

## Ⅲ. 명예퇴직과 권고사직

### 1. 명예퇴직

#### 가. 의 의

'명예퇴직'이란 장기근속자가 정년 전에 자의에 의하여 퇴직하는 경우 규정상의 퇴직급여 이외에 가산금을 추가로 지급하여 조기 퇴직을 유도하는 제도를 말한다.[67] 일반적으로, 기업이 구조조정을 위하여 근로자 수를 감축하거나 인사적체를 해소하기 위해 정년에 이르지 않은 근로자에게 금전적 보상을 제공하고 정년 전에 미리 퇴직할 것을 유도하는 방식으로 시행된다.[68] 명예퇴직은 사용자의 입장에서 보면 고연령 또는 과잉 인력을 해소하고 새로운 인력의 충원 등을 통하여 인력 관리의 효율성을 높일 수 있고, 근로자의 입장에서는 퇴직급여 외의 경제적 혜택을 받음으로써 전직 등 새로운 기회를 얻을 수 있다.[69] 명예퇴직은 사업장, 시행 근거와 시기 등에 따라 명예퇴직이란 명칭 외에도 공로퇴직, 희망퇴직 등 다양한 이름으로 실시된다. 그 구체적 내용 역시 각 사업장마다 달리 정하고 있다.

전형적인 '명예퇴직'은 근로자가 명예퇴직의 신청(청약)을 하면 사용자가 요건을 심사한 후 이를 승인(승낙)함으로써 합의에 의하여 근로관계를 종료시키는 근로계약의 합의해지이다.[70] 이 점에서 사용자의 일방적 의사표시로 근로계약을 종료하는 해고나 근로자의 일방적 의사표시로 근로계약을 종료하는 사직과 구별된다.[71] 명예퇴직은 원칙적으로 계약의 자유가 보장되는 사적 자치의 영역이다.[72] 그 합의에 따라 명예퇴직예정일이 도래하면 근로자는 퇴직하고 사용자는 명예퇴직금을 지급할 의무를 부담하게 된다.[73]

---

67) 헌재 2007. 4. 26. 선고 2003헌마533 결정.

68) 김승정, 568면; 한범수, 804면. 한편 헌재 2007. 4. 26. 선고 2003헌마533 결정에 의하면, 1981. 4. 20. 개정 국가공무원법에 의해 20년 이상 장기근속자를 대상으로 명예퇴직 제도가 신설되었고, 1985년부터 정부투자기관에 도입되기 시작했으며 민간 부분에서는 1992년에 은행 등 금융권에 처음 도입되기 시작한 후 언론기관 및 일반 기업들이 명예퇴직 제도를 도입하였다고 한다.

69) 헌재 2007. 4. 26. 선고 2003헌마533 결정, 이상윤, 332면.

70) 헌재 2007. 4. 26. 선고 2003헌마533 결정, 대법원 2000. 7. 7. 선고 98다42172 판결, 대법원 2003. 4. 25. 선고 2002다11458 판결(이에 대한 평석으로는 한범수, 795면 이하).

71) 헌재 2007. 4. 26. 선고 2003헌마533 결정.

72) 헌재 2007. 4. 26. 선고 2003헌마533 결정.

### 나. 유 형

명예퇴직은 시행 근거에 따라 국가공무원법 등 법률에서 그 제도를 설정한 경우와 일반 기업에서 단체협약이나 취업규칙, 근로계약 등에서 명예퇴직 제도를 설정하고 있거나 사용자가 일시적으로 실시하는 경우로 구분할 수 있다.[74]

후자와 같이 일반 기업에서 운영하는 명예퇴직 절차의 유형은 대략 세 가지로 분류할 수 있다.[75] ① 취업규칙 등에서 정한 요건 및 절차에 따라 근로자가 명예퇴직 신청(합의해지의 청약)을 하고 사용자가 그 신청을 승낙하는 형태이다. ② 회사가 명예퇴직 절차를 공고한 후 근로자가 명예퇴직 신청서를 제출하면 회사가 그 중에서 명예퇴직 대상자를 선정하는 모습이다. ③ 사용자가 특정 근로자에게 그 대상자로 선정되었다는 이유로 명예퇴직을 권고하고(합의해지의 청약), 근로자가 이를 승낙하는 방식이다.

위 ① 유형은 가장 흔한 명예퇴직 방식이다. 취업규칙 등에서 명예퇴직 대상자의 신청만으로 명예퇴직이 이뤄진다는 취지의 규정을 두고 있는 경우와 같이 특단의 사정이 없는 한, 명예퇴직은 그 성질상 근로자의 명예퇴직 신청만으로는 부족하고, 그에 대한 사용자의 승낙이 있는 경우에 비로소 성립한다.[76] 즉 명예퇴직의 신청은 근로계약에 대한 합의해지의 청약에 불과하고 이에 대한 사용자의 승낙이 있어 근로계약이 합의해지되기 전에는 근로자가 임의로 그 청약의 의사표시를 철회할 수 있다.[77]

위 ② 유형의 명예퇴직에서 회사의 명예퇴직 공고는 청약의 유인에 불과하고 근로자의 사직원 제출이 명예퇴직의 신청(청약)에 해당하며, 사용자가 이를 승인(승낙)함으로써 합의에 의해 근로관계가 종료된다. 따라서 ① 유형과 마찬가지로 사용자의 승낙이 있어 근로계약이 합의해지되기 전에는 근로자가 임의로 그 청약의 의사표시를 철회할 수 있다.[78]

위 ③ 유형의 명예퇴직에서는 근로자의 승낙에 의해 근로계약 관계는 종료하고, 근로자의 신청 철회의 문제는 일어나지 않는다.

---

73) 대법원 2000. 7. 7. 선고 98다42172 판결.
74) 김승정, 569면.
75) 한범수, 804~805면.
76) 대법원 1999. 12. 21. 선고 99다42933 판결(이에 대한 평석으로는 이상윤, 324면 이하).
77) 대법원 2003. 4. 25. 선고 2002다11458 판결.
78) 대법원 2003. 4. 25. 선고 2002다11458 판결.

### 다. 성립요건

#### (1) 근로계약 당사자의 합의

근로관계의 합의해지인 명예퇴직은 근로계약 당사자 사이의 합의에 의해 성립한다. 앞에서 살펴본 것처럼 이러한 합의가 성립하기 위해서는 당사자들의 의사가 객관적으로 일치하여야 하므로, 계약 당사자의 일방이 계약 해지에 관한 조건을 제시한 경우 그 조건에 관한 합의까지 이루어져야 한다.[79] 명예퇴직도 마찬가지이다. 명예퇴직에는 두 개의 조건, 즉 명예퇴직금의 지급에 관한 합의와 근로관계 종료에 관한 합의가 각각 포함되어 있다.[80] 따라서 명예퇴직의 신청은 명예퇴직금액과 그 지급 방식에 관한 청약과 근로관계 종료일에 관한 청약이며 이 조건들에 관한 승낙이 모두 있어야만, 명예퇴직은 성립한다.

판례에 의하면, 공로퇴직을 전제로 한 근로자의 퇴직 의사표시에 대하여 사용자가 공로퇴직을 거절하고 일반퇴직으로 처리하였다면, 공로퇴직을 전제로 한 근로계약의 합의해지에 관하여 쌍방의 의사표시가 합치되었다고 할 수 없고, 나아가 근로자가 공로퇴직 의사와 별도로 그 일반퇴직에 대하여 별도로 승낙함으로써 일반퇴직에 관한 합의가 이루어졌다고 인정되지 않는 한, 위와 같은 일반퇴직은 실질적으로 사용자의 일방적인 의사에 의하여 근로계약관계를 종료시키는 것이어서 해고에 해당한다고 한다.[81]

명예퇴직은 근로계약의 합의해지의 일종으로서 원칙적으로 계약의 자유가 보장되는 사적 자치의 영역이다. 따라서 구체적 사건에서 명예퇴직 대상자의 해당 여부는 명예퇴직 제도의 근거인 취업규칙, 단체협약, 근로계약 또는 시행 공고 등의 해석을 통하여 판단해야 한다. 예를 들면 시중은행 소속 근로자가 인접한 경쟁 금융기관으로 전직하기 위해 퇴직하면서 '준정년 특별퇴직'을 신청하고 은행이 이를 거부하자 그 근로자가 퇴직 후 특별퇴직금 지급을 청구한 사안에서, 근로자의 퇴직 사유가 규정상의 특별퇴직금 부지급사유(기타 특별퇴직금 지급이 부적당하다고 인정되는 경우)에 해당하는지가 문제되었을 때, 대법원은 "준정년 특별퇴직제도는 정년 이전의 자발적인 퇴직에 대하여 퇴직금과는 별도로 상당한 금액의 준정년 특별퇴직금을 추가 지급함으로써 정년 이전의 자발적인 퇴직

79) 대법원 2007. 11. 30. 선고 2005다21647, 21654 판결(이에 대한 평석으로는 박수근, 264면 이하).
80) 박종희a, 28면.
81) 대법원 2007. 11. 30. 선고 2005다21647, 21654 판결.

을 유도하여 회사 내 인사적체를 해소하고 재무구조를 개선하기 위하여 도입된 제도로서, 이러한 제도의 취지에 비추어 보면 한참 좋은 실적을 올리면서 왕성하게 일하고 있는 직원이 경쟁업체에서 일하기 위해 피고의 만류에도 불구하고 사직하는 경우에는 준정년 특별퇴직 대상자로 적정하다고 볼 수 없다."라는 이유 및 준정년 특별퇴직을 허용할 경우 그 은행에 중대한 피해가 예상된다는 점, 경쟁 금융기관에 전직한다는 사정을 알면서 준정년 특별퇴직금을 지급한 적이 없다는 점 등을 들어 근로자의 청구를 기각한 바 있다.[82)]

한편 앞에서 설명한 바와 같이 명예퇴직은 인건비 감축을 통한 고용조정의 수단으로 이루어지는 것이 보통이므로, 명예퇴직 대상자의 선정 기준에서는 퇴직자의 근속년수가 고려되는 것이 일반적이다. 그리고 경영해고의 사전절차(해고회피노력)의 일환으로 시행되는 경우에는 근무평점, 업무능력, 근태 상황, 상벌관계 등이 고려되곤 한다.[83)]

### (2) 사용자의 승낙 권한 및 승낙의 철회

근로자가 명예퇴직 신청 여부를 자유롭게 결정할 수 있는 것과 마찬가지로, 사용자가 근로자의 신청을 받아 명예퇴직 대상자를 선정하는 경우에도 그 신청에 대한 승낙 여부의 결정 권한은 원칙적으로 사용자에게 유보되어 있다. 다만, 이러한 사용자의 심사·결정 재량권은 명예퇴직 제도가 도입된 배경과 경위, 다른 대상자와의 형평성 등을 고려하여 합리적인 범위 내에서 적절하게 제한적으로 행사되어야 하고 객관적인 자격을 갖춘 근로자의 명예퇴직 신청에 대하여 부당한 사유를 내세워 수리를 거부하는 등으로 남용되어서는 안 된다.[84)]

명예퇴직에 관한 합의가 성립한 후에는 당사자 일방이 임의로 그 의사표시를 철회할 수 없다. 다만, 판례는 예외적으로 중대한 사정 변경이 있는 경우에 철회를 허용하고 있다. 예를 들면 명예퇴직 합의 이후 명예퇴직 예정일 도래 이전에 근로자에게 근로관계를 계속하게 하는 것이 곤란할 정도의 중대한 비위행위가 있는 경우, 사용자의 명예퇴직 승인 의사표시는 철회될 수 있다.[85)]

---

82) 대법원 2016. 9. 28. 선고 2013다204119 판결(이에 대한 평석으로는 노상헌, 254면 이하).
83) 김승정, 572면.
84) 대법원 1999. 12. 21. 선고 99다42933 판결.
85) 대법원 2002. 8. 23. 선고 2000다60890, 60906 판결.

### 라. 효 과

근로자와 사용자 사이의 명예퇴직 합의가 있으면, 예정된 명예퇴직일에 퇴직의 효력이 발생한다. 따라서 명예퇴직예정일에 근로자는 당연히 퇴직하고 사용자는 명예퇴직금을 지급할 의무를 부담한다.[86)]

명예퇴직 효과의 구체적인 내용은 그 실시 근거인 단체협약, 취업규칙, 근로계약 등에 의해 좌우된다. 즉 "사용자가 […] 명예퇴직 제도 […] 에 따라 지급하는 명예퇴직금은 그 지급대상, 지급요건 및 산정방법 등이 다양하여 그 성격을 한 가지로만 규정지울 수는 없다."[87)]

구체적 사건에서 이를 규명하는 것은 의사해석의 문제이다. 예를 들면 명예퇴직금의 지급 시기가 반드시 명예퇴직일과 같을 이유는 없고, 명예퇴직일 당시까지 해당 근로자가 실제 근무하여야만 하는 것도 아니다. 대법원은 회사가 명예퇴직일 이전에 사망한 근로자의 유족에 대해 명예퇴직금 지급을 거부한 사안에서 "근로자수 감축에 의한 감량경영이나 인사적체를 해소한다는 차원에서 정년에 도달하지 아니한 근로자들에게 금전적인 보상을 주고 미리 퇴직하도록 유도하는 명예퇴직제도의 취지와 […] 그동안의 명예퇴직제도 운영실태, 이 사건에서 명예퇴직의 합의에 이르게 된 경위, 명예퇴직승인일과 명예퇴직예정일 사이의 기간 등에 비추어 보면, 위 합의 당시의 당사자의 의사가 명예퇴직예정일 이전에 사망과 같이 근로자에게 책임 없는 사유로 퇴직되는 경우에도 명예퇴직예정일에 명예퇴직을 할 수 없다는 이유로 명예퇴직금을 지급하지 않기로 하는 취지였는지는 의문이 있[다]"고 판시한 바 있다.[88)]

### 마. 명예퇴직금

#### (1) 법적 성격

명예퇴직에서 근로자에게 퇴직급여 외에 지급되는 가산금은 명예퇴직금, 명예퇴직수당, 퇴직위로금, 특별위로금, 특별퇴직금 등의 명칭으로 불린다.[89)] 앞에서 설명한 것처럼 명예퇴직금은 각 기업마다 정하는 바가 달라 그 성격을 획일적으로 규정하는 것은 쉽지 않고, 각 기업이 정하고 있는 명예퇴직금의 구체

86) 대법원 2003. 6. 27. 선고 2003다1632 판결.
87) 대법원 2007. 11. 29. 선고 2005다28358 판결.
88) 대법원 2000. 7. 7. 선고 98다42172 판결(이에 대한 평석으로는 박종희a, 26면 이하).
89) 헌재 2007. 4. 26. 선고 2003헌마533 결정, 김승정, 573면.

적인 내용을 살펴 그 주된 성격을 파악해야 한다.90) 다만 일반적인 명예퇴직, 즉 장기근속자의 정년 이전 조기 퇴직을 유도하기 위하여 퇴직일부터 정년까지의 기간이 길수록 많은 금액이 지급되는 내용의 명예퇴직금 제도를 설정하여 운영하는 경우, 그 명예퇴직금은 후불임금이라기보다는 조기 퇴직에 대한 사례금 또는 장려금적인 성격이 강하다. 이런 점을 고려하여 헌법재판소는 명예퇴직금의 성격을 "조기 퇴직을 유도하기 위해서 사용자가 피용자에게 지급하는 금전(특별장려금)"이라고 판시한 바 있다.91) 따라서 명예퇴직금 제도에 대해서는 일반적으로 퇴직급여에 관한 노동법적 규율이 적용되지 않는다.92)

대법원은 "퇴직위로금이 임금에 해당하는지 여부는 그 지급의 사유와 시기 및 기준, 근로와의 관계 등을 종합적으로 고려하여 결정하여야 할 것인데, 퇴직위로금 액수가 퇴직금보다 훨씬 많은 점, 외환위기로 경영이 지속적으로 악화되면서 명예퇴직제도와 퇴직위로금제도를 신설하게 되었는데 그 액수가 계속근로연수나 정년잔여기간에 관계없이 일률적으로 정해진 점 등을 참작하면 이 사건 퇴직위로금은 원고들의 재직 중의 근로에 대한 대가로서 지급되는 후불적 임금으로서의 성질을 갖는 것이 아니라 여러 가지 사유로 해고되는 경우에 위로금조로 지급되는 것이거나 해고 후의 생계보장을 위해 지급되는 보상금의 일종으로 봄이 상당하다."라고 판시하고, 퇴직위로금이 후불적 임금의 성질을 가진 것으로서 재단채권에 해당한다고 본 원심 판결을 파기하였다.93)

#### (2) 재산분할 대상 여부

명예퇴직금, 명예퇴직위로금 등이 이혼 시 재산분할의 대상이 되는지와 관련하여 ① 일방 배우자가 혼인생활과는 관계없이 다른 외부적인 요인에 의하여 취득한 것으로 그의 특유재산이므로 재산분할의 대상에서 제외되어야 한다는 견해와 ② 근로자가 명예퇴직을 하기 위해서는 장기근속 등 일정한 요건(중대한 비위사실이 없어야 한다는 등)이 필요한데 이러한 요건을 갖추는 것에 대하여 상대방 배우자가 기여하였음을 인정하여야 하므로 재산분할의 대상이 된다는 견해가 가능하다.94)

90) 김승정, 581면.
91) 헌재 2007. 4. 26. 선고 2003헌마533 결정.
92) 대법원 2007. 11. 29. 선고 2005다28358 판결.
93) 대법원 2008. 7. 10. 선고 2006다12527 판결.
94) 각 견해에 대한 설명은 김승정, 588면 참조.

판례는 긍정설을 취하고 있다. 즉 이혼소송의 사실심 변론종결 당시에 부부 중 일방이 직장에서 일하다가 명예퇴직을 하고 통상의 퇴직금 이외에 명예퇴직금 명목의 돈을 이미 수령한 경우, 명예퇴직금이 정년까지 계속 근로로 받을 수 있는 수입의 상실이나 새로운 직업을 얻기 위한 비용지출 등에 대한 보상의 성격이 강하다고 하더라도, 일정기간 근속을 요건으로 하고 상대방 배우자의 협력이 근속 요건에 기여하였다면, 명예퇴직금 전부를 재산분할의 대상으로 삼을 수 있다고 한다.[95] 이때 법원은 상대방 배우자가 근속 요건에 기여한 정도, 이혼소송 사실심 변론종결일부터 정년까지의 잔여기간 등을 재산분할의 액수와 방법을 정하는 데 참작할 수 있다.[96]

(3) 압류 가능성

판례에 따르면, 현재 그 권리의 특정이 가능하고 가까운 장래에 발생할 것이 상당 정도 기대되는 경우에는 장래 발생할 채권이나 조건부 채권을 압류 또는 가압류 할 수 있다.[97] 즉 20년 이상 근속한 지방공무원의 경우에 명예퇴직수당의 기초가 되는 법률관계가 존재하고 그 발생 근거와 제3채무자를 특정할 수 있어 권리의 특정도 가능하며 가까운 장래에 발생할 것이 상당 정도 기대되므로, 그 공무원이 명예퇴직수당 지급대상자로 확정되기 전에도 그 명예퇴직수당 채권에 대한 압류가 가능하다.[98]

이와 관련하여 일반 근로자에 대해서도 명예퇴직금 채권에 대한 압류 또는 가압류가 가능한지가 문제될 수 있다. 이에 대해 공무원의 명예퇴직수당 관련 심사 및 결정은 공무원의 퇴직 신청 자체에 대한 승낙은 아니며 퇴직하는 공무원이 법령에 규정된 명예퇴직수당의 지급대상인지 여부에 관한 것일 뿐이고, 명예퇴직수당의 지급이 공무원과 국가 또는 지방자치단체의 합의에 의해 이루어지는 것은 아니므로, 이를 청약과 승낙에 의한 근로관계의 합의해지에 따른 일반 근로자의 명예퇴직에 대해서 위 판례 법리를 적용하기 어렵다는 견해가 있

95) 대법원 2011. 7. 14. 선고 2009므2628, 2635 판결(이에 대한 평석으로는 김승정, 559면 이하).
96) 대법원 2011. 7. 14. 선고 2009므2628, 2635 판결.
97) 대법원 1982. 12. 26. 선고 82다카508 판결.
98) 대법원 2001. 9. 18.자 2000마5252 결정(이에 대한 평석으로는 김영천, 329면 이하), 대법원 2010. 2. 25. 선고 2009다76799 판결(지방공무원이 약 14~15년 정도 근무한 때에 채권자가 그 명예퇴직수당 채권에 대하여 채권가압류결정과 채권압류 및 추심명령을 받았고 그 후 해당 지방공무원이 약 20년 5개월을 근속한 뒤 명예퇴직한 사안에서, 채권가압류결정 등이 유효하다고 판단).

다.[99] 그러나 일률적으로 위 판례 법리가 적용되지 않는다고 단정할 것은 아니고, 일반 근로자의 경우에도 관련 규정의 해석상 공무원의 명예퇴직수당과 비슷한 방식으로 명예퇴직금의 지급 여부가 결정되는 때에는 그 청구권에 대한 압류 또는 가압류가 가능하다고 볼 여지가 있다.

### 2. 권고사직

#### 가. 의 의

근로관계의 합의해지 중에서 사용자가 합의해지 청약의 의사표시를 하고 근로자가 이에 대한 승낙의 의사표시를 하는 경우를 흔히 '권고사직'이라 한다.[100] 권고사직은 다시 징계로서 행해지는 것과 그렇지 않은 경우로 나눌 수 있다.

한편, 교원의 신분보장을 위하여 교육공무원법 43조 3항은 "교육공무원은 권고에 의하여 사직을 당하지 아니한다"라고, 사립학교법 56조 2항은 "사립학교 교원은 권고에 의하여 사직을 당하지 아니한다."라고 규정하여 임용권자의 교원에 대한 권고사직을 제한하고 있다.[101]

#### 나. 징계 권고사직

일부 기업에서 취업규칙, 단체협약 등에 징계처분의 한 종류로서 권고사직을 규정하는 경우가 있다. 일반적으로 권고사직은 징계해고를 제외하고는 가장 중한 징계처분으로 위치한다.[102] 그리고 권고사직 결정이 내려진 이후 일정 기간 내에 사직원을 제출하지 않으면, 해당 근로자에 대해 징계해고처분이 내려지거나 자동면직 조치가 취해지고 퇴직급여 등에서 불이익을 입게 된다.[103]

이러한 권고사직 결정은 해고의 의사표시와 함께 근로관계의 합의해지의 청약으로 구성되어 있다.[104] 법원은, 징계처분으로서 권고사직이 이루어지고 그 불이행 시 징계해고가 내려지는 경우 이를 합쳐 '조건부 징계해고'로 파악한다. 즉, 징계로서의 권고사직과 이에 따른 징계해고는 일정 기간 내에 사직원을 제출하여 퇴직조치되지 아니함을 조건으로 하여 효력을 발생하는 징계해고이거나

99) 김영천, 341면.
100) 김홍준, 5면; 박상훈, 603~604면.
101) 대법원 1997. 9. 5. 선고 97다20342 판결.
102) 대법원 1993. 4. 13. 선고 92다48208 판결.
103) 대법원 1996. 2. 9. 선고 94누9771 판결; 박상훈, 605면; 조성혜, 219~220면.
104) 김유성, 330면.

서로 불가분의 관계에 있는 것으로서 1개의 징계 조치로 보고, 근로자가 권고사직 및 이에 따른 해고의 무효 확인을 청구하는 것은 위와 같이 불가분의 관계에 있는 하나의 징계 조치의 무효 확인을 구하는 것이므로, 권고사직 조치 부분과 징계해고의 효력 발생과 따로 떼어서 판단해서는 안 된다.[105] 따라서 "조건부 징계해임처분 즉 징계처분통지를 받은 날로부터 일정한 기간 내에 사직원을 제출하지 아니하면 징계해임한다는 징계처분이 만일 원고 주장과 같은 무효사유가 인정되어 무효로 된다면 그에 따라 원고가 제출한 사직원에 의하여 행한 의원면직처분도 특단의 사정이 없는 한 무효라고 보아야 할 것이며, 무효인 조건부 해임처분에서 정한 조건대로 사직원을 제출하였다 하여 위 처분에 승복하고 그 위법에 대한 불복을 포기한 것이라고 볼 수 없[다]."[106]

결국 징계로서 행해진 권고사직 처분의 유효 여부는 해고제한법제에 의하여 판단된다.[107]

### 다. 일반 권고사직

징계처분이 아닌 일반적인 권고사직의 경우, 근로자의 사직 의사표시 또는 사용자의 사직원 수리 행위는 원칙적으로 민사법적 원리에 의해 규율된다. 그런데 권고사직과 관련한 재판 실무에서는 사용자의 해고 의사표시가 있었는지, 아니면 근로자의 사직 또는 합의해지의 청약이 있었는지가 불분명하거나 당사자들이 그 존부를 다투는 경우가 있다. 예를 들면 회사 대표 또는 간부가 특정 근로자에게 '당장 그만 둬라, 내일부터 나오지 마라'라고 말하고 근로자가 '알았다'라며 대꾸를 하는 등 비법률적 언동이 오고간 후 출근하지 않은 경우, 근로자는 해고를 당했다고 주장하고 사용자는 사직 또는 합의해지로 처리하였다고 주장하면, 관련 당사자의 행동 등을 법률적으로 평가하는 작업이 선행되어야 한다.[108]

위와 같은 사안에서 사직원이 존재한다면, 1차적인 판단 기준은 그것이 된

105) 대법원 1982. 9. 14. 선고 82다174, 82다카390 판결, 대법원 1986. 3. 11. 선고 85다618 판결, 대법원 1991. 11. 26. 선고 91다22070 판결.

106) 대법원 1985. 5. 14. 선고 83다카2069 판결. 대법원 1991. 11. 26. 선고 91다22070 판결도 같은 취지이다. 다만, 이 경우에도 조건부징계해임처분은 과거의 권리관계이고 비록 현재의 권리관계인 근로관계의 존부에 영향을 미친다 하더라도, 이는 현재의 분쟁을 해결하는 전제에 지나지 아니하여 확인의 이익은 인정할 수 없다고 한다(대법원 1988. 4. 25. 선고 87다카1280 판결).

107) 박상훈, 606면.

108) 박수근, 269~270면; 유성재b, 105면.

다. 그런데 소규모 사업장에서는 사직원이 작성되지 않는 경우가 자주 일어난다. 이때에는 당사자들의 언동이나 정황(앞에서 설명한 출근 거부, 퇴직급여의 수령, 구직 활동, 물품 반납 등) 등을 통해 근로자에게 근로관계를 계속할 의사가 있었는지를 판단한다.[109] 만약 근로자의 사직 또는 합의해지의 청약 의사표시가 형식적으로 존재한다면, 그 다음에는 해당 의사표시가 근로자의 진의에 기초한 확정적인 것인지를 살펴야 한다. 관련 법리는 다음 Ⅳ.의 설명 참조.

한편, 취업규칙 등에 징계로서 권고사직 처분을 규정하고 있지 않다 하더라도, 사용자는 '조건부 해고'로서 권고사직 처분을 할 수 있는데, 이 처분과 관련해서도 징계로서 행해진 권고사직 결정과 마찬가지로 1개의 인사처분으로 파악하여 유·무효를 살펴야 한다.

## Ⅳ. 사직, 합의해지와 해고제한법제

### 1. 사직, 합의해지와 해고

#### 가. 문제 상황

사용자와 근로자 사이의 근로계약 관계가 사직 또는 합의해지에 의하여 종료되는 경우에는 사용자의 사직서 수리 행위를 해고로 취급할 수 없다. 하지만 사용자가 사직의 의사 없는 근로자로 하여금 어쩔 수 없이 사직서를 작성·제출하게 한 후 이를 수리하는 형식으로 근로계약 관계를 종료시켰다면, 이 경우 사용자의 사직서 수리 행위는 실질적으로 사용자의 일방적 의사에 의하여 근로계약 관계를 종료시키는 해고라고 보고, 해고의 정당요건을 구비했는지 여부를 따지게 된다.[110] 그리고 대부분의 사안에서 법원은 사직원 제출 행위가 민법 107조 1항 소정의 비진의(非眞意)인지, 아니면 진의(眞意)에 기초한 것인지를 검토하

109) 김동욱, 45면.

110) 대법원 1988. 4. 25. 선고 87다카1280 판결, 대법원 1992. 1. 26. 선고 91다38686 판결, 대법원 1992. 3. 13. 선고 91누10046 판결, 대법원 1992. 5. 26. 선고 92다3670 판결, 대법원 1992. 7. 10. 선고 92다3809 판결, 대법원 1992. 8. 14. 선고 91다29811 판결, 대법원 1992. 9. 1. 선고 92다26260 판결, 대법원 1993. 2. 9. 선고 91다44452 판결, 대법원 1993. 5. 25. 선고 91다41750 판결, 대법원 1994. 4. 29. 선고 93누16185 판결, 대법원 1996. 7. 30. 선고 95누7765 판결, 대법원 2000. 4. 25. 선고 99다34475 판결, 대법원 2002. 6. 14. 선고 2001두11076 판결, 대법원 2003. 4. 11. 선고 2002다60528 판결, 대법원 2003. 10. 10. 선고 2001다76229 판결, 대법원 2004. 6. 25. 선고 2002다68058 판결, 대법원 2005. 9. 9. 선고 2005다34407 판결, 대법원 2005. 11. 25. 선고 2005다38270 판결, 대법원 2010. 3. 25. 선고 2009다95974 판결, 대법원 2015. 8. 27. 선고 2015다211630 판결.

여 그 사직원의 수리 행위를 사실상 해고로 취급할 수 있는지를 판단한다.[111) ] 예를 들면, 근로관계의 종료에 관한 의사와 관련해서 착오, 기망, 강박 등과 비진의 유무가 함께 문제되는 사안에서도 대체로 그 의사의 진의 여부를 따져 의사표시의 효력 유무를 판단한다.[112)]

아래에서는 먼저 사직 또는 합의해지의 해고 여부를 판단하는 과정에서 의사표시에 관한 민법 규정을 적용할 필요가 있는지 여부 및 증명책임에 대해 살펴보고, 그 후 법원이 관련 사안에서 퇴직 의사표시의 진의 여부를 판단한 기준을 구체적으로 검토한다.

### 나. 민법 규정의 적용 여부

#### (1) 관련 견해

퇴직 의사표시가 실질적으로 해고에 해당하는지 여부를 판단할 때 민법 규정을 그대로 적용해야 하는지에 대해서는 소극설과 적극설이 대립한다.

첫째, 소극설은 사용자가 사직의 의사가 없는 근로자로 하여금 어쩔 수 없이 사직서를 제출하게 하고 이를 수리하는 형식으로 근로관계를 종료시키는 경우는 사용자의 일방적인 의사표시로 근로관계를 종료시키는 것에 다름 아니므로, 그 형식에도 불구하고 실질적으로 해고에 해당한다고 보는 것이 타당하다고 주장한다. 이 견해에 따르면, 근로자의 사직원 제출 행위가 비진의 의사표시 또는 강박에 의한 것인지 여부는 실질적으로 해고에 해당함을 추인케 하는 간접사실에 불과하여 이를 주장·증명할 필요가 없다. 따라서 법원으로서는 비진의 의사표시에 기한 것이거나 강박에 의한 것이어서 무효 또는 취소할 수 있는 의사표시에 해당한다는 판단 과정을 거칠 필요가 없을 뿐만 아니라 판단해서도 안 되며, 인정된 사실관계에 의하여 곧바로 실질적으로 해고에 해당하는지 여부를 판단하면 된다.[113)]

둘째, 적극설은 근로관계 종료에 관한 근기법의 해고 제한 규정은 단지 사용자의 해지권 행사를 일정한 사유로 제한한다는 점에서 특별법으로서의 의미를 가지므로, 사직원의 제출이 근로자의 자유로운 의사에 의한 것이 아니라는 이유만으로 곧바로 근기법상 해고로 취급되어서는 안 되며, 사직 또는 합의해지

111) 김기우a, 197면.
112) 김기우a, 197~198면; 김동욱, 47면.
113) 김기우b, 214면; 이윤승, 12~13면.

의 청약이 민법상 비진의 의사표시 또는 사기·강박에 의한 의사표시 등에 해당함으로써 그 의사표시가 유효하게 성립하지 않는 경우에만 해고의 정당성 유무가 검토되어야 한다고 주장한다.114) 다만, 이 견해에 따르더라도 사직 또는 합의해지의 효력 유무를 검토하는 과정에서 근로관계의 특수성과 근로관계 존속의 보호라는 노동법적 이념을 감안하여 구체적 사안에 따라 실체적 판단을 해야 한다고 한다.115)

### (2) 판 례

과거 판례는 사직원 제출 행위의 외형적 형식보다는 그 실질을 중시하여 사용자가 근로자의 의원면직을 종용한 경우 노동법적 관점에서 이를 부당해고로 보았으나,116) 2000년대 이후에는 근로계약관계에도 민법의 규정이 적용된다는 점에 기초하여 민법 107조의 비진의 의사표시의 개념을 명확히 하고 사직서 제출 당시 근로자의 사직 의사 유무에 대한 판단 기준을 제시함으로써 사용자와 근로자 사이의 근로계약관계를 계약적 관점에서 규율하고 있다고 한다.117) 다만, 법원 역시 근로관계의 특수성을 감안하여 구체적 사안에 따라 실질적 판단을 하고 있다.118) 즉 몇몇 관련 판결례에서 근로자가 사직 또는 합의해지를 통해 근로관계를 종료한 경우 그에 대해 근기법상 해고제한법제가 적용되기 위해서는, 근로자의 사직서 제출 행위 등이 비진의 의사표시에 해당하는 등으로 "무효"여야 한다는 내용이 나타나는 것이 있긴 하나,119) 현재는 민법 규정에 따라 의사표시의 무효 여부를 판단하는 단계를 거치지 않고, 근로자의 의사표시가 '진의'에 기초한 것인지를 살펴 사용자의 그 수리행위를 실질적으로 사용자의 일방적 의사표시에 의하여 근로계약관계를 종료시키는 해고라고 볼 수 있는지

114) 김용빈, 21면; 박종희b, 268~269면; 하경효a, 18면.

115) 김용빈, 21면; 하경효a, 19면.

116) 이윤승, 16~17면. 예를 들면 대법원 1993. 2. 9. 선고 91다36666 판결(이에 대한 평석으로는 이윤승, 9면 이하)은 "「사용자가 근로자로부터 사직서를 제출받고 이를 수리하는 의원면직의 형식을 취하여 근로계약관계를 종료시킨다고 하더라도 사직의 의사 없는 근로자로 하여금 어쩔 수 없이 사직서를 제출하게 한 경우에는 실질적으로는 사용자의 일방적 의사에 의하여 근로계약관계를 종료시키는 것이어서 해고에 해당한다」고 할 것이므로 [···] 사실관계가 원심이 확정한 바와 같다면 위 면직조치는 원고의 사직의사가 비진의 의사표시에 해당하는지 여부에 관계없이 실질적으로는 해고에 해당한다"라고 판시한 바 있다.

117) 김용빈, 30면.

118) 김용빈, 21면.

119) 대법원 1993. 5. 25. 선고 91다41750 판결, 대법원 1996. 7. 30. 선고 95누7765 판결, 대법원 2000. 4. 25. 선고 99다34475 판결.

를 판단하는 것이 일반적이다.[120)]

즉 비진의 의사표시 등에 관한 민법 규정과 법리는 근로자의 의사표시의 '해석' 작업에서만 활용될 뿐, 퇴직 의사표시의 효력을 판단함에 있어서는 적용되지 않고 있다(특히 만약 비진의 의사표시 등에 관한 민사 법리가 그대로 적용된다면, 근로자의 사직원 제출 행위가 비진의 의사표시에 해당할 경우 그 의사표시는 취소 또는 무효로 되고 근로관계는 그대로 존속한다는 결론에 이르러야 하는데, 법원은 다시 해고 여부 및 그 유·무효 판단 단계로 넘어가서 근로관계의 존속 여부를 판단하고 있다).[121)] 법률행위의 취소·무효에 관한 민법 규정과 법리가 반드시 그대로 근로관계에 적용되어야 하는 것은 아니고, 근로관계의 특성에 맞게 수정되어 노동법 규범으로 전환되어 적용되어야 한다는 점에 비추어 볼 때,[122)] 이러한 판례 법리는 수긍할 수 있다 할 것이다.[123)]

### 2. 증명책임

근로자가 해고 사실의 존재를 주장하고 사용자는 사직 의사표시 또는 근로계약의 합의해지에 따라 근로관계가 종료되었다고 주장하는 경우, 해고 사실의 존재에 대한 증명책임을 누가 부담하는지 등에 관해 하급심 및 학설은 엇갈리고 있다.

먼저, 일부 하급심 판례는 사용자가 해당 근로자와의 근로관계 종료 원인이 해고가 아니라는 점을 증명해야 한다고 판시한 바 있다.[124)] 이에 따르면 사용자가 사직 또는 합의해지의 존재를 증명한 이후에는, 근로자가 그 의사표시가 진

120) 예컨대 대법원 2005. 11. 25. 선고 2005다38270 판결의 원심은 '원고들은 사직 이외에는 다른 선택의 여지가 없는 상황에서 사직서를 제출하였다고 볼 것이고 따라서 원고들의 퇴직은 자발적인 사직의 의사에 따른 것이 아니라 피고가 일방적인 의사표시에 의하여 근로계약관계를 종료시킨 것으로서 사실상 해고에 해당한다'라고 판시하였다.

121) 홍진영, 120면.

122) 권오성a, 259면.

123) 근로계약 체결 의사표시의 취소 여부가 문제된 사안에서 법원은 비슷한 취지로 "근로계약은 […] 기본적으로 그 법적 성질이 사법상 계약이므로 계약 체결에 관한 당사자들의 의사표시에 무효 또는 취소의 사유가 있으면 그 상대방은 이를 이유로 근로계약의 무효 또는 취소를 주장하여 그에 따른 법률효과의 발생을 부정하거나 소멸시킬 수 있다 […]. 다만 그와 같이 근로계약의 무효 또는 취소를 주장할 수 있다 하더라도 근로계약에 따라 그동안 행하여진 근로자의 노무 제공의 효과를 소급하여 부정하는 것은 타당하지 않[다.]"라고 판시한 바 있다(대법원 2017. 12. 22. 선고 2013다25194, 25200 판결).

124) 서울고법 2018. 5. 4. 선고 2017누84329 판결(대법원 2018. 8. 16.자 2018두43941 심리불속행 기각 판결로 확정), 서울행법 2008. 1. 31. 선고 2007구합19195 판결, 서울행법 2011. 5. 27. 선고 2010구합32709 판결.

의에 의한 것이 아니어서 사실상 해고에 해당한다는 점을 주장·증명해야 한다.[125] 증거에 대한 거리, 증거 접근의 난이도 등을 고려할 때 사용자가 사직 등의 사실을 증명하는 것이 수월하므로, 사용자가 근로관계 종료 원인이 해고가 아니라는 점을 증명해야 한다는 견해도 이와 같은 입장이다.[126]

하급심 판례 중에는, 근로관계가 해고로 인해 종료하였다는 점에 관한 증명책임은 근로자 등 이를 주장하는 자가 부담한다고 판시한 판결도 존재한다.[127] 같은 취지에서 사용자가 사직 또는 합의해지라고 주장하는 것은 해고의 개념징표 중 '근로관계 종료의 원인이 사용자의 일방적 의사'라는 점에 대한 '간접부인'에 해당하고, 해고의 존재에 대한 증명책임은 근로자에게 있다고 보는 것이 타당하다는 견해가 있다.[128]

### 3. 해고제한법제 적용 여부의 판단 기준 및 요소

#### 가. 적용 여부의 판단 기준

판례에 의하면, 사용자가 사직의 의사 없는 근로자로 하여금 어쩔 수 없이 사직서를 작성·제출하게 한 후 이를 수리하는 이른바 의원면직의 형식을 취하여 근로계약관계를 종료시키는 경우에는 실질적으로 사용자의 일방적인 의사에 의하여 근로계약관계를 종료시키는 것이어서 해고에 해당한다고 할 것이나, 그렇지 않은 경우에는 사용자가 사직서 제출에 따른 사직의 의사표시를 수락함으로써 사용자와 근로자의 근로계약관계는 합의해지에 의하여 종료되는 것이므로 사용자의 의원면직 처분을 해고라고 볼 수 없다고 한다.[129] 즉, 사직 또는 합의해지의 청약이 '진의'에 의한 것이 아닐 때 해고제한법제가 적용될 수 있다는 것이다.

---

125) 서울행법 2008. 12. 4. 선고 2008구합33587 판결; 홍진영, 120면.

126) 김기우a, 194~195면; 김동욱, 45~46면.

127) 서울고법 2013. 10. 16. 선고 2012누34756 판결(대법원 2014. 2. 28.자 2013두23904 심리불속행기각 판결로 확정), 서울행법 2012. 11. 15. 선고 2012구합23594 판결(항소기각 및 대법원 2014. 1. 16.자 2013두21014 심리불속행기각 판결로 확정).

128) 권오성b, 90면.

129) 대법원 1993. 1. 26. 선고 91다38686 판결, 대법원 1997. 8. 29. 선고 97다12006 판결, 대법원 2000. 4. 25. 선고 99다34475 판결, 대법원 2001. 1. 19. 선고 2000다51919, 51926 판결, 대법원 2002. 6. 14. 선고 2001두11076 판결, 대법원 2003. 4. 11. 선고 2002다60528 판결, 대법원 2003. 10. 10. 선고 2001다76229 판결, 대법원 2005. 9. 9. 선고 2005다34407 판결, 대법원 2005. 11. 25. 선고 2005다38270 판결, 대법원 2010. 3. 25. 선고 2009다95974 판결, 대법원 2015. 8. 27. 선고 2015다211630 판결, 대법원 2017. 2. 3. 선고 2016다255910 판결.

여기서의 진의(眞意)란 일상생활에서 흔히 사용하는 본심(本心)과는 다른 것이다. 법률관계에서의 진의란 내심의 효과의사를 의미하고, 이는 자신이 특정한 의사표시를 하는 것을 의욕하는 것을 뜻한다. 진의란 당사자가 어떤 상황에서 자신이 가장 최선이라고 생각하는 선택이나 진정으로 원하고 있는 것이 아니다. 진의는 그 상황 하에서의 행동을 실제 의욕했다는 것을 의미하는 정도에 그친다.[130] 예를 들면, 회사가 구조조정의 필요성이나 징계 회부의 가능성을 거론하며 근로자에게 사직을 권고할 때 당해 근로자는 진정으로는 그 회사에 계속 근무하기를 희망하고 그것이 가장 최선이라고 생각하지만, 실제 여러 가지 사정들을 고려해서 차선책으로 사직을 결정하는 경우가 있다. 이 때 그 근로자의 진의는 전자가 아니라 후자, 즉 '현재 상황에서는 내가 사직서를 제출하는 것이 좋을 듯하다'는 의사이다. 따라서 근로자가 사직서를 작성, 제출하는 것은 진의(내심의 효과의사)에 부합하는 의사표시라고 평가된다.[131]

위와 같은 취지에서 법원은 의원면직 처리의 해고 여부가 문제된 사안에서 "'진의'(眞意)란 특정한 내용의 의사표시를 하고자 하는 표의자의 생각을 말하는 것이지 표의자가 진정으로 마음속에서 바라는 사항을 뜻하는 것은 아니므로 표의자가 의사표시의 내용을 진정으로 마음속에서 바라지는 아니하였다고 하더라도 당시의 상황에서는 그것이 최선이라고 판단하여 그 의사표시를 하였을 경우에는 이를 내심의 효과의사가 결여된 진의 아닌 의사표시라고 할 수 없다"라고 판시한 바 있다.[132]

### 나. 진의 여부를 판단하는 구체적 요소

법원은 의원면직이 실질적으로 해고에 해당하는지는 근로자가 사직서를 제출하게 된 경위, 사직서의 기재 내용과 회사의 관행, 사용자측의 퇴직 권유 또는 종용의 방법, 강도 및 횟수, 사직서를 제출하지 않을 경우 예상되는 불이익의 정도, 사직서 제출에 따른 경제적 이익의 제공 여부, 사직서 제출 전후의 근로자의 태도 등을 종합적으로 고려하여 판단하고 있다.[133]

---

130) 예컨대 민법 107조 소정의 '비진의 의사표시'가 성립하기 위해서는 그 표시와 진의가 일치하지 않아야 하는데, 이는 내심의 효과의사가 표시상의 효과의사와 객관적으로 부합하지 않음을 의미할 따름이다.

131) 김소영, 128면.

132) 대법원 2000. 4. 25. 선고 99다34475 판결, 대법원 2001. 1. 19. 선고 2000다51919, 51926 판결, 대법원 2003. 4. 25. 선고 2002다11458 판결, 대법원 2015. 8. 27. 선고 2015다211630 판결.

133) 대법원 2000. 9. 5. 선고 99두8657 판결, 대법원 2003. 4. 25. 선고 2002다11458 판결, 대법원

그 밖에 일반적으로 제시되는 판단 요소로는 사직서 형식이 회사가 지정한 양식에 따른 것인지 또는 자필로 작성한 것인지, 사직서에 기재된 내용이 회사 권유에 의한 사직인지 아니면 개인 사정으로 인한 사직인지, 회사의 형편을 감안한 사직이라는 취지가 포함되어 있는지, 사직 권유를 받은 후 이의제기 또는 반발이 있었는지, 퇴직금을 수령하면서 이의유보나 조건을 제기한 사실이 있는지, 사직서 수리 후 이의제기를 한 적이 있는지, 퇴직 조건으로 퇴직금 외에 별도의 위로금이나 전직할 직장이 제시되었는지 등을 들 수 있다.[134] 또한 근로자의 지위와 근무 경력 또는 다른 근로자들의 상황, 사용자의 경영 상태(희망퇴직이 여의치 아니할 경우 경영해고를 할 필요성) 등도 판단 기준이 될 수 있다.[135]

아래에서는 사직 또는 합의해지의 해고 여부가 문제된 판례를 중심으로, 위 판단 요소의 적용과 관련된 쟁점들을 살펴본다.[136]

### (1) 사직서 제출 경위

첫째, 회사의 방침에 의해 부득이하게 사직원을 제출한 경우 회사의 의원면직처분은 사실상 해고에 해당한다. 예를 들면 해외 공사 현장에서 입은 업무상 재해의 치료를 위하여 중도 귀국함에 있어서 미리 사직의 뜻이 담긴 귀국청원서를 제출하지 아니하면 귀국시켜 줄 수 없다는 회사의 요구에 의해 어쩔 수 없이 본의에 반하여 귀국청원서를 제출한 경우, 그 사직의 의사표시는 비진의 의사표시로서 그에 따른 회사의 의원면직처분은 실질상 해고에 해당된다.[137]

둘째, 형벌 또는 징계를 회피하기 위해 사직원을 제출한 것은 근로자의 진의에 의한 의사표시라고 볼 수 있다. 형사사건으로 인한 구속을 면하고 유리한 처분을 받기 위하여 피해자와 합의하는 과정에서 피해자의 요구에 따라 사직원을 제출한 경우,[138] 사직서 작성을 거부하고 징계절차에서 징계사유를 다투는 것이 가능한데도, 회사와 법적 다툼을 하기보다는 재취업하는 것이 더 낫다고 판단하여 그 요구에 응하여 사직서를 작성·제출한 경우 등이[139] 그 예이다. 또한 근로자가 회사로부터 아무런 근거 없이 징계면직처분을 받고 국가안전기획부에

2017. 2. 3. 선고 2016다255910 판결.

134) 김홍준, 8면.

135) 박수근, 278면.

136) 다음에 기재된 내용들은 설명의 편의를 위하여 필자가 임의로 축약한 것이다.

137) 대법원 1992. 9. 1. 선고 92다26260 판결.

138) 대법원 1994. 2. 8. 선고 93누10699 판결.

139) 대법원 2015. 8. 27. 선고 2015다211630 판결.

서 1주일간 혹독한 조사를 받고 풀려 나오자 그 당시 상황에서는 징계면직처분의 무효를 다투어 복직하기는 어렵다고 판단하여 퇴직금이라도 수령할 생각으로 사직원을 작성·제출한 경우도, 근로자에게는 그 표시의사에 상응하는 사직의 효과의사가 있었다고 봄이 상당하다고 판시한 예가 있다.[140)]

한편, 대표이사가 재무부장관으로부터 의무적으로 일정 수의 직원을 해직시키라는 지시를 받고 총무부장을 통하여 아무런 징계사유 없이 원고를 지목하여 사직원 제출을 종용하자, 근로자가 그 당시의 사회 분위기에 위축되어 어쩔 수 없이 사직원을 제출하였고, 회사가 이를 수리하여 의원면직하였다면, 이는 실질적으로 정당한 이유 없이 회사의 일방적 의사에 의하여 근로계약관계를 종료시킨 부당해고에 해당한다고 한다.[141)]

#### (2) 명예퇴직

명예퇴직의 경우 근로자가 퇴직급여 외의 추가적 대가를 받는 경우가 대부분이므로, 고용조정과 연결된 것이 아닌 한(이와 관련해서는 뒤에서 다시 설명한다), 진의에 기초한 것으로 보는 것이 일반적이다.

#### (3) 일괄 사직

일괄 사직은 사용자가 전체 또는 일정 범위의 근로자들에게 재신임을 묻는다는 취지로 일괄적으로 사직원을 제출하게 한 후 그 중 일부만을 선별 수리하는 방식으로 진행된다. 이 경우에는 무조건 사직원의 제출을 거부하면 해고하겠다는 의사까지 포함되었다고 보기 어려우므로, 결국 그것은 사직원의 일괄 제출이 사용자의 일방적인 의사에 기한 것인지 여부에 따라 선별 수리의 해고 여부가 결정되게 된다.[142)] 다만 통상적으로, 일괄 사직원을 제출하는 근로자는 그 사직원에 기하여 합의해지될 수도 있다는 점을 인식하고는 있으나 이를 의욕 또는 용인하고 있지는 않다는 점에 비춰볼 때, 비진의 의사표시에 해당하는 경우가 많다.[143)]

회사 대표이사가 부장급 이상 간부들에게 재신임을 묻겠다고 하면서 일괄하여 사직서를 제출하도록 지시하여 간부들이 사직할 의사가 없음에도 일괄적

140) 대법원 2000. 4. 25. 선고 99다34475 판결.
141) 대법원 1993. 1. 26. 선고 91다38686 판결.
142) 박상훈, 608~609면.
143) 김홍준, 7~8면 참조.

으로 사직서를 제출하였는데 대표이사가 이를 선별 수리하여 의원면직 처리한 경우, 이는 사직의 의사가 없는 근로자로 하여금 어쩔 수 없이 사직원을 작성·제출하게 한 것이므로, 실질적으로 사용자의 일방적인 의사에 의하여 근로계약관계를 종료시킨 것으로서 해고에 해당한다.[144] 그리고 근로자들이 사직서의 수리 여부, 수리 기준 등에 대하여 전혀 알지 못한 채 단순히 회사의 경영악화에 책임을 지겠다는 상징적인 의미의 형식적 제출에 불과한 것으로 알고 회사 상부의 결정사항이라는 이유만으로 사직서를 작성·제출하였다면, 이러한 상황에서 제출된 사직서를 수리하여 근로자들을 퇴직 처리한 것 역시 실질적으로 사용자의 일방적인 의사에 의하여 근로계약관계를 종료시키는 것이어서 해고에 해당한다.[145]

#### (4) 고용조정

앞에서 설명한 바와 같이 한국 기업은 고용조정의 방법으로 사직 또는 합의해지를 자주 이용한다. 그 경우 근로자들이 근로관계의 종료 이후 사직 또는 합의해지가 해고에 해당한다고 주장하며 그 효력을 다투는 사례가 발생하곤 한다. 이때에는 사직 또는 합의해지의 간접적 고용조정 수단으로서의 특성을 고려하여 해고 여부를 판단해야 한다. 왜냐하면, 구조조정 과정에서 이루어지는 사직 또는 합의해지 중에는 당사자의 자유로운 의사의 발현을 전제로 하는 사적자치의 원칙을 그대로 적용하기 어려운 경우가 있기 때문이다.[146][147]

144) 대법원 1994. 4. 29. 선고 93누16185 판결.

145) 대법원 2003. 10. 10. 선고 2001다76229 판결.

146) 김홍준, 5면.

147) 구조조정 과정 등에서 기업이 근로자에게 사직을 권고하였는데도 근로자가 이를 받아들이지 않는 경우, 그 근로자의 근로조건을 가혹하게 함으로써 결국 근로자가 스스로 직장을 떠나도록 하는 경우가 종종 있다. 이 때 근로조건의 저하는 회사의 정당한 인사명령이나 업무평가 등을 기초로 하기 때문에, 사실상 해고와 마찬가지의 결과가 초래된다 하더라도, 근로자로서는 해고 제한의 법리에 호소할 수 없다. 특히 근로자가 사직 또는 합의해지한 경우라면, 판례가 전통적인 민사법적 법리에 기초하고 있는 이상, 이를 해고로 취급하여 효력 여부를 다투기는 쉽지 않다. 후선배치 혹은 역직위, 장기간의 대기발령 혹은 휴직 등이 이러한 사직을 유도하는 수단으로 자주 사용되고, 그 과정에서 근로자는 근로조건이 저하되고 열악한 근무 상황에서 불명예스러운 해고를 당할 위험에 노출된다. 이러한 상황에서 사용자가 근로자에게 명예퇴직금과 같은 부가적인 금전적 혜택을 제공하겠다고 하며 퇴직을 권고할 때, 근로자가 이를 거부하는 것은 쉽지 않다. 이렇듯 사직 또는 합의해지에 이르는 전체 과정에 대한 고려 없이 퇴직 시점에서 일도양단식으로 해고제한법제의 적용 여부를 판단할 때, 자칫 근로자의 권리 보호에 소홀해질 수 있다는 점을 주의해야 한다. 이와 관련하여 퇴직의 의사가 전혀 없음에도 자신에게 주어진 선택의 범위가 명예퇴직 신청 또는 신청 불응 시 받게 될 불이익, 그 양자의 택일 관계에 놓인 상태에서의 명예퇴직 신청은 그 제한된 선택의 범위

첫째, 관련 사건에서 사직 또는 합의해지가 실질적으로 해고로 인정된 사례는 다음과 같다.

노사 합의 및 인사위원회의 의결에 따라 구조조정대상자로 선정되는 문제직원들에 대하여 스스로 사직원을 제출하지 아니할 경우 총무관리처로의 대기발령, 직위해제 및 해고예고 절차를 거쳐 직권면직시킨다는 인사방침이 확정·공고되었고, 근로자가 문제직원으로 선정된 후 이에 불복하여 사직원을 제출하지 아니하였다는 이유로 총무관리처로 무보직 대기발령을 받고 회사의 거듭된 종용에 따라 사직서를 작성·제출한 경우, 그 근로자는 원래 사직의 의사가 없었음에도 어쩔 수 없이 사직원을 작성·제출하였다고 보여지고, 회사가 이를 수리하여 퇴직처리한 것은 실질적으로 사용자의 일방적 의사에 의하여 근로계약관계를 종료시키는 것이어서 해고에 해당한다.[148)]

회사가 특정 근로자들을 정상적인 근로를 제공할 수 없을 정도로 열악한 부서로 전속시키고, 근로자들이 그러한 근로조건 하에서 회사의 사직서 제출 종용을 견디지 못하고 사직서를 제출한 경우, 사직원의 제출이 특정 사원에 대한 위법한 해고를 회피하기 위한 회사의 적극적인 강요에 의한 것이었고 사실상 퇴직 대상 사원이 회사의 의사에 의하여 확정되었으며 이들에게는 퇴직 이외에는 다른 선택의 여지가 없었다고 봄이 상당하므로, 그 근로자들의 퇴직은 실질적으로 사직의 의사가 없는 근로자의 근로계약관계를 사용자가 일방적 의사표시에 의하여 종료시킨 것으로서 사실상 해고에 해당한다.[149)]

회사가 특정 근로자들을 인원 감축 대상자로 선정하고, 그들만을 대상으로 퇴직 설명회를 개최하는 등 사직서 제출을 종용하였으며, 이에 응하지 않은 사람에 대해서는 보직해임 및 대기발령을 한 후 끝까지 사직서를 제출하지 않은 사람들을 모두 해고한 경우, 그 근로자들은 위법한 해고를 회피하기 위한 회사의 사직원 제출 요구를 견디지 못하고 사직 이외에는 다른 선택의 여지가 없는 상황에서 사직원을 제출하였다고 볼 것이고, 그 퇴직은 자발적인 사직의 의사에 따른 것이 아니라 회사가 일방적인 의사표시에 의하여 근로계약관계를 종료시

---

가 정당하지 않으므로 그러한 의사표시는 진의가 아닌 것으로 봐야 한다는 주장이 있다. 그리고 이런 사안에서 제한된 선택 범위의 당·부당은 명예퇴직 대상자로 선정되기에 이르기까지의 절차 및 과정이 경영해고 제한 법제에 비추어 정당한지 여부에 따라 판단해야 한다고 한다(박종희b, 271~274면).

148) 대법원 2002. 6. 14. 선고 2001두11076 판결.

149) 대법원 2003. 10. 10. 선고 2001다76229 판결.

킨 것으로서 사실상 해고에 해당한다.[150)]

둘째, 관련 사건에서 사직 또는 합의해지가 진의에 기초한 것으로서 해고제한법제를 적용할 수 없다고 한 예는 다음과 같다.

회사가 희망퇴직제를 실시하는 과정에서 당시 또는 앞으로 다가올 어려운 상황을 다소 과장하거나 위 퇴직 권유에 응하지 않을 경우 어떤 불이익을 입을 수도 있다는 취지의 설명을 하였다는 사정만으로는 회사가 근로자들에게 기망행위나 강박행위를 하였다고 보기 어렵고, 근로자들이 이로 인하여 사직의 의사표시를 하였다고 볼 수도 없다.[151)]

회사 소속의 '구조조정비상대책회의'가 인력구조조정의 일환으로 명예퇴직제도와 함께 순환휴직명령 제도를 실시하기로 결정하면서 순환휴직명령 대상자를 선정하기 위하여 기준을 정하였고, 이 기준에 해당하여 내부적으로 순환휴직명령 대상자로 선정된 근로자가 명예퇴직 신청서를 제출한 경우, 사직원을 제출한 것은 진정으로 마음속에서 명예퇴직을 바란 것은 아니라 할지라도 그 당시 상황에서 명예퇴직을 하는 것이 최선이라고 판단하여 스스로의 의사에 기하여 이 사건 사직원을 제출한 것이라고 봄이 상당하다.[152)]

회사가 노동조합과 사전 협의를 거쳐 희망퇴직자들에게 퇴직금 등의 지급조건을 우대하여 주는 내용으로 희망퇴직제를 실시하기로 한 뒤, 근로자들에게 희망퇴직 의사를 물어 명시적인 퇴직의사에 기하여 면직처분을 하였고, 그 과정에서 희망퇴직제의 실패로 경영해고를 시행할 경우 적용될 연령이나 근속기간 등의 정리기준을 고려할 때에 경영해고 대상자에 포함될 가능성이 상당한 근로자들에게 희망퇴직을 적극적으로 권유한 것에 지나지 않는다면, 근로자들이 사직의 의사가 없었음에도 불구하고 회사 측의 강요에 의하여 공포심을 느낀 결과 어쩔 수 없이 사직서를 제출하였다고 보기 어렵다.[153)]

회사가 경영여건을 개선하고 정부 지시에 부응하기 위하여 노동조합과 사전협의를 거쳐 희망퇴직자들에 대한 배려 방안 및 고용조정기준을 마련하고 그 기준에 따라 희망퇴직 대상자를 선정하고 그렇게 선정된 근로자들이 희망퇴직을 신청한 경우, 해당 근로자들은 그 당시의 국내 경제상황, 회사의 구조조정계획,

150) 대법원 2005. 11. 25. 선고 2005다38270 판결.
151) 대법원 2001. 1. 19. 선고 2000다51919, 51926 판결.
152) 대법원 2003. 4. 25. 선고 2002다11458 판결.
153) 대법원 2003. 4. 11. 선고 2002다60528 판결.

회사가 제시하는 희망퇴직 조건, 퇴직할 경우와 계속 근무할 경우에 있어서의 이해관계 등을 종합적으로 고려하여 희망퇴직 신청을 한 것으로 보여진다.[154)]

근로자들이 특별퇴직을 신청하는 과정에서 구조조정에 관한 경영상의 의지 표명 및 간부 직원들을 통한 권유에 의해 영향을 받은 점은 인정되지만, 그러한 경영상의 의지 표명 또는 권유의 정도를 넘어 사직의 의사가 전혀 없는 근로자들로 하여금 어쩔 수 없이 특별퇴직을 신청하게 하였다고 볼 수 있을 정도의 강압이나 퇴직의 종용이 있었다고 볼 수 없는 경우, 근로자들로서는 그 당시 은행의 경영 상태 및 장래의 전망, 구조조정에 관한 경영진의 확고한 의지, 은행이 제시한 특별퇴직의 조건, 각 개인들의 개별적 사정과 장래의 불확실성, 특별퇴직을 할 경우와 하지 않을 경우의 이해관계 등 제반 사정을 종합적으로 고려하여 특별퇴직을 신청하였다고 보여진다.[155)]

#### (5) 기간제 근로자

기간제법 4조 2항에 따라 기간의 정함이 없는 근로계약을 체결한 것으로 간주되는 근로자가 사직서를 제출하고 퇴직금을 지급받은 후 다시 기간제 근로계약을 체결하는 형식을 취하였다고 하더라도, 그것이 근로자의 자의에 의한 것이 아니라 사용자의 일방적인 결정에 따라 기간제법 4조 2항의 적용을 회피하기 위하여 퇴직과 재입사의 형식을 거친 것에 불과한 때에는, 실질적으로 사용자의 일방적인 의사에 의하여 근로계약관계를 종료시키는 것이어서 해고에 해당한다.[156)]

### 4. 해고제한법제의 적용 효과

퇴직 의사표시가 사실상 해고에 해당하는 경우, 그 해고가 유효하다는 점에 대해서는 사용자가 증명책임을 부담한다. 즉 근로자의 사직원 제출이 진의에 기초하였다고 보기 어렵고 사용자의 그 수리행위를 실질적으로 사용자의 일방적 의사에 의하여 근로관계를 종료시키는 해고라고 볼 수 있는 경우, 법 23조와 24조뿐만 아니라 해고 예고에 관한 26조, 해고사유 등의 서면통지에 관한 27조 등 해고 사유 및 절차 등에 관한 법령과 실효의 원칙 등 관련 법리가 적용되고 그에 따라 근로계약관계의 존속 여부를 판단한다.[157)]

---

154) 대법원 2005. 9. 9. 선고 2005다34407 판결(이에 대한 평석으로는 전형배, 35면 이하).
155) 대법원 2010. 3. 25. 선고 2009다95974 판결.
156) 대법원 2017. 2. 3. 선고 2016다255910 판결(이에 대한 평석으로는 김기우b, 211면 이하).
157) 대법원 1992. 3. 13. 선고 91다39085 판결, 대법원 1992. 12. 11. 선고 92다23285 판결, 대법

또한 일반적인 해고의 효력 여부가 다투어지는 사안에서와 마찬가지로, 그것이 무효인 경우 사용자는 그 근로자에 대해 원직에 복귀시킬 의무와 함께 그 동안 지급하지 않았던 임금 상당액을 지급해야 할 의무 등을 부담한다.[158)]

[도 재 형]

## 제23조 후론(後論) 2: 정년제

〈세 목 차〉



원 1993. 1. 26. 선고 91다38686 판결, 대법원 1995. 6. 30. 선고 94다17994 판결, 대법원 2000. 4. 25. 선고 99다34475 판결, 대법원 2005. 10. 28. 선고 2005다45827 판결, 대법원 2005. 11. 25. 선고 2005다38270 판결, 대법원 2007. 11. 30. 선고 2005다21647, 21654 판결, 대법원 2018. 8. 16.자 2018두43941 판결; 박지순, 12~13면.

158) 김기우a, 206면.

[참고문헌]

**강성태**, “고령자 고용법제의 현황과 개선 방안: 노동정책과 사회보장정책의 결합을 중심으로”, 동아법학 52호, 동아대학교 법학연구소(2011); **강희원a**, 노동법 기초이론, 법영사(2011); **강희원b**, “정년제에 대한 법적 재고”, 경희법학 47권, 경희법학연구소(2012); **곽지선**, 법정정년제도 도입에 따른 노동법적 쟁점 고찰, 고려대학교 대학원 석사학위논문(2016); **권오성**, 노동법(Ⅰ), 청목출판사(2011); **권혁**, “정년연장에 따른 임금체계 개편과 취업규칙 변경법리”, 노동법포럼 15호, 노동법이론실무학회(2015); **김명수**, 노동법강의, 중앙경제(2011); **김성욱**, “공무원의 정년퇴직일 연장 요구와 신의성실의 원칙”, 대법원판례해설 91호, 법원도서관(2012); **김수복**, 노동법, 중앙경제(2004); **김영수**, 고령화사회를 위한 임금피크제 연구, 경상대학교 대학원 석사학위논문(2010); **김유성a**, “정년제의 의의와 법적 문제”, 서울대학교 법학 33권, 서울대학교 법학연구소(1992); **김은주**, 정년제에 대한 노동법적 고찰, 경희대학교 대학원 석사학위논문(2013); **김진태**, “고령자 고용촉진을 위한 정년제의 문제점과 법제화방안”, 동아법학 52호, 동아대학교 법학연구소(2011); **김헌수·하갑래**, 노동법, 중앙경제(2001); **김형배·박지순**, 노동법강의, 신조사(2018); **김홍영**, “고령자이며 정년 후 재고용된 기간제 근로자에게 갱신기대권 법리를 인정한 사례”, 노동리뷰 46호, 한국노동연구원(2017. 5.); **노병호**, 노동법Ⅰ, 진원사(2017); **마은혁**, “일부 근로자 집단에 대한 취업규칙 불이익변경의 동의 주체”, 노동법실무연구 1권, 노동법실무연구회(2011); **박득곤**, 우리나라의 정년제와 재고용에 관한 고찰, 동국대학교 행정대학원 석사학위논문(1984); **방준식**, "임금피크제의 도입에 따른 법적 문제", 법학연구 24권, 경상대학교 법학연구소(2016); **방하남**, "인구 고령화시대 정년퇴직제도와 정년연장의 의미", 노동저널 2010년 4월호, 한국노총중앙연구원(2010); **배영봉**, 정년제에 관한 연구, 고려대학교 대학원 석사학위논문(2004); **손천식**, 당연퇴직에 관한 연구, 고려대학교 대학원 석사학위논문(2008); **손향미a**, "직급 및 직종별 차등정년제도의 법적문제", 법학논집 17권 4호, 이화여자대학교 법학연구소(2013); **손향미b**, "채용배치 및 승진에 있어서의 성차별에 따른 정년차별 사례 — 한국전기공사협회 사례를 중심으로 —", (계간)노무사 2호, 한국공인노무사회(2003); **심은정**, 고령사회의 정년제에 관한 법적 연구, 한국외국어대학교 대학원 석사학위논문(2012); **유성재**, "정년제 및 연령차별금지에 관한 비교법적 고찰", 중앙법학 13권 1호, 중앙법학회(2011); **이율경**, 고령자 근로권의 보장에 관한 연구 — 정년제에 대한 비판적 고찰 —, 서울대학교 대학원 박사학위논문(2016); **이철수**, "정년법제의 도입과 실무상 쟁점, 특집 — 기업경영과 노사관계", Business finance law, 서울대학교 금융법센터(2015); **임두빈 · 전용일**, "60세 정년연장제도가 임금피크제 도입 고려시 퇴직연금에 미치는 영향", 한국경제연구 32권 4호, 한국경제연구학회(2014); **정대위**, 임금피크제 도입에 대한 문제점과 개선방안 연구, 고려대학교 대학원 석사학위논문(2011); **정재헌**, 정년연장 시행에 따른 법적 쟁점에 관한 연구, 건국대학교 대학원 석사학위논문(2017); **조용만**, "정년연장의 법적 과제", 노동정책연구 12권 3호, 한국노동연구원(2012); **하갑래a**, 노동법 총서, 중앙경제(2016); **하갑래b**, "새 정년제도의 쟁점과 법리의 형성", 노동법학 49호, 한국노동법학회(2014); **호경임**, 법정정년제도에 있어서의 쟁점과 과제, 단국대학교 대학원 석사학위논문(2017); **今野順夫**, "休職 · 退職 · 定年" 現代講座 10巻.

## Ⅰ. 정년제의 의의

### 1. 정년제의 개념

근기법은 퇴직에 관한 사항을 취업규칙에 정하도록 하고 있을 뿐(93조) 정년에 관한 어떠한 조문도 두고 있지 않으며, 정년에 관한 규정을 가지고 있는 법률들[1])도 정년의 개념에 대해서는 아무런 설명을 하지 않고 있다.

그러나 정년(停年)[2])은 근로자가 법령, 단체협약, 취업규칙 또는 근로계약에

1) 현행법상 정년을 명문으로 규정하고 있는 경우로는 국공법 74조(정년 60세), 지공법 66조(60세), 교공법 47조(62세), 외무공무원법 27조(60세), 법원조직법 45조(대법원장 및 대법관 70세, 판사 65세), 헌법재판소법 7조(재판관 70세), 검찰청법 41조(검찰총장 65세, 검사 63세), 소방공무원법 20조(60세), 경찰공무원법 24조(60세) 등 주로 공무원들에 대해서이다.

서 정해 놓은 일정한 연령에 도달한 때인 그 시점(時點)을 의미하고, 정년제는 근로자가 일정한 연령에 도달하면 그의 근로계속 의사나 능력에 관계없이 근로계약관계를 종료하기로 정한 제도를 말한다는 데 의견이 일치한다.[3] 다만 정년연령에 도달하면 근로관계가 자동으로 종료하는지 아니면 사용자의 또 다른 의사표시가 필요한지에 대하여 정년제를 정년퇴직제와 정년해고제로 나누어 달리 설명하기도 한다.[4] 어느 사업장의 정년 규정이 정년퇴직제인지 정년해고제인지는 정년이 퇴직사유로 되어 있는지 아니면 해고사유로 되어 있는지에 따라 결정이 되는데,[5] 우리나라의 경우 정년해고제를 규정한 사업장이 드물기 때문에 통상 정년제는 정년퇴직제로 이해되고 있다.[6]

## 2. 우리나라의 정년제 역사

1949년에 제정된 법원조직법에서 법관의 정년을 정한 것이 우리나라 최초의 정년제이다.[7] 그후 1963년 국공법에도 정년제가 도입되었고, 1981년 개정법에서 6급 이하 공무원의 55세 일률정년제가 전격 시행되었다.

그러나 1953년 제정된 근기법에서는 정년 규정을 두지 않아 사기업에서는 취업규칙이나 단체협약에서 정하는 형태로 정년제가 운용되기 시작하였다.[8] 그러다 1970년대 및 1980년대에 급속한 경제성장이 이루어지는 과정에서 인력을 확보하려는 목적으로 대부분의 사기업들이 일률정년제를 도입하였다.[9]

2) 우리나라에서는 정년에 의한 퇴직이 노동시장으로부터 퇴장하여 휴식하는 것이 아니라 사용자가 정하고 있는 일정연령의 도달에 의해 당해 사용자와 고용관계를 종료하는 의미를 가질 뿐이기 때문에 정년의 한자어를 일반적인 '停年' 대신 '근무를 종료하기로 정해진 연령'이라는 의미의 '定年'을 사용하는 것이 옳다는 견해가 있다. 강희원b, 688면.

3) 강희원b, 687~688면; 권오성, 231면; 김명수, 111면; 김수복, 684면; 김유성, 337면; 김헌수·하갑래, 953면; 김형배, 773면; 김형배·박지순, 200면; 노병호, 424면; 박홍규, 338면; 이상윤, 510면; 이병태, 675면; 임종률, 576면; 하갑래a, 364면.

4) 대부분의 학설이 정년퇴직과 정년해고로 나누어 그 법적 성질을 논하는 것에 대하여, 실제로 행해지는 정년제를 분석하여 그 법적용을 따져야 하지 막연히 정년퇴직과 정년해고를 관념적으로 구분할 필요는 없다는 반론이 있다. 박홍규, 340면.

5) 규정이 없으면 정년퇴직제로 이해하는 것이 타당하다는 견해가 있다. 하갑래a, 364면.

6) 정년해고제는 주로 일본에서 행하여지고 있는 제도로서 우리나라에서는 활용되고 있지 않다고 한다. 김수복, 684면; 김형배, 774면.

7) 법원조직법[법률 51호, 1949. 9. 26. 제정] 39조 "법관이 정년에 달한 때에는 퇴직한다. 대법원장인 대법관의 정년은 70세, 기타 법관의 정년은 65세로 한다".

8) 사기업에서는 일제 강점기에 금융기관들이 근로자의 정년을 55세로 정한 것을 계기로 정년퇴직제가 다른 기업체들에 파급되었다고 한다. 강희원b, 685면.

9) 2012년 6월 말 기준 정년제를 채택한 사업장은 전체 사업장 중 17.5%이지만 300인 이상 대기업의 경우는 그 비율이 91%에 이르고, 정년제를 실시한 사업장의 85.6%(300인 이상 사

우리나라는 다른 나라보다 훨씬 빠른 속도로 진행되고 있는 고령화 사회에 대비하기 위하여 1991. 12. 31. 「고령자고용촉진법(2008. 3. 21. '고용상 연령차별금지 및 고령자고용촉진에 관한 법률'로 이름이 바뀌었다. 이하 '고령자고용법'이라고 함)」을 제정하여 "사업주가 근로자의 정년을 정하는 경우에는 그 정년이 60세 이상이 되도록 노력하여야 한다"(19조)고 권고하다가, 그 실효성 여부가 논란이 되자 2013. 5. 22. '60세 이상 정년 규정의무와 60세 정년 간주조항'(19조)을 두는 것으로 개정하여 2016. 1. 1.부터 일부 사업장에서 시행한 후 2017. 1. 1.부터는 모든 사업장에서 실시하였다.[10)]

### 3. 정년제의 기능[11)]

#### 가. 근로자의 고용보장

정년제는 일정한 연령까지 근로자의 신분을 보장하여 고용의 불안함을 없애고 근로자로 하여금 기업에 대한 소속감과 애사심을 갖게 한다.[12)]

#### 나. 사용자의 인력운용

노령화된 노동력을 해고의 형태를 취하지 않고도 배제하고 새로운 노동력을 채용하여 연령구성상의 균형을 유지하는 외에 후진들에게 승진의 기회를 부여할 수 있다. 또한 연공서열형 임금체계를 취하는 사업장에서는 근로자의 평균연령이 높아짐에 따라 증가하는 인건비의 부담을 줄이고 경영을 합리화할 수 있다.

## Ⅱ. 정년제의 분류

여러 가지 분류 방법이 있으나 가장 의미 있는 분류는 아래와 같다.

---

업장의 경우에는 75.3%)가 일률정년제(단일정년제)를 도입하였다고 한다. 자세한 내용은 임두빈 · 전용일, 73~76면 참조.

10) 1. 2016. 1. 1.부터 시행: 상시 300명 이상의 근로자를 사용하는 사업 또는 사업장, 공공기관의 운영에 관한 법률 4조에 따른 공공기관, 지방공기업법 49조에 따른 지방공사 및 같은 법 76조에 따른 지방공단.
2. 2017. 1. 1.부터 시행: 상시 300명 미만의 근로자를 사용하는 사업 또는 사업장, 국가 및 지방자치단체.

11) 김유성a, 72~73면; 김형배, 773면; 김형배 · 박지순, 201면; 노병호, 424면; 심은정, 7~10면.

12) 이에 대하여는 요즘은 정년제가 있는 기업에서도 필요하면 언제든 인원정리가 가능하기 때문에 더 이상 고용보장기능을 하지 못한다는 비판이 있다. 강희원b, 697면.

### 1. 퇴직 조건에 따른 분류

① 근속정년: 일정한 근무연한이 되면 퇴직하게 되는 제도

② 직급(계급)정년: 일정기간 내에 승진하지 못하고 동일직급(계급)에 머무르는 경우 그 기간이 만료된 때 퇴직하게 되는 제도[13)]

③ 연령정년: 일정한 연령이 되면 퇴직하게 되는 제도[14)]

### 2. 적용범위에 따른 분류

① 차등정년제(차별적 정년제)

동일한 사업 또는 사업장 내에서 근로자들의 국적 · 성별 · 직종 · 직급에 따라 정년이 다르게 설정되어 있는 경우를 말한다. 정년에 차등을 두는 기준에 따라 직급별(직위별) 차등정년제,[15)] 직종별 차등정년제,[16)] 혼합정년제[17)] 등으로 구분된다.[18)]

정년에 관한 사항은 당사자가 사업장의 특수사정을 고려하여 정하는 것이 원칙이므로[19)] 직위 · 직종 · 직급 · 직렬 등에 따라 정년에 차등을 두는 것은 사회통념상 합리성이 인정되는 한 유효하다.[20)]

대법원도 직원들 정년이 대부분 만 55세 이상으로 되어 있음에도 유독 일반직 직원의 정년을 만 52세로 정한 정년규정이 무효임을 주장한 사안에서 "정년규정은 당해 사업장에 있어서 근로자가 제공하는 근로의 성질, 내용, 근무형태 등 제반여건에 따라 합리적인 기준을 둔다면 같은 사업장 내에서도 직책 또는 직급에 따라 서로 차이가 있을 수 있다"[21)]고 하였으며, 일반직 직원의 정년

13) 이러한 직급정년은 정년제가 아닌 해고로서 일정한 기간 내 승진하지 못한 사실 외에 다른 정당한 사유가 없으면 부당해고가 된다고 한다. 김헌수 · 하갑래, 954면; '소위 직급정년제는 일정한 기간 내에 상위직급에 오르지 못한 경우 자동적으로 퇴직토록 하는 것으로 근기법 30조(현행법 23조에 해당)에 의한 해고의 정당한 이유가 있어야 할 것이다'는 노동부 행정해석(2001. 5. 16, 근기 68207-1571)도 같은 취지이다.

14) 그 적용범위에 따라 일률정년, 성별 정년, 직급별 정년, 직종별 정년 등으로 다시 나눌 수 있다.

15) 기업이 정해놓은 직급(직위)에 따라 정년을 다르게 설정하는 제도이다.

16) 관리직 · 생산직 · 기술직 · 사무직 등 각 직종별로 정년을 다르게 정하는 제도이다.

17) 직급별 정년제와 직종별 정년제가 혼합된 형태이다.

18) 임두빈 · 전용일, 73면.

19) 김헌수 · 하갑래, 953면.

20) 김형배, 775면; 김형배 · 박지순, 201면; 하갑래a, 365면.

21) 따라서 회사가 정한 정년규정이 일용노동자의 가동연한이나 공무원 및 동종회사 직원의

을 58세로 규정하면서 전화교환직렬 직원만은 정년을 53세로 규정하여 5년간의 정년차등을 둔 것이 남녀고용평등법상의 남녀차별금지규정 및 근기법상의 균등처우 원칙에 어긋나는지에 대하여 "교환직렬에서의 인력의 잉여 정도, 연령별 인원구성, 정년 차이의 정도, 차등정년을 실시함에 있어서 노사간의 협의를 거친 점, 신규채용을 하지 못한 기간, 현재의 정년에 대한 교환직렬 직원들의 의견 등에 비추어 보아 5년간의 정년차등을 둔 것이 사회통념상 합리성이 있다"[22]고 하는 등 차등정년제가 유효함을 인정한다.[23]

헌법재판소도 대법원장 · 대법관 · 법관의 정년을 차등 규정한 구 법원조직법[24]에 대하여 "법관의 정년을 직위에 따라 순차적으로 낮게 차등하게 설정한 것은 법관 업무의 성격과 특수성, 평균수명, 조직체 내의 질서 등을 고려하여 정한 것으로 그 차별에 합리적인 이유가 있으므로 평등권을 침해하지 않았다"고 판단[25]하여 차등정년제의 유효성을 인정하였다.

반면 합리적이지 않은 차등정년제를 설정하여 운용하는 경우, 특히 근기법상 균등한 처우 규정[26]이나 남녀고용평등법상의 성차별금지규정,[27] 고령자고용법상 연령차별금지규정[28]을 위반하면 그 차등정년제는 효력이 없게 된다.

대법원은 '여성전용직종인 전화교환직렬직종에 종사하는 근로자들에 대해서만 다른 직군에 비하여 12년의 차등을 두어 조기정년제를 실시한 사안',[29] '종업원의 정년퇴직 연령을 남자 만 55세, 여자 만 53세가 되는 다음날로 규정한 사안'[30]에서 모두 근기법 및 남녀고용평등법에 위배되어 무효라고 판시하여

---

정년보다 다소 하회한다고 하여 이를 법률상 무효라고는 할 수 없다(대법원 1991. 4. 9. 선고 90다16245 판결).

22) 대법원 1996. 8. 23. 선고 94누13589 판결.

23) 구체적인 차등정년 사례에 관한 법원의 태도는 손향미a, 195~223면 참조.

24) 대법원장의 정년은 70세, 대법관의 정년은 65세, 판사의 정년은 63세로 한다(45조 4항).

25) 헌재 2002. 10. 31. 선고 2001헌마557 전원재판부 결정.

26) 사용자는 근로자에 대하여 남녀의 성을 이유로 차별적 대우를 하지 못하고, 국적 · 신앙 또는 사회적 신분을 이유로 근로조건에 대한 차별적 처우를 하지 못한다(6조).

27) 사업주는 근로자의 정년 · 퇴직 및 해고에서 남녀를 차별하여서는 아니 된다(11조 1항).

28) 사업주는 다음 각 호의 분야에서 합리적인 이유 없이 연령을 이유로 근로자 또는 근로자가 되려는 자를 차별하여서는 아니 된다.
5. 퇴직 · 해고(4조의4 1항).

29) 대법원 1988. 12. 27. 선고 85다카657 판결. 체신부 공무원으로 있을 당시 교환직렬직원의 정년이 43세였는데 한국전기통신공사로 소속 업무가 이관되는 과정에서 종전의 정년을 유지한다는 노사협의를 하였음에도 위 공사가 착오로 교환직렬을 일반직으로 분류하는 바람에 55세의 정년 규정이 적용되게 되자 5개월여 후 다시 노사협의를 거쳐 그 정년을 43세로 낮춘 사안이다.

근로자의 성별 작업의 구분이나 근로조건의 구분이 명확하지 않음에도 불구하고 남녀의 성을 이유로 하는 정년의 차별이 존재한다면 근기법 및 남녀고용평등법에 위배되어 차등정년의 설정은 무효라고 판단하였다.

그러나 이와 같이 차별의 유무효 판단기준을 합리성에 두는 견해는 합리성 자체가 모호할 뿐만 아니라, 판단자의 주관적 견해에 좌우될 여지가 많다는 비판이 있다.[31]

② **단일정년제**(일률적 정년제)

동일한 사업 또는 사업장 내 근로자들의 성별·직종·직급 등과 관계없이 모든 근로자가 해당 정년이라는 일정시점에 도달하는 경우에 근로관계를 종료하기로 정한 것을 말한다.

### 3. 법적 성질에 따른 분류

근로관계의 종료라는 효과가 발생하기 위하여 정년연령의 도달 외에 사용자의 별도 의사표시가 필요한지에 따른 분류이다.

① **정년퇴직제**

근로자가 취업규칙 혹은 단체협약 등에서 정한 정년에 도달한 경우에 근로계약 당사자의 의사 또는 능력과 관계없이 근로계약이 자동적으로 종료하는 효과를 가진다. 우리나라에서 통용되고 있는 정년제[32]로서 민법상 고용계약종료의 법리가 적용된다.[33]

② **정년해고제**

사용자가 근로자의 정년 도달을 해고사유로 삼는 것을 말한다. 근로자가 정

30) 대법원 1993. 4. 9. 선고 92누15765 판결. 다른 부서 근로자의 정년은 남녀 모두 55세인데 비하여 일부 부서(3차 검사부, 최종검사부, 기계부)의 근로자의 정년에 대해서만 '남자는 만 55세, 여자는 만 53세가 되는 다음 날'로 하는 취업규칙에 대하여, 사업주는 작업의 특성상 정년에 차등을 둔 것이라 주장하였는데, 원심 법원은 작업의 특성에 따라 고도의 시력을 요하는 부서의 근로자 정년을 일반 부서의 정년과 차등을 두어 낮추는 것은 합리적인 이유가 있는 것이나 위 일부 부서의 근로자가 남·녀의 성적 구분에 따라 시력감퇴의 정도에 차이가 있다는 합리적 근거는 발견할 수 없다고 배척하였고 이를 대법원이 수긍한 사안이다.

31) 차별의 판단기준을 합리성에 두는 견해는 1960년대까지 세계 각국의 일반적 경향이었으나 1970년대 이후에는 차별에 대하여 점차 엄격한 사법심사기준이 적용되거나 성차별의 정의규정을 구체적으로 규정하고 그 예외를 엄격하게 정하는 것이 국제적인 동향이라고 한다. 손향미b, 62면.

32) 조용만, 3면.

33) 하갑래a, 364면.

년에 도달하였다 하더라도 해고의 의사표시가 없으면 근로관계가 종료되지 않는다는 점에서 근로관계가 자동적으로 종료되는 정년퇴직제와 구별된다. 정년해고도 역시 근기법상의 해고에 해당되므로 근기법에 규정된 해고 관련 규정이 적용된다.[34)][35)] 또한 정년해고의 시기가 합리적이라고 보기 어려울 때에는 정당한 이유 없는 해고가 될 수 있다.

## Ⅲ. 정년제의 합법성

정년제가 헌법상의 평등권 및 근로권, 직업선택의 자유 등을 침해하는 것이 아닌지 그 합법성이 논의된다.[36)]

### 1. 위법이라는 견해

① 정년제는 원칙적으로 연령에 의한 고용차별이기 때문에 헌법상 평등원칙, 근기법상 균등처우의 원칙 및 민법상 공서양속규정에 반하는 점, ② 정년제의 합리성은 기업 측의 현실적 사정만을 고려한 것이라는 점, ③ 정년제에 대한 합법성의 전제가 되었던 종신고용제 · 연공서열제 · 근로조건의 집단적 결정시스템이 와해되고 있는 점, ④ 급속하게 고령화 사회로 이행되고 있는 상황에서 정년제의 순기능 효과가 크지 않다는 점 등을 근거로 들면서 정년제의 위법성을 솔직하게 인정하고 고령자의 고용촉진과 사업주의 부담완화 방안을 모색하여야 한다고 주장한다.[37)]

---

34) 사용자는 근로자의 상병휴일 또는 요양기간, 산전 · 후 휴일기간에는 정년이 도달되어도 근로자를 해고할 수 없다(법 23조). 근로자의 정년 도달을 이유로 근로자를 해고하기 위해서는 해고 사유와 그 시기를 서면으로 통지하여야 한다(법 27조). 적어도 30일 전에 해고의 예고를 하여야 하는 법 26조의 적용에 대하여는 학설의 대립이 있다.

35) 정년퇴직제와 정년해고제는 해고제한 규정의 적용 여부에 차이가 있기 때문에 기업에서 실제 시행되고 있는 정년제가 무엇인지 구분할 실익이 있다고 한다. 김유성a, 83면. 또한 정년제에 대해 근기법 등의 보호가 가능할 수 있도록 원칙적으로 정년해고제로 간주할 필요가 있다고 한다. 강희원b, 693면.

36) 정년제의 합법성 논란은 일본 최고재판소의 추북(秋北)버스사건 판결[最高裁 1968. 12. 25. 判決(秋北バス事件, 民集 22권 13호, 3,459면)]을 계기로 찬반이 대립되면서 합법론과 위법론이 본격화되었고, 우리나라에서는 1991. 12. 31. 고령자고용법이 제정되면서 그 논의가 활발해졌다. 강희원b, 698~700면.

37) 김유성, 338~340면.

### 2. 합법이라는 견해

① 현실적으로 기업이 고용할 수 있는 근로자에는 한계가 있다는 점, ② 고령자를 일정한 기준에 의해 퇴직시키지 않으면 과다한 고령자가 근로하게 되어 기업운영에 장해가 발생한다는 점, ③ 고령자에 대한 개별적인 노동능력을 평가하여 근로관계를 종료하기보다는 사전에 획일적인 기준에 따라 당연 퇴직시키는 것이 오히려 합리적이라는 점, ④ 고령근로자를 신규 근로자로 대체하는 기능을 수행함으로써 노동력의 신진대사를 촉진하는 역할을 하는 점 등을 근거로 정년제가 합법적이라 한다.[38)]

### 3. 헌법재판소·대법원의 견해

헌법재판소는 "법관의 정년을 설정하는 것은 법관의 노령으로 인한 정신적·육체적 능력 쇠퇴로부터 사법이라는 업무를 제대로 수행함으로써 사법제도를 유지하게 하고, 사법인력의 신진대사를 촉진하여 사법조직에 활력을 불어넣고 업무의 효율성을 제고하고자 하는 것으로 직업선택의 자유를 침해하는 것이 아니다"[39)]라며 정년제의 합법성을 인정하였다.

대법원도 원칙적으로 정년제의 합법성을 인정[40)]하면서 '정년규정이 당해 사업장에 있어서 근로자가 제공하는 근로의 성질, 내용, 근무형태 등 제반여건에 따라 합리적인 기준을 둔다면'[41)] 법률상 유효하다고 한다.

## Ⅳ. 정년제의 법적 성질

기간의 정함이 있는 근로계약이 아님에도 정년의 도달이라는 사실만으로 근로계약이 종료(근로관계의 단절)되는 효과가 발생하는 이유에 대하여 여러 가지 견해가 대립한다. 정년퇴직제와 정년해고제로 나누어 살피는 것이 효율적이다.

---

38) 노병호, 425~427면.
39) 헌재 2002. 10. 31. 선고 2001헌마557 전원재판부 결정.
40) 대법원 1998. 2. 13. 선고 96다52236 판결, 대법원 2008. 2. 29. 선고 2007다85997 판결.
41) 대법원 1991. 4. 9. 선고 90다16245 판결.

### 1. 정년퇴직제

① **근로계약기간설**(근로기간설정설) 정년은 사용자와 근로자가 근로계약을 체결할 때에 일정한 연령에 도달할 때까지 근로하기로 그 기간을 정한 것으로 본다. 기간의 정함이 없는 근로계약으로 보이더라도 사실상 근로자는 기간이 정해진 근로계약을 체결한 것이라는 견해이다.

그러나 이 견해에 따르면 정년퇴직제가 기간제법을 위반하는 문제[42]와 근로자의 퇴직 및 이직의 자유를 부정하게 되는 문제[43]가 발생한다.

② **종기부근로계약설**(최종기한부 근로계약설) 정년을 기간의 정함이 없는 근로계약에 부관(附款)인 기한[期限-종기(終期)]을 정한 것으로 본다.[44] 근로계약을 원칙적으로 기간의 정함이 없는 계약으로 보고, 장래에 도래하는 것이 확실한 '일정한 연령 도달' 시점에 그 계약의 효력을 소멸시키기로 하는 합의를 정년이라고 한다.

이 학설도 근로계약기간설과 마찬가지로 근로자는 반드시 정년까지 근로를 제공하여야 하고, 사용자는 정년 이전에 근로자를 해고할 수 없게 되는 문제가 발생한다는 비판이 있다.[45]

③ **근로계약종료특약설**(해제조건부계약설) 정년을 근로계약기간의 약정이 아닌 근로계약의 종료사유에 관한 특약을 정한 것으로 이해한다.[46] 정년에 대한 합의가 포함된 근로계약은 근로계약의 성립에 관한 계약과 근로관계의 종료에 관한 계약이 모두 포함된 것이고, 이때 근로계약의 종료에 대한 계약은 근로계약의 유지가 일정한 연령 미만일 것을 요건으로 하여 이러한 요건을 상실하고

42) 기간제법 4조 2항은 일정한 경우 외에는 2년을 초과하는 기간을 정하여 근로자를 고용하는 경우에는 기간의 정함이 없는 근로계약을 체결하는 것으로 본다. 따라서 이 견해에 따르면 2년 이상의 기간을 넘은 정년연령을 정하는 경우에는 결국 기간의 정함이 없는 근로계약이 되어 정년제를 기간이 정해진 근로계약이라고 보는 것과 어긋나게 된다.

43) 민법 661조는 고용기간의 약정이 있는 경우에는 부득이한 사유가 있는 때에만 근로계약을 해지할 수 있도록 한다. 따라서 이 견해처럼 정년제를 기간의 정함이 있는 근로계약으로 보게 되면 근로자로서는 부득이한 사유가 없는 한 근로계약에서 벗어날 수 없고, 이를 어길 경우에는 사용자에게 손해배상을 해주어야 하는 문제가 생긴다.

44) 김유성, 338면; 김형배, 773면; 김형배 · 박지순, 201면; 김헌수 · 하갑래, 954면.

45) 강희원b, 704면; 김은주, 46면. 이에 대하여는 '근로자가 정년에 도달할 때까지 계속 고용되어 있을 것을 조건'으로 하는 종기부계약설로 해석하는 경우에 이 문제가 해소된다는 견해가 있다. 김유성, 338면; 김유성a, 82면.

46) 강희원b, 705면; 이병태, 675면; 임종률, 576면.

일정한 연령에 도달이라는 조건을 충족하면 근로계약의 종료라는 효력을 발생하게 되는 해제조건부계약이라고 설명하기도 한다.[47]

이 설에 대하여는 정년 도달이라는 사실이 장래에 성립 불명한 것이 아니라 확정되어 있는 것이기 때문에 타당하지 않다는 비판이 있다.[48]

④ **해고예고설** 정년을 근로계약 당사자에게 근로계약의 종료의 시점에 대해 예고하는 것에 불과하다고 보는 견해이다.

이 견해에 따르면 사용자는 근로계약체결시점에 이미 근로자에게 해고예고 또는 통지를 한 셈이 되어 근기법에 대한 탈법행위가 되기 때문에 해고예고의 의의를 몰각하게 된다는 비판이 있다.[49]

⑤ **고용관행설** 정년을 일정한 연령에 다다르면 근로의사와 관계없이 사용자와 근로자는 서로 이의를 제기하지 않고 고용관계를 해소하기로 하는 고용관행이라고 본다.

### 2. 정년해고제(해고사유설, 해고권유보부계약설)

정년해고제에 대하여는 근로자가 정년에 도달하면 사용자에게 당해 근로자를 해고할 수 있는 권한이 생기고 이를 행사하여야만 근로관계가 종료된다고 보는데 학설이 일치한다. 정년의 성격을 해고권유보부 근로계약으로 보는 학설[50]도 같은 견해이다.

### 3. 대법원의 견해

대법원은 근로계약의 종료사유를 ① 근로자의 의사나 동의에 의하여 이루어지는 퇴직, ② 근로자의 의사에 반하여 사용자의 일방적 의사에 의하여 이루어지는 해고, ③ 근로자나 사용자의 의사와는 관계없이 이루어지는 자동소멸 등으로 나눈 후, 정년을 사망, 기간의 만료 등과 같은 근로관계의 자동소멸 사유로 보고 있다.[51]

또한 대법원은 "사용자가 취업규칙 등에 정년을 당연퇴직사유로 규정한 경

---

47) 유성재, 7~8면; 이율경, 98면.
48) 김유성a, 82~83면.
49) 강희원b, 704면; 김유성a, 82~83면.
50) 강희원b, 705면.
51) 대법원 1993. 10. 26. 선고 92다54210 판결, 대법원 1999. 9. 3. 선고 98두18848 판결, 대법원 2007. 10. 25. 선고 2007두2067 판결.

우에는, 그 사유의 발생만으로 사유발생일 또는 소정의 일자에 당연히 근로관계가 종료하고, 그로 인한 퇴직처리는 법률상 당연히 발생한 퇴직의 사유 및 시기를 공적으로 확인하여 알려주는 '관념의 통지'에 불과할 뿐 근로자의 신분을 상실시키는 '해고처분'과 같은 새로운 형성적 행위가 아니다"고 한다.[52][53]

## V. 정년연령의 계산

### 1. 정년연령의 설정

사용자와 근로자는 강행법규에 위반되지 않는 범위 내에서 직종, 근무형태 등을 참작하여 정년연령을 자율적으로 정할 수 있다. 다만, 2013. 5. 22. 개정된 고령자고용법이 '사업주에게 정년연령을 60세 이상으로 정하도록 하고 이를 어길 경우에는 정년을 60세로 정한 것으로 본다'고 규정하고 있기 때문에, 위 규정이 시행된 이후(2016. 1. 1. 및 2017. 1. 1.)에는 이를 참작하여 정년연령을 정하여야 한다. 또한 정년연령 설정은 근로조건에 해당하기 때문에 그 연령의 수치를 명확히 하여야 한다.[54]

정년의 연령이 일용노동자의 가동연한이나 공무원 및 동종회사 직원의 정년보다 다소 하회하면 큰 문제는 없으나,[55] 이를 벗어나 현저한 차이가 존재하면 그 정년연령에 의한 퇴직은 근기법상의 부당해고가 될 수 있다.[56]

### 2. 정년연령의 산정 기준

대법원은 '개별 사업장마다 정년제도의 설정여부나 기준 등을 자율적으로

52) 대법원 2008. 2. 29. 선고 2007다85997 판결.

53) 독일에서는 '정년합의'의 법적 성격에 관하여 초기 판례는 '사전에 이루어진 합의해지'로, 1984년경에는 '장래에 발생할지 여부가 불확실한 해제조건'으로, 1995년경에는 '기간에 관한 합의'로 보는 경향이었는데, 현재는 '해제조건으로 보는 견해'와 '기간으로 볼 수 있다는 견해'가 공존하는 반면, 학설은 '정년에 도달할 때까지 근로자가 사망하지 않고 다른 이유로 퇴직하거나 해고당하지 않고, 사용자도 파산하지 않는다는 조건 위에 서 있는 기간'으로 해석한다고 한다. 심은정, 80~81면.

54) 하갑래b, 305면.

55) 대법원 1991. 4. 9. 선고 90다16245 판결.

56) 대법원 1993. 10. 26. 선고 92다54210 판결. 회사가 단체협약이나 취업규칙에 어떠한 사유의 발생을 당연퇴직사유로 규정하고 그 절차를 통상의 해고나 징계해고와는 달리 하였더라도 근로자의 의사와 관계없이 사용자측에서 일방적으로 근로관계를 종료시키는 것이면 성질상 이는 해고로서 근기법이 규정하는 바의 정당한 이유가 있어야 하고 이와 같은 정당한 이유가 없는 경우에는 퇴직처분 무효확인의 소를 제기할 수 있다.

정할 수 있다'고 보기 때문에[57] 사용자와 근로자는 자율적으로 정한 기준이 있다면 그에 따라 정년연령을 산정하면 된다.[58] 따라서 사용자와 근로자가 적법하게 제정·변경한 취업규칙 등에 '실제의 생년월일'이 아닌 '임용 당시 제출하는 서류상에 기재된 생년월일' 등 다른 기준으로 정년연령을 산정한다고 규정되어 있다면 그에 따라 정년퇴직일을 산정하여야 한다.

그러나 이러한 명확한 기준이 없는 경우에는 '입사서류에 표기된 생년월일'을 기준으로 판단하며 특별한 사유가 없으면 이를 정정할 수 없는 것이 원칙이다.[59] 그런데 단체협약, 인사규정 및 근로계약에서 단지 정년연령만 규정하고 있을 뿐 '정년연령 산정의 기준이 되는 생년월일'의 의미에 관하여 아무런 언급이 없는 경우에, 근로자가 가족관계등록부상의 생년월일이 실제의 생년월일과 다르다는 이유로 이를 정정한 후 입사서류에 표기된 기존의 생년월일이 아닌 새로 정정된 생년월일에 따라 정년연령을 산정하도록 요구하면 어떤 생년월일을 기준으로 삼아야 하는지의 문제가 생긴다.

### 가. 실제의 생년월일이 기준이라는 견해

이 견해는 ① 법원은 근로자가 제출한 충분한 소명자료를 근거로 가족관계등록부 정정신청을 받아들인 점, ② 회사는 채용 당시 주민등록상의 생년월일을 기초로 인사기록을 작성한 점, ③ 임용 당시 호적등본 등이 제출되었다는 사정만으로 호적등본 등에 기재된 생년월일을 기준으로 정년을 산정하기로 하는 명시적, 묵시적 합의가 있었다고 단정할 수 없는 점, ④ 정년은 원칙적으로 공부상의 생년월일을 기준으로 일률적으로 산정할 것이 아니라 근로자의 육체적·정신적 능력을 제대로 반영할 수 있는 실제의 연령을 기준으로 함이 타당한 점 등을 근거로 정년 산정을 위한 생년월일은 실제의 생년월일로 봄이 상당하다고 한다.[60]

57) "직원의 정년 기산은 입사 당시 작성된 인사기록카드에 기재된 출생연월일을 기준으로 한다"는 인사규정이 취업규칙의 적법한 유효요건을 갖추어 신설되었다면 그 직전에 가족관계등록부상의 생년월일을 정정하였다 하더라도 입사 당시의 인사기록카드 기재 생년월일을 정년기산일로 보아야 한다. 대법원 2018. 11. 29. 선고 2018두41082 판결.

58) 사용자와 근로자가 합의하여 취업규칙 등에 "직원의 정년산정일은 임용시 제출한 직원의 연령을 확인할 수 있는 서류상의 생년월일로 한다"는 규정을 두는 사업장이 그 예이다.

59) 하갑래a, 366면.

60) 서울고법 2014. 11. 27. 선고 2014나35916 판결.

### 나. 채용당시 표시된 생년월일이 기준이라는 견해

① 사용자와 근로자 사이에 단체협약 등을 통해 정년 산정의 기준이 되는 생년월일에 관하여 채용 당시 표시된 생년월일에 따르기로 하는 명시적, 묵시적 합의가 존재하고,[61] ② 입사 당시 생년월일을 기초로 인사관리가 이루어지는 등 회사의 정당한 신의가 형성되었으며, 근로자가 실제 생년월일을 알고 있었음에도 정년을 앞둔 시기에 생년월일을 정정한 것은 신의칙에 반한다는 것을 그 논거로 한다.

### 다. 대법원의 견해(정년연령의 정정과 신의칙 위반)

대법원은 근로자가 정정된 생년월일을 기준으로 정년연령을 산정해 주도록 요구하는 것이 신의칙에 위반되지 않으면 이를 허용하고 있는데, 공무원이 호적 정정을 거친 후 정년퇴직일의 연장을 요구하는 것에 대하여 '① 임용권자에게 임용신청 당시 호적상 생년월일을 기준으로 정년을 산정하기로 하는 신의를 공여하였거나, ② 객관적으로 보아 임용권자가 신의를 가짐이 정당한 상태에 있었거나, ③ 이러한 임용권자의 신의에 반하여 권리를 행사하는 것이 정의관념에 비추어 용인될 수 없는 정도의 상태에 이르렀다고 보이지 않는 한 신의성실의 원칙에 반하지 않는다'고 보고 있다.[62]

#### (1) 신의칙 위반을 인정하지 않은 사례

지방 행정직공무원이 호적상 생년월일이 잘못되어 있는 사실을 알면서도 그 생년월일로 임용신청을 하여 임용된 다음 36년간 근무하다가, 정년을 약 1년 3개월 앞둔 시점에서 호적정정을 한 후 정정된 호적상의 생년월일을 기준으로 정년퇴직일 연장을 요구하며 그 퇴직일의 확인을 청구한 사건에서, 대법원은 신

61) 대법원 2005. 6. 9.자 2005다19644 판결[원고가 입사할 당시 스스로 작성하여 피고 공단에 제출한 서류에 생년월일이 그 당시 호적상의 생년월일로 기재되어 있으며, 이에 따라 원고의 인사기록카드에도 그 생년월일이 기재되어 이를 근거로 피고 공단이 인사관리를 해왔는데, 원고는 정년이 임박한 시점에서야 호적상의 생년월일을 정정하여 이를 기준으로 정년 산정을 하여야 한다고 주장한 사안인데, 원심 법원(서울고법 2005. 3. 22. 선고 2004나50411 판결)은 근로자가 정년에 임박한 시점까지 20여 년간 인사기록에 등재된 생년월일에 관하여 인사기록변경신청을 하거나 이의를 제기하지 아니한 사정에 비추어 보면 원고와 피고 공단은 입사 당시에 기재한 당초의 생년월일을 기준으로 정년을 산정하기로 하는 의사의 합치가 있었다고 보아야 한다는 이유로 원고의 청구를 기각하였고, 대법원이 심리불속행 상고기각하였다].

62) 구체적인 사안에 따라 이러한 사정이 있다고 인정되기도 하지만, 쉽사리 인정하지 않는 경향이라고 한다. 김성욱, 1000~1005면.

의성실의 원칙에 반하지 않는다고 하였다.[63)]

### (2) 신의칙 위반을 인정한 사례

교육공무원이 대학졸업 당시 만 20세가 되지 못해 바로 교사발령이 나지 않자 부친이 호적정정을 하고 본인이 정정된 호적상 생년월일을 학적부에 기재하여 초등교사로 임용된 다음 19년간 교사생활을 하고 퇴직하여 다른 일을 하다가 다시 18년 후에 초등교사로 재차 신규임용 되었는데, 정년을 약 2년 6개월 앞둔 시점에서 호적정정을 한 후 정정된 호적상의 생년월일을 기준으로 정년퇴직일 연장을 요구하며 그 퇴직일의 확인을 청구한 사건에서 대법원은 신의칙에 위반된다고 판단하였다.[64)][65)]

## 라. 개정된 고령자고용법 시행 이후의 산정기준

새로운 규정은 사업주가 근로자의 정년을 60세 미만으로 정한 경우에는 정년을 60세로 정한 것으로 간주(19조)하므로, 근로자의 정년을 60세 미만이 되도록 정한 근로계약이나 취업규칙, 단체협약은 위 규정에 위반되는 범위 내에서 무효가 된다. 또한 이 규정에서 '정년'은 실제의 생년월일을 기준으로 산정하여야 한다.[66)]

---

63) 대법원 2009. 3. 26. 선고 2008두21300 판결.

64) 대법원 2010. 4. 15. 선고 2010두1132 판결.

65) 신의칙위반이 아니라고 판단한 사건에서는 '원고가 정정된 호적상 생년월일을 기준으로 하더라도 신규임용신청 당시 임용신청 하한 연령인 18세에 미달하지 않았던 것'에 비해, 신의칙 위반으로 판단한 사건에서는 '원고는 최종적으로 정정된 호적상 생년월일을 기준으로 하면 최초임용신청 당시 교사임용이 불가능'하였다는 차이가 있다. 즉 신의칙 위반 사건은 원고가 임용 당시부터 적극적으로 호적을 허위로 정정하는 행위를 하면서까지 행정청을 기망하였으므로 '임용신청 당시의 호적상 생년월일을 기준으로 정년을 산정하기로 한다'는 임용권자의 신의에 반하여 정년퇴직일 연장을 요구하는 것이 정의관념에 비추어 용인될 수 없는 정도의 상태에 이르렀다고 본 것이다.

66) 대법원은 공사에 입사 당시 호적상 등재된 생년월일에 따라 인사기록 등에 생년월일이 기재되었는데, 법원으로부터 가족관계등록부상 생년월일을 정정하는 허가결정을 받은 후 인사기록상 주민등록번호 및 정년퇴직 예정일을 변경된 생년월일에 맞추어 정정하여 줄 것을 요청하였으나, 공사가 '직원의 정년산정일은 임용 시 제출한 직원의 연령을 확인할 수 있는 서류상의 생년월일로 한다'고 정하고 있는 인사규정시행내규 등을 근거로 이를 거부한 사안에서, 고령자고용법에서 말하는 '정년'은 실제의 생년월일을 기준으로 산정하는 것인데, 가족관계등록부의 기재사항은 진실에 부합한다고 추정되므로, 명백한 반증이 없는 한 생년월일은 정정된 가족관계등록부의 생년월일로 보아야 하고, 이를 기준으로 정년을 산정하여야 하며, 인사규정시행내규의 위 규정이 정년을 임용 시 제출한 서류상의 생년월일을 기준으로만 산정하고, 이를 기준으로 한 정년이 실제의 생년월일을 기준으로 60세에 미달함에도 잘못된 생년월일을 정정하고 실제의 생년월일을 반영할 수 있는 방법을 전혀 허용하지 않는 의미라면, 그 범위에서는 고령자고용법 19조에 위반되어 무효라고 판단하였다. 대법원 2017. 3. 9. 선고

따라서 사용자와 근로자가 자율적으로 정한 정년연령의 산정 기준도 위 개정규정이 시행된 후에는 그 유효성 여부가 경우에 따라 달라진다.

① 개정규정이 시행되기 전에 정년연령이 60세 미만으로 설정되어 있을 뿐 그 산정 기준이 없을 경우: 위 규정의 시행으로 인하여 정년연령은 60세로 간주되고 실제 생년월일을 기준으로 산정하여야 한다.

② 개정규정이 시행되기 전에 정년연령이 60세 미만으로 설정되어 있고 그 산정 기준이 실제의 생년월일이 아닌 경우: 위 규정의 시행으로 인하여 정년연령이 60세로 간주되지만 기존의 산정 기준에 따른 정년퇴직일이 실제 생년월일 기준 60세가 되는 날 이전에 도래하면 그 범위 내에서는 그 산정 기준은 무효라고 보아 실제 생년월일을 기준으로 60세가 되는 날을 정년퇴직일로 보아야 하고, 실제 생년월일 기준 60세가 되는 날 이후에 기존 산정 기준에 따른 정년퇴직일이 도래하면 이는 근로자에게 유리하기 때문에 유효하다고 해석해야 한다.[67)]

③ 개정규정이 시행되기 전에 정년연령이 60세 이상으로 설정되어 있는 경우: 대법원은 "고령자고용법 19조는 '정년의 하한'을 60세로 정하는 강행규정으로, 개별 사업장의 정년이 60세 이상으로 정하여진 경우에는 적용되지 않는다"고 한다.[68)] 따라서 기존의 산정 기준이 있으면 위 개정규정 시행 후에는 그 기준에 따르면 되고, 별도의 산정 기준이 없으면 실제의 생년월일을 기준으로 산정하면 된다.

이와 같이 개정규정이 시행된 후에는 실제의 생년월일을 기준으로 정년을 산정하여야 하기 때문에 실제의 생년월일에 따라 정년연령을 다시 산정해달라는 근로자의 요구를 종전 대법원처럼 신의칙 위반이라는 이유로 거부할 수 있을지 의문이다.[69)]

---

2016다249236 판결, 대법원 2018. 11. 29. 선고 2018두41082 판결.

67) 대법원 2019. 3. 14. 선고 2018다269838 판결. 서울교통공사의 노사가 2016. 1. 1.부터 시행되는 새로운 고령자고용법에 대비하기 위하여 2014. 1.경 직원의 정년을 기존의 만 58세에서 만 60세가 되는 해의 12월 말일로 변경하기로 합의하면서 이미 퇴직한 직원들과의 균형, 재정적 부담 등을 고려하여 1956년생 직원은 2016. 6. 30.에 정년퇴직하기로 단체협약을 체결한 후 그에 따라 개정된 인사규정에 따라 2016. 6. 30. 정년퇴직처리한 사안에서, 대법원은 2016. 6. 30. 이전에 만 60세에 이르지 못한 1956년생 직원들 중 하반기 출생한 직원들에게는 위 단체협약 등이 무효이고 위 직원들이 만 60세에 달하는 각 출생일이 정년퇴직일이라고 판시하였다.

68) 대법원 2022. 11. 10. 선고 2019다282333 판결.

69) 대법원 2017. 3. 9. 선고 2016다249236 판결. 인사규정에 '만 60세인 정년의 산정일은 임용시 제출한 연령을 확인할 수 있는 서류상의 생년월일로 한다'고 규정되어 있는 사업장에서

### 3. 정년퇴직효력발생일(근로관계종료시점)

정년에 해당하는 1년의 기간 중 어느 날이 정년퇴직일이 되는지는 통상 사용자와 근로자가 합의하여 단체협약, 취업규칙 등에 규정하는 것이 일반적이나,[70] 그러한 규정이 없으면 관행에 따르고, 이마저 없으면 결국 해석에 따르게 되는데 정년연령에 도달하는 날로 보는 견해가 많다.[71] 그러나 해석상의 다툼을 없애기 위해서는 정년퇴직 시점을 명확히 정하는 것이 필요하다.[72]

대법원도 '단체협약에 정년을 만 53세로만 규정하고 정년퇴직시점에 대하여 다른 규정이 없는 경우에는 만 53세가 종료되는 날이 아닌 만 53세에 도달하는 날(만 53세가 시작되는 날)을 정년퇴직시점으로 보아야 한다'[73]고 판단하였다.

한편 정년퇴직일이 명확하다 하더라도 근로관계가 종료되는 시각에 대하여도 논란이 있다. 즉 근로관계가 종료되는 시점이 정년퇴직일이 시작되는 시각인지 아니면 정년퇴직일이 끝나는 시각인지에 대한 문제이다.

단체협약에 '정년은 만 58세가 달하는 해의 연말까지로 한다'는 규정이 있는 경우에 정년 당해 연도 12월 30일 24시(12월 31일 0시)에 정년에 도달하는지 아니면 12월 31일 24시가 퇴직시점인지가 문제된 사안에서, ① '연말까지'라는 문언상 12월 31일 24시로 해석함이 타당하고, ② 통상 12월 31일에 정년퇴직에 따른 종무식이 열리고 이를 위하여 출근하는 점 등을 고려하면 12월 31일 24시를 퇴직시점으로 보아야 한다는 하급심 판결[74]이 있다. 대법원도 비슷한 쟁점에

---

근로자가 정년퇴직일 이전에 가족관계등록부상의 생년월일을 정정받은 후 이를 기준으로 정년연령 재산정을 요구하였으나 이를 거부한 사안에서 대법원은 고령자고용법에 따라 실제의 생년월일로 추정되는 정정된 생년월일로 산정하여야 한다고 판단하였다.

70) 통상 기업체에서는 "직원은 그 정년이 달한 날이 1월에서 6월 사이에 있는 경우에는 '6. 30.'에, 7월에서 12월 사이에 있는 경우에는 '12. 31.'에 정년에 달한 것으로 본다", "정년의 기준일은 정년이 되는 해의 12월 31일로 한다"는 등의 규정을 두고 있다.

71) 이병태, 676면; 정년이 종기부기한이라는 점을 근거로 드는 견해는 하갑래a, 366면; 노병호, 429면.

72) 국공법과 지공법은 '그 정년에 이른 날이 1월부터 6월 사이에 있으면 6월 30일에, 7월부터 12월 사이에 있으면 12월 31일에 각 당연히 퇴직된다'라는 규정을 두고 있고, 교공법은 '정년에 이른 날이 3월에서 8월 사이에 있는 경우에는 8월 31일에, 9월에서 다음 해 2월 사이에 있는 경우에는 다음 해 2월 말일에 각각 당연히 퇴직한다'는 규정을 두고 있다.

73) 대법원 1973. 6. 12. 선고 71다2669 판결.

74) 서울중앙지법 2017. 9. 14. 선고 2016가합579116 판결. 이 사건은 퇴직근로자들이 퇴직 당해 연도 12월 31일 24시까지 만 1년 동안 근무하여 연차유급휴가청구권이 발생하였는데 다음해 퇴직함으로써 연차휴가를 가지 못하였음을 원인으로 연차휴가수당을 청구하였고 이에 대하여 회사에서는 12월 30일 24시에 근로계약이 만료되어 1년간의 계속근로라는 요건을 충족하

관하여 '정년에 관해 "만 61세가 되는 해의 12월 말일로 한다"는 규정이 있는 사업장에서 근로자가 만 61세가 되는 해의 12월 31일까지 특별유급휴가기간이었다고 하더라도 만 61세가 되는 12월 31일 정년에 도달하여 근로관계가 당연히 종료하는 것이지 그 다음 해 1월 1일이 퇴직일이 되는 것은 아니다'고 하여[75] 퇴직당일 24시에 근로관계가 종료된다는 점을 간접적으로 설시하였다.

민법 159조가 "기간을 일, 주, 월 또는 연으로 정한 때에는 기간말일의 종료로 기간이 만료한다"고 규정하고 있으므로, 정년퇴직 해당일의 종료시점인 24시에 근로관계가 종료된다고 보는 것이 타당하다.

나아가 정년 도달에 따라 근로관계가 당연종료되었는지 여부는 당연종료 여부가 다투어지는 시점에 유효한 정년을 기준으로 판단해야 하고 이후 취업규칙으로 정년이 연장되었다고 하더라도 이를 소급하여 적용되는 정년을 기준으로 근로관계 종료 여부를 판단할 수 없다.[76]

#### 4. 정년퇴직효력발생과 소의 이익

회사를 상대로 해고무효확인소송을 하던 중 사실심 변론종결 당시 이미 회사의 인사규정에 의한 당연해직사유인 정년을 지났다면 근로자로서의 지위를 회복하는 것은 불가능하므로 소의 이익이 없게 된다.[77]

다만, 대법원은 계급정년일자 확인의 소 계속 중 계급정년일자가 도래하여 공무원지위가 다투어지자 추가로 공무원지위의 확인을 구한 사안에서, 임명권자의 일방적이고 중대한 귀책사유에 기한 직권면직처분으로 인해 줄어든 직무수행기간 때문에 상위 계급으로 승진할 수 없었다는 특별한 사정이 인정되면 공무원신분보장 규정의 취지에 비추어 예외적으로 직권면직기간이 계급정년기간에서 제외되므로 공무원지위의 확인 외에 계급정년의 확인을 구할 이익이 있다

---

지 못하였다고 다툰 사건이다(항소하지 않아 확정).

75) 대법원 2018. 6. 28. 선고 2016다48297 판결. 이 사건도 '만 61세가 되는 해의 12월 말일'을 정년으로 정한 사업장에서 정년퇴직자를 위한 20일간의 특별유급휴가를 만 61세가 되는 해의 12월 31일까지 다녀온 근로자들이 연차휴가수당청구를 한 사안이다. 원심은 12월 말일이 특별유급휴가기간 중 하루였기에 실제 퇴직일은 다음해 1월 1일로 보아야 하므로 근로자들은 퇴직당해연도 계속근로로 연차휴가수당청구권을 취득하였고 이를 다음해 1월 1일 퇴직함으로써 사용하지 못하였다고 판단하였다. 그러나 대법원은 12월 31일까지 특별유급휴가를 사용하였다고 하더라도 퇴직일이 다음해 1월 1일로 미루어진다고 볼 수 없다며 원심을 파기하였다.

76) 대법원 2024. 11. 20. 선고 2024두41038 판결.

77) 대법원 1996. 10. 11. 선고 96다10027 판결.

고 하였다.[78]

한편 대법원은 근로자가 부당해고 등 구제신청을 할 당시에 근로자의 지위에 있는지 여부에 따라 노동위원회의 구제명령을 받을 이익이 있는지에 대하여 달리 판단하고 있다. 근로자가 구제신청을 하기 전에 이미 정년에 이르거나 근로계약기간이 만료하는 등의 사유로 근로자의 지위에서 벗어난 경우에는 노동위원회의 구제명령을 받을 이익이 소멸한 것으로 본다.[79] 반면 근로자가 부당해고 구제신청을 기각한 재심판정에 대해 소를 제기하여 해고의 효력을 다투던 중 정년에 이르거나 근로계약기간이 만료하는 등의 사유로 원직에 복직하는 것이 불가능하게 된 경우에는 해고기간 중의 임금 상당액을 지급받을 필요가 있다면 임금 상당액 지급의 구제명령을 받을 소의 이익이 유지된다고 한다.[80]

그러나 파견근로자가 사용사업주를 상대로 근로자지위 확인 소송을 제기하였는데 상고심 계속 중 정년이 도달한 경우에 근로자지위에 있다는 확인을 구하는 것이 근로자의 현존하는 권리 또는 법률상 지위에 대한 불안 위험을 제거하기 위한 가장 유효적절한 수단이라고 볼 수 없어 확인의 이익이 없다.[81] 그리고 파견근로자의 사용사업주에 대한 고용의사표시 청구권원은 사실심 변론종결시를 기준으로 하여 그 존재 여부가 판단되어야 하므로 사실심의 변론종결일 이후에 정년이 도래하면 특별한 사정이 없는 한 사용사업주의 직접고용의무는 소멸하였다 볼 것이지만, 사실심 변론종결 당시 파견근로자의 청구권원이 존재하는 한 사용사업주에게 직접고용의무의 이행을 명한 원심의 판단에는 잘못이 없다는 게 대법원의 입장이다.[82]

78) 대법원 2007. 2. 8. 선고 2005두7273 판결.

79) 대법원 2022. 7. 14. 선고 2020두54852 판결, 대법원 2022. 7. 14. 선고 2021두46285 판결. 대법원은 그 이유에 대하여 ① 부당해고 등 구제명령제도는 민사소송을 통한 통상적인 권리구제방법보다 좀 더 신속·간이하고 경제적이며 탄력적인 권리구제수단을 마련하는 데에 그 제도적 취지가 있는데, 부당해고 등 구제신청을 할 당시 이미 근로자의 지위에서 벗어난 경우라면, 과거의 부당해고 등으로 인한 손해를 보상받을 목적으로 행정적 구제절차를 이용하는 것은 부당해고 등 구제명령제도 본래의 보호범위를 벗어난 것으로 보아야 하고, ② 노동위원회는 부당해고 등이 성립한다고 판정하면 사용자에게 구제명령을 하여야 하고, 구제명령이 내려지면 사용자는 이를 이행하여야 할 공법상의 의무를 부담하고, 이행하지 아니할 경우에는 이행강제금이나 형사처벌의 대상이 되는데, 구제신청을 할 당시 이미 근로계약관계가 종료한 경우에도 근로자의 구제이익을 인정하여 사용자에게 공법상 의무의 부과 또는 형사처벌의 범위를 확대하는 것은 행정법규 엄격 해석 원칙 등에 반할 우려가 있다는 점 등을 들고 있다.

80) 대법원 2020. 2. 20. 선고 2019두52386 전원합의체 판결.

81) 대법원 2022. 7. 28. 선고 2016다40439 판결, 대법원 2023. 4. 27. 선고 2021다229588 판결.

## VI. 정년제와 근기법

### 1. 사용자의 근로조건 명시의무와 정년제

근기법 17조는 사용자로 하여금 근로자와 근로계약을 체결할 때에 근로자에게 근로조건을 명시하고 서면으로 교부하여야 할 의무를 부과하고 있다. 따라서 사업장 내에 정년제가 일률적 혹은 차등적으로 설정되어 있는 경우에 사용자는 그 사실을 근로자에게 근로계약을 체결할 때 반드시 명시해야 한다.

따라서 근로계약, 취업규칙 또는 단체협약에 정년이 명문으로 규정되어 있지 않고 단지 관행적으로 운용되고 있는 경우에 정년제가 근기법상의 근로조건이 될 수 있는지에 대한 문제가 제기된다.[83]

#### 가. 노동관행(노사관행)[84]

노동관행이란 사업장 등 노동현장에서 사실상의 구속력을 갖기에 이를 정도로 노사 간에 상당기간 이의 없이 반복하여 계속 행해지는 사실이나 행위를 말한다.[85]

대법원은 "기업 내부의 관행이 근로계약의 내용을 이루고 있다고 하기 위해서는 그 관행이 ① 일반적으로 근로관계를 규율하는 규범적인 사실로서 명확히 승인되거나 ② 기업의 구성원에 의하여 일반적으로 아무도 이의를 제기하지 아니한 채 당연한 것으로 받아들여져서 기업 내에서 사실상의 제도로서 확립되어 있다고 할 수 있을 정도의 규범의식에 의하여 지지되고 있어야 한다"[86]고 한다.

노동관행이더라도 근기법, 단체협약, 취업규칙 등의 상위 규정[87]에 위반할

---

82) 대법원 2023. 4. 13. 선고 2021다310484 판결.

83) 덧붙여 이 문제는 노동관행(혹은 노사관행)을 노동관계법률(근기법, 노조법 등) 또는 단체협약, 취업규칙, 근로계약과 같이 노동법의 법원으로서 인정할 수 있는가의 문제이기도 하다.

84) 대법원은 '노동관행'이라는 용어를 '노사관행'보다 더 많이 사용한다.

85) 김형배, 86~88면; 박홍규, 200~203면. 노동관계에서 계속적·반복적으로 행해짐으로써 노사간의 행위준칙으로 인정되는 것이라는 견해는 김유성, 14면. 기업 또는 사업 및 사업장을 단위로 해서 그 구성원인 노사 상호간에 규범적 믿음이 생겨서 사실상의 규범과 같은 역할을 하는 것이라고 설명하는 견해는 강희원a, 290~294면.

86) 대법원 2002. 4. 23. 선고 2000다50701 판결.

87) 노동관행이 법원(法源)인지에 대하여는 ① 그 자체로는 법적 구속력이 없고 일정한 요건을 갖춘 경우에 근로계약이나 단체협약의 내용으로 인정된다는 견해(김유성, 14면; 임종률, 15면) ② 법원으로 승인되는 관행과 그렇지 않은 관행으로 나누는 견해(강희원a, 290~294면)가

수는 없다.[88] 노동관행은 사용자의 일방적 의사표시로 철회될 수 없고, 취업규칙의 변경에 준하여 근로자집단의 동의를 얻어야 한다.[89]

### 나. 노동관행과 정년제

명문의 정년 규정이 없는 사업장에 정년제가 실시되어 온 관행이 있고, 그 관행이 일반적으로 근로관계를 규율하는 규범적인 사실로서 명확히 승인되거나, 구성원이 일반적으로 아무런 이의도 제기하지 아니한 채 당연한 것으로 받아들여 사실상의 제도로서 확립되어 있다면 정년의 관행은 근로계약의 내용이 된다. 따라서 이 사업장의 사업주는 근로자와 근로계약을 체결할 때 관행적으로 운용되어 온 정년제에 관한 사항(정년연령, 정년퇴직일 등)을 명시하여야 한다.[90]

취업규칙, 단체협약 등 명문의 정년연령이 관행상의 정년연령보다 낮으면 근로자에게 유리한 관행상의 정년이 근로조건이 되어야 한다. 근로자가 관행상의 정년이 적용될 것이라는 기대를 하고 있었다면 그 기대이익은 보장되어야 하기 때문이다.[91]

따라서 관행상의 정년연령보다 더 낮은 정년연령이 취업규칙 등의 제정·변경 등으로 설정되게 되면 근로자의 노동관행에 대한 기대권 내지 신뢰이익을 침해하게 된다. 이런 경우에는 취업규칙의 불이익변경에 해당하므로 근로자의 집단적 의사결정방법에 의한 동의 등 그 유효요건을 갖추어야 한다.

또한 노동관행으로 인정된 정년연령이 60세 미만인 경우에 개정된 고령자고용법 시행 이후에 정년연령이 60세로 간주될 것인가에 대해서는 노동관행도 법률 등 상위규정에 위반될 수 없기 때문에 이를 긍정함이 타당하다. 반대로 노동관행상의 정년연령이 60세 이상인 경우에는 개정된 고령자고용법의 시행을 이유로 정년연령을 60세로 낮출 수 없고 이를 위해서는 근로자 집단의 동의 등 취업규칙 불이익변경의 유효요건을 갖추어야 한다.

---

있다.

88) 임종률, 16~17면. 이에 대하여 노동법의 법원이 상호충돌하는 경우에는 상위법우선, 특별법우선, 신법우선 등과 같은 법원칙이 적용되나, 당해 사안에 관하여 적용되는 여러 법원 중 근로자에게 가장 유리하게 규정된 법원이 가장 우선적으로 적용되는 유리성의 원칙이 적용되므로 단체협약이나 취업규칙의 기준보다도 근로자에게 유리한 내용의 관행은 원칙적으로 유효하고, 불리한 내용의 관행은 무효라는 반론도 있다. 강희원a, 290~294면; 김유성, 13~15면.

89) 김형배, 87면.

90) 강희원b, 706면.

91) 노동법의 법원(法源)이 충돌할 때 적용되는 유리성의 원칙(유리한 조건 우선의 원칙)을 적용하여야 한다는 점도 근거가 된다. 강희원a, 290~294면.

### 2. 취업규칙과 정년제

#### 가. 정년에 관한 취업규칙이 없었던 경우

노동관행이나 명문규정으로 정년제가 없었으나 사용자가 취업규칙 등에 정년제 규정을 신설하려는 경우에는 원칙적으로 취업규칙의 불이익변경에 해당하므로 근로자의 집단적 의사결정방법에 의한 동의 등의 유효요건을 갖추어야 한다.[92] 정년제가 없는 경우에 근로자는 해고사유가 없는 한 자신이 원하는 시기까지 근로관계를 유지할 수 있었는데 정년제가 설정되면 다른 사유가 없어도 정년도달에 의해 근로관계가 종료되기 때문이다.[93]

대법원도 “취업규칙에 정년규정이 없던 운수회사에서 55세 정년규정을 신설한 경우, 그 운수회사의 근로자들은 정년제 규정이 신설되기 이전에는 만 55세를 넘더라도 아무런 제한 없이 계속 근무할 수 있었으나, 그 정년규정의 신설로 인하여 만 55세로 정년에 이르고, 회사의 심사에 의하여 일정한 경우에만 만 55세를 넘어서 근무할 수 있도록 되었다면 이와 같은 정년제 규정의 신설은 근로자가 가지고 있는 기득의 권리나 이익을 박탈하는 불이익한 근로조건을 부과하는 것에 해당한다”고 판단하였다.[94]

한편, 정년제의 관행만 있던 사업장에 취업규칙으로 정년제를 신설하려고 하는 경우에 관행상의 정년연령이 신설 정년연령과 동일하다면 이는 종전의 관행을 명문규정으로 확인하는 것에 불과하여 별다른 문제가 발생하지 않는다. 그러나 관행상의 정년연령보다 낮거나 높은 연령을 취업규칙상 정년연령으로 신설한다면 근로자에게 불이익한 것인지 여부는 구체적으로 따져봐야 한다.[95]

다만, 정년제를 신설한 이후에 취업한 근로자에게는 취업규칙 불이익변경 요건을 갖추지 않아도 유효하다는 게 일반적 견해이다.[96]

92) 대법원 1978. 9. 12. 선고 78다1046 판결, 대법원 1997. 5. 16. 선고 96다2507 판결.

93) 김유성a, 83~84면.

94) 대법원 1997. 5. 16. 선고 96다2507 판결.

95) 이 부분은 이미 ‘노동관행과 정년제’에서 살핀 바 있다. 일반적으로 정년의 연령이 해당 사업장 내에서 근로를 제공하고 있는 근로자들에게 수용될 수 없을 정도로 너무 높거나, 낮은 경우, 같은 직종, 동종의 업무와 비교하였을 때 그리고 사회에서 통용되는 관행 및 정년제에 비추어 보았을 때 불합리하다고 보이는 경우를 근로자에게 불이익하다고 할 수 있을 것이다.

96) 대법원 1992. 12. 22. 선고 91다45165 전원합의체 판결(변경 후에 변경된 취업규칙에 따른 근로조건을 수용하고 근로관계를 갖게 된 근로자에 대한 관계에서는 당연히 변경된 취업규칙이 적용되어야 하고, 기득이익의 침해라는 효력배제사유가 없는 변경 후의 취업근로자에

## 나. 정년에 관한 취업규칙이 있었던 경우

기존의 정년제에 관한 취업규칙을 변경하는 경우 그 변경이 불이익한 변경인지 여부 및 유효하기 위한 동의 주체에 대해서는 취업규칙 불이익변경에 관한 대법원의 판단 기준이 그대로 적용된다.

정년에 관한 취업규칙의 변경이 일부 근로자에게 유리하고 일부 근로자에게 불리한 경우에는 전체 근로자의 견해에서 불리한 것으로 판단하여야 하며, 비록 정년에 관한 취업규칙의 불이익변경 시점에는 어느 근로자 집단만이 직접적인 불이익을 받더라도 다른 근로자 집단에게도 변경된 취업규칙의 적용이 예상되는 경우에는 두 근로자 집단에 대한 불이익변경이 되므로 두 집단이 동의주체가 된다.[97]

직급에 따라 정년을 달리 규정하는 것은 근무기간의 경과 등으로 직급이 상승되어 각 근로자 집단 사이에 전환가능성이 있는 등 그 구분이 불가역적이라고 보기 어렵기 때문에 변경된 취업규칙의 적용이 예상되는 다른 직급의 근로자 집단까지 포함한 전체 근로자가 동의주체가 된다고 봄이 타당하다.[98]

대법원은 공무원에서 전환임용된 사람들의 정년단축에 관하여는 동의주체를 전체 근로자가 아닌 개별 근로자 집단, 즉 전환임용된 근로자로 보았다.[99]

경영 위기를 극복하기 위하여 노동조합과 특별협약으로 일정연령에 있는 근로자들에 대하여 한시적으로 정년을 단축하기로 합의하고 취업규칙의 정년규정도 같은 내용으로 변경한 후 해당 근로자들을 정년퇴직으로 처리한 것은 사실상 해고이므로 근로조건의 불이익변경이다.[100]

---

대해서까지 변경의 효력을 부인하여 종전 취업규칙이 적용되어야 한다고 볼 근거가 없다).

97) 대법원 2009. 5. 28. 선고 2009두2238 판결. 일반직 직원(4급 이하)의 정년을 55세에서 58세로, 관리직 직원(3급 이상)의 정년을 60세에서 58세로 변경하는 내용으로 취업규칙의 정년규정을 개정하고 노동조합의 동의를 얻은 사안에서, 대법원은 정년규정의 개정은 관리직 직원뿐만 아니라 일반직 직원들을 포함한 전체 직원에게 불이익하여 전체 직원들이 동의의 주체이므로, 근로자의 집단적 의사결정방법에 의한 동의가 있다고 인정하였다, 같은 취지의 판결로는 대법원 1993. 5. 14. 선고 93다1893 판결.

98) 마은혁, 107~108면.

99) 대법원 2004. 1. 27. 선고 2001다42301 판결, 대법원 2004. 9. 3. 선고 2002다63657 판결. 이에 대해 다른 근로자들의 경우에는 공무원에서 전환임용된 사람들이 누리는 정년에 관한 취업규칙을 적용받은 적도 없고 장래에도 적용받을 가능성이 없으므로 공무원에서 전환임용된 근로자만이 동의주체가 된다고 본 대법원의 태도가 타당하다고 한다. 마은혁, 107면.

100) 대법원 2011. 7. 28. 선고 2009두7790 판결. 사업주가 병원 소속 근로자들로 구성된 노동조합과 '2005년 · 2006년 임 · 단협 특별협약'을 체결하면서 근로자들의 정년을 60세에서 54세로 단축하기로 합의한 후 취업규칙의 정년 규정도 같은 내용으로 변경하였고, 사업주가 위 정년

또한 개정된 고령자고용법에서 정년연령을 60세 이상으로 정하도록 하였다는 이유로 기존의 취업규칙상의 정년연령을 60세로 축소하는 것은 역시 근로자에게는 불이익변경에 해당한다.

대법원은 '인사규정이 불이익하게 변경되었는지 여부는 정년에 관한 내용을 담고 있는 개정 전후의 인사규정 전체를 보고 판단하여야 하고 각 개별 조항의 효력을 하나씩 따로 비교하여 판단할 것은 아니다'라고 한다.[101]

### 3. 해고와 정년제

#### 가. 정년해고제와 정년퇴직제의 구분실익

정년해고제는 정년퇴직제와 달리 근기법상의 해고제한 규정이 적용되기 때문에 어느 사업장의 정년제가 어떤 성질을 가지고 있는지 구분하여야 한다. 원칙적으로 취업규칙 등의 규정에 따라서 판단하여야 하지만 그 문언 외에도 실제 운영상황, 관행 등을 고려하여 실제적으로 판단할 필요가 있다.[102]

#### 나. 근기법상의 해고규정의 적용

정년해고제가 시행되고 있는 사업장에서는 근로자가 정년연령에 도달하였다 하더라도 정당한 이유 없이는 해고할 수 없고, 요양·출산을 위하여 휴업한 기간과 그 후 30일 동안은 해고하지 못한다(법 23조).

해고의 예고(법 26조) 규정이 적용되는지에 대하여는 학설이 대립된다. ①

---

규정에 따라 당시 54세 이상인 직원들을 정년퇴직으로 처리하였는데, 이후 사업주와 노동조합이 2008년 단체협약을 체결하면서 정년을 매년 1년씩 단계적으로 연장하여 종전 만 60세 정년으로 환원하기로 합의함에 따라 2007년 당시 54세에 달하지 아니하였던 근로자들은 실질적으로 정년이 단축되지 아니한 사안이다.

101) 대법원 2022. 4. 14. 선고 2020도9257 판결. 이 사안의 내용은 다음과 같다. 개정 전 인사규정 60조 2항은 "직원의 정년은 58세로 한다.", 3항은 "직원의 정년해직 기준일은 정년에 도달하는 날이 1월에서 6월 사이에 있는 경우에는 6월 30일로, 7월에서 12월 사이에 있는 경우에는 12월 31일로 한다."라고 규정하고 있었는데, 인사규정의 개정으로 만 60세에 도달하는 날에 퇴직하는 것으로 변경되었다. 원심은, 사업주는 근로자의 정년을 60세 이상으로 정하여야 한다는 고령자고용법 19조가 시행되었다는 점을 들어 정년을 58세로 정한 이 사건 개정 전 인사규정 중 60조 2항의 효력은 없어졌지만 정년해직 기준일을 정한 60조 3항은 여전히 유효하다고 보아 위 정년해직 기준일을 정한 조항만을 비교하여 불이익하게 변경되었다고 판단하였다. 그러나 대법원은 고령자고용법 19조에 따라 근로자의 정년을 60세 미만이 되도록 정한 근로계약이나 취업규칙, 단체협약의 정년 관련 규정은 이에 위반되는 범위 내에서 모두 무효이므로, 정년에 관한 내용을 담고 있는 개정 전후의 인사규정 전체를 보고 판단하여야 할 것이지 위 각 개별 조항의 효력을 하나씩 따로 비교하여 판단할 것은 아니라며 원심을 파기하였다.

102) 김유성a, 83면.

해고예고제도의 취지가 30일간의 유예를 두어 이후의 생활을 설계하도록 하는 것이기 때문에 일정연령에서 확실히 퇴직하게 된다는 근로자의 인식에 비추어 보면 해고예고가 필요 없다는 견해[103]와, ② 사용자의 해고의사표시가 별도로 있어야 근로관계가 종료되기 때문에 근로자로서는 정년 도달시 자신이 해고될 것인가에 대해 예측할 수 없게 되므로 해고예고가 필요하다는 견해[104]가 대립한다.

## Ⅶ. 정년 후의 재고용

### 1. 의 의

재고용은 기업이 기업의 편의나 근로자의 사정에 따라서 근로자가 정년에 도달한 후에도 계속하여 근로자를 고용하는 것으로 취업규칙 등에서 명문으로 정하고 있거나 또는 관행으로 이를 행하고 있는 경우를 말한다.[105] 재고용은 개인적으로는 퇴직 근로자에게 노후생계대책과 노령빈곤방지와 같은 기능을 할 뿐만 아니라 사회적으로는 노인인구의 유효노동력을 활용할 수 있다는 의미도 있다.[106]

근기법은 사용자가 긴박한 경영상의 필요로 근로자를 해고한 경우에 일정한 요건 하에 해고된 근로자를 재고용할 의무에 대하여 규정(법 25조)하고 있을 뿐 정년에 도달한 근로자에 대한 재고용에 대하여는 아무런 규정을 두고 있지 않다.

그러나 고령화 시대에 고령근로자들이 노령보험금을 수령할 때까지의 생계수단을 마련해 줄 필요성이 생겼고, 이에 대비하여 우리나라도 고령자고용법에 재고용에 관한 규정을 두었다. 고령자고용법은 사업주에게 정년에 도달한 자가 그 사업장에 다시 취업하기를 희망할 때 그 직무수행 능력에 맞는 직종에 재고용하도록 노력하는 한편, 재고용할 때에는 당사자 간의 합의에 의하여 계속근로기간 및 임금의 결정을 종전과 달리할 수 있도록 하였다(21조). 또한 고용노동부장관은 정년퇴직자를 재고용하는 사업주에게 장려금 지급 등 필요한 지원을 할 수 있고(21조의2), 정년 연장에 따른 사업체의 인사와 임금 등에 대하여 상담, 자

103) 今野順夫, 194면(김유성a, 85면에서 재인용).
104) 김유성a, 85면.
105) 김유성a, 88면; 노병호, 430면.
106) 박득곤, 10면.

문, 그 밖에 필요한 협조와 지원을 하여야 한다(22조).

### 2. 재고용과 정년연장의 구별

재고용은 원칙적으로 종전의 근로관계를 일단 종료시키고 새로운 근로계약을 맺는 것이므로 그 내용에 관해 쌍방의 합의가 있어야 한다.[107] 새로이 체결된 근로계약은 기존의 근로관계와는 단절되고 새로운 근로관계를 형성하는 것으로 보아야 한다.[108] 따라서 임금, 직급 등 기존의 근로조건보다 낮은 수준의 계약을 체결하여도 유효하다.[109] 퇴직금, 연차유급휴가일수 계산을 위한 계속근로년수는 당연히 재고용기간부터 기산된다. 당사자의 합의에 따라 근로기간을 정하거나 정하지 않을 수 있으므로 그 합의에 따라 근로기간의 종료 사유가 달라진다.

재고용이 기존의 근로계약을 종료시킨 후 새로운 계약을 체결하는 것이라는 점에서 정년에 도달한 근로자를 바로 퇴직시키지 않고 각 근로자별로 건강, 능력에 따라 근무기간을 연장하는 제도인 정년의 연장(근무연장)과는 구별된다.[110]

정년의 연장은 원칙적으로 직위, 직무, 인사내용, 임금수준이 변하지 않고 근무기간만을 연장하는 것이므로 그 법적 성질은 계약의 갱신이다.[111] 따라서 정년연장을 이유로 기존의 근로조건을 저하시킬 수는 없다.[112] 사용자는 단체협약 또는 취업규칙 등을 통해 정년을 연장할 수 있는데, 이러한 취업규칙 변경은 불이익변경이 아니므로 근로자의 동의가 없어도 유효하다.[113] 연장되는 기간을 명확히 정하여야 하고, 연장기간이 경과하면 정년퇴직의 효과가 발생한다.[114]

단기간의 정년연장을 반복할 경우에는 정년이 없는 근로계약을 체결한 것으로 볼 수 있다.

107) 김수복, 685면; 노병호, 430면; 이상윤, 511면.
108) 따라서 정년 이후 근로자가 사업주와 새로운 근로계약을 체결하는 경우에는 기간제법 8조(차별적 처우의 금지), 16조(불리한 처우의 금지)가 적용된다.
109) 이상윤, 511면.
110) 노병호, 430면.
111) 배영봉, 55면.
112) 김헌수 · 하갑래, 955면.
113) 호경임, 12면.
114) 김헌수 · 하갑래, 955면.

### 3. 재고용계약의 성립

#### 가. 묵시적 합의에 의한 재고용

근로자가 정년에 도달한 이후에도 업무, 임금 등 기존과 동일한 근로조건으로 근로 제공을 하고 이에 대하여 사용자가 아무런 이의 없이 근로를 제공받는 경우에 묵시적 합의에 의한 재고용계약이 체결되는 것인지 여부는 정년퇴직제와 정년해고제에 따라 달라진다.

##### (1) 정년퇴직제의 경우

정년퇴직은 정년에 도달하면 자동적으로 근로관계가 종료되므로 정년 이후 근로자가 계속적으로 근로를 제공하고 사용자가 이를 수령하는 경우에는 묵시적 합의로 새로운 근로계약이 체결된 것, 즉 재고용된 것으로 본다.[115] 새로운 근로계약은 정년이 없는, 즉 종기가 없는 근로계약이 된다.

##### (2) 정년해고제의 경우

정년해고는 정년연령에 도달해도 사용자가 별도의 해고 의사표시를 하지 않는 한 근로관계는 종료되지 않으므로, 정년의 도달 이후에 근로자가 계속적으로 근로를 제공하고 사용자가 이를 수령하더라도 이를 재고용계약이 묵시적으로 체결된 것으로 볼 수는 없다.[116]

#### 나. 명시적 합의에 의한 재고용

근로자의 정년 이전 또는 이후에 근로자 또는 사용자의 요청으로 근로계약 당사자 사이에 근로시간, 임금, 근로기간, 휴일 등 근로조건을 정년 이전의 근로조건과 동일하게 혹은 다른 내용으로 근로계약을 체결할 수 있다.[117][118]

다만, 근로기간을 정한 재고용계약을 체결하는 경우에는 2년을 초과하지 않아야 하는 등 기간제법의 적용을 받게 된다. 그러나 55세 이상의 고령자와 근로계약을 체결하는 경우에는 이러한 제한을 받지 않으므로 자유로이 근로기간

115) 강희원b, 712면.

116) 강희원b, 712면.

117) 김헌수 · 하갑래, 955면; 노병호, 430면; 이상윤, 511면.

118) 강희원b, 712면은 정년퇴직제에 있어서 원칙적으로 근로자의 재고용 희망 의사표시가 '청약', 이에 대한 사용자의 동의가 '승낙'의 의사표시라고 한다. 그러나 단체협약 또는 취업규칙에 희망자 전원을 재고용하는 취지를 규정하고 있으면 사용자로부터의 재고용계약의 '청약'이 이미 되어 있는 것이므로 퇴직자의 희망은 '승낙'으로 평가되어야 한다고 주장한다.

을 정할 수 있다(기간제법 4조 1항 단서 4호).[119)]

또한 정년근로자가 55세 이상의 고령자인 경우에는 사업주는 정년퇴직자를 재고용할 때에 당사자 간의 합의로 종전의 근로기간을 제외하여 퇴직금과 연차유급 휴가일수를 산정하는 등 종전의 임금 결정과 다른 근로조건으로 계약을 체결할 수 있다(고령자고용법 21조).

대법원은 "근로자가 정년이 지난 후에도 사용자의 동의 아래 기간의 정함이 없이 사용자와의 근로관계를 계속 유지하여 온 경우에는 정년이 지났다거나 고령이라는 이유만으로 근로관계를 해지할 수는 없고, 당해 근로자를 해고하기 위해서는 근기법상의 정당한 이유가 있어야 한다"고 판시하였다.[120)]

### 4. 근로자의 재고용 기대권

단체협약, 취업규칙 또는 근로계약에 정년 이후 재고용할 수 있다는 규정이 있거나, 재고용의 노동관행이 있는 경우에는 정년에 도달하는 근로자에게 재고용에 대한 기대권이 인정된다는 견해가 일반적이다.[121)]

그러나 종래 대법원은 취업규칙에 "정년에 도달한 사원의 경우라도 회사가 필요하다고 인정할 때에는 정년일로부터 3년을 초과하지 않는 범위 내에서 정년을 연장할 수 있다"는 규정이 있더라도 "정년에 도달하여 당연퇴직하게 된 근로자에 대하여 사용자가 그 정년을 연장하는 등의 방법으로 근로관계를 계속 유지할 것인지 여부는 특별한 사정이 없는 한 사용자의 권한에 속하는 것으로서, 해당 근로자에게 정년연장을 요구할 수 있는 권리가 없다"고 한다.[122)]

그런데 대법원은 '단체협약에 특별한 사정이 없는 한 정년이 만료된 근로자를 촉탁직으로 재고용하겠다는 취지의 규정이 있고, 실제로 재고용 신청자 중

---

119) 기간제법 4조는 사용자로 하여금 기간제 근로자를 2년 이상 사용할 수 없도록 규정하고 있으나 고령자고용법 시행령 2조의 고령자(55세 이상)에 한하여서는 그 기간의 제한을 두고 있지 않다.

120) 대법원 2003. 12. 12. 선고 2002두12809 판결.

121) 김수복, 685~686면; 김형배, 776면; 노병호, 430면; 임종률, 577면.

122) 대법원 2008. 2. 29. 선고 2007다85997 판결(대법원은 정년연장을 허용하지 아니한 조치의 정당성은 사용자의 행위가 법률과 취업규칙 등의 규정 내용이나 규정 취지에 위배되는지 여부에 의하여 판단해야 하며, 정년연장을 허용하지 아니하는 것이 해당 근로자에게 가혹하다든가 혹은 다른 근로자의 경우에 비추어 형평에 어긋난다는 사정만으로 정당성이 없는 것으로 단정할 수는 없다고 판시하였다). 이 판결의 반대해석상 취업규칙이나 단체협약 등으로 일정한 결격사유가 없는 한 재고용하도록 정하고 있으면 그에 따라야 하므로 근로자에게 재고용요구권이 있다는 견해가 있다. 손천식, 59면.

거절사유가 명백한 1명과 해당 근로자 외에는 모두 재고용된 경우에, 해당 근로자의 재고용을 거절할 정당한 사유가 없어 단체협약에 위배된다'는 하급심 판결을 수긍하여 재고용 기대권을 인정한 것으로 볼 여지를 남겼다.[123)]

그 후 대법원은 "근로자의 정년을 정한 근로계약, 취업규칙이나 단체협약 등이 법령에 위반되지 않는 한 그에 명시된 정년에 도달하여 당연퇴직하게 된 근로자와의 근로관계를 정년을 연장하는 등의 방법으로 계속 유지할 것인지는 원칙적으로 사용자의 권한에 속하는 것으로서, 해당 근로자에게 정년 연장을 요구할 수 있는 권리가 있다고 할 수 없다"며 종전의 입장을 유지하면서 "그러나 근로계약, 취업규칙, 단체협약 등에서 정년에 도달한 근로자가 일정한 요건을 충족하면 기간제 근로자로 재고용하여야 한다는 취지의 규정을 두고 있거나, 그러한 규정이 없더라도 재고용을 실시하게 된 경위 및 실시기간, 해당 직종 또는 직무 분야에서 정년에 도달한 근로자 중 재고용된 사람의 비율, 재고용이 거절된 근로자가 있는 경우 그 사유 등의 여러 사정을 종합하여 볼 때, 사업장에 그에 준하는 정도의 재고용 관행이 확립되어 있다고 인정되는 등 근로계약 당사자 사이에 근로자가 정년에 도달하더라도 일정한 요건을 충족하면 기간제 근로자로 재고용될 수 있다는 신뢰관계가 형성되어 있는 경우에는 특별한 사정이 없는 한 근로자는 그에 따라 정년 후 재고용되리라는 기대권을 가진다"고 하여 재고용 기대권을 정식으로 인정하였다.[124)] 이와 같이 정년퇴직하게 된 근로자에게 기간제근로자로의 재고용에 대한 기대권이 인정되는 경우, 사용자가 기간제 근로자로의 재고용을 합리적 이유 없이 거절하는 것은 부당해고와 마찬가지로 근로자에게 효력이 없다.[125)]

취업규칙 등에 정년 이후 재고용할 수 있다는 규정이 있거나, 재고용의 노동관행이 있는 경우에 근로자가 정년에 도달했다고 하여도 당해 근로자에 대한 재고용 여부의 의사표시가 있기 전에는 당연히 퇴직되는 것이 아니고 근로관계의 소멸이 유보된다는 견해[126)]와 이러한 경우에도 근로관계는 정년의 도달로

123) 대법원 2018. 9. 13.자 2018두46216 판결(서울고법 2018. 5. 11. 선고 2017누78157 판결은 단체협약상의 재고용 규정이 사용자의 재량규정이 아니라는 여러 논거 중 하나로 '근로자들은 재고용될 수 있다는 갱신기대권을 가진다고 봄이 타당하다'는 점을 들고 있는데, 대법원은 이에 대한 상고를 심리불속행으로 기각하였다).

124) 대법원 2023. 6. 1. 선고 2018다275925 판결.

125) 대법원 2023. 6. 29. 선고 2018두62492 판결.

126) 김형배, 776면.

소멸된 것으로 보아야 한다는 견해[127]가 있다.

### 5. 고령근로자의 전적

한편 고령자고용법에 의하여 60세까지 정년을 보장할 의무가 있는 사용자가 일정 연령의 근로자와 고용연장(정년연장)의 수단으로서 전적을 실시할 경우 그 정당성이 문제된다. 전적은 근로자를 그가 고용된 기업으로부터 다른 기업으로 적을 옮겨 다른 기업의 업무에 종사하게 하는 것으로서, 종래에 종사하던 기업과 맺은 근로계약을 합의해지한 후 이적하게 될 기업과 새로운 근로계약을 체결하는 것이거나 근로계약상의 사용자 지위를 양도하는 것이다. 따라서 전적이 유효하기 위해서는 특별한 사정이 없는 한 근로자의 동의를 얻거나 그 법인체들 내에서 승인되는 등의 관행이 있어야 한다.[128][129]

## Ⅷ. 고령화 사회의 정년제

고령화 사회에서는 종전의 정년제에서 나타난 폐해를 보완하는 방향으로 제도가 바뀌고 있다. 그 중에 대표적인 것으로 정년제 폐지, 정년 연장(임금피크제 도입), 점진적 은퇴제 도입 방안 등을 들 수 있다.

### 1. 정년제의 폐지

#### 가. 주장 근거

정년제가 폐지되어야 하는 근거로는 ① 정년제는 근로자의 근로의사와 능력과 관계없이 오로지 근로자의 연령을 이유로 근로관계를 종료시키므로 고용에 연령의 차별을 두지 않는 우리의 노동법 체계와는 어울리지 않고, ② 정년제에 의해 퇴출된 근로자와 가족의 생존이 노령연금을 받기 전에는 보장되기 어

127) 노병호, 430면. 재고용된 근로자는 일반적으로 종전의 임금수준보다 낮은 것이 보통이므로 퇴직금 산정에서 불이익 당할 수 있다는 것을 그 논거로 삼는다.

128) 대법원 2006. 1. 12. 선고 2005두9873 판결.

129) 전적할 회사의 실체와 원 사용자와의 경제적·조직적 동일성 여부 등을 판단(제 3 자인 회사의 실체에 관한 규제)하는 외에, 노동조합 또는 근로자의 과반수 대표와 노사간 협정으로 근로조건을 상세히 명시하도록 하고, 최종적으로 근로자 본인의 동의를 요건(동의요건의 규제)으로 하는 등 규제 방법을 구체적으로 제도화할 필요가 있다는 주장이 있다. 이율경, 171면. 일본에서는 전적 대상회사 간의 긴밀성, 단체협약 또는 노동관행 등을 근거로 하여 자회사에서 계속 고용되는 것에 대한 담보가 요건으로 상정된다는 주장으로는 이철수, 51면.

려우며, ③ 정년제는 고용을 유연화시켜 고용확대 효과를 노리는 국가의 정책적 목적과 일치하지 않는 점 등이 거론되고 있다.

### 나. 외국의 사례[130)]

주요 선진국의 경우 우리나라와 같은 정년퇴직제도를 이미 오래 전에 제한하거나 폐지하였다.[131)]

미국은 정년자체를 연령차별로 간주하여 1967년에 고용상 연령차별금지법(Age Discrimination in Employment Act; ADEA)을 만들어 65세 미만의 강제퇴직을 금지하였다가, 1978년에 정년연령을 70세로 상향조정한 후 1986년에는 상한연령을 완전히 폐지하였다.[132)]

영국은 1971년 노동관계법에 임의규정으로 남성은 65세, 여성은 60세로 정년을 규정하였다가, 2006년에 '고용평등(연령)규칙[Employment Equality (Age) Regulation]'을 개정하여 강제규정으로 65세를 기본 퇴직연령으로 정한 후 2011. 10. 1.부터는 개정법을 시행하여 객관적으로 정당화되는 경우 외에는 연령을 이유로 강제퇴직시킬 수 없도록 하는 등 실질적으로 정년제를 폐지하였다.[133)]

일본은 1970년대 중반부터 정부의 정년연장정책이 추진되어 1994년 고연령자고용안정법의 개정으로 60세 정년을 의무화하였고, 후생노령연금의 지급개시연령을 2001년부터 단계적으로 종전 60세에서 65세로 상향시켰다. 이에 대응하여 다시 고연령자고용안정법을 2004년 개정하여 사업주가 정년을 규정하는 경우 60세를 하회할 수 없고, 65세 미만의 정년을 규정하고 있는 사업주는 ① 해당 정년의 인상, ② 현재 고용된 고연령자가 희망할 때에는 정년 후에도 계속하여 고용하는 제도(계속고용제도)의 도입, ③ 해당 정년규정의 폐지 중 하나의 조치를 강구하도록 하였다.[134)]

---

130) 이에 대한 비교법적 자세한 검토는 김진태, 813~818면; 조용만, 7~12면.

131) 국제노동기구(ILO)는 1980년 고령근로자에 관한 162호 권고 22조에서 특정 연령에 고용을 종료시키는 입법이나 기타의 규정은 근로자의 자발적 퇴직의 원칙(동 권고 21조)과 고령근로자에 대한 고용차별금지의 원칙(동 권고 3조)에 비추어 검토되어야 한다고 규정하였다. 조용만, 2면.

132) 김진태, 814면.

133) 정재헌, 20~21면.

134) 菅野(역), 554~558면.

### 2. 정년을 연장하는 방안

정년을 연장하는 방안과 관련하여 임금피크제 도입 등이 논의된다.

#### 가. 임금피크제의 의의

임금피크제는 근로자의 종전 정년을 보장하거나 정년 이후 일정기간 근로제공을 보장하는 조건으로 근로자가 일정연령 또는 근속연수에 도달하면 임금을 단계적으로 줄여 나가는 제도이다.[135)][136)] 임금피크제는 연공서열에 따라 임금이 상승하는 연공서열형 임금제도를 일부 수정한 것으로서, 임금조정과 고용보장을 교환조건으로 하기 때문에 반드시 고용보장기간을 설정하여야 한다.[137)]

고령자고용법은 정년을 60세 이상으로 연장하는 사업주와 근로자의 과반수로 조직된 노동조합으로 하여금 정년 연장에 따른 임금체계 개편 등 필요한 조치를 하도록 의무 규정(19조의2)을 두었는데, 그 개편 방안 중 하나로 임금피크제가 논의되었다.[138)] 또한 고보법은 사업주가 근로자대표의 동의를 받아 정년을 60세 이상으로 연장하거나 정년을 56세 이상 60세 미만으로 연장하면서 55세 이후부터 일정 나이, 근속시점 또는 임금액을 기준으로 임금을 줄이는 제도를 시행하는 경우 등에는 근로자에게 최대 5년 동안 임금피크제지원금을 받을 수 있도록 했다(고보법 시행령 28조). 이러한 제도적 뒷받침으로 임금피크제가 활성화되었다.[139)][140)]

일정한 연령에 도달할 경우 임금을 삭감하는 임금피크제가 고령자고용법상의 연령차별금지(4조의4)에 어긋나는지가 문제된다. 이에 대하여 연령차별에 해당

---

135) 김영수, 14면.

136) 사업주가 근로자 대표의 동의를 받아 일정한 연령에 도달한 근로자를 대상으로 일정한 연령 이상까지의 고용을 보장하는 조건으로 근로자의 임금을 감액하는 제도라고 정의하기도 한다. 노병호, 432면.

137) 노병호, 432면.

138) 이러한 정년연장의무 도입으로 인해 종전 근로계약 내용의 '수정'이 필요하게 되었으므로, 임금피크제 도입을 내용으로 하는 취업규칙의 변경은 '사정변경의 원칙'에 따라 기존 근로계약의 내용을 변화된 사정에 알맞게 '수정'하는 것에 그친다고 할 것이나, 근로조건이 현저하게 저하되어 기존 계약내용과의 동일성을 본질적으로 상실한 경우에는 취업규칙의 불이익변경으로 보아야 한다는 견해가 있다. 권혁, 20~21면.

139) 2016. 6. 기준 300인 이상 사업장의 46.8%가 임금피크제를 실시하고 있다(고용노동부; 응답하라! 60세 정년제! — 알기쉬운 임금피크제 & 60세 이상 정년제).

140) 우리나라의 임금피크제 도입실태에 대한 자세한 내용은 임두빈 · 전용일, 80~81면; 정대위, 18~31면 참조.

하지 않는다는 견해[141]와 각 유형별 임금피크제에 따라 다르다는 견해[142]가 있다.

### 나. 임금피크제의 유형

#### (1) 정년보장형 임금피크제

단체협약이나 취업규칙 등에 이미 정해진 정년까지 근로자의 고용을 보장하기 위해 일정 시점(일정 연령)을 정해 놓고 그때부터 정년 도달시까지 임금을 삭감·조정하는 제도이다. 임금이 감소되더라도 고용안정을 중시하는 임금체계이나, 가장 중요한 근로조건인 임금이 감소되는 것이므로 취업규칙 불이익변경 요건을 갖추어야 한다.[143] 대법원은 "사업주가 근로자의 정년을 그대로 유지하면서 임금을 정년 전까지 일정 기간 삭감하는 형태의 이른바 '임금피크제'를 시행하는 경우 연령을 이유로 한 차별에 합리적인 이유가 없어 그 조치가 무효인지 여부는 임금피크제 도입 목적의 타당성, 대상 근로자들이 입는 불이익의 정도, 임금 삭감에 대한 대상 조치의 도입 여부 및 그 적정성, 임금피크제로 감액된 재원이 임금피크제 도입의 본래 목적을 위하여 사용되었는지 등 여러 사정을 종합적으로 고려하여 판단하여야 한다."는 입장이다.[144]

---

141) 그 논거로 ① 임금피크제는 고령자고용법이 요구하는 임금체계의 개편 등 필요한 조치에 해당하는 점, ② 고보법상의 임금피크제 지원제도는 임금피크제의 합법을 전제로 한 것이라고 보아야 하는 점, ③ 임금피크제는 모든 근로자에게 그 적용이 예상되는 제도라는 점을 들고 있다. 이철수, 54면.

142) 방준식, 141~142면, 정년보장형 임금피크제와 정년연장형 임금피크제 중 종전의 정년연령 도달 이전 임금피크제(가령 58세 정년제 사업장에서 60세로 정년을 연장하면서 56세부터 임금을 삭감하는 경우)는 합리적 이유가 없는 한 연령차별이고, 종래의 정년연령 도달 이후 임금피크제(가령 58세에서 60세로 정년을 연장하면서 58세부터 임금을 감액조정하는 경우)는 합리적 범위에서 임금이 감액되거나 동결되면 연령차별이 아니라고 한다.

143) 독일에서는 임금과 정년보장은 상이한 규율대상이므로 비교대상이 될 수 없다고 한다. 따라서 정년보장은 임금의 악화 또는 근로시간의 연장을 정당화 할 수 없다고 한다. 방준식, 136면.

144) 대법원 2022. 5. 26. 선고 2017다292343 판결. 갑 연구원이 노동조합과 신인사제도를 시행하기로 합의한 후 기존의 정년 61세를 그대로 유지하면서 55세 이상 정규직 직원들을 대상으로 임금을 삭감하는 내용의 성과연급제를 시행하였는데, 갑 연구원의 근로자였던 을이 위 성과연급제는 고령자고용법에 위반되어 무효라고 주장하면서 삭감된 임금 등의 지급을 구한 사안에서, 위 성과연급제는 인건비 부담을 완화하고 실적 달성률을 높이기 위한 목적으로 도입되었으나 위와 같은 목적을 55세 이상 정규직 직원들만을 대상으로 한 임금 삭감 조치를 정당화할 만한 사유로 보기 어려운 점, 성과연급제로 인하여 을은 임금이 일시에 대폭 하락하는 불이익을 입었고, 그 불이익에 대한 대상조치가 강구되지 않은 점, 성과연급제를 전후하여 을에게 부여된 목표 수준이나 업무의 내용에 차이가 있었다고 보이지 않는 점 등을 종합하면, 위 성과연급제는 연령을 이유로 임금 분야에서 을을 차별하는 것으로 차별에 합리적인 이유가 있다고 볼 수 없다고 한 사례이다.

#### (2) 정년연장형 임금피크제

기존의 정년연령을 높이는 대신 종전에 받던 임금 수준을 단계적으로 낮추는 임금체계이다. 정년을 연장하면서 연장된 기간에 한정하여 임금 수준을 종전보다 저하시키는 경우에는 근로조건의 불이익변경으로 볼 수 없다.[145] 그러나 정년을 연장하면서 기존 정년연령 도래 전부터 임금을 감액하는 경우에는 연장으로 인한 이익과 감액으로 인한 손실 등을 실질적으로 비교하여 근로조건이 불리하게 변경되었는지를 판단하여야 한다.[146] 노령연금 수령개시연령이 상향되는 요즘과 같은 고령화 사회에서 근로자들이 선호할 제도이다.

#### (3) 고용연장형 임금피크제

근로자가 정년 이후에 기존의 임금수준보다 낮은 임금을 근로조건으로 하는 근로계약을 새로이 체결하는 것이다. 고용의 단절 없이 해당 사업장에 근로를 제공하는 근로자에게는 근로기간의 연장과 같은 효과를 가져 올 수 있다.

근로자가 퇴직금을 수령하고 난 이후에 재고용계약을 통해 기존의 임금의 수준을 낮추는 것이므로 근로기간 등 근로조건에 대해서는 당사자가 자유로이 정할 수 있다. 따라서 근로조건의 불이익변경의 문제는 발생하지 않으나, 사용자 측에서 고용 연장을 이유로 기존에 정한 정년의 시기를 앞당겨 시행할 우려가 있다.[147]

### 3. 점진적 은퇴제도

근로자가 정년에 도달하기까지 일정 연령부터 근로시간과 업무량을 단계적으로 단축하여 정년으로 인해 갑자기 근로현장에서 떠나게 되면서 느끼는 상대적 박

145) 권혁, 7면.

146) '정년연장에 따른 수익'과 '기존정년 이전 감액분'을 비교하여 근로조건이 불리하게 변경되었다고 판단되면 취업규칙 불이익변경의 유효요건을 갖추어야 한다는 견해가 있는데(권혁, 8면), 이에 대하여는 '정년연장에 따른 수익'이 연장된 기간 동안 새로이 제공되는 근로에 대한 대가의 의미를 포함하고 있기 때문에 이를 단순히 비교하는 것은 무리라는 비판이 있다.

147) 고용연장형 임금피크제의 다른 모습으로 정년 이전에 근로자를 재고용하겠다는 것을 조건으로 기존의 근로관계를 종료하거나 새로운 근로계약을 체결하지 않고서 정년 이전의 일정 시기부터 임금 수준을 낮추는 방법도 있다. 근로자는 정년 이후에도 낮아진 임금을 조건으로 근로를 계속 제공하게 된다. 정년 이후에도 고용을 계속한다는 점에서 고용연장형 임금피크제의 하나로 분류되는 것 같다. 그런데 이 방법은 정년 이전의 근로조건 변경과 새로운 근로계약 체결이 혼용되어 있는 것이므로, 사실상 근로조건이 변경되는 그 시점부터 기존의 근로관계는 단절되고 새로운 근로계약이 체결된 것으로 보아야 한다. 즉 기존의 정년이 보장되는 것이 아니라 정년의 단축과 재고용계약이 혼용되어 있는 것이다. 김은주, 99면.

탈감, 심리적 불안감을 감소시킴과 동시에 고령자고용을 확대하기 위한 제도이다.

정년시기가 다가올 즈음부터 근로자에게 법정 근로시간 이하로 근로할 수 있는 선택권을 부여하고, 단계적인 근로시간의 단축으로 인한 소득의 감소분을 국가가 보조하는 것을 그 내용으로 한다. 이 방법은 고령근로자의 근로시간을 줄임과 동시에 그로 인한 생산력 감소를 보전하기 위해 청년 또는 실업자를 고용하는 등 사회전반적인 고용의 확대를 꾀할 수 있다.

점진적 은퇴제도도 근로시간 단축에 따른 임금감소 등 근로조건의 변경에 해당하므로 취업규칙 불이익 변경요건을 갖추어야 한다.

### 4. 우리나라의 고령자고용정책

#### 가. 국가와 사용자의 책무

고기법 25조는 고령자의 고용을 촉진하기 위하여 직종의 개발, 직업능력개발훈련과정의 개설, 고용기회 확대를 위한 제도의 마련, 관련 법령의 정비 등 필요한 대책의 수립·시행의무를 국가에게 지우면서 그 필요한 사항은 다른 법률로 정하도록 하고 있는데 그 해당 법률이 고령자고용법이다.

고령자고용법은 합리적인 이유 없이 연령을 이유로 하는 고용차별을 금지하고,[148] 고령자가 그 능력에 맞는 직업을 가질 수 있도록 지원하고 촉진함으로써 고령자의 고용안정에 이바지하는 것을 목적으로 한다(1조).[149] 사업주에게는 연령을 이유로 하는 고용차별을 해소하고, 고령자의 직업능력계발·향상과 작업시설·업무 등의 개선을 통하여 고령자에게 그 능력에 맞는 고용 기회를 제공함과 아울러 정년연장 등의 방법으로 고령자의 고용이 확대되도록 노력할 책무를 규정하고 있다(4조).

#### 나. 정년의 폐지 또는 연장 촉진

사업주가 정년을 폐지하거나, 기존에 정한 정년을 60세 이상으로 1년 이상 연장하는 등 일정한 요건을 충족하는 경우에는 고령자 고용연장 지원금을, 정년

148) 여기에서 말하는 '합리적인 이유가 없는' 경우란 연령에 따라 근로자를 다르게 처우할 필요성이 인정되지 아니하거나 달리 처우하는 경우에도 그 방법·정도 등이 적정하지 아니한 경우를 말한다(대법원 2022. 5. 26. 선고 2017다292343 판결).

149) 고령자의 고용과 관련한 법제는 크게 차별금지와 고용촉진 두 가지로 구분이 가능하다고 한다. 먼저 차별의 금지는 고령자고용법과 고보법이 있으며, 고용촉진을 위한 법으로는 근기법, 최임법, 기간제법, 고기법, 평생직업능력법 등을 들 수 있다. 강성태, 845~870면.

을 정하지 아니한 사업장 및 일정비율 이상의 만 60세 이상 근로자를 고용하는 등의 요건을 갖춘 경우에는 고령자 고용지원금을 각 지급하여(고보법 23조, 고보법 시행령 25조, 25조의2) 간접적으로 정년의 폐지 및 고령자 고용을 유도하고 있다.

### 다. 법정정년의 설정

우리나라는 정년의 설정이나 운용을 노사관계 당사자의 자율에 맡기는 약정정년제도를 취하여 왔는데,[150][151] 2013년 고령자고용법의 개정으로 정년을 60세 이상으로 정하도록 하는 의무조항과 60세 미만으로 정하는 경우에는 정년을 60세로 간주하는 조항을 도입하였다(19조). 이러한 조항을 둠으로써 고용안정을 기할 수 있고 고령자의 정년시기와 노령연금 수급개시시기의 차이를 좁힐 수 있게 되었다.[152]

위 의무조항은 전 사업장에 적용되고, 사업주가 이를 어길 경우에 근로자는 근기법의 부당해고금지, 고령자고용법의 연령차별금지 원칙과 민법에 의하여 보호받을 수 있다.

정년제가 없던 사업장의 사업주가 위 법정정년 의무조항으로 인하여 정년 신설의무를 지는지에 대하여는 위 의무조항은 약정 정년연령을 높이는 데 목적이 있고 정년의 신설은 근로조건의 불이익변경이므로 이를 부정함이 타당하다.[153] 또한 정년제가 없는 사업장에는 위 간주조항도 적용되지 않는다.[154]

### 라. 정년퇴직자의 재고용 촉진

고용노동부장관은 정년퇴직자를 재고용하는 사업주에게 장려금 지급 등 필요한 지원을 할 수 있고(고령자고용법 21조의2), 정년 연장에 따른 사업체의 인사와 임금 등에 대하여 상담, 자문, 그 밖에 필요한 협조와 지원을 하여야 한다(22조).

---

150) 하갑래, 328면.

151) 2012년 6월 기준 단일정년제 도입기업의 규모별 평균약정정년은 전체 57.6세, 300인 이상 사업장의 경우는 57.4세라고 한다. 임두빈 · 전용일, 77~78면.

152) 서유럽의 표준적인 65세 정년은 ① 인간의 수명, ② 공적연금의 수급연령, ③ 기업의 인적 자원관리 정책과 제도들이 상호작용 · 연계되어 발전되어 온 사회역사적 산물이라고 한다. 방하남, 41~52면.

153) 하갑래b, 310면.

154) 호경임, 17면.

## Ⅸ. 정년제와 기타 법률들

### 1. 기간제법[155]과 정년제

#### 가. 기간제근로자와 정년제

기간제법은 사용자와 근로자 사이에 체결되는 기간제 근로계약의 기간은 2년을 초과하지 못하도록 금지하고 있고, 만약 사용자가 2년을 초과하여 근로자를 고용할 경우에는 기간의 정함이 없는 근로계약을 체결한 것이 된다(4조). 다만, 사용자가 55세 이상의 근로자를 고용할 경우에는 2년을 초과하는 기간을 근로계약의 내용으로 할 수 있다(4조 4호).

취업규칙 등에 정년이 60세로 규정되어 있는 사업장에서 사업주가 55세 이상의 고령근로자와 60세를 넘는 기간까지 2년을 초과한 기간을 근로기간으로 하여 근로계약을 체결할 경우에 근로자에게 해당 사업장의 정년을 적용하여야 하는지 아니면 계약기간이 적용되는지가 문제된다. 근로기간의 만료는 근로계약 종료 사유이기 때문에 기간의 정함이 있는 근로계약을 체결한 근로자가 계약기간 중 정년에 도달하였다고 하더라도 그 근로자에게 정년을 적용할 필요가 없다. 만약 정년을 적용시킨다면 근로자의 지위를 불안하게 할 뿐만 아니라, 55세 이상의 고령근로자의 고용을 촉진시키고자 하는 고령자고용법의 입법취지에도 어긋나기 때문이다.

정년을 이미 경과한 상태에서 기간제 근로계약을 체결한 고령근로자에게도 근로계약 갱신기대권의 법리가 적용된다. 대법원은 정년이 경과한 후 기간제로 고령근로자를 재고용한 경우에는 ① 근로계약의 내용과 근로계약이 이루어지게 된 동기 및 경위, 계약 갱신의 기준 등 갱신에 관한 요건이나 절차의 설정 여부 및 그 실태, 근로자가 수행하는 업무의 내용 등 당해 근로관계를 둘러 싼 여러 사정 외에 ② 해당 직무의 성격에 의하여 요구되는 직무수행 능력과 당해 근로자의 업무수행 적격성, 연령에 따른 작업능률 저하나 위험성 증대의 정도, 해당 사업장에서 정년을 경과한 고령자가 근무하는 실태 및 계약이 갱신되어 온 사례 등을 종합적으로 고려하여 근로계약 갱신에 관한 정당한 기대권이 인정되는

155) 기간제법은 ① 근로기간의 정함이 있는 근로계약을 체결한 근로자(기간제근로자), ② 기간의 정함은 없으나 근로시간이 통상근로자보다 짧은 근로자(단시간근로자)를 보호함을 목적으로 한다.

지 여부를 판단하여야 한다고 판시하였다.[156] 이런 경우에 정당한 이유 없이 고령근로자의 근로계약 갱신을 거절하면 부당해고가 된다. 근로자에게 이러한 갱신기대권이 인정되는데도 사용자가 이를 배제하고 그 갱신을 거절한 경우, 거기에 합리적 이유가 있는지 여부는 사용자의 사업 목적과 성격, 사업장 여건, 근로계약 체결 경위, 근로계약 갱신 제도의 실제 운용 실태, 해당 근로자의 지위와 담당 직무의 내용 및 업무수행 적격성, 근로자에게 책임 있는 사유가 있는지 등 근로관계를 둘러싼 여러 사정을 종합하여 갱신 거절의 사유와 절차가 사회통념에 비추어 볼 때 객관적이고 합리적이며 공정한지를 기준으로 판단하여야 하고 그러한 사정에 관한 증명책임은 사용자가 부담한다.[157]

대법원은 정년퇴직한 근로자와 1년이라는 기간을 정하여 촉탁직 근로계약을 체결한 회사가 그 기간만료로 근로계약이 종료된다는 통보를 미리 한 사안에 대하여 '근로계약서 및 취업규칙에 근로계약 갱신에 관한 규정이 없고, 다수의 촉탁직 근로자에 대하여 근로계약을 갱신하였다 하더라도 근로계약이 갱신되지 않은 근로자들도 있었던 점으로 보아 근로자에게 근로계약에 대한 갱신기대권이 인정된다고 볼 수 없다'는 하급심 판결을 수긍하였다.[158]

### 나. 단시간근로자와 정년제

단시간 근로를 제공하는 근로자는 근기법상의 근로시간이 짧다는 점을 제외하고는 통상의 근로자와 달리 볼 이유가 없다. 따라서 기간이 정하여지지 않은 단시간근로자가 노동을 제공하는 당해 사업장에 정년 규정이 있다면 정년의 적용을 받는 것으로 보아야 한다.

즉 기간의 정함이 있는 근로계약을 체결한 경우에는 단시간근로자인지 통상근로자인지 상관없이 사용자와 근로자의 기간에 대한 합의를 더 중시하여 모두 정년의 적용을 받지 아니하고, 기간의 정함이 없는 경우에는 단시간근로자나 통상근로자 모두 정년의 적용을 받는다.[159]

---

156) 대법원 2017. 2. 3. 선고 2016두50563 판결. 이 판례에 대해서는 고령자처럼 사용기간 제한의 예외에 해당하는 자에게도 갱신기대권의 법리가 적용될 수 있다는 점을 명확히 한 의미가 있다고 한다. 김홍영, 95~98면. 최근의 대법원 2023. 6. 29. 선고 2018두62492 판결도 같은 취지이다.

157) 대법원 2017. 10. 12. 선고 2015두44493 판결, 대법원 2019. 10. 31. 선고 2019두45647 판결, 대법원 2023. 6. 29. 선고 2018두62492 판결 등.

158) 대법원 2018. 5. 30.자 2018두37724 판결(서울고법 2018. 2. 2. 선고 2017누63896 판결에 대한 상고를 심리불속행으로 기각하였다).

### 2. 남녀고용평등과 일·가정 양립 지원에 관한 법률(남녀고용평등법)과 정년제

남녀고용평등법은 사업주에게 근로자의 정년에 있어서 성(性)을 이유로 하는 차별을 금지한다(11조).[160] 사업주가 이를 어길 경우에는 5년 이하의 징역 또는 3,000만 원 이하의 벌금의 처벌을 받게 된다(37조 1항).

대법원은 취업규칙상에 규정된 남녀 근로자의 정년연령의 차이에 대하여 이를 성차별로 본 경우[161]와 그렇지 않은 경우[162]가 있다.

### 3. 파견근로자 보호 등에 관한 법률과 정년제

사용사업주의 사업장에서 근무하던 파견근로자가 구 파견법(2006. 12. 21. 법률 8076호로 개정되기 전의 것)이나 개정 파견법(2006. 12. 21. 법률 8076호로 개정된 법)의 요건을 충족함으로써 고용간주의 효과나 직접 고용의무가 발생하였더라도 특별한 사정이 없는 한 사용사업주의 단체협약 등에서 정한 정년이 경과하면 그 효과나 의무가 소멸한다.[163] 따라서 파견근로자는 구 파견법에 따라 정년 후 근무기간에 대하여 사용사업주의 근로자임을 전제로 미지급 임금 등을 구할 수 없고, 개정 파견법에 따라 정년 후 근무기간에 대하여 직접고용의무의 불이행을 전제로 한 손해배상책임도 구할 수 없다.

파견사업주와 사용사업주는 파견근로자라는 이유로 사용사업주의 사업 내의 같은 종류의 업무 또는 유사한 업무를 수행하는 근로자에 비하여 파견근로자에게 차별적 처우를 하여서는 아니 되는데, 사용사업주의 단체협약이나 취업규칙 등에서 정한 정년이 경과한 파견근로자에 대하여 이러한 차별적 처우가 있는지를 판단할 때 비교대상 근로자는 원칙적으로 사용사업주의 사업장에서

---

159) 김은주, 67~68면.

160) 근기법도 남녀의 성을 이유로 하는 차별적 대우를 금지한다(6조).

161) 대법원 1988. 12. 27. 선고 85다카657 판결, 대법원 1993. 4. 9. 선고 92누15765 판결.

162) 대법원 1996. 8. 23. 선고 94누13589 판결.

163) 대법원 2022. 10. 27. 선고 2017다9732, 9749, 9756 판결. 그 근거에 대하여 '사용사업주의 단체협약 등에서 정한 정년이 구 파견법에 따라 정년 전에 형성된 사용사업주와 파견근로자 사이의 법정근로관계에도 적용되고, 개정 파견법 6조의2 1항의 입법 취지 및 목적에 비추어 볼 때 특별한 사정이 없는 한 사용사업주는 직접고용의무 규정에 따라 근로계약을 체결할 때 기간을 정하지 않은 근로계약을 체결하여야 함이 원칙인데, 이때 사용사업주의 단체협약 등에서 정한 정년이 개정 파견법에 따라 정년 전에 발생한 직접고용의무의 내용을 이루게 되기 때문이다'라고 한다.

정년을 경과하여 같은 종류의 업무 또는 유사한 업무를 수행하는 정규직 근로자가 있다면 그 근로자, 만일 그러한 근로자가 없는 경우 정년이 경과하여 퇴직한 근로자가 사용사업주에게 촉탁직 등 기간제 근로자로 채용되어 같은 종류의 업무 또는 유사한 업무를 수행하고 있다면 위 기간제 근로자, 사용사업주의 사업장에 정년을 경과하여 같은 종류의 업무 또는 유사한 업무를 수행하는 근로자가 없는 경우에는 정년을 경과하지 않은 같은 종류의 업무 또는 유사한 업무를 수행하는 근로자를 비교대상 근로자로 삼을 수밖에 없다. 이러한 경우에도 파견근로자의 정년이 경과하였다는 사정을 불리한 처우에 합리적 이유가 있는지 판단하는 데에 고려하여야 한다.[164]

[권 혁 중]

## 第23조 후론(後論) 3: 인사이동

〈세 목 차〉



164) 대법원 2023. 4. 27. 선고 2021다229601 판결.

[참고문헌]

**강문경**, "휴업수당청구권이 공익채권인지 여부", 김신 대법관 재임기념 논문집, 사법발전재단(2018); **구미영**, "성희롱 피해자 및 조력자에 대한 불리한 조치와 사업주의 책임", 노동리뷰 155호, 한국노동연구원(2018); **권오성**, "회사분할과 근로관계의 승계", 노동리뷰 107호, 한국노동연구원(2014); **권재열**, "회사분할 시 근로관계의 승계에 대하여 근로자가 거부권을 행사할 수 있는가?", 증권법연구 15권 1호, 삼우사(2014); **김도형**, "근로자가 다른 기업으로 적을 옮기는 경우 근로관계의 계속성 유지 여부", 1997 노동판례비평, 민주사회를 위한 변호사모임(1998); **김선혜**, "사립대학교 교수에 대한 직위해제처분이 불법행위가 되기 위한 요건 및 그에게 비전공과목 강의를 의사에 반하여 배정한 것이 불법행위를 구성하는지 여부", 법학연구 19권 4호, 연세대학교 법학연구소(2009); **김진**, "상시적 구조조정 수단으로서의 금융기관 '후선 발령'의 정당성", 노동법실무연구 1권(김지형 대법관 퇴임기념), 노동법실무연구회(2011); **김종범**, "부당전직에 관한 몇 가지 문제", 재판자료 125집, 법원도서관(2013); **김창종**, "휴직제도에 관하여", 사법연구자료 20집, 법원행정처(1993); **김태선**, "직장 내 성희롱과 사용자책임", 민사법학 84호, 한국사법행정학회(2018); **김태업**, "사립학교 교원에 대한 직위해제와 불법행위의 성립요건", 대법원판례해설 75호, 법원도서관(2008); **김현룡**, "무효인 전직발령의 효력을 다투는 방법과 무노동무임금의 원칙(무효인 전직발령에 불응하여 전직 장소에 출근하지 아니한 근로자들에게 임금을 지급하여야 하는지 여부)", 대법원판례해설 63호, 법원도서관(2007); **김현채**, "파면처분에 의한 직위해제처분의 효력상실", 법조 28권 9호, 법조협회(1979); **김형진**, "기업그룹내 계열회사 사이의 전적과 계속근로연수", 대법원판례해설 25호, 법원도서관(1996); **김홍영**, "감봉 징계처분과 아울러 후선발령인 업무지원역 발령이 내려진 경우의 정당성", 조정과 심판 53호, 중앙노동위원회(2013); **김홍준a**, "전직의 정당성", 노동법연구 3호, 서울대학교 노동법연구회(1993); **김홍준b**, "전직의 정당성에 대한 판단기준", 노동법강의—기업구조조정과 노동법의 중요과제—, 법문사(2002); **노병호**, 노동법 I (개별적 근로관계법, 제 3 판), 진원사(2017); **도재형a**, "직위해제에 이은 당연퇴직의 정당성", 강원법학 18권, 강원대학교 비교법학연구소(2004); **도재형b**, "전직처분에 이은 해고의 정당성", 강원법학 19권, 강원대학교 비교법학연구소(2004); **도재형c**, "대기발령의 법리", 2007 노동판례비평, 민주사회를 위한 변호사모임(2008); **도재형d**, "해고에 선행하는 직위해제 처분의 구제이익", 노동법률 232호, 중앙경제(2010. 9.); **도재형e**, "노동법에서의 권리남용 판례 법리", 노동법연구 29호, 서울대학교 노동법연구회(2010); **도재형f**, "노동법의 위기와 회생, 그리고 과제", 인권과 정의 458호, 대한변호사협회(2016); **마은혁**, "취업규칙 불이익 변경의 사회통념상 합리성에 관한 판례 법리", (2016년도)법관연수 어드밴스 과정 연구논문집, 사법연수원(2017); **문재인**, "국가보안법위반으로 기소되었다는 이유만으로 행해진 국립대학교수에 대한 직위해제처분의 효력", 1999 노동판례비평, 민주사회를 위한 변호사모임(2000); **박철**, "배치전환명령과 징계", 민사판례연구 15집, 민사판례연구회(1993);

박수근a, "직위해제의 노동법상 쟁점과 해석", 노동법학 26호, 한국노동법학회(2008. 6.); 박수근b, "직위해제에 관한 노동분쟁의 실태와 쟁점", 판례연구 22집, 서울지방변호사회(2008. 8.); 박수근c, "경영상 이유에 의한 휴업과 휴직의 정당성", 판례연구 24집, 서울지방변호사회(2010. 9.); 박수근d, "회사분할과 근로관계의 승계", 2013 노동판례비평, 민주사회를 위한 변호사모임(2014); 손향미, "업무경영상 행해지는 대기발령의 법적 성격과 처우", 노동법학 49호, 한국노동법학회(2014); 신권철, "노동법에 있어 사회통념과 정당성—판례분석을 중심으로—", 노동법연구 40호, 서울대학교 노동법연구회(2016); 여하윤, "직장 내 성희롱 피해 근로자가 자신을 도와준 동료 근로자에게 불리한 조치를 한 사업주를 상대로 하는 손해배상청구", 법조 729호, 법조협회(2018); 오문완a, "전적처분이 무효인 경우 영업양도의 효력", 노동판례평석집 Ⅱ, 한국경영자총협회(1997. 12.); 오문완b, "전근처분의 성질과 그 한계", 노동판례평석집 Ⅱ, 한국경영자총협회(1997. 12.); 오문완c, "전직처분의 요건과 효과", 노동판례평석집 Ⅱ, 한국경영자총협회(1997. 12.); 오문완d, "전적에 따른 근로관계의 종료 여부", 노동판례평석집 Ⅲ, 한국경영자총협회(1999. 2.); 유재율, "회사 분할 시 근로관계의 승계와 근로자의 거부권", 법조 694호, 법조협회(2014); 이경우, "전직 · 전보명령권의 성질과 한계", 1997 노동판례비평, 민주사회를 위한 변호사모임(1998); 이근윤, "합작투자로 신설된 회사로의 전출과 근로계속연수", 대법원판례해설 28호, 법원도서관(1997); 이승욱, "영업양도와 전적의 효력", 1996 노동판례비평, 민주사회를 위한 변호사모임(1997); 이우진a, "전직의 개념과 정당성", 대구법학 5호, 대구대학교 법과대학(2002); 이우진b, "정당한 전직명령의 판단기준", 노동법률 136호, 중앙경제(2002); 임기환, "의사에 대한 진료정지처분의 시간적 한계", 법과 정의 그리고 사람—박병대 대법관 재임기념 문집, 사법발전재단(2017); 임혜원, "직장 내 성희롱 피해근로자 등에게 불리한 조치를 한 경우 회사의 손해배상책임", 대법원판례해설 113호, 법원도서관(2018); 정병욱, "경영상 휴직의 정당성 여부", 2008 노동판례비평, 민주사회를 위한 변호사모임(2009); 정영훈, "제재적 목적의 대기발령의 법적 성질 및 정당성 판단", 2011 노동판례비평, 민주사회를 위한 변호사모임(2012); 정지형, "동일한 사유를 이유로 한 직위해제 처분과 파면처분의 법률관계 등", 대법원판례해설 2권 2호, 법원행정처(1981); 정진경, "공무원에 대한 직위해제와 행정절차법의 적용", 노동법연구 36호, 서울대학교 노동법연구회(2014); 조용만a, "노동법에서의 신의칙과 권리남용금지의 원칙", 노동법연구 29호, 서울대학교 노동법연구회(2010); 조용만b, "동일사유에 기초한 감봉처분과 전직명령의 법적 성격 및 전직명령의 업무상 필요의 의미", 노동리뷰 99호, 한국노동연구원(2013); 조정호, 기업이 알아야 할 인사명령과 구제절차—노동위원회 구제절차와 사례를 중심으로—, 중앙경제(2011); 최누림, "근로자의 인사이동에 대한 법률상 쟁점의 개관", 인권과 정의 370호, 대한변호사협회(2007. 6.); 최석환a, "회사 분할시의 전적에 대한 근로자의 거부권", 노동리뷰 96호, 한국노동연구원(2013); 최석환b, "회사 분할에 따른 근로관계의 승계에 관한 법리", 노동법연구 36호, 서울대학교 노동법연구회(2014).

## Ⅰ. 인사이동의 의의와 법적 근거

### 1. 개 념

#### 가. 일 반 론

사용자는 노동력을 적재적소에 배치함으로써 근로의욕을 증진시키고 인사교류를 통한 기업 조직의 효율성을 제고하기 위하여 기업 내 인사발령을 하며, 경영 위험의 분산이나 영역 확장 등을 위하여 기업을 계열화하거나 계열회사 사이의 인력 지원을 위해 기업 간 인사발령을 하는 등 다양한 목적에서 인사권을 행사한다. 근로계약의 일방 당사자에 불과한 사용자의 의사표시에 따라 근로자가 인사이동을 하게 되면, 그 필요성에도 불구하고 근로계약의 본질적 사항인 근로 내용·장소는 물론 근로제공·근로계약의 상대방까지 변경될 수 있고, 헌법상 근로의 권리와 노동3권까지 침해될 가능성이 있다.

즉, 사용자의 인사권 행사는 필연적으로 근로자와 사용자가 동등한 지위에서 자유의사에 따라 근로조건이 결정되어야 한다는 규정과 충돌할 소지가 있다(법 4조). 더욱이 사용자가 인사권을 행사하여 근로계약을 변경하는 경우에도 취업의 장소, 종사하여야 할 업무 등 근로조건을 명시해야 하고(법 17조 1항, 영 8조), 명시한 근로조건과 다르게 근로를 제공하게 하는 경우에는 근로자가 이를 이유로 손해배상청구를 하거나 즉시 근로계약을 해제할 수 있으며(법 19조 1항), 명시의무를 위반한 경우에는 형사처벌까지 받을 수 있으므로(법 114조 1호), 인사권 행사의 요건과 한계는 엄격히 준수될 필요가 있다.

결국, 사용자가 근로자의 동의 없이 일방적으로 근로계약의 본질적 내용을 변경시키는 것을 쉽게 허용할 경우에는 헌법상 기본권을 침해할 우려가 크므로, '정당한 이유'라는 기준을 통해 사용자의 업무상 필요성과 근로자의 예상하지 못한 불이익을 조화롭게 해결해야 한다(법 23조 1항).

그러므로 이하에서 언급하는 '인사이동'이란 근로계약 체결 이후부터 종료시까지 근로관계의 유지를 전제로, 사용자의 인사권 행사에 따라 기업 내 또는 기업 간에 근로계약상 본질적 내용[1]인 근로 내용·장소, 근로제공·근로계약의

1) 동일 부서 내에서의 이동·업무 조정과 같이 사용자의 인사권 행사로 인하여 근로계약에서 정한 근로의 종류·내용·장소의 변경이 없는 상태에서 오직 임금, 근로시간 등 세부 내용만 일부 변경되는 경우는 근로계약의 본질적 내용의 변경이 아니므로 논의에서 제외된다(같은

상대방 등이 상당한 기간 동안 변경됨으로써 근로자에게 불이익[2])을 초래하는 것을 의미한다.

### 나. 개념상 구별

#### (1) 징 계

인사이동은 근로자에게 불이익이 발생하지만, 사용자가 근로자에게 기업질서의 유지를 목적으로 과거 비위행위에 대하여 경제적·정신적·생활상 불이익한 제재를 하는 '징계'와는 개념상 구별된다. 여기서 말하는 '징계'란 근로자에 대한 제재적 조치를 모두 포괄하는 개념이 아니고, 근로계약·취업규칙·단체협약 등에 징계 항목으로 명시된 것만을 의미한다.

물론 근로자의 인사이동이 징계처분에 따른 것인지, 사용자의 통상적인 인사권의 행사에 따른 것인지를 구분하는 것은 실무상 쉽지 않다. 징계가 근로자에 대한 제재를 주된 목적으로 근로계약 중 일부 내용이 상대적으로 단기간에 한정되어 변경되는 것이라면, 인사이동은 상대적으로 장기간 동안 근로계약상 본질적 내용을 변경하는 것을 주된 목적으로 한다는 점에서 실질적으로 구분된다. 또한 징계는 근로계약·취업규칙·단체협약 등에 규정된 절차를 준수하였는지 여부가 정당성 판단의 중요한 기준이 된다는 점에서 인사이동과 구별되는 측면도 있다. 따라서 근로계약·취업규칙·단체협약 등에서 징계의 종류로 특정한 유형의 인사이동을 규정하고 있는 경우, 특정한 인사이동이 징계의 일환인지 아니면 일반적인 인사권에 근거한 것인지를 구별할 필요가 있다.

#### (2) 근로관계의 종료

인사이동은 근로관계의 유지를 전제로 한다는 점에서 사용자의 인사권 행사로 근로관계가 종료되는 해고·직권면직·당연퇴직 등과도 구별된다.

물론 근로관계의 '종료'라는 객관적인 사실에만 주목할 경우에는 '원 소속 기업과의 근로관계의 종료'를 내포하는 '전적'과 구별하기 어려운 측면이 있다. 하지만 '전적'은 단순히 원 소속 기업과의 근로관계의 종료에 그치는 것이 아니라 이와 동시에 전적 후 기업과 새로운 근로관계를 창설함으로써 근로계약 상대방의 변경이라는 효과의 발생을 주된 목적으로 하므로, 단순한 근로관계의 종

---

취지로 김홍준a, 122면).

2) 사용자의 인사권 행사로 인하여 근로자에게 오로지 '이익'만 발생하는 경우는 논의에서 제외된다(반대견해로는 이경우, 240면; 이우진a, 300면).

료와는 차이가 있다.

(3) 근로관계의 이전

근로관계의 이전은 회사의 합병 · 분할[3] · 영업양도 · 조직변경과 같은 기업변동에 따라 근로관계가 이전되는지 여부와 관련되는 문제로, 원칙적으로 현재 기업 조직의 유지를 전제로 사용자의 인사권 행사에 따라 근로 내용 · 장소 등이 변경되는 인사이동과 개념상 구별된다. 즉, 전자(前者)는 기업변동에 주된 초점이 있고 근로관계의 이전은 부수적인 논점이므로, 사용자의 인사권 행사에 따라 근로 내용 · 장소 등의 변경을 주된 목적으로 하는 후자(後者)와 차이가 있다.

하지만 특정 기업이 조직 중 일부를 별도 법인으로 분할 · 아웃소싱한 후 사실상 · 법률상 지배하는 경우, 해당 업무를 담당하는 근로자의 소속이 변경되는 문제가 근로관계의 이전인지 인사이동 중 '전적'에 해당하는지를 구분하는 것은 현실적으로 쉽지 않다.

2. 인 사 권

가. 법적 근거

인사권의 법적 근거에 대해, ① 사용자의 경영권이라는 견해(경영권설),[4] ② 근로자가 근로계약을 체결함으로써 자신의 노동력을 사용자의 지휘 · 관리권한에 속하게 하는 포괄적 합의를 한 것이라는 견해(포괄적 합의설),[5] ③ 인사권도 하나의 근로조건이어서 근로계약상 합의된 범위 안에서만 유효하다는 견해(계약설)가 대립된다.

---

3) 판례는 회사 분할 시 원칙적으로 근로관계의 이전을 긍정하되 극히 예외적으로만 근로자의 거부권을 인정함으로써, 근로자의 동의가 없는 경우에 원칙적으로 그 효력을 부정하는 '전적'의 법리와는 다소 다른 태도를 취한다. 대법원 2013. 12. 12. 선고 2011두4282 판결(회사 분할에 따라 일부 사업 부문이 신설회사에 승계되는 경우, 근로자의 이해와 협력을 구하는 등 절차적 정당성을 갖추었다면, 해당 근로자의 동의를 받지 못하였더라도 해당 사업에 관한 근로관계는 신설회사에 승계되는 것이 원칙이고, 회사 분할이 근기법상 해고의 제한을 회피하면서 해당 근로자를 해고하기 위한 방편으로 이용되는 등 특별한 사정이 있는 경우에 해당 근로자는 근로관계의 승계를 알게 된 때부터 사회통념상 상당한 기간 내에 반대 의사를 표시함으로써 근로관계의 승계를 거부하고 분할하는 회사에 잔류할 수 있다고 한 사례. 이에 대한 평석으로는 권오성; 권재열; 박수근d; 유재율; 최석환b), 대법원 2013. 12. 12. 선고 2012다102124 판결(이에 대한 평석으로는 최석환b).

4) 이상윤, 443면; 경영권설에 따르더라도 권리남용금지의 원칙과 신의칙 등에 따른 상당한 제한을 인정한다.

5) 김유성, 246면; 노병호, 327면; 하갑래, 792면.

판례는 원칙적으로 인사권이 사용자의 권한에 속하므로 업무상 필요한 범위 내에서 사용자에게 상당한 재량을 인정하여, 법령에 위반되거나 권리남용에 해당하는 등의 특별한 사정이 없는 한 유효성을 인정한다.

이러한 판례의 태도에 대해 '포괄적 합의설'을 채택하였다는 견해도 있지만,[6] 그렇게 해석할 특별한 근거는 보이지 않고, 적어도 계약설을 채택한 것은 아니다.[7] '경영권설'은 경영권의 개념 · 법적 근거 · 성질 등에 대해 많은 논란이 있고, 경영권이 헌법상 기본권보다 우위에 있다고 볼 근거가 미약하다는 점에서, '계약설'은 인사권의 범위가 지나치게 좁고 근로계약상 인사권에 대해 사전에 구체적으로 합의하지 않은 경우에는 포괄적 합의설과 구분할 실익이 적다는 점에서, 근로자와 사용자 사이의 포괄적 합의를 인사권의 법적 근거로 봄이 자연스럽다.

### 나. 사법심사의 근거

인사이동의 적법 · 유효 여부에 관한 사법심사의 근거가 무엇인지에 대한 명시적인 논의는 보이지 않지만, 인사이동에 대한 사법심사의 근거가 '법 23조 1항'이라는 점에 대해서는 별다른 이견이 없다. 물론 본조의 '징벌'이 문언상 '비위에 대한 제재'를 내포하므로 '징계'와 유사한 측면이 있으나, 조문의 형식상 '징벌'의 종류로 예시된 '해고'에 징계해고만이 아니라 통상해고 · 정리해고까지도 포함되므로, 본조의 '징벌'은 '징계를 포함한 근로자에게 불이익한 조치'를 포괄적으로 의미한다. 즉, 인사이동이 근로자에 대한 불이익한 조치에 해당하는 경우에는 '징벌'에 해당되어 본조에 근거하여 사법심사를 할 수 있으나, 궁극적으로는 법 23조 1항의 '징벌'을 '불이익한 조치'로 개정하여 논란의 소지를 입법적으로 해결하는 것이 바람직하다.[8]

---

6) 김형배, 582면; 민변노동법 I, 440면.

7) 여러 판례에서 '인사명령은 원칙적으로 사용자의 권한에 속하여 업무상 필요한 범위 안에서는 상당한 재량을 인정해야 할 것이다'라고 판시한 점을 근거로 판례가 '경영권설'을 채택하였다는 견해도 있다(이상윤, 442면).

8) 대법원 2009. 3. 26. 선고 2007다54498, 54504 판결은 인사발령이 근로의 종류 · 내용 · 장소의 변경을 가져오는 불이익이 있더라도, 사용자의 인사권에 속하는 사항으로서 구 근기법 30조 1항(현행 23조 1항)의 '감봉 기타 징벌'에 해당하지 않으므로 그 적법 · 유효 여부는 권리남용 해당 여부 등에 따라 판단해야 한다는 원심의 판단을 긍정하였다. 이에 따르면 '인사이동'은 법 23조 1항의 '징벌'의 개념에 포함되지 않는 것처럼 보인다. 그러나 이 판결은 원심의 판단이 결과적으로 적법하다는 판단에 불과하고, '인사이동'에 대하여 사법심사를 할 수 있는 다른 법적 근거를 찾기도 어려우며, 이 부분이 인용된 다른 판례도 보이지 않으므로 쉽게 일반화할 수는 없다.

## Ⅱ. 인사이동의 종류와 법률관계

### 1. 용어의 통일

기존 문헌·판례는 근로자의 인사이동과 관련된 전보·전근·전직·배치전환 등의 용어를 서로 다른 의미로 사용하고 있다. '전직'을 근로 내용·장소의 변경으로 정의하면서도, ① 근로 내용의 변경을 '협의의 전직', 근로 장소의 변경을 '전근'으로 구분하되, 근로 내용·장소 모두 변경되는 경우도 있어 양자는 본질적인 차이가 없고, 전직은 배치전환과 동의어라고 하는 견해,[9] ② 위 견해와 기본적으로 동일하나, 근로 장소의 변경을 전근과 배치전환으로 구분하며, 동일한 기업 내 다수의 사업장 사이에서 근로 장소의 변경을 '전근'으로, 동일한 사업장 내에서의 근로 장소의 변경을 '배치전환'이라고 하는 견해,[10] ③ 근로 내용의 변경을 '전직', 근로 장소의 변경을 '전근'으로 구분하되, 양자를 합쳐 '배치전환'으로 보는 견해,[11] ④ 근로 장소가 변경되는 것을 '전근'으로, 근로 장소가 변경되지 않으면서 직무의 종류와 내용이 바뀌는 것을 '전보'로 구별하되, 양자를 통틀어 '배치전환'이라고 하는 견해[12]가 있다. 아래에서는 여러 법령상 정의 규정을 참조하여,[13] 개념을 구분하여 사용한다.

### 2. 전보와 전근

#### 가. 개　　념

'전보'는 동일 기업 내에서 근로자가 담당할 직무의 종류·내용이 장기간 동안 변경되는 것으로, 본질적으로는 근로 내용의 변경을 주된 목적으로 하는 인사이동을 의미한다. 이에 반해 '전근'은 동일 기업 내에서 장기간 동안 근로 장소의 변경을 주된 목적으로 하는 인사이동을 의미한다. 다만, 근로 내용이 변경되면 근로 장소의 변경까지 수반하는 경우가 일반적이므로, 엄밀히 보면

---

9) 김유성, 245면; 노병호, 326면; 임종률, 517면.
10) 김형배, 576면; 이상윤, 444면.
11) 조정호, 472면. 여기서는 '전보'와 '전근'을 동의어로 파악하고 있다.
12) 민변노동법Ⅰ, 440면; 해고와 임금, 453면.
13) '전보'는 국공법 5조 6호(같은 직급 내에서 보직을 변경하는 경우)를, '전근'은 고용산재보험료징수법 16조의4 2호(근로자가 동일한 사업주의 다른 사업장으로 이동하는 경우)를 참조하였다.

'전보'는 근로 내용의 변경 또는 이를 주된 목적으로 하여 근로 장소의 변경까지 수반하는 경우를 포함하고, '전근'은 근로 장소만 변경되는 경우를 의미한다.

양자는 근로 내용·장소가 장기간 동안 변경된다는 점에서 단기적·일시적 변경에 불과한 '출장'이나 '작업지원(작업응원)'과 구별되지만, 동일한 기업 내부의 인사이동이라는 공통점이 있다. 아래에서는 동일 기업 내 인사이동인 '전보'와 '전근'을 포괄하여 '전직'이라 한다.

### 나. 필 요 성

기업 내부의 인사이동을 통해 사용자는 노동력을 적재적소에 배치할 수 있고, 이로 인해 근로의욕의 증대와 경영의 효율성을 도모할 수 있으며, 부서 간의 인사교류를 통해 업무 운영을 원활하게 하는 한편 내부 조직의 확대·축소와 같은 상황 변화에 탄력적으로 대응하는 것에 전직의 필요성이 있다.

다만, 전직은 근로계약상 중요한 내용인 근로 내용·장소가 변경됨으로써 근로자에게 예측할 수 없었던 불이익이 발생할 수 있고, 사용자가 경영상 필요가 아닌 노동조합 활동에 대한 보복 등 다른 목적을 가지고 인사권을 행사할 수도 있으므로, 정당성 판단기준에 대해 논의가 집중된다.

### 다. 정당성 판단기준

#### (1) 근로계약상 근로 내용·장소의 변경에 해당하는 경우

##### ㈎ 원 칙

근로계약상 근로 내용·장소를 한정한 경우, 이에 대한 변경을 가져오는 사용자의 일방적인 전보·전근명령은 근로계약에 위반되는 것이어서 원칙적으로 무효이다.[14] 근로계약상 근로 내용·장소가 한정된 것인지 여부는 근로계약서의 문언만이 아니라 채용공고를 비롯한 근로계약의 체결 과정(채용자격, 채용 시 회사의 사정),[15] 실제 근로 형태(채용 후 지위, 직종, 근로기간), 순환 근무[16]를 비롯한

14) 대법원 2013. 2. 28. 선고 2010다52041 판결(근로계약에서 근로 내용·장소를 특별히 한정한 경우에 사용자가 근로자에 대하여 전보·전직처분을 하려면 원칙적으로 근로자의 동의가 있어야 하는데, 대한항공 입사 당시 직종만 '객실승무직'으로 특정되었을 뿐 근로계약·취업규칙 등에 의해 직무가 변경될 수 있다는 점에 대해 동의·승낙하면서 근로계약을 체결하였다고 보아 전직처분에 해당 근로자의 동의가 필요 없다는 원심을 긍정한 사례).

15) 서울고법 2014. 2. 13. 선고 2013누48677 판결(공기업에서 채용공고상 채용분야로 주차관리·주차지도 등을 인원·직무내용까지 명시적으로 구분하였고, 주차지도 분야는 자격조건도 명시되었으며, 근로계약서에서 임용분야가 '주차지도'로 명시되어 있고 특별 동의사항으로

근로 관행 등을 종합적으로 고려하여 판단한다.

① 전보(근로 내용의 한정 여부) 영업직 · 생산직 · 경비직 · 사무직 등에 종사하는 근로자는 근로의 종류 · 내용이 대부분 추상적으로 기재된 근로계약에 따라 채용되는 것이 일반적이므로, 근로의 내용이 한정되었다고 보기 곤란한 경우가 대부분이다.

반면, 의사, 간호사, 아나운서,[17] 보일러공,[18] 타자수, 호텔의 전화교환원,[19] 회계사[20] 등과 같이 특별한 기술 · 기능이나 전문자격을 소지하고 있는 것을 전제로 그 기술 · 기능의 발휘를 근로제공의 주된 내용으로 정하여 취업한 경우, 특별한 직업훈련 · 양성과정 등을 거쳐 일정한 기능을 습득한 경우 또는 숙련공으로서 장기간 동일한 직종에 근무한 경우에는 특별한 사정이 없는 한 근로계약상 근로의 종류 · 내용이 한정된 것으로 보아야 한다.

다만, 근로계약상 근로의 종류 · 내용이 한정된 경우에도 해당 기술 · 기능의 보유를 전제로 그에 관한 전문지식을 필요로 하는 다른 직군으로 전보한 경우에는 근로 내용의 변경이 있다고 단정하기 어렵다.[21] 특히 최근에는 기술 혁신 · 업종 전환 · 경영 다각화 등을 이유로 근로자에게 다양한 기술과 능력이 요구되고 있으므로, 근로의 종류 · 내용이 한정되었다고 볼 수 있는 경우가 흔치는 않다.[22]

② 전근(근로 장소의 한정 여부) 근로계약상 근로 장소가 명시적으로 한정된 경우,[23] 근로자의 생활 본거지가 특정한 지역 · 장소에 고정되어 있음

---

'재직기간 중 임용분야와 다른 업무분야로 전보하지 않는다.'는 내용이 포함된 상태로 '주차지도원'으로 채용된 근로자는 근로의 내용이 주차지도 업무로 한정된 경우에 해당하므로, 이와 다르게 근로자의 동의 없이 '주차사업 업무'로 전보한 것은 근로계약 위반으로 무효라고 한 사례), 이 판결은 상고되지 않은 채 확정되었다.

16) 대법원 1989. 2. 28. 선고 86다카2567 판결(수시로 면세점 영업소 판매직과 본사 사무직간의 순환 근무를 실시하였던 사정 등을 근거로 전보명령이 유효하다고 본 원심을 긍정한 사례).

17) 임종률, 519면.

18) 대법원 1994. 2. 8. 선고 92다893 판결(구미시 소재 회사 생산부 보일러공을 서울출장소의 영업부에서 근무하도록 한 조치는 중대한 근로조건의 변경이므로 근로자의 사전 동의가 없는 한 무효라고 한 사례).

19) 대법원 1993. 9. 28. 선고 93누3837 판결(호텔 전화교환원으로 직무내용을 특정하여 채용한 후 8년 동안 근무한 근로자에 대해 사전 협의 · 동의 없이 근무 자격, 근무내용, 보수가 다른 객실부 하우스키핑 내 오더테이커로 전보한 것이 무효라고 한 사례).

20) 이상윤, 439면. 회계사로 채용된 근로자를 식당의 주방장으로 전보한 경우를 예로 들고 있다.

21) 대법원 1995. 8. 11. 선고 95다10778 판결(기술직 근로자를 그 기술에 관한 전문지식이 필요한 서비스 업무로 전환한 인사명령이 유효하다고 한 사례).

22) 같은 취지로 김형배, 579~580면; 임종률, 520면.

을 전제로 해당 지역 · 장소에서 채용되어 관행상 다른 지역 · 장소로의 전근이 없는 경우, 파트타임 근로자나 아르바이트생과 같이 특정한 사업장에서 시간제로 근무하는 경우에는 적어도 묵시적으로 근로 장소가 한정되었을 가능성이 높다.

반면, 본사에 채용된 신입사원이나 여러 곳의 사업장을 둔 회사의 사무직 · 관리직으로 채용된 경우에는 근로 장소가 한정되지 않았다고 볼 여지가 크고, 입사원서에 희망 근무지를 특정하여 기재한 것만으로는 근로 장소를 한정하여 근로계약이 체결되었다고 볼 수 없으며,[24] 근로계약상 근로 장소가 한정되지 않은 이상, 특정 지역에서 장기간 근무하였다는 사정만으로는 근로 장소가 그 지역으로 한정된 것으로 볼 수도 없다.[25]

#### ㈏ 예 외

근로계약상 한정된 근로 내용 · 장소의 변경을 가져오는 사용자의 전보 · 전근명령에 대하여, 해당 근로자가 이에 동의를 한 경우에는 예외적으로 효력이 있다. 이러한 의미에서 '근로자의 동의'는 전보 · 전근명령의 효력을 발생시키는 예외 요건이라고 할 수 있다.

'근로자의 동의'의 존부는 의사표시의 해석론에 따르되, 그것이 명시되었는지 여부만이 아니라 동의를 하게 된 경위 등 전후 사정을 종합적으로 고려하여 근로자의 진정한 의사에 따른 것인지를 신중하게 판단하여야 하고,[26] 그 존재에 관한 증명책임은 그 사실을 주장하는 측(통상적으로 사용자)에 있다.

또한 근로자의 동의는 반드시 사후적 · 명시적 · 구체적 동의에 한정된다고 볼 수는 없고, 사전적 · 묵시적 · 포괄적 동의도 가능하지만,[27] 근로계약상 한정된

---

23) 대법원 1992. 1. 21. 선고 91누5204 판결(근로계약상 근로의 장소가 '국회 현장'으로 된 미화원을 승진시켜 다른 곳으로 전직한 경우 근로자의 동의가 없는 한 무효라는 사례).

24) 대법원 1993. 9. 14. 선고 92누18825 판결(근로자가 입사원서의 희망 근무지란에 '서울'을 기재하였으나, 면접과정에서 지방근무에 동의한다고 답변한 이상, 지방근무에 동의한 것이어서 서울을 근로 장소로 한정하는 근로계약이 명시적 · 묵시적으로 체결되었다고 볼 수 없다고 한 사례).

25) 대법원 1997. 7. 22. 선고 97다18165, 18172 판결(서울에서 17년간 근무하여 왔다는 사실만으로 근로 제공의 장소가 서울로 한정된 것으로 볼 수 없다고 한 사례, 이에 대한 평석으로는 김홍준b, 115면 이하; 오문완b; 이경우).

26) 예를 들어 전직명령에 따르지 않을 경우에 사용자로부터 더욱 불이익한 처분이나 제재가 예상되거나 이를 근거로 사실상 위협을 받은 상태에서 부득이하게 전직명령에 동의한 경우라면 그 효력을 부정함이 타당하다.

27) 대법원 1993. 9. 14. 선고 92누18825 판결(근로자의 전보명령에 대한 사전적 · 포괄적 동의를

근로 내용·장소의 변경을 초래하여 무효인 전직명령을 예외적으로 유효하게 하는 요건이므로 이를 지나치게 확장 해석하는 것은 적절하지 않다.

한편, 기업 내 특정 업무·사업장 등이 소멸·폐쇄되는 등 극히 예외적인 경우에는 근로자의 동의가 없다는 이유만으로 근로계약상 한정된 근로 내용·장소의 변경을 가져오는 전직명령을 일률적으로 무효로 볼 것은 아니다.[28] 그러나 이와 같이 극히 예외적인 경우에도 근로자의 불이익을 최소화하기 위해 전직명령을 할 '업무상 필요성'을 정리해고에 준하여 엄격하게 해석하여야 하고, 종전 업무와 관련성이 상대적으로 높은 업무로 변경하는 과정에서 해당 근로자와의 협의 등 신의칙상 요구되는 절차를 충실히 준수할 것이 더욱 요구된다.

(2) 근로계약상 근로 내용·장소의 변경에 해당하지 않는 경우

근로계약상 근로 내용·장소가 한정되지 않은 경우 또는 근로계약상 한정된 근로 내용·장소의 변경을 가져온다고 볼 수 없는 경우에 전직명령의 정당성을 어떻게 판단할 것인지의 문제이다. 근로계약·취업규칙·단체협약 등에서 정당성 판단기준을 정한 경우에는 그에 따르면 되지만, 그렇지 않은 경우에 어떻게 판단할 것인지가 핵심이다.

판례는 이러한 경우의 전직명령이 원칙적으로 인사권자인 사용자의 권한에 속하는 것이므로 업무상 필요한 범위 내에서 사용자의 상당한 재량권을 인정하여, 법 23조 1항 또는 104조를 위반하거나 권리남용에 해당하는 등 특별한 사정이 없는 한 유효성을 인정한다.[29] 즉, 정당성 판단기준으로 업무상 필요성과 근로자의 생활상 불이익을 비교·교량하면서 근로자 측과의 협의 등 신의칙상 요구되는 절차를 거쳤는지 여부까지 고려한다.[30]

이러한 판례의 태도에 대하여, ① '권리남용의 법리'는 해고 등 불이익 처

---

인정하여 전보발령 시마다 근로자의 동의를 받을 필요는 없다고 한 사례).

28) 같은 취지로 김홍준b, 108면; 대법원 1996. 4. 12. 선고 95누7130 판결(근무내용·장소가 한정되어 그에 대한 변경이 중대한 근로조건의 변경이 되더라도, 해당 근로자가 근로를 제공할 사업장이 없어져 배치전환하는 경우까지 근무 장소·내용이 한정되었음을 이유로 반드시 동의를 얻어야 하는 것은 아니라고 한 사례).

29) 대법원 1991. 5. 28. 선고 90다8046 판결.

30) 대법원 1991. 7. 12. 선고 91다12752 판결, 대법원 1995. 8. 11. 선고 95다10778 판결, 대법원 1996. 4. 12. 선고 95누7130 판결, 대법원 1997. 7. 22. 선고 97다18165, 18172 판결, 대법원 1997. 12. 12. 선고 97다36316 판결(이에 대한 평석으로는 김홍준b, 114면 이하; 이경우), 대법원 1998. 12. 22. 선고 97누5435 판결, 대법원 2000. 4. 11. 선고 99두2963 판결(언론사 기자를 업무직 직원으로 전직한 경우, 양자의 신분은 일반적으로 상당한 차이가 있다는 점을 생활상 불이익의 하나로 인정한 사례). 전직의 정당성에 관해서는 김홍준b, 121면 이하 참조.

분에 대하여 '정당한 이유'를 요구하는 조항이 없던 일본 노동기준법의 해석에서 유래한 것인데, 법령에 '정당한 이유'가 명시된 우리나라에서 법률상 '권한'에 불과한 사용자의 인사권에 대하여 그 해석론을 따르는 것이 부적절하다는 점,[31] ② 근로계약상 한정된 근로 내용 · 장소를 변경시키는 전직명령은 근로자의 동의가 없으면 그 자체로 무효인데, 다시 권리남용 여부를 판단하는 것은 해석의 체계상 맞지 않고 지나치게 전직명령의 유효성을 긍정하는 견해라는 점,[32] ③ '업무상 필요성'은 사용자 측의 사정일 뿐인데, 이 요건만 충족되면 전직명령이 원칙적으로 유효하다고 봄으로 인하여 증명책임의 원칙상 근로자 측이 지나치게 불리한 점,[33] ④ 권리남용 이론은 본래 권리 상호간의 충돌을 조정하거나 형평의 관념에 비추어 상대적으로 약자의 권리를 보호하기 위한 목적에서 생성된 것인데, 전직명령의 정당성을 판단할 때 이를 적용하는 것은 상대적으로 강자의 지위에 있는 사용자의 권리를 신장시키고 약자의 지위에 있는 근로자의 보호에 충실하지 못할 우려가 있는 점[34] 등을 비판적으로 볼 필요가 있다.

따라서 법령의 문언 해석상 '권리남용의 법리'보다는 아래와 같은 정당성 판단기준의 모든 요건을 종합하여 '정당한 이유'의 존부에 대해 판단하면 충분하다.[35] 최근 판례[36]가 전보명령 및 후선배치명령의 정당성 판단기준에 대해 종전과 같은 법리를 설시하면서도 '권리남용'이라는 표현을 사용하지 않은 채 '정당한 이유'만을 명시한 것은 이러한 관점을 반영한 것으로 볼 여지가 있다.

---

31) 김종범, 346면; 김진, 45면; 김홍준b, 109면; 이우진a, 315면.

32) 대표적으로 대법원 1992. 1. 21. 선고 91누5204 판결이 그러하다. 근로계약상 한정된 근로장소의 변경에 대해 근로자가 동의하지 않은 경우이므로 무효라고 판단하면 충분한 사안임에도, '근로자에 대한 전직이나 전보는 원칙적으로 사용자(인사권자)의 권한에 속하므로 업무상 필요한 범위 안에서는 상당한 재량을 사용자에게 인정하여야 할 것이나, 그것이 구 근기법 27조 1항 또는 105조에 위반하거나 권리남용에 해당하는 등 특별한 사정이 있는 경우에는 허용되지 않는다.'라는 일반론과 함께 '인사권의 남용에 해당한다.'는 결론을 도출하고 있다.

33) 현행 판례의 태도에 따르면, 전직명령의 유효함을 주장하는 측(일반적으로 사용자)은 정당성 요건 중 '업무상 필요성'만 주장 · 증명하면 충분한 반면 무효임을 주장하는 측(일반적으로 근로자)은 정당성 요건 중 법령 위반, 과도한 생활상의 불이익, 절차적 요건 미비 등을 모두 주장 · 증명해야 한다(유사한 취지로 김진, 50면; 도재형e, 58면 이하).

34) 조용만a, 32면.

35) 소송의 종류 · 형태 등에 따라 일률적으로 볼 것은 아니지만, 법 23조 1항의 구조상 '정당한 이유'는 이를 주장하는 측(주로 사용자)에 증명책임이 있으므로, 정당성 판단기준이 '권리남용의 법리'에서 법령의 문언에 충실하게 '정당한 이유의 존부'로 변경되면 실무상 증명책임의 소재가 바뀔 가능성이 있다.

36) 대법원 2023. 7. 13. 선고 2020다253744 판결(은행 부점장급 근로자를 업무추진역으로 전보 발령한 후선배치명령이 유효하다고 본 원심을 수긍한 사례).

### ㈎ 법령에 위반되지 않을 것

전직명령이 법령에 위반되는 경우에는 다른 요건의 충족 여부에 관계없이 그 자체로 정당성이 부정된다. 대표적으로, 전직명령이 노동조합의 조직 · 가입 · 운영 · 활동 등에 대한 혐오나 이를 저해할 목적으로 한 부당노동행위에 해당하는 경우(노조법 81조)에는 그 자체로 부당전직에 해당한다.[37] 그 외에도 전직명령이 성별 · 국적 · 신앙 · 사회적 신분을 이유로 한 차별적 처우인 경우(법 6조, 외국인고용법 22조), 임신 중이거나 산후 1년 이하의 여성과 18세 미만자를 도덕상 또는 보건상 유해 · 위험한 사업에 종사하게 하는 경우(법 65조), 여성 및 18세 미만인 자를 갱내에서 근무하게 하는 경우(법 72조), 합리적인 이유 없이 연령을 이유로 한 차별적 조치인 경우(고령자고용법 4조의4 1항 4호), 합리적인 이유 없이 성별 · 혼인 · 가족 내 지위 · 임신 · 출산 등을 이유로 한 차별적 조치인 경우(남녀고용평등법 10조, 2조 1호), 장애 · 장애 경력을 이유로 한 차별대우인 경우(장애인고용법 5조 2항, 장애인차별금지법 4조 1항 · 6조 · 10조 1항) 등이 있다.

다만, 차별에 해당하는지 여부를 판단할 때에는 개별 법령에 규정된 차별의 개념 · 판단기준 및 간주 규정(고령자고용법 4조의4 2항, 장애인차별금지법 4조 1항)은 물론 예외 규정(고령자고용법 4조의5, 남녀고용평등법 2조 1호, 장애인차별금지법 4조 3항 및 4항)까지도 종합적으로 고려하여야 한다.

---

37) 대법원 1991. 12. 10. 선고 91누3789 판결(노동조합 가입추진 등의 활동을 주도적으로 하는 탄광의 직원협의회의 회장에 대해 업무가 생소한 과에 전보발령하고, 곧이어 특별한 경영상의 필요도 없이 본사에서 멀리 떨어진 출장소에 전근발령을 한 것이 부당노동행위에 해당한다고 한 사례), 대법원 1992. 1. 21. 선고 91누5204 판결(노동쟁의가 한창인 무렵에 노동조합의 활동을 주도한 간부들만을 대상으로 노동조합 활동을 할 수 없는 곳으로 한 전직명령은 부당노동행위라고 한 사례), 대법원 1992. 11. 13. 선고 92누9425 판결(결원 충원이 전보명령의 표면적 사유이기는 하나, 근로자의 노동조합 가입 및 활동을 사전에 봉쇄하려는 의도에서 비롯된 것이어서 부당노동행위라고 한 사례), 대법원 1994. 4. 26. 선고 93다10279 판결(부산에서 근무하던 근로자를 승진과 동시에 서울로 전직시킨 처분이 활발한 노조활동에 대한 혐오감에서 사직을 유도하려고 한 것이어서 무효라고 한 사례, 이에 대한 평석으로는 도재형b), 대법원 1995. 11. 7. 선고 95누9792 판결(이전부터 노조활동을 적극적으로 해 온 근로자가 향후 노동조합 사무장이 되어 적극적인 노조활동을 하게 될 것을 혐오한 나머지 업무상 필요성을 표면적인 사유로 내세워 이루어진 전보명령은 부당노동행위에 해당하여 무효라고 한 원심을 긍정한 사례), 대법원 1998. 12. 23. 선고 97누18035 판결(노동조합 활동을 혐오하거나 방해하려는 의사로 노동조합의 간부 또는 노동조합 활동에 적극적으로 관여하는 근로자를 승진시켜 조합원 자격을 잃게 한 경우에 승진 시기와 조합 활동과의 관련성, 업무상 필요성, 능력의 적격성과 인선의 합리성 등의 유무, 당해 근로자의 승진이 조합 활동에 미치는 영향 등 제반 사정을 고려하여 부당노동행위를 인정한 사례, 이에 대한 평석으로는 김홍준b, 118면 이하).

### ㈏ 업무상 필요성

전직명령을 할 '업무상 필요성'이란 사용자의 주관적 판단에 의할 것이 아니라, ① 근로자의 배치를 변경할 객관적인 사유가 있는지, ② 특정한 근로자를 그 대상자에 포함시키는 것에 합리적인 기준과 이유가 있는지, ③ 당해 근로자를 다른 근무 장소나 직무로 인사 발령하는 것이 기업 운영에 있어 합리성·효율성을 가져옴으로써 근로자의 배치를 변경해야 하는 사유를 객관적으로 해소시킬 수 있는지 등을 종합하여 판단한다.[38]

판례[39]도 이와 같이 해석하면서 노동력의 적정 배치, 업무의 능률증진, 근로자의 능력개발, 근무의욕의 고양, 업무운영의 활성화, 기술혁신이나 기업재편에 따른 인력조정,[40] 직장질서의 유지·회복과 근로자 사이의 인화[41] 등 상당히 넓은 범위에서 업무상 필요성을 인정하는 경향이 있다.[42]

하지만 엄밀히 볼 때 이러한 사유는 '업무상 필요성' 그 자체라기보다는 앞

38) 대법원 2013. 2. 28. 선고 2010다52041 판결(전직처분 등에 요구되는 '업무상의 필요'란 '인원 배치를 변경할 필요성'이 있고 그 변경에 어떠한 근로자를 포함시키는 것이 적절할 것인가 하는 '인원선택의 합리성'을 의미한다고 한 사례). 이 판결의 연장선에서 서울고법 2018. 2. 1. 선고 2017누70153 판결은 '업무상 필요성'을 판단할 때 당해 전보발령을 통해 인원 배치를 변경할 '경영상 필요성', '인원선택의 합리성', '수단의 적합성' 등의 사정들을 종합적으로 고려하여야 한다고 판시한 후 저성과자를 대상으로 한 전보조치가 경영상 필요는 인정되나 '수단의 적합성'이 부정되어 결과적으로 업무상 필요성을 부정하였는데, 이는 심리불속행기각 판결(대법원 2018. 6. 15.자 2018두36929 판결)로 확정되었다. 같은 취지로, 대법원 2023. 7. 13. 선고 2020다253744 판결.

39) 대법원 1993. 9. 14. 선고 92누18825 판결, 대법원 1995. 10. 13. 선고 94다52928 판결(이에 대한 평석으로는 김홍준b, 117면 이하).

40) 대법원 1991. 7. 12. 선고 91다12752 판결(서울특별시 공해배출업소이전계획에 따라 서울공장을 반월공장으로 이전함에 따른 업무상 필요가 있었던 점 등에 비추어 전직처분이 적법하다고 한 사례), 대법원 1996. 4. 12. 선고 95누7130 판결(다른 회사와의 통합으로 인하여 사업장이 사라짐에 따른 전직처분이 적법하다고 한 사례).

반대로, 대법원 1998. 1. 20. 선고 97다29417 판결(의료원 약제과장을 직무·정년 등에 차이가 있는 일반 약사로 전보한 사안에서 경영 혁신 차원에서 인원을 감축하기 위한 방편으로 정년을 단축하려고 하였다는 사유는 정리해고의 사유일 수 있음은 별론으로 하고 이러한 사정만으로는 업무상 필요성이 인정되지 않는다고 한 사례).

41) 대법원 1991. 9. 24. 선고 90다12366 판결(상사의 지시를 무시하고, 사업장 내 인화가 깨어지고 근무 분위기가 악화됨에 따른 전직처분이 적법하다고 한 사례, 이에 대한 평석으로는 박철), 대법원 1994. 5. 10. 선고 93다47677 판결(회사 내 위계질서를 여러 차례 어지럽히고, 동료들 간에 불화가 잦음에 따른 전직처분이 적법하다고 한 사례), 대법원 1998. 12. 22. 선고 97누5435 판결(직장질서의 유지나 회복, 근로자간의 인화를 위한 배치전환의 업무상 필요성을 인정한 사례), 대법원 2013. 2. 28. 선고 2010다52041 판결(대한항공 객실승무직 근로자를 사무직으로 전보한 사안에서 업무능률의 증진, 직장질서의 유지·회복, 근로자 간의 인화 등 업무상 필요성이 인정된다고 한 원심을 긍정한 사례).

42) 김유성, 246면.

서 본 바와 같이 '업무상 필요성'을 구성하는 세 가지 사정 중 하나인 '근로자의 배치를 변경할 객관적인 사유'에 불과하므로, 이러한 사정의 존재만으로 곧바로 '업무상 필요성'을 인정하는 것은 신중할 필요가 있다.

㈐ 근로자의 생활상 불이익

전직명령을 할 업무상 필요성이 인정되더라도, 그로 인한 근로자의 생활상 불이익이 통상적으로 감수하여야 할 정도를 현저히 벗어나지 않아야 한다.[43] 이때 '근로자의 생활상 불이익'은 전직명령에 따라 해당 근로자가 받게 되는 일체의 불이익을 의미하므로, 불이익취급의 경우에는 직무내용의 변경에 따른 업무수행상의 어려움, 근무 장소의 변경에 따른 출퇴근의 어려움, 기존의 직무수행으로 인하여 근로자가 받고 있던 특수한 이익의 상실 등의 경제적 불이익, 정신적·육체적 불이익,[44] 가족·사회 생활상 불이익은 물론 조합 활동상의 불이익까지도 포함된다.[45]

판례도 통근 소요시간,[46] 노동 강도, 임금 차이[47] 등과 같은 근로조건상의

43) 김유성, 247면.

44) 대법원 2023. 7. 13. 선고 2020다253744 판결(은행 부점장급 근로자를 업무추진역으로 전보발령한 사안에서, 연차가 낮은 팀장의 결재를 받게 된 사정도 생활상 불이익에 해당한다고 본 원심을 수긍한 사례).

45) 김유성, 247면.

46) 대법원 1995. 5. 9. 선고 93다51263 판결(좌측대퇴부가 절단된 장애자인 근로자를 인천에서 서울로 전보한 사안에서, 출퇴근시간이 늘어나고 정상인과 달리 육체적으로 이를 감내하기가 극히 어렵다는 이유로 전보명령이 무효라고 한 사례), 대법원 1998. 12. 22. 선고 97누5435 판결(서울에서 용인으로 전보한 사안에서, 서울 시내·외 교통 상황과 서울 부근 도시의 교통망, 다른 근로자들의 시내·외 출퇴근 실태 등을 종합할 때, 출퇴근 시간이 70~90분씩 소요된다는 사정만으로는 생활에 미치는 불이익의 정도가 현저히 크다고 할 수 없다고 한 사례), 대법원 2009. 3. 12. 선고 2007두22306 판결(출퇴근시간이 약 30분 더 소요되고 그에 따른 비용이 발생하더라도 근로자로서 통상 감수하여야 할 정도의 생활상 불이익을 현저히 벗어난 것으로 볼 수 없다고 한 원심을 긍정한 사례).

47) 대법원 1991. 5. 28. 선고 90다8046 판결(상당한 이유도 없이 기능직과 사무직 사이에 여러 차례 수시로 전직처분을 하였고, 회사의 임금체제와 달리 기능직 근로자에게 월급제를 이유로 연장근로 등을 시키지 않음으로써 같은 직급의 다른 기능직 사원보다 수입 면에서 상당한 손해를 보게 되어 사실상 감봉처분을 받은 것과 같은 결과를 가져오게 한 일련의 처분은 구 법 27조 1항에 위배되거나 사용자에게 허용된 재량권의 범위를 벗어난 부당한 처분으로 볼 소지가 있다고 한 사례), 대법원 2013. 6. 27. 선고 2013다9475 판결(일반열차 차장에 비해 역무원의 수당이 감소되기는 하나, 역무원은 고정적 초과근로로 야간수당·휴일수당을 받아 수당 감소가 어느 정도 상쇄되는 점 등을 이유로 전보명령에 따른 생활상 불이익이 통상적으로 감수하여야 할 범위 내라고 한 사례), 대법원 2023. 7. 13. 선고 2020다253744 판결(은행 부점장급 근로자를 업무추진역으로 전보발령함에 따라 연차가 낮은 팀장의 결재를 받게 됨은 물론 급여도 약 20% 감소되었으나, 직급 변동이 없고, 기본급이 아닌 직무수당이 감소하였을 뿐이며 종전보다 생활근거지에 인접한 곳에서 근무하는 점 등을 이유로 후선배치명령

불이익은 물론 주거생활의 수준, 가족·사회생활[48] 등 근로조건 외의 불이익도 함께 고려하면서, 통근차량이나 숙소 제공, 특별수당의 지급[49] 등 불이익을 완화하기 위한 조치의 존부까지도 고려하여 근로자의 생활상 불이익을 판단하고 있다. 그리하여 야간근로·연장근로의 중단으로 인하여 수당이 감소하는 경우나 사용자 측에서 주택자금을 보조하거나 기숙사를 제공하는 등의 경우에는 근로자가 통상적으로 감수하여야 할 범위 내라고 보는 것이 대부분이다. 또한 최근에는 교통·통신수단의 발달, 주거비 상승에 따른 수도권 확대 현상, 맞벌이 가정의 증가 등으로 인하여 일정한 범위 내에서 통근거리나 통근 소요시간의 증가만으로는 근로자의 생활상 불이익이라고 쉽게 단정하기는 어려운 측면도 있다.

한편, '근로자의 생활상 불이익'은 전직명령에 따라 통상적으로 발생하기 마련이므로, 그 존재 여부에 따라 정당성 여부가 달라지는 것이 아니라 '업무상 필요성'의 요건과 비교·교량 후 근로자 보호에 역행한다고 판단되는 경우에만 정당성을 부정하는 척도로 작용한다. 즉, '근로자의 생활상 불이익'은 전직명령의 정당성 판단기준 중 독립된 요건이라기보다는 '업무상 필요성' 요건과의 비교·교량을 통해서만 정당성 판단기준으로 작용하는 독특한 지위를 가진다.

판례도 이러한 특성을 고려하여, 업무상 필요성이 상당히 큰 경우에는 근로자의 생활상 불이익이 통상 감수하여야 할 범위 내라고 판단하기도 하고,[50] 반

---

에 따른 생활상 불이익이 수인해야 하는 범위를 현저히 벗어난 것으로 보기 어렵다고 한 원심을 수긍한 사례).

48) 대법원 1997. 12. 12. 선고 97다36316 판결(사용자의 이어폰 착용지시를 안전운전을 이유로 거부한 근로자를 서울에서 제주로 전보한 사안에서, 주거·교통·자녀 교육·부부생활 등 상당한 생활상의 불이익을 인정한 사례).

49) 대법원 1997. 7. 22. 선고 97다18165, 18172 판결(사용자가 서울에서 오랫동안 가족과 거주하던 근로자를 부산으로 전보하면서 숙소와 부산 근무수당 및 식사를 제공하고, 대외호칭을 1직급 상향조정한 경우에 생활상의 불이익이 근로자로서 통상 감수하여야 할 정도를 현저하게 벗어난 것으로 볼 수 없다고 한 사례).

50) 대법원 1995. 10. 13. 선고 94다52928 판결(춘천에서 식구 5명과 함께 전세로 거주하면서 분양신청까지 준비하던 춘천공장 소속 근로자를 기숙사 등의 편의시설이나 교통비 보조 등의 제도 없이 서울 본사로 전보한 사안에서, 춘천에서 주택을 소유하거나 분양을 받은 것도 아니고 서울 외곽지역에 가족과 함께 생활하는 것이 불가능하지 않다는 등의 이유로 생활상의 불이익이 통상 감수하여야 할 범위 내라고 한 사례), 대법원 1998. 12. 22. 선고 97누5435 판결(서울에서 용인으로 전보한 사안에서, 서울 시내·외 교통 상황과 서울 부근 도시의 교통망, 다른 근로자들의 시내·외 출퇴근 실태 등을 종합할 때, 출퇴근 시간이 70~90분씩 소요된다는 사정만으로는 업무상 필요성의 정도에 비추어 생활에 미치는 불이익의 정도가 현저히 크다고 할 수 없다고 한 사례), 대법원 2013. 6. 27. 선고 2013다8946 판결(한국철도공사가 일반열차 차장의 직명을 폐지한 취업규칙에 따라 일반열차 차장인 근로자를 역무원으로 전보한 사안에서, 역무원이 일반열차 차장보다 하위직명이라고 보기는 어렵고, 취업규칙 개정이

대로 업무상 필요성이 크지 않은 경우에는 근로자의 생활상 불이익을 근거로 전직명령의 정당성을 부정한다.51)

㈑ 절차적 요건

근로계약·취업규칙·단체협약 등에 전직명령과 관련된 절차 규정이 명시되어 있는 경우에는 당연히 이를 준수하여야 하고, 이를 준수하지 않은 전직명령

근로조건을 불이익하게 변경한 경우에 해당하지 않으며, 인사명령에 따른 생활상 불이익 등이 근로자가 통상 감수하여야 할 정도를 현저하게 벗어난 것으로 보기 어렵다고 한 원심을 긍정한 사례), 대법원 2013. 6. 27. 선고 2013다9475 판결(같은 사례), 대법원 2013. 7. 11. 선고 2013다9499 판결(같은 사례), 대법원 2014. 6. 12. 선고 2012다93596 판결(본사 법무팀 직원을 1년 4개월 동안 인천·상주·여수·창원 등 현장으로 5차례 전보하였으나 부임 후 현장에서 부여된 업무·역할을 사실상 계속 하지 않은 사안에서, 전보발령의 필요성이 인정되고, 근무지에 현장숙소를 제공하면서 급여 등 복리후생에 불이익을 부여하지 않은 이상, 원거리로 전보하였더라도 통상 감수하여야 할 정도를 현저히 벗어난 생활상 불이익에 해당하지 않는다고 한 원심을 긍정한 사례), 대법원 2014. 9. 4. 선고 2012다35309 판결(흥국생명 부평지점에서 영업지원 업무를 하다 부산사업본부 업무지원으로 전보된 사안에서, 업무상 필요성이 인정되고 원거리 전보대상자가 35명 이상인 점 등에 비추어 종래 생활 근거지와 근무지 사이의 원거리 문제는 통상 감수하여야 할 정도를 현저히 벗어난 생활상 불이익이라고 볼 수 없다고 한 원심을 긍정한 사례), 대법원 2015. 10. 29. 선고 2014다46969 판결(종전 전직과정에서 동일한 업무를 담당하는 다른 근로자들에 비해 일시적으로 보수·직위·업무 내용에서 우대를 받던 일부 근로자들이 해당 업무가 축소·폐지되는 등 사업 내용이 변경되어 담당자 전원을 전보 조치함으로 인하여 근무 장소가 변경되거나 직급이 강등된 사안에서, 직무전환 및 종전 우대조치를 시정할 필요가 인정되고, 생활상 불이익이 수인 범위를 초과한다고 볼 수 없다고 한 원심을 긍정한 사례).

51) 대법원 1995. 2. 17. 선고 94누7959 판결(업무상 필요성이 크지 않은 데 비하여, 대구·영천에 거주하던 근로자들을 고령읍에 있는 신설 대학으로 전보한 것은 출퇴근이 현실적으로 매우 곤란하는 등 근로자들에게 생활상 불이익이 크고, 인사관리 면에서 전보대상자의 선정도 부적절하며, 사용자가 근로자들의 방송 인터뷰 및 평소의 노조활동 등으로 좋지 않은 감정을 갖고 있다가 해당 근로자의 동의를 구한 바 없이 공휴일에 형식적인 제청절차만을 거친 것이어서 부당하다고 한 사례), 대법원 1995. 5. 9. 선고 93다51263 판결(좌측대퇴부가 절단된 장애자인 근로자를 인천에서 서울로 전보한 사안에서, 출퇴근 시간이 늘어나고 정상인과 달리 육체적으로 이를 감내하기가 극히 어려운 반면, 전보의 필요성이 불분명하므로 전보명령이 무효라고 한 사례), 대법원 1997. 12. 12. 선고 97다36316 판결(사용자의 이어폰 착용지시를 안전운전을 이유로 거부한 근로자를 서울에서 제주로 전보한 사안에서, 주거·교통·자녀 교육·부부생활 등에서 상당한 생활상의 불이익을 입을 것으로 보이는 반면 구체적인 업무상 필요성이 인정되지 않아, 전보처분이 무효라고 한 사례), 대법원 2000. 4. 11. 선고 99두2963 판결(언론사가 사전에 협의나 동의절차 없이 경영진에 비판적인 태도를 취하였던 기자직 직원을 업무직 직원으로 전직발령하고 신규로 기자직 직원을 채용한 경우, 전직발령은 업무상 필요성이 크지 않는데 반하여 근로자에게 큰 생활상의 불이익을 주고, 그 과정에서 신의칙상 요구되는 절차를 거치지 아니하였다는 이유로 전직발령이 무효라고 한 사례, 이에 대한 평석으로는 김홍준b, 119면 이하; 이우진b), 대법원 2012. 11. 29. 선고 2011두30069 판결(수시 개호가 필요한 고령의 지체장애 1·3급의 부모와 함께 생활하는 미혼 남성을 평창에서 영월로 전보한 사안에서 업무상 필요성이 매우 적은 데 반하여 생활상 불이익이 훨씬 더 크고 신의칙상 요구되는 협의절차도 거치지 않았음을 이유로 부당전보라고 한 원심을 긍정한 사례).

은 절차 위반을 이유로 정당성이 상실된다. 반대로 전직명령과 관련된 절차 규정이 명시되어 있지 않는 경우에는 아무런 절차를 거칠 필요가 없는지, 필요하다면 어떤 절차가 필요한지 문제된다.

현실적으로 전직명령에 제재적 의미가 내포되어 있는 경우가 있고, 당해 근로자에게 불이익이 발생한다는 측면에 주목하여 근로계약·취업규칙·단체협약 등에 규정된 징계절차를 준용하는 방안도 가능하다. 그런데 사용자가 전직명령을 할 때 절차적 정당성을 강화함으로써 당해 근로자와의 갈등의 소지를 최소화하기 위하여, 명문의 규정이 없음에도 징계절차에 준하는 소명 기회를 보장하고 충분한 의견 제출기간 등을 보장하는 것은 바람직하지만, 인사이동과 징계는 목적·효과 등 여러 측면에서 차이가 있기 때문에 징계절차에 준하는 조치를 취하지 않았다는 이유만으로 일률적으로 전직명령의 정당성이 상실된다고 볼 수는 없다. 판례도 전직명령에 당해 근로자에 대한 제재적인 의미가 내포되어 있더라도, 단체협약·취업규칙 등이 정한 징계의 하나로 명시되어 있지 않는 이상, 징계절차를 거치지 않았다는 이유만으로 효력이 상실되는 것은 아니라고 한다.[52]

하지만 전직명령은 근로계약상 중요한 사항의 변경을 초래할 수 있고, 당해 근로자에게 불이익을 초래할 수 있으므로, 대상자인 근로자 본인과 성실한 협의·면담·의견 제출 등 신의칙상 요구되는 절차를 거친 경우에만 정당성을 인정할 수 있다. 이러한 절차를 거치지 않았다는 사정만으로 전보처분 등을 당연무효로 볼 수 없다는 견해도 있으나,[53] 적어도 아무런 절차를 거치지 않은 채 일방적으로 한 전직명령은 무효라고 봄이 타당하다. 일반적으로 사용자는 전직명령의 후보군 중에서 특정 근로자를 선택할 때 근로자 개인의 구체적·개별적

52) 대법원 1998. 12. 22. 선고 97누5435 판결(배치전환에 당해 근로자에 대한 제재적인 의미가 내포되어 있더라도, 그 자체가 단체협약이나 취업규칙 등에 정한 징계절차를 요하는 징계로서 규정되지 아니한 이상, 징계절차를 거치지 않았다고 하더라도 배치전환의 효력에 영향이 없다고 한 사례), 대법원 2015. 8. 27. 선고 2012두10666 판결(고속버스의 지정기사를 예비기사로 인사 명령한 사안에서, 노사합의에 따른 예비기사 발령사유가 객관적으로 인정되고, 배차 차량이 고정되지 않는 정도의 불이익은 근로자가 통상 감수해야 할 정도를 현저히 벗어난 것으로 보기 어려우며, 위반행위에 대한 소명 기회도 있었던 이상, 단체협약에서 정한 징계절차를 거치지 않아 단체협약에 위배되거나 근로자의 의견을 묻는 절차를 거치지 않아 재량권 남용에 해당한다고 볼 수 없다고 한 사례), 대법원 2023. 7. 13. 선고 2020다253744 판결(은행 부점장급 근로자를 업무추진역으로 전보발령한 사안에서, 후선배치사유 등을 설명하거나 소명의 기회를 부여하지 않았다는 사정만으로 전보명령을 무효로 보기 어렵다고 본 원심을 수긍한 사례).

53) 김유성, 248면.

사정까지 알 수 없으므로, 사전에 일정한 범위 내에서 전직명령이 필요한 상황과 대상자를 선별하는 추상적·일반적 기준이나 범위 등을 고지한 다음 근로자에게 해당 전직명령에 대한 희망 여부 및 그 이유와 관련한 개별적·구체적 사정을 소명할 수 있는 기회를 부여함으로써 신의칙상 요구되는 절차를 거칠 필요가 있다. 이러한 절차를 통하여 해당 근로자는 전직명령이 발령될 가능성과 자신이 그 대상에 포함될 수 있다는 점에 대하여 최소한의 예측을 할 수 있고, 사용자는 전직명령의 발령 이전에 근로자의 생활상 불이익과 실질적인 비교·교량을 할 수 있으므로, 신의칙상 요구되는 절차를 통하여 전직명령의 합리성을 사전에 확보할 수 있다. 한편, 전직명령은 개별적 근로관계에 대한 것이어서 노동조합에 아무런 처분권한이 없으므로, 사용자가 신의칙상 요구되는 절차를 거쳤는지 여부는 노동조합이 아니라 개별 근로자와의 관계에서 고찰하여야 한다.[54)]

그러나 판례는 전직명령의 정당성을 판단할 때, 실질적 요건인 위 ㈎, ㈏, ㈐ 요건 중 어느 하나라도 충족되지 않은 경우에 곧바로 무효로 보면서도, 절차적 요건이 충족되지 않은 경우에는 무효로 보지 않고 정당성을 판단하는 하나의 참작사유로만 본다.[55)] 또한 이러한 견해에서 취업규칙·단체협약 등에 인사이동의 절차상 요건으로 노동조합과의 사전 합의 조항(동의·승낙)이 있는 경우에 그 절차를 거치지 아니한 인사처분은 원칙적으로 무효이나, 노동조합이 사전 합의권한을 남용·포기하였다고 인정되는 예외적인 경우에는 유효하다고 본다. 이때 '노동조합이 사전 합의권한을 남용한 경우'란 노동조합 측에 중대한 배신행위가 있고 이로 인하여 사용자 측의 절차의 흠결이 초래되었다거나, 인사처분의 필요성·합리성이 객관적으로 명백하며, 사용자가 노동조합 측과 사전 합의를 위하여 성실하고 진지한 노력을 다하였음에도 노동조합 측이 합리적 근거·이유 제시도 없이 무작정 인사처분에 반대함으로써 사전 합의에 이르지 못하는 등을

---

54) 일부 판례 중 마치 개별 근로자가 아니라 노동조합과 협의를 하면 충분하다는 취지로 보일 수 있는 판시가 있다. 대표적으로 대법원 2009. 3. 12. 선고 2007두22306 판결이 그러하다. 이 사안은 근로자 개인과 전보명령에 대한 협의 절차를 거치지 않았으나, 노동조합 지부와 협의하였음을 이유로 신의칙상 요구되는 절차를 거쳤다고 본 원심을 긍정한 사례인데, 전체 근로자에게 '업무상 필요성'에 대해서는 고지되어 있었고, '생활상 불이익'은 출퇴근 시간이 약 30분 증가하고 이로 인한 비용이 일부 증가함에 그친 점, 전보명령 후 원직 복직까지 18일 정도에 불과한데다가 노동조합과도 전보 기준·방안을 협의하여 마련하였기에 사실상 개별 근로자들과의 협의에 준하는 정도로 신의칙상 요구되는 절차를 거친 것으로 평가한 것으로 보인다. 따라서 절차적 요건을 해석할 때 이 판례의 문구를 일반화하는 것은 바람직하지 않다.

55) 대법원 1995. 10. 13. 선고 94다52928 판결, 대법원 1997. 7. 22. 선고 97다18165, 18172 판결.

의미한다.[56)]

결과적으로 판례는 실질적 요건에 비해 절차적 요건을 다소 가볍게 취급하여, 정당성 판단기준의 요건 중 (가), (나) 요건만 충족되면 전직명령의 유효성을 인정함으로써 근로계약의 일방 당사자인 사용자에게 근로계약을 실질적으로 변경할 권한을 과도하게 부여한다는 비판을 받을 소지가 있다.

### 라. 후선배치

#### (1) 개 념

종래 금융권에는 정년에 가까워진 관리자급 직원을 일선 업무에서 물러나게 하는 후선역 제도를 운영하였다. 2000년대 중반부터는 일반 직원까지 적용범위가 확대되어 상대평가에 따른 근무평정 결과를 바탕으로 명예퇴직·희망퇴직 대상자를 선정한 다음 신청을 받고, 미신청자를 임시보직[57)]에 배치하여 일정한 실적 목표를 부과하고서 이를 달성하면 원래의 직무로 복귀시키되, 그렇지 못한 경우에는 주기적으로 대기발령·휴직 등을 거쳐 최종적으로는 면직 또는 사직에 이르게 하는 제도를 운영하고 있다.[58)]

상대평가에 따른 하위 근무평정이라는 사유가 특별한 비위사실이나 비행사유에 해당하지 않는 이상, 이를 근거로 한 후선배치명령이 '징계'에 해당한다고 볼 수는 없고,[59)] 동일 기업 내에서 근로자가 담당하는 직무의 종류·내용의 변경을 주된 목적으로 하는 인사이동이라는 측면에서 실질적으로는 '전보'와 유사한 성격을 가진다.

#### (2) 필 요 성

사용자는 후선배치를 통하여 상대적으로 실적이 낮은 근로자에 대해 급여 등 근로조건을 사실상 저하시킴으로 비용을 절감하고, 근로의욕을 고취하거나

---

56) 대법원 2010. 7. 15. 선고 2007두15797 판결(노동조합이 인사명령이 포함된 조직개편안에 대해 의견제시를 거부하면서 합당한 이유를 제시하지 않았으나, 근본적인 원인이 사용자가 인사명령에 사전 합의 조항의 적용이 배제되는 것으로 보고 사전 합의 절차를 거치지 않은 채 사전 협의만 거치면 된다고 잘못 판단하였기 때문이므로, 사전 합의권의 포기·남용으로 볼 수 없다고 한 사례).

57) 후선역·업무지원역·업무추진역·관리역 등 명칭은 다양하다.

58) 김진, 29~30면; 조정호, 478면.

59) 대법원 2013. 2. 28. 선고 2010두20447 판결(근로관계 해지 사유로 후선역 발령 후 업무실적 미달이 명시된 경우, 동일한 사유에 기하여 감봉처분과 별도로 후선역 발령을 하였더라도, 이는 사용자의 인사명령일 뿐 징계처분으로 볼 수 없다고 한 사례, 이에 대한 평석으로는 김홍영; 조용만b).

재교육을 통해 경영의 효율성을 제고할 수 있는 반면, 부수적으로는 근로관계를 사실상 해소시킬 수 있는 압박 수단이 될 소지가 있다. 즉, 후선배치는 인원감축이나 비용절감과 같은 사용자 측 사정인 경영상 필요에 따른 것으로, 근로자의 능력이나 업무량의 변화에 따라 인원을 효율적으로 재배치하는 것에 그치지 않고, 실질적으로는 희망퇴직 권고 대상자 중 불응한 자에 대하여 사직을 압박하기 위한 편법적인 조치로 악용될 가능성이 있다.[60]

후선배치가 이루어지면 급여 삭감, 성과급 차등 지급, 수당 감축, 임금 인상 미적용 등 사실상 감봉과 같은 경제적 불이익이 발생하는 것이 일반적이고, 정리해고 또는 징계해고 사유가 없음에도 법률상 해고의 제한 요건을 우회하는 수단이 될 수 있다는 점에서 정당성 판단기준을 어떻게 정립할 것인지가 문제된다.

#### (3) 정당성 판단기준

후선배치명령은 대기발령·명령휴직[61] 등을 거쳐 결과적으로 당연면직으로 이어져 사실상 해고와 동일한 결과를 발생시킬 수 있으므로, 해고와 유사한 수준의 정당성 판단기준을 적용할 것인지 아니면 전보명령의 일종으로 보아 그 정당성 판단기준을 적용할 것인지가 문제된다.

후선배치명령이 근로계약 내용의 본질적 변경에 해당함을 이유로 해고의 정당성 판단기준에 가까운 엄격한 요건을 적용할 필요가 있다는 견해도 있으나,[62] 후선배치명령은 근로 내용을 변경하는 전보명령의 일종이고, 그 자체로 당연면직 등 근로관계의 종료와 직접적·필연적인 연관관계가 있다고 볼 수 없으며, 그러한 경우에도 당연면직 등의 정당성에 대해 별도로 판단할 수 있으므로, 다른 인사이동과 달리 후선배치명령에 대하여만 해고와 유사한 수준의 정당성 판단기준을 적용하는 것은 신중할 필요가 있다.[63]

판례도 같은 견해에서, 후선배치된 근로자가 후선역·대기발령·명령휴직 등을 거쳐 당연면직될 수 있음을 인정하면서도, 후선배치명령은 전직명령일 뿐

60) 김진, 54면.
61) '대기발령·명령휴직'에 대한 자세한 내용은 후술하는 Ⅱ. 4. 참조.
62) 김종범, 338면; 김진, 52면.
63) 대기발령·직위해제·휴직명령도 일정한 경우에 당연퇴직·직권면직 등 근로관계가 종료될 수 있으므로, 특정한 인사명령 후 결과적으로 근로관계가 종료될 수 있다는 사정만으로 해고와 유사한 수준의 정당성 판단기준을 적용하는 것은 '해고'의 개념을 지나치게 확대할 우려가 있다(자세한 내용은 후술하는 Ⅱ. 4. 및 Ⅱ. 5. 참조).

근로관계를 일방적으로 단절시키려는 의사를 표명한 것으로 볼 수 없어, 정리해고 법리를 적용할 여지가 없다고 하여,[64] 앞서 Ⅱ. 2. 다. 부분과 같이 전보명령의 정당성 판단기준과 동일한 기준으로 후선배치명령의 정당성을 판단한다.[65]

즉, 후선배치명령을 할 업무상 필요가 있고, 이로 인한 근로자의 생활상 불이익이 사용자의 업무상 필요성을 초과하지 않으며, 대상자 선정·운영기준·평가방법에 관하여 노동조합과 합의하는 등 신의칙상 요구되는 절차를 거쳤고, 대상자 선정이 합리적이고 공정한 기준에 따른 것인 경우에 정당성이 인정된다.[66] 특히 판례의 사안은 모두 후선배치 관련 사항이 근로계약·단체협약 등에 구체적으로 명시되어 있었기에 근로자도 후선배치에 최소한 묵시적으로라도 동의하였거나 후선배치 관련 사항이 근로계약의 내용에 사실상 포함된 것으로 볼 여지도 있다.

다만, 근로계약·취업규칙·단체협약 등에 후선배치 관련 사항이 명시되어 있더라도, 대상자를 선정하는 과정과 그 기준을 정할 때 합리성·공정성이 확보되었는지 여부를 면밀히 심사할 필요가 있다. 예를 들어, 근무평정 기준이 성별·연령·학력·근무기간 등 개별 근로자의 근로제공의 수준이나 질과는 무관한 요소가 주로 반영되어 향후 노력 여부에 따라 변동가능성이 극히 제한되어 있는 것은 아닌지, 단순히 상대평가에 따른 근무평정 결과를 기준으로 일정한 범위의 하위권에 소속된 자를 대상으로 삼는다면, 상대평가의 특성상 항상 일정한 비율에 해당하는 이들이 사실상 법률상 지위가 불안한 상태에 놓이게 되는

---

64) 대법원 2009. 3. 26. 선고 2007다54498, 54504 판결(후선보임의 인사발령에 대하여 사실심 변론종결 시까지 당연면직된 근로자가 없다는 점을 이유로 사용자가 근로관계를 일방적으로 단절시키려는 의사를 표명한 것으로 볼 수 없어 정리해고의 법리를 적용할 여지가 없다고 한 사례, 이에 대한 평석으로는 김진), 대법원 2009. 3. 26. 선고 2007다54511, 54528 판결.

65) 대법원 2009. 4. 23. 선고 2007두20157 판결(은행이 직급별 근속연수를 중요한 기준으로 삼아 명예퇴직·후선발령 대상자를 선정한 인사발령은 정당한 인사권의 범위 내에서 행사된 것으로 적법하다고 한 사례, 이에 대한 평석으로는 김진), 대법원 2023. 7. 13. 선고 2020다253744 판결.

66) 대법원 2009. 3. 26. 선고 2007다54498, 54504 판결(항목별 평가방법·종합평가방법에 중복하여 해당된 자만 후선보임 대상자로 선정한 사안에서, 동일 직급의 고연령자가 상대적으로 불리할 수는 있지만, 연공서열적 임금체계로 상대적으로 고임금을 받는 고연령자와 장기승격누락자 중 직무수행능력이 부족한 직원을 후선보임 대상자로 선정하는 기준이 고연령자에 대한 차별이거나 합리성·공정성을 결여한 것으로 볼 수 없다고 한 사례), 대법원 2009. 3. 26. 선고 2007다54511, 54528 판결, 대법원 2009. 4. 23. 선고 2007두20157 판결, 대법원 2009. 9. 10. 선고 2007두10440 판결(이에 대한 평석으로는 김진; 박수근c; 정병욱), 대법원 2013. 2. 28. 선고 2010두20447 판결.

데, 그 대상자들이 해당 업무의 담당자에 평균적으로 요구되는 수준의 업무 능력에 현저히 미달하는 것인지 등과 같은 객관적·절대적 기준에 따라 이를 보완할 필요가 없는지 등도 살펴보아야 한다.

### 3. 전 적

#### 가. 개 념

##### (1) 일 반 론

'전적'은 사용자의 인사권 행사에 따라 근로자가 원 소속 기업과의 근로계약을 종료하면서 다른 기업(이하 '전적 후 기업'이라 한다)과 새로운 근로계약을 체결하거나, 근로계약상 사용자의 지위가 양도됨으로써 근로자의 소속이 완전히 달라지는 경우로,[67] 근로계약의 상대방인 사용자가 변경되는 것이 특징이다.

'전적'은 원 소속 기업과 근로계약의 종료를 내포하고 있으므로, 근로관계의 유지를 전제로 하는 '인사이동'에 원칙적으로 포함된다고 어려운 측면이 있지만, 현실적으로 기업 집단 또는 그룹 계열사 사이에 사용자의 인사권을 매개로 근로계약의 본질적 내용이 변경되어 근로자에게 상대적으로 큰 불이익이 초래될 수 있으므로, '인사이동' 부분에서 함께 검토한다.

##### (2) '전출'과의 구별[68]

'전출'은 원 소속 기업과 다른 기업(이하 '전출 후 기업'이라 한다) 사이의 계약에 따라, 근로자가 원 소속 기업과의 근로계약을 유지하되 휴직·파견·사외근무·사외파견 등 다양한 형태로 원 소속 기업에 대한 근로제공의무를 면하고, 전출 후 기업의 지휘·감독 하에 장기간 동안 근로를 제공함으로써 근로제공의 상대방이 변경되는 인사이동이고, 근로자의 원 소속 기업 복귀가 예정되어 있는 것이 일반적이다.[69]

67) 엄밀히 말해 원 소속 기업과의 근로계약이 종료되는 것이 아니라 전적 후 기업으로 이전되는 것이지만, 근로계약의 상대방인 사용자가 변경되는 점은 동일하다. '영업양도'가 대표적인데, 이러한 유형은 '근로관계의 이전'과 구별이 쉽지 않은 측면도 있다.

68) 근로관계에서 '전출'과 관련한 분쟁이 많이 발생하지 않음으로 인해 특정한 인사이동이 '전출'에 해당하는지 여부나 '전출명령'의 정당성에 대한 판례가 거의 보이지 않으므로, '정당성 판단기준'은 '전적'을 중심으로 검토하되, '구체적인 법률관계'는 전출과 전적을 모두 검토한다.

69) '전출'은 근로계약 체결 당시에는 다른 기업에 파견하여 근무하게 할 것을 전제로 하지 않는다는 점에서 다른 기업에 파견하여 근무하게 할 것을 전제로 근로자를 고용하는 파견법상의 '근로자파견'과도 구분된다.

근로자가 원 소속 기업이 아닌 다른 기업에 근로를 제공함으로써 근로자에 대한 업무지휘권을 가지는 주체가 달라지는 기업 사이의 인사이동이라는 점(이 부분은 기업 내에서의 인사이동에 해당하는 '전근·전보'와 구별되는 지점이다)과 기업 사이의 합의 또는 그 기업들을 모두 지배하는 상위 기업의 인사권 행사로 인사이동이 발생한다는 점은 전적과도 공통된다.

하지만 원 소속 기업과의 근로관계가 계속됨으로써 근속연수·호봉승급 등 세부적인 근로조건의 저하가 발생하지 않는 '전출'과 달리, 원칙적으로 원 소속 기업과 사이에 근로관계가 단절되는 '전적'은 특별한 정함이 없는 경우에 근로조건이 변동될 수 있으므로, 기업 사이의 인사이동이 '전출' 또는 '전적'에 해당하는지를 판단할 때는 '원 소속 기업과의 근로계약의 종료 여부'라는 형식적인 기준보다 '근로자의 자의로 원 소속 기업과의 근로계약을 단절한 것인지'라는 실질을 중시하여 해당 인사명령의 법적 성격과 그에 따른 법률관계를 판단해야 한다.[70)]

### 나. 필 요 성

기업 사이의 인사이동은 경제구조와 기업의 규모가 양적·질적으로 팽창하면서 경영의 효율성을 도모하기 위해, 형식적으로 구분된 여러 기업을 실질적으로는 하나의 주체가 의사결정을 함으로써 종적·횡적으로 계열화하여 경영하는

70) 대법원 1997. 3. 28. 선고 95다51397 판결(근로자의 자의가 아니라 모회사의 경영방침에 의한 일방적인 결정에 따라 모자회사 사이에 퇴직·재입사의 형식을 거쳐서 퇴직금까지 지급받았으나, 인사명령 전후에 근로자의 업무내용·장소에 변동이 없고 모회사가 퇴직시킨 근로자의 인사기록카드까지 여전히 작성·관리한 경우에는 근로자에게 근로관계를 단절할 의사가 있었다고 할 수 없어 계속근로관계도 단절되지 않는다고 한 사례, 이 판결에 대한 평석으로는 김도형), 대법원 1997. 10. 24. 선고 96다12276 판결(근로자의 자의가 아니라 종전 회사의 일방적 결정에 따라 근로자가 향후 복귀할 것을 조건으로 종전 회사에서 퇴직금을 수령한 후 현재 회사에 입사하였고, 종전 회사가 현재 회사의 인사권·경영권까지 행사하고 있는 경우, 근로자의 직전 회사와 현재 회사에서의 근로관계는 실질적으로 계속되었으므로 현재 회사에서 근로자의 퇴직금 산정을 위한 근속기간은 근로자가 종전 회사에 입사한 날부터 기산하여야 한다고 한 사례), 대법원 1998. 12. 11. 선고 98다36924 판결(근로자가 甲 회사를 퇴직하고 같은 그룹 계열사인 乙 회사로 입사하는 의사표시를 한 적이 없이 甲 회사 소속 근로자로 재직하면서 乙 회사의 업무로 변경된 종전 업무에 계속 종사하다가 파견기간이 끝나 甲 회사의 업무로 복귀한 것뿐인 경우, 내부문서상 甲 회사에서 乙 회사로 소속이 변경된 것으로 보아 퇴직금을 이체한 것으로 처리하였다거나 근로자가 乙 회사에 사직서를 제출하고 甲·乙 회사로부터 각각 퇴직금을 지급받았더라도, 근로자에게 중간퇴직금 수령의 의사 외에 甲 회사와의 근로관계를 종료하거나 퇴직금 산정에 있어 근속연수를 제한하려는 내심의 의사가 있었다고 할 수 없고, 甲 회사도 근로자의 형식상의 퇴직의사가 진의 아님을 알았다고 할 것이어서, 퇴직금 수령은 비진의 의사표시로서 무효이고 甲 회사와의 근로관계가 종료되었다고 볼 수 없다고 한 사례).

경우에 주로 활용된다. 그러나 정리해고를 회피하기 위한 인력 구조조정의 한 방편으로 이용될 소지도 있다.

과거에는 소위 재벌과 같은 기업 집단 또는 그룹 차원에서 계열사 간의 인력수급을 위한 인사이동으로 널리 이용되어 왔으나, 최근에는 다수의 계열사를 보유하고 있는 대기업만이 아니라 모자기업 또는 전략적 제휴·협력 관계의 기업들 사이에서도 널리 활용된다.

### 다. 정당성 판단기준[71)]

#### (1) 근로자의 동의(원칙)

전적명령은 근로제공·근로계약의 상대방이 변경되는 것으로 근로조건의 중대한 변경에 해당되어 근로자의 불이익을 방지할 필요가 상당히 크고, 강행규정인 민법 657조 1항이 정한 근로계약상 권리·의무의 일신전속성에 비추어 보더라도, 근로자의 동의가 필수적이다.[72)]

이 때 '근로자의 동의'는 진정한 의사에 따른 것이어야 하고, 적어도 동의의 대상이 무엇인지에 대해서는 어느 정도 예측할 수 있어야 하므로, 근로계약·취업규칙·단체협약 등에 '전적명령을 할 수 있다'는 취지의 포괄적인 근거규정이 있다는 사정만으로 전적명령에 대한 근로자의 동의를 인정할 수는 없다.[73)] 판례도 마찬가지이다.[74)]

---

71) 기존 문헌·판례는 전보·전근명령의 정당성 판단기준과는 달리, 전적명령의 정당성 판단기준·유효요건으로 '근로자의 동의'의 존부만 논의하고 있어, 전적명령은 '근로자의 동의'만 있으면 곧바로 정당성이 인정되는 것처럼 보인다. 그러나 전적명령이 강행규정인 법령에 위반되는 등의 사정이 있는 경우에는 '근로자의 동의'만으로 정당성이 인정되기 어렵다고 볼 여지도 있으므로, 전적명령의 정당성 판단기준과 '근로자의 동의'를 등치시키는 것은 다소 신중할 필요가 있다.

72) 대법원 1996. 4. 26. 선고 95누1972 판결(시내버스 회사가 경영 악화를 이유로 소유 버스 23대 중 7대를 다른 회사에 양도하면서 운전사까지 인수하기로 양수회사와 합의함에 따라 해당 운전사에게 양수회사에서 근무하도록 통지한 것은 전적명령에 해당할 뿐 실질적인 정리해고는 아니므로, 이에 근로자들이 동의하지 않은 이상 무효에 해당한다고 한 사례, 이에 대한 평석으로는 오문완a; 이승욱), 대법원 1996. 5. 31. 선고 95다33238 판결(같은 사례, 이에 대한 평석으로는 이승욱).

73) 같은 취지로 김형배, 585~586면; 임종률, 522면.

74) 대법원 1993. 1. 26. 선고 92누8200 판결(전보·전근과 달리 전적은 근로자의 동의를 얻어야 효력이 생기므로, 현대그룹이 취업규칙·단체협약에서 계열사 인사이동 규정을 두었더라도 근로자의 사전적·포괄적 동의로 볼 수 없다고 한 사례), 대법원 1993. 1. 26. 선고 92다11695 판결(대우그룹 입사 당시 '전근, 출장 기타 귀사의 명령에 대해서 절대 복종하겠다.'는 서약서를 제출하였다고 하여 전적명령에 대한 포괄적 동의로 볼 수 없다고 한 사례).

다만, 대법원 2015. 1. 29. 선고 2013다24368 판결은 파견명령의 법적 성질이 전출 또는 전적인지 여부를 명시하지 않은 채 근로계약이나 취업규칙에 의한 포괄적 사전동의를 하였다

여기서 '근로자의 동의'는 사후적·명시적·구체적 동의만이 아니라 사전적·묵시적·포괄적 동의까지 포함되지만, 근로계약상 본질적 내용을 변경하는 것이므로 전보·전근명령보다 상대적으로 엄격하게 그 존부를 심사할 필요가 있다.

㈎ 묵시적 동의

판례는 근로자가 전적명령에 대해 아무런 이의를 제기하지 않았다는 사정만으로 묵시적 동의를 쉽게 인정하지 않고, 의사표시의 해석론에 따라 인사명령 전후의 여러 사정과 사직서 제출 경위 등을 종합하여 근로자의 진정한 의사에 따른 동의가 있었는지, 그와 같은 근로자의 진정한 의사를 사용자가 알거나 알 수 있었는지를 중심으로 판단한다.75)

㈏ 사전적·포괄적 동의

판례는 사용자가 기업 그룹 내부의 '전적'에 관하여 근로자가 입사할 때 또는 근무하는 동안에 미리 포괄적 동의를 얻어 두면, 인사명령 시마다 근로자의 동의를 얻지 아니하더라도 유효하게 전적시킬 수 있다고 하여, 일반론적으로는 사전적·포괄적 동의의 유효성을 인정하면서도, 적어도 전적할 기업을 단·복수로 특정하고 그 기업에서 종사하여야 할 업무에 관한 사항 등의 기본적인 근로조건을 명시(법 17조, 영 8조)하여 근로자의 동의를 얻을 것을 요구한다.76)

---

고 볼 여지가 있다는 이유로, 묵시적·사전적 동의를 부정한 원심을 파기하였다. 원심 및 대법원이 인정한 사실관계로도 '근로계약상 포괄적 사전동의'를 인정하기는 어려워 보이므로, 판례의 주류적 견해와는 다소 차이가 있는 판시로 보인다. 파기환송 후 사건인 서울고법 2015나5127 사건은 2015. 5. 8. 화해권고결정으로 확정되었다.

75) 묵시적 동의를 인정한 경우로는 대법원 1993. 1. 26. 선고 92누8200 판결(근로자가 甲 회사로부터 퇴직하는 절차를 마치고 계열회사인 乙 회사에 취업하는 서류를 작성·제출하고 2개월 동안이나 정상적으로 근무하였다면, 그 과정에서 전적명령에 동의를 보류하는 의사를 표시하거나 전적을 거부하는 경우에 징계 등의 제재를 받게 될 것이라는 위협을 받아 부득이 전적한 것이라는 등의 특별한 사정이 없는 한, 전적명령에 대한 근로자의 묵시적 동의를 인정한 사례).

묵시적 동의를 부정한 경우로는 대법원 1997. 3. 28. 선고 95다51397 판결(근로자의 자의에 의한 것이 아니라 모회사의 경영방침에 의한 일방적인 결정에 따라 모자회사 사이에 사직서·입사서류의 제출을 통한 퇴직·재입사의 형식을 반복한 경우, 비록 근로자가 퇴직금을 지급받았더라도 근로관계를 단절할 의사가 없었다고 하여 전적명령의 효력을 부정한 사례), 대법원 1997. 10. 24. 선고 96다12276 판결(甲 회사의 근로자가 퇴사 후 퇴직금을 수령한 후 甲 회사의 일부 부서를 물적 기반으로 하여 설립된 乙 회사에 입사하였더라도, 자의에 의한 것이 아니라 甲 회사의 경영 방침에 따른 일방적인 결정에 따라 甲 회사에 복귀할 것을 조건으로 형식적으로 거친 것이고, 乙 회사의 인사권·경영권 모두 甲 회사가 행사하고 있음을 이유로 甲 회사와의 근로관계가 실질적으로 계속된다고 하여 전적명령의 효력을 부정한 사례).

그러나 이러한 사전적·포괄적 동의의 유효성을 실제로 인정한 사례는 찾아보기 어렵다.

### (2) 확립된 관행(예외)

판례는 기업 그룹 내 다른 계열회사로 근로자를 전적시키는 관행이 있고, 그 관행이 근로계약의 내용을 이루고 있다면, 예외적으로 근로자의 동의 없이도 전적명령의 유효성을 인정할 수 있는 가능성을 열어두되, 이를 인정하기 위해서는 근로자의 동의 없는 일방적인 전적의 관행이 기업 사회에서 일반적으로 근로관계를 규율하는 규범적인 사실로서 명확히 승인되거나, 기업의 구성원이 일반적으로 아무런 이의도 제기하지 아니한 채 당연한 것으로 받아들여 기업 내에서 사실상의 제도로서 확립되어 있어야 한다고 판시하였다.[77)]

하지만 이러한 관행을 이유로 근로자의 동의 없이 전적명령의 유효성을 긍정한 사례는 보이지 않는다. 근로자의 동의 없이 전적명령의 유효성을 인정하는 것은 극히 예외적이므로, 엄격하게 해석하는 것이 타당하다.

---

76) 대법원 1993. 1. 26. 선고 92누8200 판결(현대그룹의 종합기획실에서 그룹차원의 인원수급업무를 관장하면서 사원을 일괄채용 후 계열사로 배정하고, 근로자도 이를 알고 입사하였으며, 취업규칙·단체협약에서 근로자를 계열사에 인사이동시킬 수 있는 규정을 두고 있더라도, 전적에 대한 근로자의 포괄적 동의를 인정하기 어렵다고 한 사례), 대법원 1993. 1. 26. 선고 92다11695 판결(대우그룹 기조실에서 계열사 전체의 인력수요를 감안하여 일괄채용 후 계열사에 근로자를 배정하였다고 하여 전적에 대한 포괄적 동의를 한 것으로 볼 수 없다고 한 사례, 이에 대한 평석으로는 김홍준b, 120면 이하), 대법원 1994. 6. 28. 선고 93누22463 판결(입사 시 단체협약·취업규칙의 준수를 서약하였고, 단체협약상 조합원의 인사문제는 회사의 전권사항으로 되어 있고, 취업규칙상 회사는 업무상 필요에 따라 사원에게 보직이동 및 직무변경권이 있으며, 이에 대한 복종의무가 규정되어 있더라도, 이러한 사정만으로는 전적처분에 대한 포괄적 동의를 인정할 수 없다고 한 사례).

77) 대법원 1993. 1. 26. 선고 92누8200 판결(현대그룹 내 계열사 사이에 근로자의 전출입이 상당히 이루어져 왔어도 근로자들 대부분으로부터 규범적 사실로 승인된 관행으로 확립되었다고 볼 수 없다고 한 사례), 대법원 1993. 1. 26. 선고 92다11695 판결(대우그룹 내 계열사 간 전적이 20여 년간 시행되어 왔고, 현존 관리직 사원의 30% 이상이 전적의 경력이 있더라도, 근로자의 동의 없이 일방적으로 다른 계열사로 전적시키는 관행이 규범적인 사실로서 명확히 승인되었거나 사실상의 제도로 확립되었다고 단정하기 어렵다고 한 사례), 대법원 2005. 1. 14. 선고 2003다28477 판결(임협중앙회의 조정에 따라 인사교류를 한다는 규정을 두고서 조합의 직원을 다른 조합으로 전적시키는 관행은 인정되나, 직원의 동의를 얻지 아니하고 일방적으로 다른 조합으로 전적시키는 관행이 지역조합들 내에서 일반적으로 근로관계를 규율하는 규범적 사실로서 명확히 승인되었거나 사실상의 제도로 확립되어 있었다고 볼 수 없다고 한 사례), 대법원 2006. 1. 12. 선고 2005두9873 판결(산림조합중앙회의 경우에도 직원의 동의 없는 일방적인 전적의 관행이 규범적인 사실로서 명확히 승인되었거나 사실상의 제도로서 확립되어 있었다고 볼 수 없다고 한 사례).

### 라. 구체적인 법률관계

#### (1) 전 적

##### ㈎ 근로관계 및 법령상 사용자의 책임

원 소속 기업과의 근로계약은 종료되고 전적 후 기업과 새로운 근로계약이 성립하므로, 새로운 근로계약에 따라 근로조건이 결정되고, 해고·징계 권한은 물론 법령상 사용자의 책임도 모두 전적 후 기업이 보유하는 등 법률관계는 상대적으로 간명하고 명확하다.

##### ㈏ 근로관계의 승계 여부

근로자는 원 소속 기업에서의 근속연수·경력 등을 전적 후 기업에서 전혀 인정받지 못하면 경제적인 불이익이 발생할 수 있으므로, 전적에 따른 근로관계의 승계 여부가 문제가 되는 경우가 많다. 근로자가 전적 후 기업과 근로계약을 체결하면서 이에 대해 구체적으로 정할 수 있으나, 아무런 정함이 없는 경우에는 종전 근로관계를 승계하지 않는 것이 원칙이다.

판례도 유효한 전적의 경우, 원 소속 기업과의 근로관계는 단절되고 전적 후 기업이 원 소속 기업과의 근로관계를 승계하지 않는 것이 원칙이어서 전적한 근로자의 퇴직금·연차휴가에 관한 근속연수에 원 소속 기업에서의 근속연수는 포함되지 않지만,[78] 예외적으로 당사자 사이에 원 소속 기업과의 근로관계를 승계하기로 하는 특약[79]이 있거나 전적 후 기업의 취업규칙 등에 원 소속 기업에서의 근속기간을 통산하는 규정이 있는 등 특별한 사정[80]이 있는 경우에는

78) 대법원 1996. 5. 10. 선고 95다42270 판결, 대법원 1996. 12. 23. 선고 95다29970 판결, 대법원 1997. 7. 8. 선고 96다38438 판결, 대법원 1997. 9. 30. 선고 97다6322 판결, 대법원 2000. 12. 22. 선고 99다21806 판결, 대법원 2003. 10. 23. 선고 2003다38597 판결, 대법원 2013. 12. 12. 선고 2012다105741 판결.

79) 전적의 유형 중에서 '근로계약상 사용자의 지위를 양도한 경우'가 대표적이다. 대법원 2015. 7. 9. 선고 2014다2754, 2761 판결(주식회사 대동에서 대동전자 주식회사로 전적한 사안에서 종전 근로관계를 승계하기로 하는 특약을 인정한 원심을 긍정한 사례).

80) 판례는 대체로 기업그룹 내의 계열기업 사이의 전적에 대하여는 그 실질을 중요하게 보아 근로자의 자의가 아닌 기업그룹이나 계열기업의 경영방침에 의한 일방적인 결정에 따라 퇴직과 재입사의 형식을 거쳤고, 전적 전후에 걸쳐 근로자의 업무 내용 및 업무 장소에 변동이 없으며, 그 실질이 동일기업 내의 전출·입 내지 배치전환과 유사하거나 계열기업 사이의 소속변경에 불과한 때에는 그러한 형식을 거쳐서 퇴직금을 지급받았더라도 근로자가 자의로 계속근로의 단절에 동의하였다고 볼 수 없으므로 계속근로관계의 단절을 부정한다. 대법원 2007. 12. 13. 선고 2007다33194 판결(삼성전자의 신용판매사업부 직원들이 집단적으로 전적하여 삼성할부금융이 설립된 사안에서, 근로자들과 삼성전자 사이의 근로관계가 단절되지 않은 채 승계되었다고 본 원심을 긍정한 사례), 대법원 2015. 4. 23. 선고 2013다52028 판결(사실상

전적 후 기업이 원 소속 기업과의 근로관계를 승계한다고 본다.

또한 판례는 기업의 일부가 분리 독립하여 새로운 회사가 설립되었으나 구 회사와의 동일성이 유지된다면 신설회사가 구 회사의 권리·의무를 포괄승계하지 않는 경우에도 근로관계는 포괄승계 되어 근로의 계속성이 유지되나,[81] 모기업의 일부 사업 부문이 상법상의 영업양도에 해당하는 요건을 갖추지 못하였더라도 인적·물적 시설이 동일성을 유지하면서 이관됨에 따라 근로자들이 회사 방침에 따라 퇴직 후 신규 입사절차를 밟은 경우에 중간퇴직은 통정허위표시로서 무효이므로 근로의 계속성이 유지된다는 견해이다.[82] 즉, 종전 회사와 신설 회사 사이에 영업양도 등 권리·의무가 포괄적으로 승계되는 법률관계에 이르지 못한 경우에도, 사용자·근무 장소·근무 내용 등 근로관계가 실질적으로 동일하다면, 예외적으로 종전 근로관계의 승계를 인정한다.[83]

(2) 전 출

㈎ 근로관계

근로계약은 원 소속 기업과 사이에서 존속하지만, 원 소속 기업에 실제로 근로를 제공하는 것은 아니므로, 원 소속 기업과의 근로계약·취업규칙·단체협약 중 근로제공을 전제로 하지 않는 부분만 계속 적용된다. 반면, 근로자가 실제로 근로를 제공하는 상대방은 전출 후 기업이고, 원 소속 기업은 근로자에 대한 지휘명령권한을 전출 후 기업에 양도한 것이므로, 근로자는 전출 후 기업의 업무지시·근무형태·복무규율 등에 따라야 할 의무가 있다. 결국 취업규칙·단체협약 중 근로제공을 전제로 하는 부분은 전출 후 기업의 그것이 적용된다.

전출 후 기업과 근로자는 원 소속 기업과 체결된 근로계약의 존재·유지를 전제로 근로제공과 직결되는 부분에 한하여 독특한 계약관계를 맺고 있으므로, 원 소속 기업과의 근로계약이 종료되면 전출 후 기업과 근로자의 계약관계 역

---

동일한 사용자가 운영하는 2개의 회사 사이에서 소속을 여러 차례 변경하다가 일정 시점에 그 중 하나의 회사와 형식적으로 근로계약서만 작성한 사안에서, 자의로 계속근로의 단절에 동의하였다고 볼 수 없다고 하여 이와 다른 취지의 원심을 파기한 사례).

81) 대법원 1997. 6. 27. 선고 96다38551 판결(다만, 이 사건에서는 근로자가 자발적 의사로 원 소속 기업으로부터 퇴직 후 신설회사에 입사하였다는 이유로 근로관계의 승계를 부정하였다, 이에 대한 평석으로는 이근윤).

82) 대법원 1997. 6. 27. 선고 96다49674 판결.

83) 같은 취지로 김도형, 140면.

시 종료된다. 반대로 전출 후 기업이 도산 등 사정변경으로 인하여 존속하지 않거나 근로자와의 계약관계를 지속하기 어려운 경우, 근로자는 원칙적으로 원 소속 기업으로 복귀한다.

원 소속 기업과 전출 후 기업 사이에 체결된 계약에서 전출 기간, 임금 및 지급의 주체, 사회보험의 부담 등의 근로조건이나 대우 등 구체적인 내용을 정하는 것이 일반적이므로, 근로자를 둘러싼 다양한 법률관계를 일률적으로 판단하기는 어렵다. 이 경우에도 임금 등 개별적인 근로조건은 적어도 원 소속 기업과의 근로계약에서 정한 내용이 저하되지 않는 범위 내에서만 유효하다. 따라서 급여·수당·상여금의 지급에 대해 양쪽 기업이 분담할 수 있고, 일방이 지급하되 타방이 그 차액만 지급할 수도 있으나, 퇴직금 계산을 위한 근로기간은 양쪽 기업에 근로한 기간을 통산한다.

해고 권한은 근로계약의 당사자인 원 소속 기업만 보유하되, 징계 권한은 전출 후 기업이 보유하는 것이 일반적이지만 양쪽 기업의 징계 권한이 병존할 수도 있다. 그러나 하나의 비행사실에 대해 양쪽 기업이 모두 징계를 하는 것은 이중징계에 해당하므로, 어느 쪽에서 하나의 비행사실에 대하여 징계를 하면 다른 쪽의 징계권은 상실된다. 따라서 양쪽 기업의 징계 권한이 병존하는 경우, 징계사유에 따라 징계의 실효성 및 업무지시권의 실질적 확보 차원에서 누가 징계권을 행사할 것인지에 대해 양쪽 기업 사이에 긴밀한 협의를 거쳐 신중하게 결정할 필요가 있다.

#### ㈏ 법령상 사용자의 책임

각종 법령이 정한 사용자의 책임은 입법취지·입법목적·문언의 구체적 해석에 따르되, 당해 사항에 관하여 실질적으로 권한을 가진 사용자에게 부과된다. 근기법의 여러 규정은 구체적인 조항에 따라 당해 사항을 관리하는 사용자가, 산안법의 사업주 책임은 현실적으로 근로를 제공받는 전출 후 사용자가, 산재법·고보법의 사업주는 원칙적으로 임금을 주로 지급하는 쪽(전출 후 사용자인 경우가 많다)이 부담한다.

### 4. 대기발령과 직위해제(보직해임)

#### 가. 개 념

'대기발령'은 근로자를 잠정적으로 보직이 없는 상태에 두는 인사이동으로, 근로자에게 일시적으로 직위를 부여하지 않음으로써 직무에 종사하지 못하게 하는 조치이고, '직위해제(보직해임)'는 근로자가 보유하던 직위를 박탈함으로써 해당 업무를 수행하지 못하게 하는 조치이다.[84] 취업규칙 · 단체협약 등에 요건이나 사유가 명시되어 있는 것이 일반적이다.

양자 모두 공통적으로 잠정적 조치라는 특성이 있으나,[85] '직위해제'가 근로자에게 부여된 직위 · 직무에서 배제시킨다는 측면에서 상대적으로 적극적인 성격의 조치인 반면, '대기발령'은 근로자에게 직위 · 직무를 부여하지 않는다는 측면에서 상대적으로 소극적인 성격의 조치라는 점에서 이론상 구분될 수 있다. 다만, 일반적으로 직위해제 후 대기발령이 내려지거나 직위해제 · 대기발령이 동시에 내려지는 경우가 대부분이고, 대기발령만 내려진 경우에도 현재의 직위를 박탈하는 것이 전제되므로, 실무상으로 양자를 엄밀히 구분하지 않는 경향이 있다.[86]

대기발령 · 직위해제는 근로자의 비위행위에 대하여 기업질서의 유지를 목적으로 행해지는 '징계'와는 법적 성질이 다르므로,[87] 취업규칙 · 단체협약 등에

84) 대법원 2022. 10. 14. 선고 2022두45623 판결(국공법 73조의3 1항에서 정한 직위해제는 당해 공무원이 장래에 계속 직무를 담당하게 될 경우 예상되는 업무상의 장애 등을 예방하기 위하여 일시적으로 당해 공무원에게 직위를 부여하지 아니함으로써 직무에 종사하지 못하도록 하는 잠정적인 조치로서, 임용권자가 일방적으로 보직을 박탈시키는 것을 의미한다고 한 사례).

85) 대법원 2013. 5. 9. 선고 2012다64833 판결(사용자의 인사명령에 속하는 불이익한 처분이 대기발령이나 보직의 해제와 같은 잠정적 처분인지, 전보 등 확정적 처분인지는 명칭과 상관없이 처분이 이루어진 구체적인 경위, 그로 인한 근로자 지위의 변화, 변경된 근로의 내용, 업무의 지속성 여부, 처분 당시 사용자의 의사 등 제반 사정을 종합하여 판단하여야 함을 이유로, 대학의 임상교원으로서의 지위를 유지하면서 환자의 진료만을 정지시키는 진료정지 처분은 근로의 내용을 잠정적으로 변경하는 인사명령 처분에 불과하여 병원 의사로서의 지위에 관한 대기발령과 유사한 처분으로 본 원심을 긍정한 사례, 이에 대한 평석으로는 임기환).

86) 판례도 '대기발령'과 '직위해제'의 개념을 엄밀히 구분하지 않는 것으로 보인다. 대법원 1997. 9. 26. 선고 97다25590 판결(직위해제가 일시적으로 당해 근로자에게 직위를 부여하지 아니함으로써 직무에 종사하지 못하도록 하는 잠정적 조치라고 한 사례).

87) 대법원 1976. 4. 13. 선고 75누121 판결, 대법원 1983. 10. 25. 선고 83누184 판결(동일한 사유로 직위해제 처분 후 다시 징계처분으로 감봉처분을 한 경우에 일사부재리원칙에 위반되지 않는다고 한 사례), 대법원 1984. 2. 28. 선고 83누489 판결(동일한 사유로 직위해제 처분 후 다시 해임처분을 한 경우에 일사부재리원칙에 위반되지 않는다고 한 사례), 대법원 1992.

서 '징계'의 종류로 대기발령·직위해제를 별도로 규정한 경우에도 징계의 일환으로 내려지는 대기발령·직위해제와 사용자의 인사조치에 따른 대기발령·직위해제는 개념상 구분할 필요가 있다.

한편, 대기발령·직위해제 시 출근의무의 존부는 근로계약·취업규칙·단체협약 등에서 규정한 내용에 따라 결정된다.[88] 따라서 대기발령·직위해제 조치에도 불구하고 출근의무가 인정되는 경우에는 '휴직'과 구분되지만, 출근의무가 면제되어 자택에서 대기하는 경우에는 사실상 '휴직'과의 구분이 모호한 측면이 있다.[89] 특히 판례는 사용자의 귀책사유인 경영상 필요에 따라 개별 근로자들에게 대기발령을 한 경우, 법 23조 1항의 '휴직'에 해당하고, 이는 법 46조 1항에 따른 '휴업'을 실시하는 경우에 포함되므로, 사용자는 휴업수당으로 평균임금의 70% 이상의 수당을 지급할 의무가 있다고 판시하여,[90] 대기발령과 휴직이 유사한 측면이 있음을 인정하였다.

### 나. 필 요 성

근로자가 직무수행능력이 현저히 부족하거나 근무성적·근무태도 등이 심

---

7. 28. 선고 91다30729 판결(징계 후 동일한 사유로 직위해제를 하더라도 일사부재리나 이중처벌금지의 원칙에 저촉되는 것이 아니라고 한 사례), 대법원 1993. 2. 9. 선고 92다36861 판결(징계 후 동일한 사유로 직위해제 처분을 할 수 있다고 한 사례), 대법원 1996. 10. 29. 선고 95누15926 판결(취업규칙 등에 직위해제에 관한 특별한 절차규정이 있는 경우가 아닌 한 직위해제를 할 때 징계에 관한 절차 등을 거쳐야 하는 것은 아니라고 한 사례), 대법원 1997. 11. 25. 선고 96누13231 판결(단체협약상 징계로 출근정지가 규정되어 있어도 이와 별도로 업무명령으로서 출근정지를 할 수 있다고 한 사례), 대법원 2003. 1. 24. 선고 2000다17179 판결(서울아산병원 의사에 대한 진료정지처분은 일반적인 인사권의 범위에 포함되는 직무상의 명령으로 배치전환의 일종일 뿐 실질적인 징계에 해당한다고 볼 수 없다는 원심을 긍정한 사례), 대법원 2004. 10. 28. 선고 2003두6665 판결, 대법원 2005. 11. 25. 선고 2003두8210 판결, 대법원 2006. 8. 25. 선고 2006두5151 판결, 대법원 2007. 5. 31. 선고 2007두1460 판결, 대법원 2008. 6. 26. 선고 2006다30730 판결(사립학교법이 정한 직위해제는 징계와 성질이 다르다고 한 사례, 이에 대한 평석으로는 김선혜; 김태업), 대법원 2011. 10. 13. 선고 2009다86246 판결(대기발령과 징계는 성질이 다르다고 한 사례, 이에 대한 평석으로는 정영훈), 대법원 2013. 5. 9. 선고 2012다64833 판결(대기발령 과정에서 징계절차를 거치지 않았다는 사정만으로 위법하다고 할 수 없다고 한 사례), 대법원 2022. 10. 14. 선고 2022두45623 판결(국공법상 직위해제도 징계와 법적 성질이 다르다고 한 사례).

88) 대법원 2012. 11. 29. 선고 2011두30069 판결(대기발령을 명한 인사명령지에 대기 장소가 명시되어 있지 않고, 취업규칙·인사규정상 대기발령 시 출근의무에 관한 명문의 규정도 없었기에 출근의무가 인정되지 않는다고 한 원심을 긍정한 사례).

89) 대법원 2007. 2. 23. 선고 2005다3991 판결(이에 대한 평석으로는 도재형c).

90) 대법원 2013. 10. 11. 선고 2012다12870 판결(회사분할에 따른 근로관계의 이전을 거부한 근로자들에 대한 대기발령의 정당성을 긍정하면서도 실질적으로는 휴직·휴업에 해당한다고 한 사례, 이에 대한 평석으로는 강문경; 손향미).

히 불량한 경우, 징계절차가 진행 중이거나 형사사건으로 기소되는 등 당해 근로자가 장래에 직무를 계속 담당함으로써 예상되는 업무상 장애 등을 예방하기 위한 경우 등 다양한 사안에서 대기발령 · 직위해제의 필요성이 인정된다.[91]

그러나 근로자는 이로 인하여 근로제공을 할 수 없는 중요한 제한을 받고, 급여 · 호봉 · 승급 · 승진 등 여러 측면에서 불리한 처우를 받을 수 있으며, 일정 기간이 경과한 후에도 보직이 부여되지 않으면 직권면직 · 당연퇴직 등의 방식으로 근로관계가 종료될 수 있는 등 근로자에게 불이익한 인사이동에 해당하므로,[92] 정당성 판단기준 및 그 요건과 관련하여 논의가 집중된다.[93]

### 다. 정당성 판단기준

#### (1) 대기발령

취업규칙 · 단체협약 등에 인사조치의 하나로 대기발령이 규정되는 경우, 이에 근거하여 대기발령을 명할 수 있음에는 별다른 의문이 없으나, 이러한 근거 규정이 없거나 대기발령의 근거 규정은 있지만 그 사유에 관하여는 아무런 정함이 없는 경우에도 사용자가 대기발령을 할 수 있는지가 문제된다. 대기발령은 사용자의 인사권 행사에 따른 근로자의 인사이동의 하나로서 징계와 구분되는 이상, 명문의 규정이나 그 사유에 관하여 아무런 정함이 없다는 이유만으로 대기발령을 할 수 없다고 보기는 어렵다. 판례 역시 명문의 규정이 없는 경우에도 대기발령이 가능함을 전제로 대기발령의 정당성을 판단한다.[94]

따라서 대기발령의 정당성은 명문의 규정에 따른 사유가 존재하는지 여부에 따라 단순히 결정되는 것이 아니다. 명문에 규정된 사유가 존재하지 않음에

---

91) 대법원 2004. 10. 28. 선고 2003두6665 판결, 대법원 2005. 11. 25. 선고 2003두8210 판결.

92) 대법원 1992. 7. 28. 선고 91다30729 판결(직위해제가 일시적인 보직해제 조치로 징계와 구분되지만, 승급 · 승호 · 보수지급 등에 있어 불이익한 처우를 받게 되고, 일정한 경우에는 이를 기초로 직권면직 처분을 받을 가능성까지 있으므로 인사상 불이익한 처분에 속한다고 한 사례).

93) 외관상 대기발령으로 보이는 경우에도 근로의 성질 · 특성 및 근로계약 · 취업규칙 · 단체협약의 해석상 통상적인 근무형태의 하나일 뿐 근로자에게 불이익한 인사이동으로 볼 수 없는 경우도 있다. 대표적으로, 대법원 2013. 2. 28. 선고 2010다52041 판결(대한항공 승무직 근로자에게 비행근무를 부여하지 않되 기본급 · 상여금 · 비행수당을 지급하는 자택대기명령은 직위 · 보직 자체를 부여하지 않는 일반적인 대기발령이나 징계가 아니라 객실승무원의 근무형태의 하나인 '자택대기'를 명한 통상적인 업무수행명령이라고 한 원심을 긍정한 사례).

94) 대법원 2013. 10. 11. 선고 2012다12870 판결(회사분할에 따른 근로관계의 이전을 거부한 근로자에 대하여 가처분결정을 근거로 대기발령한 사안에서, 경영 형편상 과원으로 인정된 자에게 대기발령을 명할 수 있는 인사규정은 적용되지 않는다고 한 원심의 판단을 긍정한 사례), 대법원 2013. 10. 17. 선고 2012다17721 판결(같은 사례).

도 이를 근거로 대기발령을 명한 경우에는 정당성이 쉽게 부정될 수 있지만, 명문에 규정된 사유가 존재한다는 이유만으로 대기발령의 정당성이 곧바로 인정되는 것은 아니기 때문이다. 즉, 대기발령 사유가 명시된 경우에도 실제로 이를 명할 것인지 여부에 대해 사용자에게 재량권이 부여되어 있는 것이 일반적이므로, 사용자가 그 사유를 근거로 실제로 대기발령을 명하였다면 재량권 행사의 일탈·남용 여부는 당연히 사법심사의 대상이 될 수밖에 없다. 이러한 측면에서 대기발령 및 그 사유가 명시되어 있는지 여부와 관계없이 정당성 판단기준을 별도로 논의할 실익이 있다.

대기발령도 인사이동의 하나이므로, 앞서 본 전보·전근명령과 마찬가지로, ① 법령에 위반되지 않을 것, ② 업무상 필요성이 있을 것, ③ 근로자의 생활상 불이익이 통상적으로 감수하여야 할 범위를 넘지 않을 것, ④ 명문의 규정이 있는 경우에는 그 절차를 거쳐야 하고, 명문의 규정이 없더라도 신의칙상 요구되는 절차를 거칠 것을 전제로 정당성이 인정된다. 판례도 전보·전근명령과 동일한 기준으로 대기발령의 정당성을 판단한다.[95)]

한편 사용자가 부당해고한 근로자를 복직시키면서 일시적인 대기발령을 하는 경우 정당성이 문제된다. 판례는 이러한 대기발령이 원직복직에 해당하지 않는다는 이유만으로 위법하다고 볼 것은 아니고, 대기발령이 이미 이루어진 인사질서, 사용주의 경영상 필요, 작업환경의 변화 등을 고려하여 근로자에게 원직

---

95) 대법원 2002. 12. 26. 선고 2000두8011 판결(긴박한 경영상 필요가 인정되고, 대기발령의 대상자 선별의 합리성·공정성도 인정되는 경우에 신의칙상 요구되는 협의절차를 이행하지 않은 하자만으로 대기발령을 무효로 볼 수 없다고 한 사례), 대법원 2005. 2. 18. 선고 2003다63029 판결(관련 형사사건에서는 고의가 부정되어 무죄판결이 선고된 사안에서, 징계사유에 해당하여 인사위원회에 부의될 경우 대기발령을 할 수 있다는 인사규정에 따라 발령된 대기발령이 근로자 본인과 성실한 협의절차를 거치지 아니하였다는 사정만으로 권리남용으로 당연무효가 되는 것은 아니라고 한 사례), 대법원 2006. 3. 9. 선고 2005두14226 판결(징계면직 처분이 재량권 남용이어서 부당하다는 판결이 확정되자 새로 징계절차를 진행시킬 목적으로 판결문 송달일로 소급하여 대기발령을 한 사안에서, 대기발령 기간 중에 보수의 일부가 지급되지 않아 실질적으로 임금 감액처분의 성격도 갖게 되는데, 이는 소급된 일자부터 대기발령 처분을 한 날까지 이미 발생한 임금청구권을 소급하여 소멸시키는 것이 되어 근기법상 임금보호에 관한 여러 강행법규에 위반된다고 한 사례), 대법원 2009. 12. 24. 선고 2009다53949 판결(간부직원이기는 하나 대기발령의 대상에 포함되고, 이사회의 의결이 필요하지 않으며, 정당한 인사권의 재량범위에 속한다고 한 원심을 긍정한 사례), 대법원 2013. 5. 9. 선고 2012다64833 판결, 대법원 2017. 12. 22. 선고 2016다202947 판결(직장 내 성희롱 피해자에 대한 직무정지 및 대기발령이 정당한 인사 재량권의 범위 내에서 이뤄진 것으로 볼 수 없고, 구 남녀고용평등법 14조 2항의 불리한 조치에 해당할 여지가 있다고 한 사례, 이에 대한 평석으로는 구미영; 김태선; 여하윤; 임혜원).

복직에 해당하는 합당한 업무를 부여하기 위한 임시적인 조치로서 필요성과 상당성이 인정된다면 근로자의 생활상의 불이익과 비교·교량하고 근로자 측과의 협의 등 신의칙상 요구되는 절차를 거쳤는지 여부 등을 종합적으로 고려하여 대기발령의 정당성을 인정할 수 있다고 본다.[96)]

#### ㈎ 업무상 필요성

취업규칙·단체협약 등에 대기발령의 사유 등 실체적 요건이 규정되어 있는 경우에는 당연히 그러한 사유가 인정되어야 하고, 이를 준수하지 않은 경우에는 그 자체로 정당성이 상실된다. 다만, 대기발령의 사유가 존재하는지 여부는 구체적인 사유에 따라 신중히 판단할 필요가 있다. 예를 들어 '징계절차가 개시된 자' 또는 '징계의결이 요구 중인 자', '형사사건으로 기소된 자' 또는 '형사재판이 계속 중인 자'와 같이 징계·형사재판에 선행하여 대기발령 사유가 규정되어 있는 경우에는 이를 형식적으로 파악할 것이 아니라 해당 규정의 취지·목적 및 해당 업무의 성격·특성 등 구체적인 사정을 고려하여 그 사유의 존부와 그에 따른 대기발령의 필요성을 판단하여야 한다.

판례는 대기발령에 관한 명문의 규정이 있는 사안에서, 근로자에게 당해 대기발령 사유가 존재하는지 여부에 따라 정당성을 판단하고,[97)] 사용자가 인사규정 등에 근거하여 대기발령을 한 경우에 그 당부는 당해 처분에서 대기발령 사유로 삼은 사유에 한정하여 판단할 것이지 전혀 별개의 사유까지 포함하여 판단할 수 없다고 판시하였다.[98)]

#### ㈏ 근로자의 생활상 불이익

대기발령은 잠정적 조치이므로 그 사유·목적에 부합하는 적정한 범위 내에서 최소한으로 지속되는 것이 바람직하고, 근로자를 불필요하게 장기간 동안 법률상 불안한 지위에 두는 것은 부당하다. 즉, 사용자는 대기발령 사유가 소멸

---

96) 대법원 2024. 1. 4. 선고 2021다169 판결(고용간주된 원고에 대하여 현실적으로 고용하는 절차의 진행 등을 위하여 인사팀으로 출근하라는 배치대기발령을 하였음에도 이에 불응하여 출근을 거부한 경우, 배치대기발령의 정당성이 인정된다고 한 사례).

97) 대법원 2006. 3. 9. 선고 2005두14226 판결(징계면직 처분이 재량권 남용이어서 부당하다는 판결이 확정되자 새로 징계절차를 진행시킬 목적으로 판결문 송달일로 소급하여 대기발령을 한 것은 인사규정이 정한 대기발령의 사유·목적 등 어느 것과도 맞지 않아 인사규정에 근거한 것으로 볼 수 없어 정당한 이유가 없다고 한 사례), 대법원 2011. 10. 13. 선고 2009다86246 판결.

98) 대법원 1995. 3. 10. 선고 94누11880 판결, 대법원 2000. 6. 23. 선고 98다54960 판결.

하거나 해소된 경우에 해당 근로자에게 신속하게 새로운 직무를 부여할 의무가 있으므로, 대기발령 시점에 정당성이 인정되었더라도 그 사유가 소멸·해소된 시점부터는 정당성이 상실될 수도 있다.

판례 역시 대기발령의 사유가 인정되더라도, 잠정적인 인사명령이라는 특성상 목적과 실제 기능, 그 유지의 합리성 여부 및 그로 인하여 근로자가 받게 될 신분상·경제상의 불이익 등 구체적인 사정을 모두 참작하여 합리적인 범위의 기간 내에서 이루어져야 하므로, 당해 근로자가 상당한 기간에 걸쳐 근로의 제공을 할 수 없다거나 근로제공을 함이 매우 부적당한 경우가 아님에도 사회통념상 합리성이 없을 정도로 부당하게 장기간 동안 잠정적 지위의 상태로 유지하는 경우에는 특별한 사정이 없는 한 정당한 이유를 부정한다.[99] 처음에는 대기발령이 정당하였으나 부당하게 장기화된 경우 합리성이 없을 정도로 부당하다고 볼 시점 이후부터의 대기발령은 무효로 보아야 하고, 그 이전부분까지 당연히 무효가 되는 것은 아니다.[100]

---

99) 부당하게 장기간의 대기발령임을 긍정한 사례로는 대법원 2007. 2. 23. 선고 2005다3991 판결(대기발령 근거규정에 따른 사유가 발생하였더라도, 사회통념상 합리성이 없을 정도로 부당하게 장기간 동안 대기발령 조치를 유지하는 것은 특별한 사정이 없는 한 정당한 이유가 없어 무효라고 한 사례), 대법원 2012. 9. 27. 선고 2010다99279 판결(시사주간지 '시사저널' 기자들에 대해 무기정직 처분을 해제하면서 대기발령을 한 사안에서, 대기발령 처분이 인사규정에 맞지 않고, 해고 시까지 그 상태가 7개월 이상 및 11개월 이상 지속되었으며, 무보수·무보직이어서 실질적으로 무기정직 처분과 차이가 없으므로, 사회통념상 합리성이 없을 정도로 부당하게 장기간 유지된 것에 정당한 이유가 없어 무효라고 한 원심을 긍정한 사례), 대법원 2013. 5. 9. 선고 2012다64833 판결(학교법인 산하 의과대학 교수 겸 대학병원 전문의에게 1년 2개월 동안 진료정지 처분을 한 사안에서, 근로자의 직무범위 중 본질적인 부분을 제한함으로써 사실상 대기발령과 마찬가지이므로, 사회통념상 합리성이 없을 정도로 부당하게 그 상태를 장기간 유지하는 것은 무효이므로, 연구전담교수로의 직종변경 제안에 대한 답변기한 이후부터는 진료정지 처분이 무효라고 한 사례).

부당하게 장기간의 대기발령임을 부정한 사례로는 대법원 2013. 10. 11. 선고 2012다12870 판결(대기발령이 1년 9개월 동안 지속되었으나, 회사분할에 따른 근로관계의 이전을 거부한 근로자들을 원직에 복직시키는 것이 불가능한 상황에서 일정한 급여를 지급하였고, 가처분결정에 따른 본안소송이 확정되지도 않았음을 근거로 사회통념상 합리성이 없을 정도로 부당하게 장기가 유지된 대기발령이라고 볼 수 없다고 한 원심을 긍정한 사례), 대법원 2014. 6. 12. 선고 2012다93596 판결(본사 법무팀 소속 직원을 1년 4개월 동안 인천·상주·여수·창원 등 현장으로 5차례 전보하였으나 부임 후 현장에서 부여된 업무·역할을 사실상 계속 하지 않음에 따라 본사에 대기발령을 한 사안에서, 인사규정상 대기발령 사유인 '업무상 불상사를 야기한 경우'에 해당하고, 전보 발령 후 보직·업무를 부여하지 아니하여 실질적 대기발령 상태가 장기간 유지된 경우가 아니어서 무효로 볼 수 없다고 한 원심을 긍정한 사례).

100) 대법원 2024. 9. 12. 선고 2024다250873 판결(원고에 대하여 '감사 방해 저지'를 실질적 사유로 대기발령을 한 경우, 감사 종료 이후에는 대기발령이 부당하게 장기간 유지되는 것이어서 무효이지만, 감사 종료 이전의 대기발령까지 당연히 무효라고 볼 수는 없다고 한 사례).

㈐ 절차적 요건

대기발령의 절차와 관련한 명문의 규정이 있는 경우에는 그 절차를 거쳐야 하고, 이를 거치지 않은 경우에는 정당성을 인정하기 어렵다. 또한 대기발령의 절차와 관련한 명문의 규정이 없더라도, 근로자에 대한 불이익한 조치로서 당사자에게 그 내용·경위를 알림으로써 그에 대한 불복의 기회를 보장하고, 그 과정에서 사용자의 자의를 배제하는 등 인사권의 적정한 행사를 기할 필요가 있으므로, 원칙적으로 해당 근로자에 대하여 그 사유를 고지·통지하는 등 신의칙상 요구되는 절차를 거칠 것을 전제로 정당성이 인정된다. 예외적으로 대기발령을 명하기 전에 소명·해명의 기회나 청문절차를 개최하는 등 해당 근로자가 대기발령의 사유를 충분히 알 수 있었던 경우에는 그 사유를 명시하지 않았다는 사정만으로 절차적 하자가 있다고 볼 것은 아니다.

대기발령으로 인하여 임금·호봉·승급·승진 등에 구체적인 불이익이 미치는 경우에는 단순히 사유만 고지할 것이 아니라 이에 대한 소명의 기회를 부여하거나 불복의 절차까지 마련할 필요가 있다. 그렇지 않으면, 근로자는 감봉·정직과 같은 징계와 사실상 유사한 효력이 미치는 사용자의 불이익한 처분에 대해 소송 외에 아무런 구제수단이 없게 되는 불합리한 결과가 발생하기 때문이다. 따라서 대기발령에 따른 불이익이 클수록 신의칙상 요구되는 절차의 수준 역시 높아지나, 근로자 본인과의 협의·합의까지 필수적으로 요구되는 것은 아니다.[101)]

그러나 판례는 취업규칙·단체협약 등에 아무런 정함이 없는 경우에는 대기발령의 사유를 명시하지 않았다는 사정만으로 정당성이 상실된다고 보지 않고,[102)] 대기발령에 관한 절차 규정의 위반 여부 및 그 정도에 따라 정당성을 판단한다.[103)] 그러나 아래에서 보는 바와 같이 법률상 성격·효과가 유사한 '직위해

101) 같은 취지로 대법원 2002. 12. 26. 선고 2000두8011 판결(근로자 본인과 성실한 협의절차를 거쳤는지의 여부는 정당한 인사권의 행사인지의 여부를 판단하는 하나의 요소라고는 할 수 있으나 그러한 절차를 거치지 아니하였다는 사정만으로 대기발령이 권리남용에 해당되어 당연히 무효가 된다고는 볼 수 없다고 한 사례), 대법원 2005. 2. 18. 선고 2003다63029 판결.

102) 대법원 2002. 12. 26. 선고 2000두8011 판결(인사규정에 대기발령 사유가 규정되어 있고, 대기발령의 형식·절차에 관하여는 인사규정·취업규칙·단체협약 등에 아무런 정함이 없는 경우, 대기발령 사유를 명시하지 않았다는 사정만으로 이를 무효로 볼 수 없다고 한 사례).

103) 대법원 2011. 10. 13. 선고 2009다86246 판결(인사규정에 대기발령이 징계처분의 하나로 규정되어 있지 않은 이상 해당자에게 소명의 기회를 부여하는 등 징계절차를 거칠 필요가 없다고 한 원심을 긍정한 사례). 다만, 이 판례의 원심은 '대기발령 사유 통지 및 소명의 기회를 부여하는 절차가 없었다.'라는 주장에 대해 명시적으로 판단하지 않은 채 '징계절차를 거치지 않았다는 주장'과 함께 판단하면서 '대기발령의 사유를 통지하지 않았다거나 소명의 기

제'에 관한 인사규정에 해당 근로자에게 사유를 통보할 의무가 명시되었음에도 이를 지체 없이 이행하지 않았음을 이유로 정당성을 부정한 사안과 비교해볼 때,104) 대기발령과 관련한 판례가 절차적 요건을 다소 가볍게 취급한다고 볼 여지도 있다.

### (2) 직위해제

직위해제의 정당성 판단기준은 대기발령의 그것과 동일하다. 따라서 명문의 근거 규정이나 그 사유에 관한 규정이 없더라도 사용자가 직위해제를 명할 수 있고, ① 법령에 위반되지 않을 것, ② 업무상 필요성이 있을 것, ③ 근로자의 생활상 불이익이 통상적으로 감수하여야 할 범위를 넘지 않을 것, ④ 명문의 규정이 있는 경우에는 그 절차를 거쳐야 하고, 명문의 규정이 없더라도 신의칙상 요구되는 절차를 거칠 것을 전제로 정당성을 인정할 수 있다.

판례는 근로자의 비위행위에 대하여 여러 종류의 처분 중 하나를 선택할 수 있는 징계와 달리 직위해제 사유가 존재하는 근로자에 대하여 사용자로 하여금 다른 처분을 하도록 강제할 수는 없는 점 등에 비추어, 직위해제 처분의 정당성은 근로자에게 당해 직위해제 사유가 존재하는지 여부나 직위해제에 관한 절차규정을 위반한 것이 당해 직위해제 처분을 무효로 할 만한 것이냐에 따라 정당성을 판단하고,105) 단지 당해 직위해제 처분이 근로자에게 가혹하고 다

---

회를 부여하지 않았다고 하여 무효로 되지 않는다.'라고 설시하였는데, 최소한 '대기발령의 사유'는 통지되어야 하므로, 이 부분 판단의 적절성에 대해 의문이 있다.

104) 대법원 1992. 7. 28. 선고 91다30729 판결(직위해제 시 본인에게 사유를 통보할 의무가 명시되어 있으나 통보의 시기·방법에 관하여 아무런 정함이 없는 사안에서, 직위해제와 동시에 또는 그 직후 지체 없이 서면·구두 등 적당한 방법으로 구체적인 직위해제 사유의 사실관계의 동일성을 판별할 수 있을 정도로 통보되어야 한다고 하여, 직위해제일로부터 5개월 이후 작성된 직위해제 사유 통보는 효력이 없어 직위해제 역시 무효라고 한 사례).

105) 절차적 요건과 관련한 사안으로는 대법원 1992. 7. 28. 선고 91다30729 판결(인사규정에 직위해제 사유를 본인에게 통보하여야 한다는 규정은 근로자에게 불복의 기회를 보장하고, 사용자로 하여금 직위해제 사유의 존부를 신중하고 합리적으로 판단하게 함으로써 자의를 배제하려는 취지이므로, 통보의 시기·방법에 아무런 정함이 없더라도 직위해제와 동시에 또는 그 직후 지체 없이 서면·구두 등 적당한 방법으로 구체적인 직위해제 사유의 사실관계의 동일성을 판별할 수 있을 정도로 통보되어야 하는데, 인사규정상 직위해제 처분 이전에 유리한 진술을 할 기회나 사후에 재심을 요청할 수 있는 길이 전혀 마련되어 있지 않은 이상, 사유 통보를 흠결한 직위해제 처분은 무효라고 한 사례), 대법원 2014. 5. 16. 선고 2012두26180 판결(국가공무원법상 직위해제 처분은 당해 행정작용의 성질상 행정절차를 거치기 곤란하거나 불필요하다고 인정되는 사항 또는 행정절차에 준하는 절차를 거친 사항에 해당하므로, 처분의 사전통지 및 의견청취 등에 관한 행정절차법의 규정이 별도로 적용되지 않는다고 한 사례, 이 판례의 원심판결에 대한 평석으로는 정진경).

른 근로자의 유사한 비위행위에 대한 징계처분 등에 비추어 형평에 어긋난다는 사정만으로 정당성을 부정할 수는 없으며,[106] '징계절차가 개시된 자' 또는 '징계의결이 요구 중인 자', '형사사건으로 기소된 자' 또는 '형사재판이 계속 중인 자'와 같이 징계·형사재판에 선행하여 직위해제 사유가 규정되어 있는 경우에는 해당 사유가 존재한다는 이유만으로 직위해제처분이 정당화될 수는 없고, 이를 규정한 취지·목적 및 해당 업무의 성격·특성 등 구체적인 사정을 고려하여 위법 여부를 판단하여 직위해제의 구체적 사유에 따라 정당성 여부를 신중히 판단한다.[107]

### 라. 구체적인 법률관계

대기발령·직위해제 기간에도 근로계약은 유지된 상태에서 근로제공의무만

106) 같은 취지에서 직위해제의 정당성을 긍정한 사례로는 대법원 1996. 10. 29. 선고 95누15926 판결(공익법인인 서울올림픽기념 국민체육진흥공단의 총무과장이 사장의 해외출장 부대경비 조달을 위해 예산항목을 유용하여 210여만 원을 불법적으로 인출한 사안에서, 당해 직위해제 처분이 근로자에게 가혹하고 다른 근로자의 유사한 비위행위에 대한 징계처분 등에 비추어 형평에 어긋난 것이어서 정당한 인사권의 범위를 일탈·남용한 것이라는 원심을 파기하면서, 직무수행능력이 부족하거나 직원으로서 근무태도가 심히 불량한 자에 해당함이 명백하여 직위해제 처분이 적법하다고 한 사례), 대법원 2004. 10. 28. 선고 2003두6665 판결(기획관리팀장이 전산장비 도입·설치계약을 체결하면서 예정단가를 2배나 잘못 기재함으로써 회사에 손해를 가한 경우, 직무수행능력이 현저히 부족하거나 근무성적이 극히 불량한 자에 해당된다는 이유로 직위해제 후 대기발령을 명한 것이 적법하다는 원심을 긍정한 사례), 대법원 2005. 11. 25. 선고 2003두8210 판결(한남대 전산원 교학과장이 학교법인의 신임 사무처장 겸 전산원장에게 폭언과 명예훼손 등의 행위를 한 것은 직원으로서의 근무태도가 심히 불성실한 경우에 해당하여 직위해제 및 대기발령이 정당하다고 판단한 원심을 긍정한 사례).

107) 대법원 1999. 9. 17. 선고 98두15412 판결(일반 형사사건이 아닌 국가보안법위반으로 기소되었다는 사정만을 이유로 한 직위해제 처분은 재량권의 범위를 일탈·남용한 것이라고 한 사례, 이에 대한 평석으로는 문재인), 대법원 2008. 6. 26. 선고 2006다30730 판결(형사소추 또는 징계의결 요구를 받은 사립학교법상 교원에 대한 직위해제는 공무집행의 공정성과 그에 대한 국민의 신뢰를 저해할 구체적인 위험이 생길 우려를 방지하려는 목적과 헌법상 무죄추정의 원칙에 비추어, 사립학교법상 당연퇴직 사유로 되는 유죄판결을 받거나 파면·해임 등의 처분을 받을 고도의 개연성이 있는지 여부, 당사자가 계속 직무를 수행함으로 인하여 공정한 공무집행에 위험을 초래하는지 여부 등 구체적인 사정을 고려하여 위법 여부를 판단해야 한다는 사례), 대법원 2017. 6. 8. 선고 2016두38273 판결(국가공무원에 대해서도 같은 취지로 판시한 사례), 대법원 2022. 10. 14. 선고 2022두45623 판결(국공법 73조의3 1항 3호에서 정한 '중징계의결이 요구 중인 자'에 대한 직위해제는 해당 제도의 목적 및 취지는 물론 이로 인한 불이익의 정도와 침익적 처분의 성질에 비추어, 단순히 '중징계의결 요구'가 있었다는 형식적 이유만으로 직위해제처분을 하는 것이 정당화될 수는 없고, 직위해제처분의 대상자가 중징계처분을 받을 고도의 개연성이 인정되는 경우임을 전제로 하여, 대상자의 직위·보직·업무의 성격상 그가 계속 직무를 수행함으로 인하여 공정한 공무집행에 구체적인 위험을 초래하는지 여부 등에 관한 제반 사정을 면밀히 고려하여 그 요건의 충족 여부 등을 판단해야 한다고 한 사례).

잠정적으로 면제되므로, 이를 제외한 나머지 근로관계는 존속한다. 대기발령·직위해제 기간 중의 임금 지급에 대하여는 취업규칙·단체협약 등에서 정한 바에 따르되, 상당 부분이 감액되어 지급되는 것이 일반적이다. 다만, 근로제공 이외의 의무를 이행하면서 근로관계가 계속되는 이상, 임금을 전혀 지급하지 않는 것은 사회통념상 용인되기 어렵다.[108)]

근로자는 대기발령·직위해제 기간에도 취업규칙·단체협약 등에서 별도로 정함이 없는 이상, 일반적으로 출근의무가 있고,[109)] 사용자에 대하여 성실의무도 계속 부담하므로, 대기발령·직위해제 기간 중의 비위행위에 대해서는 징계를 받을 수 있다.

직위해제 후 동일한 사유로 징계처분을 한 경우, 징계처분에 의하여 직위해제 처분은 효력을 상실하나,[110)] 이는 소급적으로 소멸된다는 의미가 아니라 징

108) 노병호, 359~360면.

109) 대법원 2003. 5. 16. 선고 2002두8138 판결.

110) 대법원 1978. 12. 26. 선고 77누148 판결(공무원을 직위해제한 후 동일한 사유로 파면처분을 한 경우, 직위해제 처분은 효력을 상실한다고 한 사례, 이에 대한 평석으로는 김현채), 대법원 1979. 2. 13. 선고 78누372 판결(징계의결이 되었거나 징계의결이 취소된 경우에는 지방공무원에 대한 직위해제 처분도 효력을 상실한다고 한 사례), 대법원 1979. 7. 24. 선고 79누154 판결(공무원에 대한 직위해제 후 동일한 사유로 파면한 경우, 직위해제 처분은 효력을 상실한다고 한 사례), 대법원 1980. 9. 30. 선고 79누65 판결(공무원에 대한 직위해제 처분 후 동일한 사유로 파면처분을 한 경우에 직위해제 처분의 효력은 상실된다고 한 사례, 이에 대한 평석으로는 정지형), 대법원 1981. 1. 13. 선고 79누279 판결(직위해제 처분 후 파면사유가 동일한지 여부는 중요한 사유가 전체적으로 볼 때 동일한지 여부에 따라 결정된다고 한 사례), 대법원 1985. 3. 26. 선고 84누677 판결(지방공무원에 대한 직위해제 처분 후 동일한 사유에 따른 파면처분 시 직위해제 처분은 효력을 상실한다고 한 사례), 대법원 1997. 9. 26. 선고 97다25590 판결(직위해제 후 동일한 사유로 해임한 경우에 해임처분으로 직위해제 처분은 효력을 상실한다고 한 사례), 대법원 2009. 5. 14. 선고 2009다5230, 5247 판결(직위해제 처분이 효력을 상실한 경우, 인사규정 등에 의하여 승진·승급에 제한이 가하여지는 등의 특별한 사정이 없는 한, 그 무효 확인을 구할 이익이 없다고 한 사례), 대법원 2010. 7. 29. 선고 2007두18406 판결(직위해제 후 동일한 사유로 해임처분이 내려졌으나, 직위해제로 인하여 승진·승급·보수 등 인사상·급여상 불이익이 있고, 해임처분의 효력 여하가 확정되지 않은 이상, 근로자에게 직위해제 처분에 대한 구제 신청 이익이 있다고 한 사례, 이에 대한 평석으로는 도재형d), 대법원 2022. 10. 14. 선고 2022두45623 판결(국공법 73조의3 1항 3호에서 정한 '중징계의결이 요구 중인 자'에 대한 직위해제는 국공법의 문언상 징계절차와 단계가 명확히 구분되어 규정된 점에 비추어, 국공법 82조 1항 및 공무원 징계령 12조에 따른 징계의결이 이루어질 때까지로 한정된다고 한 사례). 결국 엄밀히 말하면, 국공법 73조의3 1항 3호에 따른 직위해제 후 징계처분이 이뤄진 경우에 직위해제처분의 효력이 상실되는 시점은 '징계처분(국공법 78조, 공무원 징계령 19조)' 시점이 아니라 '징계의결(국공법 82조 1항, 공무원 징계령 12조)' 시점이 된다.

동일한 사유에 기한 징계처분으로 인하여 효력이 상실된 직위해제 처분 등에 대한 구제이익과 소의 이익에 대한 자세한 내용은 법 28조, 31조에 대한 해설 및 '법 제28조~제33조 전론(前論): 부당해고의 구제' 참조.

계가 효력을 발생하는 시점부터 장래에 한하여 사후적으로 효력이 상실된다는 의미이다.[111] 직위해제 후 일정 기간 내 직위를 부여받지 못하는 경우에 당연퇴직한다는 취업규칙의 규정이 있더라도, 이는 실질적으로 '해고'에 해당하므로, 직위해제 당시 또는 직위해제 기간 중에 정당한 해고 사유가 존재하여야 하는 해고 제한의 법리가 적용된다.[112] 이는 궁극적으로는 당연퇴직 명령 당시에 직위해제 사유가 소멸되었는지, 소멸되지 않았더라도 그것이 해고 사유로 충분한 것인지 여부와 관련이 있다.

다만, 별다른 징계사유가 존재하지 않는 상황에서, 근무태도가 심히 불량하거나 불성실한 경우 또는 직무수행능력이 현저히 부족한 경우 등과 같이 객관적으로 대기발령·직위해제 사유로 볼만한 사정도 없음에도, 단순히 '직무수행능력의 부족'을 이유로 대기발령·직위해제를 한 다음, 취업규칙 등에서 정한 기간 내에 직무수행능력이 향상되지 않았다는 이유로 곧바로 당연퇴직(직권면직) 처분한 것을 유효하다고 볼 경우에는 사실상 법령이 정한 해고제한 제도를 회피하는 것으로 악용될 소지가 있으므로 유의할 필요가 있다.[113]

대법원은, 국가공무원에 대한 직위해제의 요건 및 효력 상실·소멸시점 등이 문제된 사안에서, 직위해제처분 사유가 소멸되면 지체 없이 직위를 부여하여야 하고(국공법 73조의3 2항), 국공법에서 징계절차와 그 단계를 명확히 구분하여 규정한 이상, '중징계의결이 요구 중인 자'에 대한 직위해제처분(국공법 73조의3 1항 3호)은 국공법 82조 1항 및 공무원 징계령 12조에 따른 징계의결이 이루어질

111) 대법원 2007. 12. 28. 선고 2006다33999 판결, 대법원 2010. 7. 29. 선고 2007두18406 판결.

112) 대법원 1995. 12. 5. 선고 94다43351 판결(직위해제 처분이 정당한 경우, 직위해제 기간 동안 직무수행 능력의 회복이나 근무태도 개선 등 직위해제 사유가 소멸되었음에도 합리적 이유 없이 직위를 부여하지 않은 경우가 아닌 한 당연퇴직 자체가 인사권 남용에 해당하지는 않는다고 한 사례, 이에 대한 평석으로는 도재형a), 대법원 2002. 8. 23. 선고 2000두9113 판결, 대법원 2004. 10. 28. 선고 2003두6665 판결, 대법원 2005. 11. 25. 선고 2003두8210 판결(대기발령 기간 중 직무수행능력을 회복하거나 근무태도를 개선하는 등 직위해제 사유가 소멸되었는지를 심리해야 한다고 한 사례), 대법원 2007. 5. 31. 선고 2007두1460 판결(이에 대한 평석으로는 박수근b), 대법원 2007. 9. 21. 선고 2006다25240 판결(대기발령에 이은 직권면직은 실질상 해고에 해당하므로, 직권면직이 정당한 처분으로 인정되기 위해서는 그 바탕이 된 대기발령이 인사규정에 따라 정당하게 이루어진 것일 뿐만 아니라 대기발령 기간 동안 그 사유도 소멸되지 않아야 하는 근기법상 제한이 있다고 한 사례).

113) 노병호, 362~365면; 판례의 사안은 대부분 '근무태도가 심히 불량하거나 불성실한 경우'를 사유로 한 대기발령·직위해제 처분이 있었던 경우임에도, 일반적으로 대기발령·직위해제 사유의 하나로 '직무수행능력의 부족'까지 언급되어 있는데, 양자는 분명하게 구분하여 판단할 필요가 있다는 취지이다.

때까지로 한정된다고 판시하였다.[114]

## 5. 휴 직

### 가. 개 념

휴직이란 근로자를 해당 직무에 종사하게 하는 것이 불가능하거나 적절하지 않은 사유가 발생한 경우, 근로자의 지위는 그대로 유지하되 일정한 기간 동안 해당 직무에 종사하는 것을 금지시키거나 근로제공의무를 면하게 하는 사용자의 처분을 의미한다.[115] 통상적으로 사용자의 취업규칙 · 단체협약 등에 사유 · 절차 등이 규정되어 있다.

휴직은 근로계약이 여전히 유효하게 존속한다는 점에서 근로계약이 종료되는 '해고 · 퇴직'과 구별되고, 근로제공의무가 면제된다는 점에서 근로제공의무가 있음에도 임의로 이를 이행하지 않는 '결근'과도 구분되며, 근로자의 비행을 이유로 한 징계처분이 아니라는 점에서 징계의 일종인 '정직'과도 구별된다.

실무상으로는 '대기발령 · 직위해제'와 구별하기 쉽지 않은 측면이 있는데(특히 '직권휴직'이 그러하다), 대기발령 · 직위해제가 사용자의 일방적인 인사명령인 반면, 휴직은 사용자의 일방적인 인사명령으로 이루어지는 경우(직권휴직)만이 아니라 근로자가 일정한 사유가 발생한 경우에 스스로 휴직을 희망한 것에 대하여 사용자가 이를 승인하는 경우(의원휴직)까지 포함한다는 측면에서 차이가 있다.

### 나. 필 요 성

휴직은 다양한 경우에 그 필요성이 인정되는데, ① '직권휴직'은 기업의 경영상의 사정에 따라 해고회피의 일환으로 이루어지는 경우(해고회피휴직 등), 취업규칙 · 단체협약 등에서 정한 일정한 사유가 발생한 경우(징계휴직, 기소휴직 등), 근로자 · 사용자 모두의 사정과 무관한 일정한 사유가 발생한 경우(천재지변 · 전염병 등에 의한 휴직) 등이 있고, ② '의원휴직'은 근로자가 일신상의 사정을 이유로 이를 신청한 경우(질병휴직, 가사휴직, 청원휴직, 연수휴직, 배우자 동반휴직 등), 노동조합의 업무를 전담하기 위한 경우(노조 전임자 휴직), 근로자가 관련 법령에서 정한 사유를 이유로 이를 신청한 경우(육아휴직 등) 등이 있다. 그러나

---

114) 대법원 2022. 10. 14. 선고 2022두45623 판결.
115) 대법원 1992. 11. 13. 선고 92다16690 판결, 대법원 2009. 9. 10. 선고 2007두10440 판결.

취업규칙·단체협약 등에 특정한 휴직사유가 규정된 형식에 따라 직권휴직 사유가 될 수도 있고 의원휴직 사유가 될 수도 있으므로, 직권휴직·의원휴직의 구분이 이론상 명확한 것은 아니다.

한편, 일반적으로 휴직기간 동안 임금의 전부 또는 일부를 받지 못할 수 있고, 사유에 따라 해당 기간이 근속연수에 반영되지 않아 임금·퇴직금 등에도 영향을 미칠 수 있으며, 휴직기간이 만료되기 전까지 그 사유가 소멸되지 않으면 해고·퇴직 등으로 이어질 수 있는 불이익이 있다는 점에서 정당성 판단기준과 그 요건에 대하여 논의가 집중된다.

### 다. 정당성 판단기준

#### (1) 의원휴직

사용자가 근로자의 신청을 승낙하여 휴직명령을 한 경우에는 근로자가 예상하지 못한 불이익이 발생할 우려가 거의 없기 때문에 정당성과 관련하여 문제될 소지가 적다. 근로자와 사용자의 의사가 합치되는 특성상 명시적인 규정이 없더라도 가능하고, 근로자가 취업규칙·단체협약 등에 명시되지 않은 사유로 의원휴직을 신청을 한 경우에도 사용자는 별다른 제한 없이 이를 승인할 수 있다.

반대로 근로자의 의원휴직 신청에 사회통념상 합리적인 사유가 있음에도 사용자가 정당한 이유 없이 승인을 거부하는 것은 부당하다.[116] 특히 법령상 보장된 육아휴직(남녀고용평등법 19조) 등에 대해서는 그 사유가 인정되는 한 사용자에게 휴직명령을 발령할 의무만 있을 뿐 거부할 수 있는 재량권이 없음에도 이를 거부한 조치는 정당성이 없을 뿐만 아니라 형사처벌(남녀고용평등법 37조 4항 4호)의 대상이 될 수 있다.

한편, 의원휴직 기간 중에 휴직사유가 소멸·해소된 경우, 근로자는 즉시 복직을 신청할 의무가 있다. 의원휴직에 기간을 정하여 둔 것은 최소한 그 기간까지는 휴직의 사유가 계속됨을 전제로 그 사유의 소멸·해소를 기다리며 근로제공의무를 면제시키는 것이지, 휴직사유의 존부에 관계없이 무조건 그 기간까

116) 대법원 1997. 7. 22. 선고 95다53096 판결(근로자가 휴직신청 당시 근무부서의 상사·동료로부터 여러 차례에 걸친 폭행·협박으로 불안한 직장생활을 감당할 수 없었고, 자신에게 폭행·협박 등 부당노동행위를 한 직원들을 수사기관에 고소까지 제기한 경우, 근로자는 해당 부서에서 상당한 기간에 걸쳐 근로를 제공함이 매우 부적당한 상태에 있었기에 휴직신청에 상당한 이유가 있음에도, 회사가 휴직신청 사유의 사실 유무에 관하여 면밀히 조사하지도 아니한 채 정당한 휴직사유가 아니라는 이유로 휴직신청을 승인하지 아니한 조치는 부당하다고 한 사례).

지 근로제공의무를 면제한다는 의미는 아니다.[117] 따라서 근로자가 휴직사유의 소멸 · 해소를 이유로 복직을 신청하였음에도 사용자가 정당한 이유 없이 이를 거부하는 것 역시 부당하다.[118]

### (2) 직권휴직

취업규칙 · 단체협약 등에 인사조치의 하나로 직권휴직이 규정되는 경우에 이에 근거하여 휴직명령을 할 수 있음에는 별다른 의문이 없으나, 위와 같은 근거 규정이 없거나 휴직명령의 근거 규정은 있지만 그 사유에 관하여는 별다른 정함이 없는 경우에도, 사용자는 직권휴직명령을 할 수 있는 상당한 재량을 가진다.

직권휴직의 정당성은 명문의 규정에 따른 사유의 존재 여부에 따라 단순히 결정되는 것은 아니다. 명문에 규정된 사유가 존재하지 않음에도 이를 근거로 직권휴직을 명한 경우에는 정당성이 쉽게 부정될 수 있지만, 명문에 규정된 사유가 존재한다는 이유만으로 직권휴직의 정당성이 곧바로 인정되는 것은 아니기 때문이다. 즉, 직권휴직 사유가 명시된 경우에도 실제로 이를 명할 것인지 여부에 대해 통상적으로 사용자에게 재량권이 부여되어 있으므로, 사용자가 그 사유를 근거로 실제로 직권휴직을 명하였다면 재량권 행사의 일탈 · 남용 여부는 사법심사의 대상이 될 수밖에 없다. 이러한 측면에서 직권휴직 및 그 사유가 명시되어 있는지 여부와 관계없이 정당성 판단기준을 논의할 실익이 있다.

직권휴직은 앞서 본 전출 · 전보 · 대기발령 · 직위해제와 마찬가지로, ① 법령에 위반되지 않을 것, ② 업무상 필요성이 있을 것, ③ 근로자의 생활상 불이익이 통상적으로 감수하여야 할 범위를 넘지 않을 것, ④ 명문의 규정이 있는 경우에는 그 절차를 거쳐야 하고, 명문의 규정이 없더라도 신의칙상 요구되는 절차를 거칠 것을 전제로 정당성이 인정된다.

판례는 단체협약 · 취업규칙에 정한 휴직사유가 발생한 것인지를 따져 본 다음, 당해 휴직규정의 설정 목적 · 실제 기능, 휴직명령권 발동의 합리성 여부

117) 임종률, 526~527면.

118) 대법원 2014. 6. 12. 선고 2012두4852 판결(여성 교육공무원이 육아휴직기간 중 다른 자녀를 출산하거나 출산이 예정되었음을 이유로 출산휴가의 요건을 갖추어 복직신청을 한 경우, 더 이상 기존 자녀의 양육을 위하여 휴직할 필요가 없는 사유가 발생한 때에 해당하므로 복직명령과 동시에 출산휴가를 허가하여야 함에도 복직신청을 반려한 처분이 부당하다고 한 사례).

및 그로 인하여 근로자가 받게 될 신분상·경제상의 불이익 등 구체적인 사정을 모두 참작하여, 근로자가 상당한 기간에 걸쳐 근로의 제공을 할 수 없거나 근로제공을 함이 매우 부적당하다고 인정되는 경우에만 정당성을 인정한다.119)

㈎ 상병휴직

근로자가 업무 외의 사유로 부상·질병이 발생한 경우, 사용자는 취업규칙·단체협약 등에서 정한 바에 따라 상병휴직을 명할 수 있다. 해당 질병으로 인하여 정상적인 업무수행이 곤란하거나 의학적 관점에서 볼 때 업무수행 과정에서 그 질병이 악화될 우려가 있는 경우 또는 해당 질병으로 인하여 다른 근로자들의 건상에도 위험을 초래할 우려가 있는 경우에 상병휴직의 정당성이 인정된다.120)

㈏ 기소휴직

형사사건으로 구속되어 현실적으로 근로를 제공하는 것이 불가능한 경우, 불구속 상태이기는 하지만 해당 사건으로 인하여 기업의 사회적 신용이 현저히 저하되거나 기업 내부의 질서 유지 차원에서 근로의 제공을 중단시킬 필요가 큰 경우,121) 특정한 범죄혐의로 인하여 해당 근로자가 계속 근무하게 되면 다른

119) 대법원 1992. 11. 13. 선고 92다16690 판결(휴직 근거 규정상 사용자에게 일정한 휴직사유의 발생에 따른 휴직명령권을 부여한 사안에서 정해진 휴직사유가 발생한 경우, 당해 휴직규정의 설정목적과 그 실제 기능, 휴직명령권 발동의 합리성 여부 및 그로 인하여 근로자가 받게 될 신분상, 경제상의 불이익 등 구체적인 사정을 모두 참작하여 근로자가 상당한 기간에 걸쳐 근로의 제공을 할 수 없다거나, 근로제공을 함이 매우 부적당하다고 인정되는 경우에만 정당성이 인정된다고 한 사례), 대법원 2005. 2. 18. 선고 2003다63029 판결(업무상배임죄로 구속되었다가 구속취소 후 불구속 기소된 근로자에 대하여 '형사사건으로 기소되었을 때'라는 휴직사유가 발생하였으나, 그 후에 집행유예 판결이 선고되었다가 최종적으로 무죄판결이 확정된 경우에 '근로제공을 함이 매우 부적당한 경우'로는 볼 수 없어 구속취소로 석방된 이후에는 명령휴직처분의 정당성이 상실된다고 한 사례).

120) 대법원 1992. 11. 13. 선고 92다16690 판결(전염병에 걸리거나 전염의 우려가 있는 질병에 걸린 자를 휴직할 수 있다는 취업규칙·단체협약을 근거로 만성활동성 B형간염 보균자에게 6개월의 범위 내에서 그 치료 종결 시까지 휴직명령을 한 사안에서, 휴직사유는 인정되지만 그 규정의 주된 목적이 해당 근로자의 건강과 다른 근로자들이 전염되는 것을 사전에 방지하여 정상적인 근로제공을 통하여 원활한 기업 활동을 계속적으로 유지해 나가기 위한 데에 있으므로, 보건사회부장관의 고시에 따른 예방대책으로 사업장 종사자 등에 대한 예방접종과 보건소 등을 통한 환자의 조기발견 등만 요구될 뿐 환자의 격리나 사업장에의 취로제한 등과 같은 환자의 관리방법에 대하여는 따로 정함이 없고, 건강한 근로자에 대한 예방접종의 실시와 함께 회사 내 청결상태유지, 구내식당이나 화장실, 세면장 등의 구분사용, 물컵·수건 등 각종 비품의 공동사용 금지 등과 같은 비교적 간단한 조치에 의하여 충분히 예방 가능하므로, 휴직명령은 사회통념상 합리성을 결여하였다고 본 사례).

121) 대법원 2005. 2. 18. 선고 2003다63029 판결.

근로자에게 생명 · 신체 · 재산에 위험 또는 정신적 피해가 발생할 우려가 큰 경우[122] 등에 기소휴직의 정당성이 인정된다.

㈐ **경영상 필요에 따른 휴직**

사용자가 자신의 귀책사유에 해당하는 경영상 필요에 따라 개별 근로자들에 대하여 법 46조 1항에 따른 휴업을 실시한 경우, 이는 법 23조 1항에서 정한 '휴직'에 해당하므로, 이러한 휴직명령의 정당성은 경영상의 필요성과 그로 인하여 근로자가 받게 될 신분상 · 경제상의 불이익을 비교 · 교량하고, 휴직명령 대상자 선정의 기준이 합리적이어야 하며, 근로자가 속하는 노동조합과의 협의 등 그 휴직명령을 하는 과정에서 신의칙상 요구되는 절차를 거쳤는지 여부를 종합적으로 고려하여야 한다.[123] 이러한 유형의 직권휴직은 실질적으로 정리해고의 전단계로 취해지거나 정리해고와 유사한 결과를 초래할 수 있으므로, 정리해고에 준하여 다소 엄격하게 정당성을 판단할 필요도 있다.

#### 라. 구체적인 법률관계

휴직기간에도 근로계약 자체는 존속하고, 근로제공의무만 면제된다. 휴직기간의 임금 지급은 취업규칙 · 단체협약 등에서 정한 바에 따르되, 사용자 측의 경영상 귀책사유로 인한 휴직기간에는 평균임금의 70% 이상의 수당을 지급하여야 하고(법 46조 1항), 사용자의 고의 · 과실 등 민법상 귀책사유로 인한 휴직기간[124]에는 임금 전액을 지급해야 한다(민법 538조 1항). 반면에 육아휴직과 같이 법령에서 별도로 규정한 경우를 제외하고, 상병휴직 · 기소휴직과 같이 전적으로 근로자 측의 사정에 의한 휴직의 경우에는 취업규칙 · 단체협약 등에서 임금을 전혀 지급하지 않을 것을 규정하였더라도 이를 무효라고 단정할 수는 없다.

근로자는 휴직기간에도 사용자에 대하여 성실의무 등 근로계약상 부수적인 의무를 계속 부담하므로, 휴직기간에 회사의 기밀을 누설하거나 사용자의 명예를 훼손하는 등의 행위를 하면 이를 근거로 징계를 받을 수 있다.

---

122) 동료 근로자를 상대로 한 성범죄로 불구속 기소된 경우, 근무 장소 외의 성범죄로 불구속 기소되었으나 여성 동료들과 계속 근무하는 과정에서 재범의 가능성을 배제하기 어려운 경우 등이 대표적이다.

123) 대법원 2009. 9. 10. 선고 2007두10440 판결(법 46조 1항의 '휴업'은 법 23조 1항의 '휴직'을 포함하는 광의의 개념이지만, 회사가 휴업수당을 지급하기만 하면 모든 휴업조치가 적법 · 정당하게 되는 것은 아님을 전제로, 휴직명령이 경영상 부득이한 필요성이 없어 위법하다고 한 사례).

124) 법원이 명한 복직판결을 거부하면서 계속 휴직을 명하는 경우가 대표적이다.

사용자는 휴직기간이 만료된 경우 또는 휴직사유의 소멸·해소를 이유로 근로자가 복직신청을 한 경우에는 해당 근로자를 신속하게 복직시킬 의무가 있다. 이 때 휴직 이전에 종사하던 업무로 복직시키는 것이 원칙이지만, 사용자가 휴직기간·휴직사유·경영상 필요성·작업환경·인력구조의 변화 등에 따라 해당 근로자의 직무·능력을 고려하여 적정한 업무를 부여하는 경우에는 원래의 직무에 복직시킨 것이 아니라는 이유만으로 부당한 조치라고 단정할 수는 없다.[125]

휴직기간이 만료되었음에도 휴직사유가 소멸되지 않거나 복직 신청이 없는 경우, 취업규칙에 '당연퇴직(직권면직)한 것으로 본다'는 규정이 있는 경우에도, 휴직기간 종료 후 별다른 조치 없이 근로관계가 당연히 종료되는 것은 아니고, 정당한 이유[126]가 있는 경우에 한하여 해고할 수 있다.[127]

---

125) 같은 취지로 민변노동법 I, 436면.

126) 이 때 '정당한 이유'는 휴직사유, 휴직사유의 소멸 여부 및 해소가능성·시점, 휴직으로 인하여 사용자에게 발생하는 불이익의 정도 등을 종합적으로 고려할 필요가 있다(같은 취지로 민변노동법 I, 436면).

127) 대법원 1993. 7. 13. 선고 93다3721 판결(영업용 택시기사가 업무 외 부상으로 2개월의 휴직기간 만료 후에도 2~3개월 이상 추가 치료를 받아야 함을 이유로 복직원을 제출하지 않았는데, 단체협약·인사규정상 업무 외 부상의 휴직기간은 2개월이 한도로 되어 있고, 그 이전에 복직원 미제출시 퇴직 처리한다고 규정된 사안에서, 단체협약상 형식적 요건이 충족되었다는 사정만으로 당연히 퇴직되거나 퇴직처분의 정당성이 인정되는 것은 아니고, 해당 근로자의 노동능력상실률이 36%에 이르고 회사는 휴직기간 동안 휴차가 불가피한 점 등을 근거로 퇴직처분이 정당하다고 한 사례), 대법원 1993. 11. 9. 선고 93다7464 판결(취업규칙이 휴직기간 만료일 또는 휴직사유 소멸일 5일 전까지 복직원을 제출하지 아니하여 복직되지 아니한 때에 자진퇴직으로 간주한다는 규정이 있으나, 취업규칙에 따라 퇴직사유를 근거로 직원을 퇴직 처리할 것인지 여부가 원칙적으로 회사의 재량에 맡겨져 있으므로, 근로관계의 당연종료사유를 규정한 것은 아니라고 한 사례), 대법원 2009. 6. 11. 선고 2009두3583 판결(업무 외 질병으로 최대 휴직기간인 2개월 동안 휴직한 택시기사가 그 기간 직전에 복직원을 제출하자 회사가 '택시운전을 해도 된다'는 의사의 소견서 제출을 요구하며 복직을 거부하였을 뿐 휴직기간의 연장·복직절차 준수 여부에 대해 별다른 언급을 하지 않은 사안에서, 택시기사와 회사 사이에 적어도 단체협약·취업규칙에 따라 의사 소견서 제출 시까지 휴직기간 연장의 묵시적 합의가 있었다고 보아 최대 휴직기간 이후 미복직을 이유로 한 당연퇴직 사유가 발생하였다고 볼 수 없다고 한 사례).

반대 취지로는 대법원 1995. 4. 11. 선고 94다4011 판결(노사가 진정한 의사의 합치에 의하여 단체협약에 휴직기간 만료 후 소정 기간 내에 휴직사유가 해소되었음에도 복직원을 제출하지 아니하거나 휴직사유가 해소되지 아니하였음을 이유로 휴직 연장원을 제출하지 아니한 경우에 자동퇴직한 것으로 간주한다는 규정과 그 사유가 발생한 경우에 휴직기간 만료일을 퇴직일로 한다는 규정이 있는 경우, 당해 사업장에 적용되는 다른 징계해고 사유 등과 비교하여 달리 취급할 상당한 이유가 있다고 보아, 근로관계의 자동소멸사유를 규정한 것이거나 소정 일자에 당해 근로자에 대한 퇴직처분이 있는 것으로 의제하려는 취지이므로, 사용자의 별도 처분 없이도 근로관계가 종료된다고 한 사례, 이 판결에 대한 비판적인 견해로는 김형배, 597면).

## Ⅲ. 구제수단

### 1. 일 반 론

인사이동에 정당성이 인정되지 않는 경우에는 사용자의 인사명령 자체가 무효이므로, 근로자는 이에 따를 의무가 없고, 사용자는 근로자가 무효인 인사명령에 따르지 않았다는 이유로 징계·해고 기타 불이익한 처분을 할 수 없다. 인사이동의 정당성이 인정되지 않더라도, 근기법상 벌칙 규정이 없는 이상, 사용자가 형사책임을 지지는 않는다.

근로자는 부당한 인사이동에 대하여 3개월 이내에 노동위원회에 구제신청을 할 수 있고(법 28조), 구체적인 절차는 법 30조 내지 32조와 같다. 근로자는 구제신청과 별도로 불이익한 인사조치가 무효임을 확인하거나 그 효력의 정지를 구하는 민사소송을 제기할 수 있고, 인사이동으로 인하여 급여·수당 등을 정상적으로 지급받지 못한 경우에는 그 차액을 구할 수도 있다.

### 2. 불법행위에 따른 정신적 손해배상

문제는 인사이동의 정당성이 인정되지 않는 경우, 이를 이유로 불법행위에 따른 정신적 손해배상책임이 인정되는지 여부이다. 부당한 인사이동에 대하여 사용자의 고의·과실은 쉽게 인정될 수 있지만, 이로 인해 발생한 급여·수당 등 근로자의 재산상 손해가 통상적으로 전보될 수 있는 이상, 이와 별도로 정신적 손해의 발생까지 인정할 수 있는지가 핵심이다.

불법행위·계약상 채무불이행에 따른 정신적인 고통은 재산적 손해에 대한 배상이 이루어짐으로써 회복되는 것이 일반적이므로, 예외적으로 재산적 손해의 배상만으로 회복될 수 없는 정신적 고통을 입었다는 특별한 사정이 있고, 상대방이 이와 같은 사정을 알았거나 알 수 있었을 경우에 한하여 위자료가 인정된다.[128] 따라서 사용자의 인사명령이 위법·무효인 경우에도 근로자에게 재산상 손해를 배상하는 이상, 이로 인한 정신적 손해는 상당히 예외적인 경우에만 인정되는 소위 '특별손해'에 해당한다.

판례도 같은 취지에서, ① 사용자의 불이익처분의 정당성이 부정되거나 위

128) 대법원 2005. 3. 24. 선고 2005다213 판결.

법·무효라는 이유만으로 근로자에 대한 관계에서 불법행위가 성립하는 것은 아니고,[129] ② 특히 '직위해제'는 잠정적 조치라는 특성을 고려하여, 직위해제 처분이 불법행위를 구성하는지의 판단은 통상의 징계처분보다 더욱 신중할 필요가 있으며,[130] ③ 근로자에 대하여 불이익처분을 할 만한 사유가 전혀 없는데도 오로지 근로자를 사업장에서 몰아내려는 의도 하에 고의로 명목상의 불이익처분 사유를 내세우거나 만들어 불이익처분을 한 경우, 취업규칙 등에서 정한 불이익처분 사유에 해당되지 아니하거나 불이익처분 사유로 삼을 수 없는 것임이 객관적으로 명백하고, 조금만 주의를 기울이면 그러한 사정을 쉽게 알아볼 수 있는데도 이를 이유로 불이익처분을 한 경우와 같이 건전한 사회통념이나 사회상규상 용인될 수 없음이 분명한 경우에 한하여 정신적 손해를 인정한다.[131]

[최 누 림]

129) 대법원 1996. 2. 27. 선고 95다11696 판결.
130) 대법원 2008. 6. 26. 선고 2006다30730 판결.
131) 불법행위의 성립을 인정한 사례로는 대법원 2008. 6. 26. 선고 2006다30730 판결. 불법행위의 성립을 부정한 사례로는 대법원 2011. 10. 13. 선고 2009다86246 판결.

## 第23조 후론(後論) 4: 교원에 대한 불이익처분과 구제절차

〈세 목 차〉

[참고문헌]
**교원소청심사위원회**, 교원소청심사위원회 결정문집 26(2016); **김남진 · 김연태**, 행정법 I (22판), 법문사(2018); **김동희**, 행정법 I (24판), 박영사(2018); **박상훈**, "교수재임용 거부처분에 대한 구제절차 — 대상판결: 대법원 2004. 4. 22. 선고 2000두7735 전원합의체 판결", 노동법실무연구 1권, 사법발전재단(2011); **박효관**, "대학교원 재임용거부에 대한 사법적 구제절차의 실효성과 재임용거부의 불법행위 성부에 대한 검토 — 대법원 2006. 3. 9. 선고 2003다52647 판결", 판례연구 18집, 부산판례연구회(2007); **이경운**, "교원소청결정의 기속력", 행정법연구 18호(2007년 하반기), 행정법이론실무학회(2007); **이상덕**, "항고소송에서 '분쟁의 1회적 해결 요청'과 상소의 이익", 사법 51호, 사법발전재단(2020); **이병희**, "부당해고등 구제 재심판정에 대한 취소소송이 가지는 행정쟁송으로서의 보편성과 노동쟁송으로서의 특수성: 법원의 심판 범위, 구제이익/소의 이익, 임금 상당액 지급명령의 독자성을 중심으로", 사법논집 67집, 법원도서관(2018); **이원범**, "기간임용제 사립대학 교원에 대한 재임용거부결정의 시기별 사법심사 기준법령과 위법한 재임용거부로 인한 손해배상책임의 법리", 사법 16호(2011. 6.), 사법발전재단(2011); **조용호**, "교원의 징계에 대한 쟁송", 법조 43권 5호, 법조협회(1994); **최경옥**, "교수의 재임용심사와 사적자치 — 비정년트랙교수를 중심으로", 헌법학연구 13권 2호, 한국헌법학회(2007).

## Ⅰ. 들어가며

교육은 국민들에게 민주시민의 자질을 길러줌으로써 민주주의가 원활히 기능하기 위한 정치문화의 기반을 조성하고, 학문 연구결과 등의 전수의 장이 됨으로써 우리 헌법이 지향하고 있는 문화국가를 실현하기 위한 기본적 수단이 된다. 그리고 개인의 측면에서도, 교육은 개인이 잠재적인 능력을 계발하고, 개성을 신장하며, 삶의 수요를 자주적으로 충족하기 위한 직업활동에 필요한 각종 능력과 자격을 갖추는 데에 있어서 불가결한 전제이기도 하다.[1] 이러한 교육은 교원을 통해 이루어지는 활동이므로 교육의 성패는 직접적으로 교원에 달려 있

1) 헌재 2003. 2. 27. 선고 2000헌바26 결정.

다고 할 수 있다.[2)]

교원은, 학교의 수준에 따라 ① 초등학교, 중학교, 고등학교에 근무하는 교원과 ② 대학에 근무하는 교원[3)]으로, 학교의 설립주체에 따라 ① 국립학교의 교원, ② 공립학교의 교원, ③ 사립학교의 교원, ④ 국립대학법인의 교원으로 구분할 수 있다. 학교의 조직, 운영, 교원 자격 등에 관해서 초등·중·고등학교는 초·중등교육법의 규율을 받고, 대학은 고등교육법의 적용을 받는다. 국립학교 교원과 공립학교 교원[4)]의 복무와 처우에 관해서는 국공법과 교공법이 적용되고, 사립학교 교원에 관해서는 사립학교법이 규율한다. 국립대학법인의 교원에게는 사립학교법의 규정이 준용된다. 이러한 복무와 처우에 관한 규정들은 교원의 역할이 가지는 중요성을 감안하여 교원의 책임을 강조하는 한편 그 신분을 보장해 주기 위한 것이다.

교원은 국·공립학교 소속이든 사립학교 소속이든을 불문하고 근기법상 근로자에 해당하여 기본적으로 근기법의 적용 대상이 되지만,[5)] 공무원 관련 법령이나 교육 관련 법령에서 별도로 교원의 근로관계에 관한 많은 규정을 두고 있어 실제 근기법이 직접 적용되는 사항은 많지 않다.[6)] 특히 1991년에 「교원의 지위 향상 및 교육활동 보호를 위한 특별법」[7)](이하 '교원지위법'이라 약칭한다)이 제정되어, 교원에 대한 징계처분이나 그 밖에 그 의사에 반하는 불리한 처분(이하 '불이익처분'이라 한다)에 관해서는 교육부 산하에 설치되는 교원소청심사위원회가 국·공립학교와 사립학교 교원 모두에 대하여 소청심사를 담당하게 됨으

---

2) 이경운, 377면.
3) 조교는 여기에 포함되지 않는다.
4) 공립학교 교원은 지방공무원이 아니라 국가공무원의 신분을 가진다.
5) 대법원 1987. 2. 24. 선고 86다카1355 판결("국가 또는 지방공무원도 임금을 목적으로 근로를 제공하는 위 법(근로기준법) 제14조 소정의 근로자라 할 것이므로 그들에 대하여도 원칙적으로 근로자의 퇴직금에 관한 규정인 위 법 제28조가 적용된다고 해석된다. 그러나 국가 및 지방공무원의 퇴직금지급에 관하여는 공무원연금법이 제정되어 이를 규정하고 있으므로 지방공무원인 원고의 퇴직금지급에 관하여는 특별한 사정이 없는 한 위 법의 규정에 따라야 하고 근로기준법의 적용은 배제된다 할 것이다."); 해고와 임금, 455면("사립학교 교원에 대하여는 1차적으로 사립학교법과 교육관계법령에 특별한 규정이 있는 경우에는 그 규정이 적용되고, 2차적으로 사기업의 근로자와 마찬가지로 학교법인의 정관 또는 규칙 및 근로기준법에서 정한 규정이 적용된다.").
6) 휴업수당에 관한 근기법 46조 1항과 휴업수당을 초과하는 금액에 대해서만 중간수입을 공제해야 한다는 판례 법리 등은 교원에게도 적용된다(대법원 2015. 5. 14. 선고 2014다65397 판결).
7) 제정 당시에는 「교원지위향상을 위한 특별법」이었는데, 2016. 2. 3.에 위와 같이 법명이 개정되었다.

로써, 교원의 근로관계에 대해서는, 실체적 내용에 있어서나 구제수단의 절차적 측면에 있어서나, 일반 공무원이나 일반 근로자와 구별되는 검토가 필요하게 되었다.

이 글에서는 교원에 대한 불이익처분의 대표적인 유형인 ① 징계처분, ② 직권면직처분, ③ 재임용거부처분을 중심으로 해당 불이익처분의 구체적인 요건과 구제절차에 관하여 살펴본다.

## Ⅱ. 제도의 변천 과정[8)]

### 1. 1991년 교원지위법 제정 이전: 국·공립학교 교원의 불복절차와 사립학교 교원의 불복절차의 이원화

#### 가. 국·공립학교 교원

국·공립학교 교원에 대한 징계처분은 교육공무원징계위원회의 의결을 거쳐서 행해졌는데(교공법 50조 1항),[9)] 교원지위법이 제정되기 전에는 국·공립학교 교원이 불이익처분에 대하여 불복하려면 일반 국가공무원과 마찬가지로 국가공무원법에 의하여 총무처(현재는 인사혁신처)에 설치된 소청심사위원회에 소청을 제기하여야 했고[구 교공법(1991. 5. 31. 법률 4376호로 개정되기 전의 것) 52조] 이에 따라 일반 국가공무원에 대한 징계에서와 동일한 절차가 적용되었다.

따라서 국·공립학교 교원의 경우는 임용권자의 불이익처분 자체가 행정처분이 되고 소청심사절차는 행심법 4조에서 말하는 특별행정심판이 되며, 필요적 전치주의로 인하여[10)] 교원은 소청심사위원회의 결정을 거친 후에야 행정소송을 제기할 수 있었고, 원처분주의(행소법 19조)에 따라 행정소송의 대상은 원칙적으로 소청심사위원회의 결정이 아니라 불이익처분이 되었다.

#### 나. 사립학교 교원

(1) 1963. 6. 26. 제정된 사립학교법은, 사립학교 교원을 상대로 한 불이익처

8) 조용호, 129면을 참조하였다.

9) 이 점은 교원지위법 시행 이전과 이후가 같다.

10) 구 행소법(1994. 7. 27. 법률 4770호로 개정되기 전의 것) 18조 1항은 "취소소송은 법령의 규정에 의하여 당해 처분에 대한 행정심판을 제기할 수 있는 경우에는 이에 대한 재결을 거치지 아니하면 이를 제기할 수 없다."라고 규정하였다. 위 1994. 7. 27. 개정으로 행소법이 임의적 전치로 전환됨에 따라 구 국공법(1994. 12. 22. 법률 4829호로 개정된 것) 16조 2항으로 필요적 전치조항이 신설되었다.

분에 대한 재심을 담당하게 하기 위하여 학교법인 또는 사립학교경영자[11] 내에 재심위원회를 설치하도록 하였다(67조 1항). 제정 사립학교법은, 임명권자는 불이익처분의 취소 또는 변경을 내용으로 한 재심의결서를 받은 때에는 이미 행한 불이익처분을 지체 없이 경정하여야 한다고 규정하였으나(68조), 불이행에 대한 제재조항을 두지는 않았다. 이 당시 불이익처분에 대한 불복은 학교법인 등을 피고로 하여 불이익처분 자체의 무효확인을 구하는 민사소송(해임처분 무효확인의 소 등)의 형태로 제기되었다.

(2) 이후 사립학교법이 1990. 4. 7. 법률 4226호로 개정되어, 사립학교 내부에 있었던 재심위원회가 관할청[12] 단위로 설치되었고(67조 1항), 재심위원회 위원은 일정한 자격을 가진 사람 중에서 관내 사립학교들이 협의하여 선임하되 관할청의 승인을 얻도록 하였다(67조 2항). 관할청별로 설치된 재심위원회는 국가기관이 아니어서 그 결정은 행정소송의 대상이 아니었고, 이전과 마찬가지로 불복은 원 징계처분에 대한 민사소송으로 제기되었다.

### 2. 교원지위법의 제정 이후: 국·공립학교 교원의 불복절차와 사립학교 교원의 불복절차의 일원화

#### 가. 교원지위법의 제정

1991. 5. 31. 제정된 교원지위법은 국·공립학교 교원에 대한 불이익처분 구제절차와 사립학교 교원에 대한 불이익처분 구제절차를 일원화하여 이를 교육부 산하에 설치되는 합의제 행정기관인 '교원징계재심위원회'로 하여금 담당하게 하고(7조 1항), 교원징계재심위원회의 결정은 처분권자를 기속한다고 규정하면서(10조 2항), 교원만이 위 결정에 대하여 행정소송을 제기할 수 있도록 하였다(10조 3항).[13] 교원지위법 법안에 대한 문교공보위원회 전문위원 검토보고서는 법 제정 이유를, 기존 제도 하에서는 ① 일반직 공무원을 대상으로 하는 총무처의 소청심사위원회가 교육전문성에 대한 인식이 부족하여 소청심사과정에서 교원을 일반직과 동일시하여 그 특수성을 간과할 우려가 있고, ② 사립학교의 재심

11) 사립학교경영자는 학교법인이 아닌 학교경영자를 말하는데, 대표적인 예가 재단법인이다. 이 글에서는 (영조물로서의 학교가 아니라) 학교법인과 사립학교경영자를 모두 포함하는 의미로 '사립학교'라는 표현을 사용하였다.

12) 시·군 및 자치구(지방자치단체인 구)를 말한다.

13) 이에 따라 같은 날 위 구 사립학교법도 개정되어 재심위원회 관련 규정인 67조 내지 69조가 삭제되었다.

위원회는 공정성을 결여할 가능성이 있기 때문이라고 설명하였다.[14]

한편 교원지위법에서 위임된 사항과 그 시행에 관하여 필요한 사항을 규정하기 위하여 1991. 6. 19. 대통령령 13389호로 「교원징계처분 등의 재심에 관한 규정」(이후 2005. 7. 27. 전부 개정되어 그 명칭이 「교원소청에 관한 규정」으로 변경됨)이 제정되었는데, 위 규정 16조 2항은 재심사위원회가 소청청구를 인용할 경우 내릴 수 있는 결정의 종류로 '위원회가 직접 불이익처분을 취소하거나 변경하는 결정'과 '처분권자에게 불이익처분의 취소 또는 변경을 명하는 결정'을 규정하였다(16조 2항 3호[15]).

이후 교원지위법은 2005. 1. 27.과 2007. 5. 11. 두 번의 중요한 개정을 거치게 되는데 그 내용은 아래에서 소개한다.

### 나. 2005. 1. 27.자 개정(법률 7354호)

2005. 1. 27.자 개정(법률 7354호)에서는 ① 헌법재판소가 2003. 2. 27. 선고 2000헌바26 결정에서 '임용기간이 만료되는 대학 교원에 대한 재임용거부는 제정 교원지위법 9조 1항의 규정에 의한 재심 대상인 '징계처분 기타 그 의사에 반하는 불리한 처분'에 버금가는 효과를 가지므로 재심 대상이 되어야 함에도 불구하고, 동 규정에서 이에 대하여 아무런 규정을 두지 아니한 것은 교원지위법정주의에 반한다'는 이유로 헌법불합치 결정을 함에 따라, 재임용거부처분을 재심 대상에 포함시켰고(아래 표 참조), ② 종전의 '교원징계재심위원회'의 명칭을 '교원소청심사위원회'로 변경하였다. 이에 따라 시행령의 명칭도 재임용거부처분을 아우를 수 있도록 「교원징계처분 등의 재심에 관한 규정」에서 「교원소청에 관한 규정」으로 바뀌게 되었다.[16]

| 제정 교원지위법 7조 1항 | 2005. 1. 27. 개정 교원지위법 7조 1항 |
|---|---|
| 각급 학교 교원의 징계처분 기타 그 의사에 반하는 불리한 처분에 대한 재심을 하게 하기 위하여 교육부에 교원징계재심위원회 … 를 둔다. | 각급 학교 교원의 징계처분 그 밖에 그 의사에 반하는 불리한 처분(<u>교육공무원법 제11조의3 제4항 및 사립학교법 제53조의2 제6항의 규정에 의한 교원에 대한 재임용 거부처분을 포함한다</u>. 이하 같다)에 대한 소청심사를 하게 하기 위하여 교육인적자원부에 교원소청심사위원회 … 를 둔다. |

14) 13대 국회 146회 11차 문교공보위원회 회의록, 77면.

15) 교원징계처분등의재심에관한규정 16조 2항 3호: "처분의 취소 또는 변경을 구하는 재심청구가 이유 있다고 인정할 때에는 처분을 취소 또는 변경하거나 처분권자에게 취소 또는 변경할 것을 명한다."

16) 이경운, 378면.

### 다. 2007. 5. 11.자 개정(법률 8414호)

2007. 5. 11.자 개정(법률 8414호)에서는 ① 헌법재판소가 2006. 2. 23. 선고 2005헌가7, 2005헌마1163(병합) 결정에서, 교원소청심사위원회의 결정(이하 '소청심사결정'이라 한다)에 대하여 사립학교는 행정소송을 제기할 수 없도록 한 것은 평등원칙에 위반된다는 이유 등으로 위헌결정을 함에 따라, 소청심사결정에 대하여 교원뿐만이 아니라 사립학교도 행정소송을 제기할 수 있도록 하는 한편, ② 행정소송의 제소기간을 90일로 정하고 있는 행소법과 형평성을 유지하기 위하여 소청심사결정에 대한 행정소송의 제소기간을 60일에서 90일로 연장하였다.

## Ⅲ. 불이익처분과 구제절차의 법적 성격

### 1. 들어가며

국·공립학교와 그 교원 간의 관계는 행정처분에 의해 발생한 공법적 법률관계이고 사립학교와 그 교원 간의 관계는 사법상 계약관계에 해당하는데, 제정 교원지위법은 불이익처분에 대한 재심절차를 국·공립학교 교원의 경우와 사립학교 교원의 경우 모두 교육부 산하기관인 교원징계재심위원회에서 다루도록 하면서, 재심절차에 행심법과 동일한 내용의 규정들을 도입하였다. 즉, 제정 교원지위법은 ① 교원징계재심위원회의 결정이 처분권자를 기속하도록 하고(10조 2항), ② 처분권자(사립학교 포함)는 교원징계재심위원회의 결정에 불복하여 행정소송을 제기하지 못하도록 하면서(10조 3항: 교원만 불복할 수 있도록 하였다), ③ (대통령령에서) 교원징계재심위원회가 불이익처분을 (취소뿐 아니라) 변경할 수 있도록 한 것이다.

그로 인해 두 가지 문제가 제기되는데, 하나는 입법자가 국·공립학교 교원과 사립학교 교원에 대한 구제절차를 일원화함으로서 사립학교의 불이익처분을 (국·공립학교와 마찬가지로) 행정처분으로 규정한 것은 아닌지(따라서 재심절차는 사립학교 교원에 있어서도 재결절차에 해당하는지)이고, 다른 하나는, (원 불이익처분이 아닌) 교원징계재심위원회 결정에 대하여 행정소송을 제기할 수 있도록 한 교원지위법 10조 2항은 그 적용대상을 사립학교 교원으로 한정하지 않는데, 위 조항이 국·공립학교 교원에도 적용되어 국·공립학교 교원에게 적용되었던 원처분주의를 재결주의로 전환시킨 것인지이다.

## 2. 판례의 태도

### 가. 국·공립학교 교원

교원지위법 시행 이후 대법원은 국·공립학교 교원에 대한 일련의 판결에서, 국·공립학교 교원에 대한 불이익처분에 대한 불복은 여전히 원처분주의에 따라 이루어진다고 판단하였다. 대법원은 교원지위법 제정 이전 총무처 소청심사위원회 시절에, 소청심사위원회 결정 자체의 고유한 위법이 없는 한 원처분주의에 따라 소청심사위원회 결정이 아닌 징계처분 자체가 항고소송의 대상이 된다고 판단하였는데,[17] 이러한 태도를 교원지위법 시행 이후에도 그대로 유지하여 "행정소송의 대상이 되는 처분은 원칙적으로 원처분청의 처분이고, 원처분이 정당한 것으로 인정되어 재심청구를 기각한 교원징계재심위원회의 재결에 대한 항고소송은 원처분의 하자를 이유로 주장할 수는 없고 그 재결 자체에 고유한 주체·절차·형식 또는 내용상의 위법이 있는 경우에 한한다"라고 하였다.[18]

### 나. 사립학교 교원[19][20]

대법원은 사립학교 교원이 행정소송으로 사립학교가 한 징계처분과 교육

---

17) 대법원 1993. 8. 24. 선고 93누5673 판결.

18) 대법원 1994. 2. 8. 선고 93누17874 판결.

19) 헌법재판소는 교원징계재심위원회 결정에 대한 사립학교의 행정소송청구권을 인정하지 않은 교원지위법의 위헌 여부가 최초로 문제되었던 사건에서 이를 합헌으로 판단하면서 "교원지위법에 의한 재심위원회의 재심은 징계처분 등을 한 학교법인 등과 교원 사이의 사법상 법률관계를 조정·해결하기 위한 것이 아니라, 국가가 교육기관에 대한 감독권에 기하여 사립학교 교원에 대하여도 국·공립학교 교원과 똑같이 신분보장을 해 주기 위하여 특별히 마련한 행정심판에 유사한 구제절차"이고, "따라서 사립학교 교원에 대한 재심결정도 학교법인 등과 교원 사이의 대등한 사법상의 분쟁에 관한 일반적인 행정처분이 아니라, 국·공립학교 교원에 대한 재심결정과 마찬가지로 감독자인 국가의 감독대상자인 학교법인 등에 대한 감독권 행사로서의 처분으로서 행정심판의 재결에 유사한 것으로 보아야" 한다고 판시하였다 [헌재 1998. 7. 16. 선고 95헌바19·26·30·42·61, 96헌마75(병합) 결정].

그러나 헌법재판소는 위 조항에 대하여 다시 위헌법률심판이 제청된 사건에서 기존의 결정을 뒤집고 이를 위헌으로 판단하면서 재심결정의 법적 성격이 재결이 아닌 행정처분이라고 판시하였는데, 그 주된 근거는, 사립학교 교원은 학교법인과의 사법상 고용계약에 의하여 임면되고, 학생을 교육하는 대가로서 학교법인으로부터 임금을 지급받으므로 학교법인과 교원의 관계는 원칙적으로 사법적 법률관계에 기초하고 있고, 비록 입법자가 재심위원회에 특별행정심판기관 또는 특별행정쟁송기관으로서의 성격을 부여하였다 하더라도, 사법적 고용관계에 기초한 사립학교의 그 교원에 대한 징계 등의 처분을 행정심판의 대상으로 삼을 수는 없기 때문에, 위와 같은 입법자의 의도에도 불구하고 여전히 재심절차는 학교법인과 그 교원 사이의 사법적 분쟁을 해결하기 위한 간이분쟁해결절차로서의 성격을 가질 뿐이고, 따라서

부 교원징계재심위원회 재심결정 모두의 취소를 구한 사건에서, "사립학교가 국가 공교육의 일익을 담당하는 교육기관으로서 교육법과 사립학교법 등에 의하여 그 설립과 운영 및 교원의 임면 등에 있어서 국가나 지방자치단체의 지도 감독과 지원 및 규제를 받고 사립학교 교원이 그 자격과 복무, 임면 및 신분보장 등에 있어서 국·공립학교 교원에 준하는 취급을 받도록 규정되어 있다 하더라도, 사립학교 교원은 학교법인 또는 사립학교경영자에 의하여 임면되는 것으로서, 사립학교 교원과 학교법인의 관계를 공법상의 권력관계라고는 볼 수 없고, 따라서 이에 대한 학교법인을 상대로 한 불복은 민사소송절차에 의할 것이지 행정소송에 의할 수 없"으며, "교원징계재심위원회에 재심청구를 하고 그 교원징계재심위원회의 결정에 불복하여 행정소송을 제기하는 방법도 있으나, 이 경우에도 행정소송의 대상이 되는 행정처분은 그 교원징계재심위원회의 결정이지 학교법인의 해임처분이 행정처분으로 의제되는 것이 아니며 또한 교원징계재심위원회의 결정을 이에 대한 행정심판으로서의 재결에 해당되는 것으로 볼 수는 없다"고 판시하였다.[21)]

다만 그 후 대법원은 면직처분에 대하여 사립학교 교원이 교원징계재심위원회에 재심을 청구함과 동시에 민사소송으로 면직처분의 무효확인을 구하는 사건에서, 교원징계재심위원회가 (사립학교에 취소나 변경을 명령하는 결정을 하는 것이 아니라) 불이익처분을 직접 취소 또는 변경하는 결정을 한 경우에는 그 결정에 의하여 바로 교원과 학교법인 사이에 그 결정 내용에 따른 법률관계의 변동이 일어난다고 설시하면서, '교원징계재심위원회가 면직처분을 취소하는 결정을 함으로써 원고(교원)는 그 결정일에 복직되었으므로 면직무효확인의 소는 권리보호의 필요가 없어 부적법하다'고 판단하였는데,[22)] 이 때 대법원은 교육부에

---

재심결정은 특정한 법률관계에 대하여 의문이 있거나 다툼이 있는 경우에 행정청이 공적 권위를 가지고 판단·확정하는 행정처분에 해당한다고 보아야 한다는 것이다[헌재 2006. 2. 23. 선고 2005헌가7, 2005헌마1163(병합) 결정].

20) 사립학교와 그 교원의 법률관계가 사법관계인지, 공법관계인지에 관한 논의는 이경운, 389~394면 참조.

21) 대법원 1993. 2. 12. 선고 92누13707 판결.

22) 대법원 1994. 11. 22. 선고 94다30478 판결("사립학교 교원은 학교법인 또는 학교 경영자에 의하여 임면되는 것으로서 사립학교 교원과 학교법인의 관계를 공법상의 권력관계라고 볼 수는 없지만, 사립학교 교원에 대한 신분보장을 도모하는 취지에서 특별한 구제방법으로 재심위원회에 재심을 청구할 수 있도록 한 것이고, 한편 학교법인의 교원에 대한 처분이 행정처분이 아니어서 위 재심위원회의 결정이 바로 행정심판으로서의 재결에 해당하는 것은 아닐지라도 실질적으로는 재심위원회의 결정으로 하여금 행정처분에 대한 행정심판으로서의

설치한 교원징계재심위원회에 재심을 담당하게 한 입법목적에 관하여 "사립학교 교원에 대한 신분보장을 도모하는 취지에서 특별한 구제방법으로 재심위원회에 재심을 청구할 수 있도록 한 것이고, 한편 학교법인의 교원에 대한 처분이 행정처분이 아니어서 위 재심위원회의 결정이 바로 행정심판으로서의 재결에 해당하는 것은 아닐지라도 실질적으로는 재심위원회의 결정으로 하여금 행정처분에 대한 행정심판으로서의 재결에 유사한 것으로 기능하도록 하겠다"는 것이라고 판시하였다.

요컨대, 대법원의 태도는, 사립학교 교원에 대한 불이익처분이 본질적으로는 사인 간의 관계라는 점을 부정하지 않으면서도 재심결정(소청심사결정)의 실효성을 담보하기 위해 사인 간의 관계를 직접 변동시키는 효력(형성력)을 인정한 것이라고 이해된다.

### 3. 불이익처분에 대한 신분별 불복방법

#### 가. 국·공립학교 교원: 소청심사 청구와 행정소송 제기

불이익처분을 받은 국·공립학교 교원은 교원소청심사위원회에 불이익처분의 취소를 구하는 소청심사를 청구해야 하지 곧바로 행정소송을 제기할 수 없다(필요적 전치주의, 국공법 16조 1항[23]). 소청심사결정에도 불복할 경우에는 원처분주의에 따라 원처분인 불이익처분의 취소를 구하는 행정소송을 제기해야 한다.

취소소송 외에 항고소송인 무효확인소송이 가능한지 문제될 수 있는데, 불이익처분이 당연무효가 되려면 그 하자가 중대·명백하여야 하므로, '처분사유에 해당하는 사실의 인정'이 문제되거나 '재량권의 일탈·남용 여부'가 문제되는 대부분의 사건에서는 불이익처분의 하자가 중대·명백하다고 인정되는 경우는 드물 것이다.

---

재결에 유사한 것으로 기능하도록 하겠다는 취지에서 재심위원회가 그 결정을 함에 있어서는 처분권자에게 취소·변경을 명하는 결정뿐만 아니라 직접 처분을 취소·변경하는 결정을 할 수 있도록 함과 동시에 이러한 결정에 처분권자가 기속되도록 함으로써 그 결정에 의하여 바로 교원과 학교법인 사이에 그 결정 내용에 따른 법률관계의 변동이 일어나도록 한 것으로 보여진다.").

23) 국공법 16조(행정소송과의 관계) ① 제75조에 따른 처분, 그 밖에 본인의 의사에 반한 불리한 처분이나 부작위(不作爲)에 관한 행정소송은 소청심사위원회의 심사·결정을 거치지 아니하면 제기할 수 없다.

### 나. 사립학교 교원: 민사소송 제기 또는 소청심사 청구와 행정소송 제기

#### (1) 민사소송의 제기

사립학교와 교원의 관계는 기본적으로 사인(私人)간의 민사관계이므로, 불이익처분을 받은 교원은 사립학교를 피고로 하여 불이익처분 무효확인을 구하는 민사소송(확인의 소)을 제기할 수 있다(예: 정직처분 무효확인의 소, 재임용거부처분 무효확인의 소 등). 불이익처분이 해임이나 직권면직과 같이 교원의 신분을 박탈하는 것인 때에는 '교원지위확인의 소'의 형태로도 제소할 수 있다. 대학 교원에 대한 재임용거부처분의 경우, 판례는 ① 정관이나 인사규정 또는 임용계약에 재임용 강제조항이 있거나 ② 그 외 임용계약이 반복 갱신되는 등의 특별한 사정이 있는 경우를 제외하고는, 임용기간이 만료된 사립학교 교원은 임용기간 만료로 대학교원 신분을 상실하기 때문에 교원지위확인을 구할 수는 없고[24) 재임용거부처분 무효확인의 소만을 제기할 수 있다고 한다.[25)

#### (2) 교원소청심사위원회에 대한 소청심사 청구

불이익처분을 받은 사립학교 교원이 이에 불복하려면, 종전에는 민사소송을 제기하는 방법 밖에는 없었지만, 교원지위법의 제정으로 교원소청심사위원회에 소청심사를 청구할 수 있고, 민사소송과 소청심사를 병행하는 것도 가능하게 되었다.

#### (3) 민사소송과 소청심사절차 사이의 관계

사립학교 교원은 소청심사를 청구한 상태에서 민사소송을 제기할 수 있고, 민사소송을 제기한 상태에서 소청심사를 청구할 수도 있다. 다만 교원소청심사위원회가 불이익처분을 취소하거나 변경하면 (소청심사결정이 확정되기 전이라도) 소청심사결정의 형성력(주 22의 대법원 1994. 11. 22. 선고 94다30478 판결 참조)에 의하여 종전 불이익처분은 곧바로 효력을 상실하므로 이때에는 민사소송으로 재임용거부처분의 무효확인을 구할 확인의 이익이 소멸한다. 한편 민사소송에서 청구기각 판결이 선고되어 확정된 경우에는 불이익처분이 정당한 것으로 확정된 것이기 때문에 교원소청심사위원회는 이와 다른 판단을 할 수 없고, 만일 교원의 소청심사청구를 기각한 소청심사결정에 대하여 교원이 불복하여 행정소송

24) 대법원 2011. 9. 8. 선고 2009다65249 판결.
25) 대법원 2006. 3. 9. 선고 2003다52647 판결.

을 제기하였다면 이 소송은 소의 이익이 없어 부적법하게 된다.[26)]

### 다. 국립대학법인 교원

국립대학 중 일부 대학은, 독자적인 법인격이 없는 국가의 영조물에서 국가로부터 독립된 법인격을 가지는 '국립대학법인'으로 전환하였는데, 이러한 국립대학법인 소속 교원이 교육공무원에 해당한다고 볼 수 없으므로, 이들은 기본적으로 사립학교 교원과 같은 지위를 가진다고 보아야 할 것이다. 개별 법률(「국립대학법인 서울대학교 설립·운영에 관한 법률」 15조 3항, 「국립대학법인 인천대학교 설립·운영에 관한 법률」 6조 3항 등)에서도 교원의 임면, 신분보장, 징계 등에 관하여 해당 법률에서 정하지 않은 사항은 사립학교법을 준용하도록 함으로써, 국립대학법인 교원들은 사립학교 교원과 동일한 지위를 가진다는 점을 분명히 하였다.

## Ⅳ. 소청심사 제도의 개관

### 1. 소청심사의 대상

학교가 교원에 대해 한 조치 중 소청심사의 대상이 되는 것은 불이익처분, 즉 '징계처분'과 '그밖에 교원의 의사에 반하는 불리한 처분'이다(교원지위법 9조 1항). 판례는 ① 교원의 재임용신청에 대한 학교의 거부처분, ② 교원을 재임용한 다음에 사후에 이를 취소하는 처분,[27)] ③ 신규임용을 취소하는 처분,[28)] ④ 호봉정정 신청을 거부한 처분[29)] 등이 교원의 의사에 반하는 불리한 처분에 해당하여 소청심사의 대상이 된다고 보고 있다. 대법원은 정년 전에 임기가 끝나는 사립학교 교장이 학교법인의 정관에서 정한 바에 따라 원로교사로 근무할 것을 희망하였음에도 교원 임용을 거부당한 사안에서, 이러한 거부는 교원지위법 9조 1항에서 소청심사의 대상으로 정한 '그 밖에 그 의사에 반하는 불리한 처분'에 해당한다고 보았다.[30)]

---

26) 대법원 2002. 12. 6. 선고 2001두4825 판결(부당해고구제재심판정에 대한 판결이나 그 취지는 소청심사결정에도 그대로 적용된다고 보아야 한다).

27) 대법원 2014. 2. 27. 선고 2011두13675 판결.

28) 대법원 2012. 6. 14. 선고 2011두29885 판결.

29) 대법원 2016. 1. 14. 선고 2013두15873 판결.

30) 대법원 2024. 9. 12. 선고 2022두43405 판결. 학교 정관이 정년 전에 임기가 끝나는 교장을 신청에 따라 원로교사로 반드시 임용하도록 규정하고 있지 않다고 하더라도, 그 정관 내용과 교육공무원법령의 관련 규정 등에 비추어 볼 때 정년 전에 임기가 끝나는 사립학교 교장으로서는 수업 담당 능력과 건강 등에 관하여 합리적인 기준에 의한 공정한 심사를 받아 그

대학 교원에 대한 승진거부처분에 관하여 판례는, '부교수'로 임용한 자를 동일한 대학에서 '교수'로 임용하는 행위는 부교수 임용행위에 기한 단순한 승진 임용 발령행위가 아니라, 직명이 교수라는 교원에 임용하는 새로운 신분관계의 설정행위이고,[31] 사립학교 대학교원에 대한 임용권자가 임용지원자를 대학교원으로 임용할 것인지는 임용권자의 판단에 따른 자유재량에 속하는 것이어서 임용지원자로서는 특별한 사정이 없는 한 임용권자에게 자신의 임용을 요구할 권리가 없다는 근거를 들어, 해당 교원이 승진 임용 요건을 모두 갖추었다고 하더라도 사립학교법이나 학교법인의 정관 또는 인사규정 등에 승진 임용을 의무지우는 규정이 있다거나 해당 교원이 해당 대학교의 인사규정 등이 정하고 있는 승진임용 절차를 거쳐 승진대상자로 내부적으로 결정되었다는 등의 특별한 사정이 없는 한, 승진임용탈락은 교원지위법상 소청심사의 대상이 되는 불이익처분에 해당하지 않는다고 판단한 하급심 판결이 있다.[32] 그러나 승진임용탈락이 교원신분의 상실을 가져오는 경우, 승진거부처분 자체는 소청심사의 대상이 되지 않지만, 이를 이유로 하여 교원 신분을 박탈하는 처분은 소청심사의 대상이 될 수 있다.

### 2. 소청심사결정의 종류

교원지위법 10조 4항에 따라 '소청심사의 청구, 심사 및 결정 등 심사 절차에 관하여 필요한 사항'을 정하도록 위임받은 대통령령인 「교원소청에 관한 규정」 16조 2항은 교원소청심사위원회의 결정의 종류를 다음과 같이 열거하고 있다.

1. 소청심사청구가 부적법한 것인 때에는 그 청구를 각하한다.
2. 소청심사청구가 이유 없다고 인정하는 때에는 그 청구를 기각한다.
3. 처분의 취소 또는 변경을 구하는 소청심사청구가 이유 있다고 인정하는 때에는 처분을 취소 또는 변경하거나 처분권자에게 그 처분의 취소 또는 변경을 명한다.
4. 처분의 효력 유무 또는 존재 여부에 대한 확인을 구하는 소청심사청구가 이유

---

기준에 부합하면 특별한 결격사유가 없는 한 다시 교원으로 임용되리라는 기대를 가진다고 보았다.

31) 이러한 법리를 제시한 것이 대법원 1997. 12. 23. 선고 97다25477 판결이다.

32) 서울고법 2016. 1. 15. 선고 2015누46859 판결(대법원 2016. 5. 26.자 2016두32657 판결로 심리불속행 상고기각), 같은 취지의 대전고법 2016. 7. 18. 선고 2016누10433 판결(대법원 2016. 11. 9.자 2016두46656 판결로 심리불속행 상고기각).

있다고 인정하는 때에는 처분의 효력 유무 또는 존재 여부를 확인한다.
5. 위법 또는 부당한 거부처분에 대하여 의무이행을 구하는 소청심사청구가 이유 있다고 인정하는 때에는 그 거부처분을 취소하거나 소청심사청구의 취지에 따른 의무이행을 명한다.

교원소청에 관한 규정은 각하결정과 기각결정을 구분하고 있지만, 소청심사결정은 판결과 달리 기판력이 인정되지 않기 때문에, 법률효과에 있어서는 기각과 각하를 구분할 아무런 실익이 없고, 동일한 거부처분에 해당한다고 보아야 할 것이다.

위 대통령령 조항은 교원소청심사위원회가 불이익처분을 직접 취소·변경할 수도 있고, 처분권자로 하여금 취소·변경을 하도록 명할 수도 있다고 규정하고 있지만(3호), 직접 취소·변경하는 주문을 내는 것이 정착된 실무로 보인다.

징계사유의 일부만이 인정되어 원 징계처분보다 낮은 수위의 징계가 타당한 경우나 징계사유 전부가 인정되지만 원 징계처분의 징계양정이 과중한 경우, 교원소청심사위원회는 원 징계처분을 취소하기보다는 위 3호에 따라 그보다 낮은 징계처분으로 변경하는 결정을 하는 경우가 많이 있다(이때 주문 형태는 '피청구인이 2018. 4. 1. 청구인에게 한 파면 처분을 정직 3월 처분으로 변경한다'와 같다). 이러한 변경결정에 대해서는 교원과 사립학교 모두가 행정소송을 제기할 수 있는데, 교원이 제기한 소와 사립학교가 제기한 소는 별개의 소가 되고, 별도의 사건번호가 부여된다. 법원은 통상적으로 두 소를 같은 재판부에 배당하고, 재판부는 두 사건을 병행심리하여 동일한 결론을 내리고 있다.

### 3. 소청심사결정의 효력

#### 가. 형 성 력[32)]

교원지위법은 법률 자체에서는 형성력을 인정하는 조항을 두지 않고, 대통

33) 형성력이란, 행정처분을 취소·변경하는 재결이 있거나 행정처분을 취소하는 판결이 확정되면, 처분청이 행정처분을 취소하지 않아도 재결이나 판결 자체에 의하여 행정처분이 소급적으로 효력을 상실하여 처음부터 행정처분이 없었던 상태가 되게 하거나(취소재결과 취소판결의 경우) 처음부터 변경된 처분이 있었던 것으로 만드는(변경재결의 경우) 효력을 말한다(김동희, 816면; 대법원 1991. 10. 11. 선고 90누5443 판결). 행소법은 4조 1호에서 '취소소송'을 행정청의 위법한 처분등을 취소 또는 변경하는 소송이라고 규정하고, 29조 1항에서 취소판결이 확정되면 행정청의 별도 취소 없이도 처분등이 효력을 상실한다는 전제에서 "처분등을 취소하는 확정판결은 제 3 자에 대하여도 효력이 있다."라고 규정하여 취소판결의 형성력을

령령인 ‘교원소청에 관한 규정’이 인용결정의 종류로 ‘처분을 직접 취소·변경하는 결정과 처분권자로 하여금 처분을 취소·변경하도록 명하는 결정’을 함께 규정함으로써 전자의 결정에 형성력을 부여하고 있다.

국·공립학교 교원의 경우에는 소청심사결정이 특별행정심판 재결의 지위를 가지므로 이러한 대통령령 조항과 함께 형성력에 관한 행정심판법 조항들을 종합하여 형성력을 인정하는 데에 아무런 무리가 없다. 사립학교 교원의 경우에는 위 대통령령 조항을 근거로 행정청인 교원소청심사위원회가 직접 사인(私人)이 한 법률행위(불이익처분)의 효력을 상실시킬 수 있는지에 관하여 논란의 여지가 있지만, 판례는 교원지위법의 기속력 조항(10조 2항. 아래 단락 참조)과 위 대통령령 조항을 근거로 형성력을 긍정[34]하고 있음은 앞서 본 바와 같다.

나. 기 속 력[35]

교원지위법 10조의3은 “(교원소청)심사위원회의 결정은 처분권자를 기속한다.”라고 규정하여 소청심사결정의 기속력을 인정하고 있는데, 기속력의 내용은 행정심판법상 일반 재결의 그것과 동일하다. 따라서 소청심사결정의 기속력도 주문에 포함된 사항뿐 아니라 그 전제가 된 요건사실의 인정과 판단, 즉 처분 등의 구체적 위법사유에 관한 판단에까지 미친다. 징계사유가 인정되지 않는다는 이유로 징계처분을 취소하는 소청심사결정이 있은 후 처분권자가 동일한 사

---

인정하고 있다. 행심법은 43조 3항에서 “(행정심판)위원회는 취소심판의 청구가 이유가 있다고 인정하면 처분을 취소 또는 다른 처분으로 변경하거나 처분을 다른 처분으로 변경할 것을 피청구인에게 명한다.”라고 규정하여 ‘행정심판위원회가 직접’ 처분을 취소·변경하는 재결과 ‘행정청에게’ 취소·변경을 ‘명하는’ 재결을 구분함으로써 전자의 재결이 형성력을 가짐을 명시적으로 규정하고 있다.

34) 대법원 1994. 11. 22. 선고 94다30478 판결(주 22).

35) 기속력이란 행정심판위원회의 취소재결, 변경재결, 무효확인재결, (행정소송 중) 확정된 항고소송의 취소판결이나 무효확인판결 등에 인정되는 효력으로(따라서 기각재결이나 기각판결에는 인정되지 않는다), 행정심판이나 행정소송의 당사자인 행정청과 그 밖의 관계 행정청에게 (확정된) 재결 또는 판결의 취지에 따라 후속 조치를 취해야 하는 의무를 발생시키는 효력을 말한다(김남진·김연태, 909면). 침익적 처분에 대하여 취소재결이 있거나 취소판결이 확정되어 기속력이 발생하면, 원처분청은 동일 사실관계 아래에서 동일 당사자에 대하여 동일한 내용의 처분을 반복할 수 없게 되고, 이를 위반한 재처분은 당연무효가 된다(김동희, 818면; 대법원 1990. 12. 11. 선고 90누3560 판결, 대법원 1999. 12. 28. 선고 98두1895 판결 등). 원처분이 ‘수익적 처분의 신청을 거부하는 처분’인 경우에는, 기속력에 의하여 원처분청은 재결 또는 판결의 취지에 따라 재처분을 할 의무를 부담한다(김남진·김연태, 911면; 김동희, 819면). 이러한 기속력은 재결 또는 판결의 주문뿐 아니라 이유(정확하게는 주문의 전제가 된 요건사실의 인정과 판단)에도 미친다(취소재결에 관해서는 대법원 2005. 12. 9. 선고 2003두7705 판결, 취소판결에 관해서는 대법원 2001. 3. 23. 선고 99두5238 판결 참조).

유로 재징계를 하게 되면 그 재징계는 기속력을 위반한 것이 되어 당연무효가 된다는 점도 일반 재결과 같다.[36]

### 다. 소청심사결정의 기속력으로 인하여 발생하는 특수한 문제들(사립학교 교원의 경우)

#### (1) 행정법원이 '교원소청심사위원회의 결론(불이익처분이 결론적으로 적법한지, 위법한지)은 옳으나 이유가 틀렸다'고 판단할 경우의 행정판결의 주문

사립학교 교원의 경우에는 불이익처분이 아니라 소청심사결정이 행정소송의 대상이 된다. 따라서 행정판결은 교원소청심사위원회에 대해서만 기속력을 가지고 소청심사결정이 비로소 사립학교에 대해서 기속력을 가지기 때문에, 행정판결은 교원소청심사위원회를 매개로 하여 사립학교에 영향을 미칠 뿐이다(이와 달리 국·공립학교의 경우에는 원처분주의에 의하여 불이익처분이 행정소송의 대상이 되기 때문에 행정판결이 처분권자를 직접 기속한다). 그런데 행정법원이 '소청심사결정의 취소를 구하는 원고의 청구'를 기각하여 소청심사결정이 그대로 확정되면, 소청심사결정의 주문과 그 전제가 되는 이유에 관한 판단만이 사립학교를 기속하게 되고, 설령 행정판결 이유에서 소청심사결정과 달리 판단된 부분이 있더라도 이는 사립학교에 대한 기속력을 가지지 않는다. 따라서 '사립학교의 불이익처분을 취소하는 내용의 소청심사결정'에 대한 취소소송에서, 법원은 만일 원고(사립학교)의 청구를 기각할 경우 소청심사결정이 사립학교에 어떤 내용의 기속력을 가지는지를 반드시 고려하여 소청심사결정의 취소 여부를 결정하여야 한다.

##### ㈎ 소청심사결정을 취소하면 사립학교가 '소청심사결정이 그대로 확정된 경우'와 다른 내용의 후속처분을 하게 되는 경우

예를 들어, 수 개의 징계사유가 있을 뿐 교원소청심사위원회가 ① 징계사유 전부가 인정되지 않는다고 보아 불이익처분을 취소하는 결정을 하거나 ② 징계사유의 일부만이 인정되고 그것만으로 징계양정이 과하다고 보아 불이익처분을 취소하는 결정을 한 경우를 예로 들어 본다. 이 경우 행정법원이 '소청심사결정의 취소를 구하는 원고(사립학교)의 청구'를 기각하여 소청심사결정이 그대로 확정된다면, 위 ①의 경우에는 사립학교는 재징계를 하지 못하게 되고, 위 ②의 경우에는 사립학교는 인정되는 징계사유만으로 종전보다 낮은 수준의 징

36) 대법원 2013. 7. 25. 선고 2012두12297 판결.

계를 할 수밖에 없게 된다.

그런데 행정법원이 보기에 소청심사결정이 그 결론(=불이익처분의 위법)뿐 아니라 그 이유(①의 경우에는 징계사유 전부 불인정, ②의 경우에는 징계사유 일부만 인정)까지도 옳다고 판단한다면 원고의 청구를 기각하여도 법원의 판단과 소청심사결정의 기속력의 내용이 동일하게 되어, 법원의 판단이 사립학교에 관철되는 결과가 된다. 그러나 행정법원이 교원소청심사위원회의 결론에는 동의하나 그 이유를 달리하는 경우(①의 경우에는 법원이 징계사유 중 일부만 인정되지만 양정이 과다하여 불이익처분이 위법하다고 판단하는 경우가 될 것이고, ②의 경우에는 법원이 징계사유 전부가 인정되지 않아 불이익처분이 위법하다고 판단하는 경우가 될 것이다)에는 법원이 그 판단을 사립학교에 강제하기 위해서는 반드시 소청심사결정을 취소하는 주문을 내야 한다. 만일 행정법원이 결론이 동일하다고 보아 만연히 원고 청구를 기각하는 판결을 하게 되면, 위 ①의 경우에는 '징계사유가 인정되지 않는다'는 소청심사결정이 그대로 확정되고, 그 기속력으로 인하여 (비록 행정판결에서 징계사유가 일부 인정된다고 설시되었음에도) 사립학교는 재징계를 못하게 된다. 위 ②의 경우에는 '일부 징계사유는 인정되고 나머지 징계사유는 인정되지 않는다'는 소청심사결정이 그대로 확정되어 (행정판결에서는 징계사유 전부가 인정된다고 설시되었음에도) 사립학교는 소청심사결정에서 인정된 징계사유로 재징계를 할 수 있게 되기 때문이다.[37)]

#### ㈏ 소청심사결정을 취소하여도 사립학교가 '소청심사결정이 그대로 확정된 경우'와 동일한 후속처분을 하게 되는 경우

그런데 행정법원이 소청심사결정과 이유를 달리 하는 경우에도, 사립학교가 취해야 하는 후속처분이, 행정법원이 소청심사결정을 취소하든 유지하든 달라지지 않는다면, 대법원은 행정법원이 소청심사결정을 취소할 필요가 없다는 견해를 취하고 있다. 이 대법원 2018. 7. 12. 선고 2017두65821 판결의 사안은 다음과 같다. 교원소청심사위원회가 불이익처분의 근거가 된 사립학교 내부규칙 그 자체가 위법하여 효력이 없다는 이유로 불이익처분을 취소하는 결정을 하였고, 이에 대하여 사립학교가 행정소송을 제기하였는데, 법원이 심리한 결과 내부규칙은 적법하지만 해당 교원이 그 내부규칙을 위반하였다고 볼 증거가 없다고 판단하는 경우에, 법원이 어떤 주문을 내야 하는지가 문제된 것이다. 위 판

37) 대법원 2013. 7. 25. 선고 2012두12297 판결.

결은 "비록 교원소청심사위원회가 내린 결정의 전제가 되는 이유와 판결 이유가 다르다 하더라도 법원은 교원소청심사위원회의 결정을 취소할 필요 없이 학교법인 등의 청구를 기각할 수 있다고 보아야 한다. 왜냐하면 교원의 내부규칙 위반사실이 인정되지 않는 이상 학교법인 등이 해당 교원에 대하여 다시 불리한 처분을 하지 못하게 되더라도 이것이 교원소청심사위원회 결정의 기속력으로 인한 부당한 결과라고 볼 수 없기 때문이다."라고 설시하였다.

(2) 상소의 이익

상소는 자기에게 불이익한 재판에 대하여 유리하게 취소변경을 구하기 위하여 하는 것이기 때문에 승소 판결에 대한 상소는 허용할 수 없고, 재판이 상소인에게 불이익한지의 여부는 원칙적으로 재판의 주문을 표준으로 하여 판단하여야 하는 것이어서 청구가 인용되었으면 비록 그 판결 이유에 불만이 있더라도 상소의 이익이 없다는 것이 판례의 태도이다.[38]

그런데 소청심사결정에 대한 취소소송에서는 두 개의 기속력이 작용한다는 특수성이 있다. 즉 취소판결의 기속력이 교원소청심사위원회에 미치고, 이와 별도로 불이익처분을 취소하는 소청심사결정의 기속력이 사립학교에 미친다. 이러한 측면을 고려하여 1심에서 전부 승소한 원고가 항소를 제기하는 것이 허용되어야 하는지가 문제된다. 예를 들어, 사립학교의 징계해임처분에 대해서 교원소청심사위원회가 '징계사유가 인정되고 양정도 정당하다'고 보아 소청심사청구를 기각하자, 교원이 취소소송을 제기한 사안에서, 1심은 '징계사유는 인정되나 양정이 부당하다'는 이유로 소청심사결정을 취소(원고청구 인용)하였는데, 1심에서 전부 승소한 원고가 징계사유 존부 판단이 부당하다면서 항소를 제기하는 것이 허용되는지이다. 원고의 항소가 허용되지 않으면, 교원소청심사위원회는 재처분절차에서 1심 판결의 취지에 따라 징계사유가 인정된다는 전제에서 양정이 과중하다며 해임처분을 취소할 수밖에 없고, 사립학교는 이 소청심사결정의 기속력으로 인하여 양정을 감경한 처분을 하여야 하지만, 재징계 자체는 가능하게 된다.[39] 이와 달리 원고(교원)의 항소가 허용되어 항소심에서 징계사유가 인정되지 않는다는 판결을 받게 되면 교원소청심사위원회는 재처분절차에서 징계사유

38) 대법원 1992. 3. 27. 선고 91다40696 판결.

39) 만일 교원소청심사위원회가 (취소결정 대신) 정직으로 변경하는 처분을 하면 곧바로 형성력이 발생한다.

불인정을 이유로 징계처분을 취소하게 되고, 사립학교는 재징계를 할 수 없으므로, 항소가 허용되지 않는 경우와 비교하여 원고의 법률상 지위에 차이가 발생한다. 이러한 문제 의식에서 항소이익을 인정한 하급심 판결로는 서울고법 2016. 6. 23. 선고 2015누71091 판결[40]과 서울고법 2016. 6. 23. 선고 2016누33300 판결[41]이 있다.

그런데 일반 행정처분이 문제된 사안에서 대법원은 기속력이 있다는 이유만으로는 상소이익을 인정하지는 않고 있다.[42] 파면처분을 받은 국가공무원이 ① 징계사유 부존재, ② 징계절차의 하자, ③ 징계양정의 재량권 일탈·남용을 주장하며 파면처분취소의 소를 제기하였고, 원심이 ①, ② 주장을 배척하고, ③ 주장을 인용하여 징계처분을 취소하였으며, 원고가 원심의 ①, ② 주장에 대한 판단을 다투며 부대상고를 한 사안에서, 대법원은 "원심판결 이유 가운데 불이익한 부분이 있다 하더라도 판결주문에 아무런 영향이 없는 당사자는 그 판결이유의 변경을 구하기 위하여 상고할 수는 없다"면서 원고가 제기한 부대상고가 상고의 이익이 없어 부적법하다고 판단하였다.[43] 이러한 대법원 태도가 분쟁의 일회적 해결을 저해하는 측면이 있지만, 위 판례가 유지되는 상황에서는 소청심사결정의 이중적 기속력을 특수한 사정으로 삼아 상소이익을 일반 행정처분과 다르게 판단하기는 어렵다고 생각한다.

### 4. 교원소청심사위원회가 집행정지 결정을 할 수 있는지 여부

행심법 30조 2항은 "(행정심판)위원회는 처분, 처분의 집행 또는 절차의 속행 때문에 중대한 손해가 생기는 것을 예방할 필요성이 긴급하다고 인정할 때에는 직권으로 또는 당사자의 신청에 의하여 처분의 효력, 처분의 집행 또는 절차의 속행의 전부 또는 일부의 정지를 결정할 수 있다."라고 규정하고 있는데,

---

40) 대법원 2016. 11. 10.자 2016두46021 판결로 심리불속행 상고기각.

41) 사립학교가 A, B, C를 징계사유로 징계처분을 하고, 교원소청심사위원회가 A만 인정되고, B, C는 인정되지 않는다고 보아 징계처분을 취소하자, 사립학교가 취소소송을 제기하였고, 1심은 A 외에 B도 인정(C는 불인정)하면서 소청심사결정을 취소(원고 전부승소)한 사안에서, C까지 인정되어야 한다는 취지의 원고(사립학교)의 항소가 항소이익이 있다고 판단하였다. 대법원 2018. 10. 12. 선고 2016두46670 판결로 상고기각되었는데, 항소이익 유무는 상고이유에 포함되지 않았다.

42) 이에 대한 비판적 견해로는 이상덕, 563~611쪽 참조.

43) 대법원 1978. 12. 26. 선고 78누366, 3388 판결. 같은 취지의 판결로 대법원 2000. 9. 8. 선고 98두5903 판결, 대법원 2011. 6. 30. 선고 2009두355 판결이 있다.

교원지위법 자체에는 집행정지에 관한 규정이 없다.

교원소청심사위원회는, 집행정지에 관한 행심법 규정은 교원소청심사위원회가 재결청의 지위에서 결정하는 경우, 즉 국·공립학교 교원에 대한 불이익처분의 경우에만 적용된다고 보아 사립학교 교원에 관해서는 (본안 결정 전에) 집행정지 결정을 할 수 없다는 태도이다.[44)]

### 5. 소청심사결정에 대한 불복

앞서 다룬 바와 같이, 소청심사결정에 불복하려는 경우, 국·공립학교 교원은 불이익처분 자체의 취소를 구하는 행정소송을 제기해야 하고(처분권자는 불복할 수 없다), 사립학교 교원은 소청심사결정의 취소를 구하는 행정소송을 제기해야 한다(사립학교도 행정소송을 제기할 수 있다).

사립학교 교원이 소청심사청구를 하여 해임처분의 효력을 다투던 중 형사판결 확정 등 당연퇴직사유가 발생하여 교원의 지위를 회복할 수 없다고 할지라도, 해임처분이 취소되거나 변경되면 해임처분일부터 당연퇴직사유 발생일까지의 기간에 대한 보수 지급을 구할 수 있는 경우에는 소청심사청구를 기각한 교원소청심사위원회 결정의 취소를 구할 법률상 이익이 있다.[45)]

## V. 불이익처분의 종류별 검토: 징계처분, 직권면직처분, 재임용거부처분을 중심으로

아래에서는 대표적인 불이익처분인 징계처분, 직권면직처분, 재임용거부처분에 관하여 서술한다. 징계처분이나 재임용거부처분은 국·공립대학 교원과 사립학교 교원에게 동일한 논의가 적용되고, 직권면직처분의 경우에는 약간의 요건 차이가 있다.

징계처분과 직권면직처분에 관한 논의는 초·중·고등학교 교원이나 대학교 교원 모두에 적용되나, 재임용거부처분은 대학교 교원에 한정된 문제임을 유의할 필요가 있다.

한편 사립학교 교원에 관한 논의는 소청심사결정 및 그에 대한 행정소송뿐

44) 교원소청심사위원회, 162~163면.
45) 대법원 2024. 2. 8. 선고 2022두50571 판결.

아니라 불이익처분의 무효확인을 구하는 민사소송에도 동일하게 적용된다.

## 1. 징계처분

국·공립학교 교원에 대한 징계에 관해서는 국가공무원법이 관련 규정을 두고 있고, 교육공무원법은 징계시효 등 몇 가지 특칙만을 정하고 있다. 사립학교 교원에 관해서는 사립학교법 4장 3절에서 징계에 관한 규정을 두고 있다.

국·공립학교 교원에 대한 징계와 사립학교 교원에 대한 징계는 근거 법률은 다르지만, 그 규정 내용은 거의 동일하며, 교원소청심사위원회나 법원도 실질적으로 동일한 기준에 따라 징계처분이 적법한지를 판단하고 있는 것으로 보인다.

### 가. 징계사유

#### (1) 법정 징계사유

국공법과 사립학교법이 규정하고 있는 징계사유는 다음과 같이 세 가지이다.[46)]

| |
|---|
| ① 국공법 위반 또는 위 법에 따른 명령 위반(국·공립학교 교원의 경우) / 사립학교법과 교육관계법령에 위반하여 교원의 본분에 배치되는 행위를 한 때(사립학교 교원의 경우)<br>② 직무상의 의무 위반 또는 직무 태만<br>③ 직무의 내외를 불문한 교원으로서의 품위 손상 |

직무와 무관한 품위 손상에 관하여 판례는 "교원은 항상 사표가 될 품성과 자질의 향상에 힘쓰며 학문의 연찬 및 교육의 원리와 방법을 탐구, 연마하여 학생의 교육에 전심전력하여야 하는 점을 고려할 때 교원에게는 일반 직업인보다 더 높은 도덕성이 요구되고 교원의 품위손상행위는 본인은 물론 교원사회 전체에 대한 국민의 신뢰를 실추시킬 우려가 있으므로 사립학교법은 사립학교 교원에 대하여도 직무와 관련된 부분은 물론 사적인 부분에서도 품위를 유지할 의무를 규정하고 있는데, 여기서 품위라 함은 국민에 대한 교육자로서의 직책을 맡아 수행해 나가기에 손색이 없는 인품을 말하고 어떤 행위가 품위손상행위에

46) 국공법 78조 1항, 사립학교법 61조 1항.

해당하는가는 구체적 상황에 따라 건전한 사회통념에 의하여 판단하여야" 한다고 설시하고 있다.[47]

(2) 증명책임의 소재와 증명의 정도

징계사유에 해당하는 사실에 대한 증명책임은 징계의 적법성을 주장하는 자, 즉 학교 측에 있다. 이 점은 국·공립학교 교원의 경우든, 사립학교 교원의 경우든, 소청심사 절차에서든, 소청심사결정에 대한 행정소송에서든, 민사소송에서든 모두 동일하다.

증명의 정도와 관련하여 대법원은 "민사소송이나 행정소송에서 사실의 증명은 추호의 의혹도 없어야 한다는 자연과학적 증명이 아니고, 특별한 사정이 없는 한 경험칙에 비추어 모든 증거를 종합적으로 검토하여 볼 때 어떤 사실이 있었다는 점을 시인할 수 있는 고도의 개연성을 증명하는 것이면 충분하다."라고 하면서 "민사책임과 형사책임은 그 지도이념과 증명책임, 증명의 정도 등에서 서로 다른 원리가 적용되므로, 징계사유인 성희롱 관련 형사재판에서 성희롱 행위가 있었다는 점을 합리적 의심을 배제할 정도로 확신하기 어렵다는 이유로 공소사실에 관하여 무죄가 선고되었다고 하여 그러한 사정만으로 행정소송에서 징계사유의 존재를 부정할 것은 아니다."라고 하고 있다.[48]

나. 징계의 종류

징계권자가 선택할 수 있는 징계의 종류에는 파면·해임·강등·정직·감봉·견책이 있고, 이 점은 국·공립학교 교원과 사립학교 교원이 모두 같다.[49] 다만 세부적으로 차이가 나는 부분도 있는데, 국·공립학교 교원이 정직처분을 받게 되면 정직기간 동안 보수 전액이 지급되지 않으나,[50] 사립학교 교원은 보수의 2/3만이 삭감된다.[51]

다. 징계재량의 범위 및 재량하자의 판단기준

(1) 판례는, 교원에 대하여 징계를 할 것인지, 징계처분을 하면 어떠한 종류의 징계를 할 것인지에 관하여 재량을 가지기 때문에 그 징계처분이 사회통념

47) 대법원 2000. 6. 9. 선고 98두16613 판결.
48) 대법원 2018. 4. 12. 선고 2017두74702 판결.
49) 국공법 79조, 사립학교법 61조 2항.
50) 국공법 80조 3항.
51) 사립학교법 61조 3항.

상 현저하게 타당성을 잃어 징계권자에게 맡겨진 재량권을 남용한 것이라고 인정되는 경우에 한하여 그 징계처분이 위법하게 된다는 입장이다. 구체적으로 어떤 경우가 재량권을 남용한 경우에 해당하는지에 관하여는 '① 징계권을 부여한 목적에 반하거나, ② 징계사유로 삼은 비행의 정도에 비하여 균형을 잃은 과중한 징계처분을 선택함으로써 비례의 원칙에 위반하거나 ③ 합리적인 사유 없이 같은 정도의 비행에 대하여 일반적으로 적용하여 온 기준과 어긋나게 공평을 잃은 징계처분을 선택함으로써 평등의 원칙에 위반한 경우'를 들고 있다.[52)]

(2) 징계양정에 관하여 보면, 교원에게는 일반 근로자에 비하여 높은 수준의 윤리의식과 책임의식이 요구되는데, 하급심 판결례 중에는 징계양정의 적정성을 판단하면서 "국민교육의 중심인 학교교육의 수행자로서 고도의 자율성과 사회적 책임성이 있는 전문직이고, 교육의 자주성과 공공성을 견지하기 위하여 높은 수준의 윤리의식과 책임의식이 요구되는 점"을 근거로 들거나,[53)] "교원은 항상 사표가 될 품성과 자질을 갖추고 이를 향상시키기 위해 노력하여야 하므로 일반 직업인보다 더 높은 도덕성과 성실성이 요구되고, 이를 손상하는 행위는 본인은 물론 교원 사회 전체에 대한 국민의 신뢰를 실추시킬 우려가 있다."[54)]라고 설시한 것이 있다.

(3) 징계사유 자체 외에도 피징계자의 평소의 소행, 근무성적, 징계처분 전력, 해당 징계사유 전후에 저지른 징계사유로 되지 아니한 비위사실도 징계양정에서 참고자료가 될 수 있다.[55)] 그리고 수 개의 징계사유 중 일부가 인정되지 않더라도 그 자체로 징계처분이 위법하게 되는 것은 아니고, 인정되는 나머지 징계사유만으로도 해당 징계처분이 재량권의 한계를 벗어나지 않으면 징계처분은 적법하다.[56)] 이는 교원뿐 아니라 다른 공무원이나 사기업의 일반 근로자에 대한 징계에도 마찬가지로 적용되는 법리들이다.[57)]

### 라. 직위해제

사립학교 교원의 경우에는 징계의결이 요구된 교원에 대해서는 징계절차가

52) 대법원 2004. 6. 25. 선고 2002다51555 판결, 대법원 2017. 10. 31. 선고 2014두45734 판결.
53) 서울고법 2006. 5. 19. 선고 2005누19483 판결.
54) 대구고법 2018. 4. 20. 선고 2017누4742 판결.
55) 대법원 2004. 6. 25. 선고 2002다51555 판결.
56) 대법원 2004. 6. 25. 선고 2002다51555 판결.
57) 대법원 1983. 4. 26. 선고 82누405 판결, 대법원 1998. 5. 22. 선고 98다2365 판결, 대법원 2007. 12. 28. 선고 2006다33999 판결 등.

종결될 때까지 직위를 부여하지 않을 수 있는데(사립학교법 58조의2 1항 2호), 국·공립학교 교원의 경우에는 파면, 해임, 강등, 정직에 해당하는 징계의결이 요구되는 경우에만 직위해제가 가능하다(국공법 73조의3 1항 3호).

## 2. 직권면직처분

### 가. 의 의

일반적으로 면직처분은 징계에 의하지 않고 신분을 종국적으로 상실시키는 인사조치를 지칭할 때 사용되는 용어인데, 교원이 스스로 면직(사직)을 희망하는 경우에 사직 처리를 하는 것을 의원면직이라고 하고, 교원이 원치 않는데도 임용권자가 면직시키는 것을 직권면직이라고 한다. 당연퇴직(교공법 43조의2, 사립학교법 57조)도 신분이 박탈된다는 점에서는 면직과 같으나, 임용권자의 결정에 의하는 것이 아니라 법이 정한 일정한 사실이 발생한 때에 자동적으로 신분 상실의 효과가 발생한다는 점에서 면직과 구분된다.

### 나. 국·공립대학 교원

국가공무원법이 규정하고 있는 직권면직 사유는 다음과 같다(70조 1항).

- 직제와 정원의 개폐 또는 예산의 감소 등에 따라 폐직 또는 과원이 되었을 때(3호, 이때에는 임용 형태, 업무 실적, 직무수행 능력, 징계처분 사실 등을 고려하여, 면직 기준을 정하여야 한다.[58])
- 휴직 기간이 끝나거나 휴직 사유가 소멸된 후에도 직무에 복귀하지 아니하거나 직무를 감당할 수 없을 때(4호)
- 직무수행 능력이 부족하거나 근무성적이 극히 나빠 직위해제 처분과 함께 대기명령을 받은 자가 대기기간에 능력 또는 근무성적의 향상을 기대하기 어렵다고 인정된 때(5호)
- 전직시험에서 세 번 이상 불합격한 자로서 직무수행 능력이 부족하다고 인정된 때(6호)
- 병역판정검사·입영 또는 소집의 명령을 받고 정당한 사유 없이 이를 기피하거나 군복무를 위하여 휴직 중에 있는 자가 군복무 중 군무를 이탈하였을 때(7호)
- 해당 직급·직위에서 직무를 수행하는데 필요한 자격증의 효력이 없어지거나 면허가 취소되어 담당 직무를 수행할 수 없게 된 때(8호)

58) 국공법 70조 3항.

- ○ 고위공무원단에 속하는 공무원이 고위공무원 적격심사 결과 부적격 결정을 받은 때(9호)

### 다. 사립학교 교원

사립학교법 58조 1항이 정하고 있는 면직사유는 아래와 같다.

- ○ 휴직 기간이 끝나거나 휴직 사유가 소멸된 후에도 직무에 복귀하지 아니하거나 직무를 감당할 수 없을 때(1호)
- ○ 근무성적이 극히 불량한 때(2호)
- ○ 정부를 파괴함을 목적으로 하는 단체에 가입하고 이를 방조한 때(3호)
- ○ 정치운동을 하거나 집단적으로 수업을 거부하거나 또는 어느 정당을 지지 또는 반대하기 위하여 학생을 지도·선동한 때(4호)
- ○ 인사기록에 있어서 부정한 채점·기재를 하거나 허위의 증명이나 진술을 한 때(5호)
- ○ 거짓이나 그 밖의 부정한 방법으로 임용된 때(6호)

한편, 사립학교법 56조 1항은 "사립학교 교원은 형의 선고·징계처분 또는 이 법에 정하는 사유에 의하지 아니하고는 본인의 의사에 반하여 휴직 또는 면직등 불리한 처분을 받지 아니한다. 다만, 학급·학과의 개폐에 의하여 폐직이나 과원이 된 때에는 그러하지 아니하다."라고 규정하여, '학급·학과의 개폐로 인한 폐직·과원'이 발생한 경우에도 직권면직처분이 허용된다. 이에 관하여 판례는 폐직·과원의 원인이 된 학급·학과의 개폐가 적법한 학칙 개정 절차에 의해야 하고, 면직회피가 가능하지 않거나 (면직회피가 가능한 경우에는) 합리적이고 객관적인 기준에 따라 면직 대상자를 선정해야 직권면직처분이 유효하다고 한다.

#### (1) 학급·학과의 개폐로 인한 폐직·과원의 발생

사립학교가 교원의 수를 축소하기 위하여 직권면직처분을 하는 것은 학급이나 학과를 개폐함으로 인하여 폐직이나 과원이 발생한 경우에만 허용된다. 학과의 폐지와 관련하여 대법원은 "학과의 폐지는 학생의 학습권을 실질적으로 침해하지 아니하는 한도 내에서 허용되어야 하므로, 학습권 보호를 위하여 합리적인 조치가 취하여져 학습권이 실질적으로 침해되지 아니하였다고 볼 수 있는 등의 특별한 사정이 없는 한, 사립학교 법인은 학과의 폐지 이전에 폐지 대상

학과에 학적을 두고 있는 재학생 및 휴학생을 포함한 모든 재적생에 대하여 전과 등의 적절한 조치를 취하여 재적생이 존재하지 아니하게 된 경우에 비로소 학과를 폐지할 수 있다."라고 판시하면서, 재학생은 없지만 휴학생이 24명 남아 있는 상황에서 과를 폐지하고 폐과를 이유로 그 과의 교원을 직권면직한 것은 위법하다고 판단하였다.[59)]

#### (2) 학급·학과의 개폐가 적법한 학칙 개정 절차에 의할 것

고등교육법 시행령은 4조 1항 1호에서 '전공의 설치와 학생정원'을 학교규칙(줄여서 학칙이라 한다)의 필수적 기재사항으로 규정하고 있고, 4조 3항에서 학칙의 개정 시 '학칙이 정하는 바에 따라 개정안의 사전공고, 심의 및 공포의 절차를 거쳐야 한다'고 규정하고 있다. 따라서 학급·학과의 개폐가 적법하려면, 학급·학과의 개폐가 학칙의 개정을 통해 이루어져야 하고, 이러한 내용의 학칙 개정은 학칙에서 규정한 개정 절차를 따라야 한다. 결국 학칙에서 정한 학칙개정 절차를 준수할 것은 직권면직처분의 또 하나의 적법 요건이 된다.

대법원은, 학칙에서 '학칙 개정 시 교수회의 심의를 거칠 것'을 규정한 사립학교가 교수회의의 심의를 거치지 아니하고 '시각정보디자인과를 설치학과에서 삭제하는 내용의 학칙 개정'을 한 후 해당 과 교원을 직권면직한 사안에서, 교수회의 심의를 결한 학칙 개정은 효력이 없어 직권면직처분이 무효라고 판단하였다.[60)]

#### (3) 면직회피가 가능하지 않을 것(면직회피가 가능할 경우에는 합리적이고 객관적으로 면직 대상자를 선정할 것)

판례는, 사립대학이 학급·학과를 폐지하고 그에 따라 폐직·과원이 되었음을 이유로 교원을 직권면직할 때에, 학교법인 산하의 다른 사립학교나 해당 학교의 다른 학과 등으로 교원을 전직발령 내지 배치전환함으로써 면직을 회피하거나 면직대상자를 최소화할 여지가 있는 경우에는 국공법 70조 3항의 규정을 유추적용하여 임용형태·업무실적·직무수행능력·징계처분사실 등을 고려한 면직기준을 정하고 그 기준에 의한 심사결과에 따라 면직 여부를 결정하여야 하고(그렇지 않으면 재량권 일탈·남용이 된다), 그와 달리 사립대학의 사정상 전직발령이나 배치전환 등에 의한 교원의 면직회피 가능성이 전혀 없는 경우에는 위

59) 대법원 2016. 12. 29. 선고 2014두40999 판결.
60) 대법원 2012. 9. 13. 선고 2012다45481 판결.

와 같은 기준에 따라 대상자를 결정하지 않더라도 직권면직처분이 정당하다는 태도이다.[61]

면직회피 가능성과 관련하여, 사립학교가 컴퓨터정보과를 폐지하고, 그 과의 조교수인 원고를 학과폐지를 이유로 직권면직처분을 한 사안에서, 대법원은 그 대학의 관광정보처리과 및 부사관과의 교과목 중 상당수가 원고의 전공과 관련되어 있고, 영유아보육복지과의 일부 과목도 관련이 있으며, 관광정보처리과의 전임교원들은 책임시수를 초과한 강의를 하고 있고, 부사관과와 영유아보육복지과의 전임교원 확보율은 교육부가 정한 기준에 미치지 못하는 점 등을 들어, 사립학교가 원고를 인접학과로 전환배치하여 면직을 회피할 수 있었다고 보아, 원고를 구제하기 위한 별다른 노력을 기울이지 않은 채 이루어진 직권면직처분이 재량권을 일탈 · 남용하였다고 판단하였다.[62]

### 3. 재임용거부처분(대학 교원의 경우)

#### 가. 제도의 변천 과정[63]

##### (1) 재임용제도 도입 이전

1975년 재임용제도가 도입되기 전에는 국 · 공립대학 교수는 교공법에 의하여, 사립대학 교수는 (교공법을 준용하도록 한) 사립학교법에 의하여 그 정년이 보

61) 대법원 2008. 3. 13. 선고 2007다66071 판결("국 · 공립학교의 경우에는 학교 · 학과 또는 학부의 폐지로 폐직, 과원이 되더라도 교원 임용주체인 국가나 지방자치단체가 산하의 다른 국 · 공립학교나 해당학교의 다른 학과, 학부 등으로 교원을 전직발령 내지 배치전환하여 교원의 면직을 회피하거나 면직대상자를 최소화할 수 있는 가능성이 보다 큰 반면, 사립학교에서는 폐과 등으로 폐직, 과원이 된 때에도 학교법인이 설치 · 운영하는 다른 학교가 없어 전직발령이 불가능하고 해당학교의 다른 학과에도 관련 강의가 전혀 개설되어 있지 않아 타학과의 교과목 강의의 배정도 불가능한 경우와 같이 결국 교원의 실적이나 능력에 별다른 하자가 없더라도 면직이 불가피하게 되는 상황이 발생할 수 있으므로, '사립학교의 경우 폐과로 인한 폐직, 과원이 된 때 교원을 직권면직함에 있어서도 국가공무원법 제70조 제 3 항, 지방공무원법 제62조 제 3 항의 규정을 유추하여 임용형태 · 업무실적 · 직무수행능력 · 징계처분사실 등을 고려한 면직기준을 정하고 그 기준에 의한 심사 결과에 따라 면직 여부를 결정하여야 한다'는 것은 어디까지나 학교법인이 산하의 다른 사립학교나 해당학교의 다른 학과 등으로 교원을 전직발령 내지 배치전환함으로써 면직을 회피하거나 면직대상자를 최소화할 여지가 있는 경우에 한한다고 보아야 하고, 이와 달리 사립학교의 사정상 전직발령 내지 배치전환 등에 의한 교원의 면직회피 가능성이 전혀 없는 경우에는 위와 같은 면직기준에 따른 심사절차를 거치지 아니하였다고 하더라도, 학과의 폐지 자체가 불가피하고 정당한 것이라면 이를 이유로 한 교원의 면직은 합리적이고 객관적인 근거에 기한 것으로서 역시 정당한 것이라고 할 수밖에 없다.").

62) 대법원 2011. 7. 14. 선고 2011두2217 판결.

63) 이원범, 232~238면을 참조하였다.

장되었고, 정년이 도래하기 전에는 형의 선고, 징계처분 또는 그 밖의 법정사유에 의하지 않고는 면직되지 않는 신분보장을 받았다.

(2) 재임용제도의 도입

1975. 7. 23. 교공법과 사립학교법이 각각 법률 2774호와 2775호로 개정되면서 교수재임용제도가 도입되었는데, 국·공립대학의 교원은 임용 시 반드시 일정한 기간(교수와 부교수는 임용 시 6~10년, 조교수와 전임강사는 2~3년)을 정하여 임용하도록 하였고(구 교공법 9조 3항), 사립대학은 직명별로 10년 이하의 범위 안에서 사립학교의 정관이 정하는 바에 따라 기간을 정하여 임면하도록 하였다(구 사립학교법 53조의2).

이 시기의 판례는 '재임용기간이 만료되면 교원으로서의 신분관계는 당연히 종료하고, 교원은 재임용에 대한 기대권을 갖지 않는다'는 이유로 재임용심사에서 탈락한 교원은 국·공립대학 교원이든 사립대학 교원이든 마찬가지로 재임용거부처분에 대하여 행정소송이나 민사소송을 제기할 수 없다고 판단하였다. 국·공립대학의 재임용거부처분은 그 처분성을 부정하였고,[64] 사립학교대학의 재임용거부처분의 경우에는 무효확인청구의 확인의 이익을 부정하였다.[65]

64) 대법원 1997. 6. 27. 선고 96누4305 판결["교육공무원법 제11조 제3항, 교육공무원임용령 제5조의2 제2항에 의하면 대학에 근무하는 조교수는 4년 이내의 기간을 정하여 임용하도록 규정하고 있을 뿐(1991. 3. 8. 법률 제4373호로 개정되기 이전의 교육공무원법 제11조 제3항에 의하면 대학에 근무하는 조교수는 2년 내지 3년의 기간을 정하여 임용하도록 규정되어 있었다) 위 법률의 어디에도 임용권자에게 임용기간이 만료된 자를 재임용할 의무를 지우거나 재임용절차 및 요건 등에 관하여 아무런 근거규정을 둔 바 없으므로, 기간을 정하여 임용된 대학교원은 그 임용기간의 만료로 대학교원으로서의 신분관계는 당연히 종료되는 것이고, 그 임용기간의 만료에 따른 재임용의 기대권을 가진다고 할 수 없으며, 이와 같이 기간을 정하여 임용된 대학교원이 그 기간이 만료된 때에 만약 재임용계약을 체결하지 못하면 재임용거부결정 등 특별한 절차를 거치지 않아도 당연퇴직되는 것이므로 임용권자가 인사위원회의 심의결정에 따라 교원을 재임용하지 않기로 하는 결정을 하고서 이를 통지하였다고 하더라도 이는 교원에 대하여 임기만료로 당연퇴직됨을 확인하고 알려주는 데 지나지 아니하고, 이로 인하여 어떠한 법률효과가 발생하는 것은 아니므로(당원 1987. 6. 9. 선고 86다카2622 판결, 1995. 1. 20. 선고 93다55425 판결 등 참조) 이를 행정소송의 대상이 되는 행정처분이라고 할 수 없다."].

65) 대법원 1997. 6. 10. 선고 97다3132 판결("사립학교법 제53조의2 제3항의 규정에 의하여 기간을 정하여 임용된 사립대학의 교원은 학교법인의 정관이나 인사규정에 재임용의무를 부여하는 근거 규정이 없다면 재임용계약을 체결하지 못한 이상 재임용거부결정 등 특별한 절차를 거치지 않더라도 임용기간의 만료로 당연히 교원으로서의 신분을 상실하므로, 그 후 학교법인 등이 그 교원에 대하여 한 재임용제외처분 및 통지는 임기만료로 당연퇴직됨을 확인하고 알려주는 데 그칠 뿐 이로 인하여 그 교원과 학교법인 사이에 어떠한 법률효과가 발생하는 것은 아니고, 따라서 이에 대한 무효확인을 구할 소의 이익도 없다고 할 것이다."), 대법원 1997. 6. 27. 선고 96다7069 판결("기간을 정하여 임용된 대학교원은 임용기간의 만료로 그

손해배상청구에 관해서도 대법원은 임용기간이 만료된 대학교원에 대한 재임용 여부는 임명권자의 판단에 따른 재량행위라는 점을 근거로 급료 상당의 손해배상청구를 배척하였다.[66] 한편 헌법재판소는 대학교원의 기간임용제가 교원지위 법정주의에 반하여 위헌이라고 볼 수 없다고 결정하였다.[67]

#### (3) 2003년의 사립학교법에 대한 헌법불합치 결정(이하 '2003년 불합치결정')

헌법재판소는 교수재임용에 대하여 기간에 관하여만 정하고 있었던 구 사립학교법[68] 53조의2 3항에 관한 2000헌바26 사건에서 2003. 2. 27. '위 규정은 임용기간이 만료되는 교원을 별다른 하자가 없는 한 다시 임용하여야 하는지의 여부 및 재임용대상으로부터 배제하는 기준이나 요건 및 그 사유의 사전 통지 절차에 관하여 아무런 지침을 포함하고 있지 않을 뿐만 아니라, 부당한 재임용 거부의 구제에 관한 절차에 대해서도 아무런 규정을 두고 있지 아니하는 점, 객관적인 기준의 재임용거부사유와 재임용에서 탈락하게 되는 교원이 자신의 입장을 진술할 수 있는 기회 그리고 재임용거부를 사전에 통지하는 규정 등이 없으며, 나아가 재임용이 거부되었을 경우 사후에 그에 대해 다툴 수 있는 제도적 장치를 전혀 마련하지 아니하고 있어, 헌법 31조 6항에서 정하고 있는 교원지위 법정주의에 위반된다'는 이유로 헌법에 합치되지 않는다고 결정하였다.

곧이어 헌법재판소는 2003. 12. 18. 위 사립학교법 조항과 내용이 같은 구 사립학교법(1997. 1. 13. 법률 5274호로 개정되고 1999. 8. 31. 법률 6004호로 개정되기 전의 것) 53조의2 3항 전문에 대하여도 같은 이유에서 헌법불합치 결정을 하였다(2002헌바14, 32).

---

의 대학교원으로서의 신분관계는 당연히 종료되며, 교육법상 대학교수 등에게는 고도의 전문적인 학식과 교수능력 및 인격을 갖출 것을 요구하고 있어서 임용기간이 만료되면 임용권자는 이와 같은 여러 가지 사정을 참작하여 재임용 여부를 결정할 수 있어야 할 필요성이 있으므로, 임용기간이 만료된 자를 다시 임용할 것인지 여부는 결국 임용권자의 판단에 따른 자유재량행위에 속하고, … 또한 기간을 정하여 임용된 대학교원은 그 기간이 만료된 때에는 재임용 계약을 체결하여야 하고, 만약 재임용 계약을 체결하지 못하면 재임용거부결정 등 특별한 절차를 거치지 않아도 당연퇴직되는 것이므로, 학교법인이 교원인사위원회의 심의결정에 따라 교원을 재임용하지 않기로 한 결정 및 통지는 교원에 대하여 임기만료로 당연퇴직됨을 알려주는 데 지나지 아니하고, 이로 인하여 교원과 학교법인 사이에 어떠한 법률관계가 발생하는 것은 아니고, … 따라서 기간을 정하여 임용된 대학교원이 그 임용기간의 만료에 따른 재임용의 기대권을 가진다고 볼 수도 없다.").

66) 대법원 1997. 6. 10. 선고 97다3132 판결.

67) 헌재 1998. 7. 16. 선고 96헌바33 · 66 · 68 등 결정.

68) 구 사립학교법(1990. 4. 7. 법률 4226호로 개정되고 1997. 1. 13. 법률 5274호로 개정되기 전의 것)을 말한다.

#### (4) 국·공립대학 교원에 대한 재임용거부결정의 처분성을 인정(판례변경)[69]

대법원은 국립대학 조교수의 재임용거부가 문제된 대법원 2004. 4. 22. 선고 2000두7735 전원합의체 판결에서 "기간제로 임용되어 임용기간이 만료된 국·공립대학의 조교수는 교원으로서의 능력과 자질에 관하여 합리적인 기준에 의한 공정한 심사를 받아 위 기준에 부합되면 특별한 사정이 없는 한 재임용되리라는 기대를 가지고 재임용 여부에 관하여 합리적인 기준에 의한 공정한 심사를 요구할 법규상 또는 조리상 신청권을 가진다고 할 것이니, 임용권자가 임용기간이 만료된 조교수에 대하여 재임용을 거부하는 취지로 한 임용기간만료의 통지는 위와 같은 대학교원의 법률관계에 영향을 주는 것으로서 행정소송의 대상이 되는 처분에 해당한다고 할 것이다."라고 판단하고 처분성을 부정하였던 종전 견해(대법원 1997. 6. 27. 선고 96누4305 판결)를 변경하였다.

#### (5) 2005년 사립학교법, 교공법, 교원지위법의 개정 및 「대학교원 기간임용제 탈락자 구제를 위한 특별법」의 제정

2003년 헌법불합치결정의 취지에 따라 사립학교법이 2005. 1. 27. 법률 7352호로 아래 표와 같이 개정되었는데, 2003년 헌법불합치결정에서 합헌적 제도임이 인정된 재임용제도 자체는 존치하면서, 불합치결정 이유의 취지에 맞게 재임용심사의 절차, 재임용심사의 기준, 재임용거부처분에 대한 불복방법 등에 관한 조항이 추가되었다. 특히 재임용심사의 기준에 관하여는 "① 학생교육에 관한 사항, ② 학문연구에 관한 사항, ③ 학생지도에 관한 사항에 관한 평가 등 객관적인 사유로서, 학칙이 정하는 사유에 근거하여야 한다고 규정하였다. 같은 날 교공법도 법률 7353호로 함께 개정되어 위 사립학교법 규정들과 동일한 내용의 조항들이 추가되었다(11조의3 2~6항).

| 개정 전 사립학교법 53조의2 | 2005. 1. 27. 개정 사립학교법 53조의2 |
|---|---|
| ③ 대학교육기관의 교원은 정관이 정하는 바에 따라 근무기간·급여·근무조건, 업적 및 성과약정등 계약조건을 정하여 임용할 | ③ (좌동)<br>④ 제3항의 규정에 의하여 임용된 교원의 임면권자는 당해 교원의 임용기간이 만료되는 때에는 임용기간 만료일 4월전까지 임용기간이 만료된다는 사실과 재임용 심의를 신청할 수 있음을 당해 교원에게 통지(문서에 의한 통지를 말한다. |

69) 이원범, 233~234면.

| | |
|---|---|
| 수 있다. 이 경우 근무기간에 관하여는 국·공립대학의 교원에게 적용되는 관련규정을 준용한다.<br>④ 제 3 항의 규정에 의하여 임용된 교원의 임용기간이 종료되는 경우에 임면권자는 교원인사위원회의 심의를 거쳐 당해 교원에 대한 재임용여부를 결정하여야 한다. | 이하 이 조에서 같다)하여야 한다.<br>⑤ 제 4 항의 규정에 의하여 통지를 받은 교원이 재임용을 받고자 하는 경우에는 통지를 받은 날부터 15일 이내에 재임용 심의를 임면권자에게 신청하여야 한다.<br>⑥ 제 5 항의 규정에 의한 재임용 심의를 신청받은 임면권자는 제53조의3의 규정에 의한 교원인사위원회의 재임용 심의를 거쳐 당해 교원에 대한 재임용 여부를 결정하고 그 사실을 임용기간 만료일 2월전까지 당해 교원에게 통지하여야 한다. 이 경우 당해 교원을 재임용하지 아니하기로 결정한 때에는 재임용하지 아니하겠다는 의사와 재임용 거부사유를 명시하여 통지하여야 한다.<br>⑦ 교원인사위원회가 제 6 항의 규정에 의하여 당해 교원에 대한 재임용 여부를 심의함에 있어서는 다음 각호의 사항에 관한 평가 등 객관적인 사유로서 학칙이 정하는 사유에 근거하여야 한다. 이 경우 심의과정에서 15일 이상의 기간을 정하여 당해 교원에게 지정된 기일에 교원인사위원회에 출석하여 의견을 진술하거나 서면에 의한 의견제출의 기회를 주어야 한다.<br>1. 학생교육에 관한 사항<br>2. 학문연구에 관한 사항<br>3. 학생지도에 관한 사항<br>⑧ 재임용이 거부된 교원이 재임용 거부처분에 대하여 불복하고자 하는 경우에는 그 처분이 있음을 안 날부터 30일 이내에 교원지위향상을위한특별법 제 7 조의 규정에 의한 교원소청심사위원회에 심사를 청구할 수 있다. |

이와 같은 사립학교법, 교육공무원법의 개정과 함께 교원지위법도 같은 날 개정되어(2005. 1. 27. 법률 7354호) 7조 1항에서 교원소청심사위원회의 심사대상이 되는 '교원의 의사에 반하는 불리한 처분'에 '사립학교법 53조의2 6항의 규정에 따른 교원에 대한 재임용거부처분'을 포함시켰다.

개정된 사립학교법, 교공법, 교원지위법 규정은 부칙에 의하여 그 시행일인 2005. 1. 27. 이후에 재임용이 거부된 교원에 대해서만 적용되는데, 그 이전에 재임용에 탈락한 국·공립대학, 사립대학의 교원을 구제하기 위하여 「대학교원 기간임용제 탈락자 구제를 위한 특별법」(이하 '구제특별법'이라 한다)을 제정하여 재임용에 대한 재심사를 받을 수 있도록 하였다. 위 특별법은 한시적으로 운영되어[70] 현재에는 더 이상 문제되지 않으므로 위 특별법에 관한 상세한 논의는 생

70) 이 법은 2005. 10. 14.부터 시행되었고, 위 법 6조는 재심사 청구기간을 시행일부터 6개월로

략한다.[71)]

(6) 2005년 개정 법률을 반영한 판례의 변화(사립학교 교원)[72)]

대법원은 개정된 사립학교법이 적용되는 일련의 사건[73)]들에서 "이 사건에 적용되는 현행 사립학교법 제53조의2 제4항 내지 제8항에서는, 임면권자의 재임용 심의 신청 여부의 사전 통지의무 및 당해 교원의 재임용 심의 신청권, 임면권자의 재임용 거부사실 및 거부사유의 사전 통지의무, 객관적 기준에 의한 재임용 심의와 당해 교원의 재임용심의절차에서의 의견진술 및 제출권, 재임용 거부 시 이에 대한 불복방법 등을 명문화하고 있는바, 그 규정 내용에 비추어 볼 때 기간제로 임용되어 임용기간이 만료된 사립대학 교원으로서는 교원으로서의 능력과 자질에 관하여 합리적인 기준에 의한 공정한 심사를 받아 위 기준에 부합되면 특별한 사정이 없는 한 재임용되리라는 기대를 가지고 재임용 여부에 관하여 합리적인 기준에 의한 공정한 심사를 요구할 권리를 가진다고 할 것이므로, 임면권자가 임용기간이 만료된 사립대학 교원에 대하여 한 재임용을 거부하는 결정 및 통지는 그 대학교원의 권리관계에 영향을 주는 것으로서 임면권자와 사이에 재임용거부결정 및 통지의 효력 여부에 관하여 다툼이 있는 이상 그 대학교원은 그 거부결정 및 통지의 무효확인을 구할 소의 이익이 있다."라고 판시하여 확인의 이익을 긍정하였다.[74)75)]

한편 개정 사립학교법이 시행되기 전에 재임용거부처분이 있었던 경우에도

---

제한하였다.

71) 재임용거부가 있었던 시기에 따라 적용되는 법률은 아래와 같다(이원범, 238면).

| | 재임용거부 시점 | 헌법불합치결정과의 관계 | 적용법령(사법심사 기준 법령) |
|---|---|---|---|
| A | 헌법불합치결정 선고 전 | 일반사건(소급효 ×) | 구제특별법 |
| A′ | 상동 | 당해 및 병행사건(소급효) | 개정 사립학교법(소급적용) |
| B | 헌법불합치결정 이후~<br>개정 사립학교법 시행 전 | 장래효 | 구제특별법(구 사립학교법<br>적용중지) |
| C | 개정 사립학교법 시행 이후 | | 개정 사립학교법 |

72) 판례들에 대한 상세한 설명은 박상훈, 537~546면 참조.

73) 여기에는 사립학교법 개정 이후 재임용이 거부된 사건도 있지만, 개정 전 재임용거부처분이 있었지만 2003년 헌법불합치결정의 당해사건(2003다262) 및 병행사건(2003다52647 등)도 있다.

74) 대법원 2006. 3. 9. 선고 2003재다262 판결, 대법원 2006. 3. 9. 선고 2003다52647 판결, 대법원 2006. 3. 10. 선고 2004두7177 판결, 대법원 2006. 3. 24. 선고 2005다37024 판결, 대법원 2006. 7. 6. 선고 2005다16041 판결 등.

75) 이원범, 236면.

대법원은 구제특별법의 취지 등을 근거로 확인의 이익을 긍정하였다.[76]

### 나. 재임용기대권을 가지는 대학 교원의 범위

기간제로 임명된 대학 교원은 모두 재임용기대권, 즉 재임용 여부에 관하여 합리적인 기준에 의한 공정한 심사를 요구할 권리를 가진다. 2003년 이후 사립대학들이 「조교수 → 부교수 → 정교수」로 승진하면서 일정 단계에서는 더 이상의 재임용 심사 없이 정년이 보장되는 '정년트랙 전임교수'와 별도로, '강의전담교수'나 '연구교수'와 같은 명칭으로 임용기간을 정하여 임용하되 갱신을 통해 오랜 기간을 근무해도 정년트랙으로 전환되지 않는 '비정년트랙 전임교수'를 채용하는 경우가 늘고 있는데,[77] 이러한 비정년트랙 전임교수에게도 사립학교법 53조의2 4항 내지 8항이 적용되기 때문에 이들도 정년트랙 전임교수들과 마찬가지로 재임용기대권을 가진다.[78]

### 다. 기간제 대학 교원의 근무기간(계약기간)

국·공립대학 교원의 근무기간은 교공법 11조의4 1항의 위임을 받아 교육공무원임용령 5조의2에서 정하고 있는데, 그 내용은 아래와 같다.

| ○ 교수(정교수): 정년까지의 기간[79]<br>○ 부교수: 정년까지의 기간 또는 계약으로 정하는 기간<br>○ 조교수: 계약으로 정하는 기간 |
|---|

사립학교법 53조의2 3항은 기간제로 대학 교원을 임용할 경우 국·공립대학의 교원에게 적용되는 규정을 준용한다고 규정하고 있다.

---

76) 대법원 2010. 9. 30. 선고 2007다47841 판결.

77) 비정년트랙 전임교수의 유형에 대해서는, 최경옥, 360~362면 참조.

78) 대법원 2012. 4. 12. 선고 2011두22686 판결("원심이, 재임용심사절차를 배제하거나 포기하기로 하는 내용의 이 사건 임용계약과 경주대학교 비정년트랙교원 임용규정은 무효이므로, 원고가 전임강사로서 비정년트랙교원에 해당하는 피고보조참가인들에 대하여 사립학교법 제53조의2 제 4 항 내지 제 7 항에서 정한 재임용심사절차를 이행하지 아니한 채 한 면직처분은 사실상 재임용거부처분에 해당하는 것으로서 위법하다고 판단한 제 1 심판결을 유지한 것은 정당한 것으로 수긍이 가고, 거기에 사립학교법 제53조의2 제 4 항 내지 제 7 항의 해석과 관련하여 헌법상의 대학의 자율권이나 계약자유의 원칙 등에 관한 법리를 오해한 잘못이 없다."). 다만 대법원은 비정년트랙 교원 제도를 두는 것 자체는 위법이 아니라고 보고 있다(대법원 2010. 9. 9. 선고 2008다6953 판결 참조).

79) 부교수가 정교수로 임용되는 경우를 제외하고, 정교수로 최초 임용되는 경우에는, 계약으로 기간을 정할 수 있다.

판례는 '교원의 임기에 관한 사립학교법 규정은 학문의 자유와 교원의 신분보장을 위하여 반드시 준수해야 할 강행규정이기 때문에 이보다 조교수의 임기를 단축하는 개별 약정은 효력이 없다'고 한다.[80]

대학 중에는 정관 등에서 교수가 동일 직급(예를 들어 조교수)에 근무할 수 있는 최대기간을 정하고 그 기간이 만료되기 전까지 상위 직급(예를 들어 부교수)으로 승진하지 못한 채 임용기간이 만료되면 별도의 재임용심의 없이 당연퇴직한다는 내용의 규정을 두고 있는 경우가 있다(이러한 제도를 '직급정년제'라 한다). 대법원은 조교수의 직급정년을 5년으로 정한 대학 규정이 무효인지가 문제된 사건에서 ① 사립학교법이 보장하는 재임용심사신청권을 침해하고, ② 승진을 하여 직급정년의 적용을 면할 수 있다고 하더라도, 대학이 상당한 재량을 가지는 승진심사가 사립학교법의 엄격한 제한을 받는 재임용심사를 대체한다고 보기 어려우며, ③ 직급정년 규정의 취지는 직급 내 근무기간 동안 상급 대학교원으로의 능력과 자질을 구비하게 하여 종국적으로는 교수(정교수)의 지위에 오르게 함으로써 정년보장하에 학생의 교육·지도와 학문연구에 그 지식과 인격적 역량을 최대한 발휘할 수 있도록 하는 데 있는데, 조교수의 직급정년을 불과 5년으로 정한 것은 이러한 목적을 달성하기 위한 수단으로 적정하다고 볼 수 없다는 이유로 이러한 직급정년 규정이 무효라고 판단하였다.[81]

한편 재임용 심사를 거친 사립대학 교원과 학교법인 사이의 재임용계약 체결이 서로간의 계약 내용에 관한 의사의 불일치로 말미암아 무산되는 경우, 교원이 재임용을 원하고 있었던 이상 이러한 재임용계약의 무산은 실질적으로 학교법인의 재임용거부처분에 해당하고, 그 재임용거부처분에 재량권을 일탈·남용한 위법이 있는 경우에는 사법통제의 대상이 된다.[82]

### 라. 재임용거부처분의 실체적 정당성 판단

#### (1) 2005년 개정 법률 시행 전에 있었던 재임용거부처분의 경우

2005년 개정 교공법과 사립학교법이 시행되기 전에 재임용거부처분이 있었

80) 대법원 2017. 2. 15. 선고 2016두52545 판결(학교 정관이 조교수의 임기를 4년으로 정하고 있는데, 개별 임용계약에서 이보다 짧은 기간으로 정한 것은 무효라는 취지의 판결이다).

81) 대법원 2023. 10. 26. 선고 2018두55272 판결, 대법원 2023. 11. 16. 선고 2019두39988 판결.

82) 대법원 2024. 6. 17. 선고 2021두49772 판결. 학교법인이 재임용결정을 통보한 교원과 계약을 체결하는 과정에서 교원의 동의 없이는 임용관계에 적용될 수 없는 개정 교직원보수규정에 대하여 교원이 그 적용을 거부했다는 이유만으로 재임용계약의 체결을 거절한 것은 현저히 부당하므로, 그 재임용거부행위는 재량권을 일탈·남용한 것으로 위법하다고 본 사례.

던 사안에서 대법원은 "① 재임용 거부의 객관적 사유, 즉 재임용 심사기준에 미달된다는 사유가 전혀 존재하지 않거나 ② 그 사유가 존재한다 하더라도 교원으로서의 능력과 자질을 검증하여 적격성 여부를 심사하기 위한 재임용 심사에 있어서 허용될 수 있는 정도의 재량권을 일탈·남용한 결과 합리적인 기준에 기초한 공정한 심사가 결여된 것으로 인정되어 그 사법상의 효력 자체를 부정하는 것이 사회통념상 타당하다고 인정될 경우에는 그 재임용 거부결정을 무효라고 볼 수 있"다고 하면서 위 ②의 판단기준에 관하여 "그 결정이 공익의 원칙에 반하거나 재임용 거부의 판단 근거로 삼은 부정적 평가 요소에 비추어 균형을 잃음으로써 비례의 원칙에 위반하거나 또는 합리적인 사유 없이 일반적으로 적용하여 온 기준과 어긋나게 공평을 잃은 결과 평등의 원칙에 위반한 경우 등을 말하고, 이는 구체적인 사례에 따라 부정적 사실의 내용과 성질, 재임용 심사기준에의 부합 정도 등 여러 요소를 종합적으로 판단하여야" 한다고 설시하였다. 그리고 재량권의 일탈·남용에 관한 증명책임은 이를 주장하는 사람, 즉 교원에게 있다고 판단하였다.[83)]

(2) 2005년 개정 법률의 적용을 받는 재임용거부처분의 경우

현행 교공법 11조의4 5항과 사립학교법 53조의2 7항은 대학이 '학생교육에 관한 사항, 학문연구에 관한 사항, 학생지도에 관한 사항, 산학연협력에 관한 사항[84)]에 관한 평가 등의 객관적인 사유로서 학칙이 정하는 사유'에 근거하여 재임용심사를 하여야 한다고 규정하고 있고, 판례는, 재임용 심의사유를 학칙이 정하는 객관적인 사유에 근거하도록 규정한 취지를, 대학 교원의 재임용 자격 유무가 임용권자의 자의에 맡겨지지 않도록 하기 위함일 뿐 아니라 해당 교원에게 사전에 심사방법의 예측가능성을 제공하고 사후에는 재임용거부결정이 합리적인 기준에 의하여 공정하게 이루어졌는지를 심사할 수 있도록 한 것이라고 설시하고 있다.[85)]

이렇게 재임용 심사 방법을 제시하고 있는 2005년 개정 법률 시행 이후에 행해진 재임용거부처분이 실체적으로 정당하기 위해서는 ① 재임용거부 사유가 위 법률에서 정한 요건인 학생교육에 관한 사항 등의 객관적인 사유로서 학칙

83) 대법원 2008. 2. 1. 선고 2007다9009 판결.
84) 산학연 협력에 관한 사항은 2017. 11. 28. 개정 시 추가되었다.
85) 대법원 2011. 1. 13. 선고 2010두1835 판결.

이 정한 사유에 해당해야 하고, ② 위와 같은 학칙에 따라 실제 재임용 심사가 이루어져야 하며(즉 재량준칙에 해당하는 위 학칙을 실제 준수하여 재량행사를 하여야 하며), ③ 재임용거부의 사유에 해당하는 사실이 실제 인정되어야 한다. 실무에서 주로 문제되는 위 ① 요건에 관하여 아래에서 상술한다.

㈎ 객관적인 사유에 근거할 것

재임용 심사가 객관적인 사유에 근거해야 한다고 하여 반드시 정량적인 평가사항만을 심사 대상으로 삼아야 하는 것은 아니고, 대학은 정성적인 평가사항 또한 재임용 심사의 평가요소로 포함시킬 수 있다. 재임용 여부의 결정은 (과거 사실에 대한 제재인 징계처분과 달리) 장래(재임용된 이후)에 대학 교원으로서 교육·연구를 수행하기에 충분한 능력과 자질을 구비하였다고 볼 수 있는지에 관한 판단의 문제이기 때문에, 이러한 장래에 대한 예측에는 평가자의 주관적 평가가 포함될 수밖에 없는 것이다.[86]

다만 앞서 본 판례에 의하면, 재임용 심사기준은 교원에게 사전에 심사방법의 예측가능성을 제공하고 사후에는 재임용거부결정이 합리적인 기준에 의하여 공정하게 이루어졌는지를 심사할 수 있을 정도가 되어야 하므로, 정성적인 평가사항을 평가 항목으로 넣을 때에는 평가의 세부기준을 사전에 구체적으로 정하는 것이 필요하다.

하급심 판결 중에는 사립대학이 100점 만점(재임용 기준: 70점 이상) 중 각각 8점, 8점, 10점이 배정된 '근무태도', '대학발전 기여도', '종합평가점'의 항목(심사표는 아래 표와 같다)이 너무 추상적이고 막연하여 평정자의 주관과 자의가 개입할 소지가 다분함에도 이에 대한 아무런 세부적·구체적 기준이 마련되어 있지 않았다는 점을 들어 재임용평가 기준이 객관적이지 않다고 판단한 것이 있다.[87]

86) 이원범, 244면.
87) 서울고법 2015. 7. 23. 선고 2015누37411 판결(대법원 2015. 11. 26.자 2015두50269 판결로 심리불속행 상고기각), 같은 대학 교원에 관한 서울고법 2015. 8. 21. 선고 2015누30755 판결(대법원 2015. 12. 24.자 2015두52319 판결로 심리불속행 상고기각).

<table>
<tr><th>평정항목</th><th colspan="4">평정등급(점수)</th><th>구체적인 사유명시</th></tr>
<tr><td rowspan="2">근무태도(8점)<br>품위유지, 근무자세, 규정준수 등</td><td>A(8)</td><td>B(6)</td><td>C(4)</td><td>D(2)</td><td rowspan="2"></td></tr>
<tr><td></td><td></td><td></td><td></td></tr>
<tr><td rowspan="2">대학발전 기여도(8점)<br>대학발전 및 부서(학과)운영 기여도 등</td><td>A(8)</td><td>B(6)</td><td>C(4)</td><td>D(2)</td><td rowspan="2"></td></tr>
<tr><td></td><td></td><td></td><td></td></tr>
<tr><td>종합평가점(10점)<br>총장이 평가</td><td colspan="4">(　　) / 10점</td><td></td></tr>
</table>

심사기준 중 일부 항목이 객관성이 결여되어 위법한 경우에, 해당 교원에 대한 최종 재임용의 가부는 어떻게 판단해야 하는지를 명시적으로 다룬 판례나 학계의 논의는 없지만, ① 재임용거부처분이 그 자체로 위법하게 된다는 견해, ② 만일 위법한 세부항목에 대하여 적법한 기준이 마련되었더라면 해당 교원은 그 영역에서 높은 점수를 받을 가능성을 배제할 수 없으므로, 위법한 세부항목에서 해당 교원이 만점을 받았다고 가정하고 전체 재임용 기준을 충족했는지 여부를 판단해야 한다는 견해(100점 만점에 70점 이상 되면 재임용 기준을 충족한다고 학칙에서 정하고 있을 경우에, 20점이 배정된 항목이 위법하면, 20점을 일단 부여하고, 나머지 항목에서 50점이 넘으면 재임용기준을 충족한다는 견해이다), ③ 적법한 세부 항목들만으로 심사하되, 재임용 기준은 비례적으로 적용해야 한다는 견해(위의 경우에, 20점이 배정된 항목이 위법하면 나머지 항목만을 심사하여 총 80점 만점 중 70%인 56점을 넘으면 재임용 기준을 충족한다는 견해), ④ 위법한 항목 자체는 평가항목에 포함시키되 이에 대하여 법원이 제반 사정을 고려하여 적정한 점수를 부여해야 한다는 견해를 상정해 볼 수 있다.

앞서 본 서울고법 2015. 7. 23. 선고 2015누37411 판결과 서울고법 2015. 8. 21. 선고 2015누30755 판결(주 79) 사안에서, 교원소청심사위원회는 ③설에 따라 재임용 가능 여부를 판단하였고, 위 판결들은 '이러한 교원소청심사위원회의 계산은 합리적이어서 부당하다고 보이지도 않는다'고 설시하였다.

① 견해는 적법한 항목의 점수만을 놓고 보아도(즉 위법한 항목에서 만점을 받는다고 가정하여도) 이미 재임용 기준을 충족시키지 못하는 것이 명백한 교원까지 구제한다는 점에서 타당하지 않다. ② 견해와 ③ 견해 중에는, 학교가 학칙을 잘못 제정함으로 인하여 발생한 문제이기 때문에 교원의 권리구제에 만전

을 기할 필요가 있다는 점에서, ② 견해가 옳다고 생각한다. ④ 견해는 특수한 사안에서는 설득력을 가지는데, 예를 들어 학칙에서 재임용 기준과 관련하여 '교원으로서 불미스러운 행동을 한 자'는 재임용을 제한할 수 있다고 규정하면서 그 세부 기준을 정하지 않은 경우에, 재임용심사 대상 기간 중에 징계처분을 받은 교원에 대해서의 위 사유에 해당한다고 재임용을 거부하는 경우가 이에 해당한다.[88] 비록 '교원으로서 불미스러운 행동을 한 자'라는 개념이 모호하고 세부 기준이 제시되지도 않았지만, 징계를 받은 교원은 이에 해당함은 논란이 있을 수 없고, 징계절차를 통해 징계사유가 된 행위 자체도 엄격하게 증명이 되었기 때문이다. 결국 기본적으로 ② 견해를 취하되, 위와 같이 예외적인 경우에 한하여 ④ 견해의 적용을 고려하는 것이 타당할 것이다.

㈏ 학칙이 정하는 사유에 근거할 것

사전에 심사방법의 예측가능성을 제공하고 사후에 재임용심사의 공정성을 심사할 수 있도록 하기 위해서는 재임용 심사 항목, 평가 방법, 재임용 통과 기준 등이 학칙으로 사전에 정해져 있어야 한다. 판례는 학칙에서는 세부 평가항목과 배점기준만을 정하고, 재임용이 되는 점수는 개별 근로계약에서 정한 사안에서, 근로계약에서 정한 점수에 미달하였다는 이유로 재임용을 거부하는 것은 학칙에 정한 사유에 근거한 것이 아니어서 위법하다고 한다.[89]

고등교육법 6조 1항은 '학교규칙'을 '학칙'이라고 약칭하고 있고, 같은 조 2항 및 고등교육법 시행령 4조 3항은 학칙을 제·개정하기 위해서는 학칙이 정하는 바에 따라 제정안 또는 개정안의 사전공고·심의 및 공포의 절차를 거쳐야 한다고 규정하고 있으며, 사립학교법 26조의2 1항 2호는 사립학교의 학칙의 제정 또는 개정에 관한 사항은 대학평의원회의 심의를 거칠 것을 요구하고 있는데, 사립학교법 53조의2 7항이 재임용 심사의 기준을 정하도록 한 '학칙'이 고등교육법 6조의 '학교규칙'이나 사립학교법 26조의2 1항 2호의 '학칙'을 의미하는지가 문제된다. 판례는, 재임용심사에 관하여 정한 규정이 학교의 정관에 근거를 두고

88) 대전고법 2016. 6. 2. 선고 2015누13343 판결(대법원 2016. 9. 21.자 2016두42692 판결로 심리불속행 상고기각)의 사안이다.

89) 대법원 2011. 2. 10. 선고 2010두17403 판결(다만, 이 판결은 재임용 심사의 객관적인 사유와 기준이 학칙에 정해져 있는 상태에서는 그 규정에 어긋나지 아니하는 범위 내에서 학교와 교원은 그에 관한 구체적인 조건을 일부 수정하는 형태로 상호 합의하여 조정하는 것은 가능하다고 보았다).

있으면, 그 규정의 형식은 학교가 자율적으로 정할 수 있기 때문에, 반드시 고등교육법에서 말하는 '학교규칙'으로 정할 필요가 없다고 한다. 따라서 교원인사규정이나 그 시행세칙 등의 형식으로도 재임용에 관하여 규정할 수 있으며, 정관이나 해당 규정에서 정한 제·개정절차를 따르면 충분하고, 반드시 고등교육법상 '학교규칙'의 제·개정에 요구되는 대학평의원회의 심의를 거칠 필요가 없다는 태도이다.[90] 그러나 이러한 판례의 태도는, 사립학교법 53조의2 7항의 문언에 부합하지 않을 뿐만 아니라 사립학교법 내에서도 53조의2 7항의 '학칙'과 26조의 1항 2호의 '학칙'의 의미를 달리 해석하는 것이어서 그 타당성에 의문이 있다.

#### (다) 교원의 귀책사유 없이 심사대상 기간 중 일정 기간을 근무하지 못한 경우의 심사방법

교원이 종전에 위법 또는 무효인 해임처분이나 재임용거부 처분을 받음으로 인하여 재임용 심사대상 기간 중 일부를 근무하지 못하였을 경우, 학교는 이를 고려한 별도의 합리적인 기준을 마련하여 재임용 심사를 하여야 한다. 사립학교가 과거에 위법하게 재임용거부결정을 함으로써 해당 교원이 대학교원으로 근무하지 못한 기간은 재임용심사 대상기간에서 제외하는 것이 형평의 원칙상 타당하다는 하급심 판결[91]이 있다.

### 마. 재임용거부처분의 절차적 정당성 판단

판례는 사립학교가 ① 사립학교법 53조의2 4항 내지 7항에 규정된 사전절차를 준수하지 아니하였고 (and) ② 그로써 재임용 여부에 관하여 합리적인 기준에 의한 공정한 심사를 요구할 권리가 실질적으로 침해되었다고 평가될 정도에 이르면 그 재임용거부결정은 절차적 하자로 인하여 무효가 된다고 한다.[92]

사립학교법 53조의2 7항은 '교원인사위원회는 재임용 심의 과정에서 15일 이상의 기간을 정하여 해당 교원에게 지정된 기일에 교원인사위원회에 출석하여 의견을 진술하거나 서면으로 의견을 제출할 기회를 주어야 한다'고 규정하고 있는데, 의견진술의 기회는 실질적으로 보장되어야 하므로 재임용거부의 근거가 된 구체적인 업적평가 결과가 사전에 제공되어야 한다. 하급심 판결 중에는 업

---

90) 대법원 2011. 1. 13. 선고 2010두1835 판결.

91) 서울고법 2014. 11. 19. 선고 2014누58107 판결(대법원 2015. 3. 12.자 2014두46171 판결로 심리불속행 상고기각).

92) 대법원 2011. 9. 8. 선고 2009다65249 판결.

적평가의 합계와 영역별 점수만을 제시받았더라도 세부평가 항목 점수와 그 점수가 산정된 이유를 제시받지 못하였다면 실질적인 소명의 기회가 보장되었다고 보기 어려워 재임용거부처분이 위법하다고 판단한 것이 있다.[93] 의견진술 준비기간을 13일 부여한 사안에서, 법률에서 정한 15일과 그 차이가 2일에 불과하고, 해당 교원이 교원인사위원회에 서면으로 충분히 의견진술을 하였으며, 그 과정에서 절차위반에 관하여 아무런 이의를 제기하지 않았다는 점을 근거로 절차적 하자가 치유되었다고 본 하급심 판결이 있다.[94]

한편 임용 여부의 결정을 임용기간 만료일 2개월 전까지 해당 교원에게 통지하여야 한다고 규정한 사립학교법 53조의2 6항과 관련하여, 해당 교원에 대한 징계절차가 진행되고 있어 교원인사위원회에서 재임용 심사가 보류되다가 징계처분이 있은 후 재임용 여부를 심사함으로 인하여, 임용기간 만료일로부터 10일 전에서야 사립학교가 재임용을 거부한다는 사실을 통지한 사안에서, 위 규정의 취지는 '재임용에서 탈락한 교원이 충분한 시간적 여유를 가지고 다음 직장을 찾을 수 있도록 배려'하는 데 있는데, 해당 교원은 징계처분으로 인하여 재임용 탈락을 사전에 예상할 수 있었고, 징계절차로 인하여 재임용심사가 늦어진 것이어서 지연 통지에 부득이한 사정이 있었다는 등의 이유를 들어 재임용거부처분이 위법하지 않다고 판단한 하급심 판결이 있다.[95]

#### 바. 재임용신청권의 배제 또는 사전 포기의 허용 여부

대법원은 사립대학 교원에게 재임용심사 신청권을 보장한 사립학교법 53조의2 4항 내지 8항은 강행규정으로 보아야 한다면서, 재임용심사절차를 배제하는 내용의 '비정년트랙교원 임용규정'과 재임용신청권을 포기하기로 하는 내용의 개별 임용계약은 무효라고 판단하였다.[96]

### 4. 승진거부처분(대학 교원의 경우)

판례는 승진, 즉 상위 직급의 교수로 임용하는 행위는 기존의 임용행위에 기초한 단순한 승진발령행위가 아니라 직명을 달리하는 교원을 임용하는 새로

93) 서울고법 2018. 2. 7. 선고 2017누72876 판결(미상고 확정).
94) 부산고법 2007. 12. 16. 선고 2007나11491 판결(상고기각 확정).
95) 대전고법 2016. 6. 2. 선고 2015누13343 판결(대법원 2016. 9. 21.자 2016두42692 판결로 심리불속행 상고기각).
96) 대법원 2012. 4. 12. 선고 2011두22686 판결.

운 신분관계의 설정행위라고 보고 있으므로(대법원 1997. 12. 23. 선고 97다25477 판결 등 참조), 교원에게 재임용심사 신청권과 달리 승진심사 신청권이 인정되지 않는 것이 원칙이다. 그러나 학교법인의 정관이나 인사규정 등에서 승진임용이나 정년보장임용에 관하여 재임용과 같은 절차와 방식으로 심사하도록 규정함으로써 교원에게 승진임용과 정년보장임용에 대하여도 재임용에 준하여 정해진 절차에 따라 합리적이고 공정한 심사를 하여 줄 것을 요구할 신청권을 부여한 경우에는 그러한 기준과 절차에 따르지 않은 승진거부처분은 무효이고,[97] 대학은 승진심사를 다시 하여야 할 의무를 부담한다.

## Ⅵ. 사립학교 교원의 임금청구 또는 임금 상당액의 손해배상의 청구

### 1. 문제의 제기

여기서는 사립학교 교원의 신분상실을 가져오는 불이익처분, 즉 파면이나 해임의 징계처분, 직권면직처분, 재임용거부처분이 부당하여 무효[98]인 경우 해당 교원이 임금청구 또는 불법행위를 이유로 한 손해배상청구를 할 수 있는지에 관하여 검토한다.

#### 가. 임금청구

사립학교가 한 파면이나 해임의 징계처분, 직권면직처분이 부당하여 무효인 경우에는 교원은 처분 전후로 계속하여 교원의 신분을 유지하고 있었던 것이 된다. 따라서 교원은 그러한 처분이 없었다면 받았을 보수 상당액을 청구할 수 있다. 이러한 청구는 민법 538조 1항[99]에 기한 반대급부의 청구이므로 그 성질은 임금청구이다.

재임용거부처분의 경우에는, 판례는 “정관이나 인사규정 또는 임용계약에 재임용 강제조항이 있거나 그 외 임용계약이 반복 갱신되는 등 특별한 사정이 없는 이상, 학교법인이 임용기간이 만료된 사립학교 교원을 당연히 재임용할 의

97) 부산고법 2020. 10. 7. 선고 2020나53104 판결(상고심에서는 확인의 이익만이 쟁점이 되었는데, 대법원 2023. 12. 14. 선고 2020다282674 판결은 이를 긍정하였다).

98) 사인의 법률행위로서 무효라는 의미이지, 행정소송법에서 말하는 당연무효라는 의미는 아니다.

99) 민법 제538조(채권자귀책사유로 인한 이행불능) ① 쌍무계약의 당사자 일방의 채무가 채권자의 책임있는 사유로 이행할 수 없게 된 때에는 채무자는 상대방의 이행을 청구할 수 있다. 채권자의 수령지체 중에 당사자쌍방의 책임없는 사유로 이행할 수 없게 된 때에도 같다.

무가 있다거나 그 정한 임용기간이 형식에 불과하여 임용기간의 만료에도 불구하고 대학교원의 신분이 그대로 유지된다고 할 수는 없다"는 입장이어서,[100] 위와 같은 특별한 사정(이하 '재임용특별사정'이라 한다)이 있는 경우와 없는 경우를 구분하여야 한다. 재임용특별사정이 인정되는 경우에는 애초 임용기간의 만료는 형식적인 것에 불과하고 처음부터 교원의 지위가 계속 유지되고 있는 것이므로 임금청구가 가능하다. 재임용특별사정이 없는 경우에는 임금청구는 허용되지 않고,[101] 다음 항에서 보듯이 임금 상당액의 손해배상청구만이 가능하다.

| | 재임용특별사정 ○ | 재임용특별사정 × | |
|---|---|---|---|
| | | 고의·과실 ○ | 고의·과실 × |
| 교원신분 | 유지 | 단절 | |
| 확인 청구 | 교원지위확인<br>(재임용거부 무효확인도 가능) | 재임용거부 무효확인만 가능 | |
| 임금청구 | ○ | × | |
| 손해배상청구 | 불필요 | ○ | × |

## 나. 손해배상청구

### 1) 재산적 손해

재임용특별사정이 없는 사립학교 교원의 손해배상청구권이 성립되기 위해서는 사립학교의 고의 또는 과실이 인정되어야 한다. 고의·과실의 판단기준에 관하여 판례는 "학교법인이 보통 일반의 대학을 표준으로 하여 볼 때 객관적 주의의무를 결하여 그 재임용거부결정이 객관적 정당성을 상실하였다고 인정될 정도에 이른 경우이어야 하며, 이때에 객관적 정당성을 상실하였는지 여부는 재임용거부사유의 내용 및 성질, 그러한 거부사유 발생에 있어서 해당 교원의 기여(관여) 정도, 재임용심사절차에서 해당 교원의 소명 여부나 그 정도, 명시된 재임용거부사유 외에 학교법인이 재임용거부 판단에 실질적으로 참작한 사유의 유무 및 그 내용, 재임용심사의 전체적 진행 경과 등 여러 사정을 종합하여 손해의 배상책임을 대학에게 부담시켜야 할 실질적인 이유가 있는지 여부에 의하여 판단하여야 한다."는 태도이다.[102]

100) 대법원 2011. 5. 26. 선고 2007다69346 판결.
101) 대법원 1997. 6. 10. 선고 97다3132 판결.

그리고 손해의 범위에 관하여는 "그러한 위법행위가 없었더라면 교원으로 임용되어 재직할 수 있었던 기간 동안 임금 상당의 재산적 손해배상을 청구할 수 있는데, 그러한 재직 가능 기간의 범위는 해당 대학의 재임용심사기준의 전반적인 엄격성의 정도와 학문영역별(인문 · 사회 · 자연계열 등) 심사기준의 차이 여부, 해당 교원의 전공분야와 실제 재임용 현황(재임용률), 해당 대학의 재임용 및 승진임용의 구성 체계(동일직급 재직기간의 제한 여부, 재임용과 승진임용 사이의 심사기준의 차별성 여하), 해당 교원의 개인적 연구역량(이전에 재임용을 받은 횟수나 그 통과 수준, 해당 재임용심사에서 재임용자격 인정기준과의 차이 정도) 등의 사정을 종합적으로 고려하여 개별적으로 판단하여야 하며, 반드시 위법한 재임용거부가 이루어진 해당 재임용기간 동안 지급받을 수 있었던 임금 상당액에 한정되는 것은 아니다."라고 한다.[103)]

재산상 손해배상청구에 관한 위와 같은 법리는 학교법인의 정관이나 인사규정 등에서 승진임용이나 정년보장임용에 관하여 재임용과 같은 절차와 방식으로 심사하도록 규정함으로써 교원에게 승진임용과 정년보장임용에 대하여도 재임용에 준하여 정해진 절차에 따라 합리적이고 공정한 심사를 하여 줄 것을 요구할 신청권을 부여하였고 이를 근거로 해당 교원이 학교법인의 위법한 승진임용거부결정 또는 정년보장임용거부결정으로 인한 임금 상당액의 손해배상책임을 묻는 경우에도 마찬가지로 적용된다.[104)]

---

102) 대법원 2010. 7. 29. 선고 2007다42433 판결, 대법원 2020. 6. 25. 선고 2015다71726 판결, 대법원 2021. 2. 10. 선고 2015다254231 판결, 대법원 2023. 12. 14. 선고 2020다282674 판결.

103) 대법원 2010. 7. 29. 선고 2007다42433 판결[이 판결에 따라 사건을 환송받은 대구고법 2011. 11. 25. 선고 2010나6223 판결은 ① 학교 정관, 교원인사규정이 정한 재임용 심사기준의 엄격성 정도, ② 원고(교원)들의 연구실적, 교육업적, 종합업적, ③ 대학 전체 전임교원의 재계약률(전임강사 95.21%, 조교수 91.11%, 부교수 90.81%), ④ 교원인사규정이 동일 직급으로의 재계약을 1회에 한해 허용하지만 승진심사 최소요건을 충족한 경우는 재계약 횟수에 제한을 두고 있지 않아 재임용이 계속 가능한 점 등을 근거로, 원고들이 손해배상을 구할 수 있는 '교원으로 임용되어 재직할 수 있는 기간의 범위'는 피고(사립학교)의 불법행위 성립일부터 피고가 재임용심사절차를 이행할 때까지(원고들의 정년의 범위 내)'라고 판단하였다(상고기각 확정).], 대법원 2020. 6. 25. 선고 2015다71726 판결. 한편 박효관, 366면은 임용권자가 불법행위가 개재되지 아니하였더라도 차후 재임용이 이루어지지 않았을 것이라는 점에 대한 증명을 하지 못하는 한 재임용 절차를 이행할 때까지의 손해를 배상하는 것이 손해의 공평한 분담 원칙에 부합하고, 위법한 재임용거부에 대한 대학교원을 위한 사법적 구제절차가 미비한 상황을 감안하면 결과적으로 임용권자에 대한 간접강제의 효과도 없지 않아 대학교원 신분보장에 실효성 있는 방안이 된다고 한다.

104) 대법원 2023. 12. 14. 선고 2020다282674 판결.

2) 정신적 손해(위자료)

교원이 위법한 배제처분에 대한 위자료를 청구하기 위해서는 해당 배제처분이 위법 또는 무효라는 것만으로는 부족하고, 학교가 해당 교원을 몰아내려는 의도 하에 고의로 다른 명목을 내세워 배제처분을 하거나, 배제처분의 이유가 된 사실이 배제처분의 사유로 삼을 수 없는 것임이 객관적으로 명백하고 또 조금만 주의를 기울이면 이와 같은 사정을 쉽게 알아볼 수 있는데도 배제처분으로 나아간 경우 등, 대학의 재량권 남용이 우리의 건전한 사회통념이나 사회상규상 용인될 수 없음이 분명할 것이 요구된다.[105)]

## Ⅶ. 마 치 며

재임용거부처분이 소청심사의 대상이 됨을 명시한 2005년 법 개정 이후에는, 제도 자체에 대한 논의는 주로 소청심사결정의 규범력 강화 방안을 제시하는 것들이고, 그 외의 논의는 많이 발견되지 않는데, 이는 불이익처분에 대한 현행 구제절차가 대체로 잘 기능하고 있음을 방증하는 것으로 이해된다.

다만, 개별 사례에서 크게 쟁점화되고 있지는 않지만, 현행 제도는 사립학교 교원과 관련하여 다음의 두 가지 문제점을 내재하고 있어, 장기적인 관점에서 구조적인 개선이 필요하다.

하나는 실체적인 부분으로, 교원소청심사위원회가 변경결정을 한 경우에 행정법원이 사립학교와 교원소청심사위원회 중 누구의 재량을 존중해야 하는지 불분명하다는 점이다. 사립학교가 징계재량을 가지지만, 변경결정 자체가 교원소청심사위원회의 재량을 전제한 제도이기 때문에 두 재량 사이에 충돌이 발생할 수 있다. 교원의 신분을 실효적으로 보장하기 위해서는 교원소청심사위원회에 어느 정도의 재량을 부여할 필요가 있지만, 교원소청심사위원회의 재량을 우선시하게 되면, '소청심사결정이나 그에 대한 행정법원의 결론'과 사립학교의 재량을 인정하는 전제에 있는 민사소송에서의 결론이 달라질 위험이 생긴다.

다른 하나는 절차적인 부분으로, 소청심사 단계에서는 교원과 사립학교가 절차의 당사자 지위를 가지지만, 행정소송 단계로 가게 되면 소청심사에서 패한

105) 대법원 2010. 7. 29. 선고 2007다42433 판결. 이 판결은 재임용거부에 대한 것이지만, 해임이나 직권면직처분 등에도 적용된다고 보아야 한다.

당사자가 원고가 되고, 교원소청심사위원회가 피고가 된다는 점이다. 이러한 '일방 당사자 對 교원소청심사위원회'라는 행정소송의 구도는 '교원 對 학교'라는 분쟁의 특질을 제대로 구현하는 데 한계가 있을 수밖에 없다. 소청심사에서 이긴 당사자는 소송상 당사자 지위를 가지지 못하고 교원소청심사위원회의 승소를 위하여 보조참가를 할 수밖에 없어 절차상 제약을 받게 되며, 불이익처분을 변경하는 소청심사결정에 대하여 교원과 사립학교가 각각 별개의 소를 제기하게 되는 것도 이러한 불복 구조에서 비롯된 것이다. 참고로 특허심판 중 '당사자계 심판'에서는 특허심판원의 심결에 대하여 일방 당사자가 특허심판원이 아닌 상대방을 피고로 하여 특허법원에 심결취소의 소를 제기하게 되는데,[106) ]교원지위법에서도 이러한 설계를 참고할 필요가 있다.[107)][108)]

[이 병 희]

106) 당사자계 심판 중 특허무효심판의 경우 특허심판원은 '○○특허를 무효로 한다'는 주문의 심결을 하고, 이러한 심결이 확정될 때 그 특허는 효력을 소급적 또는 장래적으로 상실한다(특허법 133조 3항). 특허심판원의 심결에 불복하는 자는 특허법원에 심판절차에서의 상대방을 피고로 하여 특허심판원의 결정의 취소를 구하여야 한다(심결취소 소송의 승소판결 주문은 '특허심판원이 ○○ 사건에서 한 심결을 취소한다'와 같은 형식이 된다).

107) 영국에는 우리의 지방노동위원회와 비슷한 노동심판소(Employment Tribunal)와 중앙노동위원회와 비슷한 노동항소심판소(Employment Appeal Tribunal)가 설치되어 있고, 이들 심판소는 부당해고를 포함한 몇몇 노동분쟁에 대한 전속적인 심판권을 가진다. 불복은 노동심판소 → 노동항소심판소 → 항소법원(Court of Appeal: 우리의 고등법원) → 대법원으로 이루어진다. 영국은 법원 조직과 독립된 이러한 심판소를 운영하고 있지만, 근로자(원고)와 사용자(피고) 노동심판소 단계에서부터 대법원까지 그대로 유지되며, 노동심판소가 소송단계에서 피고가 되지 않는다.

108) 이에 관한 상세한 논의로는, 이병희, 451~453면 참조.

## 제24조(경영상 이유에 의한 해고의 제한)

① 사용자가 경영상 이유에 의하여 근로자를 해고하려면 긴박한 경영상의 필요가 있어야 한다. 이 경우 경영 악화를 방지하기 위한 사업의 양도·인수·합병은 긴박한 경영상의 필요가 있는 것으로 본다.

② 제 1 항의 경우에 사용자는 해고를 피하기 위한 노력을 다하여야 하며, 합리적이고 공정한 해고의 기준을 정하고 이에 따라 그 대상자를 선정하여야 한다. 이 경우 남녀의 성을 이유로 차별하여서는 아니 된다.

③ 사용자는 제 2 항에 따른 해고를 피하기 위한 방법과 해고의 기준 등에 관하여 그 사업 또는 사업장에 근로자의 과반수로 조직된 노동조합이 있는 경우에는 그 노동조합(근로자의 과반수로 조직된 노동조합이 없는 경우에는 근로자의 과반수를 대표하는 자를 말한다. 이하 "근로자대표"라 한다)에 해고를 하려는 날의 50일 전까지 통보하고 성실하게 협의하여야 한다.

④ 사용자는 제 1 항에 따라 대통령령으로 정하는 일정한 규모 이상의 인원을 해고하려면 대통령령으로 정하는 바에 따라 고용노동부장관에게 신고하여야 한다.

⑤ 사용자가 제 1 항부터 제 3 항까지의 규정에 따른 요건을 갖추어 근로자를 해고한 경우에는 제23조 제 1 항에 따른 정당한 이유가 있는 해고를 한 것으로 본다.

〈세 목 차〉

[참고문헌]

구건서, "정리해고 자체를 반대하는 쟁의행위는 정당하지 않다", 월간 노동 317호, 한국산업훈련협회(2001. 6.); 권창영, "단체교섭의무이행의 소", 저스티스 80호, 한국법학원(2004. 8.); 고태관, "경영상 이유에 의한 해고의 제한", 1997 노동판례비평, 민주사회를 위한 변호사모임(1998); 곽현수a, "정리해고의 요건", 법과 정의 — 경사 이회창 선생 화갑 기념 논문집, 박영사(1995); 곽현수b, "정리해고의 요건 중 급박한 경영상의 필요성의 의미", 대법원판례해설 16호, 법원행정처(1992. 10.); 김기덕, "노동자 권리구제의 실효성 확보 및 노동자(대표)의 참여보장을 위한 노동법원의 도입방향", 노동과 법 4호 노동법원론, 금속법률원(2004. 3.); 김기섭, "회사의 합병과 정리해고", 노동법률 29호, 중앙경제(1993. 10.); 김상준a, "정리해고에 대한 사법적 통제법리의 연구(상)", 법조 412호, 법조협회(1991. 1.); 김상준b, "정리해고에 대한 사법적 통제법리의 연구(하)", 법조 413호, 법조협회(1991. 2.); 김선수a, "정리해고요건으로서의 긴박한 경영상의 필요성", 노동법연구 3호, 서울대학교 노동법연구회(1993); 김선수b, "해고 및 근로관계의 승계", 2003 노동판례비평, 민주사회를 위한 변호사모임(2004. 9.); 김성수, "수개 사업부 중 한 사업부 경영악화 시 경영상 해고의 허용 여부", 노동법률 294호, 중앙경제(2015. 11.); 김엘림, "부부사원 중 여성의 절대다수가 명예퇴직한 사건의 위법성 여부", 노동법률 134호, 중앙경제(2002. 7.); 김용일, "위장폐업과 부당노동행위", 대법원판례해설 17호, 법원행정처(1992. 12.); 김유성a, "정리해고에 관한 소고", 법학 58 · 59호, 서울대학교 법학연구소(1984. 10.); 김유성b, "산업구조조정과 경기변동에 따른 근로자의 보호", 노동법연구 2권 1호, 서울대학교 노동법연구회(1992); 김인재, "구조조정을 둘러싼 노동법적 문제", 노동법학 12호, 한국노동법학회(2001. 6.); 김지형a, "근로관계에 있어서 정리해고의 요건에 관한 해석론의 전개", 사법논집 22집, 법원행정처(1991. 12.); 김진, "정리해고 철회를 목적으로 하는 쟁의행위의 정당성", 2002 노동판례비평, 민주사회를 위한 변호사모임(2003. 10.); 김한주, "정리해고 요건 상호간의 관계", 2002 노동판례비평, 민주사회를 위한 변호사모임(2003. 10.); 김형배a, 근로기준법(8판 증보 신판), 박영사(2001); 김형진, "위장폐업의 법률적 문제", 법률신문 1808호(1988. 12.); 도재형a, "청산과정에서 근로자를 해고하는 것이 정리해고에 해당하는지 여부", 2001 노동판례비평, 민주사회를 위한 변호사모임(2002); 도재형b,

"구조조정에 대항하는 쟁의행위의 정당성", 노동법률 148호, 중앙경제(2003. 9.); **도재형c**, "기업 구조조정과 정리해고 — 대법원 2014. 11. 13. 선고 2014다20875, 20882 판결에 대한 평석 —", BFL 70호, 서울대학교 금융법센터(2015. 3.); **박은정**, "경영상 해고에 관한 대법원 판례 분석과 평가", 노동법학 53호, 한국노동법학회(2015. 3.); **박상훈**, "해고의 승인에 관한 판례의 검토", 법조 417호, 법조협회(1991. 6.); **박수근**, "단체협약상 노조간부의 해고동의조항", 2012 노동판례비평, 민주사회를 위한 변호사모임(2013); **박종희a**, "기업변동에 따른 노동법적 과제", 법학논집 35집, 고려대학교 법학연구원(1999. 12.); **박종희b**, "정리해고의 '긴박한 경영상 필요' 요건의 판단기준", 노동법률 153호, 중앙경제(2004. 2.); **박철a**, "정리해고의 요건으로서의 경영상의 필요성", 판례연구 3집, 대구지방법원 판례연구회(1992. 12.); **박철b**, "정리해고의 유효요건", 사법연구자료 20집, 법원행정처(1993. 12.); **박환순**, "근로기준법상 경영해고 시 사전협의 조항의 효력문제", 노동법률 155호, 중앙경제(2004. 4.); **백준현**, "정리해고의 요건", 조정과 심판 12호, 중앙노동위원회(2003. 1.); **선재성**, "파산과 노동관계", 재판자료 82집 파산법의 제문제(상), 법원도서관(1999); **양동관**, "정리해고의 요건", 재판과 판례 6집, 대구판례연구회(1997. 12.); **양태종**, "징계해고와 정리해고에 있어서의 정당한 이유", 대법원판례해설 7호, 법원행정처(1988. 12.); **오문완**, "경비업무 외부용역화에 따른 정리해고의 정당성 — 한국과학기술원 사건", 노동판례평석집 Ⅱ, 한국경영자총협회(1997. 12.); **오윤식**, "경영해고에서 긴박한 경영상 필요성의 판단", 2012 노동판례비평, 민주사회를 위한 변호사모임(2013); **오창수a**, "정리해고의 유효요건", 판례월보 229호, 판례월보사(1989. 6.); **오창수b**, "정리해고제한의 법리", 변호사 20집, 서울지방변호사회(1990. 1.); **유성재**, "합리적이고 공정한 해고대상자의 선정", 중앙법학 창간호, 중앙법학회(1999. 6.); **이광범**, "노동관계 행정소송의 현황과 쟁점", 특별실무법관연수자료, 사법연수원(1998. 4.); **이광택**, "'정리해고'에 반대하는 쟁의행위는 정당성이 없는가?", 노동법률 122호, 중앙경제(2001. 7.); **이동원**, "청산과정에서의 해고와 정리해고의 차이", 대법원판례해설 38호, 법원도서관(2002. 6.); **이미선**, "고용안정협약의 효력", 대법원판례해설 99호, 법원도서관(2014); **이상덕**, "정리해고의 요건", 노동법률 9호, 중앙경제(1992. 2.); **이승길**, "경영상해고의 '긴박한 경영상의 필요성'에 관한 소고", 아주법학 6권 1호, 아주대학교 법학연구소(2012); **이승욱**, 위장폐업과 근로자보호, 서울대학교 대학원 석사학위논문(1991. 2.); **이우근**, "정리해고의 기준", 대법원판례해설 12호, 법원행정처(1990); **이원희**, "장래위기에 대처할 필요가 있으면 정리해고할 수 있다", 노동법률 259호, 중앙경제사(2012); **이홍재a**, "정리해고의 절차적 제한", 법학 93호, 서울대학교 법학연구소(1993. 12.); **이홍재b**, "대법원의 근로관계 인식에 대한 조명 — 민주헌정 이후 시민법적 인식으로의 회귀 및 지속의 평가", 법학 124호, 서울대학교 법학연구소(2002. 9.); **전형배a**, "정리해고의 효력요건으로서 근로자대표에 대한 사전 통보기간", 2003 노동판례비평, 민주사회를 위한 변호사모임(2004. 9.); **전형배b**, "우리나라 경영해고의 현황과 과제", 노동법연구 34호, 서울대학교 노동법연구회(2013); **정진경**, "경영사

항의 단체교섭 대상성", 사법논집 39집, 법원도서관(2004. 12.); **정태상**, "긴박한 경영성의 필요성에 관한 판단에 있어서 기업의 일부 영업부문의 수지만을 기준으로 할 수도 있는지 여부", 1999 노동판례비평, 민주사회를 위한 변호사모임(2000. 10.); **조성혜**, "정리해고시 근로자 과반수로 조직되지 않은 노조와의 협의", 노동법률 257호, 중앙경제사(2012. 5.); **조영철**, "정리해고가 단체교섭의 대상이 될 수 있는지 여부", 재판과 판례 11집, 대구판례연구회(2002. 12.); **조용만**, "프랑스의 정리해고에서의 해고대상자 선정법리", 노동법연구 7호, 서울대학교 노동법연구회(1998); **채호일**, "노동법상 실업자와 비정규근로자의 법적 지위", 노동법학 12호, 한국노동법학회(2001. 6.); **최승욱**, "정리해고 제한의 법리 및 판례의 동향", 재판실무연구 1999, 광주지방법원(2000. 1.); **하경효**, "기업구조조정과 근로자해고의 문제", 비교사법 11호, 한국비교사법학회(1999. 12.); **한주한**, "근로기준법 제31조 제 3 항이 해고를 피하기 위한 방법과 해고의 기준을 해고실시 60일 이전까지 근로자대표에게 통보하게 한 취지", 대법원판례해설 47호, 법원도서관(2004. 7.); **홍기갑**, "고용조정", 노동법학 8호, 한국노동법학회(1998. 12.); **Katja Nebe/Aimee Waldon**, "독일의 근로자 해고 보호", 국제노동브리프 2012년 3월호, 한국노동연구원(2012); **保原喜志夫**, "整理解雇をめぐる判例の法理", 判例時報 1020호, 判例時報社(1982. 1.); **桑原昌宏**, "整理解雇", 本多淳亮先生還暦紀念論文集 勞働契約の研究, 法律文化社(1986); **日本勞働弁護団**, 整理解雇事件に關する申入書(2000. 4. 1.); **土田道夫**, "整理解雇", 勞働判例百選 7版(別冊ジュリスト 165호), 有斐閣(2002. 11.); **H. Otto**, Einführung in das Arbeitsrecht, 2. Aufl., 1997; **Stahlhacke/Preis**, Kündingung und Kündingungsschutz im Arbeitsverhältnis, 5. Anfl., 1991; **Hueck/v. Hoyningen-Huene**, Kündingungsschutzgesetz(Kommentar), 11. Aufl., 1992; **Däubler/Hjort/Hummel/Wolmerath**, Arbeitsrecht 1. Aufl., 2008; **Gallner/Mestwerdt/Nägele**, Kündigungsschutzrecht 6. Aufl 2018; **Oetker**, Erfurter Kommentar zum Arbeitsrecht, 18. Aufl., 2018.

## Ⅰ. 정리해고 총론

### 1. 정리해고의 의의

정리해고라는 용어는 법전에 나오는 용어가 아니다. 법 24조는 '경영상 이유에 의한 해고'라는 용어를 사용하고 있다. 구 법(1997. 3. 13. 법률 5305호로 폐지되기 전의 것)은 27조에서 '해고 등의 제한'만 규정하였는데, 학설과 판례는 독일의 해고제한법[Kündigungsschutzgesetz(KSchG)][1]과 일본의 학설·판례의 영향 아

1) 독일 해고제한법(KSchG) 1조 2항은 "근로자의 일신상 내지 행동상 사유, 또는 **사업 내의 근로자의 계속적인 고용과 배치되는 긴박한 경영상의 필요성**에 의하지 않은 경우에 그 해고

래 구 법 27조의 해고에는 통상해고, 징계해고 외에 정리해고도 포함된다고 해석하였다.2) 그러던 중 1997년에 해고에 관한 규정 외에 정리해고에 관한 규정이 신설되었는데, 기존에 학설과 판례에서 주로 사용된 '정리해고' 대신 '경영상 이유에 의한 해고'라는 용어가 사용되었다. 이에 따라 정리해고라는 일본식 용어를 버리고 '경영상 해고' 또는 '경영해고'라는 용어를 사용하자는 제안이 등장하였다.3) 현재 학설과 판례상 정리해고라는 용어가 더 많이 사용되고 있으나, 경영상 해고라는 용어도 사용되고 있는데, 여기에서는 종래의 용례에 따라 정리해고라는 용어를 주로 사용하기로 한다.4)

정리해고 또는 경영상 이유에 의한 해고는 사용자가 경제적·산업구조적·기술적 성격에 기인한 기업합리화 계획 등 긴급한 경영상의 필요에 따라 근로자의 수를 줄이기 위해 일정한 요건 아래 행하는 해고를 말한다.5) 회사의 조직을 축소·개편하여 그 정원을 감축하면서 정원 외 직원을 직권면직한 것도 정리해고이다.6) 그러나 회사가 근로자들에 대하여 전직발령(후선보임)을 하였을 뿐

---

는 사회적 타당성이 없다(Sozial ungerechtfertigt ist die Kündigung, wenn sie nicht durch Gründe, die in der Person oder in dem Verhalten des Arbeitnehmers liegen, oder durch dringende betriebliche Erfordernisse, die einer Weiterbeschäftigung des Arbeitnehmers in diesem Betrieb entgegenstehen, bedingt ist)."라고 규정하고 있으며, 1조 3항은 "2항에서 말하는 긴박한 경영상의 필요에 의한 해고의 경우에, 사용자가 해고인원을 선발할 때 근속기간, 연령, 부양의무 및 근로자의 장애를 고려하지 않았거나 충분히 고려하지 않은 때에는 긴박한 경영상의 필요성에도 불구하고 해고에는 사회적 타당성이 없다(Ist einem Arbeitnehmer aus dringenden betrieblichen Erfordernissen im Sinne des Absatzes 2 gekündigt worden, so ist die Küdigung trotzdem sozial ungerechtfertigt, wenn der Arbeitgeber bei der Auswahl des Arbeitnehmers die Dauer der Betriebszugehöigkeit, das Lebensalter, die Unterhaltspflichten und die Schwerbehinderung des Arbeitnehmers nicht oder nicht ausreichend berüksichtigt hat)."라고 규정하고 있다. 독일 해고제한법(KSchG)은 1951년에 제정되었는데(BGBl. I S. 499), 위 조항은 제정 당시부터 현재까지 이어져 오고 있다.

2) 정리해고에 대한 발상이 발견되는 최초의 판결은, 대법원 1966. 4. 6. 선고 66도204 판결로 "다년간의 적자운영을 탈피하기 위하여 결정한 그 적자요인의 하나로 되어 있는 사무량에 비하여 과다한 본, 지점 전반에 걸친 일용노동자를 정리한다는 방침과 그에 따른 지시에" 따라 일용직 근로자를 해고한 것은 정당하다고 판단하였다(박은정, 116면).

3) 이승길, 539면.

4) 판례도 최근까지도 '정리해고'라는 용어를 사용하고 있다(대법원 2015. 5. 28. 선고 2012두25873 판결, 대법원 2016. 3. 24. 선고 2015두56144 판결, 대법원 2017. 8. 18. 선고 2017다227325 판결, 대법원 2018. 4. 12. 선고 2015다24843 판결, 대법원 2018. 6. 28. 선고 2018다211655 판결, 대법원 2018. 8. 1. 선고 2015다22489 판결, 대법원 2022. 6. 9. 선고 2017두71604 판결 등).

5) 해고와 임금, 389면.

6) 대법원 2001. 12. 24. 선고 2001다54038 판결. 이 판결은 종합유선방송위원회가 사무국 조직을 축소하는 과정에서 한 직권면직을 정리해고로 보았다.

근로자들과의 근로관계를 일방적으로 단절시키려는 의사를 표명한 것으로 볼 수 없을 때에는 이를 정리해고에 해당하는 것으로 볼 수 없다.[7]

정리해고와 통상해고의 구별이 문제되는 경우에 관한 판례로는 종전에 담당하던 직책(엘리베이터 주임)이 폐지되었음에도 그 직책으로의 복귀만을 고집하면서 직급과 보수가 동일한 다른 직책(경비 주임)으로는 근무하지 않겠다는 의사를 명백히 표시한 근로자를 해고한 것은 정리해고가 아니라 통상해고로 본 것[8]과, 동업체 운영을 위해 채용한 근로자에게 동업관계 악화에 따른 동업체 소멸로 전적을 권유하다가 이에 응하지 않자 해고한 것을 정리해고로 보지 않고 통상해고로 본 것[9]이 있다. 그리고 기업이 파산선고를 받아 사업의 폐지를 위하여 그 청산 과정에서 근로자를 해고하는 것은 정리해고가 아니라 통상해고라고 보았다.[10] 한편 판례는 파산선고로 회사가 해산한 후 파산관재인이 사업 폐지를 위하여 행하는 해고는 정리해고가 아니라 통상해고라고 보았다.[11] (통상해고와 정리해고의 구별에 관한 자세한 내용은 '제23조 제1항 해설 1: 통상해고' Ⅱ. 2. 참조). 다만 판례는 공동주택 입주자들이 공동주택을 자치관리 방식으로 관리하다가 주택법에 정한 절차에 따라 주택관리업자에게 위탁관리하기로 하여 관리방식을 변경하는 것은 사업의 폐지라고 볼 수 없고, 그로 인한 관리직원의 해고는 경영상의 필요에 의한 해고로 정리해고에 해당한다고 판단하였다.[12]

## 2. 정리해고의 법적 성격

정리해고는 근로자에게 책임이 있는 개별적 해고와는 달리 자본주의 경제구조에서 비롯된 사용자 측의 경영상 사정으로 인한 것이라는 현저한 특수성이

---

7) 대법원 2009. 3. 26. 선고 2007다54498 등 판결, 대법원 2009. 3. 26. 선고 2007다54511 등 판결(사용자가 근로자들에 대하여 당연면직으로 이어질 수 있는 후선보임의 인사발령을 하였으나 사실심 변론종결시까지 당연면직된 근로자가 1명도 없는 점 등에 비추어, 사용자가 인사발령으로 그 대상자들에게 근로관계를 일방적으로 단절시키려는 의사를 표명한 것으로 볼 수 없으므로, 그 인사발령에 대해서는 정리해고의 법리를 적용할 여지가 없다고 한 사례).

8) 대법원 1991. 9. 24. 선고 91다13533 판결.

9) 대법원 1996. 10. 29. 선고 96다22198 판결.

10) 대법원 2001. 11. 13. 선고 2001다27975 판결, 대법원 2003. 4. 25. 선고 2003다7005 판결. 반면 형식적으로는 기존의 회사를 폐업하고 새로운 회사를 설립하는 모양새를 갖추더라도, 실질적으로 보면 노동조합 활동을 한 근로자들을 해고하고 새로운 근로자들을 채용하여 회사를 계속 경영하는 이른바 '위장폐업'에는 정리해고의 법리가 적용될 수 있다.

11) 대법원 2001. 11. 13. 선고 2001다27975 판결, 대법원 2003. 4. 25. 선고 2003다7005 판결.

12) 대법원 2011. 3. 24. 선고 2010다92148 판결.

있다.[13] 즉, 정리해고는 '책임과 불이익의 합치'라는 일반적인 법의 원리에서 볼 때 아주 예외적인 모습이다.[14]

그리고 징계해고는 통상 사업장별로 소수의 근로자를 대상으로 하여 행해지는 경우가 일반적이지만, 정리해고는 전반적인 경기 침체 또는 경영 부진 등에 따라 다수의 근로자를 대상으로 광범위하게 행해지는 경우가 많기 때문에, 정리해고로 인한 실업자의 생존권 침해와 고용 불안은 심각한 사회문제가 된다.[15] 우리나라에서는 그동안 경기변동에 따라 기업이 구조조정을 단행하여 근로자들을 대량으로 해고하는 일이 많았고, 1997년경 국제통화기금(IMF)의 구제금융 아래에서 기업이 불황을 타개하기 위해 인건비 절감을 위한 해고, 기술 혁신·자동화에 따른 잉여 인원 정리를 상시적으로 하면서 청년 실업과 조기 정년 등 많은 심각한 문제를 야기하고 있다.

이에 법은 사용자에 대하여 경영상 이유에 의한 정리해고를 할 권한을 부여하는 한편, 정리해고가 근로자의 귀책사유 없이 이루어진다는 점에서 인원정리의 결과를 가져오는 사용자의 경영운영상의 결정이 자의적이거나 비현실적이거나 남용되지 않도록 하기 위하여[16] 그 정당성 요건을 엄격하게 규정하고 있다. 즉, 자본주의 사회의 경기변동에 따라 사용자로서도 어쩔 수 없이 정리해고를 단행할 필요성이 있고, 기업 자체의 생존이 보장되어야 근로자들의 일자리도 보장될 수 있다는 점을 인정함과 동시에, 근로자로서도 자신의 아무런 귀책사유 없이 해고라는 치명적 불이익을 감수해야만 할 정도로 엄격한 정당성 요건을 통과해야만 법적 정당성이 부여될 수 있는 것이므로, 정리해고에 관한 관련 법령을 해석할 때에는 이와 같은 정리해고의 법적 성격을 항상 염두에 두어야 한다.

정리해고의 특수성을 고려할 때 정리해고에 대한 규율은 배분적 정의를 어떻게 실현할 것인가를 고려해야 하는데, 정리해고로 말미암은 실업 기간 동안 근로자와 그 가족에 대한 소득 보장, 실업 급여, 직업 훈련, 구직 활동 지원 등에 필요한 사회적 비용을 국가와 근로자 및 사용자 중 누가 부담하는 것이 사회적으로 가장 효율적인가를 고려해야 한다.[17]

13) 이흥재a, 182면.
14) 이승길, 543면.
15) 임종률, 552면 참조.
16) 김형배, 717면.
17) 김유성, 290면.

마지막으로 공개채용시험에 합격하여 입사대기 중인 사람도 정리해고의 대상이 될 수 있다는 내용의 대법원판례를 소개한다. 1997년 11월경 대기업이 그룹 공개채용시험을 거쳐 원고들에 대한 채용내정을 하였다가 1997년 말 IMF 구제금융 사태를 맞이하여 1998년 6월경 채용취소를 한 사례에서, 대법원은 "채용내정을 취소한 것은 실질적으로 해고에 해당"하지만, 정리해고의 요건을 모두 갖추었기 때문에 정당하다고 보았다.[18] 채용내정의 취소를 실질적 해고로 보아 정리해고의 요건을 갖추면 정당하다고 판단한 것이다.

### 3. 정리해고에 관한 입법 연혁

앞에서 본 것처럼 구 법(1997. 3. 13. 법률 5305호로 폐지되기 전의 것)은 27조에서 '해고 등의 제한'에 관해서만 규정하였지만, 학설과 판례에 의해 구 법 27조에서 규정한 해고에는 통상해고, 징계해고 외에 정리해고도 포함된다고 해석하였다.

그러던 중 1996. 12. 31. 법률 5245호로 구 법이 개정되어 27조의2(경영상 이유에 의한 해고), 27조의3(경영상 이유에 의한 해고의 절차), 27조의4(우선재고용)가 신설되었고,[19] 그 개정 법률[20]은 1997. 3. 1.부터 시행되었다(부칙 1항). 그런데 정

---

18) 대법원 2000. 11. 28. 선고 2000다51476 판결, 대법원 2002. 12. 10. 선고 2000다25910 판결 등.

19) 27조의2(경영상 이유에 의한 해고)

① 사용자는 경영상 이유에 의하여 근로자를 해고하고자 하는 경우에는 계속되는 경영의 악화, 생산성 향상을 위한 구조조정과 기술혁신 또는 업종의 전환 등 긴박한 경영상의 필요가 있어야 한다.

② 계속되는 경영악화로 인한 사업의 양도·합병·인수의 경우에는 제 1 항의 규정에 의한 긴박한 경영상의 필요가 있는 것으로 본다.

③ 제 1 항의 경우에 사용자는 해고를 피하기 위한 노력을 다하여야 하며 합리적이고 공정한 해고의 기준을 정하고 이에 따라 그 대상자를 선정하여야 한다.

④ 일정규모의 인원을 해고하고자 할 때에는 대통령령이 정하는 바에 따라 노동위원회의 승인을 받아야 한다.

⑤ 사용자가 제 1 항·제 3 항 및 제27조의3 제 2 항의 규정에 의한 요건을 갖추어 근로자를 해고한 때에는 제27조 제 1 항의 규정에 의한 정당한 이유가 있는 해고를 한 것으로 본다.

27조의3(경영상 이유에 의한 해고의 절차)

① 사용자는 제27조의2의 규정에 의하여 근로자를 해고하고자 하는 경우에는 해고일 60일 전까지 당해 사업장의 노동조합과 근로자에게 문서 또는 기타 방법에 의하여 그 사실을 알려야 한다.

② 사용자는 제 1 항의 사실을 알린 후 제27조의2 제 3 항의 규정에 의한 해고를 피하기 위한 방법 및 해고의 기준 등에 관하여 당해 사업장에 근로자의 과반수로 조직된 노동조합이 있는 경우에는 그 노동조합, 근로자의 과반수로 조직된 노동조합이 없는 경우에는 근로자의 과반수를 대표하는 자와 성실하게 협의하여야 한다.

27조의4(우선 재고용)

제27조의2의 규정에 의하여 근로자를 해고한 사용자는 제27조의3 제 1 항의 규정에 의하여

리해고 규정의 신설에 의해 정리해고가 손쉽게 이루어지는 것을 우려한 노동계의 반발이 거세지면서 전국적 규모의 총파업이 발생하자, 국회는 구 법을 폐지하고, 1997. 3. 13. 법률 5309호로 법을 새로 제정하여 31조에서 '경영상 이유에 의한 고용조정'이라는 제목으로 정리해고에 관한 규정을 두되,[21] 2년간 유예규정(부칙 1조 단서)을 두었다.[22]

그러다가 국제통화기금으로부터 구제 금융을 받는 사태가 생기자 1998. 2. 20. 법률 5510호로 법을 개정하여 31조(경영상 이유에 의한 해고의 제한)의 규정을 개정하고, 31조의2(우선재고용 등)를 신설하는 한편,[23] 1997. 3. 13. 법률 5309호의 부칙 1조 단서를 삭제하여 유예기간을 없애고 그 규정을 즉시 시행하였다(부칙 1조). 이로써 사용자가 경영상의 이유로 근로자를 해고하려면 (i) 긴박한 경영상의 필요, (ii) 해고를 회피하기 위한 노력, (iii) 합리적이고 공정한 해고의 기준과 이에 따른 해고 대상자의 선정, (iv) 노동조합 또는 근로자 대표에 대한 통보와 그들과 성실한 협의를 거쳐야만 정당한 해고를 한 것으로 본다고 규정하여, 종래 대법원 판례가 4요건설을 취하여 정리해고의 정당성을 인정하여 오던 것을 입법화하였다.[24]

---

그 사실을 알린 날부터 2년 이내에 근로자를 채용하고자 할 때에는 제27조의2의 규정에 의하여 해고된 근로자가 원하는 경우 해고 전의 직책 등을 감안하여 그 근로자를 우선적으로 고용하도록 노력하여야 한다.

20) 국회 통과 과정에서 날치기 논란이 있었다.

21) 31조(경영상 이유에 의한 고용조정)

① 사용자는 경영상 이유에 의하여 근로자를 해고하고자 하는 경우에는 긴박한 경영상의 필요가 있어야 한다.

② 제 1 항의 경우에 사용자는 해고를 피하기 위한 노력을 다하여야 하며 합리적이고 공정한 해고의 기준을 정하고 이에 따라 그 대상자를 선정하여야 한다.

③ 사용자는 제 2 항의 규정에 의한 해고를 피하기 위한 방법 및 해고의 기준 등에 관하여 당해 사업 또는 사업장에 근로자의 과반수로 조직된 노동조합이 있는 경우에는 그 노동조합, 근로자의 과반수로 조직된 노동조합이 없는 경우에는 근로자의 과반수를 대표하는 자와 성실하게 협의하여야 한다.

④ 사용자가 제 1 항 내지 제 3 항의 규정에 의한 요건을 갖추어 근로자를 해고한 때에는 제30조 제 1 항의 규정에 의한 정당한 이유가 있는 해고를 한 것으로 본다.

22) 이와 같은 개정 연혁에 관해서는 최승욱, 413~414면 참조.

23) 현행 법 24조, 25조와 내용이 거의 같다. 다만, 31조 3항의 해고 회피 방법, 해고 기준 통보를 해고 전 60일(현행 법 24조 3항은 50일)로 하도록 하였고, 31조의2 1항 우선 재고용에 관하여는 "근로자를 해고한 날부터 2년 이내에 근로자를 채용할 때에는 해고된 근로자가 원하는 경우 해고 전의 직책 등을 감안하여 그 근로자를 우선적으로 고용하도록 노력하여야 한다"라고 규정(현행 법 25조 1항은 "근로자를 해고한 날부터 3년 이내에 해고된 근로자가 담당하던 업무와 동일한 업무에 근로자를 채용하려고 할 경우 해고된 근로자가 원하면 그 근로자를 우선적으로 고용하여야 한다"고 하여 사용자에게 의무를 부과하고 있다)하였다.

이와 같은 조항은 그 근간을 현재까지 유지하고 있다. 다만, 2007. 1. 26. 법률 8293호로 31조 3항을 개정하여 사용자가 근로자대표에게 통보해야 하는 기간을 '60일 전'에서 '50일 전'으로 단축하였고, 단순히 '노력하도록 하여야 한다'고 한 31조의2 1항 정리해고자 우선 재고용 조항을 개정하여, 정리해고된 때부터 3년 안에 해고된 근로자가 담당하던 업무와 동일한 업무에 근로자를 채용하는 경우에는 해고된 근로자가 원하면 그 근로자를 우선적으로 고용하도록 사용자에게 의무를 부과하였다.[25] 그 후 2007. 4. 11. 법률 8372호로 법이 전문 개정되어 조문을 새로 정비하면서 '경영상 이유에 의한 해고의 제한' 규정은 24조로, '우선 재고용 등'의 규정은 25조로 되었다.

## Ⅱ. 정리해고의 유효요건에 관한 판례와 학설[26]

### 1. 정리해고의 유효요건에 관한 학설

정리해고의 유효요건에 관하여 우리나라와 일본의 학설을 분류하자면, '근로자 측과의 성실한 협의'를 하나의 독립된 요건으로 볼 것인지 여부, 4가지 사항을 요건으로 볼 것인지, 판단 요소로 볼 것인지에 따라 다음과 같이 나뉜다.[27]

#### 가. 3요건설

정리해고는 경영상의 필요성, 긴박성, 선발 기준의 공평성 등 3가지 요건을 갖추어야 한다는 견해이다. 독일의 학설과 판례[28]를 원용하여 형성된 것이라고 하고,[29] 일본의 일부 하급심 판결과 일부 학설들이 이 견해를 취한다.[30] 해고회피 노력은 긴박성의 요건 중 하나로 취급되고 있으며, 핵심적인 내용은 근로

---

24) 해고와 임금, 390면.

25) 시행일은 2007. 7. 1.(부칙 1항).

26) 정리해고에 관한 ILO의 기준, 영국 · 프랑스 · 독일의 입법례에 관해서는 이홍재a, 184~187면.

27) 학설의 정리에 관해서는 최승욱, 417~419면; 土田道夫, 170~173면. 그 밖에 특이한 견해로, 4가지 요건들을 단체협약 또는 취업규칙 등에 미리 정하고 있는 때에는 이에 따라야 하고, 이러한 정함이 없는 경우에는 근로자의 연령, 가족 사항, 건강 상태 등 근로자 측 사정을 고려하고 근로자의 업무 성적, 능력, 경력, 고객과 관계 등 사용자 측 사정을 고려하여 당해 근로자가 경영기술적 · 조직적 · 경제적 견지에서 계속 고용되어야 할 정당한 사유가 있는가를 사용자가 판단해야 한다는 견해 소개(양태종, 176면)가 있으나, 이 견해는 여기에서 따로 분류에 넣지 않는다.

28) 독일의 판례와 학설에 관해서는 김지형a, 545~590면.

29) 박철b, 424~425면; 최승욱, 417면.

30) 일본의 학설과 판례에 관해서는 김상준a, 90~109면; 김상준b, 49~64면; 박철b, 430~440면.

자 측과의 협의를 독립된 요건으로 보지 않다는 점이다. 우리나라에서는 과거에 김형배 교수 등이 이 설을 취하였으나 정리해고의 법제화 이후에는 학자들이 대부분 4요건설을 전개하고 있다. 우리나라에서는 대법원 1987. 4. 28. 선고 86다카1873 판결이 경영상의 필요성, 해고회피노력, 정리대상 선정의 합리성 등에 의하여 해고의 정당성을 판단함으로써 3요건설을 취한 듯하다.

### 나. 4요건설

긴박한 경영상의 필요성, 해고 회피 노력, 정리 기준의 합리성과 선별의 공정성, 근로자 대표와 협의 등 4가지 요건을 모두 갖추어야 한다는 견해이다.[31] 정리해고가 입법화된 이후에는 대부분의 학자들이 이 견해를 취하고 있다. 다만, 구체적인 이론 전개에서는 그 엄격성의 정도에 관하여 차별을 보인다. 대법원 1989. 5. 23. 선고 87다카2132 판결은 4요건설을 취하면서, 경영상의 필요성에 관하여 도산회피설[32]을 취한 것으로 분석할 수 있는데, 합리성필요설[33]을 취한 것으로 보는 견해도 있다.

### 다. 판단요소설

4가지 요건 중 하나라도 결여되면 정리해고의 유효성을 인정할 수 없다는 4요건설과 달리 4가지 사항들을 이른바 '판단 요소'로 보아 이를 전체적·종합적으로 고려하여 유효성을 판단해야 한다는 견해이다. 일본최고재판소 산하 사무총국 행정국이 1986년경부터 이 견해를 취하고 있다.[34] 일본 하급심의 최근 경향도 4요소설을 따르고 있다.[35] 즉, 일본에서는 거품경제 붕괴 후 장기적이고

---

31) 대표적으로 김유성 교수가 오래 전부터 취한 견해로 대법원 판례에 의해 받아들여진 후 입법화까지 되었다. 김유성a, 111~132면; 김유성b, 11~17면.

32) 해고를 하지 아니하면 필연적으로 도산에 이를 지경, 즉 인원정리를 하지 아니하면 기업의 존속유지가 위태로울 지경에 처할 때 경영상의 필요성이 인정된다는 견해(곽현수b, 649면)

33) 도산회피에까지는 이르지 않고 사용자의 인원정리가 객관적으로 보아 합리적인 것이라고 볼 수 있는 한 경영상의 필요성은 인정된다는 견해(곽현수b, 649면)

34) 상세한 내용은 김상준b, 58~65면.

35) 土田道夫, 172~173면에 의하면, 東京地裁 2000. 1. 21. 決定[ナショナル・ウエストミンスター(내셔널 웨스트민스터) 銀行 事件, 勞働判例 782호, 23면] 이후 다수의 하급심 판결들이 4요건을 4요소로 해석하고 있으며 인원삭감의 필요성과 관련하여 이를 완화하는 경향이 강하고, 종래에 적극적으로 사법심사의 대상으로 삼았던 해고회피 노력의무에 관한 후퇴경향도 있으며, 이러한 경향의 배경에는 기업 간 경쟁의 격화와 기업재편의 경향 속에서 법원이 기업의 전략적 판단을 존중하려는 사고방식이 깔려 있다고 한다.

한편, 일본노동변호단은 2000. 4. 18. 동경지방재판소 노동부(민사 11, 19부)에 "정리해고사건에 관한 신청서"를 제출하였다. 그 내용은 정리해고사건에 관한 최근의 법원 판결과 결정을 정리한 후 기존의 해고권 제한법리의 확립과 그 근거, 해고제한에 대한 완화경향에 대한

심각한 경제변동을 겪는 가운데 종전보다 광범위하고도 다양한 양상으로 인원 삭감이 실시되는 상황에 이르게 되자, 위 4가지 사항은 정리해고의 유효성을 판단하는 4가지 요소로 이해하고, 정리해고의 유효성을 여러 요소들의 종합적인 판단에 의해 결정하는 판례[36]가 증가하고 있다.[37][38]

대법원 1992. 11. 10. 선고 91다19463 판결, 대법원 1993. 12. 10. 선고 93누4595 판결 등이 이 견해를 취하고 있는데, 특히 노동조합이나 근로자 측과의 성실한 협의요건을 완화하였다. 근로자와의 협의 절차를 거친다고 하여도 별다른 효과를 기대할 수 없는 등 특별한 사정이 있는 때에는 사전 협의 절차를 거치지 않았다고 하여도 그것만으로 정리해고를 무효라고 볼 수 없다는 것이다. 대법원 1995. 12. 5. 선고 94누15783 판결, 대법원 1995. 12. 22. 선고 94다52119 판결 등은 이른바 '종합설'을 취하면서, 경영상의 필요성에 관해서는 합리성필요설을 취하였다. 여러 판단 요소들을 종합하여 판단한다는 점에서 '판단요소설'은 '종합설'이라고 부를 수도 있다.

### 2. 정리해고의 유효요건에 관한 판례

정리해고의 유효요건에 관한 대법원 판례는 원래 엄격한 4요건설을 중심으로 발전해왔다. 그 요건을 보면, 첫째 해고를 하지 않으면 기업경영이 위태로울 정도의 긴박한 경영상의 필요성이 존재해야 하고(긴박한 경영상의 필요성), 둘째 경영방침이나 작업방식의 합리화, 신규채용의 금지, 일시 휴직 및 희망퇴직의 활용 등 해고 회피를 위한 노력을 다했어야 하며(해고 회피의 노력), 셋째 합리적이고 공정한 기준을 설정하여 이에 따라 해고 대상자를 선별해야 하고(해고 대상

---

비판과 그 배경분석 등을 통해 정리해고요건의 완화 경향을 재고해달라는 것이다(整理解雇事件に關する申入書, 1~12면).

우리나라의 대법원 법원행정처에 해당하는 일본최고재판소 산하 사무총국 행정국이 자료집을 통해 실질적으로는 정리해고 4요건설을 4요소설로 변경시키는 내용을 일선 법원에 시달하는 것이나 일본노동변호단이 동경지방재판소 노동부에 대하여 정리해고 완화경향에 대하여 사실상 경고하는 내용의 신청서를 보내는 것은 일본의 독특한 법률문화가 아닌가 생각한다. 우리나라에서 이런 일이 생기면 사법부 내부(법원행정처)와 외부(변호사 단체)에 의한 사법권 독립의 침해라며 작지 않은 논란이 될 것이다.

36) 東京地裁 2000. 1. 21. 決定(勞判 782호, 23면), 大阪地裁 2000. 12. 1. 判決(勞判 808호, 77면), 東京高裁 2006. 12. 26. 判決(勞判 931호, 30면)[이상 菅野(역), 590면에서 재인용].

37) 菅野(역), 588면.

38) 다만, 熊本地判 2004. 4. 15.(勞判 878호, 74면) 등과 같이, 여전히 엄격한 4요건설을 견지하는 판례도 있다고 한다[菅野(역), 590면].

자 선별의 합리·공정성), 넷째 해고에 앞서 노동조합이나 근로자 측과 성실한 협의를 거쳐야 한다(사전 협의 절차)는 4가지 요건을 모두 갖추어야 정리해고가 유효하다는 것이다.[39)]

그런데 이와 같은 대법원의 엄격한 4요건설과 달리 그 요건을 완화하는 판례들[40)]이 정리해고의 법제화(1997년, 1998년) 직전에 나오기 시작했다. 이러한 대법원 판결들은 긴박한 경영상의 필요성 요건에 관하여 점차 완화된 태도를 보이다가 4가지 요건을 모두 구비해야 정리해고가 유효하다고 보지 않고 4가지 요건 등 제반 사정을 전체적·종합적으로 고려하여 그 해고가 객관적 합리성과 사회적 상당성을 지닌 것으로 인정될 수 있으면, 사전협의절차 등을 거치지 않아도 유효하다고 보았다. 이는 완화된 4요건설 또는 제한적 3요건설로 볼 수 있다. 그런데 이러한 대법원 판결은 근로자 대표와의 협의라는 절차적 요건을 법제화한 이후에도 유지될 수 있을지 논란의 여지가 있으나,[41)] 정리해고가 법제화된 후에도 '판단요소설'을 가미한 형태로 4요건설의 완화를 시도하는 대법원 판결이 계속 나오고 있다.

이와 같이 판단요소설을 가미한 형태의 대법원 판결들의 내용을 보면, 4가지 요건의 구체적 내용은 확정적·고정적인 것이 아니라 구체적 사건에서 다른 요건의 충족 정도와 관련하여 유동적으로 정해지는 것이므로, 구체적 사건에서 경영상 이유에 의한 당해 해고가 위 각 요건을 모두 갖추어 정당한지 여부는 위 각 요건을 구성하는 개별 사정들을 종합적으로 고려하여 판단해야 한다는 것이다.[42)] 이와 같은 대법원의 인식에 관해서는, 대법원의 근로관계에 대한 시

39) 대법원 1989. 5. 23. 선고 87다카2132 판결(이에 대한 평석으로는 곽현수a, 840면 이하; 오창수a, 49면 이하; 이우근, 197면 이하), 대법원 1990. 1. 12. 선고 88다카34094 판결, 대법원 1990. 3. 13. 선고 89다카24445 판결, 대법원 1991. 9. 24. 선고 91다13533 판결, 대법원 1991. 12. 10. 선고 91다8647 판결, 대법원 1992. 3. 31. 선고 90다8763 판결, 대법원 1992. 5. 22. 선고 91다22100 판결, 대법원 1993. 12. 28. 선고 92다34858 판결 등 참조. 이 판결들을 다룬 것으로는 곽현수b, 645~652면; 김상준a, 75~109면; 김상준b, 49~83면; 김지형a, 527~597면; 박상훈, 42~57면; 박철a, 9~48면; 오창수b, 287~310면; 이흥재a, 182~206면 등.

40) 특히 대법원 1995. 12. 5. 선고 94누15783 판결, 대법원 1995. 12. 22. 선고 94다52119 판결, 대법원 1997. 9. 5. 선고 96누8031 판결 등. 위 판결들 관련 문헌으로는 김인재, 1~28면; 박종희a, 171~200면; 백준현, 31~48면; 유성재, 477~497면; 이광범, 1~186면; 조용만, 74~96면; 채호일, 69~118면; 최승욱, 411~462면; 하경효, 217~239면; 홍기갑, 443~462면.

41) 해고와 임금, 390~391면.

42) 대법원 2002. 7. 9. 선고 2000두9373 판결(이에 대한 평석으로는 김한주, 254~267면), 대법원 2003. 11. 13. 선고 2003두4119 판결(이 판결에서 취한 대법원의 입장에 관한 해설로는 한주한, 455~472면. 이 판결은 많은 비판을 받았다. 그 비판으로는 김선수b, 23~25면; 전형배a,

민법적 인식 경향의 '지속'이라는 관점에서 이를 강하게 비판하면서, 정리해고의 입법화가 불확정 개념을 구체화하여 4가지 요건을 명문화한 것이라고 본다면, 그 요건 중 하나라도 흠결이 있는 해고는 전체 요건을 종합적으로 고려할 필요 없이 당연히 '객관적 합리성과 사회적 상당성'이 결여된 위법한 해고로 봄이 타당하다는 견해가 있다.[43] 다만, 정리해고의 방법과 정도는 확정적 · 고정적인 것이 아니라 당해 사용자의 경영상 위기 정도, 정리해고를 실시하여야 하는 경영상의 이유, 사업의 내용과 규모, 직급별 인원 상황 등에 따라 달라진다고 보면서도, 정리해고의 일환으로 이루어진 인원 삭감이 객관적으로 보아 합리성이 있다고 보기 어려울 뿐만 아니라 해고 회피 노력을 다하였다고 보기도 어렵다는 이유로 정리해고 조치가 무효라고 판단한 사례[44]도 있다.

정리해고의 명문화 내지 법제화 이전에는 정리해고의 요건이 판례에 의해 형성되어 왔으므로, 대법원 판례가 엄격한 4가지 요건을 완화하거나 4가지 요소를 요건이 아닌 판단 요소들로 보아 종합적인 판단을 할 여지가 있었으나, 정리해고의 요건이 명문화된 이상 그 요건을 엄격히 해석하는 것이 근로자에게 아무런 귀책사유 없이 해고라는 가혹한 결과를 받아들여야 하는 정리해고의 법적 성격에 비추어 타당하다.

## Ⅲ. 정리해고의 정당성 요건

정리해고의 4가지 요건 내지 판단요소에 관하여 이하에서는 기본적으로 4요건설에 따라 각각의 요건에 관하여 살펴보기로 하고, 필요한 곳에서 4요건설의 완화나 판단요소설에 따른 경향도 함께 보기로 한다. 법은 정리해고에 관한 대법원의 여러 흐름 중 4요건설을 법제화한 것으로 볼 수 있는데, 다만 견해에 따라서는 법 24조 1항 후문이 "경영 악화를 방지하기 위한 사업의 양도 · 인수 · 합병은 긴박한 경영상의 필요성이 있는 것으로 본다"고 규정한 것을 들어 4요

265~280면), 대법원 2004. 10. 15. 선고 2001두1154 등 판결, 대법원 2006. 1. 26. 선고 2003다69393 판결, 대법원 2010. 7. 22. 선고 2009두2092 판결.

43) 이흥재b, 211면. 이 문헌은 대법원 2002. 7. 9. 선고 2001다29452 판결과 대법원 2002. 7. 9. 선고 2000두9373 판결을 지적하면서, '장래의 경영위기'까지 긴박한 경영상의 필요성이 있다고 완화한 점은 시민법적 인식으로 '회귀'한 것이고, 4가지 요건을 판단요소로 격하시킨 것은 시민법적 인식경향의 '지속'이라면서 비판과 우려를 나타냈다.

44) 대법원 2004. 1. 15. 선고 2003두11339 판결 등.

소설을 법제화한 것으로 볼 여지도 있으므로, 결국 앞으로 4요건설의 완화 여부 및 완화 정도는 대법원 판례의 경향에 맡겨져 있다.

### 1. 긴박한 경영상의 필요성

#### 가. 긴박성의 정도에 관한 판례와 학설

사용자가 경영상 이유에 의하여 근로자를 해고하려면 긴박한 경영상의 필요가 있어야 한다(법 24조 1항 전문). '긴박한 경영상의 필요성'에 관하여 판례는 그 엄격성의 정도를 점점 완화시켜 왔다.[45)]

초기에 대법원은 "해고를 하지 않으면 기업경영이 위태로울 정도의 급박한 경영상의 필요성",[46)] "기업이 일정 수의 근로자를 정리해고하지 않으면 경영악화로 사업을 계속할 수 없거나 적어도 기업재정상 심히 곤란한 처지에 놓일 개연성이 있을 것"[47)]을 요구하였다. 이 판례는 이른바 '도산회피설'의 입장을 취한 것이다.[48)]

그러다가 판례는, "기업의 인원삭감 조치가 영업성적의 악화라는 기업의 경제적인 이유뿐만 아니라 생산성의 향상, 경쟁력의 회복 내지 증강에 대처하기 위한 작업 형태의 변경, 신기술의 도입이라는 기술적인 이유와 그러한 기술 혁신에 따라 생기는 산업의 구조적 변화도 이유로 하여 실제 이루어지고 있고, 또한 그럴 필요성이 충분히 있다는 점에 비추어 보면 반드시 기업의 도산을 회피하기 위한 것에 한정할 필요는 없고, 인원 삭감이 객관적으로 보아 합리성이

45) '긴박한 경영상의 필요성'은 정리해고의 4가지 요건 중에서도 대법원이 가장 유연한 해석을 하고 있는 부분이라는 견해로는, 전형배b, 5면.

46) 대법원 1989. 5. 23. 선고 87다카2132 판결, 대법원 1990. 3. 13. 선고 89다카24445 판결 등.

47) 대법원 1990. 1. 12. 선고 88다카34094 판결.

48) 김유성, 292면. 일본 학설에 관하여 곽현수b, 649면은 긴박한 경영상의 필요성에 관한 일본의 학설로는 해고를 하지 아니하면 필연적으로 도산에 이를 지경, 즉 인원정리를 하지 아니하면 기업의 존속유지가 위태로울 지경에 처한 것이라는 도산회피설(倒産回避說), 긴급피난설(緊急避難說)뿐만 아니라, 도산회피에까지는 이르지 않고 사용자의 인원정리가 객관적으로 보아 합리적인 것이라고 볼 수 있는 한 경영상 필요성은 충족된다는 합리성필요설(合理性必要說), 경영부진설(經營不振說)도 있고, 기업경영상 인원정리를 하지 않으면 경영부진에 빠지게 될 상태에 있으므로 생산성향상, 이윤유지 때문에 사용자가 인원정리를 결정할 때에도 그 결정은 유효하다는 감량경영설(減量經營說)도 있다고 소개하면서, 감량경영설도 합리성필요설의 일종으로 볼 수 있으므로 견해의 대립은 도산회피설과 합리성필요설로 나눌 수 있다고 하고, 일본의 다수설은 합리성필요설이라고 파악한다.

한편 일본에서는 경영상 필요성의 내용에 따라 정리해고의 유형을 도산회피형(긴급피난형), 장기예측형(위험방지형), 기업합리화형(업무축소형), 편승형, 조합혐오형 등으로 나누기도 한다[桑原昌宏, 286면(김선수a, 73면에서 재인용)].

있다고 인정될 때에는 '긴박한 경영상의 필요성'이 있는 것으로 넓게 보아야 한다"는 것으로 바뀌었다.[49] 이른바 '합리성필요설' 또는 '합리성설'을 취한 것이다.[50]

판례가 도산회피설을 취하다가 합리성필요설로 태도를 변경한 것에 대하여는, 기술도입 등을 해야 할 기업 측의 사정과 필요성은 감안하면서도 정리해고로 말미암아 생존권을 박탈당하는 근로자 측의 절박한 사정과 해고로부터 보호받아야 할 필요성에 관하여 충분히 고려하지 않았고, 사용자와 근로자의 입장이 첨예하게 대립되는 사건에서 이른바 '객관적 합리성'이라는 명목 아래 사용자 측의 사정을 수용할 여지를 만들었다고 하는 실무계의 비평을 받고 있다.[51]

나아가 2002년경 이후에는 "장래에 올 수도 있는 위기에 미리 대처하기 위하여 인원 삭감이 객관적으로 보아 합리성이 있다고 인정되는 경우도 포함되는 것으로 보아야 한다"[52]고까지 완화시켰다. 합리성설 중 가장 완화된 것인데, 일

---

49) 대법원 1991. 12. 10. 선고 91다8647 판결(이에 대한 평석으로는 곽현수b, 645~652면. 여기서는 위 판결이 합리성필요설을 취한 것으로 분석하였다. 다른 평석으로는 박철a, 9~48면; 이상덕, 14~18면; 이상학, 11~26면 등), 대법원 1992. 5. 12. 선고 90누9421 판결, 대법원 1992. 8. 14. 선고 92다16973 판결, 대법원 1993. 1. 26. 선고 92누3076 판결, 대법원 1995. 12. 22. 선고 94다52119 판결 등.

50) 경영상 필요성의 정도에 관한 일본 논의의 유형으로, 김선수a, 78면에서는 첫째, 인원삭감에 대한 기업경제상 합리성이 인정되면 충분하며, 방어적 성격 외에 생산성향상을 위한 신규기계의 도입도 인정된다는 견해, 둘째 기업 전체로서는 흑자라도 채산성이 없는 부문의 폐쇄는 인정된다는 견해, 셋째 기업 전체로서 적자이고 정리해고 외의 위기타개책이 없는 경우에 인정된다는 견해, 넷째 정리해고를 하지 않으면 도산을 회피할 수 없는 경우에 인정된다는 견해로 나누고 있다. 이 글에서는 保原喜志夫를 참조하되, 제4유형과 제5유형을 묶어서 하나의 유형으로 보았다.

51) 김선수a, 81면; 김선수a는 대법원 91다8647 판결과 90누9421 판결에 대한 평석인데, 그 83면에서는 이 판결들이 대법원의 보수화를 보여주는 징표라고 분석한다. 그 밖의 비평에 관해서는 곽현수b, 645~652면; 박철a, 9~48면; 이상덕, 14~18면; 이상학, 11~26면.

52) 대법원 2002. 7. 9. 선고 2001다29452 판결, 대법원 2003. 9. 26. 선고 2001두10776, 10783 판결, 대법원 2003. 11. 13. 선고 2003두4119 판결, 대법원 2004. 1. 15. 선고 2003두11339 판결, 대법원 2004. 10. 15. 선고 2001두1154 등 판결, 대법원 2005. 6. 9. 선고 2004도7218 판결, 대법원 2012. 2. 23. 선고 2010다3629 판결(이에 대한 평석으로는 오윤식, 199~232면; 이원희, 60면), 대법원 2012. 2. 23. 선고 2010다3735 판결, 대법원 2012. 6. 28. 선고 2010다38007 판결, 대법원 2013. 6. 13. 선고 2011다60193 판결, 대법원 2014. 11. 13. 선고 2012다14517 판결, 대법원 2014. 11. 13. 선고 2014다20875, 20882 판결, 대법원 2015. 10. 29. 선고 2012다48107 판결. 다만, 이와 동일한 연장선상에 있다고 볼 수도 있는 대법원 2015. 5. 28. 선고 2012두25873 판결, 대법원 2017. 6. 29. 선고 2016두52194 판결, 대법원 2019. 11. 28. 선고 2018두44647 판결, 대법원 2022. 6. 9. 선고 2017두71604 판결은 "정리해고의 요건 중 '긴박한 경영상의 필요'란 반드시 기업의 도산을 회피하기 위한 경우에 한정되지 아니하고, 장래에 올 수도 있는 위기에 미리 대처하기 위하여 인원삭감이 필요한 경우도 포함되지만, 그러한 인원삭감은 객관적으로 보아 합리성이 있다고 인정되어야 한다."라고 판시하여 객관적 합리성에 더

종의 감량경영설로 볼 수도 있고, '장래대비설'이라는 명칭을 새로 붙일 수도 있을 것이다. 장래의 위기에 대처하기 위하여 경영합리화를 위한 공격적 정리해고를 인정할 것인가 여부에 따라 도산회피설과 합리성필요설(합리성설) 내지 장래대비설의 차이가 있다. 이러한 '장래대비설'에 의하면, 기업의 전체 경영실적이 흑자를 기록하고 있더라도 일부 사업부문이 경영악화를 겪고 있으며, 그러한 경영악화가 구조적인 문제 등에 기인한 것으로 쉽게 개선될 가능성이 없고 해당 사업부문을 그대로 유지할 경우 결국 기업 전체의 경영상황이 악화될 우려가 있으면 장래 위기에 대처하기 위한 긴박한 경영상 필요성이 인정된다.[53] 또 경영상 해고 이후 경영상태가 호전되어 흑자경영이 되기는 하였지만 경영상 해고 당시에는 조업단축 등으로 인한 잉여인력이 단시일 내에 쉽사리 해소될 것으로 기대하기 어려웠고 또한 동종업계의 경기전망이 더욱 안 좋게 전개될 것으로 예측되는 상황에서 그에 대처하기 위해서 인력조정을 한 경우에도 마찬가지이다.[54] 특히 기술집약적 산업의 경우 지속적인 기술개발과 대규모 투자가 이루어지지 않으면 동종업체와의 경쟁에서 뒤쳐질 수밖에 없고 이는 매출 감소와 시장점유율의 하락으로 이어지게 되는데, 기업구조 개선작업이 이루어지는 과정에서 연구개발과 투자가 이루어지지 못했고, 기업이 외국자본에 인수되는 과정에서 적극적 투자가 이루어지지 않음에 따라 생산품종의 다양화가 이루어지지 못했으며, 또한 국가의 세제관련 정책변화에 따른 소비자들의 소비행태 변화와 같은 것들이 계속적·구조적 위기요인에 해당되어 긴박한 경영상 필요성을 충족시키는 것으로 정당화되기도 한다.[55]

그러나 현재의 근로자를 해고하고 그 대신 임금이 낮은 근로자를 새로이 고용하기 위한 속셈으로 표면상으로만 경영상의 사정이 있음을 빙자한 것으로 인정되는 경우, 특정 근로자를 내쫓기 위하여 경영합리화 조치라는 구실을 내세운 경우와 같이 인원삭감을 할 만한 객관적·합리적인 이유가 없는 때에는 '긴박한 경영상의 필요성'이라는 요건을 갖추었다고 할 수 없다.[56]

한편, 4요건설 또는 4요소설과 도산회피설 또는 합리성필요설 사이의 논리

욱 강조점을 두었다.

53) 대법원 2012. 2. 23. 선고 2010다3735 판결; 박은정, 129면.

54) 대법원 2013. 6. 13. 선고 2011다60193 판결; 박은정, 129면.

55) 대법원 2014. 11. 13. 선고 2012다14517 판결, 대법원 2014. 11. 13. 선고 2014다20875, 20882 판결; 박은정, 129면.

56) 해고와 임금, 396면.

적 관계에 관하여 살펴보면, 4요건설을 취하면서 합리성필요설을 취하는 것이 가능하기는 하지만 도산회피설을 취하는 것이 더 적절하고, 4요소설의 경우에는 합리성필요설과 어울린다고 볼 수 있다.

### 나. 사용자의 결정과 사법심사

긴박한 경영상의 필요성이 있다고 사용자가 결정한 경우에 법원으로서는 어디까지 사법심사의 권한을 가지는가. 예를 들어, 상품의 수요량이 격감한 경우에 호전을 기대하며 생산을 계속할 수도 있고 생산량을 줄이기 위해 정리해고를 단행할 수도 있는데, 그중에 사용자가 후자를 선택한 경우 그 판단의 적절성에 관하여 법원이 심사할 수 있는지에 관하여, 독일에서는 긍정설과 부정설로 견해가 나뉜다.[57]

정리해고를 단행해야 할 정도로 긴박한 경영상의 필요성이 있다는 사용자의 결정에 대하여 법원이 심사권한을 가지는 것은 정리해고의 법적 성격에서 비롯된다. 정리해고는 근로자에게 아무런 귀책사유가 없음에도 해고를 인정하는 제도이고, 대개 그 규모가 크기 때문에 사회적 문제를 야기할 수 있으므로, 그 요건에 관한 엄격한 심사권한을 법원에 부여하는 것이다. 하지만 정리해고의 4가지 요건 중 다른 3가지 요건과 달리 '긴박한 경영상 필요성'이라는 요건이 사법심사에 가장 친하지 않은 것은 사실이다. 나머지 요건들에 대해서는 법원이 제 3 자적인 입장에서 세밀하게 심사할 수 있지만, 경영적 결단에 해당하는 '긴박한 경영상 필요성' 유무에 관해서는 법원의 결정이 사용자의 결정을 대신하는 것은 곤란하다. 원칙적으로 해고의 정당성에 관한 법원의 심사권한은 경영상 구조 변경의 적정성에는 미칠 수 없으며, 다시 말하여 법원은 구조조정 내지 합리화 조치를 어떻게 취하는 것이 좋은지, 이에 수반한 해고의 모습이나 해고 대상자를 어느 근로자로 결정할 것인가를 구체적으로 판단할 권한을 갖지는 않는다고 보아야 한다.[58]

하지만 근로자에게 아무런 귀책사유가 없고 사회적 파급효과가 크기 때문에 사용자의 경영적 결단에 대해서도 일정한 사법적 통제가 가해질 필요가 있다. 이 점에 관한 독일의 통설과 판례를 살펴보면, 원칙적으로 사용자는 그의 독자적인 책임으로 기업의 운영 방향을 결정하기 때문에, 변화된 경영상의 사정

57) 김지형a, 553면 참조.
58) 김형배, 726면.

에 대처하기 위하여 근로자의 해고에 이르게 된 사용자의 경영조치가 반드시 필수불가결한지, 합목적적인지에 관해서는 사법심사의 대상이 되지 않고, 그 조치가 명백히(offenbar) 사실에 어긋나는지(unsachlich), 비합리적인지(unvernünftig), 자의적(willkürlich)인지에 관해서만 사법심사를 할 수 있다는 것이다.[59][60] 그러나 이에 대하여는 사용자의 경영상 결정에 일방적인 자유를 부여하는 것으로 독일 기본법의 해석상 받아들일 수 없다는 유력한 반론도 있다.[61]

대법원은 긴박한 경영상의 필요성과 관련하여, "기업 운영에 필요한 인력의 규모가 어느 정도인지, 잉여인력은 몇 명인지 등은 상당한 합리성이 인정되는 한 경영판단에 속하는 것이므로 특별한 사정이 없다면 경영자의 판단을 존중하여야 할 것"이라고 판단하였다.[62] 그러나 이에 대하여는 자칫 정리해고의 유·무효 판단에서 법원이 객관적 기준에 의한 심사를 포기하고 기업의 주관적 경영판단에 따르는 것처럼 오해될 소지가 있다는 비판이 있다.[63]

### 다. 경영 외적 원인과 경영 내적 원인

① 경영상의 필요성을 경영 외적 원인과 경영 내적 원인으로 나누어 설명하는 경우가 있다.[64] 이는 독일의 학설에서 영향을 받은 것인데, 예를 들면 매출액 하락, 주문 감소, 동력 부족, 국가 긴축 정책, 원료 공급 곤란, 이윤 감소, 경기 침체 등의 경영 외적 원인들은 그 자체로서 의미가 있다기보다는[65] 그것들이 경영 축소, 휴업, 새로운 생산 방법과 작업 방법의 도입, 합리화 조치, 일부 경영 부서 축소, 조직 구조 변경 등 경영 내적 변화를 필연적으로 야기해야 경영상 필요성을 인정할 수 있다.[66]

② 경영 외적 원인과 경영상 필요성

㉠ 생산된 제품의 판매 실적이 저조하거나 제품에 대한 주문량이 작업설비를 정상적으로 가동하여 생산할 수 있는 생산량에 미치지 못하는 경우 사용자가 생산량을 줄이기 위한 방편으로 사업을 축소하기로 결정하여 종업원을 감원

---

59) 김지형a, 553면.
60) Däubler/Hjort/Hummel/Wolmerath, Arbeitsrecht I §1 Rn. 378.
61) Däubler/Hjort/Hummel/Wolmerath, Arbeitsrecht I §1 Rn. 421, 430.
62) 대법원 2014. 11. 13. 선고 2012다14517 판결.
63) 도재형c, 17면.
64) Däubler/Hjort/Hummel/Wolmerath, Arbeitsrecht I §1 Rn. 382, 385.; Oetker, KSchG §1 Rn. 211.
65) 김지형a, 547면.
66) 김형배a, 699면.

하려고 하는 경우이다.[67]

㉡ 수차에 걸친 석유 파동의 경험에서 알 수 있듯이 동력 자원의 보존량이 극도로 제한되어 기업이 제품을 생산하기 위하여 필요한 동력 자원이나 원료를 획득하기 어려운 사정이 생긴 경우를 들 수 있다.[68] 그러나 예를 들어, 기업 내에 이러한 동력 자원의 부족 현상을 극복할 수 있는 상당한 정도의 동력이나 원료를 미리 비축하고 있다든지 손쉽게 대체 에너지나 대체 원료로 바꾸어 생산을 계속하는 것이 가능한 경우, 또는 이러한 동력 부족 등의 상황이 오로지 단기간에 한정되어 가까운 장래에 해소될 것으로 예측할 수 있는 경우 등은 여기서 제외된다.[69]

㉢ 기업이 비교적 장기간에 걸쳐 인력구조상 비경제적이고 낭비적인 요인을 안고 계속하여 운영되어 온 결과 동종의 다른 기업에 비하여 채산성이 악화되고 수익이 떨어지게 되어, 인력구성을 개편하기로 한 경우도 많이 발견된다.[70]

㉣ 경영 악화를 방지하기 위한 사업의 양도 · 인수 · 합병은 긴박한 경영상의 필요가 있는 것으로 본다(24조 1항 후문). 이 조항은 수차례의 개정과정에서 신설과 폐지를 반복했는데, 이러한 조항이 없는 경우에도 해석에 의해 경영상 필요성이 인정되었다. 이 조항의 의미는 종전의 사용자는 그가 경영악화를 방지하기 위하여 다른 사람에게 기업을 양도하거나 합병하게 되었다는 이유로 종업원을 정리해고할 수 있고, 기업을 인수받거나 합병 후의 새로운 사용자도 같은 이유로 종업원에 대한 정리해고를 실시할 수 있다는 것이다.[71] 물론 사업의 양도 · 인수 · 합병이 경영 악화를 방지하기 위해 진정한 목적으로 이루어지는 경우에 한하여 정리해고의 정당성이 인정될 수 있다. 대법원은 "영업이 양도된 경우에 근로관계의 승계를 거부하는 근로자에 대하여는 그 근로관계가 양수하는 기업에 승계되지 아니하고 여전히 양도하는 기업과 사이에 존속되는 것이며, 이러한 경우 원래의 사용자는 영업 일부의 양도로 인한 경영상의 필요에 따라 감원이 불가피하게 되는 사정이 있어 정리해고로서의 정당한 요건이 갖추어져 있다면 그 절차에 따라 승계를 거부한 근로자를 해고할 수 있다"고 판단하였다.[72]

67) 김지형a, 547면; 해고와 임금, 393면; 대법원 1990. 1. 12. 선고 88다카34095 판결, 대법원 1992. 12. 22. 선고 92다14779 판결, 대법원 1995. 12. 5. 선고 94누15783 판결 등.

68) 김지형a, 548면.

69) 해고와 임금, 393면.

70) 김지형a, 548면.

71) 해고와 임금, 393면.

③ 경영 내적 원인과 경영상 필요성

㉠ 기업이 생산량을 줄이기로 결정하고 그에 맞추어 종업원의 작업량이나 조업률을 낮춤으로써 사업을 축소하는 경우가 있다.73)

㉡ 기업 내의 기구 또는 직제 개편에 따라 일정한 부서가 통폐합되면서 일자리가 감소한 경우도 있다.74) 정부투자기관의 민영화에 따라 민간 기업이 공공부문을 흡수·합병한 후 방만한 기구를 축소하고 인원을 삭감하는 경우도 이에 해당한다.75)

㉢ 기업이 사업 목적 일부를 포기하여 일부 사업장을 폐쇄함으로써 생긴 잉여 인력을 감축한 경우 경영상 필요성이 인정된 사례가 있다.76) 그러나 일부 사업장을 폐쇄했다 하더라도 다른 사업장에서 사업을 계속하는 경우에는 사업을 축소한 것에 지나지 않으므로 그 사업장 폐쇄를 이유로 그 사업장에 종사하는 모든 근로자를 다 해고할 수는 없다.77) 아파트 입주자대표회의에서 감원을 요청했다는 사정만으로는 위탁관리계약을 맺은 아파트 관리용역 회사에게 긴박한 경영상 필요성이 있다고 볼 수 없다.78)

한편, 사용자가 폐업을 단행하여 근로자 전원을 해고하는 것은 정리해고와

---

72) 대법원 2010. 9. 30. 선고 2010다41089 판결. 이 사례에서 대법원은 원심판결(부산고법 2010. 5. 4. 선고 2009나11822 판결)이 긴박한 경영상의 필요, 해고 회피 노력 이외에 합리적이고 공정한 기준에 따른 대상자 선정과 해고를 피하기 위한 방법과 해고의 기준 등에 대한 근로자대표와의 협의 요건까지도 모두 갖추었는지를 제대로 심리하지 않았다는 이유로 파기 환송하였다.

73) 해고와 임금, 394면. 그 예로 1일 8시간씩 3개조 3교대제로 24시간 계속하여 조업하는 것을 1일 8시간씩 2교대제나 단순히 1일 8시간씩 비교대제로 하여 1일 작업시간을 16시간 또는 8시간으로 줄이는 경우 또는 10대의 작업기계를 가지고 조업하던 것을 5대의 작동을 중단하고 나머지 5대만을 가동시키는 경우 등을 들고 있다.

74) 대법원 1987. 4. 14. 선고 86다카1875 판결(신문사 판매국의 인원을 감축한 경우. 이에 대한 평석으로는 양태종, 167~177면), 대법원 1991. 1. 29. 선고 90누4433 판결(회사의 임원에게 배치된 전속 운전직을 폐지한 경우).

75) 대법원 1992. 8. 14. 선고 92다16973 판결, 대법원 1992. 8. 14. 선고 92다21036 판결 등.

76) 대법원 1992. 5. 12. 선고 90누9421 판결(동종 사업을 2개로 분할하여 경영해온 기업의 제 1 사업부와 제 2 사업부가 인적·물적으로 완전히 분리되어 전혀 관계없는 독립 단위인 상태에서, 경영상 심한 곤란을 겪고 있는 제 1 사업부만을 축소 내지 폐지한 경우. 이에 대한 평석으로는 김기섭, 14~19면), 대법원 1997. 9. 5. 선고 96누8031 판결(사업 물량 감소로 사업 일부를 폐지하여 생긴 잉여인력을 감축한 경우. 이에 대한 평석으로는 고태관, 174면 이하), 대법원 2003. 9. 26. 선고 2001두10776, 10783 판결(항공회사가 인원 감축 등 특단의 조치를 취하지 않고서는 리무진 버스 사업 부문의 경영 위기를 타개할 수 없었던 경우. 이에 대한 평석으로는 박종희b, 21~26면).

77) 대법원 1993. 1. 26. 선고 92누3076 판결.

78) 대법원 1999. 4. 27. 선고 99두202 판결.

는 구별된다. 이것을 이른바 '폐업해고'라고 하는데,[79] 폐업해고는 원칙적으로 기업 경영의 자유에 속하는 것으로서 위장폐업이 아닌 한 통상해고 법리에 따라 정당한 이유가 있으면 그 해고는 유효하다.[80] 하지만 회사의 폐업이 위장폐업이라면, 다시 말해 형식적으로는 기존의 회사를 폐업하고 새로운 회사를 설립하는 모양새를 갖추었지만 실질적으로는 노동조합 활동을 한 근로자를 해고하고 새로운 근로자를 채용하여 회사를 계속 경영하는 경우에는 정리해고의 법리를 적용할 수 있다.[81] 한편 사업의 폐지를 위하여 해산한 기업이 청산과정에서 근로자를 해고하는 것 또한 정리해고가 아니라 통상해고이다.[82]

㉣ 경영난을 해소하기 위하여 해당 사업 부분을 외부에 하도급을 주거나 전문용역업체에 위탁함에 따라 잉여인력을 감축한 경우에도 일반적으로 긴박한 경영상의 필요성이 인정된다.[83] 2007. 7. 1.부터 기간제법과 파견법 등 이른바 비정규직법이 시행되었다. 이 법률들의 입법 취지는 근로계약기간이 정해진 기간제근로자, 단시간근로자, 파견근로자들을 보호하기 위한 것이다. 그러나 현실적으로는 사용자들이 차별 시정 등 비정규직법의 근로자 보호 규정을 회피하기 위하여, 예를 들면 직접 고용했던 비정규직인 기간제(계약직) 근로자들을 줄이는 대신 용역(하도급), 사내하도급, 파견 등 '간접고용'과 기업 내 '분리직군' 등 이른바 '중규직'을 활용하려는 움직임이 확산되고 있다.[84] 그중 기존의 사내 정규

---

79) 해고와 임금, 394면.

80) 대법원 1993. 6. 11. 선고 93다7457 판결, 대법원 2001. 11. 13. 선고 2001다27975 판결(이에 대한 평석으로는 도재형a, 172~191면; 이동원, 551~566면), 대법원 2003. 4. 25. 선고 2003다7005 판결(이에 대한 평석으로는 김선수b, 23~25면).

81) 위장폐업에 관한 문헌으로는 김용일, 499~506면; 김형진, 10면; 이승욱 등.

82) 위 대법원 2001. 11. 13. 선고 2001다27975 판결(종합금융업 인가를 받은 파산자에 대해 업무정지명령과 계약이전결정, 영업인가취소가 내려지고 구 금융산업의구조개선에관한법률과 구 종합금융회사에관한법률에서 정한 해산사유가 발생함에 따라 청산업무만이 남은 경우), 대법원 2003. 4. 25. 선고 2003다7005 판결(파산선고를 받은 경우. 이에 관해 선재성, 505면은 파산선고 자체가 정당한 해고사유라고 보았다. 이에 대해 김유성, 337면은 파산선고 자체가 바로 정당한 해고사유가 되는 것은 아니고, 청산절차가 시작되더라도 청산 업무에 종사할 근로자와 바로 근로관계가 종료될 근로자를 선택해야 하는데 이는 정리해고의 법리에 따라 해결해야 한다면서 위 판결을 반대한다).

83) 대법원 1989. 2. 28. 선고 88다카11145 판결(경비원 업무를 하도급화한 사례), 대법원 1995. 12. 22. 선고 94다52119 판결(이에 대한 평석으로는 양동관, 437~459면), 대법원 1999. 5. 11. 선고 99두1809 판결(건물의 시설관리업무를 전문용역업체에 위탁한 사례). 관련 문헌으로는 오문완, 161면 이하.

84) 한겨레 2007. 8. 27.자 1, 5면, "간접고용 봇물… '정규직 꿈' 산산이 부서져"; 한겨레 2007. 8. 31.자 5면, "'유사 정규직' 속출… 법 틈새 비집고 '정규직내 차별'로." 이 기사에서는 파견 17만 5천 명, 용역 58만 4천 명, 특수고용노동 64만 3천 명, 사내하도급 15만 명(2004년 300

직 또는 비정규직 근로자를 해고하고 그 업무를 용역(하도급), 사내하도급, 파견 등 기업 외부로 돌리는 과정에서 정리해고의 문제가 생길 수 있는데, 하도급 등이 진정한 도급인지, 아니면 위장도급으로서 실질적인 종속관계가 지속되고 있는지를 가려서 정리해고의 정당성과 실질적 근로관계 유무 등에 관하여 판단해야 한다.

㉤ 기업이 경영합리화를 도모하기 위하여 사무자동화기계 등 노동절약적인 새로운 작업기계를 들여오거나 신기술을 개발 또는 도입하여 새로운 생산방식으로 전환하는 경영기술상의 조치를 취할 경우에도 경영상 필요성이 인정될 수 있다.[85)]

### 라. 경영상 필요성의 심사 기준

'긴박한 경영상 필요성'은 경영악화 또는 기업재정상 어려움이 계속적으로 누적되어 왔고 장래에도 쉽사리 해소되지 않을 '계속성'이 있어야 한다. 따라서 노동조합의 파업 등의 사유로 단순히 일시적으로 정상적인 경영이 어려웠다는 사정만으로는 '긴박한 경영상의 필요'가 있다고 할 수 없다.[86)]

'긴박한 경영상 필요성'은 사업 전체의 경영 사정을 종합적으로 심사하여 결정해야 하고 일부 사업 부문만의 영업상 수지 등 경영 사정을 기준으로 하여 결정할 것은 아니다.[87)] 나아가 수개의 사업부문으로 이루어진 법인의 경우, '긴박한 경영상 필요'가 있는지를 판단할 때에는 법인의 어느 사업부문이 다른 사업부문과 인적·물적·장소적으로 분리·독립되어 있고 재무 및 회계가 분리되

---

인 이상 사업장) 등 155만 2천 명에, 사내하도급 통계 수정분, 공공부문 민간위탁과 불법파견 등 정부통계 누락분을 합치면 간접고용 근로자가 160만 명 내지 200만 명이 된다고 분석하였다. 나아가 간접고용의 증가는 2016. 5. 28. 당시 19세이던 외주업체 직원이 서울 지하철 2호선 구의역 스크린도어의 정비 작업을 하다가 전동차에 치여 숨진 사건을 비롯하여 여러 간접고용 근로자들의 안전사고 증가로 이어져 '위험의 외주화'라는 사회문제를 야기하기도 하였다. 이와 관련하여, 산업안전보건연구원의 조선·철강 등 주요 업종 51개 사업장(2015년 기준) 조사에 따르면, 근로자 1만명 당 사고 사망자 수에서 상주 하청업체의 경우 0.39로 원청업체(0.05)보다 약 8배나 높았다고 한다[2017. 5. 26.자 한국일보 인터넷판, "'위험의 외주화'…하청참사는 계속된다"<http://www.hankookilbo.com/v/1c225c814d834aac8e25a2e0f87d194a>(최종방문 : 2018. 5. 11.)]

85) 해고와 임금, 395면.

86) 대법원 1993. 1. 26. 선고 92누3076 판결.

87) 대법원 1999. 4. 27. 선고 99두202 판결(아파트 입주자대표회의의 감원요청이 있었다는 사정만으로는 그와 위탁관리계약을 체결한 아파트 관리용역 회사의 근로자에 대한 정리해고가 긴박한 경영상의 필요성과 해고회피의 노력을 다하였다고 인정할 수 없다고 한 사례. 이에 대한 평석으로는 정태상, 218~227면).

어 있으며 경영 여건도 서로 달리하는 예외적인 경우[88]가 아니라면, 법인의 일부 사업부문 내지 사업소의 수지만을 기준으로 할 것이 아니라, 법인 전체의 경영사정을 종합적으로 검토하여 결정하여야 한다.[89] 이와 같은 관점에서 건설업, 중기 및 자동차업 등 사업을 영위하는 회사가 중기 관리 부문의 영업적자를 보았더라도, 전체 영업 실적이 계속 흑자를 보였다면, 중기 관리 부문의 영업 적자만을 이유로 회사 사업 전체에 '긴박한 경영상 필요성'을 인정할 수 없다고 한 사례가 있다.[90]

한편, 사업 물량 감소로 인한 경영난을 해소하기 위하여 해당 사업부의 업종을 폐지·전환하기로 하고 잉여 인력을 감축한 경우,[91] 공연 수입과 정부보조금을 수입원으로 하는 비영리 공익법인이 5억 원 이상 당기 순이익이 발생하는 가운데 국제통화기금 관리 체제 아래에서 정부보조금 삭감 조치와 인원 감축 요구에 따라 근로자를 해고한 경우[92] '긴박한 경영상 필요성'을 인정한 사례가 있다.

대법원의 기준이 사건에 따라 흔들리고 있다는 비평이 있을 수 있으나, 대법원은 기본적으로 사업 전체를 기준으로 '긴박한 경영상 필요성' 유무를 판단해야 한다는 일관된 기준을 가지고 있다고 볼 수 있다. 따라서 일부 사업부문에 적자가 있다고 하여 바로 긴박한 경영상 필요성을 긍정해서도 안 되지만, 반대로 전체 사업의 흑자가 있더라도 일정한 사업 부문 폐지 등을 위한 긴박한 경영상 필요성이 인정될 수도 있다는 것이다. 대법원이 비록 '합리성설'을 취하기는 하지만, 일부 사업 부문의 적자만 가지고 바로 긴박성을 인정하지는 않고 있으며, 그로 말미암아 사업 전체에 영향을 주며 독자적인 부문이라고 볼 수 있는 일부 사업의 폐지로 인정될 수 있는 정도가 되어야 '긴박한 경영상 필요성'을 인정하는 것으로 분석할 수도 있다.

88) 공식적 재무자료나 회계자료에 근거해서 각 사업부문이 완전히 독립적으로 운영된다는 사정이 밝혀지는 경우를 말한다(김성수, 63면).

89) 대법원 2015. 5. 28. 선고 2012두25873 판결, 대법원 2021. 7. 29. 선고 2016두64876 판결.

90) 대법원 1990. 3. 13. 선고 89다카24445 판결, 대법원 1991. 6. 28. 선고 91다1806 판결, 대법원 1991. 9. 24. 선고 91다13533 판결, 대법원 1991. 12. 10. 선고 91다8647 판결, 대법원 1992. 5. 12. 선고 90누9421 판결, 대법원 1992. 8. 14. 선고 92다16973 판결, 대법원 1992. 12. 22. 선고 92다14779 판결, 대법원 1993. 1. 26. 선고 92누3076 판결, 대법원 1993. 12. 28. 선고 92다34858 판결, 대법원 1995. 12. 22. 선고 94다52119 판결, 대법원 1996. 10. 29. 선고 96다22198 판결, 대법원 1999. 4. 27. 선고 99두202 판결, 대법원 2002. 7. 9. 선고 2000두9373 판결 등.

91) 대법원 1997. 9. 5. 선고 96누8031 판결(이 판결에 대한 평석으로는 고태관, 174면 이하).

92) 대법원 2002. 7. 9. 선고 2000두9373 판결.

### 마. 긴박성의 판단 시점

기업 내 근로자 인원을 삭감하지 않으면 안 될 '긴박한 경영상의 필요성'이 있었는지 여부는 정리해고를 한 당시를 기준으로 판단해야 한다.[93] 따라서 근로자에 대한 정리해고를 한 이후 경영 상태가 호전되었는지 여부는 정리해고의 정당성을 판단할 때 원칙적으로 고려되지 않는다.[94]

그러나 정리해고에 의하여 인원 삭감 조치를 한 후 남은 근로자의 임금을 대폭 인상하였다거나, 해고된 근로자 수와 비슷하거나 그 이상의 근로자를 신규로 채용하였다거나,[95] 순이익 증가에 따라 주주에게 고율의 주식 배당을 하는 등 명백히 모순되는 경영상의 행동이 뒤따른 경우 등에는 긴박한 경영상의 필요성이 부정된다.[96]

### 바. 경영상 필요성의 증명책임

해고의 정당성은 사용자에게 증명책임이 있고, 정리해고도 예외가 아니다. 4요건설에 따르면 사용자가 4가지 요건을 모두 증명해야 하고, 증거 거리상으로도 정리해고에 관한 주된 증거 자료가 모두 사용자에게 있으므로 사용자에게 증명책임을 지우는 것이 타당하다.[97] 대법원도 "정리해고에서도 사용자가 정리해고의 정당성을 비롯한 정리해고의 요건을 모두 증명해야 한다"[98]고 판단하였다.

이 점은 '긴박한 경영상 필요성'에 관한 증명의 경우 특히 그러하다. 근로자로서는 사용자의 경영이 전체로서 흑자인지, 어느 사업 부문에서 어떤 변화가 일어나고 있는지 정확히 알기 어렵다. 사용자는 영업상 비밀을 제외하고는 경영 자료를 최대한 공개하고, 법원은 전문가의 도움이 필요하면 감정을 통해서 그 자료의 정확성을 심사한 후 그 자료를 토대로 '긴박한 경영상 필요성' 유무를 심사해야 한다.

그리고 정리해고의 원인이 어떤 것이든 사용자는 그 원인이 해고 대상이 되는 근로자의 일자리에 직접 또는 간접적으로 미치는 영향을 설명해야 하고,[99] 적

93) 대법원 2022. 6. 9. 선고 2017두71604 판결.
94) 대법원 1992. 11. 10. 선고 91다19463 판결.
95) 대법원 1987. 4. 28. 선고 86다카1873 판결, 대법원 1989. 5. 23. 선고 87다카2132 판결, 대법원 1993. 12. 28. 선고 92다34858 판결, 대법원 1995. 11. 24. 선고 94누10931 판결 등.
96) 해고와 임금, 396면.
97) 김상준b, 80면.
98) 대법원 2017. 6. 29. 선고 2016두52194 판결, 대법원 2019. 11. 28. 선고 2018두44647 판결, 대법원 2021. 7. 29. 선고 2016두64876 판결.

어도 어느 부서의 근로자가 몇 할 정도 감축될 것이라는 설명을 해야 한다.[100)]

## 2. 해고 회피 노력

### 가. 개 설

사용자는 정리해고를 할 때 해고를 피하기 위한 노력을 다하여야 한다(법 24조 2항 전문 전단). 여기에서 해고 회피를 위한 노력을 다하여야 한다는 것은 "사용자가 해고 범위를 최소화하기 위하여 경영 방침이나 작업 방식의 합리화, 신규 채용의 금지,[101)] 일시 휴직 및 희망 퇴직[102)]의 활용, 전근 등의 가능한 모든 조치를 취하는 것을 의미"하고,[103)] 그러한 모든 조치를 강구하였으나 해고 이외의 다른 경영상 조치를 취할 수 없어 부득이 정리해고를 할 수밖에 없다고 인정될 경우에 한하여 해고 회피 노력을 다한 것으로 인정할 수 있다. 근로자에게 귀책사유가 없는 해고라는 정리해고의 특수성을 고려할 때 최후수단의 원칙(ultra-ratio-Prinzip)이 특히 강조되어야 한다.[104)105)]

그리고 해고 회피 노력의 방법과 정도는 확정적 · 고정적인 것이 아니라 당해 사용자의 경영 위기의 정도, 정리해고를 실시해야 하는 경영상의 이유, 사업의 내용과 규모, 직급별 인원 상황 등에 따라 달라지고,[106)] 나아가 사용자가 해고를 회피하기 위한 방법에 관하여 노동조합 또는 근로자대표와 성실하게 협의

---

99) Stahlhacke/Preis, Rn. 633(S. 231)(김형배a, 699면에서 재인용).

100) 김형배a, 699면.

101) 한편, 대법원 2002. 6. 28. 선고 2000두4606 판결은 "신규채용의 금지"라는 문구 대신에 "신규채용의 자제"라는 표현을 사용하고 있다. 이에서도 알 수 있듯이, 일부 신규채용이 있더라도 제반 사정을 고려하여 해고 회피 노력을 다한 것으로 인정되기도 한다(대법원 2002. 7. 9. 선고 2000두9373 판결, 대법원 2002. 7. 12. 선고 2000두9465 판결; 박은정, 132면).

102) 다만, 해고 회피 노력은 해고를 하지 않기 위한 노력, 다시 말하여 근로관계를 유지하려는 노력을 의미하므로, 근로관계의 종료라는 해고와 동일한 효과를 갖는 희망퇴직은 해고회피노력으로 볼 수 없다는 견해도 있다(전형배b, 19면).

103) 대법원 1992. 12. 22. 선고 92다14779 판결, 대법원 2004. 1. 15. 선고 2003두11339 판결, 대법원 2015. 10. 29. 선고 2012다48107 판결, 대법원 2017. 6. 29. 선고 2016두52194 판결, 대법원 2019. 11. 28. 선고 2018두44647 판결, 대법원 2021. 7. 29. 선고 2016두64876 판결 등.

104) 김유성, 293~294면; 김형배, 727면.

105) Gallner/Mestwerdt/Nägele, KSchG §1 Rn 687-721.

106) 대법원 2002. 7. 9. 선고 2001다29452 판결, 대법원 2004. 1. 15. 선고 2003두11339 판결(신규채용 등을 이유로 해고 회피 노력을 다하지 않았다고 본 사례), 대법원 2015. 10. 29. 선고 2012다48107 판결, 대법원 2017. 6. 29. 선고 2016두52194 판결(정리해고 전후로 신규채용을 실시하고, 승진인사를 단행하는 한편, 일부 부서에 대한 성과급을 지급하였을 뿐만 아니라, 직원 1인당 교육비 지출 규모를 증가시킨 경우, 적절한 해고 회피 노력을 다하지 못하였다고 볼 여지가 있다고 판단한 사례) 등.

하여 정리해고 실시에 관한 합의에 도달하였다면 이러한 사정도 해고 회피 노력의 판단에 참작할 수 있다.[107)]

### 나. 고보법상 해고 회피 노력 지원

고보법은 해고를 회피하기 위한 사용자의 노력을 여러모로 지원하고 있다. 고용노동부장관은 경기의 변동, 산업 구조의 변화 등에 따른 사업 규모의 축소, 사업의 폐업 또는 전환으로 고용조정이 불가피하게 된 사업주가 근로자에 대한 휴업, 휴직, 직업 전환에 필요한 직업능력개발 훈련, 인력의 재배치 등을 실시하거나 그 밖에 근로자의 고용안정을 위한 조치를 취하는 경우 대통령령이 정하는 바에 따라 당해 사업주에게 필요한 지원을 할 수 있다(고보법 21조 1항 전단).[108)] 구체적으로 보면 근로시간 조정, 교대제 개편 또는 휴업 등을 통하여 총근로시간의 100분의 20을 초과하여 근로시간을 단축하고, 그 단축된 근로시간에 대한 임금을 보전하기 위하여 금품을 지급하는 경우, 1개월 이상 휴직을 부여하고 그 휴직기간에 대하여 임금을 보전하기 위하여 금품을 지급하는 경우 등에도 고용유지지원금을 지급한다(고보법 시행령 19조 1항 1·2호). 사용자가 이러한 고용유지조치를 위한 계획을 수립할 때에는 근로자대표와 협의를 거쳐야 한다(고보법 시행령 20조 1항 1호). 행정해석에 의하면, 사용자가 고보법상 고용안정 지원제도를 활용하면 해고 회피 노력을 다한 것으로 인정하고 있다.[109)]

### 다. 구체적인 해고 회피 방안

#### (1) 연장 근로의 중단

기존에 일부 근로자가 연장 근로를 하는 경우에는 사용자가 그 근로자에 대한 연장 근로를 중단시키고 그 작업량을 해고 대상 근로자에게 맡기는 방법으로 해고를 피할 수 있다. 그러나 연장 근로에 의해 수행되던 작업을 해고 대상 근로자들이 처리할 수 있는 기능이나 자격을 갖추지 못한 경우에는 이런 방법을 사용할 수 없다. 이 경우 해고 대상 근로자를 당장에 그 작업에 종사시킬

---

107) 대법원 2002. 7. 9. 선고 2001다29452 판결.

108) 이 경우 휴업이나 휴직 등 고용안정을 위한 조치로 근로자의 임금이 평균임금의 100분의 50 미만(지급되는 임금이 없는 경우를 포함한다)으로 감소할 때에는 평균임금의 100분의 50 범위에서 기지급 임금 또는 수당 등을 고려하여 고용노동부장관이 정하는 금액을 지원금으로 지급하는 등으로 해당 근로자에게도 필요한 지원을 할 수 있다(고보법 21조 1항 후단, 고보법 시행령 21조의2, 21조의3).

109) 1998. 3. 28. 근기 68201-586(김형배a, 703면에서 재인용).

수 없더라도 직업교육을 통하여 빠른 시일 안에 손쉽게 그 작업을 처리할 수 있도록 조치할 수 있는 경우에는, 재교육을 통한 배치전환이 유용한 해고 회피 조치가 될 수 있다.[110)]

(2) 조업 시간 단축, 일시 휴직, 희망 퇴직 활용

사용자는 경기 위축, 주문 감소 등 경영 외적 요인이 발생하면 생산량을 줄이기 위해 회사의 전체 조업 시간을 단축하는 조치를 강구한다. 예를 들면 100명의 근로자가 1주일에 40시간씩 근무하여 4,000개의 물품을 제조하고 있던 중 사용자가 생산량을 10% 감축하여 3,600개만 생산하려는 경우 10명의 근로자를 해고하고 나머지 90명의 근로자는 종전처럼 40시간씩 근무하도록 하는 방안과 해고를 하지 않고 전체 100명의 근로자가 36시간씩 근무하도록 하는 방안을 고려할 수 있다. 전자의 방안은 정리해고 방식이고 후자의 방안은 '일자리 나누기' 방식이다. 정리해고 방식과 일자리 나누기 방식 중 어느 방식을 채택할 것인지는 사용자의 경영적 결단의 문제이면서 동시에 근로자들과 상의하여 결정할 문제이다. 일자리 나누기 방식의 경우에 제품의 생산성을 유지하기 위해서는 전체 근로자들의 임금을 감액하지 않으면 안 되는데, 이 경우 원래 해고 대상자가 아닌 다른 근로자들이 동의할 가능성, 조업 시간 단축의 규모 및 예상 기간, 조업 시간 단축에 따라 손실을 입게 될 근로자의 숫자 등 관련 당사자들의 사정을 참작하여, 사용자가 해고 회피 노력을 다했는지를 판단해야 한다. 일시 휴직이나 희망 퇴직 활용 방법도 마찬가지다.[111)][112)]

(3) 배치전환, 전근 등

경영상의 필요성에 따라 어떤 특정 분야의 일자리가 필요 없게 되었으나 그 일을 담당하던 근로자가 회사의 다른 근무처에서 계속 근무할 수 있는 경우에 사용자는 필요한 배치전환 또는 전근조치를 취해야 해고 회피 노력을 다한

110) 해고와 임금, 401면.
111) 해고와 임금, 401면.
112) 대법원 2014. 11. 13. 선고 2014다20875, 20882 판결(정리해고에 앞서 부분 휴업, 임금 동결, 순환휴직, 사내협력업체 인원 축소, 임직원 복지 중단, 희망퇴직 등의 조치를 실시한 경우, 해고 회피 노력을 다한 것으로 볼 수 있다고 판단한 사례). 그러나 대법원 2005. 9. 29. 선고 2005두4403 판결은, 직무전환 등을 비롯한 다른 고용 유지 노력 없이 단지 희망퇴직만을 실시한 경우에는 해고 회피 노력을 다하지 못한 것으로 판단하였다. 대법원 2021. 7. 29. 선고 2016두64876 판결 역시, 희망퇴직 그 자체만으로 주된 해고 회피 조치가 된다고 보기 어렵다고 판단하였다.

것이 된다.[113)]

예를 들어, 회사가 본사 소재 사업장을 폐쇄하였더라도 다른 영업소에서 사업을 계속하는 이상, 사업을 축소한 것에 지나지 않을 뿐 사업 전체를 폐지한 것이라고는 할 수 없으므로, 이 경우 본사 소재지 사업장의 폐쇄만을 이유로 그 사업장에서 종사하는 모든 근로자를 다 해고할 수 있는 것은 아니고, 다른 영업소에서 근무할 수 있는 경우에는 사용자가 배치전환이나 전근조치를 취해야 한다.[114)]

그러나 앞에서 본 것처럼 동종의 사업을 2개 단위로 분할하여 경영하여 온 기업의 제1사업부와 제2사업부가 인적·물적으로 완전히 분리되어 전혀 관계 없는 독립 단위인 상태에서, 경영상 심한 곤란을 겪고 있는 제1사업부만을 축소 내지 폐지한 경우에는 제1사업부와 제2사업부 사이의 배치전환이나 전근조치에 의하여 해고를 회피할 수 없는 경우로 볼 수 있다.[115)] 다른 예로 섬유류 제조업체가 본사 내수 공장에서는 고급 여성 의류를 생산하고, 다른 지역 공장에서는 수출용 의류를, 또 다른 공장에서는 양말류를 생산하던 중 수출용 의류를 생산하던 공장을 폐쇄하여 그 근로자 전원을 해고한 사건에서, 내수 공장 근로자들의 임금이 수출용 의류를 생산하던 공장에 비하여 고임금이고 내수 공장도 약 2개월 후 폐업하였으며,[116)] 양말류를 생산하던 공장에서는 주로 단순 노동을 하는 등 실제로는 서로 다른 공장으로 취급되어 근로자의 교류가 이루어지기 어렵다는 점을 들어, 수출용 의류 생산 공장의 근로자를 본사 내수 공장이나 양말류 생산 공장으로 전근시킬 여지가 없었고, 해고 회피 조치를 취할 수 없는 경우에 해당된다고 판단한 사례가 있다.[117)] 나아가 전지(電池)를 생산하는

113) 해고와 임금, 401면. 독일에서도 이러한 경우에 사용자에게 기대가능한 전직교육 또는 직능교육의 의무를 부과하고 있다[BAG AP Nr. 18 zu §7 KschG Betriebsbedingte Kündigung(김형배, 728면에서 재인용)].

114) 대법원 1993. 1. 26. 선고 92누3076 판결, 대법원 2012. 11. 15. 선고 2012다62370 판결(상고기각)의 원심인 부산고법 2012. 6. 20. 선고 2011나6946 판결. 특히 위 2011나6946 판결은 정리해고 무렵에 사용자의 경영상태가 긴박함에서 벗어나 호전되고 있었고 인원감축의 목표치를 이미 달성한 상황이라면, 사용자는 바로 근로자를 정리해고하기보다는 먼저 근로자에게 전환배치 인사명령을 하였어야 할 것이고, 이와 달리 근로자가 사용자의 전환배치 제안을 거부하였다 하여 바로 근로자를 정리해고 하는 것은 해고를 피하기 위한 노력을 다하였다고 볼 수 없다고 판단하였다.

115) 대법원 1992. 5. 12. 선고 90누9421 판결(이에 대한 평석으로는 김기섭, 14~19면).

116) 판단의 기준시점은 일반적으로 정리해고 당시이나 그 이후의 사정도 정리해고의 정당성을 판단할 때 일정한 범위 내에서 고려될 수 있다.

117) 대법원 1992. 12. 22. 선고 92다14779 판결.

공장에서 망간전지 생산라인과 알카전지 생산라인의 각 생산공정이 다르고, 각 생산라인과 제품 간 교차생산이 불가능하며, 각 생산라인 간 설비운영 및 정비에 요구되는 기술 수준도 다른 경우에는, 폐지되는 업무를 담당했던 근로자를 다른 생산라인으로 배치전환하지 않더라도 해고 회피 노력을 다하지 않은 것으로 볼 수는 없다.[118] 또한 관광사업을 영위하는 회사에서 호텔사업 부문과 카지노사업 부문이 서로 다른 취업규칙을 가지고 있고 인사관리가 별도로 이루어졌으며 노동조합도 각 사업 부문별로 결성되는 등 분리 운영되었고, 과거에도 호텔사업 부문과 카지노사업 부문 간에 인적교류가 극히 좁은 범위에서 이루어졌을 뿐만 아니라 정리해고 무렵에는 인적교류가 아예 이루어지지 않았다면, 호텔사업 부문의 근로자를 정리해고하면서 카지노사업 부문으로 배치전환하지 않았다고 하여 해고 회피 노력을 다하지 않았다고 볼 수 없다.[119]

#### (4) 직업 훈련

해고 대상 근로자가 직업 훈련을 통해 종래와 다른 내용의 근무를 할 수 있는 경우 사용자는 해고 전에 직업 훈련을 시킬 의무가 있다. 그러나 당해 근로자가 직업 훈련을 받을 의사와 능력이 있어야 하고, 사용자로서도 직업 훈련에 과다한 시일이 걸리거나 많은 비용이 필요하지 않아야 한다.[120]

### 3. 해고 대상자 선정의 합리성과 공정성

사용자가 정리해고를 하기 위해서는 합리적이고 공정한 해고의 기준을 정하고 이에 따라 그 대상자를 선정하여야 하고, 이 경우 남녀의 성을 이유로 차별하여서는 아니 된다(법 24조 2항 전문 후단 · 후문).

이 요건은 긴박한 경영상 필요성이 인정되고 사용자가 해고를 회피하기 위한 노력을 다했다고 인정되어 근로자 중 누군가를 정리해고하지 않으면 안 될 국면에서 사용자가 해고 대상자를 마음대로 골라서는 안 되고 합리적이고 공정한 기준을 정하여 이를 적용해야 한다는 것을 의미한다.[121] 해고에 대하여 일반

118) 대법원 2011. 9. 8. 선고 2009두14682 판결.
119) 대법원 2011. 1. 27. 선고 2008두13972 판결.
120) 해고와 임금, 403면.
121) 정리해고 이후 사용자와 노조가 해고대상 근로자들이 '취업규칙 등 준수확약서'를 작성하면 정리해고를 철회하는 것으로 합의하였고, 그에 따라 당초 해고대상자 189명 중 184명이 복직되고 확약서 작성을 거부한 5명에 대해서만 정리해고가 유지된 경우, 그 정리해고는 확약서 작성 거부를 이유로 한 해고로 그 성격이 일부 변경된 것으로 해고대상자 선정 기준의

적으로 요구되는 '정당성'은 정리해고에서 해고 대상자 선정의 '합리성과 공정성'의 모습으로 나타난다. 정리해고 상황에서 해고기준의 합리성과 공정성을 확보하기 위해서는 근로자 측의 주관적 사정에 대한 면밀한 배려가 필요하고, 여기에서 합리성과 공정성은 근로자 상호 간 이익 조정의 기준이라는 의미도 가지며, 기본적으로는 근로자에 대한 사회적 보호의 필요성이 주된 고려 대상이 된다.[122)]

대법원 판례에 의하면, "합리적이고 공정한 해고의 기준 역시 확정적 · 고정적인 것은 아니고 당해 사용자가 직면한 경영 위기의 강도와 정리해고를 실시해야 하는 경영상의 이유, 정리해고를 실시한 사업 부문의 내용과 근로자의 구성, 정리해고 실시 당시의 사회 경제 상황 등에 따라 달라진다."[123)] 그리고 사용자가 해고의 기준에 관하여 노동조합 또는 근로자대표와 성실하게 협의하여 합의에 이르렀다면 이러한 사정도 해고 대상자 선정의 합리성과 공정성을 판단할 때 참작하여야 한다.[124)]

독일에서는 연방노동법원(BAG)이 다음과 같은 3단계의 검토 과정을 제시하고 있고, 학설도 이를 지지하고 있다고 한다.[125)] 첫째, 해고 대상이 되는 근로자의 범위를 확정하는 단계, 둘째, 이른바 사회적 관점에 따른 보호 대상자를 정하는 단계, 즉 해고 대상자를 확정하는 단계, 셋째, 경영기술적 · 경제적 또는 기타 경영상의 정당한 요청을 검토하여 반영하는 단계가 그것이다.[126)]

### 가. 해고 대상 근로자의 범위

해고 대상자의 범위는 긴박한 경영상 필요성이 생긴 사업 또는 사업장 전체를 기준으로 하여 그 전체 근로자 중에서 선정하되(횡적 범위), 감원의 원인이 된 구체적인 경영합리화 조치와 직접 관련된 근로자가 수행하던 근로와 그 직급이나 직책의 성질상 상호 대체가 가능할 정도로 직무 기능이 동일하거나 유

---

객관성과 공정성을 결여하였다고 판단한 사례로 대법원 2012. 12. 13. 선고 2012두18530 판결 참조.

122) 김유성, 295~296면.

123) 대법원 2002. 7. 9. 선고 2001다29452 판결(이 판결에 대한 평석으로는 박종희b, 21~26면 참조), 대법원 2011. 1. 27. 선고 2008두13972 판결, 대법원 2013. 6. 13. 선고 2011다60193 판결, 대법원 2014. 11. 13. 선고 2012다14517 판결, 대법원 2015. 10. 29. 선고 2012다48107 판결, 대법원 2016. 3. 24. 선고 2015두56144 판결, 대법원 2021. 7. 29. 선고 2016두64876 판결 참조.

124) 대법원 2002. 7. 9. 선고 2001다29452 판결, 대법원 2003. 9. 26. 선고 2001두10776, 10783 판결, 대법원 2015. 10. 29. 선고 2012다48107 판결 등.

125) BAG v. 24. 3. 1983, 18. 10. 1984 u. 25. 4. 1985; 김형배a, 705면에서 재인용.

126) Däubler/Hjort/Hummel/Wolmerath, KSchG §1 Rn. 508.

사한 근로에 종사하고 있는 근로자만(종적 범위)이 실제의 선별 대상자가 되고,[127] 경영상 사유와 직접 관련이 없는 기업 전체 또는 기업 집단 전체로 해고 대상자 범위를 확대할 수 없다.[128]

다만, 예를 들어 회사에 종래 10개 부서가 있었으나 경영 합리화 조치에 따라 7개 부서로 기구를 축소하는 경우 그 폐지되는 3개 부서 소속 근로자만을 해고 대상자 선별을 위한 근로자의 범위에 포함시켜서는 안 되고, 10개 부서 전체의 근로자 중 폐지되는 부서에 소속한 근로자와 그 직급이나 직책 등 직무기능이 동일하거나 유사한 모든 근로자를 감원 심사의 범위에 포함시킨 후 그 가운데서 해고 대상자를 선정하여야 한다.[129]

대체 가능성이 있는 근로자란 직급이나 기술 수준, 임금 등이 수평적으로 비슷한 관계에 있는 경우를 의미한다. 따라서 수직적으로 상급의 근로자는 근로계약의 내용을 하향 조정하는 약정이 있지 않는 한 이러한 관계에 속하지 않는다.[130]

한편, 법률의 규정에 의해 특별한 보호를 받아서 해고 대상자에서 제외되는 근로자가 있는지에 관한 논의가 있다. 예를 들어 근참법 9조 2항에 의하면 사용자는 협의회 위원으로서 행하는 직무 수행과 관련하여 근로자 위원에게 불이익한 처분을 하여서는 아니 되는데, 이 규정이 정리해고를 할 때 노사협의회의 근로자대표를 특별히 보호하기 위한 것은 아니지만 노사의 협동체제 유지를 위하여 근로자대표를 해고 대상에서 제외하는 것이 바람직하다든지, 부당노동행위로서 불이익취급을 금지하는 노조법 81조 1항 1호의 취지에 비추어 노동조합의 전임 간부도 특별보호대상에 포함시키는 것이 타당하다든지 하는 논의이다.[131] 하지만 노사협의회의 근로자대표도 다른 근로자와 동일한 기준에 의한 심사를 받는 것이 더 바람직하다고 볼 수도 있고, 노동조합 임원의 경우 노동조합활동을 활발하게 한 것을 이유로 정리해고 대상에 포함시켰다면 부당노동행위가 성

---

127) 해고와 임금, 403~404면.

128) 김형배a, 705면. 이에 비해 프랑스의 판례 법리는, 노사는 단체협약으로 해고 기준을 적용하고 해고 대상자를 정하기 위한 사업 또는 직업 범위를 자율적으로 정할 수 있고 사용자는 이를 준수해야 하며, 단체협약에 관련 규정이 없는 경우에는 '기업 단위 내 동일 작업 범주에 해당하는 근로자 전체'가 적용 대상 범위가 된다(조용만, 84면). 사회 연대 의식이 강한 프랑스의 특징에서 비롯된 것으로 볼 수 있다. 우리의 경우 불필요하게 해당 대상자 범위를 확대해서는 아니 될 것이다.

129) 해고와 임금, 404면; 서울고법 1998. 7. 16. 선고 97구47660 판결(김유성, 296면에서 재인용).

130) Hueck/v. Hoyningen-Huene, Rn. 445-450 zu §1 KSchG. 여기에서는 수직적 비교(vertikale Vergleichbarkeit)는 변경해약고지(Änderungskündigung)의 관점에서 파악하였다.

131) 김형배a, 706면.

립하여 그 해고가 무효로 될 수 있겠지만, 노동조합의 임원이라는 이유만으로 정리해고대상에서 제외한다는 것은 그 근거가 희박하다.

### 나. 구체적인 해고 대상자 선별 기준

해고 대상 근로자들의 범위가 정해지면 그중 구체적으로 누구를 해고 대상자로 할 것인지를 선정해야 한다. 앞에서 본 것처럼 합리적이고 공정한 해고의 기준은 확정적·고정적인 것은 아니고 경영 위기의 강도와 정리해고를 실시해야 하는 경영상 이유, 정리해고를 실시한 사업 부문의 내용과 근로자의 구성, 정리해고 실시 당시의 사회 경제 상황 등에 따라 달라지는 것이기는 하나,[132] 객관적 합리성과 사회적 상당성을 가진 구체적인 기준이 마련되어야 하고, 그 기준을 실질적으로 공정하게 적용하여 정당한 해고대상자의 선정이 이루어져야 한다.[133]

#### (1) 선정 기준이 노사 합의 또는 취업규칙 등으로 정해진 경우

해고 대상 근로자의 선정 기준이 단체협약이나 취업규칙에 정해져 있는 경우에는 그 기준이 헌법이나 법령에 위반되지 않는 한 이에 따르면 된다.[134] 표준 단체협약은 비조합원, 임시직 근로자, 단기 근속자 등을 해고 대상자로 정하고 있다고 한다.[135]

판례 중에는 항공회사의 노사협의회에서 리무진 버스의 고용조정인원을 지역별로 확정하고, 그 선정 기준을 사용자가 제시한 징계, 근태, 지시 이행 및 근무 태도, 소속장의 근무 평정으로 정하면서도, 고용조정 대상자 선정 기준을 적용하기 위한 구체적인 평가 기간이나 평가항목별 배점에 관해서는 명시적 합의를 하지 않은 경우에, 그 구체적인 평가 기간이나 평가항목별 배점 등에 관한 사항을 회사에 일임하기로 한 취지로 본 사례,[136] 노사협의회를 통해 9명의 위

132) 위 2001다29452 판결, 위 2012다48107 판결, 위 2015두56144 판결.

133) 대법원 2012. 5. 24. 선고 2011두11310 판결(근무태도에 대한 주관적 평가에서 다른 근로자들과 현격한 점수 차이를 내도록 하여 해고한 것은 합리적이고 공정한 해고의 기준에 따른 것이라고 볼 수 없다고 한 사례). 이와 유사한 취지로는, 대법원 2009. 12. 24. 선고 2009다53949 판결(사용자가 단 한 번도 종합근무평정을 실시한 적이 없다가 이 사건 정리해고 당시 갑자기 이를 실시하였을 뿐만 아니라, 종합근무평정이 능력평정, 업적평정, 경력평정 및 가·감점평정으로 구분되어 있음에도 이 중 업적평정을 전혀 실시하지 않은 경우에는 합리적이고 공정한 기준에 따라 정리해고 대상자를 선정하였다고 보기 어렵다고 한 사례).

134) 대법원 2021. 7. 29. 선고 2016두64876 판결(특별한 사정이 없는 한 그에 따라야 한다고 한다).

135) 해고와 임금, 405면.

136) 대법원 2003. 9. 26. 선고 2001두10776, 10783 판결(이 판결에 대한 평석으로는 박종희b,

원으로 구성된 직제개편위원회에서 정리해고 대상자를 선정하기로 한 후, 보직 폐지, 비생산성, 전문성과 자질 부족, 창의력 및 업무추진력과 적극성 부족, 분파 의식, 무소신, 자기개발 부족 등의 기준에 따라, 직제개편위원들이 각자 그 기준에 해당된다고 판단하는 10명씩을 무기명투표의 방법으로 뽑아 다수 득표를 한 순서대로 정리해고 대상자를 선정한 데에 별 문제가 없다고 본 사례[137]가 있다. 하지만 이러한 판시는 근로자대표와의 협의를 정리해고 정당성의 요건으로 한 취지와 부합하지 않는다고 보아야 한다.[138]

정리해고를 위해 근로자대표와 협의하는 절차가 사용자의 의무사항인 점은 분명하지만, 근로자 쪽에서도 권리의 측면 외에 의무의 측면도 있다. 그러함에도 우리나라에서는 정리해고 대상자 선정 권한 행사를 기피하는 경향이 있다. 전자의 사례에서는 근로자 쪽에서 구체적인 평가 기간이나 평가항목별 배점에 관하여 명시적 합의를 하지 않은 직무유기가 발견되는데, 이 경우 사용자에게 일임하기로 했다고 보기는 어렵고, 사용자가 선정한 내용을 법원이 다시 그 합리성과 공정성을 평가하고 심사해야 한다. 후자의 사례에서는 무기명투표를 했기 때문에 누가 어떤 항목에서 어떤 점수를 받았는지 알 수 없고, 따라서 나중에 법원이 합리성과 공정성에 관하여 심사할 아무런 자료가 없으므로 그 선정 기준은 하자가 있다고 보아야 한다.

#### (2) 선정 기준이 노사 합의 또는 취업규칙 등으로 정해지지 않은 경우

단체협약이나 취업규칙 또는 노사협의에 의한 해고 대상자 선정 기준이 없는 경우에는 노사의 사정을 모두 고려하되, 특히 근로자 쪽 사정을 고려하여 상대적으로 사회적·경제적인 약자로서 더욱 보호받아야 할 근로자의 순으로 해고대상자에서 제외하는 방법으로 선정하되, 연령, 가족 관계, 근속 연수, 재산 관계, 재취업 가능성·건강 상태 등을 종합적으로 고려하여 객관적이고 합리적인 선정 기준을 적용하여야 한다.[139] 따라서 근로자의 건강상태, 부양가족의 유무, 재취업 가능성 등 근로자 개인의 주관적 사정을 반영하지 않은 선정기준은 합리적이고 공정한 기준이라고 평가하기 어렵다.[140]

---

21~26면 참조).

137) 대법원 2002. 7. 9. 선고 2000두9373 판결.

138) 김유성, 296면.

139) 해고와 임금, 405면.

140) 대법원 2021. 7. 29. 선고 2016두64876 판결 참조(근로자 각자의 주관적 사정과 사용자의

판례를 보면, 은행에서 나이가 많고 오래 재직한 직원을 해고대상자로 선정하되, 그중 근무성적 상위자를 제외하기로 한 기준에 관하여, 우리나라에 독특한 연공서열적인 임금체계상 상대적으로 고임금을 받는 높은 직급의 나이 많은 직원과 재직기간이 긴 직원을 해고하면 해고 인원을 최소화할 수 있었던 사정을 고려하여 나름대로 합리적이고 공정한 기준이라고 수긍한 사례가 있다.[141] 다른 한편 산림조합에서 이른바 고참, 고령 순으로 감원 대상자를 선정한 경우 정리해고의 유효성을 인정하지 않은 사례[142]와 근무 연한이 짧은 사람을 먼저 인원 정리 대상으로 하도록 한 단체협약을 유효하다고 한 사례[143]가 있다.

후자는 1980년대 후반, 1990년대 초반의 사례들이고 전자는 2000년대의 사례인데, 후자의 경우에는 주로 사회적 보호 필요성이라는 전통적인 관점을 유지하고 있으나, 전자의 경우에는 국제통화기금(IMF)의 구제금융 사태라는 특수한 상황을 겪고 은행에 엄청난 공적 자금이 투입된 상황에서 사실상 조기 정년[144]과, 심각한 청년 실업 상황에서 고임금 저효율을 제거하고자 하는 새로운 관점을 받아들였다.

다만, 2010. 1. 1.부터 시행된 고령자고용법 4조의4 1항 5호, 2항에 의하면, 해고를 할 때 합리적인 이유 없이 연령을 이유로 근로자를 차별하여서는 안 되고(직접차별), 연령 외의 기준을 적용하여 특정 연령집단에 특히 불리한 결과를 초래하여서도 안 된다(간접차별). 이렇게 볼 때, 직급별로 고령자를 우선적으로 해고하는 기준은 연령을 이유로 하여 불이익을 주는 것이기 때문에 특별한 사정이 없는 한 직접차별에 해당하고, 장기근속자 또는 장기근속에 따른 고임금 근로자를 우선적인 대상으로 하는 정리해고는 고령근로자집단에게 특히 불리한

이익 측면을 적절히 조화시키되, 근로자에게 귀책사유가 없는 해고임을 감안하여 사회적·경제적 보호의 필요성이 높은 근로자들을 배려할 수 있는 합리적이고 공정한 해고 대상자 기준을 설정하여야 한다고 판시하였고, 나아가 경영상 이유에 의한 해고에 앞서 전환배치를 실시하는 경우 전환배치대상자 선정기준은 최종적으로 이루어지는 해고대상자 선정에도 영향을 미치게 되므로, 전환배치 기준은 해고대상자 선정기준에 준하여 합리성과 공정성을 갖추어야 한다고 보았다).

141) 대법원 2002. 7. 9. 선고 2001다29452 판결.

142) 대법원 1993. 12. 28. 선고 92다34858 판결. 다만, 이 판결은 근로자가 이의를 유보하지 않은 채 퇴직금을 수령한 후 해고무효확인소송을 제기하는 것이 신의칙에 위반된다는 이유로 근로자의 청구를 기각하였다.

143) 대법원 1987. 4. 28. 선고 86다카1873 판결.

144) 이른바 사오정(45세 정년)에 이어 삼팔선(38세 정년)까지 나왔으며, 오륙도(56세까지 남아 있으면 월급도둑)라는 말까지 희화적으로 회자되었다.

결과를 초래케 하는 연령 외의 기준을 적용하는 경우이기 때문에 간접차별에 해당할 수 있다.[145] 따라서 현재는 고령자나 장기근속자를 우선적으로 정리해고의 대상으로 삼으면 고령자고용법상 직접차별 내지 간접차별에 해당할 여지가 크다. 다만, 이 경우에도 구체적인 사례에 따라 근무성적 등 연령을 제외한 다른 여러 가지 사정들이 차별을 정당화하는 '합리적인 이유'에 해당할 수도 있을 것이다.

참고로 유럽연합의 차별금지법은 연령 차별로부터의 보호를 규정하고 있기 때문에, 전통적으로 인정되어 온 사회적 선택의 연령 기준의 폐지 여부를 놓고 오랜 논쟁이 있어 왔다. 그런데 연령이 고용시장의 기회 및 사회급여와 연계되어 있는 한, 유럽사법재판소나 독일연방노동법원(BAG)은 경영상 해고의 연령 기준을 부당한 연령 차별로 간주하지 않는다.[146]

#### (3) 남녀 차별 금지

법 24조 2항 후문은 해고 기준을 정하고 해고 대상자를 선정하는 경우 남녀의 성을 이유로 차별하여서는 아니 된다고 규정하고 있다. 이는 당연한 내용을 규정한 것으로 법 6조가 규정한 균등처우 원칙을 정리해고와 관련하여 다시 확인한 것이다.

그런데 간접차별의 경우는 그 차별 여부가 반드시 명확한 것이 아니다. 예를 들면, 부양 가족이 있는 세대주를 해고의 후순위 대상자로 정한 경우에 형식적으로는 성에 따른 차별적 기준에 해당하지 않지만, 실제로는 그 기준을 충족시킬 수 있는 여성이 남성보다 현저히 적고 그로 인하여 여성에게 불리한 결과를 초래하기 때문에 금지되는 간접차별(남녀고용평등법 2조 1호)에 해당한다고 보아야 한다.[147]

사내 부부 중 1인을 해고 대상의 우선 순위로 하는 경우에 부부가 자율적으로 결정한 것이므로 단순히 아내가 퇴직한 예가 많다는 사정만으로 차별이라고 볼 수 없다고 한 판결이 있으나,[148] 이에 대하여는 간접차별의 관점에서 평

145) 김홍영 등, 324면.
146) Katja Nebe/Aimee Waldon, 23면; BAG 5. 11. 2009-2 AZR 676/08(NZA 2010, 457).
147) 김유성, 297면.
148) 서울고법 2002. 5. 17. 선고 2001나1661 판결(대법원 2002. 11. 8. 선고 2002다35379 판결로 확정. 이 판결에 대한 평석으로는 김엘림, 21~25면. 이 평석은 부부 사원 중 90% 이상의 경우 여성이 퇴직하였으므로 간접차별에 해당하는지 여부를 검토했어야 한다고 지적했다).

가해야 한다는 비판이 있다.[149)]

### 다. 경영상 요청의 반영 문제

정리해고는 근로자의 귀책사유 없는 해고이므로 해고 대상자 선정의 합리성과 공정성을 심사할 때 근로자에 대한 보호 필요성이라는 '사회적 관점'이 매우 중요하다. 그러나 경영상 사유에 의한 해고를 인정하면서 경영상 요청을 전혀 도외시할 수는 없으므로, 해고대상자를 선정할 때 선정 대상 근로자들의 주관적·개인적 사정 외에도 사용자 측의 경영상 이해관계와 관련된 사정도 함께 참작해야만 형평의 원칙에 부합한다고 볼 수 있다.[150)] 대법원은 "해고대상자의 선별 기준은, 대상 근로자들의 사정뿐 아니라 사용자 측의 경영상 이해관계와 관련된 사정도 객관적 합리성이 인정되는 한 함께 고려하여 정할 수 있다"고 판단하였다.[151)] 최근 판례는, 해고대상자 선정 기준이 사전에 정해져 있지 않다면 근로자의 건강상태, 부양의무의 유무, 재취업 가능성 등 근로자 각자의 주관적 사정과 업무능력, 근무성적, 징계 전력, 임금 수준 등 사용자의 이익 측면을 적절히 조화시키되, 근로자에게 귀책사유가 없는 해고임을 감안하여 사회적·경제적 보호의 필요성이 높은 근로자들을 배려할 수 있는 합리적이고 공정한 기준을 설정하여야 한다고 판시하였다.[152)]

대법원 판례를 추가로 살펴보면, 정리해고의 여러 기준 중 평소 근무 성적, 상벌 관계, 경력, 기능의 숙련도 등을 주로 고려한 사례,[153)] 한미친선회에서 담당 업무량이 적고 업무 수행 능력이 떨어지며 임금 수준이 높고 비정규직인 직원을 정리해고의 우선 대상으로 선정한 후 주한미군 등과 접촉할 때 필요한 영어 구사 능력이 모자라는 근로자를 해고한다는 선정 기준을 유효하다고 한 사

---

149) 김유성, 297면.

150) 해고와 임금, 405면.

151) 대법원 2013. 6. 13. 선고 2011다60193 판결[원심은 이 사건 정리해고가 생산부서 직원만을 대상으로 하고 있으며 노동조합과 아무런 합의 없이 사용자가 일방적으로 해고기준을 정하였다는 등의 이유로 합리적이고 공정한 기준에 따라 해고대상자를 선별하였다고 인정하기 부족하다고 판단하였다. 그러나 대법원은 해고자 선정 기준에 대한 사용자 측의 협의 제안을 노동조합이 거부하면서 노사협의회에 불참하였고, 이에 사용자가 잉여인력이 발생한 생산직 근로자들을 대상으로 하여 입사경력과 부양가족수 및 연령(근로자 측 고려요소), 근태불량과 정시 미출근(사용자 측 고려요소) 등을 선정 기준으로 정한 후 그에 따라 해고대상자를 결정하였으므로, 이러한 해고대상자 선정 기준이 불합리하거나 불공정하다고 보기는 어렵다고 판단하였다].

152) 대법원 2021. 7. 29. 선고 2016두64876 판결.

153) 대법원 1987. 5. 12. 선고 85누690 판결.

례,[154] 회사의 생산 작업을 위하여 반드시 필요한 자격증을 가진 사람이나 숙련 기능공을 해고 대상에서 제외한 것을 합리적이고 공정한 기준으로 인정한 사례,[155] 건설회사에서 기술면허를 갖지 않은 사람들을 우선적으로 해고하도록 하는 것이 거의 유일한 해고 대상자 선정 기준이 된 것에 대하여 유효성을 인정한 사례[156] 등 사용자의 경영상 요청을 받아들인 사례가 많다.

한편, 하급심 판결 중 선정 기준의 합리성과 공정성을 심사할 때 음미해볼 관점을 제시한 것으로는, "정리해고는 연령, 근속기간, 부양 의무의 유무, 재산, 건강 상태 등 근로자 각각의 주관적 사정을 기초로 그 사회적 위치를 살펴 상대적으로 사회적 보호가 덜 필요한 근로자들부터 해고하여야 하고, 근무 성적, 업무 능력 등 사용자 측의 이해 관계와 관련된 사정들은 부차적으로 고려되어야 할 것임에도, 사용자가 해고 대상 근로자 선정 기준을 마련하면서 회사의 이해 관계와 밀접한 사항들만을 반영하였을 뿐, 근로자 각각의 주관적 사정을 전혀 고려하지 않은 점을 보면, 사용자의 초과 인원 정리 기준은 정당하다고 볼 수 없고, 사용자가 이러한 기준을 마련할 때 노동조합과 협의 또는 합의를 하였다고 하여도 이러한 사정은 해고 대상자 선별 기준의 정당성에 아무런 영향을 미치지 않는다"고 한 사례가 있다.[157]

### 라. 근로자의 설명요구권과 증명책임

해고된 근로자의 요구가 있을 때 사용자는 선정 기준에 따른 해고이유를 근로자에게 설명·통지해줄 의무가 있다.[158] 그리고 사용자로부터 선정 기준과 해고 이유를 통지받은 근로자는 선정 기준의 합리성과 공정성 자체를 문제삼을 수도 있고, 그 기준의 적용이 잘못되었다고 주장할 수도 있다. 어느 경우나 사용자가 선정 기준의 합리성과 공정성, 기준 적용의 적합성을 증명할 책임이 있다.[159]

---

154) 대법원 1996. 12. 5. 선고 94누15783 판결.
155) 대법원 2002. 6. 14. 선고 2000두8486 판결(김유성, 296면에서 재인용).
156) 서울고법 1991. 4. 19. 선고 90나13361 판결(이 판결은 그 후 대법원 1992. 11. 10. 선고 91다19463 판결에 의해 그대로 확정되었다).
157) 서울지법 1995. 12. 15. 선고 94가합106585 판결[항소심(서울고법 96나3113)은 조정으로 사건을 종결하였다].
158) 김형배, 736면.
159) 같은 취지로, 대법원 2021. 7. 29. 선고 2016두64876 판결.

## 4. 사전 통보와 협의절차 등

### 가. 개 설

사용자는 해고를 피하기 위한 방법과 해고의 기준 등에 관하여 그 사업 또는 사업장에 근로자의 과반수로 조직된 노동조합이 있는 경우에는 그 노동조합, 근로자의 과반수로 조직된 노동조합이 없는 경우에는 근로자의 과반수를 대표하는 자(이하 '근로자대표')에게 해고를 하려는 날의 50일 전까지 통보하고 성실하게 협의하여야 한다(법 24조 3항). 2007. 1. 26. 법률 8293호로 개정되기 전에는 통보기간이 60일 전이었는데, 법 개정으로 2007. 7. 1.부터 50일 전으로 단축되었다.

이 규정은 정리해고가 근로자의 귀책사유 없이 경영상 사유에 의해서 이루어지고 그 대량성으로 말미암아 사회문제화할 수 있다는 특수성이 있기 때문에 그 실체적 적정성을 보증하기 위하여 절차적 정당성을 확보하도록 한 것이다.

예전에 정리해고에 관한 명문규정이 없을 때에도 대법원 판례에 의해서 요구되었던 법리를 명문화한 것으로 볼 수 있다. 대법원도 "정리해고의 실질적 요건의 충족을 담보함과 아울러 비록 불가피한 정리해고라 하더라도 협의과정을 통한 쌍방의 이해 속에서 실시되는 것이 바람직하다는 이유에서"[160] 절차 규정이 필요하다는 점을 강조하였다. 달리 말하면, 사용자는 노동조합의 단체교섭권 보장이나 근로계약의 상대방 보호의 관점에서 근로자 측에 대하여 정리해고의 내용을 통보하고 협조를 구하는 등 성실한 협의를 거쳐야 한다.[161]

### 나. 사용자의 관할관청 신고 의무

사용자는 대통령령으로 정하는 일정한 규모 이상의 인원을 해고하려면 대통령령으로 정하는 바에 따라 고용노동부장관에게 신고하여야 한다(법 24조 4항). 이 규정 역시 정리해고의 특수성으로 말미암아 고용노동부장관이 그 적법성을 지도·감독할 수 있도록 하는 취지를 담고 있다.

영 10조는 이에 관하여 규정하고 있는데, 상시 근로자수가 99명 이하인 사업(사업장)에서는 10명 이상을, 상시 근로자수가 100명 이상 999명 이하인 사업(사업장)에서는 상시 근로자수의 10퍼센트 이상을, 상시 근로자수가 1,000명 이

160) 대법원 2002. 7. 9. 선고 2001다29452 판결, 대법원 2014. 7. 10. 선고 2014다1843 판결, 대법원 2015. 10. 29. 선고 2012다48107 판결.

161) 대법원 1992. 11. 10. 선고 91다19463 판결.

상 사업(사업장)에서는 100명 이상을 1개월 동안에 해고하려는 경우 사용자는 최초로 해고하려는 날의 30일 전까지 고용노동부장관에게 신고하여야 한다(영 10조 1항). 신고를 할 때는 해고 사유, 해고 예정 인원, 근로자대표와 협의한 내용, 해고 일정을 포함하여야 한다(2항).

사용자가 고용노동부장관에 대한 신고의무를 위반하더라도 곧바로 정리해고가 무효가 된다고 보기는 어렵다.[162] 또한 현재 신고의무 위반에 대한 벌칙 규정도 없다.[163]

### 다. 근로자대표

통보 대상과 협의 상대방은 과반수 노동조합 또는 근로자의 과반수를 대표하는 근로자대표이다. 과반수 노동조합은 정리해고를 하려는 사업 또는 사업장에 종사하는 근로자 전체 중 과반수로 구성된 노동조합을 의미한다. 여기에서 근로자는 정규직인지 계약직 또는 단시간근로자인지 등 계약 형식을 묻지 않고, 직종 · 직위 · 직급 등을 불문하며, 노동조합은 기업별 노동조합뿐 아니라 지역별 노동조합이나 산업별 노동조합도 모두 포함한다.[164] 사업 또는 사업장에 1개 또는 복수의 노동조합이 결성되었기는 하지만 어느 노동조합도 과반수 노동조합의 요건을 갖추지 못하였거나 노동조합이 전혀 결성되어 있지 않으면 근로자의 과반수를 대표하는 근로자대표에게 통보하고 협의해야 한다. 그런데 대법원 판례는, 근로자의 과반수로 조직된 노동조합이 없는 경우에 정리해고에 관한 협의의 상대방이 형식적으로는 근로자 과반수의 대표로서의 자격을 명확히 갖추지 못하였더라도 실질적으로 근로자의 의사를 반영할 수 있는 대표자라고 볼 수 있는 사정이 있다면 법 24조 3항이 정하는 절차적 요건을 충족한다고 한다.[165]

---

162) 법 24조 5항은 '1항부터 3항까지' 규정에 따른 요건을 갖춘 해고를 정당한 해고로 본다고 하여, 사용자의 신고(법 24조 4항)를 정리해고 정당성의 요건에서 제외하고 있다. 김유성, 300면; 김형배a, 716면은 신고의무규정 자체가 유명무실해질 우려가 있으므로 입법론적 재고가 요청된다고 한다.

163) 임종률, 560면.

164) 김유성, 208~209면에서 취업규칙의 불이익변경에 관하여 서술한 부분인데, 정리해고와 관련한 근로자대표에 관해서도 동일하게 해석할 수 있다.

165) 대법원 2012. 5. 24. 선고 2010두15964 판결(A 노동조합이 근로자들의 과반수로 조직되지는 않았으나, 사용자 측과 12회에 걸쳐 정리해고에 관하여 협의를 진행해 왔고, 그 과정에서 근로자들 중 누구도 A 노동조합의 협의 권한에 관한 이의를 제기한 바 없으며, 조합원이 아닌 근로자들도 A 노동조합이 사용자 측과 위와 같이 협의를 하고 있다는 사실을 잘 알고 있었던 경우, A 노동조합은 실질적으로 근로자들의 의사를 반영할 수 있는 대표자로서 정리해고에 관한 협의의 상대방이라고 판단한 사례. 이에 대하여 찬성하는 취지의 평석으로는, 조성

회사가 협의한 상대방인 구조개선 추진위원회가 직원들의 의사에 의하여 자발적으로 구성된 것은 아닐지라도 회사의 관리 직원들은 평소 노동조합에 가입하지 않아 회사가 근로자들을 해고하기 전에 직급별·부서별로 안분된 직원들로 추진위원회를 구성하고 수차례 회의를 열어 협의를 했다면 회사가 근로자 측과 성실한 사전 협의를 거쳤다는 요건을 충족하였다라고 한 사례가 있으나,[166] 직원들의 자발적 의사로 구성되지 않은 구조개선 추진위원회에 대표성을 인정한 것은 문제가 있다. 만일 이 기구가 해고 대상자들의 명시적 또는 묵시적 동의를 얻었다면 그 증명책임은 사용자에게 있다고 보아야 한다.[167]

한편, 과반수 노동조합이 있는 경우에도 노동조합 가입 자격이 없는 근로자 집단에 대한 정리해고 기준은 그 불이익을 받는 근로자 집단의 대표와 협의하여야 한다고 보아야 하고, 나아가 사용자는 근로계약에 의한 신의칙상 배려의무에 따라 해고 대상이 되는 당해 근로자와 협의할 의무를 부담한다고 해야 한다는 논의가 있다.[168] 대법원 판결 중에는 은행에서 인원 감축 대상이 3급 이상이고 3급 이상은 노동조합 가입 자격이 없다 하더라도 은행 전 사업장에 걸쳐 과반수 노동조합이 있으면 그 노동조합과 협의한 것 외에 3급 이상 직원들의 대표와 별도로 협의를 하지 않았더라도 정리해고를 무효라고 볼 수 없다고 한 사례가 있다.[169] 명문의 규정에는 충실한 해석이지만 위에서 든 논의에 따르면 노동조합이 대표하기에 부적절한 경우에 사용자가 그 소수 집단의 이익을 따로 배려하지 않아 신의칙상 배려의무를 다했다고 보기 어려울 것이다.

### 라. 사전 협의

종래 일부 대법원 판결 중에는 절차적 요건을 중시하지 않는 경향이 있었다. 정리해고의 실질적 요건은 충족되고 절차적 요건을 갖추지 못한 경우에도, 정리해고의 실질적 요건이 충족되어 해고의 실행이 시급하게 요청되고, 근로자들을 대표할 만한 노동조합 기타 근로자 집단도 없으며, 취업규칙에도 그러한

---

혜, 62~67면). 그런데 이 판결에 대하여는 "근로자의 과반수를 대표하는 자"라는 근기법 24조 3항의 문언에 반하는 해석이라는 비판도 가능하다.

166) 대법원 2001. 1. 16. 선고 2000두1454 판결.

167) 김형배a, 711면.

168) 김유성, 298~299면.

169) 대법원 2002. 7. 9. 선고 2001다29452 판결, 유사한 사례로 노동조합 대표자와만 협의하고 정리해고 대상인 부장급 근로자들과 협의하지 않아도 정리해고가 유효하다는 판결로 대법원 1992. 8. 14. 선고 92다21036 판결 참조.

협의 조항이 없고, 해고 대상 근로자에 대하여는 해고 조치 외에 마땅한 대안이 없어 그 근로자와 협의 절차를 거친다 하여도 별다른 효과를 기대할 수 없는 등 특별한 사정이 있는 한, 사용자가 근로자 측과 사전 협의절차를 거치지 않았다는 것만으로 정리해고를 무효라고 할 수는 없다고 한 사례들이 있다.[170)]

그러나 대법원의 이와 같은 태도는 정리해고의 특수성을 고려하지 않은 것으로서 학자들로부터 많은 비판을 받고 있다. 더욱이 정리해고의 절차 규정이 명문화된 1998년 이후에는 이와 같은 대법원의 태도를 변경하는 것이 마땅하다. 법이 일반적인 해고와 달리 정리해고에만 근로자대표와 협의를 하도록 규정한 취지는 정리해고가 근로자의 귀책사유가 없는 근로자들 사이에 이익 충돌을 유발하기 때문에 근로자대표와 집단적 합의를 통해 근로자 측의 이해와 협조를 구하는 '절차적 정당성'을 확보하고, 정리해고의 기회를 틈타 사용자가 해고 대상자를 자의적으로 선정하는 것을 방지하는 데 있기 때문에, 근로자대표와 협의가 없거나 불성실한 협의만 한 경우에는 정리해고가 무효로 된다고 보아야 한다.[171)][172)]

#### 마. 고용안정협약[173)]

고용안정협약은 일반적으로 정리해고의 실시 여부, 요건, 절차 등을 정함으로써 사용자의 정리해고 권한을 제한하는 사용자와 노동조합의 합의를 내용으로 하는 단체협약을 말한다. 고용안정협약의 유형으로는 ① "조합원에 대한 해고 시에는 노동조합과 협의를 하여야 하고, 조합간부에 대한 해고 시에는 노동조합과 사전에 합의하여야 한다."라고 하여 조합원에 대한 해고에 대하여 노동조합과의 사전 협의 내지 합의를 요구하는 유형(제①유형), ② "구조조정으로 정리해고를 할 때에는 노동조합과 사전에 합의하여야 한다."라고 하여 정리해고 실시에 대하여 노동조합과의 사전 합의를 요구하는 유형(제②유형), ③ "향후 2년간 정리해고를 시행하지 않는다."라고 하여 정리해고 실시 자체를 제한하는 유형(제③유형)이 있다.

제①유형은 인사동의조항의 일종으로서 정리해고에 관한 인사동의조항이라

170) 대법원 1992. 8. 14. 선고 92다16973 판결, 대법원 1992. 8. 14. 선고 92다21036 판결, 대법원 1992. 11. 10. 선고 91다19463 판결.

171) 김유성, 298면; 이흥재a, 204~205면.

172) 참고로 독일 사업장조직법[Betriebsverfassungsgesetz(BetrVG)] 102조 1항 3문은 "근로자대표위원회의 의견을 듣지 않고서 행해진 해고의 의사표시는 무효이다(Eine ohne Anhörung des Betriebsrats ausgesprochene Kündigung ist unwirksam)"라고 규정하고 있다.

173) 이 부분은 이미선, 355~375면을 전체적으로 참조하였다.

고 할 수 있다. 노동조합 간부 등의 인사와 관련하여 노동조합의 '동의', '승인', '합의'를 받도록 단체협약에 규정되어 있음에도 사용자가 위와 같은 절차를 거치지 않았다면 그 해고는 원칙적으로 무효이다. 그런데 대법원 판결 중에는 '조합 간부의 인사와 조합원의 해고 문제는 조합과 합의'하도록 되어 있음에도 위 '합의'의 의미를 노동조합에게 의견을 제시할 기회를 주고, 제시된 노동조합의 의견을 참고로 하게 하는 취지라고 해석하여 노동조합과의 합의가 없었다고 하더라도 징계면직이 무효로 되는 것은 아니라고 한 것이 있었다.[174] 그러나 대법원은 최근에 '합의'와 '협의'를 명확하게 구분하는 모습을 보였다. 대법원 2012. 6. 28. 선고 2010다38007 판결은 "정리해고는 근로자에게 귀책사유가 없는데도 사용자의 경영상의 필요에 의하여 단행되는 것으로서, 정리해고의 대상과 범위, 해고 회피 방안 등에 관하여 노동조합의 합리적인 의사를 적절히 반영할 필요가 있고, 노사 쌍방 간의 협상에 의한 최종 합의 결과 단체협약에 정리해고에 관하여 사전 '협의'와 의도적으로 구분되는 용어를 사용하여 노사 간 사전 '합의'를 요하도록 규정하였다면, 이는 노사 간에 사전 '합의'를 하도록 규정한 것이라고 해석함이 상당하고, 다른 특별한 사정 없이 단지 정리해고의 실시 여부가 경영주체에 의한 고도의 경영상 결단에 속하는 사항이라는 사정을 들어 이를 사전 '협의'를 하도록 규정한 것이라고 해석할 수는 없다"라고 판단한 것이다.[175]

그런데 제②유형과 관련하여서는 대법원은 사용자가 경영권의 본질에 속하여 단체교섭의 대상이 될 수 없는 사항에 관하여 노동조합과 '합의'하여 결정 혹은 시행하기로 하는 단체협약의 일부 조항이 있는 경우, 그 조항 하나만을 주목하여 쉽게 사용자의 경영권의 일부포기나 중대한 제한을 인정하여서는 아니되고, 그와 같은 단체협약을 체결하게 된 경위와 당시의 상황, 단체협약의 다른 조항과의 관계, 권한에는 책임이 따른다는 원칙에 입각하여 노동조합이 경영에

174) 대법원 1994. 3. 22. 선고 93다28553 판결.

175) 그런데 해당 사례(갑 회사의 단체협약에서 노동조합 간부에 대한 임면, 이동, 교육 등 인사에 관하여는 노동조합과 사전에 합의하여야 한다고 규정하고 있음에도, 갑 회사가 노동조합과 사전 합의를 하지 않고 노동조합 간부인 근로자 을에게 정리해고 통보를 한 사례)에서 대법원은, 정리해고의 필요성과 합리성이 객관적으로 명백하고 갑 회사가 노동조합 측과 합의 도출을 위하여 성실하고 진지한 노력을 다하였는데도, 노동조합 측이 합리적 근거나 이유 제시 없이 정리해고 자체를 반대하여 불법적인 쟁의행위에 나아감으로써 합의에 이르지 못하였으므로, 이는 노동조합이 사전합의권을 남용하거나 스스로 사전합의권의 행사를 포기한 경우에 해당하기 때문에, 갑 회사의 정리해고는 정당하다고 판단하였다. 이에 대해서는, 대법원이 민사법 영역에서도 아주 드물게 적용되는 권리남용법리를 노동법 영역에서는 비교적 유연하게 해석한다고 평가하는 비판적인 견해가 있다(박수근, 293면).

대한 책임까지도 분담하고 있는지 여부 등을 종합적으로 검토하여 그 조항에 기재된 '합의'의 의미를 해석하여야 한다는 해석 기준 하에 정리해고 시 노조와 사전에 '합의'한다는 취지의 고용안정협약의 의미를 노조와의 '협의'의 취지로 축소해석하는 방법에 의하여 고용안정협약의 효력을 제한하여 왔다.[176)]

제③유형과 관련하여 보면, 대법원은 긴박한 경영상의 필요에 의하여 하는 이른바 정리해고의 실시는 사용자의 경영상 조치이므로, 노동조합의 요구 내용이 사용자는 정리해고를 해서는 안 된다는 취지라면 이는 사용자의 경영권을 근본적으로 제약하는 것이 되어 원칙적으로 단체교섭의 대상이 될 수 없고, 단체교섭 사항이 될 수 없는 사항을 달성하려는 쟁의행위는 그 목적의 정당성을 인정할 수 없다고 보고 있다.[177)] "정리해고나 사업조직의 통폐합 등 기업 구조조정의 실시 여부는 경영 주체에 의한 고도의 경영상 결단에 속하는 사항으로 이는 원칙적으로 단체교섭의 대상이 될 수 없고, 그것이 긴박한 경영상의 필요나 합리적인 이유 없이 불순한 의도로 추진되는 등의 특별한 사정이 없는 한, 노동조합이 실질적으로 그 실시 자체를 반대하기 위하여 쟁의행위에 나아간다면, 비록 그 실시로 인하여 근로자들의 지위나 근로조건의 변경이 필연적으로 수반된다 하더라도 그 쟁의행위는 목적의 정당성을 인정할 수 없다"고 한 것도 같은 취지이다.[178)] 학계와 실무계는 이 판결들을 강하게 비판한다.[179)] 그런데 대법원 2014. 3. 27. 선고 2011두20406 판결은 "사용자의 경영권에 속하는 사항이라 하더라도 그에 관하여 노사는 임의로 단체교섭을 진행하여 단체협약을 체결할 수 있고, 그 내용이 강행법규나 사회질서에 위배되지 아니하는 이상 단체협약으로서의 효력이 인정된다. 따라서 사용자가 노동조합과의 협상에 따라 정리해고를 제한하기로 하는 내용의 단체협약을 체결하였다면 특별한 사정이 없는 한 그 단체협약이 강행법규나 사회질서에 위배된다고 볼 수 없고, 나아가 이는 근로조건 기타 근로자에 대한 대우에 관하여 정한 것으로서 그에 반하여 이

176) 대법원 2002. 2. 26. 선고 99도5380 판결, 대법원 2003. 2. 11. 선고 2000도4169 판결, 대법원 2003. 7. 22. 선고 2002도7225 판결, 대법원 2010. 11. 11. 선고 2009도4558 판결, 대법원 2011. 1. 27. 선고 2010도11030 판결, 대법원 2012. 5. 24. 선고 2010두15964 판결.

177) 대법원 2001. 4. 24. 선고 99도4893 판결(이에 대한 평석으로는 구건서, 56~59면; 이광택, 30~34면; 조영철, 387~410면), 대법원 2001. 11. 27. 선고 99도4779 판결, 대법원 2011. 1. 27. 선고 2010도11030 판결, 대법원 2012. 5. 24. 선고 2010도9963 판결, 대법원 2014. 11. 13. 선고 2011도393 판결.

178) 대법원 2002. 2. 26. 선고 99도5380 판결(이에 대한 평석으로는 김진, 148~175면).

179) 권창영, 74~108면; 김기덕, 368면; 도재형b, 19~24면; 정진경, 237~332면.

루어지는 정리해고는 원칙적으로 정당한 해고라고 볼 수 없다."고 판단하였다. 이 판결은 노사가 교섭을 거쳐 정리해고의 실시를 제한하기로 하는 단체협약[180]을 체결한 경우 그러한 단체협약의 규범적 효력을 인정하여 이에 반하는 정리해고는 원칙적으로 정당성이 부정됨을 분명히 한 것으로, 노사자치를 존중하고 나아가 근로자의 권익을 보장하였다는 평가를 받고 있다.[181]

### 바. 통보기간 위반의 효과

법 24조 3항은 해고를 피하기 위한 방법과 해고의 기준 등에 관하여 해고를 하려는 날의 50일 전까지 근로자대표에게 통보하도록 하였다.

대법원 판례는 통보기간을 위반한 정리해고의 유효성을 인정하고 있다. 즉, 대법원은, 통보기간을 둔 취지는 근로자의 소재와 숫자에 따라 그 통보를 전달하는 데 걸리는 시간, 그 통보를 받은 각 근로자들이 통보내용에 따른 대처를 하는 데 걸리는 시간, 근로자대표가 성실한 협의를 할 수 있는 기간을 최대한으로 상정·허여하자는 데 있고, 그 기간의 준수는 정리해고의 효력 요건은 아니어서, 구체적 사안에서 통보 후 정리해고 실시까지 사이의 기간이 위와 같은 행위를 하는 데 부족하였다는 등의 특별한 사정이 없고, 다른 정리해고 요건이 충족되었다면 그 정리해고는 유효하다고 한다.[182] 이는 정리해고에 관한 증명책임 법리와 어긋날 뿐만 아니라 절차 경시 태도라 비판받을 소지도 많다.

한편, 법 26조에서는 해고예고기간을 30일로 하고 있는데, 통보 기간과 해고예고 기간의 상호 관계가 문제된다. 예를 들어 사용자가 50일 전에 통보한 후 협의 지연으로 해고 실시일 10일 전에야 해고 대상자가 정해졌다 해도 해고예고 기간은 그 때부터 30일이다. 반대로 협의가 일찍 진행되어 40일 전에 해고 대상자가 정해졌더라도 해고 실시일을 앞당길 수는 없다. 즉, 집단적 노사관계에 관한 50일의 통보기간과 개별적 근로관계에 관한 30일의 예고기간은 동시에 보장되어야 한다.[183]

[박 상 훈·유 동 균]

---

180) 이는 정리해고 실시 자체를 제한하는 고용안정협약으로서, 앞서 본, 정리해고 시 노동조합의 사전 합의를 요구하는 고용안정협약과는 구별된다(이미선, 364~368면).

181) 이미선, 375면.

182) 대법원 2003. 11. 13. 선고 2003두4119 판결(이에 대한 평석으로는 김선수b, 23~25면; 박환순, 90~94면; 전형배, 265~280면; 한주한, 455~472면. 이 중 김선수b, 전형배의 평석은 이 판결을 강하게 비판한다), 대법원 2004. 10. 15. 선고 2001두1154 등 판결.

183) 김형배a, 715면.

제25조(우선 재고용 등)

① 제24조에 따라 근로자를 해고한 사용자는 근로자를 해고한 날부터 3년 이내에 해고된 근로자가 해고 당시 담당하였던 업무와 같은 업무를 할 근로자를 채용하려고 할 경우 제24조에 따라 해고된 근로자가 원하면 그 근로자를 우선적으로 고용하여야 한다.

② 정부는 제24조에 따라 해고된 근로자에 대하여 생계안정, 재취업, 직업훈련 등 필요한 조치를 우선적으로 취하여야 한다.

〈세 목 차〉



## Ⅰ. 우선 재고용

### 1. 입법 연혁

근로자에 대하여 정리해고를 한 사용자는 근로자를 해고한 날부터 3년 이내에 해고된 근로자가 해고 당시 담당하였던 업무와 같은 업무를 할 근로자를 채용하고자 할 경우 정리해고를 당한 근로자가 원하면 그 근로자를 우선적으로 고용하여야 한다(법 25조 1항).

2007. 1. 26. 법률 8293호로 개정되기 전 이 조항은, 정리해고 후 2년 안에 근로자를 채용하고자 할 때에는 그 정리해고를 당한 근로자가 원하면 해고 전의 직책 등을 감안하여 그 근로자를 우선적으로 고용하도록 노력하여야 한다고 규정되어 있었다.[1]

구 법 조항에 대해서는 재고용의무가 노력의무에 불과하고 법적 의무가 아니므로[2] 우선 고용의 관행을 통해 노사 신뢰의 기초를 마련할 필요가 있다는 정도로 해석되었다.[3] 그러나 "노력하여야 한다"에서 "고용하여야 한다"로 법규

※ 이 조에 관한 각주의 참고문헌은 제24조 해설의 참고문헌을 가리킨다.

1) 개정법 시행일은 2007. 7. 1.이다.

2) 대법원 2006. 1. 26. 선고 2003다69393 판결.

정이 변경되었으므로 더 이상 노력의무로 해석할 수는 없고, 입법자의 의도는 법적인 고용의무를 부과한 것으로 볼 수 있다. 종전 규정은 당해 사업 또는 사업장 전체에서 2년 이내에 근로자를 채용할 경우를 상정하여 그 현실성이 좀 떨어졌는데, 현행 규정은 3년 이내에 해고된 근로자가 해고 당시 담당하였던 업무와 같은 업무를 할 근로자를 채용하고자 할 경우를 상정하여, 근로자에게 매우 구체적이고 현실적인 권리로 규정되었다.

### 2. 우선 재고용의무의 내용

현행 규정 내용과, 자신에게 귀책사유가 없음에도 경영상 이유에 의하여 직장을 잃은 근로자로 하여금 이전 직장으로 복귀할 수 있는 기회를 보장하여 해고 근로자를 보호하려는 입법 취지 등을 고려하면, 사용자는 법 24조에 따라 근로자를 해고한 날부터 3년 이내의 기간 중에 해고 근로자가 해고 당시에 담당하였던 업무와 같은 업무를 할 근로자를 채용하려고 한다면, 해고 근로자가 반대하는 의사를 표시하거나 고용계약을 체결할 것을 기대하기 어려운 객관적인 사유가 있는 등의 특별한 사정이 있는 경우가 아닌 한 해고 근로자를 우선 재고용할 의무가 있다. 이때 사용자가 해고 근로자에게 고용계약을 체결할 의사가 있는지 확인하지 않은 채 제 3 자를 채용하였다면, 마찬가지로 해고 근로자가 고용계약 체결을 원하지 않았을 것이라거나 고용계약을 체결할 것을 기대하기 어려운 객관적인 사유가 있었다는 등의 특별한 사정이 없는 한 법 25조 1항이 정한 우선 재고용의무를 위반한 것으로 볼 수 있다.[4]

### 3. 우선 재고용의무 위반에 따른 법률관계

법 25조 1항에 따라 사용자는 해고 근로자를 우선 재고용할 의무가 있으므로 해고 근로자는 사용자가 위와 같은 우선 재고용의무를 이행하지 아니하는 경우 사용자를 상대로 고용의 의사표시를 갈음하는 판결을 구할 사법상의 권리가 있고, 판결이 확정되면 사용자와 해고 근로자 사이에 고용관계가 성립한다. 또한 해고 근로자는 사용자가 위 규정을 위반하여 우선 재고용의무를 이행하지 않은 데 대하여, 우선 재고용의무가 발생한 때부터 고용관계가 성립할 때까지의

3) 김유성, 300면; 김형배a, 717면.
4) 대법원 2020. 11. 26. 선고 2016다13437 판결.

임금 상당 손해배상금을 청구할 수 있다.[5)]

나아가 사용자의 재고용의무 불이행을 이유로 재고용의무를 이행하였다면 받을 수 있었던 임금 상당액을 손해배상으로 청구하는 경우, 그 근로자가 사용자에게 제공하였어야 할 근로를 다른 직장에 제공함으로써 얻은 이익이 사용자의 재고용의무 불이행과 사이에 상당인과관계가 인정된다면, 이러한 이익은 재고용의무 불이행으로 인한 손해배상액을 산정할 때 공제되어야 한다. 한편 사용자의 재고용의무 불이행을 이유로 손해배상을 구하는 경우와 같이 근로관계가 일단 해소되어 유효하게 존속하지 않는 경우라면 법 46조가 정한 휴업수당에 관한 규정을 적용할 수 없다.[6)]

### 4. 다른 법률상 관련 규정

사용자가 고용조정으로 이직된 근로자를 고용하는 등 고용안정을 위한 조치를 하는 사업주에게 대통령령으로 필요한 지원을 할 수 있는데(고보법 21조 2항), 2008. 9. 18. 고보법 시행령 개정 전에는 일정한 요건 아래 재고용장려금을 지급하도록 규정하고 있었으나(구 고보법 시행령 23조 1항), 2008. 9. 18. 고보법 시행령 개정 때 이 재고용장려금 제도가 폐지되었다.

한편, 정리해고를 한 사업장에서는 정리해고를 한 후 2년이 경과하기 전에는 당해 업무에 파견근로자를 사용할 수 없다. 다만, 과반수 노동조합 등 근로자대표의 동의가 있는 때에는 그 사용금지기간을 6개월로 할 수 있다(파견법 16조 2항, 파견법 시행령 4조).

## Ⅱ. 정부의 조치

정부는 정리해고를 당한 근로자에 대하여 생계안정, 재취업, 직업 훈련 등 필요한 조치를 우선적으로 취하여야 한다(법 25조 2항).

고보법은 이직한 근로자에 대해 일정 요건을 갖추면 평균임금 또는 최임법 최저임금액의 일정 비율에 따른 구직급여를 지급하도록 하고 있고(고보법 40조, 45조, 46조), 일정 요건 아래 조기재취업 수당, 직업능력개발 수당, 광역 구직활동

---

5) 대법원 2020. 11. 26. 선고 2016다13437 판결.

6) 대법원 1992. 7. 24. 선고 91다44100 판결, 대법원 2020. 11. 26. 선고 2016다13437 판결.

비, 이주비 등 취업촉진 수당을 지급하도록 하고 있다(고보법 64조 내지 67조). 또한 고용조정이 불가피하게 된 사용자가 근로자에 대한 직업전환에 필요한 직업능력개발 훈련 등을 실시하거나 이직된 근로자를 고용하는 등 고용안정 조치를 하면 대통령령으로 정하는 바에 따라 그 사업주에게 필요한 지원을 하도록 하고 있고(고보법 21조 1항·2항), 이에 따라 고보법 시행령은 전직지원장려금 제도를 두고 있다(고보법 시행령 22조).

근로자의 직업능력개발훈련[7]에 관하여는 평생직업능력법이, 직업교육훈련[8]에 관하여는 직업교육훈련법이 각 여러 제도를 두고 있다.

[박 상 훈·유 동 균]

## 제26조(해고의 예고)

사용자는 근로자를 해고(경영상 이유에 의한 해고를 포함한다)하려면 적어도 30일 전에 예고를 하여야 하고, 30일 전에 예고를 하지 아니하였을 때에는 30일분 이상의 통상임금을 지급하여야 한다. 다만, 다음 각 호의 어느 하나에 해당하는 경우에는 그러하지 아니하다.

1. 근로자가 계속 근로한 기간이 3개월 미만인 경우
2. 천재·사변, 그 밖의 부득이한 사유로 사업을 계속하는 것이 불가능한 경우
3. 근로자가 고의로 사업에 막대한 지장을 초래하거나 재산상 손해를 끼친 경우로서 고용노동부령으로 정하는 사유에 해당하는 경우

## 제35조(예고해고의 적용 예외) 삭제(2019. 1. 15.)

〈세 목 차〉



---

7) 직업에 필요한 직무수행능력을 습득·향상시키기 위하여 실시하는 훈련(평생직업능력법 2조 1호).

8) 근로자에게 취업 또는 직무 수행에 필요한 지식·기술·태도를 습득·향상시키기 위하여 실시하는 직업교육과 훈련(직업능력개발훈련 포함)(직업교육훈련법 2조 1호).

## Ⅰ. 해고예고 제도

### 1. 의　　의

사용자는 해고(경영상 이유에 의한 해고를 포함한다)를 위하여는 원칙적으로 적어도 30일 전에 해고를 예고하거나 그 예고에 갈음하여 30일분 이상의 통상임금을 해고예고수당으로 지급하여야 한다(법 26조 본문). 사용자가 갑자기 근로자를 해고하면 근로자는 다른 직장을 얻을 때까지 생활의 위협을 받게 되므로 적어도 다른 직장을 구할 기회를 가질 수 있도록 최소한의 시간적인 여유를 부여하거나, 그렇지 않으면 그 기간 동안의 생계비를 보장하여 근로자의 경제적 어려움을 완화시켜 주고자 하는 취지에서 규정된 것이다.[1)]

해고는 해고예고가 필요한지 여부에 따라 예고해고와 즉시해고로 나눌 수 있다.

### 2. 적용 범위

근로계약기간의 만료로 근로관계가 종료되는 경우에는 원칙적으로 해고가 아니어서 해고예고제도가 적용될 수 없다.[2)] 판례 역시 일정한 사업의 완료에

※ 이 조에 관한 각주의 참고문헌은 '제23조 전론(前論) 2: 해고 등의 절차적 제한 등'의 참고문헌을 가리킨다.

1) 헌재 2001. 7. 19. 선고 99헌마663 결정 등.

2) 나아가 근로자 역시 근로계약의 종료 시점을 명확히 알고 있으므로 갑작스런 해고에 따른 시간적 여유를 부여하고자 하는 해고예고 제도에 의한 보호가 크게 요구되는 것도 아니다.

필요한 기간을 계약기간으로 정한 근로계약의 경우, 특별한 사정이 없는 한 그 사업이 완료된 때에 사용자의 해고 등 별도의 조처를 기다릴 것 없이 당연히 종료하는 것이고, 그 경우에 해고를 전제로 하는 본조에서 정한 해고예고제도가 적용될 수 없다고 한다.[3] 다만, 예외적으로 기간을 정한 근로계약의 경우에도 계약기간의 정함이 형식에 불과하거나,[4] 기간제법 4조 2항에 의해 기간의 정함이 없는 근로자로 전환되었음에도 사용자가 근로계약기간 만료를 들어 근로관계종료를 통보한 경우라면, 이 또한 법상 해고에 해당하므로, 이러한 경우에는 해고예고 의무가 인정된다.[5]

판례 중에는 근로관계가 합의퇴직으로 종료된 경우에도 사전에 해고예고를 하지 않은 경우 해고예고수당을 지급할 의무가 있다는 취지로 판시한 사례가 있으나,[6] 근로관계의 합의해지가 특별한 사정이 있어 해고로 평가되는 경우가 아닌 한 일반적으로 타당한 판시인지 다소 의문이 있다.[7] 한편 판례는, 휴직한 직원이 휴직기간 만료일 또는 휴직사유 소멸일 5일 전까지 복직원을 제출하지 아니하여 복직되지 아니한 때에는 자진퇴직으로 간주한다는 규정에 따라 근로자가 퇴직된 경우에도, 이러한 퇴직처분은 법상 해고에 해당하므로 해고예고제도가 적용된다고 한다.[8][9]

일반적으로 해약권 유보부 계약으로 이해되는 시용기간을 정한 근로계약에서 시용기간 만료 후 본채용 거부의 경우에도, 26조 단서 1호에서 정한 예외 사유에 해당하지 않는 이상, 해고예고제도가 적용될 것이다.[10]

정당한 사유가 있어 해고하는 경우에 해고예고제도가 당연히 적용될 것인데,[11] 해고가 무효인 경우에도 본조에 의한 의무가 있는지 문제된다. 판례는 해

3) 대법원 2009. 10. 29. 선고 2009도4648 판결. 같은 취지로, 대법원 1965. 7. 27. 선고 65다970 판결도 참조.
4) 대법원 1998. 5. 29. 선고 98두625 판결, 대법원 2003. 11. 29. 선고 2003두9336 판결(기간의 정함이 있는 계약이 반복갱신되어 기간의 정함이 단지 형식에 불과한 것이라고 본 사례), 대법원 2006. 2. 24. 선고 2005두5673 판결(계약기간의 정함이 형식에 불과한 것인지 여부에 대한 판단 기준을 제시한 사례) 등 참조.
5) 다만, 박홍규, 323면은 근로계약이 반복갱신될 객관적 사정이 존재하는 한 계약갱신을 거절하려면 예고제도의 적용을 받아야 한다고 한다.
6) 대법원 1988. 2. 9. 선고 87도2509 판결.
7) 하갑래, 988면(해고예고제도는 정년퇴직, 합의퇴직 등에 적용되지 않는다는 입장이다).
8) 대법원 1993. 11. 9. 선고 93다7464 판결.
9) 김치중, 385면도 같은 취지이다.
10) 같은 취지로, 注釋(上), 366면.
11) 대법원 1971. 8. 31. 선고 71다1400 판결, 대법원 1989. 10. 24. 선고 89다카166 판결, 대법원

고가 무효이더라도 해고예고수당 미지급시 형사책임을 진다고 보고 있고,[12] 해고가 무효가 되더라도 이미 지급한 해고예고수당에 대해 부당이득으로 반환을 구할 수 없다고 보고 있다.[13]

상시 4명 이하의 근로자를 사용하는 사업 또는 사업장의 경우에도 1999. 1. 1.부터 본조의 적용이 있다(1998. 2. 24. 개정 시행령 1조의2, 별표1, 부칙 1항 단서).

### 3. 국제 기준과 입법론

국제노동기구(ILO)도 1963년의 고용주에 의한 고용종료에 관한 권고(119호 권고) 7조에서 "고용이 종료되는 근로자는 합리적인 예고기간과 이에 갈음하는 보상금을 받을 권리가 있다"라고 하고 있을 뿐만 아니라(1항), 이 경우에 "실행이 가능한 한 근로자는 예고기간 중 다른 직장을 얻기 위하여 임금을 상실하지 않고 근무를 하지 않는 합리적인 시간을 부여받을 권리를 가진다"라고 규정하고 있다(2항). 이 권고는 1982년 158호 협약으로 채택되었는데, 위 협약 11조는 "고용이 종료되는 근로자는 중대한 잘못을 저지르지 아니하는 한, 즉 사용자가 고용기간 중에도 그 근로자를 고용하는 것이 타당하지 않을 정도의 잘못을 저지르지 아니하는 한은 합리적인 예고 기간을 누릴 권리가 있다"라고 규정하고 있다. 이처럼 근로자들이 해고로 인한 근로관계 종료의 경우에 해고예고 기간 내지 예고수당을 통한 법적 보호를 받을 권리가 있음을 명확히 하고 있다.

이 해고예고 제도에 대하여는, 근로자의 개별적 특성, 특히 당해 근로자의 근속연수를 고려함이 없이 획일적으로 규율한다는 점에 특징이 있는데, 이는 외국의 예[14]에 비추어 이례적이고, 보편적인 입법 추세에 맞추어 현행 법제를 재검토할 필요가 있다는 주장이 있다.[15]

---

1990. 10. 10. 선고 89도1882 판결, 대법원 1992. 3. 31. 선고 91누6184 판결.

12) 대법원 2013. 11. 14. 선고 2013도4557 판결, 대법원 2016. 8. 17.자 2016도9320 결정, 대법원 2017. 11. 14. 선고 2017도11172 판결, 대법원 2018. 6. 15. 선고 2016도19131 판결.

13) 대법원 2018. 9. 13. 선고 2017다16778 판결, 대법원 2018. 10. 12. 선고 2017다49945 판결(해고예고제도는 해고의 효력 자체와는 관계가 없는 제도이고, 해고예고수당 역시 해고가 유효한지와 관계없이 지급되어야 하는 돈이라고 판단하고 있다). 학설도 대체로 같은 입장이다(강선희, 146~147면; 노호창, 126면).

14) 독일은 근속 2년 이상 1개월, 5년 이상 2개월, 8년 이상 3개월, 10년 이상 4개월, 12년 이상 5개월, 15년 이상 6개월, 20년 이상 7개월, 시용근로자 2주로 해지기간을 정하고 있고(민법 622조), 영국은 근속연수 2년 미만 1주 이상, 2년 이상 12년 미만의 경우 각 1년마다 1주 이상, 12년 이상인 경우 12주 이상으로 해지기간을 정하고 있다(고용권법 86조 1항).

15) 이철수, 42면(해고예고 기간을 어느 정도로 할 것인가는 입법정책적인 문제이긴 하지만,

## Ⅱ. 해고예고의 방법 및 기간

### 1. 방 법

해고예고는 구두에 의하든 문서에 의하든 상관없다.[16] 이와 관련해, 법 27조와 관계상 해고예고 역시 해고사유와 해고시기를 명시한 서면으로 하지 않으면 효력이 없다는 견해가 있다.[17] 본조가 해고예고에 대해 서면통지의무를 명시하고 있지 않은 반면, 법 27조 3항이 해고사유와 해고시기를 명시하여 서면으로 한 해고예고에 대해 법 27조 1항의 해고통지로 본다는 의제 규정을 별도로 마련한 반대해석상 해고예고가 법 27조 1항의 요건을 갖추어야 유효하다는 견해의 타당성에는 의문이 있다.

마찬가지로 해고예고를 하는 시점에 해고사유를 꼭 밝혀야만 하는 것은 아니다.[18] 사용자가 해고의 예고를 하면서 해고사유와 해고시기를 명시하여 서면으로 한 경우에는 법 27조 1항에 따른 서면통지를 한 것으로 본다(법 27조 3항).

해고예고를 할 때에는 일정 시점을 특정하여 하거나 언제 해고되는지를 근로자가 알 수 있는 방법으로 하여야 한다.[19] 불확정 기한이나 조건을 붙인 해고예고는 효력이 없다. 근로자의 생활을 불안정하게 하고 장래의 계획을 혼란하게 하기 때문이다.[20]

또한 해고예고 당시 해고 대상자가 특정되어야 한다. 불특정 다수인에게 불

---

장기 근속자에게 1개월 만의 해고예고 기간을 부여하는 것은 가혹하다는 점, 장기 근속자는 오랜 기간 동안 동일한 직장에 머물러 있었으므로 구직의 경험이 적을 뿐만 아니라 연령상으로 구직이 쉽지 않다는 점, 장기 근속자는 사용자에 대하여 근로계약관계의 지속성에 대한 보다 강한 신뢰가 존재하며 그러한 한도에서 양 당사자는 보다 긴밀한 인적 유대관계를 형성하여 왔다는 점 등을 고려하여 근속연수를 고려한 해고예고 제도의 입법이 필요하다). 다만, 우리나라의 경우 다른 나라와 달리 퇴직금제도를 통하여 근로자의 해고 이후의 생활이 보장되고, 퇴직금은 근속기간에 따라 정해진다는 점에 비추어 외국과 단순하게 비교하는 것이 쉽지는 않을 것이다.

16) 민변노동법 I, 475면; 이병태, 644면; 이상윤, 492면(특별한 형식을 요하지 않는다).

17) 권혁, 530면(노동부는 행정해석을 통해 "해고의 예고는 문서, 게시 또는 구두의 방법으로 할 수 있다"고 하였던 바가 있다. 이러한 견해는 현행 법체계에서는 더 이상 타당할 수 없음은 물론이다); 김형배, 696면; 하갑래, 989~990면도 같은 취지이다.

18) 민변노동법 I, 475면.

19) 대법원 2010. 4. 15. 선고 2009도13833 판결('후임으로 발령받은 을이 근무하여야 하니 업무 인수인계를 해 달라', '당분간 근무를 계속하며 을에게 업무 인수인계를 해 주라'고만 말한 사안), 대법원 2015. 5. 28. 선고 2011다53638 판결('사업자등록을 마치지 않을 경우 더 이상 보도본부에서 근무할 수 없다'는 취지로만 통보를 한 사안).

20) 김형배, 696~697면; 민변노동법 I, 475면; 이병태, 657면; 임종률, 563면.

가피한 이유 등을 들어 감원을 주지시킨 것은 유효한 해고예고가 아니다.[21]

### 2. 기 간

해고예고는 해고일부터 최소한 30일 전에 해야 한다. 이 기간은 법정 최저 기간이므로 취업규칙 등에서 이보다 짧게 정할 수 없고, 만일 짧게 정했다면 이는 강행법규 위반으로 무효이다.

일정 기간은 해고예고 기간을 주고, 나머지 기간은 해고예고수당을 지급하는 것이 가능한지와 관련하여, 해고예고와 해고예고수당의 상호보완적 관계에 비추어 이를 긍정하는 견해가 있으나,[22] 법에는 일본 노동기준법 20조 2항과 같이 예고 일수는 평균임금을 1일분 지급한 일수만큼 단축할 수 있다는 명문의 규정이 없고, 30일 전 사전 통지(이에 갈음하는 30일분 이상의 통상임금)는 법이 요구하는 최소한의 기준으로 볼 것이므로 법의 강행규정성에 비추어 이를 부정하는 견해도 충분히 설득력이 있다.

30일은 역일로 계산한다. 따라서 그 기간에는 휴일이나 휴가 기간도 포함된다.

## Ⅲ. 해고예고수당

### 1. 의 의

사용자는 해고예고를 하는 대신 30일분 이상의 통상임금[23]에 해당하는 해고예고수당을 지급하고 즉시해고를 할 수 있다. 해고예고수당을 지급함으로써 해고된 근로자가 새로운 일자리를 알아보는 기간 동안 최소한도의 생계보장은 이루어진다고 보고 예고 기간 없이 즉시해고를 허용하는 것이다.[24]

해고예고를 할 것인가 아니면 이에 갈음하여 해고예고수당을 지급할 것인가는 사용자의 임의에 맡겨진 것이고, 근로자가 이를 선택할 수 있는 것은 아니다.

### 2. 법적 성격

해고예고수당은 구체적인 근로에 대한 대가라고 할 수 없으므로 임금이 아

---

21) 이병태, 657면; 하갑래, 989면.
22) 민변노동법 I, 476면; 하갑래, 991면.
23) 일본 노동기준법 20조 1항은 통상임금이 아니라 평균임금으로 규정하고 있다.
24) 헌재 2001. 7. 19. 선고 99헌마663 결정.

니다.[25] 그러나 판례는 법에 의한 무예고 해고보상금 청구권은 같은 법 49조에서 말하는 임금 채권에 해당하여 법에 의한 소멸시효의 적용을 받는다고 한다.[26] 일부 견해는 해고예고수당도 근로관계에서 지급되는 금품이므로 법상 임금 보호에 관한 규정이 적용되는 것으로 본다.[27]

### 3. 지급 시기

법 36조의 금품청산기간인 14일 이내에 해고예고수당을 지급하면 된다는 견해가 있을 수 있는데, 이에 대하여는 그렇게 볼 경우 해고예고 없이 해고를 하고도 14일 동안은 해고예고수당을 지급할 필요가 없고 그동안은 해고예고의무 위반에도 해당하지 않게 되는데(벌칙도 적용할 수 없게 된다), 이는 갑작스러운 즉시해고에 대하여 근로자의 생활상 곤란을 완화시킬 것을 목적으로 하고 그 지급을 벌칙으로 강제하고자 하는 해고예고 제도의 취지에 반하므로, 해고예고수당은 즉시해고와 동시에 지급해야 한다는 견해가 있다.[28]

판례 중에는 "사전에 해고의 예고를 하지 못한 사람에게 해고수당을 '법정기일 내'에 지급해줄 의무가 있는 것이므로 이러한 의무를 위반한 사용자도 범죄자로 처벌된다"라고 하여 금품청산의무 규정이 적용되는 듯한 판시를 한 경우도 있다.[29] 하지만 형사 사건 하급심 판결 범죄사실에서는 '즉시', '해고일 당일'이라는 명시적 표현을 사용하거나 '14일 이내'라는 표현 없이 단순히 '지급하지 않았다'라고만 기재하고 있다.[30] 근래 대법원은, 해고예고수당의 지급기한을 법 36조를 적용하여 퇴직일 등으로부터 14일 이내라고 해석할 수 없고, 근로관계의 사실상 종료시점까지 지급되어야 한다고 본 원심 판단에 해고예고수당의 지급시기에 관한 법리를 오해한 위법이 없다고 보았다.[31] 본조 규정 내용, 형사처벌 규정 체계, 입법 취지에 비추어 해고예고수당은 즉시해고와 동시에 지급하여야 하는 것이 타당하다.

25) 김유성, 313면; 김형배, 697면; 해고와 임금, 88면; 하갑래, 990면.
26) 대법원 1965. 7. 6. 선고 65다877 판결.
27) 김형배, 697면; 민변노동법 I, 476면; 이병태, 656면.
28) 김유성, 313면; 하갑래, 990~991면.
29) 대법원 1988. 2. 9. 선고 87도2509 판결.
30) 대법원 2005. 6. 10. 선고 2004도8703 판결, 대법원 2018. 6. 15. 선고 2016도19131 판결의 각 제1심 판결.
31) 대법원 2013. 11. 14. 선고 2013도4557 판결.

## Ⅳ. 해고예고 기간 중의 근로관계

해고예고 기간 중이라도 근로관계는 정상적으로 계속 유지된다. 근로자는 계약상의 근로제공의무를 면하는 것이 아니므로 예고기간 중에 근로를 제공해야 임금을 받을 수 있다. 이에 비하여 예고수당은 근로를 제공하지 않고 지급받는 것이므로, 새로운 직장을 구하려는 근로자의 입장에서는 해고의 예고보다 예고수당의 지급이 더 유리하게 되며, 이러한 불균형은 최소화되어야 한다는 점에서 학설들은 근로자가 새로운 직장을 구하기 위하여 부득이 결근한 경우에는 사용자는 이에 대한 임금을 지급해야 한다고 한다.[32)]

## Ⅴ. 적용 제외

### 1. 사업을 계속하는 것이 불가능하거나 근로자에게 귀책사유가 있는 경우

#### 가. 개 설

해고예고제도는 천재 · 사변, 그 밖의 부득이한 사유로 사업을 계속하는 것이 불가능한 경우 또는 근로자가 고의로 사업에 막대한 지장을 초래하거나 재산상 손해를 끼친 경우로서 고용노동부령이 정하는 사유에 해당하는 경우에는 적용이 없다(법 26조 단서 2 · 3호).[33)]

#### 나. 사업 계속의 불능

'천재 · 사변 그 밖의 부득이한 사유'란 예고를 할 여유와 필요가 없는 돌발적이고 불가항력적인 경우를 말한다. 행정해석[34)]은 '부득이한 사유'라 함은 일반적으로 천재 · 사변에 준하는 정도로 불가항력적이고 돌발적인 사유를 말하며, 불황이나 경영난은 이에 포함되지 않는다고 한다.

'사업을 계속하는 것이 불가능한 경우'란 해당 근로자가 소속한 사업장 또는 부서의 사업이 상당 기간 중지될 수밖에 없는 것을 말하는 것으로 사업의

32) 김유성, 313면; 김형배, 697면; 민변노동법 I , 476면; 임종률, 564면.

33) 종래에는 근로자의 귀책사유와 관련하여 노동부장관의 승인을 얻을 것을 조건으로 해고예고의 예외를 인정하였으나, 1999. 2. 8. 법 개정으로 노동부장관의 승인 제도를 폐지하고, 노동부령이 정하는 사유에 해당하면 해고예고나 해고예고수당의 지급 없이 즉시해고를 할 수 있도록 하였다.

34) 행정해석 1995. 1. 17. 근기 68207-180.

전부 또는 대부분을 계속하는 것이 불가능한 경우여야 하며, 사업 계속의 불가능성에 대한 판단은 사용자가 사업경영자로서 사회통념상 취할 수 있는 모든 조치를 다하였음에도 어찌할 도리가 없는 정도를 기준으로 한다.[35] 이에 대한 증명책임은 해고예고의 적용 배제를 구하는 사용자가 부담한다.

### 다. 근로자의 귀책사유

'근로자가 고의로 사업에 막대한 지장을 초래하거나 재산상 손해를 끼친 경우'는 당해 근로자가 예고 기간을 두지 않고 즉시에 해고되어도 부득이하다고 인정될 정도로 중대한 복무 규율 위반이나 배신행위가 인정되는 경우를 뜻한다.

시행규칙 4조의 [별표]에서는 '해고예고의 예외가 되는 근로자의 귀책사유'로 1. 납품업체로부터 금품이나 향응을 제공받고 불량품을 납품받아 생산에 차질을 가져온 경우, 2. 영업용 차량을 임의로 타인에게 대리운전하게 하여 교통사고를 일으킨 경우, 3. 사업의 기밀이나 그 밖의 정보를 경쟁 관계에 있는 다른 사업자 등에게 제공하여 사업에 지장을 가져온 경우, 4. 허위 사실을 날조하여 유포하거나 불법 집단 행동을 주도하여 사업에 막대한 지장을 가져온 경우, 5. 영업용 차량 운송 수입금을 부당하게 착복하는 등 직책을 이용하여 공금을 착복, 장기 유용, 횡령 또는 배임한 경우, 6. 제품 또는 원료 등을 몰래 훔치거나 불법 반출한 경우, 7. 인사 · 경리 · 회계담당 직원이 근로자의 근무상황 실적을 조작하거나 허위 서류 등을 작성하여 사업에 손해를 끼친 경우, 8. 사업장의 기물을 고의로 파손하여 생산에 막대한 지장을 가져온 경우, 9. 그 밖에 사회통념상 고의로 사업에 막대한 지장을 가져오거나 재산상 손해를 끼쳤다고 인정되는 경우를 들고 있다.

문언에 따르면, 귀책사유가 중과실에 그치는 경우이거나, 사업에 대한 지장이 '막대한' 정도에 이르지 않은 경우에는 즉시해고를 할 수 없다.[36] 다만 근로자가 고의로 시행규칙 4조 [별표] 5호, 6호, 7호에 해당할 수 있는 행위를 하여 사업상 재산상 손해를 발생시킨 경우에 그 손해가 '막대한' 정도에 이르러야 하는지와 관련하여서는, 이를 긍정하는 견해가 있는 반면, 이를 요하지 않는 취지로 해석될 수 있는 판결례도 있다.[37] 근로자에게 이와 같은 귀책사유가 있다는

35) 김형배, 697면.

36) 민변노동법 I, 478면.

37) 수원지법 2018. 5. 31. 선고 2017나13172 판결(대법원 2018. 8. 17.자 2018다36809 판결의 원심판결), 광주지법 2016. 4. 14. 선고 2015노1733 판결(대법원 2016. 7. 7. 선고 2016도5967 판

점에 대한 증명책임은 해고예고제도의 적용 제외를 주장하는 자가 부담한다.

### 2. 특수한 근로자

#### 가. 법 개정

2019. 1. 15. 개정 법(이하 '개정 법'이라 하고, 개정 전 법을 '구법'이라 한다)은 해고예고 적용 예외 대상 근로자들에 대한 규정을 정비하였다. 헌법재판소 2015. 12. 23. 선고 2014헌바3 결정에서 구법 35조 3호 '월급제 근로자로서 6개월이 되지 못한 자' 부분에 대해 위헌 결정이 있었고, 해고예고의 적용 예외 규정에 대하여 적용 예외 대상 사유들 간에 일관적·체계적인 기준이 결여되었다는 문제점 등을 고려한 개정이다.[38)]

구법 26조 단서 부분을 개정 법에서는 26조 단서 2호와 3호로 구분하고, 구법 35조를 삭제하는 대신 '근로자가 계속 근로한 기간이 3개월 미만인 경우'를 개정 법 26조 단서 1호에 추가하였다.

구법에 대한 해석론이 문제되는 사건이 당분간 있을 수 있으므로, 구법 해석론을 정리하고, 개정 법과 그 부칙 조항에 대해 언급한다.

#### 나. 구법 35조 1호 내지 5호

일용근로자로서 3개월을 계속 근무하지 아니한 자, 2개월 이내의 기간을 정하여 사용된 자, 월급근로자로서 6개월이 되지 못한 자, 계절적 업무에 6개월 이내의 기간을 정하여 사용된 자, 수습 사용 중인 근로자에 대하여는 해고예고의 절차를 거칠 필요 없이 즉시 해고할 수 있었다(구법 35조 1호 내지 5호). 이와 같은 예외를 인정한 이유는 근로관계의 계속성에 대한 근로자의 기대가능성이 적고 근로관계의 임시성에 대해 근로자도 용인하고 있다고 볼 수 있는 경우로서 돌발적인 해고로 인한 생활상 곤란의 예방이라는 해고예고 제도의 취지와 부합하지 않는 면이 있기 때문이다. 이러한 근로자에 대해서는 계약기간 도중에 즉시해고할 수 있다.

##### (1) 일용근로자로서 3개월을 계속 근무하지 아니한 자

일용근로자는 1일 단위의 계약기간으로 고용된 근로자를 말하는 것으로 계

---

결의 원심판결), 부산지법 2019. 1. 31. 선고 2018노3407 판결(대법원 2019. 5. 10. 선고 2019도2817 판결의 원심판결).

38) 대법원 역시 '구법 35조 3호에 대한 위헌결정의 취지를 반영하면서 구법 35조에서 규정하고 있었던 해고예고에 대한 적용 예외 사유들을 일원화하여 체계적으로 정비한 규정'으로 이해하고 있다(대법원 2022. 2. 11. 선고 2020도68 판결).

약 당일의 근로로 근로계약이 종료되기 때문에 해고 또는 해고예고 등의 개념이 적용될 여지가 없다.

그러나 일용근로자라도 매일 근로계약을 동일한 내용으로 갱신하는 형식을 취하면서 계속 근무하는 경우에는 사실상 상용근로자와 다를 바 없게 되므로, 이러한 경우에는 상용근로자와 동일하게 보호할 필요가 있다. 이에 근무기간 3개월 미만의 일용근로자에 대해서만 해고예고 제도를 적용하지 않는 것으로 규정하고 있다. 여기서 말하는 '3개월'은 역수상의 3개월을 의미하며 실제 근무 일수를 따져 산정하는 것은 아니다.[39] 이 조항의 반대 해석에 따라 사용자는 일용근로자를 3월 이상 근로시킨 경우에는 사실상 30일 동안 계속 고용할 의무를 부담하거나 즉시해고하는 경우는 30일분의 통상임금을 지급할 의무를 부담한다.[40]

헌법재판소는 이 부분 조항이 3개월을 근속하지 않은 일용근로자의 근로의 권리를 침해하는 것이 아니라고 판단하였다.[41]

#### (2) 2개월 이내의 기간을 정하여 사용된 자

2개월 이내의 짧은 근로계약기간을 정하여 사용된 근로자는 임시적 성격에 비추어 별도로 해고예고를 할 실익이 없기 때문에 2개월 이내의 기간을 정하여 사용된 근로자에게는 해고예고 제도를 적용하지 않도록 한 것이다.

#### (3) 월급근로자로서 6개월이 되지 못한 자

월급근로자란 임금의 지급을 월급제, 즉 월 1회씩 정기적으로 지급받기로 한 근로자를 말하는 것이다. 다른 예외사유가 근로관계의 임시성을 전제로 하는 반면, 보수의 지급형태를 기준으로 하고 있다는 점에서 특이하다.

헌법재판소는 종래 선례[42]를 변경하여, 이 부분 조항이 근무기간이 6개월 미만인 월급근로자의 근로의 권리를 침해하며, 근무기간이 6개월 이상인 월급근로자나 월급제 이외의 형태로 보수를 받는 근로자와 합리적 근거 없이 차별 취급을 하여 평등원칙에 반한다고 보아 위헌결정을 하였다.[43] 대법원은 이러한 위헌결정에는 소급효가 인정되지 아니하여 구법 35조 3호는 위헌결정일인 2015.

39) 일본 노동기준법은 1개월을 넘어 계속 사용되게 되는 일용근로자에 대해서는 해고예고 제도를 적용하도록 하고 있다.

40) 김유성, 317면.

41) 헌재 2017. 5. 25. 선고 2016헌마640 결정.

42) 헌재 2001. 7. 19. 선고 99헌마663 결정.

43) 헌재 2015. 12. 23. 선고 2014헌바3 결정.

12. 23.부터 효력을 상실한다고 보았다.[44)]

판례는, 상시 4인 이하의 근로자를 사용하는 사업 또는 사업장에 근무하는 근로자의 경우에도 그 해고가 해고예고에 관한 규정이 적용되는 1999. 1. 1. 이후에 이루어지고, 그 근로자가 해고될 당시를 기준으로 하여 아직 '6월이 되지 못한 자'에 해당하지 아니하는 이상 해고예고의 대상이 된다고 한다.[45)]

#### (4) 계절적 업무에 6개월 이내의 기간을 정하여 사용된 자

계절적 업무란 계절의 특성에 의하여 형성되는 업무를 의미한다. 여름철의 해수욕장 업무, 농번기의 업무, 어류의 종류별 어획기의 업무 등 계절적 업무의 경우 그 계절이 끝나면 근로관계도 당연히 종료되는 것으로 보는 것이 사회통념상 상당하므로 6개월 이내의 기간을 정하여 사용된 경우에는 해고예고 제도의 적용을 받지 않도록 하였다.[46)]

#### (5) 수습 사용 중인 근로자

수습 사용이란 취업규칙이나 근로계약 등에서 정하는 바에 따라 정식으로 채용하기 전에 기업에 대한 적응 능력이나 기술 습득, 기능 양성 등을 목적으로 사용되는 경우를 말한다. 이 기간 중에 근로자가 기대되는 기술이나 기능을 습득하지 못하거나 필요한 능력을 배양하지 못하는 경우는 정식 채용의 정당한 거부 사유가 될 수 있으므로 이러한 경우까지 해고예고 제도를 적용할 필요성이 없음을 염두에 둔 규정이다. 다만, 2019. 7. 9. 대통령령 29964호로 개정되기 전 영 16조는 해고예고의 적용이 제외되는 수습 사용 중인 근로자를 수습 사용한 날부터 3개월 이내[47)]인 자로 제한하여 3월을 초과하여 수습 사용 중인 근로자의 지위를 보호하고 있었다.

---

44) 대법원 2022. 2. 11. 선고 2020도68 판결(구법 35조 3호는 구법 110조 1호와 결합하여 형벌에 관한 법률 조항을 이루게 되지만 이는 구성요건해당성 배제 사유를 규정한 것이어서 헌법재판소법 47조 3항에 따라 소급효를 인정하는 것은 법적 안정성 등을 해치게 되는 점을 이유로 들어 헌법재판소법 47조 2항에 따른 장래효를 인정하였다).

45) 대법원 2002. 5. 10. 선고 2002도1216 판결(법 적용일인 1999. 1. 1.부터는 6개월이 안 된 1999. 5. 3. 즉시해고를 하면서 해고예고수당을 지급하지 아니한 사안이다. 이런 해석이 형벌불소급의 원칙에 반한다고 보지 않았다).

46) 일본 노동기준법 21조는 계절적 업무의 경우 4개월을 초과하여 계속 사용되는 근로자의 경우 해고예고 제도를 적용하고 있다.

47) 일본 노동기준법 21조는 14일을 초과하여 계속 사용되는 시용근로자에 대해서는 해고예고 제도를 적용하고 있다.

### 다. 개정 법 26조 단서 1호

개정 법은 구법 35조를 삭제한 후 구법 26조 단서와 통합하면서 해고예고 적용이 제외되는 특수한 근로자를 계속 근로한 기간이 3개월 미만인 경우로 통일하였다. 기간의 정함이 있는 근로계약인지 여부, 보수의 지급형태(월급제 등) 등을 고려하지 않고, 계속 사용된 기간이 3개월 미만인지 여부라는 단일한 기준만이 적용된다. 개정 조항에 따라 일용근로자, 월급근로자, 계절적 업무에 6개월 이내 기간을 정하여 사용된 자, 수습 사용 중인 근로자 모두 계속 사용기간이 3개월을 경과한 경우에는 해고예고제도의 적용이 있게 되었다. 3개월을 기준으로 삼은 구체적인 근거는 찾기 어렵다.[48][49]

개정 법 부칙 1조는 26조 및 35조의 개정 규정은 공포한 날부터 시행하되(2019. 1. 15.), 26조 단서 1호의 개정 규정은 같은 개정 규정 시행 후 근로계약을 체결한 근로자부터 적용한다고 정하였다. 이러한 부칙 규정들을 종합하면, 2019. 1. 15. 구법 35조가 삭제됨에 따라 해고예고의 적용 제외 대상 특수 근로자에 대한 규율이 전혀 존재하지 않게 되었으나(다만 구법 35조 3호는 위헌결정에 따라 2015. 12. 23.부터 효력을 상실하였음은 앞서 본 바와 같다), 개정 법 26조 단서 1호는 시행 후 근로계약을 체결한 근로자부터 한정하여 적용됨에 따라 기존에 근로계약을 체결한 근로자들에 대한 해고예고의 적용 제외 규정이 흠결되는 상황이 발생하였다. 즉 2019. 1. 15. 이전부터 계속하여 근로하던 자에 대해 2019. 1. 15. 이후 해고를 하는 경우, 이러한 근로자들이 2개월 이내 기간을 정하여 사용된 자, 계절적 업무에 6개월 이내 기간을 정하여 사용된 자, 3개월 이내 기간 동안 수습 사용 중인 자 등에 해당하더라도 사용자는 원칙대로 해고예고의무를 부담하게 되는 것이다.

---

48) 주승용 의원 등이 2016. 6. 30. 대표발의한 근로기준법 일부개정법률안 당시 3개월이 명문화되었고, 박지순·김희성·김기선, 15면도 3개월 기준을 제시하였으며, 2018. 9. 11. 열린 제364회 국회 제1차 환경노동위원회(고용노동소위원회) 회의 당시에 고용노동부차관(이성기)도 3개월 기준을 언급하고 있으나(위 회의록 8, 9면), 모두 명확한 근거를 제시하고 있지는 않다.

49) 다만 구법상 일용근로자와 수습 사용 중인 근로자에 대한 예외 적용과 관련해 3개월을 기준으로 삼고 있었던 점이 고려된 것으로 보인다. 위 헌재 2016헌마640 결정도 3개월 미만 일용근로자에 대한 해고예고 적용 제외 규정이 합헌이라고 보았다. 동일한 고용주에게 3개월 이상 계속하여 고용되어 근로를 제공할 경우 소득세법이나 산재보험법의 적용과 관련하여서도 일용근로자가 상용근로자와 동일한 취급을 받게 되기도 한다(소득세법 시행령 20조 1항 3호, 산재보험법 시행령 23조 1호 가목).

## VI. 해고예고 규정 위반의 효과

정당한 이유가 없는 해고는 당연히 무효이므로 예고를 했느냐 하지 않았느냐 하는 것은 문제되지 않으나, 정당한 이유가 있는 해고의 경우에 30일 전의 해고예고 또는 30일분의 해고예고수당을 지급하지 않고 한 해고의 효력은 어떻게 되는지가 문제된다.

이와 관련하여 학설은 절대적 무효설, 유효설, 상대적 무효설, 선택권설의 대립이 있다.

절대적 무효설은 예고의무규정은 강행법규이므로 이에 위반하는 해고는 언제나 무효라고 한다.[50] 따라서 근로자는 적법한 해고가 있을 때까지 근로를 제공하고 임금을 청구할 수 있다. 이 설에 대해서는 근로자가 해고를 수용하기로 하고 예고수당을 받으려는 경우에도 해고가 무효인 이상 예고수당청구권이 인정되지 않는다는 점에서 근로자 보호에 충실하지 못하다는 비판이 있다.[51]

유효설은 해고제한 제도와 해고예고 제도는 취지를 달리하고, 정당한 이유 있는 해고가 해고예고 없이 행해진 경우 사용자는 여전히 해고예고수당 지급의무를 부담하므로, 유효설을 취한다고 하여 해고예고 제도의 취지가 상실되는 것은 아니라는 점에 비추어, 해고예고 없는 해고에 대하여는 벌칙이 적용되고 근로자가 예고수당 지급을 청구할 수 있지만 해고 자체는 유효라고 한다.[52] 이에 대해서는 법 상의 다른 규정에 비하여 예고의무규정만이 강행법규가 아니라는 근거가 무엇인지 납득하기 어렵다는 비판이 있다.[53]

상대적 무효설은 예고기간을 두지 않고 예고수당도 지급하지 않고 행한 해고는, 즉시해고로서는 효력이 생기지 않지만, 사용자가 즉시해고를 고집하는 취지가 아닌 한 통지 후 30일이 지나거나 통지 후 예고수당을 지급함으로써 해고의 효력이 생긴다는 견해이다.[54] 일본의 행정해석과 최고재판소가 채택하고 있는 견해이다. 이 견해에 대하여는 사용자가 즉시해고를 고집하는 취지인지 여부의 판단기준이 불명확하여 결국 해고의 유·무효가 사용자의 태도에 맡겨진다

50) 김형배, 700면.
51) 임종률, 565면.
52) 김유성, 315~316면; 임종률, 565면.
53) 박은정, 96면; 박홍규, 325면.
54) 하경효, 101면 이하.

는 지적이 있다.[55)]

선택권설은 예고기간을 두지 않고 예고수당도 지급하지 않고 해고를 하였을 때 근로자는 해고의 무효를 주장하거나 해고의 유효를 전제로 예고수당을 청구하거나 어느 쪽이든 선택할 수 있다는 견해이다.[56)] 이 견해는 근로자가 상당한 기간 안에 선택권을 행사하지 않으면 무효임을 주장할 수 없게 된다고 한다.

판례는, 법 26조에 따른 해고예고의 절차를 취하지 아니하고 근로자를 해고하였다고 하더라도 해고사유에 정당한 이유가 있는 이상, 해고예고수당을 지급하여야 함은 별론으로 하고 그와 같은 사정만으로 해고가 무효로 되는 것은 아니라고 한다.[57)]

## Ⅶ. 벌 칙

사용자가 이 조항을 위반하여 해고예고 또는 해고예고수당을 지급하지 않고 근로자를 해고하면 2년 이하의 징역 또는 2,000만 원 이하의 벌금에 처한다(법 110조 1호). 문언 해석상 해고예고를 하지 않더라도 해고예고수당을 지급하면 형사처벌을 받지 않는다. 해고예고를 하지 않은 것에 대한 제재가 아니라 해고예고를 하지 않고도 해고예고수당을 지급하지 않은 데에 대한 제재이다. 해고예고수당이 해고예고를 갈음하는 수단이라고 보는 견해를 전제하고 있다.

대법원은, 구법 35조 3호에 대한 헌법재판소의 위헌결정(헌재 2014헌바3 결정) 후 개정 법 26조 시행일인 2019. 1. 15. 전에 채용되어 3개월을 근무하지 않은 월급근로자를 해고예고 없이 해고하면서 해고예고수당을 지급하지 않은 사용자가 본 조항 위반으로 기소된 사안에서, 구법 35조 3호는 위헌결정일인 2015. 12. 23. 이후 효력을 상실하여 적용할 수 없고, 개정 법 26조 단서 1호는 부칙 2조에 따라 2019. 1. 15. 이전 근로계약을 체결한 근로자에 대하여는 적용되지 않는다

55) 상대적 무효설에 대한 자세한 비판은 菅野, 735~746면.

56) 박홍규, 325면.

57) 대법원 1993. 9. 24. 선고 93누4199 판결, 대법원 1993. 11. 9. 선고 93다7464 판결, 대법원 1994. 3. 22. 선고 93다28553 판결, 대법원 1994. 6. 14. 선고 93누20115 판결, 대법원 1994. 12. 27. 선고 94누11132 판결, 대법원 1998. 11. 27. 선고 97누14132 판결. 근로자의 귀책사유와 관련하여 노동부장관의 승인을 얻을 것을 조건으로 해고예고의 예외를 인정하던 종래 법규정 하에서, 노동부장관의 승인이 없이 해고예고를 거치지 않고 해고한 경우라고 하더라도 현실적으로 그러한 귀책사유의 존재가 인정되는 한 그 해고를 무효라고 할 수 없다는 대법원 1980. 12. 9. 선고 80다1616 판결도 같은 취지이다.

고 판단하였으며, 이에 이와 달리 개정 법 26조 단서 1호를 적용하여 해고예고수당 지급 대상이 되지 않는다는 이유로 무죄로 본 원심판결을 파기하였다.[58)]

[김 희 수]

제27조(해고사유 등의 서면통지)

① 사용자는 근로자를 해고하려면 해고사유와 해고시기를 서면으로 통지하여야 한다.

② 근로자에 대한 해고는 제 1 항에 따라 서면으로 통지하여야 효력이 있다.

③ 사용자가 제26조에 따른 해고의 예고를 해고사유와 해고시기를 명시하여 서면으로 한 경우에는 제 1 항에 따른 통지를 한 것으로 본다.

〈세 목 차〉



## Ⅰ. 해고사유 등의 서면통지

### 1. 의 의

해고는 사용자가 근로자에 대하여 근로계약관계를 종료시키겠다는 뜻을 일

58) 대법원 2022. 2. 11. 선고 2020도68 판결. 같은 취지의 판결로 대법원 2019. 12. 24. 선고 2019도15457 판결도 참조(개정 법 26조 단서 1호 시행에 따라 면소판결이 이루어져야 한다는 사용자의 주장을 배척하고 유죄를 선고한 원심을 수긍하였다).

방적으로 통지하는 것으로서,[1] 그 법적 성질은 근로계약 해지의 의사표시로서 상대방 있는 단독행위이다. 상대방 있는 단독행위는 그 의사표시가 상대방에게 도달하는 때에 효력이 발생하고, 그 의사표시는 원칙적으로 서면, 구두 또는 전화 등 방법을 불문한다.[2] 종래 근로자에 대한 징계결과통지서 또는 해고예고통지서를 전달하는 방식에 의하는 것이 상례였다. 이 때 사용자가 일시적인 감정으로 근로자를 해고하는 경우도 발생하고, 해고 여부와 해고사유 등이 명확하지 않아 부당해고와 퇴직금 관련 분쟁해결에 어려움을 겪는 경우가 있었다.[3]

위와 같은 점을 고려하여 2007. 4. 11. 개정 법은 사용자가 근로자를 해고하려면 '해고사유와 해고시기를 서면으로 통지하여야 해고의 효력이 발생'하도록 하였다(법 27조 1항, 2항).[4]

판례는, 해고사유 등의 서면통지를 통해 사용자로 하여금 근로자를 해고하는 데 신중을 기하게 함과 아울러, 해고의 존부 및 시기와 그 사유를 명확하게 하여 사후에 이를 둘러싼 분쟁이 적정하고 용이하게 해결될 수 있도록 하고, 근로자에게도 해고에 적절히 대응할 수 있게 하기 위한 취지에서 본 규정이 마련되었다고 보고 있다.[5]

## 2. 적용범위

해고의 종류에 관하여 명문에 특별한 제외 규정이 없는 이상, 징계해고뿐만 아니라 통상해고, 경영상 이유에 의한 해고에도 적용된다.[6][7]

근로관계 종료가 합의해지, 당연퇴직의 형식을 취한 경우에도 그것이 법상

※ 이 조에 관한 각주의 참고문헌은 '제23조 전론(前論) 2: 해고 등의 절차적 제한 등'의 참고문헌을 가리킨다.

1) 해고의 의사표시에 해당하는지 여부가 문제된 사례로, 대법원 1998. 1. 20. 선고 96다56313 판결, 대법원 1999. 10. 26. 선고 99두2604 판결, 대법원 1999. 11. 12. 선고 99두5191 판결 등 참조.

2) 대법원 1997. 9. 26. 선고 97누1600 판결.

3) 선진화 입법 설명자료, 80면.

4) 2007. 7. 1. 시행[애초 2007. 1. 26. 개정 법(법률 8293호)에서 32조의2로 신설되었으나, 그 시행일인 2007. 7. 1. 전 2007. 4. 11. 개정 법(법률 8372호)에서 27조로 조문이 이동되었고 2007. 7. 1. 시행되었다].

5) 대법원 2011. 10. 27. 선고 2011다42324 판결, 대법원 2015. 11. 27. 선고 2015두48136 판결 등.

6) 임종률, 567면; 조용만, 39면; 하갑래, 995면.

7) 경영상 이유에 의한 해고의 경우에 적어도 정리해고의 불가피성과 그 근로자를 해고대상자로 선정한 이유가 서면으로 통지되어야 한다고 본 하급심 판결이 존재한다[대법원 2018. 6. 15.자 2018다221904 판결의 원심판결인 부산고법(창원) 2018. 2. 8. 선고 2017나22776 판결].

해고로 평가되는 이상,[8] 서면통지의무가 인정되어야 할 것이다.[9][10]

기간제근로자를 근로계약기간 중 해고한 경우에는 당연히 본조가 적용된다.[11] 근로계약기간의 정함이 형식에 불과하거나 기간제법 4조 2항에 의해 기간의 정함이 없는 근로자로 전환되었음에도 사용자가 근로계약기간 만료를 들어 근로관계종료를 통보한 경우라면, 이 또한 법상 해고에 해당하므로, 본조가 적용된다.[12][13] 한편 판례는, 기간제 근로계약은 그 기간이 만료됨으로써 당연히 종료하는 것이므로 갱신 거절의 존부 및 시기와 그 사유를 명확하게 하여야 할 필요성이 해고의 경우에 견주어 크지 않고, 법 27조의 내용과 취지에 비추어 볼 때 기간제 근로계약이 종료된 후 갱신 거절의 통보를 하는 경우에까지 법 27조를 준수하도록 예정하였다고 보기 어렵다는 등의 사정을 들어, 기간제 근로계약이 종료된 후 사용자가 갱신 거절의 통보를 하는 경우에는 법 27조가 적용되지

---

8) 근로자의 사직서 제출에 따른 근로관계의 합의해지가 예외적으로 실질적 해고로 평가되는 경우는, 대법원 2001. 1. 19. 선고 2000다51919, 51926 판결, 대법원 2002. 6. 14. 선고 2001두11076 판결, 대법원 2005. 11. 25. 선고 2005다38270 판결 등 참조. 취업규칙 또는 인사규정상의 당연퇴직(면직) 규정에 의한 당연퇴직처분이 해고로 평가되는 경우는, 대법원 1992. 5. 8. 선고 91누10480 판결, 대법원 1992. 11. 13. 선고 92누6082 판결, 대법원 1993. 5. 25. 선고 92누12452 판결, 대법원 2000. 6. 23. 선고 98다54960 판결 등 참조.

9) 참고로, 대법원 2002. 5. 14. 선고 2000두4675 판결은 "사직서 제출에 의한 의원면직의 형식을 취하였으나 실질적으로는 해고에 해당하는 경우에 있어서, 그것이 징계해고로서 정당하기 위하여는 취업규칙 등에 규정된 징계절차를 취하여야 할 것이고 이러한 절차를 거치지 않은 경우에는 징계해고로서의 효력은 없다"라고 설시하여 실질적으로 징계해고로 평가되는 경우 징계절차 규정을 거친 경우만이 해고로서 유효함을 설시하고 있다.

10) 서울고법 2009. 7. 29. 선고 2009누1619 판결(미상고 확정. 근로자가 10일간 무단결근한 경우 10일째 무단결근일 다음날에 직권해직된다는 취업규칙에 따라 직권해직된 사안에서, 위 직권해직처분이 법의 제한을 받는 해고인 이상 직권해직을 서면으로 통지한 바 없어 위 직권해직은 무효이다).

11) 대법원 2014. 4. 10. 선고 2011두19390 판결의 원심판결(서울고법 2011. 6. 30. 선고 2010누37973 판결).

12) 유사한 구조의 사안에 관한 판결로, 서울고법 2019. 9. 6. 선고 2019누32629 판결(사용자가 1개월의 기간제 근로계약의 근로계약기간 만료를 이유로 근로관계종료를 통보하였으나, 법원은 계약기간 1개월의 문언에도 불구하고 수습기간 3개월의 근로계약이 체결되었다고 판단한 다음, 이러한 근로관계종료 통보는 해고에 해당하며, 본조에 의한 서면통지의 위법이 있으므로 위 해고가 무효라고 판단하였다). 한편 참고로, 대법원 2003. 11. 28. 선고 2003두9336 판결은, 기간의 정함이 형식에 불과하여 사실상 기간의 정함이 없는 근로자와 다를 바 없는 경우에는 갱신계약의 체결을 거절하기 위해서는 법 23조 1항이 정한 정당한 이유가 있어야 한다고 판단한 원심을 수긍하였다.

13) 대전고법 2017. 1. 23. 선고 2016누12408 판결(미상고 확정. 기간제법 4조 2항에 따라 기간의 정함이 없는 근로자로 전환된 사안에서, 본조가 적용된다고 보아 통지된 근로계약종료 사유인 계약기간 만료 외 다른 해고사유를 들어 계약해지가 정당하다는 주장을 할 수 없다고 판단하였다).

않는다고 보고 있다.[14] 이에 대해서는 기간제근로자에게 갱신기대권이 인정되는 이상 본조 규정이 적용되어야 한다는 반대 견해 역시 존재한다.[15]

판례는 시용근로관계에서 사용자가 본 근로계약 체결을 거부하는 경우에도 근로자에게 거부사유를 파악하여 대처할 수 있도록 구체적·실질적인 거부사유를 서면으로 통지하여야 한다고 하고 있다.[16] 판례가 채용내정의 취소를 해고로 보고 있으므로,[17] 이 경우에도 본조가 적용된다.

상시 4명 이하의 근로자를 사용하는 사업 또는 사업장의 경우에는 본 조항의 적용이 없다(법 11조 2항, 영 7조 별표1).[18]

### 3. 입 법 례[19]

독일에서 해고는 서면으로 하여야 하고(민법 623조), 서면 형식에 반한 해고는 무효이다(민법 125조). 서면통지제도는 해고제한법이 적용되는 근로계약인지 여부를 불문하고 민법 규정에 근거한 것으로서, 독일 판례와 학설의 대체적인 견해는 해고의 원인에 대한 명시적 기재는 해고의 유효성을 좌우하지 않는다고 한다.[20] 독일의 위와 같은 판례와 학설은 근로자를 해고로부터 특별히 보호하는 것을 서면통지제도의 목적으로 보지 않는 입장이기에, 해고가 대부분의 경우 징계적 성격을 내포하고 있는 우리 노동법 실무와는 일정한 거리가 있다.

일본에서는, 근로자가 해고의 예고를 받은 날부터 퇴직하는 날까지의 사이에 당해 해고의 이유에 대하여 증명서를 청구한 경우에는, 사용자는 지체 없이 증명서를 교부하도록 하고 있다(노동기준법 22조 2항). 해고예고가 없는 즉시해고의 경우에 해고이유의 증명서 취득은 퇴직시의 증명서 규정을 이용하게 된다(노동기

14) 대법원 2021. 10. 28. 선고 2021두45114 판결. 같은 취지의 판결로는, 대법원 2018. 6. 28.자 2018두39430 판결의 원심판결(서울고법 2018. 2. 7. 선고 2017누66277 판결), 서울행법 2016. 11. 24. 선고 2016구합1806 판결(미항소 확정), 서울행법 2017. 5. 18. 선고 2016구합8715 판결(미항소 확정). 한편 정년 후 기간제근로자로 재고용 될 기대권이 인정되는 사안에 관한 것으로, 대법원 2019. 9. 26.자 2019다242854 판결의 원심판결(대구고법 2019. 5. 29. 선고 2018나24814 판결).

15) 노상헌, 88면; 박은정, 107면.

16) 대법원 2015. 11. 27. 선고 2015두48136 판결.

17) 대법원 2000. 11. 28. 선고 2000다51476 판결, 대법원 2002. 12. 10. 선고 2000다25910 판결.

18) 대법원 2014. 5. 16. 선고 2011다98006 판결.

19) 자세한 내용은 임종률 외 5명, 3~15면.

20) 독일 민법상 즉시해고의 경우 상대방의 요구에 따른 해지원인의 통지의무가 인정되지만(626조 2항 3문), 통지의무의 준수 여부가 즉시해고의 유효성을 좌우하는 요건은 아니라고 보고 있다(권혁, 533면).

준법 22조 1항).[21)]

영국에서는 2년 이상 근무한 근로자는 사용자에 대해 해고이유가 적힌 서면을 요구할 법적 권리가 있고(고용권법 92조 1항) 사용자는 요구가 있은 때로부터 14일 안에 해고이유서를 교부하여야 한다. 사용자가 합리적 이유 없이 이를 교부하지 않는 경우 근로자는 고용법원에 구제를 신청할 수 있고, 고용법원은 해고이유서에 갈음하는 해고원인을 스스로 판단하여 선언할 수 있고, 또한 사용자에 대하여 해고이유서를 교부하지 않은 데 대하여 2주일분에 해당하는 임금액을 지급할 것을 명할 수 있다.

## Ⅱ. 서면통지의무의 내용

### 1. 확정적 서면통지

사용자는 해고를 할 때 해고사유와 해고시기를 서면으로 통지하여야 한다. 조건부 해고통지는 허용될 수 없다.

### 2. 해고사유의 구체성

'해고사유'는 해고의 동기 또는 원인을 말한다. 어느 정도 구체적으로 서면에 기재하여야 하는지에 관하여는 규정이 없다.

판례는, 사용자가 해고사유 등을 서면으로 통지할 때는 근로자의 처지에서 해고사유가 무엇인지를 구체적으로 알 수 있어야 하고, 특히 징계해고의 경우에는 해고의 실질적 사유가 되는 구체적 사실 또는 비위내용을 기재하여야 하며 징계대상자가 위반한 단체협약이나 취업규칙의 조문만 나열하는 것으로는 충분하다고 볼 수 없다고 한다.[22)] 다만, 해고통지서에 징계사유를 축약해 기재하는 등 징계사유를 상세하게 기재하지 않았더라도 해고 대상자가 이미 해고사유가 무엇인지 구체적으로 알고 있고 그에 대해 충분히 대응할 수 있는 상황이었다고 한다면 본 조항에 위반한 해고통지로 보기 어렵다고 한다.[23)] 이러한 판례의

---

21) 菅野, 753면.

22) 대법원 2011. 10. 27. 선고 2011다42324 판결, 대법원 2015. 11. 27. 선고 2015두48136 판결, 대법원 2015. 12. 10. 선고 2015다219160 판결 등.

23) 대법원 2014. 12. 24. 선고 2012다81609 판결('계약학부 학생모집'이라고 기재), 대법원 2015. 7. 9. 선고 2014다76434 판결('회사명예실추 및 허가사항 위반'이라고 기재), 대법원

태도는, 징계절차 등에서부터 해고통지에 이르기까지의 전체 경위에 비추어 볼 때, 서면상 해고사유의 기재가 다소 구체적이지 않더라도 근로자가 해고에 적절히 대응할 수 있을 정도의 기재라고 평가된다면 본 조항을 위반한 통지라고 보아 해고를 무효로 볼 필요는 없다는 취지이다.

경영상 이유에 의한 해고의 경우에는 적어도 긴박한 경영상의 필요성과 그 근로자를 해고대상자로 선정한 이유를 기재하여야 한다.[24]

### 3. 해고시기의 특정

'해고시기'는 해고를 통지하는 시기가 아니라 해고의 효력을 발생시키고자 하는 시기를 말한다.[25] 적어도 연월일을 기재하여야 한다. 판례는, 사용자가 통지한 해임처분장에 기재된 일자가 통지일자 또는 해임결의일자로 볼 여지가 있다고 하더라도, 제반 사정상 사용자가 그 기재 일자를 해임일로 특정한 것으로 볼 수 있는 이상, 해고시기를 명시하지 않은 절차상 하자는 없다고 한다.[26] 해고시기를 통지하도록 하는 실질적인 이유가 근로자가 노동위원회의 구제신청의 기산점을 쉽게 확인할 수 있도록 하려는 데에 있다는 점 등을 고려해 다소 완화된 해석론을 전개하고 있는 것이다.

해고시기를 요양기간 종료 후 30일로 특정하여 한 해고와 관련하여 법 23조 2항에 따른 해고제한으로 인한 불가피한 조치로서 근로관계의 불안정을 가

---

2014. 11. 13.자 2014두10622 판결의 원심판결(서울고법 2014. 6. 26. 선고 2013누26561 판결, '근무성적 불량, 근무태만, 지시불이행, 회사이미지 훼손'이라고 기재), 대법원 2021. 7. 29. 선고 2020두58274 판결('취업규칙 69조 13항 허가 없이 회사의 물품을 반출하거나 반출하려고 한 때'라고 기재) 등 참조.

24) 대법원 2018. 6. 15.자 2018다221904 판결의 원심판결인 부산고법(창원) 2018. 2. 8. 선고 2017나22776 판결('긴박한 경영상의 필요성'이 아니라 '정리해고의 필요성'이라는 표현을 사용하였으나, 같은 취지로 이해된다). 하갑래, 999면은 긴박한 경영상 필요성, 해고회피노력, 해고대상자 선정 기준을 기재하여야 하며, 근로자대표와의 협의는 실체성이 아닌 절차성과 관계가 있으므로 기재대상으로 보기 어렵다고 하고, 임종률, 567면은 적어도 정리해고의 불가피성과 그 근로자를 해고대상자로 선정한 이유를 기재하여야 한다고 하며, 조용만, 39면은 정리해고의 대상자가 된 근로자는 어떤 해고기준이 어떻게 적용되어 자신이 해고대상자로 선정되었는지 알 수 있어야 한다고 한다.

25) 임종률, 567면; 하갑래, 999면.

26) 대법원 2013. 7. 26. 선고 2012두18448 판결. 그 외에도 대법원 2012. 1. 27.자 2011두27834 판결의 원심판결(서울고법 2011. 10. 14. 선고 2010누43053 판결), 대법원 2012. 9. 13.자 2012두13092 판결의 원심판결(서울고법 2012. 5. 16. 선고 2011누34988 판결), 서울고법 2013. 6. 13. 선고 2012누22166 판결도 서면상 명시적으로 해고시기가 특정되어 있지 않더라도, 해고일로 해석되는 일자가 있는 경우 규정 위반이 아니라는 취지이다.

져온다거나 근로자의 방어권을 위협한다고 볼 수 없으므로 적법 · 유효하다고 본 하급심 판결이 있다.[27)]

### 4. 서면통지의 방법 · 시기 등

'서면'이란 일정한 내용을 적은 문서를 의미하고, 이메일 등 전자문서와는 원칙적으로 구별된다. 독일 민법은 해고를 서면에 의하도록 하면서도 전자적 형태의 문서는 제외한다고 명시하고 있다(623조). 판례는, 이메일에 의한 해고통지도 입법취지를 해치지 아니하는 범위 내에서 구체적 사안에 따라 서면에 의한 해고통지로서 유효하다고 판단하고 있다.[28)] 종래 하급심 판결 중에는 이메일에 의한 해고통지를 유효하다고 판단한 경우[29)]와 무효라고 판단한 경우[30)]가 모두 존재하였다. 이러한 판결들에 비추어 보면, 본조 규정의 입법취지와 함께 이메일로 통지하게 된 경위(근로자의 요청 등), 회사의 업무 관행, 이메일 통지의 필요성(근로자의 원거리 근무 등), 이메일의 내용과 그 형식(해고사유와 해고시기의 기재 여부, 명의자의 기재 등)과 첨부된 문서의 존부와 내용(해고통지서 등의 스캔 첨부 등), 이메일 수신확인 여부 등을 종합적으로 고려할 필요가 있다.

휴대폰 문자메시지나 모바일 메신저 프로그램인 카카오톡을 이용한 해고통지는 서면에 의한 해고통지로 볼 수 없다는 하급심 판결들이 있다.[31)32)] 다만 이메일에 의한 해고통지 선례에 비추어 보면, 모바일 메신저를 프로그램을 통해 해고통지를 한 경우이지만 미리 작성한 해고통지서를 사진 촬영하여 함께 보낸

27) 서울고법 2013. 8. 30. 선고 2012나92373 판결(미상고 확정. 업무상 부상으로 인한 요양 중이어서 정리해고를 실시한 날짜를 해고일자로 통보할 수 없어 부득이한 면이 있었던 점, 근로자인 원고는 요양기간이 2011. 9. 30.로 종결될 것이라는 사실을 알 수 있었으므로, 요양기간 종료 후 30일이라는 날이 언제인지에 관해 충분히 예상할 수 있었던 점 등을 고려하였다).

28) 대법원 2015. 9. 10. 선고 2015두41401 판결.

29) 대법원 2010. 7. 22.자 2010다33279 판결의 원심판결(서울고법 2010. 4. 2. 선고 2009나91288 판결), 서울고법 2011. 4. 29. 선고 2010나91307 판결(미상고 확정), 서울중앙지법 2012. 11. 22. 선고 2011가합94948 판결(미항소 확정).

30) 서울행법 2010. 6. 18. 선고 2010구합11269 판결(미항소 확정), 대법원 2014. 2. 27.자 2013두24273 판결의 원심판결(서울고법 2013. 10. 18. 선고 2012누33883 판결).

31) 대법원 2011. 10. 28.자 2011두20888 판결의 원심판결(서울고법 2011. 6. 29. 선고 2010누15959 판결), 서울고법 2014. 7. 10. 선고 2013누32283 판결(미상고 확정), 대법원 2016. 2. 3.자 2015두53237 판결의 원심판결(서울고법 2015. 9. 16. 선고 2014누56934 판결).

32) 김동욱, 66면(진정한 의사를 확인하기 어렵고, 발신번호가 조작이 가능하여 해고의 의사표시를 한 자도 특정되기 어렵다), 이승길b, 292면(구두통화를 대신하는 형태의 것으로 서면통지의 유효성을 인정하기 어렵다)은 이러한 하급심 판결의 태도에 찬성하고 있다.

경우 등과 같이 여러 사정상 서면에 의한 해고통지가 아니라고 단정하기 어려운 사안도 있을 수 있어 보인다. 대법원도 근로자가 이전한 주소를 신고하지도 않고 사용자의 요청에도 불구하고 새로운 주소를 알려주지 않는 상황에서 기존의 주소로 보낸 해고통지서가 수취인불명으로 반송되자, 그 해고통지서를 사진으로 찍어 휴대전화로 전송한 사안에서, 이러한 방식의 통지도 적법함을 전제로 판단하고 있다.[33] 한편 팩시밀리 전송의 경우에는 수신인의 입장에서는 지면의 형태로 수령하게 되고, 조작의 가능성이 희박하다는 등의 이유로 이를 서면통지로 인정해도 무방하다는 견해가 있다.[34]

본조는 서면의 형식을 별도로 정하고 있지 않으므로, 그 명칭과 상관없이 근로자의 처지에서 해고사유, 해고시기를 구체적으로 알 수 있는 서면이면 충분하다.[35] 따라서 해고통지서가 아닌 징계결과통보서의 발송이나 해고를 결의한 회의의 회의록의 교부도 본조에서 말하는 서면통지에 해당할 수 있다.[36]

서면으로 통지하는 방법에는 제한이 없으므로 우편, 인편, 직접 교부 등도 무방하나, 시용기간 중 근로자에 대한 채용취소처리 통보서를 사내게시판에 게시하였다는 사정만으로는 적법한 서면통지라고 볼 수 없다.[37]

도달주의 원칙상 근로자에게 서면이 도달하여야 한다.[38] 종래 하급심 판결 중에는, 의사표시 도달에 관한 일반 법리[39]를 전제로, 근로자가 정당한 사유 없이 해고 사실을 알리는 내용증명의 수령을 거절한 사안에서 위 내용증명이 원고의 주소지에 도달하여 원고가 그 내용을 알 수 있는 객관적 상태에 이른 때에 해고의 서면통지가 있었다고 본 사례[40]와 근로자가 우편으로 발송된 해고통

---

33) 대법원 2021. 7. 29. 선고 2020두58274 판결.

34) 김동욱, 66면; 김형배, 702면(원본서면이 합리적 수단에 의하여 합리적 기간 내에 도달될 것을 전제로 팩스를 이용하여 서면통지를 하는 것은 허용된다는 입장이다).

35) 대법원 2021. 7. 29. 선고 2021두36103 판결.

36) 대법원 2015. 9. 10. 선고 2015두41401 판결, 대법원 2021. 7. 29. 선고 2021두36103 판결.

37) 서울고법 2018. 5. 30. 선고 2017누85476 판결(상고이유서 부제출 상고기각 판결로 확정).

38) 서면에 기재된 해고시기와 근로자에게 서면이 도달한 일시가 다를 수 있고, 특별한 사정이 없는 이상 이러한 경우 근로관계 종료의 효과가 발생하는 날은 서면 도달일이라고 할 것이다.

39) "도달이라 함은 사회통념상 상대방이 통지의 내용을 알 수 있는 객관적 상태에 놓여 있는 경우를 가리키는 것으로서, 상대방이 통지를 현실적으로 수령하거나 통지의 내용을 알 것까지는 필요로 하지 않는 것이므로, 상대방이 정당한 사유 없이 통지의 수령을 거절한 경우에는 상대방이 그 통지의 내용을 알 수 있는 객관적 상태에 놓여 있는 때에 의사표시의 효력이 생기는 것으로 보아야 한다"(대법원 2008. 6. 12. 선고 2008다19973 판결).

40) 대법원 2012. 6. 29.자 2012두6957 판결의 원심판결(서울고법 2012. 2. 9. 선고 2011누31835 판결).

지서를 의도적으로 수령하지 않은 경우에는 본조가 정한 해고의 서면통지를 이행한 것으로 봄이 상당하다고 본 사례[41]가 있다. 대법원도, 해고통지를 담은 매체의 수취를 상대방이 거부한 경우, 받지 않을 정당한 사유가 있음을 증명하지 못하는 이상 그가 내용을 아는 것이 가능한 객관적 상태에 놓일 수 있었던 때에 통지가 도달되었다고 보아야 한다고 판단하였다.[42]

서면에는 사용자의 서명 또는 날인이 있어야 한다는 견해[43]와 반드시 그럴 필요가 없다는 견해가 대립한다.[44] 본조가 서명 또는 날인을 요구하고 있지 않은 이상,[45] 사용자에 의한 해고의사가 표시되어 있다고 해석되는 경우라면 무조건 무효라고 보아야 하는지 의문이다. 이메일에 의한 서면통지를 긍정한 대법원 판례 역시 서명 또는 날인이 없는 경우 모두 무효라는 입장에 서 있는 것으로 보이지는 않는다.

그리고 서면통지 시기는 따로 정함이 없으므로 해고예고수당을 지급하면서 바로 서면통지를 하여 해고할 수도 있으나, 해고처분 이후에 서면통지를 한 경우는 해고의 효력이 원칙적으로 인정될 수 없다.

## Ⅲ. 서면통지의무 위반의 효과

근로자에 대한 해고는 해고사유와 해고시기를 서면으로 통지하여야 효력이 있다(법 27조 2항). 해고사유와 해고시기의 서면통지를 해고의 효력발생요건으로 명시한 것으로서 이에 위반한 해고는 무효이다.[46]

해고사유만 명시하고 해고시기를 명시하지 않은 경우에도 해고의 효력이 없다고 볼 것인지와 관련하여, 서면으로 해고의 통지를 받은 시점을 해고예고의 기산점으로 보아 해고시기를 명시하지 않았다고 하여도 30일이 경과하면 해고의 효력이 발생하는 것으로 해석될 여지가 있다는 견해가 있다.[47] 하지만 이러

41) 대법원 2016. 9. 28.자 2016다29944 판결의 원심판결(서울고법 2016. 5. 27. 선고 2014나58689 판결).

42) 대법원 2021. 7. 29. 선고 2020두58274 판결.

43) 김형배, 702면; 민변노동법 I, 482면.

44) 하갑래, 996면(해고의 시기와 사유가 명시된 인사명령서처럼 해고권자의 결정임이 객관적으로 명확하다면 서명 또는 날인이 없어도 무방하다는 입장이다).

45) 예를 들어, 노동조합법 31조 1항은 단체협약의 작성과 관련하여 서면으로 작성하여 당사자 쌍방이 서명 또는 날인하도록 명시하고 있다.

46) 대법원 2011. 10. 27. 선고 2011다42324 판결, 대법원 2015. 12. 10. 선고 2015다219160 판결 등.

한 견해는 해석에 의한 입법 대체의 문제점이 있고, 문리해석상 이들 요건 중 어느 하나라도 갖추지 못하면 해고는 효력이 없다고 봄이 타당하다.[48]

이 규정을 위반한 해고에 대한 벌칙 규정은 없다.

## Ⅳ. 관련 문제

### 1. 해고사유 서면통지와 해고의 정당성 판단 대상·해고사유의 범위

서면통지 당시 명시된 해고사유가 아닌 다른 사유로 해고의 정당성을 판단할 수 있는지가 문제될 수 있다.

판례는, 근로자의 어떤 비위행위가 징계사유로 되어 있느냐 여부는 구체적인 자료들을 통하여 징계위원회 등에서 그것을 징계사유로 삼았는가 여부에 의하여 결정되어야 하는 것이지 반드시 징계의결서나 징계처분서에 기재된 취업규칙이나 징계규정 소정의 징계근거사유만으로 징계사유가 한정되는 것은 아니라고 본다.[49] 그런데 앞서 살펴본 서면통지제도의 입법 배경과 취지에 비추어 볼 때, 원칙적으로 해고와 관련하여서는 사용자가 근로자에게 서면으로 통지한 해고사유와 그 내용과 성격에서 기본적 동일성을 인정할 수 없는 별개 사유를 들어 해고의 정당성을 판단해서는 아니 될 것이다.[50] 판례도 같은 취지이다.[51] 징계해고의 경우 본조에 따라 통지된 서면상 기재된 축약되거나 다소 불분명한 해고사유를 징계의결서와 징계처분서, 징계절차를 거치면서 나타난 각종 자료 등을 통해 구체화하여 해고사유를 확정하는 것은 허용될 것이다. 한편 해고사유로 명시되지는 않았지만 해고처분 전후의 사정은 징계양정의 참작사유로 삼을 수 있다.[52]

---

47) 조용만, 37면.

48) 선진화 입법 설명자료, 80면; 임종률, 568면; 하갑래, 1001면.

49) 대법원 1996. 9. 20. 선고 95누15742 판결, 대법원 1997. 3. 14. 선고 95누16684 판결, 대법원 2016. 12. 29. 선고 2015두38917 판결 등.

50) 전형배, 165면(사용자가 표면적으로 내세우는 사유를 해고사유로 기재하여 해고통보를 한 후 실질적 사유를 뒤늦게 주장하며 다투는 것은 제도의 취지에 반하므로 허용되지 않는다); 조용만, 39면(해고서면통지제도의 취지에 비추어 명시된 해고사유 외의 사유를 가지고 해고의 정당성 여부를 판단해서는 안 된다); 하갑래, 1002면(명시되지 않은 사유는 정당성을 주장할 수 있는 근거가 되지 못한다).

51) 대법원 2021. 7. 29. 선고 2020두58274 판결("원고가 이미 구체적으로 알고 있어 해고통지서에 간략한 기재가 허용되는 사유와 동일성 없는 별개 사유를 들어 해고의 정당성을 판단해서는 아니됨을 지적하여 둔다").

52) 대법원 2011. 3. 24. 선고 2010다21962 판결(징계처분에서 징계사유로 삼지 아니한 비위행위라도 징계종류 선택의 자료로서 피징계자의 평소 소행과 근무성적, 당해 징계처분 사유 전후

## 2. 징계사유의 사전통지 · 해고예고 제도와 관계

### 가. 징계사유 사전통지와 관계

단체협약이나 취업규칙에 징계사유의 사전통지 규정을 두는 경우가 있다. 이러한 규정을 거치지 아니한 해고는 무효임은 앞서 보았다[자세한 내용은 '제23조 전론(前論) 2: 해고 등의 절차적 제한 등' Ⅰ. 2. 가. (1) 참조]. 해고사유 · 해고시기를 서면으로 통지하지 않은 경우 해고가 무효로 된다는 점에서 양 제도는 비슷하다. 하지만, 전자는 징계절차 과정에서 근로자에게 방어권을 보장하고, 징계의 공정성과 합리성을 확보하기 위한 것으로서, 징계해고가 결정된 후 해고사유를 통지하도록 하는 제도와 취지를 달리한다. 물론 징계해고가 아닌 해고의 경우에도 해고사유 등의 서면통지 규정의 적용이 있다는 점에서도 분명히 구분된다.

### 나. 해고예고 제도와 관계

해고예고는 적어도 30일 전에 해야 하고, 구두로 해도 좋으며, 해고사유를 구체적으로 명시하지 않아도 되고,[53] 일부 적용제외 근로자 또는 적용제외 사유가 법정되어 있으며, 이를 행하지 않더라도 해고의 효력에는 영향이 없고, 해고예고수당 지급을 통해 갈음할 수 있기도 한 점 등에서 해고사유 등 서면통지와는 서로 다르다. 다만 해고시기 30일 전에 해고사유와 해고시기를 특정하여 서면으로 행해진 해고 통보는 해고예고로서 효력을 함께 가지는 것으로 해석할 수 있다.

그런데 해고예고와 해고사유 등 서면통지를 이중으로 하도록 하는 것은 외국 입법례에서도 유례가 없는 해고에 대한 지나친 근로자 보호라는 비판이 있었고,[54] 양 제도를 타당한 범위에서 효율적으로 병합시키는 것이 바람직한 입법 방향이라는 제안 역시 있었다.[55]

2014. 3. 24. 개정 법(법률 12527호)은 본조 3항을 마련하여 사용자가 근로자에게 해고예고를 할 때 해고사유와 해고시기를 명시하여 서면으로 한 경우에는 본조 1항에 따른 통지를 한 것으로 본다는 의제 규정을 마련하여 이러한 논란

에 저지른 비위행위 사실 등은 징계양정을 하면서 참작자료로 삼을 수 있다) 등 참조.

53) 권혁, 530면; 김형배, 696면; 하갑래, 989~990면은 본조에 따라 해고예고시에도 해고사유와 해고시기를 서면으로 하지 않으면 효력이 없다고 하고 있다.

54) 권혁, 528면.

55) 박은정, 100면.

을 입법적으로 일부 해소하였다. 즉 해고의 사유와 시기를 명시하여 서면으로 해고의 예고를 한 경우에는 서면 통지의 취지가 달성된 것이므로 별도로 서면 통지를 하지 않아도 된다는 점을 명시한 것이다.56) 본조 3항이 신설됨에 따라 해고예고와 해고 통지의 일원화를 위한 별도의 입법적 조치가 필요하지는 않을 것으로 판단된다.57) 이러한 개정 규정은 이 법 시행 후 최초로 해고를 예고하는 경우부터 적용된다[부칙(12527호, 2014. 3. 24.) 2조].

[김 희 수]

## 제28조 ~ 제33조 전론(前論): 부당해고의 구제

〈세 목 차〉



56) 임종률, 567면.
57) 박지순 · 김희성 · 김기선, 8면.

[참고문헌]

**고상룡**, 민법총칙(3판), 법문사(2003); **곽윤직a**, 민법총칙(7판), 박영사(2003); **곽윤직b**, 채권총론(신정수정판), 박영사(2001); **곽윤직c**, 채권각론(신정판), 박영사(1997); **곽현수**, "해고당한 근로자가 퇴직금을 수령한 경우 해고무효를 주장할 수 있는지 여부", 대법원판례해설 15호, 법원행정처(1992); **권창영a**, 민사보전, 한국사법행정학회(2018); **권창영b**, "노동가처분에 관한 최근 동향", 노동법학 51호, 한국노동법학회(2014); **김광년**, "해고무효를 전제로 한 지위보전가처분과 임금지불가처분", 노동법과 현대법의 제문제 — 남관 심태식 박사 화갑 기념, 법문사(1983); **김상영**, "민사소송에서의 신의칙에 관한 판례동향", 법학연구 39권 1호(김균보 교수 정년 기념 논문집), 부산대학교 법과대학(1998); **김선중**, "1. 기업분할에 의한 전적에 있어서 재취업약정의 의미, 2. 재취업약정에 의한 고용관계확인주장과 신의칙 내지 실효의 법리", 대법원판례해설 22호, 법원행정처(1995); **김소영**, "근로자의 취업청구권", 한국노동연구 5집, 한국노동연구원(1994); **김소영 · 조용만 · 강현주**, 부당해고구제의 실효성 제고방안, 한국노동연구원(2002); **김완섭**, "직위해제처분을 받았다가 다른 직위를 부여받은 경우에 그 직위해제처분의 무효를 구할 소익의 유무", 대법원판례해설 8호, 법원행정처(1988); **김용빈**, "근로자가 징계면직처분을 받은 후 임의로 사직원을 제출하여 종전의 징계면직처분이 취소되고 의원면직처리된 경우, 그 사직의 의사표시를 비진의 의사표시로 볼 수 있는지 여부와 해고무효소송에 있어 신의성실(실효)의 원칙", 대법원판례해설 34호, 법원도서관(2000); **김용직**, "1. 노조와의 사전합의조항에 위배한 징계처분의 효력(무효), 2. 해고가 무효인 경우 근로자가 구속되어 근로를 제공하지 못한 기간 동안의 임금도 청구할 수 있는지 여부(소극)", 대법원판례해설 22호, 법원행정처(1995); **김찬돈**, "실효의 원칙", 형평과 정의 7집, 대구지방변호사회(1992); **김치중a**, "노동위원회의 처분에 대한 쟁송에 있어서의 소송법적 제문제", 특별법연구 5권, 법문사(1997); **김치중b**, "부당해고구제재심판정 후에 사업장이 없어진 경우 사용자가 재심판정취소를 구할 소의 이익이 있는지 여부", 대법원판례해설 19-2호, 법원행정처(1993); **김학동a**, "실효의 원칙(1)", 판례월보 152호, 판례월보사(1983. 5.); **김학동b**, "실효의 원칙(2)", 판례월보 153호, 판례월보사(1983. 6.); **김학동c**, "실효의 원칙에 관한 판례분석", 사법연구 7집, 한학문화(2002); **김형배a**, 근로기준법(8판), 박영사(2002); **김형배b**, 민법학강의(7판), 신조사(2008); **김형배c**, 채권총론(2판), 박영사(1999); **노동특수이론** 및 업무상재해관련소송, 사법연수원(2016); **도재형**, "노동법에서의 권리남용 판례 법리", 노동법연구 29호, 서울대학교 노동법연구회(2010); **문무기**, "부당해고의 구제와 취로청구권", 노동법연구 5호, 서울대학교 노동법연구회(1996); **민법주해[Ⅰ] 총칙(1)**, 박영사(2002); **민법주해[Ⅸ] 채권(2)**, 박영사(1995); **민법주해[ⅩⅢ] 채권(6)**, 박영사(2002); **박상필**, 한국노동법, 대왕사(1981); **박상훈a**, "해고무효의 주장과 실효의 원칙 — 최근 대법원 판례의 경향에 대한 비판적 고찰", 노동법연구 3호, 서울대학교 노동법연구회(1993); **박상훈b**, "해고무효확인소송과 신의칙", 1996 노동판례비평, 민주사회를 위한 변호사모임(1997); **박순성**, "위법하게 해고된 근로자의 임금청구와 중간수입공제", 민사판례연구 14권, 박영사(1992); **박홍규a**, 노동법론(2판), 삼영사(1998); **백태승a**, 민법총칙(7판), 집현재(2016); **백태승b**, "신의성실의 구체적 원칙에 관한 판례의 태도", 민사법학 16호, 한국사법행정학회(1998); **법원실무제요 민사집행(IV)**—보전처분—, 법원행정처(2003); **오종한**, "해고무효의 주장과 신의칙", 노동법연구 3호, 서울대학교 노동법연구회(1993); **유성재**, "해고의 효력을 다투는 자의 계속근로청구권", 법학논문집 22집, 중앙대학교 법학연구소(1997); **유원석**, "노동사건에 있어서의 근로자측의 가처분", 재판자료 40집 근로관계소송상의 제문제(하), 법원행정처(1987); **윤성천**, "Back Pay 명령과 중간수입공제문제—일본에 있어서의 쟁점을 중심으로—", 노동법의 제문제—가산 김치선 박사 화갑 기념 논문집, 박영사(1983); **윤재식**, "해고무효의 주장과 실효의 원칙", 법학논집—취봉 김용철 선생 고희 기념, 박영사(1993); **윤철홍**, "판례에 나타난 실효의 원칙", 민법의 과제와 현대법의 조명—경암 홍천룡 박사 화갑 기념, 21세기 국제정경연구원(1997); **이광범**, "실효의 원칙의 의의 및 그 원칙의 소송법상 권리에 대한 적용가부", 대법원판례해설 27호, 법원도서관(1997); **이상호 · 조임영 · 강충호**, "징계 및 해고 기준과 절차에 관한 외국의 법 · 제도와 노동자 참여 및 시사점", 한국노총 국제정책연구서(2015); **이승영**, "직위해제 · 면직처분을 받은 후 그 임용기간이 만료된 사립학교 교원이 무효확인을 구할 소의 이익이 있는지", 21세기 사법의 전개—송민 최종영 대법원장 재임 기념, 박영사(2005); **이시윤**, 신민사소송법(8판), 박영사(2014); **이영준**, 민법총칙(개정증보판), 박영사(2007); **이우진**, "부당해고 근로자의 중간수입공제에 관한 연구", 법학연구 12집, 한국법학회(2003); **이윤승**, "사용자의 근로자에 대한 해고처분이 무효인 경우에 근로자가 지급받을 수 있는 임금의 범위", 대법원판례해설 18호, 법원행정처(1992); **이은영a**, 민법총칙(4판), 박영사(2005); **이은영b**, 채권각론(5판), 박영사(2005); **이장호**, "휴업수당", 재판자료 39집 근로관계소송상의 제문제(상), 법원행정처(1987); **이종복**, 사법관계와 자율—이종복 교수 논문집, 지명사(1993); **이철수**, "독일의 해고구제제도에 관한 소묘", 법학 48권 3호, 서울대학교 법학연구소(2007); **이홍재**, 해고제한에 관한 연구, 서울대학교 대학원 박사학위논문(1988); **정인섭**, "부당해고와 소급임금의 산정", 노동법연구 5호, 서울대학교 노동법연구회(1996); **정진경**, 부당해고의 구제, 서울대학교 법학연구소 법학연구총서 23, 경인문화사(2009); **조용만**, "노동법에서의 신의칙과 권리남용금지의 원칙", 노동법연구 29호, 서울대학교 노동법연구회(2010); **조휴옥**, "쟁의행위에 대한 가처분", 노동법연구 1권 1호, 서울대학교 노동법연구회(1991); **주석민법 총칙(1)**(4판), 한국사법행정학회(1999); **주석민법 채권각칙(1)**(4판), 한국사법행정학회(1999); **주석 민사소송법(Ⅱ)**, 한국사법행정학회(1991); **주석 채권각칙(Ⅰ)**, 한국사법행정학회(1985); **지원림**, 민법강의(4판), 홍문사(2005); **차형근**, "해고소송에 있어서의 실효의 원칙", 판례연구 6집, 서울지방변호사회(1993); **최광준**, "신의칙에 관한 민사판례의 동향—실효의 원칙을 중심으로", 법학연구 39권 1호(김균보 교수 정년 기념 논문집), 부산대학교 법과대학(1998); **최세모**, "부당해고된 근로자의 임금 등의 청구소송에 있어 중간수입의 공제", 대법원판례해설 16호, 법원행정처(1992); 최진갑, "부당해고와 위자료청구", 판례연구 6집, 부산판례연구회(1996); 하경효, "부당해고의 구제내용", 노동법강의: 기업구조조정과 노동법의 중요과제, 법문사(2002); 한삼인, "신의성실의 원칙에 관한 판례분석", 고시계 47권 11호, 국가고시학회(2002. 11.); 片岡 曻(송강직 역), 노동법, 삼지원(1995); 加藤俊平, "地位保全の假處分", 實務民事訴訟講座 9, 行政訴訟 Ⅱ · 勞働訴訟, 日本評論社(1970. 8.); 古館清吾, "賃金 · 退職金等支拂の假處分の必要性", 新實務民事訴訟講座 11, 勞働訴訟, 日本評論社(1982. 1.); 今中道信, "賃金 · 退職金等支拂の假處分の必要性", 實務民事訴訟講座 9, 行政訴訟 Ⅱ · 勞働訴訟, 日本評論社(1970. 8.); 瀧澤孝臣, "賃金假拂假處分の必要性(1)", 裁判實務大系 5권(勞働訴訟法), 靑林書院(1985); 飯島健太郎, "賃金假拂假處分の必要性", 新裁判實務大系 16 勞働關係訴訟法[Ⅰ], 靑林書院(2001); 本久洋一, "違法解雇の效果", 勞働契約(21C講座 4권), 日本勞働法學會, 有斐閣(2000); 三島宗彦, "勞働者 · 使用者の 權利義務", 新勞働法講座 7권, 日本勞働法學會(1966); 小西國友 · 菅野和夫, 演習 勞働法, 有斐閣(1983); 松野嘉貞, "地位保全假處分の諸問題", 新實務民事訴訟講座 11, 勞働訴訟, 日本評論社(1982. 1.); 水谷英夫, "就勞請求權", 勞働法事典, 勞働旬報社(1979); 岸井貞男, "勞働契約論", 基本法コンメンタール, 第 3 版 勞働基準法, 日本評論社(1990); 長門榮吉, "地位保全假處分の必要性", 裁判實務大系 5권(勞働訴訟法), 靑林書院(1985); 塚原朋一, "賃金假拂假處分の必要性(2)", 裁判實務大系 5권(勞働訴訟法), 靑林書院(1985); 萩澤清彦, "解雇と假處分", 實務民事訴訟講座 9, 日本評論社(1970); 下井隆史, 勞働契約法の理論, 有斐閣(1985); 恒藤武二, "就勞請求權 —讀賣新聞見習社員解雇事件—", 別冊 ジュリスト No. 13(1967. 5.); 注解 强制執行法(4), 第一法規(1979); 注解 民事執行法(7), 第一法規(1984); 注釋民法(13) 債權(4)(新版), 有斐閣(2003).

## Ⅰ. 관련 조문의 연혁[1)]

1953. 5. 10. 법률 286호로 제정 · 공포된 최초의 근기법은 해고와 관련하여 27조 1항에서 사용자는 근로자에 대하여 정당한 이유 없이 해고, 휴직, 정직, 전직, 감봉 기타 징벌을 하지 못한다는 기본적인 해고 등의 제한 규정과 2항에서 사용자는 근로자가 업무상 부상 또는 질병의 요양을 위한 휴업기간과 그 후 30일간 또는 산전 · 산후의 여자가 근기법에 따라 휴업한 기간과 그 후 30일간은 해고하지 못한다는 해고 시기의 제한 규정을 두고, 110조에서 이에 위반한 경우에는 각 2,000환 이하의 벌금에 처하도록 하는 규정만을 두고 있었다.

1) 영국, 독일, 프랑스, 일본, 미국 등 외국의 부당해고 구제제도에 관한 상세한 논의는 정진경, 442~496면 참조.

그 후 1961. 12. 4. 법률 791호로 개정되면서 27조의2로 사용자는 근로자를 해고하고자 할 때에는 적어도 30일 전에 그 예고를 하도록 하는 해고의 예고에 관한 규정을 신설하고, 앞서의 해고제한 규정을 비롯하여 해고예고의 규정을 위반한 경우 벌금형 이외에도 2년 이하의 징역형에 처할 수 있도록 하여 형사처벌 규정을 강화하였으나 전반적인 틀은 그대로 유지하였다.

1989. 3. 29. 법률 4099호로 근기법이 다시 개정되면서 27조의3을 신설하여 사용자가 근로자에 대하여 정당한 이유 없이 해고 등을 한 때에는 노동위원회에 그 구제를 신청할 수 있도록 하는 부당해고 구제신청 제도를 도입하면서, 다만 그 구제신청과 심사절차 등에 대하여는 별도의 규정을 두지 않고 부당노동행위에 대한 구 노동조합법 40조 내지 44조의 규정을 준용하도록 하였으며, 일반적인 해고제한 및 해고시기의 제한 규정을 위반한 경우에 대해서는 107조에서 5년 이하의 징역 또는 3,000만 원 이하의 벌금에 처하도록 하여 처벌을 강화하였다.

사회 · 경제적 여건의 변화로 기존의 근기법을 폐지하고 1997. 3. 13. 법률 5309호로 새롭게 제정된 근기법은 사용자는 근로자에 대하여 정당한 이유 없이 해고할 수 없도록 하는 일반적인 해고에 관한 제한규정과 해고시기에 대한 제한규정을 30조에서, 해고예고에 관한 규정을 32조에서, 30조 위반에 관한 벌칙을 110조에서, 32조 위반에 관한 벌칙을 113조에서 규정하는 등 조문의 위치는 바뀌었으나 그 내용은 유지하면서, 31조에서 경영상 이유에 의한 해고의 제한에 관한 규정을 신설하였다.[2] 부당해고 구제신청과 관련하여서는 구 노동조합법의 폐지 및 노조법의 제정에 따라 위 1997년 근기법 33조에서 부당해고 구제신청에 관한 규정을 두면서 구제신청과 심사절차에 관한 준용규정을 노조법 82조 내지 86조로 변경하였을 뿐이었다.

1997년의 근기법 제정 이후에도 우리나라 노사관계법과 제도를 국제적인 기준과 우리의 현실여건에 부합하도록 개선하여야 한다는 사회적 요구에 따라, 2007. 1. 26. 근기법이 법률 8293호로 개정되었고, 2007. 4. 11.에는 다시 법률 8372호로 개정되어 조문의 위치가 조정되었다. 현재의 근기법은 일반적인 해고 등의 제한 규정을 23조 1항에서, 해고시기에 관한 제한규정을 23조 2항에서, 경

2) 경영상 이유에 의한 해고의 제한규정은 원래 1996. 12. 31. 근기법이 법률 5245호로 개정되면서 삽입되게 된 것이나, 위 근기법이 시행된 1997. 3. 1.의 직후인 1997. 3. 13. 법률 5305호에 의하여 폐지되고 당일 법률 5309호로 새로운 근기법이 제정되었으므로, 법률 5245호에 의하여 개정된 내용은 법률 5309호에 의하여 신설된 것으로 본다.

영상 이유에 의한 해고의 제한규정을 24조에서, 해고의 예고에 관한 규정을 26조에서, 23조 2항에 관한 처벌규정을 107조에서, 26조에 관한 처벌규정을 110조에서 각 규정하여 기존의 틀을 유지하면서도, 부당해고 구제신청절차에 대하여는 종전의 부당노동행위 구제신청에 관한 노조법의 관련조문을 준용하도록 한 태도를 버리고, 28조에서 부당해고 구제신청에 관하여 규정하면서 29조부터 32조까지 부당해고에 관한 조사와 구제명령 등과 그 확정, 효력 등에 관하여 직접 상세히 규정하고 있다. 30조 3항에서는 노동위원회가 구제명령을 할 때 근로자가 신청하면 근로자를 직장에 복직시키도록 명령하는 대신 금전보상을 명할 수 있도록 하는 금전보상제를 도입하였다. 또한 33조에서 구제명령을 사용자가 이행하지 않는 경우의 이행강제금제를, 111조에서 확정된 구제명령을 이행하지 아니한 자에 대한 처벌규정을 각 도입하였고, 대신 일반적인 부당해고에 대한 형사처벌 규정은 삭제하였다.

이와 같이 그간 여러 차례에 걸쳐 근기법이 변경되었고 현재는 부당해고와 관련하여 다수의 조항을 두고 있으나 그 조항의 대부분은 노동위원회에 대한 부당해고 구제신청과 관련한 것이다. 부당해고에 대한 민사소송을 통한 구제는 현재까지도 구체적인 구제 방법이 법원의 해석에 맡겨져 있고 많은 부분이 일반 민법상의 이론에 의존하고 있다.

## Ⅱ. 사법적 구제

### 1. 해고무효확인소송과 소의 이익

#### 가. 부당해고 구제소송과 소의 이익

소의 이익은 공익적 견지에서는 무익한 소송제도의 이용을 통제하는 원리이고 당사자의 견지에서는 소송제도를 이용할 이익 또는 필요성을 말한다.[3] 소의 이익이 없는 경우에는 법원은 본안에 관하여 판단하지 아니하고 소각하의 판결을 하게 된다.

부당해고의 구제와 관련한 기본적인 소송형태는 민사소송으로서 해고무효확인과 미지급임금의 지급을 구하는 소송이며, 그 중에서 소의 이익과 관련하여 주로 문제되는 것은 해고무효확인의 소이다. 확인의 소에서 소의 이익은 권리

3) 주석 민사소송법(Ⅱ), 639면.

또는 법률상의 지위에 현존하는 불안이나 위험이 있고 그 불안이나 위험을 제거하기 위해 확인판결을 받는 것이 가장 유효적절한 수단일 때에 인정된다.[4] 즉, 현재의 권리 또는 법률관계의 존부를 목적으로 하는 경우에 한하여 허용되는 것이므로, 과거의 권리관계의 존부 확인은 청구할 수 없음이 원칙이다.[5]

그런데 해고무효확인의 소의 소송물은 소장의 청구취지에 표시된 해고의 무효 여부로서 해고, 즉 근로계약관계를 종료시킨 사용자의 일방적인 의사표시라는 과거의 법률행위가 무효라는 점에 대하여 판결로써 공적 확인을 하여 달라는 것이다.[6] 이와 같이 과거의 법률행위인 해고에 대하여 무효확인판결을 구하는 소송에서 확인의 이익이 인정되기 위하여는 비록 과거의 법률관계라 할지라도 현재의 권리 또는 법률상 지위에 영향을 미치고 있고 현재의 권리 또는 법률상 지위에 대한 위험이나 불안을 제거하기 위하여 그 법률관계에 관한 확인판결을 받는 것이 유효적절한 수단이라고 인정되어야 한다.[7]

부당해고를 당하였을 때 근로자는 일반 법원에 민사소송으로서 해고무효확인의 소를 제기함이 원칙이나, 근로자가 공무원인 경우에는 면직이나 해임, 파면처분 등에 대한 취소나 무효확인을 구하는 행정소송을 제기하게 된다. 또한 일반 근로자인 경우에도 노동위원회에 부당해고 구제신청을 하는 경우에는 지방노동위원회의 구제명령 또는 기각결정이 있게 되며, 이에 대하여 중앙노동위원회에 재심이 신청되어 중앙노동위원회가 내린 재심판정에 대하여 불복이 있는 경우에 관계당사자는 중앙노동위원회위원장을 피고로 하여 행정소송을 제기할 수 있다.

행정처분의 취소를 구하는 항고소송에서의 소의 이익과 확인의 소에서의 소의 이익과의 관계를 어떻게 볼 것인지에 관하여는 이견이 있을 수 있으나, 부당하게 해고된 근로자는 본인의 선택에 따라 민사소송으로서의 해고무효확인의 소를 제기할 수도 있고 노동위원회에 대한 구제신청을 거쳐 행정소송으로서의 재심판정취소소송을 제기할 수도 있다 할 것인데, 어떠한 방식을 택하는가에 따라 소의 이익을 달리 보는 것은 부당하므로 같은 기준을 적용하여야 한다.[8]

---

4) 대법원 1991. 12. 10. 선고 91다14420 판결.
5) 이시윤, 223면.
6) 대법원 1995. 4. 11. 선고 94다4011 판결.
7) 대법원 1991. 6. 25. 선고 91다1134 판결; 김지형, 569면.
8) 이승영, 169면.

### 나. 소의 이익과 관련한 일반적 유형

#### (1) 정년, 사망

소송 시에 이미 정년이 초과된 때에는 해고무효확인소송의 소의 이익이 없다고 함이 확립된 판례이다. 대법원은 정년이 55세인데 소송 당시에 이미 그 정년을 초과한 사안에서, 원고들에 대한 조건부 징계해직처분 및 의원해직처분이 무효임이 확인되거나 또는 취소된다고 할지라도 원고들이 이미 근무 정년을 초과하여 피고의 직원으로서의 신분을 회복할 수 없다면 위 처분의 무효확인이나 취소청구에 관한 소는 확인의 이익이 없다고 하였다.[9)]

한편, 대법원은 근로자에 대한 명예퇴직처분이 실질상 해고에 해당한다고 하여 그 무효임의 확인을 구함과 아울러 근로를 제공할 수 있었던 기간 동안의 임금을 청구하는 경우, 해고무효확인의 소는 피고와의 사이에 이루어진 근로계약상의 지위 회복을 목적으로 하는 것임이 명백하므로, 사실심 변론종결 당시 이미 피고의 인사규정에 의한 당연해직사유인 정년을 지났다면 근로자로서의 지위를 회복하는 것은 불가능하게 됨에 따라 해고무효확인의 소는 확인의 이익이 없으며, 상고심 계속 중에 이미 인사규정 소정의 정년이 지난 경우에도 명예퇴직처분이 무효로 확인된다 하더라도 근로자로서의 지위를 회복하는 것은 불가능하므로 마찬가지라고 판시하였다.[10)]

한편, 종래 대법원은 근로자가 부당해고 구제신청을 기각한 재심판정에 대해 행정소송을 제기하여 해고의 효력을 다투던 중 사직하거나 정년에 도달하거나 근로계약기간이 만료하는 등의 이유로 근로관계가 종료한 경우, 근로자가 구제명령을 얻는다고 하더라도 객관적으로 보아 원직에 복직하는 것이 불가능하고, 해고기간 중에 지급받지 못한 임금을 지급받기 위한 필요가 있다고 하더라도 이는 민사소송절차를 통하여 해결할 수 있다는 등의 이유를 들어 소의 이익을 부정하였다.[11)] 그러나 최근 대법원은 부당해고 구제명령제도에 관한 근로기

9) 대법원 1984. 6. 12. 선고 82다카139 판결, 대법원 1996. 10. 11. 선고 96다10027 판결.

10) 대법원 2004. 7. 22. 선고 2002다57362 판결. 대법원 1991. 6. 28. 선고 90누9346 판결, 대법원 1993. 1. 15. 선고 91누5747 판결도 같은 취지. 이에 대하여 통상 소의 이익의 존부에 관한 판단의 기준시점에 대하여는 사실심 변론종결 당시를 기준으로 하여야 한다고 하고 있고, 상고심이 법률심으로서 사후심적 구조를 취하고 있다는 점을 고려한다면 위와 같은 대법원의 태도는 의문이라는 견해가 있다(김치중a, 537~538면).

11) 대법원 1995. 12. 5. 선고 95누12347 판결, 대법원 2001. 4. 10. 선고 2001두533 판결, 대법원 2011. 5. 13. 선고 2011두1993 판결, 대법원 2012. 7. 26. 선고 2012두3484 판결, 대법원 2015. 1.

준법의 규정 내용과 목적 및 취지, 임금 상당액 구제명령의 의의 및 법적 효과 등을 종합적으로 고려하면, 근로자가 부당해고 구제신청을 하여 해고의 효력을 다투던 중 정년에 이르거나 근로계약기간이 만료하는 등의 사유로 원직에 복직하는 것이 불가능하게 된 경우에도 해고기간 중의 임금 상당액을 지급받을 필요가 있다면 임금 상당액 지급의 구제명령을 받을 이익이 유지되므로 구제신청을 기각한 중앙노동위원회의 재심판정을 다툴 소의 이익이 있다고 견해를 변경하였다.[12)]

(2) 복직하거나 양립 불가능한 직업을 얻은 경우

근로자가 이미 복직한 경우 해고무효확인의 소의 이익이 없음이 원칙이고 대법원은 원직이 아닌 직으로 복직한 경우도 동일하게 해석하고 있다.

해고무효확인의 소는 해고 전의 원직을 회복하는 데에 소송의 목적이 있는 것이 아니라 해고의 무효, 즉 근로자와 사용자 간의 고용관계의 존속을 확인함으로써 그 고용관계 자체를 회복하려는 데 목적이 있다고 하면서, 관광회사가 원고를 해고 전의 직책인 운전기사직이 아닌 영업사무직에 복직시켰다고 하더라도 위 회사측이 원고와의 사이에 고용관계의 존속을 인정하고 복직시킨 이상 원고가 영업사무직으로의 전직의 효력을 다투는 것은 별론으로 하고 해고무효확인을 구할 소의 이익은 없다고 판시하였다.[13)]

하지만 원직에 복직된 경우라 할지라도 무효확인의 소가 현재의 근로자의 권리나 법률상 지위의 불안이나 위험을 제거할 필요가 있는 때에는 소의 이익이 인정된다. 그리하여 대법원은, 국가보위입법회의법 부칙 4항에 의하여 해직되었다가 복직한 후 면직처분의 무효확인을 구하는 소송에서, 원·피고 사이에 원고의 면직처분의 무효 여부에 관하여 다툼이 있고 원고가 면직으로 인한 퇴직기간을 재직기간으로 인정받지 못하고 있어 퇴직급여, 승진 소요연수의 계산 및 호봉승급 등에 관해 현재에도 계속하여 불이익한 대우를 받고 있으므로 그 법률상 지위의 불안, 위험을 제거할 필요가 있고 다른 소송수단(국가배상소송이나 민사소송)으로는 위와 같은 원고들의 권리 또는 법률상의 지위의 불안, 위험을 제거하기에 미흡하여 면직처분무효확인의 소가 필요하고도 적절한 것이라는 이

29. 선고 2012두4746 판결 등.

12) 대법원 2020. 2. 20. 선고 2019두52386 전원합의체 판결.

13) 대법원 1991. 2. 22. 선고 90다카27389 판결.

유로 면직처분무효확인의 소의 확인의 이익을 인정하였다.[14)]

양립불가능한 직업을 얻은 경우에 관한 사례로는 언론인이 해고된 후 정당원이 된 사안에 관한 것이 있다.

언론사의 일괄사표제출요구를 거절하였음에도 1980. 8. 2. 사직서를 제출하여 선별수리된 다른 사원과 함께 해직 처리되고 그 후 불법 연행된 상태에서 강요로 인하여 1980. 8. 8. 사직서를 제출하고 그 무렵 퇴직금 등의 급여를 수령한 언론인이 해직 후 활발한 정치활동을 하여 오다가 1990. 7. 26.에 이르러 해고무효확인소송을 제기한 사안에서, 해고로 언론인의 지위가 사실상 박탈된 이후에 정당원이 되었다 하여 이미 행하여진 해고의 무효확인과 부당해고로 인한 손해배상을 구할 이익이 없게 된다고 할 수 없다는 이유로 소의 이익을 인정하였다.[15)]

#### (3) 직위해제 후 해임된 경우

사립학교 교원이 직위해제 무효확인소송의 계속 중 직위해제사유와 별개의 사유로 해임처분된 경우의 확인의 이익 유무에 관하여 대법원은, 해임처분을 받음으로써 사실심 변론종결시를 기준으로 하여 교원의 신분을 가지고 있지 아니하므로 위 직위해제가 무효라고 하더라도 위 직위해제의 무효확인의 소는 과거의 법률관계의 확인청구에 지나지 않는다고 하여 직위해제 무효확인소송의 확인의 이익을 부정하였다.[16)]

#### (4) 유니언 숍 협약에 따른 해고

사용자가 유니언 숍 협약에 따라 노동조합을 탈퇴한 근로자를 해고한 경우, 노동조합을 상대로 조합원지위확인을 구하지 않고 곧바로 해고무효확인소송을 제기한 것에 관하여는, 해고무효확인소송에서도 그 선결문제로 조합원지위의 존부에 관하여 판단을 할 수 있다고 하여 소의 이익을 인정하였다.[17)]

#### (5) 계약기간의 만료

계약기간의 만료와 관련하여서는 1994년 이전의 판례들은 소의 이익을 비교적 넓게 인정하였다.

---

14) 대법원 1991. 6. 28. 선고 90누9346 판결.
15) 대법원 1993. 8. 24. 선고 92다55480 판결.
16) 대법원 1998. 8. 21. 선고 96다25401 판결.
17) 대법원 1995. 2. 28. 선고 94다15363 판결.

3년의 기간을 정하여 사립대학의 조교수로 임용된 원고가 해임처분의 무효확인을 구하는 소송 도중에 임용기간이 만료되었고 규정상 임용권자에게 임용기간이 만료된 자를 다시 임용할 의무를 지우거나 그 요건 등에 관하여 아무런 근거규정을 두지 아니한 사안에서, 관련 법 규정에 비추어 보면 원고는 이 사건 해임처분으로 말미암아 해임처분이 있은 날부터 3년간 공직 또는 교원으로 임용될 수 없는 결격자로 취급될 수밖에 없을 뿐 아니라, 그 결격기간이 경과한 뒤라도 징계해임처분을 받은 전력은 공직 또는 교원으로 임용되는 데에서 그러한 전력이 없는 사람보다 불이익한 장애사유로 작용할 것은 의심의 여지가 없으므로, 원고로서는 공직이나 교원으로 임용될 수 있는 법률상 지위에 대한 위험이나 불안을 제거하기 위하여 이 사건 해임처분의 무효확인을 구할 이익이 있다고 하였다.[18)]

대법원은 나아가 면직처분의 무효확인을 구하는 것은 과거의 법률행위인 면직 그 자체의 무효확인을 구하는 것으로 볼 것이 아니라 그 면직이 무효임을 전제로 현재도 종전과 같은 신분을 계속 유지하고 있다는 확인을 내포한 청구로 이해하여야 하며, 사립학교 부교수에 대한 면직처분이 있은 뒤 그 후에 사립학교법과 학교법인의 정관 등에 의하여 부교수의 재임기간을 넘겨 재임용되지 아니하였다 하더라도 그 무효확인을 구할 이익이 있고 그에 대한 면직처분이 무효라면 특별한 사정이 없는 한 그 신분은 그대로 존속된다고 하여, 교원의 경우 임용기간이 경과하였어도 면직처분이 무효라면 그 신분이 존속됨이 원칙이라는 판결까지 하였다.[19)]

또한 계약기간을 1년 30일로 하여 그 기간만료로 당연퇴직하는 내용의 근로계약을 체결하고 해외취업을 하였다가 사직원을 제출하여 의원면직되자 사직원의 제출이 강요에 의한 것으로서 의원면직 조치가 사실상 해고에 해당한다는 이유로 해고무효확인의 소를 제기한 사안[20)]과 채용기간이 정해진 채용계약에

18) 대법원 1991. 6. 25. 선고 91다1134 판결.

19) 대법원 1991. 7. 23. 선고 91다12820 판결(대법원 2000. 5. 18. 선고 95재다199 전원합의체 판결에 의하여 폐기됨). 이와 달리 대법원 1993. 4. 23. 선고 93다5093 판결은 '기간을 정하여 임용된 교원은 기간이 만료되면 교원의 신분을 확정적으로 상실하는 것이므로 그에 대한 파면처분이 무효라고 하여 남은 임용기간 외에 새로운 임용 없이 기간 도과 후에도 교원의 신분을 유지하는 것은 아니다.'라고 판시하였고, 대법원 1993. 7. 27. 선고 92다40587 판결도 같은 취지로 판시하였다.

20) 대법원 1991. 11. 26. 선고 91다17528 판결.

의하여 채용되는 자로서 그 기간이 종료되면 원칙적으로 그 계약에 기한 신분관계가 종료되는 지방전문직공무원이 채용계약해지 무효확인을 구하는 사안[21]에서도 무효확인을 구할 법률상 이익을 인정하였다. 위 지방전문직공무원 사안에서는 채용계약이 해지된 전력이 공무원 등으로 임용될 때 법령상 결격사유가 되는 것은 아니더라도 그와 같은 전력이 없는 사람에 비하여 불리한 장애가 될 것임은 의심의 여지가 없으므로, 채용기간의 만료에도 불구하고 지방전문직공무원 채용계약해지의 의사표시의 무효확인을 구할 법률상 이익이 있다고 하였다.

이와 같이 계약기간의 만료와 관련하여 부당해고 구제소송에서 소의 이익을 비교적 널리 인정하던 대법원 판례의 태도는 변화를 보이게 된다.

대법원은 소송계속 중 교수의 임용기간이 만료된 사안에서, 학교법인의 정관이나 대학교원의 인사규정상 임용기간이 만료되는 교원에 대한 재임용의무를 부여하는 근거규정이 없다면 그 교수는 임용기간의 만료로 당연히 교수의 신분을 상실하므로 직위해제 및 면직처분이 무효라고 하더라도 교수의 신분을 회복할 수 없어 직위해제 및 면직처분의 무효확인을 구하는 청구는 과거의 법률관계의 확인청구에 지나지 않고, 직위해제 또는 면직된 경우에는 징계에 의하여 파면 또는 해임된 경우와는 달리 공직이나 교원으로 임용되는 데 법령상의 아무런 제약이 없을 뿐 아니라 위와 같은 전력이 있으면 공직 또는 교원으로 임용되는 데에 있어서 그러한 전력이 없는 사람보다 불이익한 장애사유로 작용한다 할지라도 그것만으로는 법률상의 이익이 침해되었다고는 볼 수 없다고 하여 직위해제 및 면직처분의 무효확인을 구하는 소는 확인의 이익이 없다고 하였다.[22]

근로자가 해고된 후 단체협약 소정의 휴직기간이 만료되고 휴직연장신청기간의 도과로 자동퇴직된 사안[23]과 부당해고구제 재심판정취소소송 중 근로자가 임용권자의 임기 만료에 따라 당연퇴직한 사안[24]에서도, 해고의 무효확인을 구하거나 재심판정의 취소를 구하는 이유가 단순히 사회적인 명예의 손상을 회복하기 위한 것이거나, 특별한 사정이 없는 한 재취업의 기회가 제한되는 위험을 제거하기 위한 것이라 하여도 이는 사실상의 불이익에 불과하여 법률상 이익이

21) 대법원 1993. 9. 14. 선고 92누4611 판결.
22) 대법원 1995. 4. 7. 선고 94다4332 판결.
23) 대법원 1995. 4. 11. 선고 94다4011 판결.
24) 대법원 1995. 12. 5. 선고 95누12347 판결.

없다고 판시하였다.

위와 같이 혼선을 보이던 대법원 판결은 2000년 전원합의체 판결로 정리된다.

대법원은 전원합의체 판결의 다수의견으로, 위 대법원 1995. 4. 7. 선고 94다4332 판결이 대법원 1991. 7. 23. 선고 91다12820 판결에서 판시한 의견을 변경하면서도 대법관 4인으로 구성된 부에서 판결하였음을 이유로 위 94다4332 판결에 대한 재심을 청구한 사안에서 재심청구를 받아들인 후, 위 94다4332 판결의 판시를 인용하면서 구 사립학교법 53조의2 2항의 규정에 의하여 기간을 정하여 임용된 사립학교 교원은 임용기간 만료 후에는 직위해제 및 면직무효확인을 구할 이익이 없다고 하였다.[25]

그 후 근로계약기간을 정한 경우에 근로계약 당사자 사이의 근로관계는 단기의 근로계약이 장기간에 걸쳐서 반복하여 갱신됨으로써 그 정한 기간이 단지 형식에 불과하게 된 예외적인 경우를 제외하고는 특별한 사정이 없는 한 그 기간이 만료됨에 따라 사용자의 해고 등 별도의 조처를 기다릴 것 없이 근로자로서의 신분관계는 당연히 종료되고, 이러한 경우 근로자로서의 지위를 회복하는 것이 불가능하게 되었으므로 중앙노동위원회 판정의 취소를 구할 소의 이익은 없다고 한 사례가 있다.[26]

이에 대하여 위 전원합의체 판결의 반대의견은 다수의견이 소의 이익에 관한 종래의 관념에 집착하여 직위해제 또는 면직된 교원이 받게 되는 재취업 기회의 제한이라는 불이익이 단순한 사실상의 불이익에 불과하다거나 직위해제 및 면직처분으로 인한 명예의 손상에 대하여는 손해배상청구소송에 의한 구제방법이 따로 있다는 등의 이유를 내세워 교원의 임용기간이 만료되어 교원 신분을 다시 회복할 수 없으면 언제나 그 직위해제 및 면직처분에 대한 무효확인청구의 소의 이익이 부정된다고 한 것은 소의 이익의 범위를 논함에 있어 고려하여야 할 국민의 자유와 권리를 확대하고자 하는 민주화의 요청, 즉 소송절차상의 제약요소들을 완화하여 국민이 법원의 분쟁 해결절차에 좀 더 쉽게 접근할 수 있도록 하여야 한다는 점을 간과함으로써 국민의 권리구제에 철저함을 기하지 못한 것이라고 비판하였다.

25) 대법원 2000. 5. 18. 선고 95재다199 전원합의체 판결.
26) 대법원 2001. 4. 10. 선고 2001두533 판결.

### 다. 공무원의 해고 관련 행정소송과 소의 이익[27)]

#### (1) 직위해제처분 후 다른 직위가 부여된 경우의 직위해제무효확인소송

직위해제처분은 공무원이 공무원법 소정의 사유가 있는 경우에 공무원의 신분관계는 존속시키면서 다만 그 직위만을 부여하지 아니하는 처분으로서,[28)] 징계처분과 같이 공무원관계의 질서유지를 목적으로 하는 공무원으로서 지켜야 할 의무의 불이행에 대한 제재가 아니라 직무의 효율적 수행을 목적으로 하여 과하는 행정주체의 일방적인 공무원관계 변경행위라고 해석되고 있다.[29)]

대법원은 3개월간의 직위해제처분을 받았다가 이어서 해임처분을 받았는데 그 후 원고가 불복하여 소청심사청구를 하자 소청심사위원회가 해임처분을 정직 3개월로 변경하는 결정을 하고 그에 따라 피고(서울특별시 종로구청장)가 원고에 대한 해임처분을 정직 3개월로 변경함과 동시에 원고를 다른 직위로 전보한 사안에서, 공무원이 직위해제처분을 받았다가 얼마 후에 다른 직위를 다시 부여받았다면 그 직위는 이미 회복되었으므로 그 직위해제처분에 어떤 하자가 있음을 이유로 그 무효확인을 구할 소송상의 이익은 없다[30)]고 판시하였다.[31)]

#### (2) 직위해제처분과 징계면직·해임과의 관계

직위해제처분과 해임처분은 그 목적과 성질이 다른 처분이므로 해임처분이 직위해제처분과 동일한 사유를 이유로 하였다고 하더라도 일사부재리의 원칙에 위배되지 않는다고 함이 판례이다.[32)]

---

27) 공무원의 근로관계와 민간 근로자의 근로관계가 동일한 법리의 지배를 받는가에 관하여는 이론이 있을 수 있으나, 현재 우리 대법원은 그 소의 이익에 대하여는 별다른 차이를 두지 않고 직위해제와 같은 행정처분의 무효확인의 소도 확인의 소의 일종이므로 청구의 내용인 권리관계 또는 법률상 이익의 존부에 관하여 즉시 판결로써 확정을 받아야 할 법률상의 이익 내지 필요가 있는 경우에 허용된다고 한다(김완섭, 314~315면 참조).

28) 대법원 1981. 1. 13. 선고 79누279 판결.

29) 김완섭, 311면.

30) 직위해제처분을 행정청 스스로 자진하여 취소하거나 그것이 판결에 의하여 취소되지 아니하는 한 그 후에 직위를 부여받았다고 하여 위법한 직위해제처분에 의하여 신분적·재산적으로 받은 불이익이 처분 당시로 소급하여 제거되어 그와 같은 처분이 없었던 것과 마찬가지로 되는 것은 아니나, 이 경우에 있어서도 직위해제처분의 하자가 중대하고 명백하여 당연무효의 처분이라고 한다면 직위해제처분에 의하여 받게 된 재산적·신분적 이익의 회복 그 자체를 직접 목적으로 하는 소송에서 그 전제로서 그 직위해제처분의 무효를 주장할 수 있으므로 그 전제가 되는 직위해제처분의 효력의 존부만을 독립하여 소송에 의하여 다툴 실익은 없다고 한다(김완섭, 315~316면).

31) 대법원 1987. 9. 8. 선고 87누560 판결. 그리하여 직위해제처분에 대한 무효확인청구부분은 직권으로 파기하여 그 부분에 관한 소를 각하하였으나, 징계처분(정직)취소청구부분에 대하여는 원고의 상고를 기각하였다.

하지만 동일한 사유를 가지고 직위해제처분을 하였다가 해임이나 파면을 한 경우에 양자의 관계를 어떻게 볼 것인지에 관하여는, 양자가 전혀 무관한 별개의 행정처분임을 이유로 하여 선행 직위해제처분은 후행 해임징계처분으로 말미암아 아무런 영향을 받지 않는다는 견해와 그렇지 않고 직위해제 해당사실과 동일한 사실이나 직위해제 해당사실을 포함한 다른 사실을 이유로 해임처분을 하였을 경우 선행 직위해제처분은 그 효력을 상실한다고 하는 견해가 대립하고 있다.[33)]

대법원은, 직위해제는 일반적으로 근로자가 직무 수행 능력이 부족하거나 근무 성적 또는 근무 태도 등이 불량한 경우, 근로자에 대한 징계절차가 진행 중인 경우, 근로자가 형사 사건으로 기소된 때 등 당해 근로자가 장래에 계속 직무를 담당하게 될 경우 예상되는 업무상의 장애 등을 예방하기 위하여 일시적으로 당해 근로자에게 직위를 부여하지 아니함으로써 직무에 종사하지 못하도록 하는 잠정적인 조치로서, 어떠한 사유에 의하여 근로자를 직위해제한 후 직위해제 사유와 동일한 사유를 이유로 그 근로자를 해임한 경우에는 그 해임처분으로써 원래의 직위해제처분은 그 효력을 상실하게 된다고 판시하여 효력상실설을 취하고 있다.[34)] 여기서 직위해제처분이 효력을 상실한다는 것은 직위해제처분이 소급적으로 소멸하여 처음부터 직위해제처분이 없었던 것과 같은 상태로 되는 것이 아니라 사후적으로 그 효력이 소멸한다는 의미이다. 따라서 직위해제처분에 기하여 발생한 효과는 당해 직위해제처분이 실효되더라도 소급하여 소멸하는 것이 아니므로, 인사규정 등에서 직위해제처분에 따른 효과로 승진·승급에 제한을 가하는 등의 법률상 불이익을 규정하고 있는 경우에는 직위해제처분을 받은 근로자는 이러한 법률상 불이익을 제거하기 위하여 그 실효된 직위해제처분에 대한 구제를 신청할 이익이 있다.[35)] 징계사유와 파면사유가 동

32) 대법원 1983. 10. 25. 선고 83누184 판결, 대법원 1983. 10. 25. 선고 83누340 판결.

33) 김완섭, 312~313면.

34) 대법원 1997. 9. 26. 선고 97다25590 판결.

35) 대법원 2010. 7. 29. 선고 2007두18406 판결(노동조합 인터넷 게시판에 국민건강보험공단 이사장을 모욕하는 내용의 글을 게시한 근로자에 대하여 인사규정상 직원의 의무를 위반하고 품위를 손상하였다는 사유로 직위해제처분을 한 후 동일한 사유로 해임처분을 한 사안에서, 근로자는 위 직위해제처분으로 인하여 승진·승급에 제한을 받고 보수가 감액되는 등의 인사상·급여상 불이익을 입게 되었고, 위 해임처분의 효력을 둘러싸고 다툼이 있어 그 효력 여하가 확정되지 아니한 이상 근로자의 신분을 상실한다고 볼 수 없어 여전히 인사상 불이익을 받는 상태에 있으므로, 비록 직위해제처분이 해임처분에 의하여 효력을 상실하였다고 하더라도 근로자에게 위 직위해제처분에 대한 구제를 신청할 이익이 있음에도, 이와 다르게 본 원

일한지의 여부는 중요한 사유들이 동일하여 전체적으로 볼 때 동일사유로 볼 수 있는지의 여부에 의하여 결정되어야 한다.[36)]

(3) 당연퇴직의 행정처분성

대법원은, 국공법 69조에 의하면 공무원이 33조 각 호의 1에 해당할 때에는 당연히 퇴직한다고 규정하고 있으므로, 국공법상 당연퇴직은 결격사유가 있을 때 법률상 당연히 퇴직하는 것이지 공무원관계를 소멸시키기 위한 별도의 행정처분을 요하는 것이 아니며, 당연퇴직의 인사발령은 법률상 당연히 발생하는 퇴직사유를 공적으로 확인하여 알려주는 이른바 관념의 통지에 불과하고 공무원의 신분을 상실시키는 새로운 형성적 행위가 아니므로 행정소송의 대상이 되는 독립한 행정처분이라고 할 수 없다고 보아 당연퇴직처분의 취소를 구하는 소를 부적법하다고 판단하였다.[37)]

## 2. 해고 관련 소송과 신의칙 · 실효의 원칙

### 가. 개 설

(1) 신의성실의 원칙(신의칙)

신의성실의 원칙(신의칙)이란 사회공동체의 일원으로서 서로 상대방의 신뢰를 헛되이 하지 않도록 성의 있게 행동하여야 한다는 원칙이다.[38)] 우리 민법 2조 1항은 "권리의 행사와 의무의 이행은 신의에 좇아 성실히 하여야 한다."라고, 2항은 "권리는 남용하지 못한다."[39)]라고 각 규정하고 있고, 민소법 1조 2항은 "당사자와 소송관계인은 신의에 따라 성실하게 소송을 수행하여야 한다."라고 규정하여 신의칙이 실체법뿐만 아니라 절차법에 이르기까지 법 전반에 걸쳐 적용되는 일반원칙임을 선언하고 있다.[40)]

'신의'나 '성실'이라는 개념은 사람의 행동이나 태도에 대한 윤리적 · 도덕적 평가를 나타내는 것인데 신의칙은 이를 법적 평가에 도입한 것이다.[41)] 따라서

---

심판결에 법리오해의 위법이 있다고 한 사례).

36) 대법원 1978. 12. 26. 선고 77누148 판결, 대법원 1979. 7. 24. 선고 79누154 판결, 대법원 1980. 9. 30. 선고 79누65 판결, 대법원 1981. 1. 13. 선고 79누279 판결.

37) 대법원 1995. 11. 14. 선고 95누2036 판결.

38) 주석민법 총칙(1), 128면.

39) 신의칙과 권리남용과의 관계에 대하여는 중복적용설이 통설이라고 한다(김상영, 2~3면).

40) 김상영, 2면.

41) 주석민법 총칙(1), 129면.

신의칙은 확고한 법률적 지위에도 불구하고 그 실체가 불확실하며 그 판단이 판사의 재량에 맡겨져 있어 예측불가능하고, 적용범위에도 제한이 없어 법적 안정을 저해할 위험이 있다.[42] 그렇다고 하여 모든 예상가능한 경우를 법률로 규정하여 사회현상을 규율하고 분쟁을 해결하는 것은 불가능하므로[43] 신의칙과 같은 추상적이고 일반적인 규정은 불가피하다. 법적 안정은 위와 같은 신의칙의 특성을 이해하고 그 요건을 가능한 한 명확히 함으로써 해결할 수밖에 없다.[44]

신의칙은 법의 일반원칙으로서 채권관계뿐만 아니라 널리 물권관계나 가족관계, 공법 및 소송법에도 적용되는 것으로 이해되고 있다.[45] 따라서 사용자에 의하여 해고를 당한 근로자가 해고무효확인과 해고기간 동안의 임금을 청구하는 경우에도 신의성실의 원칙이 적용된다.[46] 신의칙에서 유래하는 구체적인 원칙으로는 사정변경의 원칙, 모순행위금지의 원칙(금반언의 원칙), 실효의 원칙 등이 거론되고 있다.[47] 아래에서는 이 가운데에서도 해고 소송에서 자주 거론되는 실효의 원칙을 살펴본다.

#### (2) 실효의 원칙

권리자는 일반적으로 권리를 행사하는 것에 관하여 어떠한 법적인 강제를 부담하지 않는다.[48] 하지만 권리자는 어떤 권리든 이를 실제로 행사할 때 그 권리를 신의에 좇아 성실히 행사하여야 하고 권리는 남용하지 못하는 것이므로, 권리자가 실제로 권리를 행사할 기회가 있었음에도 상당한 기간이 경과하도록 권리를 행사하지 아니하여, 의무자인 상대방으로서도 이제는 권리자가 권리를 행사하지 아니할 것으로 신뢰할 만한 정당한 기대를 가지게 된 다음에 새삼스럽게 그 권리를 행사하는 것이 법질서 전체를 지배하는 신의성실의 원칙에 위반하는 것으로 인정되는 결과가 될 때에, 그 권리의 행사가 허용되지 않는다는 것이 실효의 원칙이다.[49]

---

42) 민법주해[ I ] 총칙(1), 104면; 최광준, 213~214면.

43) 1794년 프로이센 일반 란트법의 입법자들은 19,000개가 넘는 조문으로 구성된 방대한 법전을 만들어 판사의 자의적 해석을 배척하려고 하였으나, 곧 그러한 방대한 법조문으로도 당대의 사회현상을 빠짐없이 규율하는 것은 불가능하다는 점을 깨닫게 되어 독일 민법전의 제정 당시에는 신의칙과 같은 일반조항의 필요성이 대두되었다고 한다(최광준, 214면).

44) 김학동b, 10면; 최광준, 214면.

45) 김상영, 1면; 백태승b, 193면; 이영준, 61~62면; 이은영a, 75~76면; 주석민법 총칙(1), 135면.

46) 김지형, 572면.

47) 백태승b, 194~207면.

48) 小西國友, 344~345면.

민법은 시간의 경과에 의하여 권리가 소멸되는 제도로서 소멸시효와 제척기간을 두고 있다. 하지만 이들은 그 기간이 고정적이고 권리에 따라서는 적용되지 않는 경우도 있으며, 특히 권리자가 자기의 청구권을 오랫동안 행사하지 않았고 그러한 태도로 인하여 상대방도 권리자가 그 권리를 더는 행사하지 않으리라는 기대가 생긴 것이 정당화되는 경우에는 소멸시효의 기간이 너무 길다고 생각되므로, 형식적으로 도식화된 소멸시효기간을 보정하고 정당하게 하기 위하여 개개의 구체적인 경우에 적합한 유동성 있는 법률제도로서 만들어 놓은 것이 실효의 원칙이다.[50)]

이러한 실효의 원칙은 법적으로 특별한 관계가 있거나 있었던 사람 사이에 적용되는 원칙이지만[51)] 그 요건이 존재하는 한 채권법에 한하지 아니하고 물권법, 공법, 소송법 등 모든 법영역에 적용되는 원칙으로서 개인이 소에 의하여 법원의 판단을 구하는 권리인 소권에도 적용된다.[52)]

실효는 권리자가 장기간에 걸쳐 권리를 행사하지 아니하고 그로 인하여 권리의 행사가 신의칙에 위반되어 허용되지 않기에 이른 것이므로, 그 요건은 권리자가 상당한 기간 권리를 행사하지 않았어야 하고(시간요소), 의무자인 상대방이 권리가 행사되지 않으리라고 신뢰할 만한 정당한 사유(사정요소)[53)]가 있어야 한다.[54)]

대법원은 실효의 원칙이 적용되기 위하여 필요한 요건으로서의 실효기간의 길이와 의무자인 상대방이 권리가 행사되지 아니하리라고 신뢰할 만한 정당한 사유가 있었는지의 여부는 일률적으로 판단할 수 있는 것이 아니라, 구체적인 경우마다 권리를 행사하지 아니한 기간의 장단과 함께 권리자측과 상대방측 쌍방의 사정 및 객관적으로 존재한 사정 등을 모두 고려하여 사회통념에 따라 합리적으로 판단하여야 할 것이라고 한다.[55)]

해고무효확인의 소에서 실효 여부는 법원이 직권으로 판단할 수 있는 것인

49) 대법원 1992. 12. 11. 선고 92다23285 판결, 대법원 2005. 10. 28. 선고 2005다45827 판결.

50) 김찬돈, 138~139면; 김학동a, 20~21면; 윤철홍, 36면.

51) 민법주해[Ⅰ] 총칙(1), 94면; 윤재식, 924~925면.

52) 小西國友, 345면; 김학동c, 114면; 민법주해[Ⅰ] 총칙(1), 143면; 윤재식, 924면; 이광범, 15면.

53) 의무자가 이제 더 이상 권리의 행사가 없을 것이라고 기대하게 만드는 기타의 사정이라고 하여 사정요소라고 한다[민법주해[Ⅰ] 총칙(1), 143면].

54) 대법원 1992. 5. 26. 선고 92다3670 판결, 대법원 1992. 12. 11. 선고 92다23285 판결; 김지형, 572면.

55) 대법원 1992. 12. 11. 선고 92다23285 판결, 대법원 2005. 10. 28. 선고 2005다45827 판결.

지, 아니면 피고의 항변이 있어야 판단할 수 있는 것인지가 문제된다.

실효의 원칙에 반하는 권리의 행사는 권리남용으로서[56] 상대방은 실효의 항변으로써 대항할 수 있으며, 실효의 원칙으로 인해 권리 그 자체가 소멸하는 것이 아니라 권리행사가 제한되어 허용되지 않는 것이고[57] 권리의 박탈은 법률에 규정이 있는 경우에 한하여야 한다는 견해가 있다.[58] 이 견해에 따르면 사용자의 실효 주장은 근로자의 권리행사를 저지하는 항변사유에 불과하므로 피고의 항변이 있어야 법원은 실효 여부를 판단할 수 있다.[59]

하지만 실효의 원칙에 반하는 경우에 해고무효확인소송을 각하하여야 한다면 이는 소송요건이고, 또한 신의칙위반과 권리남용은 강행규정에 위배되는 것으로서 당사자의 주장이 없더라도 법원이 직권으로 판단할 수 있다고 함이 판례이므로,[60] 해고무효확인소송에서도 소의 제기 자체가 신의칙에 위반된 것인지를 직권으로 판단할 수 있다.[61] 다만, 현실적으로는 원고의 제소가 신의칙에 위반한 부적법한 것인지에 대한 판단을 위해서는 그에 관한 사실인정이 우선되어야 하므로 사실상 사용자가 그 주장 및 증명을 하여야 하는 부담을 지게 될 것이다.

실효의 원칙에 반하는 해고무효확인소송에 대하여 구체적으로 소제기 자체가 부적법하다고 하여 소를 각하하여야 하는 것인지, 아니면 원고의 청구를 받아들일 수 없어 청구를 기각하여야 하는 것인지가 문제된다.

이 경우 청구기각의 판결을 하여야 한다는 견해가 있으며,[62] 실무상으로는 통일되어 있지 않다.

소권도 실효될 수 있는 것이고 해고무효를 주장하는 권리의 행사가 신의칙에 반하는 경우라면 소 제기 자체가 소권의 남용으로서 부적법하다고 볼 수도 있으므로 소를 각하함이 옳다고 생각한다.[63] 이에 대하여는 부당하게 근로자의

56) 이영준, 794면.
57) 김학동b, 13~14면; 윤재식, 932면; 이은영a, 85면. 독일의 다수설이라 한다(백태승a, 94면). 따라서 이론적으로는 실효되어 어느 시점에는 행사가 허용되지 않는 권리도 다른 사정 하에서는 다시 행사가 허용되는 경우도 있다고 한다(김학동b, 15면; 小西國友, 357면). 반대 견해로는 윤철홍, 44면(독일의 소수설처럼, 실효로 말미암아 일시적으로 권리의 행사가 저지되는 것이 아니라 사실상 실효로 권리를 더는 주장할 수 없게 되어 소멸하는 것이라고 주장한다).
58) 곽윤직a, 67면.
59) 윤재식, 934면.
60) 대법원 1989. 9. 29. 선고 88다카17181 판결, 대법원 1995. 12. 22. 선고 94다42129 판결.
61) 같은 취지로는 최광준, 215면; 한삼인, 99면. 반대 취지로는 곽현수, 134~135면.
62) 고상룡, 63면; 박상훈a, 26면.
63) 대법원 2005. 10. 28. 선고 2005다45827 판결; 김상영, 14면; 차형근, 457면; 小西國友, 358면.

권리를 해한다는 반대 견해가 있을 수도 있지만, 실체적 권리의 행사가 허용되지 않는 것이나 소권 행사가 허용되지 않는 것이나 근로자에게 주어지는 결과는 차이가 없다.[64]

### (3) 판례의 경향

신의칙은 그 내용이 명확하지 않고 유동적이어서 성질상 법적 안정성이라는 법이념에 배치될 위험성이 있으므로 대법원은 이를 극히 예외적으로 인정하고 있다. 그러함에도 다른 분야와 달리 1990년대의 해고무효확인소송과 관련하여 실효의 원칙을 적용하여 원고의 청구를 배척한 대법원 노동법 판결들을 쉽게 발견할 수 있다.

대법원 판례에서 실효의 원칙이 처음으로 언급된 것은 1988. 4. 27. 공법상의 행정서사업 허가처분의 취소와 관련된 것이었고[65] 해고무효확인의 소와 관련하여서는 1990. 8. 28.의 판결[66]이 최초의 것이다. 그 이전에는 해고무효확인의 소에서 원고의 청구를 배척하는 근거를 신의칙 또는 금반언의 원칙에서 찾았으나, 실효의 원칙을 언급한 위 대법원 판결 이후에도 '실효의 원칙'을 언급하기도 하고 종래와 같이 '신의칙' 또는 '금반언의 원칙'을 언급하기도 하는 등 양자를 혼용하고 있다. 신의칙이 일반조항으로서 법적 안정성을 해할 우려가 있으므로 가급적 그 원칙을 특정하고 요건을 엄격히 할 필요가 있는데, 대법원 판례가 들고 있는 사안들은 대부분 일정한 시간의 경과를 언급하고 있어 선후의 행위가 모순되기만 하면 성립되는 금반언의 원칙보다는 실효의 원칙과의 관련성이 커 보이나,[67] 실효의 원칙도 신의칙의 파생원칙 중의 하나로서 사정요소를 판단

64) 小西國友, 358~359면.

65) 대법원 1988. 4. 27. 선고 87누915 판결. 피고인 서울특별시 성동구청장이 원고가 구 행정서사법 규정의 자격요건에 해당된다고 하여 1966. 7. 11. 행정서사업허가처분을 하였다가 그 후 20년이 경과한 1986. 6. 7.에 이르러 원고의 경력이 위 법 소정의 자격요건에 해당되지 않는데 착오로 위와 같은 처분을 하였음을 이유로 허가처분취소처분을 한 사안이다. 대법원은 실효의 법리가 법의 일반원리인 신의성실의 원칙에 바탕을 둔 파생원칙으로서 공법관계에도 적용됨을 긍정하면서도, 피고가 1985. 9. 중순에 이르러서야 비로소 취소사유를 알고 그에 관한 법적 처리방안에 관하여 다각도로 연구검토를 하였고 원고도 그러한 사정을 알고 있었으므로 피고가 상대방인 원고에게 취소권을 행사하지 않을 것이라는 신뢰를 심어준 것으로 여겨지지 않는다고 하여 원고의 실권주장을 배척하였다.

66) 대법원 1990. 8. 28. 선고 90다카9619 판결.

67) 금반언의 원칙은 선행의 태도와 후행의 태도가 객관적으로 서로 모순되는가가 문제되고 권리자의 태도에 대한 상대방의 신뢰는 문제되지 않으므로, 금반언의 원칙은 권리의 불행사라는 요소나 시간적 요소와는 무관하다(김학동c, 115면).

하기 위해서는 신의칙을 적용해야 하고, 판례가 언급하는 퇴직금의 이의 없는 수령 등이 이후의 해고무효주장과 모순되는 행위라고 볼 여지도 있으며, 또한 판결들 중에는 실효의 원칙보다는 신의칙이나 금반언의 원칙과의 관련성이 더 커 보이는 것도 있으므로 대법원의 태도가 부당해 보이지는 않는다. 대법원이 들고 있는 실효의 원칙을 언급한 사례와 신의칙 또는 금반언의 원칙을 언급한 사례를 구별할 뚜렷한 기준이 있는 것은 아니다.

대법원 판례는 시기적으로 상당한 변화를 보이고 있는데, 특히 유사한 사안에서 종전의 판결과 결론을 달리하여 실효의 원칙을 최초로 적용, 근로자의 해고무효확인청구를 배척한 대법원 1992. 1. 21. 선고 91다30118 판결은 중요한 의미가 있는 것이므로, 이를 기준으로 그 전과 후의 판례로 구분하여 살펴본다. 위 판결은 비록 전원합의체 판결은 아니지만 사실상 기존의 대법원 판례를 변경한 것이고,[68] 그 이후 신의칙을 적용하여 근로자의 청구를 배척한 사례가 급격하게 증가한 점을 고려하면 충분히 그 전후의 판례를 구분하는 판결로서 의미가 있다.

### 나. 대법원 1992. 1. 21. 선고 91다30118 판결 이전의 판례

#### (1) 중요 판결

대법원 1989. 9. 29. 선고 88다카19804 판결 이전에는 해고무효확인의 소에서 신의칙에 관하여는 별다른 언급이 없이 퇴직금이나 해고수당을 수령한 사실만으로 해고의 정당성을 인정하고 해고조치에 승복한 것으로 단정할 수는 없다고 하였다. 판결 중에는 해고수당이나 퇴직금의 수령을 전후하여 해고의 부당성을 다투고 있어서 해고조치에 승복하였다고 볼 수 없다고 한 경우도 있으나,[69] 전반적으로는 부당해고를 당한 후 퇴직금이나 해고수당을 수령한 사실만으로는 해고조치에 승복한 것으로 볼 수 없으므로 그 후라도 소송이나 가처분신청 등으로 다투는 것이 가능하다는 취지로 판시하고 있다.[70] 따라서 신의칙이나 금반

68) 같은 취지, 박상훈b, 162면.

69) 대법원 1987. 4. 28. 선고 86다카1873 판결, 대법원 1987. 9. 22. 선고 87다카1187 판결. 이 중 87다카1187 판결은 적법한 재심청구가 부당하게 반려된 후 1년이나 지난 뒤에 제기한 해고무효 확인청구도 적법하다고 판시하였고, 86다카1873 판결에서는 근로자들이 생계를 위하여 일시 다른 업체에 취업하고 있었다고 하여 종전 고용계약을 해지하거나 파기한 것으로 볼 수 없다고 판시하였다.

70) 대법원 1971. 12. 14. 선고 71다1638 판결, 대법원 1972. 6. 27. 선고 71다1635 판결, 대법원 1989. 5. 23. 선고 87다카2132 판결.

언의 원칙, 또는 실효의 원칙을 이유로 청구를 배척한 사례는 없었다.

대법원은 1989. 9. 29. 선고 88다카19804 판결(인정,[71] 원심파기)에서 실체적인 이유로 원심판결을 파기하면서, 이에 더하여 회사가 해고한 근로자에게 지급할 퇴직금과 갑근세반환금 등을 청산하여 변제공탁하고 근로자가 그 공탁을 조건 없이 수락하고 출급청구를 하여 수령하였다면, 그 근로자는 그 때에 회사의 해고처분을 유효한 것으로 인정하였다고 볼 수밖에 없으므로 그 후 8개월 가까이 지나 제기한 해고무효확인청구는 금반언의 원칙에 위배되어 위법하다고 하였다. 이어서 1990. 11. 23. 선고 90다카25512 판결(인정, 상고기각)에서 대법원은, 피고 회사가 원고를 해고한 후 원고에게 퇴직금과 해고수당을 지급하려고 하였으나 원고가 변제를 받지 아니하여 이를 공탁하였던바, 원고는 아무런 조건의 유보 없이 공탁금을 수령하였으니 원고가 공탁금을 수령할 때 피고 회사의 해고처분을 유효한 것으로 인정하였다고 볼 수밖에 없고, 원고가 해고당한 후 약 1개월이 지난 다음 동종 업체에 취업하여 피고 회사에서와 유사한 임금을 지급받으며 근무하고 있음에도 해고당한 때로부터 무려 3년 가까이나 경과하여 제기한 원고의 이 사건 해고무효확인청구는 금반언의 원칙에 위배된다고 하였다.

위 88다카19804 판결은 해고무효확인소송과 관련하여 신의칙 내지 금반언의 원칙을 언급한 최초의 판결이지만, 금반언에 대한 언급이 징계해고사유의 존부에 대한 판단 후에 부가적으로 이루어진 것으로서 위 부분이 어느 정도 선례로서 의미가 있는 것인지에 관하여는 의문이 있었는데,[72] 이어지는 위 90다카25512 판결 등에서 다시 금반언의 원칙이 언급됨으로써 선례로서 의미가 있는 것임이 확인되었다.

대법원은 피고 한국전력공사가 1978. 6. 16. 징계심사위원회를 개최하여 피고의 성동지점 송배전원으로 근무하던 원고가 수용가로부터 금품을 받았다는 이유로 같은 해 7. 5.까지 원고 스스로 사직원을 제출하면 의원면직으로 처리하되 이에 불응할 경우에는 징계해임으로 처리한다는 내용의 조건부 징계해임결의를 하고 그 사실을 같은 해 6. 28. 원고에게 통지함에 따라 원고가 같은 해 7. 5. 사직원을 제출하여 같은 날 의원면직된 것으로 처리하였는데 원고가 조건부 징계해임결의에 따라 한국전력공사에 사직원을 제출한 1978. 7. 5.부터 10년 10

71) 신의칙이나 금반언의 원칙 또는 실효의 원칙의 인정 여부로서 인정한 판결의 경우는 '인정', 부정한 판결의 경우는 '부정'이라고 표시한다.

72) 박상훈a, 13면.

개월이 지난 1989. 5. 8.에 이르기까지 위 징계처분이나 의원면직처분에 대하여 아무런 법적 구제절차를 취하지 않다가 징계결의가 절차에 위반하였음을 이유로 소를 제기한 사안에서, 권리자가 그 권리를 행사하지 않은 것이 문제가 되는 것은 비록 권리자의 주관적인 동기가 고려되지 않는다 하더라도 그에게 권리행사를 현실적으로 기대할 수가 있었음에도 불구하고 이를 행사하지 않은 경우에 한하는 것이라고 하면서, 여러 사정을 고려하여 원고의 이 사건 권리행사의 지체가 그의 단순한 주관적인 동기에서 비롯된 것으로 보기 어렵고 상대방인 피고로서도 이제는 원고가 그의 권리를 행사하지 아니할 것이라고 신뢰할 정당한 사유가 있었다고 볼 수 없으니, 원고의 이 사건 권리행사가 신의성실에 반하여 그 권리가 실효되었다고 단정할 수는 없다고 하였다.[73] 이 판결은 의원면직된 후 10년 이상이 경과한 후에 소가 제기된 사안에 관한 것으로서 행정사건인 대법원 1988. 4. 27. 선고 87누915 판결에서의 실효의 원칙에 관한 판시를 처음으로 노동사건에 받아들인 것이다. 특히 신의칙에 근거한 금반언의 원칙 주장을 배척하고 근로자의 해고무효확인소송을 인용한 다른 판례들은 모두 사용자측의 상고를 기각하는 소극적인 판결이었음에 반하여 이 사건은 근로자의 상고를 받아들여 원심판결을 파기하였다는 점에 그 특색이 있다. 위 판결에 대하여 실효의 원칙의 적용범위를 "권리행사의 기회가 있어서 이를 현실적으로 기대할 수가 있었음에도 불구하고 행사하지 않은 경우"로 제한하고 있는 점을 문제로 지적하는 견해가 있다. 실효의 원칙은 권리행사가 현실적으로 기대될 수 있는 기회가 반드시 존재하여야 적용되는 것이 아니라 오히려 권리자의 권리불행사로부터 형성된 상대방의 정당한 신뢰가 중시되어야 한다는 것이다.[74] 그러나 이는 특별사정으로는 고려될 수 있는 것으로서[75] 권리행사의 기회가 있었음에도 이를 행사하지 아니한 경우에 비하여 권리행사를 기대할 수 없었던 경우는 권리자에 대한 비난가능성이 작아져 권리자의 이익에 대한 보호가치가 상대방의 신뢰에 대한 보호가치보다 우선하게 된다. 따라서 권리행사의 기회가 없었던 경우에는 신뢰요건에 대한 판단을 엄격히 하여야 하므로,[76] 사실상 실효의 원칙을 적용하기가 용이하지 아니할 것이다.

73) 대법원 1990. 8. 28. 선고 90다카9619 판결.
74) 민법주해[ I ] 총칙(1), 145면; 백태승b, 207면.
75) 박상훈a, 29면.
76) 최광준, 222~223면.

#### (2) 기타 판결들

##### ㈎ 해고무효확인청구 긍정례

이 시기에 해고무효확인소송에서 해고무효주장을 받아들인 대부분의 사례는 해고수당이나 퇴직금을 이의 없이 수령하는 것이 해고처분에 승복하는 것임을 전제로 해고처분 즉시 부당노동행위구제신청을 하여 계속 다투면서 공탁금을 수령하였거나,[77] 퇴직금의 수령이 징계해고무효확인 등 소송의 제기 후이거나,[78] 징계위원회 개최 통보를 받을 때부터 징계에 대하여 투쟁할 것임을 명백히 하였고 징계해고된 후에도 피고 회사 노동조합장으로 계속 재직하면서 징계해고의 철회를 요구하다가 변호사의 조언에 따라 피고 회사가 공탁한 공탁물을 출급·수령하였으며, 피고 회사와 단체교섭을 함에 있어 원고 등 해고자복직문제도 교섭내용에 포함시켜 해결을 시도하다가 노동조합 측 단체협약안을 만들면서 해고자 문제는 법원의 판단에 따르기로 하여 소를 제기한 경우[79]와 같이, 근로자가 퇴직금 등을 수령하면서 명시적인 이의를 유보하지 아니하였다 하더라도 묵시적으로 이의를 유보하였다고 봄이 타당한 특별한 사정이 있는 경우에만 해고처분에 승복한 것으로 볼 수 없다고 하였다.

그 외의 사례로는 피고 회사로부터 정리해고 통보를 받은 다음, 다시 사직서를 제출하지 아니하면 다른 회사에 취업하는 데에 지장이 있을 것이니 사직서를 제출하라는 취지의 종용을 받고 사직서를 제출한 후 퇴직금과 해고수당 등을 수령한 경우에, 근로자는 정리해고가 유효한 것임을 전제로 하여 그 사무처리과정의 하나로서 피고 회사의 요구에 따라 사직서를 제출하고 퇴직금을 수령하였음에 불과하고 위 정리해고와 무관하게 별도로 사직의 의사를 표시한 것으로 볼 수 없으므로, 위 원고들이 위 정리해고 처분이 무효임을 알고 이를 추인하였다거나 그 위법에 대한 불복을 포기하였다고 볼 수 없다고 판시한 예[80]와 법인의 대표자로부터 인사권 등 제반 권한을 위임받아 행사하여 온 자와 업무관계로 언쟁을 하였다가 그의 지시로 원고의 출근을 저지하고 권고사직으로 처리하면서 원고에게 퇴직금을 지급하자 이를 수령한 경우 원고가 자진하여 사직의 의사표시를 하였다거나 위 해고처분을 추인하였다고 보기 어렵다고

---

77) 대법원 1991. 1. 25. 선고 90누4952 판결(상고기각).
78) 대법원 1991. 5. 14. 선고 91다2656 판결(부정, 상고기각).
79) 대법원 1991. 5. 14. 선고 91다2663 판결(부정, 상고기각).
80) 대법원 1990. 3. 13. 선고 89다카24445 판결(상고기각).

판시한 예[81]가 있다.

㈏ **해고무효확인청구 부정례**

이 시기의 신의칙 내지 실효의 원칙을 인정하여 해고무효확인청구를 배척한 판결들은 이의를 유보함이 없이 퇴직금이나 퇴직금의 공탁금을 수령한 것은 해고처분을 유효한 것으로 인정하였다고 보아야 한다면서 그로부터 상당한 기간이 경과한 후에 제기한 해고무효확인의 소는 신의칙 또는 금반언의 원칙에 반하여 허용될 수 없다고 하였다.[82]

이에 속하는 사례로는 근로자들이 해고당한 뒤 회사로부터 아무런 이의를 보류함이 없이 퇴직금을 수령한 후 별다른 사유 없이 1년 7개월 남짓 경과된 뒤 해고무효확인소송을 제기한 경우 퇴직금수령시에 해고수당을 수령하지 아니하였다고 하더라도 해고처분에 대한 불복을 표시한 것으로 볼 수 없고 따라서 위 소는 신의칙상 허용되지 아니한다고 판시한 예,[83] 근로자가 해고통지를 받은 후 동종 업체에 취업하여 종전 회사에서와 같은 액수의 월급을 받고 있으며 종전 회사로부터 퇴직금까지 수령한 후 8개월이 지난 뒤에 해고무효확인청구소송 등을 제기한 것은 금반언의 원칙에 위배되어 위법하다고 판시한 예,[84] 해고 또는 면직된 후 이에 대하여 별다른 이의를 하지 않고 있다가 아무런 이의나 조건의 유보 없이 퇴직금을 수령하고 그 후 약 7개월 또는 9개월이 지나 소를 제기한 경우 신의칙이나 금반언의 원칙에 위배된다고 판시한 예[85]가 있다.

하지만, 이러한 판례의 태도에 대하여는 퇴직금을 조건 없이 수령하였다고 하여 당사자에게 해고의 효력을 다투지 않을 의사가 있었다고 보고 권리불행사에 대한 상대방의 신뢰를 일반론으로 이끌어내는 것은 의문이며, 모든 모순된

81) 대법원 1991. 6. 28. 선고 91다1806 판결(상고기각).

82) 퇴직금 등의 수령행위를 해고처분을 유효로 인정한 의사표시로 본다면 그러한 의사표시만으로 해고무효의 소를 배척하면 족하고 금반언의 원칙과 같은 신의성실의 원칙을 그 근거로 제시할 필요는 없으므로, 대법원이 퇴직금 수령행위를 엄격한 의미의 의사표시로 보는 입장은 아니라고 하는 견해가 있다(김학동c, 115면). 하지만, 대법원이 사용하는 '해고의 인정'이라는 용어는 무효인 해고에 대한 명시적 또는 묵시적 추인이라는 의미나 근로계약의 합의해약이라는 의미로 사용되기도 하지만, 일반적으로는 해고의 효력을 다툴 권리의 포기라는 의미로 사용되며, 따라서 신의성실의 원칙 나아가 실효의 원칙의 적용이 문제된다(박상훈a, 39면).

83) 대법원 1991. 4. 12. 선고 90다8084 판결(인정, 상고기각).

84) 대법원 1991. 5. 28. 선고 91다9275 판결(인정, 상고기각).

85) 대법원 1991. 10. 25. 선고 90다20428 판결(인정, 원심파기). 이 판결은 권리불행사기간이 길지 않았고 징계면직처분이 징계권의 남용으로서 무효라고 본 원심판결을 정당하다고 판시하면서도 금반언의 원칙을 들어 결국 원심판결을 파기 환송하였다.

행위에 금반언의 원칙이 적용되는 것이 아니라 극히 모순된 행위에 예외적으로 적용되는 것이므로, 퇴직금을 이의 없이 수령한 후에 해고무효의 소를 제기한다고 하더라도 금반언의 원칙을 통해 해결해야 할 사안이라고는 보기 어렵다는 비판이 있다.[86)]

### 다. 대법원 1992. 1. 21. 선고 91다30118 판결 이후의 판례

#### (1) 대법원 1992. 1. 21. 선고 91다30118 판결(인정, 원심파기)

##### ㈎ 판 결

한국전력공사사건으로서 앞서 본 90다카9619 사건과 매우 유사한 사안에서 원심은 원고 승소판결을 선고하였으나,[87)] 대법원은 이를 파기하였다.

대법원은 이른바 실효의 원칙에 따라 권리의 행사가 허용되지 않을 수 있다는 원칙을 밝히면서 특히 이 사건과 같이 사용자와 근로자 사이의 고용관계(근로자의 지위)의 존부를 둘러싼 노동분쟁은, 그 당시의 경제적 정세에 대처하여 최선의 설비와 조직으로 기업활동을 전개하여야 하는 사용자의 입장에서는 물론, 근로자로서의 임금수입에 의하여 자신과 가족의 생계를 유지하고 있는 근로자의 입장에서도 신속히 해결되는 것이 바람직하므로, 위와 같은 실효의 원칙이 다른 법률관계보다 더욱 적극적으로 적용되어야 할 필요가 있다고 하였다.[88)] 이러한 노동분쟁의 신속한 해결이라는 요청과 신의성실의 원칙 및 실효의 원칙에 비추어 원고의 청구는 허용될 수 없는 것이라고 볼 여지가 있고, 만일 원고가 피고로부터 퇴직금을 수령한 바 있다면 원고가 의원면직처분이 무효임을 알게 된 후에도 수령한 퇴직금을 반환하지 아니하고 그대로 보유하고 있다는 사정도 실효의 원칙을 적용할 때 고려되어야 한다고 하였다.

##### ㈏ 평가 및 영향

실효의 원칙을 받아들여 근로자의 청구를 배척한 최초의 대법원 판결이다. 또한 이 판결은 대법원이 조건부 징계해임처분이 피고의 정관, 취업규칙 및 취업관리요령의 규정에 의한 절차를 위반하여 이루어진 것으로서 무효이며, 원고가 사직원을 제출하고 이에 따라 의원면직된 것으로 처리되었다고 하더라도 이

86) 최광준, 219~220면(하지만, 실효의 원칙의 적용가능성은 배제하지 않고 있다).
87) 서울고법 1991. 7. 12. 선고 91나15692 판결.
88) 노동분쟁이 신속히 해결되는 것이 바람직하다고 하더라도 신속한 해결을 위한 도구로 신의칙이 사용될 수는 없다는 비판이 있다(최광준, 225면).

는 순수한 자의에 의한 의원면직과는 성질이 달라서 의원면직처분이 위 조건부 징계해임처분과 불가분의 관계가 있으므로 무효인 징계해임처분에 기하여 행하여진 이 사건 의원면직처분도 무효라고 판시한 원심판결을 수긍하면서도 실효의 원칙을 들어 원심을 파기환송하였다는 점과 사실상 90다카9619 사건과 동일한 사안[89]에서 정반대의 결론을 내면서도 전원합의체가 아닌 소부에서 판결을 하였다는 점이 주목된다. 그리고 노동분쟁에서 실효의 원칙이 다른 법률관계보다 더욱 적극적으로 적용되어야 할 필요가 있음을 밝힘으로써 다른 소송에서는 거의 인정되지 아니하는 실효의 원칙이 이 판결을 계기로 노동사건에서 널리 인정되기 시작하여 이후의 대법원 판결에서는 신의칙 또는 실효의 원칙을 적용하여 원고의 청구를 배척하는 사안이 반대의 사안을 압도하게 되고, 적극적으로 원심판결을 파기하고 원고의 청구를 배척하는 사안이 급증하게 된다. 또한 1980년의 특수한 상황 하에서 해직된 공무원이나 정부투자기관의 임직원들이 장기간이 경과한 후에 제기한 소송에 관하여 실효의 원칙을 적용하여 배척하는 데 큰 영향을 미쳤고, 1980년 국가보위비상대책위원회에서 주도한 정화계획과 관련하여 해직된 근로자들이 제기한 소송에서도 위 판결의 판시에 따라 신의칙 또는 실효의 원칙에 의하여 원고의 청구를 배척하게 된다.[90]

㈐ 참고 판결

하지만 대법원은 원고가 피고 신문사의 일괄사표 제출요구를 거절하였음에도 아무런 징계절차도 없이 해직처리되었다가 불법연행된 상태에서 강요에 의하여 사직서를 제출하고 퇴직금을 수령한 후 10년이 지나 소를 제기한 사안에서는, 원고로서는 해고 후 소 제기시까지 해고의 효력을 인정하지 아니한 채 다투어 왔다고 할 것이고 피고 회사측에서도 원고가 이 사건 해고처분에 승복하

89) 이 사건과 유사한 사안으로 의원면직된 한전 근로자들이 1984년경부터 소송을 제기하기 시작하여 하급심에서 승패가 엇갈렸는데 1988. 4. 25.경에야 대법원에서 근로자의 승소가 확정되었다. 그 대법원 판결이 있은 지 1년 후에 제기한 사건인가(90다카9619 판결) 2년 4개월 정도가 지나서 제기한 사건인가(91다30118 판결)가 상반되는 결론을 도출할 만큼 본질적인 차이가 있는 것으로는 보이지 않는다(최광준, 224면).

90) 대법원 1992. 3. 13. 선고 91다39085 판결(인정, 상고기각), 대법원 1992. 5. 26. 선고 92다3670 판결(인정, 원심파기), 대법원 1992. 7. 10. 선고 92다3809 판결(인정, 원심파기), 대법원 1992. 8. 14. 선고 91다29811 판결(인정, 원심파기), 대법원 1992. 11. 13. 선고 92다13080 판결(인정, 상고기각), 대법원 1992. 12. 11. 선고 92다23285 판결(인정, 원심파기), 대법원 1993. 1. 26. 선고 91다38686 판결(인정, 원심파기), 대법원 1993. 5. 25. 선고 91다41750 판결(인정, 원심파기), 대법원 1993. 12. 28. 선고 92다34858 판결(인정, 원심파기), 대법원 1996. 10. 15. 선고 96다12290 판결(인정, 상고기각), 대법원 1996. 12. 10. 선고 96다38445 판결(인정, 상고기각) 등.

였으리라고 하는 신뢰를 형성하였다고 보기는 어렵다고 하였다. 원고가 비록 해고 후 명시적인 유보 없이 퇴직금 등을 수령하였고, 그 후 정치활동도 하고 해고 후 약 10년 가까이 지난 후에 이 사건 소를 제기하였다 하더라도 그것이 신의칙에 위반된다고 할 수는 없다고 하였다.[91)]

이 판결은 5공화국 해직자의 해고무효확인소송 중 매우 드물게 보는 원고 승소판결이며, 원고가 쟁송의 형태가 아닌 관계기관에 여러 차례 억울함을 호소하여 온 것을 가지고 해고의 효력을 다투어 왔다고 인정한 점에서 특색이 있다.[92)] 다른 5공화국 하에서의 해직자 소송과 사실관계에 다소의 차이는 엿보이나 원고가 해고된 지 10년 가까운 시간이 경과한 후에 소를 제기하였던 점을 고려하면 1980년대의 특수한 상황을 상당 부분 참작한 것으로 보인다.

(2) 대법원 1992. 1. 21. 선고 91다30118 판결 이후의 중요 판결

㈎ 대법원 1992. 4. 14. 선고 92다1728 판결(부정, 원심파기)

대법원은 아파트 관리사무소의 보일러기사인 원고가 징계해고된 후 해고수당과 퇴직금을 수령하고 해고 후 1년 10개월이 지나 해고무효확인 등 청구소송을 제기한 사안에서, 해고나 징계해고를 당한 근로자가 퇴직금과 해고수당을 아무런 조건의 유보 없이 수령한 것이라면 특별한 사정이 없는 한 그 해고를 유효한 것으로 인정하였다고 보는 것이 타당하고, 타당한 이유 없이 그로부터 장기간이 경과한 뒤에야 해고무효의 확인청구를 하는 것은 신의성실의 원칙상 허용되지 않는다고 볼 것이지만, 이와 같은 경우라도 해고의 효력을 인정하지 아니하고 이를 다투고 있었다고 볼 수 있는 객관적인 사정이 있다거나 그 외에 상당한 이유가 있는 상황 하에서 이를 수령하는 등 반대의 사정[93)]이 있음이 엿보이는 때에는 명시적인 이의를 유보함이 없이 퇴직금이나 해고수당을 수령한 경우라고 하여도 일률적으로 해고의 효력을 인정하였다고 보아서는 안 된다고 하였다.[94)] 또한 해고무효확인청구소송의 제기가 늦어진 경우에도 먼저 부당노동행위 구제신청을 하느라고 늦어졌다거나 사용자와의 복귀교섭 결과를 기다리거나 사용자의 복귀약속을 믿고 기다리다가 늦어졌다는 등 타당한 이유가 있어

91) 대법원 1993. 8. 24. 선고 92다55480 판결(부정, 상고기각).
92) 박상훈b, 170면.
93) 반대의 사정을 인정한 대표적인 판결로는 대법원 1996. 3. 8. 선고 95다1847 판결(부정, 상고기각).
94) 대법원 1992. 4. 14. 선고 92다1728 판결(심리미진 원심파기).

서 그렇게 된 경우에는 신의성실의 원칙에 어긋나지 않는다고 보아야 한다고 하였다.

㈏ **대법원 1994. 9. 30 선고 94다9092 판결**(부정, 상고기각)

대한조선공사가 기업경영의 합리화를 위하여 도장부를 분리, 독립시켜 그 계열회사로서 주식회사 대한특수도장을 설립하면서 도장부 소속 근로자들에게 앞으로 신설된 대한특수도장이 조업이 불가능하여 고용을 유지하지 못하게 될 때에는 대한조선공사가 대한특수도장의 소속 종업원들을 모두 재취업시키기로 약정하였는데, 1989. 7.경 대한특수도장이 폐업하여 근로자들이 해고되자 원고들을 제외한 해고근로자들은 즉시 위 재취업약정을 근거로 대한조선공사를 상대로 고용관계 존재확인을 구하는 소송을 제기하였으나 원고들은 1992. 4. 3.에 이르러서야 소송을 제기하였다.

위 사안에서 대법원은 근로자들이 신설계열회사로부터 해고당한 지 2년 8개월여의 기간이 경과된 후에 재취업약정을 근거로 하여 원래 근무하던 공사와의 사이에 고용관계가 존재한다는 확인 또는 임금지급을 청구하는 소를 제기한 경우, 이는 그동안 비슷한 처지에 놓인 다른 근로자들이 제기한 같은 취지의 관련소송의 추이를 기다렸다가 그 중 일부 근로자들이 승소판결을 얻자 비로소 제소에 이르렀음이 분명하다면, 재취업약정에 기하여 공사와 사이에 새로운 고용관계가 형성되었음에도 공사측에서 그동안 전혀 근로의 기회를 제공하지 않은 사정을 감안하여 볼 때, 이러한 법률관계에 정통하지 못한 근로자들이 뒤늦게 제소를 하였다고 하여 그 소제기에 의한 권리의 행사가 실효의 원칙 내지는 신의성실의 원칙에 반한다고 할 수 없다고 하였다. 또한 근로자들이 비록 그 사이 각기 다른 회사에 입사하여 고액의 급료를 얻고 있었다고 하더라도, 이는 소송의 승소가능성에 대한 회의와 공사측과의 사이에 생긴 법률관계에 대한 이해부족에서 연유된 것으로 보이므로 이 때문에 그 결론이 달라진다고 볼 수도 없다고 판시하였다.

원고들이 해고당한 지 3년 가까운 시간이 경과한 후에야 소송을 제기하였고 다른 해고된 근로자들이 소를 제기하였음에도 가담하지 아니한 점, 해고된 후 다른 회사에 입사하여 고액의 급료를 받아오고 있던 점 등을 고려하면 기존의 판례 태도에 비추어 실효의 원칙이 적용될 수도 있었을 것이다. 하지만, 이

사건은 재취업 약정에 기하여 생긴 새로운 고용관계의 확인을 구하는 것으로서 단순한 부당해고로 인한 근로관계확인청구와는 다르다는 점을 참작한 것으로 보인다.[95] 또한 원고들이 퇴직금을 수령한 사실도 없고, 원고들이 관리직이었던 관계로 다른 기술직 근로자들이 회사측을 상대로 복직을 위한 집단소송을 제기하는 데 동조하지 못하고 그 소송의 추이를 기다렸다가 위 근로자들의 승소가 확정될 단계에 이르러 비로소 소를 제기한 것이기에 피고 회사가 원고들이 권리를 행사하지 않을 것으로 믿고, 또 그와 같이 믿은 데에 정당한 이유가 있다고 보기 어렵다고 판단한 사안이다.[96]

㈐ **대법원 2000. 4. 25. 선고 99다34475 판결**(인정, 원심파기)

피고 한국증권거래소는 국가안전기획부의 통보에 따라 그 직원인 원고에게 사직을 종용하다가 원고가 이에 불응하자 원고를 징계면직하였다.[97] 원고는 당시 상황에서 징계면직처분의 무효를 다투어 복직하기는 어렵다고 판단하여 1985. 12. 16. 퇴직금이라도 수령할 생각으로 징계면직 발령일자와 같은 날인 1985. 12. 5.자로 된 사직원을 작성, 제출함과 동시에 종전의 징계면직처분을 취소하고 의원면직처리를 하여 달라는 취지의 재심청구를 하여 의원면직 처리되었다. 원고는 의원면직처분 발령일인 1986. 2. 3. 이후 아무런 이의나 유보 없이 그에 따른 퇴직금을 수령하였으나 그 후 징계면직처분 및 의원면직처분의 부당성을 다투어 오다가 1998. 2. 17. 소를 제기하였다.

위 사안에서 원심은 원고의 사직의 의사표시를 비진의의사표시로 보고 원고가 당시의 억압된 상황하에서 징계면직처분이나 의원면직처분의 효력을 다툴 수는 없었으나, 그 후 피고에게 복직청원을 하고, 국민고충처리위원회에 탄원서를 제출하는 등 꾸준히 이 사건 면직처분의 효력을 다투어 오다가 이 사건 소에 이른 점에 비추어 신의칙이나 금반언의 원칙에 위반되지 않는다고 보았다.[98]

95) 김선중, 389면. 즉, 재취업약정에 기하여 공사와의 사이에 새로운 고용관계가 형성되었음에도 불구하고 공사측에서 그동안 전혀 근로의 기회를 제공하지 않은 사정을 감안하였다.

96) 김선중, 389면.

97) 원고가 피고에 입사하여 노동조합 상근 부장으로 근무하던 1985년 10월경 증권가 정보를 야당 국회의원에게 누설한다는 혐의를 받고 국가안전기획부로부터 내사를 받게 되어 국가안전기획부는 1985년 10월 말경 원고의 혐의 내용을 피고에게 통보하였고, 피고는 위 혐의 내용의 진위 여부에 관한 조사확인절차 없이 원고에게 사직을 종용하다가 원고가 이에 불응하자 같은 해 12월 3일 인사위원회를 개최하여 원고가 피고의 심리부에서 효율적인 증권시장 관리를 위하여 수행한 정보수집 업무내용 중 일부 내용을 외부에 누설하였음을 징계이유로 삼아 원고를 징계면직에 처하는 내용의 의결을 한 후 같은 달 5일 원고를 징계면직하였다.

하지만 대법원은, 원고는 자신이 작성·제출한 사직원에 기하여 위와 같이 의원면직통보를 받고 퇴직금 등을 수령하면서 아무런 이의의 유보를 하지 않았는데, 선행처분인 징계면직처분에 대하여 그 처분 당시 이를 다투었다는 점은 이 사건 의원면직처분에 있어 특별한 사정으로 볼 수 없고 달리 특별한 사정의 존재를 찾아볼 수 없다고 하였다. 적어도 원고가 피고에게 처음 복직신청을 하였다가 거부통보를 받은 1988년 9월경부터 6년 4개월이 경과한 1995. 1. 3.까지 사이에 어떠한 조치를 취하였다고 볼 자료가 없는 이 사건에서는 원고가 이제 더는 이 사건 의원면직처분의 효력을 다투지 않을 것이라는 피고의 신뢰가 형성되었다고 봄이 상당하다고 하면서, 그 이후에 위 면직처분의 효력을 다투는 행위가 있었다고 하여도 이 사건 소의 제기는 노동분쟁의 신속한 해결이라는 요청과 신의칙이나 금반언의 원칙에 위반되는 것으로 허용되지 아니한다고 판시하였다.

이 사안은 원고가 국가안전기획부의 불법적인 체포와 감금 등에 의한 심리적 압박으로 면직처분에 관하여 다투는 것을 포기하고 사직원을 작성하였고 피고도 이를 알고 있었던 것으로 보인다.[99] 그럼에도 근로관계의 특수성에 비추어 노동분쟁을 신속히 해결하는 것이 바람직하다는 사고에 기초하여 실효의 원칙을 적용함으로써 원고의 청구를 배척한 사례이다.[100] 또한 그 전에 사직서 제출행위의 외형적 형식보다 그 실질을 중시하여 사용자가 근로자의 의원면직을 종용한 경우 노동법적 관점에서 이를 부당해고로 보았는데, 위 판결은 근로계약관계에도 민법의 규정을 적용하여 사용자와 근로자 사이의 근로계약관계를 계약적 관점에서 규율하고자 한 점에 특색이 있다.[101]

98) 서울고법 1999. 5. 27. 선고 98나44460 판결.

99) 원고는 징계면직처분을 받은 직후인 1985. 12. 6. 국가안전기획부 사무실로 불법연행되어 같은 달 12일까지 1주일간 감금된 상태에서 혐의 내용과 대공불순세력과의 연계혐의에 대하여 가혹한 신문 및 조사를 받았으나 아무런 혐의점이 없어 결국 석방되었다.

100) 김용빈, 30면.

101) 김용빈, 30면. 대법원은 사용자가 사직의 의사 없는 근로자로 하여금 어쩔 수 없이 사직서를 작성·제출하게 한 후 이를 수리하는 이른바 의원면직의 형식을 취하여 근로계약관계를 종료시키는 경우처럼 근로자의 사직서 제출이 진의 아닌 의사표시에 해당하는 등으로 무효이어서 사용자의 그 수리행위를 실질적으로 사용자의 일방적 의사에 의하여 근로계약관계를 종료시키는 해고라고 볼 수 있는 경우가 아닌 한, 사용자가 사직서 제출에 따른 사직의 의사표시를 수락함으로써 사용자와 근로자 사이의 근로계약관계는 합의해지에 의하여 종료되는 것이므로 사용자의 의원면직처분을 해고라고 볼 수 없다고 하였다. 나아가 대법원은, 여기서 말하는 진의 아닌 의사표시에 있어서의 진의란 특정한 내용의 의사표시를 하고자 하는 표의자의 생각을 말하는 것이지 표의자가 진정으로 마음속에서 바라는 사항을 뜻하는 것은 아니

### (3) 기타 판결들

#### ㈎ 해고무효확인청구 긍정례

사용자로부터 해고된 근로자가 퇴직금 등을 수령하면서 아무런 이의의 유보나 조건을 제기하지 않았다면 '특별한 사정'이 없는 한 그 해고의 효력을 인정하였다고 할 것이고, 따라서 그로부터 오랜 기간이 지난 후에 그 해고의 효력을 다투는 소를 제기하는 것은 신의칙이나 금반언의 원칙에 위배되어 허용될 수 없다고 함이 판례이므로 특별한 사정을 어떻게 볼 것인지가 중요하다.

대법원은 퇴직금 수령 전에 해고의 효력을 다투는 소를 제기하고 있거나,[102] 해고된 직후부터 해고의 효력을 다투어 온 경우,[103] 징계해고를 당한 근로자가 불복할 의사를 분명히 하면서 퇴직금의 일부를 지급받고 구제명령을 받은 후 나머지 퇴직금을 수령한 경우,[104] 근로자들이 퇴직금의 지급을 종용하였으나 바로 그 다음 날 부당해고 구제신청을 하고 퇴직금을 수령한 경우,[105] 근로자가 변제공탁된 퇴직금을 이의 없이 수령하였으나, 해고처분 후 곧바로 재심신청을 하였고 회사로부터 퇴직금을 송금받은 후 이를 돌려주었다가 회사가 다시 이를 변제공탁하자 수령하게 되었으며, 퇴직금 수령 후 1개월이 지나지 않아 노동위원회에 부당해고 구제신청을 한 경우,[106] 피고 회사에 근무하다가 원고들이 사직한 직후에 해고된 일부 근로자들이 피고를 상대로 제기하거나 그들이 실질적 당사자가 되어 있는 소송에서 정리해고의 정당성이 다투어지고 있었기 때문에 그 해고근로자들이 다투는 쟁점과 실질적으로 같은 쟁점이 있는 원고들이 이에 관한 법원의 판단을 기다렸다가 위 사건의 1심판결이 선고되자 곧바로 소를 제기한 경우[107]에는 해고의 효력을 인정하였다고 할 수 없다고 하였고, 특별한 이유설시 없이 전형적인 문구만을 인용한 사례도 있다.[108]

---

므로, 표의자가 의사표시의 내용을 진정으로 마음속에서 바라지는 아니하였다고 하더라도 당시의 상황에서는 그것을 최선이라고 판단하여 그 의사표시를 하였을 경우에는 이를 내심의 효과의사가 결여된 진의 아닌 의사표시라고 할 수 없다고 하여 의원면직처분을 부당해고로 판단한 원심이 이 점에 있어서도 잘못이라고 지적하였다.

102) 대법원 1992. 3. 31. 선고 90다8763 판결(상고기각), 대법원 1992. 12. 8. 선고 91다43015 판결(상고기각).

103) 대법원 1993. 3. 9. 선고 92다29429 판결(상고기각), 대법원 1995. 2. 28. 선고 94다15363 판결(부정, 상고기각).

104) 대법원 1993. 2. 12. 선고 92누10654 판결(부정, 상고기각).

105) 대법원 2002. 5. 14. 선고 2000두4675 판결(부정, 상고기각).

106) 대법원 2005. 5. 26. 선고 2005두1152 판결(부정, 상고기각).

107) 대법원 2005. 11. 25. 선고 2005다38270 판결(부정, 상고기각).

또한 원고들이 사직서 제출 종용에 대하여 피고인 보험회사측에 줄곧 항의하였고, 원고들을 비롯한 사원들이 사직서를 제출하자 회사측이 사직 처리와 동시에 사원들이 회사로부터 대출받은 대출금의 이율을 연 4%에서 연 22%로 올리겠다고 하므로 이자 부담을 두려워한 일부 사원들은 퇴직금으로 대출금을 상계하고 나머지 퇴직금을 수령하였으며, 퇴직금을 수령하지 않은 사원들에 대하여는 회사측이 일방적으로 대출금과 퇴직금을 상계처리한 후 나머지 퇴직금을 사원들의 은행계좌로 송금한 사안에서, 원고들은 자신들에게 미칠 불이익을 두려워하여 일단 퇴직금을 수령한 것에 불과하고, 해고된 직원들이 여러 차례 모여서 일방적인 사직서 수리조치에 대하여 회사측에 이의를 제기한 사정 등 원고들의 해고 전후의 사정을 종합적으로 고려하여 보면, 일부 원고들이 퇴직 후 일시적으로 다른 직장에 근무하였다거나 원고들이 해고된 후 약 9개월 내지 1년 8개월 남짓 지나 이 사건 해고무효의 소를 제기하였다는 사정만으로는 해고를 추인하였거나 그 소제기 행위가 신의칙에 반한다고 할 수는 없다고 판단한 사례도 있다.109)

㈏ 해고무효확인청구 부정례

근로자가 아무런 이의를 유보하지 아니한 채 퇴직금을 수령한 경우,110) 회사의 자신에 대한 징계면직처분에 대하여 재심청구를 하였으나 기각되자 회사가 자신의 급여계좌에 입금한 해고예고수당을 반환하기 위하여 이를 공탁까지 하였다가 그 후 아무런 이의 없이 회사로부터 퇴직금을 수령하고 그 후로는 부당노동행위 구제신청을 하는 등으로 징계면직처분을 다툼이 없이 다른 생업에 종사하여 오다가 징계면직일로부터 2년 10개월가량이 경과한 후 해고무효확인의 소를 제기한 경우,111) 원고가 징계해임사실을 통고받은 후 퇴직금을 다른 조건 없이 수령하였고, 그로부터 1년 5개월이 지나 소송을 제기한 경우,112) 원고가 해고된 후 피고가 지급한 퇴직금을 아무런 이의를 유보하지 아니하고 수령하였고, 위 해고가 부당하다는 이유로 부당해고 구제신청을 하여 기각되었으나 이에 대하여 불복을 제기하지 아니하여 위 결정이 확정되기까지 하였는데 그로

108) 대법원 1995. 11. 21. 선고 94다45753, 45760 판결(부정, 상고기각).
109) 대법원 2003. 10. 10. 선고 2001다76229 판결(부정, 상고기각).
110) 대법원 1995. 6. 30. 선고 94다17994 판결(인정, 상고기각).
111) 대법원 1996. 11. 26. 선고 95다49004 판결(인정, 상고기각).
112) 대법원 1993. 9. 24. 선고 93다21736 판결(심리미진 원심파기).

부터 1년 7개월가량 경과하여 소를 제기한 경우,[113] 전국교직원노동조합(전교조) 가입을 이유로 해임된 사립학교 교사가 해고무효확인의 전소를 제기하였으나 헌법재판소의 사립학교법 관계 조항에 대한 합헌결정이 있자 스스로 전소를 취하하고 전교조에서 계속 활동하다가 정부의 구제방침에 따라 전교조를 탈퇴하고 공립학교 교사로 신규임용되었음에도 공립학교 교사로 임명된 후로서 전소의 취하일로부터 2년 10개월이 지난 후에 다시 전소와 동일한 내용의 해고무효확인의 후소를 제기한 경우,[114] 근로자가 비록 퇴직금 등을 수령하면서 사직서 등을 제출한 바는 없지만, 유리한 조건으로 퇴직금 등을 지급받고 전별금을 수령한 다음 기숙사에서 퇴사한 후 소를 제기한 경우,[115] 징계해고 후 6일 만에 다른 회사에 입사하였고 다른 회사에서의 보수도 해고된 회사보다 현저하게 낮다고 볼 수 없고, 또 복직의사가 없을 뿐만 아니라 복직이 현실적으로 어려운 상태에서 징계해고 후 9개월이 넘어 해고무효의 소를 제기한 경우,[116] 원고가 해고를 당한 직후 피고가 가압류하지 아니한 원고의 퇴직금 중 2분의 1 부분을 아무런 이의 없이 수령하였으며, 피고가 원고를 상대로 손해배상을 구한 종전 소송에서 원고 승소의 1심 판결을 선고받고도 피고에 대하여 이 사건 해고가 무효라는 주장을 한 바가 없을 뿐만 아니라, 심지어는 피고의 항소를 기각한 2심 판결이 확정되어 원고의 퇴직금 중 나머지 2분의 1에 관한 피고의 가압류가 해제되자 곧바로 아무런 이의를 보류함이 없이 나머지 퇴직금마저 수령하고도 그 후 소를 제기한 경우[117]에 대법원은 신의칙, 실효의 원칙, 금반언의 원칙에 반하여 허용될 수 없다고 하였다.

또한 원고가 포커라는 도박을 하다가 적발되자 사직원을 제출하여 의원면직처분된 후 5년이 지나 위 사직원의 작성·제출이 자신이 아닌 그의 형에 의하여 이루어졌음을 이유로 의원면직의 무효확인을 구한 사안에서, 근로자의 형이 사직원을 제출하게 된 경위 및 근로자가 아무런 이의 없이 퇴직금을 수령한 점 등 제반 사정에 비추어 볼 때, 의원면직일로부터 5년여가 경과한 후에 위와 같은 소를 제기하는 것은 신의칙 내지 금반언의 원칙에 반하는 것으로서 부적법하다고 판시하였다.[118]

---

113) 대법원 1995. 3. 10. 선고 94다33552 판결(인정, 원심파기).
114) 대법원 1996. 10. 15. 선고 96다12290 판결(인정, 상고기각).
115) 대법원 1999. 6. 25. 선고 99두4662 판결(인정, 원심파기).
116) 대법원 1993. 4. 13. 선고 92다49171 판결(인정, 상고기각).
117) 대법원 2002. 12. 24. 선고 2002다52626 판결(심리미진 원심파기).
118) 이 판결은 소 제기 자체가 부적법하다고 각하하여 각하설을 취한 1심과 2심을 그대로 유

### 라. 검　토

권리의 행사가 신의칙에 위배된다 하여 청구를 배척하는 것은 민사소송에서 극히 예외적이고, 해고무효확인소송에 있어서도 신의칙이나 금반언의 원칙을 들어 해고의 유·무효에 불구하고 근로자의 청구를 배척한 사례는 대법원 1989. 9. 29. 선고 88다카19804 판결이 나오기까지는 발견하기 어렵다. 위 대법원 판결이 해고무효확인소송에서 신의칙의 적용이 가능하다는 내용의 판시를 한 이래 해고무효확인의 소에서 신의칙의 적용 폭을 넓혀 왔다. 특히 한국전력공사사건에서의 대법원 1992. 1. 21. 선고 91다30118 판결을 계기로 이른바 실효의 원칙이 확립되고, 이는 1980년의 국가보위비상대책위원회에서 주도한 정화계획에 의한 대량해직과 관련하여 1980년대 말 이후 몰려들기 시작한 해고무효확인소송에서 전면적으로 적용되게 된다. 그리하여 1989년의 88다카19084 판결 이후 1992년의 91다30118 판결이 나오기까지는 대법원판결 중 해고무효확인청구 인용례와 배척례가 비슷한 수를 점하다가 위 91다30118 판결 이후 배척례가 인용례를 압도하게 되었다. 특히 주목할 만한 현상은 부정례의 상당수가 원심의 근로자 승소판결을 파기환송함으로써 대법원이 해고무효확인소송에 있어서의 실효의 원칙 적용에 대한 강력한 의지를 천명하였다는 것이며, 이는 특히 1980년 정화계획과 관련한 해직사건에서 두드러진다.

실효의 원칙을 전면적으로 노동사건에 적용하는 판례의 문제점은 그 이전의 판결들과 비교함으로써 검토될 수 있다. 91다30118 판결이 나오기 직전까지도 해직되고 상당한 기간이 경과한 후에 제소한 사건에서 대법원이 신의칙이나 실효의 원칙의 주장을 배척하고 심지어 원심판결을 파기하면서까지[119] 근로자 승소판결을 하였다. 그 이유는 신의칙의 적용 자체가 매우 예외적이라는 점도 있겠으나, 실효의 원칙이 적용되기 위해서는 권리자가 실제로 장기간 권리를 행사하지 아니한 것과 함께 의무자인 상대방으로서도 이제는 권리자가 권리를 행사하지 아니할 것으로 신뢰할 만한 정당한 기대를 가지게 되어 새삼스럽게 그 권리를 행사하는 것이 법질서 전체를 지배하는 신의성실의 원칙에 반하는 것으로 인정되어야 하는바, 부당해고에 있어서는 부당해고의 주체가 바로 사용자이고 따라서 그에게 법적으로 보호할 만한 정당한 신뢰를 인정하기 쉽지 않기 때

지함으로써 각하설을 취하였다.

119) 대법원 1990. 8. 28. 선고 90다카9619 판결.

문이었던 것으로 보인다.[120)]

하지만 해고무효확인소송과 관련하여 근로자를 보호할 필요가 아무리 크다고 하여도, 해고가 정당한 이유가 없다고 판단되는 경우 시간의 경과에 무관하게 무조건 근로자를 구제하여야 하는 것은 아니다. 위 91다30118 판결에서 지적하였듯이 근로자의 지위와 관련한 분쟁은 신속한 해결이 바람직하다.[121)] 그런데 신의칙이란 그 자체가 법적 안정성을 저해할 위험이 상존하는 것으로서 최후에 보충적으로 적용되어야 하는 것이고, 따라서 특별규정을 두어 문제해결이 가능하다면 마땅히 입법을 하여 신의칙을 자의적으로 적용함으로 인한 법적인 불안정성을 제거하여야 한다.

해고일로부터 원칙적으로 3개월 이내에 고용심판소(Employment Tribunal)에 구제를 신청하도록 되어 있는 영국[122)]이나 해고고지를 받은 후 3주 내에 소를 제기하도록 되어 있는 독일과 같이[123)] 해고무효확인소송의 제소기간을 법률로 정하는 것이 법적인 안정성을 기할 수 있고 당사자에게 예측가능성을 부여할 수 있다는 점에서 바람직하다.[124)]

### 3. 부당해고와 소급임금의 산정

#### 가. 개 설

법 23조 1항은 사용자는 근로자에 대하여 정당한 이유 없이 해고하지 못한다고 규정하고 있고, 정당한 이유 없는 해고는 위법한 것으로서 사법상 무효이다.[125)] 이 경우 위법하게 해고당한 근로자는 법 28조에 의하여 노동위원회에 부당해고 구제신청을 하거나 법원에 제소하여 사법적 구제를 받을 수 있다. 사법적 구제를 청구하는 형태는 주로 위법한 해고의 무효확인과 해고기간 동안의 임금을 구하는 것이다. 이와 관련하여 근로자가 해고기간 동안의 임금을 구할 수 있는 법적 근거가 무엇인지, 구할 수 있는 임금의 범위는 어떠한 것인지, 해고기간 동안 다른 직장에 근무하여 얻은 중간수입을 사용자가 지급하여야 할 임금액에서 공제할 수 있는 것인지 등이 문제된다.

120) 박상훈a, 42~43면; 오종한, 58면.
121) 小西國友, 343면; 김용빈, 25면; 김학동c, 116면; 윤재식, 925면.
122) 이상호 · 조임영 · 강충호, 124면.
123) 김소영 · 조용만 · 강현주, 128면; 이상호 · 조임영 · 강충호, 23면.
124) 김소영 · 조용만 · 강현주, 45면; 오종한, 57면; 이철수, 132면.
125) 김형배, 755면; 임종률, 548면.

### 나. 임금청구의 법적 근거

부당하게 해고된 근로자를 구제하는 방법으로는 크게 두 개의 견해가 대립되고 있다. 근로자와 사용자 사이의 근로계약관계가 여전히 존속한다고 보고 근로자가 해고의 무효 및 임금을 청구할 수 있다는 견해(임금청구설)와, 근로자와 사용자 사이의 근로계약관계는 사용자의 해고를 이유로 하는 취업거절에 의하여 종료된다고 보고 근로자는 임금 상당의 손해배상을 구할 수 있다는 견해(손해배상설)의 대립이 그것이다.[126] 우리나라의 경우 근기법이 정당한 이유 없이 근로자를 해고할 수 없도록 규정하고 있고 정당한 이유 없는 해고는 사법상 무효라고 함이 통설 및 판례의 태도이므로 부당해고의 경우에는 그동안 근로관계가 유효하게 계속되고 있었던 것이 된다.[127] 그리하여 근로자가 부당해고기간 동안의 임금을 구할 수 있다는 임금청구설에 대하여 별다른 이견이 없다.

근로자가 부당하게 해고당한 경우에 노무를 급부하지 아니하고도 해고기간 동안의 임금을 청구할 수 있다고 하더라도 그 구체적인 법적 근거가 무엇인지는 여전히 의문으로 남는다. 독일은 근로자를 부당하게 해고하고 근로수령을 거부한 것을 수령지체로 보아 민법 615조에서 "노무 청구권자가 노무의 수령을 지체한 때에는 의무자는 그 지체로 인하여 급부하지 못한 노무에 대하여 약정된 보수를 추후 급부의 의무를 부담함이 없이 청구할 수 있다"고 하여 명문의 규정을 두어 이 문제를 해결하고 있다.[128] 그러나 독일과 같은 명문의 규정이 없는 우리의 경우 부당해고된 근로자의 임금청구권의 근거를 어디에서 찾을 것인가에 관하여 견해의 대립이 있다.

수령지체의 효과라는 설은 근로자가 노무급부의 제공을 하였음에도 사용자가 이를 수령하지 아니하여 근로관계가 전개되지 못한 경우에는 민법 400조의

126) 박순성, 135면 참조.

127) 대법원 1981. 12. 22. 선고 81다626 판결.

128) 독일 민법 615조는 이어서 "그러나 그는 노무급부를 하지 아니함으로 인하여 절약한 것 또는 자신의 노무를 달리 사용함으로써 취득하거나 악의적으로 취득하지 아니한 것의 가액이 공제되도록 하여야 한다"고 하여 중간수입의 전액공제 및 손해경감의무까지도 규정하고 있다. 그리고 채권자의 책임 있는 후발적 불능에 관하여 규정한 독일 민법 324조에서도 1항에서 "쌍무계약에 기하여 당사자 일방의 의무 있는 급부가 상대방에게 책임 있는 사유로 불능이 된 경우에는, 그는 반대급부청구권을 계속 보유한다. 그러나 그는 급부를 면함으로 인하여 절약한 것 또는 자신의 노동력을 달리 사용함으로써 취득하거나 악의적으로 취득하지 아니한 것이 공제되도록 하여야 한다"고 하고, 2항에서 "당사자 일방의 의무 있는 급부가 그에게 책임 없는 사유로 상대방의 수령지체 중에 불능이 된 경우에도 또한 같다"고 하여 손해경감의무를 널리 인정하고 있다.

규정에 의하여 근로자의 노무의 제공 또는 사용자에 대한 구두의 통지로서 노무급부 이행이 있었던 것으로 간주되고 근로자는 임금을 청구할 수 있다고 주장한다.[129)]

이에 대하여 위험부담의 효과라는 설은 사용자가 근로자를 정당한 이유 없이 해고하여 그 노무의 수령을 거부하는 경우에는 시간이라는 요소와 밀접하게 관련되어 있는 근로계약의 성질상 근로자의 노무급부의무는 사용자의 수령거절에 의하여 이행불능이 되고 민법 538조 1항에 의하여 위험부담의 효과로서 근로자는 반대급부인 임금을 청구할 수 있다고 주장한다.[130)]

민법 538조 1항이 “쌍무계약의 당사자 일방의 채무가 채권자의 책임 있는 사유로 이행할 수 없게 된 때에는 채무자는 상대방의 이행을 청구할 수 있다. 채권자의 수령지체 중에 당사자 쌍방의 책임 없는 사유로 이행할 수 없게 된 때에도 같다”고 하여 쌍무계약의 반대급부청구권에 관한 위험부담제도를 규정하고 있는데, 이 규정에 의하여 근로자의 임금청구권을 인정함이 통설이고,[131)] 대법원도 사용자가 근로자를 해고한 경우 사용자의 근로자에 대한 해고처분이 무효인 경우에는 그동안 근로계약 관계가 유효하게 계속되고 있었는데도 불구하고 근로자가 사용자의 귀책사유로 말미암아 근로를 제공하지 못한 것이므로 근로자는 민법 538조 1항에 의하여 계속 근로하였을 경우에 받을 수 있는 임금 전부의 지급을 청구할 수 있다고 한다.[132)]

이와 같이 민법 538조 1항을 통상 위험부담의 문제에 포함시켜 원칙규정인 채무자 위험부담주의의 예외로 보고 있으나, 위험부담의 문제는 급부와 반대급부 간의 견련성을 특징으로 하는 쌍무계약에 있어서 양 당사자 모두의 귀책사유 없이 급부가 불능이 된 경우에 누가 그 대가위험을 부담할 것인가에 관한 것으로서, 만약 일방 당사자에게 책임이 있다면 그 당사자가 채무불이행 책임을 지면 되는 것이고 굳이 위험부담으로서 논할 필요가 없다는 견해가 있다.[133)] 민

129) 박순성, 137~138면 참조.

130) 박순성, 138면; 하경효, 241~242면.

131) 이 때의 임금은 해고 당시의 임금이 아니라 근로자가 해고당하지 않았다면 받을 수 있었던 임금 전부라고 함이 판례 및 통설이며, 다만 어느 범위까지 근로자가 받을 수 있었던 임금이라고 볼 것인지가 문제된다(대법원 1981. 12. 2. 선고 81다626 판결).

132) 대법원 1992. 3. 31. 선고 90다8763 판결, 대법원 1992. 12. 8. 선고 92다39860 판결, 대법원 1993. 9. 24. 선고 93다21736 판결, 대법원 1995. 11. 21. 선고 94다45753, 45760 판결.

133) 주석민법 채권각칙(1), 445면.

법 538조 1항은 채권자의 귀책사유를 전제로 하는 점에서 민법 537조의 채무자 위험부담주의에 대한 예외를 규정한 것이라고 보기는 어려우며, 따라서 이는 엄격한 의미의 순수한 위험부담에 관한 규정이 아니라 채권자의 귀책사유 내지 수령지체가 없었더라면 채무의 내용이 제대로 실현될 수 있었을 것에 대한 책임귀속에 관한 규정이라는 것이다.[134] 그럼에도 민법 538조 1항이 채권자 유책의 이행불능의 경우를 위험부담의 문제로 다루고 있는 것은 편의적 취급에 불과하며, 위 조항의 의의는 손해배상에 의하여 처리하는 경우의 채무자의 주장·증명의 번잡함을 피하기 위해 편의적으로 반대급부청구권을 존속시킨 것이다.[135] 그러므로 해고기간 중의 소급임금청구의 실질적 근거는 근로계약의 존속이 아닌 사용자의 유책하고 위법한 행위에 의하여 근로계약관계가 파탄된 것에서 구할 수 있고, 민법 538조 1항에 의한 소급임금도 부당해고를 불법행위로 구성하는 경우의 일실이익의 손해배상과 문제구조가 동일한 것이라고 한다.[136] 이 견해는 형평의 원칙에 입각하여 채무자는 불능이 된 급부에 대해 채무를 면하게 되고 채권자에 대한 반대급부청구권을 상실하지 않게 될 뿐이며 위험부담의 문제라고는 보지 않는다.

하지만 두 견해 모두 그 근간에는 공평의 원칙을 관철하기 위한 사상이 바탕이 되므로 그 법적 효과의 면에서는 별 차이가 없고, 따라서 문제의 핵심은 위험부담원리가 적용되는가 아닌가의 여부가 아니라 공평의 원칙에 비추어 볼 때 당사자 간에 위험이 합리적으로 분배되었는가에 있다.

입법자는 민법 538조의 경우에 채권자에게 위험을 이전시키는 것이 공평의 원칙에 부합하다고 판단한 것이며,[137] 이와 같이 반대급부청구권이 존속하는 이유는 채권자가 급부불능에 대하여 책임져야 한다면 마치 채무자가 이행한 것처럼 다루어야 한다고 법이 평가하기 때문이다.[138]

민법 538조 1항이 적용되기 위해서는 사용자의 귀책사유를 요하므로 취업

134) 김형배b, 1181면; 하경효, 245면.

135) 本久洋一, 206면; 김소영 · 조용만 · 강현주, 135면. 本久洋一은 실제로 채무를 면한 것에 의한 이익의 상환의무는 손해배상에서 손익상계의 기능을 하고 있고 민법 538조 1항의 손해배상적 성격을 보이고 있으며, 이러한 의미에서 민법 538조 1항에 기한 청구권이 실은 채권자가 채무자의 계약목적을 좌절시킨 손해의 배상이라고 하는 견해는 정확한 것이라고 한다(本久洋一, 206~207면).

136) 本久洋一, 207면; 김소영 · 조용만 · 강현주, 135면.

137) 주석민법 채권각칙(1), 445면 이하.

138) 민법주해[XIII] 채권(6), 101면.

규칙의 징계해고사유에 해당하는 비위행위이지만 징계해고는 조금 가혹하고 사용자가 징계해고가 상당하다고 판단한 것도 무리는 아니었다고 보이는 경우라든가, 유니언 숍 협정에 의한 해고가 후에 제명처분무효를 이유로 무효가 되었으나 사용자는 이를 해고 시에 인식하기가 곤란했던 경우에는 귀책사유가 부정되어 근로자의 임금청구가 불가능하다는 견해가 있다.[139)]

하지만 실무상으로는 부당해고가 인정되는 경우에는 곧바로 금지규정에 위반하여 부당해고를 한 사용자에게 귀책사유가 있는 것으로 보고 부당해고기간 동안의 임금지급을 명하고 있을 뿐 사용자의 귀책사유를 별도로 검토하는 예는 보기 어렵다. 일본에도 제명을 이유로 한 유니언 숍 협정에 기한 해고는 제명이 무효인 경우에는 달리 해고의 합리성을 뒷받침할 특단의 사정이 없는 한 해고권 남용으로서 무효이고, 그 경우 사용자의 수령 거부에 의한 근로자의 이행불능은 채권자인 사용자의 책임에 속하는 사유에 의한 것이어서 근로자는 반대급부로서의 임금청구권을 상실하지 않는다는 판결이 있다.[140)]

민법 538조 1항이 위험부담에 관한 정책적인 규정이므로, 책임 있는 사유란 원칙적으로 채무자의 급부가 불능으로 된 데 원인이 된 채권자의 모든 유책한 계약위반 행태를 의미하며 객관적 주의의무 위반으로 족한 것으로서,[141)] 사용자에게 주관적인 책임을 묻기 어려운 경우라도 금지규정에 위반하여 근로자를 부당해고한 것 자체를 사용자의 귀책사유로 보아 소급임금을 지급하게 할 수 있을 것이다.[142)]

대법원은 구회사를 실질적으로 운영하는 사주가 쟁의행위로서 정당성을 결여한 직장폐쇄를 감행하여 전 직원을 퇴직처리한 다음 구회사를 폐업하고 새로이 회사를 설립하는 위장폐업의 방법으로 근로자들을 부당해고한 사안에서, 근로자들로서는 위장폐업에 의한 부당해고가 무효임을 이유로 민법 538조 1항에 따라 구회사 또는 그와 실질적으로 동일성을 유지하고 있는 신설회사에 대하여

139) 임종률, 602면.

140) 最高裁 1984. 3. 29. 判決(淸心會山本病院事件, 勞働判例 427호, 17면).

141) 민법주해[XIII] 채권(6), 103면.

142) 하경효, 245면(하경효 교수는 원래 부당해고로 인하여 근로자에게 직접적으로 발생하는 불이익은 행위자인 사용자에게 귀속시키는 것이 자기책임 또는 공평의 원칙에 부합하는 것이므로, 부당해고기간 동안 근로자가 입은 임금 손실에 대한 책임을 사용자에게 귀속시키기 위한 근거는 무효로 확인된 부당해고를 사용자가 행하였다는 사실로부터 출발하여야 한다고 주장한다).

계속 근로하였을 경우 그 반대급부로 받을 수 있는 임금의 지급을 구할 수 있음은 물론이고, 사용자가 근로자들에게 어떠한 해고사유도 존재하지 아니함에도 노동조합 활동을 혐오한 나머지, 경영상 어려움 등 명목상 이유를 내세워 사업 자체를 폐지하고 근로자들을 해고함으로써 일거에 노동조합을 와해시키고 조합원 전원을 사업장에서 몰아내고는 다시 기업 재개, 개인기업으로의 이행, 신설회사 설립 등 다양한 방법으로 종전 회사와 다를 바 없는 회사를 통하여 여전히 예전의 기업 활동을 계속하는 것은 우리의 건전한 사회통념이나 사회상규상 용인될 수 없는 행위로서 이러한 위장폐업에 의한 부당해고는 근로자에 대한 관계에서 불법행위를 구성하므로 위장폐업에 의한 부당해고가 불법행위에 해당함을 이유로 손해배상을 구할 수 있으며, 그 중 어느 쪽의 청구권이라도 선택적으로 행사할 수 있다고 하였다.[143)]

### 다. 임금청구의 범위

#### (1) 임금산정의 기초

근로자가 부당하게 해고된 경우 근로자가 근로를 제공하지 않고도 임금을 청구할 수 있다고 하더라도 현실적으로 해고기간 동안의 근로자의 임금을 계산하기는 쉽지 않으며, 특히 해고기간이 장기간인 경우에 더욱 그러하다.

근로자의 해고기간 동안의 소급임금을 산정할 때, ① 임금지급기일마다 정기적으로 지불되는 임금뿐만 아니라 상여금과 같이 비정기적 또는 상대적으로 장기간의 간격을 두고 지불되는 임금도 포함시킬 것인지, ② 소정근로시간에 대하여 지불되도록 약정된 임금 외에 시간외근로에 대하여 지불되는 소정 범위

143) 대법원 2011. 3. 10. 선고 2010다13282 판결[부당해고된 근로자가 해고 무효를 주장하면서 사용자에게 민법 538조 1항에 의하여 해고 기간 중의 임금 지급을 청구하는 소는 그 실체가 근로계약에 따른 임금청구권의 행사인 반면, 부당해고가 불법행위를 구성한다는 이유로 임금 상당의 손해배상을 청구하는 것은 그 자체로는 근로계약과 무관한 청구로서 양자는 그 법적 근거와 성질을 달리하고, 부당해고로 인하여 근로자에게 손해가 발생하였는지 여부는 부당해고 피해자인 근로자가 부당해고가 없었더라면 향유하거나 취득할 수 있었던 이익이 부당해고로 말미암아 상실되거나 취득할 수 없게 된 것에 따른 불이익이 발생하였는지 여부에 의하여 판단할 것이지, 부당해고가 존재하지 아니하였을 경우에 취득할 수 있는 법률상 권리인 임금청구권을 유효하게 가지고 있느냐 여부에 따라 그 손해의 발생 여부가 좌우되는 것은 아님에도, 위장폐업에 따른 부당해고는 그 효력이 부정되어 근로자들과 구회사(또는 신설회사) 사이에 여전히 근로관계가 존속하기 때문에 근로자들은 특별한 사정이 없는 한 사용자인 구회사(또는 신설회사)에 대하여 부당해고 기간 중의 임금을 청구할 수 있으므로 임금 상당의 손해가 발생하였다고 볼 수 없다고 하며, 위 해고가 불법행위에 해당함을 이유로 한 손해배상청구는 인정되지 않는다고 본 원심판단을 파기한 사례].

외의 임금도 포함되는 것인지, ③ 소정 범위 내의 임금 중에서도 각종 수당이 그 성격상 어디까지 포함되어야 하는 것인지, 특히 해고 시점부터 복직 시점까지 당해 기업의 임금제도, 승진제도, 고과사정방법 등이 변경된 경우에 어떻게 해고된 근로자의 임금을 산정할 것인지 등이 문제된다.[144)]

먼저, 사용자가 부당해고로 인하여 지급할 임금의 범위와 관련하여 그것이 법 46조의 휴업수당에 한정되는 것인지에 관한 의문이 있을 수 있다.

실제로 1980년대 초에 일부 지방노동위원회에서는 이를 인정한 사례가 있으나,[145)] 대법원은 사용자의 부당한 해고처분이 무효이거나 취소된 때에는 근로자는 민법 538조 1항에 의하여 계속 근로하였을 경우에 받을 수 있는 임금 전부의 지급을 청구할 수 있다 할 것이고, 법 38조(현행 법 46조)의 규정은 사용자가 그 귀책사유로 인하여 휴업하게 된 때에 근로자의 복지를 위하여 사용자는 그 휴업기간 중에도 최소한 평균임금의 100분의 60(현재 100분의 70) 이상을 근로자에게 지급할 의무가 있음을 규정한 것으로서, 민법 538조 1항의 적용을 배제하고 있지는 않으므로, 근로자가 사용자의 책임 있는 사유로 인하여 근로제공을 이행하지 못하였다는 사유로 사용자의 임금지급의 이행을 구하는 경우까지 위 근기법의 규정을 들어 사용자는 평균임금의 6할만을 지급하면 족하다고 해석할 수는 없다고 하였다.[146)]

법 46조는 집단적인 사업경영상의 휴업을 의미하므로[147)] 개별적인 근로관계에 관한 부당해고의 경우에는 적용이 없다고 보면 간결하나, 대법원이 부당해고기간 동안의 중간수입 공제와 관련하여 법 46조의 휴업에 부당해고의 경우도 포함된다고 보면서 위와 같이 해석하는 것은, 결론에 있어서는 타당해보이지만 근로자를 보호하기 위한 특별법인 근기법보다 왜 민법이 우선 적용되어야 하는지를 논리적으로 설명하기가 쉽지 않아 보인다.

사용자에게 해고기간 동안 근로자가 받을 수 있었던 임금의 지급을 명하면서 근로자의 평균임금을 계산하여 그 평균임금 상당의 금액을 지급하도록 한 판결들을 비판하면서, 근기법상의 평균임금이라는 개념은 어떤 이론적인 근거에 의하여 도출된 것이 아니라 근로자의 생활을 보장하기 위한 실제적인 편의에

---

144) 정인섭, 306면.
145) 정인섭, 305면.
146) 대법원 1981. 12. 22. 선고 81다626 판결.
147) 이종복, 430면.

의하여 만들어진 개념에 불과하여, 사용자에게 평균임금 상당의 금액을 지급하도록 명하는 것은 아무런 이론적 근거가 없다는 주장이 있다.[148] 그리하여 민법 538조 1항에 의하여 근로자가 청구할 수 있는 반대급부를 근로계약을 체결할 당시에 근로자가 약정된 소정의 근로를 제공하는 경우 사용자가 지급하기로 약정하였던 임금 상당액이라고 하면서, 일반적으로 소정 근로의 대가인 통상임금과 가족수당 등 근로자 지위를 유지함으로써 지급받을 수 있는 이른바 보장적 임금을 말한다고 한다.[149]

그런데 근로자가 청구할 수 있는 반대급부를 사용자와 근로자 사이에 약정된 고유한 의미의 임금이라고 본다면 위 견해가 일응 타당할 수 있으나, 부당해고로 인한 임금청구의 본질은 사용자의 귀책사유로 인하여 근로자가 근로를 제공하지 못한 것이기에 사용자가 그러한 귀책사유 없이 근로자의 근로제공을 정상적으로 수령하였더라면 근로자가 받을 수 있었던 임금의 지급을 구하는 것이므로,[150] 위와 같은 견해는 임금청구의 범위를 지나치게 협소하게 보는 것이다.[151]

대법원도 해고처분이 무효인 경우 근로자가 지급을 구할 수 있는 임금은 계속 근로하였을 경우에 받을 수 있는 임금 전부로서[152] 평균임금 산정의 기초가 되는 임금의 총액에 포섭될 임금이 전부 포함되고 통상임금에 국한되는 것이 아니라고 한다.[153]

부당해고기간 중의 임금과 같이 구체적인 근로의 제공이 없는 경우의 미불임금은 본질적으로 근로의 제공이 있었으리라고 가정한 상태 하에서의 대략적인 추산 과정일 수밖에 없다.[154] 이러한 상황에서 특별한 사정이 없다면 해고전의 평균임금은 해고기간 동안에도 근로자가 그 정도의 임금은 받을 수 있었음을 일응 추정할 수 있는 근거가 된다. 소급임금 산정의 기초가 되는 임금을 먼저 확정한 후 부가적인 임금구성요소를 고려하는 방법도 있겠으나,[155] 현실적

148) 박순성, 143면.
149) 박순성, 143~144면.
150) 注釋(上), 339면.
151) 결국 사용자의 귀책사유로 인하여 근로자가 입은 임금 상당의 손해의 배상을 구하는 것과 사실상 동일하다.
152) 대법원 1981. 12. 22. 선고 81다626 판결, 대법원 1989. 5. 23. 선고 87다카2132 판결, 대법원 1992. 12. 8. 선고 92다39860 판결, 대법원 1995. 11. 21. 선고 94다45753, 45760 판결; 이윤승, 504면.
153) 대법원 1993. 12. 21. 선고 93다11463 판결, 대법원 2012. 2. 9. 선고 2011다20034 판결.
154) 정인섭, 306면.
155) 정인섭, 306면.

으로는 일응 평균임금을 기준으로 소급임금을 산정하되, 해고 전 3개월간의 임금을 기준으로 하여 근로자가 얻을 수 있었던 임금을 추산함이 부적절한 경우에는 산정의 기초가 되는 기간을 3개월 이상으로 하거나 비정상적인 임금을 받은 기간을 산정기초에서 공제하는 방법으로 조정함으로써 구체적 타당성을 도모함이 타당하다. 근로자가 임금수준의 변동이나 승급 등으로 임금액이 그 이상이 되어야 한다고 주장한다면, 사용자가 실제로 근무하였더라도 그 이하의 임금을 받았을 것이라는 점을 증명하여 정리하는 방법이 무난하리라 생각한다. 이 경우 기존의 임금수준을 대부분 다툼 없는 사실로 정리하고 당사자 사이의 쟁점만을 가려내어 법원이 판단할 수 있으므로 심리시간과 노력을 절약할 수 있다.

일본의 경우에는 직무수당과 생활수당 등을 포함한 월 임금을 기초로 사용자가 지급하여야 할 임금을 산정하는 경우가 많지만 평균임금에 근거하여 산정하는 것도 적지 않고, 이 경우에는 해고 전 3개월 이내에 실행한 시간외근로에 대한 수당 등도 산입된다고 한다.[156)]

일본의 판결 중에는 택시운전사인 채권자들이 노동조합의 간부가 된 후 춘투가 시작되자 그 대책을 세우느라 취업시간이 적어 실적급으로 계산되는 해고 전 최종 3개월간의 평균임금이 현저히 낮은 사안에 관하여 판시한 예가 있다. 일본 법원은 위와 같은 경우 채권자들은 해고가 없었더라면 그 직전보다는 더 긴 시간 취업이 가능하였을 것으로 추인할 수 있지만, 아직 노사간의 현안 사안이 상당 부분 미해결로 남아 있고 채권자들이 노동조합의 간부로서 춘투개시 전과 동일한 정도로까지 취업할 수 있다고는 보기 어렵다고 하여 해고 직전 1년간의 평균임금액과 동액의 임금청구권을 갖는 것으로 인정하였다.[157)]

### (2) 구체적 검토

#### ㈎ 기본급, 각종 수당, 상여금 등

노사간에 단체협약 등에 의하여 소정 근로시간에 대하여 지급하기로 약정한 기본급과 각종 수당은 당연히 사용자가 지급하여야 할 금액에 포함되며, 수개월마다 지급되는 상여금이나 정근수당도 그 평균액을 근로자가 지급받을 금액에 포함해야 한다.[158)] 가족수당과 같이 과거에 근로자의 지위를 유지함으로써

156) 注釋(上), 339~340면.
157) 福岡地裁小倉支部 1987. 6. 25. 判決(八幡タクシ事件, 勞働判例 5028호, 76면).
158) 해고와 임금, 418면.

지급받는 보장적 부분의 임금으로 평가하던 것은 소급지급되어야 할 임금액에 포함되는 대표적인 수당이다.[159)]

특수한 지급조건이 충족되었을 경우에 한하여 부정기적으로 지급되는 등 임금으로 보기 어려운 것은 포함되지 않는다.[160)]

개근수당, 출장수당, 연공수당, 자격수당과 같은 업무수당은 현실적인 근로의 제공과 밀접한 연관이 있는 것이며, 근로의 제공 이외에 나아가 현실적으로 제공된 근로에 대한 평가도 함께 고려하여야 하므로 소급지급되어야 할 임금에서 제외되어야 한다는 견해가 있으나,[161)] 이러한 수당에 대한 인정도 근로를 제공하였더라면 받을 수 있었는가에 관한 추정의 문제이므로, 종전의 근무실적 등을 기초로 합리적으로 판단하여야 한다. 대법원은 갑 주식회사의 단체협약에 조합원이 1년간 개근할 경우 연말에 금 1돈(3.75g)을, 정근(지각 3회 이하)할 경우 금 반 돈을 교부하여 표창하도록 규정되어 있는데, 근로자 을 등이 갑 회사를 상대로 부당해고기간 중 지급받지 못한 표창의 지급을 구한 사안에서, 위 표창은 특별한 사정이 없는 한 근로자가 계속 근로하였을 경우 받을 수 있는 임금에 포함된다고 보았다.[162)]

매월 10시간을 초과한 범위의 시간외 근무수당에 대하여도 그것이 실제 근무한 경우 지급되는 것임을 전제로 피고가 해고기간 중 당연히 받을 수 있었던 임금이라고 보기 어렵다고 판단한 원심을 파기하고 원고가 계속 근로하였을 경우 매월 10시간을 초과한 범위의 시간외 근무수당을 받을 수 있었다면 그 지급을 청구할 수 있다고 본 사례가 있다.[163)]

통근수당은 임금의 일부이기는 해도 다른 수당과 취지를 달리하는 것이고 그 성질은 현실적으로 근로를 하고 그 결과 통근비를 지출한 자에 대하여 실비를 지급하려는 것이기에 제외된다는 일본의 판결이 있다.[164)]

이와 같이 수당이라는 명목으로 지급되는 돈이라도 그 성격이 실비변상적

---

159) 정인섭, 311면.

160) 대법원 1991. 6. 28. 선고 90다카25277 판결. 해고와 임금, 418면은 임금의 범주에 속하는 것이라도 정기적·일률적으로 지급되는 것이 아니라면 포함시킬 수 없다고 하나, 사용자가 지급하여야 할 금액에 포함되는지의 여부는 근로자가 근로를 제공하였더라면 받을 수 있었는지의 여부이므로 지급의 정기성이나 일률성은 본질적인 문제가 아니라고 생각한다.

161) 정인섭, 311면.

162) 대법원 2012. 2. 9. 선고 2011다20034 판결.

163) 대법원 2020. 7. 23. 선고 2020다221396 판결.

164) 福井地裁 1971. 3. 26. 判決(福井放送事件, 勞民集 22~2호, 355면); 菅野(역), 454면.

인 금품의 경우에는, 그 지급기준이 객관적으로 정해져 있다고 하더라도 임금에 해당하지 아니하므로 소급임금에서 제외된다.[165] 명목보다는 실질에 따라 결정되어야 한다.

#### ㈏ 판공비 등

공무원의 판공비, 정보비, 차량유지비, 정액급식비, 가계보조비 등과 관련하여 이들이 공무원보수규정, 국회공무원수당규정 등에 근거하여 지급되는 보수가 아니라 이와는 별도로 매 회계연도별로 경제기획원에서 시달되는 세출예산 비목별 집행관리지침에 의하여 국회공무원에게 매월 고정적으로 지급되는 급여이고, 위 집행관리지침에 (i) 판공비는 기관운영비로서 개인의 보수적인 성격의 경비로 집행할 수 없도록 규정되어 있고, (ii) 정보비 역시 기관운영비로서 면직처분이 무효된 경우라도 면직기간 동안 소급하여 지급할 수 없도록 규정되어 있으며, (iii) 정액급식비는 정보비의 집행지침을 준용하도록 규정함으로써 면직기간 동안 소급하여 지급할 수 없고, (iv) 공무원자가운전 차량유지비지급지침에 차량유지비는 공무원이 그 소유 차량을 공무수행에 직접 사용하는 경우에 소요되는 유류비, 수선비 등의 비용 일부를 보조하는 급여라고 규정되어 있다는 점을 근거로, 이와 같은 위 각 급여에 대한 지급규정 및 지급 실태에 비추어 보면 위 각 급여는 근로제공의 대가로서 국회공무원에게 지급되는 보수라기보다는 기관운영 또는 실제 직무를 수행함에 있어 소요되는 경비를 보전해주는 실비변상적 급여이므로 이를 일실이익의 산정에 포함시킬 수 없다는 판결이 있다.[166]

또한 위 판결은 국회공무원에 대한 입법업무수당 등도 특수업무수당에 해당하는 것인데 면직처분 무효시 법원공무원 또는 행정공무원에게 특수업무수당을 소급하여 지급한다는 규정을 두고 있지 아니한 점을 들어 국회공무원에 대한 수당규정 소정의 직무수당, 입법지원수당, 입법업무수당 등은 일실수입의 산정에 포함될 수 없다고 하였다.

공무원의 경우 법률규정이 우선한다는 점과 국민의 세금으로 임금이 지급된다는 점을 고려하여 엄격한 해석을 한 것으로 보인다.

#### ㈐ 연장, 휴일, 야간근로수당 등

구체적인 근로제공의 양에 따라 지급되는 연장, 휴일, 야간근로수당이나 일

165) 정인섭, 313면.
166) 대법원 1996. 4. 23. 선고 94다446 판결.

정기간의 출근실적에 따라 지급되는 연월차수당은, 모든 근로자에게 일률적으로 지급되는 것도 아니며 현실적으로 소정시간 외의 근로에 대하여 지급되는 것이므로, 해고기간 중의 임금산정에서 원칙적으로 제외되어야 한다는 견해가 있다.[167]

대법원은 시간외 근무수당이라고 하더라도 근로자가 시간외근로를 하였고, 회사와 그 노동조합과의 사이에 체결된 단체협약에 당사자 간의 합의에 의하여 1주일에 12시간 이내의 연장근로를 할 수 있도록 규정되어 있는 등의 사정에 의하여 근로자가 해고되지 않았더라면 시간외근로를 하여 그 수당을 지급받을 것이 예상되는 경우에는 해고기간 중의 임금 산정에 포함되어야 한다고 보았다.[168]

연차휴가수당에 관한 사안에서 대법원은 "근로자가 부당해고로 인하여 지급받지 못한 임금이 연차휴가수당인 경우에도 해당 근로자의 연간 소정근로일수와 출근일수를 고려하여 근기법 60조 1항의 요건을 충족하면 연차유급휴가가 부여되는 것을 전제로 연차휴가수당을 지급하여야 하고, 이를 산정하기 위한 연간 소정근로일수와 출근일수를 계산할 때 사용자의 부당해고로 인하여 근로자가 출근하지 못한 기간을 근로자에 대하여 불리하게 고려할 수는 없으므로 그 기간은 연간 소정근로일수 및 출근일수에 모두 산입되는 것으로 보는 것이 타당하며, 설령 부당해고기간이 연간 총근로일수 전부를 차지하고 있는 경우에도 달리 볼 수는 없다"고 판시하였다.[169]

시간외근로를 불규칙적으로 하여 온 경우에는 그 수당의 산입 여부 및 어느 정도의 수당을 산입할 것인지가 문제되는바, 어느 정도의 수당을 지급받을 것인지 예상하기 어렵다고 하여 이를 곧바로 배척할 것이 아니라, 일응 일정기간 동안의 평균 수당액을 기준으로 하되 실제로 근로한 타 근로자의 예를 참조하여 합리적으로 결정하여야 한다.[170]

연·월차휴가수당의 경우에도 근로자가 해고되기 전에 장기간 동안 개근하여 연·월차휴가를 받을 수 있었는데 회사가 형편상 실제로 연·월차휴가를 주지

167) 박순성, 143~144면; 정인섭, 312면.
168) 대법원 1992. 12. 8. 선고 92다39860 판결.
169) 대법원 2014. 3. 13. 선고 2011다95519 판결.
170) 해고와 임금, 417면은 사용자가 지급할 금액이 소정 근로시간에 대하여 근로자에게 지급하기로 약정한 임금액임을 전제로 단체협약이나 취업규칙상의 규정, 보수규정 등에 의한 약정을 강조하고 있으나, 사용자가 지급할 금액을 어떤 급여금 산출의 기초가 되는 임금단위에 지나지 않는 통상임금을 기준으로 할 수는 없는 것이며, 만일 부당해고가 없었더라면 근로자가 제공하였을 것으로 예상되는 근로에 대응하는 모든 임금이 기준이 되어야 하므로, 근로의 제공이 합리적으로 예상되는지가 기준이 되어야 한다(이윤승, 504면).

않고 휴가수당을 지급하여 왔으며 앞으로도 그러리라고 예상된다면, 연·월차휴가 근로수당은 사용자가 근로자에게 지급하여야 할 금액에 포함되어야 한다.[171)]

㈑ 임금 인상분

기업 전체 근로자들의 임금이 인상된 경우에는 그 임금 인상분도 근로자가 계속 근무하였더라면 받을 수 있었던 임금에 포함되어야 하므로,[172)] 단체협약서에 매년 단체교섭을 통하여 임금인상을 결정, 시행하도록 되어 있어 이에 따라 매년 임금인상을 하여 왔다면 부당해고기간 동안의 근로자의 임금도 해고처분 이후에 체결된 단체협약서에 의하여 인상된 임금에 따라 산정하여야 한다.[173)]

일본의 경우에도 위법한 해고기간이 장기에 걸친 경우에 그간 지급되었어야 할 상여나 제 수당 혹은 승급 등을 어떤 범위에서 산입해줄 것인가에 관하여는 확립된 산정 방법이 없고, 지급되었던 임금, 임금의 구성 등 개개 사안의 실정에 따라 해결하는 수밖에 없다고 한다.[174)]

사용자에 의한 발령이 있어야 비로소 이루어지는 승급이나 승격에 따른 임금은 인정하기 곤란하다는 견해가 있으나 승급이나 승격도 구체적인 경우에 따라 다를 것이며, 일정한 요건을 갖춘 자에 대하여 일률적으로 승급이나 승격이 이루어지고 해고된 근로자도 계속 근로하였더라면 그 요건을 갖추었을 것으로 보이는 경우와 같이 당해 근로자가 근로하였더라면 승급이나 승격이 이루어졌다고 추정할 수 있는 경우에는 인정함이 타당하다.

공무원의 승진과 관련한 보수증가액에 관해서는 국회 소속 공무원의 승진은 국공법과 국회인사규칙 등에서 규정하고 있는 능력, 경력, 적성 등의 주관적인 조건과 상위계급의 결원 유무, 결원 정도, 승진대상자의 수 등의 객관적인 조건에 따라 임용권자의 재량에 의하여 결정되는 것이므로, 일정한 기간이 지나면 자동으로 승진된다거나 장차 승진될 것이 상당한 정도로 확실하게 예측할 수 있다는 등의 특별한 사정이 없는 한, 승진으로 장차 증가될 보수는 통상손해에 해당된다고 볼 수 없어 이를 일실수입의 산정에 포함시킬 수 없다는 대법원 판결이 있다.[175)]

---

171) 해고와 임금, 419면.
172) 박순성, 144~145면; 정인섭, 308면.
173) 대법원 1993. 9. 24. 선고 93다21736 판결.
174) 注釋(上), 340면.
175) 대법원 1996. 4. 23. 선고 94다446 판결.

#### (마) 임금액이 출근율, 생산량, 고과사정 등에 따라 달리 산정되는 경우

임금액이 출근율, 생산량, 고과사정 등에 따라 달리 산정되는 경우에는 종업원의 평균액, 당해 근로자의 해고 전의 실적 등을 참작하여 가장 개연성이 높은 기준에 따라 결정되며, 해고기간 중에 임금 변동이 있는 경우에도 마찬가지로 개연성이 높은 배분 기준을 사용하여 인정할 수 있다.

해고기간 중의 사용자에 의한 고과사정에 근거한 상여와 승급이 사용자의 재량 없이 완전히 객관적으로 결정되는 것이라면 이를 인정함에 문제가 없으나,[176] 그렇지 않고 실질적인 고과사정을 하는 경우에 관하여는 다음과 같은 기준이 논의되고 있다.[177]

① 배 척 하급심 판결 중에는 소규모 회사가 경영권 다툼 과정에서 대표이사가 직원들을 자기 편으로 끌어들이기 위해 임금이나 상여금을 기준 없이 임의로 지급한 사안에서, 해고기간 동안의 상여금은 인정하지 아니하고, 임금도 종업원 중 최저임금 상승률도 배척하고 피고가 자인하는 노동부 산정의 협약임금상승률에 의한 상승분만을 인정한 사례가 있다.[178]

일본에서는 상여가 피고의 업적에 의하여 지급되고 사원의 근무성적과 출근율 등을 고려하여 산정되는 점 등에 비추어 상여에 관해서는 임금과 같이 해석할 수 없다고 하여 배척한 판결이 있다.[179]

② 평균적용 본인의 과거 수년 동안의 사정수준 평균에 의하여 정하거나 평균 또는 중간의 사정률에 의하여 정한다는 것이다.

기본급을 본급과 직능급으로 나누어 직능급에 관해서는 전액 고과사정에 의하도록 되어 있는 경우에 관한 일본 사례가 있다. 이 경우 원고들의 기본급은 피고의 고과사정을 기다려야 비로소 적정한 금액이 확정될 수 있는데 원고들이 취업하지 아니하여 피고의 고과사정을 받지 않았기에 구체적인 수액을 확정하는 것은 불가능하지만, 형평의 견지에서 보아 적어도 평균액의 한도에서 승급을 인정하는 것이 상당하다고 판결하였다.[180]

③ 최저사정률 적용 해고가 없었더라면 받을 수 있었던 임금액에 관한

176) 정인섭, 308면.
177) 注釋(上), 340면.
178) 서울북부지법 2008. 2. 15. 선고 2007가합8321 판결.
179) 東京地裁 2001. 12. 25. 判決(カジマ・リノベイト事件, 勞働判例 824호, 36면).
180) 앞의 福井放送事件[각주 161)].

증명책임이 근로자에게 있다고 하여도, 고과사정에 관한 주장에 대한 증명을 못하였다고 하여 곧바로 최저사정률을 적용하는 것은 부당해 보인다.[181] 고과사정을 대략적이라도 추정할 수 있는 자료가 있는 경우에는 이를 근거로 합리적인 추정을 하여야 하며, 일반적으로 종전의 고과를 참작하여 추정할 수 있을 것이다.[182] 고과사정을 추정할 수 없는 신규입사자의 경우에는 원칙적으로 최저사정률을 적용할 수밖에 없을 것이다.[183]

④ **법원의 판단** 승급액이 명확하지 않을 때에는 법원이 판단하여야 한다는 것이다.

취업규칙에 승급은 원칙적으로 연 1회 행하며, 상여는 각 결산기의 업적에 의하여 원칙적으로 연 2회 종업원에게 지급한다는 규정에 기하여 상무회에서 정하여진 지급기준에 따라 지급되는 경우에 관한 일본 사례가 있다. 이러한 승급이나 상여의 지급은 단체협약에 의한 것은 아니라는 점에 비추어 보면 근로자가 이를 지급하는 취지의 사용자의 의사표시 없이도 당연히 정기승급분 등의 청구권을 갖는 것은 아니고, 이 사건 해고가 무효인 이상 사용자는 해고 근로자에 대해서도 다른 종업원과 같이 지급의 의사표시를 하여야 하는 것이어서 채무불이행에 의한 손해배상으로서 이를 청구할 수 있다고 함이 상당하다고 판결하였다. 결과적으로 근로자가 얻어야 할 이익에 관해서는 종전 상여에 있어서의 출근율 및 종전의 출근상황 등을 고려하여 정기승급은 90%, 상여는 95%를 인정하였다.[184]

#### ㈓ 원천징수세액 등

사용자가 지급하여야 할 금액에서 원천징수세액은 공제된다.[185]

이에 대하여는 사용자의 원천징수의무는 공법상의 의무로서 사용자와 근로자 사이의 법률관계에 근거한 것이 아니므로, 사용자가 당연히 세금 등의 상당액을 소급임금에서 공제할 수는 없다는 견해가 있다.[186] 이 견해는 소득세법의 적용은 정기적으로 발생하는 소득에 대한 것인데 부당해고시 지급을 명하는 소

181) 정인섭, 309면.
182) 정인섭, 309면.
183) 정인섭 교수는 신규입사자의 경우에 평균 고과를 적용하여야 한다고 하나 근로자가 이에 관한 고과사정을 추정할 수 있는 증명을 하기는 어려울 것이다.
184) 京都地裁 1985. 10. 7. 判決(京都福田事件, 勞働判例 427호, 17면).
185) 대법원 1994. 10. 14. 선고 94다23364, 23371 판결 참조.
186) 정인섭, 314~315면.

급임금은 이에 해당한다고 볼 수 없으며 실무상으로도 전혀 과세되고 있지 않다고 하면서 그 논거로서, 해고무효확인소송의 계속 중 사용자가 근로자에게 일정 금액을 지급하되 근로자는 그 나머지 청구를 포기하기로 하는 내용의 소송상 화해가 이루어진 경우 이러한 화해금의 성질은 근로자가 해고무효확인청구를 포기하는 대신 받기로 한 분쟁해결금으로 보아야 하고, 비록 그 화해금액을 산정함에 있어 근로자의 임금 등을 기초로 삼았다 하더라도, 소득세법상 과세대상이 되는 근로소득, 퇴직소득, 기타소득 중의 어느 것에도 해당되지 아니한다고 한 대법원 판결[187]을 들고 있다.

하지만 위 견해가 적절히 지적한 바와 같이, 부당해고시 지급을 명하는 소급임금은 근로제공이 전제가 되지 않는 것으로서 그 실질이 임금이 아닌 임금상당의 손해배상액으로 봄이 옳고, 근로자가 손해배상을 구하는 경우 손해배상의 법리상 사용자의 불법행위가 없었더라면 얻을 수 있었던 일실수입 이상을 구할 수는 없는 것이므로, 원천징수세액을 공제한 나머지 금액만을 수령할 수 있다고 해석함이 타당하다. 다만, 임금의 지급을 명하는 판결 단계에서 미리 소득세 등을 공제한 나머지만을 지급을 명하는 것이 아니라 원천징수액을 공제하지 않은 금액의 지급을 명하고, 그 판결이 확정되어 실제 근로자에게 임금을 지급하는 단계에서 소득세 등을 원천징수하게 된다.[188] 사용자인 회사는 소득세에 대한 원천징수의무자로서 근로자에게 소득금액을 지급할 때 원천징수세액을 징수, 공제하여야 하는 것이므로 회사가 해고기간 동안의 근로자의 총임금 중에서 미지급액을 변제공탁함에 있어서 그때까지 회사가 근로자의 임금의 일부로 지급한 금액에 대한 원천징수세액을 공제한 금액을 공탁하고 근로자가 위 공탁한 금액을 위 기간 동안의 총임금의 일부로서 수령하였다면, 근로자로서는 위 원천징수세액까지 포함한 금액을 임금의 일부로서 지급받은 결과가 되어, 위 기간 동안의 총임금 중 미지급된 금액을 계산함에 있어서는 위 원천징수세액까지 포함한 금액을 공제함이 타당하다.[189]

대법원은 사용자가 부당하게 근로자의 근로 제공의 수령을 거절하는 등의 사유로 근로자에게 이미 경과한 기간에 대한 임금을 소급하여 산정 · 지급하는 경우, 국민연금보험료, 국민건강보험료, 고용보험료를 공제할 수 없다고 보았다.[190]

187) 대법원 1991. 6. 14. 선고 90다11813 판결.
188) 대법원 1994. 9. 23. 선고 94다23180 판결.
189) 대법원 1994. 10. 14. 선고 94다23364, 23371 판결.

check-off 협정에 근거한 조합비는 원래 근로자가 노동조합에 지급하여야 하는 금액으로서, 제 3 자인 사용자가 반대채권으로서 상계하거나 공제할 성질의 것은 아니다.[191)]

### (3) 산정기간

#### ㈎ 시기와 종기

소급임금 산정의 기산일은 해고일까지의 임금은 지급된 것으로 보아 부당해고가 행해진 날의 다음날부터로 하는 데 문제가 없다.

다만, 종기는 보통 원직 복직 시로 하여야 할 것인데 이 경우에는 변론종결 시를 기준으로 장래의 청구가 되므로 근로자가 변론종결 이후의 장래의 임금도 미리 청구할 필요가 있는지를 검토하여야 한다.[192)] 사용자가 근로자를 부당해고하고 임금을 지급하지 않는 경우에는 장래에도 사용자가 임의로 지불할 것을 기대하기 어렵다고 보아 통상 법원은 복직 시까지의 임금청구를 인용하고 있다.[193)]

그런데 해고무효확인과 임금 상당액의 지급을 구하는 소송에서 해고무효확인은 해고의 무효, 즉 근로자와 사용자 간의 고용관계의 존속을 확인함으로써 그 고용관계에 기한 원래의 지위를 회복하려는 데 그 목적이 있는 것이고, 따라서 판결 주문의 '복직시킬 때'까지의 의미는 무효인 해고처분에 의하여 사실상 야기된 고용관계의 중단상태가 사용자측의 행위에 의하여 종료될 때까지라는 뜻으로 해석하여야 한다. 그리하여 대법원은 사용자가 1차 해고를 취소하여 고용관계를 회복한 후 새로운 사유를 들어 2차 해고를 하였다면 1차 해고의 취소가 당연무효의 것이 아닌 한 무효인 1차 해고로 인하여 야기된 고용관계의 중단상태는 해소되었으며, 1차 해고의 무효에 따라 임금지급을 명한 집행권원의 집행력 또한 위 2차 해고로 인하여 저지되었다고 보아야 한다고 판시하였다.[194)]

190) 대법원 2015. 2. 12. 선고 2012다85472 등 판결.

191) 정인섭, 315면.

192) 즉, 변론종결시를 기준으로 하여 이행기가 장래에 도래하는 청구권은 미리 청구할 필요가 있는 경우에는 장래이행의 소를 제기할 수 있다(대법원 1999. 3. 9. 선고 97다58194 판결).

193) 일본에서도 해고가 무효인 때에 피해고자에 대해 장래에도 임의의 지급을 기대할 수 없다고 보는 경우 장래의 임금지급청구를 인용하고 있는데(앞의 福井放送事件 참조), 판결확정일 다음날부터의 임금 및 상여금의 지급을 구하는 부분에 대하여 원고들과 피고와의 사이에 고용계약관계가 존재하는 것을 확인하는 판결이 확정된다면 특단의 사정이 없는 한 고용관계를 전제로 하는 법률관계가 구축되는 것이기에 이를 미리 청구할 필요가 없어서 소의 이익이 없다고 판단한 것도 있다(앞의 カジマ·リノベイト事件).

194) 대법원 1992. 8. 14. 선고 91다43558 판결.

그리고 사용주가 해고되었던 근로자를 해고무효확인판결에 따라 복직시키면서 해고 이후 복직 시까지 위 해고가 유효함을 전제로 이미 이루어진 인사질서, 사용주의 경영상 필요, 작업환경의 변화 등을 고려하여 복직근로자에게 그에 합당한 일을 시킨다면 그 일이 비록 종전의 일과 다소 다르더라도 원직에 복직시킨 것이라고 할 수 있다.[195] 해고무효확인의 소는 근로자와 사용자 간의 고용관계의 존속을 확인함으로써 그 고용관계 자체를 회복하려는 데 목적이 있다 할 것이지 해고 전의 원직을 회복하는 데에 소송의 목적이 있는 것은 아니고,[196] 사용자는 전직명령을 할 수 있으므로 사용자가 근로자를 원직과 전혀 별개의 직으로 복직시키는 것도 원직 복직과 전직명령이 동시에 이루어진 것으로 볼 수 있기 때문에, 전직의 효력을 다투는 것은 별론으로 하고 복직 여부는 다툴 수 없는 것으로 보인다.[197]

사용자가 부당해고된 근로자를 복직시키면서 곧바로 원직에 복직시키지 않고 일시적인 대기발령을 하는 경우에도 그 대기발령이 원직복직을 위한 임시적 조치로서 필요성과 상당성이 인정되는 경우 근로자의 생활상 불이익과 비교교량하고 신의칙상 요구되는 절차를 거쳤는지 여부 등을 종합적으로 고려하여 정당성을 인정할 수 있다.[198]

사용자가 해고되었던 근로자를 원직(종전의 일과 다소 다르더라도 원직에 복직시킨 것으로 볼 수 있는 경우를 포함)이 아닌 업무에 복직시켜 근로를 제공하게 하였다면 근로자는 사용자에게 원직 복직 시까지 원직에서 지급받을 수 있는 임금 상당액을 청구할 수 있다. 이 경우 원직이 아닌 업무를 수행하여 사용자로부터 지급받은 임금이 있다면 그 전액을 청구액에서 공제하여야 하고, 여기에는 근기법 46조의 휴업수당의 공제한도가 적용되지 않는다.[199]

---

195) 대법원 1994. 7. 29. 선고 94다4295 판결. 그리하여 대법원은 원고들이 근로자로서의 지위를 회복하여 해고 당시 소속되어 있었던 가공 1과로 복직하였는데, 다만 1차 해고 당시의 절단작업이 아니라 사상작업을 맡게 된 사안에서, 위 양 작업의 내용이 서로 연계되어 있고 그 작업장소가 현저히 변경된 것도 아니며, 다만 업무량에 따라 작업내용이 변경된 것에 불과하여 위 사상작업을 하라는 지시에 대하여 장기간 작업거부를 하고 나아가 그에 대한 항의를 하는 과정에서 상사에 대하여 불손한 행위까지 한 것은 징계사유에 해당하고, 나아가 이들 비위행위는 그 태양, 정도, 계속기간 등에 비추어 원고들과 피고 회사 사이의 근로관계를 더는 지속시키기가 사회통념상 불가능한 정도의 귀책사유에 해당한다고 판단되므로 이들을 사유로 한 2차 해고처분은 정당하다고 판시하였다.

196) 대법원 1991. 2. 22. 선고 90다카27389 판결.

197) 김소영 · 조용만 · 강현주, 37면.

198) 대법원 2024. 1. 4. 선고 2021다169 판결.

#### (나) 제외기간

해고가 없었더라도 근로의 제공이 불가능한 기간이나,[200] 해고 후 사용자가 정당한 사유로 폐업하고 그 후 해고가 무효로 확정된 경우에 폐업 후의 기간에도 임금청구권이 발생하는지 문제된다.

대법원은 해고가 없었다고 하더라도 취업이 사실상 불가능한 상태가 발생한 경우라든가 사용자가 정당한 사유에 의하여 사업을 폐지한 경우에는 사용자의 귀책사유로 인하여 근로제공을 하지 못한 것이 아니므로 그 기간에는 임금을 청구할 수 없다고 판시하였다.[201] 그 예로서는 근로자의 구속기간,[202] 수배기간[203] 등이 있고, 그 외에 근로자가 질병으로 근로를 제공할 수 없었던 기간, 군복무기간, 천재지변으로 인한 휴업 등 불가항력에 의하여 사업이 일시 중단된 경우 등을 예상할 수 있을 것이다.[204]

쟁의행위로 인한 무노동은 쟁의행위가 적법하게 진행되는 경우라도 이를 사용자의 귀책사유로 인한 것이라고 할 수는 없고, 다른 특별한 사정이 없는 한 사용자는 쟁의행위에 참가하여 근로를 제공하지 아니한 근로자에 대하여는 그 기간 중의 임금을 지급할 의무가 없으므로, 해고기간 중 쟁의행위가 있었던 경우 그 기간을 제외할 것인지가 문제된다. 해고된 근로자가 그 후 쟁의행위에 참가하였거나 쟁의행위 중 해고가 된 경우에 그 해고가 무효라고 하더라도 만일 해당 근로자가 해고가 없었어도 쟁의행위에 참가하여 근로를 제공하지 않았을 것임이 명백한 경우라면 이 역시 취업이 사실상 불가능한 상태가 발생한 경우에 준하여 해당 근로자는 쟁의행위 기간 중의 임금을 청구할 수 없다고 봄이 타당하다. 다만 해당 근로자에 대한 무효인 해고가 직접적 원인이 되어 쟁의행위가 발생한 경우 등 쟁의행위 기간 중 근로를 제공하지 못한 것 역시 사용자에게 귀책사유가 있다고 볼 수 있는 특별한 사정이 있는 경우에는 여전히 임금

---

199) 대법원 2024. 4. 12. 선고 2023다300559 판결.

200) 근로의 제공이 불가능한 기간이라 해도, 단체협약에 의하여 유급휴가가 보장된 여성근로자의 임신·출산·육아기간, 그 전의 근로제공으로 인한 업무상 부상 또는 질병인 경우 등은 산정기간에 포함되어야 한다(정인섭, 320~321면).

201) 대법원 1994. 9. 13. 선고 93다50017 판결(이 판결에 대한 평석으로는 김용직, 402면 이하가 있다); 대법원 1994. 10. 25. 선고 94다25589 판결.

202) 대법원 1994. 9. 13. 선고 93다50017 판결, 대법원 1995. 1. 24. 선고 94다40978 판결.

203) 대법원 1994. 10. 25. 선고 94다25889 판결.

204) 정인섭, 320~322면; 해고와 임금, 419면.

청구를 할 수 있다고 보아야 한다. 그리고 위와 같은 경우 해고가 없었다고 하더라도 쟁의행위에 참가하여 근로를 제공하지 않았을 것임이 명백한지는 쟁의행위에 이른 경위 및 원인, 해고사유와의 관계, 해당 근로자의 파업에서의 지위 및 역할, 실제 이루어진 쟁의행위에 참가한 근로자의 수 및 이로 인해 중단된 조업의 정도, 해당 근로자에 대한 해고사유와 이전 근무태도 등 제반 사정을 참작하여 신중하게 판단하여야 하고, 그 증명책임은 사용자에게 있다. 또한 해당 근로자가 쟁의행위에 참가하였을 것임이 명백한 경우에도 쟁의행위 기간 중의 임금지급에 관한 단체협약이나 취업규칙의 규정 또는 관행의 유무, 쟁의행위에 참가한 다른 근로자에게 임금이 지급되었는지 여부 및 그 지급 범위 등에 따라 사용자에게 임금을 지급할 의무가 있는지를 판단하여야 한다.[205)]

영업양도에 의하여 승계되는 근로관계는 반대의 특약이 없는 한 계약체결일 현재 실제로 그 영업부문에서 근무하고 있는 근로자 사이의 근로관계만을 의미하고, 계약체결일 이전에 해당 영업부문에서 근무하다가 해고된 근로자로서 해고의 효력을 다투는 근로자 사이의 근로관계까지 승계되는 것은 아니므로,[206)] 사용자가 종국적으로 해고 근로자에 대한 임금을 지급하지 아니할 목적으로 사업을 양도하였다는 등의 특단의 사정이 없는 한 그 영업양도가 이루어진 이후에는 근로자가 사용자의 귀책사유로 인하여 근로 제공을 하지 못한 경우로 볼 수 없고, 따라서 해고 근로자는 그 기간에 대한 임금까지 청구할 수는 없다.[207)]

#### (4) 관련 판결

##### ㈎ 판결의 내용

통상 법원이 부당해고를 인정하고 부당해고 기간의 임금 상당액의 지급 청구를 받아들이는 경우에는 복직할 때까지 임금 상당액의 지급을 명하게 된다.

205) 대법원 2012. 9. 27. 선고 2010다99279 판결(시사주간지 “시사저널”을 발행하는 갑 주식회사의 기자인 을 등이 무기정직 및 대기발령처분을 받은 상태에서 파업에 적극적으로 참여하고 갑 회사의 퇴직자들과 함께 경쟁업체를 설립하여 경쟁매체인 “시사IN”을 발간하였는데 그 후 갑 회사가 을 등을 해고한 사안에서, 을 등이 무기정직 및 대기발령이 없었더라도 파업에 참가하여 근로를 제공하지 않았을 것임이 명백하다고 단정할 수 없고, 갑 회사가 징계를 이유로 을 등의 근로 제공에 대하여 계속 수령을 거부하고 있는 상태에서 을 등이 갑 회사를 사직한 다른 기자들과 함께 경쟁업체를 설립하고 ‘시사IN’을 발간하는 데 관여하였더라도, 이와 같은 을 등의 행위가 위 징계 등이 없었더라도 행하여졌을 것이라고 단정할 수 없음에도, 을 등이 파업기간 및 경업금지의무 위반기간에 대하여 임금청구를 할 수 없다고 본 원심판결에 법리오해 등 위법이 있다고 한 사례).

206) 대법원 1996. 5. 31. 선고 95다33238 판결.

207) 인천지법 1995. 2. 24. 선고 94가합9111 판결.

여기서 복직 시는 해고근로자의 정년 도달이나 사망 시를 한도로 하여, 사용자가 근로자에 대하여 복직처분을 하거나 2차 해고처분을 하는 등으로 무효인 해고처분에 의하여 야기된 고용관계의 중단 상태가 사용자에 의하여 종료되는 시점을 말한다.[208]

이러한 법원의 태도에 대하여 장래의 이행을 명하는 판결을 하기 위하여는 채무의 이행기가 장래에 도래하는 것뿐만 아니라 채무불이행사유가 그 때까지 계속하여 존재한다는 것을 변론종결 당시에 확정적으로 예정할 수 있어야 하는데,[209] 특별한 사정이 없는 한 해고무효판결이 선고되더라도 사용자의 근로수령 거부 상태가 변론종결 이후에도 확정적으로 계속되리라고 예상하기는 쉽지 않을 것이며, 근로자가 사망하거나 파업하는 경우, 사용자가 폐업을 하거나 직장폐쇄를 하는 경우, 사용자가 근로자에 대하여 새로운 징계처분을 하는 경우 등 임금청구권이 계속하여 발생하지 않을 가능성도 상당하므로 복직 시까지의 임금 지급을 명하는 것은 문제가 있다는 비판이 있다.[210]

㈏ 장래이행판결과 기판력

해고무효를 원인으로 해고 다음날부터 복직 시까지 해고 당시의 평균임금에 상당하는 금액의 지급을 구하는 소송을 제기하여 전부 승소의 판결을 선고받아 그 판결이 확정된 경우, 해고기간 중의 정기승급 및 임금 인상분에 상당하는 임금의 지급을 추가로 청구하는 것이 가능할 것인지가 문제된다.

장래 이행기 도래분까지의 정기금의 지급을 명하는 판결이 확정된 경우 그 소송의 사실심 변론종결 후에 그 액수 산정의 기초가 된 사정이 뚜렷하게 바뀜으로써 당사자 사이의 형평을 크게 해할 특별한 사정이 생긴 때에는 전소에서 명시적인 일부청구가 있었던 것과 동일하게 평가하여 전소판결의 기판력이 그 차액 부분에는 미치지 않는다고 함이 판례이다.[211] 하지만 이행판결의 주문에서

---

208) 해고와 임금, 422면.

209) 대법원 1991. 6. 28. 선고 90다카25277 판결.

210) 박순성, 163~164면. 박순성 변호사는 복직 시까지의 임금지급을 명하는 판결은, 일반적으로 복직이라는 것이 모호한 개념일 뿐 아니라 어떠한 상태에 이르러야 복직되었다고 판단할 수 있을 것인가와 관련하여 분쟁이 생길 수 있어 결국 복직 시까지 임금지급을 명한 판결의 집행이 사실상 불가능하게 될 위험성이 있으므로, 집행권원으로서 명확성에 문제가 있다고 한다(위 논문, 164면).

211) 대법원 1993. 12. 21. 선고 92다46226 전원합의체 판결, 대법원 1999. 3. 9. 선고 97다58194 판결, 대법원 2011. 10. 13. 선고 2009다102452 판결.

그 변론종결 이후 기간까지의 급부의무의 이행을 명한 이상, 그 확정판결의 기판력은 그 주문에 포함된 기간까지의 청구권의 존부에 대하여 미치는 것이 원칙이므로, 사실심 변론종결 후 당사자 사이의 형평을 크게 해할 사정이 생겼다고 볼 수 없는 경우에는 기판력에 저촉된다.[212]

대법원은 앞서 본 바와 같이 전소의 청구를 명시적 일부청구로 간주하여 사정변경 문제를 해결하였는데[213] 이에 대하여 기판력 이론상 많은 문제가 있다는 지적이 있자 민소법은 2002년 전부 개정 시에 252조로 정기금의 지급을 명한 판결이 확정된 뒤에 그 액수산정의 기초가 된 사정이 현저하게 바뀜으로써 당사자 사이의 형평을 크게 침해할 특별한 사정이 생긴 때에는 그 판결의 당사자는 장차 지급할 정기금 액수를 바꾸어 달라는 소를 제기할 수 있다는 규정을 신설하였다.

한편, 해고무효확인 판결에서 복직 시까지의 임금지급을 명하였고 그 판결이 확정된 경우에, 사용자가 사실심 변론종결 전에 발생한 정년퇴직이라는 사유를 들어 변론종결일 이후의 임금지급을 거절할 수 있을 것인가의 문제가 있다.

이에 대하여 대법원은, 민소법 505조(현행 민집법 44조)에서 청구에 관한 이의의 소를 규정한 것은 부당한 강제집행이 행하여지지 않도록 하려는 데 있는 것이고, 한편 그 이의의 원인을 사실심 변론종결 이후의 사유로 한정한 것은 변론종결시를 기준으로 확정된 권리관계를 변론종결 이전의 사유를 들어 다투는 것은 확정판결의 기판력에 저촉되기 때문인데, 해고가 무효임을 이유로 복직 시까지 정기적으로 발생하는 임금의 지급을 명하는 판결에 있어서 변론종결 이후 부분은 변론종결 시를 기준으로 확정된 권리관계라고 말할 수는 없고 이는 단지 장래의 권리관계를 예측한 것에 불과하므로, 그 부분의 집행배제를 구함에 있어서는 비록 종전 판결 변론종결 이전에 발생한 정년퇴직이라는 사유를 들고 있더라도 이를 가지고 확정판결의 기판력에 저촉된다고 볼 수는 없다고 하였다.[214]

---

212) 대법원 1999. 3. 9. 선고 97다58194 판결은 해고무효를 원인으로 해고 다음날부터 복직시까지 해고 당시의 평균임금에 상당하는 임금의 지급을 구하는 소송을 제기하여 전부승소의 판결을 선고받아 그 판결이 확정된 후 해고기간 중의 정기승급 및 임금 인상분에 상당하는 임금의 지급을 추가로 청구한 경우, 전소의 사실심 변론종결 후 당사자 사이의 형평을 크게 해할 사정이 생겼다고 볼 수 없다고 하였다.

213) 대법원 1993. 12. 21. 선고 92다46226 전원합의체 판결.

214) 대법원 1998. 5. 26. 선고 98다9908 판결.

㈐ 지연이자 등

소급임금을 산정함에 있어 월급제인 경우 근로자가 근로를 제공하였더라면 매월 임금을 수령할 수 있었을 것이므로 매월의 임금액에 대하여 그 때로부터 기산하여 지연이자를 지급하여야 하는지가 문제된다.

통상 매월의 임금액에 대한 지연손해금까지 청구하는 예는 거의 없으나, 청구하여 오는 경우에는 받아들이지 않을 수 없을 것이다.

한편, 대법원은 갑이 을 주식회사를 상대로 부당해고를 이유로 복직 시까지의 임금 및 미지급 임금에 대하여 법 36조 본문에 따라 연 20%의 지연손해금의 지급을 구한 사안에서, 법 36조에서 정한 '그 지급 사유가 발생한 때'라 함은 사망 또는 퇴직의 효력이 발생한 때를 의미하므로 해고가 무효로 되어 갑이 복직한 이상 이에 해당한다고 보기 어렵고, 부당해고 기간 중의 미지급 임금은 상행위로 생긴 것이므로 그 변형으로 인정되는 지연손해금채무, 즉 채무불이행으로 인한 손해배상채무도 상사채무라 할 것이어서 상법이 정한 연 6%의 범위 내에서만 이유 있다고 본 원심판단을 수긍하였다.[215]

라. 중간수입 공제

(1) 개 설

정당한 이유 없이 위법하게 해고된 근로자가 해고기간 중 다른 직장에 취업하여 임금을 받았을 경우에 근로자가 사용자로부터 받을 임금에서 다른 직장에 취업하여 받은 임금, 이른바 중간수입을 공제할 수 있는가 하는 점이 근로자의 일실수입을 산정할 때 중요한 문제이다. 중간수입의 공제와 관련하여서는 다음과 같은 점들이 검토되어야 한다.

첫째, 중간수입을 민법 538조 2항[216]에서 규정하고 있는 자기의 채무를 면함으로써 얻은 이익으로 볼 수 있는가, 즉 근로자가 노무급부의무를 면한 것과 중간수입 사이에 상당인과관계가 있는 것으로서 사용자가 지급하여야 할 임금에서 공제할 수 있는 것인지를 살펴보아야 한다.

둘째, 중간수입이 근로자가 채무를 면하게 된 것과 인과관계가 인정된다면 민법 538조와 법 46조[217]와의 관계를 어떻게 파악할 것인가를 검토하여야 한다.

215) 대법원 2014. 8. 26. 선고 2014다28305 판결.

216) 민법 538조 2항은 "전항의 경우에 채무자는 자기의 채무를 면함으로써 이익을 얻은 때에는 이를 채권자에게 반환하여야 한다"고 규정하고 있다.

이와 관련하여서는 먼저, 민법 538조 1항의 사용자의 책임 있는 사유의 구체적인 의미는 무엇이며 법 46조에서 말하는 사용자의 귀책사유의 의미와는 어떤 관계에 있는가를 살펴보아야 하고, 그 후 법 46조가 민법 538조 2항의 중간수입 공제의 한계로서 작용할 수 있는가를 검토하여야 한다.

셋째, 부당해고된 근로자의 일실수입청구를 임금청구로 본다면 법 43조[218]의 임금전액불의 원칙과 관련하여 중간수입 공제를 인정할 수 있는지가 문제된다.

이하에서는 각 문제에 관한 학설과 판례를 차례로 살펴본다.[219]

### (2) 중간수입 공제 가부

#### ㈎ 개 요

쌍무계약의 당사자 일방의 채무가 채권자의 책임 있는 사유로 인하여 이행할 수 없게 된 때에는 채무자는 상대방에게 반대급부의 이행을 청구할 수 있으나, 그로 인하여 채무자가 급부불능이 생기지 않았던 경우 이상으로 이익을 받을 수는 없기 때문에 자기의 채무를 면한 것에 의하여 어떠한 이익을 얻은 때에는 채무자는 이를 상환하여야 하는바, 채무자가 상환하여야 할 이익은 채무를 면한 사실과 상당인과관계에 있는 것에 한정된다고 함이 통설이다.[220]

구체적으로 보면, 근로제공을 하지 못하여 절약된 교통비 같은 것이나 해고된 근로자가 회사로부터 받은 퇴직금을 노무급부의무를 면함으로써 얻은 이익으로 보아 공제하여야 함에는 별다른 문제가 없다.[221] 하지만, 노무급부의무를

---

217) 법 46조 1항에서 "사용자의 귀책사유로 인하여 휴업하는 경우에는 사용자는 휴업기간 동안 그 근로자에게 평균임금의 100분의 70 이상의 수당을 지급하여야 한다. 다만, 평균임금의 100분의 70에 해당하는 금액이 통상임금을 초과하는 경우에는 통상임금을 휴업수당으로 지급할 수 있다"고 하여 평균임금의 70%를 휴업수당으로 정하면서 임금구조가 복잡하여 통상임금이 평균임금의 70%에 이르지 못하는 경우에는 통상임금을 휴업수당으로 지급할 수 있도록 하고 있다. 이하에서는 편의상 평균임금의 70%가 통상임금보다 저액임을 전제로 서술하고자 한다. 2항에서는 "1항에도 불구하고 부득이한 사유로 사업을 계속하는 것이 불가능하여 노동위원회의 승인을 받은 경우에는 1항의 기준에 못 미치는 휴업수당을 지급할 수 있다"고 규정하고 있다.

218) 법 43조 1항은 "임금은 통화로 직접 근로자에게 그 전액을 지급하여야 한다"고 하여 임금의 통화불, 직접불, 전액불의 원칙을 규정하고 있고, 단서에서 "다만, 법령 또는 단체협약에 특별한 규정이 있는 경우에는 임금의 일부를 공제하거나 통화 이외의 것으로 지급할 수 있다"고 하여 그 예외를 인정하고 있다.

219) 독일과는 달리 우리와 같이 명문의 규정이 없음에도 불구하고 판례법에 의하여 중간수입 공제 및 손해경감의무를 인정하고 있는 미국의 예에 관하여는 정진경, 160~169면 참조.

220) 注釋民法(13) 債權(4), 592면.

면한 근로자가 다른 직장에 취업하여 얻은 중간수입이 채무를 면하게 된 것과 상당인과관계에 있는 이익으로서 공제할 수 있는가 하는 점에 관하여는 견해의 대립이 있다.

㈏ 긍 정 설

위법하게 해고되어 근로를 거부당한 근로자가 그 근로거부로 인하여 얻은 시간을 이용하여 다른 곳에 취업하여 얻은 수입은 그것이 통상 얻을 수 있는 정도의 것이라면 채무를 면한 것과 상당인과관계가 있는 것으로서, 민법 538조 2항에서 말하는 채무를 면함으로써 얻은 이익에 해당하여 공제하여야 한다는 견해이다.[222)]

이 견해는 근로자가 해고기간 동안 다른 직장에 취업하여 얻은 중간수입을 해고기간 동안 근로자가 받을 수 있는 임금에서 공제하지 않게 되면, 다른 직장에 취업하여 얻은 수입이 부업적인 것이라고 인정되는 특별한 경우를 제외하고는 근로자를 해고가 없었던 경우보다 더 유리한 지위에 두게 되어 불공평하게 된다고 한다.[223)]

㈐ 부 정 설

근로자가 위법하게 해고당한 사실과 그 근로자가 해고기간 동안 다른 직장에 취업하여 얻은 이익 사이에는 상당인과관계가 존재한다고 할 수 없으므로, 위법하게 해고당한 근로자가 사용자로부터 받을 수 있는 임금에서 중간수입을 공제하여서는 안 된다는 견해이다.[224)]

이 설은 근로자가 다른 직장에 재취업하여 얻은 수입은 노무급부의무를 면한 시간을 이용한 것이라고 하더라도 그것과는 별개의 원인인 새로운 고용계약에 의하여 얻은 이익으로서 채무를 면하게 된 것과는 상당인과관계가 없으며,[225)] 만약 상당인과관계가 있다고 인정한다면 다른 직장에 취업하여 성실하게

221) 주석민법 채권각칙(1), 458면. 한편, 대법원은 근기법 26조 본문에 따라 사용자가 근로자를 해고하면서 30일 전에 예고를 하지 아니하였을 때 근로자에게 지급하는 해고예고수당은 해고가 유효한지와 관계없이 지급되어야 하는 돈이고, 해고가 부당해고에 해당하여 효력이 없다고 하더라도 근로자가 해고예고수당을 지급받을 법률상 원인이 없다고 볼 수 없다고 판시하였다(대법원 2018. 9. 13. 선고 2017다16778 판결).

222) 東京高裁 1961. 1. 30. 判決(米調達部東京支部救濟命令取消事件, 勞民集 12~1호, 37면); 박홍규a, 319면; 지원림, 1122~1123면 참조.

223) 박순성, 150면.

224) 이장호, 466면.

225) 이우진, 507면.

일한 자가 아무런 일도 하지 않고 시간을 보낸 자보다 불리하게 되고, 사용자가 근로자에게 이익의 상환을 청구할 수 있는지 여부가 단순히 근로자의 의사와 노력에 의하여 좌우되어 불합리하다는 점을 근거로 한다.[226)]

또한 사용자의 부당해고로 근로계약관계는 단절되고 노동력제공의무는 소멸하기 때문에, 근로자는 해고기간 중에 자기의 노동력을 자유로이 처분할 수 있고 그 처분의 결과 다른 사용자로부터 임금을 얻었다고 하더라도, 부당해고에 의하여 취업불능을 초래한 사용자는 그 임금에 대하여 하등의 권리를 주장할 수 없다고 주장한다.[227)]

한편, 중간수입 공제의 문제는 이를 사용자의 부담을 줄이기 위하여 공제대상으로 삼는 것이 정당한 것인가의 관점에서 검토되어야 한다면서, 해고된 근로자가 해고의 효력을 다투면서 다른 직장에 취업하여 소득을 얻는 행위는 소송이나 기타 구제방법이 실패할 경우에 대비하는 것으로서, 그 소득은 성질상 처음부터 공제대상이 되는 이중적 소득이라고 할 수 없다고 해석함이 민법 538조 2항의 합목적적 해석에 부합한다는 견해도 있다.[228)]

### (3) 중간수입 공제의 한계와 법 46조

#### (가) 개 설

부당해고된 근로자는 그 채무를 채권자의 책임 있는 사유로 이행할 수 없게 되었다. 따라서 부당해고된 근로자는 민법 538조 1항에 따라 반대급부인 임금 전액에 대한 청구권을 잃지 않는다. 그런데 법 46조는 사용자의 귀책사유로 인하여 휴업하는 경우에 사용자는 근로자에게 평균임금의 100분의 70 이상을 지급하면 되도록 하고 있다. 법 46조만 보면 근로자의 생활을 보장하고 향상시키는 것이 목적인 근기법이 보장하는 휴업수당이, 근로자와 사용자 모두를 평등한 법인격체로 파악하고 과실책임주의를 기초로 하는 민법이 보장한 임금청구권에 미치지 못하고 있다.[229)] 그리하여 근기법이 보장하는 근로자의 휴업수당청구권과 민법에 의한 임금청구권이 어떠한 관계에 있는가, 근기법상의 휴업수당이 중간수입 공제와 관련하여서는 어떠한 의미가 있는가에 관하여 학설이 대립하고 있다. 크게는 양 규정의 관련성을 인정하고 휴업수당에 관한 근기법상의

---

226) 박순성, 146~147면; 윤성천, 118~119면.
227) 이장호, 465면 참조.
228) 김형배, 761면.
229) 이장호, 427면.

규정이 중간수입 공제의 한도로 작용한다는 견해와 민법 538조 1항에 의한 임금청구권과 법 46조에 의한 휴업수당은 전혀 별개의 제도로서 휴업수당규정은 민법 538조 2항에 의한 중간수입 공제와는 무관하다는 견해로 나눌 수 있으나 그 구체적인 입론은 다양하다.

㈏ **관련성 인정설**

① **양 법조의 적용범위를 같게 보는 설** 민법 538조 1항에서 말하는 채권자의 책임 있는 사유와 법 46조의 사용자의 귀책사유의 범위를 동일하게 보는 견해이다.

다만, 양 규정의 적용범위를 동일하게 보면서도, 그 범위를 과실책임의 원칙에 의하여 고의·과실 및 이와 유사한 경우로 좁게 보는 견해가 있고,[230] 근로계약에 있어서는 추완불가능성 등의 특수성으로 인하여 채권자의 채권지지(債權支持) 의무가 특히 가중되어 사용자로서 불가항력을 주장할 수 없는 모든 사유가 포함된다고 하여 귀책사유의 범위를 넓게 보는 견해가 있다.[231]

이와 같이 민법 538조 1항의 채권자의 책임 있는 사유와 법 46조의 사용자의 귀책사유의 범위를 동일하게 보는 경우, 법 46조의 의미는 그 법적 성격을 어떻게 보는가에 따라 달라진다.

즉, 부당해고된 근로자의 임금청구권의 근거를 사용자의 수령지체에 의한 것으로 보아 민법 538조가 아닌 민법 400조[232]에서 구하면서 법 46조를 민법 400조의 특칙으로 보는 견해[233]는 민법상의 임금청구권을 행사하기 위하여는 노무의 제공이라는 절차를 요하지만 근기법상의 휴업수당청구권을 행사함에 있어서는 이를 요하지 않는다는 점을 강조한다.[234] 하지만 임금청구권의 근거를

230) 이장호, 428면(我妻榮 등의 견해로 소개되어 있다).

231) 이은영b, 183~184면; 이장호, 428면(島田信義 등의 견해로 소개되어 있다); 이종복 교수는 채권자에게 책임 있는 사유는 채권자에게는 채무가 없기 때문에 채무자의 채무위반 책임으로서의 귀책사유와는 구별되어야 하며, '채권자에게 책임 있는 사유'라는 문언이 민법 390조나 750조 등에서 채무자의 고의·과실이라고 표현한 것에 비하여 훨씬 더 융통성이 있는 것으로서 사용자의 책임을 넓게 해석해야 한다고 주장한다(이종복, 428~429면).

232) 민법 400조는 "채권자가 이행을 받을 수 없거나 받지 아니한 때에는 이행의 제공 있는 때로부터 지체책임이 있다"고 하여 채권자지체에 관하여 규정하고 있다.

233) 근로자의 채무의 본 취지에 따른 이행의 제공은 사용자가 수령거절의사를 명확하게 표명하고 있는 경우에는 요건이 경감되어 이행의사와 능력이 객관적으로 인정되는 것으로 충분하나, 이행의사와 능력은 유지하고 있어야 하므로 전직을 하여 새로운 직장에 전념하고 있는 경우에는 후에 해고가 정당한 이유가 없어 무효로 되어도 해고기간 중의 임금청구권을 인정받을 수 없다고 한다.

민법 538조에서 구하고 법 46조를 민법 538조의 특칙으로 보는 견해[235]는, 근로자는 민법 538조의 규정에 의하여 임금 전액을 청구할 수 있는 것이지만 민법의 규정은 임의규정으로서 근로자에게 불리한 특약도 가능하고, 그러한 특약이 없는 경우에도 민법상의 규정만으로는 근로자보호에 부족한 면이 있어 법 46조는 평균임금의 70%까지는 근로자에게 불리한 특약을 금지하고, 벌칙을 부과하면서 그 의무의 이행을 보장함에 의미가 있다고 한다.[236]

② **법 46조의 적용범위를 넓게 보는 설** 민법 538조의 채권자의 책임 있는 사유는 고의·과실 또는 신의칙상 그것과 동시할 수 있는 사유로 보면서, 법 46조가 일반적으로 기업경영의 이윤이 사용자에게 귀속하는 것에 대응하여 경영상의 이유에서 발생하는 위험도 기업주가 부담하는 것이 타당하다는 공평의 관념과 임금을 유일한 생활수단으로 하는 근로자의 최저생활을 보장하여야 한다는 점 등을 근거로 하여 만들어진 규정으로서, 법 46조에서 말하는 사용자의 귀책사유라 함은 적어도 고의·과실 또는 이와 동시할 만한 사유보다는 넓고 사용자의 관리·경영상의 책임범위에 속하는 사유, 다시 말하면 기업경영자로서 불가항력을 주장할 수 없는 경우를 포함하는 것으로 해석하는 견해이다.[237] 이 견해는 민법상의 임금청구권은 그 요건이나 절차가 엄격하고 소송절차에 의하지 않으면 안 되는 불편이 있기 때문에 법 46조는 널리 사용자의 책임을 인정하고 노동력의 제공 없이도 벌칙으로 휴업수당의 지불을 강제하는 데 의미가 있다고 한다.[238] 현재 우리나라의 다수설이다. 법 46조의 휴업이란 집단적 휴업인지 개개인만의 휴업인지를 불문하고 특정근로자에 대하여 그 의사에 반하여 근로시키지 않는 경우도 포함함을 전제로 민법 538조와 법 46조의 관련성을 인정한다.[239]

③ **중간수입 공제에 관한 견해** 민법 538조와 법 46조의 관련성을 인정하는 견해를 취하면, 부당해고는 통상 위법한 것으로서 민법 538조의 채권자의 책임 있는 사유를 좁게 해석한다고 하더라도 그 범위 내에 포함된다고 해석하

---

234) 이장호, 428면.

235) 그 외에 법 46조는 휴업수당청구권이라는 새로운 실체적 권리를 설정한 규정으로서 민법 538조와는 근거가 다른 별개의 것이라는 설이 있다[주석민법 채권각칙(1), 458면].

236) 박순성, 153면; 이종복, 425면 등 참조.

237) 박상필, 409면; 박순성, 154면; 이장호, 428~429면; 이종복, 424면; 片岡, 491면.

238) 박상필, 409면; 박순성, 153면; 이종복, 425~426면; 片岡, 491면 등 참조.

239) 박순성, 154~155면; 片岡, 493면.

여야 하므로, 민법 538조 1항과 법 46조의 요건을 모두 충족시키게 된다. 이 경우 중간수입 공제와 관련하여 양 법조의 관계를 어떻게 볼 것인지가 문제되는 바, 법 46조를 민법 538조의 특칙으로 보는 견해는 민법 538조 2항에 의하여 상당인과관계 있는 이익을 공제할 수 있음을 전제로 법 46조는 휴업에 의하여 얻은 이익을 상환해야 하는 절차상의 번거로움을 생략하고 법률관계를 간명하게 하기 위해 그 공제한도를 평균임금의 70%로 규정하였다고 본다.[240] 이에 대해 법 46조와 민법 538조의 관련성을 인정하면서도 법 46조가 민법 538조와는 별개의 독립된 규정이라고 파악하는 견해는 휴업수당액이 이익을 공제하는 한도를 정함에 있어 일응의 표준이 된다고 한다.[241]

어느 견해든 중간수입과 근로자가 채무를 면하게 된 것과의 인과관계를 인정하면서도 중간수입을 사용자가 지급하여야 할 임금에서 전액 공제하는 것은 극단적인 시민법 이론으로서 근로자의 최저생활을 보장하고자 하는 근기법의 취지를 몰각하게 하며, 근로자의 노력으로 얻은 수입으로부터 사용자가 부당하게 이득을 얻게 된다고 하여, 공제를 하되 법 46조와 관련하여 그 한도를 평균임금의 30%로 제한하는 점에서 같은 결론에 이르게 된다.[242]

㈐ **관련성 부정설**

법 46조는 민법 538조가 적용되는 경우에는 그 적용이 없다는 학설로서, 휴업수당에 관한 규정을 민법 538조와는 무관한 것으로 보고 있다.

이 설은 다수설이 민법 538조 1항에서 말하는 채권자의 책임 있는 사유를 고의·과실 또는 이와 유사한 사유에만 한정하고, 법 46조의 귀책사유를 불가항력을 주장할 수 없는 모든 사유로서 사용자로 하여금 휴업수당을 지급하게 하는 것이 사회적으로 정당하다고 생각되는 사유로 넓게 해석하는 것이 법적인 근거가 없고 논거도 박약하며,[243] 무엇보다도 민법 538조에 의하면 임금 전액을 청구할 수 있는데 법 46조에 의하면 평균임금의 70%밖에 청구할 수 없음에 대한 설득력 있는 해명이 없다고 비판한다.[244] 또한 경영위험부담론 등에 의하면

240) 박순성, 155~156면; 片岡, 491면.
241) 박순성, 156면; 주석민법 채권각칙(1), 396면.
242) 박순성, 156면; 지원림, 1123면.
243) 이종복, 426~427면.
244) 이종복, 427면(이종복 교수는 종래의 학설은 법 46조가 근로자보호를 위한 것으로 본다면 민법과 같이 전액을 지급하도록 하면서 그 절차상의 보장과 편의를 도모하였어야 함에도 그렇지 못하였고, 더욱이 46조 2항에서 노동위원회의 승인을 얻은 경우에는 1항의 기준에 미달

사용자에게 귀책사유가 없더라도 사용자의 반대급부책임을 인정하게 되는데, 사용자에게 귀책사유가 있는 경우에 책임이 더 가벼워지는 문제가 있다고 한다.[245]

그리하여 이 설은 법 46조는 상시 5인 이상의 근로자가 종사하는 사업 또는 사업장에만 적용된다는 집단법적 성격에 착안하여, 민법 538조는 사용자와 개별 근로자와의 관계에서 휴업을 규제하는 반면, 법 46조는 집단적인 사업경영상의 휴업에 관한 규정으로서 사업 전부 또는 일부의 휴업으로 인한 집단적·일괄적 휴업을 규율 대상으로 한다고 주장한다.[246] 즉, 민법 538조는 개별적인 채권자와 채무자 사이에 채권자가 그 상대방과의 관계에서 급부불능에 대한 귀책사유가 있을 경우에 채무자의 반대급부청구권을 인정하는 규정이지만, 법 46조는 사업장의 집단적 휴업에 대하여 사용자에게 귀책사유가 있는가를 물어 책임이 있는 경우 해당 근로자들 모두에 대하여 평균임금의 70% 이상을 일괄적으로 지급하도록 하는 규정으로서 양 법조는 전혀 별개의 것이며,[247] 따라서 법 46조에 의한 휴업수당청구권이 인정되는 경우에는 민법 538조에 의한 임금청구권을 행사할 수 없다고 한다.[248]

양자의 관련성을 부정하는 견해로는 그 외 민법 538조는 사용자의 고의·과실 또는 이와 동시할 수 있는 사유가 있는 경우에 전적으로 적용되며, 법 46조는 임금확보를 위한 규정으로서 경영장애에 한해서만 적용된다고 하여 그 사유에 따라 양자의 적용범위를 구별하는 견해도 있다.[249]

#### (4) 법 43조와의 관계

민법 538조 2항에 의하여 근로자가 해고기간 동안 얻은 중간수입을 공제하는 것이 법 43조에서 규정하고 있는 임금 전액불의 원칙에 위반하는 것이 아닌가 하는 의문이 제기된다. 이에 대하여 대법원 판결은 별다른 설시 없이 공제를 인정하고 있을 뿐이어서 그 이론적 근거가 문제된다.

이에 대하여는 법 43조에서 말하는 임금은 현실의 노무급부를 대상으로 한 것이지만 민법에 의하여 인정되는 임금은 현실의 노무급부를 대상으로 한 것이

---

하는 휴업수당을 지급할 수 있도록 한 것을 설명할 수 없다고 비판한다).

245) 이종복, 427~428면.

246) 이종복, 430~431면.

247) 이종복, 431면.

248) 이종복, 434면.

249) 주석민법 채권각칙(1), 458면.

아니기 때문에 법 43조는 민법에 의한 반대급부청구권에 대하여는 적용되지 않는다고 하는 견해가 있다.[250]

또한 법 43조는 민법에 의한 반대급부청구에도 적용이 있지만, 같은 조에 법령 또는 단체협약에 특별한 규정이 있는 경우에는 임금의 일부를 공제할 수 있다고 단서조항을 두고 있는데, 법 46조가 평균임금의 70% 이상을 지급하도록 규정한 것이 근로자의 해고기간 내의 중간수입상환과 관련하여 그 결제수단을 간편하게 하기 위해 평균임금의 30%까지는 미리 임금액에서 공제할 수 있음을 전제로 한 것으로서 임금 전액불의 원칙에 대한 예외를 인정한 법령상의 근거가 되어, 중간수입의 공제를 인정한다고 하더라도 임금 전액불의 원칙에 반하지 않는다는 견해가 있다.[251]

그 외 임금전액불의 원칙은 임금이 근로자 생존의 기본이므로 그것을 전액 근로자에게 건네주어 그 보호를 도모하려는 취지인데 해고기간 중에 중간수입의 취득으로 근로자의 생존의 기본이 확보되었다고 평가할 수 있고, 소급임금지급과 중간수입상환의 결제를 간편하게 하기 위해 공제를 인정할 필요가 있다는 주장도 있다.[252]

#### (5) 대법원판례

##### ㈎ 중간수입의 공제

해고가 무효임을 주장하여 해고기간 동안의 임금 내지 임금 상당의 손해배상을 구하는 부당해고 구제소송에서 사용자가 근로자의 중간수입의 공제를 주장할 경우 그 중간수입을 공제할 것인가에 관해 대법원은 90다카25277 판결을 통하여 입장을 정리하였다.[253]

위 판결은 사용자의 귀책사유로 인하여 해고된 근로자가 해고기간 중에 다른 직장에 종사하여 얻은 이익인 이른바 중간수입은 민법 538조 2항에서 말하는 채무를 면함으로써 얻은 이익에 해당하므로, 사용자는 위 근로자에게 해고기간 중의 임금을 지급함에 있어 이를 임금액에서 공제할 수 있다고 판시하여 해고와 중간수입과의 인과관계를 인정하고 민법 538조 2항에 근거하여 사용자가 지급하여야 할 임금액에서 중간수입의 공제를 긍정하였다.

---

250) 박순성, 158면(松岡三郎의 견해로 소개되어 있다).
251) 最高裁 1962. 7. 20. 判決(米軍山田部隊事件, 民判集 16~8호, 1656면); 박순성, 158~159면.
252) 박홍규a, 327면.
253) 대법원 1991. 6. 28. 선고 90다카25277 판결; 최세모, 43면.

(나) 공제의 한계

다만, 중간수입 공제의 한계와 관련하여서는, 위 대법원 판결은 법 46조는 근로자의 최저생활을 보장하려는 취지에서 사용자의 귀책사유로 인하여 휴업하는 경우에는 사용자는 휴업기간 중 당해 근로자에게 그 평균임금의 100분의 70 이상[254]의 수당을 지급하여야 한다고 규정하고 있고, 여기에서 휴업이란 개개의 근로자가 근로계약에 따라 근로를 제공할 의사가 있음에도 불구하고 그 의사에 반하여 취업이 거부되거나 또는 불가능하게 된 경우도 포함된다고 할 것이므로, 공제를 함에 있어서 근로자가 지급받을 수 있는 임금액 중 법 46조 소정의 휴업수당의 한도에서는 이를 이익공제의 대상으로 삼을 수 없고, 그 휴업수당을 초과하는 금액에서 중간수입을 공제하여야 한다고 하여 근기법상의 휴업수당을 중간수입 공제의 한계로 판시하였다.

위 대법원 판결의 판시는 그 후의 판결에서도 그대로 유지되어 판례로 확립되었다.[255]

예를 들어, 해고당하지 않고 정상적으로 근무하였을 경우 월평균 급여액으로 200만 원을 지급받기로 되어 있는 근로자가 해고기간 동안 다른 직장에 취업하여 150만 원의 월급을 받고 있었던 경우와 같이, 근로자가 위 부당해고기간 중에 다른 직장에 종사하여 일정한 수입을 얻고 있었다면 민법 538조 2항의 규정에 따라 근로자가 사용자에 대한 채무인 근로제공의무를 면함으로써 이익을 얻은 때에 해당하여 이를 사용자에게 상환하여야 할 의무가 있는데 근로자가 해고기간 중 사용자로부터 지급받을 수 있는 월 임금액과 해고된 날부터 3개월의 기간 동안의 평균임금의 월 산정액은 반드시 일치하는 것은 아니다. 만약 해고기간 중 사용자로부터 지급받을 수 있는 월 임금액이 200만 원인데 평균임금의 월 산정액은 240만 원이라고 가정한다면 그 중 100분의 70(휴업수당)에 해당하는 168만 원은 사용자가 근로의 제공 유무에 관계없이 근로자에게 반드시 지급할 의무가 있으므로, 해고 근로자의 중간수입이 매월 150만 원이라고 하더라도 해고기간 중 근로자가 지급받을 수 있는 임금액 200만 원에서 위 휴업수당 168만 원을 초과하는 나머지 32만 원만을 공제할 수 있고, 따라서 이 경우 사용자는 근로자에게 위 해고기간 동안 매월 168만 원의 비율로 계산한 임금액을

254) 1989. 3. 29. 법률 4099호로 개정되기 전에는 100분의 60 이상.
255) 대법원 1991. 12. 13. 선고 90다18999 판결, 대법원 1993. 11. 9. 선고 93다37915 판결 등.

지급하여야 한다. 또한 평균임금의 월 산정액이 300만 원이라고 가정한다면 휴업수당액은 210만 원으로 해고기간 중 지급받을 수 있는 월 임금액 200만 원을 초과하므로 아무것도 공제할 수 없고 매월 위 200만 원 전액의 비율로 계산한 임금액을 지급하여야 한다.[256)]

㈐ **관련 문제들**

① **불법행위를 원인으로 한 손해배상소송** 대법원은 중간수입 공제의 법리는 근로자가 쌍무계약인 근로계약에 기한 근로제공의무가 채권자인 사용자의 책임 있는 사유로 인하여 이행될 수 없었다고 하면서 근로관계의 존속을 전제로 한 임금청구를 하는 경우뿐만 아니라, 사용자의 부당해고가 불법행위에 해당함을 원인으로 한 손해배상청구를 하는 경우에도 그 손해의 범위를 산정함에 있어서는 손해배상의 일반이론에 따라 손해의 원인이 된 사실과 상당인과관계에 있는 이득을 모두 공제하여야 하므로 그대로 적용된다고 하였다.[257)]

② **공무원과 법 46조** 대법원은 공무원도 임금을 목적으로 근로를 제공하는 법 14조(현행 법 2조 1항 1호) 소정의 근로자이므로, 공연법, 공무원보수규정, 공무원수당규정 등에 특별한 규정이 없는 경우에는 공무원에 대하여도 성질에 반하지 아니하는 한 원칙적으로 근기법이 적용되고, 국가의 부당한 면직처분으로 인하여 공무원이 그 의사에 반하여 근로를 제공할 수 없는 경우 공무원의 최저생활을 보장할 필요성은 사기업의 근로자와 동일하므로 법 38조(현행 법 46조)는 공무원에게도 적용되어 공무원이 면직기간 중 다른 직장에서 수입을 얻은 경우, 공무원이 지급받을 수 있었던 보수 중 법 46조 소정의 휴업수당의 한도에서는 이를 이익공제의 대상으로 삼을 수 없다고 하였다.[258)]

③ **부업적 수입의 공제문제** 부당해고로 인하여 노무를 제공하지 못한 근로자는 민법 538조 1항 본문의 규정에 의하여 사용자에 대하여 임금을 청구할 수 있고 이 경우 근로자가 자기 채무를 면함으로써 이익을 얻은 때에는 이를 사용자에게 상환하여야 하는 것이지만, 그 상환하여야 할 이익은 채무를 면한 것과 상당인과관계에 있는 것에 한하므로 해고되기 전부터 처의 주도로 경

---

256) 해고와 임금, 420~421면. 대법원 2015. 5. 14. 선고 2014다65397 판결(원고가 얻은 수입이 휴업수당에 미치지 못한다는 이유만으로 피고가 원고에게 손해배상으로 지급할 임금 상당액에서 그 수입금액을 전혀 공제할 수 없다고 판단한 원심을 파기한 사례).

257) 대법원 1996. 4. 23. 선고 94다446 판결.

258) 대법원 1996. 4. 23. 선고 94다446 판결.

영하던 과수원에서 부업으로 얻어 온 수입은 일종의 부업적 수입으로서 해고를 당하지 아니하였더라도 당연히 취득할 수 있었던 것이므로, 이는 상환하여야 할 이익에 해당하지 아니하여 이를 해고기간 동안의 임금 상당액에서 공제할 수 없으며,[259] 근로자가 해고기간 중에 노동조합기금으로부터 지급받은 돈은 그가 노무제공을 면한 것과 상당인과관계에 있는 이익이라고는 볼 수 없으므로 공제의 대상이 되지 아니한다고 하였다.[260]

④ 사용자가 지급한 임금　　대법원은 사용자가 부당해고한 근로자를 원직이 아닌 업무에 복직시키고 근로자가 그 업무에 복직하여 실제 근로를 제공한 이상 휴업하였다고 볼 수는 없으므로 그 업무 수행으로 지급된 임금은 근로자가 원직에서 지급받을 수 있는 임금에서 전부 공제하여야 하고, 법 46조를 적용하여 휴업수당 초과분만 중간수입으로 공제할 것은 아니라고 하였다.[261]

⑤ 중간수입의 공제기간　　중간수입의 공제에 있어서는 중간수입이 발생한 기간이 임금지급의 대상으로 되는 기간과 대응하여야 하므로 중간수입의 대상으로 된 기간과 시기적으로 대응하는 기간에 해당하는 봉급을 기준으로 근기법 소정의 휴업수당을 제한 나머지 금액을 초과하는지 여부를 결정하여야 한다고 하였다.[262]

#### (6) 검　토

우리 대법원의 판례에 대하여는 찬반양론이 대립하고 있는바 주로 다음과 같은 점들이 문제점으로 지적될 수 있다.

첫째, 사용자의 귀책사유로 근로자가 부당해고됨으로써 근로자의 노무급부가 불능이 된 경우에 적용되는 민법 538조 1항과 경영위험부담의 원리에 의하여 사용자가 휴업하게 되어 근로자가 일을 할 수 없게 된 경우에 적용되는 법 46조는 그 법적 성질을 달리하는 것으로서,[263] 민법 538조는 개별적인 근로관계에 적용되는 규정이지만 법 46조는 사업경영상의 휴업에 적용되는 규정이다.[264] 즉, 근기법상의 휴업이란 사용자와 근로자 사이의 근로계약관계가 존속함을 전

259) 대법원 1993. 5. 25. 선고 92다31125 판결.
260) 대법원 1991. 5. 14. 선고 91다2656 판결.
261) 대법원 2024. 4. 12. 선고 2023다300559 판결.
262) 대법원 1991. 6. 28. 선고 90다카25277 판결.
263) 김형배, 760면.
264) 이종복, 431면.

제로 사업의 전부 또는 일부를 사용자의 결정에 의하여 휴지하는 것으로서 집단적 현상을 말하는 것인데,[265] 판례가 법 46조의 휴업에는 특정의 근로자에 대하여 근로자의 의사에 반하여 사용자가 취업을 거부하는 경우도 포함된다고 하여, 근로자가 그 직장을 떠나는 외관을 취하고 사용자의 의사도 전혀 근로계약관계의 존속을 의도하지 않았던 개별적 근로관계에 관한 사안인 부당해고의 경우까지도 근기법 휴업규정의 적용을 확장한 것은 부당하다.

둘째, 법 46조가 적용되어 평균임금의 100분의 70을 수당으로 받는 휴업기간 중에도 근로자는 다른 직장에 가서 소득을 얻을 수 있으며 이 경우 중간수입 공제의 문제가 여전히 남게 되므로, 민법 538조와 법 46조의 관련성을 인정한다고 하더라도 법률 규정의 내용상 법 46조는 민법 538조 1항에 대한 특별규정이며, 이익상환에 관한 민법 538조 2항과는 그 성질 및 취지가 다른 규정으로 보아야 한다.[266]

셋째, 판례는 중간수입 공제와 관련하여 법 46조의 휴업수당에 관한 규정을 적용하고 있는바, 이에 대하여는 부당해고 기간 근로자가 취득한 중간수입을 전액 공제하게 되면 근로자의 최저생활을 보장하고자 하는 근기법의 취지가 몰각되고, 근로자의 노력으로 얻은 수입으로부터 사용자가 부당이득을 얻게 되는 결과를 초래하기 때문에 판례의 태도가 타당하다는 견해가 있다.[267] 하지만 민법 538조 2항만을 적용하여 중간수입을 공제하여도 근로자는 받을 수 있었던 임금 전액을 확보하게 되므로 근로자의 최저생활보장의 문제는 생기지 않으며, 오히려 법 46조가 적용되면 근로자는 언제나 받을 수 있었던 임금 이상을 확보하게 되는 부당함이 초래된다.[268] 또한 부당해고의 경우 사용자는 근로자로부터 전혀 근로를 제공받지 못하고도 임금을 지급하는 것이므로 설사 중간수입을 공제한다고 하더라도 이를 부당이득이라고 보기는 어렵다.

판례의 태도는 논리적으로 생각하면 이해하기 곤란한 면이 있지만 관련 규정들을 짜맞추어 구체적 타당성을 도모한 법해석이라는 느낌이 든다.[269] 중간수입 공제와 관련한 대법원 판례가 법적인 문제점이 없지 아니함에도 절충적인

265) 박상필, 410면; 이장호, 434~435면.
266) 김형배, 759~762면.
267) 박순성, 156면.
268) 김형배, 759~762면.
269) 일본 노동법, 476면; 임종률, 603면.

견해를 취한 가장 중요한 이유는 해고기간 중 근로에 종사하지 아니한 근로자와 근로를 다른 기업에 제공한 근로자 사이에 형평을 기하기 위한 것으로 보인다.[270] 일반적으로 보아 해고기간 중에 생존을 위하여 다른 기업에 취업하여 수입을 얻은 근로자는 그러한 일을 하지 아니한 근로자에 비하여 법적으로 보호할 가치가 더 높다고 보아야 하는데 그로 인하여 얻은 수입을 사용자가 지급하여야 할 임금액에서 전액 공제한다는 것은 부당하다고 느껴지기 때문이다.

하지만 법 46조에 의하여 중간수입 공제에 한도를 설정한다고 하더라도, 해고기간 중에 상당한 일자리가 있었음에도 근로하지 아니한 경우에는 근로자가 얻을 수 있었던 수입을 근로자에게 지급하여야 할 임금에서 공제하지 않으면서, 원직보다 훨씬 열악한 직장임에도 불구하고 생존의 위협으로 인하여 근로한 근로자가 얻은 중간수입의 일정부분을 공제한다는 것은 형평성의 측면에서 여전히 문제로 남는다.

### 4. 부당해고와 위자료

#### 가. 개　　설

사용자가 정당한 이유 없이 해고한 경우 근로자가 법원에 대하여 구제를 구하는 가장 기본적인 형태는 위법한 해고가 무효라는 확인을 구함과 동시에 그 해고기간 동안의 임금 또는 임금에 상당한 금액의 지급을 구하는 것이다.

우리 판례는 ‘주는 급부’와는 달리 시간이라는 요소가 중요한, 일종의 정기행위인 고용계약에서는 노무급부의 수령이 없는 경우에 통상은 노무급부의 이행이 객관적으로 불능하게 되었다고 할 것이고, 위법하게 해고된 근로자는 근로제공 없이도 민법 538조 1항에 의하여 바로 해고기간 동안의 임금을 청구할 수 있다고 한다.

근로계약은 근로자가 사용자에게 근로를 제공하고 사용자는 이에 대하여 임금을 지급함을 목적으로 체결된 쌍무계약[271]을 말하는 것이므로 부당하게 해고당한 근로자는 해고무효확인 및 임금청구소송에서 승소함으로써 위와 같이 자신의 근로제공 없이도 사용자로부터 임금을 전액 지급받게 되면 근로자의 손해는 모두 전보된다고 할 수 있다.

---

270) 최세모, 43면.
271) 법 2조 5호; 민법 655조 참조.

그러나 근로계약이 임금의 지급을 목적으로 체결된 계약이라 하더라도 임금의 지급만으로 부당해고로 인한 근로자의 손해가 모두 회복되었다고 보는 것은 지나친 의제라는 느낌을 지울 수 없고 임금 지급으로 회복되지 아니하는 손해가 있다면 그에 대한 배상의 길이 마련되어야 완전한 사법상의 구제가 이루어졌다고 할 수 있다.[272] 부당해고의 경우에 임금과는 별도로 위자료까지 인정할 수 있을 것인가 하는 문제는 1980년대 후반부터 급증 현상을 보이기 시작한 근로관계 사건에서 하급심의 실무를 중심으로 먼저 논의되기 시작하여, 그 후 수차례의 대법원 판결을 거치면서 하나의 판례로서 정립되기에 이르렀다.

### 나. 판례의 경향

#### (1) 초기의 판결

근로계약은 근로자가 사용자에게 근로를 제공함에 대하여 사용자는 그에 대한 반대급부로 근로자에게 임금을 지급하는 내용의 쌍무계약이라는 점을 전제로 하여 사용자가 근로자를 부당하게 해고하였다고 하더라도 이는 결국 피고의 위 임금지급채무를 부당하게 이행하지 아니한 것에 불과하여 금전채무의 불이행으로 볼 수 있다 할 것이고, 특단의 사정이 없는 한 금전채무의 불이행에 의하여 채권자가 채권액 및 그에 대한 지연손해금 상당의 손해를 입는 것 이외에 따로 정신적 손해까지 입게 된다고 볼 수는 없다고 한 하급심 판결들이 있었다.[273]

이와 달리 학교법인이 사립학교 교사인 원고를 징계파면하고 출근을 저지하면서 급료를 지급하지 아니한 사안에서, 학교법인이 원고를 징계파면한 행위는 사립학교법 61조 소정의 징계방법의 종류와 양정에 관하여 사회통념상 요구되는 그 선택의 내재적 한계를 일탈한 위법이 있어 징계권남용으로서 불법행위가 되고, 또 출근한 원고에게 근무를 못하게 하면서 급료를 지급하지 아니한 채 차별적 대우를 한 학교법인의 행위는 원고의 인격권을 침해한 것으로서 불법행위가 되며, 나아가 원고가 이로 인하여 정신적 고통을 받았음은 경험칙상 인정되므로 학교법인은 이를 금전으로나마 위자할 의무가 있다고 한 대법원 판결이 있으나[274] 그 논거는 명확하지 않다.

---

272) 최진갑, 447면.

273) 서울지법 동부지원 1988. 1. 14. 선고 87가합938 판결, 대전지법 천안지원 1991. 4. 2. 선고 90가합1833 판결, 서울고법 1992. 8. 21. 선고 92나15408 판결(대법원 1993. 10. 12. 선고 92다43586 판결의 원심판결임).

### (2) 1993년 이후의 불법행위 성립이 인정된 대법원판결

대법원은 1993. 10. 12. 선고 92다43586 판결에서, 근로계약은 근로자의 근로제공과 이에 대한 사용자의 임금 지급을 내용으로 하는 쌍무계약이나 근로계약에 따른 근로자의 근로제공이 단순히 임금의 획득만을 목적으로 하는 것은 아니므로, 사용자가 근로자를 부당해고한 것이 반드시 임금지급채무를 이행하지 아니한 것에 불과하다고만 말할 수 없고 그것이 불법행위를 구성하는 경우도 있을 수 있다고 하여, 일반의 쌍무계약과는 다른 근로계약의 특수성으로부터 부당해고로 인한 불법행위의 성립가능성을 인정하고,[275] 위와 같이 부당해고가 불법행위를 구성하는 경우 그 해고가 법률상 무효라고 하여 해고 전의 상태로 돌아간다 하더라도 사회적 사실로서의 해고가 소급적으로 소멸하거나 해소되는 것은 아니므로, 임금채무나 그에 대한 지연손해금을 받게 된다고 하여 불법행위로 인한 정신적 고통의 손해가 완전히 치유되는 것은 아니라고 하였다.

이와 함께 위 판결은 일반론으로서, 일반적으로 사용자가 근로자를 징계해고한 것이 정당하지 못하여 무효로 판단되는 경우 그 해고가 무효로 되었다는 사유만에 의하여 곧바로 그 해고가 불법행위를 구성하게 된다고 할 수 없음은 당연하다고 하겠으나, 사용자가 근로자를 징계해고할 만한 사유가 전혀 없는데도 오로지 근로자를 사업장에서 몰아내려는 의도 하에 고의로 어떤 명목상의 해고사유를 만들거나 내세워 징계라는 수단을 동원하여 해고한 경우나, 해고의 이유로 된 어느 사실이 소정의 해고사유에 해당되지 아니하거나 해고사유로 삼을 수 없는 것임이 객관적으로 명백하고, 또 조금만 주의를 기울이면 이와 같은 사정을 쉽게 알아볼 수 있는데도 그것을 이유로 징계해고로 나아간 경우 등 징계권의 남용이 우리의 건전한 사회통념이나 사회상규상 용인될 수 없음이 분명한 경우에는 그 해고가 법 23조 1항에서 말하는 정당성을 갖지 못하여 효력이 부정되는 데 그치는 것이 아니라, 위법하게 상대방에게 정신적 고통을 가하는 것이 되어 근로자에 대한 관계에서 불법행위를 구성할 수 있다고 하여, 원칙적으로는 부당해고는 사법상의 효력이 부정되는 데 그치지만 예외적으로 사용자의 징계권 남용이 사회통념이나 사회상규상 용인될 수 없는 경우에는 근로자에

---

274) 대법원 1980. 1. 15. 선고 79다1883 판결.

275) 이와는 달리 원심은 사용자의 부당해고를 금전채무의 불이행으로 보아 특별한 사정이 없는 한 정신적 손해를 입게 된다고 볼 수 없다고 하여 원고 등의 위자료 청구를 기각하였다(서울고법 1992. 8. 21. 선고 92나15408 판결).

대한 관계에서 불법행위를 구성할 수 있다고 하였다.276)

이 판결은 최초로 부당해고가 불법행위를 구성할 수 있음을 명확히 밝히는 동시에 그 이론적인 근거를 제시하였다는 점에서 큰 의미가 있다.

또한 대법원 1993. 12. 21. 선고 93다11463 판결은, 부당노동행위에 관한 사안에서 근로계약에 따라 계속적으로 근로를 제공하는 근로자는 인간으로서 존엄과 가치를 지닌 인격체이고 근로자의 근로제공은 단순히 임금획득을 위하여 근로계약을 이행하는 것에만 의미가 있는 것이 아니고 근로를 통하여 이러한 인격을 실현한다는 측면도 있다고 하여 근로자의 인격과 불가분적으로 결합된 근로계약의 특수성을 보다 명확히 하고, 사용자가 강행규정인 노조법 81조 소정의 불이익취급 금지규정을 위반하여 근로자를 부당하게 해고하거나 불이익처분을 함으로써 당해 해고 등이 무효인 경우277)에 부당해고와 같은 논거에 의하여 불법행위가 성립할 수 있음을 밝혔다. 아울러 사용자의 귀책사유는 부당노동행위로 인정되는 이상 사실상 추정된다고 하였다.

나아가 대법원은 위장폐업에 의한 부당해고는 앞서 본 바와 같은 이유로 사회통념이나 사회상규상 용인될 수 없는 것이어서 불법행위를 구성하므로, 피고는 그로 인하여 근로자들이 입게 된 정신적 고통에 대한 위자료를 배상할 책임이 있다고 하였다.278)

276) 같은 취지, 대법원 1993. 12. 24. 선고 91다36192 판결, 대법원 1999. 2. 23. 선고 98다12157 판결(피고 회사가 원고를 부당해고한 후 노동위원회의 부당해고판정을 받아 원고를 복직시켰으면서도 그가 수령한 퇴직금을 반환하지 않는다는 이유만으로 승무정지 및 재차 해고조치를 하고 그 기간 중의 임금을 지급하지 아니한 일련의 행위는 취업규칙 소정의 해고사유에 해당하지 아니하는 것이 객관적으로 명백한 사유로 해고를 한 것이어서 사회통념이나 사회상규상으로도 용인될 수 없고, 또한 피고로서도 조금만 주의를 기울이면 이와 같은 사정을 쉽게 알 수 있었다고 보이므로 이는 위법하게 상대방에게 정신적 고통을 가하는 것이 되어 원고에 대한 관계에서 불법행위를 구성한다고 본 사례).

277) 위 판결은 구 노동조합법 39조(현행 노조법 81조)의 부당노동행위금지규정은 헌법이 규정하는 근로 3 권을 구체적으로 확보하기 위한 것으로, 이에 위반하는 행위에 대하여 처벌규정을 두고 있는 한편 부당노동행위에 대하여 신속한 권리구제를 받을 수 있도록 같은 법 42조(현행 노조법 84조), 43조(현행 노조법 85조)에서 행정상의 구제절차까지 규정하고 있는 점에 비추어, 이는 효력규정인 강행법규라고 풀이되므로 위 규정에 위반된 법률행위는 사법상으로도 그 효력이 없고, 근로자에 대한 불이익취급행위로서의 법률행위가 부당노동행위로서 무효인 이상 그것이 법 27조(현행 법 23조) 소정의 정당한 이유가 있는지 여부는 더 나아가 판단할 필요가 없다고 판시하였다.

278) 대법원 2011. 3. 10. 선고 2010다13282 판결(구회사를 실질적으로 운영하는 사주가 쟁의행위로서 정당성을 결여한 직장폐쇄를 감행하여 전 직원을 퇴직처리한 다음 구회사를 폐업하고 신설회사를 설립하는 위장폐업의 방법으로 근로자들을 부당해고하자 근로자들이 그로 인한 정신적 고통을 이유로 위자료를 청구한 사안에서, 위장폐업의 경우 구회사와 신설회사는 형

### (3) 1993년 이후 불법행위 성립이 부정된 대법원판결

불법행위 성립을 부정한 판결로는 사립학교 교원에 대한 징계가 사립학교법과 재단법인의 정관에서 정한 절차에 따라 필요한 진상조사를 다하고 징계대상자를 출석시켜 진술케 하는 한편 징계대상자의 소행, 근무성적, 공적, 개전의 정 등을 참작하여 징계위원들의 자율적인 판단에 따라 행하여진 것이라면, 비록 그 징계양정이 결과적으로 재량권을 일탈한 것으로 인정된다고 하더라도 이는 법률전문가가 아닌 징계위원들이 징계의 경중에 관한 관련 법령의 해석을 잘못한 데 불과하다고 할 것이어서, 이러한 경우 징계의 양정을 잘못한 징계위원들에게 불법행위책임을 물을 수 있는 과실이 있다고 할 수 없다고 한 것이 있다.[279)]

또한 근로자에 대한 해고 등의 불이익처분을 할 당시의 객관적인 사정이나 근로자의 비위행위 등의 정도, 근로자에 대하여 불이익처분을 하게 된 경위 등에 비추어 사용자가 근로자의 비위행위 등이 취업규칙이나 단체협약 소정의 근로자에 대한 해고 등의 불이익처분 사유에 해당한다고 판단한 것이 무리가 아니고, 아울러 소정의 적법한 절차 등을 거쳐서 당해 불이익처분을 한 경우라면, 사용자로서는 근로자에 대하여 해고 등의 불이익처분을 함에 있어서 기울여야 할 주의의무를 다한 것으로 보아야 하므로 비록 당해 해고 등의 불이익처분이 사후에 법원에 의하여 무효라고 판단되었다고 하더라도 거기에 불법행위책임을 물을 만한 고의·과실이 있다고 할 수는 없다고 한 것이 있다.[280)]

---

식적으로는 법인격을 전혀 달리하므로 신설회사의 설립만으로 근로자들이 위 두 회사가 실질적으로 동일한 회사로서 구회사의 폐업과 신설회사의 설립 등 일련의 행위가 위장폐업으로 불법행위를 구성한다는 사실을 알 수 있다고 단정하기 어려운데도, 신설회사가 설립된 시점에 근로자들이 위 사주의 위법행위로 인한 위자료 상당의 손해 및 가해자를 알았다고 단정하여 위자료청구권이 민법 766조 1항에서 3년으로 정한 단기소멸시효기간의 경과로 소멸하였다고 본 원심판단을 파기한 사례).

279) 대법원 1995. 2. 14. 선고 94다22125 판결, 대법원 1996. 4. 24. 선고 95다6823 판결, 대법원 2011. 10. 13. 선고 2009다86246 판결(사용자가 근로자에게 1차 대기발령을 한 후 해고를 하였고, 그 후 다시 복직시켜 2차 대기발령을 한 다음 대기발령 기간 중에 명령휴직 처분을 한 사안에서, 1차 대기발령은 사용자의 인사규정에 기한 인사명령으로서 정당하고, 위 해고와 2차 대기발령 및 그 대기발령 기간 중 명령휴직 처분이 모두 무효라 하더라도, 사용자가 근로자에 대하여 불이익처분을 할 만한 사유가 전혀 없음에도 오로지 근로자를 해할 의도하에 고의로 위 해고나 대기발령 등 불이익처분을 하였다거나, 불이익처분을 할 만한 사유에 해당하지 않음이 명백하고 또 조금만 주의를 기울였더라면 이와 같은 사정을 쉽게 알아볼 수 있는데도 사용자가 부당하게 불이익처분을 하였다고 인정할 수 없으므로, 위 해고 등 불이익처분은 근로자에 대한 관계에서 불법행위를 구성하지 않는다고 본 원심판단을 정당하다고 한 사례).

280) 대법원 1996. 2. 27. 선고 95다11696 판결, 대법원 1996. 4. 24. 선고 95다6823 판결.

### 다. 판례의 검토

#### (1) 개 요

임금 등의 재산적 손해의 전보만으로는 회복되지 아니하는 정신적 손해의 배상에 대하여 그 법리적 논거를 어떻게 구성하고 어떠한 범위에서 부당해고로 인한 정신적 손해의 배상을 인정할 것인가에 관하여는 여러 가지 견해가 있을 수 있다.

특히 부당해고를 단순한 임금채무의 불이행으로 이해하면서도 그로 인한 정신적 손해배상책임을 인정할 수 있을 것인지가 문제된다. 판례는 부당해고와 관련하여 일정한 경우에만 불법행위의 성립을 인정하면서 정신적 손해배상책임을 긍정하고 있으나, 부당해고를 단순한 채무불이행으로 보면서도 정신적 손해배상책임을 인정할 여지가 있는지에 관하여는 아무런 언급도 하지 아니하고 있으므로 그 가능성에 관하여 살펴본다.

#### (2) 채무불이행 일반론에 따른 정신적 손해배상[281)]

이론적으로는 채무불이행의 경우에도 정신적 손해에 대한 배상청구권을 인정하고 있는 통설[282)]에 의하면, 근로계약은 근로자가 사용자에게 근로를 제공함에 대하여 사용자는 그에 대한 반대급부로 근로자에게 임금을 지급하는 내용의 쌍무계약이라고 하더라도, 채무불이행 즉 부당해고로 인하여 근로자에게 재산상의 손해배상으로 전보되지 못하는 정신적 고통이 있는 경우에는 위자료가 인정된다고 할 수 있다. 우리나라 통설은, 독일과 같이 법률에 특별한 규정이 있는 경우에만 위자료를 인정한다는 규정[283)]이 없고 채무불이행이든 불법행위든 보호법익에 대한 침해와 그로 인한 정신적 고통이 있는 경우에는 그에 대한 배상이 이루어져야 한다는 점[284)]을 그 논거로 하고 있으며 판례도 채무불이행에 대하여 불법행위에 관한 규정을 유추적용하는 것을 인정한다고 하나[285)] 이에 대하여는 의문이 있다.

281) 채무불이행 일반론 및 취업청구권에 기초한 정신적 손해배상에 관한 상세한 논의는 정진경, 184~202면 참조.

282) 곽윤직b, 138면; 김형배c, 242면; 이은영b, 765면.

283) 독일 민법 253조는 법률에 규정이 있는 경우에 한하여 비재산적 손해의 금전배상을 인정하고 있다.

284) 이은영b, 765~766면.

285) 김형배c, 242면.

통설이 인용하는 판례[286]는 불법행위로 인한 재산권 침해에서 논해지는 정신적 손해배상청구에 관한 것이므로 먼저 판례가 위와 같은 소송에 있어서 정신적 손해배상을 인용하는지에 관하여 보면, 판례는 문언만으로 보면 재산권 침해에서 특별손해로서 정신적 손해배상청구에 대한 인용가능성을 인정하고 있는 듯하나, 자세히 검토하여 보면 결론에서는 모두 정신적 손해배상을 부정하고 있고 결국 위와 같은 판례의 문틀은 사실상 위자료청구권을 배척하는 경우에 사용하고 있는 것으로 보아도 무방하다.

다만, 저작권 침해나 건물의 화재, 인근의 지하 굴착 공사로 인한 주택의 훼손 등에서는 위자료청구를 인정하고 있는 판결들이 있으나,[287] 이러한 사례에서의 위자료는 물적 침해에 기한 위자료와 구별되어야 한다. 이러한 경우는 단순한 재산권 침해에 대한 판결이라기보다는 물적 침해가 피해자의 생활상 평온 등 생활상의 이익이나 사회적 신용 등 인격적 이익의 침해를 동반하는 경우로서, 판례는 이러한 경우에 생활상의 평온이나 인격권의 침해의 측면을 중시하여 통상손해로서 위자료를 인정하였다고 봄이 타당하다. 따라서 이들 판결은 피해자의 정신적 고통은 경험칙상 인정된다고 하여 통상의 손해로 보고 있으며 그 정신적 손해발생에 대한 예견가능성을 요구하지 않는다.[288]

### (3) 불법행위에 기한 정신적 손해배상[289]

부당해고로 인한 근로자의 정신적 손해에 대한 배상청구권의 근거를 채무불이행책임 일반론에서 찾기 어렵다면 불법행위책임에서 구해야 한다.

이 경우 부당해고가 강행법규에 위반되었다고 하여 곧바로 불법행위의 위법성까지 인정되는 것은 아니고 부당해고가 위법성이 인정되는 제한적인 경우에 한하여 불법행위가 성립한다고 봄이 상당하다.[290]

---

286) 대법원 1971. 2. 9. 선고 70다2826 판결.

287) 대법원 1982. 9. 14. 선고 81다447 판결(건물 화재), 대법원 1989. 10. 24. 선고 89다카12824 판결(저작권 침해), 대법원 1990. 1. 12. 선고 88다카28518 판결(지하굴착 공사), 대법원 1992. 12. 8. 선고 92다34162 판결(지하굴착 공사), 대법원 1993. 12. 24. 선고 93다45213 판결(건물 신축).

288) 민법주해[IX] 채권(2), 489~490면, 주 170) 참조.

289) 불법행위에 기한 정신적 손해배상에 관한 상세한 논의는 정진경, 202~214면 참조.

290) 일반적으로 권리남용인 해고는 사용자의 고의·과실이 있는 한 근로자의 고용을 유지할 이익과 명예를 침해하는 불법행위가 될 수 있으나 고의·과실, 손해의 발생, 인과관계 등 불법행위의 성립요건을 하나하나 음미한 후 결론을 도출해야 하고 권리남용인 해고가 원칙적으로 불법행위로 된다고 하여서는 아니 된다고 한다[菅野(역), 428면]. 또한 위법성에 관한 표현을 사용하지는 아니하였으나 타인에 의하여 가해진 정신적 고통이 모두 금전으로 배상되는 것

부당해고를 그로 인한 임금 미지급의 관점에서 파악한다면, 이는 재산권에 대한 침해로서 해고의 효력과 밀접한 관계가 있으므로 바로 위법성을 인정하여도 무방하고, 임금의 미지급으로 인하여 정신적인 손해가 발생하였다고 하더라도 위법성의 판단에 영향을 미치지 아니할 것이다. 왜냐하면, 이는 기본적으로 재산권에 대한 침해로서 이로 인하여 생긴 정신적 손해는 임금 지급이라는 금전채무의 이행에 의하여 원칙적으로 회복되는 것이며 회복되지 아니하는 손해는 특별손해로 파악될 것이기 때문이다. 그러나 부당해고를 그로 인한 취업과 관련한 인격적 이익에 대한 침해로 파악한다면 부당해고로 인한 피침해이익은 근로제공과 관련하여 근로자가 갖는 인격적 법익 내지 인격권이고 이러한 법익은 소유권과는 달리 아직 불완전한 것이므로 그에 대한 침해가 불법행위가 되기 위해서는 다른 권리에 대한 침해보다 그 침해의 정도가 큰 것이 요구된다. 대신 위법성이 인정되어 불법행위가 성립된다면 부당해고로 인한 근로자의 정신적 손해는 특별손해가 아닌 통상손해로 파악된다. 따라서 어떠한 측면에서 불법행위를 구성하는가에 따라 위법성에 대한 판단은 달라지는 것이며, 이러한 경우 가해자의 주관적 요소도 위법성의 판단과 별개의 것이라고는 할 수 없다. 위법성은 불법행위의 객관적 요건이라고 하나 범인이 아닌 자를 체포 또는 구금케 한 경우에 그 고소 또는 고발한 자의 고의나 과실의 유무에 따라 위법성이 결정되거나 상호(商號)에 대한 침해에 있어 부정한 목적이 요구되는 경우[291]와 같이 일정한 경우에는 가해자의 주관적 요소도 위법성의 판단에 영향을 미치게 된다.

대법원은 부당해고와 관련하여 가해자의 주관적 요소(고의 또는 중과실)까지 고려하여 침해행위의 불법성이 크다고 인정되는 경우에 한하여 근로자의 취업과 관련한 인격적 이익을 침해하는 불법행위가 된다고 구성하고, 이러한 경우의 정신적 손해는 통상손해로 보고 있다.

---

은 아니며, 첫째 정신적 손해의 발생이 뚜렷하고 직접적이며, 둘째 정신적 손해가 보호법익에 대한 침해에서 비롯되었고, 셋째 정신적 고통이 사회통념상 인내의 정도를 초과할 것의 세 가지 요건을 갖춘 경우에만 금전으로 배상된다는 견해(이은영b, 766면)도 이와 유사한 것으로 보인다.

291) 곽윤직c, 711~712면.

## 5. 복직거부와 취업청구권

### 가. 개 설

사용자로부터 부당하게 해고당한 근로자가 그 해고가 부당해고로서 무효임을 주장하여 그 주장이 법원이나 노동위원회에서 받아들여진 경우 사용자는 그 근로자를 사업장에 복직시켜야 한다. 그러나 이와 같이 해고가 무효로 확인되어 근로계약관계가 존속하고 근로자가 복직을 요청함에도 사용자는 근로자에게 임금만을 지급하고 복직을 거부할 수 있는가.

근로계약관계에서 근로자에게 근로할 의사가 있고 근로할 수 있음에도 사용자가 일을 시키지 아니하는 경우 당사자에게 가장 중요한 법적 문제는 임금청구권의 존부 및 범위일 것이다. 그러나 그 외에 이러한 경우 근로자가 사용자에 대하여 스스로를 취업시켜 줄 것을 구하거나 혹은 취업할 수 없음으로 인하여 생긴 손해의 배상을 임금과는 별도로 구하는 것이 법적으로 가능할지가 문제된다.

이것이 이른바 취업청구권의 문제인데 이는 종래 독일에서 사용자의 '근로수령의무(Beschäftigungspflicht)'를 인정할 것인가의 형태로 독일 민법전 시행 이래 논의되어 왔고,[292] 일본에서는 '취로청구권'의 존부에 관한 문제로 논의되었다.

이에 관하여 우리나라에서는 대법원 1996. 4. 23. 선고 95다6823 판결을 계기로 취업청구권의 인정 여부에 관하여 본격적으로 논의되게 되었다. 위 판결은 비록 명시적으로 취업청구권이나 사용자의 근로수령의무를 언급하지는 않았으나 사실상 근로자의 취업청구권을 인정한 판결로서 큰 의미가 있다.

### 나. 대법원 1996. 4. 23. 선고 95다6823 판결

#### (1) 사 안

피고가 원고들에 대한 해고무효확인판결이 확정되었음에도 그 판결에 따른 임금만을 지급한 채 원고들을 복직시키지 아니하고 원고들의 근로제공을 계속 거부하자 원고들은 자신들에 대한 위 해고와 피고의 복직거부가 불법행위를 구성한다고 하여 위자료를 청구하였다.

---

292) 독일에서의 근로수령의무와 관련한 상세한 논의는 정진경, 222~235면 참조.

**(2) 원심법원의 판단**(서울고법 1994. 12. 23. 선고 94나35291 판결)

**(가) 채무불이행으로 인한 위자료청구에 관한 판단**

피고 회사의 복직거부행위가 근로계약상의 채무불이행으로 인정되기 위하여는 사용자의 근로수령의무, 즉 사용자가 취업을 거부할 경우 근로자에게 임금청구권 외에 별도로 현실로 취업할 것을 청구할 수 있는 권리인 취업청구권이 인정됨이 그 전제가 되며, 근로의 실현은 사용자측의 인격적 수용에 의존하지 않을 수 없고 이러한 수용은 구 노동조합법 42조 1항(현행 노조법 84조 1항)에 따른 부당노동행위에 대한 구제명령으로서 원직 복직명령 등 특별히 명확한 법적 근거가 있는 경우를 제외하고는 법적으로 강제할 수 있는 것이 아니다.

따라서 위와 같은 특별한 경우를 제외하고는 근로자의 취업청구권과 채무불이행에 따른 손해배상책임이 생기게 된다는 의미에서 사용자의 근로수령의무를 인정할 수 없으므로 피고 회사의 복직거부행위가 근로계약상의 채무불이행이 된다고 볼 수 없다.

**(나) 불법행위로 인한 위자료청구에 관한 판단**

위와 같은 이유에서 피고 회사의 복직거부행위가 원고들의 취업청구권을 침해하는 행위로서의 불법행위가 될 수는 없고, 다만, 수습공, 연구원, 배우, 수련의 등과 같이 임금 획득 외에 근로자의 능력이나 기술의 습득, 유지 또는 향상 등 근로로 인하여 취득할 별도의 이익이 있는 경우 등 특별한 사정이 있을 때에는 사용자에 의한 취업거부가 근로자의 위와 같은 취업이익을 침해한 불법행위가 될 수 있으나 이 사건은 이러한 경우에 해당하지 아니한다.

**(3) 대법원의 판단**

근로계약에 따라 계속적으로 근로를 제공하는 근로자는 인간으로서 존엄과 가치를 지닌 인격체이고 근로자는 자신의 전 인격을 사용자의 사업장에 투입하고 있는 점에서 근로관계에서 근로자의 근로제공은 자신의 인격과 분리될 수 없는 것이며, 한편 근로계약에 따른 근로자의 근로제공은 단순히 임금획득만을 목적으로 하는 것은 아니고 근로자는 근로를 통하여 자아를 실현하고 나아가 기술을 습득하고 능력을 유지·향상시키며 원만한 인간관계를 형성하는 등으로 참다운 인격의 발전을 도모함으로써 자신의 인격을 실현시키고 있다는 점도 부인할 수 없다.

사용자는 특별한 사정이 없는 한 근로자와 사이에 근로계약의 체결을 통하여 자신의 업무지휘권, 업무명령권의 행사와 조화를 이루는 범위 내에서 근로자가 근로제공을 통하여 참다운 인격의 발전을 도모함으로써 자신의 인격을 실현시킬 수 있도록 배려하여야 할 신의칙상의 의무를 부담한다. 따라서 사용자가 근로자의 의사에 반하여 정당한 이유 없이 근로자의 근로제공을 계속적으로 거부하는 것은 이와 같은 근로자의 인격적 법익을 침해하는 것이 되어 사용자는 이로 인하여 근로자가 입게 되는 정신적 고통에 대하여 배상할 의무가 있다.

피고가 원고들의 복직요구에도 불구하고 계속 원고들의 근로제공을 거부하면서 현실의 업무에 종사시키지 아니하는 것은 원고들의 인격적 법익을 침해하는 것이 된다.

### 다. 일본에서의 취업청구권에 대한 논의

일본에서는 취업청구권이 하급심 판결, 특히 피해고자의 지위보전가처분신청사건에서 취로방해금지명령을 인정할 것인지의 여부를 둘러싸고 쟁점 중의 하나로 논의되어 왔다.

취업청구권에 대한 논의는 근로자가 사용자에게 현실적으로 사용되는 이익(취업이익)이 일반적으로 존재하는가 하는 문제와 그것이 긍정된다면 그 이익을 어떻게 법해석론으로 권리로서 구성하는가 하는 문제로 나누어 볼 수 있다. 우선 근로자가 일반적으로 취업이익을 갖는 것에 관하여는 오늘날 거의 공통된 인식이 성립되어 있다. 그러한 인식의 배경에는 근로자는 현실적으로 근로하는 것에서 삶의 보람을 느낀다는 것, 즉 근로자는 물질적인 보수를 얻는 것에 만족하는 것이 아니라 근로하는 것을 하나의 가치로서 느끼고 있다는 이해가 존재한다.[293] 이러한 근로자의 취업이익을 근로계약관계가 계속되는 것에 의한 단순한 반사적 이익으로 파악하여 이를 법적 보호 밖에 둘 것인가, 아니면 이를 법적으로 보호하여야 할 이익으로 파악할 것인가가 취업청구권의 인정 여부의 문제이며, 나아가 취업청구권을 인정한다 하더라도 이를 어떻게 권리로서 구성하는가에 관하여는 여러 가지 견해가 있을 수 있다. 또한 취업청구권을 인정하는 경우 그 수령의무위반의 효과에 관하여는 임금 외에 수령지체로 인한 손해배상(주로 정신적 손해)청구가 가능하다는 점에 관하여는 별 이견이 없으나, 현실적

293) 小西國友, 58~59면.

이행의 강제는 어디까지 인정될 것인가에 관하여는 급부의 성질상 전혀 인정되지 아니한다는 견해,[294] 간접강제는 허용되어야 한다는 견해,[295] 취업의 내용이 무엇인가에 따라 구체적으로 판단하여야 한다는 견해[296] 등이 있다.

일본의 판례는 1951년을 고비로 부정설이 그 때까지의 긍정설을 대신하여 우세하게 되었고, 오늘날에는 취업에 있어서의 특별한 이익의 존재를 예외사유로 하는 원칙적 부정설[297]이 우세하며, 학설은 이와는 반대로 긍정설을 취하는 것이 많다.[298]

### 라. 우리나라에서의 취업청구권에 대한 논의

#### (1) 판　　례

앞서 본 95다6823 판결이 선고되기까지는 우리나라 대법원 판결이 취업청구권의 문제를 정면으로 다룬 것은 보이지 아니하고, 다만 부당한 복직거부와 관련된 것으로서 사립학교 교사인 원고에 대한 징계파면이 징계권의 남용으로서 불법행위가 된다고 한 다음, 출근한 원고에게 근무를 못하게 하면서 급료를 지급하지 아니한 채 차별적 대우를 한 것은 원고의 인격권 침해로서 불법행위가 되고 원고가 이로 인하여 정신적 고통을 받았을 것임은 경험칙상 인정된다고 하면서 피고가 이를 위자할 의무가 있다고 판시한 원심의 판단을 지지한 것[299]과, 피고가 원고를 부당하게 해고하고 그 해고무효확인판결이 확정되었음에도 장기간에 걸쳐 원고에 대한 복직을 거부함으로써 원고가 정신상의 고통을 받았을 것임이 명백하다 하여 피고는 이를 금전으로 위자할 의무가 있다고 판시한 원심의 판단이 정당하다고 판시한 것이 있다.[300]

---

294) 三島宗彦, 152~153면.

295) 片岡, 416면; 下井隆史, 118면; 岸井貞男, 50면; 恒藤武二, 26면.

296) 水谷英夫, 305면. 水谷英夫는 간접강제에 머무르지 아니하고 강제집행의 대상이 되는 행위의 태양에 따라 검토하여야 한다고 한다. 즉 직장에 출근하고 자신의 일터를 확보하는 것은 집행관의 입회 하에 직접집행이 가능하고, 일을 부여받는 것은 근로자가 구하는 직무에 따라 일의 내용이 무정량하거나 사용자의 그때그때의 지휘명령에 따라 일의 내용이 크게 변하는 경우에는 간접강제만 가능하지만, 단순노동과 같이 일이 정량적이고 사용자의 지휘명령도 일정한 성질을 갖기에 노무제공이 예측 가능한 경우에는 사용자에 대하여 당해 근로자에게 일을 줄 것을 직접 강제할 수 있다고 한다.

297) 다만, 그 기본적인 논리는 부정설과 유사하므로 이하에서는 부정설의 범주에 넣어 검토하기로 한다.

298) 일본의 취업청구권에 관한 상세한 논의는 정진경, 235~250면 참조.

299) 대법원 1980. 1. 15. 선고 79다1883 판결.

300) 대법원 1994. 2. 8. 선고 92다893 판결.

취업청구권에 관하여는 아무런 언급도 없고 그 설시도 간단하여 판례의 태도를 정확히 이해하기는 어려우나, 부당한 복직거부가 '인격권 침해'에 해당되어 불법행위가 성립된다고 한 점에 비추어 보면 적어도 근로자의 근로제공에 대한 사용자의 수령이 오로지 사용자의 권리로서 수령 여부가 그 자의에 맡겨져 있다고는 보지 아니한 듯하다.

### (2) 학 설

취업청구권이 아직 우리나라에서는 본격적으로 논의되지 아니하여 이에 관한 주장은 많지 않으나 현재까지 나온 주장들을 정리하여 보면 원칙적 부정설과 긍정설로 나누어 볼 수 있다.

#### ㈎ 원칙적 부정설

법이론적으로 볼 때 사용자의 근로수령의무를 일반적으로 인정하면서 이를 근로자의 인격권으로부터 도출한다는 것은 무리이므로 취업청구권을 어느 경우에나 인정한다는 것은 적절하지 않다고 하면서, 다만 명시적 또는 묵시적 합의가 있다고 해석되는 경우에는 취업청구권을 인정하여야 한다고 주장한다. 묵시적 합의가 있다고 해석되는 경우는 사용자가 근로자를 취업시키지 아니하면 그것 자체가 근로자에게 불이익을 주는 근로관계이며, 수습기능자, 수련의사 또는 배우의 근로관계가 이에 해당한다고 한다.[301)]

#### ㈏ 긍 정 설

이에 해당하는 견해로는 민법의 일반원칙인 채권자 일반의 수령의무를 긍정하는 한 나아가 취업거부는 근로자의 존엄과 인격권을 침해하는 것이 되므로 인정되어야 한다는 견해,[302)] 사용자의 부당한 취업거부는 노동재산권과 노동인격권을 포괄한 노동의 보람을 통하여 자유로운 삶을 향유할 수 있는 권리인 '노동향유권'을 침해하는 것이고 취업청구권은 노동향유권의 개념에 포섭된다고 하는 견해,[303)] 취업청구권의 법적 근거는 추상적으로 민법상의 신의칙에 근거한 사용자의 배려의무에서 찾기보다는 구체적으로 근로계약의 특수성 내지 근로 자체의 의의와 본질에서 찾아야 한다고 하면서, 근로자는 자신의 근로를 통하여 생활에 필요한 경제적 수단을 취득할 뿐 아니라 인격적 주체인 인간으로서 유

301) 김형배a, 235면.
302) 박홍규a, 372~373면.
303) 이흥재, 199~200면.

지와 발전을 위한 필요사항들을 얻고 있으며, 임금 이외의 위와 같은 본질적 이익은 구체적인 취업을 통하여 얻어지는 것으로서 이러한 근로계약의 특수성에서 근로의 본질적 이익을 향유하기 위한 권리로서 취업청구권이 근거지워진다고 하는 견해,[304] 근로자의 취업청구권은 근로자의 인격권 실현이라는 헌법상의 가치질서에 비추어 그 당위성이 인정되며, 구체적인 법적 근거[305]는 이러한 인간의 존엄과 가치를 보장하고 있는 우리 헌법 10조의 기본이념을 대전제로 하면서 근로관계가 채권관계라는 본질에 비추어 사용자에게 인정되는 부수적 의무로서의 신의칙에서 구해야 한다는 견해[306] 등이 있다.

### 6. 부당해고와 가처분

#### 가. 개 설

##### (1) 노동가처분 및 그 특질

해고의 효력을 다투는 재판에는 지위확인 및 미불임금의 지급을 구하는 본안소송과는 별도로 민집법에 따른 임시의 지위를 정하는 가처분방식에 의한 절차가 널리 이용된다. 법원은 간이한 절차에 의한 일정한 판단에 기초하여 본안판결까지 사이에 잠정적으로 당사자 사이의 관계를 정한다.[307]

오늘날 기업에서 해고는 적정 노동량을 유지하고 불량 노동력을 배제함으로써 노동의 질을 유지·향상시키는 불가결한 기능을 수행하고, 따라서 해고는 기업 경영에서 불가피한 현상이지만 근로자의 입장에서는 해고로 인하여 생활의 기초인 임금 수입을 잃고 생활·생존에 위협을 받기 때문에 해고를 둘러싼 분쟁은 신속한 해결이 요청된다.[308]

그런데 이러한 노동분쟁의 특수성으로 인하여 그 해결을 위한 특별한 기관을 두거나 절차를 마련하는 것은 근대국가의 일반적인 현상임에도 노동법이 근로자에게 최대의 관심사인 해고의 효력 내지는 복직 문제에 관하여 아무런 특별규정을 두고 있지 않기에,[309] 연혁적으로 보면 시민법 체계에 속하는 사건을 대상으로 하였던 가처분제도가 그 지도 원리를 달리하는 노동사건에도 널리 이

304) 문무기, 339~343면.
305) 취업청구권의 법적 근거에 관한 상세한 논의로는 정진경, 254~259면 참조.
306) 김소영, 142~143면.
307) 注釋(上), 341면.
308) 萩澤清彦, 211~213면; 김광년, 79면.
309) 萩澤清彦, 213면.

용되고 있다.[310] 원래 일본에서 노동가처분은 1946년경 쟁의행위에 관한 업무방해금지가처분에서 출발한 것으로서 당초에는 미국의 금지명령과 대비하여 격렬한 비난을 받았으나, 그 발상이 근로자측의 종업원 지위보전가처분에 전용되고 1948년과 1949년의 인원정리분쟁에서 널리 활용되면서 가처분이 노동분쟁해결의 주된 법적 수단으로 자리잡았다.[311]

그러나 노동법은 인간의 추상적 평등을 배척하고 노사간의 실질적 평등을 확보하려는 것이 그 기본 이념임에 비하여 민집법은 당사자의 추상적 평등을 전제로 하고 있으며, 특히 보전소송절차에서는 밀행성이 요청되고 있는바 이와 같이 법역과 이념을 달리하는 민집법을 근로관계에 적용함에는 주의를 요한다.[312] 노동법 체계가 시민법 체계에 속하는 가처분제도를 차용한 이유는 주로 가처분의 간이 신속성 때문이지만, 노동사건은 일반 민사사건과는 다른 특성이 있으므로 노동가처분을 다룰 때에는 그 특성을 이해할 필요가 있다.[313]

노동사건에 관한 가처분은 대개 임시의 지위를 정하기 위한 가처분이고, 다툼의 대상(계쟁물)에 관한 가처분은 드물다.[314] 그리고 가처분의 부수성 · 잠정성에 일대 변화가 생긴 현상을 가처분의 본안화 현상이라고 말하는데, 이는 널리 근래의 가처분 실무에서 나타나는 현상이기는 하나 특히 노동가처분에서 현저하며,[315] 이러한 본안화 현상의 중심은 만족적 가처분이다.

노동사건은 대개 임시의 지위를 정하는 가처분으로서 만족적 가처분이므로 가처분의 결과가 당사자에게 주는 영향이 크고, 임금지급가처분 등과 같이 후에 가처분이 변경되더라도 채무자가 받은 손해를 배상받는 것이 곤란한 경우가 많다.[316] 또한 노동가처분은 그 결과가 당해 소송 외에 미치는 파급효과도 중대하며 사회의 이목이 집중되어 있는 경우도 많아 신중한 심리가 요구된다.[317] 따라서 변론 · 심문기일을 넣어 당사자에게 피보전권리와 보전의 필요성에 관하여 충분한 주장과 소명의 기회를 주는 경우가 많고, 증명의 정도도 통상의 보전소송

---

310) 유원석, 613면.
311) 萩澤清彦, 214면; 民事執行法(7), 152면.
312) 김광년, 80면.
313) 유원석, 613면.
314) 법원실무제요 민사집행(IV), 360면; 民事執行法(7), 83면.
315) 노동특수이론, 78면; 조휴옥, 166면; 加藤俊平, 261면; 强制執行法(4), 562면.
316) 노동특수이론, 78~79면; 松野嘉貞, 57면; 今中道信, 289면.
317) 유원석, 614면; 조휴옥, 165~166면.

에서 소명을 요구하는 것과는 달리,[318] 실무상 증명과 같은 정도의 고도의 심증을 얻을 때까지 증거조사를 계속하는 경우가 많다.[319]

그러나 노동가처분의 목적은 신속하게 만족을 얻고자 하는 것이고, 노사간의 관계와 당사자를 둘러싼 주변 상황이 극히 유동적이어서 상당한 기간이 경과한 후 내려지는 가처분은 무의미하며, 그리하여 지체된 절차에 의한 승소보다는 신속한 절차에 의한 패소가 더 나은 경우도 생길 수 있어[320] 신중과 신속의 조화가 필요하다.[321]

### (2) 노동가처분의 종류

노동가처분의 분류방법은 여러 가지가 있겠으나 신청인이 노사 중 어디에 속하느냐에 따라 크게 두 가지로 나누어 볼 수 있다.[322]

먼저, 근로자나 노동조합이 신청인이 되는 근로자측 노동가처분에는 임금지급가처분, 종업원으로서의 지위를 보전하기 위한 지위보전가처분, 징계처분효력정지가처분, 전직명령효력정지가처분, 취업규칙효력정지가처분, 단결권방해배제가처분, 단체교섭응낙가처분, 직장폐쇄금지가처분 등이 있으며, 사용자가 신청인이 되는 사용자측 노동가처분에는 공장시설 등에 대한 출입금지가처분, 업무방해금지가처분, 쟁의행위금지가처분 등이 있다. 사용자측 가처분은 근로자측의 쟁의행위에 대한 대항수단으로서 자주 이용되고 있다.[323] 이와 같이 노사 어느 일방이 신청인이 되고 상대방이 피신청인이 되는 가처분 외에 제 3의 유형으로서 근로자의 단체인 노동조합 내부에서의 분쟁이 원인이 되어서 조합원의 신분으로 노동조합을 상대로 조합총회 결의의 무효를 주장하거나 임원을 상대로 직무집행 정지를 구하는 가처분이 있을 수 있고,[324] 복수노동조합 병존 시의 병존조합 사이의 단체교섭방해금지가처분이나 연합단체와 단위노동조합 또는 단위노동조합과 하부조직 사이의 가처분, 노동조합과 제 3 자 사이의 조합활동방해금지가처분 등이 있을 수 있다.[325]

318) 민집법 279조 2항, 301조.
319) 노동특수이론, 79면; 유원석, 615면.
320) 김광년, 92~93면; 유원석, 614면; 塚原朋一, 133면.
321) 유원석, 615면; 松野嘉貞, 57면.
322) 조휴옥, 164면.
323) 노동특수이론, 80면.
324) 조휴옥, 164~165면.
325) 노동특수이론, 80~81면.

근로자측 가처분은 개별적인 근로관계에 관한 것과 집단적 노동관계에 관한 것으로 나눌 수 있다. 이하에서는 개별적 근로관계에 관한 근로자측 가처분 중 부당해고와 관련하여 문제되는 임금지급가처분, 지위보전가처분, 취업방해금지가처분에 국한하여 차례로 본다.

### 나. 임금지급가처분

#### (1) 개 요

##### ㈎ 의 의

사용자가 근로자를 해고하였으나 그 해고가 무효인 경우에는 비록 사용자가 해고 후 근로를 제공받지 아니한 경우라도 근로자는 사용자에 대하여 근로계약상의 임금을 청구할 수 있다. 이와 같이 임금청구권을 가진 근로자는 사용자에 대하여 본안소송을 제기하여 임금청구를 하여야 하나, 본안판결을 받기까지는 상당한 시일이 걸리므로 오직 임금만을 생계수단으로 하여 살아가는 근로자는 당장의 생계곤란을 피할 수 없다.[326] 그리하여, 소송기간 중의 근로자의 생활곤란을 피하기 위하여 근로자를 취업시킬 것인가와 별도로 사용자에게 임금의 전부 또는 일부에 상당한 금액을 임시로 지불하게 할 필요가 있다.[327]

이러한 경우에 임금청구권을 피보전권리로 하여 사용자에 대하여 본안판결 확정 전에 임시로 근로자에게 임금 상당액의 금전지급을 명하는 가처분이 임금지급가처분이다.[328]

이러한 가처분은 본안소송에 비하여 신속한 재판이 이루어지고, 또 본안소송이 제기되지 않더라도 가처분 상태로 분쟁이 사실상 종결하고 마는 경우도 많다.[329]

##### ㈏ 법적 성질 및 허용성

임금지급가처분은 피보전권리인 임금청구권이 실현되는 것과 동일 또는 유사한 법률상태의 형성을 목적으로 하는 가처분으로서, 본안소송에서 결정되어야 할 해고 효력의 유무가 미확정인 상태에서 해고된 근로자에 대하여 마치 본안판결에서 승소하여 강제집행을 한 것과 같은 결과를 향유할 수 있도록 하는 이

326) 유원석, 616면.
327) 注釋(上), 341면.
328) 유원석, 616면.
329) 注釋(上), 341면.

른바 만족적 가처분이다.[330]

임금지급가처분을 구하는 근로자는 별다른 자산이 없고 생활에도 여유가 없는 것이 보통이므로 채무자가 본안소송에서 승소하고도 임시로 지급한 금전의 반환을 받는다는 것은 불가능하거나 현저히 곤란하게 되어 만족성은 종국적인 것으로 되는바, 이러한 결과를 야기하는 만족적 가처분은 가처분 본래의 가정성·잠정성에 반하여 허용될 수 없는 것은 아닌가 하는 문제가 있다.[331]

이와 같이 원상회복의 가능성이 결여되어 있다 하여도 만족적 가처분의 가정적 성격에 반하는 것은 아니며, 이러한 원상회복의 법률적 가능성, 즉 급부물의 반환청구권이 있거나 또는 적어도 이러한 법률적 가능성에 갈음하는 다른 법률적 가능성, 즉 손해배상청구권의 성립이 가능하면 가정적 성격에 부응한다.[332] 또한 원상회복이 불가능한 가처분을 금하는 법률상의 규정은 없으므로 원상회복의 가능성을 움직일 수 없는 전제로 한 입론은 부당하며, 오히려 채권자가 현재 현저한 손해를 입거나 급박한 강폭 하에 있음에도 이를 방치한다면 이것이 민사재판의 본지에 반하는 것이므로 설사 원상회복의 불능을 초래한다 하여도 만족적 가처분을 허용하여야 한다.[333]

현재에는 이러한 가처분이 인정되어야 한다는 점에 대하여는 이설이 없고, 구체적 사안에서 가처분이 허용될 수 있는 요건을 구비하였는지의 여부가 문제되고 있다.[334]

#### (2) 요 건

임금지급가처분이 노동가처분이라는 이유로 그 특수성이 강조되는 경향이 있으나, 법리적으로는 다른 만족적 가처분과 마찬가지로 민집법 300조 2항의 임시의 지위를 정하기 위한 가처분에 근거한 것으로서 피보전권리로서의 다툼이 있는 권리관계와 보전의 필요성으로서의 현저한 손해를 피하는 등의 필요성이 존재하여야 한다.[335]

---

330) 노동특수이론, 101면; 飯島健太郎, 250면; 瀧澤孝臣, 116~117면.

331) 瀧澤孝臣, 117면; 强制執行法(4), 561면; 今中道信, 289면; 古館清吾, 247~248면.

332) 强制執行法(4), 561면; 古館清吾, 248면; 今中道信은 법률상의 원상회복 가능성은 결국 가처분재판이 잠정적·가정적 재판이고 그 종국적인 집행이 아니라고 하는 것에서 필연적으로 유래하는 것이므로 별다른 의미가 없다고 한다(今中道信, 289면).

333) 김광년, 86면; 今中道信, 290면.

334) 유원석, 616~617면; 瀧澤孝臣, 117면; 今中道信, 290면; 古館清吾, 248면.

335) 瀧澤孝臣, 118면.

임금지급가처분의 피보전권리는 임금청구권이다.

해고가 무효인 경우에 근로자는 민법 538조 1항의 규정에 의하여 임금청구권이 있다.[336)]

보전의 필요성 유무는 법원이 심리를 통하여 판단한다.

금전적 청구권의 보전은 본래 가압류의 방법에 의하여야 하므로, 그 예외로서 임시의 지위를 정하는 가처분에 의하는 경우에는 그 결과의 중대성에 비추어 고도의 필요성이 요구된다.[337)]

또한 채권자가 본안소송에서 승소한 경우에 채권자에 대하여 법률적으로는 부당이득반환청구권 혹은 손해배상청구권을 갖게 되지만 채권자가 임시로 지급받은 임금을 생활비 등으로 소비하고 다른 재산도 없어서 임시로 지급된 임금을 현실적으로 회수하는 것은 불가능하거나 현저히 곤란한 경우가 많다는 점도 고려되어야 한다.[338)]

종전에는 피보전권리에 비하여 가처분의 필요성에 대한 심리를 형식적으로 하여 온 경향이 있으나 가처분 필요성의 존재는 피보전권리의 존재와 동등한 요건으로서 심리되어야 하며, 가처분 필요성의 존부에 관한 심리·판단에 선행하여 피보전권리의 존부를 심리·판단하여야 할 필연성은 없는 것으로서 가처분의 필요성을 먼저 심리하여 피보전권리에 대한 심리·판단 없이 신청을 기각할 수도 있다.[339)]

또한 가처분의 필요성은 그것이 가처분 자체를 근거지움과 동시에 가처분의 내용과 방법도 결정하게 되는 것으로서, 가처분의 필요성이 없는 가처분은 허용될 수 없지만 필요성의 한도를 초과한 가처분도 허용될 수 없으므로, 가처분 요건으로서의 필요성은 그 유무와 정도를 모두 충족하여야 하고, 임금지급가처분이 당사자에게 야기하는 결과의 중대성에 비추어 필요성의 유무는 물론 필요성의 정도도 엄격하게 판단되어야 한다.[340)]

---

336) 대법원 1992. 3. 31. 선고 90다8763 판결, 대법원 1992. 12. 8. 선고 92다39860 판결, 대법원 1993. 9. 24. 선고 93다21736 판결, 대법원 1995. 11. 21. 선고 94다45753, 45760 판결.

337) 瀧澤孝臣, 119면; 强制執行法(4), 562면; 今中道信, 290면; 古館淸吾, 251면; 서울중앙지법 2003. 12. 9.자 2003카합3610 결정.

338) 飯島健太郎, 250~251면; 塚原朋一, 132면.

339) 飯島健太郎, 256면; 强制執行法(4), 556면; 부산지법 2017. 10. 17.자 2017카합226 결정 등

340) 瀧澤孝臣, 121~122면; 이와 관련하여, 임금 등의 지급을 명하는 가처분은 근로자가 해고의 무효를 주장하고 그것이 소명되고 있음에도, 사용자가 그 해고를 이유로 근로자에 대한 임금의 지급을 중단하고 있는 결과 근로자와 근로자가 부양하는 가족의 경제생활이 절박한 상황

임금지급가처분에서도 보전의 필요성은 임금지급이 중단됨으로써 근로자 및 그 가족이 최소한의 생활유지에 곤란을 받는 곤궁한 상황에 처하게 되어 그러한 상황을 피할 필요성을 말한다.[341]

이러한 임금지급가처분의 필요성이 있다는 점은 채권자가 주장·소명하여야 함에도, 통상 채권자가 임금을 유일한 생활의 원천으로 하는 근로자이기에 해고에 의한 생활의 곤궁, 회복하기 어려운 손해를 입을 위험이 있다고 하는 추상적·형식적 판단에 의해 사실상 가처분의 필요성이 경험칙상 추정된다고 보고[342] 임금 전액의 임시 지급을 인정하는 경향이 있었다.[343]

이는 과거에 실제로 많은 근로자 가족들이 채권자의 임금을 유일한 생활의 원천으로 하는 경우가 많아 해고 등에 의한 생활의 곤궁을 추인하기 쉬웠던 사정으로 인한 것이나, 고도 성장기를 거치며 근로자의 임금이 높은 수준으로 된 오늘날에는 위와 같은 추정을 그대로 유지하기는 어려우며 구체적인 사정을 살펴 보전의 필요성을 판단하여야 한다.[344]

필요성의 정도는 필요성의 유무와는 달리 임금 등이 해고된 근로자에게 유일한 생활수단이고 해고에 의하여 무수입으로 되었다는 사실로부터 곧바로 추정할 수는 없으며, 유일성과 무수입성이 임시지급을 뒷받침할 수 있음에 그치고, 해고 전에 지급받아 오던 임금 등과 같은 금액의 임시지급을 기간을 한정하지 않고 명할 필요성까지 있다고 판단할 수는 없다.[345]

관리직이나 고액의 임금을 받는 근로자의 경우에는 오히려 상당한 저금

---

에 처하고, 이에 관한 본안판결의 확정을 기다릴 수 없는 정도로 긴박한 상태에 있거나, 이러한 상태에 당면해야 할 현실적이고 구체적인 위험이 있는 경우 그 근로자에 대하여 잠정적으로 사용자로부터 위와 같은 긴급상황을 피함에 필요한 기간, 필요한 금액의 임시지급을 받게 하는 것을 목적으로 하고, 이 가처분의 필요성은 위와 같은 긴급상황의 현존 또는 그 구체적인 발생위험의 존재에 의하여 결정되어야 하며, 통상은 임금을 유일한 생계수단으로 하는 근로자가 해고에 의하여 수입이 끊어진 사실이 소명되면 위 필요성의 존재도 소명된 것으로 취급할 수 있을 것이나, 이 경우에 있어서도 (i) 임금 전액의 지급을 명해야 하는가는 근로자 및 그 가족의 경제생활의 절박함을 피하기에 족한가의 견지에서 신중히 판단하고 결정해야 하며, (ii) 임시지급을 명하는 기간도 근로자가 본안소송을 수행하기 위해 다른 잠정적인 생활자금을 획득함에 필요한 기간을 판단하여 결정해야 한다는 판결이 있다[東京地裁 1976. 9. 29. 判決(瀧澤孝臣, 122~123면에서 재인용)].

341) 유원석, 617면; 飯島健太郎, 251면; 瀧澤孝臣, 119면.

342) 今中道信, 294면; 古館清吾, 252면; 서울지법 2000. 6. 30.자 2000카합1067 결정, 대전지법 홍성지원 2001. 7. 6. 선고 2000카합505 판결.

343) 飯島健太郎, 251면; 瀧澤孝臣, 123~124면.

344) 飯島健太郎, 252면; 民事執行法(7), 157면.

345) 瀧澤孝臣, 125면.

등의 자산을 갖고 있는 것으로 추인할 수 있다.[346] 이러한 근로자가 해고 전에 지급받아 오던 임금 전액의 임시지급을 구하는 경우에는 그 근로자와 가족의 생계를 유지함에 족한 금액을 초과하는 가처분신청은 그 한도에서 기각하여야 한다.[347]

채권자 및 그 가족의 생활의 곤궁을 판단하는 이상 가족 전체의 자력을 고찰하여야 하며, 부모 또는 배우자 등 가족구성원에게 수입이 있거나 자산이 있는 경우로서 근로자에 대한 임금지급이 중단되어도 최소한의 생활유지는 할 수 있는 경우가 있다. 이와 같은 때에는 가족의 구성, 동거 여부, 가족 전체의 수입에서 당해 근로자의 임금이 차지하는 비중 등을 살펴 필요성의 유무를 검토하여야 한다.[348] 여성의 사회진출이 늘어난 오늘날에는 피해고 근로자가 남성인 경우에도 배우자에게 상당한 수입이 있는 것이 드문 일이 아니기에 해고에 의하여 생활이 곤궁하다는 추정이 작용할 영역은 줄어들고 있다.[349]

그 외 해고된 근로자가 다른 곳에 취업하여 소득이 있거나 실업보험금을 받게 되는 경우 등 다른 수입이 생긴 경우에는 임금지급이 중단되어도 최소한의 생활을 유지할 수 있는 경우가 있을 수 있으나, 그러한 수입이 생겼다고 하여 일률적으로 필요성을 부정할 수는 없으므로 수입금액과 수입을 얻을 수 있는 기간 및 안정성 등을 잘 살펴 필요성을 판단하여야 한다.[350]

이와 유사한 문제로서 조합 모금에 의한 기부금이 있거나 조합 차입금에 의하여 생계를 유지하는 경우, 친척의 원조가 있는 경우에 그것이 장래에도 확실히 얻을 수 있는 것인 경우에는 가처분의 필요성을 판단할 때 고려되어야 하나, 이러한 것들은 일시적·응급적인 것이 대부분이어서 이러한 것들로 인하여 가처분의 필요성이 부정되는 사안은 드물 것이다.[351]

부당해고로 인한 가처분의 필요성을 판단할 때 가처분이 발령됨으로써 사용자가 입을 손해도 고려하여야 하는지가 문제된다. 이에 대하여 민집법 300조 2항의 임시의 지위를 정하기 위한 가처분의 필요는 채권자측 사정인 현저한 손해를 피하거나 급박한 위험을 막기 위하여 또는 그 밖의 필요한 이유에 의하여

---

346) 飯島健太郎, 252면.
347) 瀧澤孝臣, 128~129면.
348) 유원석, 618면; 今中道信, 294~295면; 古館清吾, 257면; 瀧澤孝臣, 124면.
349) 飯島健太郎, 252면.
350) 유원석, 618면; 瀧澤孝臣, 124~125면; 今中道信, 294면.
351) 飯島健太郎, 256면; 瀧澤孝臣, 125면; 今中道信, 297면.

판단되어야 하며, 사용자측의 손해는 민집법 307조에 의한 특별사정에 의한 가처분취소의 사정으로 고려하면 족하다는 견해가 있으나, 가처분에는 가압류와 달리 해방공탁금제도가 허용되지 않는 점[352]을 고려하면 일단 가처분이 집행되면 사용자가 결정적인 타격을 받게 되는 경우에 특별사정에 의한 가처분취소의 길이 열려 있다는 이유만으로 사용자측 손해 주장을 봉쇄하는 것은 타당하다고 할 수 없으며, 필요성의 판단에 있어 쌍방의 이해를 비교교량하는 것이 공평의 이념에 적합하다.[353]

이와 같이 가처분의 필요성을 엄격히 판단하는 것이 종래의 판례에 비하여 근로자에 대한 보호가 약해지는 것이 아닌가 하는 비판이 있을 수 있지만, 필요성을 엄격히 판단하는 대신 피보전권리의 판단을 간이화·신속화하게 된다면 노동가처분의 본안화에 따른 폐해를 시정할 수 있게 되어, 해고된 근로자에 대하여 해고에 의해 초래된 생활의 곤궁을 조속히 해소하고 본안소송의 제기·수행에 있어서의 장애를 제거한다고 하는 가처분 본래의 보호가 가능하다.[354]

하급심 중 보전의 필요성이 없다는 이유로 임금지급가처분신청을 기각하는 사례들이 종종 있으며,[355] 일부 법원의 경우 민사 신청부에서 노동가처분사건까지 함께 처리함으로써 다른 신청사건의 예에 준하여 신속하게 처리하고 있다.[356]

#### (3) 손해담보를 위한 공탁

민집법은 법원이 보전처분을 함에 있어 그 처분으로 인하여 피신청인이 입을 손해에 대하여 담보제공을 명할 수 있도록 규정하고 있다.[357] 위 규정에 의

352) 대법원 2002. 9. 25.자 2000마282 결정.

353) 김광년, 90~91면; 强制執行法(4), 562면; 今中道信, 292~ 293면.

354) 瀧澤孝臣, 129면(瀧澤孝臣은 沖野威 판사의 말을 빌려, “노동가처분의 재판은 결과의 중대함을 강조한 나머지 본안소송과 같은 정치한 심리를 거쳐 본안판결과 같은 내용의 판결을 하고, 이러한 심리판결 때문에 결과를 중대하다고 받아들이는 악순환에 빠져 있다. 임시의 지위를 정하는 가처분은 임시적인 일시적 구제조치이다. 당사자가 정치한 심리를 구해도 법이 요구하는 심리는 그렇지 않다. 가처분은 심리에 있어서도, 필요성에 있어서도 임시적인 일시적 조치로 일관되어야 한다”고 주장한다).

355) 부산지법 2003. 6. 5.자 2003카합286 결정, 서울중앙지법 2003. 12. 9.자 2003카합3610 결정, 광주지법 2008. 1. 4.자 2007카합1124 결정, 광주지법 2008. 7. 15.자 2008카합697 결정, 대구지법 김천지원 2013. 7. 24.자 2013카합23 결정, 서울중앙지법 2014. 7. 10.자 2014카합724 결정, 서울중앙지법 2016. 7. 1.자 2016카합302 결정, 울산지법 2016. 10. 19.자 2016카합10073 결정, 서울서부지법 2017. 1. 31.자 2016카합50468 결정, 춘천지법 강릉지원 2017. 6. 15.자 2017카합20004 결정.

356) 실무에서는 심문을 거쳐 보통 신청 후 2개월 내에 결정이 내려진다고 하고, 다른 임시의 지위를 정하는 가처분과 아무런 구별 없이 진행하고 있다.

하면 담보제공 여부는 법원의 재량이나 보전처분이 신속성의 요청에 따라 소명만으로 발하여지기에 피신청인이 부당한 보전처분으로 인하여 손해를 받을 위험성이 있어 이를 담보하고 보전처분의 남용을 방지하기 위하여 실무상 거의 모든 경우에 손해담보로서 일정액의 보증금을 공탁하도록 하고 있다.[358] 하지만, 임금지급가처분에 있어서는 신청인인 근로자가 곤궁한 상황에 처하여 있음을 이유로 이를 피할 수 있도록 하기 위하여 가처분을 발하면서 그 전제조건으로 근로자에게 보증금의 공탁을 명하는 것은 부적당하다는 이유에서 무보증으로 가처분을 발하는 경우가 많다.[359]

일부 법원에서는 일정한 금액의 공탁 또는 그 금액을 보험금액으로 하는 지급보증위탁계약 체결문서를 제출할 것을 조건으로 임금지급가처분을 발하고 있다.[360]

### (4) 가처분명령

#### ㈎ 주 문 례

임금지급가처분의 주문은

| - 채무자는 채권자에게 10,000,000원을 임시로 지급하라.[361] |
|---|

| - 채무자는 채권자에게 10,000,000원 및 이 사건 가처분 결정 송달일부터 본안판결 확정에 이르기까지 매월 10일에 월 2,000,000원의 비율로 계산한 돈을 임시로 지급하라.[362] |
|---|

| - 채무자는 채권자에게 2018. 5. 1.부터 본안판결 확정에 이르기까지 매월 10일에 월 2,000,000원의 비율로 계산한 돈을 임시로 지급하라. |
|---|

등의 방식을 취한다.[363]

---

357) 민집법 280조 2항, 3항.

358) 유원석, 619면.

359) 법원실무제요 민사집행(Ⅳ), 365면; 塚原朋一, 131~132면.

360) 서울지법 2000. 6. 30.자 2000카합1067 결정, 서울중앙지법 2006. 12. 21.자 2006카합3699 결정, 서울중앙지법 2007. 2. 5.자 2006카합3609 결정, 서울중앙지법 2007. 6. 11.자 2007카합1213 결정, 서울중앙지법 2008. 5. 27.자 2008카합1386 결정, 서울중앙지법 2008. 9. 30.자 2008카합2678 결정, 서울중앙지법 2008. 12. 2.자 2008카합3449 결정.

361) 이와 같이 일정액의 지급을 명하는 예도 종종 보인다. 서울지법 2000. 6. 30.자 2000카합1067 결정, 서울지법 2006. 12. 21.자 2006카합3699 결정 등.

362) 서울중앙지법 2008. 5. 27.자 2008카합1386 결정.

㈏ 지급을 명하는 기간

가처분을 발함에 있어 임금지급기간은 필요성이 있는 범위의 기간에 한정되므로, 해고 시부터 가처분 발령 시까지의 기간의 임금에 대하여도 보전의 필요성을 인정할 수 있는지 문제된다.

이에 대하여는 임금지급가처분은 현존하는 위험을 피하기 위한 것이므로 가처분 당시 경과하여 버린 과거기간 동안의 생활의 곤궁 상태는 이미 해소된 것이고, 따라서 과거분의 임금지급청구는 그 필요성이 없다는 주장과,[364] 임금지급이 중단된 근로자가 가처분을 받을 때까지 생활의 곤궁을 받으면서 그 곤궁을 극복한 이익을 사용자에게 귀속시키는 것은 부당하므로 특별한 사정이 없는 한 임금 지급 중단 후부터 가처분 발령 시까지의 과거 분의 임금에 대하여도 필요성을 사실상 추정하여야 한다는 주장이 있다.[365]

그러나 이러한 경우의 가처분 필요성 여부에 대하여 일률적으로 단정하여서는 안 되고, 피해고 근로자가 해고 후 상당한 기간이 경과하여 가처분신청을 한 경우에는 통상 가처분신청 전까지의 기간에 대하여는 가처분의 필요성을 인정하기 어려울 것이며,[366] 그렇지 아니한 경우에는 구체적·실질적으로 가처분의 필요성을 검토하여야 한다.[367]

전에는 가처분의 본안화 영향도 있어서 과거 분에 대해서도 특별히 이유를 붙이지 아니하고 전부 인용하는 판례가 많았지만[368] 가처분의 필요성 요건에 관해서 판단하여 필요성이 없다면 그 전부 또는 일부를 기각할 수 있을 것이다.[369] 채권자가 현재 생활할 수 있는 이상 가처분신청 당시에 이미

363) 노동특수이론, 102면.

364) 今中道信, 298면 참조.

365) 유원석, 620면(하지만 가처분 단계에서는 해고의 무효 여부가 판정된 것이 아니므로, 임금지급이 중단된 근로자가 가처분을 받을 때까지 생활의 곤궁을 받았다고 하더라도 가처분신청 전의 임금에 대한 보전의 필요성을 인정하지 아니하는 것이 근로자가 곤궁을 극복한 이익을 사용자에게 귀속시키는 것이라고 보기는 어렵다); 今中道信, 앞의 논문, 298면.

366) 今中道信, 298면; 서울지법 남부지원 1999. 1. 21.자 98카합6307 결정(신청일 이후 분 인정), 서울고법 2008. 7. 17.자 2008카합902 결정(결정일 이후 분 인정), 서울중앙지법 2008. 12. 2.자 2008카합3449 결정(결정문 송달예정일 이후 분 인정).

367) 古館清吾, 259면; 이에 대하여 가처분신청 전까지의 기간에 관한 임금의 보전 필요성을 원칙적으로 인정하되, 해고 후 상당한 기간이 경과한 후에 가처분신청을 한 경우에만 신청 전까지의 기간에 대한 임금의 보전필요성을 구체적·실질적으로 검토하여야 한다는 이견이 있다(노동특수이론, 101면; 유원석, 620면 등 참조).

368) 民事執行法(7), 186면; 창원지법 거창지원 2003. 12. 4.자 2003카단1652 결정, 서울중앙지법 2008. 5. 27.자 2008카합1386 결정.

수개월 이상이 경과한 과거 분에 대해서는 원칙적으로 임시지급의 필요가 없고,[370] 다만 사채업자로부터 고리의 사채를 얻어 생활해와서 신속히 변제하여야 하는 것과 같은 특별한 사정이 소명되는 경우에 한하여 필요성이 긍정될 수 있다.[371]

임금 지급을 명하는 장래의 기간에 대하여는 종래의 실무는 본안판결 선고 시[372]나 본안판결 확정 시[373]까지로 정함이 보통이었으나, 최근에는 통상 1년을 넘지 않는 범위 내에서 채권자가 필요한 노력을 하면 생계자금을 얻을 수 있는 시기까지로 정하기도 한다.[374]

일본에서도 전에는 '본안판결의 확정 시까지'로 하는 판례가 다수였지만 금전급부를 목적으로 하는 청구권의 보전은 본래 가압류에 의하여야 하며, 금전지급가처분이 인용되고 있는 유일한 예인 교통사고에 기한 손해배상금의 임시지급에 관하여 동경지방재판소에서 기간을 6개월로 한정하여 운용하는 점과 비교하여 균형이 맞지 않고, 근로자의 경우 다른 곳에 취직하여 수입을 얻을 가능성이 있어 임시지급의 필요성에 변경이 생길 가능성이 있다는 비판이 제기되어, 우선 '본안 1심 판결 시까지'로 하는 재판례가 증가하였으며, 그 후 더욱 기간을 단축하여 동경지방재판소 노동부에서는 기간을 1년으로 한정하는 것이 원칙으로 되었다고 한다.[375]

가처분의 보전처분성과 해고된 근로자에게도 손해의 경감을 위해 노력할 신의칙상 의무를 인정한다면 본안소송이 종결되기까지 장기간이 소요될 것으로 보이는 사건에서 임금지급을 명하는 장래의 기간을 일정한 범위 내로 제한하려는 최근의 동향은 합리적이다.[376] 즉, 해고된 근로자에게 임금 등이 유일한 생

369) 今中道信, 298면.

370) 통상 종전의 저금이나 친족에 의한 무상원조에 의하여 연명해온 것으로 추정된다(塚原朋一, 135면). 瀧澤孝臣, 128면.

371) 飯島健太郎, 252면(동경지방재판소 노동부에서는 원칙적으로 과거분의 임시지급을 인정하지 않는다고 한다); 塚原朋一, 135면.

372) 서울고법 2008. 7. 17.자 2008카합902 결정.

373) 서울지법 남부지원 1999. 1. 21.자 98카합6307 결정, 서울지법 서부지원 2001. 5. 24.자 2000카합1858 결정, 대전지법 홍성지원 2001. 7. 6. 선고 2000카합505 판결, 광주지법 2005. 6. 17.자 2005카합400 결정, 서울중앙지법 2007. 2. 5.자 2006카합3609 결정, 서울중앙지법 2008. 5. 27.자 2008카합1386 결정, 서울중앙지법 2008. 12. 2.자 2008카합3449 결정.

374) 창원지법 거창지원 2003. 12. 4.자 2003카단1652 결정(과거분에 더하여 결정시로부터 6개월분 인정), 대구지법 서부지원 2008. 9. 9.자 2008카합113 결정(총 6개월분만 인정).

375) 飯島健太郎, 253면; 民事執行法(7), 186~187면.

376) 반대, 유원석, 620면.

계수단이라고 하여도 근로자는 잠재적인 노동력을 계속하여 보유하고 있기 때문에, 해고 후 다른 곳에 취업하여 임금 등을 획득하는 등 잠재적 노동력의 활용이 계획되기까지 필요한 기간에 한정되어야 한다.[377] 다만, 기간제근로자의 경우에는 계약기간까지를 상한으로 하여야 한다.[378]

이와 같이 재판시로부터 채권자가 필요한 노력을 한다면 생계비를 벌 수 있는 시기로서 직종 등을 고려하여 수개월, 특단의 사정이 없는 한 길어도 1년을 넘지 않는 범위에서 지급을 명함이 상당하다.[379]

가처분명령이 미치는 기간을 일정기간으로 제한하는 경우에 그 기간이 지나고도 가처분의 필요성이 존재한다면, 다시 가처분신청을 받아 피보전권리의 존부와 보전의 필요성에 관해서 심리하여야 한다.[380]

#### ㈐ 지급을 명하는 금액

지급을 명하는 금액은 인간다운 생활을 유지하는 데 필요한 최소한의 금액이며, 그와 같은 금액이 구체적으로 어느 정도인지는 당해 근로자의 종전 생활수준 등을 참작하여 판단하여야 한다.

실무상 종전에는 평균임금 상당액을 기준으로 하였으나, 임금지급가처분은 종전과 같은 생활수준을 보장하는 것도, 다른 종업원과 같은 생활수준을 보장하는 것도 아니기 때문에 임시지급되어야 할 임금액도 근로자가 종래 받아온 임금액이 아니고, 위 임금액을 상한으로 하여 가처분의 필요성이 존재하는 한도의 금액으로서, 근로자 및 그 가족이 보통의 생활을 유지하는 데 필요한 금액이다.[381]

구체적으로는 생계유지를 위하여 필요한 액수로서 근로자가 거주하는 지역

---

377) 瀧澤孝臣, 127면(판결례로서는, 신청인들이 건강하여 충분히 노동능력을 갖고 있는 것으로 일응 인정되기에, 그 노력과 시간을 사용하여 신청인들 일가의 생계유지를 위해 거의 아무런 노력도 하지 않는 것은 특별한 사정이 없는 한 수긍하기 어렵다고 판시한 것이 있다).

378) 서울중앙지법 2007. 6. 11.자 2007카합1213 결정(기간제로 임용된 대학 조교수 사례).

379) 塚原朋一, 135면; 瀧澤孝臣, 127면.

380) 注釋(上), 341면(이러한 시도는 가처분의 잠정적 성격을 유지하려는 시도이다); 塚原朋一, 135면; 瀧澤孝臣, 127~128면; 强制執行法(4), 568면; 古館淸吾, 254~255면; 신청인이 1심에서 승소하였으나 가집행에 기한 강제집행이 정지되었음을 이유로 가처분을 신청한 사안에서 가처분 결정정본 송달일부터 강제집행이 정지된 시점인 고등법원 판결선고시까지 임금의 임시지급을 명한 예로 서울중앙지법 2008. 9. 30.자 2008카합2678 결정이 있다.

381) 飯島健太郎, 255면; 塚原朋一, 134~135면; 古館淸吾, 254면; 民事執行法(7), 187면; 광주지법 2005. 6. 17.자 2005카합400 결정(생계비 월 300만 원 인정), 서울고법 2008. 7. 17.자 2008카합902 결정(평균임금의 70% 인정), 대구지법 서부지원 2008. 9. 9.자 2008카합113 결정(평균임금의 60% 인정).

의 가족 수에 따른 표준생계비 금액이 일응의 기준이 된다.[382] 표준생계비를 넘는 임금의 임시지급을 구하는 경우에는 채권자가 채권자를 포함한 가족 전체의 생활에 필요한 비용을 소명할 필요가 있다.[383] 또한 가처분은 본안에 부수된 것이어서 본안 이상의 만족을 주는 것은 허용되지 않으므로, 임시지급을 명하는 금액은 어떤 경우라도 피보전권리인 임금 등의 액을 초과할 수 없다.[384] 현재 하급심은 현재 종전 임금액, 국민기초생활보장법상의 최저생계비, 최저임금법상의 최저임금, 근로자의 가족관계, 재산현황 등을 기준으로 정하고 있다.[385]

㈑ 집행기간

가처분에 대한 재판의 집행은 채권자에게 재판을 고지한 날부터 2주를 넘긴 때에는 하지 못한다.[386] 그런데 임금지급가처분의 집행기간의 기산일을 가처분의 고지일로 한다면 가처분을 발령한 다음달 이후의 장래의 지급분에 대하여 집행불능이 되어 불합리하므로 임금지급가처분의 집행기간의 기산일은 가처분의 고지일이 아니고 매월의 지급일로 보아야 한다.[387]

382) 塚原朋一, 135면; 瀧澤孝臣, 126면.
383) 飯島健太郎, 255면; 古館清吾, 254면.
384) 瀧澤孝臣, 126면; 强制執行法(4), 558면.
385) 대전지법 천안지원 2014. 3. 20.자 2013카합148 결정(해고처분이 무효라고 인정되는 이상, 채무자는 본안판결 선고 전이라도 채권자들에게 해고기간 동안의 임금 상당액 중 채권자들이 인간다운 생활을 유지하는 데 필요한 최소한의 금액을 지급할 필요가 있다고 할 것인바, ① 채무자가 이 사건 해고처분을 근거로 채권자들의 근로자 자격을 부정하고, 채권자들에게 임금을 지급하지 않고 있는 현재 상황, ② 종래 채권자들이 지급받았던 평균 임금액, ③ 국민기초생활보장법 6조에 따라 보건복지부 장관이 고시한 2014년도 4인가구의 최저생계비가 1,630,820원인 점 등을 종합하여 보면, 채무자는 채권자들에게 각 8,000,000원 및 이 사건 가처분 결정 송달일부터 본안 판결 확정시까지 매월 21일에 각 2,000,000원의 비율로 계산한 금원을 임시로 지급하라고 정함이 타당하고, 위 범위 내에서 그 보전의 필요성도 소명된다고 본 사례).

대전지법 천안지원 2018. 6. 5.자 2018카합25 결정(채권자의 종전 임금액, 가족관계, 재산 현황 및 현재의 경제적 상황, 국민기초생활보장법에 근거한 2018년 기준 중위소득과 생계급여 선정 기준, 최저임금법에 근거한 2018년 최저임금 등을 종합하여 볼 때, 가처분 신청일 이후 월 200만 원 내에서 보전의 필요성이 인정된다고 본 사례).

그밖에 수원지법 2013. 5. 10.자 2013카합173 결정, 대전지법 천안지원 2014. 9. 23.자 2014카합80 결정, 서울남부지법 2017. 3. 30.자 2017카합20055 결정, 대구지법 포항지원 2017. 5. 22.자 2017카합10006 결정 등.
386) 민집법 301조, 292조 2항.
387) 법원실무제요 민사집행(Ⅳ), 365면; 유원석, 621면.

### 다. 지위보전가처분

#### (1) 개 요

##### ㈎ 의 의

근로자의 지위보전가처분은 근로자가 부당하게 해고된 경우 해고가 무효임을 이유로 해고무효확인소송이나 고용관계존재확인소송의 본안판결 확정 시까지 입을 현저한 손해 등을 피하기 위해 당사자인 근로자와 사용자 사이에 임시로 해고 전과 같은 내용의 근로계약상의 지위를 설정하는 임시의 지위를 정하는 가처분이다.[388]

이 가처분은 본안인 해고무효확인소송 또는 고용관계존재확인소송에서 승소한 것과 같은 지위를 잠정적으로 인정하여 준다는 점에서 임시의 지위를 정하는 가처분 중 이른바 만족적 가처분에 해당한다.[389]

##### ㈏ 법적 성질

지위보전가처분의 형성적 효과는 가처분결정의 고지에 의하여 직접 발생하므로 강제집행은 생각할 여지가 없으며, 이 가처분이 발령되면 사용자는 근로자를 가처분에 의하여 형성된 법률상의 지위에 있는 것으로 대우할 것이 요청되나 사용자가 이와 같은 대우를 하지 않더라도 대우를 강제할 방법이 없다. 이 가처분에 의하여 형성된 지위로부터 파생하는 임금청구권 등과 같은 개별적 권리에 대하여도 가처분이 집행권원이 될 수 있는 것이 아니므로 이 가처분은 임의의 이행을 구하는 가처분으로서,[390] 강제집행에 의하여 그 내용을 실현할 수 있는 임금지급가처분과 대비된다.[391]

임의의 이행을 구하는 가처분은 노동가처분을 중심으로 전개된 것인데, 그것이 허용될 수 있는지의 여부에 관하여는 집행을 수반하지 않는 가처분의 실효성을 중심으로 논의되었으나,[392] 본안소송에서도 강제집행을 전제로 하지 아니한 확인이나 형성의 소가 인정되고 있고, 이행의 소라고 하더라도 모두 강제집행이 가능한 것도 아니므로 강제집행을 할 수 없다는 것이 가처분 불허의 이유가 될 수는 없다.[393] 임의의 이행을 기대하는 가처분도 보전의 필요성이 존재

388) 법원실무제요 민사집행(Ⅳ), 365~366면; 長門榮吉, 199면.
389) 유원석, 622면; 萩澤淸彦, 222면.
390) 長門榮吉, 197~198면.
391) 長門榮吉, 199면.
392) 萩澤淸彦, 223면.

하는 한 허용된다고 보아야 하고, 실무도 지위보전가처분에 있어서 임의의 이행이 기대될 수 있는가에 관하여 별도로 심리하지 않고 이를 인용하고 있다.[394] 다만, 기업의 폐지에 의하여 사용자의 임의의 이행이 주관적으로는 물론 객관적으로도 기대할 수 없는 때에는 가처분을 인용할 수 없을 것이다.[395]

(2) 요 건

(가) 피보전권리

지위보전가처분의 피보전권리는 근로자가 근로계약상 취득한 제 권리이다. 노동사건에서 지위보전가처분의 본질은 해고 상태에 놓인 근로자의 현상을 변경하여 사용자와 사이에 존속되어 온 근로자의 지위를 정립함에 있고, 그 지위에 따른 제 권리의 보장을 그 목적으로 한다. 근로자의 지위에 수반하는 제 권리 중에는 근로자 자신 및 그 부양가족의 생계비에 상당하는 임금청구권, 취업청구권, 노동조합원으로서 단체활동의 자유, 복지시설이용권 등이 있으며 근로자로서의 자기실현의 자유와 권리도 빼놓을 수 없을 것이다. 이상의 제 권리는 근로자의 지위에 내재하며 이에 포섭되는 것이다.[396]

지위보전가처분의 본안소송은 위와 같은 피보전권리의 확인이며, 구체적으로 말하면 해고무효확인소송 또는 고용관계존재확인소송이다. 이와 같이 근로자의 지위에 기초한 제 권리를 일괄하여 확인소송의 대상으로 삼는 이유는 근로계약관계는 유동적인 것으로서 근로계약상의 제 권리도 수시로 변동하고 있고 (승급, 승격, 시설이용, 상여액 등) 이를 그 때마다 재판으로 확인하여야 한다면 실로 번잡한 일이 아닐 수 없기 때문에 이들 제 권리를 일괄확인하여 분쟁의 근본을 해결하고 이에 기한 그 권리의 구체적 실현을 당사자에게 맡기고자 함이다.[397]

(나) 보전의 필요성

지위보전가처분에 있어서의 보전의 필요성은 근로관계의 존부에 대한 다툼

---

393) 유원석, 622면.

394) 長門榮吉, 199~201면.

395) 長門榮吉, 201면.

396) 김광년, 81면; 松野嘉貞, 40~41면(그러나 특별승급, 승격, 사정에 의하여 지급되는 상여금 등 사용자의 재량에 의해 정해지고 사용자의 의사표시가 있어야 권리·의무관계가 확정되는 것은 보전의 범위에 속하지 아니한다); 民事執行法(7), 155면.

397) 김광년, 93면; 民事執行法(7), 156면.

으로 근로자로 취급되지 아니함으로써 현저한 손해가 발생하거나 또는 발생할 위험이 급박하여 이를 피할 필요성을 말한다.[398] 임금 지급의 중단으로 발생하는 곤궁한 상황을 피할 필요성이 주된 내용이 될 것이나, 그 밖에 사용자가 제공하여 온 복리후생시설을 이용할 수 없게 되는 등의 근로자로 취급되지 아니함으로 인한 손해도 필요성 판단에 고려되어야 한다.[399]

과거에는 지위보전가처분이 임의의 이행을 기대하는 가처분으로서 필요성의 판단이 정형화되어 해고가 무효임에도 불구하고 피해고자에게 현저한 손해가 있다는 것과 같은 추상적·획일적 기준에 의하여 판단되었는데,[400] 노동가처분이 임금지급가처분과 같은 집행을 예정하는 2차 가처분으로 진전되자 원칙으로 돌아가 필요성의 판단을 엄격히 하여야 한다는 주장이 제기되었다.[401]

사용자의 임의이행이 기대될 수 없는 경우에는 보전의 필요성이 없다는 견해가 있으나, 이는 당사자의 주관적 의사에 따라 사건의 승패를 결정짓고자 하는 것으로서 부당하다.[402] 하지만, 임의의 이행을 기대하는 가처분은 특정된 최적의 구체적 가처분을 할 필요와 관련하여 보전의 필요성이 문제될 수 있다. 임시의 지위를 정하는 가처분의 필요성까지 있는 경우 채권자가 선택한 지위보전가처분이라는 구체적 방법이 보전의 목적을 달성함에 있어 최적의 것은 아니고 달리 임금지급가처분과 같은 최적의 구체적인 가처분이 존재한다고 하더라도, 채권자로서의 근로자의 권리보호에 불충분하지만 그 가처분에 의해 어떤 종류의 잠정적인 법률적 효과가 형성되고 채권자가 그 정도의 법률효과로 만족한다면 굳이 보전의 필요성을 부정할 필요는 없는 듯하다.[403]

원직 복귀와 임금 지급을 명하는 부당노동행위 구제명령과 이행명령이 발령된 경우에 지위보전가처분의 필요성이 인정될 수 있는지 문제된다.

---

398) 법원실무제요 민사집행(Ⅳ), 366면; 長門榮吉, 200면.

399) 유원석, 623면; 하지만 해고에 의하여 입게 된 정신적 손해의 회복만으로는 가처분의 필요성을 인정하기 어렵다(松野嘉貞, 44면).

400) 加藤俊平, 264면; 松野嘉貞, 43면; 民事執行法(7), 156~157면; 부산지법 1998. 10. 9.자 98카합5827 결정, 창원지법 2005. 9. 30.자 2004카합283 결정.

401) 萩澤淸彦, 228면; 서울중앙지방법원 50민사부는 징계해고의 효력을 임시로 정지하는 가처분을 발령하기 위해서는, 그러한 가처분이 해고된 신청인에 대하여 본안에서 승소한 것과 극히 유사한 만족을 얻게 하는 점에 비추어 해고가 현저하게 위법·부당하여 무효라는 점 및 그러한 해고로 인하여 신청인이 회복할 수 없는 현저한 손해를 입게 된다는 점이 충분히 소명되어야 한다고 판시하였다(서울중앙지법 2006. 5. 10.자 2006카합732 결정).

402) 법원실무제요 민사집행(Ⅳ), 366면.

403) 長門榮吉, 200~201면; 松野嘉貞, 43면.

이론적으로는 노동가처분의 필요성은 사용자가 그 의무를 이행하지 않아 근로자측이 본안판결까지 기다릴 경우 현저한 손해나 급박한 위험이 있어서 이를 피하기 위하여 가처분이 필요한 것인지의 관점에서 판단되어야 하는 반면에, 부당노동행위 구제명령·이행명령의 필요성은 이행명령을 발하는 것이 정상적인 집단적 노사관계질서의 회복과 확보에 기여하는 것인지의 여부를 고려하여 판단하여야 하는 것으로서 이행명령의 필요성과 지위보전가처분의 필요성은 그 판단기준이 다르다.[404] 따라서 이행명령이 있다고 하여도 지위보전가처분의 필요성 유무에 대하여는 별도의 신중한 판단이 필요하다고 하나,[405] 실제로는 사용자가 구제명령을 이행하고 있다면 임시의 지위를 정하는 가처분으로서 지위보전가처분의 필요성이 거의 없을 것이고, 이행을 거부한다면 임의의 이행을 구하는 지위보전가처분을 굳이 다시 발할 필요성이 있는지 의문이다.

한편, 교원소청심사위원회가 교원에 대한 파면처분을 취소하는 결정을 한 사안에서, 교원소청심사위원회가 교원의 지위 향상 및 교육활동 보호를 위한 특별법에 따라 학교법인의 교원에 대한 징계처분을 취소하는 결정을 한 때에는 그 결정에 의하여 바로 교원과 학교법인 사이에 그 결정 내용에 따른 법률관계의 변동이 일어나는바,[406] 파면처분을 취소하는 교원소청심사위원회의 결정이 추후 행정소송을 거쳐 취소되지 않는 이상 위 결정이 확정되기 전이라도 채권자와 채무자 간에는 이 사건 파면처분이 없었던 것과 같은 상태로 법률관계가 형성되어, 채무자가 별도의 조치를 취하지 아니하더라도 채권자는 당연히 이 사건 파면처분 전의 지위를 회복하게 된다고 할 것이므로, 가처분신청 중 채권자에 대하여 채무자가 운영하는 고등학교 교원의 지위에 있음을 임시로 정하는 신청 부분은 신청의 이익이 없어 부적법하다고 본 하급심 결정이 있다.[407]

#### ㈐ 임금지급가처분이 동시에 신청된 경우의 보전의 필요성

지위보전가처분은 그 내용이 포괄적·개괄적이며 채무자의 임의이행을 기대하는 것으로서 강제의 효력이 없기 때문에 그 지위를 전제로 하여 임금청구권을 피보전권리로 한 임금지급가처분과 같은 별도의 구체적 가처분이 필요하게 된다. 근로자의 지위보전을 1차 가처분으로 하고 그 임의의 이행이 이루어지

404) 民事執行法(7), 159면.
405) 법원실무제요 민사집행(Ⅳ), 367면.
406) 대법원 1994. 11. 22. 선고 94다30478 판결, 대법원 2012. 5. 9. 선고 2010다88880 판결.
407) 서울중앙지법 2018. 9. 20.자 2018카합21044 결정.

지 아니할 때 이에 기하여 임금지급을 구하는 2차 가처분을 신청하는 경우도 있으나, 대개는 지위보전가처분과 임금지급가처분을 동시에 신청하는 경우가 많다.[408)]

원래 1차 가처분은 임의의 이행을 기대하는 개괄적 가처분이고 2차 가처분은 그 이행이 되지 않은 경우의 구체적 가처분으로 활용되어 왔던 것이기에, 처음부터 양자가 함께 신청된 경우에 임금지급가처분을 인용하면서 동시에 지위보전가처분까지 인정할 필요성이 있는지 문제된다.[409)]

임의이행의 가처분인 지위보전가처분과 구체적 가처분인 임금지급가처분이 동시에 신청된 경우에 그 처리방법과 관련하여서는 임금지급가처분과 근로자의 지위보전가처분은 서로 피보전권리도 다르고 보전의 필요성도 일치하지 아니하므로 양자를 모두 인용하여야 한다는 것이 일반적인 견해이다.[410)]

지위보전가처분은 근로계약관계가 존재하는 것을 임시로 확인하는 것인데 그 본안은 확인소송이고, 확인소송에 대하여 미리 집행을 보전할 필요는 없으며 그 실효성도 기대하기 어려우므로, 임금지급가처분을 발하는 이상 임의의 이행을 기대하는 지위보전가처분을 발할 필요는 없다는 견해가 있을 수 있으나, 지위보전가처분은 근로관계의 존속을 긍정하는 잠정적 형성선언을 함으로써 당사자 사이에 최대의 쟁점에 관하여 일시적·잠정적인 규범을 명확히 하는 점에서 의미가 있고, 근로자가 단체교섭 등을 통하여 직장에 복귀함에 유력한 계기가 되며, 근로자가 갖는 근로계약상의 권리는 임금채권만이 아니고 복리후생시설의 이용, 사회보험의 적용, 기술의 습득·유지 등 다수의 권리와 이익이 포함되고, 임금을 지급받는다면 일하지 않아도 좋다라고 할 수는 없으므로 이를 포함한 포괄적인 지위를 설정하는 지위보전가처분을 임금지급가처분과 함께 인정할 필요가 있다고 한다.[411)]

대다수의 하급심은 양자를 모두 인용하는 입장을 취하고 있고,[412)] 대부분 지위보전가처분의 필요성에 관하여 임금지급가처분과 실질적으로 동일한 내용

---

408) 김광년, 86면; 長門榮吉, 197면.

409) 萩澤淸彦, 226면.

410) 법원실무제요 민사집행(Ⅳ), 367면; 유원석, 624면.

411) 長門榮吉, 203면.

412) 수원지법 평택지원 2012. 10. 17.자 2012카합66 결정, 서울중앙지법 2012. 11. 15.자 2012카합2298 결정, 부산지법 동부지원 2013. 7. 2.자 2013카합260 결정, 대전지법 천안지원 2014. 3. 20.자 2013카합148 결정, 인천지법 2015. 10. 16.자 2015카합10168 결정 등.

의 판단기준을 따르고 있다.[413] 즉 양 가처분에 공통으로, 채권자는 임금을 유일한 생활의 원천으로 하는 근로자로 인정되기에 이 사건 해고로 인해 생활은 곤궁해지고 회복하기 어려운 손해를 입을 위험이 있다는 등의 판시만으로 근로자의 근로계약상의 지위를 정하는 가처분과 함께 본안판결의 확정에 이르기까지의 임금 상당액을 임시로 지급하도록 사용자에게 명함이 통례였다.[414]

그러나 임금지급가처분이 있다고 해도 지위보전가처분이 무의미한 것은 아니지만, 지위보전가처분과 임금지급가처분의 필요성에 차이가 있다고 하여 양 가처분을 병행하여 발령함을 당연시하는 것도 문제가 있다. 근로수령의무, 임시지급의 대상으로 되는 임금 이외의 급여채권, 유급휴가, 복리후생시설의 이용 등을 구체적으로 검토한 후 지위보전가처분의 필요성 존부를 신중히 판단하여야 한다.[415]

하급심 중에는 임금지급가처분만 인용하고 지위보전가처분은 기각하거나,[416] 지위보전가처분은 인용하고 임금지급가처분은 기각한 사례가 있다.[417]

동일한 보전 목적을 달성하기 위해 두 개의 가처분이 신청되고 그 중 하나의 가처분이 인용되는 것에 의해 보전 목적이 달성되는 때에는 다른 가처분을 중복하여 할 필요는 없다. 지위보전가처분의 보전 목적으로 주장되는 사유가 근로자가 피해고자로 취급되어 임금이 지급되지 아니함으로 인한 경제적 곤궁을 제거하기 위한 것이라면, 그러한 보전목적을 달성하기 위한 가처분으로서는 임금지급가처분이 가장 유효적절하고 충분한 것이기에 임금지급가처분을 발하는 이상 중복하여 임의의 이행을 기대하는 효력밖에 없는 지위보전가처분을 할 필요는 없으며, 지위보전가처분을 별도로 발할 필요가 있다고 하기 위하여는 임금지급가처분에 의해서는 제거되지 않는 위험의 잔존, 즉 임금지급가처분에 의해서 보전되지 않는 근로계약상의 권리 또는 이익이 존재하고 이를 향수하지 못

413) 서울중앙지법 2007. 2. 5.자 2006카합3609 결정, 서울중앙지법 2007. 6. 11.자 2007카합1213 결정, 서울중앙지법 2008. 5. 27.자 2008카합1386 결정, 서울중앙지법 2008. 9. 30.자 2008카합2678 결정, 서울중앙지법 2008. 12. 2.자 2008카합3449 결정.

414) 대전지법 홍성지원 2001. 7. 6. 선고 2000카합505 판결, 서울중앙지법 2008. 12. 2.자 2008카합3449 결정, 長門榮吉, 201~202면(적은 수이긴 하나 종업원으로 취급되지 않는 것에 의한 유형·무형의 불이익 내지 고통, 조합활동상의 지장, 회사시설의 이용거부, 기술의 저하 등을 지위보전가처분의 필요성으로 별도로 거시하고 있는 재판례도 있다고 한다); 加藤俊平, 266면.

415) 長門榮吉, 194면; 民事執行法(7), 160면.

416) 대구지법 서부지원 2013. 2. 6.자 2012카합201 결정, 서울중앙지법 2013. 4. 29.자 2013카합683 결정.

417) 부산지법 동부지원 2013. 8. 20.자 2013카합311 결정.

함으로 인해 현저한 손해를 입을 위험이 있어야 한다.[418)]

### ㈑ 임금지급가처분이 나중에 신청된 경우의 구속력

지위보전가처분명령이 발하여졌음에도 채무자인 사용자가 임의로 임금을 지급하지 아니하여 채권자인 근로자가 다시 임금지급가처분을 신청한 경우에, 선행하는 지위보전가처분이 그 가처분에 의하여 형성되는 포괄적 권리관계의 개별적 내용을 이루는 임금채권을 피보전권리로 하여 신청된 후행의 임금지급가처분사건에서 법원을 구속하는 효력을 갖는지 문제된다.[419)]

이에 대하여 지위보전가처분의 필요성에 관한 판단의 기준은 대부분 근로자의 생활 곤궁 등 실질적으로는 임금지급가처분의 필요성의 판단기준과 동일하고, 병렬적인 가처분에서 양자는 일괄하여 판단되는 사례가 많은데 임금지급가처분이 후에 신청되었다고 필요성 판단의 기준이 달라진다는 것은 모순이며,[420)] 지위보전가처분에 의하여 형성된 법적 상태는 분쟁을 조정 해결하는 구체적 규범이므로 당연히 법원을 기속한다는 견해가 있다.[421)]

그러나 지위보전가처분은 피보전권리가 포괄적이며 본안은 확인소송으로서 임의의 이행을 기대하는 가처분이지만, 임금지급가처분은 피보전권리가 위의 포괄적인 권리 내지 지위에서 파생된 구체적 권리이고 본안이 이행소송이며 강제집행이 가능한 가처분이므로, 양자는 그 필요성의 판단기준이 다르다.[422)] 또한 지위보전가처분에 의하여 형성된 법적 상태는 당사자를 구속하는 것이지 법원을 구속한다고 볼 수 없고, 가처분은 피보전권리와 보전의 필요성을 소명에 의하여 인정하며 본안에서 변경될 수 있는 것일 뿐만 아니라 특히 보전의 필요성은 수시로 변하므로, 사실상 법원이 선행 가처분의 취지를 존중함은 별론으로 하고 선행하는 지위보전가처분이 후행하는 임금지급가처분을 구속한다고 볼 수는 없다.[423)]

---

418) 長門榮吉, 204~205면; 松野嘉貞, 51면; 加藤俊平, 266면.
419) 유원석, 626면; 民事執行法(7), 160면.
420) 김광년, 92면.
421) 유원석, 626면; 民事執行法(7), 160면; 松野嘉貞, 42면.
422) 김광년, 92면.
423) 유원석, 626면; 松野嘉貞, 42면.

### (3) 주 문 례

#### (가) 효력정지형

| 채무자가 2018. 5. 1. 채권자에 대하여 한 해고의 의사표시의 효력을 정지한다.[424] |
|---|

효력정지형은 해고의 의사표시가 무효라고 인정되는 경우 그 효력을 정지시킴으로써 당사자 간에 해고의 의사표시가 없었던 것과 같은 상태, 즉 해고의 의사표시 이전과 같은 고용계약관계가 여전히 존속하고 있는 상태를 잠정적으로 형성하여 사용자에 대하여 이러한 잠정적인 법률관계에 따를 의무를 지우는 형식을 취한다.[425] 지위보전가처분은 처음 이러한 형태로 출발하였다.[426]

이에 대하여는 해고의 무효를 전제로 가처분을 발령하면서 주문의 표현이 마치 해고가 유효하되 효력을 일시 정지시키는 것처럼 보여 모순된다는 비판이 있다.[427]

#### (나) 취급명령형

| 채무자는 채권자를 채무자의 종업원으로서 임시로 취급하라. |
|---|

취급명령형은 해고가 무효이고 고용계약관계가 여전히 존속한다는 잠정적 형성상태를 전제로 하여 사용자에 대하여 근로자를 종전과 같이 종업원으로 취급할 것을 명하는 것이다.[428] 그 표현이 '취급하라'고 되어 있어 일견 작위를 명하는 것으로 보여 강제집행을 할 수 있지 않은가 하는 의문이 생기나, 본안판결인 해고무효 또는 고용관계존재확인판결이 강제집행의 집행권원이 될 수 없고, 또한 종업원으로 취급하라는 것은 그 구체적인 내용이 특정되지 아니하여 직접강제이든 간접강제이든 할 수 없기 때문에 결국 다른 주문 형태와 마찬가지로

424) 부산지법 2003. 6. 5.자 2003카합286 결정, 서울중앙지법 2007. 2. 5.자 2006카합3609 결정, 서울중앙지법 2007. 6. 11.자 2007카합1213 결정.

425) 김광년, 83면; 松野嘉貞, 37면; 民事執行法(7), 160면.

426) 萩澤清彦, 225면; 加藤俊平, 263~264면; 民事執行法(7), 160면.

427) 유원석, 625면; 松野嘉貞, 37면; 民事執行法(7), 161면. 이에 대하여는 비록 해고의 의사표시가 무효라 할지라도 외관상 유효한 모습으로 존재하고 있으므로 그 효력을 정지시킬 필요가 있기 때문에 그 효력을 정지시킨다고 하여 논리상 모순이라고 할 수 없다는 반박이 있다(김광년, 83면 참조).

428) 김광년, 84면; 松野嘉貞, 38면.

임의의 이행을 명하는 가처분이다.[429]

(다) 지위설정형

- 채권자가 채무자에 대하여 근로계약상의 권리를 가지고 있음을 임시로 정한다.[430]
- 채권자가 채무자에 대하여 피용자로서의 지위에 있음을 임시로 정한다.[431]

지위설정형은 효력정지형과 취급명령형에 대한 비판에서 지적되는 약점을 극복하기 위한 형태이며 그 내용이 명확하고 근로계약상의 권리확인으로서 가장 적절한 표현이라고 평가되고 있고,[432] 가장 널리 사용되는 주문례이다.[433]

지위설정형의 지위보전가처분과 임금지급가처분이 동시에 발령되는 경우에는 다음과 같은 형태가 될 것이다.[434]

채권자가 채무자에 대하여 (상무직으로 근무하는) 근로계약상의 권리를 가지고 있음을 임시로 정한다. 채무자는 채권자에게 2018. 5. 1.부터 본안판결 확정에 이르기까지 매월 1일에 월 2,000,000원의 비율로 계산한 돈을 임시로 지급하라.[435]

(라) 일부배척 주문

지위보전가처분과 임금지급가처분을 함께 신청하였을 때 그 일부를 배척하는 경우의 주문에 관하여, 법원은 신청의 목적을 달성하기에 필요한 처분을 할 수 있고 신청취지에 구속되는 것은 아니지만 이는 피보전권리에 대한 소명이 있는 경우에 그 보전방법에 관한 것이므로, 병행 신청 중 일부의 피보전권리가 없다고 판단되거나 피보전권리가 인정되지만 전부에 관한 보전의 필요성이 없다고 판단되는 경우에는 그 신청 부분을 각하하거나 기각해야 하고, 피보전권리를 인정하지만 필요성의 관점에서 신청의 취지와 다른 보전방법을 택한 경우에만 각하나 기각 주문이 불필요하다는 주장이 있다.[436]

429) 유원석, 625면; 松野嘉貞, 38면; 民事執行法(7), 161면.
430) 서울중앙지법 2008. 12. 2.자 2008카합3449 결정.
431) 부산지법 1998. 10. 9.자 98카합5827 결정, 창원지법 2005. 9. 30.자 2004카합283 결정.
432) 김광년, 84면; 松野嘉貞, 39면; 民事執行法(7), 161면.
433) 법원실무제요 민사집행(Ⅳ), 367면; 유원석, 625면.
434) 노동특수이론, 104면 참조.
435) 서울중앙지법 2007. 6. 11.자 2007카합1213 결정, 서울중앙지법 2008. 5. 27.자 2008카합1386 결정, 서울중앙지법 2008. 9. 30.자 2008카합2678 결정.
436) 松野嘉貞, 54면(하지만 현실적으로는 신청의 취지보다 적게 인용하는 경우에는 대개 일부 각하의 선언을 하고 있다고 한다). 일본에서의 각하 주문은 가처분의 필요를 본안소송에 있

하지만 우리나라에서는 신청의 취지보다 양적으로나 질적으로 적게 인용하는 경우에는 일괄하여 "나머지 신청을 기각한다"는 주문을 내고 있다.[437)]

라. 취업방해금지가처분

(1) 취업청구권의 인정 여부[438)]

사용자가 근로자를 부당하게 해고하고 취업을 거부하는 경우에 근로자가 실체법상의 권리로서 사용자에 대하여 취업을 청구하고 취업거부로 입은 정신적 손해를 임금지급과는 별도로 청구할 수 있는지가 이른바 취업청구권의 문제로서 논의되고 있으며 찬반양론이 대립하고 있다.

하급심 판결 중 근로자의 사용자를 상대로 한 취업방해금지가처분이 인용된 사례가 있다.[439)] 사용자 단체를 상대로 취업방해금지청구권이 인용된 사례도 있는데, 이 사례에서는 근기법 40조에 따르면 누구든지 근로자의 취업을 방해할 목적으로 비밀기호 또는 명부를 작성, 사용하거나 통신을 하여서는 아니 됨에도, 피신청인은 신청인들의 취업을 방해할 목적으로 고용금지 결정을 하고 소속 회원사에 통지하였으므로, 신청인들은 피신청인을 상대로 이 사건 고용금지 결정과 같은 명부의 작성, 사용의 금지와 이 사건 고용금지 결정의 취소를 구할 피보전권리가 있다고 보았다.[440)]

이와 관련하여 부수적 의무로서 사용자의 근로수령의무를 인정하면서도, 민집법 300조 2항이 현저한 손해를 피하거나 급박한 위험을 막기 위하여 또는 그 밖의 필요한 이유가 있을 경우에 한하여 임시의 지위를 정하는 가처분을 인

---

어서의 소의 이익에 대응하는 보전소송의 형식적 요건으로 이해하는 견해에 입각한 것으로 보인다[强制執行法(4), 557면].

437) 대구지법 서부지원 2008. 9. 9.자 2008카합113 결정, 서울중앙지법 2008. 9. 30.자 2008카합2678 결정, 서울중앙지법 2008. 12. 2.자 2008카합3449 결정 등 참조.

438) 자세한 내용은 '제28조~제33조 전론(前論): 부당해고의 구제' Ⅱ. 5. 참조.

439) 대구지법 경주지원 2015. 11. 19.자 2015카합94 결정(주문 "1. 채권자가 채무자에 대하여 2016. 3. 31.까지 근로계약상의 권리를 가지고 있음을 임시로 정한다. 2. 채무자는 채권자에게 한국수력원자력 월성원자력본부 사택·사옥 유지보수 업무에 종사하게 하여야 한다."라고 판단한 사례).

440) 광주지방법원 2012. 11. 9.자 2012카합1004 결정[신청인들은 배전기능자격증 등을 가지고 전기공사(배전) 업무를 하는 근로자들로서 전국건설노동조합 광주·전남 전기원지부의 조합원들이고, 피신청인은 광주·전남지역에서 전기공사(배전)를 하는 업체 중 상시 운영되는 230여 개 회사로 구성된 협의체로서, 2009년부터 전국건설노동조합 광주·전남 전기원지부와 단체협약을 체결하여 왔으며, 신청인들은 피신청인 소속 회원사에 일용직으로 고용되어 근무하여 오던 중 피신청인이 2012. 7. 19. 임원회의를 개최하여 노사관계 발전 저하, 단체보험 가입불가, 불성실 등을 이유로 소속 회원사들로 하여금 신청인들에 대해서 일용전공 고용을 금지하는 내용의 결정을 하고, 2012. 7. 20. 피신청인 소속 회원사에 고용금지 결정을 통지한 사례].

정하고 있으므로, 취업방해금지가처분을 받을 수 있는 근로자는 현저한 손해를 피하거나 기술의 습득 · 유지 또는 향상을 위한 근로관계와 같이 사용자의 근로수령의무가 근로자에게 현저한 불이익을 야기하는 경우로 제한하여 해석하여야 하기에, 극히 예외적으로만 인정되어야 한다는 견해가 있다.[441)]

하지만 사용자의 부수적 의무로서의 근로수령의무를 일반적으로 인정하는 견해는 근로계약의 특수성에 비추어 근로자의 근로제공과 관련한 이익이 기술의 습득 · 유지 또는 향상을 위한 근로관계에 한정되지 않고 통상적으로 인정된다는 것이고, 이러한 판단 속에는 이미 근로제공에 관한 근로자의 이익의 중대성과 이러한 이익은 사후의 소급임금의 지급만으로는 회복이 어렵다는 사고가 전제되어 있는 것이다.

사용자의 부수적 의무로서의 일반적인 근로수령의무를 인정하고자 하는 가장 현실적인 필요성이 근로자의 취업청구권을 피보전권리로 한 가처분을 인정하고자 하는 것이며, 근로제공과 관련한 기술의 습득 · 유지 또는 향상은 정도의 차이는 있겠지만 대부분의 근로관계에 존재하는 것이고 그렇지 않은 근로관계와의 질적 차이를 발견하기는 어렵다.[442)]

사용자의 근로수령의무를 인정한다면 해고당한 근로자의 취업방해금지가처분을 인용할 것인지의 여부는, 취업과 관련한 금전으로 회복되기 어려운 근로자의 일반적인 취업이익을 인정하면서, 근로자의 피보전권리에 대한 소명과 사용자의 이해관계와의 조절이라는 측면에서 법원이 구체적으로 결정하면 충분한 것이라 생각한다.

#### (2) 보전의 필요성

하급심 중에는 채무자의 채권자에 대한 해고가 무효임을 확인하는 판결 및 노동위원회의 부당해고구제명령이 확정되었음에도 불구하고, 채무자가 채권자를 복직시키지 않고 있는 사안에서, 임시의 지위를 정하기 위한 가처분은 다툼 있는 권리관계가 본안소송에 의하여 확정되기 전에 가처분권리자가 현재의 현저한 손해를 피하거나 급박한 위험을 피하기 위하여 또는 그 밖의 필요한 이유가 있는 때에 한하여 허용되는 응급적 · 잠정적 처분의 성격을 가지는 것으로서

441) 유성재, 416~417면.

442) 이러한 이유로 일본의 판결례를 검토하여 보면 제한적 긍정설을 취하는 경우에는 사실상 취업청구권을 부정하는 결론에 도달하게 된다.

그중에서도 이 사건과 같은 만족적 가처분의 경우 보전의 필요성에 대하여 통상의 보전처분보다 고도의 소명이 요구된다 할 것인바, ① 채권자는 집행력 있는 해고무효확인 판결에 기하여 최근까지의 임금채권을 추심하였고, 앞으로도 용이하게 임금채권을 추심할 수 있는 것으로 보이는바, 그렇다면 채권자의 복직을 강제하는 가처분이 발령되지 않는다고 하더라도 채권자의 생계가 위협받을 급박한 위험이 있다고 할 수 없는 점, ② 채권자는 채무자의 근로수령거부로 인하여 인격적 법익의 침해에 기한 정신적 고통을 입었음을 이유로, 채무자를 상대로 금전배상청구를 할 수 있는 점 등을 고려하면, 가처분신청을 통해 방지할 채권자의 현저한 손해나 급박한 위험이 존재한다고 보기 어렵다는 이유로 취업방해금지가처분 신청을 기각한 사례가 있다.[443)]

#### (3) 주 문 례

취업청구권을 인정하는 경우의 주문례는 다음과 같다.[444)]

- 채무자는 채권자의 취업을 거부(또는 방해)하여서는 아니 된다.
- 채무자는 채권자에게 취업의 기회를 제공하여야 한다.
- 채무자는 채권자에 대하여 출근정지 기타 취업을 방해하는 행위를 하여서는 아니 된다.
- 1. 채무자는 별지 목록 기재 채권자들에 대하여 채무자 회사의 ○○작업장의 하역작업에 종사하게 하여야 한다.
  2. 채무자는 1항의 하역작업의 배분에 관하여 채권자들을 다른 사용근로자와 차별하여 불이익하게 취급하여서는 아니 된다.
- 채무자는 채권자가 채무자 회사 소속 시내버스 서울 70가○○○○호의 운전기사로 근무하는 것을 방해하여서는 아니 된다.

## Ⅲ. 행정적 구제

사용자가 근로자에게 부당해고 등을 하면 근로자는 노동위원회에 구제를 신청할 수 있다(법 28조 1항).

이와 같이 법은 행정적 구제로서 부당해고 구제신청제도를 두고 있다.

자세한 내용은 법 28조에 대한 해설 참조.

[정 진 경·이 명 철]

443) 서울중앙지법 2009. 8. 4.자 2009카합2260 결정.
444) 노동특수이론, 108면.

제28조(부당해고등의 구제신청)

① 사용자가 근로자에게 부당해고등을 하면 근로자는 노동위원회에 구제를 신청할 수 있다.

② 제 1 항에 따른 구제신청은 부당해고등이 있었던 날부터 3개월 이내에 하여야 한다.

〈세 목 차〉



[참고문헌]

**권창영**, "근로기준법상 이행강제금부과처분 취소소송", 재판자료 120집, 법원도서관(2010); **김민기**, "부당노동행위의 구제절차와 구제이익", 노동법의 쟁점과 과제 — 김유성 교수 화갑 기념, 법문사(2000); **김선수**, "한국에서의 노동분쟁 처리기구로서의 법원의 구조 및 운영실태, 노동법원의 도입방향", 노동과 법 4호 노동법원론, 금속법률원(2004. 3.); **김치중**, "노동위원회의 처분에 대한 쟁송에 있어서의 소송법적 제문제", 특별법연구 5권, 법문사(1997); **노병호**, "노동위원회에 의한 부당해고 등 구제에 관한 고찰", 노동법논총 34호, 한국비교노동법학회(2015); **박은정**, 노동분쟁해결제도연구, 이화여자대학교 대학원 박사학위논문(2005); **이원희**, "부당노동행위 또는 부당해고 등에 대한 구제내용 심사에 있어서 노동위원회의 판단범위", 1999 노동판례비평, 민주사회를 위한 변호사모임(2000); **정진경**, 부당해고의 구제, 서울대학교 법학연구소 법학연구총서 23, 경인문화사(2009); **조성혜**, "부당해고구제신청제도의 남용과 개선방안", 노동법학 36호, 한국노동법학회(2010).

# Ⅰ. 부당해고 구제신청제도의 개요

## 1. 제도의 취지

부당해고를 당한 근로자는 통상 법원에 해고무효확인 및 부당해고 기간의 임금을 청구하는 소를 제기하여 구제받게 되며, 근로계약관계는 사법관계로서 해고와 같이 근로관계와 관련하여 발생하는 권리분쟁을 일반 법원이 관할하는 것은 당연한 일이다.[1] 그런데 근기법은 1989. 3. 29. 법률 4099호로 개정되면서 27조의3을 신설하여 부당해고 구제신청제도를 마련하였다.

대법원은 구제신청제도가 사용자의 정당한 이유 없는 해고 등에 대하여 일반 법원에 의한 사법적인 구제방법 외에 노동위원회에 의한 행정적인 구제제도를 따로 마련하여 불이익처분을 받은 당해 근로자가 보다 간이, 신속하고 저렴한 비용으로 정당한 이유 없는 해고 등에 대한 구제를 받을 수 있도록 하는 데 그 취지가 있다고 판시하였다.[2] 소송을 통한 구제는 오랜 시간이 걸리고 비용이 많이 들며, 그 엄격한 절차로 인하여 근로자들이 이용하기 어렵기 때문에 행정적 구제절차를 통하여 더 쉽게 근로자가 구제받을 수 있도록 하자는 것이다.[3]

## 2. 신청주의

현재 우리의 부당해고 구제절차는 근로자의 신청에 의하여 개시되며(법 28조 1항), 신청을 취하하면 사건이 종결되는[4] 신청주의를 취하고 있다. 이와 같이 구제절차의 개시와 유지가 당사자의 의사에 맡겨져 있으며, 그 결과 심사 및 판정의 대상도 근로자가 구제를 신청한 범위에 한정된다(노위규칙 58조).

## 3. 개정 경과

부당해고 구제신청절차는 2007. 1. 26. 노위법의 개정으로 대거 보완되었다. 즉, 노동위원회에 접수되는 사건 수의 증가와 심사의 지연으로 인하여 2007. 1. 26. 노위법을 개정하여 위원의 정원을 확대하고[5] 공익위원을 부문별·위원회별

1) 김형배, 765면.
2) 대법원 1992. 11. 13. 선고 92누11114 판결.
3) 김선수, 310면; 김형배, 766면; 노병호, 145~146면; 이원희, 234면; 임종률, 599면.
4) 노위규칙 75조.
5) 노위법 6조. 기존의 근로자위원 및 사용자위원 각 10인 이상 30인 이하, 공익위원 10인 이

로 세분화하여 위촉함으로써 전문성을 꾀하였으며,[6] 심판위원회에 위원장 또는 상임위원 1인이 포함되도록 하여 충실한 심사가 이루어지도록 하였고,[7] 조사관 제도를 신설하여 조사관이 위원장, 부문별 위원회의 위원장 또는 주심위원의 지휘를 받아 노동위원회의 소관 사무 수행에 필요한 조사를 하고 부문별 위원회에 출석하여 의견을 진술할 수 있도록 함으로써 조사절차의 실효성을 확보하였다(노위법 14조의3). 이에 따라 2007. 5. 29. 전면개정된 노위규칙은 구제절차와 관련한 규정을 대폭 늘리고, 노동위원회에 사실조사 의무와 권한을 부여하는 등으로 직권주의적 요소를 강화하였다. 이후 노위법과 노위규칙은 수차례의 개정을 거치지만 큰 틀은 그대로 유지되고 있다.

그런데 1989. 3. 29. 개정된 법 27조의3이나 그와 동일한 내용을 규정한 1997. 3. 13. 법률 5309호로 제정된 법 33조가 노조법상의 구제신청 및 심사절차 등에 관한 규정에 대하여만 준용규정을 두었을 뿐 구제명령에 위반한 경우의 처벌규정을 준용하고 있지 아니하였기에 사용자가 구제명령을 이행하지 아니하여도 이에 대한 제재수단이 없었다. 구제명령이 내려져도 사용자가 이를 이행하지 않는다면 구제명령은 의미가 없게 되므로 구제명령의 이행을 강제할 제도적 장치가 필요하였고, 2007. 1. 26. 법률 8293호로 개정되어 2007. 7. 1.부터 시행된 근기법[8]은 구제명령의 실효성 확보수단으로서 이행강제금제도를 도입하고(법 33조의6), 확정된 구제명령 불이행에 대한 형사처벌규정을 신설하였으며(법 113조의2), 구제절차와 관련하여서도 노조법에 대한 준용규정을 없애고 근기법에 직접 규정하였다.[9]

한편 2021. 5. 18. 법률 18176호로 개정되어 2021. 11. 19.부터 시행된 근기법

---

상 50인 이하를 근로자위원 및 사용자위원 각 10인 이상 50인 이하, 공익위원 10인 이상 70인 이하로 확대하였다.

6) 중앙노동위원회의 경우 2006. 12. 31.을 기준으로 위원장 및 상임위원 각 1인, 조정담당 공익위원 10인, 심판담당 공익위원 18인이었는데[2006년도 노동위원회 연보, 노동위원회연보 9호, 중앙노동위원회(2007. 6.), 82면 참조], 2008. 7. 29.을 기준으로 위원장 1인, 상임위원 3인, 조정담당 공익위원 17인, 심판담당 공익위원 30인, 차별담당 공익위원 12인으로 대폭 확대되고 세분화되었고, 2023. 9. 1.을 기준으로 위원장 1인, 상임위원 2인, 조정담당 공익위원 19인, 심판담당 공익위원 31인, 차별담당 공익위원 17인으로 더 확대되었다(중앙노동위원회 홈페이지 http://www.nlrc.go.kr/ 참조).

7) 노위법 15조 6항. 다만, 부득이한 사유가 있는 경우에는 위원장 또는 상임위원을 제외한 심판담당 공익위원 3인으로 심판위원회를 구성할 수 있도록 하는 예외규정을 두었다.

8) 2007. 4. 11. 조문을 정리하여 법률 8372호로 전문 개정되었으나 내용은 변화가 없다.

9) 법 33조, 33조의2 내지 6(현행 법 28조 내지 33조).

은 30조 4항을 신설하여 노동위원회는 근로계약기간의 만료, 정년의 도래 등으로 근로자가 원직복직이 불가능한 경우에도 구제명령이나 기각결정을 하도록 하고, 부당해고 시에는 해고기간 동안 받을 수 있었던 임금 상당액에 해당하는 금품을 근로자에게 지급할 수 있도록 하였다(법 30조 4항). 종래 노동위원회의 부당해고 구제절차는 원직복직이 어려운 근로자를 위한 중요한 권리구제 수단임에도 불구하고 근로자가 원직복직을 원하지 아니하는 경우에 한하여 원직복직 대신 금전보상을 명하도록 규정하고 있어 근로계약기간의 종료, 정년 등으로 원직복직이 불가능해진 경우에는 구제를 받지 못하고 있었는데, 원직복직이 불가능해진 경우에도 노동위원회의 부당해고 구제절차를 통해 금전보상을 받을 수 있도록 근거를 마련한 것이다.[10]

## Ⅱ. 부당노동행위 구제신청과의 관계

### 1. 부당노동행위 구제제도와 부당해고 구제제도 사이의 관계

노조법상의 부당노동행위 구제제도는 집단적 노동관계질서를 침해하는 사용자의 행위를 예방·제거함으로써 근로자의 노동 3 권을 보장하여 노사관계의 질서를 신속하게 정상화하고자 하는 것이고, 근기법상의 부당해고 구제제도는 개별적 근로계약관계에서 근로자에 대한 권리침해를 구제하기 위한 것이므로 양자는 별개의 제도이다.[11] 그렇지만, 부당노동행위로서의 해고는 결국 정당한 이유를 결한 것으로서 사법상의 효력도 부정되므로 부당해고의 요건도 갖추게 된다.

대법원은 노조법 81조의 부당노동행위 금지규정은 효력규정인 강행법규라고 풀이되므로 위 규정에 위반된 법률행위는 사법상으로도 그 효력이 없고, 근로자에 대한 불이익취급행위로서의 법률행위가 부당노동행위로서 무효인 이상 그것이 법 23조 소정의 정당한 이유가 있는지 여부는 더 나아가 판단할 필요가 없다고 하였다.[12] 이와 반대로 사용자가 근로자에게 징계나 해고 등 기타 불이익한 처분을 한 경우 그에 관하여 심리한 결과 그 처분을 할 만한 정당한 사유가 있는 것으로 밝혀졌다면 사용자의 그와 같은 불이익한 처분이 부당노동행위

10) 법률 18176호 개정 이유.
11) 대법원 1998. 5. 8. 선고 97누7448 판결.
12) 대법원 1993. 12. 21. 선고 93다11463 판결.

의사에 기인하여 이루어진 것이라고 섣불리 단정할 수 없다고 보는 것이 종래 대법원의 확립된 판례이고,[13] 근로자가 자신에 대한 해고 등의 불이익처분이 부당해고 및 부당노동행위에 해당한다고 주장하면서 노동위원회에 행정적 구제신청을 하여 구제절차가 진행 중에 별도로 사용자를 상대로 해고무효확인청구의 소를 제기하고 그 결과 청구기각 판결이 선고되어 확정되었다면, 부당해고가 아니라는 점은 이미 확정되어 더 이상 부당해고 구제절차를 유지할 필요가 없게 되며, 또한 이처럼 해고 등 불이익처분이 정당한 것으로 인정된 이상 노동위원회로서는 그 불이익처분이 부당노동행위에 해당한다고 하여 구제명령을 발할 수 없게 되므로 부당노동행위 구제절차를 유지할 이익도 소멸한다.[14]

### 2. 부당노동행위의 구제신청과 부당해고 구제신청

부당노동행위로서의 해고를 당한 근로자가 노조법이 규정하고 있는 부당노동행위 구제신청 외에 근기법이 규정하고 있는 부당해고 구제신청을 제기할 수 있는지가 문제되는바, 양 제도는 목적과 요건은 물론 그 구제명령의 내용 및 효력 등에 있어서도 서로 다른 별개의 제도이므로, 사용자로부터 해고된 근로자가 그 해고처분이 부당노동행위에 해당함을 이유로 부당노동행위 구제신청을 하면서 그와는 별도로 그 해고처분이 근기법상 부당해고에 해당함을 이유로 같은 법에 의한 부당해고 구제신청을 할 수 있다.[15]

근로자가 자신에 대한 해고처분이 위 2가지 요건에 모두 해당한다고 주장하여 부당노동행위 구제신청과 더불어 부당해고 구제신청을 동시에 또는 별도로 제기하면, 이 경우 노동위원회는 2개의 신청에 대하여 별개의 사건번호를 부여하여 심리하고 그에 대한 판정도 따로 하여야 하며, 소송상으로도 부당노동행위 부분과 부당해고 부분에 대한 중앙노동위원회의 각 재심판정은 별개의 청구로 취급된다.[16] 다만, 노동위원회는 절차상 양자를 병합하여 처리할 수 있다(노위규칙 48조 1항).

이와 관련하여 근로자가 제출한 신청서에 그 제목이 부당노동행위 구제신청서라고만 되어 있었음에도 중앙노동위원회가 그 내용까지도 살펴 부당노동행

13) 대법원 2007. 11. 15. 선고 2005두4120 판결 등.
14) 대법원 2012. 5. 24. 선고 2010두15964 판결.
15) 대법원 1998. 5. 8. 선고 97누7448 판결; 이상윤, 498~499면; 이원희, 235면.
16) 서울고법 1998. 5. 1. 선고 97구41945 판결.

위 구제신청에 부당노동행위뿐만 아니라 부당해고의 구제신청도 포함되어 있다고 보고 판단한 것에 대하여, 구제신청서에는 '부당노동행위 또는 정당한 이유가 없는 해고 등을 구성하는 구체적인 사실'과 '청구할 구제의 내용' 등을 기재하도록 되어 있으나, '청구할 구제의 내용'은 민사소송의 청구취지처럼 엄격하게 해석할 것은 아니고 신청의 전취지로 보아 어떠한 구제를 구하고 있는지를 알 수 있을 정도면 되는 것으로서, 노동위원회는 재량에 의하여 신청하고 있는 구체적 사실에 대응하여 적절·타당하다고 인정하는 구제를 명할 수 있으므로, 구제신청서에 구제의 내용이 구체적으로 특정되어 있지 않다고 하더라도 해당 법규에 정하여진 부당노동행위 또는 정당한 이유가 없는 해고·휴직·정직·전직·감봉 기타 징벌 등을 구성하는 구체적인 사실을 주장하고 있다면 그에 대한 구제도 신청하고 있는 것으로 보아야 한다고 하여, 이를 인정한 예가 있다.[17)]

### 3. 공통점과 차이점

해고에 대한 부당노동행위 구제신청제도와 부당해고 구제신청제도는 각 신청에 대한 노동위원회의 구제명령이 모두 부당해고에 대한 복직명령과 임금 소급지급명령을 주된 내용으로 하고, 확정된 구제명령을 이행하지 아니하는 경우에는 형벌이 부과된다는 점에서 공통점이 있다.[18)]

부당노동행위 구제신청에 대한 확정된 구제명령은 이를 이행하지 아니하는 경우에 노조법 89조 2호에 의하여 형벌이 부과되었으나, 부당해고 구제신청에 대한 구제명령은 2007. 1. 26. 법률 8293호로 개정되기 전의 법 33조 2항이 노조법 82조 내지 86조만을 준용하도록 규정하고 위 처벌규정은 준용하도록 규정하고 있지 아니하여, 근기법상의 부당해고 구제명령에 위반하는 경우에도 형벌을 부과할 수 있는지에 관하여 의문이 있었다.

대법원은 법 27조의3 2항(현행 법 28조 2항)에서는 1항에 따른 구제신청 및 심사절차 등에는 구 노조법 40조 내지 44조(현행 노조법 82조 내지 86조)의 규정을 준용한다고 규정하고 있을 뿐 같은 법 42조(현행 노조법 84조)의 규정에 의한 구제명령에 위반하거나 같은 법 43조 4항(현행 노조법 85조 4항)의 규정을 위반한 경우의 처벌규정인 같은 법 46조(현행 노조법 89조 2호)[19)]를 준용하고 있지 아니하고, 달리

17) 대법원 1999. 5. 11. 선고 98두9233 판결.

18) 이상윤, 499면.

19) 다만, 구 노조법 46조(현행 노조법 89조 2호)의 규정 중 42조(현행 노조법 84조)의 구제명

법 27조의3 1항(현행 법 28조 1항)에 따른 구제신청에 관하여 발하여진 구제명령을 위반한 경우에 이를 처벌하는 별도의 규정은 없는바, 형벌법규는 그 규정 내용이 명확하여야 할 뿐만 아니라 그 해석도 엄격함을 요하고 유추해석은 허용되지 않으므로, 구 노조법 46조(현행 노조법 89조 2호)의 규정이 법 27조의3 1항(현행 법 28조 1항)에 따른 구제신청에 관하여 발하여진 구제명령을 위반한 경우까지 처벌하는 것으로 해석할 수 없다고 판시하였다.[20]

하지만, 2007. 1. 26. 개정된 법 113조의2(현행 법 111조)는 명문으로 확정된 부당해고 구제명령을 이행하지 아니한 자를 처벌할 수 있는 규정을 신설하였다.

그러나 양 제도는, 부당노동행위 구제신청은 노동조합도 신청인이 될 수 있다는 점과 노조법 85조 5항이 규정하고 있는 이행명령제도는 부당노동행위 구제신청에만 적용된다는 점,[21] 이에 반하여 이행강제금제도는 부당해고 구제신청에만 적용된다는 점에 있어서 서로 차이가 있다.[22]

## Ⅲ. 구제신청

### 1. 개 요

부당해고 구제신청을 하고자 하는 근로자는 근로자의 성명, 주소, 사업주의 성명, 주소와 함께 부당해고를 구성하는 신청취지(근로자가 구제받고자 하는 사항)와 신청 이유(부당해고 등의 경위와 부당한 이유)를 기재한 구제신청서를 제출하는 방식으로 구제신청을 하게 된다(노위규칙 39조).

노동위원회 위원장은 신청서에 기재사항이 일부 누락되거나 기재 내용이 명확하지 아니한 경우에 기간을 정하여 보정을 요구할 수 있으며(노위규칙 41조), 근로자는 구제신청 후 누락된 신청취지를 추가하거나 징계처분 변경 등으로 변경하고자 하는 경우에는 새로운 구제신청을 하는 대신 노동위원회의 승인을 얻

령에 위반한 것을 처벌하는 부분은 헌재 1995. 3. 23. 선고 92헌가14 결정으로 위헌이 선언되어 현재는 확정된 구제명령에 대한 처벌규정만이 남게 되었다.

20) 대법원 1995. 7. 28. 선고 95도497 판결.

21) 이행명령제도는 2007. 1. 26.의 근기법 개정 전에도 법 33조 2항에서 부당노동행위 구제신청에 관한 노조법 규정을 준용하도록 하면서, 단서에서 이행명령제도에 관한 규정인 노조법 85조 5항의 규정을 제외하여 부당해고 구제신청에 있어서는 적용되지 못하였는데, 개정 후에도 근기법 내에 부당해고 구제신청에 관한 절차규정을 신설하면서 이행명령제도에 관한 규정을 두지 아니하고, 대신 이행강제금제도를 도입하였다.

22) 이상윤, 499~500면.

어 신청취지를 추가·변경할 수 있다(노위규칙 42조).

신청인은 사용자를 피신청인으로 하여 관할 지방노동위원회에[23] 해고된 날부터 3개월 이내에 구제신청을 하여야 한다(법 28조 2항). 구제신청기간을 제한하는 이유는 기간의 경과에 따라 사실관계의 증명과 구제명령의 실효성 확보가 어렵기 때문이고, 노사관계의 안정과 노동위원회의 부담을 완화하고자 하는 정책적 고려도 반영된 것이다.

3월의 구제신청기간은 제척기간이므로, 그 기간이 경과하면 행정적 권리구제를 신청할 권리는 소멸하고, 신청인이 책임질 수 없는 사유로 그 기간을 준수하지 못하였다는 등 그 기간을 해태함에 정당한 사유가 있다고 하여 그 결론을 달리할 수 없다.[24] 정당한 사유가 있는 경우에는 행심법 18조 3항(현행 행심법 27조 3항) 본문의 행정심판청구기간이 경과하여도 행정심판청구를 제기할 수 있다는 같은 항 단서는 행정처분에 대한 행정심판을 구하는 경우에 적용되는 규정인데, 부당해고 구제신청은 행정청의 위법 또는 부당한 처분 등에 대한 행정심판절차가 아니라 단지 행정처분인 노동위원회의 구제명령을 구하는 행위에 불과하여 행정처분 등에 대한 행정쟁송절차인 행정심판절차와는 그 법률적 성격이 전혀 상이하므로, 행심법의 위 규정을 부당해고 구제신청의 경우에 유추적용할 수는 없다는 것이 대법원의 태도이다.[25] 헌법재판소도 노동위원회에 대한 부당해고 구제신청을 부당해고가 있었던 날부터 3개월 이내[26]에 하도록 규정한 법 28조 2항이 재판청구권을 침해하여 헌법에 위반된다고 볼 수는 없다고 판단하였다.[27]

신청기간의 기산일은 해고통지서에 기재된 해고일이지만, 해고통지서에 기재된 해고일이 해고통지서를 받은 날보다 이전인 때에는 해고통지서를 받은 날이 된다(노위규칙 40조). 다만, 해고를 예고하는 경우와 같이 해고 등의 불이익처분이 일정한 기간이 경과한 후에 그 효력을 발생하는 경우에는 위 기간은 그 효력발생일부터 기산하는 것으로 보아야 한다.[28]

---

23) 노위규칙 30조 2항 1호.
24) 정진경, 366면.
25) 대법원 1997. 2. 14. 선고 96누5926 판결.
26) 이에 관하여는 신속한 구제를 위하여 단축할 필요가 있으며(조성혜, 577~580면), 1개월 정도가 적당하다는 견해(노병호, 149~150면)가 있다.
27) 헌재 2012. 2. 23. 선고 2011헌마233 전원재판부 결정.
28) 대법원 2002. 6. 14. 선고 2001두11076 판결.

해고통지서의 수령시점에 관한 증명책임은 사용자에게 있다고 봄이 상당하며, 장기결근 중인 근로자에 대한 해고통지서 발송 등으로 인하여 근로자가 해고통지서를 수령하였는지의 여부가 불확실한 경우에는 근로자가 해고 사실을 알았다고 볼 수 있는 시점을 기산일로 삼을 수도 있다.[29] 근로자가 해고 등 징벌처분을 받고 취업규칙 등에 의하여 사업장 내에 마련된 재심절차를 거친 다음 지방노동위원회에 부당해고 등 구제신청을 하는 경우 그 신청기간의 기산점을 어느 때로 보아야 할 것인가에 관하여, 대법원은 재심절차를 거친다고 하더라도 해고 등 징벌처분의 효력은 해고 등 애초의 징벌처분이 있는 때에 곧 발생하고 다만 재심에서 해고 등 징벌처분이 취소되는 경우에는 소급하여 해고 등 징벌처분을 받지 아니하는 것으로 될 뿐이라는 이유로 기산일을 재심결정의 통보를 받은 때가 아니라 해고 등 애초의 징벌처분을 받은 때로 보았다.[30] 하지만 이에 대하여는 여러 이유를 들어 재심결정의 통보를 받은 때를 기산일로 보아야 한다는 하급심 판결이 있다.[31]

### 2. 구제이익

부당해고구제를 신청한 근로자가 노동위원회에서 구제를 받으려면 명령을 발할 당시 구제와 관련한 구체적 이익인 구제이익이 있어야 한다.[32] 구제이익은 부당해고의 구제신청인이 자신의 구제신청의 당부에 관하여 노동위원회의 공권적 판단을 구할 수 있는 구체적 이익 내지 필요를 뜻하며, 민사소송(행정소송)에서의 소의 이익 개념을 부당해고 구제절차에 이입한 것으로서 민사소송의 소송요건에 대응하는 신청요건이다.[33] 구제명령을 발하는 시점에서 신청인에게 구제이익이 없는 경우에는 구제명령을 발하지 아니하고 구제신청을 각하한다.[34]

노위규칙은 신청기간을 도과하여 신청한 경우,[35] 신청서의 보정요구를 2회

29) 대법원 1992. 12. 24. 선고 92누15390 판결.

30) 대법원 1996. 8. 23. 선고 95누11238 판결, 대법원 1997. 2. 14. 선고 96누5926 판결.

31) 서울행법 2008. 4. 24. 선고 2007구합29352 판결, 서울행법 2013. 3. 29. 선고 2011구합39363 판결. 이를 옹호하는 견해로는 노병호, 148면.

32) 김민기, 562면.

33) 김민기, 562~563면; 김치중, 538면.

34) 노위규칙 60조 1항. 대법원 2004. 1. 15. 선고 2003두11247 판결, 대법원 2012. 5. 24. 선고 2010두15964 판결; 김민기, 563면.

35) 법 28조 2항은 부당해고 구제신청은 부당해고가 있었던 날부터 3개월 이내에 하도록 규정하고 있고, 이러한 권리구제 신청기간은 제척기간이므로, 그 기간이 경과하면 부당해고 구제신청을 할 권리는 소멸하고 그 후의 구제신청은 부적법하여 각하된다(서울행법 2002. 5. 9. 선

이상 하였음에도 보정을 하지 아니한 경우, 같은 당사자가 같은 취지의 구제신청을 거듭하여 제기하거나 같은 당사자가 같은 취지의 확정된 판정이 있음에도 구제신청을 제기한 경우, 판정이 있은 후 신청을 취하하였다가 다시 제기한 경우, 신청하는 구제의 내용이 법령상이나 사실상 실현할 수 없음이 명백한 경우에는 구제신청을 각하하도록 하고 있다(노위규칙 60조 1항). 또한 위 규정은 신청인이 2회 이상 심문회의 출석에 불응하거나 주소불명 또는 소재불명 등으로 2회 이상 심문회의 출석통지서가 반송되거나 그 밖의 사유로 신청의사를 포기한 것으로 인정될 경우에도 심판사건을 각하하도록 하여(노위규칙 60조 1항 7호), 신청인이 2회 이상 출석통지를 받고도 심문회의 출석에 불응한 것을 신청의사를 포기한 것으로 보고 있다. 위 규정의 적법 여부가 다투어진 사안에서 대법원은, 신청인이 2회 이상 출석통지를 받고도 이에 응하지 아니하는 경우에는, 그의 책임 없는 사유로 인하여 심문기일에 출석하지 못한 경우가 아닌 한 노동위원회는 신청을 각하할 수 있다고 판시하여, 이를 정당한 각하 사유로 인정하였다.[36]

법 28조는 사용자가 근로자에게 부당해고 등을 하면 근로자는 노동위원회에 구제를 신청할 수 있다고 규정하여 별다른 예외를 두고 있지 않지만, 법 11조 1항이 근기법의 적용범위를 원칙적으로 상시 5명 이상의 근로자를 사용하는 사업장에 적용하도록 되어 있고, 동조 2항에서 상시 4명 이하의 근로자를 사용하는 사업 또는 사업장에 대하여는 대통령령에 정하는 바에 따라 근기법의 일부 규정을 적용할 수 있도록 되어 있는데, 이에 따른 법 시행령 7조와 [별표 1]은 근로자를 정당한 이유 없이 해고할 수 없도록 한 법 23조 1항과 부당해고등의 구제신청에 관한 법 28조를 적용 법규정에 포함시키지 않으므로, 상시 4명 이하의 근로자를 사용하는 사업장에 근무하다가 해고당한 근로자는 노동위원회에 부당해고 구제신청을 할 수 없다.[37]

또한 노동조합과 그 소속 조합원 사이에 발생한 제명처분 등의 경우는, 부당해고 구제신청이 사용자의 근로자에 대한 부당해고 등에 한정되어 있고 노동조합장이 노조사무 전반을 사실상 통할하고 조합원 제명 등의 권한을 행사한다고 하여도, 노동조합 또는 노동조합장을 근기법상 사용자로 볼 수는 없으므로 부당해고 구제신청대상이 되지 않는다.[38]

---

고 2002구합1137 판결).

36) 대법원 1990. 2. 27. 선고 89누7337 판결.

37) 서울행법 2005. 1. 21. 선고 2004구합7344 판결.

그 외 구제이익에 관한 상세한 논의는 법 31조에 대한 해설 Ⅱ. 참조.

### 3. 신청대상 및 적용법규

법은 사용자가 부당해고 등을 하면 구제신청을 할 수 있도록 규정하여, 해고 외에도 휴직 · 정직 · 전직 · 감봉, 그 밖의 징벌도 구제신청의 대상으로 명시하고 있다(법 23조 1항). 그 외에 이와 유사한 성질을 가진 전출 · 전적 · 휴직자의 복직거부 등도 구제신청의 대상에 포함되는 것으로 해석된다.[39]

정당한 이유 없는 해고는 법 23조 1항이 규정하고 있는 해고의 일반적 제한규정에 위반한 경우뿐만 아니라 제도의 취지에 비추어 법 24조의 경영해고 제한규정에 위반하는 해고[40]나 법 23조 2항의 해고의 시기와 절차의 제한규정에 위반하는 해고, 단체협약이나 취업규칙에 정한 절차를 위반한 해고[41]도 포함된다고 해석된다.[42] 그러나 단순한 임금의 체불, 근로계약이나 취업규칙 위반 등은 구제신청의 대상이 되지 않는다.[43] 사용자가 근로자의 부당해고 등 구제신청에 대한 지방노동위원회의 구제명령에 따라 근로자에게 한시적으로 지방노동위원회의 구제명령 이행 지시를 존중하여 처리하고 중앙노동위원회 및 상급판결결과에 따라 추후 결정하겠다는 내용을 통보하고 원직복직을 허용하는 한편, 지방노동위원회의 구제명령에 불복하여 중앙노동위원회에 재심을 신청하였는데, 그 후 중앙노동위원회의 재심 진행 중 위 근로자와 동일한 사유에 기초한 다른 근로자에 대한 해고 등이 정당하다는 취지의 판결이 선고되었고, 이에 사용자가 위 근로자에 대한 원직복직을 취소하여, 위 근로자가 위 복직취소를 대상으로 부당해고 등 구제신청을 한 경우, 사용자가 지방노동위원회의 구제명령에 따라 위 근로자를 복직시켰다 하더라도 재심청구를 통하여 그 정당성을 다투고 있는 이상 위 복직은 어디까지나 잠정적인 지위 회복에 불과하여, 사용자의 위 복직취소도 구제명령 이행에 따른 잠정적인 지위에 대한 불이익처분에 불과하고 부당해고 등과 같이 사용자와 근로자 사이의 확정적인 고용관계에 대한 불이익처분이 아니라는 이유로, 위 복직취소는 부당해고 등 구제신청의 대상이 되지 않

38) 박은정, 90면.
39) 임종률, 599면.
40) 대법원 2002. 6. 14. 선고 2001두11076 판결.
41) 대법원 1991. 11. 26. 선고 91누4171 판결, 대법원 1995. 3. 10. 선고 94다33552 판결.
42) 임종률, 599~600면.
43) 임종률, 599면.

는다고 판단한 하급심 판결이 있다.[44)]

부당해고 등에 대한 구제신청과 심사절차 등에 관하여는 법 28조 내지 33조가 적용되고, 그 외에 영과 규칙에도 관련규정이 있다. 법 29조 4항은 법 29조 1항에 따른 노동위원회의 조사와 심문에 관한 세부절차는 노위법에 따른 중앙노동위원회가 정하는 바에 따른다고 규정하여 조사와 심문에 관하여는 노위법과 노위규칙도 적용된다.

### 4. 신청인 및 피신청인

#### 가. 신 청 인

노조법상의 부당노동행위 구제신청의 신청인은 당해 근로자뿐 아니라 노동조합도 포함되나(노조법 82조 1항), 근기법상의 부당해고 구제신청의 신청인은 해고 등의 불이익처분을 당한 당해 근로자뿐이고 노동조합은 구제신청을 할 수 없다.[45)]

근로자가 근기법이 아닌 선원법의 우선적용을 받는 선원에 해당하는 경우 선원법 및 선원노동위원회규정 등 관련 법령의 규정에 비추어 볼 때 선원법의 적용을 받는 선원은 원칙적으로 특별노동위원회인 선원노동위원회에 부당해고 구제신청을 하여야 하고 근기법의 적용을 받는 근로자에 대한 부당해고 구제신청 사건을 담당하는 지방노동위원회에 부당해고 구제신청을 할 수 없다.[46)]

공무원의 경우 공무원 관련 규정에 임면 등 인사에 관한 규정이 있으면 위와 같은 규정이 우선 적용되므로, 위와 같은 경우 해당 공무원은 부당해고 구제신청을 할 적격이 없다. 이에 따라 별정직 국가공무원이나 지방공무원, 공립유

44) 서울행법 2008. 5. 15. 선고 2007구합38998 판결.

45) 임종률, 600면; 정진경, 368면; 하갑래, 1059면. 대법원은 구 법 27조의3 2항이 정당한 이유 없는 해고 등의 구제신청과 심사절차 등에 관하여 구 노조법 40조(현행 노조법 82조) 내지 44조(현행 노조법 86조)의 규정을 준용하도록 규정하고 있으나 그 준용의 범위는 노동위원회에 구제를 신청하고 노동위원회가 이를 심사하는 '절차'에 국한된다고 보아야 하므로 부당해고 등에 대한 구제신청에 있어, 신청인이 될 수 있는 자는 바로 해고 등의 불이익처분을 받은 '당해 근로자'뿐이고, 노동조합은 이에 포함되지 않는다고 하였다(대법원 1992. 11. 13. 선고 92누11114 판결, 대법원 1993. 5. 25. 선고 92누12452 판결).

46) 행정절차법 및 노위법 등 관련 법령의 규정에 비추어 볼 때, 지방노동위원회가 선원법의 적용을 받는 선원의 부당해고 구제신청을 접수한 경우에는 근기법에 따른 부당해고 구제신청의 적격이 없다는 이유로 신청을 각하할 것이 아니라 사건 이송에 관한 규정에 따라 관할 선원노동위원회에 사건을 이송하여야 하고, 근로자가 근기법의 특별법인 선원법의 적용을 받는 선원이어서 지방노동위원회에 부당해고 구제신청을 할 수 있는 당사자적격이 없다는 이유로 그 신청을 각하하여서는 아니 된다(대법원 2012. 10. 11. 선고 2010두18215 판결).

치원 전임강사는 관련 규정에 따른 근무관계의 성질에 비추어 부당해고 등 구제신청의 신청인이 될 수 없다고 보는 것이 판례의 입장이다.[47] 그런데 관련 규정에 비추어 지방비전임계약직공무원은 부당해고 등 구제신청의 신청인이 될 수 있다고 본 하급심 판결이 있고,[48] 공법상 근로계약의 당사자인 전문직 공무원의 경우 부당해고 등 구제신청의 신청인이 될 수 있다고 본 하급심 판결이 있다.[49]

사립학교의 경우 교원의 근로조건에 관하여는 사립학교법이 우선 적용되므로 사립학교 교원의 해고에 관하여 노동위원회는 심판권한을 보유하지 못하고, 이와는 달리 사립학교의 사무직원이나 그 외의 근로자에 대하여는 근기법상의 해고제한에 관한 규정이 적용되어 노동위원회의 심판이 가능하다.[50]

### 나. 피신청인

피신청인은 구제신청 상대방 당사자로서의 능력을 갖추어야 하며 노동위원회의 구제명령에 따라 시정할 수 있는 지위에 있어야 하고, 원칙적으로 사업주인 사용자가 된다.[51]

근로계약의 상대방은 사용자이고 내부기관이나 업무담당자의 행위는 사업주인 사용자의 행위로 평가되며, 원직복귀나 소급임금 지급 등의 구제명령을 수행할 주체도 사용자일 수밖에 없으므로, 사용자 이외의 실제로 부당해고를 행한 자는 상대방이 될 수 없다.[52]

부당해고나 부당노동행위에 대하여 지방노동위원회 또는 특별노동위원회의 구제명령이 발하여진 경우 그 명령에 따라 이를 시정할 주체는 사업주인 사용자가 되어야 하므로 그 구제명령이 사업주인 사용자의 일부조직이나 업무집행기관 또는 업무담당자에 대하여 행하여진 경우에는 사업주인 사용자에 대하여 행하여진 것으로 보아야 하고, 따라서 이에 대한 중앙노동위원회에의 재심신청

47) 대법원 2002. 11. 8. 선고 2001두3051 판결, 대법원 2005. 4. 15. 선고 2004두14915 판결, 서울행법 2008. 4. 22. 선고 2007구합43198 판결.

48) 서울행법 2007. 11. 29. 선고 2007구합18239 판결.

49) 서울행법 2007. 8. 30. 선고 2007구합290 판결(마산시립교향악단원이 마산시의 재위촉거절을 부당해고라고 주장한 사건에서 서울행법은 노동위원회에 심판권한이 있음을 전제로 본안판단을 하였다).

50) 권창영, 573~575면.

51) 정진경, 369면.

52) 정진경, 369면.

이나 그 재심판정 취소소송 역시 당사자능력이 있는 당해 사업주만이 원고적격자로서 제기할 수 있다.[53]

한편 근로자가 구제신청 당시 피신청인을 잘못 지정한 경우 구제절차 진행 중에 피신청인을 변경하거나 추가하는 것이 허용되는지 문제된다. 대법원은 구제신청의 대상이 된 불이익처분을 다투는 범위에서 피신청인의 추가·변경이 허용되고, 이때 법 28조 2항의 제척기간 준수 여부는 최초 구제신청이 이루어진 시점을 기준으로 판단하여야 한다고 보았다.[54]

### 다. 승 계

구제절차의 진행 중에 사용자측에 사업인수나 합병 등의 사유가 발생한 때에는 사업인수자나 합병 후 신설 또는 존속하는 법인이 당사자의 지위를 승계하며, 채무자회생법에 따른 채무자 회생절차나 파산절차가 개시된 경우에는 관리인이나 파산관재인이 그 지위를 승계한다(노위규칙 34조 2항).

부당해고 구제신청 중 신청인이 사망한 경우에는 지위승계 규정이 없고, 근로자로서의 지위는 일신전속적이며 부당해고 구제명령의 가장 기본적인 형태는 근로관계의 존속을 전제로 한 복직과 소급임금의 지급이므로 부정적으로 해석함이 타당하다.[55] 다만, 지방노동위원회의 부당해고 금전보상명령에 대한 재심신청 후 재심피신청인인 근로자가 사망한 경우에는 그 상속인이 재심피신청인의 지위 승계를 중앙노동위원회에 신청할 수 있다(노위규칙 91조).

### 라. 선정대표자와 심판대리인

근로자는 사건의 당사자가 여러 명인 경우에 3인 이내의 대표자를 선정할 수 있으며, 노동위원회는 필요하다고 인정할 때에는 당사자에게 대표자의 선정을 권고할 수 있다(노위규칙 35조 1항·2항).

대표자가 선정된 경우에 나머지 당사자들은 그 대표자를 통해서 당해 사건에 관한 행위를 하여야 하며, 필요하다고 인정할 때에는 선정대표자를 해임하거나 변경할 수 있다(노위규칙 35조 4항·5항).

---

53) 대법원 2006. 2. 24. 선고 2005두5673 판결.

54) 대법원 2024. 7. 25. 선고 2024두32973 판결.

55) 정진경, 370면. 일본의 경우 부당노동행위의 구제신청과 관련하여 구제신청을 한 근로자 개인이 사망하면 그 근로자가 속한 노동조합이 승계인이 된다는 데에 이론이 없으며, 그 승계의 범위만이 문제로 된다고 하나, 부당노동행위에 대한 구제는 단결권 보장과 관련된 것으로서 부당해고의 구제신청과는 차이가 있다.

선정대표자는 당해 심판사건 처리에 관한 행위를 할 수 있으나 구제신청을 취하하는 경우에는 나머지 당사자들의 동의서를 붙인 취하서를 제출하여야 한다(노위규칙 35조 3항).

당사자인 근로자는 그 배우자, 근로자 또는 배우자의 사촌이내 혈족을 대리인으로 선임할 수 있고, 변호사, 공인노무사와 다른 법률에 따라 심판사건을 대리할 수 있는 자를 대리인으로 선임할 수 있으며, 그 외의 자는 노동위원회 위원장의 승인을 받아야 대리인 선임이 가능하다(노위규칙 36조 1항).

당사자는 위임사실과 범위 등을 직접 또는 대리인을 통하여 서면으로 증명하여야 하며, 대리권을 수여받은 자는 지체없이 대리인 선임 신고서를 노동위원회에 제출하여야 한다(노위규칙 36조 2항). 당사자들이 대리인 선임을 철회하거나 다른 대리인으로 변경한 경우에는 그 사실을 노동위원회에 서면으로 통보한 후에야 그 효력이 발생한다(노위규칙 36조 3항).

심판대리인은 당사자를 위하여 심판사건에 대한 사실관계와 주장, 노동위원회에서 송달한 문서의 수령 등 일체의 행위를 할 수 있으나, 신청의 취하, 화해, 재심의 신청, 취하 또는 화해, 대리인의 선임에 대하여는 특별한 권한을 따로 받아야 한다(노위규칙 37조). 대리권에 흠이 있는 대리인의 행위에 대하여는 대리권을 수여한 당사자가 추인할 수 있다(노위규칙 38조).

[정 진 경·김 용 신]

제29조(조사 등)

① 노동위원회는 제28조에 따른 구제신청을 받으면 지체 없이 필요한 조사를 하여야 하며 관계 당사자를 심문하여야 한다.

② 노동위원회는 제 1 항에 따라 심문을 할 때에는 관계 당사자의 신청이나 직권으로 증인을 출석하게 하여 필요한 사항을 질문할 수 있다.

③ 노동위원회는 제 1 항에 따라 심문을 할 때에는 관계 당사자에게 증거 제출과 증인에 대한 반대심문을 할 수 있는 충분한 기회를 주어야 한다.

④ 제 1 항에 따른 노동위원회의 조사와 심문에 관한 세부절차는 「노동위원회법」에 따른 중앙노동위원회(이하 “중앙노동위원회”라 한다)가 정하는 바에 따른다.

〈세 목 차〉



[참고문헌]

**김홍영**, "노동분쟁에 대한 노동위원회의 역할과 개선과제", 노동법학 21호, 한국노동법학회(2005); **심판업무 처리요령**, 중앙노동위원회(2007).

## Ⅰ. 개 요

노동위원회는 부당해고 구제신청을 받은 때에는 지체 없이 필요한 조사를 하여야 하며 관계 당사자를 심문하여야 한다(법 29조 1항).

부당해고 구제신청은 심판담당 공익위원 중 위원장이 지명하는 3인으로 구성된 심판위원회에서 처리한다.[1] 심판위원회에는 위원장 또는 상임위원 1인이 포함되어야 하는데, 위원장 또는 상임위원의 업무가 과도하여 정상적인 업무수행이 곤란하게 되는 등 중앙노동위원회가 제정하는 규칙으로 정하는 부득이한 사유가 있는 경우 외에는 위원장 또는 상임위원 1명이 포함되도록 위원을 지명하여야 하고(노위법 15조 6항), 특정 부문별 위원회에 사건이 과도하게 집중되는 등 부득이한 사유가 있는 경우에는 위원장은 심판담당, 차별시정담당, 조정담당 등 공익위원의 담당 분야와 관계없이 심판담당위원으로 지명할 수 있다(노위법 15조 7항).

구제신청이 신청기간을 넘기는 등 신청의 요건을 명백하게 갖추지 못한 경우나 관계 당사자 쌍방의 신청이 있거나 동의를 얻은 경우에는 위원장은 심판담당 공익위원 1인을 지명하여 단독으로 심판사건을 처리하게 할 수 있다(노위법 15조의 2). 이 경우 당사자 쌍방이 합의하여 추천한 공익위원이 있는 경우에는 그 공익위원을 단독심판위원으로 지명하여야 하며(노위규칙 67조 2항), 노동위원회는 노동위원회 위원장이나 위원장이 지명하는 상임위원을 단독심판위원으로 하여

1) 노위법 15조 3항; 노위규칙 16조 2호, 44조 2항.

단독심판회의를 상시적으로 운영할 수도 있다(노위규칙 67조 4항).

심판위원회 위원장은 다른 법률에 특별한 규정이 있는 경우를 제외하고는 심판위원회의 위원 중에서 호선하고 심판위원회의 의장이 되며(노위법 16조 1항), 심판위원회 위원장은 심판위원회의 원활한 운영을 위하여 필요하다고 인정하는 경우에는 주심위원을 지명하여 사건의 처리를 주관하도록 할 수 있다(노위법 16조의2).

부당해고 등의 구제절차는 부당해고 등으로 주장되는 구체적 사실이 부당해고 등에 해당하는지 여부를 심리하고, 부당해고 등으로 인정되면 적절한 구제방법을 결정하여 구제명령을 하는 제도로서, 부당해고 등으로 주장되는 구체적 사실이 심사대상이 된다.[2] 이에 따라 경영해고로 인한 부당해고 등의 구제절차에서는 경영해고의 정당성을 비롯한 경영해고의 요건에 관한 구체적 사실이 심사대상이 된다.[3]

## Ⅱ. 조 사

구제신청서가 접수되면 노동위원회 위원장이 노동위원회 사무처나 사무국에서 심판·차별시정 또는 조정 등에 관한 업무를 담당하는 직원인 조사관을 지정하여 조사관이 조사를 담당하게 된다(노위규칙 2조 9호, 45조).

조사는 조사관이 심판위원회 위원장 또는 주심위원의 지휘에 따라 행하게 되는데(노위법 14조의3 3항), 필요하다고 인정하는 때에는 당사자와 증인 또는 참고인의 출석을 요구하여 진술을 듣고 사실조사를 할 수 있다(노위규칙 46조 2항, 3항). 노동위원회가 조사를 함에 있어서는 당사자에게 주장의 기회를 충분히 주어야 하고 사실조사, 증거자료의 확보 등을 통하여 진실을 규명하도록 노력하여야 한다(노위규칙 43조).

조사는 민사소송의 준비절차와 유사한 성격을 갖지만 직권으로 사실을 조사하고 증거를 수집하여야 하는 점에서 민사소송과는 차이가 있다.

조사관은 사실조사 등을 통하여 쟁점이 정리되고 증인심문을 제외한 관련 자료가 수집되면 조사를 종결한 다음 조사보고서를 작성하여 심문회의 개최일

2) 대법원 2016. 12. 29. 선고 2015두776 판결, 대법원 2016. 12. 29. 선고 2015두38917 판결.
3) 대법원 2017. 6. 29. 선고 2016두52194 판결.

7일 전까지 기록과 함께 당해 심판위원회 위원에게 송부한다(노위규칙 54조 1항). 조사보고서를 통하여 심판위원들은 사건의 경위와 쟁점사항을 파악하고 효율적인 심문과 정확한 판정을 할 수 있게 되는데, 조사보고서는 판정서의 판단 및 결론을 제외하면 기재 항목과 내용이 판정서와 거의 일치한다.

## Ⅲ. 심 문

### 1. 심문회의

심문은 심판위원회가 심문회의를 열어서 하게 되는데, 노동위원회는 사건 접수일부터 60일 이내에 심문회의를 개최하여야 하며(노위규칙 51조), 심판위원회는 심문회의 일자를 정하여 심문회의 개최일 7일 전까지 당사자에게 송부하여야 한다(노위규칙 52조 1항). 심문은 신청요건 등을 구비하지 못하여 각하 사유에 해당하거나 당사자 쌍방이 모두 정당한 이유없이 심문회의에 참석하지 않은 경우, 당사자 일방 또는 쌍방이 「재난 및 안전관리 기본법」 3조 1호에 따른 재난으로 인해 심문회의에 참석하거나 11조의2에 따른 원격영상회의에 참석하는 것이 어려운 경우로서 당사자 쌍방이 심문회의 생략에 동의하는 경우, 「재난 및 안전관리 기본법 시행령」 13조에 따른 "대규모 재난"이 선포된 경우로서 당사자 쌍방이 심문회의 생략에 동의하는 경우를 제외하고는 필수적이다.[4] 다만 당사자 쌍방이 모두 정당한 이유없이 심문회의에 참석하지 않은 경우에는 심문회의를 생략하지 아니하고 다음 심문회의의 일정을 정할 수 있다(노위규칙 57조 1항).

심문회의는 심판위원회 구성위원 전원의 출석으로 개의하게 되며(노위법 17조 2항), 노동위원회 위원장은 단독심판의 경우를 제외하고는 심문회의에 근로자위원과 사용자위원 각 1인을 참여하게 하여야 한다(노위규칙 54조 5항). 심문회의는 당사자 쌍방이 출석한 가운데 진행하되, 당사자 일방이 정당한 이유 없이 참석하지 아니한 경우에는 일방 당사자만을 상대로 진행할 수 있다(노위규칙 54조 2항). 대표자가 선정된 경우에는 선정대표자가 당사자로서 심문회의에 참석하여야 하며, 선정자나 기타 이해관계인들은 참고인으로서 노동위원회 위원장의 승인을 얻어 참석할 수 있다(노위규칙 54조 3항).

심판위원회 위원장은 심문회의를 진행하며 심문에 참여한 위원은 관계 당

4) 법 29조 1항; 노위규칙 57조 1항.

사자를 심문하여야 한다.[5] 당사자에 대한 심문은 공익위원, 근로자위원, 사용자위원의 순으로 하며, 공익위원 중 주심위원으로 지명된 위원이 있는 경우에는 주심위원이 먼저 심문한다.[6] 당사자는 위원의 심문사항에 대하여 성실하게 답변하여야 하고, 심문사항 이외의 진술을 하고자 할 때에는 심판위원회 위원장의 승인을 얻어야 한다(노위규칙 55조 3항).

## 2. 심문절차

조사관은 심판위원회 위원장의 지시에 따라 조사결과를 보고하며, 필요한 경우에는 심판위원회 위원장의 승인을 얻어 의견을 진술할 수 있다(노위규칙 55조 2항).

노동위원회는 심문을 할 때에는 관계 당사자의 신청이나 직권으로 증인을 출석하게 하여 필요한 사항을 질문할 수 있다(법 29조 2항).

당사자의 증인신청은 심문회의 개최일을 통보받기 전까지 증인신청서에 의하여 하여야 하며(노위규칙 56조 1항), 증인으로 채택되면 당사자는 채택된 증인과 함께 심문회의에 출석하여야 한다(노위규칙 56조 6항). 심판위원회 위원장은 필요한 경우 직권으로 증인으로 지정하여 심문회의에 출석하게 할 수 있다(노위규칙 56조 2항). 증인으로 소환된 자가 소환에 불응하는 경우 이를 강제하거나 제재하는 규정이 없으므로 당사자의 자발적인 협력을 기대하는 수밖에 없다.

증인에 대한 심문은 증인을 신청한 당사자, 그 상대방, 위원의 순으로 한다.[7] 심문을 할 때에는 관계 당사자에게 증거 제출과 증인에 대한 반대심문을 할 충분한 기회를 주어야 한다.[8]

심판위원회 위원장은 심문을 종결하고자 할 때에는 당사자가 최종진술을 할 기회를 주어야 한다(노위규칙 55조 4항).

심판위원회는 조사 과정이나 심문회의 진행 중에 판정 · 명령, 결정이 있기 전까지 관계 당사자의 신청 또는 직권에 의하여 당사자에게 화해를 권고하거나 화해안을 제시할 수 있다.[9] 원만하고 신속한 분쟁해결 내지 구제조치의 이행이

5) 법 29조 1항; 노위규칙 55조 1항.
6) 심판업무 처리요령, 95면.
7) 심판업무 처리요령, 95면. 노위규칙 56조의3.
8) 법 29조 3항.
9) 노위법 16조의3 1항; 노위규칙 69조.

라는 측면뿐만 아니라 노동분쟁의 예방을 위해서라도 당사자 사이의 합의에 따라 분쟁을 조기에 해결하는 것이 바람직하므로 노동위원회의 화해에 의한 분쟁 해결을 위한 지속적 노력이 강조된다.[10]

심판위원회는 심문의 결과 사건이 판정을 하기에 충분할 정도로 성숙되었다고 인정하는 때에는 심문을 종결하게 되며, 심문이 종결된 다음에는 원칙적으로 새로운 주장과 증거를 제출할 수 없으나, 심문회의에서의 새로운 주장에 대한 사실 확인이나 증거의 보완 등이 필요하다고 판단되거나 화해만을 위한 회의진행으로 추가적인 사실심문 등이 필요한 경우에는 심판위원회는 추후에 심문회의나 판정회의를 재개할 수 있다(노위규칙 59조 3항).

[정 진 경·김 용 신]

제30조(구제명령 등)

① 노동위원회는 제29조에 따른 심문을 끝내고 부당해고등이 성립한다고 판정하면 사용자에게 구제명령을 하여야 하며, 부당해고등이 성립하지 아니한다고 판정하면 구제신청을 기각하는 결정을 하여야 한다.

② 제 1 항에 따른 판정, 구제명령 및 기각결정은 사용자와 근로자에게 각각 서면으로 통지하여야 한다.

③ 노동위원회는 제 1 항에 따른 구제명령(해고에 대한 구제명령만을 말한다)을 할 때에 근로자가 원직복직(原職復職)을 원하지 아니하면 원직복직을 명하는 대신 근로자가 해고기간 동안 근로를 제공하였더라면 받을 수 있었던 임금 상당액 이상의 금품을 근로자에게 지급하도록 명할 수 있다.

④ 노동위원회는 근로계약기간의 만료, 정년의 도래 등으로 근로자가 원직복직(해고 이외의 경우는 원상회복을 말한다)이 불가능한 경우에도 제 1 항에 따른 구제명령이나 기각결정을 하여야 한다. 이 경우 노동위원회는 부당해고등이 성립한다고 판정하면 근로자가 해고기간 동안 근로를 제공하였더라면 받을 수 있었던 임금 상당액에 해당하는 금품(해고 이외의 경우에는 원상회복에 준하는 금품을 말한다)을 사업주가 근로자에게 지급하도록 명할 수 있다.

10) 김홍영, 123~124면.

〈세 목 차〉



[참고문헌]

**강선희a**, “금전보상을 신청한 근로자에게 사용자가 복직명령을 한 경우의 구제이익”, 노동법학 44호, 한국노동법학회(2012); **강선희b**, “부당해고에 따른 원직복직의 의의”, 노동리뷰 96호, 한국노동연구원(2013); **권오상**, “부당해고에 대한 금전보상제도의 시행에 따른 실무적용”, 노동법률 200호, 중앙경제(2008. 1.); **권오성**, “사용자의 출근명령과 부당해고 구제절차의 구제이익”, 서울법학 25권 2호, 서울시립대학교(2017); **권창영**, “근로기준법상 이행강제금부과처분 취소소송”, 재판자료 120집, 법원도서관(2010); **김홍영a**, “부당해고 구제절차에서의 금전보상 제도 및 이행강제금 제도”, 노동법학 25호, 한국노동법학회(2007); **김홍영b**, “부당해고에 대한 금전보상제의 도입에 따른 쟁점사항”, 조정과 심판 28호, 중앙노동위원회(2006. 3.); **김형태**, “BACK PAY 명령과 중간수입공제”, 재판자료 40집 근로관계소송상의 제문제(하), 법원행정처(1987); **노병호**, “노동위원회에 의한 부당해고 등 구제에 관한 고찰”, 노동법논총 34호, 한국비교노동법학회(2015); 노사관계법 · 제도 **선진화 방안**, 노사관계제도선진화연구위원회(2003); 노사관계 **선진화 입법 설명자료**, 노동부(2007); **심판업무 처리요령**, 중앙노동위원회(2007); **박소민**, “부당해고 구제수단으로서 금전보상제”, 노동연구 20호, 고려대학교 노동문제연구소(2010); **박지순**, “부당해고 구제방법상의 법적 쟁점: 임금소급지급, 손해배상, 금전보상을 중심으로”, 고려법학 50호, 고려대학교 법학연구원(2008); **윤성천**, “Back Pay 명령과 중간수입공제문제 —일본에 있어서의 쟁점을 중심으로—”, 노동법의 제문제 — 가산 김치선 박사 화갑 기념 논문집, 박영사(1983); **이병운**, “해고구제제도: 부당해고와 금전보상제를 중심으로”, 동아법학 64호, 동아대학교 법학연구소(2014); **이우진**, “부당해고 근로자의 중간수입공제에 관한 연구”, 법학연구 12집, 한국법학회(2003); **이원희**, “부당노동행위 또는 부당해고 등에 대한 구제내용 심사에 있어서 노동위원회의 판단범위”, 1999 노동판례비평, 민주사회를 위한 변호사모임(2000); **이철수**, “개정 해고법제의 주요 내용과 그 평가”(서울대학교 노동법연구회 2007년 춘계공개학술대회 발표 논문), 2006-2007 개정 노동법의 법리적 검토, 서울대학교 노동법연구회(2007); **임종률a**, 노동법(6판), 박영사(2007); **전형배**, “영국의 부당해고 구제시스템과 시사점", 법조(2012.10), 법조협회(2012); **정인섭**, "부당해고와 소급임금의 산정", 노동법연구 5호, 서울대학교 노동법연구회(1996); **정진경**, 부당해고의 구제, 경인문화사(2009); **정진경a**, "부당해고 구제기관으로서의 노동위원회의 문제점과 그 대안에 대한 검토", 노동법연구 26호, 서울대학교 노동법연구회(2008); **정진경b**, "부당해고 구제명령의 실효성 확보수단에 대한 검토", 노동법연구 25호, 서울대학교 노동법연구회(2008); **조상균**, "부당해고와 금전보상제도", 노동정책연구 7권 2호, 한국노동연구원(2007); **조성혜**, "부당해고 시 금전보상제도에 대한 비판적 검토", 노동정책연구 9권 1호, 한국노동연구원(2009).

## Ⅰ. 판 정

심판위원회는 심문을 종결하면 판정회의를 개최하여 부당해고 성립 여부에 대하여 판정하게 된다(노위규칙 51조, 59조, 60조).

판정회의는 심문의 종결 후에 심판위원회 위원장이 소집하고(노위법 16조 2항) 공익위원 전원의 참석으로 개의한다(노위법 17조 2항). 판정회의에 앞서 심문회의에 참석한 근로자위원과 사용자위원에게 의견진술의 기회가 주어지지만(노위규칙 59조 2항), 이들은 합의에는 참여할 수 없다. 근로자위원 또는 사용자위원이 출석요구를 받고 정당한 이유 없이 출석하지 아니하는 경우에는 의견을 들을 필요가 없다(노위법 18조 2항).

사실인정과 구제신청의 인용 여부에 대한 판단은 심판위원회의 판정회의에서 위원 3인의 과반수 찬성으로 의결한다(노위법 17조 2항). 합의는 주심위원이 지명된 경우에는 주심위원이, 그렇지 않은 경우에는 담당 조사관이 심판위원회 위원장의 지시에 따라 심사의 결과를 보고하고 의견을 제시하는 것으로부터 시작하여, 사실인정, 법률의 적용, 주문의 확정 순으로 토론을 거쳐 의결을 하게 된다.

심판위원회는 구제신청이 신청요건을 갖추지 못하였다고 판정하는 때에는 신청을 각하하고(노위규칙 60조 1항), 부당해고 등이 성립한다고 판정하면 사용자에게 구제명령을 하여야 하며, 부당해고 등이 성립하지 아니한다고 판정하면 구제신청을 기각하는 결정을 하여야 한다.[1)]

조사관은 의장 호선 및 주심위원 지명 결과, 회의 공개 여부, 근로자위원과 사용자위원의 의견, 토의내용 요지, 의결사항 등을 기재한 회의록을 작성하여야

1) 법 30조 1항; 노위규칙 60조 2항.

하며(노위규칙 61조 1항), 주심위원은 당해 사건에 대한 판단요지를 작성하여야 하고(노위규칙 61조 2항),[2] 심판사건에 참여한 공익위원은 그 의결사항에 대한 회의록에 서명이나 날인하여야 한다(노위규칙 61조 3항).

심판위원회는 의결사항을 토대로 사건명, 당사자, 판정일, 주문, 신청취지, 이유(당사자, 구제신청 경위, 당사자의 주장요지, 인정사실, 관련 법령 및 규정, 판단, 결론), 위원회 명칭과 심판위원이 기재된 판정서를 작성하여야 한다(노위규칙 62조 1항 · 2항).

노동위원회는 판정서 정본을 판정일부터 30일 이내에 당사자에게 송부하여야 하며,[3] 위 통보에는 판정결과에 불복하면 재심신청이나 행정소송을 제기할 수 있다는 내용이 포함되어야 한다(노위규칙 74조 3항).

판정서가 당사자에게 교부된 후 당사자 표시나 내용의 오기, 누락 등 표현상의 잘못이 명백한 경우에는 노동위원회 위원장은 사건 당사자의 신청이나 직권으로 당해 심판위원회의 의결을 거쳐 경정할 수 있다(노위규칙 63조 1항). 판정서 경정은 판정서 작성 과정에서의 과실에 의한 표현상의 잘못에 한정되고, 그 내용을 추가 · 보완하는 등으로 내용을 변경하는 것은 허용되지 않는다.

노동위원회 위원장은 경정한 판정서를 지체없이 당사자에게 송부하여야 하며(노위규칙 63조 2항), 판정서 경정은 구제명령 이행기간, 재심신청기간, 행정소송 제기기간의 산정에 영향을 미치지 않는다(노위규칙 63조 3항).

## Ⅱ. 구제명령

### 1. 개　　요

노동위원회는 사용자의 행위가 부당해고에 해당한다고 의결하게 되면 그러한 행위를 부당해고로 인정하고 이를 시정하기 위한 조치로서 구제명령을 발하게 되는데, 이 중 부당해고가 성립하는지 여부에 대한 판단은 원칙적으로 확인행위에 속한다고 볼 것이며, 사용자에게 일정한 행위를 명하는 부분은 형성적 효력이 있는 하명으로서 행정처분에 해당한다.[4]

---

2) 주심위원이 지명되지 않거나 특별한 사정이 있는 경우에는 다른 심판위원이 작성할 수 있고(노위규칙 61조 2항), 주심위원 또는 공익위원이 구술하는 내용을 조사관이 기재하고 주심위원 또는 공익위원이 이를 확인 · 서명하는 방법으로도 할 수 있다(심판업무 처리요령, 103면).

3) 법 30조 2항; 노위규칙 62조 5항, 74조 2항.

구제명령의 내용에 대하여는 특별한 규정이 없으므로 노동위원회가 합리적 재량에 의하여 정할 수 있으며 구제신청의 취지에 구속되는 것은 아니지만,[5] 근로자가 구제를 신청한 범위 안에서 판정을 하여야 하므로(노위규칙 58조) 신청 취지에 반하거나 신청하지 않은 사실을 인정하여 구제명령을 발할 수는 없다.[6]

통상은 원직복직의 구제명령과 함께 해고 시부터 원직에 복직할 때까지 해고가 없었더라면 받을 수 있었던 소급임금을 지급하라는 구제명령이 내려진다.[7]

구체적인 예를 들면,

| 1. 이 사건 사용자가 2018. 5. 1. 이 사건 근로자에 대하여 한 해고는 부당해고임을 인정한다.<br>2. 이 사건 사용자는 이 사건 근로자를 이 판정서를 송달받은 날부터 ○○일 이내에[8] 원직에 복직시키고, 해고기간 동안 근로하였다면 받을 수 있었던 임금 상당액을 지급하라. |
|---|

와 같은 형태가 된다.[9]

구제명령을 기각하거나 각하하는 경우에는 “이 사건 근로자의 신청을 기각(각하)한다”라는 형태가 된다.[10]

근기법 33조 1항이 정한 이행강제금은 근로자를 신속하게 구제하고 노동위원회가 발령한 구제명령의 실효성을 보장하기 위하여 구제명령을 이행하지 아니한 사용자로 하여금 이를 이행하도록 하는 행정상의 간접강제수단으로서 일정한 금원을 납부하게 하는 침익적 행정행위에 해당하므로, 이행강제금 부과처분의 전제가 되는 구제명령은 그 내용을 구체적으로 특정함이 바람직하다. 구제명령의 이행이 불가능할 정도로 불특정되었는지 여부를 판단함에 있어서는 사용자가 평균임금을 기초로 하여 부당해고기간 동안 정상적으로 근로를 제공하

4) 정진경, 392면.

5) 이원희, 237면.

6) 대법원 1995. 4. 7. 선고 94누1579 판결(부당노동행위에 대한 구제절차는 관할 노동위원회에 구제신청을 함으로써 개시되고, 그 심사의 대상도 구제신청의 대상이 된 부당노동행위를 구성하는 구체적 사실에 한정된다고 판결하였다).

7) 임종률, 600면; 정인섭, 304면.

8) 전에는 통상 즉시 원직에 복직시킬 것을 명하였으나 이행강제금제도가 시행됨으로써 해고가 2007. 7. 1. 이후에 발생한 경우에는 이행기한을 명시하여야 한다(심판업무 처리요령, 108면 참조).

9) 심판업무 처리요령, 108면 참조.

10) 심판업무 처리요령, 108면 참조.

였다면 받을 수 있었던 임금 상당액을 용이하게 산정할 수 있거나 또는 취업규칙이나 임금지급 관행에 의하여 임금액을 특정할 수 있는지, 임금을 정확히 특정할 수 없는 사정이 있는 경우에는 사용자가 일응 합리적인 근거가 있는 산정기준을 적용하여 산정한 금액을 임의로 지급하거나 법원에 공탁함으로써 구제명령 불이행의 책임을 면할 수 있다고 볼 여지가 있는지 등의 사정과 함께 부당해고 등으로 일정 기간 근로를 제공하지 못하여 임금을 받지 못한 근로자들의 생활고를 잠정적으로나마 신속·간이하게 해결하기 위하여 구제명령 및 이행강제금 부과제도를 규정한 취지 등을 충분히 고려하여야 한다.[11)]

원직복직은 근로관계의 계속을 인정하는 원상회복조치로서 원직복직을 재고용의 형식으로 하는 것은 원상회복의 취지에 어긋나며, 해고 이후의 조직개편으로 원직으로 복직할 수 없는 때에는 원직에 상응하는 직으로 복직을 명하여야 한다. 해고되었던 근로자를 복직시키면서 해고 이후 복직 시까지 해고가 유효함을 전제로 이미 이루어진 인사질서, 사용주의 경영상의 필요, 작업환경의 변화 등을 고려하여 복직 근로자에게 그에 합당한 일을 시킨 경우, 그 일이 비록 종전의 일과 다소 다르더라도 이는 사용주의 고유권한인 경영권의 범위에 속하는 것이므로 정당하게 복직시킨 것으로 본다.[12)] 하지만 원직복직을 명하는 구제명령을 받았음에도 사용자가 직위해제 및 대기발령을 하였다면 이는 형식적으로 근로자로서의 지위를 회복시켜 준 것으로 볼 수는 있을지라도 실질적으로 근로자에게 아무런 직무를 부여하지 아니하였다는 이유로 해고 전과 동일하거나 적어도 유사한 직무를 부여하여야 하는 원직복직의 구제명령을 이행하였다고 볼 수 없다.[13)]

제도의 성질상 부당노동행위의 경우와 같이 문제된 행위의 중지나 공고문 게시 등의 구제명령은 할 수 없다.[14)]

---

11) 대법원 2010. 10. 28. 선고 2010두12682 판결, 대법원 2014. 12. 11. 선고 2011두23481 판결(지방노동위원회가 갑 운수회사에 대하여 소속 택시운전근로자 을, 병에게 '부당승무정지기간 동안 정상적으로 근무하였다면 받을 수 있었던 임금 상당액'을 지급하라는 구제명령을 한 후 구제명령 불이행을 이유로 이행강제금을 부과하였는데, 최저임금법을 적용하거나 갑 회사 소속 다른 택시운전근로자들의 임금을 참조하는 등 합리적인 근거가 있는 산정기준을 적용하여 부당승무정지기간 중의 임금 상당액을 산정할 수 있으므로 구제명령의 이행이 불가능할 정도로 불특정되어 위법·무효라고 할 수 없다고 판단한 사안).

12) 대법원 1997. 5. 16. 선고 96다47074 판결.

13) 서울행법 2012. 12. 13. 선고 2012구합19601 판결. 이에 동조하는 견해로는 강선희b, 77~78면.

14) 임종률, 600~601면.

근기법은 노동위원회가 해고에 대한 구제명령을 할 때에 근로자가 원직복직을 원하지 아니하면 원직복직을 명하는 대신 근로자가 해고기간 동안 근로를 제공하였더라면 받을 수 있었던 임금 상당액 이상의 금품을 근로자에게 지급하도록 명할 수 있는 금전보상제를 도입하였다(법 30조 3항). 종전에는 노동위원회의 부당해고 구제절차의 주된 목적이 근로자를 원직에 복직시키는 것으로 보아 부당해고가 인정되어도 근로자가 원직복직을 원하지 아니하는 경우에는 통상 각하결정을 하였으나, 금전보상제의 도입으로 근로자가 복직을 원하지 않아도 소급임금의 지급을 명하는 구제명령을 내릴 수 있게 되었다.[15)]

또한 사용자가 부당해고 등에 대한 구제명령을 이행기한까지 이행하지 않는 경우에는 이행강제금이 부과되므로, 구제명령을 하는 경우에는 주문에 30일 이내에서 정한 이행기한을 명시하여야 한다.[16)]

나아가 노동위원회의 구제명령은 사용자에 대하여 구제명령에 복종하여야 할 공법상 의무를 부담시킬 뿐 직접 근로자와 사용자 간의 사법상 법률관계를 발생 또는 변경시키는 것이 아니므로, 소송촉진 등에 관한 특례법이 정한 '금전채무의 전부 또는 일부의 이행을 명하는 심판'에 노동위원회의 구제명령은 포함되지 않는다.[17)]

## 2. 소급임금 지급명령과 중간수입

부당노동행위로 인정되는 경우의 노동위원회의 가장 일반적인 구제명령이었던 원직복직과 소급임금 지급명령, 그 중에서도 소급임금 지급명령과 관련한 중간수입공제의 문제와 관련하여 학설상의 대립이 있었던바,[18)] 부당해고 구제명령에서 중간수입공제를 어떻게 볼 것인지가 문제된다.

이에 대하여는, 노동위원회의 구제명령은 단순한 피해자 개인의 피해회복만을 목적으로 한 것이 아니라 단결활동 전반에 걸친 피해회복까지도 포함하여 재량을 가지고 개개의 사안에 따라 적절한 시정조치를 명하는 것이므로, 중간수입공제의 문제는 노동위원회의 재량에 속하고 구제명령의 취소소송에서 법원은

15) 임종률a, 545면.
16) 노위규칙 62조 3항; 임종률, 601면.
17) 대법원 2011. 10. 13. 선고 2009다86246 판결.
18) 미국의 경우에는 소급임금 산정에 있어서 중간수입공제가 관례화되어 있을 뿐 아니라 손해경감의무도 인정하고 있으나, 일본의 경우에는 심한 의견 대립을 보이고 있다(윤성천, 104~105면).

노동위원회의 이러한 재량권을 존중하여야 하며,[19] 이러한 사정은 부당해고 구제신청도 본질적인 차이는 없으므로 역시 노동위원회의 재량으로 중간수입을 공제하지 않을 수 있고, 소급임금 지급명령을 함에 있어서 노동위원회는 오히려 근로자 보호의 견지에서 중간수입을 공제하지 아니함이 타당하다는 견해가 있다.[20] 그러나 이러한 견해에 대하여는 다음과 같이 비판할 수 있다.[21]

① 법 23조의 규정은 개개의 근로자를 직장 상실로부터 보호하는 것으로서 개별적 근로관계의 내용을 중심으로 해고의 무효 여부를 판단하여야 하며 그 구제는 개별 근로자의 피해구제에 있는 것이지만, 부당노동행위인 해고는 근로자 또는 노동조합이 정당한 노동 3 권을 행사하는 것을 방해할 목적으로 행해진 행위의 반사적 결과로서 파악되는 것에 불과하고 그 구제도 헌법상 보장된 노동 3 권에 대한 침해를 구제하는 데 목적이 있으므로,[22] 부당노동행위에 대한 구제명령에 관한 논의를 부당해고에 관한 논의에 그대로 적용하여 소급임금 지급명령에서 중간수입공제를 부정할 수는 없다.

오히려 부당노동행위에 대한 구제가 노동 3 권에 대한 침해를 구제하는 데 목적이 있다고 하더라도, 소급임금은 그로 인하여 해고당한 근로자 개인에게 지급되는 것으로서 개인에 대한 피해구제에 중점을 두는 것이므로, 부당해고로 인한 일실수입 산정 시 중간수입을 공제함이 부당노동행위인 해고에 대한 소급임금 지급명령에도 적용된다고 봄이 타당하다.

② 부당노동행위 구제명령이더라도 노동위원회의 구제명령은 원상회복을 목적으로 하는 것일 뿐 사용자에 대한 징벌을 과함이 목적은 아니다.[23]

따라서 원상회복의 한 수단인 소급임금 지급명령은 부당노동행위로 인하여 근로자가 사실상 입은 손실액을 한도로 하므로 중간수입은 공제되어야 하고, 공제하지 않는다면 원상회복의 범위를 일탈하여 사용자에게 징벌을 과하는 것이다.[24]

③ 노동위원회의 사용자에 대한 구제명령은 사용자에게 이에 복종하여야

19) 김유성Ⅱ, 366~369면; 김형태, 501면; 윤성천, 122면.
20) 김형태, 508면; 노병호, 161~162면; 이우진, 510면.
21) 정진경, 395~397면.
22) 김형배, 771~772면.
23) 이에 대하여는 부당노동행위에 대한 구제로서의 원상회복은 사법상의 원상회복과는 달리 근로자 개인의 피해뿐만 아니라 단결활동상의 피해까지도 부당노동행위가 없었던 상태로 회복시킴으로써 공정한 집단적 노사관계질서를 유지·확보하려는 데 목적이 있는 것으로서 동적·탄력적, 정책적인 것이라는 반론이 있다(김형태, 483~484면).
24) 윤성천, 109~110면 참조.

할 공법상의 의무만을 부담시킬 뿐이므로[25] 사용자가 노동위원회의 부당해고 구제명령을 이행하지 아니하는 때에는 근로자는 별도의 민사소송을 제기하여야 한다. 이 경우 법원은 손해배상의 일반원리에 따라 중간수입을 공제할 수밖에 없고, 결국 노동위원회가 근로자를 보호하기 위하여 중간수입을 공제하지 아니하는 것은 당사자들에게 혼란과 불편만을 초래하게 될 뿐이다.[26]

따라서 노동위원회가 구제명령을 할 때 그 구제가 근로자 개인에게 주어지는 것으로서 근로자 개인의 피해회복에 중점을 두어야 하는 경우에는 법원의 판단을 따르는 것이 바람직하다.

하지만 소급임금의 구체적인 금액이나 중간수입의 유무 및 금액은 노동위원회가 파악하기 어렵기 때문에 당사자 사이의 문제로 남겨두고,[27] 노동위원회의 구제명령은 통상 추상적인 소급임금의 지급을 명할 뿐 중간수입의 공제 여부에 대하여는 언급하지 않는다.[28]

중간수입과 관련하여, 갑이 을 주식회사에서 근무하다가 징계해고 되었는데 부당해고 구제신청을 하여 원직복직되자 지방고용노동청장이 갑에게 이미 지급한 구직급여를 회수한다는 처분을 한 사안에서, 을 회사가 갑을 해고 시에 소급하여 복직시킴으로써 갑은 당초부터 구직급여의 요건을 갖추지 못한 것이고, 이후 을 회사가 갑에 대하여 전보명령을 하였더라도 전보명령이 근기법에 위반되거나 권리남용에 해당하는 등의 특별한 사정에 대한 증명이 없는 이상, 갑이 받은 구직급여는 잘못 지급된 것으로 징수의 대상이 되므로, 처분은 적법하다고 판단한 하급심 판결이 있다.[29]

### 3. 구제명령과 구제이익

구제이익은 부당해고의 구제신청인이 자신의 구제신청의 당부에 관하여 노동위원회의 공권적 판단을 구할 수 있는 구체적 이익 내지 필요를 뜻하며, 민사

25) 대법원 1976. 2. 11.자 75마496 결정, 대법원 1996. 4. 23. 선고 95다53102 판결.
26) 법원과 노동위원회의 기능에 차이가 있다고 하더라도 쟁송방법의 차이로 말미암아 결론이 달라진다는 것은 바람직하지 못한 현상이다(김형태, 503면; 윤성천, 131면 참조).
27) 임종률, 313면.
28) 소급임금 지급명령에서의 중간수입공제에 대한 언급 유무에 불구하고 사용자는 중간수입을 공제할 수 있으며, 중간수입을 공제하지 않거나 공제할 수 있는 액의 일부만 공제할 것을 명하는 것은 위법하다고 한다(임종률a, 291면).
29) 대구지법 2014. 12. 24. 선고 2014구합1590 판결.

소송(행정소송)에서의 소의 이익 개념을 부당해고 구제절차에 이입한 것으로서 민사소송의 소송요건에 대응하는 신청요건이다.[30]

종래 근로계약기간의 종료, 정년 등으로 원직복직이 불가능해진 경우 구제이익이 없어 구제명령이나 금전보상을 받을 수 없었으나,[31] 대법원은 판례를 변경하여 근로자가 부당해고 구제신청을 하여 해고의 효력을 다투던 중 정년에 이르거나 근로계약기간이 만료하는 등의 사유로 원직에 복직하는 것이 불가능하게 된 경우에도 해고기간 중의 임금 상당액을 지급받을 필요가 있다면 임금 상당액 지급의 구제명령을 받을 이익이 유지된다는 이유로 구제신청을 기각한 중앙노동위원회의 재심판정을 다툴 소의 이익이 있고, 이러한 법리는 법 30조 3항에 따라 금품지급명령을 신청한 경우에도 마찬가지로 적용된다고 판단하였다.[32] 이러한 대법원 판례가 입법에도 반영되어 근로계약기간의 종료, 정년 등으로 원직복직이 불가능해진 경우에도 구제명령이 가능하다는 내용의 법 30조 4항이 2021. 5. 18. 법률 18176호 일부개정으로 신설되었다.

한편 근로자가 부당해고 구제신청을 하기 전에 이미 근로자의 지위에서 벗어난 경우에는 구제명령을 구할 이익이 있다고 볼 수 없고, 법 30조 4항도 부당해고 구제절차 도중 근로계약기간의 만료, 정년의 도래 등으로 근로자의 원직복직이 불가능한 경우에도 근로자에게 임금 상당액 지급의 구제명령을 받을 이익을 인정해야 한다는 취지이지, 구제신청 당시 이미 근로계약관계가 소멸하여 근로자의 지위에서 벗어난 경우에까지 구제이익을 인정해야 한다는 것은 아니다.[33]

## Ⅲ. 금전보상제

### 1. 금전보상제의 도입

2007. 1. 26. 근기법이 개정되기 전에는 부당하게 해고당한 근로자는 개정 전 근기법 33조에 따라 노동위원회에 구제신청을 하거나 일반 법원에 해고무효

30) 김민기, 562~563면; 김치중, 538면.

31) 대법원 2009. 12. 10. 선고 2008두22136 판결, 대법원 2012. 5. 24. 선고 2010두917 판결, 대법원 2014. 5. 16. 선고 2012두26029 판결.

32) 대법원 2020. 2. 20. 선고 2019두52386 전원합의체 판결(부당해고구제재심판정의 취소소송 중 정년이 된 경우 소의 이익이 문제된 사건).

33) 대법원 2022. 7. 14. 선고 2021두46285 판결(구제신청 당시 이미 정년이 도래한 사건), 대법원 2022. 7. 14. 선고 2020두54852 판결(구제신청 당시 이미 사업장이 소멸된 사건).

확인의 소를 제기하여 사법적 구제를 받을 수 있었다. 이 경우 노동위원회는 원직복직과 소급임금의 지급을 명하는 것이 일반적이었다.

이러한 노동위원회의 구제명령은 근로관계의 지속을 객관적으로 기대할 수 있는지 여부를 고려하지 않고 원직복직과 임금지급을 명하는 것이어서 실효성 측면에서 한계가 있었다.[34] 즉, 이러한 기존의 제도는 당사자 간에 근로관계의 지속을 객관적으로 기대하기 어려운 경우에도 일률적으로 해고무효에 따른 근로관계의 존속을 인정하는 경직된 결과를 초래하였고, 해고무효판결이 있어도 취업청구권의 부수적 성격으로 말미암아 복직 자체를 강제하거나 실력으로 실현시킬 수 있는 것인가에 관하여 의문이 있었다.[35]

우리나라에서도 부당해고의 경우 원직복직과 임금지급이라는 일률적인 구제제도보다 해고분쟁의 내용과 성격, 당사자의 의사 등을 고려하여 더욱 다양한 구제내용과 방식의 인정이 필요하며, 특히 복직이 현실적으로 기대될 수 없는 경우에까지 원직복직 명령을 내리는 것은 근본적인 문제가 있다는 의견이 있었고,[36] 2007. 1. 26. 근기법의 개정을 통하여 근로자가 복직을 원하지 않는 경우에는 노동위원회가 금전보상 구제명령을 할 수 있는 금전보상제를 도입하게 되었다.

법 30조 1항은 노동위원회가 부당해고 등의 구제신청에 대하여 심문을 끝내고 부당해고 등이 성립한다고 판정하면 사용자에게 구제명령을 하여야 하며, 부당해고 등이 성립하지 아니한다고 판정하면 구제신청을 기각하는 결정을 하여야 한다고 규정하고 있으며, 3항은 노동위원회가 1항에 따른 해고에 대한 구제명령을 할 때에 근로자가 원직복직을 원하지 아니하면 원직복직을 명하는 대신 근로자가 해고기간 동안 근로를 제공하였더라면 받을 수 있었던 임금 상당액 이상의 금품을 근로자에게 지급하도록 명할 수 있다고 규정하고 있다.

부당해고에 대한 금전보상은 부당해고 구제명령에 대해 근로자가 복직을 희망하지 않는 경우에 노동위원회가 원직복직에 대신하여 금전보상 지급의 구제명령을 할 수 있는 제도로서, 정당한 이유 없는 해고에 대한 구제방식을 다양화함으로써 권리구제의 실효성을 제고하고 근로관계 단절상태의 장기화를 방지하여 근로관계를 조속히 안정시키기 위함이다.[37]

---

34) 조상균, 3면.
35) 선진화 방안, 135면.
36) 선진화 방안, 136면.
37) 선진화 입법 설명자료, 83면.

대부분의 나라에서 부당해고로 판명된 경우에도 사용자가 복직을 수용하지 않으면 금전적 배상과 함께 근로관계를 종료시키고 있으며 이는 계속적 계약관계로서의 성격을 지니고 있는 근로관계의 본질에 비추어 상당성이 인정되는 것으로 평가받고 있다.

우리나라의 금전보상제는 노동위원회의 구제명령의 하나로서 공법상의 구제조치이기에 근로자와 사용자 간의 사법상의 권리 · 의무관계에 직접 영향을 미치는 것은 아니므로,[38] 노동위원회의 보상금 지급명령을 사용자가 이행하지 않는다면 근로자가 금전보상명령에 기하여 민사법상의 직접 집행을 할 수는 없다.[39]

노동위원회가 보상금 지급명령을 발령하기 위해서는 우선 노동위원회가 부당해고가 성립한다고 판정하여야 하며 근로자가 원직복직을 원하지 아니하여야 한다. 부당해고에 대한 구제방법으로 원직복직 대신에 금품을 지급하고 근로관계를 종료시키고자 하는 것이므로 부당해고 이외의 휴직, 정직, 전직, 감봉 기타의 징벌에 대한 구제명령에는 적용되지 않는다.[40]

선진국에서는 사용자의 신청 또는 사회통념상 근로관계의 유지가 객관적으로 어려운 경우 등 폭넓게 금전보상제를 운영하고 있으나, 우리나라는 노사관계 여건상 사용자에게 금전보상제 신청권을 부여할 경우 복직을 회피하기 위한 수단으로 금전보상제도를 악용하는 등 남용이 우려된다는 지적이 있어, 근로자가 원직복직을 희망하지 않는 경우에 한하여 금전보상제를 제한적으로 운영하게 되었다.[41]

앞서 본 금전보상제의 도입 목적과 근기법 30조 3항의 문언에 비추어 금전보상명령은 '구제명령을 할 때' 원직복직이 객관적으로 가능한 것을 전제로 원직복직 구제명령을 '대신하여' 명할 수 있는 것일 뿐 원직복직이 객관적으로 가능하지 않은 경우에까지 발령될 수는 없다고 보아 근로자와 사용자 사이에 근로관계가 종료되었다면 더는 금전보상명령도 할 수 없다고 판단한 하급심 판결이 있었다.[42] 이러한 하급심 판결은 대법원의 판례 변경[43]과 법 30조 4항의 신설로 더는 유지되기 어려워 보인다.

---

38) 대법원 1996. 4. 23. 선고 95다53102 판결.

39) 같은 취지, 권창영, 590면; 김홍영a, 44~45면; 이철수, 8면; 정진경b, 157면.

40) 권오상, 81면; 김홍영b, 8면.

41) 권오상, 81면; 김홍영a, 48면; 선진화 입법 설명자료, 82~84면; 정진경b, 157~158면.

42) 서울고법 2012. 1. 11. 선고 2011누25465 판결, 대전고법 2018. 8. 31. 선고 2018누11324 판결.

43) 대법원 2020. 2. 20. 선고 2019두52386 전원합의체 판결.

## 2. 금전보상신청절차

### 가. 신 청

근로자는 부당해고 구제신청 사건에서 원직복직을 원하지 아니하는 경우에 금전보상명령을 신청할 수 있으며, 금전보상명령을 신청하고자 하는 근로자는 심문회의 개최일을 통보받기 전까지 금전보상명령신청서를 제출하여야 한다(노위규칙 64조).

근로자가 금전보상을 신청한다는 의사를 심판절차의 진행 중에 철회할 수 있는지에 관하여는 노위규칙상 명문의 규정은 없으나, 판정 시까지는 신청의사를 철회할 수 있다고 해석함이 무방하다는 견해가 있다.[44)]

금전보상명령신청서에는 임금 상당액과 그 산출근거, 기타 보상금 및 그 산출근거 등 신청인이 구하는 보상금 요구금액을 기재하도록 되어 있다.[45)]

### 나. 금전보상명령

노동위원회가 금전보상명령을 하는 때에는 그 보상금액과 구제명령을 한 날부터 30일 이내에서 정한 이행기한을 명시하여야 한다(노위규칙 66조). 보상금액은 임금 상당액을 포함한 총 금액을 기재한다.[46)]

구체적인 주문은

> 1. 이 사건 사용자가 2018. 5. 1. 이 사건 근로자에 대하여 한 해고는 부당해고임을 인정한다.
> 2. 이 사건 사용자는 이 사건 근로자에게 해고일부터 이 사건 판정일까지 이 사건 근로자가 정상적으로 근로하였더라면 받을 수 있었던 임금 상당액을 포함한 금 ○○원을 이 판정서를 송달받은 날부터 ○○일 이내에 지급하라.

는 형태가 된다.[47)]

보상금액과 이행기한을 명시하는 것은 이행강제금의 부과와 관련되며, 나아가 확정된 구제명령에 대한 형사처벌 문제와도 연관이 있다.

44) 권오상, 81~82면.
45) 노위규칙 별지 17호 서식 참조.
46) 권오상, 83면.
47) 심판업무 처리요령, 119면.

### 다. 불 복

노동위원회의 금전보상명령은 구제명령의 일부이므로 사용자가 이에 불복할 수 있는 것은 당연하나, 근로자가 노동위원회가 산정한 보상액이 근로자가 청구한 금액보다 적다고 하여 판정에 불복할 수 있는 것인지, 또는 사용자가 금전보상에는 동의하나, 다만 그 보상액이 잘못되었다고 하여 불복할 수 있는 것인지에 관하여는 아무런 규정이 없다.

보상액은 노동위원회의 직권으로 산정하는 것이므로 노동위원회가 산정한 보상액이 적다하여 근로자는 노동위원회의 판정에 불복할 수 없다는 견해가 있을 수 있으나, 근로자에게 있어서는 부당해고의 인정 못지않게 금전보상금의 액수가 중요하다. 사용자는 노동위원회의 판정에 대해 부당해고로 판정되었다는 점과 금전보상명령이 내려졌다는 점 양 측면에 대해 불복하여 재심 또는 행정소송을 제기할 수 있을 뿐 아니라, 부당해고라는 판정에는 불복하지 않으나 금전보상명령의 보상액 산정이 적절하지 못하다는 이유로도 불복할 수 있으며, 근로자도 금전보상명령의 보상액 산정이 적절하지 못하다는 이유로 불복하여 재심 또는 행정소송을 제기할 수 있다고 보아야 한다.[48]

보상액의 산정이 현저히 부당한 경우 중앙노동위원회의 재심에서는 중앙노동위원회가 판정으로 직접 적절한 보상금액을 결정하여 그 지급을 명할 수 있으나(노위법 26조 1항), 행정소송에서 법원은 중앙노동위원회의 판정을 취소함에 그치고 중앙노동위원회가 취소판결의 취지에 따라 재처분을 하도록 하여야 한다(노위규칙 99조).

## 3. 보상금액의 산정

노동위원회는 근로자가 금전보상명령을 신청한 경우에는 당사자에게 근로계약서, 임금대장 등 금액 산정에 필요한 자료를 제출하도록 명할 수 있다(노위규칙 65조 1항).

보상금액의 산정기간은 해고일부터 당해 사건의 판정일까지이다(노위규칙 65조 2항). 다만, 해고기간에 기간 만료나 정년 도달 등 근로계약 관계의 종료 사유가 별도로 존재한다면, 보상금액이 산정되는 기간은 그 사유의 발생시점까지로

---

48) 권오상, 83면; 권창영, 589면; 김홍영a, 45면.

단축된다고 보아야 한다.[49]

노동위원회가 보상금 지급명령을 내리는 경우에는 보상금액을 기재하여야 하는데, 법 30조 3항에는 '근로자가 해고기간 동안 근로를 제공하였더라면 받을 수 있었던 임금 상당액 이상의 금품'이라고만 규정되어 있고, 더 상세한 금품산정 기준에 대하여 영이나 규칙 등에 위임하고 있지도 않아, 구체적으로 보상금액을 어떻게 정할 것인지가 문제된다.[50] 이와 같이 보상금 결정에 대한 구체적인 기준을 법령에 명시하지 아니한 것은 보상금의 내용 중 해고기간 동안의 임금 상당액은 객관적으로 계산될 수 있지만, 위로금은 단순한 위반인지 중대한 위반인지의 여부, 근로자의 귀책사유 등 다양한 변수를 고려하여야 하는데 이러한 다양한 변수를 포괄하는 하나의 기준을 마련하기는 쉽지 않으며, 오히려 획일적인 기준의 마련이 구체적 타당성을 결할 수 있으므로 판정기관이 개별 사안에 따라 적절하게 보상금 액수를 결정할 수 있도록 하기 위함이다.[51]

해고기간 동안의 임금 상당액의 산정과 관련하여서는 기존의 부당해고기간 중의 임금산정에 관한 대법원 판례가 축적되어 있어 이를 준용하여 산정하면 될 것이고, 통상 근로자가 해고일부터 판정일까지 정상적으로 근로를 제공하였더라면 받을 수 있었던 금액이 된다.[52]

임금 상당액의 산정 시 중간수입을 공제할 것인지가 문제되나, 현재의 법 30조 3항이 보상금액을 근로자가 해고기간 동안 근로를 제공하였더라면 받을 수 있었던 임금 상당액 이상의 금품이라고 명문으로 규정하고 있고, 그 금품 속에는 근로자가 새로이 취업하기까지의 장래의 수입상실에 대한 보상, 부당해고로 인한 고통 등에 대한 위자의 의미가 모두 포함된 것이므로 보상액 산정에 있어 중간수입을 공제하지 않았다고 하더라도 위법이라고 보기 어렵다.[53] 오히려 위와 같은 의미가 포함된 금전보상액이 중간수입을 공제함으로써 결과적으로 근로자가 해고기간 동안 근로를 제공하였더라면 받을 수 있었던 임금 상당액에도 미치지 못하게 된다면 법 위반의 문제가 생기므로 노동위원회가 이러한

49) 권오상, 83면; 김홍영a, 43면.
50) 김홍영b, 8~9면.
51) 선진화 입법 설명자료, 84~85면.
52) 심판업무 처리요령, 119면.
53) 정진경b, 160면.

명령을 할 수는 없고, 법원도 노동위원회의 재량을 존중하여야 한다.[54)]

임금 상당액을 넘어서는 위로금은 위자료가 아닌 근로관계정산에 대한 대가로서 청산금으로 해석하여야 하며, 노동위원회는 여러 사정을 고려하여 적절하게 청산금을 결정할 수 있다.[55)] 노동위원회가 해고기간의 임금 상당액에 추가되는 금액을 산정할 때에는 상당한 재량권이 있고,[56)] 근로자가 새로이 취업하기까지의 장래의 수입상실, 부당해고로 인한 정신적·육체적 고통, 해고 시의 사용자의 악의성, 근로자의 과실 정도, 사용자의 자력 등 모든 요소를 고려하여 합리적으로 보상금을 산정하여야 한다.[57)] 현실적으로는 금전보상액의 구체적인 산정기준의 부재로 노동위원회 실무에서 해고일부터 부당해고 구제신청의 심문회의 일자까지의 임금 상당액 정도가 금전보상액으로 정해진다고 한다.[58)] 이와 관련하여 노동위원회의 결정이 자의로 흐르지 않도록 보상금 산정기준을 마련하여야 한다는 견해[59)]가 있으나 우선 노동위원회 구제신청과 법원 민사소송과의 관계가 해결되어야 한다.[60)]

### 4. 금전보상제와 민사소송

노동위원회의 금전보상명령에 의하여 사법상의 권리·의무관계가 정해지는 것은 아니므로 노동위원회의 금전보상명령에 따라 사용자가 보상금을 지급하고 근로자가 이를 수령한 후에, 다시 근로자가 금전보상액이 손해에 미치지 못한다는 이유로 민사소송을 제기할 수 있는지가 문제된다. 이에 대하여 금전보상명령에 의하여 민법상의 손해배상청구권이 소멸되는 것이 아니므로, 근로자는 금전보상명령의 이행으로 지급된 금액을 공제한 나머지 손해액에 대하여 손해배상청구가 가능하다는 견해가 있다.[61)]

법리적으로는 가능한 견해이나, 금전보상명령에 대하여 양 당사자가 이의

---

54) 김홍영a, 45면; 노병호, 167면; 정진경b, 160면.
55) 권창영, 588면.
56) 김홍영a, 43면.
57) 심판위원회는 해고의 부당성 정도, 근로자의 귀책 정도, 근로자가 해고일부터 판정일까지 얻은 중간수입, 근로계약의 형태 등을 종합적으로 고려하여 보상금을 결정하여야 한다(심판업무 처리요령, 119면).
58) 박소민, 77면; 이병운 51면; 전형배, 180면; 조성혜 143면.
59) 박지순, 468면; 이병운 52면.
60) 정진경a, 9~11면.
61) 김홍영a, 51~52면.

를 제기하지 않고 수긍하여 사용자가 지급한 보상금을 근로자가 수령까지 한 후, 부당해고 구제절차가 확정되었음에도 다시 민사소송을 제기하여 다툰다는 것은 절차의 중복과 이로 인한 시간과 비용의 낭비를 초래하며, 신속한 구제를 위한 부당해고 구제신청제도의 취지를 몰각시키는 것이다. 양 당사자가 재심이나 행정소송을 제기하지 않고 근로자가 금전보상금을 수령한 경우에는 해고 및 그로 인한 금전적 보상에 대한 합의가 있었다고 봄이 타당하며,[62] 장기적으로는 부당해고 구제절차를 일원화함으로써 문제를 근원적으로 해결하여야 한다.[63]

금전보상제는 민사소송과 관련하여 근본적인 문제를 내포하고 있다.

근로자의 금전보상금 신청의 법적 의미를 사용자의 해고에 의한 근로계약 해지의 의사표시를 받아들이는 것으로 본다면, 민사소송 시 임금 상당액의 계산은 그 시점까지로 제한되어야 하는 것이 아닌가 하는 의문이 생긴다. 이를 판정일 이후 장래의 계약해지 의사표시로 본다고 해도 적어도 근로자가 그 시점에서 자신의 근로제공 의사가 없음을 명시적으로 표시한 것으로 보아야 한다. 금전보상금 신청을 해고된 근로자가 희망하는 보상금을 전부 지급받는 것을 조건으로 한 조건부 의사표시로 해석할 수도 있겠으나, 근로자가 금전보상금을 신청하는 경우는 다른 직장을 구했거나 사용자와의 인적 관계의 손상으로 더 이상 근무를 원하지 않는 경우가 많을 것인데 일률적으로 그와 같이 해석함은 현실성이 없어 보인다.

근로자가 금전보상금을 신청하는 것을 적어도 그 시점에서 근로제공의 의사가 없음을 표시한 것으로 보게 되면, 그 후로는 사용자의 임금지급의무를 인정할 근거가 없어져 법원의 민사판결과 노동위원회의 금전보상명령 사이의 괴리를 피하기가 어렵다.

또한 민사소송에서는 근로자가 부당해고기간 동안 다른 직장에서 중간수입을 얻은 경우 이를 공제하여야 하고, 현재 판례가 예외적인 경우에만 사용자의 부당해고로 인한 위자료책임을 인정하고 있으므로, 이 점에 있어서도 민사소송에서 법원이 인정하는 금액이 노동위원회가 지급을 명하는 금전보상액과 차이

62) 같은 취지에서 금전보상명령에 대한 중앙노동위원회의 재심 기각 결정이 있은 후 그에 대하여 행정소송을 제기하는 등으로 다투지 아니하고 근로자가 금전보상금을 수령한 경우 해고 및 그로 인한 금전적 보상에 대한 합의가 있었다고 본 하급심 판결(서울중앙지법 2018. 6. 14. 선고 2018가합409 판결)이 있다.

63) 조상균, 18면 참조.

가 생길 수밖에 없다.

사용자가 구제명령의 이행을 거부하여 민사소송을 제기할 경우[64]에 이러한 차이로 인한 문제가 구체적으로 발생할 수 있다.

### 5. 금전보상제와 행정소송

근로자가 부당해고 구제신청을 하여 해고처분의 효력을 다투던 중 사용자가 그 해고처분을 철회 내지 취소하고 근로자를 복직시켰다면, 근로자로서는 구제를 구하는 사항이 해고처분의 철회 또는 취소 및 복직에 따라 실현됨으로써 구제신청의 목적을 달성하였으므로, 더 이상 구제절차를 유지할 필요가 없게 되어 구제이익은 소멸한다.[65] 근로자가 금전보상명령을 신청한 경우에도 사용자가 그 해고처분을 철회 또는 취소하고 근로자를 복직시켰다면 마찬가지로 구제이익이 소멸하였다고 볼 것인지에 관하여, 사용자의 복직명령이 진정한 의사에 따른 것이 아니라 금전보상을 회피하기 위하여 형식적으로 이루어진 것에 불과한지, 즉 민법 107조가 규정하는 비진의표시에 해당하는 것인지를 심리한 후, 비진의표시에 해당하지 않는다고 판단하고, 비진의표시에 해당하지 않는 이상 원직복직이 이루어졌으니 금전보상명령을 할 구제이익이 남아 있지 않다고 판단한 하급심 판결이 있다.[66] 이에 반하여 근로자가 금전보상명령을 신청하였는데 사용자가 복직명령을 한 사안에서 사용자가 금전보상을 회피하기 위하여 형식적으로 복직을 명한 것으로 보일 뿐이므로, 여전히 구제이익이 인정된다고 한 하급심 판결이 있다.[67]

[정 진 경·김 용 신]

---

64) 과거와 달리 이행강제금에 의하여 구제명령을 강제할 수 있고 금전보상명령은 지급할 금액이 특정되므로, 근로자가 아닌 사용자가 채무부존재확인소송 등의 형태로 소를 제기하는 것을 예상할 수 있다.

65) 대법원 2002. 2. 8. 선고 2000두7186 판결. 이에 대하여 사용자에게 소급임금의 지급을 회피하려는 의사가 엿보이고 그리하여 근로자가 사용자의 복직명령에 불응한 경우에는 사용자의 복직명령에도 불구하고 여전히 구제이익이 인정될 수 있다는 견해가 있다(권오성, 487면).

66) 서울고법 2018. 5. 25. 선고 2018누30886 판결.

67) 서울행법 2012. 8. 16. 선고 2012구합8847 판결. 이에 대하여는 결론은 지지하면서도, 근로자가 금전보상을 청구한 시점에서 근로관계가 종료되므로 사용자는 근로자의 금전보상 청구 이후에는 원직복직을 명할 수 없고, 이에 따라 굳이 사용자의 의사를 해석할 필요가 없다는 견해가 있다(강선희a, 306~308면).

## 제31조(구제명령 등의 확정)

① 「노동위원회법」에 따른 지방노동위원회의 구제명령이나 기각결정에 불복하는 사용자나 근로자는 구제명령서나 기각결정서를 통지받은 날부터 10일 이내에 중앙노동위원회에 재심을 신청할 수 있다.

② 제1항에 따른 중앙노동위원회의 재심판정에 대하여 사용자나 근로자는 재심판정서를 송달받은 날부터 15일 이내에 「행정소송법」의 규정에 따라 소(訴)를 제기할 수 있다.

③ 제1항과 제2항에 따른 기간 이내에 재심을 신청하지 아니하거나 행정소송을 제기하지 아니하면 그 구제명령, 기각결정 또는 재심판정은 확정된다.

〈세 목 차〉



[참고문헌]

**강선희**, "금전보상을 신청한 근로자에게 사용자가 복직명령을 한 경우의 구제이익", 노동법학 44호, 한국노동법학회(2012); **권오성**, "사용자의 출근명령과 부당해고 구제절차의 구제이익", 서울법학 25권 2호, 서울시립대학교(2017); **김경운**, "외국인근로자의 부당해고 구제에 대한 법률적 검토", 법제 664호, 법제처(2014); **김민기**, "부당노동행위의 구제절차와 구제이익", 노동법의 쟁점과 과제 — 김유성 교수 화갑 기념, 법문사(2000); **김재호 · 김홍영**, "부당해고구제명령 불이행에 대한 이행강제금 부과", 노동법연구 21호, 서울대학교 노동법연구회(2006); **김치중a**, "노동위원회의 처분에 대한 쟁송에 있어서의 소송법적 제 문제", 특별법연구 5권, 법문사(1997); **김치중b**, "부당해고구제재심판정 후에 사업장이 없어진 경우 사용자가 재심판정취소를 구할 소의 이익이 있는지 여부", 대법원판례해설 19-2호, 법원행정처(1993); **김홍영a**, "부당해고재심판정취소소송 판결과 해고무효확인소송 판결 간의 모순된 판단의 방지", 노동법학 36호, 한국노동법학회(2010), **김홍영b**, "부당해고 구제절차에서의 금전보상 제도 및 이행강제금 제도", 노동법학 25호, 한국노동법학회(2007); **도재형**, "부당해고구제신청에 관한 행정소송에서 근로자 패소 판결이 확정된 후 제기된 해고무효확인소송의 소의 이익", 노동법학 34호, 한국노동법학회(2010); **박은정**, 노동분쟁해결제도연구, 이화여자대학교 대학원 박사학위논문(2005); 노사관계 **선진화 입법 설명자료**, 노동부(2007); **성기문**, "부당해고, 부당노동행위, 해고등무효확인청구의 소의 관계", 행정소송실무연구, 서울고등법원(1998); **심재진**, "근로관계 종료에 따른 부당해고 등 구제신청 구제이익과 재심판정취소소송 소의 이익: 대법원 판례법리의 분석과 평가", 노동법연구 32호, 서울대학교 노동법연구회(2012); **유성재**, "임금상당액 지급명령의 독립구제이익", 노동법률 265호, 중앙경제사(2013); **이철수**, "개정 해고법제의 주요 내용과 그 평가"(서울대학교 노동법연구회 2007년 춘계공개학술대회 발표 논문), 2006-2007 개정 노동법의 법리적 검토, 서울대학교 노동법연구회(2007); **정인섭**, "부당해고 구제명령이 내려진 경우 부당노동행위 구제이익의 존부", 노동법률 86호, 중앙경제(1998); **정진경**, 부당해고의 구제, 경인문화사(2009); **정진경a**, "부당해고 구제명령의 실효성 확보수단에 대한 검토", 노동법연구 25호, 서울대학교 노동법연구회(2008); **정진경b**, "사용자가 제기한 부당해고 재심판정취소소송 중에 원직이 소멸한 경우의 법원의 처리", 노동법연구 35호, 서울대학교 노동법연구회(2013); **조한중**, "부당노동행위구제명령 중 일부의 취소를 구하는 소의 취급", 대법원판례해설 23호, 법원행정처(1995); **최봉석**, "취소소송의 소익에 관한 이론과 판례의 검토", 토지공법연구 11집, 한국토지공법학회(2001).

## Ⅰ. 노동위원회 판정에 대한 불복

### 1. 지방노동위원회 판정에 대한 불복

지방노동위원회의 구제명령이나 기각결정에 불복하는 사용자나 근로자는 구제명령이나 기각결정을 통지받은 날부터 10일 이내에 중앙노동위원회에 재심을 신청할 수 있다(법 31조 1항).

당사자의 재심신청은 초심에서 신청한 범위를 넘어서는 아니 되며, 중앙노동위원회의 재심 심리와 판정은 당사자가 재심신청한 불복의 범위 안에서 하여야 한다(노위규칙 89조). 조사관은 당사자 주장이 초심에서 한 주장과 다른 부분이 있는 경우 이를 추가하여 조사보고서를 작성하여야 한다(노위규칙 93조).

중앙노동위원회는 재심신청이 요건을 충족하지 못한 경우 재심신청을 각하하고, 재심신청이 이유 없다고 판단하는 경우에는 기각하며, 이유 있다고 판단하는 경우에는 지방노동위원회의 처분을 취소하고 구제명령이나 각하 또는 기각결정을 하여야 한다(노위규칙 94조 1항). 다만, 중앙노동위원회는 근로관계의 소멸이나 사업장 폐쇄 등으로 초심의 구제명령 내용을 그대로 유지하는 것이 적합하지 않다고 판단하는 경우에는 그 내용을 변경할 수 있다(노위규칙 94조 2항).

### 2. 중앙노동위원회 판정에 대한 불복 — 행정소송

중앙노동위원회의 재심판정에 대하여 불복이 있는 경우에는 사용자나 근로자는 재심판정서를 송달받은 날부터 15일 이내에 행소법의 규정에 따라 소를 제기할 수 있다(법 31조 2항).

노동위원회의 구제명령은 행소법 2조에서 말하는 처분에 해당하며 구제명령에 대한 재심신청을 기각 또는 각하하는 판정은 어느 것이나 사용자에 대하여 구제명령의 내용을 이행하여야 할 의무를 부과하기 때문에 같은 조 소정의 재결에 해당하는 점에 대하여는 이론이 없다. 구제신청을 기각 또는 각하하는 결정, 그 결정에 대한 재심신청을 기각 또는 각하하는 결정 및 구제명령에 대한 재심신청을 인용하는 결정의 처분성에 대하여는 의문이 있을 수 있으나, 노동위원회는 그 심사에 따라 부당해고의 존재를 인정하는 경우에는 구제이익이 없는 경우를 제외하고는 반드시 구제명령을 하여야 하므로 위 결정들이 잘못 내려진 때에는 신청인의 구제를 받을 권리가 침해되었다고 할 것이어서 위 결정들도 같은 조 소정의 처분 또는 재결에 해당한다.[1)]

사용자가 지방노동위원회의 구제명령에 대하여 재심을 청구하거나 중앙노동위원회의 재심판정에 대하여 행정소송을 제기한 경우에도 구제명령이나 재심판정의 효력은 정지되지 않는다(법 32조).

근기법은 이행명령에 관한 규정을 두고 있지 않으므로, 부당해고에 대한 중앙노동위원회의 재심판정에 대하여 사용자가 행정소송을 제기하고 그 구제명령을 이행하지 않더라도 노조법 85조 5항이 규정하고 있는 이행명령제도를 이용

---

1) 조한중, 375면.

할 수는 없으며, 대신 개정 근기법은 노동위원회가 구제명령을 받은 후 이행기한까지 구제명령을 이행하지 아니한 사용자에게 2,000만 원 이하의 이행강제금을 부과할 수 있는 제도를 신설하였고(법 33조), 2021. 5. 18. 법률 18176호 일부개정으로 이행강제금 상한이 3,000만 원으로 상향되었다.

부당해고 등 구제신청에 관한 중앙노동위원회 재심판정 취소소송의 소송물은 재심판정 자체의 위법성이므로, 부당해고 등으로 주장되는 구체적 사실이 부당해고 등에 해당하는지 여부를 심리하여 재심판정의 위법성 유무를 따져보아야 한다.[2] 법원이 취소소송의 행정소송에서 노동위원회 판정의 위법성에 대해 심사할 수 있는 범위에 관하여는 행소법이나 근기법에 특별히 이를 제한하는 규정이 없으므로, 노동위원회의 부당해고에 관한 사실인정 및 법적 판단, 구제조치 및 심사절차의 적법성 등에 대하여 전면적으로 새로이 심리할 수 있으며, 따라서 당사자는 노동위원회의 심사절차에서 주장 내지 제출되지 아니한 새로운 증거를 제출할 수 있고 법원도 직권으로 증거조사를 할 수 있으며, 이러한 증거조사에 기초하여 노동위원회와 다른 사실을 독자적으로 인정할 수 있다.[3]

부당해고 등의 구제절차 관련 규정, 재심판정 취소소송의 소송물, 그 심리방식, 심판대상이 되는 징계사유 등을 종합하면, 중앙노동위원회의 재심판정이 징계처분의 정당성에 관한 판단을 그르쳤는지 여부를 가리기 위해서는 징계위원회 등에서 징계처분의 근거로 삼은 징계사유에 의하여 징계처분이 정당한지 여부를 살펴보아야 한다. 따라서 여러 징계사유를 들어 징계처분을 한 경우에는 중앙노동위원회가 재심판정에서 징계사유로 인정한 것 이외에도 징계위원회 등에서 들었던 징계사유 전부를 심리하여 징계처분이 정당한지 여부를 판단하여야 한다.[4]

중앙노동위원회의 재심판정에 대한 취소청구를 기각하는 판결이 확정된 때에는 재심판정대로 구제명령 · 기각결정 또는 각하결정이 확정된다.[5]

법원의 취소판결은 중앙노동위원회를 기속한다(행소법 30조 1항).

구제신청을 각하 또는 기각한 중앙노동위원회의 처분이 취소되면, 중앙노동위원회는 취소판결의 취지에 따라 부당해고의 성립 여부를 판단하여 명령 또

2) 대법원 2004. 2. 27. 선고 2003두902 판결.
3) 김유성Ⅱ, 377면; 정진경, 406~407면.
4) 대법원 2016. 12. 29. 선고 2015두776 판결, 대법원 2016. 12. 29. 선고 2015두38917 판결.
5) 김유성Ⅱ, 380면.

는 결정을 하며, 중앙노동위원회의 명령이 절차의 위법을 이유로 취소된 경우에도 같다(행소법 30조 2항 · 3항). 중앙노동위원회는 재심판정을 취소하는 법원의 판결이 확정되면, 법원의 확정 판결이 구제명령 등을 취소하는 내용인 경우를 제외하고는 심판위원회의 의결을 거쳐 해당사건을 재처분하여야 한다(노위규칙 99조 1항). 재개 후의 심사범위는 판결에 의하여 취소된 부분에 한정된다.[6] 재처분을 하는 경우에는 본안에 대한 심리 또는 판단이 필요한 경우를 제외하고는 심문회의를 개최하지 아니함을 원칙으로 하고(노위규칙 99조 3항) 당사자의 신청이나 동의가 있는 때에는 단독심판으로 할 수 있다(노위규칙 99조 4항). 재처분에 따른 판정서(결정서)는 재심사건 당사자에게 작성 · 송부한다(노위규칙 99조 2항).

중앙노동위원회의 구제명령이 부당해고가 성립되지 않는다는 이유로 취소된 경우에는 취소판결의 확정으로 명령의 효력이 상실된다.[7]

## Ⅱ. 부당해고 재심판정취소소송과 소의 이익

### 1. 개　　요

부당해고를 당한 근로자가 노동위원회에 부당해고 구제신청을 하는 경우에는 지방노동위원회 또는 특별노동위원회의 구제명령 또는 기각결정이 있게 되며, 이에 대하여 중앙노동위원회에 재심이 신청되어 중앙노동위원회가 내린 재심판정에 대하여 불복이 있는 경우에는 관계당사자는 중앙노동위원회 위원장을 피고로 하여 행정소송을 제기할 수 있다.

이러한 부당해고 구제신청절차는 법리적 논쟁이 있음에도 부당해고 구제신청제도가 도입된 1989년 이후 노동위원회의 심판사건 중 부당해고 구제신청이 차지하는 비중이 갈수록 늘어 1991년에는 이미 부당노동행위 구제신청건수를 넘어섰으며 1997년 이후 2006년까지는 부당노동행위 구제신청건수의 약 4배에 달하였고,[8] 2023년에는 처리건수를 기준으로 부당노동행위 처리건수의 19배를 넘고 있다.[9]

---

6) 김형배, 1342면.
7) 김유성Ⅱ, 381면.
8) [표 1] 노동위 연도별 노동위원회 심판사건 종합통계《초심》[2006년도 노동위원회 연보, 노동위원회연보 9호, 중앙노동위원회(2007. 6.), 54면에서 전재].
9) [표 2] 연도별 전체 사건 처리건수(2023 노동위원회 통계연보 3면).

[표 1] 노동위 연도별 노동위원회 심판사건 종합통계 《초심》

| 사건별 / 처리별 / 연도별 | 계10) | 부당노동행위 | | | | | | | | 부당해고11) | | | | | | | |
|---|---|---|---|---|---|---|---|---|---|---|---|---|---|---|---|---|---|
| | | 신청건수 | 처리건수 | | | | | | 이월 | 신청건수 | 처리건수 | | | | | | 이월 |
| | | 소계 | 전부인정 | 일부인정 | 화해 | 기각 | 각하 | 취하 | | 소계 | 전부인정 | 일부인정 | 화해 | 기각 | 각하 | 취하 | |
| 1974 | 199 | 68 | 11 | 1 | | 11 | 2 | 43 | | | | | | | | | |
| 1975 | 253 | 100 | 16 | 1 | | 18 | 6 | 56 | 3 | | | | | | | | |
| 1976 | 241 | 93 | 14 | | | 13 | 8 | 54 | 4 | | | | | | | | |
| 1977 | 262 | 103 | 10 | 6 | | 11 | 8 | 63 | 5 | | | | | | | | |
| 1978 | 230 | 75 | 6 | 3 | | 16 | 4 | 42 | 4 | | | | | | | | |
| 1979 | 167 | 79 | 14 | 3 | | 7 | 3 | 49 | 3 | | | | | | | | |
| 1980 | 262 | 163 | 29 | 3 | | 27 | 13 | 89 | 2 | | | | | | | | |
| 1981 | 251 | 133 | 26 | | | 22 | 9 | 76 | | | | | | | | | |
| 1982 | 369 | 168 | 18 | 3 | 49 | 34 | 9 | 51 | 4 | | | | | | | | |
| 1983 | 364 | 160 | 30 | 5 | 27 | 31 | 8 | 52 | 7 | | | | | | | | |
| 1984 | 440 | 238 | 25 | 4 | 36 | 56 | 5 | 106 | 6 | | | | | | | | |
| 1985 | 552 | 322 | 54 | 2 | 33 | 79 | 22 | 119 | 13 | | | | | | | | |
| 1986 | 511 | 323 | 38 | 9 | 20 | 70 | 19 | 141 | 26 | | | | | | | | |
| 1987 | 795 | 522 | 69 | 10 | 16 | 110 | 21 | 215 | 81 | | | | | | | | |
| 1988 | 1,707 | 1,439 | 154 | 15 | 34 | 264 | 190 | 640 | 142 | | | | | | | | |
| 1989 | 4,477 | 1,721 | 173 | 21 | 28 | 352 | 94 | 878 | 175 | 1,706 | 107 | 3 | 20 | 88 | 71 | 1,317 | 100 |
| 1990 | 4,203 | 1,160 | 131 | 18 | 25 | 341 | 89 | 484 | 72 | 1,134 | 189 | 3 | 18 | 270 | 54 | 1,517 | 83 |
| 1991 | 3,579 | 784 | 60 | 15 | 6 | 311 | 43 | 311 | 38 | 1,138 | 181 | 12 | 12 | 289 | 74 | 1,496 | 74 |
| 1992 | 3,213 | 744 | 70 | 15 | 10 | 287 | 53 | 263 | 46 | 1,395 | 178 | 8 | 21 | 347 | 109 | 1,628 | 104 |
| 1993 | 3,226 | 619 | 70 | 17 | 15 | 189 | 24 | 274 | 30 | 1,608 | 226 | 5 | 24 | 360 | 73 | 1,834 | 86 |
| 1994 | 2,991 | 548 | 59 | 3 | 5 | 189 | 17 | 231 | 44 | 1,566 | 238 | 11 | 21 | 287 | 86 | 1,834 | 89 |
| 1995 | 2,940 | 566 | 47 | 14 | 9 | 205 | 39 | 220 | 32 | 1,578 | 225 | 12 | 20 | 348 | 59 | 1,834 | 80 |
| 1996 | 2,866 | 539 | 45 | 10 | 6 | 129 | 36 | 267 | 46 | 1,632 | 207 | 6 | 16 | 243 | 82 | 1,958 | 120 |
| 1997 | 2,767 | 495 | 48 | 4 | 4 | 120 | 20 | 248 | 51 | 1,928 | 275 | 8 | 15 | 263 | 70 | 1,121 | 176 |
| 1998 | 4,787 | 787 | 66 | 10 | 13 | 216 | 25 | 370 | 87 | 3,670 | 543 | 15 | 47 | 556 | 221 | 1,915 | 373 |
| 1999 | 4,751 | 950 | 46 | 9 | 4 | 305 | 60 | 416 | 110 | 3,801 | 620 | 30 | 51 | 658 | 183 | 1,802 | 457 |
| 2000 | 5,200 | 1,040 | 77 | 4 | 4 | 269 | 38 | 443 | 205 | 3,918 | 568 | 9 | 64 | 643 | 193 | 1,800 | 64 |
| 2001 | 6,765 | 1,502 | 137 | 26 | 18 | 352 | 140 | 557 | 272 | 5,037 | 853 | 30 | 68 | 755 | 287 | 2,443 | 601 |
| 2002 | 6,393 | 1,355 | 216 | 15 | 13 | 443 | 52 | 433 | 183 | 4,169 | 781 | 68 | 84 | 710 | 206 | 1,871 | 449 |
| 2003 | 5,254 | 947 | 65 | 12 | 9 | 359 | 43 | 336 | 123 | 4,102 | 672 | 40 | 186 | 591 | 166 | 1,944 | 503 |
| 2004 | 5,892 | 908 | 62 | 20 | 17 | 308 | 27 | 282 | 192 | 4,816 | 771 | 37 | 188 | 682 | 194 | 2,318 | 626 |
| 2005 | 6,284 | 968 | 65 | 13 | 26 | 384 | 20 | 287 | 173 | 5,119 | 801 | 77 | 314 | 741 | 182 | 2,403 | 601 |
| 2006 | 6,334 | 1,134 | 49 | 64 | 24 | 563 | 49 | 243 | 142 | 5,002 | 666 | 144 | 212 | 860 | 259 | 2,384 | 477 |

10) 해고예고예외, 기준미달 휴업수당 지급승인, 휴업보상 및 장해보상의 예외 등 심판사건까지 포함한 심판사건 총 합계.

11) 법 27조의3 신설(1989. 3. 29.)로 부당해고란 신설.

[표 2] 연도별 전체 사건 처리건수(단위: 건, %)

| 구분 | | 합계 | 노동쟁의 조정(調整) | | | 심판 | | | | 복수 노조 | 차별 시정 |
|---|---|---|---|---|---|---|---|---|---|---|---|
| | | | 조정(調整) | 중재 | 필수유지 | 소계 | 부해 | 부노 | 기타 심판 | | |
| 2019년 | 전 체 | 17,281 | 1,244 | 9 | 31 | 14,653 | 13,119 | 1,129 | 405 | 1,173 | 171 |
| | 중노위 | 2,384 | 162 | 3 | 7 | 1,994 | 1,677 | 292 | 25 | 177 | 41 |
| | 지노위 | 14,897 | 1,082 | 6 | 24 | 12,659 | 11,442 | 837 | 380 | 996 | 130 |
| 2020년 | 전 체 | 16,914 | 957 | 9 | 8 | 15,080 | 13,507 | 1,156 | 417 | 698 | 162 |
| | 중노위 | 2,392 | 103 | 2 | 2 | 2,131 | 1,838 | 276 | 17 | 131 | 23 |
| | 지노위 | 14,522 | 854 | 7 | 6 | 12,949 | 11,669 | 880 | 400 | 567 | 139 |
| 2021년 | 전체 | 15,811 | 1,169 | 18 | 31 | 13,747 | 12,383 | 1,082 | 282 | 724 | 122 |
| | 중노위 | 2,457 | 161 | 7 | 3 | 2,132 | 1,800 | 306 | 26 | 132 | 22 |
| | 지노위 | 13,354 | 1,008 | 11 | 28 | 11,615 | 10,583 | 776 | 256 | 592 | 100 |
| 2022년 | 전체 | 16,027 | 1,150 | 18 | 10 | 14,158 | 13,142 | 786 | 230 | 535 | 156 |
| | 중노위 | 2,273 | 171 | 13 | 2 | 1,934 | 1,706 | 211 | 17 | 122 | 31 |
| | 지노위 | 13,754 | 979 | 5 | 8 | 12,224 | 11,436 | 575 | 213 | 413 | 125 |
| 2023년 | 전체 | 18,946 | 1,056 | 20 | 12 | 16,984 | 15,816 | 823 | 345 | 696 | 178 |
| | 중노위 | 2,385 | 160 | 15 | 0 | 2,084 | 1,869 | 196 | 19 | 92 | 34 |
| | 지노위 | 16,561 | 896 | 5 | 12 | 14,900 | 13,947 | 627 | 326 | 604 | 144 |

[표 3] 연도별 행정소송 통계(단위: 건, %)

| 구분 / 연도별 | 중 노 위 판정건수 (소송대상) | 소송제기건수 | | | 소송 제기율 (%) | 승 소 | 패 소 | 승소율 (%) | 계류중 | | |
|---|---|---|---|---|---|---|---|---|---|---|---|
| | | 계 | 근로자 | 사용자 | | | | | 행정 법원 | 고등 법원 | 대법원 |
| 1991 | 725 | 160 | 129 | 31 | 22.1 | 38 | 6 | 86.4 | | 103 | 40 |
| 1992 | 474 | 94 | 74 | 20 | 19.8 | 56 | 3 | 94.9 | | 61 | 29 |
| 1993 | 543 | 102 | 69 | 33 | 18.8 | 92 | 9 | 91.1 | | 68 | 27 |
| 1994 | 407 | 160 | 96 | 64 | 39.3 | 79 | 9 | 89.8 | | 124 | 30 |
| 1995 | 427 | 140 | 93 | 47 | 32.8 | 91 | 26 | 77.8 | | 119 | 42 |
| 1996 | 325 | 93 | 52 | 41 | 28.6 | 93 | 30 | 75.6 | | 97 | 47 |
| 1997 | 267 | 92 | 47 | 45 | 34.5 | 52 | 19 | 73.2 | | 75 | 20 |
| 1998 | 493 | 155 | 91 | 64 | 31.4 | 40 | 9 | 81.6 | 83 | 31 | 34 |
| 1999 | 636 | 228 | 132 | 96 | 35.8 | 44 | 19 | 69.8 | 189 | 49 | 33 |
| 2000 | 644 | 231 | 129 | 102 | 35.9 | 74 | 14 | 84.1 | 179 | 67 | 47 |
| 2001 | 622 | 253 | 139 | 114 | 40.7 | 94 | 22 | 81.0 | 161 | 120 | 57 |
| 2002 | 801 | 297 | 178 | 119 | 37.1 | 113 | 27 | 80.7 | 162 | 129 | 41 |

| | | | | | | | | | | |
|---|---|---|---|---|---|---|---|---|---|---|
| 2003 | 719 | 258 | 142 | 116 | 35.9 | 134 | 39 | 77.5 | 192 | 118 | 22 |
| 2004 | 747 | 286 | 151 | 135 | 38.3 | 156 | 32 | 83.0 | 234 | 164 | 43 |
| 2005 | 829 | 355 | 206 | 149 | 42.8 | 148 | 44 | 77.1 | 257 | 196 | 59 |
| 2006 | 1,165 | 396 | 247 | 149 | 34.0 | 161 | 65 | 71.2 | 315 | 221 | 72 |
| 2007 | 1,165 | 499 | 289 | 210 | 42.8 | 236 | 68 | 77.6 | 364 | 162 | 75 |
| 2008 | 1,125 | 429 | 212 | 217 | 38.1 | 250 | 65 | 79.4 | 243 | 208 | 79 |
| 2009 | 963 | 367 | 207 | 160 | 38.1 | 262 | 69 | 79.2 | 242 | 163 | 72 |
| 2010 | 1,013 | 321 | 202 | 119 | 31.7 | 262 | 57 | 82.1 | 202 | 146 | 68 |
| 2011 | 1,669 | 457 | 264 | 193 | 27.4 | 274 | 46 | 85.6 | 276 | 145 | 60 |
| 2012 | 1,023 | 352 | 181 | 171 | 34.4 | 229 | 58 | 79.8 | 318 | 137 | 73 |
| 2013 | 1,463 | 443 | 224 | 219 | 30.3 | 234 | 41 | 85.1 | 346 | 151 | 87 |
| 2014 | 1,304 | 384 | 211 | 173 | 29.4 | 246 | 59 | 80.7 | 357 | 151 | 76 |
| 2015 | 1,388 | 415 | 186 | 229 | 29.9 | 285 | 66 | 81.2 | 305 | 154 | 52 |
| 2016 | 1,423 | 457 | 183 | 274 | 32.1 | 241 | 62 | 79.8 | 410 | 164 | 90 |
| 2017 | 1,417 | 449 | 201 | 248 | 31.7 | 297 | 103 | 74.3 | 421 | 153 | 99 |
| 2018 | 1,398 | 488 | 201 | 287 | 34.9 | 312 | 61 | 83.6 | 438 | 141 | 80 |

또한 2018년에는 1398건의 중앙노동위원회의 판정 중 488건에 대하여 행정소송이 제기되어 34.9%의 소송제기율을 보이고 있는바,[12] 노동위원회 심판사건 중 대부분이 부당해고 구제신청 사건인 점을 감안하면 상당한 수의 부당해고구제 재심판정취소소송이 제기되고 있는 것으로 생각된다.

부당해고구제 재심판정취소소송은 행정소송의 형식을 취하며, 따라서 소의 이익도 행정소송 중 취소소송에서의 소의 이익 일반론을 따른다. 소의 이익 유무가 문제되는 것은 대부분 구제절차에서는 구제이익이 인정되었으나 노동위원회의 명령이나 결정 후에 구제명령의 이행이 불가능하게 되거나 구제의 필요성이 소멸하는 등의 사정이 발생하여 당해 명령이나 결정의 위법성을 다툴 실익이 없게 된 경우이다.[13]

취소소송의 소의 이익과 관련하여 법원은 소의 이익을 엄격히 해석하여 권리에 대해서만 원고적격을 인정하려는 입장이었으나, 1984년의 행소법의 제정[14]으로 인하여 소의 이익은 '법률상 이익'을 구체적으로 판단하는 문제가 되

12) [표 3] 연도별 행정소송 통계표 참조.
13) 김민기, 564면; 정진경, 409면.
14) 행소법 12조는 "취소소송은 처분 등의 취소를 구할 법률상 이익이 있는 자가 제기할 수 있다"고 규정하고 있다.

었다.[15]

노동위원회의 구제명령시를 기준으로 하는 구제이익과 달리 소의 이익의 존부에 대한 판단의 기준시기는 일반의 취소소송과 같이 사실심 변론종결시이다.[16]

이하에서는 소의 이익이 문제되는 경우를 유형별로 검토한다.

## 2. 사정변경된 경우

위법한 행정처분의 취소를 구하는 소는 위법한 처분에 의하여 발생한 위법상태를 배제하여 원상으로 회복시키고 그 처분으로 인하여 침해된 권리나 이익을 보호·구제하고자 하는 소송이므로 그 처분을 취소하더라도 원상회복이 불가능하거나 행정처분에 의한 집행이 종료된 경우, 또는 행정처분 자체에 정하여져 있는 효력기간이 경과하여 행정처분이 효력을 상실한 경우 등에는 그 처분이 외형상 잔존함으로 인하여 어떠한 법률상 이익이 침해되고 있다고 볼 만한 다른 사정이 없는 한 그 처분의 취소 또는 무효확인을 구할 법률상의 이익이 없다.[17]

부당해고구제 재심판정취소소송도 행정소송이므로 그 소의 이익을 판단할 때는 어떠한 경우에 노동위원회의 구제명령이 발하여진 후의 사정변경으로 구제명령의 실현이 무의미하거나 객관적으로 불능으로 되었다고 볼 것인지 문제된다.

### 가. 사업장의 소멸

사업장이 소멸하는 경우와 같이 구제명령의 실현이 객관적으로 불능이 된 경우에는 구제명령이 실효되어 사용자에 의한 구제명령위반의 문제는 생기지 아니하고 부당해고구제 재심판정취소소송은 소의 이익이 없다.[18] 근로자를 해고한 회사가 실질적으로 폐업하여 법인격까지 소멸됨으로써 복귀할 사업체의 실체가 없어졌다면 기업의 존재를 전제로 하는 구제신청의 이익도 없다는 대법원 판결이 있다.[19]

15) 최봉석, 97~98면.
16) 김민기, 565면; 정진경, 412면.
17) 김치중b, 312~313면.
18) 김치중b, 313면.
19) 대법원 1990. 2. 27. 선고 89누6501 판결, 대법원 1991. 12. 24. 선고 91누2762 판결.

사업체의 소멸로 원직복귀를 명하는 내용의 구제명령은 실현이 불가능하게 된다고 하더라도 임금 상당액의 지급을 명하는 내용의 구제는 가능한 경우의 소의 이익이 문제되는바, 이러한 경우 구제제도를 이용할 근로자의 이익을 법률상 이익으로 보기 어렵고 현실적으로도 집행력도 없는 구제명령을 받기 위하여 구제절차를 계속하게 하는 것이 근로자에게 이익이 된다고 보기 어렵기 때문에 임금 상당액의 지급을 명하는 부분에 관하여도 구제이익이나 소의 이익이 소멸한다고 봄이 타당하다는 견해가 있다.[20] 하지만 민사소송에 비하여 신속하게 판정을 받을 수 있는 구제제도를 이용할 구체적인 이익이 있고, 집행력은 없다고 하여도 이행강제금제도의 신설 등으로 충분히 사실상의 강제가 가능한 점을 고려하면 임금 상당액의 지급을 명하는 구제명령이나 판결을 받을 필요성을 부정하기는 어려울 것이다.[21]

이와 관련하여, 근로자를 징계해고한 회사가 해산등기 이후 청산절차가 종료되어 청산절차 종결등기를 마친 경우, 위 근로자는 부당해고 구제신청에 따른 구제명령을 얻는다고 하더라도 위 회사와의 근로관계 회복이 객관적으로 불가능하게 되었고, 그 외 법령 등에서 재취업의 기회를 제한하는 규정을 두고 있는 등의 특별한 사정이 없고 위 회사에 분배되지 아니한 잔여재산이 남아 있지 않다면 해고 이후 복직이 가능하였던 기간 중의 임금 상당액도 변제받을 수 없게 되었다고 할 것이므로 부당해고구제 재심판정의 취소를 구할 소의 이익이 없다고 한 대법원 판결[22]이, 회사에 분배되지 않은 잔여재산이 남아 있는 경우와 같이 임금 상당액을 받을 수 있는 경우라면 구제이익을 인정할 수 있다는 취지인지 주목된다.[23]

### 나. 사직이나 해고에 대한 동의

노동위원회는 구제를 신청한 근로자가 사직원을 제출하고 퇴직금, 해고수당 등을 지급받은 사안에서 구제신청의 이익이 없다거나 취업의사를 포기하여 구제의 실익이 없다거나 신청의 의사를 명백히 포기한 것으로 인정된다는 등의 이유를 들어 신청을 각하함이 일반적이다.[24]

---

20) 김치중a, 550면.
21) 김민기, 571면.
22) 대법원 2000. 8. 22. 선고 99두6910 판결.
23) 정진경, 414면.
24) 김민기, 568면.

해고의 효력을 다투어 지방노동위원회로부터 구제명령을 받은 근로자가 복직 후 중앙노동위원회의 재심판정이 있기 전에 자의로 사직원을 제출하였음에도 취업규칙 소정의 14일이 경과하도록 사용자가 이를 수리하지 않고 있던 상태에서 중앙노동위원회로부터 지방노동위원회의 구제명령을 취소하는 재심판정이 내려진 경우, 사직원 제출일부터 14일이 경과한 날짜에 사직원 제출에 의한 해지의 효력이 생김으로써 근로자는 그 날짜로 사용자의 직원 신분을 상실하였다고 보아야 한다. 이와 같이 근로자와 사용자 사이의 근로계약관계가 종료되었다면 근로자로서는 비록 이미 지급받은 해고기간 중의 임금을 부당이득으로 반환하여야 하는 의무를 면하기 위한 필요가 있거나 퇴직금 산정 시 재직기간에 해고기간을 합산할 실익이 있다고 하여도, 그러한 이익은 민사소송절차를 통하여 해결될 수 있으므로 중앙노동위원회의 재심판정을 다툴 소의 이익이 없다.[25]

이와 유사하게 근로자가 제기한 부당해고구제 재심판정취소소송 도중 근로자가 당해 해고에 대하여 동의 또는 승인한 경우에는 재심판정의 취소를 구할 소의 이익은 없게 된다.[26] 현실적으로 볼 때 근로자는 해고 후 퇴직 시까지의 임금 등을 지급받는 등의 내용으로 사용자와 합의를 하고 퇴직하는 경우가 대부분일 것이며, 이러한 경우에는 근로자의 퇴직이 자신의 의사에 기초한 것이고 어떠한 유보를 붙이지 아니한 이상 구제의 이익은 소멸하였다고 봄이 타당하다.[27] 대법원도, 근로자가 부당징계 구제신청을 하여 징계의 효력을 다투던 중 지방노동위원회의 구제명령 후 사직서를 제출한 사안에서, 근로자는 더 이상 구제절차를 유지할 필요가 없게 되어 근로관계의 종료와 동시에 구제이익이 소멸하였다고 보아야 하므로, 지방노동위원회의 구제명령을 전부 취소하고 구제신청을 각하하였어야 함에도 그 구제명령을 일부 유지한 중앙노동위원회의 재심판정이 위법하다고 판단하였다.[28]

---

25) 대법원 1997. 7. 8. 선고 96누5087 판결, 대법원 2001. 4. 24. 선고 2000두7988 판결.

26) 대법원 1998. 2. 27. 선고 97누18202 판결.

27) 김민기, 568면; 정진경, 415면.

28) 대법원 2009. 12. 10. 선고 2008두22136 판결. 이에 관하여는 퇴직 등의 사유로 근로관계가 종료하였다고 하여 일률적으로 구제의 실익이 없다고 보기는 어려우며, 원직복직을 명하는 내용의 구제명령은 실현이 불가능한 것으로 되었다고 하더라도 해고가 없었더라면 받을 수 있었던 임금의 지급을 명하는 내용의 구제명령을 받을 필요성은 남아 있다는 점, 대법원이 사업장이 소멸한 사안에서 사용자에게 임금지급의무와 관련하여 재심판정의 취소를 구할 법률상의 이익을 인정한 것(대법원 1993. 4. 27. 선고 92누13196 판결 참조)과의 균형을 이루어

하지만 뒤에서 보는 바와 같이 이러한 대법원 판결들이 대법원 2020. 2. 20. 선고 2019두52386 전원합의체 판결 이후에도 유지될 수 있는지는 의문이다.

다. 계약기간의 만료

종래 대법원은 부당해고구제 재심판정취소소송 중 근로자가 임용권자의 임기 만료에 따라 인사규정에 의하여 당연퇴직한 경우에는 재심판정의 취소를 구할 법률상 이익이 없다고 보았고, 근로계약기간을 정한 경우에 근로계약 당사자 사이의 근로관계는 특별한 사정이 없는 한 그 기간이 만료함에 따라 사용자의 해고 등 별도의 조처를 기다릴 것 없이 당연히 종료되고, 근로자가 부당해고 구제신청을 하여 해고의 효력을 다투던 중 근로계약기간의 만료로 근로관계가 종료되었다면 소의 이익이 없다고 보았다.[29] 예컨대 근로자로서는 재심판정이 취소되어 구제명령을 얻는다고 하더라도 근무하던 협회의 사무총장으로서 복귀하거나 사무총장의 직무를 수행할 지위를 회복하는 것이 불가능하므로, 재심판정의 취소를 구하는 소는 소의 이익이 없다고 보았다.[30]

하급심 판결에도 이와 같은 취지의 판결들이 있었다.[31] 다만, 근로계약의 기간이 반복갱신 등으로 인하여 그 기간의 정함이 형식에 불과해진 경우에는 계속하여 부당해고를 다툴 수 있었고,[32] 기간제 근로자에게 정당한 갱신기대권이 인정될 수 있는 경우에도 마찬가지였다.[33]

그런데 대법원은 판례를 변경하여 근로자가 부당해고 구제신청을 하여 해고의 효력을 다투던 중 정년에 이르거나 근로계약기간이 만료하는 등의 사유로

---

야 하는 점을 이유로 위와 같은 경우 근로자에게 구제이익을 인정하여야 한다는 견해가 있다(김민기, 568~569면). 실제로 하급심 판결 중에는 이러한 견해에 입각하여 구제의 이익을 인정한 사례가 있다[서울고법 2007. 7. 19. 선고 2006누27979 판결, 서울행법 2007. 9. 7. 선고 2006구합34845 판결(재심판정 중 원직복직 명령에 관한 부분만을 취소)].

29) 대법원 1995. 12. 5. 선고 95누12347 판결, 대법원 2001. 4. 10. 선고 2001두533 판결, 대법원 2001. 4. 24. 선고 2000두7988 판결, 대법원 2009. 12. 10. 선고 2008두22136 판결, 대법원 2011. 5. 13. 선고 2011두1993 판결, 대법원 2012. 6. 28. 선고 2012두4036 판결, 대법원 2012. 7. 26. 선고 2012두3484 판결, 대법원 2015. 1. 29. 선고 2012두4746 판결. 이에 대하여는 계약기간 만료의 경우에도 적어도 임금 상당액의 지급을 명하는 내용의 구제이익이나 소의 이익을 인정하여야 한다는 견해(심재진, 106면; 유성재, 72면)가 있었다.

30) 대법원 1995. 12. 5. 선고 95누12347 판결.

31) 서울행법 2000. 2. 29. 선고 99구18851 판결, 서울행법 2006. 3. 24. 선고 2005구합32149 판결.

32) 대법원 2005. 7. 8. 선고 2002두8640 판결; 박은정, 90면.

33) 대법원 2017. 10. 12. 선고 2015두59907 판결. 이러한 근로계약의 갱신기대권 법리를 적용하여 전부가 기간제 근로자인 외국인 근로자의 경우 적어도 부당해고 등을 당하여 이를 다투는 기간은 취업활동기간에서 제외하는 입법이 필요하다는 견해가 있다(김경운, 181면).

원직에 복직하는 것이 불가능하게 된 경우에도 해고기간 중의 임금 상당액을 지급받을 필요가 있다면 임금 상당액 지급의 구제명령을 받을 이익이 유지된다는 이유로 구제신청을 기각한 중앙노동위원회의 재심판정을 다툴 소의 이익이 있다고 판단하였고,[34] 이러한 대법원 판례가 입법에도 반영되어 법 30조 4항이 신설되었다.

종래의 대법원 판례는 부당해고에 대한 구제명령이 반드시 원직복직을 전제로 하였기에 금전보상제도가 도입됨으로써 구제이익과 관련하여 상당한 변화가 있으리라 예상되었는데,[35] 결국 위와 같이 대법원 판례가 변경되고 법 30조 4항이 신설되기에 이르렀다.[36]

한편 대법원은, 부당해고라고 판정한 재심판정에 대하여 사용자가 행정소송으로 재심판정의 취소를 구한 사안에서 재심판정 이후 특정 프로그램이 폐지되어 특정 프로그램의 존속을 전제로 하는 기간제 근로계약이 종료한 사정변경과 관련하여, 재심판정의 위법 여부는 재심판정 당시를 기준으로 판단하여야 하고 재심판정이 적법한 이상 그 후의 사정변경을 이유로 재심판정을 취소할 수는 없다고 하면서, 부당해고라고 판정한 재심판정이 적법한 이상 설령 원심판결에 소의 이익에 관한 법리를 오해한 잘못이 있다고 하더라도 어차피 사용자의 청구는 기각될 수밖에 없다는 이유로, 재심판정 중 원직복직을 명한 부분과 일부 기간의 임금지급을 명한 부분에 대하여 사용자가 취소를 구할 소의 이익이 없다고 보아 그 부분 소를 각하한 원심판결을 지지하였다.[37]

34) 대법원 2020. 2. 20. 선고 2019두52386 전원합의체 판결(부당해고구제재심판정의 취소소송 중 정년이 된 경우 소의 이익이 문제된 사건). 대법원 2024. 9. 13. 선고 2024두40493 판결은 대기발령 후 육아휴직의 개시로 그 대기발령이 장래를 향하여 실효되더라도 대기발령에 기하여 발생한 효과는 특별한 사정이 없는 한 소급하여 소멸하지 않으므로, 취업규칙 등에서 대기발령에 따른 효과로 승진·승급에 제한을 가하는 등의 법률상 불이익을 규정하고 있는 경우 대기발령을 받은 근로자는 이러한 법률상 불이익을 제거하기 위하여 그 실효된 대기발령에 대한 구제를 신청할 이익이 있다고 보았다.

35) 김홍영b, 44~45면.

36) 대법원 2020. 2. 20. 선고 2019두52386 전원합의체 판결은 판례 변경의 이유로, 종래의 대법원 판례는 금품보상제를 도입한 근로기준법 개정 취지에 맞지 않고 기간제근로자의 실효적이고 직접적인 권리구제를 사실상 부정하는 결과가 되어 부당하다는 이유를 들었다.

37) 대법원 2014. 4. 10. 선고 2011두19390 판결. 이에 대하여 특정 프로그램의 폐지는 사업장의 완전 폐지와 같이 구제명령의 실현이 객관적으로 불가능하게 된 것이 아닌 경우에는 이행강제금제도 등이 신설되어 재심판정의 외형상 잔존으로 사용자의 법률상 이익이 침해되므로 재심판정의 취소를 구할 소의 이익을 인정하고 재심판정을 취소하여야 한다는 비판이 있다(정진경b, 175~177면).

그런데 위와 같은 판례의 태도는 부당해고에 대한 구제명령이 반드시 원직 복직을 전제로 한다고 파악하는 것인데 금전보상제도가 도입됨으로써 구제이익과 관련하여 상당한 변화가 있으리라 예상되었으나,[38] 이 부분과 관련해서는 현재까지 별다른 판례의 변화는 보이지 않는다.

### 라. 사용자에 의한 근로자의 복직

사용자가 스스로 근로자를 복직시킨 경우는 구제의 이익이 부정되나,[39] 사용자가 구제명령에 복종하여야 할 공법상 의무에 따라 근로자를 우선 복직시킨 경우에는 잠정적으로 해임처분의 효력을 정지시키고 근로자를 복직시킨다는 뜻이지 근로자에 대한 해임처분을 종국적으로 취소한다는 뜻이라고는 볼 수 없으므로 회사는 여전히 구제명령의 취소를 구할 소의 이익이 있다.[40] 따라서 사용자는 공법상의 의무를 면할 목적으로 구제명령을 이행한 경우에 얼마든지 재심신청 내지 취소소송을 제기하여 구제명령을 다툴 수 있다.[41]

근로자가 금전보상을 신청하였는데 사용자가 해고의 의사를 철회하고 원직 복직을 명한 경우에 근로자가 이를 받아들이지 아니하면 구제신청을 각하하여야 하는가.

이에 대하여 해고는 사용자의 일방적 의사표시이며 근로자에게 도달한 이후에는 효력이 발생하므로 사용자가 이를 일방적으로 철회할 수 없다는 견해가 있으나,[42] 근로자의 부당해고 구제신청 자체가 해고처분이 무효임을 전제로 한 것이므로 무리한 해석이다. 그러나 근로자의 금전보상청구 자체를 사용자의 근로계약 해제의 의사표시에 대한 동의로 보면, 그 시점에서 근로관계는 종료되고 사용자가 재고용은 별론으로 하고 복직을 명할 여지는 없다. 이와 관련하여 근로자가 금전보상명령을 신청한 경우에도 사용자가 그 해고처분을 철회 또는 취소하고 근로자를 복직시켰다면 마찬가지로 구제이익이 소멸하였다고 볼 것인지에 관하여, 사용자의 복직명령이 진정한 의사에 따른 것이 아니라 금전보상을 회피하기 위하여 형식적으로 이루어진 것에 불과한지, 즉 민법 107조가 규정하는 비진의표시에 해당하는 것인지를 심리한 후 비진의표시에 해당하지 않는다

38) 김홍영b, 44~45면.
39) 임종률, 315면.
40) 대법원 2004. 2. 13. 선고 2003두8876 판결, 대법원 2010. 4. 29. 선고 2007두12941 판결.
41) 김민기, 575면.
42) 김홍영b, 58면.

고 판단하고, 비진의표시에 해당하지 않는 이상 원직복직이 이루어졌으니 금전보상명령을 할 구제이익이 남아 있지 않다고 판단한 하급심 판결이 있다.[43)]

구제명령에 따라 근로자를 복직시킨 후 사유를 보완하여 다시 해고한다면 그러한 2차 해고는 법적으로 어떤 의미가 있는가.

대법원은 피고 회사가 지방노동위원회의 복직명령에 따라 원고인 근로자를 복직시켰다가 다시 새로운 징계사유를 추가하여 해고한 사안에서, 피고 회사가 지방노동위원회의 복직명령에 대한 공법상의 의무를 이행하기 위하여 원고인 근로자를 복직시키는 조치를 취하였다고 하더라도 피고 회사가 그에 불복하여 중앙노동위원회에 재심신청을 하였다면, 피고 회사는 1차 해고를 취소함이 없이 1차 해고가 받아들여지지 않을 것에 대비하여 예비적으로 2차 해고를 한 것으로 보아야 한다고 판시하였다.[44)] 즉, 2차 해고는 복직조치를 취함으로써 회복된 근로관계를 해소하기 위한 목적의 새로운 해고가 되는 것은 아니나, 실질적인 복직조치 없이 내려진 근로계약관계가 없는 자에 대한 해고로서 당연 무효가 되는 것도 아니라는 취지이다.

### 3. 구제명령 중 복직명령 부분만 실효된 경우의 사용자의 소의 이익

#### 가. 사용자의 소의 이익

지방노동위원회가 교량철물공사를 수급하여 공사하던 사용자의 근로자들에 대한 해고를 부당해고로 인정하고 원직복직 및 복직 시까지의 기간에 대한 임금 지급을 명하였고 중앙노동위원회가 이에 대한 사용자의 재심신청을 기각하였는데, 그 후 부당해고구제 재심판정취소소송의 계속 중에 교량철물공사의 완공으로 사업장이 소멸되어 당초의 근로계약기간이 종료한 사안에서, 원심[45)]은 근로계약기간의 만료로 근로자들이 복귀할 사업장이 없어졌으므로 위 구제명령 중 원직복직을 명하는 부분은 실현불가능한 것을 내용으로 하는 것이 되었고, 급여 상당액의 지급을 명하는 부분도 원직복직 명령에 필연적으로 따르는 성질의 것이고 그 구체적 수액도 궁극적으로는 민사소송절차에서 확정되어야 하므

43) 서울고법 2018. 5. 25. 선고 2018누30886 판결. 이에 대하여는 근로자가 금전보상을 청구한 시점에서 근로관계가 종료되므로 사용자는 근로자의 금전보상청구 이후에는 원직복직을 명할 수 없고, 이에 따라 굳이 사용자의 의사를 해석할 필요가 없다고 보는 견해(강선희, 307~308면)가 있다.

44) 대법원 1996. 4. 23. 선고 95다53102 판결.

45) 서울고법 1992. 7. 24. 선고 91구24214 판결.

로, 결국 재심판정은 그 취소를 구할 이익이 없다고 하여 부당해고구제 재심판정취소의 소를 부적법한 것이라고 각하하였다.

이에 대하여 대법원은 재심판정의 취소를 구할 법률상의 이익이 있다고 판시하면서 원심판결을 파기환송하여, 구제명령 중 복직을 명하는 부분이 실효되었다고 하더라도 그것만으로 부당해고구제 재심판정취소를 구하는 소의 이익이 없게 되는 것이 아님을 분명히 하였다. 대법원은, 재심판정 중 원직복직을 명하는 부분이 사정변경으로 인하여 이행불가능한 것이 되었다 할지라도, 이는 노동위원회의 결정이 위법한 처분이라 하여 그 결정 당시에 소급하여 무효로 되는 경우와는 달리 사정변경으로 인하여 위 근로계약 종료일 이후부터만 효력이 없게 되는 것이어서, 해고 다음날부터 위 복직명령이 이행가능하였던 위 근로계약 종료 시까지의 기간 동안에 위 임금지급명령에 기하여 발생한 구체적인 임금지급의무는 위와 같은 사정변경으로 복직명령이 실효되더라도 소급하여 소멸하는 것은 아니므로, 사용자로서는 사업장이 폐쇄되어 근로계약이 종료한 이후에도 여전히 위 임금 상당액의 지급명령을 포함하는 노동위원회의 결정에 따를 공법상의 의무를 부담하고 있는 상태이고, 그 의무를 면하기 위하여 재심판정의 취소를 구할 법률상의 이익이 있다고 하였다.[46]

또한 노동위원회의 구제명령 중 과장 보직해임 및 대기발령이 부당인사로 인정되어 승급 누락 등 불이익조치를 금지한 부분이 자진 퇴직이란 사정변경으로 사용자에 대한 구속력이 없어져 무의미한 것으로 되었다 하더라도, 대기발령 기간 중의 직무수당 등 임금 차액의 지급을 명한 구제조치에 대하여는 그 임금 차액이 이미 지급되었지만 소송에서 그 구제명령이 취소된다면 사용자가 해고근로자에게 지불한 임금 상당액은 법적 근거가 없게 되어 부당이득이 되고, 사용자는 근로자에 대하여 그 반환을 청구할 수 있게 되는 것이기 때문에 그 한도에서 사용자는 구제명령의 취소를 구할 법률상 이익이 있다고 보아야 한다는 판결이 있다.[47]

위 판결은 원심이 구제명령의 이행으로 지급된 임금의 반환 여부는 별도의 부당이득 반환을 구하는 민사소송에서 확정될 것이라고 하여 민사소송에 미루고 있지만, 위 명령이 취소되지 아니하는 경우에는 사용자가 사후에 별도로 제

46) 대법원 1993. 4. 27. 선고 92누13196 판결, 대법원 1994. 4. 29. 선고 93누16680 판결.
47) 대법원 1993. 9. 14. 선고 93누1268 판결.

기한 민사소송에서 대기발령의 적법함이 증명되더라도, 공정력 있는 위 구제명령에 따라 지급된 임금 상당액은 그 명령이 당연무효가 아닌 한 법률상 원인 없이 지급된 것이 아니어서 부당이득 반환을 받을 수 없게 될 것이므로, 원심[48]의 위와 같은 설시는 부당하다고 하여 원심을 파기하였다.

따라서 구제명령에 임금지급명령이 포함되어 있는 경우에는 사용자가 구제명령에 따라 임금지급의무를 이행하였는지의 여부와 무관하게 언제나 그 취소를 구할 소의 이익이 있다고 보아야 한다.[49]

### 나. 취소의 범위

임금지급명령 부분만이 문제되는 경우 취소의 범위는 어떻게 될 것인가.

먼저, 부당해고 구제제도는 근로자가 부당해고라고 주장하는 구체적 사실에 대하여 그것이 부당해고에 해당하는지 여부를 심리하고 그것이 부당해고인 경우에 적절한 구제방법을 결정·명령하는 제도이므로, 부당해고라고 주장된 구체적 사실이 심사의 대상이 되는 것이고, 따라서 부당해고라고 주장된 구체적 사실이 1개인 이상 그에 대하여 노동위원회가 발한 구제방법이 수개이고 또 각 구제방법이 독립하여 이행될 수 있는 것이라고 하더라도 행정처분으로서의 구제명령은 1개라고 보아야 한다.[50]

이와 같이 행정처분으로서의 구제명령은 1개이나, 외형상 하나의 행정처분이라고 하더라도 가분성이 있거나 그 처분대상의 일부가 특정될 수 있다면 그 일부만을 취소할 수 있고, 그 일부의 취소는 처분의 일부에 관해서만 효력이 미친다.[51] 법원은 원고가 취소를 구하지 않은 부분에 대하여는 비록 그 부분이 위법하더라도 취소할 수 없고, 노동위원회도 취소판결이 확정되어 그 내용에 따라 변경하여 명령을 하는 경우에도 취소소송에서 원고가 취소를 구하지 않은 부분에 대하여는 이를 취소·변경할 수 없다.[52]

노동위원회의 구제명령에 포함된 여러 구제수단이 서로 유기적 관계에 있는 경우에는 일부만을 취소하는 경우에 노동위원회가 적절한 구제수단을 찾기 어려울 것이므로 일부취소를 허용하기 곤란하지만, 구제명령 상호간에 유기적

48) 서울고법 1992. 12. 10. 선고 92구18902 판결.
49) 김치중b, 317~320면.
50) 대법원 1995. 4. 7. 선고 94누1579 판결 참조.
51) 김치중a, 565~566면.
52) 조한중, 377~378면.

관계가 인정되지 않는 경우라면 구제명령 중의 일부만을 취소할 수 있다.[53)]

### 4. 민사소송과의 관계

노동위원회의 사용자에 대한 구제명령은 사용자에게 이에 복종하여야 할 공법상의 의무를 부담시킬 뿐, 직접 노사 간의 사법상의 법률관계를 발생 또는 변경시키는 것은 아니다.[54)] 따라서 근로자는 위 권리구제절차와는 별도로 민사소송으로 해고처분이 부당해고에 해당함을 이유로 그 사법상 효력을 다툼으로써 권리구제를 구할 수 있다.[55)] 또한 부당해고에 대한 노동위원회의 구제명령이 확정되었다는 사정만으로 사용자가 민사소송에서 이를 다투는 것이 신의칙이나 금반언의 원칙에 반한다고 볼 수 없다.[56)]

그런데 근로자가 부당해고 구제신청을 하여 그 구제절차가 진행되는 중에 자신이 별도로 구하던 해고무효확인소송에서 근로자 패소판결이 확정된 경우 소의 이익을 인정할 것인지 문제된다.

대법원은 사용자의 근로자에 대한 해고가 정당한 이유가 없음을 이유로 구제신청을 하여 구제절차가 진행 중에 근로자가 별도로 사용자를 상대로 같은 사유로 해고무효확인청구의 소를 제기하였다가 청구가 이유 없다 하여 기각판결을 선고받아 확정되었다면, 부당해고가 아니라는 점은 이미 확정되어 더는 구제절차를 유지할 필요가 없게 되었으므로 구제이익이 소멸한 것으로 보아야 한다고 판시하였다.[57)]

이와는 달리 근로자가 해고에 대한 구제신청을 하여 구제절차가 진행되거나 구제신청을 기각한 재심판정에 대한 취소소송이 제기되어 그 소송이 진행되던 중에 근로자가 별도로 제기한 해고무효확인소송에서 승소판결이 선고·확정된 경우에는 구제이익 내지 소의 이익을 부정할 수 없다. 해고무효확인소송에서 승소확정판결을 받음으로써 근로계약관계의 존속이 확인되어도 사용자가 원직

---

53) 김치중a, 567면.

54) 대법원 1994. 6. 28. 선고 93다33173 판결, 대법원 2006. 11. 23. 선고 2006다49901 판결.

55) 대법원 1991. 7. 12. 선고 90다9353 판결, 대법원 1992. 5. 22. 선고 91다22100 판결.

56) 대법원 2006. 11. 23. 선고 2006다49901 판결.

57) 대법원 1992. 7. 28. 선고 92누6099 판결(대법원은 원심 변론종결 후에 사용자인 원고가 근로자가 제기한 해고무효확인 등 소송사건에서 원고 패소판결이 선고되어 확정된 사실을 뒷받침하는 참고자료를 제출하였으므로, 구제이익의 유무에 관하여 당사자에게 증명을 촉구하고 이를 심리판단하여야 한다는 이유로 원심판결을 파기환송하였다), 대법원 1992. 11. 24. 선고 92누9766 판결(정직처분과 관련한 사례).

복직을 거절하고 있다는 등의 사정이 있는 경우에는 근로자로서는 노동위원회의 구제명령을 통하여 사용자로 하여금 그 시정조치를 취하게 할 필요가 있고,[58] 노동위원회에 의한 행정상의 구제는 사용자에게 정상적인 근로관계를 침해하는 일체의 행위에 대한 시정조치를 하게 할 공법상의 의무를 부담시켜 사실상 정상적인 근로계약관계를 조속히 회복시키려는 제도이기 때문이다.[59]

또한 지방노동위원회의 부당해고 구제명령이 있은 후 사용자가 그 취소를 구하는 재심절차나 재심판정에서, 지방노동위원회의 구제명령이 유지되거나 새로이 구제명령이 발하여지고 사용자가 위 재심판정의 취소를 구하고 있는 중에 해고무효확인소송이 확정된 경우에는, 해고의 유·무효 판단과 무관하게 사용자는 계속 구제이익이나 소의 이익이 있다. 구제명령이나 재심판정이 그대로 확정될 경우 민사재판의 결과와는 관계없이 사용자는 구제명령에 따른 공법상의 의무를 부담하고 이를 면하려면 구제명령을 취소하여야 하기 때문이다.[60]

근로자가 해고무효확인소송을 진행 중에 부당해고 구제신청을 하여 구제신청이 기각되고 그 취소를 구하는 행정소송을 제기하였으나 청구기각의 판결을 받아 확정되었다면, 민사소송에서 법원은 그 불이익처분이 정당한 것이라는 점에 관하여 기속을 받아 당해 소송을 부적법하다고 보아야 하는지 문제된다. 이에 관하여는 부당해고구제 재심판정을 다투는 소송에 있어서도 해고의 정당성에 관한 주장·증명책임은 이를 주장하는 자가 부담하고, 근로자가 부당해고 구제신청을 기각하는 내용의 중앙노동위원회의 재심판정을 다투는 행정소송에서 청구기각의 판결을 받아 확정된 경우에는 법원의 실질적인 심리를 통하여 사용자가 근로자에 대하여 한 해고가 부당한 불이익처분이 아니라는 점이 확정되었다 할 것이어서, 당해 민사소송은 부적법하여 각하하여야 한다는 견해가 있다.[61] 그러나 대법원은, 노동위원회의 구제명령은 사용자에게 구제명령에 복종하여야 할 공법상 의무를 부담시킬 뿐 직접 근로자와 사용자 간의 사법상 법률관계를 발생 또는 변경시키는 것은 아니므로, 설령 근로자가 부당해고 구제신청을 기각한 재심판정의 취소를 구하는 행정소송을 제기하였다가 패소판결을 선고받아 그 판결이 확정되었다 하더라도, 이는 재심판정이 적법하여 사용자가 구

58) 김치중a, 543면; 성기문, 373면.
59) 김치중a, 543~544면.
60) 김치중a, 544면; 성기문, 373~374면.
61) 성기문, 374면.

제명령에 따른 공법상 의무를 부담하지 않는다는 점을 확정하는 것일 뿐 해고가 유효하다거나 근로자와 사용자 간의 사법상 법률관계에 변동을 가져오는 것은 아니어서, 근로자는 그와 별도로 민사소송을 제기하여 해고의 무효 확인을 구할 이익이 있다고 판단하였다.[62)]

하지만 부당노동행위구제 재심판정취소를 구하던 중 해고무효확인소송에서 근로자 패소판결이 확정된 경우와 관련하여서는 대법원은, 근로자가 자신에 대한 해고 등의 불이익처분이 부당노동행위에 해당한다고 주장하면서 부당노동행위 구제신청을 하고 그 구제절차가 진행되던 중에, 자신이 별도로 사용자를 상대로 제기한 해고 등 무효확인청구의 소에서 청구기각 판결이 선고되어 확정된 경우, 사용자의 근로자에 대한 해고 등의 불이익처분이 정당하다고 인정되었으므로 노동위원회는 그 불이익처분이 부당노동행위에 해당한다고 하여 구제명령을 발할 수 없고 그 구제이익은 소멸한다고 판시하였다.[63)]

### 5. 부당노동행위 구제제도와의 관계

대법원은 노조활동으로 징계해고된 근로자가 별도로 제기한 부당해고 구제신청과 관련하여, 중앙노동위원회가 위 근로자에 대한 해고를 부당해고로 인정하여 위 근로자의 복직을 명하는 재심판정을 하였다는 이유만으로 위 근로자의 당해 부당노동행위 구제신청의 목적이 달성되었음을 이유로 당해 재심판정의 취소를 구할 소의 이익이 없다고 판단한 원심[64)]을, 부당노동행위 구제신청에 관한 취소소송에서 소의 이익에 관한 법리를 오해한 위법이 있다 하여 파기환송하였다. 대법원은, 부당노동행위 구제제도와 부당해고 등 구제제도는 서로 다른 별개의 제도라고 하면서, 부당해고에 대한 구제명령이 있었다는 사정만으로 부당노동행위 구제신청에 대한 구제이익 또는 그 구제신청을 받아들이지 않은 중앙노동위원회의 재심판정에 대한 취소소송에서의 소의 이익마저 없게 되었다고 할 수 없고, 이는 부당해고 등 구제신청에 따른 구제명령의 효력이 중앙노동위원회에 대한 재심신청이나 행정소송의 제기에 의하여 정지되지 아니한다고 규정하고 있다고 하여 달리 볼 것이 아니라고 하였다.[65)]

62) 대법원 2011. 3. 24. 선고 2010다21962 판결.
63) 대법원 1996. 4. 23. 선고 95누6151 판결.
64) 서울고법 1997. 3. 27. 선고 96구77 판결.
65) 대법원 1998. 5. 8. 선고 97누7448 판결.

위 판결은 소의 이익이 인정되어야 하는 근거를 부당해고 구제절차와 부당노동행위 구제절차의 차이점에서 찾고 있다. 부당노동행위와 관련하여 원상회복주의를 취하는 경우에는 사용자의 행위가 부당노동행위에 해당되는지의 여부와 함께 부당노동행위가 인정되는 경우에 그에 적합한 구제명령의 내용을 결정하는 것이 실질적으로 매우 중요한 의미가 있고, 노동위원회는 부당노동행위의 구제절차를 통하여 노사관계에 직접적으로 개입하여 단결권 침해상태를 배제하는 데에 필요한 조치를 취하는데, 근로생활상의 불이익까지도 원상회복의 구제가 부여되어야 하기에 구제이익의 범위가 넓다.[66] 이와 같이 부당노동행위구제의 경우 근로자 개인의 신분보장에 그 취지가 있는 것이 아니어서, 근로자는 부당해고의 구제수단인 원직복직과 소급임금의 지급 이외에 단결권 침해에 따른 부작위명령이나 공고문 게시명령 등의 여러 가지 구제수단을 청구할 수 있으므로, 부당노동행위의 성립을 부인한 중앙노동위원회 판정의 취소를 구할 법률상 이익이 있다고 봄이 타당하다.[67]

중앙노동위원회의 부당해고에 대한 구제명령에 대하여 사용자가 제기한 재심판정취소의 소에서 사용자가 승소하여 재심판정이 취소, 확정된 경우에도, 해고무효확인소송에서 청구기각 판결이 확정된 경우와 같이 사용자의 근로자에 대한 해고가 정당한 것으로 인정되었다고 보고, 노동위원회로서는 그 불이익처분이 부당노동행위에 해당한다고 하여 구제명령을 발할 수 없게 되어 근로자의 부당노동행위에 대한 구제이익이나 소의 이익이 없다고 할 것인지 문제된다. 해고무효확인소송에서 청구기각 판결이 선고 확정된 경우에 부당노동행위에 대한 구제이익 내지 소의 이익이 소멸된다는 대법원 판결[68]에 따르면, 위와 같은 경우도 같이 해석하여 구제이익 또는 소의 이익을 부정하여야 한다.[69]

### 6. 해고 이전의 처분에 대한 구제신청

대법원은 근로자들이 전보명령 후 해고되었다고 하더라도 그 해고의 효력을 둘러싸고 법률적인 다툼이 있어 그 해고가 정당한지 여부가 아직 확정되지 아니하였고, 그 해고가 전보명령에 따른 무단결근 등을 그 해고사유로 삼고 있

66) 정인섭, 14~15면.
67) 김민기, 579면.
68) 대법원 1996. 4. 23. 선고 95누6151 판결.
69) 성기문, 376~377면.

어서 전보명령의 적법성 여부가 해고의 사유와도 직접 관련이 있다면, 그 전보명령에 대한 구제의 이익이 있다고 하였다.[70)]

또한 근로자가 승진 및 배치전환 이후 해고되자, 지방노동위원회에 부당해고 구제신청을 하였으나 신청기간 도과를 이유로 각하되었고 이에 중앙노동위원회에 재심신청을 하였으나 기각되어 위 각하 결정이 확정되었다고 하더라도, 이로써 그 해고가 정당한지 여부가 아직 확정되지 아니하고 더구나 위 해고가 승진 및 배치전환에 따른 무단결근 등을 그 해고사유로 삼고 있어서 승진 및 배치전환의 부당노동행위 해당 여부가 위 해고의 사유와도 직접 관련이 있다면, 승진 및 배치전환에 대한 구제의 이익이 있다고 하였다.[71)]

하지만, 전보처분 이후에 근로자들이 이에 불응하여 장기간 결근하였을 뿐 아니라 연좌시위를 하거나 집단적으로 생산현장에 난입하여 업무방해행위를 하고 관리직 사원에게 폭력을 행사하여 경영질서를 문란하게 하였다는 등의 이유로 해고된 사안에서, 전보처분이 인사권의 남용에 해당하여 무효라고 판단하면서도 해고가 정당한 것으로 인정되는 이상 부당전보에 관한 부분은 구제신청의 이익이 없다고 하면서, 이 부분에 대한 재심신청을 받아들이지 아니한 재심판정[72)] 부분은 그 결론이 정당하다고 한 하급심 판결이 있다.[73)] 부당전보처분과 관련한 무단결근 외에 폭력 및 업무방해행위가 추가되었다는 점에서 앞서 본 대법원 판결들의 사안과는 다소 차이가 있는 것으로 짐작되나, 문면상으로는 해고가 정당한 것으로 인정된다면 부당전보에 관하여는 구제이익이 없다고 단정적으로 판단하여 위 대법원 판시와 충돌할 여지가 있어 보인다.[74)]

## Ⅲ. 구제명령의 확정

소정의 기간 내에 재심신청을 하지 않거나 행정소송을 제기하지 않는 경우에는 지방노동위원회의 판정 또는 중앙노동위원회의 재심판정은 확정된다(법 31조 3항).

---

70) 대법원 1995. 2. 17. 선고 94누7959 판결.
71) 대법원 1998. 12. 23. 선고 97누18035 판결.
72) 근로자들의 부당전보, 부당해고 및 부당노동행위 구제신청을 지방노동위원회는 모두 기각하였고, 중앙노동위원회는 근로자들의 재심신청을 모두 기각하였다.
73) 서울행법 2007. 8. 23. 선고 2006구합28376 판결.
74) 정진경, 430면.

구제명령이 확정되면 사용자는 공법상 그에 따를 의무를 부담한다. 하지만 민사집행절차로 사용자에게 그 의무를 강제할 수는 없고, 행정절차로서 이행강제금과 구제명령 불이행에 대한 형사처벌로 사실상의 강제만 가능하다. 이행강제금은 법 33조 부분에서, 형사처벌에 관하여는 다음 항에서 각각 본다.

## Ⅳ. 확정된 구제명령 불이행에 대한 벌칙

### 1. 개 관

2007. 1. 26. 근기법의 개정 전에는 부당해고에 대하여 준용할 노조법의 규정이 84조 내지 86조로 한정되어,[75] 위 법 89조에서 규정하고 있는 벌칙을 적용할 수는 없었다.[76] 그러나 구제명령이 확정되면 사용자의 해고가 정당한 이유 없이 행해진 데 대한 강력한 증거가 되므로 구 법 110조에 의한 부당해고죄 처벌의 문제가 남게 되어, 이로써 사실상 사용자의 이행을 강제하는 효과가 있었다.

현재는 법 31조 3항에 따라 확정되거나 행정소송을 제기하여 확정된 구제명령 또는 구제명령을 내용으로 하는 재심판정을 이행하지 아니한 자를 1년 이하의 징역 또는 1,000만 원 이하의 벌금에 처할 수 있도록 하는 명문의 규정을 두었다(법 111조). 다만, 이를 노동위원회의 고발이 있어야 공소를 제기할 수 있는 죄로 규정하면서, 검사는 이 죄에 해당하는 위반행위가 있음을 노동위원회에 통보하여 고발을 요청할 수 있도록 하였다(법 112조). 이와 같이 고발권한을 노동위원회만 갖도록 한 것은 원직복직을 이행하지 않는 경우 이행강제금제도와 연계하여 운영하기 위함이다.[77] 형식상으로는 대표이사가 아니지만 실질적으로는 사주로서 회사를 사실상 경영하여 온 자는 구제명령을 이행할 실질적 권한과 책임을 가지는 사람으로서 법 111조에서 말하는 구제명령을 이행하지 아니한 자에 해당한다.[78]

노동위원회는 위와 같은 경우에 심판위원회의 결정에 따라 일정한 서식에 의하여 관할 지방노동관서에 고발하여야 하고(노위규칙 84조 1항·2항), 고발을 하기 전에 당해 사용자에게 고발 예정일 등을 알리고 부당해고 등 구제명령의 이행

75) 구 법 33조 2항(2007. 1. 26. 법률 8293호로 개정되기 전의 것).
76) 대법원 1995. 7. 28. 선고 95도497 판결.
77) 김형배, 768면; 선진화 입법 설명자료, 94면.
78) 대법원 2024. 4. 25. 선고 2024도1309 판결.

을 촉구할 수 있다(노위규칙 84조 3항).

## 2. 구제명령 불이행에 대한 형벌과 이행강제금

### 가. 양립 가능성

이러한 구제명령 불이행에 대한 벌칙과 이행강제금은 구제명령의 실효성 확보를 목적으로 도입되었다는 공통점이 있으나, 벌칙은 확정된 구제명령을 이행하지 않은 자에게 부과할 수 있고 이행강제금은 구제명령이 확정되거나 확정되지 않은 단계에서 모두 부과할 수 있으므로, 확정된 구제명령을 이행하지 않은 자에게는 일응 벌칙과 이행강제금 부과가 모두 가능하다.

고용노동부는 제도를 운영하면서 구제명령을 이행하지 않는 자에게는 우선적으로 이행강제금을 부과하고 부과 이후에도 이행하지 않는 경우에 벌칙을 부과한다.[79)]

### 나. 과잉금지 원칙 위반의 문제점

확정된 구제명령에 대하여 벌칙과 이행강제금의 부과가 병행된다면 과잉금지 원칙에 위반하는 것은 아닌지 문제될 수 있다.[80)]

헌법재판소는 이행강제금은 행정상의 간접강제수단의 하나로서, 과거의 일정한 법률위반 행위에 대한 제재인 형벌이 아니라 장래의 의무이행 확보를 위한 강제수단일 뿐이어서, 범죄에 대하여 국가가 형벌권을 실행하는 과벌에 해당하지 아니하므로, 이중처벌금지원칙에 위배되지 아니한다고 판단하였다.[81)]

하지만 확정된 구제명령을 이행하지 않은 경우에 적용되는 이행강제금과 법 111조의 처벌은, 그 제재의 대상인 사실관계가 동일하고 노동위원회 구제명령의 이행을 확보하고자 하는 점에서는 그 목적도 동일하므로, 설사 이행강제금은 장래의 구제명령의 이행을 확보하고자 하는 것으로서 양자의 기능에 다소의 차이가 있다고 하더라도 확정된 구제명령에 대한 형사처벌 외에 별도로 이행강제금을 부과함은 문제가 있으며,[82)] 구제명령이 확정되었음에도 이미 실효성이

79) 선진화 입법 설명자료, 95면. 이에 대하여는 경제적 제재를 우선적으로 활용하고 최후수단으로서 형벌제재를 가한다는 점에서 올바른 방향이라는 의견이 있다(김재호 · 김홍영, 139면 참조).

80) 김홍영, 75면.

81) 헌재 2001. 5. 31. 선고 99헌가18 등 결정, 헌재 2014. 5. 29. 선고 2013헌바171 전원재판부 결정.

82) 김홍영, 76~77면; 이철수, 17면; 정진경a, 177면(그리하여 김홍영 교수는, 행정상 의무는 형

없음이 드러난 이행강제금을 계속하여 부과함은 무모한 일이다.[83] 사용자가 이행강제금의 반복된 부과에도 불구하고 노동위원회의 구제명령을 이행하지 않는 때에는 근로자는 별도의 민사소송에 의하여 권리를 구제받아야 하고, 민사소송에 의하는 경우에는 보전소송이나 강제집행을 통한 권리구제가 가능하며, 해고의 정당성 여부에 대한 사법적 판단이 필요한 부당해고에 있어서는 오히려 이것이 원칙적인 구제수단이다.[84] 근로자의 민사소송제기가 가능하고 보전소송 등을 통한 권리구제의 수단이 있음에도 소송을 제기하지 아니하고 노동위원회가 계속하여 이행강제금을 부과하는 것은 위법상태를 시정하는 행정강제의 수단으로서 그 적정성을 인정받기 어렵다.[85]

구제명령이 확정된 뒤에는 법 111조에 의한 형사처벌을 하여야 하고, 그 후로는 과잉금지위반에 관한 시비를 피하기 위하여 더 이상의 이행강제금 부과는 하지 아니함이 바람직하다.

[정 진 경·김 용 신]

## 제32조(구제명령 등의 효력)

노동위원회의 구제명령, 기각결정 또는 재심판정은 제31조에 따른 중앙노동위원회에 대한 재심 신청이나 행정소송 제기에 의하여 그 효력이 정지되지 아니한다.

구제명령은 판정서가 당사자에게 교부된 날부터 효력이 발생하고, 관계 당사자는 행정처분인 구제명령에 따라야 할 공법상의 의무가 있다.

사용자의 중앙노동위원회에 대한 재심신청이나 행정소송의 제기에 의하여 구제명령은 그 효력이 정지되지 않으며(법 32조), 중앙노동위원회가 재심판정으로 이를 취소하거나 변경한 경우 및 행정소송에서 이를 취소하는 판결이 확정된

---

벌에 의한 강제보다는 이행강제금과 같은 경제적 제재에 의한 강제가 더 바람직하다고 하면서, 이행강제금 제도가 도입된 현 시점에서는 형사처벌이 불필요하므로, 입법론적으로는 형사처벌 규정을 삭제하고 이행강제금 제도로 통일할 것을 제안하고 있다).

83) 정진경a, 177면.

84) 정진경a, 177면.

85) 헌재 2004. 2. 26. 선고 2001헌바80 등 결정의 반대의견 참조.

경우에 한하여 구제명령이 실효되고 공법상 의무가 소멸한다.[1)]

[정 진 경 · 김 용 신]

제33조(이행강제금)

① 노동위원회는 구제명령(구제명령을 내용으로 하는 재심판정을 포함한다. 이하 이 조에서 같다)을 받은 후 이행기한까지 구제명령을 이행하지 아니한 사용자에게 3천만원 이하의 이행강제금을 부과한다.

② 노동위원회는 제 1 항에 따른 이행강제금을 부과하기 30일 전까지 이행강제금을 부과 · 징수한다는 뜻을 사용자에게 미리 문서로써 알려 주어야 한다.

③ 제 1 항에 따른 이행강제금을 부과할 때에는 이행강제금의 액수, 부과 사유, 납부기한, 수납기관, 이의제기방법 및 이의제기기관 등을 명시한 문서로써 하여야 한다.

④ 제 1 항에 따라 이행강제금을 부과하는 위반행위의 종류와 위반 정도에 따른 금액, 부과 · 징수된 이행강제금의 반환절차, 그 밖에 필요한 사항은 대통령령으로 정한다.

⑤ 노동위원회는 최초의 구제명령을 한 날을 기준으로 매년 2회의 범위에서 구제명령이 이행될 때까지 반복하여 제 1 항에 따른 이행강제금을 부과 · 징수할 수 있다. 이 경우 이행강제금은 2년을 초과하여 부과 · 징수하지 못한다.

⑥ 노동위원회는 구제명령을 받은 자가 구제명령을 이행하면 새로운 이행강제금을 부과하지 아니하되, 구제명령을 이행하기 전에 이미 부과된 이행강제금은 징수하여야 한다.

⑦ 노동위원회는 이행강제금 납부의무자가 납부기한까지 이행강제금을 내지 아

1) 따라서 구제명령을 받은 사용자가 구제명령을 이행하지 아니한 채, 오히려 구제명령에 반하는 업무지시를 하고 근로자가 그 지시를 거부하였다는 이유로 근로자를 징계하는 것은 구제명령이 당연무효라는 등의 특별한 사정이 없는 한 정당성을 가진다고 보기 어렵다. 한편 그 업무지시 후 구제명령을 다투는 재심이나 행정소송에서 구제명령이 위법하다는 이유에서 이를 취소하는 판정이나 판결이 확정된 경우라면, 업무지시 당시 구제명령이 유효한 것으로 취급되고 있었다는 사정만을 들어 업무지시 거부 행위에 대한 징계가 허용되지 않는다고 볼 수 없다. 이때 그러한 징계가 정당한지는 구제명령 제도의 입법 취지를 충분히 고려하면서 업무지시의 내용과 경위, 그 거부 행위의 동기와 태양, 구제명령 또는 구제명령을 내용으로 하는 재심판정의 이유, 구제명령에 대한 쟁송경과와 구제명령이 취소된 이유, 구제명령에 대한 근로자의 신뢰 정도와 보호가치 등을 종합적으로 고려하여 판단하여야 한다(대법원 2023. 6. 15. 선고 2019두40260 판결).

니하면 기간을 정하여 독촉을 하고 지정된 기간에 제 1 항에 따른 이행강제금을 내지 아니하면 국세 체납처분의 예에 따라 징수할 수 있다.

⑧ 근로자는 구제명령을 받은 사용자가 이행기한까지 구제명령을 이행하지 아니하면 이행기한이 지난 때부터 15일 이내에 그 사실을 노동위원회에 알려줄 수 있다.

〈세 목 차〉



[참고문헌]


**권창영**, "근로기준법상 이행강제금부과처분 취소소송", 재판자료 120집, 법원도서관(2010); **김재호 · 김홍영**, "부당해고구제명령 불이행에 대한 이행강제금 부과", 노동법연구 21호, 서울대학교 노동법연구회(2006); **김홍영**, "부당해고 구제절차에서의 금전보상 제도 및 이행강제금 제도", 노동법학 25호, 한국노동법학회(2007); **노병호**, "노동위원회에 의한 부당해고 등 구제에 관한 고찰", 노동법논총 34호, 한국비교노동법학회(2015); **박은정**, "화해에 의한 분쟁해결과 노동위원회 이행강제금", 노동리뷰 121호, 한국노동연구원(2015); **박종희 · 김성진 · 김판기**, "이행강제금 제도의 합리적 운영방안에 관한 연구", 중앙노동위원회(2009. 12.); **심판업무 처리요령**, 중앙노동위원회(2007); **이철수**, "개정 해고법제의 주요 내용과 그 평가"(서울대학교 노동법연구회 2007년 춘계공개학술대회 발표논문), 2006-2007 개정 노동법의 법리적 검토, 서울대학교 노동법연구회(2007); **정진경**, 부당해고의 구제, 경인문화사(2009); **정진경a**, "구제명령 불이행에 대한 이행강제금", 사법논집 49집, 법원도서관(2009).


## Ⅰ. 이행강제금제도의 의의

이행강제금제도는 2007. 1. 26.의 근기법 개정을 통하여 현행법에 도입되었다. 종래 정당한 이유가 없는 해고 등에 관하여 노동위원회가 구제명령을 하였음에도 사용자가 이를 이행하지 아니한 경우 적절한 이행확보수단이 마련되지 않아 구제의 실효성이 적다는 비판이 있었는데 이를 수용한 것이다.[1] 즉, 구제명령의 확정 여부를 불문하고 적법하게 취소되기 전까지는 사용자의 이행의무를 인정하여, 노동위원회가 노사 당사자로부터 구제명령의 이행상태를 파악하여 불이행한 사용자에 대하여는 조속히 임의 이행하도록 적극적으로 행정지도 및 감독을 하되, 사용자의 이행거부에 대하여는 구제명령 위반으로서 즉시 이행강제금을 부과하여 제재함으로써 구제명령의 실효성을 확보하려는 제도이다.[2]

대법원은 이행강제금은 근로자를 신속하게 구제하고 노동위원회가 발령한 구제명령의 실효성을 보장하기 위하여 구제명령을 이행하지 않은 경우에 '일정한 기한까지 의무를 이행하지 않을 때에는 일정한 금전적 부담을 과할 뜻'을 미리 '계고'함으로써 사용자로 하여금 구제명령을 이행하도록 하는 행정상의 간접강제수단으로서 일정한 금원을 납부하게 하는 침익적 행정행위에 해당한다고 판시하였다.[3]

구제명령 불이행에 대한 형벌과 관계에 관하여는 법 31조에 대한 해설 Ⅳ. 2. 참조.

## Ⅱ. 이행강제금의 부과

### 1. 부과주체

이행강제금은 노동위원회가 구제명령을 받은 후 이행기한까지 구제명령을 이행하지 아니한 사용자에게 부과한다.

부과주체는 구제명령을 발령한 노동위원회이므로 근로자의 초심청구를 인용한 경우에는 지방노동위원회가, 근로자의 재심청구를 인용한 경우에는 중앙노동위원회가 이행강제금을 부과할 수 있다. 노동위원회가 아닌 고용노동부는 부과주체가 될 수 없다.[4]

---

1) 김형배, 766~767면.

2) 김재호 · 김홍영, 119면.

3) 대법원 2010. 10. 28. 선고 2010두12682 판결, 대법원 2014. 12. 11. 선고 2011두23481 판결, 대법원 2015. 6. 24. 선고 2011두2170 판결.

4) 김재호 · 김홍영, 133면(구제명령을 내리는 노동위원회가 그 이행을 감독하도록 함이 구제명령의 실효성 확보를 위하여 효과적이라 한다).

노위법 2조 1항은 특별노동위원회도 노동위원회의 하나로 규정하고 있으며, 특별노동위원회로서 선원법 4조 1항에 의하여 선원노동위원회가 설치되어 있으므로 선원노동위원회가 부당해지 등 구제명령을 이행하지 아니한 선박소유자에게 법 33조 소정의 이행강제금을 부과할 수 있는지 문제된다. 선원법 5조 1항이 근기법 중 선원의 근로관계에 적용될 조문을 열거하고 있는데 이행강제금에 관한 법 33조를 포함하고 있지 않으며, 선원법 34조 2항이 노조법상의 부당노동행위 구제명령에 관한 규정을 준용하도록 규정하고 있는 점에 비추어보면, 선원노동위원회는 이행강제금을 부과할 수 없다고 봄이 타당하다.[5)]

### 2. 부과대상

이행강제금의 부과대상이 되는 사용자의 개념이 사업주 외에 근기법 2조 1항 2호에서 말하는 사업경영담당자, 그 밖에 근로자에 관한 사항에 대하여 사업주를 위하여 행위하는 자도 포함되는지 여부도 문제된다. 사업주에게만 재심판정 취소소송의 당사자적격을 인정한 대법원 판결[6)] 취지에 비추어 보면, 이행강제금의 부과객체인 사용자는 구제명령의 이행의무자인 사업주에 한정된다.[7)]

공무원도 근기법상의 근로자에 해당하지만 공무원에 대하여는 국공법이나 지공법에 소청심사 등의 규정을 두고 있고 이러한 규정이 우선 적용되어야 하므로 국가나 지방자치단체는 이행강제금의 부과대상으로 보기 어렵다.[8)]

이행강제금의 부과대상이 되는 구제명령은 초심 구제명령과 재심 구제명령을 모두 포함한다. 또한, 구제명령의 확정 여부를 묻지 않는다.

2006. 9.의 근기법 개정안 입법예고에 따르면 확정된 구제명령과 당사자의 행정소송 제기 여부를 불문하고 중앙노동위원회의 구제명령에 대하여 불이행시 이행강제금을 부과할 수 있었다.[9)] 이에 대하여 2005년의 통계에 의하면 구제명령에 걸리는 시간이 평균 초심 2개월, 재심 5개월로서 약 7개월이 경과하여

5) 권창영, 567~568면; 정진경, 533면.
6) 대법원 2006. 2. 24. 선고 2005두5673 판결.
7) 권창영, 569면.
8) 대법원 2002. 11. 8. 선고 2001두3051 판결, 대법원 2005. 4. 15. 선고 2004두14915 판결, 하지만 국가나 지방자치단체가 일정기간 연구업무에 종사하는 전문직 공무원을 채용하는 경우 이는 공법상 근로계약으로서 근기법상 해고제한 규정이 적용되므로, 국가나 지방자치단체에도 이행강제금 부과가 가능하다는 견해가 있다(권창영, 572~573면).
9) 김재호 · 김홍영, 133~134면.

야 재심결정을 받을 수 있고 그 후에도 이행강제금 예고기간 1개월이 필요하므로, 처음 구제신청 후 총 8개월가량이 경과하여야 이행강제금이 부과되어 구제명령의 이행을 강제할 수 있다는 것은 지나치게 늦어, 노동위원회를 통한 구제의 실효성에 의문이 생기며 노사정대표자 합의의 내용과도 어긋난다는 지적이 있어, 정부는 2006. 11. 국회에 제출한 법안에서 이행강제금의 대상이 되는 구제명령에 초심 구제명령과 재심 구제명령이 모두 포함되는 것으로 수정하였다.[10)]

따라서 당사자의 일방이 구제명령에 불복하여 행정소송을 제기한 경우에도 이행강제금 부과대상이 되며, 초심 구제명령이 내려진 시점부터 구제명령의 즉시 이행확보가 가능하다.[11)]

### 3. 부과절차

#### 가. 구제명령

먼저, 노동위원회는 일정한 이행기한을 정하여 구제명령을 발한다(법 33조 1항). 이 경우 이행기한은 법 30조 2항에 따라 사용자가 구제명령을 서면으로 통지받은 날부터 30일 이내로 한다(영 11조).

종래 노동위원회가 근로자의 부당해고가 성립한다고 판정하는 경우에 해오던 구제명령의 주문례는 통상 다음과 같았다.

> 1. 이 사건 사용자가 2018. 5. 1. 이 사건 근로자에 대하여 한 해고는 부당해고임을 인정한다.
> 2. 이 사건 사용자는 이 사건 근로자를 즉시 원직에 복직시키고, 해고기간 동안 근로하였다면 받을 수 있었던 임금 상당액을 지급하라.

그런데 개정된 근기법에 따라 이행강제금을 부과하기 위해서는 구제명령에 이행기한을 정하여야 하므로, 위 주문 2항이 “이 사건 사용자는 이 사건 근로자를 이 판정서를 송달받은 날부터 ○○일[12)] 이내에 원직에 복직시키고, 해고기간 동안 근로하였다면 받을 수 있었던 임금 상당액을 지급하라”의 형태로 변경되었다.[13)]

---

10) 김재호 · 김홍영, 134면.
11) 김재호 · 김홍영, 141면; 정진경, 534면.
12) 30일 이내의 기간으로 노동위원회에서 정함.
13) 심판업무 처리요령, 108면.

또한 2007. 1. 26. 근기법의 개정으로 신설된 금전보상을 명하는 경우에는, 위 주문 2항이 "이 사건 사용자는 이 사건 근로자에게 해고일부터 이 사건 판정일까지 이 사건 근로자가 정상적으로 근로하였더라면 받을 수 있었던 임금 상당액을 포함한 금 300만 원을 이 판정서를 송달받은 날부터 ○○일 이내에 지급하라"라는 형태가 된다.[14)]

사용자가 구제명령을 송달받았음에 관한 증명책임은 노동위원회가 부담한다.[15)]

### 나. 이행지도 및 확인

노동위원회 위원장은 사용자에게 부당해고 등 구제명령의 이행결과보고서를 제출하도록 할 수 있으며, 이 경우 이행기한까지 부당해고 등 구제명령을 이행하지 아니하면 이행강제금이 부과됨을 알려주어야 한다(노위규칙 77조).

근로자는 구제명령을 받은 사용자가 이행기한까지 구제명령을 이행하지 아니하면 이행기한이 지난 때부터 15일 이내에 그 사실을 노동위원회에 알려줄 수 있으나(법 33조 8항), 근로자의 미이행통지는 노동위원회에 대하여 이행강제금 처분의 발령을 촉구하는 것에 불과하고,[16)] 노동위원회는 부당해고 등 구제명령의 이행기한이 지나면 지체 없이 그 이행 여부를 확인하여야 한다(노위규칙 78조).

구제명령의 이행기준은 원직복직의 경우에는 당해 근로자에게 해고 등을 할 당시와 같은 직급과 같은 종류의 직무를 부여하였거나 당해 근로자의 동의를 얻어 다른 직무를 부여하였는지의 여부가 기준이 된다. 다만, 같은 직급이나 직무가 없는 등 불가피한 사유가 발생한 때에는 유사한 직급이나 직무를 부여하였는지가 기준이 된다(노위규칙 79조 1호). 하지만 이에 대하여는, 통상 사용자가 근로자를 해고한 다음에는 다른 근로자를 해고 근로자의 직위에 발령하는 것이 일반적이며, 사용자의 인사권·노무지휘권·직장질서유지 등 비교 형량의 대상이 되는 법익의 중요성을 감안하면, 포괄적으로 해고 전에 근로자가 담당하였던 직무·직급과 유사한 직무·직급을 부여하여도 원직복직이 되었다고 해석함이 상당하다는 견해가 있다.[17)]

---

14) 심판업무 처리요령, 108면.
15) 권창영, 577면.
16) 구제명령의 이행에 대하여 사실상 이해관계가 있는 근로자가 노동위원회에 이행강제금의 부과를 촉구할 수 있도록 하여 제도의 실효성을 높이고자 한 것이다(김재호·김홍영, 136~137면).

임금 상당액 지급의무 이행은 구제명령의 이행기한까지 그 금액을 전액 지급하였는지 여부이며, 금전보상을 내용으로 하는 구제명령은 주문에 기재된 금액을 전액 지급하였는지 여부이다(노위규칙 79조 2·3호).

이와 관련하여 이행강제금 부과의 전제가 되는 구제명령은 종전과 같이 해고기간 동안 근로하였다면 받을 수 있었던 임금 상당액을 지급하라는 표현을 쓸 수는 없으며, 사용자가 근로자에게 지급하여야 할 구체적인 액수를 특정하여야 한다는 견해가 있으나,[18] 노동위원회가 현실적으로 근로자가 수령하여야 할 임금을 계산하는 것은 쉽지 않을 것이고 현재의 노동위원회 실무지침에도 임금 상당액으로만 표시하고 있다.[19]

또한 구제명령의 이행기준이 구제명령의 이행기한까지 그 금액을 전액 지급하였는지 여부이기 때문에 판정일 이후의 장래를 향하여 원직복직 시까지 매달 임금 상당액의 지급을 명하는 구제명령을 발령할 수는 없다는 주장이 있으나,[20] 노동위원회가 예시하고 있는 판정 주문은 '해고기간 동안' 근로하였다면 받을 수 있었던 임금 상당액으로 되어 있어 원직복직 시까지의 임금지급을 명하는 것으로 보인다. 대법원도 구제명령은 자체로 집행력이 발생하는 것이 아니고 수범자인 사용자의 행위에 의하여 실현되는 것이므로 내용의 특정 여부에 관하여 지나치게 엄격하게 해석할 필요가 없다고 하여 원직복직 시까지의 임금지급을 명할 수 있다고 한다.[21]

다만, 이와 같이 지급할 금액이 특정되지 아니한 경우에 국민의 재산권과 직접 관련된 이행강제금에 의한 이행강제가 법리적으로 가능할지 의문이고, 이행강제금의 부과단계에서 사용자가 지급하여야 할 임금 상당액과 관련하여 잦은 시비가 있을 것으로 예상된다.[22] 원칙적으로 임금 상당액 지급의무 불이행과 관련한 이행강제금은 사용자가 이를 전혀 지급하지 아니한 경우에는 부과될 수 있지만, 사용자와 근로자 사이에 임금의 액수나 중간수입공제와 관련한 다툼이 있는 경우에는 사용자가 지급하여야 할 임금액이 민사소송에 의하여 정해질 수

---

17) 권창영, 580면; 박종희·김성진·김판기, 79면; 정진경, 538면(구체적으로는 노위규칙 79조 1호의 '불가피한 사유'를 폭넓게 해석하자고 한다).
18) 권창영, 582면.
19) 박종희·김성진·김판기, 68~69면; 정진경, 538면.
20) 권창영, 582면.
21) 대법원 2010. 10. 28. 선고 2010두12682 판결, 대법원 2014. 12. 11. 선고 2011두23481 판결.
22) 정진경, 539면.

밖에 없으므로, 사용자가 이를 공제하고 지급하였다고 주장하면 이행강제금을 부과하기는 어려울 것이다.

이와 관련하여 대법원은, 사용자가 이행하여야 할 행정법상 의무의 내용을 초과하는 것을 '불이행 내용'으로 기재한 이행강제금 부과 예고서에 의하여 이행강제금 부과 예고를 한 다음 이를 이행하지 않았다는 이유로 이행강제금을 부과하였다면, 초과한 정도가 근소하다는 등의 특별한 사정이 없는 한 이행강제금 부과 예고는 이행강제금 제도의 취지에 반하는 것으로서 위법하고, 이에 터 잡은 이행강제금 부과처분 역시 위법하다고 판단하였다.[23)]

금전보상을 명하는 경우에는 사용자가 지급할 금액이 특정되어 있어 위와 같은 문제는 생기지 않으나, 그 금액이 근로자가 민사소송에 의하여 사용자에게 청구할 수 있는 금액과 차이가 생길 수 있는데 법리상 사법상의 의무를 초과하는 금액의 지급을 이행강제금에 의하여 강제할 수 있는지가 문제된다.[24)]

구제명령의 이상과 같은 이행 기준은 당사자가 부당해고 등 구제명령과 다른 내용으로 합의한 경우에는 적용되지 않고 그 경우에는 구제명령을 이행한 것으로 본다(노위규칙 79조 단서).

### 다. 부과의 예고

이행기한이 도과한 후에도 사용자가 구제명령을 이행하지 아니하면 노동위원회는 이행강제금을 부과하기 30일 전까지 이행강제금을 부과·징수한다는 뜻을 사용자에게 미리 문서로써 알려주어야 한다(법 33조 2항).

즉, 이행기간의 종료시점과 이행강제금의 부과시점은 일치하지 않는다.[25)] 이와 같은 이행강제금의 부과예고는 일정한 서식의 이행강제금 부과 예고서에 따라 하게 된다(노위규칙 80조 1항). 이 때에는 10일 이상의 기간을 정하여 서면으로 의견을 진술할 기회를 주어야 하며, 이 경우 지정된 기일까지 의견을 제출하지 아니한 경우에는 의견이 없는 것으로 본다(노위규칙 80조 2항, 3항).

### 라. 이행강제금의 부과[26)]

예고기간이 지나면 이행강제금을 부과한다(법 33조 1항).

---

23) 대법원 2015. 6. 24. 선고 2011두2170 판결.
24) 정진경, 539~540면.
25) 김형배, 767면.
26) 실제 이행강제금 부과 현황에 관하여는 박종희 · 김성진 · 김판기, 36~47면; 정진경a, 509~518면 참조.

노동위원회 위원장은 부과예정일 5일 전까지 이행강제금 부과결정을 위한 심판위원회를 소집하여야 하며(노위규칙 81조 1항), 이와 같이 회의 소집을 통보하는 때에는 일정한 서식의 부당해고 구제명령 이행결과 조사보고서와 사용자의 의견서를 위원들에게 송부하여야 한다(노위규칙 81조 2항).

이행강제금을 부과할 때에는 이행강제금의 액수, 부과사유, 납부기한, 수납기관, 이의제기방법 및 이의제기기관 등을 명시한 문서로써 하여야 하며(법 33조 3항), 납부기한은 이행강제금의 부과통지를 받은 날부터 15일 이내로 한다.[27]

심판위원회는 천재 · 사변, 그 밖의 부득이한 사유가 발생하여 위 납부기한 내에 이행강제금을 납부하기 어려운 경우에는 그 사유가 없어진 날부터 15일 이내의 기간을 납부기한으로 할 수 있다.[28]

이행강제금의 액수는 3천만 원 이하이다(법 33조 1항).

이행강제금을 부과하는 위반행위의 종류와 위반 행위에 따른 구체적인 금액은 대통령령으로 정한다(법 33조 4항). 영 13조는 법 33조 4항에 따른 위반행위의 종류와 위반 정도에 따른 이행강제금의 부과는 아래 [별표 3]의 기준에 따르도록 규정하고 있고, [별표 3]은 정당한 이유 없는 해고에 대한 구제명령을 이행하지 아니한 자에게는 500만 원 이상 3,000만 원 이하의 이행강제금을 부과하도록 규정하고 있다.

[별표 3] 이행강제금의 부과기준(13조 관련)

| 위반행위 | 해당 법조문 | 금 액 |
|---|---|---|
| 정당한 이유 없는 해고에 대한 구제명령을 이행하지 아니한 자 | 법 33조 1항 | 500만 원 이상<br>3,000만 원 이하 |
| 정당한 이유 없는 휴직, 정직(停職)에 대한 구제명령을 이행하지 아니 한 자 | 법 33조 1항 | 250만 원 이상<br>1,500만 원 이하 |
| 정당한 이유 없는 전직(轉職), 감봉에 대한 구제명령을 이행하지 아니 한 자 | 법 33조 1항 | 200만 원 이상<br>750만 원 이하 |
| 정당한 이유 없는 그 밖의 징벌(懲罰)에 대한 구제명령을 이행하지 아니 한 자 | 법 33조 1항 | 100만 원 이상<br>750만 원 이하 |

다만, 구체적인 이행강제금의 액수는 심판위원회가 부당해고 등 구제명령 이행결과 조사보고서를 토대로 위반행위의 종류에 따른 부과금액의 범위에서

27) 영 12조 1항; 노위규칙 81조 5항.
28) 영 12조 2항; 노위규칙 81조 6항.

위반행위의 동기, 고의·과실 등 사용자의 귀책 정도, 구제명령 이행을 위한 노력의 정도, 구제명령을 이행하지 아니한 기간 등을 고려하여 결정한다(노위규칙 81조 3항).

법 33조 1항이 "노동위원회는 구제명령을 받은 후 이행기한까지 구제명령을 이행하지 아니한 사용자에게 3천만 원 이하의 이행강제금을 부과한다"고 규정하여 노동위원회의 이행강제금 부과가 기속행위인지의 여부가 문제될 수 있다.

이에 대하여는 법 33조 5항이 노동위원회는 최초의 구제명령을 한 날을 기준으로 매년 2회의 범위에서 구제명령이 이행될 때까지 반복하여 이행강제금을 부과·징수할 수 있다고 규정하고 있고, 영 14조가 일정한 경우 이행강제금의 부과를 유예할 수 있도록 규정하고 있으며, 영 13조 [별표 3]에서 이행강제금의 범위를 규정하면서 비고란에서 여러 가지 사정을 고려하여 이행강제금의 금액을 결정하도록 규정한 점을 들어 이행강제금 부과처분이 재량행위라는 견해가 있다.[29] 하지만 법 33조 1항의 문언이 이행강제금을 부과한다고 하여 일의적으로 규정되어 있을 뿐만 아니라, 노위규칙 80조와 81조는 노동위원회는 구제명령을 이행하지 아니한 사용자에게 이행강제금 부과예고를 하여야 하며, 노동위원회 위원장은 부과예정일 15일 전까지 이행강제금 부과결정을 위한 심판위원회를 소집하여야 하고, 심판위원회는 영 13조 [별표 3]의 산정기준에 따라 부과금액을 결정하여야 하도록 규정한 점을 고려하면, 이행강제금 액수의 결정과 관련하여서는 노동위원회에 위 [별표 3]의 범위 내에서 재량의 여지가 있으나, 이행강제금 부과 자체에 대하여는 재량의 여지가 없다고 생각한다.[30]

이행강제금 부과 여부와 관련하여 노동위원회의 재량이 현실적으로 필요하다는 점은 인정하나 노동위원회는 이행강제금의 부과유예규정을 활용하여 합리적인 운영을 도모하여야 하며,[31] 법적인 근거도 없이 이행강제금 부과 여부를 행정기관의 임의에 맡기는 것은 부당하고 법 적용과 관련한 형평성 시비를 일으킬 소지가 있다.[32] 다만, 이행강제금의 추가 부과에 대하여는 법 33조 5항에서 이행강제금을 부과·징수할 수 있다고 규정하고 있을 뿐 아니라, 노위규칙 83조 1항도 사용자가 계속하여 부당해고 등 구제명령을 이행하지 아니할 경우

29) 권창영, 601~603면; 김홍영, 74면.
30) 박종희·김성진·김판기, 74~76면; 정진경, 535면.
31) 박종희·김성진·김판기, 104면과 125면.
32) 정진경, 535~536면.

총 4회까지 이행강제금을 부과할 수 있다고 규정하여 노동위원회의 재량을 인정하고 있다.[33]

### 마. 독촉 및 징수

이행강제금 납부의무자가 납부기한까지 이행강제금을 내지 아니하면 노동위원회는 기간을 정하여 독촉을 하며(법 33조 7항 전단), 독촉에도 불구하고 사용자가 지정된 기간에 이행강제금을 내지 아니하면 국세 체납처분의 예에 따라 징수할 수 있다(법 33조 7항 후단).

이행강제금의 징수절차는 국고금관리법 시행규칙을 준용하며, 이 경우 납입고지서에는 이의제기 방법 및 기간을 함께 적어야 한다(규칙 6조). 노동위원회는 구제명령을 받은 자가 구제명령을 이행하면 새로운 이행강제금을 부과하지 아니하되, 구제명령을 이행하기 전에 이미 부과된 이행강제금은 징수하여야 한다(법 33조 6항). 이행강제금은 과거의 불법을 응징하려는 제도가 아니라 의무의 이행을 장래에 강제하는 제도이기 때문이다.[34]

납부의무자가 지불능력이 없거나 재산을 은닉하여 납부의무자에 대한 강제징수가 의미가 없는 경우에는 이행강제금 제도는 그 효용성에 있어 한계가 있다.

이러한 경우에 독일에서는 행정청의 신청에 따라 의무자에 대한 심문을 거친 후 법원이 강제금 징수에 대체하여 1일 이상 2주일 이내의 기간 동안 구금을 명함으로써 의무이행을 강제하는 대체 강제구류 제도를 시행하고 있다.[35]

### 바. 이행강제금의 부과취소

노동위원회 위원장은 이행강제금 납부고지서가 사용자에게 도달하기 전에 구제명령이 이행되었다고 판단되는 경우 심판위원회를 소집하고 심판위원회는 이행강제금 부과취소 여부를 결정하여야 한다. 다만 구제명령 이행 여부에 대해 당사자간 다툼이 없는 경우 단독심판위원을 지명하여 이행강제금 부과취소 여부를 결정할 수 있다.[36]

### 사. 이행강제금의 부과유예

노동위원회의 심판위원회는 첫째, 구제명령을 이행하기 위하여 사용자가

---

33) 박종희 · 김성진 · 김판기, 73면; 정진경, 536면.
34) 김재호 · 김홍영, 136면.
35) 김재호 · 김홍영, 139면.
36) 노위규칙 81조의 2.

객관적으로 노력하였으나 근로자의 소재불명 등으로 구제명령을 이행하기 어려운 것이 명백한 경우나, 둘째 천재·사변, 그 밖의 부득이한 사유로 구제명령을 이행하기 어려운 경우에는 직권 또는 사용자의 신청에 따라 이행강제금의 부과를 유예하고, 그 사유가 없어진 뒤에 이행강제금을 부과할 수 있다.[37)]

이 경우에 노동위원회 위원장은 일정한 서식의 결정서에 따라 사용자에게 그 사실을 통보하여야 한다(노위규칙 82조 3항).

### 아. 이행강제금의 추가부과

최초의 구제명령을 한 날을 기준으로 매년 2회의 범위 내에서 구제명령이 이행될 때까지 반복하여 이행강제금을 부과·징수하되 2년을 상한으로 한다(법 33조 5항).

이러한 상한 설정에 대하여 노동위원회의 구제명령을 이행하지 아니한 사용자에게 불이행 상태를 고착시킬 수 있는 길을 열어주게 되므로, 궁극적인 목적인 원상회복을 달성하기까지 불이행상태가 존재하는 한 계속하여 부과하는 것이 타당하다는 견해가 있다.[38)]

하지만 확정된 구제명령에 대한 처벌규정이 별도로 있을 뿐만 아니라, 구제명령은 공법상의 효력밖에 없지만 근로자가 민사소송을 하는 경우에는 법원의 판결에 따라 강제집행이 가능하다. 또한 장기에 걸쳐 구제명령을 이행하지 아니하는 경우는 사용자가 나름대로 이유가 있어 구제명령에 불복하여 해고의 정당성을 다투고 있을 것인데 계속하여 이행강제금을 부과하는 것이 어떤 의미가 있는지 의문이다. 즉 이행강제금의 액수가 적지 않고, 복직 및 소급임금 지급명령의 경우 근로자를 복직시키면 사용자는 근로제공을 받을 수 있어 후에 해고가 부당해고로 판정되어도 손해가 없으며, 금전보상의 경우 부당해고를 전제로 한 것이므로 후에 해고의 정당성이 인정되면 이론상 근로자로부터 지급한 금전보상금을 돌려받을 수 있으므로 특별한 사정이 없는 한 사용자는 구제명령을 이행하려 할 것이다.

그럼에도 불구하고 사용자가 구제명령을 이행하지 않는 경우는, 복직명령과 관련하여 해고된 근로자의 업무가 보안업무나 전산업무 등과 같이 사용자와의 신뢰관계가 깨어진 근로자가 마음만 먹으면 얼마든지 사용자에게 회복불가

---

37) 영 14조; 노위규칙 82조 2항.

38) 김홍영, 71~72면; 이철수, 14면 참조.

능한 손해를 가할 위험성이 있는 경우가 많을 것이고, 금전보상과 관련하여 사용자가 해고의 정당성에 대하여 확신이 있거나 근로자에게 중간수입이 있어 설사 부당해고로 인정되어도 민사소송에서 일부 승소가 가능함에도 일단 금전보상금을 지급하면 그 회수가 불가능하다고 판단하는 경우가 많을 것이다. 이러한 경우 노동위원회의 지침에 따른 경직된 일률적인 이행강제금의 계속 부과는 바람직하지 못할 뿐만 아니라 부작용을 야기할 수 있다.

사용자가 근로자가 제기한 해고무효확인소송에서 승소한 경우, 구제명령이 취소되지 않았다고 하여 이행강제금을 계속하여 부과할 수 있을 것인지에 관하여는 명문의 규정은 없으나, 사법상의 의무가 부존재함이 확정적으로 밝혀졌음에도 계속하여 공법상 그 이행을 강제한다는 것은 부당하므로 불가능하다고 보아야 한다.

최초의 이행강제금 부과 이후 새로 부과되는 이행강제금의 경우에는 새로운 이행강제금의 부과 전까지 사용자가 구제명령을 이행하면 노동위원회는 새로운 이행강제금을 부과할 수 없다.[39]

이행강제금의 반복 부과는 이전 이행강제금 납부종료일부터 6월 이내에 하여야 하며, 이 경우의 이행 여부의 확인, 이행결과 조사 보고, 심판위원회 개최, 이행강제금 부과결정 등 부과절차에 대하여는 당초의 이행강제금 부과에 관한 규정을 준용한다(노위규칙 83조 2항).

## Ⅲ. 이행강제금의 반환 및 불복

### 1. 반 환

노동위원회는 중앙노동위원회의 재심판정이나 법원의 확정판결에 따라 노동위원회의 구제명령이 취소되면, 직권 또는 사용자의 신청에 따라 이행강제금의 부과·징수를 즉시 중지하고 이미 징수한 이행강제금을 반환하여야 한다(영 15조 1항).

이행강제금을 반환하는 때에는 이행강제금을 납부한 날부터 반환하는 날까지의 기간에 대하여 고용노동부령으로 정하는 이율을 곱한 금액을 가산하여 반환하여야 한다(영 15조 2항). 그 이율은 국세기본법 시행규칙 19조의2에 따른 국

39) 권창영, 578면.

세환급가산금의 이율이다(규칙 7조 1항).[40]

## 2. 불 복

불복절차는 개별법에 이행강제금에 대하여 특별한 불복절차가 정해져 있는 경우에는 그에 의할 것이나, 그러한 절차가 마련되어 있지 않다면 일반 불복절차에 따라 행정쟁송을 제기하게 된다.

아직도 농지법 62조 7항과 같이 비송사건절차법에 따른 과태료재판의 준용규정을 두어 이행강제금 부과처분에 대한 불복을 과태료재판에 준하여 처리하도록 하는 경우도 있으나, 근기법상 이행강제금 부과처분에 대하여는 별도의 불복절차에 관한 규정이 없으므로 일반적인 행정소송절차에 따라 처리되어야 한다.[41]

구제명령의 적법성은 중앙노동위원회의 재심판정취소소송에서 다루어질 성질의 것이므로, 이행강제금 취소소송에서는 구제명령의 적법성은 다툴 수 없고 부과금액과 부과절차 등 이행강제금 부과처분 자체의 적법성만을 다툴 수 있다고 한다.[42] 하지만 이행강제금은 구제명령의 이행을 강제하는 것인데, 법원이 구제명령에 대하여 전혀 검토하지 아니하고 이행강제금에 대한 불복사건을 처리할 수 있을지는 의문이며,[43] 하명처분의 위법성이 제재처분의 재량하자를 구성할 수 있으므로 구제명령의 위법사유를 가지고 이행강제금 부과처분 취소소송에서 다툴 수 있다고 봄이 타당하다.[44]

갑 주식회사가 소속 근로자 을 등을 부당하게 해고하였다는 이유로 지방노동위원회가 갑 회사에 원직복직 대신 금품을 지급하도록 구제명령을 내렸으나 이를 이행하지 않자 구제명령 불이행을 이유로 이행강제금 부과처분 등을 하였는데, 그 후 중앙노동위원회의 재심절차에서 고용관계가 종료하였음을 확인하고 분쟁조정금을 지급하는 화해가 성립한 사안에서, 화해가 성립하였다고 하여 구제명령이 취소된 것과 같다고 볼 수 없고, 갑 회사가 이행기한까지 구제명령에 따른 이행을 하지 않은 이상 이행강제금의 부과 요건은 성립한 것이므로, 이행

40) 2023. 9. 6. 현재 2023. 3. 20. 국세기본법 시행규칙 개정으로 정한 연 2.9%이다.
41) 김재호 · 김홍영, 138면; 정진경, 569면.
42) 김재호 · 김홍영, 138면.
43) 정진경, 549~550면.
44) 권창영, 644~645면.

강제금 부과처분 등이 적법하다고 판단한 하급심 판결이 있다.[45)]

[정 진 경 · 김 용 신]

## 第34조(퇴직급여 제도)

사용자가 퇴직하는 근로자에게 지급하는 퇴직급여 제도에 관하여는 「근로자퇴직급여 보장법」이 정하는 대로 따른다.

〈세 목 차〉



45) 춘천지법 2014. 12. 5. 선고 2014구합1183 판결, 이에 대하여는 논리적 귀결에 따른 것으로서 타당하다는 견해(박은정, 94면)와 화해도 이행강제금 부과처분 취소사유에 해당하는 것으로 봄이 타당하다는 견해(노병호, 171~172면)가 있다.

[참고문헌]

**곽동효**, "일정기간의 근속기간에 대한 지급률만이 정하여진 퇴직금 규정을 근로자의 동의 없이 개정하면서 종전의 지급률은 낮추고 그 이후의 지급률은 새로이 정한 경우의 효력", 재판과 판례 5집, 대구판례연구회(1996. 12.); **곽윤직**, 물권법(신정판), 박영사(1992); **권창영**, "연봉제와 퇴직금", 인권과 정의 324호, 대한변호사협회(2003. 8.); **김길중**, "퇴직금 급여청구권의 피전부적격여부", 대법원판례해설 5호, 법원행정처(1986. 11.); **김성수**, "사례를 통한 비전형적(非典型的) 퇴직금 제도의 고찰", 재판실무연구 2003, 광주지방법원(2004. 1.); **김수복**, 근로기준법(판례 · 해석 중심), 중앙경제(2016); **김영일**, "장래채권의 피전부적격", 사법논집 11집, 법원행정처(1980. 12.); **김장식**, "차등퇴직금제도 금지의 원칙", 2003 노동판례비평, 민주사회를 위한 변호사모임(2004.); **김진수**, "판례를 통하여 본 계속근로연수", 판례연구 6집, 부산판례연구회(1994. 11.); **김치선**, 노동법강의, 박영사(1990); **김학원**, "일실퇴직금의 청구요건과 그 산정방법", 사법논집 24집, 법원행정처(1993); **김형배a**, "휴직 후 퇴직한 경우의 퇴직금의 산정방법", 노동법학 3호, 한국노동법학회(1991. 12.); **김형배b**, 근로기준법(신정판), 박영사(1993); **김홍영**, "퇴직금 분할지급 약정", 노동판례백선, 박영사(2015); **고용노동부**, 근로자퇴직급여보장법안 설명자료(2004.

11.); **박상필**, 한국노동법(전정판), 대왕사(1988); **박수근**, "노동법의 강행성(퇴직금포기 계약의 효력)", 노동판례백선, 박영사(2015); **박순영**, "퇴직금 분할약정에 관하여, 대법원 2010. 5. 20. 선고 2007다90760 전원합의체 판결", 민사재판의 제문제 23권, 한국사법행정학회(2015); **신동윤**, "부동산경매에 있어서의 배당에 관한 제문제", 사법논집 23집, 법원행정처(1992); **심태식**, 노동법개론, 법문사(1989); **오진환**, "임금우선특권에 관한 실무상의 제문제", 법조 42권 8호, 법조협회(1993. 8.); **유정무**, "근로기준법상의 퇴직금제도에 관하여", 형평과 정의 3집, 대구지방변호사회(1988. 5.); **유성재**, "퇴직금 분할 약정과 부당이득반환 여부", 노동법학 39호, 한국노동법학회(2011); **이국환**, "근로기준법상 '사업'의 개념과 퇴직금차등제도금지", 재판과 판례 8집, 대구판례연구회(1999. 12.); **이동흡**, "평균임금과 통상임금(1)", 법조 44권 1호, 법조협회(1995. 1.); **이승길**, "연봉제의 노동법적 연구", 노동법연구 11호, 서울대학교 노동법연구회(2001. 12.); **이재성a**, "장래채권의 피전부적격성", 이재성 판례평석집 9권, 한국사법행정학회(1988); **이재성b**, "퇴직 전의 퇴직금청구권과 전부명령", 민사재판의 이론과 실제 2권, 법조문화사(1976); **이정**, "퇴직금의 법적 성격", 노동판례백선, 박영사(2015); **이종남**, "퇴직금제도에 관한 연구(상)", 사법행정 26권 12호, 한국사법행정학회(1985. 12.); **이주흥**, "우선채권의 경매절차상 취급", 민사판례연구 17권, 박영사(1995); **이철원**, "퇴직금제도에 관한 연구", 노동법의 제문제 — 가산 김치선 박사 화갑 기념 논문집, 박영사(1983); **이태운**, "퇴직금제도", 재판자료 39집 근로관계소송상의 제문제(상), 법원행정처(1987); **임상기**, "우선변제권 있는 퇴직금의 범위", 재판과 판례 5집, 대구판례연구회(1996. 12.); **임종률a**, "퇴직금", 법학 14권 1호, 서울대학교 법학연구소(1973. 6.); **전형배**, "최근 대법원 퇴직금 판례의 법리 분석", 노동법학 48호, 한국노동법학회(2013); **정진경a**, "근로조건의 불이익변경", 노동법연구 13호, 서울대학교 노동법연구회(2002. 12.); **정진경b**, "직위해제 후 퇴직한 자의 퇴직금산정 —평균임금산정방식과 퇴직사유에 따른 퇴직금감액규정의 효력을 중심으로—", 사법연구자료 22집, 법원행정처(1995); **정현수**, "임금채권의 보호", 재판자료 39집 근로관계소송상의 제문제(상), 법원행정처(1987); **조용만**, "형식적인 퇴직금 분할 약정의 본질: 퇴직금 명목의 가면이 씌워진 임금", 노동법학 44호, 한국노동법학회(2012); **최홍엽**, "근로기준법상 퇴직금 청구와 법의 충돌" 법학논총 5집, 조선대학교 법학연구소(1999. 6.); **하경효**, "퇴직금 분할지급약정의 효력과 분할 지급된 금원의 성격", 고려법학 63호, 고려대학교 법학연구원(2011); **홍영표**, 노동법론, 법문사(1962).

## Ⅰ. 서 론

근로자는 근로를 제공하는 대가로 임금을 받으므로 근로관계가 유지되는 동안에는 임금 소득으로 생활을 유지하게 된다. 그러나 근로관계가 종료되면 임금이 지급되지 않으므로 생활이 어려워진다. 이러한 점을 고려하여 퇴직급여법 등의 법령은 근로자가 퇴직한 후 다시 직장을 구하기까지 생활을 이어갈 수 있게 하는 한편, 은퇴 후에 생활이 보장될 수 있도록 여러 가지 제도적 장치를 마련하고 있다.

## 1. 퇴직 후 생활보장 제도 개관

우리나라의 퇴직 후 생활보장 제도는 크게 일반 근로자를 대상으로 하는 제도와 특별법의 적용을 받는 근로자를 위한 제도로 나눌 수 있다.

우리나라의 사회보험 제도는 1980년대 후반부터 본격적으로 정비된다. 1988년부터 근기법상 법정퇴직금 제도를 적용받는 사업장에도 국민연금법에 의한 국민연금 제도의 적용을 받고, 1995년부터는 고보법이 정한 실업급여의 적용을 받게 되었다. 이로써 우리나라의 일반 근로자에 대한 퇴직 후 생활보호 제도는 3원화되었다.

즉, 일반 근로자를 위한 퇴직 후 생활보장 제도는 근기법과 퇴직급여법에 의한 퇴직급여제도, 국민연금법에 의한 국민연금 제도와 고보법에 의한 고용보험 제도로 구성되어 있다. 이 중 퇴직급여제도는 다시 퇴직금제도, 퇴직연금제도, 건설근로자퇴직공제 제도로 나눌 수 있다. 국민연금 제도와 고용보험 제도는 적용대상과 사업목적이 퇴직급여제도보다 넓다. 국민연금 제도는 적용대상에 근로자뿐 아니라 자영업자까지 포함하고 있고, 고용보험 제도에는 퇴직 후 새 직장을 구할 때까지 생활을 보호하고자 하는 실업급여 외에도 새 직장을 구하는 데 도움을 주는 고용안정사업과 직업 능력을 키워주는 직업능력개발사업이 포함되어 있다.

한편 공무원, 군인, 교사, 선원 등 근로자들에게는 퇴직급여제도, 국민연금 제도, 고용보험 제도가 적용되지 않고 각각 관련 특별법에 의한 퇴직 후 생활보장 제도가 적용된다. 여기에 해당되는 근로자는 공연법에 의한 공무원, 군인연금법에 의한 군인, 사립학교교직원 연금법에 의한 사립학교 교직원, 선원법에 의한 선원 등이 있다.

## 2. 근기법과 퇴직급여법상 퇴직금제도

종전의 근기법은 퇴직금제도를 직접 규율하고 있었는데, 2005. 1. 27. 법률

7379호로 법이 개정되면서, 현행 규정과 같이 퇴직급여제도에 대한 규율을 특별법인 퇴직급여법에 맡기도록 하였다. 따라서 현재 근로자의 퇴직급여에 관하여는 같은 날 제정된 퇴직급여법(법률 7379호)이 규율하고 있다.[1] 개정 전의 구 법 34조의 규정은 퇴직급여법의 4조, 8조에서 대동소이한 내용으로 다시 등장하고 있다.

## Ⅱ. 근기법 및 퇴직급여법상 퇴직급여제도의 변천

### 1. 개 관

우리나라는 1953년 근기법을 제정할 때 '해고자에 대한 지급'이라는 이름으로 퇴직금제도의 단초[2]를 마련하였고, 1961년에 현재의 제도로 그 틀을 보완한 후 계속 적용 범위를 넓혀왔다. 퇴직금제도는 근로자의 퇴직 후 및 노후 생활을 보장하는 데 도움이 되기는 하지만 보장 수준이 충분하지 않고 기업의 부담금만을 구성 요소로 한다는 점에서 한계가 있었다. 건국 초기 사회보장과 사회보험 제도를 정비할 경제력이 없었다는 점을 고려한 입법이었다.

한편, 1996년에는 건설근로자 고용개선 등에 관한 법률이 제정되었다. 건설근로자는 근로의 성격상 근기법이 정한 퇴직금제도의 혜택을 받기 어렵다. 따라서 이 법은 취약 계층인 중소기업의 건설업 일용근로자에게 퇴직 후 생활보호로 건설근로자퇴직공제 제도를 도입하였다.

그러나 이러한 제도 변천에도 불구하고 근로자의 퇴직 후 생활보장 제도가 충분하지 못하다는 지적이 그치지 않았다. 그 결과 2005년에는 기존의 퇴직금제도를 적용하거나 퇴직연금제도를 선택할 수 있도록 하는 퇴직급여법이 제정·공포되어 같은 해 12월부터 적용되었다.

### 2. 구체적 변천 과정

1953년 제정 근기법은 모든 근로자가 아니라 사용자의 일방적 의사표시에 의해 근로관계가 단절되는 해고를 당하는 근로자에게만 금품을 지급하도록 하

---

1) 퇴직급여법은 제정 후 수차 개정되었고, 가장 최근에는 2022. 1. 11. 법률 18752호(2022. 7. 12. 시행)로 일부개정되었다.

2) 일정한 범위의 해고 근로자에게만 지급되는 것으로서 현재의 퇴직금제도와는 상당한 차이가 있다.

였다. 즉 1953년 제정 근기법은 28조(당시 조문)에서 사용자가 근로자를 해고하고자 할 때에는 근로자에게 30일분 이상의 평균임금을 지급하되, 2년 이상 계속 근로하였을 때에는 계속근로연수 1년에 대하여 30일분을 가산하고, 계속근로연수 10년 이상인 때에는 10년을 넘은 1년에 대하여 60일분을 가산하여 지급하도록 하였다. 그리고 1953년 제정 근기법과 근기법 시행령은 이 사용자의 해고자에 대한 금품 지급 의무를 상시 30인 이상 사업장의 사용자만 지도록 하였고, 천재사변 기타 부득이한 사유로 사업 계속이 불가능하여 당시 사회부의 인정을 받은 경우 또는 노동위원회의 인정을 받은 근로자 귀책사유로 근로자를 해고할 때에는 금품 지급 의무를 지지 않도록 하였다.

1961. 12. 4. 근기법이 개정되어 해고 예고 제도가 도입되었다. 그리하여 사용자는 근로자를 해고할 때에는 30일 전에 예고하도록 하고, 만일 예고를 하지 못할 때에는 30일분의 해고예고수당을 지급하도록 하였다(27조의2). 이에 따라 해고자에 대한 금품 지급 제도는 해고 예고 제도로 변경되었다. 그리고 퇴직금 제도를 신설하여, 퇴직하는 근로자 모두에 대하여 계속근로연수 1년에 대하여 30일분 이상의 평균임금을 지급하도록 하였다(28조). 현재의 퇴직금제도의 근간은 이때 마련되었다.

1980. 12. 31. 개정으로 하나의 사업 안에 퇴직금의 차등 제도를 둘 수 없게 되었고(28조 2항 신설), 1996. 12. 31. 개정으로 퇴직금 중간정산 제도(28조 3항 신설)가 도입되고, 퇴직연금보험에 가입하는 경우 퇴직금제도를 설정한 것으로 보게 되었다(28조 4항 신설). 1996. 12. 31. 개정 법률안의 국회 의결 절차에 대해 국회의원의 법률안 심의·표결권을 침해하였다는 헌재 결정이 선고되는 등 무효 논란이 끊이지 않자 1997. 3. 31. 근기법이 폐지되고 같은 날 새로이 근기법이 제정되었는데, 이때도 종전과 같은 내용의 퇴직금제도가 마련되었다(34조).

1997. 12. 24. 개정 때 퇴직금제도를 설정한 것으로 보는 경우를 퇴직보험과 퇴직일시금 신탁에 가입하는 경우로 확대하였다(34조 4항).

그러다 2005. 1. 27.에 퇴직급여법이 공포되면서 퇴직금제도는 퇴직급여법이 규율하도록 하였다.

한편 근기법상 퇴직금제도의 적용을 받는 사업장의 범위는 아래와 같이 확대되었고, 2010년이 지나면 모든 사업장에 퇴직금제도가 마련되도록 예정하였는데(퇴직급여법 제정법률 부칙 1조), 2011. 7. 5. 법률 10967호로 개정되면서 근로자를 사용하는 모든 사업장에 적용하도록 하되, 상시 4명 이하의 근로자를 사용하는 사업에 대하여는 2010년 12월 1일부터 퇴직급여제도가 시행된 것으로 본다고 규정하면서, 그 급여액을 상시 5인 이상의 근로자를 사용하는 사업에 비하여 낮게, 단계적으로 설정하여 사용자의 부담을 완화하였다(위 개정법률 부칙 8조 1항, 2항).

| 관련법령 공포일 | 사업규모 | 적용기간 |
|---|---|---|
| 1962. 3. 4.(영) | 30인 이상 | 1962. 3. 4. ~ 1975. 4. 27. |
| 1975. 4. 28.(영) | 16인 이상 | 1975. 4. 28. ~ 1987. 12. 30. |
| 1987. 12. 31.(영) | 10인 이상 | 1987. 12. 31. ~ 1989. 3. 28. |
| 1989. 3. 29.(법) | 5인 이상 | 1989. 3. 29. ~ 2015. 11. 30. |
| 2005. 1. 27.(퇴직급여법) | 5인 이상 | 2005. 12. 1. ~ 2010. 11. 30. |
| 2011. 7. 5.(퇴직급여법) | 1인 이상 | 2010. 12. 1. ~ |

퇴직급여법은 2005. 7. 29. 개정되면서 퇴직연금사업자에게 적립금 운용관리 업무에 관한 계약 체결을 위한 약관 등을 제정, 변경할 때 금융감독위원회에 보고할 의무 및 매년 말 적립금 운용수익률 등을 공시할 의무를 부과하였고(20조 6항, 7항), 2018. 6. 12. 개정되면서 임금피크제의 실시 및 근로시간 단축 등으로 임금이 감소할 경우 확정급여형퇴직연금제도 또는 퇴직금제도를 설정한 사용자는 근로자에게 퇴직급여가 감소할 수 있음을 미리 알리고 근로자대표와의 협의를 통하여 퇴직급여 산정기준의 개선 등 근로자의 퇴직급여 감소를 예방하기 위하여 필요한 조치를 할 의무를 부과 받게 되었다(32조 4항). 2021. 4. 13. 개정에서는 상시 30명 이하 근로자를 사용하는 중소기업에 대한 중소기업퇴직연금기금제도가 도입되었고, 확정급여형퇴직연금 적립금의 합리적 운용을 위하여 상시 300명 이상의 근로자를 사용하는 사업의 사용자에게 적립금운용위원회 구성이 의무화되었으며, 퇴직금도 퇴직연금과 마찬가지로 개인형퇴직연금제도 계정으로 이전하는 것이 원칙적으로 의무화되었다. 가장 최근 개정인 2022. 1. 11. 개정에서는 확정기여형퇴직연금 혹은 개인형퇴직연금 가입자가 일정 기간 동안 적립금 운용지시를 하지 않을 경우 사전에 정한 운용방법에 따라 적립금이 운용될 수 있도록 사전지정운용제도가 도입되었다.

## Ⅲ. 근로자퇴직급여 보장법 개관

### 1. 제정 목적 · 성격

퇴직급여법 제1조(목적)

이 법은 근로자 퇴직급여제도의 설정 및 운영에 필요한 사항을 정함으로써 근로자의 안정적인 노후생활 보장에 이바지함을 목적으로 한다.

제3조(적용범위)

이 법은 근로자를 사용하는 모든 사업 또는 사업장(이하 "사업"이라 한다)에 적용한다. 다만, 동거하는 친족만을 사용하는 사업 및 가구 내 고용활동에는 적용하지 아니한다.

#### 가. 퇴직급여법 제정 배경

##### (1) 기존 퇴직금제도의 한계와 문제점

퇴직금제도는 도입된 이후 50여 년이 경과하는 동안 적용 범위를 넓혀 오면서 근로자 보호를 위해 중요한 역할을 해왔다. 그러나 사회경제적 여건이 급변함에 따라 근로자에게는 별 도움이 되지 못하면서 사용자에게는 큰 부담이 되는 것으로 평가되었다.

기존 제도의 문제점들을 살펴보면 다음과 같다. 첫째, 근로자의 근속 연수가 짧아[3] 퇴직금액이 적어졌다. 그리하여 받은 퇴직금은 대부분 일시적인 생활자금으로 소진되고 노후 생활 보장자금으로 활용되지 못하는 실정이다. 둘째, 1997년 3월 퇴직금 중간정산 제도가 도입되고 연봉제가 매우 빠르게 확산되면서[4] 퇴직금이 월급으로 분할되거나 연봉에 흡수되어 퇴직 후에 근로자가 받을 금액이 없어지게 되었다.[5] 셋째, 퇴직금을 적립하는 장치가 제대로 마련되지 않아 기업이 퇴직금을 장부상으로만 적립하는 경우가 많다. 이에 따라 기업이 파산하거나 사정이 어려우면 근로자가 퇴직금을 받지 못해 고통을 받는 일이 많

3) 고용노동부의 조사에 따르면 2003년 6월 기준으로 근로자의 평균 근속연수는 5.8년에 불과하다(고용노동부 퇴직급여법 설명자료, 1면).

4) 고용노동부가 조사한 바에 따르면 2017년 기준 우리나라 상용 100인 이상 사업체의 근로자 중 약 74%가 연봉제로 임금을 지급받고 있다[고용노동부, 사업체 노동력조사 부가조사(2018)].

5) 다만 미발생 퇴직금을 연봉에 포함시키고 이를 분할 지급하는 것은 무효라고 함이 판례의 태도이다(대법원 2010. 5. 20. 선고 2007다90760 전원합의체 판결 등).

이 발생했다. 넷째, 근로자가 5인 이상인 사업장에만 적용됨으로써 보호의 범위가 넓지 않으며, 보호의 필요성이 상대적으로 큰 취약 근로자가 혜택을 받지 못한다. 다섯째, 근로자가 퇴직할 때 기업이 일시금을 부담하므로 경영의 장애 요인으로 작용했다. 여섯째, 우리나라의 인구구조는 매우 빠르게 고령화되고 있음에도 불구하고[6] 근로자들의 노후대비책이 마련되어 있지 않았다. 이러한 이유로 노사에게 불이익이 없도록 하면서 노후소득 보장이라는 취지를 구현하기 위하여 퇴직연금제도를 도입하는 등 퇴직금제도를 전체적으로 바꾸는 것이 필요하게 되었다.

(2) 퇴직급여법 제정 경위

퇴직급여법은 1998년에 노사정위원회가 '퇴직금제도의 개선'을 의제로 선정함으로써 그 논의가 본격적으로 시작되었다. 한편, 고용노동부는 1995년에 제정된 고보법 부칙에 규정된 '퇴직금제도 개선 의무'를 이행하고 노사정위원회의 논의에 대비하기 위하여 2000년부터 퇴직금제도 개선 방안에 대한 연구를 시작하였다. 그리하여 2001년 6월에는 노사정위원회에 구체적인 논의를 제안하였다. 이에 따라 노사정위원회는 2001년 7월부터 2003년 6월까지 퇴직연금 제도 도입 방안을 논의하였다. 이 과정에서 퇴직연금제도에 대한 기초 조사와 연구 용역, 관계 부처와 전문가 의견 청취 등을 통해 의견 조율에 노력하였다. 그 결과 퇴직연금제도의 도입에 대해서는 공감대를 형성하였으나, 퇴직급여보장 제도의 설계와 적용범위 등에 대해 노동계와 경영계가 이견을 보여 합의에 이르지 못하였다. 그 결과 노사정위원회는 2003년 7월에 그간의 논의 결과를 고용노동부에 이송하면서, 노·사의 입장을 고려하여 입법을 추진할 것을 요청하였다. 이에 따라 고용노동부는 관계 부처 협의, 입법 예고 등 입법 작업을 진행하다가 제16대 국회의 임기가 만료되어 작업이 중단되었다. 이후 제17대 국회가 구성되자 2004년 7월부터 다시 입법 예고, 국무회의 심의를 거쳐 퇴직급여법안이 확정되고, 같은 해 11월에 국회에 제출되었으며 같은 해 12월 본회의 의결 후 2005. 1. 27. 법률 7379호로 공포되었다.

6) UN은 65세 이상의 인구가 총 인구의 7% 이상이면 고령화 사회, 14% 이상이면 고령사회, 20% 이상이면 초고령 사회로 정의하고 있는데, 우리나라는 2000년에 65세 이상이 7.2%가 되어 고령화 사회로 접어들었고 2017년에는 65세 이상이 14.2%가 되어 고령사회가 되었고, 2026년에는 20% 이상을 차지하면서 초고령사회에 진입할 것으로 예측되어 세계에서 가장 빠른 고령화가 진행되고 있다.

### 나. 퇴직급여법의 목적 · 성격 · 용어의 정의

퇴직급여법은 근로자 퇴직급여제도의 설정 및 운영에 필요한 사항을 정함으로써 근로자의 안정적인 노후생활 보장에 이바지함을 목적으로 하여 제정된 법이다(퇴직급여법 1조).

앞서 본 바와 같은 입법 경위를 보면, 퇴직급여법은 분명하게 근기법의 특별법으로서 성격을 가진다. 그리하여 이 법에서 사용하는 근로자, 사용자, 임금 등의 용어는 근기법상의 의미를 그대로 따른다(퇴직급여법 2조 1호 내지 4호). 적용 범위도 근기법과 같다.

## 2. 적용 범위

### 가. 시적 범위

퇴직급여법은 2005. 12. 1.부터 시행되었다.

사용자가 퇴직급여법이 정한 퇴직급여제도를 설정하지 않으면 퇴직급여법 8조의 규정에 의한 퇴직금제도를 설정한 것으로 보며(퇴직급여법 11조), 이 법 시행 당시 종전 근기법 34조 1항의 규정에 의하여 설정된 퇴직금 제도는 퇴직급여법에 의하여 설정된 것으로 본다(퇴직급여법 부칙 5조).

### 나. 물적 범위

#### (1) 모든 사업 또는 사업장

퇴직급여법의 물적 적용 범위는 근기법의 적용 범위와 같다. 근기법상 퇴직금 제도는 제정 후 1975. 4. 27.까지는 상시 30인 이상, 1987. 12. 30.까지는 상시 16인 이상, 1989. 3. 28.까지는 상시 10인 이상 근로자를 사용하는 사업 · 사업장에 적용되다 1989. 3. 29.부터 상시 5인 이상 근로자를 사용하는 사업 · 사업장에 적용되어 왔다.

그리하여 퇴직급여법 제정 전의 근기법은 퇴직금제도를 상시 4인 이하 근로자를 사용하는 사업 · 사업장에는 적용하지 않도록 하였는데(2005. 1. 27. 개정 전의 근기법 10조 1항 · 2항, 2007. 6. 29. 전문 개정 전의 근기법 시행령 1조의2, [별표 1]), 퇴직급여법은 근로자를 사용하는 모든 사업 또는 사업장을 적용 범위로 하여 적용 범위를 확대하면서도(퇴직급여법 3조 본문) 부칙 1조에서 그 적용 대상 확대를 2010년이 끝나는 날 이전 대통령령이 정하는 날까지로 미루어 두었다가, 2011. 7. 5. 법률 10967호로 개정되면서 상시 4명 이하의 근로자를 사용하는 사업에 대하여는 2010년 12월 1일부터 퇴직급여제도가 시행된 것으로 본다고 규정하여(위 개정법률 부칙 8조 1항) 위 일자부터는 모든 사업에 퇴직급여법이 적용되고 있다.

(2) 동거 친족 사용 사업 · 가구 내 고용활동 적용 제외

퇴직급여법은 동거하는 친족만을 사용하는 사업 · 사업장 및 가구 내 고용활동에는 적용되지 않는다(퇴직급여법 3조 단서).

가족관계에 대하여 국가가 법으로 개입하는 것은 바람직하지 못하다는 취지에서 동거하는 친족만을 고용하는 사업의 사용자에게 퇴직급여법이 적용되지 않도록 한 것이다. 또한 가구 내 고용활동을 퇴직급여법 적용 대상에서 제외하는 것은, 국가가 사생활의 자유를 침해하지 않도록 하는 취지이다.

동거하는 친족을 사용하는 사업 · 사업장, 가구 내 고용활동 등에 관한 자세한 내용은 법 11조에 대한 해설 Ⅳ. 참조.

### 3. 퇴직급여법의 구성

퇴직급여법은 근기법에 있던 퇴직금 관련 조항을 모두 모아 퇴직금제도로 규정하고, 그에 덧붙여 퇴직연금제도를 새로 규정하고 있다. 구체적인 구성과 주요 내용은 아래 표와 같다.

| 구 분 | 주 요 내 용 |
|---|---|
| 제 1 장(제 1 조~제 3 조)<br>〔총 칙〕 | 목적, 용어의 정의, 적용범위 |
| 제 2 장(제 4 조~제12조)<br>〔퇴직급여제도의 설정〕 | 퇴직급여제도의 설정, 새로 성립된 사업의 퇴직급여제도, 가입자에 대한 둘 이상의 퇴직연금제도 설정, 수급권의 보호, 퇴직금제도의 설정, 퇴직금 지급의무, 퇴직금의 시효, 퇴직급여제도 미설정에 따른 처리, 퇴직급여등의 우선변제 |
| 제 3 장(제13조~제18조의2)<br>〔확정급여형 퇴직연금제도〕 | 확정급여형퇴직연금제도의 설정, 가입기간, 급여수준, 급여지급능력 확보, 급여 종류 및 수급요건, 운용현황의 통지, 적립금운영위원회 구성 등 |
| 제 4 장(제19조~제23조)<br>〔확정기여형 퇴직연금제도〕 | 확정기여형퇴직연금제도의 설정, 부담금의 부담수준 및 납입, 적립금 운용방법 및 정보제공, 사전지정운용제도의 설정 및 운영, 적립금의 중도인출, 둘 이상의 사용자가 참여하는 확정기여형퇴직연금제도 설정 |

| | |
|---|---|
| 제 4 장의2(제23조의2~제23조의16)<br>[중소기업퇴직연금기금제도] | 중소기업퇴직연금기금제도의 운영, 관리, 자료의 활용, 표준계약서의 기재사항, 제도의 설정, 부담금의 부담수준 및 납입 등, 가입자부담금 계정의 설정 등, 가입기간, 기금 운용정보 제공, 운용현황의 통지, 급여의 종류 및 수급요건 등, 적립금의 중도인출, 국가의 지원, 공단의 책무, 지도·감독 |
| 제 5 장(제24조~제25조)<br>〔개인형퇴직연금제도〕 | 개인형퇴직연금제도의 설정 및 운영 등 |
| 제 6 장(제26조~제31조)<br>〔퇴직연금사업자 및 업무의 수행〕 | 퇴직연금사업자의 등록, 퇴직연금사업자에 대한 등록취소 및 이전명령, 운용관리업무 및 자산관리업무에 관한 계약체결, 수수료, 운용관리업무수행, 모집업무의 위탁 |
| 제 7 장(제32조~제37조)<br>〔책무 및 감독〕 | 사용자·연금사업자·정부의 책무, 사용자 및 연금사업자에 대한 감독, 금융거래정보의 제공요청 |
| 제 8 장(제38조~제42조)<br>〔보 칙〕 | 퇴직연금제 폐지 및 중단 시의 처리, 업무협조·보고·조사, 권한 위임·위탁, 청문 |
| 제 9 장(제43조~제48조)<br>〔벌 칙〕 | 벌칙 및 과태료, 양벌규정 |

## Ⅳ. 근로자퇴직급여제도의 설정

퇴직급여법 제 4 조(퇴직급여제도의 설정)

① 사용자는 퇴직하는 근로자에게 급여를 지급하기 위하여 퇴직급여제도 중 하나 이상의 제도를 설정하여야 한다. 다만, 계속근로기간이 1년 미만인 근로자, 4주간을 평균하여 1주간의 소정근로시간이 15시간 미만인 근로자에 대하여는 그러하지 아니하다.

② 제 1 항에 따라 퇴직급여제도를 설정하는 경우에 하나의 사업에서 급여 및 부담금 산정방법의 적용 등에 관하여 차등을 두어서는 아니된다.

③ 사용자가 퇴직급여제도를 설정하거나 설정된 퇴직급여제도를 다른 종류의 퇴직급여제도로 변경하려는 경우에는 근로자의 과반수가 가입한 노동조합이 있는 경우에는 그 노동조합, 근로자의 과반수가 가입한 노동조합이 없는 경우에는 근로자 과반수(이하 "근로자대표"라 한다)의 동의를 받아야 한다.

④ 사용자가 제 3 항에 따라 설정되거나 변경된 퇴직급여제도의 내용을 변경하려는 경우에는 근로자대표의 의견을 들어야 한다. 다만, 근로자에게 불리하게 변경하려는 경우에는 근로자대표의 동의를 받아야 한다.

### 1. 퇴직급여제도의 설정의무

#### 가. 의 의

사용자는 퇴직하는 근로자에게 급여를 지급하기 위하여 퇴직급여제도 중 하나 이상의 제도를 설정하여야 한다(퇴직급여법 4조 1항 본문).

퇴직급여제도라 함은 퇴직급여법 8조 이하가 규정하는 퇴직금제도(계속근로기간 1년에 대하여 30일분 이상의 평균임금을 퇴직금으로 지급하도록 하는 제도)와 퇴직급여법 13조 이하가 규정하는 퇴직연금제도(확정급여형퇴직연금제도, 확정기여형퇴직연금제도)를 말한다(퇴직급여법 2조 6호). 확정급여형퇴직연금은 근로자가 받을 급여의 수준이 사전에 결정되어 있는 퇴직연금을 말하고, 확정기여형퇴직연금은 급여의 지급을 위하여 사용자가 부담하여야 할 부담금의 수준이 사전에 결정되어 있는 퇴직연금을 말한다(퇴직급여법 2조 7호 · 8호).

그런데 2011. 7. 25. 법률 10967호로 전부개정된 퇴직급여법 5조는 그 시행일인 2012. 7. 26. 이후 새로 성립(합병 · 분할된 경우는 제외한다)된 사업의 사용자는 근로자대표의 의견을 들어 사업의 성립 후 1년 이내에 확정급여형퇴직연금제도나 확정기여형퇴직연금제도를 설정하여야 한다고 규정함으로써, 위 시점 이후에 새로 성립된 사업의 퇴직급여제도는 퇴직금제도를 배제하고 퇴직연금 제도 두 가지 중에서 하나를 설정하도록 하였다.

그리고 상시 10명 미만의 근로자를 사용하는 사업의 경우에는 퇴직급여법 4조 1항 및 5조에도 불구하고 사용자가 개별 근로자의 동의를 받거나 근로자의 요구에 따라 개인형퇴직연금제도를 설정하는 경우에는 해당 근로자에 대하여 퇴직급여제도를 설정한 것으로 보도록 하여(퇴직급여법 25조), 10명 미만을 사용하는 사업에 대해서는 퇴직금제도 또는 확정급여형이나 확정기여형 퇴직연금제도를 설정하지 않아도 되는 특례를 두었다. 위 개인형퇴직연금제도란 가입자의 선택에 따라 가입자가 납입한 일시금이나 사용자 또는 가입자가 납입한 부담금을 적립 · 운용하기 위하여 설정한 퇴직연금제도로서 급여의 수준이나 부담금의 수준이 확정되지 아니한 퇴직연금제도를 말한다(퇴직급여법 2조 10호).

## 나. 설정의무자

### (1) 원 칙

모든 사용자는 퇴직하는 근로자에게 지급하기 위하여 퇴직급여제도 중 하나 이상의 제도를 설정하여야 한다. 이 규정에도 불구하고 사용자가 퇴직급여제도나 개인형퇴직연금제도를 설정하지 않으면 퇴직급여법 8조 1항의 법정퇴직금제도를 설정한 것으로 본다(퇴직급여법 11조). 설정된 퇴직금제도에 따라 퇴직금을 지급하지 않으면 3년 이하의 징역이나 2,000만 원 이하의 벌금에 처한다(퇴직급여법 44조 1호).

이때의 사용자 개념은 근기법상의 사용자 개념과 동일하다(퇴직급여법 2조 2호). 즉, '사업주 또는 사업 경영 담당자 기타 근로자에 관한 사항에 대하여 사업주를 위하여 행위하는 자'(퇴직급여법 2조 2호; 법 2조 1항 2호)가 퇴직금제도 설정 의무를 진다.

사업을 책임지고 경영하는 주체인 사업주, 사업 경영 일반에 대하여 권한을 가지고 책임을 지는 자로서 사업주로부터 사업경영의 전부 또는 일부에 대하여 포괄적인 위임을 받고 대외적으로 사업을 대표하거나 대리하는 사업 경영 담당자, 근로자의 선발·고용관리 등 근로조건에 관하여 구체적인 지휘·명령을 내리는 자는 퇴직금제도를 설정할 의무를 진다.

### (2) 예 외

#### ㈎ 상시 4인 이하 근로자를 사용하는 사업·사업장의 사용자

제정 퇴직급여법은 상시 4인 이하 근로자를 사용하는 사업·사업장의 사용자에 대한 적용을 보류하고 있었으므로(제정 퇴직급여법 부칙 1조. 2010년이 끝나는 날 이전 대통령령이 정하는 날부터 모든 사업·사업장에 퇴직급여법이 적용된다), 상시 4인 이하 근로자를 사용하는 사업·사업장의 사용자는 2010년을 넘지 않는 날로서 대통령령이 정하는 날 이전까지는 퇴직금제도를 설정할 의무가 없었다. 그러나 퇴직급여법이 2011. 7. 5. 법률 10967호로 개정되면서 상시 4명 이하의 근로자를 사용하는 사업에 대하여는 2010년 12월 1일부터 퇴직급여제도가 시행된 것으로 본다고 규정하여(위 개정법률 부칙 8조 1항) 위 일자부터는 모든 사업에 퇴직급여법이 적용되고 있으므로 위 일자 이후로는 이러한 예외는 허용되지 않는다.

#### ㈏ 동거하는 친족만을 사용하는 사업·사업장의 사용자와 가구 내 고용활동의 사용자

동거하는 친족만을 사용하는 사업·사업장 및 가구 내 고용활동에 대하여는 적용되지 않으므로(퇴직급여법 3조 단서), 동거하는 친족만을 사용하는 사업·사업장의 사용자와 가구 내 고용활동의 사용자는 퇴직금제도 설정 의무를 부담하지 않는다.

### 다. 퇴직보험 및 퇴직일시금 신탁 제도의 경과 조치

제정 퇴직급여법 부칙 2조는 대통령령이 정하는 퇴직보험 또는 퇴직일시금 신탁에 대해 퇴직급여법 8조 1항의 규정에 의한 퇴직금제도를 설정한 것으로 본다고 규정하고 있다. 다만, 이 규정은 퇴직급여법 시행 당시에 퇴직보험 등에 가입한 자에게만 효력이 있고, 그 효력 기간은 2010. 12. 31.까지로 제한되어 있다.

퇴직급여법이 시행된 2005. 12. 1. 이전에 근기법 34조 4항에 있던 퇴직보험과 퇴직일시금 신탁 제도 관련 조항은 퇴직급여법 시행과 함께 삭제되었는데, 경과 조치로서 2010. 12. 31.까지는 위 조항에 따라 퇴직금제도로 설정한 것으로 본 퇴직보험과 퇴직일시금 신탁이 퇴직금제도로서 효력을 가질 수 있게 한 것이다.

## 2. 적용 시기와 대상 근로자

### 가. 적용 시기

퇴직급여법상 근로자 퇴직급여제도의 설정의무는 2005. 12. 1.부터 시행되었다. 종전 근기법 34조 1항이 정한 퇴직금제도는 퇴직급여법 8조 1항에 그대로 규정되어 있다. 이에 사용자가 퇴직급여제도를 설정하지 않으면 퇴직급여법 8조의 규정에 의한 퇴직금제도를 설정한 것으로 보며(퇴직급여법 11조), 이 법 시행 당시 종전 근기법 34조 1항의 규정에 의하여 설정된 퇴직금제도는 퇴직급여법에 의하여 설정된 것으로 본다(퇴직급여법 부칙 5조).

퇴직급여제도는 노·사가 합의하여 퇴직연금제도를 채택하도록 하거나 아니면 퇴직급여법에 의한 법정퇴직금 제도를 채택하도록 하고 있다. 이때 법정퇴직금제도는 퇴직급여법 제정 당시 근기법의 법정퇴직금 제도와 같다. 따라서 사업장은 기존 제도를 그대로 두더라도 퇴직급여법으로 법정퇴직금 제도를 설정한 것으로 볼 수 있는 것이다.

퇴직급여제도는 2012. 7. 26.자로 큰 변화를 겪는데, 위 시점 이후 새로 성립(합병·분할된 경우는 제외한다)된 사업의 사용자는 근로자대표의 의견을 들어 사업의 성립 후 1년 이내에 확정급여형퇴직연금제도나 확정기여형퇴직연금제도를 설정하여야 한다고 규정함으로써, 위 시점 이후에 새로 성립된 사업의 퇴직급여제도는 퇴직금제도를 배제하고 퇴직연금제도 두 가지 중에서 선택하게 되었다(퇴직급여법 5조).

### 나. 적용 대상 근로자

모든 근로자가 적용 대상인 퇴직급여제도를 설정해야 하나, 계속근로기간이 1년 미만인 자와 4주간을 평균하여 1주간의 소정근로시간이 15시간 미만인 협의의 단시간근로자에 대하여는 퇴직급여제도를 설정할 의무가 면제된다(퇴직급여법 4조 1항).

## 3. 퇴직급여제도의 설정·변경과 근로자 참여

사용자가 퇴직급여제도의 종류를 선택하여 설정하거나 설정된 퇴직급여 제도를 다른 종류의 퇴직급여제도로 변경하려는 경우에는 근로자의 과반수가 가입한 노동조합이 있는 경우에는 그 노동조합, 근로자의 과반수가 가입한 노동조합이 없는 경우에는 근로자의 과반수(이하 '근로자 대표'[7])의 동의를 받아야 한다(퇴직급여법 4조 3항). 따라서 종전의 근기법에 따라 퇴직금제도를 두고 있는 사업장이 퇴직연금제도를 도입하려면 근로자 대표의 동의를 얻어야 한다. 퇴직연금제도로의 전환은 근로자에게 불리하다고 보기 어렵다. 그럼에도 불구하고 이러한 조항이 마련된 것은 근로자의 뜻과 관계없이 사용자가 일방적으로 퇴직연금제도로 전환하는 것을 방지하자는 노동계의 의견을 받아들인 것에 따른 것이다.

또한 사용자가 이미 설정되거나 변경된 퇴직급여제도의 내용을 바꾸고자 할 경우에는 근로자 대표의 의견을 들어야 하고, 근로자에게 불리하게 변경하고자 할 경우에는 근로자 대표의 동의를 얻어야 한다(같은 조 4항).[8]

---

7) 취업규칙 변경에 관한 근기법 94조 1항의 동의주체와 동일한 의미이다.

8) 대법원 1988. 5. 10. 선고 87다카2578 판결은 퇴직금 규정 중 종전의 누진제를 단수제로 변경한 것은 합리성이 없는 취업규칙의 불이익한 변경에 해당한다고 하였다. 대법원 판례는 취업규칙의 불이익한 변경이 사회통념상 합리성이 인정된다면 근로자의 동의 없이도 가능하다고 판시하고 있으나(대법원 2002. 6. 11. 선고 2001다16722 판결, 대법원 2004. 7. 22. 선고 2002

퇴직급여법이 상정하고 있는 제도의 변경 대상은 퇴직금제도, 확정급여형 퇴직연금제도와 확정기여형 퇴직연금제도와 같이 제도 간 변경뿐 아니라 같은 제도 내에서 세부적인 사항을 변경하는 것도 포함된다. 예컨대 퇴직금제도 중 법정퇴직금 제도와 퇴직금 누진제의 관계가 그러하다.

퇴직급여제도의 설정이나 변경을 할 때에 동의 또는 의견 청취의 절차를 취하지 않으면 500만 원 이하의 벌금에 처한다(퇴직급여법 46조).

퇴직급여법 8조 규정에 의한 퇴직금제도는 취업규칙 기재사항이다. 따라서 이러한 퇴직금제도의 변경은 취업규칙 변경 법리의 적용을 받는다. 퇴직금 제도를 누진제에서 단수제로 적법하게 변경한 경우에 취업규칙 변경 이전 부분에 대해서도 단수제를 적용하여야 한다.[9)]

### 4. 퇴직급여제도의 차등 설정 금지

사용자는 퇴직급여제도를 설정하면서 하나의 사업에서 급여 및 부담금 산정방법의 적용 등에 관하여 차등을 두어서는 아니 된다(퇴직급여법 4조 2항). 이 규

---

다57362 판결 등), 근로조건 중 가장 중요한 기본적인 조건인 임금, 퇴직금, 근로시간 등의 불이익 변경에 관해서는 대체로 사회통념상 합리성을 인정하지 않는다. 그리하여 국영기업체의 경영개선을 위하여 퇴직금 지급률이나 임금항목을 불이익하게 변경하는 것이 정부방침에 따른 것이라 하더라도 합리성이 있다고 할 수 없다고 한다.

9) 대법원 1990. 11. 27. 선고 89다카15939 판결은 "퇴직금 지급률에 관한 취업규칙이 근속기간에 따른 누진제에서 단수제로 변경된 경우 취업규칙의 불이익변경에 대한 근로자들의 동의가 있었다고 하여도 그것만으로는 불이익하게 변경된 취업규칙이 종전 재직기간에 대하여까지 소급적용된다고 볼 수는 없으므로, 위 취업규칙 변경 이전에 입사하였다가 그 변경 이후에 퇴사한 근로자의 퇴직금을 산정함에 있어서 입사일부터 퇴직금 지급률 변경 전까지의 재직기간에 대한 퇴직금 지급률에 관하여는 종전 취업규칙을, 그 이후 퇴사일까지의 재직기간에 대한 퇴직금 지급률에 관하여는 변경된 취업규칙을 각 적용하여 계산하여야 한다"라고 판시하였다. 그러나 대법원은 1995. 7. 11. 선고 93다26168 전원합의체 판결로 "계속 근무기간의 중간에 직류변경이 있고 직류에 따라 퇴직금지급률에 차이가 있는 경우의 퇴직금산정 방법에 관하여··· 지급률도 마땅히 퇴직 당시 직류의 지급률로 함이 근기법의 취지에 맞을 것이다"라고 판시함으로써 기존의 판례 이론을 사실상 변경한 것으로 보인다. 그 이후 선고된 대법원 1996. 5. 14. 선고 95다19256 판결, 대법원 1996. 9. 10. 선고 96다3241 판결, 대법원 1996. 9. 10. 선고 95다15414 판결, 대법원 1998. 9. 20. 선고 95다26438 판결, 대법원 1999. 12. 28. 선고 97다40605, 40612 판결, 대법원 2005. 7. 8. 선고 2003다40798, 40804 판결 등도 전체 근로기간에 대하여 퇴직 당시에 유효한 퇴직금 규정을 적용해야 한다는 입장을 취하고 있다. 한편 근속기간 중 퇴직금규정이 적법하게 변경된 경우 퇴직 근로자에게 적용되는 퇴직금규정에 대한 학설로는, 위와 같이 규정 변경 이전과 이후 기간을 나누어서 적용해야 한다는 견해, 개정된 규정을 전 근속기간에 대해 적용해야 한다는 견해, 원칙적으로 신 퇴직금규정을 적용하되 변경 전 기간에 대해 구 규정이 근로자에게 유리하면 구 규정을 적용해야 한다는 절충설이 있다. 이에 대한 상세한 검토로는 정진경a, 32~34면.

정은 1980. 12. 31. 개정 근기법에서 신설되어 지금까지 이르고 있다.

하나의 사업장에서 근로자를 그룹으로 나누어 퇴직금제도, 확정기여형 퇴직연금제도, 확정급여형 퇴직연금제도를 동시에 시행할 수 있을 것인지 문제된다. 퇴직급여법 4조 1항은 사용자로 하여금 하나 이상의 제도를 설정하도록 규정하고 있는 것으로 보아 그 뜻은 퇴직급여제도에 속하는 3가지 제도가 근로자에게 대체로 동등한 수준의 이익을 보장해주고 있는 것이라고 말할 수 있다. 따라서 3가지 제도를 병존시키더라도 근로자에게 선택의 기회만 주어진다면 차별적인 제도설정으로 볼 수 없다.

또한 퇴직연금제도가 제시하는 여러 개의 제도 중 하나를 선택할 수 있도록 하는 것은 제도의 본질적인 내용을 실현하기 위하여 근로자에게 선택권을 준 것이어서 차등을 둔 제도의 설정이라고 할 수 없다.

사용자가 하나의 사업 안에 퇴직급여제도를 차등하여 설정하면, 2년 이하의 징역 또는 1,000만 원 이하의 벌금에 처한다(퇴직급여법 45조).

## V. 퇴직금제도

제 8 조(퇴직금제도의 설정 등) ① 퇴직금제도를 설정하려는 사용자는 계속근로기간 1년에 대하여 30일분 이상의 평균임금을 퇴직금으로 퇴직 근로자에게 지급할 수 있는 제도를 설정하여야 한다.

② 제 1 항에도 불구하고 사용자는 주택구입 등 대통령령으로 정하는 사유로 근로자가 요구하는 경우에는 근로자가 퇴직하기 전에 해당 근로자의 계속근로기간에 대한 퇴직금을 미리 정산하여 지급할 수 있다. 이 경우 미리 정산하여 지급한 후의 퇴직금 산정을 위한 계속근로기간은 정산시점부터 새로 계산한다.

제 9 조(퇴직금의 지급 등) ① 사용자는 근로자가 퇴직한 경우에는 그 지급사유가 발생한 날부터 14일 이내에 퇴직금을 지급하여야 한다. 다만, 특별한 사정이 있는 경우에는 당사자 간의 합의에 따라 지급기일을 연장할 수 있다.

② 제 1 항에 따른 퇴직금은 근로자가 지정한 개인형퇴직연금제도의 계정 또는 제23조의8에 따른 계정(이하 "개인형퇴직연금제도의 계정등"이라 한다)으로 이전하는 방법으로 지급하여야 한다. 다만, 근로자가 55세 이후에 퇴직하여 급여를 받는 경우 등 대통령령으로 정하는 사유가 있는 경우에는 그러하지 아니하다.

③ 근로자가 제 2 항에 따라 개인형퇴직연금제도의 계정등을 지정하지 아니한 경우에는 근로자 명의의 개인형퇴직연금제도의 계정으로 이전한다.

제10조(퇴직금의 시효) 이 법에 따른 퇴직금을 받을 권리는 3년간 행사하지 아니하면 시효로 인하여 소멸한다.

제12조(퇴직급여등의 우선변제) ① 사용자에게 지급의무가 있는 퇴직금, 제15조에 따른 확정급여형퇴직연금제도의 급여, 제20조 제 3 항에 따른 확정기여형퇴직연금제도의 부담금 중 미납입 부담금 및 미납입 부담금에 대한 지연이자, 제23조의7 제 1 항에 따른 중소기업퇴직연금기금제도의 부담금 중 미납입 부담금 및 미납입 부담금에 대한 지연이자, 제25조 제 2 항 제 4 호에 따른 개인형퇴직연금제도의 부담금 중 미납입 부담금 및 미납입 부담금에 대한 지연이자(이하 "퇴직급여등"이라한다)는 사용자의 총재산에 대하여 질권 또는 저당권에 의하여 담보된 채권을 제외하고는 조세·공과금 및 다른 채권에 우선하여 변제되어야 한다. 다만, 질권 또는 저당권에 우선하는 조세·공과금에 대하여는 그러하지 아니하다.
② 제 1 항에도 불구하고 최종 3년간의 퇴직급여등은 사용자의 총재산에 대하여 질권 또는 저당권에 의하여 담보된 채권, 조세·공과금 및 다른 채권에 우선하여 변제되어야 한다.
③ 퇴직급여등 중 퇴직금, 제15조에 따른 확정급여형퇴직연금제도의 급여는 계속근로기간 1년에 대하여 30일분의 평균임금으로 계산한 금액으로 한다.
④ 퇴직급여등 중 제20조 제 1 항에 따른 확정기여형퇴직연금제도의 부담금, 제23조의7 제 1 항에 따른 중소기업퇴직연금기금제도의 부담금 및 제25조 제 2 항 제 2 호에 따른 개인형퇴직연금제도의 부담금은 가입자의 연간 임금총액의 12분의 1에 해당하는 금액으로 계산한 금액으로 한다.

퇴직급여법 8조는 퇴직금제도의 내용과 중간정산에 대하여, 퇴직급여법 9조부터 12조까지는 그와 같이 제도가 설정된 퇴직금 채권의 지급, 시효, 우선변제에 관하여 규정하고 있다. 퇴직급여법 규정 가운데 가장 많이 논의가 이루어지는 핵심 조항이라 할 수 있다.

### 1. 퇴직금의 법적 성격[10)]

#### 가. 학 설

퇴직금제도의 법적인 성격에 대하여는 연혁적으로 다음과 같은 세 가지 설명이 있었다.

10) 보다 상세한 퇴직금의 법적 성격에 관하여는 정진경b, 394~411면 참조.

### (1) 공로보상설

정의(情誼)에 기하여 은혜적으로 지급되던 연혁에 비추어 오늘날에도 퇴직금은, 사용자가 그 정의에 의하여 근로자의 재직 연한, 재직 중 직책의 경중, 기업에 공헌한 정도, 근속에 따른 공적 등을 고려하여 감사의 표시로 지급하는 은혜적인 증여라고 하는 설이다.[11)]

또한 이 설은 퇴직금이 사용자의 임의적·시혜적인 급여로서 그 지급의무는 일종의 자연채무와 같다고 보는 데 본질이 있는 것 같으나, 퇴직금이 중요한 근로조건으로 인정되는 오늘날에는 퇴직금제도가 단체교섭사항으로 되고 있고, 노동보호 입법의 규제 대상이 되는 점을 고려할 때 지지받을 수 없는 설이다. 사용자측에서도 이를 주장하는 자가 거의 없다.[12)]

### (2) 임금후불설[13)]

임금이 노동력의 가치 이하로 지급되고 있기 때문에 그 미지급분을 퇴직시에 일괄하여 정산하는 것이 퇴직금이라는 학설이다. 즉, 임금이 근로자가 소유하는 노동력의 제공에 대한 대가라고 하지만 현실적으로 볼 때는 그러한 노동력의 가치에 상당한 임금이 지급되지 못하기 때문에 이러한 미불 임금의 축적이 퇴직금의 재원이 되는 것이며 따라서 근로자는 이를 당연히 수취할 권리가 있다는 것이다.

임금후불설은 현실적인 퇴직금이 근로자의 근로연수와 개별적인 임금을 기준으로 산정되고 있으며 퇴직하는 모든 근로자에게 일률적으로 지급되고 있는 점 등을 쉽게 설명할 수 있다는 장점이 있다. 퇴직금이 사용자의 시혜적·공로보상적 성격에서 벗어나 근로계약, 취업규칙, 단체협약에 명문화된 지금, 퇴직금을 임금의 후불이라고 하는 설에 대하여 반대하거나 이론을 제기하는 견해는

---

11) 이러한 견해는 "퇴직금의 성격에 관하여는 우리는 연혁적으로도 현실적으로도 근속에 대한 공로보상이 그 근간이고 부수적으로 국가의 사회보장제도가 확립되기까지 사회보장의 보충적 역할로서 생활보장의 요소가 가미된 것이다"라는 취지의 1949년 6월 일본의 경영자 단체가 정부에 보낸 의견서 중에 잘 나타나 있다(정진경b, 395면에서 재인용).

12) 이철원, 241면.

13) 이 설은 20세기 초에 Albert de Roode에 의하여 주장된 것으로서 그는 1913년에 발표된 논문 "Pension as wage"에서 근로자들의 퇴직금에 대한 요구의 증가는 퇴직금을 근로자 자신들의 노동의 결과로서 얻어지는 광의의 임금으로 인정한다면 임금을 올려달라는 주장과 동일하며 퇴직금이란 근로자들의 근로조건, 고용의 안정성 보장, 의식주보장, 의료시설과 그 밖의 화폐임금에 포함되지 않는 모든 편의와 함께 실질적인 임금의 일부를 구성하는 것이라고 하였다(이철원, 242면에서 재인용).

거의 찾아볼 수 없다.

이와 같이 퇴직금을 후불적 임금으로 본다면 퇴직금에 대하여는 임금에 관한 법 6조 균등한 처우의 원칙, 20조의 위약 예정 금지, 21조의 전차금 상계 금지, 43조의 직접불, 전액불 원칙이 모두 적용될 것이며, 퇴직금 채권의 발생시기에 관해서는 근로계약 존속 중에 이미 발생하였지만 그 이행에 관하여 불확정기한이 붙어 있는 것에 불과하다는 결론에 이르게 된다.

#### (3) 생활보장설

임금후불설에 대한 비판에서 생겨난 것으로, 퇴직금은 퇴직 후의 생활을 보장하는 수단이라고 보는 설이다. 임금후불설이 잉여 가치의 존재 내지 임금의 가치 이하의 절하에서 퇴직금의 원천을 구하고 퇴직시에 임금을 일괄하여 정산하는 것이 퇴직금이라고 함에 대하여, 생활보장설은 퇴직금은 근로자의 실업 중 내지 퇴직 후의 생활을 보장하는 것으로서 어디까지나 최저생활을 보장하는 임금에 대한 요구로서 획득된 것이라 주장한다.[14] 특히 실업, 노령보험 등 사회보장제도가 제대로 실시되지 못하고 있는 상황에서는 정년·중도퇴직자 등에게 퇴직금이 생활보장을 위한 가장 중요한 수단이 되기 때문에, 기업이 가지는 사회적 책임의 일환으로 퇴직하는 근로자에게 생활 보장을 위하여 퇴직금을 지급하여야 한다고 주장한다. 이러한 견해에 의하면 퇴직금 채권의 발생시기는 퇴직시가 된다는 결론에 이르게 된다.

#### (4) 종래 학설의 경향

대부분의 학설은, 퇴직금은 재직 중에 이미 발생하고 있지만 그 이행기가 불확정시기인 퇴직시로 된 불확정기한부채권이라는 견해를 취하고 있었다.[15] 이 견해는 근로관계가 존속하는 중에는 사용자에게 퇴직금 지급 의무가 없다는 것은 퇴직 전에 퇴직금을 지급하게 되면 퇴직 후의 근로자의 생활을 보장하려는 퇴직금제도의 취지가 말살될 우려가 있기 때문에 근로관계의 존속 중에는 사용자에게 중간 정산의 의무가 없다는 의미로서 근로자를 보호하기 위한 것이지, 근로관계의 존속 중에 적치되어 가는 퇴직금에 대하여 근로자가 아무런 권리도 갖지 않는다는 것을 의미하지는 않는다고 한다. 그리하여 이 견해는 퇴직

---

14) 김치선, 270면. 한편, 심태식, 342면은 생활보장의 성격과 아울러 공로보상적 성격도 가진다고 하고, 홍영표, 172면은 생활보장의 성격과 임금후불적 성격을 겸유한다고 한다.

15) 김수복, 611면; 이종남, 117면; 이철원, 246면; 임종률a, 147면.

금 지급 의무가 생기는 것과 퇴직금 채권 보유 및 근로관계의 존속 기간에 따른 퇴직금액 산정 가능성은 별개의 문제이고, 퇴직금의 성질을 임금후불적인 것으로 파악한다면 근로관계가 종료하여 퇴직금의 지급 의무가 발생하는 시점에서 비로소 근로자의 퇴직금 채권이 생긴다거나 퇴직금 채권이 정하여지는 것이 아니라, 근로자들은 근로관계의 존속 중에도 그동안 마땅히 받았어야 할 임금 총액 중에서 적치된 퇴직금에 대하여 구체적인 채권을 보유하는 것이며, 그 현실적 지급을 청구할 수 있는 이행기가 퇴직 기타 근로관계의 종료시가 될 뿐이라고 한다.[16] 다만, 퇴직금이 임금의 성격을 갖는다 하더라도, 근속기간에 대한 후불임금적 성격을 갖는 점, 퇴직은 장래 도달할 것이 확실하지만 그 시기가 언제인지 모르므로 퇴직금 지급 시기가 불확정 시점이라는 점, 퇴직금 채권은 근로관계 존속 중에 이미 발생하나 그 이행기가 퇴직이라는 불확정 시점이라는 점 등에서 단순한 임금과는 다른 성격을 갖는다고 하며,[17] 이러한 특수성 때문에 퇴직금은 통상임금·평균임금 개념 어느 쪽에도 포함되지 않으나 금품 청산 등 임금 관련 내용이 퇴직금에도 적용되는 것으로 해석된다는 것이 통설적 견해이었다.

이러한 다수 견해와는 달리, 퇴직금을 임금의 후불로 보면서도 퇴직금 청구권은 변제기 미도래의 채권과는 달라서, 아직은 채권 발생의 기초적 법률관계가 존재하는 것뿐이고 구체적으로 퇴직금 청구권이 발생하였다고 보기는 어려우며 그 기초적 법률관계인 고용관계나 근로계약이 종료되거나 해지됨으로써 구체적으로 발생하고 그 범위가 비로소 확정되는 것이므로 고용계약이나 근로계약의 종료 또는 해지가 없는 한 추상적인 청구권이나[18] 일종의 기대권에 불과하다는 견해[19]도 있었다.

16) 김형배a, 166~167면.

17) 유정무, 178면; 이상윤, 518면.

18) 대법원 1975. 7. 22. 선고 74다1840 판결의 원심 판결인 대구고법 1974. 10. 15. 선고 74나202 판결이 이러한 견해를 취하고 있다. 이재성b, 235~236면과 이재성a, 204면은 이러한 원심 판결 취지를 지지하면서, 퇴직금 급여청구권에 대하여는 압류만 가능하고 전부명령은 할 수 없다고 한다. 이 외에도 김영일, 467~468면과 김길중, 131~132면이 재직 중의 퇴직금 급여청구권의 피전부적격에 관하여 소극적인 태도를 취하고 있으나, 이러한 견해도 전부명령 당시의 퇴직금의 재원 중 기발생 및 미발생된 부분의 분리가능성을 전적으로 부인하지는 않는다. 또한 민집법의 견지에서 본 퇴직금 급여청구권의 피전부적격성의 문제와 노동법적 견지에서 본 퇴직 시가 퇴직금채권의 발생시기인가 이행기인가의 문제는 다소의 차이가 있는 것으로 판단된다(정진경b, 406면에서 재인용).

19) 이동흡, 33면.

### 나. 판 례

우리나라의 판례는 퇴직금도 임금의 성격을 가진다는 견해를 취한다.[20] 즉, 퇴직금은 사회보장적 성격과 공로보상적인 성격이 포함되어 있기는 하지만, 사용자와 근로자의 관계에서는 근로의 대가인 임금적인 성질을 갖는 것으로 보아, "사용자가 근로자에게 지급하는 퇴직금은 근로자의 근로제공에 대한 미지급임금이 축적된 것이 그 재원이 된 것으로서 본질적으로는 후불적 임금의 성질을 가진다"[21] 또는 "근로자에 대한 퇴직금은 근기법상 고용주와 피용자의 관계에 있어서는 근로의 대가인 임금적인 성질을 지닌 것이라 할 것이니 피해자인 피용자의 일실이익에 퇴직금을 산정할 수 있다"[22]라고 한다. 퇴직급여법 제정 이후의 판례도 "근로자퇴직급여보장법, 공무원연금법, 군인연금법, 사립학교교직원연금법이 각 규정하고 있는 퇴직급여는 사회보장적 급여로서의 성격 외에 임금의 후불적 성격과 성실한 근무에 대한 공로보상적 성격도 지닌다."라고 한다.[23]

그리고 퇴직금 채권의 발생 시기에 관하여 판례는 퇴직시에 비로소 발생하는 불확정 기한부 채권으로 보고 있다.[24] 다만, 퇴직금 채권의 피전부적격을 인정하고 있는 것으로 보아 퇴직 전이라도 퇴직금 채권을 추상적인 채권에 불과한 것으로 보지는 않는 듯하다.[25]

---

20) 대법원 1976. 9. 28. 선고 75다1768 판결, 대법원 1990. 5. 8. 선고 88다카26413 판결.

21) 대법원 1975. 7. 22. 선고 74다1840 판결.

22) 대법원 1969. 12. 30. 선고 69다1977 판결.

23) 대법원 2014. 7. 16. 선고 2013므2250 전원합의체 판결. 이 판결에서는 퇴직급여가 부부 쌍방의 협력으로 이룩한 재산으로서 재산분할의 대상이 될 수 있으며, 이혼소송의 사실심 변론종결 시를 기준으로 그 시점에서 퇴직할 경우 수령할 수 있을 것으로 예상되는 퇴직급여 상당액의 채권이 분할의 대상이 된다고 판시하였다.

24) 대법원 1991. 6. 28. 선고 90다14560 판결. 김지형, 204면은 이 판결과 같은 취지에서 퇴직금채권은 근로자의 퇴직 시에 비로소 발생한다고 하고, 김학원, 317면은 위 판결이 "퇴직금채권은 추상적 채권으로서는 근로계약 체결 시에 성립하지만 구체적 채권으로서는 퇴직 시에 금액이 확정되어 청구권이 취득된다고 보는 것"이라 설명한다.

25) 대법원 1975. 7. 22. 선고 74다1840 판결은 "퇴직금은 근로자가 사망 또는 퇴직한 때에 근로자에게 지급되는 것이기는 하나 근로기준법, 단체협약, 취업규칙, 근로계약 등에서 미리 그 지급조건이 명확화되어 있어 그 권리성이 부여되어 있고 근로자의 사망 또는 퇴직시에 지급될 것이 확실시되는 것이므로 근로자의 사망 또는 퇴직 전의 퇴직금 급여청구권을 추상적인 청구권에 불과한 것이라고 볼 수는 없다"라고 판시하고 있다. 대법원 1977. 9. 28. 선고 77다1137 전원합의체 판결도 같은 취지이다. 민집법 246조 1항 5호는 퇴직금 채권이 압류의 대상이 될 수 있다는 전제 아래 2분의 1에 해당하는 금액에 한하여 압류할 수 없다고 규정하고 있다. 대법원은 근로자의 퇴직금뿐만 아니라 주식회사 이사 등이 지급받은 퇴직금 또는 퇴직위로금도 위 조항에 따라 2분의 1에 해당하는 금액을 압류할 수 없다고 한다(대법원 2018. 5. 30. 선고 2015다51968 판결).

### 다. 퇴직급여법 제정의 영향

퇴직급여법은 근로자와 사용자로 하여금 퇴직금제도와 퇴직연금제도 중 하나를 택하도록 하고 있다. 즉 퇴직금제도의 임금적 성격보다는 개인연금 제도라는 사회보험적 성격이 강화된 것으로 볼 수 있다. 이 법은 금품의 지급, 시효, 우선변제 등 근기법상 임금에 관한 여러 가지 규정에서 퇴직금을 떼어 내어 별도로 규율하고 있어 퇴직금의 개념이 임금의 개념에서 분리되었으며, 그 성격도 생활보장의 기능이 강조되게 되었다.[26)]

## 2. 퇴직금제도의 설정과 퇴직금의 산정

### 가. 법적 근거

구 법 34조(2005. 1. 27. 법률 7379호로 개정되기 전의 것)는 사용자로 하여금 일률적으로 근로자에게 계속근로기간 1년에 대해 30일분 이상의 평균임금을 지급하는 제도를 설정하도록 규정하고 이를 위반하면 형사처벌을 하도록 규정하고 있었다. 그러나 퇴직급여법은 노·사가 퇴직연금제도와 법정퇴직금 제도 중에서 하나를 선택할 수 있도록 하면서(4조 3항, 4항) 퇴직급여제도를 설정하지 않으면 8조 1항의 퇴직금제도를 설정한 것으로 간주하도록 하고 있을 뿐(11조), 제도를 설정하지 않은 것에 대해 벌칙을 부과하는 조항은 두지 않고 있다.

### 나. 산정 방법

#### (1) 원　　칙

법정퇴직금은 근로자의 계속근로기간 1년에 대하여 30일분 이상의 평균임금이 지급되어야 한다. 평균임금의 계산은 퇴직 시를 기준으로 하여 근기법 2조 1항 6호에 따라 산정한다. 계속근로기간 중에 신분이 바뀌거나 임금체계가 바뀌어도 퇴직금 지급률과 평균임금은 퇴직 당시를 기준으로 함이 원칙이다.[27)]

#### (2) 1년 미만의 근로자

근로기간이 1년 미만인 근로자에게는 퇴직급여제도가 적용되지 않는다. 이때 '근로기간 1년 미만'이란 '총 근속기간이 1년 미만'임을 의미하며,[28)] 만일 근

26) 하지만 이러한 사정변경으로 인하여 퇴직금제도의 법적 성격이 변경되었다고 주장하는 견해는 보이지 않는다.

27) 대법원 1995. 7. 11. 선고 93다26168 전원합의체 판결, 대법원 2004. 1. 16. 선고 2003다49276 판결 등.

로기간이 1년 이상인 경우에는 연 미만의 근로기간에 대하여도 그 기간을 일수로 계산하여 이에 비례하여 1년당 30일분의 비율로 산정한 퇴직금을 지급하여야 한다(예컨대 근로기간이 1년 6개월인 경우에는 이를 1.5년으로 보고 퇴직금을 계산).[29]

### (3) 법정 외 기준으로 산정한 퇴직금

퇴직급여법 8조 1항이나 구 법 34조 1항(2005. 1. 27. 법률 7379호로 개정되기 전의 것)은 사용자가 퇴직하는 근로자에게 지급할 퇴직금의 최저한도, 즉 하한선을 규정하고 있으므로, 이것보다 근로자에게 유리한 산정 방식을 근로계약·취업규칙·단체협약에서 정하는 것은 유효하다.[30]

따라서 평균임금을 기준으로 하지 않았거나, 30일분 미만으로 책정하였거나, 평균임금에 포함되는 임금의 범위를 축소하여 규정하였거나, 근속기간 기산일을 입사한 날이 아닌 다른 날로 하도록 노·사가 명시적·묵시적으로 합의하더라도, 퇴직금 산정에서 누진율 제도 등을 도입함으로써 결과적으로 법정퇴직금을 상회한다면 위 규정에 위반된 것이 아니다.[31] 그런데 취업규칙이나 단체협약 등에서 퇴직금 산정의 기초가 되는 '평균임금'이 근로기준법상의 평균임금을 의미하는지 여부는 지급관행과 제·개정경위 등 규정의 객관적 해석에 의하여 가려진다.[32] 다만, 퇴직금 계산에서 일부 임금을 평균임금에서 제외하는 계산 방식을 택하였으나 결과적으로 법정퇴직금액을 상회한다는 이유로 그 계산 방식의 효력을 인정한다 하더라도, 퇴직금 이외의 다른 근로조건 보장에서 평균임금의 범위를 축소하여 인정하는 것은 아님을 유의하여야 한다. 또한 퇴직급여법이 정한 퇴직금액의 하한을 초과하기만 하면 퇴직금 규정 등에서 정한 것보다

---

28) 대법원 1971. 5. 11. 선고 71다485 판결.

29) 대법원 1987. 9. 22. 선고 86다카1651 판결.

30) 대법원 2017. 5. 11. 선고 2012다200486 판결; 곽동효, 472면; 김형배, 797면; 이상윤, 526면.

31) 대법원 1998. 1. 20. 선고 97다21086 판결, 대법원 2003. 12. 11. 선고 2003다40538 판결 등. 단, 이에 대하여는, 퇴직금 산정에서 누진제를 채택하고 있는 관계로 결과적으로 퇴직금 총액이 법정퇴직금의 액수를 상회하더라도, 평균임금 산출의 기초가 되는 임금의 총액에 반드시 포함되어야 할 항목을 제외한 경우에는 그 자체가 강행규정인 법 2조 1항 6호에 위반된다는 견해도 있다(김형배, 799면).

32) 대법원 2005. 3. 11. 선고 2003다27429 판결, 대법원 2011. 9. 8. 선고 2011다22061 판결 등. 후자의 판결에서는 단체협약상 퇴직금 산정의 기초로 삼은 '평균임금'은 근로기준법과 근로자퇴직급여 보장법의 평균임금이 아니라 '이 사건 단체협약에 의하여 합의된 통상임금 및 이를 기초로 산정한 각종 수당만으로 구성된 임금의 총액을 산정 기간의 총일수로 나눈 금액'을 의미한다고 판단하였다.

불리하게 퇴직금을 지급해도 된다는 뜻은 아니므로 사용자는 퇴직금 규정 등에서 정한 대로 정확하게 산정한 퇴직금과 퇴직급여법이 정한 퇴직금액의 하한 중 높은 금액을 지급할 의무가 있는 것이다.[33)]

(4) 직류 변경과 퇴직금 지급률의 결정

계속 근무기간의 중간에 직류 변경이 있고 직류에 따라 퇴직금 지급률에 차이가 나는 경우, 취업규칙이나 단체협약에 규정이 있고 그것이 퇴직급여법 8조 1항에서 정하고 있는 법정퇴직금의 액수를 상회한다면 그 규정에 따른 퇴직금 산정은 적법하다. 취업규칙이나 단체협약에 그와 같은 별도의 규정을 두지 않은 경우에는 법정퇴직금에 관한 법률 조항과 당해 사업장의 취업규칙·단체협약을 종합적으로 해석하여 합리적인 결론을 도출하는 것이 타당하다.

퇴직금 계산의 기본요건은 계속근로기간, 퇴직금 지급률, 퇴직 시 평균임금의 세 가지이다. 퇴직자의 근무기간 중의 직류 변경에 불구하고 계속 근무하여 온 전 기간을 계속근로기간으로 보고, 퇴직금 계산의 기초가 되는 평균임금도 법의 규정에 의하여 퇴직 전 3개월간의 임금을 기준으로 하여 산정한 평균임금, 즉 직류 변경 후인 퇴직 시의 평균임금을 기준으로 하여 퇴직금을 계산하여야 하는 이상, 그 지급률도 마땅히 퇴직 당시 직류의 지급률로 함이 퇴직급여법의 취지에 맞을 것이다.[34)]

(5) 취업규칙이 근로자에게 불리하게 변경될 경우

퇴직금에 관한 취업규칙이 근로자에게 불리하게 변경되고 근로자의 동의를

---

33) 대법원 2018. 8. 30. 선고 2016다228802 판결.

34) 대법원 1995. 7. 11. 선고 93다26168 전원합의체 판결의 다수 의견. 한편, 이에 대한 반대의견은 아래와 같다.

직류에 따라 퇴직금지급률을 달리하고 있는 사업장에 있어서 계속 근무기간 중 직류의 변경이 있고 그 직류변경에 따른 퇴직금 산정방법에 관하여 취업규칙이나 단체협약 등에 아무런 규정이 없는 경우에, 그 직류가 변경되기 전에 이미 이루어진 퇴직금에 관한 사용자와 근로자의 권리·의무의 내용까지 그 직류의 변경에 따라 당연히 소급하여 변경되는 것이라고 할 수 없고, 이러한 경우 정규사원으로 임용되기 전의 근속기간에 대하여는 임시고용원에 대하여 적용되던 퇴직금지급률이나 법 28조 1항(현행 퇴직급여법 8조 1항) 소정의 규정에 의한 단순율(임시고용원에 대하여 적용되는 퇴직금규정을 두지 아니한 경우)에 따라 퇴직금지급일수를 산정하고, 여기에 정규사원으로 임용된 이후의 기간에 대하여는 정규사원에 대한 퇴직금지급규정에 따라 퇴직금지급일수를 산정하여(전근속기간에 대한 사원퇴직금지급률에 의하여 산정한 퇴직금지급일수에서 고용원근무기간에 대한 사원퇴직금지급률에 의하여 산정한 퇴직금지급일수를 뺀다), 위와 같이 산정한 퇴직금지급일수를 합하여 전체 퇴직금지급일수를 산정한 후, 여기에 퇴직 당시의 평균임금을 곱하여 퇴직금의 액수를 산정함이 옳다.

얻지 못하여 효력이 발생하지 않는다고 하더라도, 그 효과는 종전의 퇴직금 지급 규정이 적용되던 기존의 근로자에게만 미친다. 즉, 취업규칙 변경 이후에 입사한 신규 근로자에게는 변경된 이후의 새로운 퇴직금 지급규정이 적용된다.[35] 이로 인하여 동일 사업장 내에 2개의 퇴직금 규정이 존재하게 되었다고 하더라도 퇴직급여법 4조 2항에서 금지하고 있는 퇴직금 차등제도의 설정이라고 볼 수는 없다.[36]

#### (6) 임금이 낮거나 높은 특별한 사정이 있는 경우

휴직기간 중 퇴직하거나, 해외 주재원으로 근무하다가 퇴직하는 등 통상적인 상황이 아니어서 임금이 낮거나 높은 특별한 사정이 있는 경우에도 퇴직시 지급받는 임금을 기준으로 하여 평균임금을 산정할 것인지 여부에 관한 문제이다. 이에 대하여 판례는, "평균임금은 근로자의 통상의 생활임금을 사실대로 산정하는 것을 그 기본원리로 하는 것으로서 평균임금의 계산에 산입되는 그 사유가 발생한 날 이전 3월 간에 그 근로자에 대하여 지급된 임금의 총액이 특별한 사유로 인하여 통상의 경우보다 현저하게 적거나 많을 경우에는 이를 그대로 평균임금 산정의 기초로 삼을 수 없는 것인바, 이와 같은 평균임금을 그 산정의 기초로 하는 퇴직금제도는 직급, 호봉 등에 따른 근로자의 통상의 생활을 종전과 같이 보장하려는 데 그 취지가 있다고 할 것이므로, 퇴직급여가 특수하고 우연한 사정에 의하여 통상의 경우보다 현저하게 많거나 적은 금액으로 되는 것은 그 제도의 근본취지에 어긋난다"[37]는 견해를 취하고 있다.

따라서 퇴직하는 근로자에 대한 정책적·은혜적 배려에서 월의 중도에 퇴직하더라도 당해 월의 보수 전액을 지급하는 경우에는 그 지급받은 보수 전액을 퇴직 직전일로부터 최종 3개월 간에 지급된 급여액에 산입하여서는 아니 되며,[38] 국외 주재직원으로 근무하는 동안 지급받은 급여 가운데 동등한 직급 호봉의 국내직원에게 지급되는 급여를 초과하는 부분은 특수한 근무조건에 따라 임시로 지급받은 임금이므로 평균임금 산정의 기초에서 제외하는 취업규칙은

35) 대법원 1992. 12. 22. 선고 91다45165 전원합의체 판결, 대법원 1996. 4. 26. 선고 94다30628 판결 등.

36) 대법원 1992. 12. 22. 선고 91다45165 전원합의체 판결, 대법원 1996. 9. 10. 선고 95다15414 판결, 대법원 1996. 12. 23. 선고 95다32631 판결 등.

37) 대법원 1999. 5. 12. 선고 97다5015 전원합의체 판결.

38) 대법원 1992. 12. 22. 선고 91다45165 전원합의체 판결.

무효가 아니고,[39] 근로자가 구속되어 3개월 이상 휴직하였다가 퇴직함으로써 퇴직 전 3개월 간 지급된 임금을 기초로 산정한 평균임금이 통상의 경우보다 현저하게 적은 경우에는 그 휴직 전 3개월 간의 임금을 기준으로 평균임금을 산정하여야 한다.[40] 단체협약 등에 따라 근로시간 면제 대상으로 지정된 근로자에 대해 지급된 급여는 일반 근로자로서 지급받을 수 있는 급여 수준보다 과다하게 책정된 부분을 제외하고는 원칙적으로 임금의 성격을 가지므로 평균임금에 산입하여야 한다.[41] 한편, 노동조합 전임자에게 회사가 일정한 금원을 지급한다고 하더라도 임금으로 볼 수 없으므로 동일 직급 및 호봉의 근로자의 평균임금을 기준으로 퇴직금을 산정해야 한다.[42]

이와 같은 판례의 입장에 대하여, 특수한 사정이 있는 기간에 대응하는 퇴직금은 기간별로 별도로 퇴직금을 산정한 뒤에 이를 합산하여 퇴직금을 계산하는 것이 합리적이고 법 취지에 부합한다는 견해도 있다.[43]

#### (7) 최저임금과 평균임금 산정

근로자가 최저임금에 미달하는 임금을 받아왔던 경우에는 퇴직일 이전 3개월 동안 위 근로자에게 실제로 지급된 임금뿐만 아니라 최저임금법에 따라 당연히 지급되어야 할 임금 중 지급되지 아니한 금액이 포함된 평균임금을 기초로 산정한 퇴직금을 지급할 의무가 있다.[44]

### 다. 퇴직금 지급 사유

퇴직이라는 사유가 발생하여야 퇴직금을 지급할 수 있다.[45] 퇴직급여법 8조의 퇴직금제도에 관한 규정은 강행규정으로서 퇴직의 사유가 근로자의 임의퇴직이냐 사용자에 의한 해고이냐 여부에 관계없이 법에 정하여진 하한을 기준으로 한 퇴직금은 어떠한 경우에도 반드시 지급되어야 한다.[46] 따라서 근로자가

39) 대법원 1990. 11. 9. 선고 90다카4683 판결.
40) 대법원 1999. 11. 12. 선고 98다49357 판결.
41) 대법원 2018. 4. 26. 선고 2012다8239 판결.
42) 대법원 1998. 4. 24. 선고 97다54727 판결.
43) 김형배a, 161면 이하.
44) 대법원 2014. 10. 27. 선고 2012다70388 판결.
45) 관련 대법원 판결에서 "퇴직금이 퇴직 시 발생한다"라는 표현을 쓰고 있는 데 대하여, 퇴직금지급의 이행기를 퇴직 시로 한 것은 근로자의 퇴직 후 생활을 보호하기 위한 정책적 이유 때문이고, 퇴직 시는 퇴직금 액수의 산정시기일 뿐 퇴직금은 근로 중에 이미 발생하여 있다고 주장하는 견해가 있다(김형배, 785면).
46) 대법원 1972. 4. 11. 선고 71다1033 판결, 대법원 2004. 6. 25. 선고 2002다51555 판결; 유정무, 182면; 이상윤, 515~516면; 법무 81110-418(1981. 4. 2.), 근기 1451-22692(1984. 11. 4.).

퇴직한 이상 임의퇴직인지, 합의퇴직인지, 정년퇴직인지, 정리해고인지, 징계해고인지 그 사유를 묻지 않고 퇴직금 채권은 무조건 발생한다. 회사의 근로자로 근무하다가 임원으로 승진한 경우에는, 비록 업무수행의 단절이 없었다고 하더라도 임원 승진 시, 즉 근로계약이 종결되고 위임계약이 개시된 때에 퇴직금 채권이 발생한다.

### 3. 퇴직금 지급 대상자와 지급 의무자

#### 가. 지급 대상자

##### (1) 근 로 자

법정퇴직금 제도의 적용대상은 법 2조 1항 1호 규정에 의한 근로자로서 1년 이상 계속 근로한 자이다.

근로자인 이상, 임시직·잡급직·촉탁직,[47] 일용직, 도급계약 근로자,[48] 수련의 등 전문직도 퇴직금 청구권을 가진다.[49] 근로자가 반드시 월 평균 25일 이상 근무하여야만 퇴직금 지급요건을 충족시키는 것은 아니고, 계속적으로 근로하였다고 인정될 정도로 근무하였다면 요건을 충족한다.[50] 다만, 협의의 단시간 근로자의 경우는 제외된다.

법상 근로자가 아닌 경우에는 법정퇴직금 제도 적용 대상이 아니다. 회사의 대표이사, 이사 등 주식회사 임원은 상법 382조에 의해 민법상 위임에 관한 규정을 적용받는 자로서 상법 388조에 의해 정관 또는 주주총회의 결의로 그 보수가 결정되므로 원칙적으로 법상 퇴직금 지급 대상자가 아니다.[51] 이들에게 퇴직위로금 등을 지급하더라도 이는 민법상 보수의 일종이고 법 34조 소정의 퇴직금으로 볼 수 없다.[52]

기타 상법이 적용되지 않는 이사·감사 등은 법상 근로자인지 여부에 따라 퇴직금 지급대상인지 여부가 결정된다. 비상근임원,[53] 보험모집인,[54] 순수한 도

47) 대법원 1973. 9. 25. 선고 71다1078 판결.
48) 대법원 1981. 12. 13. 선고 91다24250 판결, 대법원 1991. 10. 25. 선고 91도1685 판결.
49) 대법원 1991. 11. 8. 선고 91다27730 판결; 김형배, 785면의 각주 3.
50) 대법원 1995. 7. 11. 선고 93다26168 전원합의체 판결은 최소한 1개월에 4, 5일 내지 15일 정도 계속해서 근무하였다면 위 요건을 충족한다고 판시하였다.
51) 대법원 1973. 9. 25. 선고 73다468 판결.
52) 대법원 2004. 12. 10. 선고 2004다25123 판결.
53) 근기 1451-29219(1987. 7. 28.).
54) 대법원 2001. 1. 28. 선고 98두9219 판결.

급계약자, 레미콘운송차주,[55] 지역예비군 중대장[56] 등은 판례가 근로자로 보지 않으므로 퇴직금 지급대상이 아니다.

외국인 근로자에 대하여도 국내의 근로자들과 마찬가지로 근기법상의 퇴직금 지급에 관한 규정이 그대로 적용된다.[57]

(2) 유효한 근로계약의 존재

퇴직급여법이나 구 근기법에 따라 퇴직금을 청구할 수 있는 근로자는 사용자와 사이에 적법·유효한 근로관계가 성립되어 근무하다가 퇴직한 근로자여야 한다.[58]

공무원과 같이 고용에 법률적인 제한이 있는 경우에는 당연 무효인 임용결격자에 대한 임용행위에 의하여 사실상 근무하여 왔다 하더라도 근로관계가 성립될 수 없는 것이어서 법으로 정한 퇴직급여를 청구할 수 없다.[59] 하지만 임용행위가 국공법에 위배되어 당연무효임에도 계속 근무하여 온 경우, 임용 시부터 퇴직 시까지의 근로는 법률상 원인 없이 제공된 부당이득이므로 임금을 목적으로 계속하여 근로를 제공하여 온 퇴직자에 대하여 퇴직급여 중 적어도 퇴직급여법상 퇴직금에 상당하는 금액은 그가 재직기간 중 제공한 근로에 대한 대가로서 지급되어야 한다.[60]

사(私)기업 근로자의 경우에도 근로계약관계가 부정되거나 근로계약이 무효이거나 소급하여 취소되었다면 법률에서 정한 퇴직금은 청구할 수 없을 것이나, 사실상 근로를 제공하였다면 법정 퇴직금 상당의 부당이득 반환청구를 할 수 있을 것이다. 명시적인 근로계약을 하지 않았더라도 사실상 근로관계에 편입되었다면 퇴직금 청구권이 인정된다.

---

55) 대법원 2003. 1. 10. 선고 2002다57959 판결.

56) 대법원 1979. 4. 24. 선고 78다828 판결.

57) 대법원 1998. 3. 27. 선고 97다49732 판결, 대법원 2006. 12. 7. 선고 2006다53627 판결; 최홍엽, 183면. 위 97다49732 사건에서는 우리나라 항공사에 취업한 외국인 조종사에게 그 출신국가에 퇴직금제도가 없다는 점을 고려하여 퇴직금이라는 명목의 금품을 지급하지 않을 것을 전제로 하여 한국인 조종사보다 월등히 높은 임금을 지급하는 계약을 체결하였기 때문에 그 임금 속에 퇴직금이 이미 포함되어 있다고 보아야 할 것인지가 쟁점이었다.

58) 이상윤, 521면.

59) 비슷한 취지의 판결로는, 대법원 1987. 4. 14. 선고 86누459 판결, 대법원 1995. 10. 12. 선고 95누5905 판결, 대법원 2017. 5. 11. 선고 2012다200486 판결.

60) 대법원 2004. 7. 22. 선고 2004다10350 판결.

### 나. 지급 의무자

법정퇴직금 지급 의무자는 퇴직급여법 2조에 규정된 사용자이다. 실질상 회사를 위해 직무를 집행하여 온 정리회사의 공동관리인이나[61] 퇴직금을 지급하지 아니한 상태에서 사업경영담당자가 바뀐 경우의 종전 사업경영담당자 등도 이에 해당한다.

## 4. 계속근로기간

### 가. 계속근로기간의 의미

퇴직급여법 8조 1항과 구 법 34조 1항은 법정퇴직금의 액수를 산정하면서 계속근로기간을 주요 인자로 삼고 있다. 계속근로기간이라 함은 근로자가 계속하여 근로를 제공한 기간을 연(年)으로 환산한 것으로서, 특별한 사유가 없으면 근로계약상 근로를 제공하기로 한 날로부터 근로계약이 종료될 때까지의 기간이 계속근로기간이 된다.

### 나. 기 산 일

계속근로기간의 기산일은 입사일, 근로계약일 등 출근 의무가 생긴 날이다.

사업장이 법령의 개정에 따라 별도의 소급 규정 없이 그 개정 법령 시행일부터 법정퇴직금 제도 적용 대상이 되었다면, 그 사업장의 근로자는 개정 법령 시행일 이전부터 계속 근로하였더라도 퇴직금 지급을 위한 계속근로기간 기산점은 개정 법령의 시행일이다.[62)63] 즉, 퇴직금제도는 사용자의 은혜적인 고려에 의하여 마련된 것이 아니라 원칙적으로 근기법에 의하여 인정되는 강제적인 성격을 갖는 것이어서 그 시행 전에는 근로자가 퇴직금이나 이와 유사한 사용자의 지급 금품에 대해 법률상 기대를 하지 않았고, 사용자도 근로자의 퇴직에 대비한 퇴직금 등의 재원을 준비하지 않았을 것이므로, 구 근기법 자체 내에 계속

---

61) 대법원 1984. 4. 10. 선고 83도1850 판결.

62) 대법원 1969. 2. 4. 선고 68다2104 판결, 대법원 1991. 12. 24. 선고 91다20494 판결, 대법원 1993. 4. 27. 선고 92다37161 전원합의체 판결, 대법원 1996. 12. 10. 선고 96다42024 판결 등. 한편, 법 34조의 퇴직금 규정이 시행된 1962. 3. 4. 이후 퇴직 사유가 발생한 이상, 구 법 시행일인 1958. 8. 8.까지 통산하여 계속근로기간을 산정해야 한다는 판결례로는 대법원 1969. 2. 4. 선고 68다2104 판결, 대법원 1976. 3. 9. 선고 75다872 판결 등이 있다.

63) 퇴직급여법이 2011. 7. 5. 법률 10967호로 개정되면서 4명 이하의 근로자를 사용하는 사업에 대하여는 2010년 12월 1일부터 퇴직급여제도가 시행된 것으로 본다고 규정하였으므로, 이 경우 기산점은 위 시행일인 2010. 12. 1.이 된다.

근로기간의 통산에 관한 아무런 경과 규정이 없는 이상 단체협약이나 취업규칙 등에 별도의 다른 규정 지급이 있다는 등의 특별한 사정이 없는 한, 구 근기법 시행일 이전의 재직 기간만큼은 계속근로기간에 산입할 수 없다.

### 다. 종 료 일

퇴직일, 즉 근로관계가 끝나는 날이 계속근로기간의 종료일이 된다. 구체적으로 보면 다음과 같다.

#### (1) 근로관계 자동소멸

근로관계가 자동으로 소멸되는 근로자의 사망, 사용자의 폐업, 파산 등이 발생한 날은 계속근로기간 산정의 종료일이 된다.

#### (2) 정년 퇴직

사업주는 근로자의 정년을 60세 이상으로 정하여야 하고, 근로자의 정년을 60세 미만으로 정한 경우에는 정년을 60세로 정한 것으로 본다(고령자고용법 19조 1항, 2항).[64][65] 정년이 도래한 해의 어느 날이 퇴직일이 되는지가 문제되는데, 구체적인 퇴직일에 대해 단체협약 등에 따로 정함이 있다면 그날이 종료일이 되며, 단체협약 등이 따로 정함이 없지만 근로관행이 있으면 그날이 종료일이 되고, 근로관행도 없으면 정년에 도달되는 첫날(예를 들어, 취업규칙에 63세를 정년이라 정한 경우, 근로자가 1948. 4. 8.생이라면 2011. 4. 8.)이 퇴직일, 즉 계속근로기간의 종료일이 된다.

#### (3) 사표 제출과 퇴직일

근로자가 사직서를 작성하여 사용자에게 제출한 경우, 그 사직서는 특별한

64) 이 조항은 2013. 5. 22. 개정되었으나, 정년연장에 따른 임금체계 개편(같은 법 19조의2) 등의 준비를 위한 시간적 여유를 두고 시행되었다. 상시 300명 이상의 근로자를 사용하는 사업 또는 사업장, 「공공기관의 운영에 관한 법률」 4조에 따른 공공기관, 「지방공기업법」 49조에 따른 지방공사 및 같은 법 76조에 따른 지방공단은 2016. 1. 1.부터, 상시 300명 미만의 근로자를 사용하는 사업 또는 사업장, 국가 및 지방자치단체는 2017. 1. 1.부터 시행되었다. 그 각 시행일 이전에 정년 퇴직한 근로자에게는 60세 정년에 관한 법 규정이 적용되지 않으므로, 근로계약, 단체협약이나 취업규칙을 통해 정년을 60세 미만으로 정하거나 정년의 기산일을 실제 생년월일과 달리 정하였더라도 무효라고 할 수 없다(대법원 2018. 11. 29. 선고 2018두41082 판결).

65) 근로자의 정년을 60세 미만이 되도록 정한 근로계약이나 취업규칙, 단체협약은 위반되는 범위 내에서 무효이며 이때 정년은 실제 생년월일을 기준으로 60세가 되고(대법원 2017. 3. 9. 선고 2016다249236 판결, 대법원 2018. 11. 29. 선고 2018두41082 판결), 취업규칙 등에 '정년 산정을 위한 생년월일은 임용 당시 제출된 서류에 의한다'고 규정하고 있더라도 임용 이후 가족관계등록부상 생년월일 정정허가결정을 받았다면 정정된 생년월일을 기준으로 정년을 산정해야 한다(위 2016다249236 판결).

사정이 없는 한 사용자와 맺은 근로계약관계를 해지하는 의사표시를 담고 있는 것이다. 따라서 사직서가 제출되면, 사용자가 그 사직의 의사표시를 수락하여 근로계약관계의 합의 해지가 성립하고, 사용자가 근로자의 퇴직의 의사표시를 수리하지 않으면, 그 의사표시를 받은 날부터 민법 660조가 정한 기간, 즉 1개월이 경과하면 그 사직서 제출에 따른 해지의 효력이 발생하는 것이 원칙이나, 민법 660조 3항에 따라 기간으로 보수를 정한 경우에는 해지의 통고를 받은 당기 후의 1기를 경과함으로써 해지의 효력이 발생한다. 예컨대 월급제 근로자가 3월 10일에 사표를 제출하면 퇴직 시점은 5월 1일이 된다.[66)]

단체협약 · 취업규칙 · 근로계약 등에서 계약종료 시기에 관한 규정을 두었다면 그 내용이 상위 규범에 위반되지 않는 이상 그에 따른다. 단체협약이나 취업규칙, 근로계약에서 사직서 제출시 1개월에 못 미치는 기간이 도과할 때 근로관계가 종료된다고 규정하는 경우의 유효성에 대하여 대법원은, 민법 660조는 근로자의 해약의 자유를 보장하는 규정으로서 근로자에게 불리하지 않는 한 그 기간이나 절차에 관하여 취업규칙에서 이와 달리 규정하는 것도 가능하다고 하면서 취업규칙에서 이보다 짧은 기간을 규정한 때에는 그 기간이 경과함으로써 근로관계는 종료된다고 한다.[67)]

휴직 중 사표를 제출하는 경우에도, 퇴직 시점은 사직서 수리일 또는 사직서가 수리되지 않은 경우 민법 660조에 따라 위와 같이 1개월 경과일 또는 당기 후 1기를 경과한 날이다.

#### (4) 기간의 정함이 있는 계약

기간의 약정이 있는 근로계약의 경우라도 근로자는 자유로운 의사에 따라 언제든지 근로계약을 해지할 수 있다(다만, 근로자의 귀책 사유로 인하여 또는 자의에 의하여 사직하는 경우에는 사용자에게 손해배상책임을 부담할 뿐이다).[68)] 해지 의사표시가 사용자에게 도달하면 근로계약관계는 종료된다.

일정한 사업완료에 필요한 기간을 정한 근로계약은 그 기간이 완료된 날이 계속근로기간 종료일이 된다.

---

66) 따라서 근로자가 사직서를 제출하여도 근로계약 해지의 효력이 발생하기까지는 출근할 의무가 있다.

67) 대법원 1997. 7. 8. 선고 96누5087 판결.

68) 이상윤, 504면.

(5) 해 고

정리해고, 징계해고 등 해고의 종류를 따지지 않고 해고일이 계속근로기간 종료일이 된다. 해고에 정당성이 없다면, 그 부당해고기간은 모두 계속근로기간에 산입된다.

라. 계속근로기간 포함 여부와 단절 여부가 문제되는 경우

(1) 형식적 퇴직 후 재입사

근로자가 실질적으로는 근로관계를 유지하면서 형식적으로 퇴직 후 재입사의 외양을 띠는 경우에 대하여 판례는 비진의 의사표시 또는 통정허위표시의 법리를 적용하여 왔다.

근로자가 회사의 경영 방침에 따라 사직서를 제출하고 회사가 이를 받아들여 퇴직 처리를 하였다가 즉시 재입사하는 형식을 취함으로써 근로자가 그 퇴직 전후에 걸쳐 실질적인 근로관계의 단절이 없이 계속 근무하였다면 그 사직서 제출은 근로자가 퇴직을 할 의사 없이 퇴직의사를 표시한 것으로서 비진의 의사표시에 해당하고 재입사를 전제로 사직서를 제출케 한 회사 또한 그와 같은 진의 아님을 알고 있었다고 봄이 상당하므로, 위 사직서 제출과 퇴직 처리에 따른 퇴직의 효과는 생기지 않고 계속근로관계는 단절되지 아니한다.[69]

판례는, 근로자가 실제로는 동일한 사업주를 위하여 계속 근무하면서 일정기간 동안 특별히 고액의 임금이 지급되는 사업을 담당하기 위하여 형식상 일단 퇴직한 것으로 처리하고 다시 임용되는 형식을 취하였다 하더라도 그 퇴직의 의사표시는 통정한 허위표시로서 무효라고 보았다.[70]

다만, 노사합의에 의하여 회사의 퇴직금 지급률 제도가 누진제에서 단순제로 변경됨으로써 누진율의 상승에 의한 퇴직금의 상승을 기대할 수 없게 되자 근로자들이 자유로운 의사에 기한 선택에 따라 중간퇴직을 하고 퇴직금을 수령한 경우, 그 근로자들과 회사 사이의 근로계약 관계는 중간퇴직에 의하여 일단 종료되었다고 봄이 상당하고, 근로자들의 퇴직의 의사표시를 통정허위표시 또는 비진의표시로서 무효라고 볼 수는 없다.[71]

69) 대법원 2005. 4. 29. 선고 2004두14090 판결.
70) 대법원 1988. 4. 25. 선고 86다카1124 판결.
71) 대법원 1996. 4. 26. 선고 95다2562, 2579 판결.

(2) 해외 근무 · 해외 유학

해외 근무는 물론이고 해외 유학도 근로자로서 본연의 직무와 관련성이 있는 한 실질적인 근로관계가 계속되고 있는 것이므로 그 기간은 계속근로기간에 포함되는 것이 원칙이다.

근로자가 스스로 해외 근무 · 유학을 선택하여 회사 방침에 따라 사직서를 제출하고 퇴직금을 수령한 후 해외 근무(계열사 등에서) · 해외 유학을 마치고 재입사한 경우, 그 사직서 제출은 근로자가 스스로 선택한 바에 따른 것으로서, 근로자와 회사 사이의 근로관계는 일단 단절되고, 계속근로기간은 재입사한 때부터 다시 기산한다.[72] 하지만 근로자가 위와 같은 해외 근무 · 해외 연수를 하게 된 것이 스스로 선택한 것이 아니라 회사 전체의 인사 순환을 위하여 또는 사실상의 불이익 처분으로서 회사측의 강요에 의한 것이라면 그러한 사직서 제출 행위는 무효이고, 근로관계는 단절되지 않는다.

(3) 일용직 등 비정규 근로기간

형식상으로는 일용 근로자로 되었어도 일용관계가 중단되지 않고 계속되어 온 경우에는 상용 근로자로 보아야 한다. 따라서 일용직, 임시직, 촉탁직, 시간제 근로 등과 같이 이른바 비정규 근로[73]의 형식을 띤 근로 제공이라도 계속적인 근로관계가 이어졌다면 그 근로기간은 계속근로기간에 모두 포함되고, 그 기간이 1년을 초과하면 퇴직금 청구권이 발생한다.[74]

임시 고용원으로 채용되어 근무하다가 중간에 정규 사원으로 채용되어 공백기간 없이 계속 근무한 경우와 같이 근속기간 중 비정규 근로에서 정규 근로로 근로 제공 형태(직종 또는 직류)가 변경된 경우 계속근로기간은 비정규 근로 제공기간과 정규 사원 근무기간을 통산한 기간이다.

비정규직으로 근무하면서, 근로계약이 만료됨과 동시에 근로계약기간을 갱신하거나 동일한 조건의 근로계약을 반복하여 체결한 경우 또한 갱신 · 반복한 계약 기간 모두 합산하여 계속근로기간을 계산하여야 한다.[75]

72) 대법원 1997. 9. 9. 선고 97다2306 판결.

73) 기간의 정함이 없고, 사용하는 사업주에 직접 고용되며 단시간 근로 제공을 하지 않는 근로의 반대 개념이 비정규 근로라 할 수 있다. 여기에는 기간제 근로, 파견근로, 단시간 근로가 포함된다.

74) 대법원 1986. 8. 19. 선고 83다카657 판결, 대법원 1995. 7. 11. 선고 93다26168 전원합의체 판결, 대법원 2006. 4. 28. 선고 2004다66995, 67004 판결.

75) 대법원 1995. 7. 11. 선고 93다26168 전원합의체 판결. 기간제 근로자에 관한 판결로는 대법

다만, 일용직 등 일부 비정규 근로의 경우는 정확하게 근로시간과 근로일이 정해지지 않기 때문에 어떠한 경우에 계속적 근로관계라고 인정할 것인지 명확하지 않으며, 구체적 사안에 따라 판단해야 한다. 최소한 1개월에 4, 5일 내지 15일 정도 계속해서 근무하였다면 계속적 근로관계가 된다고 본 판례가 있지만,[76] 근로자가 11년 11개월 동안 공사가 있을 때마다 일용 인부로 고용되었다가 공사가 끝나면 해고되는 등의 형식을 되풀이하면서 일하여 왔고 그동안 15개월 남짓 동안 일하지 않았다면 계속적 근로관계는 단절되었다는 판례도 있다.[77] 근로자가 서류상으로는 2개월마다 2, 3일씩 해고되었다가 다시 채용된 것으로 되었지만 사실상으로는 그 기간 동안 계속하여 근로한 경우에는 해고의 효력은 생길 수 없으므로 상용 근로자로 보아야 한다는 판례도 있다.[78] 계절적인 요인으로 매년 경주가 열리지 않는 기간에 근로를 제공하지 않았다고 하더라도 휴업기간 또는 대기기간으로 볼 수 있으므로 전체 근로기간을 계속근로기간으로 보아야 한다는 판례도 있다.[79]

비정규 근로로 근무하는 중에 정식 사원 공개 채용 시험에 응시한 뒤 합격하여 정규 직원으로 입사한 경우에는, 그것이 정식 공개 채용 시험에 합격한 경우이든, 비정규직 근로자들만을 상대로 시험을 치러 그 중 일부를 정규 직원으로 채용한 경우이든 모두 근로관계가 단절되지 않고 계속근로기간이 이어진다고 보아야 한다.[80]

정년퇴직 후 비정규직으로 별도의 근로계약을 체결하는 것은 가능하며, 이때는 고령자고용법 21조 2항에 따라 계속근로기간이 단절되어 그 기간을 따로 계산할 수 있다.

#### (4) 기업내 · 외의 인사 이동

기업 안에서 배치 전환, 전근 등의 인사 이동이 있더라도 기업과 맺은 근로관계가 단절된 것이 아니므로 계속근로기간은 합산되는 것이 당연하다.

실질적인 소유자가 같더라도 근로자에 대해 다른 법인격을 갖는 기업에 전

---

원 2017. 2. 3. 선고 2016다255910 판결.

76) 대법원 1995. 7. 11. 선고 93다26168 전원합의체 판결.

77) 대법원 1982. 7. 13. 선고 81다카571 판결.

78) 대법원 1975. 6. 24. 선고 74다1625, 1626 판결.

79) 대법원 2011. 4. 14. 선고 2009다35040 판결.

80) 대법원 1980. 5. 27. 선고 80다617 판결, 대법원 1982. 4. 13. 선고 81다카137 판결, 대법원 1986. 10. 28. 선고 86다카1347 판결과 김형배, 787면은 이러한 취지이다.

직 명령을 내릴 수 없는 것이 원칙이다. 다만, 근로자가 다른 기업에 가서 파견 근무하는 기간은 원칙적으로 계속근로로 인정된다. 그룹 계열사 사이의 전직에 대하여는 근로자 동의 여부, 관행 등 구체적인 사실 관계를 살펴 계속근로 여부를 판단한다.

#### (5) 사용자의 변경

사용자인 법인에 분할 · 합병 · 영업양도 등의 변경이 발생하는 경우에도 계속하여 근로를 제공한 근로자에 대하여는 포괄적으로 근로관계가 승계되고, 계속근로기간은 통산한다.[81] 왜냐하면, 근로관계가 특정한 사용자에게 전속된 것이 아니라 사용자가 운영하는 사업과 결합된 것이므로 그 사업의 동일성이 유지되는 한 조직상의 변경이 발생하더라도 근로관계의 상대방은 법률상 당연히 새로운 사용자로 이전되기 때문이다.

근로관계가 승계된 것으로 인정되면 계속근로기간은 합산되지만, 근로관계가 일단 승계되었더라도 근로자의 명확한 합의와 선택이 있는 경우에는 계속근로기간이 단절되거나, 퇴직금 중간정산이 인정될 수 있다. 근로관계의 승계가 인정되지 않으면 퇴직금 산정을 위한 계속근로기간은 이어지지 않고 단절된다.

#### (6) 다른 법이 적용되는 신분 상호간

근기법 적용을 받던 국가기관 · 지방자치단체의 비정규 근로(일용직, 파견근로, 기간제 근로, 단시간 근로 등) 제공자가 공무원의 신분을 가지게 되면 계속근로기간은 단절되며,[82] 그 반대의 경우도 마찬가지이다.

---

81) 기업의 일부가 독립하여 새로운 회사가 성립되었다 하더라도 신설회사와 구 회사 사이에 기업의 동일성을 유지하고 있고 구 회사에 속했던 근로자가 그 회사에서의 퇴직이나 신설회사에 신규입사절차를 거침이 없이 신설회사에 소속되어 계속근무하고 있다면 신설회사가 구 회사와는 별개 독립의 법인체로서 그 권리 · 의무를 포괄승계하지 않은 경우라 할지라도 구 회사에 속한 근로자에 대한 근로관계는 신설회사에 포괄승계되어 근로의 계속성이 유지되므로 계속근로연수를 계산함에 있어서는 구 회사에서의 근로기간까지를 통산하여야 한다는 판결(대법원 1987. 2. 24. 선고 84다카1409 판결), 어떤 사업이 다른 경영주체에 양도되면서 물적 시설을 이전함과 아울러 그 양도되는 사업에 근무하던 근로자들의 소속도 변경시킨 경우에는 원칙적으로 해당 근로자들의 근로관계가 양수하는 경영 주체에게 승계되어 그 계속성이 유지된다고 할 것이어서 근로자가 사업을 양수한 기업에서 퇴직하면 그 기업은 합산한 계속근로연수에 상응하는 퇴직금을 지급할 의무가 있다는 판결(대법원 1994. 1. 25. 선고 92다23834 판결, 대법원 1997. 6. 27. 선고 96다49674 판결, 대법원 1997. 10. 24. 선고 96다12276 판결) 등이 있다.

82) 대법원 1981. 1. 13. 선고 80다2395 판결, 대법원 2000. 9. 8. 선고 99다1178 판결, 대법원 2001. 2. 9. 선고 2000다21512 판결.

근기법의 적용을 받는 사원으로 근무하다가 상법상 이사나 감사 등 임원으로 승진한 경우 임원은 원칙적으로 근로자가 아니므로 승진 시에 근로관계가 종료되고 퇴직금 채권이 발생한다. 다만 예외적으로 구체적인 사안에 따라서는 임원이 단순한 명칭에 불과할 뿐 노무 제공 내용이 종전과 동일하다는 등의 사실관계로 인하여 근로자성이 인정된다면 계속근로가 인정될 수 있을 것이다.

#### (7) 근로계약의 갱신

근로계약기간을 정하는 경우에는 그 기간이 1년을 넘지 못하거나, 일정한 사업 완료에 필요한 기간이어야 하는바, 기간의 정함이 있는 근로계약을 맺은 뒤 갱신을 하면 갱신 전 근로 제공 기간은 계속근로기간으로 합산된다.

#### (8) 직업 훈련 · 수습 · 시용 기간

입사 후 직업 훈련 기간이 고용 근로자에 대한 훈련 기간이라면 근로 제공 기간으로 보고 계속근로기간에 합산한다.[83] 하지만 채용이 전제되지 않은 양성 훈련 등의 경우에는 고용을 전제로 한 것이 아니므로 그 훈련 기간은 계속근로기간에 합산되지 않는다.

#### (9) 휴업 · 휴직기간

업무상 질병이나 부상으로 인한 휴업 기간과 사용자의 귀책사유로 인한 휴업 기간은 근로관계가 유효하게 존속하는 기간이므로, 계속근로기간에 포함된다.[84]

근로자의 개인 사유로 단체협약 · 취업규칙 · 근로계약에 따라 휴직한 기간을 계속근로기간에 포함시켜야 하는지 문제된다. 퇴직금에 생활보장적 성격이 있으며 계속근로기간에 포함되는 장기 결근이나 법정 휴가, 무급 육아휴직, 경조 휴가 등과 휴직을 구분하여야 할 논리적 근거가 없다는 이유에서 계속근로기간에 포함시켜야 한다고 보는 견해도 있지만,[85] 퇴직금의 기본적인 성격을 후불적인 임금으로 본다면 근로자의 개인 사유로 휴직한 기간은 계속근로기간에서 제외하는 것이 타당할 것이다. 다만, 남녀고용평등법 19조 4항 후문은 1년의 법정 육아휴직기간을 근속기간에 포함하도록 명문으로 규정하고 있다.

---

83) 대법원 2022. 2. 17. 선고 2021다218083 판결은 시용기간 만료 후 본 근로계약을 체결하여 공백 기간 없이 계속 근무한 경우, 시용기간과 본 근로계약기간을 통산한 기간을 퇴직금 산정의 기초가 되는 계속근로기간으로 보아야 한다고 판시하였다. 대법원 2022. 4. 14. 선고 2022도1168 판결은 변호사 실무수습기간을 계속근로기간에 합산한 원심을 수긍하였다.

84) 김진수, 485면; 이태운, 491면.

85) 이태운, 492면.

### (10) 군복무기간

병역법에 의하면 사용자는 근로자의 군복무기간을 휴직 처리하도록 하고 있는데, 이 기간을 계속근로기간에 포함시킬 것인지 여부가 문제된다.

대법원은 1962년에는 포함시켜야 한다는 입장을 취하다가,[86] 1984년에는 포함되지 않는다고 입장을 변경하였는데,[87] 이는 종전의 병역법 규정에는 군복무 기간을 실무 종사 기간으로 보는 규정을 두었다가 1970년에 병역법을 개정하면서 그 부분이 삭제된 것이 영향을 미친 것이었다. 군복무 기간을 계속근로기간에 포함시키지 않는다는 입장은 그 뒤에도 유지되었는데,[88] 이와 달리 군복무 기간을 계속근로기간에 포함시키는 판결례도 있다.[89]

### (11) 쟁의행위, 노동조합 전임자 근무 기간

종전에는 쟁의행위 기간 중에는 근로관계가 정지되므로 계속근로기간에서 제외해야 한다는 견해가 있었으나, 현재에는 적법·불법을 묻지 않고 쟁의행위에 대하여 해고 조치 등 근로관계를 해지한 사실이 없이 근로계약 관계가 유지되어 왔다면 쟁의행위 기간은 계속근로기간에 포함된다는 견해도 있다.

노동조합의 전임자로 근무한 기간도 비록 근로가 제공된 기간은 아니나 근로계약이 유지되었다면 계속근로기간에 포함된다.

### (12) 계속근로기간 중 일부 제외

재직기간 중 일부를 퇴직금 산정의 기초가 되는 근속기간에서 제외하는 것

86) 대법원 1968. 6. 25. 선고 68다371 판결. 당시 병역법 76조 2항은 "군인은 실역 복무를 마치고 종전에 근무하던 직장에 복직하거나 다시 고용되는 경우에는 복무한 기간을 실무에 종사한 기간으로 본다"라고 규정하고 있었다.

87) 대법원 1984. 6. 12. 선고 84다카374 판결. 이 판결은 구 병역법(1962. 10. 1. 법률 1163호) 76조 2항의 규정의 취지에 의하면 군복무기간은 퇴직금 산정기준인 계속근로기간에 포함된다고 할 것이나 개정 병역법(1970. 12. 31. 법률 2259호) 69조 2항·3항은 "실역 복무로 휴직한 공무원이 복무를 마친 경우 복직을 보장하고 승진에 있어서 복무기간을 실무종사기간으로 보아야 한다"는 것이고 그 휴직기간을 승진 이외에 퇴직금 지급기간에까지 가산하라는 취지로는 해석할 수 없으니 원고의 군복무로 인한 휴직기간 중 병역법(1962. 10. 1. 법률 1163호)이 개정되기 전인 1970. 12. 31.까지의 군복무기간은 퇴직금 산정기준이 되는 근속연수에 포함되나, 그 개정 후 복직 전까지 군복무기간은 근속연수에 합산할 수 없다고 하였다.

88) 대법원 1993. 1. 15. 선고 92다41986 판결.

89) 서울고법 2012. 4. 13. 선고 2011나80939 판결은, 근로자들의 군복무를 위한 사직서 제출행위와 그에 따른 사용자의 퇴직처리 및 전역 후 재입사처리는 병역법을 위반한 것일 뿐만 아니라 퇴직 의사표시가 통정허위표시로서 무효라고 판단하면서, 원고들의 군복무기간 및 재입사 전날까지의 기간이 퇴직금 산정을 위한 계속근로기간에 포함된다고 판단하였는데, 대법원 2012. 10. 25. 선고 2012다41045 판결은 이러한 판단이 정당하다고 판시하였다.

은 그러한 내용이 단체협약이나 취업규칙으로 규정되어 있고, 그와 같이 하여 산정한 퇴직금 액수가 근로자퇴직급여 보장법에 따라 산정한 퇴직금 액수 이상이라는 등의 특별한 사정이 없는 한 허용될 수 없다.[90)]

### 5. 퇴직금 중간정산

#### 가. 도입 취지

1996. 12. 31. 개정 근기법과 1997. 3. 13. 제정 근기법은 그동안 해석에 맡겨 왔던 퇴직금 중간정산 제도를 법에 명시하였다. 장기 근속자나 다수 근로자가 일시에 퇴직하는 경우 또는 기업이 자금 사정이 어려워지거나 파산 위기에 처하는 경우에 기업의 자금 부담 가중을 방지하고, 근로자도 긴급한 생활 안정 자금이 필요할 때 이를 활용할 필요성이 있어, 중간정산 제도를 도입한 것이다.

이와 같이 법에서 중간정산 제도가 마련되기 전에도 대법원은, 퇴직금의 중간정산 목적으로 근로자가 사직서를 제출하는 경우에 사용자의 일방적인 경영방침에 따라 어쩔 수 없이 사직서를 제출하거나 형식적으로 사직서를 제출하는 경우가 아니라 근로자 스스로의 필요와 판단에 따라 자유로운 의사에 기하여 사용자에게 사직서를 제출하는 경우 이를 인정하여 왔다.[91)] 법 개정은 이러한 현실을 제도적으로 반영한 것으로 볼 수 있다. 이러한 법 개정이 개정 이전에 이루어졌던 정산 행위의 하자를 치유하는 것은 아니다.

퇴직급여법 8조 2항은 이 중간정산 제도를 퇴직급여법으로 옮겨 계속 규정하고 있었는데, 중간정산의 남용으로 인하여 근로자의 퇴직 후 생활보장적 기능이 약화된다는 비판에 따라 2011. 7. 25. '주택구입 등 대통령령이 정하는 사유로 근로자가 요구하는 경우'에 한하여 중간정산을 할 수 있도록 위 조항이 개정되어 2012. 7. 26.부터 시행되었다.

#### 나. 요　　건

사용자는 회사방침 등 일방적으로 근로자의 퇴직금을 중간 정산할 수 없으며,[92)] 오직 근로자의 요구에 따라 퇴직하기 전의 계속근로기간에 대한 퇴직금을

90) 대법원 2007. 11. 29. 선고 2005다28358 판결, 대법원 2011. 10. 27. 선고 2011다42324 판결.

91) 대법원 1991. 5. 28. 선고 90다20398 판결, 대법원 1992. 5. 22. 선고 92다2295 판결, 대법원 1993. 12. 7. 선고 93다32309 판결 등.

92) 대법원 1997. 6. 27. 선고 96다49674 판결, 대법원 1997. 10. 24. 선고 96다12276 판결 등은 "근로자들이 일방적인 회사방침에 의하여 중간퇴직을 하고 퇴직금을 수령한 후 신규 입사절

퇴직급여법 8조 2항에 의하여(퇴직급여법 시행 전에는 법 34조 3항에 따라) 정산할 수 있다. 이러한 '근로자의 요구'는 형식적으로 서면이 작성되었는지 여부에 따라 판단될 사항이 아니라, 근로자의 객관적인 사정이 확인되는 경우에 한하여 엄격하게 인정되는 것이 타당하다.[93] 근로자는 주택구입 등 대통령령이 정하는 사유[94]를 명시해서 중간정산을 요구해야 한다.

취업규칙이나 단체협약에 중간정산 제도를 두었더라도 중간정산은 개별 근로자의 구체적 요구가 있어야 가능하다.[95]

퇴직금 정산 제도는 근로자가 요구할 때 사용자가 이를 들어주어야만 하는 의무적인 제도가 아니고, 근로자의 요구와 사용자의 승낙이 함께 필요한 쌍방간 합의를 요건으로 한다. 근로자가 계속근로기간 전부 또는 일부에 대하여 퇴직금의 중간정산을 요구하고 사용자가 그 요구기간에 대한 중간정산을 승낙함으로써 중간정산은 성립한다.[96] 즉, 단체협약·취업규칙·근로계약 등에 중간정산 제도가 설정되지 않은 경우 근로자의 요구만으로 사용자의 중간정산 의무가 발생하는 것은 아니므로 사용자는 정당한 이유가 있다면 근로자의 중간정산 요구를 거부할 수 있다.[97] 단체협약 등에 중간정산 제도가 설정되어 있는 경우 사용자가 근로자의 중간정산 요구를 거부할 수 있는지, 즉 사용자의 응낙의무가 있는지 여부는 그 제도 설정에 관한 문언의 해석에 따라 판단되어야 한다.

중간정산은 반드시 근로자가 시간적으로 먼저 요구하고 사용자가 이를 승낙하여야만 성립되는 것은 아니며, 사용자의 제안에 근로자가 동의하여도 유효하다고 할 수 있고, 퇴직금 중간정산 합의가 개별 근로자의 자유로운 의사에 따라 이루어진 것이면 퇴직금 중간정산은 유효하다.[98] 사용자는 근로자가 중간정

---

차를 밟은 경우, 그 중간퇴직은 통정허위표시로서 무효이므로 근로자의 근무는 단절됨이 없이 근로의 계속성이 유지된다고 본다"는 판시를 반복하고 있다.

93) 김형배b, 622면.

94) 퇴직급여법 시행령 3조 1항은, 무주택자인 근로자가 본인 명의로 주택을 구입하는 경우(1호), 무주택자인 근로자가 주거를 목적으로 전세금, 임대보증금을 부담하는 경우(2호), 6개월 이상 요양을 필요로 하는 근로자 본인, 배우자, 부양가족의 질병이나 부상에 대한 요양 비용을 근로자가 부담하는 경우(3호), 근로자가 파산선고를 받은 경우(4호) 등의 사유를 열거하고 있다.

95) 이상윤, 529면.

96) 대법원 2008. 2. 1. 선고 2006다20542 판결.

97) 권창영, 120면.

98) 대법원 2003. 12. 26. 선고 2003다48891 판결, 대법원 2012. 10. 25. 선고 2012다41045 판결, 대법원 2020. 9. 3. 선고 2016다235480 판결.

산을 요구한 기간 중 일부에 대하여만 일방적으로 중간정산을 실행함으로써 그 합의를 확정지을 수 없으나, 사용자의 일부 기간에 대한 중간정산 실행이 민법 534조에 의한 변경을 가한 승낙으로서 새로운 청약에 해당하고 근로자가 그 중간정산퇴직금을 아무런 이의 없이 수령함으로써 이에 동의한 것으로 볼 수 있는 경우에는 그 중간정산이 실행된 일부 기간의 범위 안에서 중간정산이 성립된다.[99)]

### 다. 내　　용

#### (1) 중간정산 단위 기간

쌍방의 합의가 있는 한 중간정산의 단위 기간에 제한이 없다. 예를 들어 10년 근속의 경우 5년, 3년, 2년 6월, 1년 5월 등 쌍방이 합의로 정할 수 있다.

#### (2) 일부 정산과 전액 정산

근로자는 정산을 요구하는 시점에 발생한 퇴직금 전액의 정산을 요구할 수도 있으며 일부만을 요구할 수도 있다. 예를 들어 15년 간 근로한 자가 입사 초년부터 5년 간의 퇴직금 정산을 요구한 데 대해 사용자가 이에 응하더라도 무방하다.

또한 앞에서 설명한 것처럼, 사용자는 반드시 근로자가 요구한 기간 모두에 대해 정산해주어야 하는 것은 아니며 그 중 일부만 정산하기로 근로자와 명시적으로 합의할 수 있고, 사용자가 일부만 정산하여 계산한 중간정산퇴직금을 근로자가 아무런 이의 없이 수령하면 묵시의 합의가 성립한 것으로 본다. 퇴직금 누진제를 택하고 있는 사업장에서 일부 정산이 이루어진 경우, 원칙적으로는 일부 정산 기간 이후부터 계속근로기간을 다시 기산해야 할 것이나, 계속근로기간을 그대로 두고 정산한 금원만 미리 지급한 것으로 간주하는 것으로 사용자와 근로자가 합의하였다면 그 합의는 유효할 것이다.

일부 정산을 하더라도 중간정산으로 계속근로기간은 단절되므로, 누진제를 채택하는 사업장의 경우 원칙적으로는 최종 퇴직시 중간정산 이전 잔여 근로기간과 중간정산 이후 기간을 합산해서 계속근로기간으로 보고 누진제를 적용해서는 안 되고, 중간정산 이전 기간에 대해 퇴직금을 산정하여 미지급분을 계산하고 중간정산 이후 기간에 대해 퇴직금을 별도로 산정해야 한다.[100)]

99) 대법원 2008. 2. 1. 선고 2006다20542 판결.
100) 대법원 2012. 10. 25. 선고 2012다41045 판결.

### (3) 중간정산의 빈도와 사전약정

#### (가) 원 칙

중간정산의 횟수에 대해서는 제한이 없다. 그러나 중간정산이 적법하게 이루어지려면 당해 건에 대해 일일이 근로자의 요구와 사용자의 동의가 있어야 한다. 따라서 채용할 때에 퇴직금을 정기적·반복적으로 중간정산할 수 있도록 근로계약을 체결하더라도, 실제로 중간정산을 할 때 별도 합의가 없다면 적법한 중간정산이 아니다.

#### (나) 월급·일당의 경우

퇴직금을 월급·일당에 포함하여 지급하기로 하는 포괄산정 약정은 그 효력이 인정되지 않으며 이로써 퇴직금 지급 의무를 면할 수 없다. 왜냐하면, 퇴직금이란 퇴직이라는 근로관계의 종료를 요건으로 하여 비로소 발생하는 것으로서 근로계약이 존속하는 한 퇴직금 지급의무는 발생할 여지가 없기 때문이다.[101) 이와 같이 퇴직금을 월급이나 일당 속에 포함시켜 지급하는, 이른바 퇴직금 분할 약정에 따라 지급된 퇴직금 명목 상당의 돈은 임금에 해당하지 않으며, 근로자가 사용자에게 부당이득으로 반환하여야 하며, 사용자가 가지는 퇴직금 명목의 돈에 대한 부당이득반환청구권을 자동채권으로 하여 근로자의 퇴직금 채권과 상계하는 것도 가능한데, 이는 이른바 '조정적 상계'로서 임금 전액지급 원칙에 반하는 것이 아니며, 다만 압류 금지 채권에 해당하는 '퇴직금 채권의 2분의 1'을 초과하여 상계할 수는 없다.[102) 그런데 2021. 4. 13. 퇴직급여법 9조 2항이 신설(2022. 4. 14. 시행)되어 퇴직금의 경우에도 원칙적으로 개인형퇴직연금제도의 계정 등으로 이전하는 방법으로 지급해야 하므로 위 시행일 이후에는 퇴직금청구권을 조정적 상계 법리에 의하여 상계하는 것도 어렵다고 볼 가능성이 있다.[103)

101) 대법원 1998. 3. 24. 선고 96다24699 판결, 대법원 2002. 7. 12. 선고 2002도2211 판결, 대법원 2006. 9. 22. 선고 2006도3898 판결, 대법원 2007. 8. 23. 선고 2007도4171 판결.

102) 대법원 2010. 5. 20. 선고 2007다90760 전원합의체 판결, 대법원 2010. 5. 27. 선고 2008다9150 판결.

103) 참고로, 고용노동부는 2022. 4. 14. 이후에는 근로자의 자유로운 의사에 따른 동의가 있는 경우라 하더라도 퇴직금 전액을 개인형퇴직연금제도 계정으로 이전하여야 할 것이라고 해석한다(퇴직연금복지과-1808, 2022. 4. 28.) 이 회시는 조정적 상계에 대해서가 아니라 상계계약에 관한 것으로 보인다.

㈐ 연봉제의 경우

연봉액에 퇴직금을 포함하여 매월 분할 지급하는 것의 적법성에 관한 논의를 살펴본다.

이에 관한 견해로는, 연봉액에 포함된 퇴직금의 액수가 명확히 정해져 있고, 매월 지급받은 퇴직금 합계가 중간정산시점을 기준으로 퇴직급여법 8조 1항의 규정에 의해서 산정된 금액보다 적지 않은 경우에 적법한 것으로 보는 견해,[104) ]위 요건에 추가하여, 근로계약서나 연봉계약서 외에 퇴직금을 중간정산받고자 하는 근로자의 명확한 서면요구가 있어야 하며(중간정산금을 매월 분할하여 지급한다는 내용이 명확하게 포함되어 있어야 함), 중간정산 대상 기간은 중간정산시점을 기준으로 이미 계속근로를 제공한 기간만을 대상으로 하여야 한다는 요건까지도 충족하여야 적법하다는 견해가 있다.[105)]

그런데 퇴직금의 지급청구권은 퇴직금 중간정산이 유효하게 성립하는 경우가 아닌 한 근로계약이 존속하는 동안에는 발생할 여지가 없으므로, 이미 계속근로를 제공한 기간에 대하여 법에서 정한 중간정산의 절차를 준수하여 산정된 퇴직금을 그 이후의 연봉에 추가하여 지급하는 것은 퇴직금의 지급으로서 유효하지만, 중간정산에 필요한 절차를 준수하지 않거나 또는 앞으로 도래할 계속근로기간에 관한 퇴직금을 미리 정산하여 연봉에 추가하여 지급하기로 하는 약정은 최종 퇴직 시 발생하는 퇴직금청구권을 근로자가 사전에 포기하는 것으로서 강행법규인 퇴직급여법 8조 2항에 위배되어 무효이고 그 약정에 따라 사용자가 근로자에게 퇴직금 명목의 금원을 지급하였다 하더라도 퇴직금 지급으로서의 효력이 없다[106)](실제로는 적법한 절차를 거쳐 매년 퇴직금을 정산하여, 정산 이후의 시기에 지급하는 연봉에 그 퇴직금을 추가하여 지급하는 경우를 거의 찾아볼 수 없다). 그런데 퇴직금을 포함한 연봉계약이 실질은 임금을 정한 것에 불과함에도 불구하고 사용자가 퇴직금의 지급을 면탈하기 위하여 퇴직금 분할 약정의 형식만을 취한 것인 경우에는 근로자가 퇴직금 명목의 금원을 부당이득으로 반환할 의무가 없다.[107)]

104) 김성수, 172면; 이승길, 180면.
105) 권창영, 120면.
106) 대법원 2010. 5. 20. 선고 2007다90760 전원합의체 판결
107) 대법원 2010. 5. 27. 선고 2008다9150 판결, 대법원 2012. 10. 11. 선고 2010다95147 판결, 대법원 2012. 12. 13. 선고 2012다77006 판결, 대법원 2020. 8. 29. 선고 2017다290613 판결, 대법

다만, 신입 근로자에게 퇴직금을 연봉액 속에 포함하여 매월 지급하기로 하였는데 1년을 채우지 못하고 퇴직하는 경우에는, 당사자들의 의사가 명확하게 1년 이상 근속기간에 대해서만 퇴직금을 지급하되 예상 퇴직금을 미리 지급한다는 것이어서 그 퇴직금 분할지급약정이 무효로 되는 경우도 있지만, 계속근로기간이 1년 미만이라도 퇴직금을 지급하도록 함으로써 법보다 유리하게 계약을 체결한 것이어서 유효한 지급약정으로 볼 수도 있을 것인데, 명확한 의사가 없었다면 근로자에게 유리하게 후자로 해석하여 반환의무가 생기지 않는다고 본다.[108)]

그런데 퇴직급여법 8조 2항이 주택구입 등 대통령령이 정하는 사유로 근로자가 요구하는 경우에 한하여 중간정산을 할 수 있도록 개정되어 시행된 2012. 7. 26. 이후로는 연봉에 퇴직금을 포함하여 지급하는 경우 그 유효성이 인정될 가능성은 매우 낮아졌다고 보인다.[109)]

#### (4) 중간정산과 평균임금 산정 시점 및 범위

별도의 규정 또는 합의가 없다면, 중간정산 퇴직금 계산을 위한 평균임금의 산정 시점은 근로자의 요구에 따라 사용자가 중간정산을 승낙한 때가 된다.

이때 평균임금 산정 기초가 되는 임금 총액에는 근로자가 현실적으로 지급받은 금액뿐 아니라 평균임금을 산정하여야 할 사유가 발생할 때를 기준으로 사용자가 지급의무를 부담하는 금액도 포함된다. 그러나 단체협약이나 취업규칙 등으로 달리 정하지 않는 한 퇴직금 중간정산 당시를 기준으로 지급사유의 발생이 확정되지 않은 금품은 중간정산 퇴직금을 산정할 때 평균임금에 포함되지 않는다.[110)]

---

원 2022. 3. 17. 선고 2018다244877 판결.

108) 권창영, 119면; 김성수, 171면.

109) 같은 이유에서 고용노동부는 연봉제하 퇴직금 중간정산 유형에 따른 중간정산은 2012. 7. 26. 이후부터 유효한 것으로 볼 수 없다고 근로자퇴직급여 보장법 개정에 따른 퇴직금 중간정산제도 업무처리지침을 개정하였다.

110) 대법원 2024. 1. 25. 선고 2022다215784 판결. 퇴직금 중간정산이 이루어진 연도에 대한 근로의 대가로 다음 해 주어지는 연차유급휴가를 사용하지 않아 발생하는 연차휴가미사용수당은 퇴직금 중간정산 당시에는 아직 그 발생 여부가 확정되지 않았으므로 단체협약이나 취업규칙 등으로 달리 정하지 않는 한 이를 평균임금에 산입하여 중간정산 퇴직금을 산정할 수 없다고 판시하였다. 이 경우 '단체협약이나 취업규칙 등으로 달리 정한다'는 의미는, 중간정산 당시를 기준으로 연차휴가미사용수당 발생이 확정되지 않았음에도 불구하고 평균임금에 산입하는 것으로 정하는 것을 의미하는 것이 아니고, 단체협약 등에서 연차휴가미사용수당의 발생 시기를 위와 같은 법리와 다르게 정함으로 인하여 중간정산 당시에 그 발생이 확정된

(5) 운용 방법

근로자의 요구에 따라 퇴직금을 중간정산하는 경우에도 매건마다 일일이 합의하는 방법과 노·사 협의를 통해 사전에 요건과 절차 등에 관한 기준을 마련하여 이를 기준으로 시행하는 방법이 있다. 퇴직금 중간정산제도의 정착을 위해서는 요건·절차, 다수근로자 신청 시 우선순위 등 기준을 명확히 정하여 두는 것이 갈등을 예방할 수 있어 바람직하다.

라. 효 과

(1) 계속근로기간의 새로운 기산

퇴직금 정산이 되면 노·사 간에 별도의 특약이 없는 한 정산 후의 퇴직금 산정을 위한 계속근로기간은 정산 기준 시점부터 새로이 기산한다. 따라서 정산 이후에 발생할 수 있는 다툼을 피하기 위해서는, 중간정산 이후 퇴직금 산정방법에 대해서도 서로 합의해 놓는 것이 필요하다. 다만, 퇴직금 정산 이후 계속근로기간이 1년 미만인 경우에도 그 근로자는 전체 계속근로기간이 1년 이상이므로 퇴직금 지급대상이 되어 그 기간에 대하여는 1년 간의 퇴직금에 비례하여 퇴직금을 지급하여야 한다.

(2) 제도 변경과 계속근로 단절

법정퇴직금 제도(퇴직금 단수제)에서 퇴직금 누진제로 바꾸거나, 근로자의 동의를 받아 퇴직금 누진제에서 퇴직금 단수제로 바꾸게 되어, 그때까지의 퇴직금을 완전히 정산하기 위해서는 근로자의 명확한 요구 또는 동의가 있어야 한다.[111)]

(3) 퇴직금 정산과 다른 근속기간

근로자의 자유의사에 따라 퇴직금 정산을 하였더라도 연차 유급휴가 가산

---

경우를 의미하는 것으로 해석된다.

111) 대법원 1992. 9. 14. 선고 92다18238 판결, 대법원 1993. 1. 15. 선고 92다37673 판결 등은 "근로자들이 회사에 사직서를 제출하거나 회사로부터 중간퇴직금을 수령한 것이 근속연수의 기산점은 원래대로 놓아둔 채 퇴직금 지급률을 누진 지급제에서 단수 지급제로 변경하는 제도에 따라 중간퇴직금을 받겠다는 내심의 의사에 기한 것이지 기존의 근로관계를 해지하거나 또는 퇴직금 산정에 있어 근속연수를 제한하려는 내심의 의사에 기한 것으로는 볼 수 없으므로, 사직서 제출행위는 비진의 의사표시에 해당되고 사용자도 이를 알고 있었으므로 사직서 제출행위는 무효"라고 판단하여 퇴직금 정산이 이루어지지 않았다고 보고, 전체 근속기간을 기준으로 퇴직금을 산정한 뒤 중간퇴직금으로 받은 돈을 공제한 나머지 금액 상당의 청구를 인용하였다.

이나 승진, 승급, 호봉, 상여금 등 당해 근로자의 근로기간과 관계가 있는, 다른 근로조건에 관한 계속근로기간은 단절되지 않는다.

#### (4) 임금 인상 소급과 중간정산금

임금 인상 결정일 이전에 퇴직금 중간정산이 이루어진 후에 임금 인상을 하기로 하는 단체협약, 취업규칙 등이 정해지고, 그 임금 인상의 효과가 퇴직금 중간정산일 이전으로 소급되었다 하더라도 당사자 간에 인상된 임금을 기초로 다시 퇴직금 정산을 하기로 하는 등의 특약이 없는 한 소급적인 임금인상의 효력이 이미 성립한 퇴직금의 중간정산에 관한 법률관계에 영향을 미치지 않으므로 중간정산금액을 다시 계산하여 추가 중간정산 퇴직금을 지급할 의무는 없다.[112]

#### (5) 무효인 정산과 퇴직금 지급

근로자의 요구 없이 사용자가 일방적으로 퇴직금 정산을 하는 경우 퇴직금 중간정산이 무효라면 근로자는 최종 퇴직 당시에 지급받을 수 있는 퇴직금액에서 중간에 정산하여 지급한 금액을 뺀 나머지를 추가로 지급받을 수 있다. 이 때 중간에 정산하여 받은 금액에서 부당이득이 발생하므로 이에 대한 법정이자 상당액만큼 공제해야 한다는 견해도 있을 수 있으나, 대법원 판례는 이를 부정한다.[113]

#### (6) 지급액 공제

구 국민연금법 75조 6항에 의해 사용자가 부담한 퇴직금 전환금은 사용자가 지급할 퇴직금 중 해당 금액을 미리 지급한 것으로 보고 있다. 따라서 퇴직금을 중간정산할 때에는 산정한 퇴직금에서 해당 기간 동안 사용자가 부담한 퇴직금 전환금을 공제하고 나머지 금액만 지급된다.

그 외 대부금 등의 금품은 사용자가 일방적으로 공제할 수는 없다. 임금·퇴직금은 근로자에게 직접 전액이 지급되어야 하기 때문이다.

### 마. 지급의무 발생 시기와 소멸시효 기산점

대법원은, 중간정산 퇴직금 지급 의무는 사용자와 근로자의 합의로 퇴직금 중간정산이 성립되었을 때 발생하는 것으로 보고 있다.[114] 이에 따르면 중간정

112) 대법원 2014. 12. 11. 선고 2011다77290 판결.

113) 대법원 1991. 8. 13. 선고 91다6856 판결, 대법원 1993. 1. 15. 선고 92다37673 판결, 대법원 2005. 2. 25. 선고 2004다34790 판결 등.

114) 대법원 2008. 2. 1. 선고 2006다20542 판결. 이 판결은 "사용자와 근로자의 합의로 퇴직금

산에 따른 퇴직금 채권의 소멸시효는 중간 정산이 합의된 때부터 기산한다.

이와 달리, 특별한 사정이 없는 한 사용자가 정당하게 근로자의 중간정산 요구를 거부하는 것을 해제조건으로 하여 근로자의 중간정산 의사표시가 사용자에게 도달한 때부터 중산정산 퇴직금 지급 의무가 발생하고, 지연손해금 또한 중간정산 의사표시가 도달한 다음날부터 기산된다는 견해가 있다.[115] 이에 따르면 중간정산 퇴직금 채권의 소멸시효 또한 근로자의 중간정산 의사표시가 사용자에게 도달한 날부터 기산하게 될 것이다.

그리고 중간정산의 합의가 없는 기간에 대하여는 최종 퇴직 시점에 퇴직금 청구권이 발생하므로 이 때 소멸시효도 진행한다.[116]

### 6. 퇴직금 차등 제도 금지

#### 가. 일반 원칙

퇴직급여법 4조 2항은 "퇴직급여제도를 설정하는 경우에 하나의 사업에서 급여 및 부담금 산정방법의 적용 등에 관하여 차등을 두어서는 아니된다"고 규정하고 있다. 이를 위반하여 하나의 사업 안에 퇴직급여제도를 차등하여 설정한 자는 2년 이하의 징역 또는 1,000만 원 이하의 벌금에 처한다(퇴직급여법 45조).

하나의 사업 내에서 직종, 직위, 업종별로 서로 다른 퇴직금제도를 두어 차별하는 것을 금지하고 하나의 퇴직금제도를 적용하게 하려는 것이 입법취지이다.[117] 동일한 사업 안이라면 직위, 직종은 물론 작업 부서나 장소가 다른 근로자 사이에도 차등 제도를 두어서는 아니 된다. 경영상 일체를 이루면서 조직상 유기적으로 운영되는 지점 · 출장소 · 공장 등은 모두 하나의 사업으로 파악해야 하며, 국내 · 해외 등 장소적인 관념에 따라 결정될 문제는 아니다.[118]

차등 금지 조항은 퇴직금제도와 퇴직연금제도 사이에 적용되는 것이 아니라, 퇴직금제도 안에서 차별을 금지하는 것으로 보아야 한다.

---

중간정산이 성립한 일부 근로기간에 대하여는 중간정산 시점에 중간정산퇴직금청구권이 발생하고 소멸시효도 그때부터 기산되지만, 중간정산 합의가 없었던 나머지 근로기간에 대하여는 최종 퇴직 시에 퇴직금청구권이 발생하고, 소멸시효도 최종 퇴직 시점으로부터 진행한다"고 판시하였다.

115) 권창영, 121면.

116) 대법원 2012. 10. 25. 선고 2012다41045 판결, 대법원 2015. 4. 23. 선고 2013다52028 판결.

117) 대법원 2002. 6. 28. 선고 2001다77970 판결.

118) 대법원 1993. 10. 12. 선고 93다18365 판결, 대법원 1997. 11. 28. 선고 97다24511, 97다23877 판결, 대법원 1999. 8. 20. 선고 98다765 판결; 김형배, 789면; 이국환, 548면.

다만, 모든 근로자에게 동일하게 적용되는 퇴직금제도 안에서 근속기간 차이에 따라 구체적인 지급률이나 지급액에 차이가 나거나, 근로자의 직종·직위에 차이가 있어 결과적으로 지급액에 차이가 나는 것은 금지의 대상이 아니다.[119)]

### 나. 차등이 되는 제도

하나의 사업 내에서 직위별·직종별·직류별로 누진율을 달리하거나, 누진율을 같이 하되 일정 직급 이상인 자에게는 일정 연한을 더해주는 것과 같이 퇴직금 지급 조건 자체를 달리하는 것은 차등에 해당하여 금지된다.[120)]

하나의 사업에는 하나의 퇴직금제도가 있어야 한다. 따라서 하나의 사업에 포함되는 공장·지점·출장소·본사 사이에 퇴직금 지급조건을 달리할 수 없다. 정년 이후 재고용된 근로자와 같이 근로자의 특성에 따라서도 서로 다른 퇴직금 제도를 둘 수 없다.[121)] 근로자의 입사일자에 따라 지급률을 달리하는 것도 차등에 해당하므로 이러한 차등 제도를 설정한 개정 취업규칙은 무효이다.[122)]

### 다. 차등이 되지 않는 제도

#### (1) 적법한 제도 변경

##### ㈎ 불리한 변경과 기득권 보호

적법한 절차에 따라 퇴직금제도를 변경(예: 누진제 → 단수제)한 후 그 시행일 이전의 기간에 대하여는 기득권을 인정하고 시행일부터는 모든 근로자에게 변경된 퇴직금제도를 적용하는 것은 차등 제도로 볼 수 없다.[123)] 나아가서 취업규칙의 부칙에 이러한 취지의 경과 규정을 두면 더욱 확실해진다. 다만, 부칙에 종전의 규정을 적용한다고 명시하였다면 그 이후 퇴직 이전에 급여 체계가 변경되어 결과적으로 새로운 제도가 해당 근로자에게 유리하더라도 부칙의 경과

---

119) 이상윤, 523면.

120) 사용자는 근로자의 근로조건, 근로형태, 직종 등의 특수성에 따라 근로자 일부에 적용되는 별도의 취업규칙을 작성할 수는 있으나, 퇴직금 차등 제도 금지 규정 시행 이후에 하나의 사업 내에서 직종, 직위, 업종별로 서로 다른 퇴직금제도를 설정하는 내용으로 취업규칙이 변경되었다면, 그 취업규칙 변경은 근로자의 동의를 얻어 이루어진 것이라고 하더라도 법 34조 2항(현행 퇴직급여법 4조 2항)에 위배되어 효력을 발생할 수 없다(대법원 2000. 2. 25. 선고 98다11628 판결). 이상윤, 524면도 같은 취지이다.

121) 다만, 퇴직금 산정을 위한 계속근로기간은 정년 이후 재고용된 기간을 정년 이전의 기간과 통산하지 않아도 되므로(고령자고용법 21조 2항) 따로 계산할 수 있다.

122) 대법원 2002. 6. 28. 선고 2001다77970 판결.

123) 대법원 1990. 11. 27. 선고 89다카15939 판결.

규정에서 정한 바대로 종전 규정이 그대로 적용된다.[124)]

퇴직금 산정 방식에 관한 취업규칙을 근로자들에게 불리하게 개정하였으나 근로자 과반수를 대표하는 노동조합이나 근로자 과반수의 동의를 받지 못한 경우, 그 취업규칙은 근로자에게 불리하게 개정하기 이전에 근로관계가 존재하던 근로자들에게는 효력이 발생하지 아니하지만, 그 이후에 입사한 신규 근로자에게는 효력이 발생한다. 이러한 경우, 그로 인하여 결과적으로 하나의 사업 내에 별개의 퇴직금제도를 운용하는 것으로 되었다고 하더라도 차등 있는 퇴직금 제도를 설정한 경우에 해당한다고 할 수 없다는 것이 판례이다.[125)] 이러한 법리는 영업 양도 등에 의하여 근로관계가 포괄적으로 승계되어 근로자의 지위도 승계되었는데 승계 후의 퇴직금 규정이 승계 전의 퇴직금 규정보다 근로자에게 불리하여 부득이 종전의 퇴직금 규정을 적용하는 경우에도 마찬가지이다.

이와 달리, 입사 시기에 따라 각각 다른 퇴직금제도를 적용시키면 퇴직금 차등 제도가 되어 법에 위반된다. 가령 1980년에 퇴직금 규정을 개정하고 1995년에 퇴직금 규정을 다시 개정하면서 1980년 전에 입사한 근로자에게는 1980년에 개정된 퇴직금 규정을 적용하고, 1980년 이후에 입사한 근로자에게는 1995년 개정 퇴직금제도를 적용하는 것은 복수의 퇴직금제도를 사후적으로 창설한

124) 대법원 2003. 12. 18. 선고 2002다2843 전원합의체 판결의 다수 의견. 이에 대해 위 판결의 반대 의견은, 이와 같은 경과 규정을 두었을 때 그러한 부칙의 경과 규정이 기존 근로자에게 유·불리를 떠나 언제나 적용되는 것이라면, 모든 근로자(기존 근로자 포함)에게 적용되는 퇴직금제도와 기존 근로자에게만 적용되는 퇴직금제도가 마련됨으로써 입사일에 따라 다른 퇴직금제도가 적용되어 퇴직금 차등 제도 금지의 원칙에 위배된다고 보았다. 그러면서 반대의견은 따라서 개정 퇴직금 규정이 정한 퇴직금제도는 모든 근로자에게 적용되는 제도뿐이고, 부칙은 경과 규정에 불과할 뿐 별개의 퇴직금제도라고 할 수 없고, 기존 근로자들에게도 법규적 효력을 갖는 퇴직금 규정은 개정된 퇴직금 규정이고, 부칙은 기존의 근로자들의 기득이익을 보호하기 위한 경과 규정에 불과하며, 개정 전·후의 퇴직금 규정을 비교하여 그것을 적용하는 것이 유리한 경우에만 제한적으로 적용된다고 보았다.

125) 대법원 1996. 10. 15. 선고 95다53188 판결, 대법원 1997. 12. 26. 선고 97다17575 판결. 김형배a, 790면에서는 이 경우 퇴직금제도의 차등설정이 되지 않는 이유를 퇴직금 「제도」를 설정할 때 그 기초로 삼았던 경제적 사정이나 경영 형편이 크게 달라진 경우에는 일정한 시점을 기준으로 퇴직금 지급기준이 유리하게 또는 불리하게 변경될 수도 있기 때문이라고 설명한다. 한편, 이상윤, 426면은 판례의 위와 같은 판단에 반대하면서, 퇴직급여제도의 변경은 단체협약의 체결을 통해 결정되는 것이 원칙이므로 사용자가 취업규칙의 변경으로 기존의 퇴직금제도를 바꿀 수 없다고 한다. 이와 반대로 김장식, 312면은 "규범의 개정 시 규범 적용 대상자의 이해관계를 조절하는 방식으로 부칙의 경과 규정을 두는 것은 일반적으로 승인된 것이고, 따라서 일반 법률의 개정에서도 흔히 볼 수 있는 것이다. 이로 인해 규범 적용 대상자의 실제 적용상 차이는 발생할 수 있는 것인데, 이를 두고 일률적으로 차등 제도를 설정하고 있는 것이라고 할 수는 없다"면서 판례의 견해에 찬성하고 있다.

것으로서 무효이다.[126)]

한편 앞에서 설명한 것처럼 부칙을 설정하는 경우는 본문과 부칙이 합해서 하나의 제도이므로 복수의 퇴직금제도가 아니라는 것이 판례의 태도이다.

#### (나) 유리한 변경과 불소급

단체협약·취업규칙으로 퇴직금 지급률을 단수제에서 누진제로 바꾸고, 그 지급률 변경을 입사일로 소급하여 적용하지 않고 개정일 이후 근속 기간에 대하여만 누진제를 적용하는 것은 차등 제도 설정이 아니다.

### (2) 퇴직금 감액 규정

징계 처분을 받거나, 고의 또는 중대한 과실로 회사 재산에 막대한 손해를 입힌 경우 등과 같이 합리적인 제한 사유를 정하여 이에 대해 퇴직금의 일부를 감할 수 있도록 취업규칙 등에 규정하는 것은 그와 같이 감액한 후의 퇴직금액이 법정퇴직금 이상이라면 퇴직금 차등 제도가 아니다.[127)]

### (3) 임원과 차별

회사의 임원과 같이 법 적용 대상이 아닌 자의 퇴직금제도와 근로자의 퇴직금제도의 차등을 두는 것은 가능하다.

### (4) 단체협약 적용대상과 차별

노동조합과 사용자 사이에서 체결된 단체협약상의 퇴직금 산정 규정이 일반 근로자들에 비하여 유리하게 되어 있는 경우, 단체협약 적용 대상자와 미조직 근로자 사이에 퇴직금 액수의 차등이 생기게 되는데 이는 노동조합과 단체협약 제도의 본질에서 파생된 것으로서 차등 퇴직금제도 설정이라고 볼 수 없다. 노조법 35조의 일반적 구속력 규정과 36조의 지역적 구속력 규정의 적용을 받아 사업장의 모든 근로자에게 단체협약이 적용될 수 있으나 이는 퇴직금 차등 제도 설정 때문이 아니다.

하나의 사업 또는 사업장에 조직 대상이 다른 2개의 노동조합이 사용자와

---

126) 대법원 2002. 6. 25. 선고 2002다2287 판결, 대법원 2003. 6. 13. 선고 2001다24167 판결 등.

127) 대법원 1994. 4. 12. 선고 92다20309 판결, 대법원 1995. 10. 12. 선고 94다36186 판결, 대법원 2002. 9. 6. 선고 2002다29442 판결. 위 판결들은 차등적인 제도 설정이 아니고 유효한 규정이 될 수 있는 요건으로 (i) 그러한 규정이 성실하고 청렴한 근무를 유도하기 위한 정당한 목적을 가지고 있을 것, (ii) 지급을 제한하는 사유를 중대한 경우로 한정할 것, (iii) 지급제한의 범위가 그 수단의 상당성과 법익의 균형성도 갖출 것의 세 가지를 제시하고 있다. 퇴직사유에 따른 퇴직금 차등지급의 문제점에 대한 상세한 논의는 정진경b, 412~425면.

각자 체결한 단체협약의 내용이 서로 다른 데서 비롯되는 퇴직금제도의 차이 역시 차등 제도의 설정에 해당하지 않는다.

#### (5) 기업 합병 과정에서 생기는 차별

기업이 합병되어 근로관계가 승계되어도 합병의 효력은 소급되지 않는다. 따라서 퇴직금을 누진제로 운영하는 갑 회사에 단수제로 운영하는 을 회사가 흡수 합병된 경우, 취업규칙으로 을 회사 근무기간에 대해서는 단수제를 적용하고 합병 이후 갑 회사 근무기간에 대해서는 누진제를 적용하더라도 차등적 제도의 설정이 아니다. 같은 이치에서 공연법상 퇴직연금을 받던 사람이 사립학교 교직원으로 임용되어 재직기간 합산신청을 한 경우 공무원 재직기간에 대한 퇴직연금 부분은 공연법에 따라 제한된 급여액이 지급되어야 한다.[128]

#### (6) 다른 사업 · 사업장 사이의 차등

퇴직금 차등 제도 설정 금지는 '하나의 사업 · 사업장 안의 근로자들 사이'에 적용된다(퇴직급여법 4조 2항).[129] 사업 · 사업장을 달리하는 근로자들 사이의 차등은 위법이 아니다.

#### (7) 선원과 근로자 사이의 차등

근기법이 일반적인 근로관계를 규율대상으로 하는 것임에 비하여, 선원법은 장기간 고립되어 이동하는 선박과 함께 일정한 생활을 영위하면서 침몰 · 좌초 등 해상 고유의 위험에 일상적으로 노출되어 있는 등으로 특수한 환경에 놓여 있는 선원의 근로관계를 규율대상으로 하고 있기 때문에 선원법은 임금의 개념, 퇴직금의 산정 기준 · 방법 등에 관하여 근기법의 그것들과 현저하게 차이를 두고 있다. 그리고 근기법상 퇴직금제도와 선원법상 퇴직금제도는 그 의미와 성질이 다른 별개의 제도이다. 따라서 선원의 근로관계에 퇴직급여법의 차등 퇴직금제도 설정 금지 규정이 준용된다 하더라도 이는 선원들 사이에 차등적인 퇴직금제도를 설정하여서는 아니 된다는 의미이다. 다시 말해 차등 퇴직금 제도 설정 금지 규정의 준용이 하나의 사업 안에서 선원과 선원 아닌 근로자 사이의 퇴직금제도에 차등을 두어서는 안 된다는 의미는 아니다.[130]

---

128) 대법원 2016. 10. 13. 선고 2014다234032 판결.

129) 퇴직급여법 4조 2항의 문언 중 '사업'은 '사업 또는 사업장'을 뜻한다. 퇴직급여법 3조 괄호 부분 참조.

130) 대법원 2002. 10. 17. 선고 2002다8025 전원합의체 판결.

(8) 명예퇴직자에 대한 가산금 지급

명예퇴직자, 희망퇴직자 등 정년이 도래하기 이전에 자진하여 퇴직하는 근로자에게 가산금을 지급하는 것은 원칙적으로 퇴직금 차등 제도와 관계가 없으므로 유효하다. 다만, 대법원은 근속기간과 평균임금을 산정기초로 삼는 퇴직금 제도 외에 별도로 명예퇴직금제도를 두고 그에 따라 지급하는 명예퇴직금은 그 지급대상, 지급요건 및 산정방법 등이 다양하여 그 성격을 한 가지로만 규정지울 수는 없다고 하면서 개별 사안마다 그 성질을 다르게 판단하고 있으므로, 명예퇴직금이 후불적 임금으로서 퇴직금과 유사한 성격을 가지고 있는 경우에는 퇴직금제도에 차등을 둔 것으로 판단될 여지도 있다. 즉, 대법원 2007. 11. 29. 선고 2005다28358 판결에서는 명예퇴직금이 후불임금이라기보다는 조기 퇴직에 대한 사례금 또는 장려금 성격이 농후하다고 하면서 구 근기법상 퇴직금제도와는 성질이 다르다고 하였으나,[131] 대법원 2003. 11. 28. 선고 2001다4750 판결에서는 명예퇴직수당은 그 직에서 퇴직하는 자에 대하여 재직 중 직무집행의 대가로서 지급되는 후불적 임금으로서의 성질을 아울러 갖고 있다고 판단하였으며,[132] 대법원 2000. 6. 8.자 2000마1439 결정에서는 명예퇴직수당을 퇴직금과 유사하다고 판단하였다.

(9) 일률적인 조건이나 부관

퇴직금제도를 누진제로 설정하면서 징계해고의 경우에는 누진율을 낮추는 것처럼 누구에게나 적용되는 공통된 조건을 달았다면 그 사업장의 퇴직금제도는 그 조건과 함께 하나의 퇴직금제도로 볼 수 있다. 따라서 조건을 충족하지 못한 근로자에게 적용되는 지급률과 충족한 근로자에게 적용되는 지급률이 다르게 되는 것은 퇴직금 차등 제도가 아니다. 다만, 이 경우 조건을 부여하는 데에 합리성이 인정되어야 하고 조건을 충족하지 못한 결과 적용받게 되는 퇴직금 제도가 법정퇴직금 제도보다 불리하지 않아야 한다.

131) 대법원 2022. 4. 14. 선고 2021다280811 판결, 대법원 2022. 4. 14. 선고 2021다280798 판결, 대법원 2022. 4. 14. 선고 2021다280781 판결도 같은 취지이다.

132) 대법원 2002. 8. 27. 선고 2002다26047 판결도 같은 취지이다.

## 7. 퇴직금 채권에 관한 기타 문제

### 가. 퇴직금의 지급 기한

사용자는 근로자가 퇴직한 경우에는 그 지급 사유가 발생한 날부터 14일 안에 퇴직금을 지급하여야 한다. 다만, 특별한 사정이 있는 경우에는 당사자 간의 합의에 의하여 지급기일을 연장할 수 있다(퇴직급여법 9조).

사용자가 위 기한 안에 퇴직금을 지급하지 아니하면 3년 이하의 징역이나 2,000만 원 이하의 벌금에 처한다(퇴직급여법 44조). 퇴직급여법 9조 단서는 당사자 간의 합의에 따라 지급기일을 연장할 수 있도록 하는 규정에 불과하고, 연장한 지급기일까지 퇴직금을 지급하지 아니한 사용자의 형사책임까지 배제하는 것은 아니다. 따라서 사용자가 퇴직급여법 9조 단서에 따라 퇴직금의 지급사유가 발생한 날부터 14일 이내에 근로자와 지급기일을 연장하는 합의를 하였더라도 그 연장한 지급기일까지 퇴직금을 지급하지 아니한다면 위 9조 위반죄가 성립한다.[133]

위 금품청산제도는 사용자에게 청산의무를 부과하고 이를 불이행할 경우 형사상 제재를 가함으로써 근로자를 보호하려는 것이지 그 지급의무의 이행을 유예하여 준 것으로 볼 수 없으므로 퇴직한 다음 날부터 퇴직금 청구권을 행사할 수 있다(법 36조에 대한 해설 참조).[134] 따라서 위 법문과 같은 규정이 있다고 하여 지급사유가 발생한 날로부터 14일이 경과하여야 지연이자가 발생하는 것은 아니며, 지연이자는 퇴직일 바로 다음날부터 발생한다.

### 나. 퇴직금 채권의 사전 포기, 부제소 특약

퇴직금 청구권을 사전에 포기하거나, 퇴직금에 관한 민사소송을 제기하지 않기로 하는 것(이른바 부제소특약)은 모두 강행법규 위반으로서 무효이다.[135]

### 다. 퇴직금의 시효

#### (1) 의 의

퇴직금을 받을 권리는 3년간 행사하지 아니하면 시효로 인하여 소멸한다(퇴직급여법 10조). 임금 채권에 관하여는 법 49조가, 퇴직금 채권에 관하여는 퇴직

133) 대법원 2023. 7. 13. 선고 2023도188 판결.
134) 대법원 2001. 10. 30. 선고 2001다24051 판결.
135) 대법원 1998. 3. 27. 선고 97다49732 판결, 대법원 2002. 8. 23. 선고 2001다41568 판결.

급여법 10조가 각각 소멸시효를 3년으로 규정하고 있는 것이다.

(2) 적용 대상

회사의 이사 등 임원에 대한 퇴직금은 퇴직급여법 소정의 퇴직금이 아니라 재직 중의 직무집행에 대한 보수의 일종이므로, 퇴직급여법에 따른 소멸시효가 적용되지 않고, 상법상 일반채권의 소멸시효 규정136)에 따라 소멸시효 기간은 5년이다.

(3) 기 산 일

시효의 기산일은 채권을 행사할 수 있는 날로부터 진행한다(민법 166조 1항). 퇴직금 채권을 행사할 수 있는 날은 퇴직일이므로, 퇴직금 청구권의 소멸시효는 위에서 본 바와 같이 퇴직금청구권을 행사할 수 있는 날인 '퇴직한 다음날'로부터 기산한다.

회사의 직원이었던 근로자가 퇴직금 수령과 같은 퇴직 절차를 일체 밟지 않고 이사로 선임되는 경우 퇴직금 채권 소멸시효가 이사로 선임된 날부터 진행되는지 문제된다. 이에 관하여는 근로의 단절 없이 계속 근무한 경우라면 이사로 근무하다 최종 퇴직한 날로부터 소멸시효가 기산한다는 행정해석이 있다.137) 법리적으로 보면 소멸시효가 진행하지 아니하는 '권리를 행사할 수 없는 경우'라 함은 그 권리 행사에 기간의 미도래나 조건 불성취 등의 법률상의 장애사유가 있는 경우를 말하는 것이고, 사실상 권리의 존재나 권리 행사 가능성을 알지 못하였고, 그와 같이 알지 못한 것에 과실이 없다고 하여도 이러한 사유는 법률상 장애사유에 해당하지 않는다. 이에 따르면, 근로자로서 근무하던 회사에서 계속하여 이사로서 근무하였기 때문에 퇴직금 채권을 행사할 수 있다는 것을 과실 없이 알지 못하였다고 하더라도 이미 발생한 퇴직금 채권의 소멸시효가 중단된다고 볼 수는 없으며, 따라서 근로자로 근무하던 중 이사로 선임된 때부터 퇴직금의 소멸시효가 기산된다고 해야 할 것이다. 하지만, 실무상으로는 위와 같이 회사의 직원이었던 근로자가 이사로 선임되었음에도 퇴직금의 정산이 없었다면 적어도 회사와 근로자 사이에 최종 퇴직시에 퇴직금을 정산하기로 하는 묵시적인 합의가 있었다고 보아 행정해석과 같이 해석하는 것이 타당하고, 경우에 따라서는 회사가 소멸시효 주장을 하는 것이 신의칙에 반한다고 보아

136) 상법 64조.
137) 행정해석-2000. 9. 30. 근기 68207-3003.

소멸시효 항변을 배척할 수도 있을 것이다.[138)]

#### (4) 중 단

소멸시효의 중단에 대하여는 민법(168조부터 177조까지)이 적용되므로, 재판상 청구·압류·승인 등으로 소멸시효가 중단된다. 근로감독관 등 사법 당국에 형사 고발을 하거나 고소를 하는 것은 재판상 청구가 아니므로 이로써 소멸시효가 중단되지는 않는다.[139)]

### 라. 퇴직금 우선변제권

#### (1) 의의와 법적 성질

사용자에게 지급의무가 있는 퇴직금, 15조에 따른 확정급여형퇴직연금제도의 급여, 20조 3항에 따른 확정기여형퇴직연금제도의 부담금 중 미납입 부담금 및 미납입 부담금에 대한 지연이자, 23조의7 1항에 따른 중소기업퇴직연금기금제도의 부담금 중 미납입 부담금 및 미납입 부담금에 대한 지연이자, 25조 2항 4호에 따른 개인형퇴직연금제도의 부담금 중 미납입 부담금 및 미납입 부담금에 대한 지연이자(이하 "퇴직급여등"이라한다)는 사용자의 총재산에 대하여 질권 또는 저당권에 의하여 담보된 채권을 제외하고는 조세·공과금 및 다른 채권에 우선하여 변제되어야 한다. 다만, 질권 또는 저당권에 우선하는 조세·공과금에 대하여는 그러하지 아니하다(퇴직급여법 12조 1항). 하지만 최종 3년간의 퇴직급여등은 사용자의 총재산에 대하여 질권 또는 저당권에 의하여 담보된 채권, 조세·공과금 및 다른 채권에 우선하여 변제되어야 한다(같은 조 2항). 위와 같이 우선 변제되는 퇴직급여등 중 퇴직금, 확정급여형퇴직연금제도의 급여는 계속근로기간 1년에 대하여 30일분 이상의 평균임금으로 계산한 금액으로 하고, 확정기여

---

138) 대법원 1999. 12. 7. 선고 98다42929 판결, 대법원 2005. 5. 13. 선고 2004다71881 판결, 대법원 2007. 3. 15. 선고 2006다12701 판결 등은 소멸시효 주장이 신의칙에 반하는 경우가 어떤 경우인지에 관해 다음과 같이 판시하였다. 즉, 위 판결들은 "채무자가 시효완성 전에 채권자의 권리 행사나 시효 중단을 불가능 또는 현저히 곤란하게 하였거나, 그러한 조치가 불필요하다고 믿게 하는 행동을 하였거나, 객관적으로 채권자가 권리를 행사할 수 없는 장애 사유가 있었거나, 또는 일단 시효 완성 후에 채무자가 시효를 원용하지 아니할 것 같은 태도를 보여 권리자로 하여금 그와 같이 신뢰하게 하였거나, 채권자 보호의 필요성이 크고, 같은 조건의 다른 채권자가 채무의 변제를 수령하는 등의 사정이 있어 채무 이행의 거절을 인정함이 현저히 부당하거나 불공평하게 되는 등의 특별한 사정이 있는 경우에는 채무자가 소멸시효의 완성을 주장하는 것이 신의성실의 원칙에 반하여 권리남용으로서 허용될 수 없다"고 판시하였다.

139) 대법원 1999. 3. 12. 선고 98다18124 판결.

형퇴직연금제도의 부담금 및 개인형퇴직연금제도의 부담금은 가입자의 연간 임금 총액의 12분의 1 이상에 해당하는 금액으로 계산한 금액으로 한다(같은 조 3, 4항).

퇴직금은 임금과 함께 근로자와 가족의 기본적인 생활을 유지하게 해주는 생계 수단으로서, 기업의 파산 등으로 인하여 임금이나 퇴직금을 받지 못하면 생계의 위협을 받는다. 이러한 취지에서 퇴직급여법 12조는 퇴직금에 관하여, 법 38조는 임금에 관하여, 각 일정 범위의 퇴직금 채권과 임금 채권이 우선적으로 변제될 수 있는 제도를 마련하여 근로자를 보호하고 있다.[140)]

임금(퇴직금) 우선변제권의 법적 성질은 당사자의 약정 없이 법률의 규정에 의하여 당연히 성립하는 법정담보물권이라는 것이 통설과 판례라고 말할 수 있다.[141)]

(2) 퇴직금 우선변제권의 변천

임금채권의 우선변제에 관한 최초의 입법은 1974. 1. 14. 대통령 긴급조치 3호 19조였다. 그 후 1974. 12. 24. 근기법을 개정하면서 30조의2를 신설하여 위 긴급조치 규정을 그대로 수용하여 "임금, 퇴직금, 재해보상금 기타 노동관계로 인한 채권은 사용자의 총재산에 대하여 질권 · 저당권 · 조세 · 공과금을 제외하고는 다른 채권에 우선하여 변제받을 권리가 있다"라고 규정하였다.

그 후 1980. 12. 31. 근기법 개정 때 임금 등 채권의 우선변제 순위를 좀더 앞당겨, 질권 또는 저당권에 의하여 담보된 채권을 제외하고는 조세 · 공과금 · 다른 채권에 우선하도록 하였다(다만, 질권 또는 저당권에 우선하는 조세, 공과금에 대하여는 우선하지 않도록 함).

다시 1987. 11. 28. 근기법 개정 때에는 30조의2에 2항을 신설하여 임금 등 채권 가운데 최종 3월분의 임금은 질권, 저당권에 의하여 담보된 채권에 대하여도 우선하도록 하였다. 이로써 이보다 우선변제되는 채권을 찾아보기 어렵게 되었는데,[142)] 1989. 3. 29. 개정으로 이와 같이 최우선 변제되는 채권을 '최종 3월분의 임금'에서 '최종 3월분의 임금과 퇴직금 및 재해보상금'으로 확대하였다.[143)]

140) 임상기, 389~390면.

141) 대법원 1990. 7. 10. 선고 89다카13155 판결; 곽윤직, 494면; 이주흥, 424면;

142) 동순위로 변제되는 채권으로 주택임대차보호법상 최우선변제 대상 보증금이 있고, 해당 재산에 대하여 부과되는 조세 · 지방세, 즉 이른바 당해세가 순환 관계로 인해 사실상 같은 순위에 있게 되는 경우가 생길 따름이다.

143) 그 개정법 부칙 2조에서 우선변제 범위를 개정 법 시행 이후 발생된 부분에 한하도록 하였다.

이와 같이 최우선 변제 대상으로 퇴직금이 추가되자, 여기서 말하는 퇴직금이 임금과 마찬가지로 최종 3월분의 퇴직금만을 말하는지 아니면 퇴직금 전액인지에 관하여 논란이 있었다. 이에 대해서는 최종 3월분의 퇴직금만을 말한다는 견해,[144] 최종 3개월 간 지급 사유가 발생된 퇴직금을 의미한다는 견해,[145] 법 개정 시인 1989. 3. 29. 이후 발생한 퇴직금 전액을 말한다는 견해[146]가 대립하였다.

그러다 헌법재판소가 1997. 8. 21. 위 조항의 퇴직금 부분이 재산권의 본질적 내용을 침해하거나 과잉금지의 원칙에 어긋난다고 하여 헌법불합치결정을 하자[147] 1997. 12. 24. 근기법은 다시 개정되어 최우선 변제권이 인정되는 퇴직금의 범위를 최종 3년분의 퇴직금으로 제한하고, 퇴직금액도 계속근로기간 1년에 대하여 30일분의 평균임금으로 계산한 금액으로 한정하였다(30조의2 3항 신설).[148] 이 규정이 현재 퇴직급여법 12조 규정으로 옮겨왔다.

### (3) 우선변제권의 대상

임금우선변제권의 적용대상은 '사용자의 총재산'이다(퇴직급여법 12조 1항). 사용자 가운데 사업주 외에 법인의 대표이사, 이사, 지배인 등 사업 경영 담당자,

144) 법 개정 직후 하급심으로서 서울민사지법 1993. 3. 19. 선고 92가합60081 판결 등. 그 이유로, (i) 퇴직금을 3개월분으로 제한하지 아니하면 퇴직금을 우선변제 대상으로 한 법 30조의2 1항(현행 퇴직급여법 11조)의 규정은 무의미한 규정이 된다는 점, (ii) 등기로 공시되는 담보물권보다 우선변제권을 부여하는 임금채권의 범위를 확대할 경우 담보물권자에게 예측하지 못한 손해를 가할 수 있다는 점 등을 들었다.

145) 대구지법 김천지원 1994. 2. 25. 선고 93가합1681 판결.

146) 박홍규, 443면; 오진환, 69~71면; 이주흥, 431면; 임상기, 400면은 구 법이 최종 3월분의 임금만을 규정하고 있다가 근로자의 보호를 강화하기 위하여 퇴직금과 재해보상금을 추가하였고, 위 규정의 문언을 그대로 해석하면 3월분이라는 말은 임금만을 수식한다고 함이 상당하고, 만약 3월분이라는 말이 퇴직금까지 수식한다고 본다면 이와 나란히 규정되어 있는 재해보상금도 수식하여야 한다 할 것인데 3월분의 재해보상금이라는 것을 상상하기 어렵다는 이유를 들고 있다.

147) 헌재 1997. 8. 21. 선고 94헌바19 등 결정. 그 이유로 자금회수의 예측불가능성, 기업 자금융통 곤란, 새로운 기업금융 제도 · 사회보험 제도의 도입과 같은 대안 가능성 등을 들었다.

148) 경과 규정의 내용은 다음과 같다. 개정 근기법 부칙은 개정 법 시행일(1997. 12. 24.) 이전에 퇴직한 근로자에 대하여는 1989. 3. 29. 이후의 계속근로기간에 대한 퇴직금이 우선변제의 대상이 되도록 하고(부칙 2조 1항), 시행일 전에 채용된 근로자로서 시행일 이후에 퇴직하는 근로자의 경우에는 1989. 3. 29. 이후부터 개정 법 시행 전까지 기간의 계속근로기간에 대한 퇴직금에 개정 법 시행 후의 계속근로기간에 대하여 발생하는 최종 3년간의 퇴직금을 합한 금액이 우선변제의 대상이 되도록 하였다(법 부칙 2조 2항). 다만, 그 퇴직금은 계속근로기간 1년에 대하여 30일분의 평균임금으로 계산하고(법 부칙 2조 3항), 이에 따라 우선변제 대상이 되는 퇴직금은 250일분의 평균임금을 초과할 수 없다(법 부칙 2조 4항). 이 경과 규정은 2007. 4. 11. 전문 개정된 근기법에도 부칙 13조로 그대로 규정되어 있다.

그 밖에 사업주를 위하여 행위하는 자의 총재산도 우선변제권의 대상이 되는지 문제되나, 사용자가 법인인 경우 그 법인의 재산만을 가리키고, 법인의 대표자 등 사업 경영 담당자와 사업주를 위하여 행위하는 자의 개인 재산은 우선변제의 대상이 되지 않는다는 것이 통설,[149] 판례[150]이다.

#### (4) 우선변제 순위

법과 퇴직급여법에 따른 임금 · 퇴직금 채권의 우선 변제 순서는 (i) 최종 3월분의 임금, 최종 3년 간의 퇴직급여등[151] 및 재해보상금, (ii) 질권, 저당권에 우선하는 조세, 공과금, (iii) 질권, 저당권에 의하여 담보되는 채권, (iv) 임금채권 중 위 (i)에 해당하는 것을 제외한 것, (v) 질권 저당권에 우선하지 아니하는 조세, 공과금, 기타 채권 등의 순이다.

#### (5) 기타 문제

우선변제권의 범위에 퇴직금의 지연이자는 포함되지 아니한다.[152] 다만 확정기여형퇴직연금제도의 부담금 중 미납입 부담금에 대한 지연이자, 개인형퇴직연금제도의 부담금 중 미납입 부담금에 대한 지연이자는 포함된다(퇴직급여법 12조 1항).

임금우선변제권이 법정담보물권이라고 하여도 집행권원 없이 우선변제권만을 근거로 경매청구권을 행사할 수 있는지에 관하여 부정설[153]과 긍정설[154]이 있다. 판례는 독자적인 환가권을 인정하지 않는 것으로 해석된다(자세한 내용은 법 38조에 대한 해설 참조).

강제집행 절차에서 우선배당을 받기 위해서는 배당요구 종기일 이전에 퇴

149) 김수복, 278면; 김형배, 406면; 박상필, 246면; 박홍규, 443면; 이병태, 747~748면. 근기법 30조의2(현행 퇴직급여법 11조)는 우선변제권의 대상을 근로계약관계의 일방당사자인 법인 사업주 이외에 법상의 사용자의 정의규정에 따른 대표이사, 이사, 지배인 등의 개인재산에까지 확대하는 데에 입법취지가 있다고 보기는 곤란하고, 단지 우선변제권이라는 채권 상호 간의 순위에 관한 규정에 불과하다고 한다.

150) 대법원 1996. 2. 9. 선고 95다719 판결.

151) '퇴직급여등'은 퇴직금, 15조에 따른 확정급여형퇴직연금제도의 급여, 20조 3항에 따른 확정기여형퇴직연금제도의 부담금 중 미납입 부담금 및 미납입 부담금에 대한 지연이자, 23조의7 1항에 따른 중소기업퇴직연금기금제도의 부담금 중 미납입 부담금 및 미납입 부담금에 대한 지연이자, 25조 2항 4호에 따른 개인형퇴직연금제도의 부담금 중 미납입 부담금 및 미납입 부담금에 대한 지연이자를 말한다(퇴직급여법 12조 1항).

152) 대법원 2000. 1. 28.자 99마5143 결정.

153) 신동윤, 310면; 임상기, 393면.

154) 정현수, 524면.

직금 지급사유가 발생해야 한다.[155)]

목적물이 제3자에게 처분되었을 때 제3자에게 우선변제권을 주장할 수 있는가에 관하여(이른바 추급효 인정 여부) 판례는 이를 부정한다.[156)]

참고로, 파산선고 전에 생긴 근로자의 임금·퇴직금 및 재해보상금에 대하여 파산관재인이 파산선고 후 변제할 의무의 이행을 지체함으로써 생긴 지연손해금 채권은 채무자회생법 473조 4호 소정의 재단채권에 해당한다.[157)]

그 외 우선변제권에 관한 자세한 내용은 법 38조(임금채권의 우선변제)에 대한 해설 참조.

#### (6) 임금채권보장법

퇴직금 등 우선 변제 제도는 사업주의 변제 능력이 부족한 경우에 실효성이 없고, 우선 변제를 받기 위해서는 경매 절차를 거쳐야 하는 번거로움이 있어 퇴직금과 임금이 제대로 청산되지 못하고 지연되는 경우가 생기게 되었다. 이런 문제를 보완하기 위해, 기업이 파산하였을 경우에 퇴직금과 임금의 지급을 보장하는 임보법이 1998. 2. 20. 제정되어 1998. 7. 1.부터 시행되었다. 이 법은, 퇴직한 근로자가 기업의 파산 등으로 임금·퇴직금을 지급받지 못한 경우 국가(고용노동부장관, 근로복지공단에 대지급금 지급, 청구권 대위 행사 권한이 위탁되어 있다)가 근로자에게 임금채권보장기금에서 일정 범위의 체불 임금·퇴직금을 지급하고(임보법 7조), 사업주에 대해 임금·퇴직금 채권을 대위 행사하는 제도를 설정하고 있다(임보법 8조).

### 마. 사망퇴직금의 법적 성질

대법원 2023. 11. 16. 선고 2018다283049 판결은, 단체협약에서 근로자의 사망으로 지급되는 퇴직금을 근로기준법이 정한 유족보상의 범위와 순서에 따라 유족에게 지급하기로 정한 경우, 이는 상속재산이 아니라 수령자인 유족의 고유재산에 해당하나, 그렇다고 퇴직급여법에 따른 퇴직금으로서의 성질을 상실하는

155) 대법원 2015. 8. 19. 선고 2015다204762 판결.

156) 대법원 1994. 12. 27. 선고 94다19242 판결. 또한 판례는 사용자가 재산을 취득하기 전에 설정된 담보권에 대하여도 우선변제권을 부정하고(대법원 1994. 1. 11. 선고 93다30938 판결), 임금채권의 우선변제권을 도입한 법 개정 전에 이미 설정된 질권이나 저당권에 대하여는 우선변제권의 효력이 미치지 않는다고 하였으며(대법원 1990. 7. 10. 선고 89다카13555 판결), 임금채권의 우선변제권이 다른 채권자가 한 압류 처분의 효력까지 배제하여 우선변제를 구할 수는 없다고 한다(대법원 1995. 6. 13. 선고 95누2562 판결).

157) 대법원 2014. 11. 20. 선고 2013다64908 전원합의체 판결.

것은 아니라고 하였다.

## VI. 퇴직연금제도

### 1. 퇴직연금제도의 설정

사용자는 앞서 본 퇴직금제도를 설정하지 않고 퇴직급여법 13조와 19조에 따라 확정급여형 퇴직연금제도 또는 확정기여형 퇴직연금제도를 설정할 수 있다.

#### 가. 확정급여형 퇴직연금제도

확정급여형 퇴직연금은 근로자가 지급받을 급여의 수준이 사전에 결정되어 있는 퇴직연금을 말한다(퇴직급여법 2조 8호). 즉, 근로자가 수령하는 연금 급여액이 사전에 확정되고, 사용자가 부담하여야 할 부담금은 적립금의 운용 결과에 따라 변동되는 퇴직연금제도를 말한다.

이 제도는 적립금의 운영 실적에 상관없이 근로자가 일정한 액수의 퇴직급여를 수령하게 되므로 안정적이라는 장점이 있다. 이 제도를 설정하고자 하는 사용자는 근로자대표의 동의를 얻거나 의견을 들어 퇴직급여법 13조 각 호가 정하는 사항[158]을 기재한 규약을 작성하여 고용노동부장관에게 신고하여야 한다(퇴직급여법 13조).

확정급여형 퇴직연금제도의 가입기간, 급여수준, 급여 지급능력 확보, 급여 종류 및 수급요건, 운용현황의 통지에 관해서는 퇴직급여법 14조 내지 18조에서 규정하고 있다. 2022. 4. 14.부터는 상시 300명 이상의 근로자를 사용하는 사업자는 확정급여형 퇴직연금제도 적립금의 합리적인 운용을 위하여 대통령령으로 정하는 바에 따라 적립금운용위원회를 구성해야 하고 그 심의를 거친 적립금운용계획서를 작성해야 한다(퇴직급여법 18조의2).

---

158) 퇴직연금사업자 선정에 관한 사항, 가입자에 관한 사항, 가입기간에 관한 사항, 급여수준에 관한 사항, 급여 지급능력 확보에 관한 사항, 급여의 종류 및 수급요건 등에 관한 사항, 28조에 따른 운용관리업무 및 29조에 따른 자산관리업무의 수행을 내용으로 하는 계약의 체결 및 해지와 해지에 따른 계약의 이전에 관한 사항, 운용현황의 통지에 관한 사항, 가입자의 퇴직 등 급여 지급사유 발생과 급여의 지급절차에 관한 사항, 퇴직연금제도의 폐지·중단 사유 및 절차 등에 관한 사항, 부담금의 산정 및 납입에 관한 사항, 그 밖에 확정급여형퇴직연금제도의 운영을 위하여 대통령령으로 정하는 사항.

### 나. 확정기여형 퇴직연금제도

확정기여형 퇴직연금은 급여의 지급을 위하여 사용자가 부담하여야 할 부담금의 수준이 사전에 결정되어 있는 퇴직연금을 말한다(퇴직급여법 2조 9호). 즉, 사용자가 부담하여야 할 부담금이 사전에 확정되고, 근로자가 수령하는 연금 급여액은 적립금 운용 결과에 따라 변동되는 퇴직연금제도를 말한다.

이 제도는 적립금의 운용 실적에 따라 근로자의 연금 급여가 결정되면서 그 금액이 불안정해질 우려가 있다. 이 제도를 설정하고자 할 때에도 사용자는 근로자대표의 동의를 얻거나 의견을 들어 퇴직급여법 19조 각 호가 정하는 사항[159]을 기재한 규약을 작성하여 고용노동부장관에게 신고하여야 한다(퇴직급여법 19조).

확정기여형 퇴직연금제도의 부담금 부담수준 및 납입, 적립금 운영방법 및 정보제공, 적립금 중도인출, 둘 이상의 사용자가 참여하는 확정기여형 퇴직연금제도의 설정 등에 관해서는 퇴직급여법 20조 내지 23조에서 규정하고 있다.[160]

한편, 2022. 7. 12.부터는 확정기여형 퇴직연금제도 가입자가 일정 기간 동안 적립금 운용지시를 하지 않을 경우 사전에 정한 운용방법에 따라 적립금이 운용될 수 있도록 사전지정운용제도가 시행된다(퇴직급여법 21조의2 내지 4). 확정기여형퇴직연금제도는 적립금 운용방법을 결정하는 근로자의 자산운용의 전문성과 관심부족 등으로 원리금 보장상품 위주로 운용되고 있는데, 이로 인하여 수익률이 낮아 노후 소득재원 확충이라는 제도의 취지를 실현하지 못하는 상황을 개선하기 위한 제도이다. 사전지정운용제도는 근로자대표의 동의를 받아 퇴직연금 규약에 반영되어야 하고, 고용노동부장관의 승인을 받아야 한다(퇴직급여법 21조의2 1항, 5항).

---

159) 부담금의 부담에 관한 사항, 부담금의 납입에 관한 사항, 적립금의 운용에 관한 사항, 적립금의 운용방법 및 정보의 제공 등에 관한 사항, 사전지정운용제도에 관한 사항, 적립금의 중도인출에 관한 사항, 13조 1호부터 3호까지 및 6호부터 10호까지의 사항, 그 밖에 확정기여형퇴직연금제도의 운영에 필요한 사항으로서 대통령령으로 정하는 사항.

160) 사용자가 확정기여형 퇴직연금의 부담금을 납입하면서 동액 상당을 근로자에게 지급하여야 할 임금에서 공제하였더라도 특별한 사정이 없는 한 해당 확정기여형 퇴직연금제도의 설정이나 사용자의 그러한 부담금 납입행위 자체가 무효로 된다고 볼 수는 없으며, 정당한 부담금액과 이미 납입된 부담금액의 차이가 있다면 가입자인 근로자는 특별한 사정이 없는 한 퇴직일로부터 14일이 지난 후에는 사용자에게 직접 정당한 부담금액과 이미 납입된 부담금액의 차액 및 그에 대한 퇴직급여법에서 정한 지연이자를 지급할 것을 청구할 수 있을 뿐, 퇴직금제도에 따라 평균임금의 재산정을 통해 계산하는 방식으로 추가 퇴직금의 지급을 청구할 수는 없다(대법원 2022. 3. 17. 선고 2018다244877 판결).

### 다. 개인형 퇴직연금제도

개인형 퇴직연금제도란 가입자의 선택에 따라 가입자가 납입한 일시금이나 사용자 또는 가입자가 납입한 부담금을 적립·운용하기 위하여 설정한 퇴직연금제도로서 급여의 수준이나 부담금의 수준이 확정되지 아니한 퇴직연금제도를 말한다(퇴직급여법 2조 10호).

퇴직연금사업자는 개인형 퇴직연금제도를 운영할 수 있고, 퇴직급여제도의 일시금을 수령한 사람, 확정급여형퇴직연금제도 또는 확정기여형퇴직연금제도의 가입자로서 자기의 부담으로 개인형퇴직연금제도를 추가로 설정하려는 사람, 자영업자 등 안정적인 노후소득 확보가 필요한 사람으로서 대통령령으로 정하는 사람은 개인형 퇴직연금제도를 설정할 수 있다(퇴직급여법 24조 1항, 2항). 한편, 2022. 7. 12.부터 확정기여형 퇴직연금제도에 적용되는 사전지정운용제도는 개인형퇴직연금에도 적용된다(퇴직급여법 24조 4항).

뿐만 아니라, 상시 10명 미만의 근로자를 사용하는 사업의 경우 사용자가 개별 근로자의 동의를 받거나 근로자의 요구에 따라 개인형 퇴직연금제도를 설정하는 경우에는 해당 근로자에 대하여 퇴직급여제도를 설정한 것으로 보는 특례를 두고 있다(퇴직급여법 25조 1항). 다만 이 경우 사용자가 퇴직연금사업자를 선정하는 경우에 개별 근로자의 동의를 받아야 하고, 사용자는 가입자별로 연간 임금총액의 12분의 1 이상에 해당하는 부담금을 현금으로 가입자의 개인형퇴직연금제도 계정에 납입해야 하며, 사용자가 부담하는 부담금 외에 가입자의 부담으로 추가 부담금을 납입할 수 있어야 하고, 사용자는 매년 1회 이상 정기적으로 2호에 따른 부담금을 가입자의 개인형퇴직연금제도 계정에 납입해야 하는 등의 준수사항을 지켜야 한다(퇴직급여법 25조 2항).

### 라. 중소기업퇴직연금기금제도

중소·영세기업은 재정 및 행정적 부담 등으로 퇴직연금제도 도입률이 낮아 중소·영세기업 소속 근로자들의 노후생활 보장이 미흡한 문제가 있었다. 이에 둘 이상의 중소기업(단, 상시 30명 이하의 근로자를 사용하는 사업에 한정) 사용자와 근로자가 납입한 부담금 등으로 공동의 기금을 조성·운영하여 근로자에게 급여를 지급하는 중소기업퇴직연금기금제도가 2022. 4. 14.부터 시행되고 있다(퇴직급여법 2조 14호). 공단은 노·사대표, 공단 상임이사, 전문가로 구성된 운영위원회를 두고, 운영위원회에서 운용계획 및 지침, 표준계약서 등 주요 사항을 심의·의결한다(퇴직급여법 23조의2). 공단은 기금의 안정적 운용 및 수익성 증대를 위해 대통령령으로 정한 방법에 따라 기금을 관리·운영해야 한다(퇴직급여법 23조의3). 중소기업의 사용자는 근로자 대표의 동의 혹은 의견을 들어 근로복지공단과 계약을 체결하는 방법으로 중소기업퇴직연금기금제도를 설정할 수 있으며(퇴직급여법 23조의6 1항), 국가는 사용자부담금, 가입자부담금 또는 중소기업퇴직연금기금제도 운영에 따른 비용의 일부를 예산의 범위에서 지원할 수 있다(퇴직급여법 23조의14).

## 2. 퇴직연금 수급권의 보호

퇴직연금 급여를 받을 권리는 양도하거나 담보로 제공할 수 없다. 다만, 주택 구입 등 대통령령이 정하는 사유와 요건을 갖춘 경우[161]에는 대통령령으로 정하는 한도[162]에서 퇴직연금제도의 급여를 받을 권리를 담보로 제공할 수 있다(퇴직급여법 7조). 퇴직연금제도의 급여를 받을 권리에 대한 양도금지 규정은 강행법규에 해당하므로 그 수급권에 대한 압류명령은 실체법상 무효이고, 제3채무자는 그 압류채권의 추심금 청구에 대하여 위 무효를 들어 지급을 거절할 수 있는바, 민집법은 246조 1항 4호에서 퇴직연금 그 밖에 이와 비슷한 성질을 가진 급여채권은 그 1/2에 해당하는 금액만 압류하지 못하는 것으로 규정하고 있으나 퇴직급여법 7조와 사이에서 일반법과 특별법의 관계에 있으므로 퇴직급여법상 퇴직연금채권은 그 전액에 관하여 압류가 금지된다.[163] 또한 퇴직급여법상 피상속인의 퇴직급여채권은 피상속인의 상속재산을 채무자로 하는 상속재산파

161) 무주택자인 가입자가 본인 명의로 주택을 구입하는 경우, 무주택자인 가입자가 주거를 목적으로 「민법」 303조에 따른 전세금 또는 「주택임대차보호법」 3조의2에 따른 보증금을 부담하는 경우(이 경우 가입자가 하나의 사업 또는 사업장(이하 "사업"이라 한다)에 근로하는 동안 1회로 한정한다), 6개월 이상 요양을 필요로 하는 가입자 본인, 배우자, 부양가족의 질병이나 부상에 대한 요양 비용을 가입자가 부담하는 경우, 담보를 제공하는 날부터 역산하여 5년 이내에 가입자가 「채무자 회생 및 파산에 관한 법률」에 따라 파산선고를 받은 경우, 담보를 제공하는 날부터 역산하여 5년 이내에 가입자가 「채무자 회생 및 파산에 관한 법률」에 따라 개인회생절차개시 결정을 받은 경우, 가입자 본인, 배우자, 부양가족의 대학등록금, 혼례비 또는 장례비를 가입자가 부담하는 경우, 사업주의 휴업 실시로 근로자의 임금이 감소하거나 「재난 및 안전관리 기본법」 3조 1호에 따른 재난으로 피해를 입은 경우로서 고용노동부장관이 정하여 고시하는 사유와 요건에 해당하는 경우(퇴직급여법 시행령 2조 1항).

162) 사업주의 휴업 실시로 근로자의 임금이 감소하거나 재난으로 피해를 입은 경우에는 임금 감소 또는 재난으로 입은 가입자의 피해 정도 등을 고려하여 고용노동부장관이 정하여 고시하는 한도이고, 그 외에는 가입자별 적립금의 100분의 50이 한도임(퇴직급여법 시행령 2조 2항).

163) 대법원 2014. 1. 23. 선고 2013다71180 판결.

산절차에서 일반적인 압류금지재산과 달리 특별한 사정이 없는 한 파산재단에 속하지 아니한다.[164)]

### 3. 퇴직연금사업자 및 업무의 수행

퇴직연금사업자의 등록, 퇴직연금사업자에 대한 등록취소 및 이전명령, 운용관리업무 및 자산관리업무에 관한 계약의 체결, 운용관리업무의 수행, 모집업무의 위탁 등에 관해서는 퇴직급여법 26조 내지 31조에서 규정하고 있다.

### 4. 사용자, 퇴직연금 사업자의 책무 및 감독

퇴직연금제도를 설정한 사용자는 매년 1회 이상 가입자에게 퇴직연금제도의 운영 상황 등 퇴직급여법 시행령 32조에서 정한 사항을 교육하여야 하고(퇴직급여법 32조 2항 본문), 개인형퇴직연금제도를 운영하는 퇴직연금사업자는 해당 사업의 퇴직연금제도 운영 상황 등 퇴직급여법 시행령 36조에서 정한 사항에 대하여 매년 1회 이상 가입자에게 교육을 하여야 한다(퇴직급여법 33조 5항). 이를 위반하면 1,000만 원 이하의 과태료에 처한다(퇴직급여법 48조 1항).

그리고 퇴직연금제도를 설정한 사용자는 자기 또는 제 3 자의 이익을 도모할 목적으로 운용관리업무와 자산관리업무의 수행계약을 하여서는 아니 되고,[165)] 퇴직연금의 적정한 운영을 저해하는 행위로서 운용관리업무나 자산관리업무의 수행에 필요한 자료를 고의로 누락하여 작성하거나 거짓으로 작성하여 퇴직연금사업자에게 제공하는 행위, 퇴직연금사업자에게 약관 등에서 정해진 부가서비스 외의 경제적 가치가 있는 서비스의 제공을 요구하거나 제공받는 행위, 퇴직연금사업자에게 계약 체결을 이유로 물품 등의 구매를 요구하거나 판매하는 행위 등을 하여서는 아니 된다(퇴직급여법 32조 4항; 퇴직급여법 시행령 33조).[166)]

퇴직연금사업자는 가입자를 위해 성실히 업무를 수행해야 할 의무가 있고, 정당한 사유 없이 운용관리업무와 자산관리업무의 수행계약체결을 거부하여서는 아니 되는 등 퇴직급여법 33조가 정하는 바에 따라 업무를 수행하고 일정 행위를 하여서는 아니 되며, 가입자에 대해 교육을 실시하여야 하고, 취급 실적을 관할 관청에 제출하며, 약관을 관할 관청에 보고하고, 적립금 운용 수익률과

164) 대법원 2024. 1. 4. 선고 2022다285097 판결.
165) 이를 위반하면 2년 이하의 징역 또는 1,000만 원 이하의 벌금에 처한다(퇴직급여법 45조 4호).
166) 이를 위반하면 5백만 원 이하의 과태료에 처한다(퇴직급여법 48조 2항 2호).

수수료 등을 공시하여야 한다(퇴직급여법 33조). 이를 위반하면 과태료를 부과한다(퇴직급여법 48조).

### 5. 정부의 책무 · 사용자에 대한 감독

정부는 퇴직연금제도가 활성화될 수 있도록 지원방안을 마련하여야 하고, 퇴직연금제도의 건전한 정착 및 발전을 위하여 노사단체, 퇴직연금업무의 수행과 관련된 기관 · 단체와 공동으로 연구사업 지원 등 필요한 조치를 할 수 있다. 그리고 정부는 퇴직연금제도의 급여 지급보장장치 마련 등 근로자의 수급권 보호를 위한 방안을 강구하도록 노력하여야 한다(퇴직급여법 34조).

고용노동부장관, 금융위원회는 퇴직급여법 목적 달성을 위해 퇴직급여법 35조, 36조에 따라 법 · 규약 위반 사용자, 퇴직연금사업자에 대해 시정명령, 퇴직연금 운영 중단 명령, 업무 이전 명령, 약관 등 변경 · 보완 명령 등 감독을 행한다.

### 6. 퇴직금제도와 퇴직연금제도의 관계

퇴직급여법에 따르면 사용자가 퇴직금제도와 퇴직연금제도 중에서 하나 이상의 제도를 설정하여야 하므로, 사용자는 어느 제도를 설정할 것인지를 선택하게 된다. 그런데 사용자가 퇴직급여제도를 설정하지 아니한 경우에는 퇴직금 제도를 설정한 것으로 보게 되므로(퇴직급여법 11조), 같은 이치에서 퇴직연금 제도가 폐지되거나 운영이 중단된 경우에는 퇴직연금제도가 적용되지 않는 기간에 대하여 퇴직금제도를 적용하여야 한다. 퇴직급여법 38조 1항은 이러한 법리를 조문화한 것이다.

사용자가 퇴직급여제도를 설정하지 않고 있다가 퇴직연금제도를 설정하거나, 퇴직금제도에서 근로자대표의 동의를 얻어 퇴직연금제도로 변경하는 경우 퇴직연금 가입기간을 소급하여 설정할 것인지 여부를 선택할 수 있다. ① 가입기간을 소급하여 설정할 경우에는 퇴직연금규약에 이러한 취지를 정하여야 할 것이고, ② 소급하여 설정하지 않을 경우에는 중간정산 사유 자체에 대해서는 별다른 제한을 하지 않았던 2012. 7. 26. 이전까지는 퇴직금 중간정산의 요건을 갖춘 경우 유효한 중간정산으로 처리하는 것이 가능하였지만, 2012. 7. 26. 이후에는 퇴직연금제도의 설정이나 변경 그 자체는 중간정산 사유에 해당하지 않으므로 유효한 중간정산으로 처리되기 어려울 것이다. 따라서 이 경우에는 제도 변경 이전 기간에 대한 퇴직금은 퇴직 시에 발생한다고 볼 것이다.

이와 반대로, 퇴직연금제도를 운용하던 중 이를 폐지하면서 그 이후 기간에 대해서 퇴직금제도를 적용할 수도 있고, 퇴직연금제도 운영이 중단된 경우 중단된 기간에 대해서는 퇴직금제도가 적용된다(퇴직급여법 38조 1항). 사용자는 퇴직연금제도가 폐지된 경우 지체 없이 적립금으로 급여를 지급하는 데에 필요한 조치로서 미납 부담금의 납입 등의 조치를 취해야 하고(퇴직급여법 38조 2항), 사용자와 퇴직연금사업자는 고용노동부장관의 퇴직연금제도 운영 중단명령 등의 사유로 퇴직연금제도가 중단된 경우에 적립금 운용에 필요한 업무 등의 기본적인 업무를 유지해야 한다(퇴직급여법 38조 3항). 퇴직연금제도를 폐지한 경우에는 사용자와 퇴직연금사업자는 가입자가 지정한 개인형퇴직연금제도 계정으로 급여를 지급해야 하는데(퇴직급여법 38조 4항) 중간정산을 받은 것으로 간주된다(퇴직급여법 38조 5항). 이는 법률에 의하여 중간정산으로 간주되는 것이므로 앞서 본 중간정산의 다른 요건이 필요하지는 않다.

그리고 퇴직급여법의 입법 취지와 확정기여형 퇴직연금제도 관련 규정 내용, 확정기여형 퇴직연금제도와 퇴직금제도의 관계 등을 종합하면, 퇴직급여제도 중 확정기여형 퇴직연금제도가 설정된 사업 또는 사업장에서 사용자가 퇴직한 가입자에 대하여 그 가입기간 동안 매년 납입한 부담금이 연간 임금총액의 12분의 1(부담금의 액수를 연간 임금총액의 12분의 1을 넘는 금액으로 정한 경우에는 그 금액)에 미치지 못하는 경우, 가입자인 근로자는 특별한 사정이 없는 한 퇴직일로부터 14일이 지난 후에는 사용자에게 직접 정당한 부담금액과 이미 납입된 부담금액의 차액 및 그에 대한 퇴직급여법에서 정한 지연이자를 지급할 것을 청구할 수 있을 뿐, 퇴직금제도에 따라 평균임금의 재산정을 통해 계산하는 방식으로 추가 퇴직금의 지급을 청구할 수는 없다.[167)]

167) 대법원 2021. 1. 14. 선고 2020다207444 판결. 대법원 2020다207444 판결은 퇴직자가 원고인 사건이어서 근로자가 사용자에게 확정기여형퇴직연금제도의 미납 부담금 및 지연이자를 직접 청구한 것이 인용되었으나, 재직자의 경우에는 확정기여형퇴직연금계좌에 납입하라는 청구만 가능하고 직접 지급청구는 허용되지 않을 것이다. 이를 허용하면 적립금의 중도인출을 제한하는 퇴직급여법 22조의 취지에 반하기 때문이다. 이와 같은 이행청구가 가능하므로 확정기여형 퇴직연금제도 계정에 부담금 차액을 납입할 의무의 확인을 구하는 것은 분쟁의 종국적 해결방법이 아니어서 확인의 이익이 없다(대법원 2023. 4. 13. 선고 2018다283926 등 판결).

### 7. 퇴직연금제도에 대한 퇴직금제도의 법리 적용

근기법에 의하여 퇴직금제도가 운용되어 오다가 2005. 1. 27. 법 개정으로 특별법인 퇴직급여법에서 퇴직금제도와 퇴직연금제도를 포괄하는 개념인 퇴직급여 제도를 규율하게 되었으므로, 위에서 살펴본 퇴직금제도에 관한 법리는 성질상 적용될 수 없는 것을 제외하고는 모두 퇴직연금제도에 적용된다고 보는 것이 타당하다.

예를 들어, 사용자는 퇴직급여제도를 설정하면서 하나의 사업에서 급여 및 부담금 산정방법의 적용 등에 관하여 차등을 두어서는 아니 되는바(퇴직급여법 4조 2항), 위에서 살펴본 퇴직금제도 설정시 차등 금지에 관한 법리는 퇴직급여 제도 설정에 관한 차등 금지에 관하여 그대로 적용될 수 있을 것이다.

[홍 준 호·김 태 욱]

## 제35조

삭제〈2019. 1. 15.〉

[2019. 1. 15. 법률 제16270호에 의하여 2015. 12. 23. 헌법재판소에서 위헌 결정된 이 조를 삭제함.]

## 제36조(금품 청산)

사용자는 근로자가 사망 또는 퇴직한 경우에는 그 지급 사유가 발생한 때부터 14일 이내에 임금, 보상금, 그 밖의 모든 금품을 지급하여야 한다. 다만, 특별한 사정이 있을 경우에는 당사자 사이의 합의에 의하여 기일을 연장할 수 있다.

〈세 목 차〉

[참고문헌]

**강윤구**, “가. 근로기준법 제112조, 제36조 위반죄와 근로기준법 제112조, 제42조 위반죄의 죄수관계(=실체적 경합) 및 근로자가 사망 또는 퇴직하기 이전에 이미 발생하여 있던 체불임금에 대하여 근로기준법 제112조, 제42조 위반죄와 별도로 근로기준법 제112조, 제36조 위반죄가 성립할 수 있는지 여부(적극), 나. 근로기준법 제15조에서 정한 ‘사용자’의 의미 다. 근로기준법 제112조, 제36조 위반죄의 성립 시기”, 대법원판례해설 62호, 법원도서관(2006); **권창영**, “선박소유자의 금품청산의무위반에 대한 형사책임”, 2003 노동판례비평, 민주사회를 위한 변호사모임(2004); **이주원**, “근로기준법상 임금 등의 기일 내 지급의무 위반죄의 면책사유인 ‘임금 등을 기일 안에 지급할 수 없었던 불가피한 사정’의 판단 기준”, 대법원판례해설 62호, 법원도서관(2006).

## Ⅰ. 취　　지

사용자는 근로자가 사망하거나 퇴직한 경우에는 그 지급 사유가 발생한 때부터 14일 이내에 임금, 보상금 등 일체의 금품을 지급하여야 하고, 특별한 사정이 있을 경우에는 당사자 사이의 합의에 의하여 기일을 연장할 수 있다(법 36조). 사용자가 위 금품 청산의무를 위반한 경우에는 3년 이하의 징역 또는 3,000만 원 이하의 벌금에 처한다(법 109조 1항). 사용자의 금품 청산의무 위반에 대하여 민사책임과는 별도로 형사책임까지 지도록 하는 취지는 사용자로 하여금 근로관계가 종료한 후에 임금, 보상금 등의 금품을 기일 내에 근로자에게 어김없이 지급하도록 강제함으로써 근로자와 그 가족의 생활의 안정을 꾀하고자 하는 데 있다.[1)]

법 43조 1항·2항에서 정한 임금 지급의무를 위반하는 경우에도 형사책임을 지도록 하고 있는데, 실무상 법 36조 위반죄를 금품청산의무위반죄, 법 43조 위반죄를 임금지급의무위반죄라 한다. 위 각 죄에 관한 보다 상세한 내용은 ‘임금 후론(後論) 1: 임금 체불에 대한 제재와 구제’ 참조.

1) 대법원 1993. 7. 13. 선고 92도2089 판결, 대법원 2001. 10. 30. 선고 2001다24051 판결; 권창영, 78면; 이병태, 686면.

## Ⅱ. 금품 청산의무의 발생 요건

### 1. 근로자의 사망 또는 퇴직

근로계약상 근로자의 지위는 일신전속적인 것으로서 근로자가 사망하면 그 지위는 상속되지 않고 근로관계는 종료된다.

근로자의 퇴직이란 근로자의 사망 외의 일체의 근로관계 종료사유를 의미한다.[2] 퇴직에는 해고, 합의 해지, 사직, 당연퇴직, 의원면직, 명예퇴직,[3] 조건부 면직 처분, 기간 갱신의 거절 등이 모두 포함된다.

### 2. 지급 사유의 발생

"지급 사유가 발생한 때"란 사망 또는 퇴직의 효력이 발생한 때를 말한다.

### 3. 임금, 보상금, 그 밖의 모든 금품

임금은, 사용자가 근로의 대가로 근로자에게 임금, 봉급, 그 밖에 어떠한 명칭으로든지 지급하는 모든 금품을 말한다(법 2조 1항 5호). 여기에는 기본급, 상여금은 물론 시간외근로수당, 야간근로수당, 휴일근로수당, 연월차수당, 생리수당, 출산전후휴가수당, 퇴직금, 휴업수당 등이 포함된다.

보상금에는 재해보상금 등이 포함되며, '그 밖의 모든 금품'은 임금과 보상금을 제외한 나머지 '적립금 · 임치금 · 신원보증금 · 저축금 등' 명칭에 관계 없이 근로자에게 지급되어야 할 금전이나 현물을 의미한다.[4]

### 4. 청산시기

금품은 지급 사유가 발생한 때부터 14일 이내에 청산되어야 한다.

금품의 지급 사유 발생일은 법령, 근로계약, 취업규칙, 단체협약, 노사관행 등으로 정해진다.

법 36조 소정의 금품 청산제도는 근로관계가 종료된 후 사용자로 하여금

2) 이병태, 686면.
3) 근로자가 명예퇴직의 신청(청약)을 하면 사용자가 요건을 심사한 후 이를 승인(승낙)함으로써 합의에 의하여 근로관계를 종료시킨다(대법원 2000. 7. 7. 선고 98다42172 판결).
4) 이병태, 686면.

14일 내에 근로자에게 임금이나 퇴직금 등의 금품을 청산하도록 하는 의무를 부과하는 한편, 이를 불이행하는 경우 형사상의 제재를 가함으로써 근로자를 보호하고자 하는 것이지 사용자에게 위 기간 동안 임금이나 퇴직금 지급의무의 이행을 유예하여 준 것이라고 볼 수는 없으므로, 이를 가리켜 퇴직금 청구권의 행사에 대한 법률상의 장애라고 할 수는 없고, 따라서 퇴직금 청구권은 퇴직한 다음날부터 이를 행사할 수 있다.[5)]

특별한 사정이 있을 경우에는 당사자 간의 합의에 의하여 기일을 연장할 수 있다(법 36조 단서). 사용자는 지급 사유가 발생한 때부터 14일 이내에 근로자와 기일 연장을 합의하여야 한다.[6)] 기일 연장의 합의는 구체적 퇴직금 청구권이 발생한 이후에 비로소 가능하다고 할 것이고, 퇴직사실이 발생하기 전 근로관계의 계속 중에 장래 발생할 퇴직금지급기일을 연장하기로 미리 합의하는 것은 허용되지 않는다고 보아야 할 것이다.[7)] 근로자와 사용자의 지급기일 연장에는 제한이 없으므로 연장 기간은 3개월을 초과하여도 무방하다.[8)]

## Ⅲ. 위반의 효과

사용자가 위 금품 청산의무를 위반한 경우에는 3년 이하의 징역 또는 3,000만 원 이하의 벌금에 처한다(법 109조 1항).

### 1. 금품청산의무위반죄의 성립 시기와 죄수

금품청산의무위반죄는 지급 사유 발생일로부터 14일이 경과하는 때에 성립하고, 따라서 사업주가 법인일 경우에는 위 14일이 경과할 당시에 퇴직금 등의 지급 권한을 갖는 대표자가 그 체불로 인한 죄책을 지는 것이 원칙이고 14일이

5) 대법원 2001. 10. 30. 선고 2001다24051 판결.
6) 대법원 1997. 8. 29. 선고 97도1091 판결, 대법원 1998. 12. 23. 선고 98도3822 판결.
7) 서울고법 2001. 3. 15. 선고 2000나47387 판결(대법원 2002. 7. 26. 선고 2001다76830 판결에 의하여 확정되었으나, 근로자들만 상고하여 위 쟁점은 판단이 되지 않았다).
8) 1999. 3. 3. 개정으로 삭제되기 전의 시행령 13조는 합의에 의한 기일연장은 3월을 초과하지 못한다고 규정하고 있었으나, 대법원은 위 시행령 13조가 법이 아무런 제한을 두고 있지 아니함에도 불구하고 기일연장을 3월 이내로 제한한 것은 결국 법 112조와 결합하여 형사처벌의 대상을 확장하는 결과가 되므로 위 시행령 13조는 죄형법정주의 원칙에 위배되고 위임입법의 한계를 벗어난 것이 되어 무효라고 판시하였다(대법원 1998. 10. 15. 선고 98도1759 전원합의체 판결).

경과하기 전에 퇴직 등의 사유로 그 지급 권한을 상실한 대표자는 특별한 사정이 없는 한 그 죄책을 지지 않는다.[9)]

금품청산의무위반죄는 근로자의 사망 또는 퇴직으로 지급 사유가 발생한 때로부터 14일 이내에 임금·보상금 기타 일체의 금품을 지급하지 않음으로써 성립되므로, 사용자가 지급하지 않은 금품의 명목 등이 다르다고 하더라도 이를 지급받을 근로자마다 하나의 죄가 성립하고, 금품의 명목 등에 따라 별개의 죄가 성립하는 것은 아니다.[10)] 금품청산의무위반죄와 임금지급의무위반죄(법 109조 1항, 43조 위반죄)는 실체적 경합관계에 있다.[11)]

### 2. 기일 연장의 합의

법 36조 단서에 의한 기일 연장의 합의는 임금 등의 청산 기한 이전에 이루어져야 기일 연장의 효력을 발생시킬 수 있다. 기일 연장의 합의가 지급 사유가 발생한 날부터 14일을 지나 이루어졌다면 이는 이미 범죄가 성립한 이후의 합의에 불과하므로 정상 참작 사유에 불과하고, 범죄 자체가 성립하는 것에는 아무런 영향이 없다.[12)]

### 3. 반의사불벌죄

금품 청산의무를 위반한 자에 대하여는 피해자의 명시적인 의사와 다르게 공소를 제기할 수 없다(법 109조 2항).[13)]

### 4. 책임조각사유

판례는, 사용자가 모든 성의와 전력을 다했어도 임금의 체불이나 미불을 방지할 수 없었다는 것이 사회통념상으로 긍정될 정도가 되어 더 이상의 적법행위를 기대할 수 없는 특수한 사정이 있는 때, 사용자가 퇴직금 지급을 위하여

9) 대법원 1995. 11. 10. 선고 94도1477 판결.

10) 대법원 2008. 9. 11. 선고 2008도5794 판결.

11) 대법원 2005. 5. 13. 선고 2004도8620 판결, 대법원 2006. 5. 11. 선고 2005도8364 판결(이에 대한 평석은 강윤구, 469면 이하); 대법원 2016. 1. 14. 선고 2015도14850 판결.

12) 대법원 1997. 8. 29. 선고 97도1091 판결, 대법원 1998. 12. 23. 선고 98도3822 판결.

13) 다만, 근기법이 개정되어(2024. 10. 22. 법률 20520호), 법 43조의2에 따라 명단 공개된 체불사업주가 명단 공개 기간 중에 법 36조를 위반한 경우에는 그러하지 아니하다. 위 개정 규정은 시행(시행일 2025. 10. 23.) 이후 발생한 위반행위부터 적용한다(법 109조 2항 단서, 부칙 8조).

최선의 노력을 다하였으나 경영부진으로 인한 자금사정 등으로 도저히 지급기일 내에 퇴직금을 지급할 수 없었던 불가피한 사정이 인정되는 경우에는 책임조각사유가 인정되어 임금체불 또는 퇴직금체불의 죄책을 물을 수 없다고 본다.[14] 책임조각사유가 인정되기 위해서는, 주관적으로 사용자는 금품 지급을 위하여 모든 성의와 노력을 다하여야 하고, 객관적으로 사회통념상 임금의 체불이나 미불을 방지할 수 없는 특별한 사정이 있을 것이 요구된다.[15] 이러한 법리는 퇴직 근로자 스스로 사용자로 하여금 금품청산을 할 수 없는 상황을 초래하고, 이로 인하여 사용자가 모든 성의와 노력을 기울이더라도 임금의 체불이나 미불을 방지할 수 없었다고 사회통념상 인정되는 경우에도 적용된다.[16] 그러나 단순한 사업의 부진[17]이나 불황[18]이라는 사유만으로는 임금지급을 연기할 특별한 사정에 해당한다고 볼 수 없다.

[최 은 배 · 김 진 석]

제37조(미지급 임금에 대한 지연이자)

① 사용자는 제36조에 따라 지급하여야 하는 임금 및 「근로자퇴직급여 보장법」 제 2 조 제 5 호에 따른 급여(일시금만 해당된다)의 전부 또는 일부를 그 지급 사유가 발생한 날부터 14일 이내에 지급하지 아니한 경우 그 다음 날부터 지급하는 날까지의 지연 일수에 대하여 연 100분의 40 이내의 범위에서 「은행법」에 따른 은행이 적용하는 연체금리 등 경제 여건을 고려하여 대통령령으로 정하는 이율에 따른 지연이자를 지급하여야 한다.

② 제 1 항은 사용자가 천재 · 사변, 그 밖에 대통령령으로 정하는 사유에 따라 임금 지급을 지연하는 경우 그 사유가 존속하는 기간에 대하여는 적용하지 아니한다.

---

14) 대법원 1988. 2. 9. 선고 87도2509 판결, 대법원 1988. 5. 10. 선고 87도2098 판결, 대법원 1993. 7. 13. 선고 92도2089 판결.

15) 권창영, 104면.

16) 대법원 2002. 12. 10. 선고 2002도3730 판결, 대법원 2006. 2. 9. 선고 2005도9230 판결(이에 대한 평석은 이주원, 480면 이하).

17) 대법원 2003. 9. 23. 선고 2003두3420 판결, 대법원 2004. 3. 11. 선고 2004두916 판결, 대법원 2006. 2. 9. 선고 2005도9230 판결, 대법원 2007. 11. 30. 선고 2006도7329 판결.

18) 대법원 2001. 2. 23. 선고 2001도204 판결, 대법원 2002. 9. 24. 선고 2002도3666 판결.

제37조(미지급 임금에 대한 지연이자)[1)]

① 사용자는 다음 각 호의 어느 하나에 해당하는 임금의 전부 또는 일부를 각 호에 따른 날까지 지급하지 아니한 경우 그 다음 날부터 지급하는 날까지의 지연 일수에 대하여 연 100분의 40 이내의 범위에서 은행법에 따른 은행이 적용하는 연체금리 등 경제 여건을 고려하여 대통령령으로 정하는 이율에 따른 지연이자를 지급하여야 한다.

1. 제36조에 따라 지급하여야 하는 임금 및 근로자퇴직급여 보장법 제2조 제5호에 따른 급여(일시금만 해당된다): 지급 사유가 발생한 날부터 14일이 되는 날
2. 제43조에 따라 지급하여야 하는 임금: 제43조 제2항에 따라 정하는 날

② 사용자가 제1항 제2호에 따른 임금을 지급하지 아니하여 지연이자를 지급할 의무가 발생한 이후 근로자가 사망 또는 퇴직한 경우 해당 임금에 대한 지연이자는 제1항 제2호에 따른 날을 기준으로 산정한다.

③ 제1항은 사용자가 천재·사변, 그 밖에 대통령령으로 정하는 사유에 따라 임금 지급을 지연하는 경우 그 사유가 존속하는 기간에 대하여는 적용하지 아니한다.

〈세 목 차〉



[참고문헌]

**박수근**, “근기법상 금품청산제도”, 노동판례백선, 박영사(2015); **이강현**, “임금 및 퇴직금에 대한 지연이자의 기산점 및 이율”, 법률구조 57호, 대한법률구조공단(2006. 9.).

## Ⅰ. 취　　지

2005. 3. 31. 법 개정에 의하여 ‘법 36조의2’로 신설되어 2005. 7. 1.부터 시행된 규정이다. 임금 체불의 예방 및 체불 임금의 조기청산을 유도하기 위하여 임금을 체불하는 사용자에 대한 경제적 제재를 강화하려는 취지에서 신설되었다. 사용자는 근로자가 사망 또는 퇴직하였을 때 지급해야 할 임금과 퇴직급여법이

1) 근기법 37조는 2024. 10. 22. 법률 20520호로 다음과 같이 개정되었고 2025. 10. 23.부터 시행된다. 37조의 개정규정은 이 법 시행 이후 37조 1항 2호의 개정규정에 따른 지연이자 지급사유가 발생하는 경우부터 적용한다(부칙 2조).

정한 퇴직급여 제도에 따른 일시금의 전부 또는 일부를 그 지급 사유 발생일부터 14일 안에 지급하지 아니한 경우, 그 다음 날부터 지급하는 날까지의 지연 일수에 대하여 연 20%의 비율로 계산한 지연이자를 지급하여야 한다(법 37조 1항; 영 17조).[2)]

2024. 10. 22. 법 개정에 의하여 재직 중인 근로자에 대한 미지급 임금에 대하여도 위와 같은 지연이자를 지급하도록 그 적용범위가 확대되었다. 위 개정에 따라 2025. 10. 23.부터 사용자는 법 43조 2항에 따라 정해진 임금 지급일에 임금을 지급하지 아니한 경우, 그 다음 날부터 지급하는 날까지의 지연 일수에 대하여 위와 같은 비율로 계산한 지연이자를 지급하여야 한다(개정법 37조 1항 2호). 사용자가 재직 중인 근로자에 대하여 임금을 지급하지 아니하여 지연이자를 지급할 의무가 발생한 이후 근로자가 사망 또는 퇴직한 경우 해당 임금에 대한 지연이자는 법 43조 2항에 따라 정해진 임금 지급일을 기준으로 산정한다(개정법 37조 2항). 재직 중인 근로자에 대한 위 개정 규정은 시행일인 2025. 10. 23. 이후 37조 1항 2호의 개정 규정에 따른 지연이자 지급사유가 발생하는 경우부터 적용한다(개정법 부칙 2조).

'법 36조 소정의 금품 청산제도가 사용자에게 14일 동안 임금이나 퇴직금 지급의무의 이행을 유예하여 준 것이라고 볼 수는 없으므로, 이를 가리켜 퇴직금 청구권의 행사에 대한 법률상의 장애라고 할 수는 없고, 따라서 퇴직금 청구권은 퇴직한 다음날부터 이를 행사할 수 있다'고 한 대법원 2001. 10. 30. 선고 2001다24051 판결에 의하면, 퇴직한 다음 날부터 퇴직금 청구권의 소멸시효가 진행하고 지연이자도 기산되는 것으로 해석되었고,[3)] 임금 체불에 대하여 상법 54조에 따른 연 6%의 비율로 지연이자를 계산해야 한다고 보았다.[4)] 위 지연이자 규정의 신설에 의하여 지급 사유 발생일부터 14일까지의 기간 동안에 대하여는 지연이자가 발생되지 않도록 지급유예를 한 것이라는 견해[5)]와 지급유예를

2) 법 37조 1항은 그 지연이자의 이율을, 연 100분의 40 이내의 범위에서 은행법에 따른 은행이 적용하는 연체금리 등 경제 여건을 고려하여 대통령령으로 정하는 이율이라고 하고 있고, 법 시행 이후 2025. 3. 28. 현재까지 영 17조는 그 '대통령령으로 정하는 이율'을 연 100분의 20으로 정하고 있다.

3) 이강현, 21면.

4) 대법원 1976. 6. 22. 선고 76다28 판결. 보조적 상행위로 해석하고 있다. 그러나 사용자가 상인이 아닌 경우에는 상사법정이율이 아닌 민사법정이율이 적용되어야 한다는 것이 판례이다(대법원 2024. 7. 11. 선고 2023다213556 판결).

5) 이강현, 21면. 위 지연이자 규정은 체불임금 및 퇴직금의 조속한 청산을 목적으로 만든 것이고 조속한 청산은 사용자에게 일정한 여유가 있어야만 가능하다는 점을 논거로 한다. 박수근, 208~209면은 위 지연이자 규정이 14일 동안 지급 유예를 한 것 같다고 보면서 대법원

한 것이 아니라는 견해[6]로 나뉠 수 있다.

한편 대법원은 단체협약에서 유족에게 지급하기로 정한 사망퇴직금의 법적 성질을 상속재산이 아니라 유족의 고유재산으로 보았는데, 사망퇴직금 청구권이 유족의 고유재산이더라도 퇴직급여법에 따른 퇴직금으로서의 성질을 상실하는 것은 아니므로, 근기법과 시행령이 정한 연 20%의 지연손해금 이율이 적용된다고 판단하였다.[7]

## Ⅱ. 지연이자의 적용제외

사용자가 천재·사변, 그 밖에 대통령령으로 정하는 사유에 따라 임금 지급을 지연하는 경우 그 사유가 존속하는 기간에 대하여는 지연이자를 계산할 때 위와 같은 연 20%의 이율을 적용하지 아니한다(법 37조 2항, 2024. 10. 22. 개정법 37조 3항). 그 대통령령이 정하는 사유는, (i) 임보법 7조 1항 1호부터 3호까지의 사유 중 어느 하나에 해당하는 경우, 다시 말해 채무자회생법에 따른 회생절차개시의 결정이나 파산선고의 결정이 있는 경우, 고용노동부장관이 대통령령으로 정한 요건과 절차에 따라 미지급 임금등을 지급할 능력이 없다고 인정하는 경우[그 '대통령령으로 정한 요건과 절차에 따라 미지급 임금등을 지급할 능력이 없다고 인정하는 경우'란 사업주로부터 임금등을 지급받지 못하고 퇴직한 근로자의 신청이 있는 경우로서 해당 사업주가 ① 임보법 시행령 별표 1의 방법에 따라 산정한 상시 사용하는 근로자의 수가 300명 이하일 것, ② 사업이 폐지되었거나 ⅰ) 그 사업의 생산 또는 영업활동이 중단된 상태에서 주된 업무시설이 압류 또는 가압류되거나 채무 변제를 위하여 양도된 경우(민집법에 따른 경매가 진행 중인 경우를 포함한다), ⅱ) 그 사업에 대한 인가·허가·등록 등이 취소되거나 말소된 경우, ⅲ) 그 사업의 주된 생산 또는 영업활동이 1개월 이상 중단된 경우로 사업이 폐지되는 과정에 있을 것, ③ 임금등을 지급할 능력이 없거나 ⅰ) 도산등사실인정일 현재 1개월 이상 사업주의 소재를 알 수 없는 경우, ⅱ) 사업주의 재산을 환가(換價)하거나 회수하는 데 도산등사실인정 신청일부터 3개월 이상 걸릴 것으로 인정되는 경우, ⅲ) 사업주(상시근로자수가 10명 미만인 사업의 사업주로 한정한

---

2001다24051 판결에 비추어 위와 같은 규정은 문제가 있다는 견해를 제시하고 있다.

6) 위 견해를 명시적으로 주장하는 문헌은 발견하기 어려우나, 위 지연이자 규정의 문언과 형식에 비추어 위 규정은 상법상 법정이율에 대한 특례를 규정한 것으로 봄이 타당하다는 점을 논거로 들 수 있을 것이다.

7) 대법원 2023. 11. 16. 선고 2018다283049 판결.

다)가 도산등사실인정을 신청한 근로자에게 「근로기준법」 36조에 따른 금품 청산 기일이 지난 날부터 3개월 이내에 임금등을 지급하지 못한 경우의 요건에 모두 해당되어 미지급 임금등을 지급할 능력이 없다고 고용노동부장관이 인정하는 경우의 어느 하나의 사유로 임금등의 지급이 현저히 곤란할 것을 말한다. 임보법 시행령 5조 1항], 사업주가 근로자에게 미지급 임금등을 지급하라는 다음 각 목[가. 민집법 24조에 따른 확정된 종국판결, 나. 민집법 56조 3호에 따른 확정된 지급명령, 다. 민집법 56조 5호에 따른 소송상 화해, 청구의 인낙 등 확정판결과 같은 효력을 가지는 것, 라. 민조법 28조에 따라 성립된 조정, 마. 민조법 30조에 따른 확정된 조정을 갈음하는 결정, 바. 소액사건심판법 5조의7 1항에 따른 확정된 이행권고결정]의 어느 하나에 해당하는 판결, 명령, 조정 또는 결정 등이 있는 경우, (ii) 채무자회생법, 국가재정법, 지방자치법 등 법령상 제약에 따라 임금과 퇴직금을 지급할 자금을 확보하기 어려운 경우, (iii) 지급이 지연되고 있는 임금·퇴직금의 전부 또는 일부의 존부(存否)를 법원이나 노동위원회에서 다투는 것이 적절하다고 인정되는 경우,[8] (iv) 그 밖에 1호부터 3호까지의 규정에 준하는 사유가 있는 경우이다(영 18조). 적용제외 사유에 대한 증명책임은 사용자에게 있다.[9]

[최 은 배·김 진 석]

8) 이에 관한 판례로, 대법원 2011. 9. 29. 선고 2011다46142 판결, 대법원 2013. 12. 12. 선고 2012다105741 판결, 대법원 2017. 7. 11. 선고 2015다54219 판결(갑이 을 사회복지법인을 상대로 미지급 퇴직금과 미지급 최저임금 미달액 및 그에 대한 각 지연손해금 등의 지급을 구하였는데, 제 1 심은 갑의 청구를 전부 인용하였으나, 항소심은 미지급 퇴직금 청구에 대하여는 을 법인의 항소를 기각하되, 미지급 최저임금 미달액 청구에 대하여는 을 법인의 일부 소멸시효 항변을 받아들여 그중 일부만 인용한 사안에서, 미지급 퇴직금에 대하여 갑의 퇴직일부터 14일이 지난 다음 날부터 근로기준법에서 정한 지연이율을 적용하여야 하지만, 미지급 최저임금 미달액 부분에 대하여는 항소심판결 선고일까지는 미지급 임금의 존부를 다투는 것이 적절하였다고 보이므로, 그 기간에 대하여는 근로기준법에서 정한 지연이율을 적용할 수 없다고 한 사례), 대법원 2021. 7. 21. 선고 2021다225845 판결(갑 입주자대표회의와 근로계약을 체결한 후 아파트 경비원 업무를 수행하다가 퇴사한 을 등이 근무일별로 각 6시간의 휴게시간과 매월 2시간의 산업안전보건교육시간이 근로시간에 포함된다고 주장하며 갑 입주자대표회의를 상대로 미지급 임금 등의 지급을 구한 사안에서, 을 등의 휴게시간과 산업안전보건교육시간은 근로시간에 해당하고, 다만 갑 입주자대표회의가 원심판결 선고일까지는 미지급 임금 등의 존부를 다투는 것이 적절하였다고 보이므로, 그 기간에 대하여는 근로기준법에서 정한 지연이율을 적용할 수 없다고 한 사례) 등이 있다.

9) 하갑래, 330면.

제38조(임금채권의 우선변제)

① 임금, 재해보상금, 그 밖에 근로 관계로 인한 채권은 사용자의 총재산에 대하여 질권(質權)·저당권 또는 「동산·채권 등의 담보에 관한 법률」에 따른 담보권에 따라 담보된 채권 외에는 조세·공과금 및 다른 채권에 우선하여 변제되어야 한다. 다만, 질권·저당권 또는 「동산·채권 등의 담보에 관한 법률」에 따른 담보권에 우선하는 조세·공과금에 대하여는 그러하지 아니하다.

② 제 1 항에도 불구하고 다음 각 호의 어느 하나에 해당하는 채권은 사용자의 총재산에 대하여 질권·저당권 또는 「동산·채권 등의 담보에 관한 법률」에 따른 담보권에 따라 담보된 채권, 조세·공과금 및 다른 채권에 우선하여 변제되어야 한다.

1. 최종 3개월분의 임금
2. 재해보상금

퇴직급여법 제12조(퇴직급여등의 우선변제)

① 사용자에게 지급의무가 있는 퇴직금, 제15조에 따른 확정급여형퇴직연금제도의 급여, 제20조 제 3 항에 따른 확정기여형퇴직연금제도의 부담금 중 미납입 부담금 및 미납입 부담금에 대한 지연이자, 제23조의7 제 1 항에 따른 중소기업퇴직연금기금제도의 부담금 중 미납입 부담금 및 미납입 부담금에 대한 지연이자, 제25조 제 2 항 제 4 호에 따른 개인형퇴직연금제도의 부담금 중 미납입 부담금 및 미납입 부담금에 대한 지연이자(이하 "퇴직급여등"이라한다)는 사용자의 총재산에 대하여 질권 또는 저당권에 의하여 담보된 채권을 제외하고는 조세·공과금 및 다른 채권에 우선하여 변제되어야 한다. 다만, 질권 또는 저당권에 우선하는 조세·공과금에 대하여는 그러하지 아니하다.

② 제 1 항에도 불구하고 최종 3년간의 퇴직급여등은 사용자의 총재산에 대하여 질권 또는 저당권에 의하여 담보된 채권, 조세·공과금 및 다른 채권에 우선하여 변제되어야 한다.

③ 퇴직급여등 중 퇴직금, 제15조에 따른 확정급여형퇴직연금제도의 급여는 계속근로기간 1년에 대하여 30일분의 평균임금으로 계산한 금액으로 한다.

④ 퇴직급여등 중 제20조 제 1 항에 따른 확정기여형퇴직연금제도의 부담금, 제23조의7 제 1 항에 따른 중소기업퇴직연금기금제도의 부담금 및 제25조 제 2 항 제 2 호에 따른 개인형퇴직연금제도의 부담금은 가입자의 연간 임금총액의 12분의 1에 해당하는 금액으로 계산한 금액으로 한다.

〈세 목 차〉



[참고문헌]

**곽종석**, “퇴직금의 양도성”, 대법원판례해설 3호, 법원행정처(1988); **김교창**, “최우선임금채권을 대위변제한 자의 지위”, 법률신문 2494호, 법률신문사(1996. 4.); **김명수**, “임금채권보장제도에 관한 연구”, 법학논총 35집 1호, 한양대학교 법학연구소(2018); **김상근**, “조세 및 임금채권의 우선권과 배당”, 재판자료 72집 민사집행에 관한 제문제(하), 법원도서관(1996); **김상용**, “도급금액 중 노임상당액에 대한 압류금지의 법리와 판례비판”, 민사판례평석 1, 법원사(1995); **김용상**, “경매절차개시 전에 경매 목적 부동산을 가압류한 임금채권자가 배당표 확정 전에 가압류의 청구채권이 우선변제권 있는 임금채권임을 소명하였으나 배당에서 제외된 채 배당표가 확정된 경우, 그 임금채권자는 배당을 받은 후순위 채권자를 상대로 부당이득반환청구를 할 수 있는지 여부”, 대법원판례해설 51호, 법원도서관(2005. 6.); **김제식**, “근저당권의 피담보채권과 지방세법상 당해세의 우선순위”, 재판과 판례 9집, 대구판례연구회(2000. 12.); **김주수**, 채권총론(민법강의Ⅲ), 박영사(1985); **김현석**, “부동산 경매절차에서 배당요구를 하지 아니한 임금채권자의 지위”, 민사판례연구 20권, 박영사(1998); **김형배a**, “퇴직금 우선변제청구권 위헌제청”, 경영계 236호, 한국경영자총협회(1997. 11.); **박성철**, “임금채권의 직접불의 원칙”, 판례연구 1집, 부산판례연구회(1991); **박종훈**, “경매개시 전에 부동산을 가압류한 임금채권자의 우선변제권 인정을 위한 요건”, 판례연구 16집, 부산판례연구회(2005); **박철**, “경매개시 전에 부동산을 가압류한 임금채권자가 배당요구를 하지 않은 경우 배당 순위”, 대법원판례해설 40호, 법원도서관(2002. 12.); **법원실무제요 민사집행(Ⅱ)**, 법원행정처(2014); **법원실무제요 민사집행(Ⅲ)**, 법원행정처(2014); **서기석**, “배당절차 종료 후 채권자의 부당이득반환청구”, 대법원판례해설 27호, 법원도서관(1997. 7.); **서민**, “퇴직금채권의 양도성”, 민사판례연구 12권, 박영사(1990); **송승용**, “소정의 임금채권 우선변제권의 대상인 ‘사용자의 총재산’에 대한 판례연구”, 법조 54권 5호, 법조협회(2005. 5.); **신청 · 집행의 실무**, 서울지방법원(2000); **오진환**, “임금우선특권에 관한 실무상의 제 문제”, 법조 42권 8호, 법조협회(1993. 8.); **윤경**, 부동산 경매(입찰)의 실무(하), 법률정보센타(2001); **이달휴**, “프랑스의 임금의 개념과 임금채권 보장”, 법학논집 13집, 청주대학교 법학연구소(1998); **이상민**, “공매절차에서 배분계산서 작성 시까지 배분요구를 하지 아니한 임금채권자가 배분을 받은 후순위권리자에 대하여 부당이득반환을 구할 수 있는지의 여부”, 대법원판례해설 60호, 법원도서관(2006); **이성호**, “임금우선변제권의 대상인 사용자의 총재산”, 대법원판례해설 26호, 법원도서관(1996); **이영화**, “압류금지채권에 대한 압류 및 전부명령의 효력”, 재판과 판례 10집, 대구판례연구회(2001); **이원형**, “선박우선특권 있는 채권과 임금우선특권 있는 채권의 배당에서의 우선순위”, 대법원판례해설 57호, 법원도서관(2006); **이주흥**, “우선특권의 경매절차상의 취급”, 민사판례연구 17권, 박영사(1995); **이창한**, “우선변제권이 인정되는 근로기준법 제37조 제 2 항 제 1 호 소정의 ‘최종 3월분의 임금’의 의미”, 대법원판례해설 40호, 법원도서관(2002); **이홍구**, “임금채권 최우선변제와 후순위 근저당권자의 대위”, 판례연구 13집, 부산판례연구회(2002); **임상기**, “우선변제권이 인정되는 퇴직금의 범위”, 재판과 판례 5집, 대구판례연구회(1995); **장경학**, “임금채권의 양도와 임금직접지급의 원칙”, 법률신문 1891호, 법률신문사(1989. 11.); **정재성**, “임금우선채권과 부당이득반환청구의 소”, 1996 노동판례비평, 민주사회를 위한 변호사모임(1997); **정채종**, “근로자의 임금우선특권에 관하여”, 민사법연구 5집, 대한민사법학회(1996); **정현수**, “임금채권의 보호”, 재판자료 39집 근로관계소송상의 제문제(상), 법원행정처(1987);

**조원철**, “강제경매절차에 있어서 채무자의 담보책임”, 대법원판례해설 44호, 법원도서관(2004); **조윤신**, “저당목적물의 양도와 임금채권 우선변제권의 보호”, 대법원판례해설 49호, 법원도서관(2004); **최기원**, “임금채권과 무한책임사원의 책임”, 법률신문 2491호, 법률신문사(1996. 4.); **최영헌**, “근로기준법 제30조의2 제 2 항에 관하여”, 재판실무연구 1권, 수원지방법원(1996); **탁경국**, “재산 취득 전 설정된 담보권과 임금 최우선변제권의 우열관계”, 2004 노동판례비평, 민주사회를 위한 변호사모임(2005); **하경효**, “임금(채권)의 보호내용과 그 해석에 관련된 문제점”, 고려법학 36호, 고려대학교 법학연구원(2001); **한일환**, “근로자의 임금채권의 양도가능성”, 판례연구 3집, 서울지방변호사회(1990); **황병일**, “회사 합병 후의 퇴직금 규정 변경의 효력”, 판례연구 16집(상), 서울지방변호사회(2002).

근로자에 대한 임금채권 보호 제도는 크게 집행절차상 보호 제도와 실체법상 보호 제도로 나눌 수 있다.

전자는 집행절차에서 특칙을 두어 보호하는 제도로서 임금채권의 우선변제권(법 38조), 압류의 제한(민집법 246조 1항 4호 등), 도산절차상의 보호 등으로 세분할 수 있고, 후자는 임금채권의 지급 방법에 의한 보호로서 임금의 직접 지급 원칙, 통화 지급 원칙, 전액 지급 원칙, 월 1회 이상 정기 지급 원칙과 도급계약상 직상 수급인의 임금 지급 연대 책임 내지 직접 지급 책임, 임보법에 의한 최우선변제 확보, 도급제 근로자의 임금액 보호, 임금 대장, 임금 체불, 임금의 시효 등으로 분류할 수 있다.

근기법이 규정하는 각종 보호 제도를 해당 법조에서 설명하고, 근기법에 규정이 없는 압류의 제한, 도산절차상 보호, 임보법에 의한 최우선 변제 제도를 근기법의 임금채권 보호 규정 중 가장 대표적인 규정이라고 할 수 있는 법 38조(우선변제권) 설명에서 함께 다룬다.

덧붙여 임금 체불에 대한 민형사상 제재와 구제를 제 3 장 ‘임금 후론(後論) 1’에서 다루고, 임금채권의 보호와 직접적인 관련성이 크지 않지만 임금에 관한 설명에서 함께 다룰 필요가 있는 무노동 무임금 원칙에 대한 논의를 제 3 장 ‘임금 후론(後論) 2’에서 다룬다.

임금채권의 보호와 관련된 전차금 상계의 금지에 관하여는 법 21조에 대한 해설 참조.

# Ⅰ. 임금채권 우선변제권[1)]

## 1. 개 요

### 가. 의 의

임금채권은 사용자에게는 경영과 관련하여 부담하게 되는 여러 채무 중 하나로서, 사용자가 파산 등으로 지불 능력을 잃으면 임금채권자는 사용자의 다른 채권자들과 함께 사용자의 총재산에서 만족을 얻어야 함이 민사법의 일반적인 원칙이다. 그런데 임금채권자는 사용자의 다른 채권자들에 비하여 채권 확보를 위한 조치를 취하기가 어려워 사실상 파산 상태인 사용자로부터 변제받기가 불가능한 경우가 많다.

임금채권은 근로자가 생활을 보장받을 수 있는 거의 유일한 수단이어서 근로자의 보호를 위해서는 다른 채권과 달리 취급되어야 할 필요성이 크다. 이러한 취지에서 법 38조와 퇴직급여법 12조는 임금, 그 밖에 근로관계로 인한 채권과 퇴직급여등은 사용자의 총재산에 대하여 질권 · 저당권 또는 동산 · 채권 등의 담보에 관한 법률(이하 '동산채권담보법'이라 한다)에 따른 담보권에 우선하지 않는 조세 · 공과금이나 질권 · 저당권 또는 동산채권담보법에 따른 담보권에 의하여 담보되지 않은 채권에 우선하여 변제되고, 최종 3개월분의 임금, 재해보상금 및 최종 3년간의 퇴직금은 사용자의 총재산에 대하여 최우선 순위로 변제되도록 하고 있다.[2)] 이 규정에 따라 사용자의 파산 등으로 사용자의 책임재산에 대하여 제3채권자가 압류 등 강제집행을 진행하는 경우에 근로자의 임금채권은 다른 일반채권 또는 조세, 공과금 채권보다 우선하여 변제받을 수 있고, 최종 3개월분의 임금과 최종 3년간의 퇴직급여등 및 재해보상금은 최우선하여 변제받을 수 있다.

---

1) 법률의 규정에 의하여 우선변제권이 있는 채권을 '우선특권(優先特權)'이라고 부르기도 하고, 법 38조 1항의 규정을 '일반우선변제권', 2항 규정을 '최우선변제권'이라고 구분하면서 이 둘을 합하여 '임금우선특권'이라고 부르기도 한다(김상근, 242면 이하; 이주홍, 434면). 이러한 의미에서 일부 학자들은 '임금채권의 우선특권'이라는 용어를 사용하기도 한다.

2) 근기법과 퇴직급여법상 우선변제권은 사용자의 파산 등으로 인한 집행절차에서 인정되는 것이어서, 새로운 일자리를 구하여야 하는 근로자가 시간과 경비를 들여가며 복잡한 집행절차에 참여하여 임금채권의 변제를 받는 것은 현실적으로 어려운 경우가 많다. 이러한 점을 보완하기 위하여 임보법이 제정되었다. 자세한 내용은 임보법 설명 부분(Ⅳ) 참조.

### 나. 연 혁

이 규정이 마련되기 전에는 상법에서 정한 회사 사용인의 우선변제권,[3] 선원과 그 밖의 선박사용인의 고용계약으로 인한 채권에 관한 선박우선특권[4] 등이 일부 근로자에게 제한적으로 인정되기만 하였기 때문에 이러한 우선변제권은 근로자의 임금채권에 대한 법적 보호로 충분하지 않았다.

그 후 1974. 1. 14. 대통령 긴급조치 3호 19조로 임금채권의 우선변제권이 처음 입법화되었고,[5] 1974. 12. 24. 법을 개정하면서 30조의2를 신설하여 위 긴급조치 규정을 그대로 수용하여, 임금, 퇴직금, 재해보상금 기타 노동관계로 인한 채권이 질권·저당권·조세·공과금을 제외한 채권에 우선하는 임금채권 우선특권을 규정하였다.

이 규정은 1980. 12. 31. 근기법 개정 때 임금 등 채권의 우선변제 순위를 좀 더 앞당겨, 질권 또는 저당권에 의하여 담보된 채권을 제외하고는 조세·공과금 및 다른 채권에 우선하도록 개정되었다(다만, 질권 또는 저당권에 우선하는 조세, 공과금에 대하여는 우선하지 않도록 함).

다시 1987. 11. 28. 근기법 개정 때에는 30조의2에 2항을 신설하여 임금 등 채권 가운데 최종 3월분의 임금은 질권, 저당권에 의하여 담보된 채권에 대하여도 우선하도록 하였고, 1989. 3. 29. 개정으로 이와 같이 최우선 변제되는 채권을 '최종 3월분의 임금'에서 '최종 3월분의 임금과 퇴직금 및 재해보상금'으로 확대하였다.[6]

이와 같이 최우선 변제 대상으로 퇴직금이 추가되자, 여기서 말하는 퇴직금이 임금과 마찬가지로 최종 3월분의 퇴직금만을 말하는지 아니면 퇴직금 전액

---

3) 상법 468조, 583조 2항; 보험업법 64조.

4) 상법 777조.

5) 1970년대 초반 정부는 국가 경제발전을 명분으로 근로자들의 노동조합 활동을 비롯한 노동운동을 극단적으로 제약하였다. 그러던 중 1973년 후반 산유국의 유가 인상에 따른 이른바 석유파동으로 세계 경제는 침체에 빠졌고 이에 따라 한국 경제도 불황국면으로 접어들어 사업장마다 부당해고, 임금체불, 근기법 위반이 속출하고, 이에 대항하는 근로자에게 사용자는 부당노동행위로 대처하여 노사관계가 극도로 악화되었다. 정부는 이를 해소하기 위하여 1974. 1. 14. 대통령 긴급조치 3호 19조로 "임금채권 그 밖에 근로관계로 인하여 사용자에게 채권이 있는 근로자는 그 사용자의 총재산에 대하여 우선변제를 받을 권리를 가진다. 그러나 질권, 저당권, 조세, 공과금 그 밖의 이에 준하는 채권에는 우선하지 못한다"라는 규정을 마련하였다.

6) 개정법 부칙 2조에서 우선변제 범위를 개정법 시행 이후 발생된 부분에 한하도록 하였다. 이 부칙 2조의 해석과 관련한 자세한 사항은 해고와 임금, 149면 이하 참조.

인지에 관하여 논란이 있었는데, 헌법재판소가 1997. 8. 21. 위 조항의 퇴직금 부분이 재산권의 본질적 내용을 침해하거나 과잉금지의 원칙에 어긋난다고 하여 헌법불합치결정을 하자[7] 1997. 12. 24. 근기법은 다시 개정되어 최우선 변제권이 인정되는 퇴직금의 범위를 최종 3년분의 퇴직금으로 제한하고, 퇴직금액도 계속 근로연수 1년에 대하여 30일분의 평균임금으로 계산한 금액으로 한정하였다.[8] 그 규정 중 퇴직금과 관련된 부분은 일시금 위주의 퇴직금제도를 퇴직연금제도로 전환하여 근로자의 노후 생활 안정을 도모하기 위해 제정된 근로자퇴직급여보장법으로 옮겨와 규정하면서, 우선변제권이 인정되는 대상도 퇴직금, 퇴직급여법 15조에 따른 확정급여형퇴직연금제도의 급여, 퇴직급여법 20조 3항에 따른 확정기여형퇴직연금제도의 부담금 중 미납입 부담금 및 미납입 부담금에 대한 지연이자, 퇴직급여법 제23조의7 제1항에 따른 중소기업퇴직연금기금제도의 부담금 중 미납입 부담금 및 미납입 부담금에 대한 지연이자, 퇴직급여법 25조 2항 4호에 따른 개인형퇴직연금제도의 부담금 중 미납입 부담금 및 미납입 부담금에 대한 지연이자(이하 "퇴직급여등"이라 한다)까지 확대되었다.

### 다. 선원의 경우

선원의 근로관계에는 종전에는 근기법 38조가 적용되어 일반적인 근로자와 마찬가지의 방식으로 임금채권의 우선변제권이 인정되었으나,[9] 선원에 대한 선박소유자의 책임과 보상을 강화하는 방향으로 개정된 2006해사노동협약을 반영한 선원법 개정[10]에 따라 선원법 152조의2에서 별도로 임금채권 등의 우선변제에 대하여 규정하고 있다. 이 규정에 따르면 선원의 경우 근기법의 적용을 받는 근로자의 임금보다 더 두텁게 보호된다. 우선변제의 대상이 되는 채권은 임금과 퇴직금 이외에도 선원이 직무상 부상을 당하거나 질병에 걸린 경우 그 부상이나 질병이 치유될 때까지 선박소유자가 지급하여야 할 요양보상, 4개월의 범위

---

7) 헌재 1997. 8. 21. 선고 94헌바19, 95헌바34, 97헌가11 결정. 퇴직금 전액에 대한 우선변제권 인정은 담보물권제도의 근간을 흔들고 질권, 저당권의 본질적 내용을 침해할 소지가 있다는 점을 근거로 하였다.

8) 자세한 내용은 김상근, 240면 이하. 개정된 근기법 역시 위헌의 요소가 있다는 주장이 있다(김형배a, 69면 이하).

9) 2016. 12. 27. 법률 14508호로 개정되기 전의 선원법 5조 1항. 경과규정으로, 이 법 시행 전에 발생한 임금채권 및 퇴직금채권에 대하여도 개정법이 적용되나 이 법 시행 전에 발생한 임금채권 및 퇴직금채권과 이 법 시행 전에 발생한 질권, 저당권 등 일정한 권리에 대하여는 별도의 경과규정을 두고 있다[부칙(14508호, 2016. 12. 27.) 4조].

10) 2016. 12. 27. 개정된 법률 14508호.

에서 그 부상이나 질병이 치유될 때까지 지급되는 상병보상과 재해보상 등의 보상과 장제비, 그 밖에 선원의 근로관계로 인한 채권이 그 대상이 된다. 특히 최우선변제권이 인정되는 범위도 임금의 최종 4개월분, 퇴직금의 최종 4년분, 요양비용, 보상 또는 장제비가 모두 포함된다(선원법 152조의2).

한편, 선원은 상법 777조의 규정에 따라 선박우선특권의 규정도 적용받는다. 이 경우 임금채권 우선변제권 규정과 선박우선특권 규정의 우열에 대하여 다툼이 있으나, 판례는 선박우선특권은 선박소유자의 책임제한과 해사채권자의 권리보호 사이의 형평을 도모하는 제도임에 비하여 임금채권 우선변제권은 약자인 근로자의 최저생활보장을 확보하기 위한 사회정책적인 제도여서 임금채권 우선변제권이 선박우선특권에 비하여 근로자를 더 두텁게 보호한다는 이유로 임금채권 우선변제권 규정이 우선으로 적용된다고 본다.[11)]

## 2. 법적 성격

이 규정은 근로자의 최저생활을 보장하기 위한 공익적 요청에서 일반 담보물권의 효력을 일부 제한하고 임금채권의 우선변제적 효력을 인정한 것이다.[12)]

통설[13)]과 판례[14)]는, 임금채권의 우선변제권의 법적 성격에 대하여 당사자의 약정 없이 법률의 규정에 의하여 당연히 발생하는 법정담보물권으로 본다.

## 3. 효　　력

### 가. 우선변제적 효력

#### (1) 의　　의

임금채권은 우선변제권에 의하여 사용자의 총재산으로부터 다른 채권에 우선하여 변제받을 수 있다. 근로자는 사용자 소유 재산에 대한 경매 절차[15)]나 체

11) 대법원 2005. 10. 13. 선고 2004다26799 판결(이에 대한 평석으로는 이원형, 463~477면).

12) 대법원 2002. 10. 8. 선고 2001다31141 판결, 대법원 2004. 5. 27. 선고 2002다65905 판결(이에 대한 평석으로는 조윤신, 497~534면).

13) 김상근, 244면; 오진환, 67면; 임상기, 392면; 정채종, 216면; 최영헌, 253면.

14) 대법원 1990. 7. 10. 선고 89다카13155 판결, 대법원 1994. 12. 9. 선고 93다61611 판결, 대법원 1994. 12. 27. 선고 94다19242 판결(이에 대한 평석으로는 김상근, 243면 이하; 김제식, 37~56면).

15) 강제경매의 경우와 강제경매 신청을 하여 임의경매절차에 기록이 첨부된 경우뿐만 아니라 사용자 소유의 재산에 설정된 담보권의 실행으로 진행되는 임의경매절차에서도 그 권리를 주장하여 저당권의 피담보채권보다 우선하여 변제받을 수 있다(대법원 1990. 7. 10. 선고 89다카13155 판결). 이와 관련된 헌법재판소 결정으로는 헌재 2006. 7. 27. 선고 2004헌바20 결정

납처분 절차에서 질권, 저당권 또는 동산채권담보법상의 담보권에 의하여 담보되는 채권을 제외하고는 조세·공과금 및 일반 채권에 우선하여 변제받을 수 있다. 나아가 최종 3개월분의 임금, 재해보상금, 최종 3년분의 퇴직금은 질권, 저당권 또는 동산채권담보법상의 담보권에 의하여 담보되는 채권보다도 우선하여 변제된다.

#### (2) 배당 순위[16)]

##### (가) 원 칙

최종 3개월분의 임금, 최종 3년간의 퇴직급여등, 재해보상금은 질권·저당권 또는 동산채권담보법상의 담보권에 의하여 담보된 채권, 조세·공과금, 일반채권보다 우선한다(법 38조 2항). 하지만 주택임대차보호법 8조에 의한 소액 보증금채권과는 같은 순위의 우선 채권으로서 그 채권과 같은 순위로 배당한다.

법 38조 1항과 퇴직급여법 12조의 임금, 퇴직급여등, 그 밖에 근로관계로 인한 채권은 질권·저당권 등에 의하여 담보되는 채권보다는 후순위이고, 당해세를 포함한 조세·공과금·일반채권보다 선순위이다(법 38조 1항 본문; 퇴직급여법 12조 1항; 국세기본법 35조 1항 5호; 지방세기본법 71조 1항 5호). 다만, 조세·공과금이 저당권 등에 의하여 담보된 채권에 우선하는 경우에는 조세·공과금, 저당권 등에 의하여 담보된 채권, 법 38조 1항 임금채권의 순서가 된다(법 38조 1항 단서).[17)]

한편 조세채권 중 당해세가 있는 경우에 당해세는 원칙적으로 저당권에 우선하므로, 근로관계채권과 당해세 등 조세채권, 질권·저당권 또는 동산채권담보법상의 담보권에 의하여 담보되는 채권을 동시에 배당할 때는 법 38조 1항 단서에 의하여 당해세가 근로관계채권보다 선순위가 된다. 따라서 당해세, 저당권 등에 의하여 담보된 채권, 근로관계채권, 기타의 조세 등 채권의 순위가 되거나, 당해세, 그 밖의 조세 등 채권, 저당권 등에 의하여 담보된 채권, 법 38조 1항의 임금채권의 순위가 된다.

배당에 참가한 채권 중 조세 등 채권이 없는 경우에는 근로관계채권은 항상 담보권에 의하여 담보된 채권의 후순위이고, 담보권에 의하여 담보된 채권이

---

이 있다.

16) 법원실무제요 민사집행(Ⅱ), 525면 이하; 법원실무제요 민사집행(Ⅲ), 512면 이하.

17) 저당권과 조세 등 채권의 우열을 따져 저당권이 우선하는 경우에는 저당권에 의하여 담보된 채권, 근로관계채권, 조세 등 채권의 순위가 되고, 조세 등 채권이 저당권에 우선하는 때에는 조세 등 채권, 저당권에 의하여 담보된 채권, 근로관계채권의 순위가 된다.

없는 경우에는 근로관계채권은 항상 당해세를 포함한 조세 등 채권에 우선한다.

### ㈏ 구체적인 배당 순위

사례별로 구체적인 배당 순위를 정리하면 다음과 같다.

① 압류 재산에 국세의 법정기일 또는 지방세의 과세기준일, 납세의무 성립일 전에 설정된 저당권 · 전세권에 의하여 담보되는 채권이 있는 경우

㉠ 제 1 순위: 소액 주택임대차보증금 채권, 최종 3개월분 임금 · 최종 3년분 퇴직급여등 · 재해보상금 채권

㉡ 제 2 순위: 집행의 목적물에 대하여 부과된 국세 · 지방세 · 그 가산금(이른바 당해세)[18]

㉢ 제 3 순위: 국세 · 지방세의 법정기일[19] 전에 설정된 저당권 · 전세권 등에 의하여 담보되는 채권

㉣ 제 4 순위: 제 1 순위의 임금 · 퇴직급여등 · 재해보상금 채권을 제외한 나머지 임금, 퇴직급여등 및 그 밖에 근로관계로 인한 채권

㉤ 제 5 순위: 국세 · 지방세 등 지방자치단체의 징수금

㉥ 제 6 순위: 국세 · 지방세 다음 순위로 징수되는 공과금[20]

㉦ 제 7 순위: 일반 채권

② 압류 재산에 조세 채권의 법정기일 후 설정된 저당권 · 전세권 등에 의하여 담보되는 채권이 있는 경우

㉠ 제 1 순위: 소액 주택임대차보증금 채권, 최종 3개월분 임금 · 최종 3년분 퇴직급여등 · 재해보상금 채권

㉡ 제 2 순위: 조세, 그 밖에 이와 동 순위의 징수금

㉢ 제 3 순위: 저당권 · 전세권 등에 의하여 담보되는 채권

㉣ 제 4 순위: 제 1 순위의 임금 · 퇴직급여등 · 재해보상금 채권을 제외한 나머지 임금, 퇴직급여등 및 그 밖에 근로관계로 인한 채권

㉤ 제 5 순위: 조세 다음 순위의 공과금

㉥ 제 6 순위: 일반 채권

---

18) 국세 중 상속세 · 증여세 · 재평가세 등, 지방세 중 취득세 · 등록세 · 농지세 · 자동차세 · 도시계획세 · 소방공동시설세 등.

19) 국세의 법정기일은 국세기본법 35조 1항 3호, 지방세의 법정기일은 지방세기본법 71조 참조.

20) 예를 들면, 산재법상의 산업재해보상보험료와 그 밖의 징수금, 국민건강보험법상의 의료보험료, 국민연금법상의 연금보험료, 행정대집행법상의 행정대집행비용 등.

③ 압류 재산에 저당권 등에 의하여 담보되는 채권이 없는 경우

㉠ 제 1 순위: 소액 주택임대차보증금 채권, 최종 3개월분 임금·최종 3년분 퇴직급여등·재해보상금 채권

㉡ 제 2 순위: 제 1 순위의 임금·퇴직급여등·재해보상금 채권을 제외한 나머지 임금, 퇴직급여등 및 그 밖에 근로관계로 인한 채권

㉢ 제 3 순위: 조세, 그 밖에 이와 동 순위의 징수금

㉣ 제 4 순위: 조세 다음 순위의 공과금

㉤ 제 5 순위: 일반채권자의 채권

### (3) 매각부동산이 여러 건인 경우 임금채권의 배당

사용자의 부동산이 수개인 경우에는 각 부동산마다 우선변제권이 인정되게 되어 수개의 부동산 전체에 대한 공동저당권자와 유사한 지위에 있게 된다. 이는 임금채권 우선변제권이 법정담보물권의 성격을 가지기 때문이다. 따라서 사용자 소유의 수개 부동산 중 일부가 먼저 경매가 진행되어 그 경매대가에서 임금채권자가 우선변제권에 따라 우선변제를 받은 결과 그 경매부동산의 저당권자가 민법 368조 1항에 의하여 수개의 부동산으로부터 임금채권이 동시 배당되는 경우보다 불이익을 받은 경우에는, 같은 조 2항 후문을 유추적용하여 위와 같이 불이익을 받은 저당권자로서는 임금채권자가 여러 개의 부동산으로부터 동시에 배당받았다면 다른 부동산의 경매대가에서 변제를 받을 수 있었던 금액의 한도 안에서 선순위자인 임금채권자를 대위하여 다른 부동산의 경매절차에서 우선하여 배당받을 수 있다.[21)]

그러나 이는 후순위 저당권자가 임금채권자의 임금채권 자체를 대위하는 지위에 있기 때문은 아니다. 이러한 후순위 저당권자의 대위권은 임금채권에 붙어 있는 법정담보물권적 성격을 가진 우선변제권을 공동저당과 유사한 관계에 있는 다른 부동산에 대위하여 행사하도록 허용하여 후순위 저당권자나 다른 채권자 등의 이해관계를 조절하려는 것에 불과하기 때문이다. 따라서 만약 사용자의 일부 부동산에 대해 먼저 이루어진 경매절차에서 임금채권 우선변제권이 실행되어 그 경매대가가 배당되고 나서 사용자에 대해 파산절차가 개시되어 사용자의 나머지 재산이 파산재단에 속하게 되더라도 후순위 저당권자의 권리는 파

21) 대법원 2000. 9. 29. 선고 2000다32475 판결, 대법원 2005. 9. 29. 선고 2005다34391 판결, 대법원 2009. 11. 12. 선고 2009다53017, 53024 판결.

산채권보다 우선하여 취급되는 재단채권으로 취급될 수는 없다.[22]

한편 판례는 근로자가 후순위저당권자가 존재하는 사용자의 재산에 대하여 임금채권 우선변제권을 행사하는 경우에는 민법 485조를 유추적용할 수 없다고 본다. 민법 485조는 변제할 정당한 이익이 있는 자의 출연에 의한 변제에 따른 구상권 및 대위에 대한 기대권을 두텁게 보호하기 위하여 특별히 마련된 조항이므로 구상권의 발생이 예상되지 않는 경우에 유추적용하는 것은 적절하지 않고, 만일 유추적용을 인정하게 되면 근로자는 사용자의 재산에 대하여 별개로 경매절차가 진행될 경우 해당 재산의 책임분담액에 맞추어 개별 경매절차마다 일일이 임금채권 우선변제권을 행사하지 않으면 그 한도에서 우선변제권이 배제되는 불이익을 입게 되므로, 이는 근로자에게 지나친 비용과 노력을 요구하여 근로자의 생활안정을 위하여 임금채권을 강하게 보장하는 근로기준법의 입법취지에 현저히 반하는 결과를 초래하기 때문이라는 점을 그 이유로 든다.[23]

하지만 근로자가 사용자의 다른 재산에 대한 권리자 등과 공모하여 오로지 후순위저당권자의 대위에 관한 정당한 기대를 해하려는 의도 아래 후순위저당권의 목적물이 아닌 사용자의 다른 재산에 대하여 손쉽게 행사할 수 있었던 임금채권 우선변제권 행사를 포기해 버린 경우처럼, 근로자가 임금채권 우선변제권을 사용자의 일부 재산에 대하여만 선택적으로 행사하는 것이 사회생활상 용인될 수 없을 만큼 부당하여 권리남용으로 평가될 수 있는 경우에는 후순위저당권자의 대위에 관한 정당한 기대를 침해한 한도에서 임금채권 우선변제권이 배제되거나 제한될 수 있다.[24]

### 나. 경매신청권 인정 여부

임금채권의 최우선변제권에 관하여 담보물권의 일반적인 기능 중 환가기능인 경매청구권이 인정되는가에 관하여 입법 취지에 비추어 이를 긍정하는 견해도 있으나,[25] 판례는 독자적인 환가권을 인정하지 않는 것으로 해석된다.[26] 따라

22) 대법원 2009. 11. 12. 선고 2009다53017, 53024 판결.
23) 대법원 2006. 12. 7. 선고 2005다77558 판결.
24) 대법원 2006. 12. 7. 선고 2005다77558 판결.
25) 정현수, 524~525면. 한편, 일본의 통설은 임금선취특권(우리의 최우선변제권과 같이 질권, 저당권에 우선하는 것은 아니다)에 대하여 환가권도 포함된다고 한다.
26) 대법원 1994. 12. 9. 선고 93다61611 판결, 대법원 1994. 12. 27. 선고 94다19242 판결, 대법원 2002. 10. 8. 선고 2001다31141 판결(직접적으로 환가권에 대하여 설명하고 있지는 않으나 이를 전제로 한 판결로 해석된다).

서 임금채권을 가진 근로자는 별도의 집행권원을 가져야 경매를 신청할 수 있다.

근기법상 임금 우선변제권과 그 취지를 같이 하는 상법상 사용인의 우선변제권(상법 468조)에 관하여 경매청구권이 인정된다는 견해도 있다.[27)]

### 다. 추급효 인정 여부

임금지급채무를 부담하는 사용자가 책임재산을 제3자에게 양도하였을 경우, 그 양도된 재산에 대하여도 임금채권의 책임재산이 되는지, 나아가 우선변제권이 인정되는지, 다시 말해 임금채권의 우선변제권에 이른바 추급효가 인정되는지 문제된다.

판례는 이를 부정한다. 즉 판례는, '임금채권 우선변제권은 근로자의 최저생활 보장을 위한 법정담보물권으로서 다른 채권과 동시에 사용자의 동일 재산으로부터 경합하여 변제받는 경우 다른 채권에 우선하여 변제받을 수 있는 권리에 불과할 뿐이므로, 사용자의 특정 재산에 대하여 배타적인 지배권을 가지는 추급효는 인정되지 아니한다'고 한다.[28)]

다만, 사용자의 재산이 제3자에게 양도되기 전에 임금채권자가 그 재산을 가압류하였거나, 다른 채권자의 경매 신청으로 사용자의 재산이 압류되고 경매가 진행되던 중에 사용자의 재산이 양도되었을 때 그 양도 전에 임금채권자가 배당요구를 하였다면 임금채권은 그 재산에 대해 변제를 받을 수 있음은 물론이고, 우선변제권도 인정될 것이다.[29)]

예외적으로 임금채무를 지고 있던 사용자가 영업양도를 하면서 근저당권 목적물인 부동산을 타인에게 양도하고 그 영업양도에 따라 근로자들의 근로관계도 양수인에게 단절 없이 승계된 경우에는, 영업양도인에 대한 근로자들의 임금 등 우선변제권이 위 근저당권에 우선할 수 있는 것인 이상 근로관계를 그대로 승계한 영업양수인에 대한 관계에서도 영업양도 전과 동일하게 임금 등의 우선변제권이 인정된다는 판례가 있다. 판례는 이러한 경우까지 양수인에 대한 임금 등 우선변제권을 부정한다면 근저당권자의 지위를 영업양도 전보다 부당하게 강화하고 동일한 당사자 사이의 우열관계를 역전시키는 것이 되어 형평 및 근로자보호라는 공익적 요청에 반하게 된다는 점을 근거로 하고 있다.[30)] 뿐

27) 김상근, 245면.

28) 대법원 1994. 1. 11. 선고 93다30938 판결, 대법원 1994. 12. 27. 선고 94다19242 판결, 대법원 2002. 10. 8. 선고 2001다31141 판결, 대법원 2004. 5. 27. 선고 2002다65905 판결.

29) 김상근, 266면.

만 아니라 영업양도나 개인기업의 법인기업으로의 전환 후에 신규로 채용된 근로자들의 경우에도 임금채권 우선변제권을 인정한 판례가 있다. 개인병원 형태로 운영되던 사업을 의료법인 형태로 전환하면서 근저당권의 목적물인 부동산 등 물적 시설을 의료법인에 출자하고 그에 따라 근로자들의 근로관계도 법인에 단절 없이 승계된 사례에서 판례는 "사업의 인적 조직·물적 시설이 그의 동일성을 유지하면서 일체로서 이전되어 형식적으로 경영주체의 변경이 있을 뿐 개인병원과 의료법인 사이에 실질적인 동일성이 인정되는 경우에는 담보된 재산만이 특정 승계된 경우와는 달라서, 고용이 승계된 근로자는 물론 법인 전환 후에 신규로 채용된 근로자들도 사용자가 재산을 취득하기 전에 설정된 담보권에 대하여 임금 등의 우선변제권을 가진다"고 판시하였다.[31)]

한편 사용자의 재산 양도가 사해행위에 해당한다면 사해행위취소의 소를 통해 사용자의 재산으로 원상회복될 수 있음은 사해행위취소의 법리상 당연하다.

### 라. 우선변제의 효력과 관련한 그 밖의 문제

#### (1) 사용자가 가지는 채권에 관한 우선변제권

사용자가 가지는 채권을 사용자의 다른 채권자가 압류한 경우 임금채권자가 그 압류의 효력을 배제하여, 압류된 채권의 채무자(제 3 채무자)에 대하여 그 압류채권자에 우선하여 자신에게 그 채권의 지급을 구할 수는 없다. 임금채권 우선변제권은 법정담보물권으로서 담보물권의 일반적인 실행절차에 의하여 우선적으로 만족을 얻을 수 있는 정도 이상의 효력을 가진다고 볼 수는 없기 때문이다.[32)] 이 경우 임금채권자는 그 압류된 채권에 대하여 추심 등 그 채권을 실현하는 절차에서 배당요구를 통하여 만족을 얻어야 한다.

#### (2) 임금채권양도와 우선변제권

근로자의 임금채권은 그 양도를 금지하는 법률의 규정이 없으므로 이를 양도할 수 있다.[33)] 다만 임금이 확실하게 근로자 본인의 수중에 들어가게 하여 그의 자유로운 처분에 맡기고 나아가 근로자의 생활을 보호하기 위한 임금직접지급의 원칙에 따라 근로자가 그 임금채권을 양도한 경우라도 사용자는 직접 근

30) 대법원 2002. 10. 8. 선고 2001다31141 판결.
31) 대법원 2004. 5. 27. 선고 2002다65905 판결(이에 대한 평석으로는 조윤신, 497면 이하).
32) 대법원 1994. 12. 9. 선고 93다61611 판결, 대법원 1997. 4. 22. 선고 95다41611 판결, 대법원 1999. 5. 14. 선고 99다3686 판결.
33) 대법원 1988. 12. 13. 선고 87다카2803 전원합의체 판결.

로자에게 임금을 지급하지 않으면 아니 되므로, 양수인은 스스로 직접 사용자에 대하여 임금의 지급을 청구할 수는 없다. 임금채권의 경우에는 대항력을 갖춘 유효한 채권양도가 있다고 하더라도 그 효력은 양도인과 양수인 사이에만 효력이 있을 뿐 제 3 채무자나 제 3 자에게 그 효력을 주장할 수 없다.[34] 결국 임금채권의 양수인은 양도인인 근로자가 직접 수령하도록 한 후 양도인으로부터 지급받는 방법으로 만족을 얻어야 한다.[35]

따라서 근로자로부터 임금채권을 양수받거나 추심을 위임받은 자는 사용자의 집행재산에 대하여 양수금채권이나 우선변제권 있는 임금채권으로 직접 배당을 요구할 수는 없고 양도인인 근로자의 명의로 배당요구 등 권리를 주장하여야 한다.[36]

#### (3) 임금채권의 압류 및 추심·전부명령과 우선변제권

임금채권의 경우에도 일정한 범위 내에서 압류가 가능하도록 규정하고 있으므로, 채권자가 채권의 집행을 위해 근로자의 임금채권을 압류한 후 이에 기하여 추심 내지 전부명령을 받은 경우 그 추심금 내지 전부금채권자인 집행채권자는 이에 기하여 사용자에게 임금의 직접지급을 청구할 수 있다(민집법 246조 1항 4호).

이러한 추심금채권자나 전부금채권자는 그 집행채권에 기하여 사용자에게 직접 지급을 요구할 수 있고, 사용자의 재산에 대하여 강제집행도 구할 수 있다. 따라서 채무자인 근로자가 우선변제권에 기하여 먼저 배당요구를 하고 이러한 배당요구에 따라 근로자가 배당금채권을 가지게 되는 경우, 위 배당금채권에 대하여 압류가 금지되지 않는 범위 내에서 압류를 한 후에 추심 내지 전부를 받은 추심권자나 전부명령 채권자는 당연히 배당금을 지급받을 권리를 가지게 된다.

한편, 근로자의 배당요구가 없는 상황에서 임금채권에 대하여 압류 후 추심 내지 전부명령을 받은 채권자가 이러한 추심금 내지 전부금채권을 근거로 배당요구를 하는 경우 피집행채권이 임금채권이라는 이유로 우선변제권이 인정될 것인지가 문제될 수 있다. 임금채권에 대하여 우선변제권을 인정하는 취지가 근로자의 생활보장이라는 측면을 고려할 때 이러한 경우에는 임금채권의 대위변제자[37]와는 달리 우선변제권이 인정된다고 보기 어렵다고 보아야 할 것이다. 근로자의

34) 하경효, 47~49면.
35) 대법원 1988. 12. 13. 선고 87다카2803 전원합의체 판결.
36) 대법원 1996. 3. 22. 선고 95다2630 판결.
37) 대법원 1996. 2. 23. 선고 94다21160 판결.

채권자에 대하여 우선변제권을 부여하여 보호할 아무런 이유가 없기 때문이다.

### 마. 배당 절차와 관련한 문제

#### (1) 배당요구와 부당이득반환청구

근로자는 민집법에 따라 강제집행을 신청하여 우선변제를 받을 수도 있고, 다른 채권자가 신청한 집행절차에 집행력 있는 정본을 제출하거나 가압류를 하고 배당요구를 할 수도 있으며, 유체동산의 매각절차에서 민집법 217조 규정[38]에 따라 매각대금의 배당을 요구할 수도 있다.

하지만 우선변제권을 가진 임금채권자라도 배당요구 종기까지 배당요구를 하지 아니하면 배당을 받을 수 없다.[39] 그리고 배당요구 종기 전에 배당요구를 하였더라도 채권의 일부 금액만 배당요구하였으면, 배당요구의 종기 이후에는 채권액을 추가하거나 확장할 수 없다.[40] 또한 임금채권자가 집행력 있는 정본에 의하지 않은 채 임금채권의 배당요구를 할 때에는 그 배당요구서에 적어야 할 '채권의 원인'에 채무자로 하여금 채권이 어느 것인가를 식별할 수 있을 정도로 그 채권의 원인에 관하여 구체적으로 표시하여야 한다. 예를 들어 배당요구서에 채권의 원인을 '임금'이라고만 적었을 뿐이고, 첨부서면에도 퇴직금이 포함되지 않았음이 분명하다면, 설사 퇴직금이 후불적 임금의 성격이 있어 신중하게 판단할 필요가 있더라도, 퇴직금채권에 대한 배당요구를 하였다고 볼 수는 없다.[41]

임금채권자가 배당요구를 하지 아니하여 배당을 받지 못하면, 적법한 배당요구를 한 경우에 배당받을 수 있었던 금액 상당의 금전이 후순위 채권자에게 배당되었다고 하더라도 이를 법률상 원인이 없는 것이라고 볼 수 없으므로, 후순위 채권자를 상대로 부당이득반환청구도 할 수 없다.[42]

한편 임금채권자가 배당요구는 하였으나 채권계산서를 제출하지 아니하여

---

38) 민법·상법, 그 밖의 법률에 따라 우선변제청구권이 있는 채권자는 매각대금의 배당을 요구할 수 있다.

39) 민집법(법률 6627호) 제정 전 구 민소법상의 판례로서 경락기일까지 배당요구를 해야 한다는 취지의 판례로는 대법원 1996. 12. 20. 선고 95다28304 판결, 대법원 1997. 2. 25. 선고 96다10263 판결, 대법원 1998. 10. 13. 선고 98다12379 판결, 대법원 2000. 9. 29. 선고 2000다32475 판결, 대법원 2002. 1. 22. 선고 2001다70702 판결, 대법원 2002. 1. 25. 선고 2001다11055 판결, 대법원 2005. 8. 25. 선고 2005다14595 판결(이에 대한 평석으로는 이상민, 127~135면).

40) 대법원 2001. 3. 23. 선고 99다11526 판결, 대법원 2008. 12. 24. 선고 2008다65242 판결.

41) 대법원 2008. 12. 24. 선고 2008다65242 판결.

42) 대법원 1996. 12. 20. 선고 95다28304 판결(이에 대한 평석으로는 정재성, 145면 이하), 대법원 1997. 2. 25. 선고 96다10263 판결(이에 대한 평석으로는 김현석, 216면 이하; 서기석, 146면 이하), 대법원 2002. 1. 22. 선고 2001다11055 판결, 대법원 2005. 8. 25. 선고 2005다14595 판결.

배당을 받지 못한 경우 부당이득반환청구가 가능한지에 관하여는, 배당표는 실체적 권리관계를 확정짓는 효력은 없으므로 부당이득반환청구가 가능하다는 견해와 배당절차에서 배당요구를 하지 않은 잘못과 구별할 이유가 없으므로 배당요구를 하지 아니한 경우와 마찬가지로 부당이득청구를 허용하지 않아야 한다는 견해가 있을 수 있다.

(2) 가압류를 한 임금채권자의 우선변제권

임금채권자가 부동산에 대한 경매신청 기입등기 전에 그 부동산에 가압류를 한 경우에는 배당요구를 하지 않더라도 배당요구를 한 것과 동일하게 취급되므로(민집법 148조 3호), 채권계산서를 제출하지 아니하였다 하여 배당에서 제외되지는 않는다.[43] 이 경우 임금채권자가 계산서를 제출하지 않았더라도 집행법원이 직권으로 조사하여 배당에 포함시켜야 한다.

다만, 임금채권자가 그 가압류의 피보전권리가 우선변제권 있는 임금채권임을 소명하지 않았을 때에도 우선변제권을 인정할 것인지 문제된다.[44] 이 문제는 결국 경매개시 전에 당해 부동산에 가압류 집행을 한 임금채권자가 우선변제를 받기 위해서는 어느 시점까지 이를 주장해야 하는지의 문제이다. 가능한 해석 방법으로는 배당요구 종기까지 우선변제권을 주장·소명하여야 우선권을 인정받을 수 있다는 견해(배당요구종기설)[45]와 언제든지 우선권을 주장할 수 있다는 견해(무제한설),[46] 절충적으로 배당표 확정 전까지 주장·소명하여야 우선권이 인정된다는 견해(배당이의시설)[47]가 있을 수 있다.

배당요구종기설은 잉여의 가망성 없는 경매절차의 진행을 막을 수 있고 경매절차의 안정을 이룰 수 있는 장점이 있으나 임금채권자 보호에 문제가 있고, 무제한설은 임금채권자를 강력하게 보호할 수는 있으나 경매절차가 불안정해지고 다른 채권자에게 희생을 강요하는 문제가 있다.

판례는, 민사집행절차의 안정성을 보장하여야 하는 절차법적 요청과 근로자의 임금채권을 보호하여야 하는 실체법적 요청을 함께 고려하여 우선변제권

---

43) 대법원 1995. 7. 28. 선고 94다57718 판결.

44) 자세한 내용은 박철, 624면 이하.

45) 신청·집행의 실무, 331면; 윤경, 316면. 민집법 개정 전에는 경락시까지 배당요구를 해야 한다는 견해로서 경락시설이라고 한다.

46) 부산고법 1999. 8. 20. 선고 99나2362 판결(심리불속행으로 상고기각); 이흥구, 282면(이 견해에 따르면 배당이 완료된 이후에는 부당이득반환청구가 가능하다는 결론에 이르게 된다).

47) 박철, 639면.

이 있는 임금채권자가 경매절차개시 전에 경매 목적 부동산을 가압류한 경우에는 배당요구의 종기까지 우선권 있는 임금채권임을 소명하지 않았다고 하더라도 배당표가 확정되기 전까지 그 가압류의 청구채권이 우선변제권 있는 임금채권임을 소명하면 우선배당을 받을 수 있는 것으로 해석하여 절충설인 배당이의 시설을 취하고 있는 것으로 보인다.[48]

실무상으로는 가압류를 한 임금채권자가 배당요구의 종기까지 임금채권의 내용을 알 수 있는 증빙서류를 제출하지 아니하여 임금채권임을 신고하지 않더라도 가압류결정문에 명기된 청구금액과 그 청구채권의 내용이 임금채권에 해당된다는 것을 알 수 있는 경우, 경매법원은 직권 조사를 통하여 확인된 내용의 한도 내에서는 임금채권의 우선변제권 내용에 따라 배당을 실시한다. 경매법원은 직권조사의 방법으로 배당을 위한 채권금액을 조사할 수 있기 때문이다. 경매법원이 직권 조사를 통하여 가압류채권이 일응 임금채권임은 확인하였으나 그 임금채권이 법 38조 1항에 해당하는 일반 우선변제권 있는 임금채권인지, 아니면 법 38조 2항에 해당하는 최우선변제권 있는 임금채권인지를 알 수 없는 경우에는 일반 우선변제권 있는 임금채권으로 취급하여 배당을 실시한다.[49] 다만, 이 경우에도 경매법원은 가압류채권자에게 적극적으로 석명권을 행사하여 최우선변제권 유무를 가릴 필요가 있다.

#### (3) 가압류한 임금채권자가 배당에서 제외된 경우의 구제

가압류를 한 임금채권자가 배당요구의 종기까지 우선변제권을 주장·소명하지는 못하였으나 배당표의 확정 이전에 이를 주장·소명하였음에도 경매법원이 임금채권자에게 우선 배당을 하지 않은 경우, 임금채권자는 당해 배당기일에 출석하여 이의를 진술하고 배당이의의 소를 제기할 수 있음은 물론이고, 후순위 채권자를 상대로 부당이득반환청구 소송을 제기하여 구제받을 수도 있다.[50] 이러한 경우는 배당을 받아야 할 자가 배당을 받지 못하고 배당을 받지 못할 자가 배당을 받은 것이어서 배당에 관하여 이의를 하였는지 여부나 형식상 배당절차가 확정되었는지 여부와 상관없이 부당이득반환청구권을 가진다고 보아야 한다.

48) 대법원 2002. 5. 14. 선고 2002다4870(이 판결이 무제한설의 입장을 취한 판결이라고 볼 수도 있다는 주장이 있다. 자세한 내용은 박철, 639면 이하), 대법원 2004. 7. 22. 선고 2002다52312 판결.

49) 이러한 해석을 절충설이라고 보는 견해도 있다(박종훈, 656~657면).

50) 대법원 2004. 7. 22. 선고 2002다52312 판결. 자세한 내용은 김용상, 229면 이하.

만약, 가압류권자는 이해관계인이 아니므로 배당기일을 확인하고 그 기일에 출석하여 배당이의 진술을 하여야만 구제받을 수 있다고 보게 되면, 임금채권자를 보호하려는 법의 취지를 몰각하는 것이기 때문이다.[51] 판례도 같은 취지이다.[52]

#### (4) 우선변제권 소명 방식

임금채권자가 배당요구를 하면서 제출해야 할 '배당요구의 자격을 소명하는 서면'에 관하여는 대법원 재판예규 '근로자의 임금채권에 대한 배당시 유의사항'(재판예규 1120호; 재민 97-11)에서 '1. 근로자의 임금채권 우선변제권에 기한 배당요구시 첨부할 소명자료'라는 항목으로 구체적으로 규정하고 있다.[53]

#### (5) 선정당사자의 배당요구

실무상 다수 근로자가 임금채권의 배당요구를 할 때 선정당사자 제도를 많이 이용한다.[54] 집행법원은 배당표에 선정당사자를 채권자로 기재하고, 선정자별 임금 합계액을 채권액으로 기재하며, 배당표에 선정자와 선정자별 배당채권액 목록을 첨부한다. 배당금 출급명령서도 선정당사자를 채권자로 기재한다. 선정당사자는 선정자인 근로자들의 위임장 등 특별한 절차 없이 스스로 배당금 전액을 지급받을 수 있다. 선정당사자는 배당요구를 할 때 일정한 서류[55]를 구비하여 신청하여야 한다(재판예규 1120호; 재민 97-11).

실무상으로는 근로자들이 대표자를 선임하여 그의 명의로 배당요구를 하는 경우가 있으나 집행법상 대표자인 근로자를 제외한 나머지 근로자들에 대하여

---

51) 배당요구를 하지 않은 임금채권자에 대하여는 부당이득반환청구권이 인정되지 않는다는 판례가 있으나 가압류권자는 배당요구를 한 것으로 취급되므로 이러한 해석이 위 판례에 배치되지는 않는다.

52) 대법원 2004. 7. 22. 선고 2002다52312 판결(이에 대한 평석으로는 김용상, 218~234면), 유사한 취지의 판례로는 대법원 1988. 11. 8. 선고 86다카2949 판결.

53) 제출할 서류는 다음과 같다. 법원의 확정 판결(판결 이유에서 배당요구채권이 우선변제권 있는 임금채권이라는 판단이 있는 것)과 고용노동부 지방사무소에서 발급한 체불임금확인서 중 하나. 그리고 (i) 국민연금보험료 원천공제계산서, (ii) 근로소득 원천징수영수증, (iii) 국민연금보험료 납부사실 확인서, (iv) 국민건강보험료납부사실 확인서, (v) 고용보험피보험자격취득확인통지서, (vi) 위 (i)~(iv) 서면을 제출할 수 없는 부득이한 사정이 있는 때에는 사용자 작성 근로자명부 또는 임금대장의 사본(사용자가 사업자등록을 하지 아니하는 등의 사유로 위 (i)~(iv) 서면을 발급받을 수 없다는 사실을 소명하는 자료를 같이 제출) 중 하나.

54) 선정당사자를 선정하여 배당요구를 한 경우와 경매절차가 개시되기 전에 선정당사자 명의로 가압류를 한 경우가 있다. 후자의 경우에는 집행법원은 직권으로 근로자별 임금채권액을 조사하여야 한다.

55) 선정당사자를 포함한 선정자의 성명·주소가 기재된 당사자선정서, 선정자별 배당요구 임금채권액이 기재된 서면, 선정자별 임금채권이 우선변제권이 있는 임금채권임을 소명하는 서면.

우선변제권을 인정할 근거가 없어 허용될 수 없다.[56] 또한 근로자 대표자가 사용자와 약속어음 공정증서 등을 작성하고 그에 기하여 자신의 명의로 배당요구를 하여도 임금채권의 우선변제권은 인정되지 않는다.

### 바. 임금채권 대위변제자 또는 후순위 채권자의 우선변제권

#### (1) 대위변제자 또는 후순위 채권자의 임금채권 대위

사용자 아닌 자가 사용자를 대신하여 임금채권을 변제한 경우 그 변제자는 민법 482조에 따라 구상할 수 있는 범위 안에서 임금채권을 행사할 수 있다. 앞서 본 바와 같이 사용자 소유의 여러 재산 중 일부만 강제집행되었을 때 그 매각대금에서 임금채권자가 다른 채권자보다 우선하여 변제를 받으면 그 후순위 채권자는 사용자 소유의 다른 부동산의 강제집행 절차에서 임금채권자에 밀려 배당받지 못한 금액 한도 안에서 임금채권자를 대위한다.[57]

그리고 채무자를 위해 변제한 자(임의대위)는 제 3 자에게 대항하기 위하여는 확정일자 있는 증서에 의한 대위의 통지나 승낙을 해야 하는데(민법 480조 2항, 450조 2항), 이 때 제 3 자는 대위변제의 목적인 그 채권 자체에 관하여 대위변제자와 양립할 수 없는 법률상 지위에 있는 자를 의미하므로, 사용자의 재산에 대한 근저당권자는 여기서 말하는 제 3 자에 해당하지 않는다. 따라서 임금채권을 대위변제한 자가 가지는 변제자 대위의 효력은, 변제받은 근로자들이 사용자에게 대위 통지를 한 이상, 근저당권자가 신청하여 개시된 경매절차에서 압류의 효력이 발생한 날보다 대위 통지의 날짜가 늦더라도 아무런 영향이 없다.[58]

#### (2) 우선변제권 인정 여부

임금채권의 대위변제자는 임금채권자가 가지던 우선변제권을 그대로 가진다. 이렇게 대위변제자에게 우선변제권을 인정하더라도 근로자에게 임금이 직접 지급된 점에 비추어 볼 때 이러한 우선변제권 인정이 임금 직접 지급의 원칙에 위반된다고 볼 수도 없다.[59]

---

56) 실무상 집행법원은 이 경우 그 대표자 이외의 근로자의 배당요구로서는 효력이 없다는 사실을 고지하고 보완을 명하기도 한다.

57) 대법원 2002. 12. 10. 선고 2002다48399 판결, 대법원 2003. 9. 5. 선고 2001다66291 판결, 대법원 2005. 9. 29. 선고 2005다34391 판결, 대법원 2009. 11. 12. 선고 2009다53017, 53024 판결

58) 대법원 1996. 2. 23. 선고 94다21160 판결(이에 대한 평석으로는 김교창, 14~15면).

59) 대법원 1996. 2. 23. 선고 94다21160 판결, 대법원 2002. 12. 10. 선고 2002다48399 판결, 대법원 2011. 1. 27. 선고 2008다13623 판결, 대법원 2015. 11. 27. 선고 2014다208378 판결.

그리고 앞서 본 바와 같이 사용자가 소유하던 여러 부동산 중 일부가 먼저 경매되고 그 경매 대금에서 임금채권자가 담보권자에 우선하여 변제를 받으면 민법 368조 2항 후문이 유추 적용되어 그 후순위 담보권자는 임금채권자에 밀려 배당받지 못한 금액 한도 안에서 임금채권자를 대위하게 되고, 이 때에도 임금채권자를 대위하는 담보권 등 채권자에게도 우선변제권이 인정된다.[60]

다만, 이 경우에도 우선변제를 받을 수 있는 대위변제자 또는 차순위 채권자는 배당요구의 종기까지 배당요구를 한 경우에 한하여 배당을 받을 수 있다.[61] 다만 이 때 임금채권자가 사용자 소유의 부동산을 가압류하였다면 대위변제자는 배당표가 확정되기 전까지 그 가압류의 피보전채권이 우선변제권 있는 임금채권으로서 그 임금채권자를 대위할 권리가 있음을 소명하면 배당요구 종기까지 별도의 배당요구를 하지 아니하였더라도 임금채권자를 대위하여 배당에 참가할 수 있다. 경매절차가 개시되기 전에 그 경매목적물인 부동산을 가압류한 채권자는 배당요구를 하지 아니하더라도 배당요구를 한 것과 동일하게 취급되기 때문이다.[62]

#### (3) 임금채권자를 대위하는 후순위 채권자의 우선변제권 범위

임금채권자를 대위하는 후순위 채권자가 우선변제권을 주장할 수 있는 범위는, 임금채권 우선변제권이 행사됨으로써 그 담보권자가 배당받지 못한 금액을, 사용자가 소유하는 수개 부동산의 경매대금에서 동시에 배당될 경우 각 부동산의 경매대금에 비례하여 임금채권자에게 배당될 임금채권 분담액의 비율에 따라 나눈 금액에 한정된다.[63]

60) 대법원 2002. 12. 10. 선고 2002다48399 판결, 대법원 2003. 9. 5. 선고 2001다66291 판결, 대법원 2005. 9. 29. 선고 2005다34391 판결, 대법원 2009. 11. 12. 선고 2009다53017,53024 판결.

61) 대법원 2000. 9. 29. 선고 2000다32475 판결, 대법원 2002. 12. 10. 선고 2002다48399 판결.

62) 대법원 2002. 12. 10. 선고 2002다48399 판결.

63) 대법원 2002. 12. 10. 선고 2002다48399 판결, 대법원 2005. 6. 23. 선고 2005다19972 판결, 대법원 2014. 6. 26. 선고 2014다204857 판결. 위와 같이 민법 368조 2항 후문의 유추적용으로 후순위 담보권자 등이 입는 불이익을 조금은 완화할 수 있기는 하나, 그나마 사용자 소유의 다른 부동산이 남아 있는 경우에만 대위권을 행사할 수 있을 뿐, 임금채권자들이 제일 마지막으로 종료되는 경매절차에서 비로소 배당을 받는 경우에는 그 경매절차의 후순위 저당권자는 대위할 기회를 가질 수 없게 된다. 또한 임금채권자가 배당이의소송에서 비로소 우선변제권을 입증하여 우선배당을 받거나, 더 나아가 부당이득반환청구를 통하여 우선변제권을 실현하는 것까지 허용될 경우, 그러한 절차가 진행되는 동안 그 경매절차의 후순위 담보권자 등은 다른 경매절차에서 임금채권자를 대위할 기회를 놓쳐버릴 가능성이 크다. 이러한 사정 때문에 실제 후순위 담보권자 등이 대위권을 행사할 가능성은 크지 않다.

#### (4) 예상치 못한 부담을 인수한 경매 매수인의 구제

사용자의 재산이, 주택임대차보호법이나 상가건물 임대차보호법에 따라 제3자에게 대항할 수 있는 임대차계약의 목적물일 때, 그 재산에 대한 경매절차에서 매수인은 임차인이 경매절차에서 우선 변제받을 것을 예상하고 물건을 매수하였는데, 가압류한 임금채권자가 배당요구 종기 이후 배당기일 전까지 기간 사이에[64] 최우선변제권을 소명하여 우선 배당을 받는 경우 임차인은 순위에 밀려 보증금의 전부 또는 일부를 배당받지 못하게 되는 경우가 있고, 이 때 임차인은 받지 못한 보증금에 관하여 매수인에게 대항력을 행사하여 임차권의 존속을 주장할 수 있게 된다.[65]

이러한 경우 매수인은 임차인이 배당받지 못한 보증금에 관하여 반환 채무를 승계하게 되는 예상치 못한 손해를 입을 수 있다. 이에 대해 주택임대차보호법 3조 5항과 상가건물 임대차보호법 3조 3항은 임차주택 또는 상가건물의 경매의 경우에 담보책임에 관한 민법 575조 1항·3항, 578조의 규정을 준용하도록 함으로써 매수인을 보호하고 있다.

이와 별도로 민사집행 절차에서도 절차의 진행 정도에 따라 다음과 같은 몇 가지 구제책을 마련하고 있다.

##### ㈎ 대금납부 전의 단계

가압류한 임금채권자가 나중에 우선변제권을 소명하는 바람에 대항력과 우선변제권을 모두 갖춘 임차인이 배당을 받지 못하고 대항력을 행사함으로써 매수인이 인수할 부담이 증가하는 것은 '부동산에 관한 중대한 권리관계가 변동된 경우'에 해당할 여지가 크다.

이 경우 매각허가결정 확정 전 단계에서는 최고가매수신고인 또는 매수인

64) 가압류한 임금채권자의 우선변제권 소명시기에 관한 학설 가운데 절충설을 취할 때를 전제한 것이다.

65) 주택임대차보호법상의 대항력과 우선변제권의 두 가지 권리를 인정하고 있는 취지가 보증금을 반환받을 수 있도록 보장하기 위한 데에 있는 점과 경매절차의 안정성, 경매이해관계인들의 예측가능성 등을 아울러 고려하여 볼 때, 두 가지 권리를 겸유하고 있는 임차인이 먼저 우선변제권을 선택하여 임차주택에 대하여 진행되고 있는 경매절차에서 보증금 전액에 대하여 배당요구를 하였다고 하더라도, 그 순위에 따른 배당이 실시될 경우 보증금 전액을 배당받을 수 없었던 때에는 보증금 중 경매절차에서 배당받을 수 있었던 금액을 공제한 잔액에 관하여 매수인에게 대항하여 이를 반환받을 때까지 임대차관계의 존속을 주장할 수 있다고 봄이 상당하다(대법원 1997. 8. 22. 선고 96다53628 판결, 대법원 2001. 3. 23. 선고 2000다30165 판결 등).

은 매각허가에 대한 이의신청(민집법 121조 6호)을 하거나 매각허가결정에 대한 즉시항고(민집법 129조)를 할 수 있고, 매각허가결정이 확정된 후라면 매수인은 대금납부 전까지 매각허가결정의 취소 신청(민집법 127조 1항)을 할 수 있다.

(나) 대금납부 후 배당실시 전의 단계

주택이나 상가건물인 목적물에서 앞서 본 바와 같은 매수인의 예측치 못한 부담이 생겼을 때 이미 매수인이 대금까지 납부한 후라면, 먼저 매수인은 민법 578조, 575조 1항 · 3항에 따라 담보책임을 물을 수 있다. 즉 매수인은 계약의 목적을 달성할 수 없을 때 한하여 계약(경매에 따른 매매계약)을 해제할 수 있고, 나머지 경우에는 손해배상만을 청구할 수 있다. 이 경우 채무자가 무자력인 때에는 매각대금을 배당받은 채권자에게 대금의 전부 또는 일부의 반환을 구할 수 있다. 채무자가 권리의 흠결을 알고 고지하지 아니하거나 채권자가 이를 알고 경매를 청구한 때에는 채무자 또는 채권자에게 손해배상을 청구할 수 있다. 다만, 이 권리는 매수인이 그 사실을 안 때부터 1년 안에 행사하여야 한다(이상 주택임대차보호법 3조 5항; 상가건물 임대차보호법 3조 3항; 민법 575조 1항 · 3항, 578조).

이와 같은 민법상의 담보책임에 따른 구제 외에 경매 절차에서 매각허가결정을 취소할 수 있는지에 관하여는 긍정설과 부정설 모두 가능하나, 민집법 규정상 대금납부 후에 이러한 사정을 이유로 매각허가결정을 취소할 수 있는 근거가 없다는 점을 논거로 삼는 부정설이 유력하다.

(다) 배당실시 후의 단계

대금 납부와 이에 따른 배당까지 마친 후에는 매수인은 경매 절차에서 구제될 방법이 없고, 민법상의 담보책임만 물을 수 있다.[66]

## 사. 이미 담보권이 설정된 부동산을 양수한 사용자에 대한 임금채권 최우선변제권

### (1) 개 요

사용자가 이미 담보권이 설정되어 있는 부동산을 취득한 경우, 임금채권자가 이 담보권부 부동산에 대하여 임금채권의 우선변제권을 주장할 수 있는지 문제된다. 이에 대하여는 최우선변제권 있는 임금채권은 언제나 저당권에 우선한다는 견해(최우선변제임금우선설), 저당권이 언제나 우선한다는 견해(저당권우선

66) 대법원 2003. 4. 25. 선고 2002다70075 판결.

설),[67] 양도인에 대하여 저당권 등에 우선하는 체불임금 등이 있을 것을 조건으로 또 그 금액을 한도로 하여 양수인에 대한 최우선변제권 있는 임금채권이 저당권에 우선한다는 견해(절충설)[68]로 나뉠 수 있다.

### (2) 사례별 검토

#### ㈎ 일반적인 경우

법 38조 2항에 규정된 임금채권의 우선변제권은 사용자가 재산을 특정승계로 취득하기 전에 설정된 담보권에 대해서까지 그 임금채권의 우선변제권을 인정한 취지는 아니다. 왜냐하면, 저당권자는 저당권설정자인 양도인이 지게 되는 부담이 아닌 것에 의하여 담보권을 침해당할 수는 없기 때문이다. 따라서 사용자가 이미 담보권이 설정되어 있는 부동산을 양수한 경우에는 원칙적으로 최우선변제권이 있는 임금채권자가 담보권자에 우선하지 않는다고 보아야 한다. 판례도 같은 취지이다.[69]

#### ㈏ 사용자의 인적 조직과 물적 설비가 포괄 승계되는 경우[70]

영업의 인적 조직이나 물적 설비가 일체로서 포괄적으로 이전되는 영업 포괄 승계의 경우에는 신규 채용의 형식을 취하였는지 여부와 관계없이 근로자들의 근로관계가 승계인에게 단절 없이 승계되는 경우이므로, 승계 전 사용자가 설정한 담보권에 우선하던 임금채권은 승계 후 사용자와 관계에서도 우선변제권이 있는 임금채권이 되고, 그 담보권에 우선하여 변제받을 수 있다(승계 후 사용자가 소유하는 다른 재산에 대해서도 승계 전에 발생한 임금채권은 우선변제권을 가진다. 앞서 설명한 추급효 부분 참조).[71] 이는 임금채권을 갖는 근로자가 영업양도

---

67) 김상근, 247면.

68) 양도인이 많은 체불임금을 부담하고 있어 저당권자 등은 체불임금 중 최우선특권의 대상이 되는 최종 3월분의 임금, 퇴직금 등을 공제하고 남은 금액만을 배당받을 수 있었을 텐데 저당목적물이 제 3 자에 양도되는 우연한 사정에 의하여 저당권자가 그만큼의 부당이득을 취하는 것은 바람직하지 못하기 때문에 최우선특권에 대하여도 절충설을 취하거나 담보물권자의 예측가능성을 침해하지 않는 범위 내에서 양도·양수 전에 설정된 저당권 등의 피담보채권액의 범위를 제한하여 담보물권자와 근로자들의 이익을 조화하는 해석을 하여야 할 것이라는 취지의 절충적 견해도 있다(정채종, 222면).

69) 대법원 1994. 1. 11. 선고 93다30938 판결, 대법원 2002. 10. 8. 선고 2001다31141 판결, 대법원 2004. 5. 27. 선고 2002다65905 판결.

70) 영업양도, 개인 사업체와 법인 상호간의 전환, 회사의 조직 변경, 합병 등을 예상할 수 있다.

71) 대법원 2002. 10. 8. 선고 2001다31141 판결(영업양도의 사안이다), 대법원 2004. 5. 27. 선고 2002다65905 판결(개인 사업체가 법인으로 전환된 사안이다). 한편, 저당목적물의 양도가 있는 것은 아니지만, 법인격 부인의 법리를 원용하여 법인에 고용된 근로자에 대하여도 법인을

를 전후하여 동일하다면 저당권설정자(양도인)에 대한 임금채권에 우선할 수 없는 저당권이 저당목적물의 양도라는 우연한 사정에 의하여 그 이상으로 보호될 필요는 없다는 점, 이러한 경우까지 양수인에 대한 임금 등의 우선변제권을 부정한다면 근저당권자의 지위를 영업양도 전보다 부당하게 강화하고, 동일한 당사자 사이의 우열관계를 역전시키는 것이 되어 형평과 근로자 보호라는 공익적 요청에 반한다는 점(판례가 든 논거이다)에 비추어 볼 때 타당한 결론이다.

**㈐ 포괄 승계 후에 신규 채용된 근로자의 임금채권**

위 ㈏항의 사례에서 포괄 승계 이후에 신규 채용[72]된 근로자들에 대해서도 임금채권 우선변제권이 인정되는지에 관하여, 판례는 이를 긍정한다(앞서 설명한 추급효 부분 참조).[73]

### 4. 우선변제권이 인정되는 임금채권의 범위

#### 가. 개　　요

우선변제를 받을 수 있는 채권은 법 38조 1항에 규정된 '임금, 재해보상금, 그 밖에 근로관계로 인한 채권'과 퇴직급여법 12조 1항에 규정된 '퇴직금', '퇴직급여법 15조에 따른 확정급여형퇴직연금제도의 급여', '퇴직급여법 20조 3항에 따른 확정기여형퇴직연금제도의 부담금 중 미납입 부담금 및 미납입 부담금에 대한 지연이자', '퇴직급여법 제23조의7 제1항에 따른 중소기업퇴직연금기금제도의 부담금 중 미납입 부담금 및 미납입 부담금에 대한 지연이자', '퇴직급여법 25조 2항 4호에 따른 개인형퇴직연금제도의 부담금 중 미납입 부담금 및 미납입 부담금에 대한 지연이자' 등이다(이하 '퇴직급여등'이라 한다). 이렇게 인정되는 우선변제권을 일반 우선변제권이라 부르기로 한다.

이 중 최우선변제를 받을 수 있는 채권은 법 38조 2항에 규정된 '최종 3개월분의 임금, 재해보상금'과 퇴직급여법 12조 2항에 규정된 '최종 3년간의 퇴직급여등'이다. 이렇게 인정되는 우선변제권은 최우선변제권이라 부르기로 한다.

---

실제로 운영한 개인의 재산에 대하여 우선변제권을 인정한 사례로는 대법원 2000. 2. 25. 선고 98다23621 판결; 조윤신, 522면 이하.

72) 합병 등에서 기존의 근로자를 신규채용 형태로 고용 승계를 한 경우는 ㈏항의 경우에 해당한다. 여기서 설명하는 내용은 기존 근로자가 아닌 순수하게 신규 채용된 근로자의 경우이다.

73) 대법원 2004. 5. 27. 선고 2002다65905 판결(이에 대한 평석으로는 조윤신, 497면 이하; 탁경국, 105면 이하).

사용사업주가 파견법 34조 2항에 따라 근로자에 대하여 임금지급의무를 부담하고 그에 따라 파견근로자가 사용사업주에 대하여 임금채권을 가지는 경우, 파견근로자의 복지증진에 관한 파견법의 입법 취지와 더불어 사용사업주가 파견사업주와 연대하여 임금지급의무를 부담하는 경우 임금 지급에 관하여 사용자로 본다는 파견법 34조 2항 후문 및 근로자의 최저생활을 보장하려는 근기법 38조 2항의 규정 취지를 고려하여 보면, 파견근로자의 사용사업주에 대한 임금채권에 관하여도 근기법 38조 2항이 정하는 최우선변제권이 인정된다고 봄이 타당하다.[74]

### 나. 일반 우선변제권이 인정되는 임금채권의 범위

#### (1) 임　　금

법 38조 1항에서 말하는 '임금'은 법 2조 1항 5호에 규정된 임금 중 지급받지 못한 부분을 의미한다. 기본 임금을 포함하여 각종 수당, 상여금 등을 포함한다.

#### (2) 재해보상금

재해보상금은 모두 최우선변제권이 인정되므로 아래 최우선변제권 대상 부분에서 자세히 살핀다.

#### (3) 그 밖에 수당과 근로관계로 인한 채권

'그 밖에 근로관계로 인한 채권'이란 근로관계로 인하여 발생한 일체의 금전적 청구권을 말한다. 예를 들면 보증금, 적립금, 저축금의 반환, 예치하였거나 보관한 금품의 반환, 해고 예고 수당 등이다.[75]

근로관계로 인한 채권으로 해석되는 휴업수당,[76] 선원법 37조에 규정된 실업수당도 여기에 포함된다(선원법 152조의2).[77] 근로자가 당한 업무상 재해가 사용자의 불법행위가 되기도 하는 경우 이에 근거하여 근로자가 취득한 민사상 손해배상채권(주로 민사소송 제기 후 승소 판결을 받게 된다)은 민법상의 불법행위에 따른 일반채권에 불과하므로 여기서 말하는 재해보상금이나 그 밖에 근로관계로 인한 채권에 포함되지 않는다.[78] 업무상 재해가 고용계약에서 파생되는 부수

74) 대법원 2022. 12. 1. 선고 2018다300586 판결.
75) 하갑래, 352면.
76) 노동부 질의회시 1993. 2. 15. 임금 68207-81.
77) 하갑래, 352면.

적인 의무를 제대로 이행하지 못함으로 인하여 발생하는 경우 이에 근거하여 근로자가 취득한 민사상의 손해배상청구권 역시 근로관계 자체로 인하여 발생한 채권이 아니다.

임금, 퇴직금 등의 채무 이행 지체에 따른 지연손해금은 사법상의 채무불이행에 따른 일반채권일 뿐 근로관계 자체로 인하여 발생한 채권은 아니므로 역시 이에 해당하지 않는다.[79] 임금을 통화로 받지 않고 약속어음으로 받은 경우는 금품 청산의 기일 연장 합의에 불과하므로 그 채권은 임금채권 우선변제의 대상이 된다.[80]

#### (4) 퇴직급여등

사용자에게 지급의무가 있는 퇴직금, 퇴직급여법 15조에 따른 확정급여형 퇴직연금제도에 따라 지급하는 급여, 퇴직급여법 20조 3항에 따른 확정기여형 퇴직연금제도의 부담금 중 미납입 부담금 및 미납입 부담금에 대한 지연이자, 퇴직급여법 제23조의7 제1항에 따른 중소기업퇴직연금기금제도의 부담금 중 미납입 부담금 및 미납입 부담금에 대한 지연이자, 퇴직급여법 25조 2항 4호에 따른 개인형퇴직연금제도의 부담금 중 미납입 부담금 및 미납입 부담금에 대한 지연이자가 그 대상이 된다.

퇴직금의 경우 법정퇴직금 뿐만 아니라 취업규칙 등으로 정해진 누진율에 따른 퇴직금도 포함되는 것으로 본다.[81]

### 다. 최우선변제권이 인정되는 임금채권의 범위

#### (1) 최종 3개월분의 임금

##### ㈎ 기 산 점

언제부터 3개월분의 임금이 되는지, 즉 '최종'의 기산점을 언제로 볼 것인지가 문제된다. 임금채권의 최우선변제권이 사용자의 재산에 대한 집행 절차와 관련하여 이를 보호하는 데 그 의미가 있으므로, 최종 3개월분의 임금을 말할 때 그 기산점은 강제집행이나 임의경매의 배당요구와 관련하여 배당요구 이전

78) 노동부 질의회시 1990. 9. 12. 임금 32240-12784.

79) 대법원 2000. 1. 28.자 99마5143 결정.

80) 노동부 질의회시 1982. 12. 10. 근기 1455-75; 하갑래, 353면. 이 경우는 그 밖에 근로관계로 인한 채권이 아닌 임금채권으로서 우선변제권의 적용을 받게 될 것이다. 다만, 청구권원을 약속어음금 청구로 할 경우 우선변제권은 부인된다.

81) 하갑래, 352면

에 이미 근로관계가 종료된 근로자의 경우에는 근로관계 종료일을, 배당요구 당시에도 근로관계가 종료되지 않은 근로자의 경우에는 배당요구 시점을 각각 그 기산점으로 보아야 한다.[82)]

판례도 "우선변제권에 의하여 보호되는 임금채권의 범위는 퇴직의 시기를 묻지 않고 사용자로부터 지급받지 못한 최종 3월분의 임금을 말하고 반드시 사용자의 도산 등 사업폐지 시로부터 소급하여 3개월 내에 퇴직한 근로자의 임금채권에 한정하여 보호하는 취지라고 볼 수 없다"고 판시하고 있다.[83)]

㈏ 의　　미

3개월분 임금이란 최종 3개월 사이에 지급사유가 발생한 임금 중 미지급분을 의미한다.[84)] 따라서 최종 3개월간은 임금을 전액 또는 일부 지급받았으나 그 이전에 임금을 일부 지급받지 못한 것이 있더라도 최종 3개월 이전의 미지급 임금은 여기에 해당되지 않는다.[85)]

또한 3개월분 임금이란 최종 3개월 사이에 지급사유가 발생한 임금채권을 의미하는 것이 아니라 최종 3개월간 근로한 부분에 대한 대가에 해당하는 임금채권을 말한다. 예를 들어, 설날 · 추석 · 연말 3회에 걸쳐 기본급의 일정 비율씩을 상여금으로 지급받는 회사에 근무하다가 설날, 연말 상여금을 받고 2월 말에 퇴직한 근로자의 경우, 그 상여금이 임금의 성질을 갖더라도 우선변제권이 인정되는 상여금은 퇴직 전 최종 3개월 안에 들어 있는 연말과 설날 상여금 전액이 아니라 퇴직 전 최종 3개월의 근로의 대가에 해당하는 부분을 의미한다.[86)]

㈐ 지연손해금 부분

공시방법이 있는 민법상의 담보물권에는 피담보채권에 포함되는 이자 등 부대 채권과 그 범위에 관하여 별도의 규정이 있으나 근기법상으로는 원본채권

82) 김상근, 255~256면; 이주홍, 431면; 해고와 임금, 153면. 사용자의 재산을 청산하여야 할 원인 사실이 발생한 날(예를 들면 도산하거나 사업 폐지한 날)을 기준으로 하여 그 이전의 3개월간 미지급된 임금의 총액을 말한다는 견해도 있다(오진환, 76면).

83) 대법원 1996. 2. 23. 선고 95다48650 판결, 대법원 1997. 11. 14. 선고 97다32178 판결.

84) 대법원 2015. 8. 19. 선고 2015다204762 판결.

85) 김상근, 257면; 대법원 1999. 4. 9. 선고 98다47412 판결, 대법원 2008. 6. 26. 선고 2006다1930 판결. 이 판례의 사례를 예로 들면, 근로관계가 2003. 10.경에 종료되었다면 근로계약관계 종료 시점으로부터 소급하여 3개월 이내인 2003. 8월분, 9월분, 10월분의 급여 및 상여금이 된다. 근로자가 2003. 8월분의 일부를 지급받았다고 하여 2003. 7월분의 급여가 포함되는 것은 아니다.

86) 대법원 2002. 3. 29. 선고 2001다83838 판결(이에 대한 평석으로는 이창한, 719면 이하).

에 대하여만 최우선변제권이 있다고 규정하고 있다. 임금 등 채권의 최우선변제권은 근로자의 생활안정을 위한 사회 정책적 고려에서 담보물권자 등의 희생 아래 인정되고 있기 때문이다. 따라서 임금 등에 대한 지연손해금 채권은 최우선변제권이 인정되지 않고 일반 채권과 안분하여 배당받는다.[87)]

(2) 최종 3년간의 퇴직금

1997. 12. 24. 개정 법 이후 최우선변제권이 인정되는 퇴직금은 '최종 3년분의 퇴직금'으로 한정되었고,[88)] 퇴직급여법 제정 이후에는 '최종 3년간의 퇴직급여등'으로 규정되었다(퇴직급여법 12조 2항). 여기서 최우선변제권이 인정되는 퇴직금, 퇴직급여법 15조에 따른 확정급여형퇴직연금제도의 급여는 계속근로기간 1년에 대하여 30일분의 평균임금으로 계산한 금액을 말한다(퇴직급여법 12조 3항). 즉 퇴직금 누진제가 실시되더라도 계속근로기간 1년에 대하여 평균임금 30일분을 초과하는 퇴직금 부분은 최우선변제권이 인정되지 않는다. 이 부분에서 일반우선변제권이 인정되는 퇴직금과 차이가 있음은 앞서 본 바와 같다.

(3) 재해보상금

재해보상금이란 법 8장에 규정된 요양보상금(법 78조), 휴업보상금(법 79조), 장해보상금(법 80조), 유족보상금(법 82조), 장의비(법 83조), 일시보상금(법 84조), 분할보상금(법 85조) 등을 말한다.[89)]

최우선변제권의 대상이 되는 재해보상금이란 사용자의 재산을 청산하여야 할 당시까지 입은 업무상 재해로 지급받게 될 재해보상금을 의미한다. 법상 재해보상의 요건과 산재법상 산재보험급여의 요건은 거의 일치하고, 급여액도 산재법상 보험급여가 더 많으므로, 재해가 발생하면 산재법이 적용되는 사업·사업장에서는 산재법상 보험급여로 법상 재해보상이 대부분 이루어진다. 따라서 최우선변제권의 대상이 되는 재해보상금은 산재법의 적용을 받지 않는 사업장

87) 대법원 2000. 1. 28.자 99마5143 결정. 금전채무 불이행의 경우 민법 397조 1항에 의하여 연 5푼의 지연이자가 당연히 발생함에 비추어 지연이자도 포함되어야 한다는 견해도 있다(임상기, 401면).

88) 1989. 3. 29.자 개정 법률에서 종래의 최종 3월분의 임금 이외에 퇴직금과 재해보상금이 추가되었는데 이 때 퇴직금은 임금과 마찬가지로 최종 3월분의 퇴직금을 말하는가 아니면 그 퇴직금 전부를 말하는가에 관한 논란이 있었다.

89) 임금 등 채권에 대한 최우선변제권이 인정된 1989. 3. 29. 법 개정 이후 발생한 업무상 재해에 따른 재해보상금만 최우선변제권이 인정된다(1989. 3. 29. 개정 법 부칙 2조). 가령 1989. 3. 28. 이전에 업무상 재해가 발생하였으나 1989. 3. 29. 이후에도 요양을 계속하는 경우에는 그 요양보상금에 대하여는 최우선변제권이 인정되지 않는다.

에만 주로 적용될 여지가 있다.

장래의 재해보상금 산정과 관련하여, 근로자가 요양을 계속하는 경우 앞으로 발생할 요양비, 휴업보상, 장해보상은 배당 시점에서 통상적으로 예견될 수 있는 기간 또는 상태를 기준으로 하여 최우선변제권 인정 범위를 확정하여야 한다. 다만, 요양보상에 따라 보상을 받는 근로자가 요양을 시작한 지 2년이 지나도 부상 또는 질병이 완치되지 아니하는 경우에는 사용자는 그 근로자에게 평균임금 1,340일분의 일시보상을 하여 그 후의 보상책임을 면할 수 있으므로(법 84조, 78조), 2년간의 요양보상과 일시보상액의 합계가 그 한도가 된다.[90]

### 5. 우선변제의 대상

#### 가. 개 요

임금채권 우선변제권을 행사할 수 있는 대상은 '사용자의 총재산'이다. 여기서 말하는 사용자의 총재산이란 근로계약의 당사자로서 임금채무를 1차적으로 부담하는 사업주인 사용자의 총재산을 뜻한다.[91]

#### 나. 사용자의 총재산 개념

##### (1) '사용자'의 개념

##### ㈎ 정 의

법상의 사용자란 '사업주 또는 사업 경영 담당자 그 밖에 근로자에 관한 사항에 대하여 사업주를 위하여 행위하는 자'를 말한다(법 2조 1항 2호).[92] 이러한 정의에 따른 사용자 가운데 사업주가 아닌 사용자의 재산을 우선변제권의 대상이 되는 사용자의 총재산으로 볼 수 있는지 문제된다.[93]

사용자의 개념은 각 법규의 입법목적 등에 따라 그 개념이 반드시 일치하

90) 하갑래, 352면.

91) 대법원 1996. 2. 9. 선고 95다719 판결, 대법원 1997. 12. 12. 선고 95다56798 판결, 대법원 1999. 2. 5. 선고 97다48388 판결.

92) 사업주는 사업자 개인 경영의 경우에는 경영주 개인을, 법인 경영의 경우에는 그 법인 자체를 말하고, 사업 경영 담당자는 사업 경영 일반에 관하여 책임을 지는 대표자, 이사, 지배인 등을 가리키며 미성년자, 피성년후견인을 사업주로 하는 경우에는 법정대리인, 후견인도 이에 포함되고, 그 밖에 근로자에 관한 사항에 대하여 사업자를 위하여 행위하는 자라 함은 인사, 급여, 후생, 노무관리 등 근로조건의 결정이나 업무명령의 발령, 구체적인 지휘·감독 등에 관여하는 자로서 사업주 또는 사업 경영 담당자의 편에서 근로자를 지휘·감독할 수 있는 지배력을 가진 자를 말한다.

93) 이를 인정하게 되면 임금우선변제권의 적용대상으로서 사업주 이외에 법인의 경우 대표이사, 이사, 지배인 등 사업 경영 담당자 등의 총재산에 대하여도 우선변제권이 인정되게 된다.

여야 하는 것이 아니고, 우선변제권의 입법취지는 근로자의 최저생활을 보장하고자 하는 공익적 요청에서 예외적으로 각종 채권 상호간의 우선변제 순위를 규정한 것이지 근로계약의 당사자인 사업주를 확대하려는 데 그 목적이 있는 것이 아니므로 이를 사업주로 제한하여 해석하는 것이 타당하다.[94] 판례도 우선변제권의 대상이 되는 사용자의 총재산을 사업주의 재산으로 한정하고 있다.[95]

#### (나) 회사의 대표자

사업자가 개인일 경우에는 그 개인사업자가 사용자가 될 것이나, 주식회사 등 회사의 경우에는 사용주가 법인이므로 우선변제권의 대상이 되는 사용자의 총재산은 법인의 총재산을 의미한다. 따라서 법인의 대표자인 대표이사 등 사업경영 담당자들의 재산은 이에 포함되지 않는다.[96]

#### (다) 합명회사의 사원 · 합자회사의 무한책임사원

합자회사 · 합명회사 역시 사용자는 원칙적으로 법인이고, 합명회사의 사원과 합자회사의 무한책임사원은 합자회사가 회사 재산으로 채무를 완제할 수 없거나 또는 회사 재산에 대한 강제집행이 효과를 거두지 못할 경우 보충적으로 회사의 채무에 대하여 책임을 진다. 무한책임사원은 사업주에 해당하지 않으므로 무한책임사원의 재산은 우선변제권의 대상인 사용자의 총재산에 포함되지 않는다.[97] 판례도 같은 취지이다.[98]

---

94) 오진환, 70면; 이성호, 195면, 하갑래, 353면.

95) 대법원 1996. 2. 9. 선고 95다719 판결(이에 대한 평석으로는 이성호, 184면 이하; 최기원, 14~15면), 대법원 1997. 12. 12. 선고 95다56798 판결, 대법원 1999. 2. 5. 선고 97다48388 판결.

96) 다만, 법인 자체가 형식상 사용자이지만 그 실체가 개인기업과 동일한 경우에는 상법상 법인격부인의 법리에 따라 회사의 채무에 대하여 개인재산으로 법인의 임금채무를 변제하게 할 수 있으므로, 대표이사 내지 실제 경영자 개인의 재산에 대하여도 임금채권 우선변제권을 인정하는 것이 가능한 경우가 있을 것이다.

97) 이를 인정하여야 한다는 견해도 있다. 그 근거로는 인적 회사가 법인이라고 하여 무한책임사원의 소유재산은 임금우선변제권의 대상이 되지 않는다고 하면 회사재산이 사실상 존재하지 않는 인적 회사의 임금채권자를 보호할 길이 없게 될 것이라는 점과, 법 38조는 단순히 각종 채권 상호간의 변제 내지는 배당순위를 규정한 것이 아니라 임금채권 우선변제권의 대상이 되는 책임재산의 범위를 어떻게 볼 것인지의 문제인데 합자회사의 경우 개인기업의 형태로 운영되고 법인 자체의 별다른 재산이 없는 경우가 많아 현실적으로 임금채권 우선변제권이 실효성을 거두기 곤란하다는 점 등을 들고 있다(자세한 내용은 송승용, 234면 이하; 최기원, 14면 이하).

98) 대법원 1996. 2. 9. 선고 95다719 판결(무한책임사원의 책임의 성질이 보충적인 점, 일반 담보권자의 신뢰보호 및 거래질서에 미치는 영향 등을 고려할 때 무한책임사원 개인 소유의 재산은 임금 우선변제권의 대상인 '사용자의 총재산'에 포함된다고 해석할 수 없다. 이에 대한 평석으로는 이성호, 184면 이하).

㈑ 직상수급인의 경우

사업이 수차의 도급으로 행하여질 때 하수급인이 직상수급인의 귀책사유로 근로자에게 임금을 지급하지 못하게 되는 경우 직상수급인은 하수급인의 근로자들에 대하여 하수급인과 연대하여 임금을 지급할 책임이 있고(법 44조 1항 본문), 직상수급인의 귀책사유가 그 상위수급인의 귀책사유에 의하여 발생한 경우에는 그 상위수급인도 연대하여 지급책임을 부담하게 된다(법 44조 1항 단서). 이 때 하수급인의 근로자에 대하여 임금 지급 의무를 부담하는 직상수급인 내지 상위수급인이 임금채권 우선변제권에서 말하는 사용자인지에 관하여는, 이를 적극적으로 보아야 한다는 견해도 가능하나,[99] 임금채권 우선변제권은 근로자의 임금채권 보호라는 정책적 요청에 따라 예외적으로 담보물권의 효력을 제한하고 일반채권보다 선순위 변제를 가능하게 하는 것이어서 그 개념을 제한적으로 해석할 필요가 있고, 일반적으로 직상수급인 내지 상위수급인을 하수급인 소속 근로자의 사용자라고 볼 수도 없으므로 이를 부정하는 것이 타당하다.[100] 판례도 또한 같다.[101]

다만, 직상수급인 또는 상위수급인과 하수급인의 근로자 사이에 묵시적인 근로관계가 성립하는 경우(건설 노무도급에서 자주 찾아볼 수 있다)에는 직상수급인 내지 상위수급인은 근기법상 사용자로 볼 수 있으므로 그 직상수급인 내지 상위수급인 소유의 재산은 우선변제권의 대상인 사용자의 총재산이 된다.[102]

㈒ 사용사업주의 경우

근로자파견계약에 따라 파견근로자를 사용하는 사용사업주는 파견사업주와 더불어 법 2조에서 규정한 사용자로 본다(파견법 2조 4호, 34조, 법 2조 1항 2호). 사용

99) 직상수급인등의 연대책임이 직상수급인등의 귀책사유를 요건으로 하고 있어 불측의 손해가 아니라는 점, 다단계의 하도급 구조를 가지는 우리나라에서는 하수급인의 근로자에 대한 보호라는 정책적 요청은 일반 근로자 보호의 요청보다 더 크다고 볼 수 있는 점, 하수급인이 우선변제권의 대상이 되는 사용자에 해당하는 이상 이와 연대하는 자를 배제할 필요는 없다는 점 등을 근거로 한다.

100) 그 밖에도 법 90조 1항은 "사업이 여러 차례의 도급에 따라 행하여지는 경우의 재해보상에 대하여는 원수급인을 사용자로 본다"고 규정하고 있으나, 법 44조 1항은 직상수급인을 사용자로 본다고 규정되어 있는 것이 아니라 하수급인과 연대하여 근로자에게 임금을 지급할 의무가 있음을 규정한 것에 불과하다는 점을 근거로 들기도 한다(송승용, 234면 참조).

101) 대법원 1997. 12. 12. 선고 95다56798 판결(이에 대한 평석으로는 김상철, 366면 이하; 이달휴, 47면 이하), 대법원 1999. 2. 5. 선고 97다48388 판결.

102) 대법원 1999. 2. 5. 선고 97다48388 판결.

사업주가 파견법에서 정한 사유로 파견사업주와 함께 임금지급채무를 부담하는 경우, 사용사업주에 대하여도 임금채권 우선변제권에 관한 법 38조가 적용된다고 보아야 하므로 사용사업주 소유의 재산은 우선변제권의 대상인 사용자의 총재산에 포함된다.

(2) 사용자의 '총재산'의 의미

사용자의 총재산에는 사용자가 소유하는 동산, 부동산은 물론, 물권, 채권,[103] 각종의 무체재산권, 광업권, 어업권 등이 모두 포함되나, 법률상 압류가 금지된 재산은 여기에 해당되지 않는다.[104] 그리고 소극 재산이 있다고 하여 사용자의 총재산을 그 소극 재산 규모만큼 공제할 것은 아니다.

사용자가 제 3 자에게 처분한 재산은 총재산의 범위에 포함되지 않는다는 점은 앞서 추급효 인정 여부에서 살펴본 바와 같다.

## Ⅱ. 압류의 제한

### 1. 개　　요

임금채권은 근로자의 인간다운 생활을 영위하기 위한 최소한의 경제적 보장 수단이다. 임금채권에 대한 강제집행으로부터 근로자를 보호하기 위하여 민집법 등 관련 법령은 임금채권에 대한 압류를 제한하고 있다. 이러한 압류 금지 규정들은 모두 강행규정이다.

### 2. 민집법상의 제한

가. 의　　의

민집법 246조 1항 4호, 5호는 임금 및 퇴직급여채권 중 일정 부분을 압류하지 못하도록 하여 근로자를 보호하고 있다. 이에 따르면, 급료·연금·봉급·상여금·퇴직연금, 그 밖에 이와 비슷한 성질을 가진 급여 채권과 퇴직금 그 밖에 이와 비슷한 성질을 가진 급여채권(이하 '급료 등 채권'이라 약칭한다)의 2분의 1에 해당하는 금액(Ⓐ)은 압류하지 못한다. 다만, 그 금액(Ⓐ)이 월 185만 원 미만일 경우에는 월 185만 원을 제외한 나머지 금액만 압류할 수 있고, 그 금액

103) 대법원 1994. 12. 9. 선고 93다61611 판결.
104) 이성호, 184면 이하.

(Ⓐ)이 300만 원을 넘는 경우에는 '300만 원+[급료 등 채권의 2분의 1(Ⓐ)−300만 원]×1/2'에 해당하는 금액을, 다시 말해 '300만 원+급료 등 채권액 중 600만 원을 초과하는 금액의 4분의 1'에 해당하는 금액을 압류하지 못한다. 이 때 급료 등 채권은 다수의 직장으로부터 급여를 받거나 여러 종류의 급여를 받는 경우에는 이를 합산한다(민집법 246조 1항 4호·5호; 민집법 시행령 3조 내지 5조).

위 규정에 불구하고 퇴직급여법상의 퇴직연금채권은 그 전액에 관하여 압류가 금지된다. 민집법과의 관계에서 특별법의 관계에 있는 퇴직급여법에서 퇴직연금제도의 급여를 받을 권리에 대하여 양도를 금지하고 있고(퇴직급여법 7조), 위 양도금지 규정은 강행법규에 해당하므로, 퇴직연금제도의 급여를 받을 권리에 대한 압류명령은 실체법상 무효이고, 제 3 채무자는 그 압류채권의 추심금 청구에 대하여 위 무효를 들어 지급을 거절할 수 있기 때문이다.[105)]

2005. 1. 27. 민집법 개정 전에는 단순히 급료 등 채권의 2분의 1을 압류하지 못하게 하였는데, 위 법 개정으로 단서가 추가됨으로써 압류제한액의 최저액을 정하여 근로자 또는 연금 수령인의 최저 생계를 보장하고, 고액 급여·연금을 받는 근로자 또는 연금 수령인이 필요 이상으로 압류제한의 보호를 받는 문제를 어느 정도 시정하고자 하였다.

유사한 규정을 가진 일본은 임금채권에 대하여는 4분의 3 상당액[그 액이 표준적인 세대의 필요생계비를 감안하여 내각의 명령(우리나라의 대통령령)이 정하는 금액을 넘는 때에는 그 명령이 정하는 금액]을 압류할 수 없도록 하고 있다(일본 민사집행법 152조).

### 나. 내 용

압류가 제한되는 급료 등 채권은, 근로자가 근로관계에서 근로를 제공한 대가로 계속적으로 수령하는 급여 채권을 모두 포함한다. 근로관계가 공법상의 것이든 사법상의 것이든 관계없다. 다만 주식회사 이사의 보수, 조합의 조합장의 보수와 같이 계속적 위임관계로 인한 것이 포함되는지 여부에 관하여는 찬반의 논의가 있다.[106)]

본봉 외에 소득세의 부과대상인 상여금과 각종 수당도 이에 포함된다. 여기의 수당에는 가족수당, 초과근무수당, 연월차휴가수당, 야간근무수당, 관리직수

105) 대법원 2014. 1. 23. 선고 2013다71180 판결.
106) 법원실무제요 민사집행(Ⅲ), 301면.

당, 직능수당, 특수근무수당 등이 포함된다. 그러나 통근비, 출장여비, 숙박비나 식비 등의 명목으로 지급되는 실비지급금은 제외된다.[107] 하지만 그러한 명목과 상관없이 근로 제공의 대가인 임금에 해당하는 것이라면 급여에 해당하여 압류 제한의 대상이 된다.

퇴직위로금이나 명예퇴직수당도 퇴직금 그 밖에 이와 비슷한 성질을 가진 급여채권에 해당한다.[108] 이에 대한 판단은 그 명칭에 따라 판단할 것이 아니라 실질적인 성격을 고려하여 판단하여야 한다.

급여채권의 2분의 1에 해당하는 금액이란 총액에서 소득세, 주민세, 보험금 등 원천징수액을 뺀 잔액의 2분의 1을 의미한다.[109]

### 다. 재판에 의한 압류금지채권의 범위 변경

법원은 당사자가 신청하면 채권자와 채무자의 생활 형편, 그 밖의 사정을 고려하여 민집법상 압류가 제한된 채권에 대하여 압류명령의 전부 또는 일부를 취소하거나 위 압류금지채권에 대하여 압류명령을 할 수 있다(민집법 246조 3항). 이 재판은 직권으로 할 수는 없으며, 채권자가 압류금지채권에 대한 압류명령을 신청하거나 채무자가 압류명령의 취소를 신청하여야 한다.[110]

## 3. 건설업 노임의 압류 제한

건설사업자가 도급받은 건설공사의 도급금액 중 당해 공사(하도급이 있는 경우 하도급 공사를 포함한다)의 근로자에게 지급하여야 할 임금에 상당하는 금액은 압류할 수 없다(건설산업기본법 88조 1항). 여기서 압류가 제한되는 임금에 상당하는 금액은 해당 건설공사의 도급금액 중 산출내역서에 적힌 임금을 합산하여 산정한다(건설산업기본법 시행령 84조 1항).

이와 같은 압류 제한은 건설업 종사 근로자의 생존권을 최소한도로 보장하려는 헌법상의 사회보장적 요구에 따라 근로자의 생활 안정을 실질적으로 보장하기 위한 것으로서, 이에 위반한 압류명령은 무효이다.[111]

---

107) 법원실무제요 민사집행(Ⅲ), 301면.
108) 대법원 2000. 6. 8.자 2000마1439 결정.
109) 법원실무제요 민사집행(Ⅲ), 301면.
110) 자세한 내용은 법원실무제요 민사집행(Ⅲ), 304면 이하.
111) 대법원 2000. 7. 4. 선고 2000다21048 판결.

### 4. 그 밖의 법률에 의한 압류 제한

공무원, 군인, 사립학교 교직원의 퇴직급여등은 전액 압류하지 못한다(공연법 39조; 군인연금법 18조; 사립학교교직원 연금법 40조).

그리고 국세 · 지방세의 체납처분을 할 때에는 급료 · 연금 · 임금 · 봉급 · 상여금 · 세비 · 퇴직연금 그 밖에 이에 비슷한 성질을 가진 급여 채권(이하 '급료 등 채권'이라 약칭한다)에 대하여는 그 총액의 2분의 1에 해당하는 금액(Ⓐ)은 압류하지 못한다(국세징수법 42조 1항 본문; 지방세징수법 42조). 한편 그리고 국세징수법은 위와 같이 급료 등 채권 중 일정 부분에 대한 압류를 제한하면서 앞서 본 민사집행법상 압류 제한과 똑같은 내용으로 압류 상한 조정 제도를 두고 있다. 즉 그 금액(Ⓐ)이 월 250만 원 미만일 경우에는 월 250만 원을 제외한 나머지 금액만 압류할 수 있고, 그 금액(Ⓐ)이 300만 원을 넘는 경우에는 '300만 원+[급료 등 채권의 2분의 1(Ⓐ)−300만 원]×1/2'에 해당하는 금액을, 다시 말해 '300만 원+ 급료 등 채권액 중 600만 원을 초과하는 금액의 4분의 1'에 해당하는 금액을 압류하지 못한다(국세징수법 42조 2항; 국세징수법 시행령 32조 2항 1, 2호, 지방세징수법 42조; 지방세징수법 47조 2항 · 3항).

그리고 퇴직금 그 밖에 이와 비슷한 성질을 가진 급여채권에 대하여는 그 총액의 2분의 1에 해당하는 금액을 압류하지 못한다(국세징수법 42조 3항, 지방세징수법 42조 2항). 민집법과 달리 국세징수법에는 퇴직금에 대하여는 압류 상한의 조정 제도를 두지 않고 있다. 위 규정에 불구하고 퇴직급여법상의 퇴직연금채권은 그 전액에 관하여 압류가 금지됨은 앞서 본 바와 같다.

이상에서 말하는 총액은 소득세법 20조 1항 각 호에 해당하는 근로소득의 금액의 합계액(비과세소득의 금액은 제외한다) 또는 같은 법 22조 1항 각 호에 해당하는 퇴직소득의 금액의 합계액(비과세소득의 금액은 제외한다)에서 그 근로소득 또는 퇴직소득에 대한 소득세 및 소득세분 지방소득세를 뺀 금액을 말하고(국세징수법 42조 4항), 지방세와 관련하여서는 그 총액은 지급받을 수 있는 급여금 전액에서 그 근로소득 또는 퇴직소득에 대한 소득세 및 개인지방소득세를 뺀 금액을 말한다(지방세징수법 시행령 47조 1항).

## 5. 효 력

### 가. 압류금지채권의 양도성 유무[112)]

통상적으로는 압류가 금지되는 채권이라고 하여 반드시 양도가 금지되는 채권은 아니다.[113)] 채권을 양도할 수 있는지 여부는 그 채권의 특수성을 고려하여 결정할 문제이다. 그 이유는 압류 금지는 채권자의 의사에 의하지 않고 채권자에게서 채권을 빼앗는 것을 금지하는 것에 지나지 않기 때문이다.

압류가 금지되는 임금채권에 대하여 채권 양도가 허용되는지에 관하여 보면, 우리 법체계상 압류금지채권의 양도를 제한하는 규정이 없고, 양도를 제한할 필요가 있는 채권에 대하여는 개별적인 규정을 두고 있는 점에 비추어 볼 때, 따로 양도 제한 규정이 없는 임금채권은 양도가 허용된다고 보아야 한다.[114)] 다만 퇴직급여법상 퇴직연금제도의 급여를 받는 권리는 양도를 금지하고 있고 이 규정은 강행규정임은 앞서 본 바와 같고(퇴직급여법 7조), 민집법 246조 1항 4호상의 압류제한 규정과 퇴직급여법상의 양도금지 규정은 일반법과 특별법의 관계에 있으므로 퇴직급여법상 퇴직연금채권은 그 전액에 관하여 압류가 금지된다.[115)]

### 나. 압류금지 규정에 위반한 압류·전부명령의 효력

임금채권 또는 노임에 상당하는 공사금채권에 대하여 압류를 금지한 것은 근로자의 생존권을 최소한도로 보장하려는 헌법상의 사회보장적 요구에서 비롯된 것으로 이러한 규정들은 앞서 본 바와 같이 강행법규이다. 따라서 이러한 채권에 대한 압류명령은 강행법규에 위반하여 무효이고, 전부명령은 압류채권의

---

112) 임금 직접지급의 원칙과 관련된 임금채권 양도 허용 문제와 연관되어 있으나, 임금 직접지급의 원칙은 근로자와 사용자의 관계에서의 규율로서 이 원칙 때문에 양도가 금지된다고 볼 수는 없다. 임금 직접지급 원칙과 관련한 판례도 양도성은 인정하는 전제 아래 판시하고 있다(대법원 1988. 12. 13. 선고 87다카2803 전원합의체 판결, 대법원 1996. 3. 22. 선고 95다2630 판결).

113) 독일민법 400조는 압류가 금지되는 채권은 양도도 금지된다고 규정하고 있으나 우리 민법은 이러한 규정이 없다.

114) 대법원 1988. 12. 13. 선고 87다카2803 전원합의체 판결(이에 대한 평석으로는 박성철, 356~371면; 서민, 67~88면; 장경학, 11면 이하; 한일환, 67~76면), 대법원 1996. 3. 22. 선고 95다2630 판결. 이에 대하여 임금에 대한 압류를 제한하는 것은 최소한의 근로자 생존권을 보장하려는 취지이므로 양도까지 금지한 것으로 해석하여야 한다는 견해도 있다(곽종석, 44면; 김상용, 469~482면).

115) 대법원 2014. 1. 23. 선고 2013다71180 판결.

지급에 갈음하여 피전부채권을 채무자로부터 압류채권자에게 이전하는 효력이 있으므로 전부명령의 전제가 되는 압류 자체가 무효라면 이에 기한 전부명령 역시 무효이다. 이와 같은 무효의 의미는 압류·전부명령도 하나의 재판인 이상 이를 절차법상으로는 당연 무효라고 할 수 없다 하더라도 실체법상으로는 그 효력이 발생하지 아니한다는 뜻이므로, 제 3 채무자는 채권 압류·전부명령이 형식상 확정되었다고 하더라도 압류채권자의 전부금 청구에 대하여 위와 같은 실체법상의 무효를 들어 항변할 수 있다.116)

압류가 금지된 임금채권에 대하여 법원의 압류명령이 있는 경우 즉시항고 기간이 지나지 않았다면 즉시항고로써 그 취소를 구할 수 있다(민집법 227조 4항). 즉시항고를 할 수 있는 자는 채무자나 제 3 채무자, 그 밖에 압류명령에 관하여 이해관계를 갖는 자이다.

## Ⅲ. 도산절차상의 보호

### 1. 개 요

기업이 도산하면 근로자의 임금채권을 보호할 필요성은 기업이 계속되고 있을 때보다 더욱 커진다. 이러한 필요에 따라 채무자회생법은 각 절차마다 근로자의 임금채권 보호 규정을 두고 있다.

### 2. 회생절차와 관련한 보호

채무자회생법은 임금채권을 공익채권으로 보고, 이를 회생채권과 분리하여

116) 대법원 2000. 7. 4. 선고 2000다21048 판결, 대법원 2007. 9. 6. 선고 2007다29591 판결, 대법원 2008. 6. 12. 선고 2008다11702 판결(이에 대한 평석으로는 이영화, 467면 이하). 위법한 압류명령의 효력에 관한 학설로서는, (i) 강행법규에 위반한 압류명령은 불복방법에 의한 취소를 기다릴 필요 없이 당연 무효이고 이러한 압류명령을 전제로 한 추심명령 또는 전부명령도 당연 무효라는 견해, (ii) 이와 같은 압류명령도 집행법원이 한 하나의 재판일 뿐만 아니라 적극적으로 그 요건의 존재를 확인한 것으로 볼 수 있으므로 당연 무효로 볼 수 없고 항상 취소원인이 될 뿐인데, 다만 압류금지가 법률상 또는 채권의 성질상 채무자의 임의양도도 금지함에 연유하는 경우(임금채권 압류금지는 여기에 해당한다고 볼 수 있다)에는 집행법상으로는 적법하더라도 실체법상의 효력이 없다는 견해, (iii) 집행법상의 불복방법으로 취소되지 않는 한 유효하나 집행채권자의 추심 또는 전부금소송에서 압류금지의 항변을 할 수 있다는 견해, (iv) 취소되지 않는 한 완전한 효력을 갖고 집행법상의 불복방법 이외의 방법으로는 그 무효를 주장할 수 없다는 견해 등이 있다. 판례는 (ii)의 입장이라고 볼 수 있다(이영화, 493면).

보호하고 있다. 즉 사용자가 회생절차에 이른 경우, 근로자의 임금·퇴직금·재해보상금과 회생절차개시 전의 원인으로 생긴 근로자의 임치금·신원보증금 반환청구권은 모두 공익채권으로 한다(채무자회생법 179조 1항 10호·11호).[117] 그리하여 근로자의 임금채권은 회생절차에 의하지 아니하고 수시로 변제하고, 회생채권이나 회생담보권에 우선하여 변제한다(채무자회생법 180조 1항·2항).

### 3. 파산절차와 관련한 보호

채무자회생법은 임금채권을 재단채권으로 보고, 역시 파산채권과 분리하여 보호한다. 즉 사용자가 파산 절차에 이른 경우, 근로자의 임금·퇴직금·재해보상금과 파산선고 전의 원인으로 생긴 근로자의 임치금·신원보증금의 반환청구권은 모두 재단채권으로 한다(채무자회생법 473조 10호·11호). 파산선고 전에 생긴 근로자의 임금, 퇴직금 및 재해보상금에 대하여 파산관재인이 파산선고 후 변제할 의무의 이행을 지체함으로써 생긴 지연손해금 채권도 위 법에서 정한 재단채권에 포함된다. 판례는 그 근거로, 채무자회생법이 '파산재단에 관하여 파산관재인이 한 행위로 인하여 생긴 청구권'을 재단채권으로 규정하고 있는 취지는 파산관재인이 파산재단의 관리처분권에 기초하여 직무를 행하면서 생긴 상대방의 청구권을 수시로 변제하도록 하여 이해관계인을 보호함으로써 공정하고 원활하게 파산절차를 진행하기 위한 것이므로, '파산재단에 관하여 파산관재인이 한 행위'에는 파산관재인이 직무를 행하는 과정에서 한 법률행위뿐만 아니라 직무와 관련하여 행한 불법행위가 포함되고, 나아가 파산관재인이 직무와 관련하여 부담하는 채무의 불이행도 포함되기 때문이라고 판시하고 있다.[118]

따라서 근로자의 임금채권은 파산절차에 의하지 아니하고 수시로 변제하고, 파산채권보다 먼저 변제한다(채무자회생법 475조, 476조).

다만, 재단채권의 총액을 변제하기에 부족한 것이 분명한 경우에는 저당권 등 담보권이 있는 채권을 제외한 나머지 금액에서 아직 변제하지 아니한 채권액의 비율에 따라 안분하여 변제가 이루어지게 된다(채무자회생법 477조). 이 규정

117) 1981. 3. 5. 개정 전의 회사정리법은 정리절차개시 전 6개월 동안의 급료와 정리절차개시 전의 원인으로 생긴 근로자의 임치금과 신원보증금의 반환청구권만을 공익채권으로 인정하였다가(개정 전의 회사정리법 119조). 1981. 3. 5. 개정으로 발생 시기에 관계없이 근로자의 임금 모두를 공익채권으로 규정하였다. 퇴직금도 개정 전의 법은 정리절차개시 전에 퇴직한 근로자의 퇴직금은 정리채권이 되었으나 개정 법은 모두 공익채권으로 규정하였다.

118) 대법원 2014. 11. 20. 선고 2013다64908 전원합의체 판결.

의 해석상 재단채권에 해당하는 임금채권 중 최우선변제권이 인정되는 최종 3개월분의 임금과 최종 3년분의 퇴직급여등도 다른 재단채권과의 관계에서 우선권이 인정되지 않는다고 보아야 한다. 따라서 재단채권의 총액을 변제하기에 부족한 것이 분명한 경우에는 최우선변제권이 있는 임금채권도 다른 재단채권과 동일하게 아직 변제하지 아니한 채권액의 비율에 따라 안분하여 평등하게 변제받게 될 것이다.

도산절차와 관련한 자세한 내용은 '근로계약 후론(後論) 2: 도산절차와 근로관계' 참조.

## Ⅳ. 임금채권보장법

### 1. 의 의

근기법상 임금채권 우선변제권 제도만으로는 도산이나 경영 악화 등과 같이 사용자가 변제 자력이 부족한 경우에 사실상 임금채권을 변제받는 것이 불가능하거나 어려운 경우가 많다. 그리하여 경기 변동이나 산업구조 변화 등으로 사업을 계속할 수 없거나 기업의 경영이 불안정하여 임금 등을 지급받지 못한 상태에서 퇴직한 근로자 등에게, 국가가 사용자로부터 부담금을 받아 별도로 조성한 임금채권보장기금을 통해 사업주를 대신하여 그 지급을 보장함으로써 근로자의 생활 안정을 도모하려는 목적으로 1998. 7. 1. 임보법이 제정 · 시행되었다(임보법 1조).

다른 나라의 입법례를 보면, 일본은 1976년 임금지불 확보 등에 관한 법률을 제정하여 퇴직일 6개월 전부터 노동자건강안전기구에 대한 체당금 지급청구일 전날까지 기간의 정기 임금과 퇴직수당[119]에서 지급받지 못한 금액의 80%을 국가가 지급 보장을 하고 있다.[120] ILO는 1992년 지급 보장 기구에 의한 근로자의 임금청구권 보호를 내용으로 '사용자 파산시 근로자청구권 보호에 관한 협약(173호 협약)'을 마련하여 파산 또는 고용관계의 종료가 있기 전 최종 8주간의 임금과 유급휴일 수당, 최종 6개월 간의 유급휴가수당 및 퇴직급여의 지급을 보장하도록 하는 규정을 두었다.[121]

119) 휴업수당과 미지급 시간외수당도 포함되는 것으로 보고 있다(김명수, 161~162면).
120) 김명수, 159~183면.
121) 사용자 파산시 근로자청구권 보호에 관한 협약 12조.

이와 같은 체불 임금의 국가 지급 보장은 체불 임금을 현실적으로 확보해 주는 일종의 사회보험 성격이 있고, 사회연대책임(responsibility of solidarity)의 원리에 입각하여 사용자가 도산했을 때 임금채권을 확보하는 문제를 전체 사용자와 전체 근로자의 관계로 파악하는 것이다. 이러한 측면에서 사용자의 부담으로 운영되는 사회법적 임금보호 제도라고 평가할 수 있다.[122)]

## 2. 적용 대상 사업장

임보법은 산재법 6조에 따른 사업 또는 사업장에 적용된다(임보법 3조 본문). 다만, 국가와 지방자치단체가 직접 수행하는 사업에는 적용되지 않는다(임보법 3조 단서). 산재법 6조는 산재법이 적용되는 사업·사업장의 범위를 정한 규정이므로, 결국 현재 임보법의 적용 대상은 산재법 적용 대상과 일치한다. 산재법 6조는 근로자를 사용하는 모든 사업·사업장을 산재법 적용 대상으로 하되, 위험률·규모·장소 등을 고려하여 대통령령이 정하는 사업·사업장을 제외하고 있다. 이에 관하여 산재법 시행령 2조는 산재법이 적용되지 않는 사업·사업장을 구체적으로 나열하고 있다.[123)]

## 3. 지급 보장의 내용

### 가. 지급 보장의 요건(대지급금 지급 사유)

#### (1) 퇴직한 근로자에 대한 대지급금의 지급

고용노동부장관은 사업주가 채무자회생법에 의한 회생절차개시의 결정이나 파산선고의 결정이 있는 경우(임보법 7조 1항 1·2호), 고용노동부장관이 대통령령으로 정한 요건과 절차에 따라[124)] 미지급 임금 등을 지급할 능력이 없다고 인

122) 하경효, 64면.

123) 간단히 언급하면 (i) 공무원 재해보상법(다만 공무원 재해보상법 60조에 따라 순직유족급여 또는 위험직무순직유족급여에 관한 규정을 적용받은 경우는 제외), 군인 재해보상법, 선원법, 어선원재해보험법, 사립학교교직원 연금법에 따라 재해보상이 되는 사업, (ii) 가구(家口) 내 고용활동, (iii) 농업, 임업(벌목업 제외), 어업, 수렵업 중 법인이 아닌 자의 사업으로서 상시 근로자 수가 5명 미만인 사업이다.

124) 임보법 시행령 5조가 정하고 있다. 요건 가운데 중요한 것으로는 일정한 방법(임보법 시행령 [별표 1])으로 산정한 상시 근로자 수가 300명 이하이어야 하고, 사업이 폐지되었거나 생산·영업 활동이 중단되고 압류 등의 사정으로 사업이 폐지되는 과정에 있어야 하며, 임금 등을 지급할 능력이 없거나 사업주의 소재불명 등의 사정으로 임금 등의 지급이 현저히 곤란하여야 한다는 것 등이 있다. 이러한 도산 등 사실인정을 받기 위한 신청은 퇴직한 날의 다음 날부터 1년 이내에 해야 한다.

정하는 경우(3호), 사업주가 근로자에게 미지급 임금 등을 지급하라는 민집법 24조에 따른 확정된 종국판결, 민집법 56조 3호에 따른 확정된 지급명령, 민집법 56조 5호에 따른 소송상 화해, 청구의 인낙 등 확정판결과 같은 효력을 가지는 것, 민조법 28조에 따라 성립된 조정, 민조법 30조에 따른 확정된 조정을 갈음하는 결정, 소액사건심판법 5조의7 1항에 따른 확정된 이행권고결정 등이 있는 경우(4호), 고용노동부장관이 근로자에게 12조에 따라 체불 임금 등과 체불사업주 등을 증명하는 서류를 발급하여 사업주의 미지급 임금 등이 확인된 경우(5호)에 퇴직한 근로자가 지급받지 못한 임금·퇴직금·휴업수당·출산전후휴가기간 중 급여(이하 '임금 등')의 지급을 청구하면 그 근로자의 미지급 임금 등을 사업주를 대신하여 지급한다(임보법 7조 1항; 임보법 시행령 5조. 이하 이와 같이 지급되는 임금 등을 '대지급금'이라 한다).

(2) 재직 근로자에 대한 대지급금의 지급

고용노동부장관은 사업주가 근로자에게 미지급 임금 등을 지급하라는 민집법 24조에 따른 확정된 종국판결, 민집법 56조 3호에 따른 확정된 지급명령, 민집법 56조 5호에 따른 소송상 화해, 청구의 인낙 등 확정판결과 같은 효력을 가지는 것, 민조법 28조에 따라 성립된 조정, 민조법 30조에 따른 확정된 조정을 갈음하는 결정, 소액사건심판법 5조의7 1항에 따른 확정된 이행권고결정 등이 있는 경우(임보법 7조 1항 4호), 고용노동부장관이 근로자에게 12조에 따라 체불임금 등과 체불사업주 등을 증명하는 서류를 발급하여 사업주의 미지급 임금 등이 확인된 경우(5호) 사업주와 근로계약이 종료되지 아니한 재직 근로자가 지급받지 못한 임금 등의 지급을 청구하면 대지급금을 지급한다(임보법 7조의2 1항).

나. 대지급금의 종류

(1) 도산대지급금

임보법 7조 1항 1호부터 3호까지의 규정에 따른 대지급금을 도산대지급금이라 한다.

(2) 간이대지급금

임보법 7조 1항 4호·5호 및 제7조의2 1항에 따른 대지급금을 간이대지급금이라 한다.

### 다. 지급 보장이 되는 사업주

대지급금의 지급대상이 되는 사업주의 기준은 임보법 시행령 8조가 정하고 있다(임보법 7조 4항).

#### (1) 도산대지급금

근로자가 도산대지급금을 받을 수 있는 사업주는 임보법 3조에 따라 임보법의 적용 대상이 되어 6개월 이상 해당 사업을 한 후에 임보법 7조 1항 1호부터 3호까지의 어느 하나에 해당하는 사유가 발생한 사업주이다(임보법 시행령 8조 1항).

#### (2) 간이대지급금

① **임보법 7조 1항 4호에 따른 대지급금** 위 대지급금은 임보법 3조에 따라 임보법의 적용 대상이 되어 해당 근로자가 퇴직한 날까지 6개월 이상 해당 사업을 했을 것과 해당 근로자에게 임금 등을 지급하지 못하여 판결 등을 받았을 것이라는 기준을 모두 충족한 사업주에게 고용되었던 퇴직 근로자로 한정하여 지급한다(임보법 시행령 8조 2항).

② **임보법 7조 1항 5호에 따른 대지급금** 위 대지급금은 임보법 3조에 따라 임보법의 적용 대상이 되어 해당 근로자가 퇴직한 날까지 6개월 이상 해당 사업을 했을 것과 임보법 12조에 따라 고용노동부장관으로부터 발급받은 체불 임금 등·사업주 확인서로 미지급 임금 등이 확인되었을 것이라는 기준을 모두 충족한 사업주에게 고용되었던 퇴직 근로자로 한정하여 지급한다(임보법 시행령 8조 3항).

③ **임보법 7조의2 1항에 따른 대지급금** 위 대지급금은 임보법 3조에 따라 임보법의 적용 대상이 되어 해당 근로자가 소송 등이나 진정 등을 제기한 날 이전 맨 나중의 임금 등 체불이 발생한 날까지 6개월 이상 해당 사업을 했을 것과 해당 근로자에게 임금 등을 지급하지 못하여 판결 등을 받았거나 임보법 12조에 따라 고용노동부장관으로부터 발급받은 체불임금 등·사업주확인서로 미지급 임금 등이 확인되었을 것이라는 기준을 모두 충족한 사업주에게 고용된 재직 근로자로 한정하여 지급한다(임보법 시행령 8조 4항).

### 라. 지급대상 근로자

대지급금의 지급대상이 되는 근로자의 기준 역시 임보법 시행령이 정하고 있다(임보법 7조 4항).

(1) 도산대지급금

도산대지급금은, (ⅰ) 임보법 7조 1항 1호 또는 2호에 따른 회생절차개시의 결정 또는 파산선고의 결정이 있는 경우에는 그 신청일, (ⅱ) 채무자회생법에 따른 회생절차개시 신청 후 법원이 직권으로 파산선고를 한 경우에는 그 신청일 또는 선고일, (ⅲ) 도산 등 사실 인정이 있는 경우에는 그 도산 등 사실 인정 신청일[125]의 1년 전이 되는 날 이후부터 3년 이내에 해당 사업 또는 사업장에서 퇴직한 근로자에게 지급한다(임보법 시행령 7조 1항).

구 임보법 시행령 7조에서 규정하는 '노동부장관의 도산 등 사실인정의 신청일의 1년 전이 되는 날' 전에 해고되었으나 그 해고처분이 무효인 경우에 관하여 판례는, '해고 기간 동안 근로계약관계가 유효하게 계속되어 있었던 것으로 되므로, 체당금 지급대상 근로자로서 임보법 7조에 의하여 사업주로부터 지급받지 못한 임금 등을 체당금으로 지급받을 수 있다'고 판시하였다.[126]

(2) 간이대지급금

① **임보법 7조 1항 4호에 따른 대지급금**  위 대지급금은 사업에서 퇴직한 날의 다음 날부터 2년 이내에 임보법 7조 1항 4호 각 목에 해당하는 판결, 명령, 조정 또는 결정 등에 관한 소송 등을 제기한 퇴직 근로자에게 지급한다(임보법 시행령 7조 2항 1호).

② **임보법 7조 1항 5호에 따른 대지급금**  위 대지급금은 사업에서 퇴직한 날의 다음 날부터 1년 이내에 임금 등의 체불을 이유로 해당 사업주에 대한 진정 · 청원 · 탄원 · 고소 또는 고발 등을 제기한 퇴직 근로자에게 지급한다(임보법 시행령 7조 2항 2호).

③ **임보법 7조의2 1항에 따른 대지급금**  위 대지급금은, 1. 소송 등 또는 진정 등을 제기한 당시 해당 사업주와의 근로계약이 종료되지 않은 근로자(근로계약기간이 1개월 미만인 일용근로자는 제외한다)일 것, 2. 해당 사업주와 근로계약

125) 신청기간의 말일이 공휴일이어서 공휴일 다음 날 신청한 경우에는 그 신청기간의 말일, 도산 등 사실 인정의 기초가 된 하나의 사실관계에 대해 둘 이상의 신청이 있는 경우에는 최초의 신청일을 말한다(임보법 시행령 7조 1항 3호).

126) 대법원 2010. 7. 22. 선고 2010두5479 판결. 위 판결의 쟁점은 2008. 11. 12. 도산 등사실 인정 신청이 있었는데, 그 신청일의 1년 전이 되는 날 이전인 2007. 5. 31. 해고된 근로자들이 체당금 지급대상인지 여부였다.

에서 정한 임금액이 고용노동부장관이 정하여 고시하는 금액 미만일 것, 3. 다음 각 목의 구분에 따른 기간 이내에 사업주에 대한 소송 등이나 진정 등을 제기했을 것(가. 사업주가 임보법 7조 1항 4호에 해당하는 경우: 소송 등을 제기한 날 이전 맨 나중의 임금 등 체불이 발생한 날의 다음 날부터 2년 이내, 나. 사업주가 임보법 7조 1항 5호에 해당하는 경우: 진정 등을 제기한 날 이전 맨 나중의 임금 등 체불이 발생한 날의 다음 날부터 1년 이내)이라는 기준을 모두 충족한 재직근로자에게 지급한다(임보법 시행령 7조 3항).

### 마. 대지급금의 청구

#### (1) 청구기간

① 도산대지급금　도산대지급금의 경우 파산선고 등 또는 도산 등 사실인정이 있은 날부터 2년 이내에 대지급금의 지급을 청구해야 한다(임보법 시행령 9조 1항 1호).

② 간이대지급금　임보법 7조 1항 4호에 따른 대지급금의 경우 판결 등이 있은 날부터 1년 이내에, 임보법 7조 1항 5호에 따른 대지급금의 경우 체불임금 등·사업주확인서가 최초로 발급된 날부터 6개월 이내에, 임보법 7조의2 1항에 따른 대지급금의 경우 판결 등이 있은 날부터 1년 이내 또는 체불임금 등·사업주확인서가 최초로 발급된 날부터 6개월 이내에 각 청구하여야 한다(임보법 시행령 9조 1항 2 내지 4호).

#### (2) 지급 등에 필요한 사항

① 도산대지급금　도산대지급금의 지급을 청구하려는 사람은 도산대지급금 지급청구서를 관할지방고용노동관서의 장을 거쳐 근로복지공단에 제출해야 한다(임보법 시행규칙 5조 1항).

도산대지급금의 지급을 청구하려는 사람은 임보법 시행령 10조 1항 각호의 사항에 관하여 고용노동부장관의 확인을 받아야 하며, 도산대지급금 지급청구서와 함께 확인신청서를 관할지방고용노동관서의 장에게 제출하여야 한다. 확인신청서를 접수한 관할지방고용노동관서의 장은 시행령 10조 1항 각 호에 따른 확인사항에 대하여 사실 확인을 한 후 그 결과를 신청인에게 통지하여야 한다. 관할지방고용노동관서의 장은 확인 결과 해당 신청인이 도산대지급금 지급 요건을 갖추고 있는 경우에는 신청인이 제출한 도산대지급금 지급청구서에 확인통지서 사본을 첨부하여 지체 없이 근로복지공단에 송부해야 한다(임보법 시행령 10조 1항, 시행규칙 6조, 7조 1항 · 2항).

도산대지급금 지급청구서를 송부받은 근로복지공단은 특별한 사유가 없으면 도산대지급금 지급청구서를 받은 날부터 7일 이내에 청구인에게 지급할 도산대지급금을 지급해야 한다(임보법 시행규칙 8조 1항).

② 간이대지급금 간이대지급금의 지급을 청구하려는 사람은 간이대지급금 지급청구서에 임보법 시행규칙 5조 2항 각 호의 구분에 따른 서류를 첨부하여 근로복지공단에 제출해야 한다(임보법 시행규칙 5조 2항).

간이대지급금 지급청구서를 제출받은 근로복지공단은 특별한 사유가 없으면 그 지급청구서를 제출받은 날부터 14일 이내에 임보법 시행규칙 8조 2항 각 호의 사항을 확인하여 간이대지급금의 지급 여부를 결정하고 청구인에게 지급할 간이대지급금을 지급해야 한다(임보법 시행규칙 8조 2항).

### 바. 지급을 보장하는 임금 · 퇴직금 등의 범위

지급 보장 요건에 따라 고용노동부장관이 사업주를 대신하여 지급하는 대지급금의 범위는 (i) 최종 3개월분의 임금 및 최종 3년간의 퇴직급여등, (ii) 최종 3개월분의 휴업수당, (iii) 최종 3개월분의 출산전후휴가기간 중 급여이다(임보법 7조 2항 1 내지 3호). 다만, 임보법에 의한 임금채권 보장은 근로자의 생활 보장을 위하여 인정되는 것이지 개별 근로자의 임금 수준을 전액 보장할 수는 없다. 그리하여 임보법은 대통령령이 정하는 바에 따라 근로자의 퇴직 당시 연령 등을 고려하여 대지급금의 상한액을 제한할 수 있고, 대지급금이 적은 경우에는 지급하지 않을 수 있도록 하고 있다(임보법 7조 2항 단서). 이에 따라 임보법 시행령 6조 2, 3항은, 대지급금의 상한액을 근로자의 임금이나 소득 수준, 물가상승률, 기금의 재정상황 및 근로자의 퇴직 당시 연령 등을 고려하여 고용노동부장관이 기획재정부장관과 협의하여 정하고, 그 내용을 관보 및 인터넷 홈페이지에 고시하도록 하고 있다.[127)]

127) 가장 최근에 고시된 대지급금의 상한액은 2021. 10. 14. 시행된 것으로서 아래 표 기재와 같다. 이 고시는 매 3년이 되는 시점마다 개정을 검토하게 된다.

### 4. 대위권의 행사

고용노동부장관이 앞서 본 바와 같이 사업주를 대신하여 근로자에게 대지급금을 지급하였을 때에는 그 지급한 금액의 한도에서 그 근로자가 해당 사업주에 대하여 미지급 임금 등을 청구할 수 있는 권리를 대위한다(임보법 8조 1항). 이와 같이 대위되는 권리에는 근기법 38조와 퇴직급여법 12조 2항에 따른 최우선변제권이 존속한다(임보법 8조 2항).

### 5. 사업주의 부담금

대지급금에 소요되는 기금은 고용노동부장관이 사업주로부터 징수하는 부담금 등으로 조성한다.128) 그 부담금은 원칙적으로 사업주의 사업에 종사하는 근로자의 보수 총액에 1천분의 2의 범위에서 임금채권보장기금심의위원회의 심의를 거쳐 고용노동부장관이 정하는 부담금 비율을 곱하여 산정한 금액이다(임보법 9조 1항·2항).

---

임보법 7조 1항 1호부터 3호까지의 규정에 따른 대지급금(도산대지급금) (단위: 만 원)

| 항목 \ 퇴직당시 연령 | 30세 미만 | 30세 이상 40세 미만 | 40세 이상 50세 미만 | 50세 이상 60세 미만 | 60세 이상 |
|---|---|---|---|---|---|
| 임금 | 220 | 310 | 350 | 330 | 230 |
| 퇴직급여등 | 220 | 310 | 350 | 330 | 230 |
| 휴 업 수 당 | 154 | 217 | 245 | 231 | 161 |
| 출산전후휴가기간 중 급여 | 310 | | | | |

임보법 7조 1항 4호·5호 및 7조의2 1항에 따른 대지급금(간이대지급금) (단위: 만 원)

| 항목 | 상한액 |
|---|---|
| 임금, 출산전후휴가기간 중 급여, 휴업수당 | 700 |
| 퇴직급여등 | 700 |
| 총 상한액은 1,000만 원 | |

128) 산림조합이나 산림조합중앙회의 업무 및 재산에 대하여는 부과금의 일종인 임금채권부담금을 징수할 수 없다. 그 이유는 산림조합중앙회 등이 회원의 공동이익 증진과 건전한 발전을 도모하기 위하여 각종 사업을 수행하면서 직원을 고용하여 임금을 지급하는 등의 업무는 산림조합법 8조에서 규정하는 '업무'에 해당하고, 그 업무와 관련하여 임금채권보장법에 따라 징수되는 임금채권부담금은 위 조항에서 말하는 '부과금'에 해당하기 때문이다(대법원 2016. 10. 13. 선고 2015다233555 판결).

### 6. 업무의 위임 · 위탁

임보법에 따른 고용노동부장관의 권한은 대통령령으로 정하는 바에 따라 그 일부를 지방고용노동관서의 장에게 위임하거나 산재법에 따른 근로복지공단과 국민건강보험법에 따른 국민건강보험공단 및 한국자산관리공사 설립 등에 관한 법률에 따른 한국자산관리공사에 위탁할 수 있다(임보법 27조). 이에 따라 임보법 시행령 24조 2항은 임보법상 주요 업무(대지급금의 지급, 청구권 대위와 관련된 권한의 행사, 부담금의 징수 등)를 근로복지공단 등에 위탁하고 있다.

[정 재 헌 · 이 정 아]

## 第39條(사용증명서)

① 사용자는 근로자가 퇴직한 후라도 사용 기간, 업무 종류, 지위와 임금, 그 밖에 필요한 사항에 관한 증명서를 청구하면 사실대로 적은 증명서를 즉시 내주어야 한다.

② 제 1 항의 증명서에는 근로자가 요구한 사항만을 적어야 한다.

〈세 목 차〉



## Ⅰ. 취 지

1953년 제정 근기법 때부터 있던 규정이다. 사용증명서의 취지는 근로자가 퇴직한 후 재취업을 하고자 할 때 도움이 되도록 하려는 것이다.[1] 해고, 퇴직, 정년 등 근로관계 종료 사유를 불문하고 근로자의 청구가 있으면 사용자는 사용(使用)증명서를 교부할 의무가 있다. “퇴직한 후라도”라고 표현하였으므로 재

1) 하갑래, 1080면.

직 중에는 당연히 위와 같은 사용증명서를 교부할 의무가 있다는 것을 전제로 한 규정이다.[2)]

사용증명서를 청구할 수 있는 자는 계속하여 30일 이상 근무한 근로자로 하되, 청구할 수 있는 기한은 퇴직 후 3년 이내로 한다(영 19조).

## Ⅱ. 기재사항과 기재금지사항

### 1. 기재사항

사용증명서의 기재사항은 '사용 기간, 업무 종류, 지위와 임금, 그 밖에 필요한 사항' 중 근로자가 청구하는 사항이다.

사용(使用) 기간은 당해 사용자가 해당 근로자를 사용한 기간으로 직무나 사업장의 변경이 있더라도 기업의 동질성이 유지되는 한 통산하여 기재한다. 다만, 근로자가 기재를 원하지 않는 기간은 제외된다. 업무의 종류에 대해서는 가능한 한 자세히 적되 근로자가 요구하는 사항 중 사실인 부분만 기재한다. 지위에 대해서는 직위·직책뿐만 아니라 책임의 한도까지 명확하게 적되 근로자가 요구하는 사항 중 사실인 부분만 기재한다. 임금의 범위에 속하는 것을 모두 적되 임금대장에 나타나는 명칭에 따라 구분하여 1개월 간의 총액을 적고 상여금 등 1개월을 초과하여 지급되는 임금도 적어야 한다. 퇴직수당, 직장연수, 해외파견 등 근로자가 청구하는 사항은 특별한 사정이 없는 한 모두 적는 것이 원칙이다.[3)]

### 2. 기재금지사항

사용증명서는 근로자가 재취업함에 있어서 근로자에게 유리한 자료가 되는 사항을 적는 데 목적이 있으므로 근로자가 요구하지 않은 사항은 사용자가 적을 수 없다. 다만, 요구사항이더라도 사실과 다른 내용에 대해서는 사용자가 이를 적어줄 의무가 없다.

2) 임종률, 354면; 하갑래, 1080면.
3) 하갑래, 1081면.

## Ⅲ. 위반의 효과

사용증명서 발급 의무를 위반하면 500만 원 이하의 과태료를 부과한다(법 116조 2항 2호). 종전에는 500만 원 이하의 벌금에 처하도록 했으나, 2007. 1. 26. 법 개정 때 과태료를 부과하는 것으로 개정되었다.

[최 은 배·김 진 석]

# 제40조(취업 방해의 금지)

누구든지 근로자의 취업을 방해할 목적으로 비밀 기호 또는 명부를 작성·사용하거나 통신을 하여서는 아니 된다.

〈세 목 차〉



## Ⅰ. 취 지

누구든지 근로자의 취업을 방해할 목적으로 비밀 기호 또는 명부를 작성·사용하거나 통신을 하여서는 아니 된다(법 40조).

1989. 3. 29. 개정 전에는 사용증명서(현행 법 39조, 당시 31조)에 관한 조항에 제 3 항으로, "사용자는 근로자의 취업을 고의로 방해할 목적으로 비밀기호를 사용하거나 허위행위를 하여서는 아니된다"고 규정되어 있었는데, 1989. 3. 29. 법 개정 때 위 조항이 삭제되고 대신 31조의2가 신설되었다가 현재와 같은 내용으로 규정이 마련되었다.

노동조합 활동을 하는 근로자들의 명단과 그 신상을 종합한 자료(이른바 블랙리스트)를 만들어 같은 업계나 같은 공단 지역 업체들끼리 회람하는 등의 방법으로 노동조합 활동의 경력이 있는 근로자가 취업하지 못하도록 하는 사용자의 행위에 대한 규제를 강화하기 위한 규정이다.

## Ⅱ. 취업 방해 금지의무의 내용

### 1. 금지의무의 주체

이러한 행위를 하지 않아야 할 사람은 모든 사람이다. 사용자가 가장 일반적일 수 있으나, 그 밖에도 사용자 단체 관련자, 공공기관, 지방자치단체, 수사기관, 정보기관 등에서 관련 업무를 담당하는 사람도 모두 이러한 행위를 하여서는 아니 된다.[1)]

### 2. 금지되는 행위의 내용

금지되는 행위는 '근로자의 취업을 방해할 목적으로 비밀 기호 또는 명부를 작성·사용하거나 통신하는 행위'이다. 근로자의 취업을 방해할 목적은 형사벌의 구성요건에서 볼 때 목적에 해당한다. 반드시 적극적으로 취업을 방해할 의사를 요하지 않고 그 행위가 취업을 방해하는 결과를 가져올 것을 알고 있으면 족하다.[2)]

비밀 기호는 타인이 알아보기 어렵도록 표시한 것을 말하고 명부는 1인 이상의 성명이 기재된 문서를 의미한다.[3)] 비밀 기호 또는 명부를 작성하는 행위는 비밀 기호 또는 명부를 만드는 행위로서 컴퓨터 파일을 생성하는 행위도 포함된다고 보아야 한다. 비밀 기호 또는 명부를 사용하는 행위는 비밀 기호 또는 명부를 열람·복사·배포하는 등의 행위를 가리키고, 비밀 기호 또는 명부를 보관하는 행위도 포함한다 할 것이다. 비밀 기호 또는 명부를 작성한 후 사용까지 하여야 위 규정 위반이라는 견해[4)]가 있으나, '작성·사용'의 가운뎃점은 대등한 관계를 나타내는 기호로서 '작성하거나 사용하거나'를 축약한 표현으로 보는 것이 타당한 점, 사용까지 하여야 위 규정 위반이라면 굳이 '작성'이라는 부분을 넣을 필요가 없는 점, 작성 행위자와 사용 행위자가 다른 경우가 있을 수 있으므로 작성 행위자도 처벌하기 위한 것이 위 규정의 취지로 보이는 점 등에 비추어, 작성 행위와 사용 행위가 모두 위 규정 위반에 해당한다. '통신 행위'의

---

1) 임종률, 393~394면; 하갑래, 1082면.
2) 이병태, 691면.
3) 하갑래, 1082면.
4) 하갑래, 1083면.

대상이 비밀 기호나 명부에 한정되는지, 취업방해를 목적으로 행한 행위 전체를 가리키는지에 관하여 견해가 나뉘는데, 문맥상 '비밀 기호 또는 명부를 통신을 하여서는 아니 된다'로 읽는 것은 어색하고, '취업을 방해할 목적으로 통신을 하여서는 아니 된다'고 읽는 것은 자연스러운 점, 비밀 기호 또는 명부를 우편, 전신, 전화 등 통신수단을 이용하여 주고받는 행위는 비밀 기호 또는 명부의 사용 행위에 포함될 수 있는 점, 1989. 3. 29. 개정 전에는 '사용자는 근로자의 취업을 고의로 방해할 목적으로 비밀기호를 사용하거나 허위행위를 하여서는 아니된다'고 규정하여 비밀기호 사용과 별도로 허위행위를 금지하고 있었던 점, 1989. 3. 29. 개정이유는 '누구든지 근로자의 취업을 방해할 목적으로 명부작성·사용 및 통신등을 할 수 없도록 함'이라고 기재하여 '명부작성·사용'과 '통신'은 구분된 행위로 표현하는 것으로 보이는 점 등을 종합하면, '통신 행위'의 대상은 취업방해를 목적으로 행한 행위 전체를 가리킨다고 봄이 타당하다.[5)]

## Ⅲ. 위반의 효과

취업 방해 금지의무를 위반한 자는 5년 이하의 징역 또는 5,000만 원 이하의 벌금에 처한다(법 107조). 이 취업 방해 금지의무 위반 행위는, 강제 근로, 폭행, 중간착취, 재해로 요양하는 기간과 산전·산후 휴업 기간 중 해고 금지의무를 위반하는 행위 등과 함께 법이 가장 엄하게 처벌하고 있는 행위다.[6)]

[최 은 배·김 진 석]

제41조(근로자의 명부)

① 사용자는 각 사업장별로 근로자 명부를 작성하고 근로자의 성명, 생년월일, 이력, 그 밖에 대통령령으로 정하는 사항을 적어야 한다. 다만, 대통령령으로 정하는 일용근로자에 대해서는 근로자 명부를 작성하지 아니할 수 있다.

② 제 1 항에 따라 근로자 명부에 적을 사항이 변경된 경우에는 지체 없이 정정

5) 하갑래, 1083면.

6) 1989. 3. 29. 개정 전에는 250만 원 이하의 벌금에 처하도록 하였는데(구 법 111조), 그 처벌은 당시 근기법이 정한 법 위반 행위에 대한 형벌 중 가장 가벼운 것이었다.

하여야 한다.

〈세 목 차〉



## Ⅰ. 취 지

1953년 제정 근기법 때부터 있던 규정이다. 사용자는 각 사업장별로 근로자 명부를 작성하고 근로자의 성명, 생년월일, 이력, 그 밖에 대통령령으로 정하는 사항을 적어야 한다. 다만, 대통령령으로 정하는 일용근로자에 대해서는 근로자 명부를 작성하지 아니할 수 있다. 이 단서 규정은 2021. 1. 5. 개정 법(법률 17862호)에서 신설된 규정으로서 같은 날 시행된 규정이지만, 1954년 법 시행령 제정 시부터 이미 '사용기간이 30일 미만인 경우' 일급근로자의 근로자 명부 작성을 하지 아니하여도 되도록 하고 있었다. 2021. 1. 5. 법 개정은 일정 사용기간(30일) 미만의 일용근로자에 대하여 법률로 근로자 명부 작성 의무를 면제하는 것으로 시행령 규정을 법률에 넣은 것에 불과하다.

## Ⅱ. 근로자 명부 작성의 방식과 내용

근로자 명부는 각 사업장별로 작성하여야 하므로 수개의 사업장을 가지고 있는 경우에는 각 사업장마다 근로자 명부를 적어야 한다. 다만, 사용기간이 30일 미만인 일용근로자에 대하여는 근로자 명부를 작성하지 아니할 수 있다(법 41조 1항 단서, 영 21조).

근로자 명부에는 '1. 성명, 2. 성별, 3. 생년월일, 4. 주소, 5. 이력, 6. 종사하는 업무의 종류, 7. 고용 또는 고용갱신 연월일, 계약기간을 정한 경우에는 그 기간, 그 밖의 고용에 관한 사항, 8. 해고, 퇴직 또는 사망한 경우에는 그 연월일과 사유, 9. 그 밖에 필요한 사항' 등을 적어야 한다(영 20조).

## Ⅲ. 위반의 효과

근로자 명부 작성의무를 위반하면 500만 원 이하의 과태료를 부과한다(116조 2항 2호). 종전에는 500만 원 이하의 벌금에 처하도록 했으나, 2007. 1. 26. 법 개정 때 과태료를 부과하는 것으로 개정되었다.

[최 은 배·김 진 석]

제42조(계약 서류의 보존)

사용자는 근로자 명부와 대통령령으로 정하는 근로계약에 관한 중요한 서류를 3년간 보존하여야 한다.

〈세 목 차〉



## Ⅰ. 취 지

1953년 제정 근기법 때부터 있던 규정이다. 사용자는 근로자 명부와 대통령령으로 정하는 근로계약에 관한 중요한 서류를 3년간 보존하여야 한다.

## Ⅱ. 보존할 서류

“대통령령으로 정하는 근로계약에 관한 중요한 서류”란 ‘1. 근로계약서, 2. 임금대장, 3. 임금의 결정·지급방법과 임금계산의 기초에 관한 서류, 4. 고용·해고·퇴직에 관한 서류, 5. 승급·감급에 관한 서류, 6. 휴가에 관한 서류, 7. 삭제(2014. 12. 9.), 8. 법 51조 2항, 법 52조, 법 58조 2항·3항 및 법 59조에 따른 서면 합의 서류, 9. 법 66조에 따른 연소자의 증명에 관한 서류’ 등이다(영 22조 1항).

## Ⅲ. 보존기간의 기산점

법 42조에 따른 근로계약에 관한 중요한 서류의 보존기간은 다음 각 호에 해당하는 날부터 기산한다. 즉, '1. 근로자 명부는 근로자가 해고되거나 퇴직 또는 사망한 날, 2. 근로계약서는 근로관계가 끝난 날, 3. 임금대장은 마지막으로 써 넣은 날, 4. 고용, 해고 또는 퇴직에 관한 서류는 근로자가 해고되거나 퇴직한 날, 5. 삭제(2018. 6. 29.), 6. 1항 8호의 서면 합의 서류는 서면 합의한 날, 7. 연소자의 증명에 관한 서류는 18세가 되는 날(18세가 되기 전에 해고되거나 퇴직 또는 사망한 경우에는 그 해고되거나 퇴직 또는 사망한 날), 8. 그 밖의 서류는 완결한 날'부터 각 기산한다(영 22조 2항).

## Ⅳ. 위반의 효과

근로자 명부와 계약 서류 보존의무를 위반하면 500만 원 이하의 과태료를 부과한다(116조 2항 2호). 종전에는 500만 원 이하의 벌금에 처하도록 했으나, 2007. 1. 26. 법 개정 때 과태료를 부과하는 것으로 개정되었다.

[최 은 배 · 김 진 석]

## 근로계약 후론(後論) 1: 근로관계의 이전

〈세 목 차〉



[참고문헌]

**강대섭**, “기업의 구조조정에 따른 근로관계의 승계와 그 내용”, 기업의 구조조정과 노동법적 과제, 한국노동연구원(1998); **권오성a**, “회사분할과 근로관계의 승계”, 노동법학 66호, 한국노동법학회(2018); **권오성b**, “회사분할과 단체협약의 승계 — 현대중공업 사건을 소재로”, 노동법연구 44호, 서울대학교 노동법연구회(2018); **권창영**, “선원의 근로관계”, 사법논집 33집, 법원도서관(2001. 12.); **김건일**, “영업양도와 근로관계의 승계”, 대법원판례해설 21호, 법원행정처(1994. 11.); **김경태**, “근로관계 승계의 효과”, 노동판례백선, 박영사(2015); **김기덕**, “사례와 쟁점을 중심으로 본 기업변동시 노동조합의 존속, 단체협약의 승계에 관한 검토”, 노동과 법 1호 구조조정(기업변동)과 집단근로관계의 승계, 금속법률원(2001. 3.); **김선수**, “노동법상 영업양도의 판단기준”, 판례연구 15집(하), 서울지방변호사회(2001); **김영훈**, “근로관계의 이전”, 재판자료 40집 근로관계소송상의 제문제(하), 법원행정처(1987. 12.); **김지형a**, “영업양도와 근로관계의 이전”, 민사재판의 제문제 8권, 민사실무연구회(1994. 10.); **김지형b**, “영업의 일부양도와 근로관계의 승계 여부”, 21세기 사법의 전개—송민 최종영 대법원장 재임 기념(2005. 9.); **김지형c**, “회사의 합병에 따른 근로관계의 승계와 취업규칙상 퇴직금 규정의 적용”, 인권과 정의 214호, 대한변호사협회(1994. 10.); **김형배 · 하경효 · 김영문**, 영업양도와 근로관계의 승계, 신조사(1999); **김홍영**, “영업양도에서 퇴직금을 지급받기 위한 근로자의 승계거부권”, 노동법학 45호, 한국노동법학회(2013. 3.); **김홍준**, “기업변동에 있어서 노동법적 측면에 관한 소고”, 노동법연구 4호, 서울대학교 노동법연구회(1994. 12.); **노동부편**, 영국의 노동조합개혁 및 근로자의 권리에 관한 법해설(1993); **노사관계제도선진화연구위원회**, 노사관계법 · 제도선진화방안, 한국노동연구원(2003); **노상헌**, “회사분할과 근로관계”, 노동법학 38호, 한국노동법학회(2011); **류재율**, “회사분할 시 근로관계의 승계와 근로자의 거부권”, 법조 694호, 법조협회(2014. 7.); **문영화**, “노동조합및노동관계조정법 부칙 제5조 제1항 소정의 ‘하나의 사업 또는 사업장에 노동조합이 조직되어 있는 경우’의 의미”, 대법원판례해설 42호, 법원도서관(2003. 7.); **박귀천**, 영업양도에서의 근로관계에 관한 고찰, 이화여자대학교 대학원 석사학위논문(1998. 2.); **박수근**, “회사분할과 근로관계의 승계”, 변호사 제47-Ⅱ집, 서울지방변호사회(2015); **박순영**, “공사의 설립 등과 근로관계의 포괄승계”, 노동법실무연구 1권(김지형 대법관 퇴임기념), 사법발전재단(2011); **박제성a**, “기업변동과 근로관계의 이전”, 민주법학 16호, 민주주의법학연구회(1999. 8.); **박제성b**, “아파트 관리방법의 변경과 근로자의 고용승계 및 위탁관리에서 입주자대표회의의 사용자 여부”, 1999 노동판례비평, 민주사회를 위한 변호사모임(2000. 10.); **박종희a**, “기업변동과 집단적 노사관계의 법리”, 노동과 법 1호 구조조정(기업변동)과 집단근로관계의 승계, 금속법률원(2001. 3.); **박종희b**, “노동조합의 조직변경과 그 효력”, 인권과 정의 258호, 대한변호사협회(1998. 2.); **박종희 · 김소영**, 기업변동시 노동법적 쟁점과 과제, 한국노동연구원(2000); **박종희 · 이승욱**, 사업의 일부이전에 따른 근로관계의 이전 등 노동법상 제문제에 관한 고찰 및 개선방안 연구, 노동부(2002); **박진호**, “재산의 분리 · 양도형 기업구조재편과 고용관계 변동에 관한 연구: 회사분할과 영업양도를 중심으로 한 비교 검토”, 상사법연구 35권 3호, 한국상사법학회(2016); **방준식**, “회사분할과 단체협약의 승계”, 노동법포럼 23호, 노동법이론실무학회(2018. 2.); **사법연수원**, 노동조합 및 노동관계조정법(2016); **양성일**, “기업변동과 근로관계의 승계”, 조세 251호, 조세통람사(2009. 4.); **오세립**, “회사의 합병”, 재판자료 38집 회사법상의 제문제(하), 법원행정처(1987. 12.); **오형동**, “금융감독위원회의 계약이전결정과 영업양도의 인정 여부”, 2003 노동판례비평, 민주사회를 위한 변호사모임(2004. 9.); 유성재, 사업양도시 고용승계에 관한 법제개선방안, 한국법제연구원(2000); 윤강욱, "공법인의 설립 또는 통폐합시 근로관계 승계에 관한 판례 및 입법례", 법제 621호, 법제처(2009. 9.); 이동훈, "법률의 규정에 의하여 아니하고 행정기관 내부의 업무처리의 일환으로서 종전 법인의 해산과 새로운 법인의 설립을 추진함에 있어 그들 사이의 업무 및 권리·의무가 승계되는 경우, 종전 단체에 소속된 직원들의 근로관계가 새로운 법인에 승계되는 것으로 해석할 수 있는지 여부", 대법원판례해설 72호, 법원도서관(2008. 7.); 이동호, 도산절차에서의 사업양도와 노동법, 고려대학교 대학원 석사학위논문(2005. 2.); 이세호, "영업양도와 근로관계의 승계", 비교법연구 12권 2호, 동국대학교 비교법문화연구소(2012); 이승길, 회사분할에 따른 근로계약 승계에 관한 연구, 한국경영자총협회(2002); 이승욱a, 사업양도와 근로자의 지위, 서울대학교 대학원 박사학위논문(1997. 8.); 이승욱b, "기업변동의 노동법상 쟁점과 과제", 노동법강의: 기업구조조정과 노동법의 중요과제, 법문사(2002); 이승욱c, "근로관계 승계 요건으로서의 영업양도의 의의", 2001 노동판례비평, 민주사회를 위한 변호사모임(2002. 9.); 이승욱d, "사업변동에 있어서 집단적 규범의 규율에 관한 노동법상의 쟁점과 과제", 노동과 법 1호 구조조정(기업변동)과 집단근로관계의 승계, 금속법률원(2001. 3.); 이승욱e, "근로관계의 승계를 수반하는 사업양도의 요건", 조정과 심판 5호, 중앙노동위원회(2001. 4.); 이승욱f, "사업양도와 근로관계 승계의 방법", 법학연구 49호, 부산대학교 법과대학 법학연구소(2000. 12.); 이승욱g, "사업변동에 따른 노동법상 쟁점", 저스티스 33권 3호, 한국법학원(2000. 9.); 이승욱h, "회사분할과 근로관계에 대한 최근 일본의 입법 동향", 노동법학 10호, 한국노동법학회(2000. 8.); 이승욱i, "기업변동에 따른 경영상 해고의 정당성", 노동법학 8호, 한국노동법학회(1998. 12.); 이승욱j, "영업양도와 전적의 효력", 1996 노동판례비평, 민주사회를 위한 변호사모임(1997. 6.); 이승욱k, "사업이전과 고용승계", 노동판례백선, 박영사(2015); 이승재, "영업양도와 자산매매", 노동법률 125호, 중앙경제(2001. 10.); 이용구, "영업양도와 근로관계" 노동법연구 6호, 서울대학교 노동법연구회(1997. 8.); 이준상, "헌법상 근로관계 존속보호청구권의 인정 여부", 헌법판례해설 I, 사법발전재단(2010); 이흥재, "대법원의 근로관계 인식에 대한 조명 — 민주헌정 이후 시민법적 인식으로의 회귀 및 지속의 평가", 법학 124호, 서울대학교 법학연구소(2002. 9.); 이흥재·이승욱, "영업양도와 해고제한", 법학 112호, 서울대학교 법학연구소(1999. 12.); 임종률a, "사업주변경과 근로자의 법적 지위 — 서독에서 문제처리를 중심으로", 민법학논총 — 후암 곽윤직 교수 화갑 기념, 박영사(1985. 12.); 전형배a, "행정기관의 지침에 의한 기관 통폐합과 근로관계의 승계 여부", 2007 노동판례비평, 민주사회를 위한 변호사모임(2008); 전형배b, "도산절차와 근로관계의 승계: 영국의 입법례와 시사점", 노동법학 27호, 한국노동법학회(2008); 정진경, 미국의 부당해고구제제도 — 사법적 구제를 중심으로, 서울대학교 대학원 석사학위논문(1998. 8.); 조한창, "금융감독위원회의 계약이전결정과 영업양도의 인정 여부", 대법원판례해설 44호, 법원도서관(2004. 1.); 최석환, "회사 분할에 따른 근로관계의 승계에 관한 법리",

노동법연구 36호, 서울대 노동법연구회(2014); **최영찬**, "영업양도시 근로관계의 승계에 대한 입법적 연구", 법제개선연구 9집, 법제처(2005. 12.); **최윤성**, "판례를 통하여 본 영업양도와 근로관계의 승계" 판례연구 11집, 부산판례연구회(2000. 1.); **최종길**, "취업규칙에 규정된 기존의 근로조건을 종전보다 불리하게 변경하기 위한 근로자 측의 동의방법 및 근로자 과반수 동의의 소극적 요건인 '사용자 측의 개입이나 간섭'의 의미 등", 대법원판례해설 49호, 법원도서관(2004. 12.); **하경효a**, "고용승계의 요건으로서 영업양도(Betriebsübergang)의 판단기준", 판례연구 9집, 고려대학교 법학연구소(1998. 2.); **하경효b**, "영업양도와 고용승계", 경총신서 53 기업의 인수합병과 고용조정, 한국경영자총협회(1997); **하경효 · 박종희**, 기업구조조정 등에 따른 근로관계에 관한 법제 국제비교 및 입법론 검토, 노동부(2001); **한국경영자총협회**, 판례로 본 영업양도와 근로관계(2006); **榎本信行**, "企業變動 · 倒産と勞働契約", 現代講座 10卷; **本多淳亮**, 勞働契約 · 就業規則論, 一粒社(1981); **宇田一明**, 營業譲渡法の研究, 中央經濟社(1993); **中內哲**, "企業結合と勞働契約關係", 21世紀講座 4卷; **淺井淸信**, "企業譲渡と勞働關係" 法律時報 408호, 日本評論社(1963); **竹林龍太郎**, "事業譲渡と勞働契約承繼", ジュリスト增刊 勞働判例精選, 有斐閣(2014); **金久保茂**, "會社分割に伴う勞働契約の承繼と事前協議 · 措置義務違反の効果", 法學協會雜誌 129권 2호, 東京大學法學協會(2012); **岡芹健夫**, "會社分割における勞働者への說明 · 協議手續とし勞働契約承繼の效力との關係, 民事判例 Ⅱ(2010年 後期), 日本評論社(2012); **Jean-Maurice Verdier**, Droit du Travail, Dalloz(1993).

## Ⅰ. 서 론

### 1. 기업변동과 근로관계

근로관계[1]는 근로계약에 의하여 일단 성립되면 그 이후부터 일정한 사유로 인하여 소멸할 때까지 존속하는 것이 일반적이고, 사용자와 근로자 사이에서 기업을 중심으로 계속적 · 집단적으로 법률관계가 형성되어 나가는 동시에, 그 존속과 내용은 종속적 지위에 있는 근로자의 생존권 보호를 위한 각종의 사회정책적 입법에 의하여 광범위하게 규제된다.[2]

1) 일반적으로 근로관계라 함은 특정 사용자와 근로자 사이의 근로계약 체결로 성립되는 법률관계를 말한다. 개별적 근로관계를 다루는 근기법이나 판례에서는 근로관계(근로계약)라는 용어를 사용하고, 집단적 노사관계를 규율하는 노조법에서는 법명, 1조, 2조 6호 등에서 노동관계(노동쟁의)라는 용어를 사용하고 있다. 개별적 근로관계와 집단적 노사관계를 포괄하는 의미로 노동관계라는 용어를 사용하면서 이러한 노동관계를 노동법의 규율대상으로 파악하기도 한다(김유성, 4면).

2) 근로자가 근로관계의 존속보호를 헌법상 어느 정도 요구할 수 있는지에 관하여, 헌법재판

그러나 기업은 이윤의 극대화라는 본질적 목적을 달성하기 위하여 인적·물적 조직에 변화를 가하게 되는데,[3] 이와 같이 기업의 조직이 변경되는 것을 기업변동[4]이라 하고(기업결합·구조조정·조직변경[5] 등의 용어도 사용된다), 그 결과 해당 사업에 속하는 근로자와 근로관계를 맺고 있는 사업 주체에 변동이 생기게 되면 근로관계를 둘러싸고 그 이전 여부 등 다양한 문제가 제기된다.

이러한 기업변동의 방편으로서 회사의 합병(상법 174조, 175조, 230조 내지 240조, 269조, 287조의41, 522조 내지 530조, 598조 내지 603조)과 분할(상법 530조의2 이하),[6] 영업양도(상법 41조 내지 45조), 영업임대차(상법 374조 1항 2호), 회사의 조직변경(상법 242조, 269조, 287조의43~44, 604조, 607조), 개인사업체의 법인 전환 등이 이용된다.

이 가운데 영업양도와 회사의 합병이 기업변동의 주요 형태로서 유사한 사회경제적 기능을 수행하고 있고, 특히 영업양도는 사실상 회사의 분할이나 개인사업체의 법인전환 등의 법적 수단으로 널리 이용되고 있으므로 이하에서는 영업양도를 중심으로 근로관계의 이전 여부와 범위 등의 문제를 살펴보기로 한다.

### 2. 노동법적 문제의 변천

1990년대 이전에 우리나라의 경제는 산업화의 진행으로 그 규모가 지속적으로 확대되었으나 상대적으로 경제구조가 고도화되기 이전의 단계로서 일정한

---

소는 "헌법 제15조의 직업의 자유 또는 헌법 제32조의 근로의 권리, 사회국가원리 등에 근거하여 실업방지 및 부당한 해고로부터 근로자를 보호하여야 할 국가의 의무를 도출할 수는 있을 것이나, 국가에 대한 직접적인 직장존속보장청구권을 근로자에게 인정할 헌법상의 근거는 없다"고 판단하였다(헌재 2002. 11. 28. 선고 2001헌바50 결정).

3) 기업변동의 원인으로는 산업재편성에 따른 대형 합병과 기업 제휴, 기업합리화를 위한 특정 부분의 분리·하도급, 신규 사업 진출을 위한 경영 다각화, 별개 회사 방식에 의한 농촌 등 지역 공장 진출, 해외투자를 위한 합병 회사·다국적 기업 출현, 고용조정을 위한 자회사 대량 전출, 비근로자화 정책에 의한 특수고용형태 도입, 모회사·지배기업에 의한 계열·하도급 기업의 정리·통합 등을 들 수 있다. 이러한 기업변동을 통하여 기업은 구조를 조정·재편성하고, 사회경제적으로 기업이 자본시장에서 자유롭게 진·출입할 수 있도록 하는 통로로서 기능하여 궁극적으로는 자원의 효율적 재분배를 가능하게 한다. 자세한 내용은 榎本信行, 41면; 김홍준, 25면 이하.

4) 이 용어는 1980년대부터 일본의 노동법학자들이 사용하기 시작하였고(榎本信行, 41면), 우리나라에서는 1990년대 중반에 들어서면서 사용하기 시작하여(김홍준, 25면), 현재 대부분 노동법학자들이 사용하고 있다(김유성, 347면; 김지형, 571면 등). 사업주변경(임종률, 539면)과 사업변동(김형배, 625면)이라는 용어가 쓰이기도 한다.

5) 독일의 조직변경법(Umwandlungsgesetz, 1994)은 주체·요건·절차·법적 효과 등을 상세히 규정하고 있으며, 기업결합의 방식으로 합병·분할·재산이전의 3종류를 인정하고 이와 다른 기업결합은 원칙적으로 인정하지 않는다(1조). 자세한 내용은 中內哲, 278면 이하.

6) 1998. 12. 28. 개정된 상법에 의하여 회사분할 제도가 도입되었다.

산업이나 업종의 사양화 내지 구조조정에 수반하는 기업변동과 그에 따른 실업 등의 문제가 크게 대두되지 않았다. 이러한 현상을 반영하여 기업변동에 따른 법률문제도 근로관계의 이전 여부가 아니라 퇴직한 근로자의 퇴직금을 산정하면서 종전 기업을 퇴직하고 퇴직금을 정산한 다음 신규입사의 형식으로 새로운 기업에 입사한 경우 근속연수에 종전 기업의 재직기간을 통산할 것인지 여부 등이 주로 문제가 되었다.

그러나 1980년대에 접어들어 산업구조의 조정과정을 거치면서 이에 적응하지 못한 기업이 소멸하거나 다른 기업에 흡수되는 사례가 나타나기 시작했고, 1980년대 말부터 본격화된 노동조합 운동이 더해지면서 1990년대 초부터 기업변동 과정에서 소멸하는 기업에 속한 근로관계가 승계되는지 여부 등이 다투어지게 되었다.

특히 1997년 말 우리나라의 경제가 외환위기를 맞은 이후 도산기업과 구조조정의 필요에 직면한 기업이 속출하고, 자본시장이 개방되면서 다국적 기업의 국내 진출이 자유롭게 되자,[7] 기업의 정리 또는 경영합리화를 위하여 사업의 일부 내지 전부를 양도·양수하는 이른바 기업인수·합병(M&A)이 일반화되었다.

이러한 기업의 구조조정 또는 도산절차에서 정리 내지 환가의 수단으로서 기업의 양도가 활발하게 전개되고 이에 노동시장의 유연성을 확보하려는 요구가 반영되면서, 적극 자산과 특정 부채(근저당권부 채무 등)만을 인수하고 특약으로 근로관계의 포괄적 승계와 일반 부채의 인수를 배제하는 이른바 자산양수도 방식에 의한 사업의 양도가 상당 부분을 점하게 되었다. 이러한 경우에 근로관계가 포괄적으로 승계되는 영업양도에 해당하는지 여부가 노사 간에 첨예하게 대립하게 되었고, 나아가 기존의 학설이나 판례가 제시하는 요건과 판단기준을 적용하여 영업양도인지 여부를 판단하는 것이 과연 타당한지가 논의되기에 이르렀다.

그리고 기존에 사업의 일부분을 현물 출자하거나 양도하는 등의 방법으로 이루어지는 사실상의 회사분할이 1998년 상법 개정으로 법제화되고, 1999년 공정거래법 개정으로 순수 지주회사 설립이 허용됨으로써 지주회사의 설립 또는 전환이 본격화되었다.[8] 그리하여 현재 영업양도, 주식전환, 회사의 분할 등의

---

7) 자금을 지원하게 된 IMF와 IBRD는 그 전제조건으로서 자본시장의 자유화와 도산관계 법령의 정비 등을 요구하여 다국적기업이 손쉽게 국내기업을 인수·합병할 수 있는 길을 열어 놓았다.

8) 이를 위하여 2001. 7. 14. 개정된 상법은 주식의 포괄적 교환에 의한 완전 모회사의 설립

법적 수단을 이용하여 다수의 지주회사가 설립되어 있다. 이와 관련하여 앞으로 근로관계 승계 등 노동법적 문제가 제기될 것으로 보인다.

또한, 국가나 지방자치단체가 수행하던 특정 사업을 새로이 설립한 공기업에 이관하거나 공공기관을 통폐합하는 경우에 관련 법률에 근로관계의 승계에 관한 규정이 있으면 이에 따라 해결하면 되지만, 일반적 권리의무를 승계하는 규정만을 두었을 때는 해당 사업부문의 근로관계 승계 여부가 문제된다.

### 3. 입법의 부재[9] — 해석론에 의한 해결

상속이나 회사의 합병[10]으로 사업주가 교체되는 경우에는 피상속인이나 소멸회사의 모든 권리·의무가 포괄적으로 상속인이나 합병으로 인한 존속회사 또는 신설회사에 승계되고,[11] 이러한 권리·의무에 근로관계도 포함된다고 해석함에는 별다른 이론이 없다.[12]

그런데 양도인과 양수인 사이의 계약에 의하여 사업이 이전되는 영업양도의 경우에는 포괄승계의 효과가 발생하지 않고, 영업을 구성하는 개개의 재산이나 계약관계 등을 개별적으로 이전하여야 하며, 거기에 필요한 대항요건이나 효력발생요건 등도 개별적으로 갖추어야 한다.

더욱이 고용계약에 관한 민법 657조 1항은 "사용자는 노무자의 동의 없이 그 권리를 제 3 자에게 양도하지 못한다."라고 규정할 뿐이고, 달리 상법이나 노동관계법에서 사업양도 등에 의한 사업주 변경이 근로관계에 미치는 법적 효과에 관하여 별다른 규정을 두지 않았다.[13]

---

제도를 마련하였다(360조의2 내지 360조의23).

9) 입법론에 관하여는 노사관계제도선진화연구위원회; 박종희·이승욱; 유성재; 이승욱b; 하경효·박종희 참조.

10) 합병 후 존속한 회사 또는 합병으로 인하여 설립된 회사는 합병으로 인하여 소멸된 회사의 권리의무를 승계한다(상법 235조, 530조 2항, 603조).

11) 대법원 1995. 12. 26. 선고 95다41659 판결, 대법원 2004. 5. 14. 선고 2002다23185, 23192 판결.

12) 국내외의 관련 학설과 논거 등에 관한 자세한 내용은 김지형c, 86면 이하. 다만, 사업주에 대한 간호·교육·경호·비서 등 인적 색채가 강한 업무를 목적으로 하는 근로계약은 사업주의 사망으로 종료된다(김지형, 611면).

13) 다만 선원법 36조는 "상속 또는 포괄승계에 의한 경우를 제외하고 선박소유자가 변경된 경우에는 구 소유자와의 선원근로계약은 종료되며 그때부터 신 소유자와 선원 간에 종전의 선원근로계약과 같은 조건의 새로운 선원근로계약이 체결된 것으로 본다. 이 경우 신 소유자 또는 선원은 72시간 이상의 예고기간을 두고 서면으로 통지함으로써 선원근로계약을 해지할 수 있다"고 규정하고 있다. 이는 선원의 근로관계가 신 소유자에게 그대로 이전되는 것을 의미하는 것이 아니라, 구 소유자와의 계약이 종료되면서 신 소유자와 사이에 종전의 근로조건과 동일한 내용의 새로운 계약이 체결되는 것으로 보는 일종의 체약강제를 통하여 선원의

현재로서는 근로관계와 영업양도를 규율하고 있는 현행법 체계를 바탕으로 한 해석론을 통하여 해결하는 수밖에 없는 까닭에 기업변동 가운데에서도 영업이 양도된 경우에 근로관계가 양수인에게 이전하는가 하는 문제가 노동법 및 상법상 중요한 쟁점으로 부각되어 있다.14)

## Ⅱ. 비교법적 고찰

### 1. 입법적 해결: 유럽공동체(European Community)

#### 가. EC 기득권 지침(Acquired Rights Directive)

##### (1) 입법의 배경과 회원국들의 수용

서유럽에서는 1970년대에 들어 기업의 인수·합병이 활발하게 진행되고 그에 따른 근로조건의 불이익변경이 EC 역내 국가 사이의 문제로 등장하였다.

이 문제의 해결을 위하여 EC는 1977년 「기업·사업 또는 사업부분의 양도에 있어서 근로자의 권리보호의 접근에 관한 위원회 지침」15)을 제정하여, 회원국들로 하여금 이를 국내법으로 수용하도록 권고하였고, 이에 따른 회원국들의 새로운 입법 내지 개정이 이루어져 이제는 대부분의 서유럽 국가가 이 입법 지침과 유사한 내용의 국내법을 갖게 되었다.

1998. 6. 29. 입법지침(98/50/EC)으로 사업양도의 개념16)을 명확하게 규정하는 한편, 도산절차에서 사업 또는 영업의 이전에 관한 특례17)를 신설하고, 2001.

---

근로관계를 보호하고 해상교통의 안전을 확보하려는 것이다. 이 규정은 근로관계의 포괄승계가 인정되는 합병, 영업양도 등의 경우와 선박의 신·구 소유자 사이에 선원의 근로관계를 승계하기로 약정한 경우에는 적용되지 않고, 특정선박의 사용처분권만을 이전하면서 당사자 사이에 근로관계의 승계에 관한 약정이 없거나 선원법이 정한 기준에 미달하는 약정을 한 경우에 한하여 적용된다. 자세한 내용은 권창영, 409면 이하.

14) 양도인과 양수인이 양도되는 사업에 속한 근로관계를 승계하기로 약정하고 이에 대하여 근로자가 동의한 경우 근로관계가 영업양도에 수반하여 양수인에게 이전하는 것은 사적 자치(계약자유)의 원칙에 비추어 당연하다. 노동법적인 문제 제기와 논의는 영업양도의 과정에 근로관계의 이전에 관한 특약이나 근로자의 동의가 없어도 종전의 근로관계가 그대로 양수인에게 이전하느냐 여부에 집중된다.

15) Council Directive on the approximation of the safe guarding of employee's rights in the event of transfers of undertaking businesses or part of businesses(77/187/EEC).

16) 사업양도는 경제적 활동을 추구하는 것을 목적으로 하는 자원의 조직화된 단체로서 그 동일성을 유지하면서 경제적 실체를 양도하는 것이다. 여기서 경제적 활동은 주된 활동 및 부수적 활동을 모두 포함한다. 자세한 내용은 전형배b, 125면 이하.

17) 도산절차에서 공적 기관의 감독 하에 이루어지는 사업이나 영업의 전부 또는 일부의 이전에는 양도인의 권리의무와 근로관계가 양수인에게 승계되지 아니한다[Article 4a(1)]. 그 승계

3\. 12. 입법지침(2001/23/EC)으로 1998년 입법지침의 조문을 다시 배열하고 회원국의 입법적 조치를 규정하는 등으로 체제를 정비하였다.

### (2) 주요 내용

이 입법지침은 기업·사업 또는 그 일부가 법적인 양도나 합병에 의하여 다른 사용자에게 양도되는 경우에 적용된다.[18]

양도 당시에 존재하는 근로계약 또는 근로관계로부터 발생한 양도인의 권리·의무는 양수인에게 이전하고, 양수인은 양도인이 체결한 단체협약에서 정한 근로조건 등을 그 종료 또는 새로운 단체협약의 발효 시까지 준수하여야 한다.[19]

양도인과 양수인은 사업의 양도 등을 이유로 해고할 수 없고, 다만 경제적·기술적·조직적 이유에 의한 정리해고는 가능하다.[20]

그밖에 근로자대표 지위의 유지,[21] 사업의 양도 과정에서 근로자 측에 대

---

가 인정되는 경우라도 근로관계에서 발생한 채무를 이전시키지 않을 수 있도록 하되[Article 4a(2)], 해당 근로자의 권리를 보호하기 위한 조치를 취하도록 하였다[Article 4a(3) 이하].

18) Article1 :1.(a) This Directive shall apply to any transfer of an undertaking, business, or part of an undertaking or business to another employer as a result of a legal transfer or merger.

(b) Subject to subparagraph (a) and the following provisions of this Article, there is a transfer within the meaning of this Directive where there is a transfer of an economic entity which retains its identity, meaning an organized grouping of resources which has the objective of pursuing an economic activity, whether or not that activity is central or ancillary.

(c) This Directive shall apply to public and private undertakings engaged in economic activities whether or not they are operating for gain. An administrative reorganization of public administrative authorities, or the transfer of administrative functions between public administrative authorities, is not a transfer within the meaning of this Directive.

2\. This Directive shall apply where and in so far as the undertaking, business or part of the undertaking or business to be transferred is situated within the territorial scope of the Treaty.

3\. This Directive shall not apply to seagoing vessels.

19) Article 3 : 1. The transferor's rights and obligations arising from a contract of employment or from an employment relationship existing on the date of a transfer shall, by reason of such transfer, be transferred to the transferee.

3\. Following the transfer, the transferee shall continue to observe the terms and conditions agreed in any collective agreement on the same terms applicable to the transferor under that agreement, until the date of termination or expiry of the collective agreement or the entry into force or application of another collective agreement.

Member States may limit the period for observing such terms and conditions with the proviso that it shall not be less than one year.

20) Article 4 : 1. The transfer of the undertaking, business or part of the undertaking or business shall not in itself constitute grounds for dismissal by the transferor or the transferee. This provision shall not stand in the way of dismissals that may take place for economic, technical or organizational reasons entailing changes in the workforce.

21) Article 6 : 1. If the undertaking, business or part of an undertaking or business preserves its

한 정보제공과 협의[22] 등에 관한 조항을 담고 있다.

### 나. 프 랑 스[23]

1928. 7. 19. 노동법전의 제정 · 시행으로 사용자 교체[24]에 따른 근로계약의 승계가 명문화되었고, 이는 1973. 1. 2. 제정된 노동법전 L.122-12조에 거의 그대로 흡수되었다. 1982년과 1983년 개정 때 EC 기득권 지침을 수용하여 단체협약에서 정한 근로조건의 계속적 효력을 인정하고(L.132-8), 양도인과 양수인의 연대책임을 규정하였다(L.122-12-1 1항).

노동법전 L.122-12조는 "기업의 양도는, 불가피한 경우를 제외하고, 해고예고기간의 준수와 필요한 경우 L.122-9조에 규정된 해고수당 지급의 의무를 면제하지 않는다. 사용자의 법적 지위에 변경이 수반하는 경우, 특히 상속 · 매매 · 합병 · 영업양도(mise en société)에 있어서, 그 변경 시에 유효한 모든 근로계약은 새로운 사용자와 그 기업의 종업원 사이에 계속 된다"라고 규정하여, 사용자의 변경 시 근로계약의 유지 · 존속이 법률의 효력에 의하여 자동적으로 이루어지도록 하였다.[25]

---

autonomy, the status and function of the representatives or of the representation of the employees affected by the transfer shall be preserved on the same terms and subject to the same conditions as existed before the date of the transfer by virtue of law, regulation, administrative provision or agreement, provided that the conditions necessary for the constitution of the employee's representation are fulfilled.

22) CHAPTER Ⅲ Information and consultation Article 7.

23) Jean-Maurice Verdier, 209면 이하; 김형배 · 하경효 · 김영문, 160면 이하.

24) 사용자의 법적 지위의 변경(Modifications dans la situation juridique de l'employeur)을 의미한다.

25) 1985. 1. 25. 법은 도산절차(faillite)의 특수성을 인정하여 도산의 경우 노동법전 L.122-12조가 규정한 요건을 수정하였다. 이에 따라 사업이 계속되고 해고처분이 없는 경우 근로계약은 종전의 사용자와 사이에서 계속되고(파기원 1982. 10. 14. 판결: 도산절차가 개시되어도 사용자의 법적 지위에는 아무런 변동이 없다), 정리계획(plan de redressement)이 인가된 후에 그 계획 내에서 해고되지 아니한 근로자는 고용이 보장된다. 이 경우는 사용자의 변동이 없으므로 노동법전 L.122-12조는 적용될 여지가 없다. 정리절차가 개시되기 전의 관찰기간(pèriod d'observation)에 기업의 관리임대차(location-gerance)가 이루어지거나, 정리계획 또는 청산의 과정에서 기업의 전부 또는 일부가 양도되면, 즉 사용자의 변경이 있게 되면, 노동법전 L.122-12조는 적용된다[양도 전에 해고되었다가 재고용된 경우도 L.122-12조가 적용된다(파기원 1979. 10. 11. 사회부판결 등)]. 기업이 분할되어 영업부문이 양도 내지 임대되는 경우도 마찬가지다.

노동법전 L.122-12조는 여러 경우에 적용되나, 고용관계가 소멸되거나 근로자의 해고가 불가피한 경우에는 적용되지 아니한다(1985. 1. 25. L.63조 등에서는 일정한 절차를 거쳐 정리계획에서 경제적 이유로 인한 해고를 정할 수 있도록 하였다). 도산기업을 정리하는 과정에서는 근로계약의 불승계(non-continuation)가 기업의 구제(갱생)와 최대다수 고용보장의 수단이 판례는 이 규정의 입법취지를 기업의 존속이 아니라 근로자의 고용보장을 도모하는 데 있고, 따라서 공공질서에 관한 강행규정으로서 신·구 사용자 사이의 특약으로 그 적용을 배제할 수 없다고 본다.[26)]

학설과 판례는 적용요건(Conditions d'applications)으로서 (i) 사용자의 법적 지위의 변경(Modifications de la situation juridique)과 (ii) 기업, 영업 또는 영업의 일부, 경제적 실체의 이전을 들고 있다.

판례는 (i) '법적 지위의 변경'이라는 개념의 외연을 넓게 해석하는 경향을 보이고, (ii)의 요건에 관하여 영업의 계속(Continuité de l'activité)과 기업의 동일성(identité d'entreprise)의 유지라는 판단 기준을 제시하고 있으며, 이는 대부분의 학자들이 받아들이고 있다.

이러한 요건이 충족되면 개별 근로계약은 신 사용자와 사이에서 그대로 유지되고, 이 경우 당해 근로자가 갖는 주요한 이익은 그의 근속연수를 그대로 유지한다는 것이다. 이러한 경우 쟁점은 기존의 사용자와 양수인 중 누가 근로관계상의 의무를 부담하느냐에 집중되고, 기업의 청산 내지 정리절차가 진행되거나 특약이 없이 사용자가 변경된 경우 새로운 사용자는 종전의 사용자가 그 변경 당시에 근로자에 대하여 부담하고 있던 의무를 부담한다. 신 사용자가 그 의무를 부담하기로 한 특약이 없는 한, 구 사용자는 신 사용자가 위 의무를 이행하여 면책된 금액을 구상하여 줄 의무를 진다.[27)]

### 다. 독 일[28)]

1972년 사업장조직법(Betriebsverfassungsgesetz)을 개정하면서 민법전에 613조 a를 신설하여 법률행위에 의하여 영업이 이전되는 경우에 영업의 양수인이 기존의 근로관계로부터 발생하는 권리·의무를 자동적으로 인수한다는 취지의 규정을 두었고, 1977년 EC 입법지침을 수용하여 '직장에서의 남녀평등 대우 및

---

될 수 있다. 이를 위하여 판례는 상사법원의 승인 등이 있는 경우 일정 근로자의 해고를 허용한다. 파기원 1980. 1. 31. 사회부판결은 회사정리절차에서 관리인이 기업임대를 가능케 하기 위하여 종업원의 일부를 해고한 경우 공권력의 인가와 상사법원의 통제 하에서 그 유효성을 긍정하였고, 파기원 1979. 7. 8. 사회부판결은 기업의 환가절차에서 양도인이 장차 양수인으로 하여금 영업을 계속하도록 하기 위하여 조직개편을 행하면서 필요 없게 된 종업원을 해고한 경우 적법하다고 보았으며, 파기원 1984. 7. 5. 사회부판결은 관리인이 기업인수의 조건으로서 근로자를 해고한 것도 적법한 것으로서 허용하였다.

26) Jean-Maurice Verdier, 211면 이하.

27) Jean-Maurice Verdier, 212면 이하.

28) 김영훈, 681면 이하; 이승욱a, 7면 이하; 이용구, 98면 이하; 임종률a, 541면 이하.

사업양도 시 청구권의 보존에 관한 법률'을 제정하여 민법 613조a 1항 2문 내지 4문, 4항을 신설하였다.[29)]

양수인이 근로관계를 자동적으로 인수하기 위해서는 사업(Betrieb)[30)] 또는 사업부분(Betriebsteil)의 이전이 있어야 하는데(613조a 1항 1문), 여기서 사업이란 노동과 물적 재산이 특정한 노동기술적 목적을 계속적으로 수행하기 위하여 통일적으로 조직된 유기적 일체를 의미한다. 따라서 사업양도에 있어서 특정한 노동기술적 목적이 변경되어 조직적 일체성을 유지하지 못한다면 그 한도 내에서 근로관계가 당연히 이전될 수는 없다.

사업부분도 사업과 마찬가지로 노동기술상의 목적을 수행하는 사업 내의 독립된 조직체를 의미한다. 사업 자체가 이전되지 아니하고 특정의 기계나 시설만이 양도되는 경우에는 조직적 일체로서 사업 부분이 이전되는 것이 아니므로 근로관계의 이전이 수반되지 아니한다.

그리고 양수인이 기존의 근로관계를 인수하기 위해서는 사업이 법률행위에 의하여 이전되어야 하는바,[31)] 이러한 법률행위는 매매 · 증여 · 유언 등 소유자의 변동을 목적으로 하는 것일 수도 있고, 소유자의 변동을 수반하지 아니하는 영업의 임대차나 경영위임일 수도 있으며, 이러한 것들이 결합한 것일 수도 있다.

29) 613조a(사업이전 시의 권리 · 의무) 1항 ① 사업 또는 사업부분이 법률행위에 의하여 다른 사업주에게 이전되는 경우에는 그 사업주가 이전 당시에 존재하는 근로관계로부터 발생하는 권리 · 의무를 인수한다. ② 1문의 권리 · 의무는, 그것이 단체협약의 규범적 부분 또는 사업장 협정으로 규정되어 있는 경우에는, 신 사업주와 근로자 간의 근로관계의 내용으로 되며, 이전 후 1년 이내에는 근로자에게 불이익하게 변경할 수 없다. ③ 신 사업주에 대한 권리 · 의무가 다른 단체협약의 규범적 부분 또는 사업장 협정으로 규정되는 경우에는 2문의 규정은 적용되지 아니한다. ④ 2문의 기간이 경과하기 전이라도 그 단체협약 또는 사업장 협정이 효력을 상실하거나 쌍방의 단체협약 구속력의 결여로 신 사업주와 근로자 간에 다른 단체협약의 적용범위 안에서 그 단체협약을 적용하기로 합의한 경우에는 권리 · 의무는 변경될 수 있다.

2항 ① 1항에 의한 의무로서 이전 전에 성립하였으나 이전 후 1년 이내에 이행기가 도래하는 의무에 대하여는 신 사업주와 함께 종전의 사용자가 연대채무자로서 책임을 진다. ② 그러나 그러한 의무가 이전 후에 이행기에 이르게 된 경우에는 그 산정기간 중 이전 당시에 경과된 부분과 일치되는 범위 안에서만 종전의 사용자가 책임을 진다.

3항 법인이 합병 또는 조직변경에 의하여 소멸된 경우에는 2항은 적용되지 아니하며, 1969. 11. 16의 조직변경법 8조는 영향을 받지 아니한다.

4항 ① 종전의 사용자 또는 신 사용자가 사업 또는 사업부분의 이전을 이유로 근로자를 해고한 때에는 이는 무효이다. ② 다른 사유로 인한 해고의 권리는 아무런 영향을 받지 아니한다.

30) 이를 사업소로 번역하기도 한다(中內哲, 280면).

31) 양도 내지 이전이라 함은 단순히 소유권이전행위만을 의미하는 것이 아니라 사업의 이용권한을 양수인에게 부여하는 행위도 포함한다. 이러한 의미에서 상속 등과 같이 법률 등에 의한 양도에는 이러한 요건이 충족될 수 없다(中內哲, 280면).

법률행위에 의한 이전인 이상 그것이 반드시 신·구 사업주 간의 직접적인 법률행위일 것을 필요로 하지 아니하며, 그 법률행위가 부적법하거나 무효일 경우에도 사실상의 양수인에게 근로관계는 이전한다.

이러한 법률행위의 주체에 관하여는 그것이 자연인이든 법인이든, 공법인이든 사법인이든 아무런 제한이 없다. 다만, 파산관재인이 파산재단에 속하는 영업을 양도할 경우에도 위 규정이 적용되는가의 여부에 대하여는 견해가 대립하고 있다.[32)]

위 규정은 강행법규로서 효력규정이고, 양도인과 양수인 사이의 특약으로 근로자의 인수를 배제할 수 없다.

다만, 근로자의 반대 의사가 있는 경우에 통설과 판례는 위 규정의 입법 취지, 헌법상 직업선택의 자유와 인간의 존엄성 등을 들어 근로관계는 이전되지 않는다고 보았는데, 2001년 민법전 개정 시에 613조a 5항과 6항을 신설하면서 6항에 근로자의 승계 거부권을 명문화하였다.[33)]

1994년 조직변경법(Umwandlungsgesetz)의 제정·시행으로 회사의 합병과 분할에도 민법 613조a 규정이 적용되게 되었다(324조).[34)]

### 라. 영 국[35)]

영국의 노동관련 제도는 전통적으로 성문법보다는 오랜 관행에 의하여 규율되어 왔으며, 1970년대 보수당 집권 전까지는 이러한 전통 하에 노동조합의 파업 자유에 따른 폭넓은 면책특권을 인정하였다. 따라서 영국의 노사관계의 전통적 지배원리였던 노사자율주의와 집단적 방임주의는 계속된 경제 불황과 더불어 산업사회를 불안정하게 하는 요인이 되었다.

보수당 정부는 '1971년 노사관계법'을 시작으로 하여 '1974년 노동조합과 노사관계법'의 제정과 개정을 통하여 그동안 방임된 노사관계의 제도화를 도모

32) 자세한 내용은 이승욱a, 7면 이하.

33) 박종희a, 267면 이하; 박진호, 322면

34) 박종희a, 257면 이하; 中内哲, 280면 이하. 조직변경법 324조는 기업결합(합병·분할·재산이전)에도 민법 613조a를 적용하도록 규정하고 있다. 통설에 의하면, 실제 이루어진 기업결합이 민법 613조a에서 말하는 사업 양도에 해당하는가 여부에 따라 그 적용 여부가 결정되고, 다만 합병·소멸분할·재산 전부 이전의 경우에는 양도인이 소멸하는 관계상 판례가 인정하는 근로자의 이의 신청권은 의미가 없고, 근로자는 존속회사 내지 양수회사에 대하여 근로계약을 해지할 수 있다.

35) 노동부편, 49면 이하; 전형배b, 130면 이하.

하였고, 이를 정리하여 1993. 8. 30. '1993년 노동조합개혁 및 근로자의 권리에 관한 법(Trade Union Reform and Employment Rights Acts 1993)'을 제정 · 시행하게 되었는데, 이 법 33조에서 1981년의 기업양도(고용의 보호) 규정[36]을 수정하여 EC 기득권 지침에 효력을 부여한다고 규정함으로써 이를 국내법으로 수용하였다.

## 2. 노사당사자의 자치적 해결: 미국

미국법에서는 전통적으로 영업의 양도 · 임대차는 물론 합병의 경우에도 고용계약(employment contracts)과 같은 개인적 용역계약(personal service contracts)은 포괄승계에 친하지 아니한 것으로 보았다.[37]

미국의 대부분 주에서는 차별적 해고 등의 제한에 해당하지 아니하는 한 해고자유의 원칙이 유지되고 있어, 영업양도 시 근로관계가 포괄적으로 승계되느냐의 문제와 그 과정에서 일부 근로관계의 승계 거부가 허용되느냐의 문제는 별다른 의미가 없다. 다만, 일부 주에서 정리해고에 일정한 제한을 가하는 법을 제정 · 시행하고 있으며,[38] 일련의 연방대법원 판례는 단체협약상 중재조항의 승계, 성실교섭의무, 부당노동행위책임의 승계 등 사업양도로 인한 근로자의 지위 변경에 대하여 양수인의 일정한 책임을 인정함으로써 영업양도 시의 양수인의 임의적 해고를 제한하고 있다.[39]

이와 같이 미국의 판례는 양수인의 고용승계를 강제할 수 없다고 하면서도 영업양도 전후에 걸쳐 상당한 정도로 기업의 동일성이 인정되는 경우[40]에는 양

---

36) Transfer of Undertakings(Protection of Employment) Regulations. 이 규정은 1981년 제정된 이후 수차 개정되었고, 2006. 4. 6. 영업양도의 개념을 새롭게 정의하고 도산절차에서의 특례를 인정하는 등으로 전면 개정되어 시행되고 있다.

37) American Colortype Co. v. Continental Colortype Co. 188 U.S. 104, 47L. Ed. 404, 23 S. Ct. 265(1906), 자세한 내용은 宇田一明, 256면 이하.

38) 정진경, 10면 이하.

39) 이흥재 · 이승욱, 267면 이하.

40) 연방대법원은 이를 판단하는 중요한 기준은 계약의 형식이 아니라 당해 기업의 연속성이고, 그러한 연속성이 인정되려면 운영의 연속성과 노동력의 연속성이 존재하여야 한다고 본다. 운영의 연속성에 대한 판단은 생산품목 · 업무 · 근로조건 · 감독체계 · 작업절차 · 고객 등에서 연속성이 인정되어야 하고, 노동력의 연속성은 양수인에게 고용된 근로자의 비율에 의하여 결정된다. 구체적인 사례로서 42명 중 27명의 근로자가 계속 고용된 사안(1974년 Burns 사건)과 21명 중 18명이 승계된 사안(1987년 Fall River Dyeing 사건)에서 고용의 연속성을 인정하였다. 판례법상 고용의 연속성이 인정되기 위하여 전체 종업원(full complement)이 승계될 필요는 없고, 상당수의 그리고 대표적 종업원(substantial and representative complement)이 승계되면 족하다고 본다(이흥재 · 이승욱, 269면에서 재인용).

수인에게 노동조합과의 교섭의무를 부과하여 고용보장을 노사 간의 집단적 · 자율적 합의에 의하여 해결하도록 유도하고, 그러한 교섭이 결렬된 경우에는 연방노동청으로 하여금 중재하도록 하여 고용승계를 간접적으로 규제하고 있다.[41]

### 3. 해석론에 의한 해결: 우리나라와 일본

우리나라와 일본은 영업양도와 회사의 합병[42] 등 사업주의 교체에 따른 근로관계의 승계에 관한 명문의 규정이 없고, 해석론으로 이 문제를 해결하고 있다.[43]

그 결과 사유재산으로서 기업의 처분이라는 점을 중시하여 근로관계의 승계를 부정하는 상법 학자부터, 기업법리를 수정하는 해고제한 등의 노동법리를 강조하여 근로관계의 당연 승계를 긍정하는 노동법 학자까지 다양한 견해가 제시되고 있다. 판례의 주류는 그 중간적인 견해를 취하는 것으로 보이지만 언제나 일관된 것은 아니다. 이러한 논의는 입법적 해결[44]이 이루어질 때까지 지속될 것으로 보인다.

---

41) 김형배 · 하경효 · 김영문, 180면.

42) 일본은 2000년의 상법개정으로 기업조직재편의 하나로서 회사분할이 정비되었고, 이와 관련하여 근로자 보호를 도모할 목적으로 '회사의 분할에 수반하는 노동계약의 승계 등에 관한 법률(노동계약승계법)'이 제정되었다. 이에는 근로계약의 승계 외에도 노사협의의 절차, 단체협약의 승계 등에 관한 규정을 두고 있다.

43) 헌재 2002. 11. 28. 선고 2001헌바50 결정(한국보건산업진흥원법 부칙 3조 위헌소원 사건): 헌법 15조의 직업의 자유 또는 헌법 32조의 근로의 권리, 사회국가원리 등에 근거하여 실업방지 및 부당한 해고로부터 근로자를 보호하여야 할 국가의 의무를 도출할 수는 있을 것이나, 국가에 대한 직접적인 직장존속보장청구권을 근로자에게 인정할 헌법상의 근거는 없다. 이와 같이 우리 헌법상 국가에 대한 직접적인 직장존속보장청구권을 인정할 근거는 없으므로 근로관계의 당연승계를 보장하는 입법을 반드시 하여야 할 헌법상의 의무를 인정할 수 없다. 따라서 한국보건산업진흥원법 부칙 3조가 기존 연구기관의 재산상의 권리 · 의무만을 새로이 설립되는 한국보건산업진흥원에 승계시키고, 직원들의 근로관계가 당연히 승계되는 것으로 규정하지 않았다 하여 위헌이라 할 수 없다.

44) 이와 관련하여 노동부는 2000년도 정기국회 제출을 위해 근기법 개정안을 마련하였는데, 이 개정안은 29조의2(사업양도 시 근로관계의 승계)를 신설하여 사업의 전부 또는 일부가 동일성을 유지하면서 이전하는 경우 근로관계도 포괄적으로 승계되도록 하고(1항), 사업양도 자체를 이유로 한 해고를 금지하는(3항) 내용을 담고 있었다.

## Ⅲ. 근로관계 이전의 근거와 요건

### 1. 영업양도

#### 가. 영업과 영업양도의 의의

##### (1) 영 업

영업이라는 용어는 상법 등의 실정법과 판례 등의 실무에서 흔히 사용되고 있지만, 그 개념을 정의한 규정은 없다.

일반적으로 영업 또는 기업이라 함은 영업주의 일정한 영리 목적에 따라 근로자 등의 인적 조직과 영업재산 등의 물적 시설을 갖추고 활동하는 유기적 조직체를 말하므로, 영업주의 영업 활동, 물적 시설(자본) 및 인적 조직(노동)의 3 요소를 포함하는 개념이라 할 수 있다.[45)]

그러나 영업은 이를 규율 대상으로 하는 개별법 분야별로 그 입법 목적과 방향이 다르므로 그에 따른 개념을 정립하여야 할 필요가 있고, 또한 영업양도의 본질을 어떻게 파악하느냐에 따라 그 의의와 구성요소도 달라지기 마련이다.

상법상 영업양도에 관한 규정은 당사자 사이의 이해관계 조정을 위한 재산법적 규율을 목적으로 하므로 이를 해석할 때에도 그 목적에 상응하여 영업의 개념을 영업재산에 중점을 두고 이른바 객관적 의미의 영업으로 파악하는 것이 다수설과 판례의 입장이다.[46)]

이에 반하여 영업양도와 관련한 노동법적 규율의 대상은 영업의 인적 조직, 그 중에서도 근로관계의 승계 여부에 집중되므로 노동법상으로는 영업을 근로관계를 포함하는 광의의 개념으로 파악하고 있고,[47)] 그 용어도 영업이나 기업이라는 표현 대신에 '사업'[48)] 또는 '사업장'[49)]이라는 개념을 사용하는 것이 보통

45) 김지형a, 1048면.

46) 대법원 2005. 7. 22. 선고 2005다602 판결, 대법원 2017. 4. 7. 선고 2016다47737 판결: 영업이란 일정한 영업 목적에 의하여 조직화된 유기적 일체로서의 기능적 재산을 말하고, 여기서 말하는 유기적 일체로서의 기능적 재산이란 영업을 구성하는 유형·무형의 재산과 경제적 가치를 갖는 사실관계가 서로 유기적으로 결합하여 수익의 원천으로 기능한다는 것과 이와 같이 유기적으로 결합한 수익의 원천으로서의 기능적 재산이 마치 하나의 재화와 같이 거래의 객체가 된다는 것을 뜻한다.

47) 김지형, 615면; 이세호, 188면; 임종률, 540면 이하

48) 사업은 그 목적이 영리인지 비영리인지 불문하고, 영리를 목적으로 하는 영업을 포괄하는 개념이라 할 수 있다.

49) 법 2조 1항 1호(근로자의 정의), 11조(적용범위), 24조(경영상 이유에 의한 해고의 제한);

이다.[50]

판례[51]도 근로관계의 승계 여부가 문제로 된 사안에서 "영업의 양도라 함은 일정한 영업 목적에 의하여 조직화된 업체, 즉 인적·물적 조직을 그 동일성을 유지하면서 일체로서 이전하는 것"이라고 하여 같은 입장을 취한다.[52]

(2) 영업양도

영업양도의 본질을 영업주 지위의 양도 내지 지위의 교체(승계)로 파악하는 지위교체설은 영업양도의 사회적 실태·현상을 중시하는 견해라고 할 수 있다. 이 설은 실태 분석을 통하여 기업 본위의 본질론을 전개하는 견해로서 영업양도에 수반하는 근로관계의 승계 여부, 즉 근로자들의 실직 문제는 생기지 않는다.

이에 반하여 영업양도설은 영업을 객체로서 파악할 수 있다는 전제 하에 영업양도는 영업을 양도·이전하는 법률관계이고, 양수인의 목적은 영업주 지위의 교체에 있는 것이 아니라 수익을 얻으려는 데에 있다고 본다. 이 설에 의하면 객체인 영업에 근로관계가 포함되어 승계되는지 여부가 문제로 되는데, 대부분의 견해는 근로관계는 영업에 당연히는 포함되지 않고 그럴 필요가 있을 경우 영업양도 계약 외의 부수계약으로 승계하면 족하다고 한다.[53]

대다수의 상법학자들은 영업양도설, 그 중에서도 영업재산양도설을 취하고 있는데, 이에 대하여 지위교체설을 취하는 학자들은 기업의 인적 요소를 무시하고 물적 요소인 재산에만 착안하여 그것을 유기적 일체로서의 기능적 재산이라고 파악하고 있을 뿐, 유기적 조직인 기업의 전체성 내지 통일성과 주체성을 파악하지 못한다고 비판한다.[54]

판례는 영업양도 개념을 상대적으로 파악하여 노동법적으로 문제된 사안과 상법적으로 문제된 사안에서 다른 태도를 보인다.

---

노조법 35조(단체협약의 일반적 구속력) 등.

50) 김영훈, 687면; 김형배, 634면; 임종률, 540면: 영업 또는 사업이라 함은 일반적으로 인간노동력을 투입하여 일정한 노동기술상의 목적을 직접·계속적으로 추구하는 통일적 조직체를 의미하고, 기업에 편입된 근로관계를 영업에 불가분적으로 결합된 것으로 파악한다.

51) 대법원 1991. 8. 9. 선고 91다15225 판결, 대법원 1995. 7. 14. 선고 94다20198 판결, 대법원 2002. 3. 29. 선고 2000두8455 판결, 대법원 2003. 5. 30. 선고 2002다23826 판결.

52) 이와 같이 영업의 개념에 인적 조직을 포함시키는 판례의 입장에 대하여 근로자가 이전되어야 영업양도에 해당하고, 이러한 영업양도가 있으면 근로관계도 이전한다는 것은 논리적으로 모순(순환)이라는 비판적 견해가 있다(김선수, 205면).

53) 宇田一明, 1면 이하.

54) 박귀천, 9면.

먼저, 노동법적 문제로서 근로관계의 승계 여부가 다투어진 사안에서는 "영업의 양도라 함은 일정한 영업목적에 의하여 조직화된 총체, 즉 인적·물적 조직을 그 동일성을 유지하면서 일체로서 이전하는 것"이라거나,[55] "영업양도가 있었다고 인정하려면 당사자 사이에 영업양도에 관한 합의가 있거나 영업상의 물적·인적 조직이 그 동일성을 유지하면서 양도인으로부터 양수인에게 일체로서 포괄적으로 이전되어야 한다"[56]고 판시하여 인적 조직으로서 근로관계를 영업의 구성요소로 파악한다.

이에 반하여 상법적인 문제로서 경업피지의무의 존부 등이 다투어진 사안에서는 영업재산양도설의 입장에서, "상법상의 영업양도는 일정한 영업목적에 의하여 조직화된 유기적 일체로서의 기능적 재산인 영업재산을 그 동일성을 유지시키면서 일체로서 이전하는 채권계약"[57]이라고 판시하여 인적 조직을 계약의 대상에서 제외한다.[58]

### 나. 근로관계 이전의 근거[59]

#### (1) 학 설

##### ㈎ 특약필요설(비승계설, 계약설)

근로관계는 어디까지나 당사자의 의사에 의하여 형성되고 이전되어야 한다는 계약설의 입장에서 영업양도에 부수하여 근로관계가 양수인에게 법률상 당연히 이전하는 것이 아니라, 근로관계의 승계에 관하여 영업양도 당사자 사이에 명시적 특약 내지 묵시적 합의가 있고, 근로자 역시 이에 동의하여야만 이를 근거로 근로관계가 양수인에게 이전된다는 견해이다. 따라서 영업양도 당사자 사이의 자유로운 약정에 의하여 근로관계의 전부 또는 일부를 승계의 대상에서 제외할 수 있고, 승계의 대상에 포함되었다 하더라도 당해 근로자가 그에 동의

55) 대법원 1991. 8. 9. 선고 91다15225 판결, 대법원 1995. 7. 25. 선고 95다7987 판결, 대법원 1997. 4. 25. 선고 96누19314 판결, 대법원 1997. 6. 24. 선고 96다2644 판결, 대법원 2005. 6. 9. 선고 2002다70822 판결.

56) 대법원 1995. 7. 14. 선고 94다20198 판결.

57) 대법원 1989. 12. 26. 선고 88다카10128 판결, 대법원 2005. 7. 22. 선고 2005다602 판결.

58) "상법상의 영업양도는 일정한 영업목적에 의하여 조직화된 업체, 즉 인적·물적 조직을 그 동일성은 유지하면서 일체로서 이전하는 것을 의미"한다고 본 판례(대법원 2005. 6. 24. 선고 2005다8200 판결, 대법원 2013. 2. 15. 선고 2012다102247 판결)도 있으나 이는 예외적인 사례로 보인다.

59) 김영훈, 691면 이하; 김유성, 347면 이하; 김지형a, 1034면 이하; 김형배, 634면 이하; 박귀천, 17면 이하; 임종률, 539면 이하; 해고와 임금, 254면 이하.

하지 않으면 그 근로관계는 이전되지 않는다.

이러한 해석론은 서독에서 1972. 1. 15. 민법 613조a를 신설하여 영업양도에 따른 근로관계의 자동적 이전을 명문화하기 이전에 Hueck에 의해 대표적으로 주창된 이래 독일의 다수설과 판례의 주류적 입장이 되었고, 일본에서는 상법학자들과 다수의 노동법학자 및 하급심의 일부 판례[60]가 이 견해를 지지하고 있다. 이에 반하여 우리나라에서는 이에 동조하는 견해를 찾아볼 수 없다.

특약필요설의 논거로서 유기적인 법률관계로서의 채권관계의 포괄적 이전을 인정하는 법 규정이 없는 점, 영업의 자유로운 처분이 존중되어야 하는 점 및 영업양도의 법적 성질이 법률상 근로관계의 당연승계가 인정되는 회사합병과는 다르다는 점 등이 제시된다.

㈏ **자동인수설**(당연승계설)

영업양도에서도 근로관계에 관한 한 회사합병과 마찬가지로 당사자 사이의 약정 여하에 관계없이 종래의 근로관계가 전체로서 당연히 양수인에게 이전되어 자동 인수된다는 견해이다. 즉, 근로관계가 양수인에게 승계되기 위하여 영업양도 당사자 사이에 영업양도에 관한 법률행위만 존재하면 족하고, 또 그것으로 충분하다는 것이다. 따라서 영업양도 당사자 사이에 근로자의 전부 또는 일부를 승계하지 않기로 하는 내용의 합의는 무효이고, 민법 657조 1항도 그 적용이 없어 근로자의 동의가 필요 없다.

이 견해는 근로관계의 성립에 관하여 이른바 편입설을 주장한 Nikisch 등을 중심으로 전개되었다. 입법 이전의 독일에서는 소수설에 불과하였으나 1972년 입법에서 이 견해가 채택되었다. 일본의 일부 학자[61]와 하급심 판례의 일부,[62] 우리나라의 상당수 학자[63]가 이에 동조하고 있다.

그 논거로서 임대인이 주택을 양도하는 경우 임대차관계가 승계된다고 규정한 주택임대차보호법 3조 2항(서독 민법 571조)이 유추 적용될 수 있는 점, 영업

60) 大阪地裁 1959. 7. 22. 判決(十倉紙製品退職金請求事件, 勞民集 10권 6호, 999면); 岡山地裁 1955. 1. 29. 判決(両備バス不採用事件, 勞民集 6권 1호, 30면).

61) 本多淳亮, 138면; 淺井淸信, 103면.

62) 東京地裁 1950. 7. 6. 決定(濟生會 事件, 勞民集 1권 4호, 646면); 大阪高裁 1963. 3. 26. 判決(播磨銑鋼解雇 事件, 勞民集 14권 2호, 439면); 神戸地裁姬路支部 1963. 11. 21. 判決(日伸運輸事件, 勞民集 14권 6호, 1434면). 최근에는 영업양도에서 특정승계의 원칙을 강조하여 당연승계를 부정하는 판례가 다수이다[注釋(上), 193면].

63) 김영훈, 689면 이하; 김유성, 348면 이하; 임종률, 540면.

양도 자체가 해고의 정당한 사유가 될 수 없으므로 근로관계 존속보호에 관한 법 23조의 규정을 간접 적용할 수 있는 점,[64] 영업양도 본질이 회사합병과 다르지 않은 점[65] 등이 제시된다.

㈐ **원칙승계설**(조직설)

근로관계의 승계 여부를 영업양도 당사자 사이의 의사해석 문제로 보면서도 영업양도 당사자 사이에 반대의 특약이 없는 한 영업의 양도에 관한 합의 속에는 원칙적으로 근로관계를 포괄적으로 승계시키기로 하는 합의가 포함된 것으로 사실상 추정되고, 민법 657조는 영업양도의 경우에는 적용되지 않아 근로관계의 승계에 근로자의 동의는 요하지 않으나 그 대신 근로자는 양수인에 대하여 즉시 해지권을 갖는다는 견해이다.

이 견해는 주로 일본의 민법학자와 대부분의 노동법학자들 사이에서 이론적으로 개발되어 주창된 이래 일부 상법학자들이 이에 동조하였고, 일본의 하급심 판례의 상당수[66]가 채택한 해석론으로서, 앞서 본 특약필요설과 당연승계설의 절충적 입장이라고 할 수 있다.[67]

우리나라의 노동법 학자[68]와 실무가들 가운데 다수[69]가 이 견해에 동조하고 있다.

그 주된 근거는 기업의 사회법적·조직법적 성격을 강조하여 근로자는 사

64) 김유성, 349면; 임종률, 540면.

65) 本多淳亮, 138면 이하. 현대의 기업 내지 영업에 있어서는 근로자가 그 기업의 일부로서 집단적으로 고용되어 분업적 형태로 노무를 제공하고, 또한 이것이 하나의 조직적 통일체를 이루어 그 사업의 목적을 수행한다. 따라서 이러한 조직적인 노동은 기업주의 입장에서 볼 때 이윤추구를 위한 필수적 수단이 아닐 수 없고, 영업의 양도가 이러한 이윤추구의 수단으로서의 인적·물적 조직체를 유기적 일체로서 양도하는 것이라면 기업에 조직화된 노동 역시 양수인에게 자동적으로 이전된다고 보아야 한다는 견해(김영훈, 708면 이하)도 같은 논거라 할 수 있다.

66) 大阪地裁 1964. 9. 25. 判決(友愛會病院解雇 事件, 勞民集 15권 5호, 937면); 大阪高裁 1965. 2. 12. 判決(日伸運輸營業讓渡 事件, 判例時報 404호, 53면); 松山地裁 1965. 5. 26. 判決(松山市民病院不當解雇 事件, 勞民集 16권 3호, 394면); 高松高裁 1967. 9. 6. 判決(松山市民病院不當解雇 事件, 勞民集 18권 5호, 890면).

67) 김지형a, 1040면 이하. 일본의 학자들은 영업양도에 수반하여 근로관계가 법률상 당연히 이전하느냐의 문제에 관하여는 그 입장이 명확하지는 아니하나 대체로 특약필요설에 입각한 이론을 전개하고, 我妻榮과 有泉亨 등의 입장을 승계설로 분류하고 있으나 양자 모두 양도당사자 간의 특약에 의하여 근로관계의 인수를 배제할 수 있다고 보는 점에서 기본적으로 특약필요설의 입장이라고 보아야 한다는 견해도 제시된다(김영훈, 703면 이하).

68) 김형배, 637면 이하; 이병태, 625~626면; 이상윤, 461면; 하갑래, 875면.

69) 김건일, 525면 이하; 김지형a, 1040면 이하.

업주가 아닌 물적 기업 그 자체에 조직적으로 편입되어 있다는 것이다.[70] 기업은 물적 시설과 그에 조직적으로 배치된 인적 조직이 서로 결합하여 구성된 하나의 유기적 조직체이고, 영업의 양도는 그러한 유기적 조직체를 일체로서 이전하는 경우가 보통이므로 반대의 특약이 없는 한, 영업양도의 당사자 간에는 근로관계를 이전하려는 합의가 있는 것으로 인정할 수 있다는 것이다.[71]

이 견해는 영업양도의 효력이 생기기 위하여 반드시 근로관계 전부의 승계가 있어야만 하는 것은 아니라고 보면서, 영업양도에 따른 근로관계 승계의 문제를 여전히 영업양도 당사자 사이의 의사해석의 문제로 파악하는 점에서 기본적으로 특약필요설과 그 이론적 궤를 같이 한다. 따라서 영업양도 당사자 사이에 반대의 특약이 명백히 있는 경우에는 근로관계의 일부 또는 전부의 승계를 배제할 수 있다고 본다.

그러나 영업양도는 인적 조직을 포함하는 유기적 조직체로서 영업 일체를 그대로 이전하는 것이 원칙이고 근로관계의 전부 또는 일부를 제외하는 것은 지극히 예외적인 경우에 해당하므로, 이러한 반대의 특약은 영업양도 시 근로관계의 승계를 배제할 만한 합리적 이유가 있어야만 유효하다고 하여, 배제할 수 있는 경우를 제한하고 있다.

합리적인 이유의 내용에 관하여는 기업법적 관점에서 영업의 동일성 유지와 무관한 대체성 있는 일정한 근로자를 제외시킬 수 있다고 보는 견해와 근로관계의 존속보호라는 노동법리를 앞세워 해고제한의 법리에 따라 법 23조 1항 소정의 정당한 이유가 있어야 한다는 견해로 나뉜다.

(2) 판　례

앞서 본 바와 같이 우리나라에서 영업양도, 기업의 흡수 통합이나 조직변경 시 근로관계의 승계 여부가 문제로 된 것은 1990년대에 들어서이고, 그 쟁점도 근로관계의 승계 여부 자체가 아니라 계속근무기간 중에 사업주가 변경된 근로자들의 퇴직금 산정 때 그 변경 전의 근무기간도 근속연수에 포함시켜야 할 것인지 여부에 집중되었다.

이러한 쟁점에 관한 사안에서 판례는 “영업의 양도라 함은 일정한 영업목

70) 비승계설(특약필요설)이 영업양도의 계약법적 성격에 기초한 반면, 원칙승계설은 영업양도의 조직법적 성격을 특히 강조하는 점에서 양자가 구별되고, 이에 따라 비승계설은 계약설, 원칙승계설은 조직설이라고 대비하여 불린다(김지형a, 1041면).

71) 김지형a, 1041면.

적에 의하여 조직화된 업체, 즉 인적, 물적 조직을 그 동일성을 유지하면서 일체로서 이전하는 것을 말하고, 영업이 포괄적으로 양도되면 양도인과 근로자 간에 체결된 고용계약도 양수인에게 승계"되고, 따라서 명시적인 영업양도의 합의가 없는 경우에도 영업을 포괄적으로 양수한 것으로 보았으며,72) "기업의 일부가 분리 독립하여 새로운 회사가 성립되었다 하더라도 신설회사와 구 회사 사이에 기업의 동일성을 유지하고 있고 구 회사에 속했던 근로자가 그 회사에서의 퇴직이나 신설회사의 신규 입사 절차를 거침이 없이 신설회사에 소속되어 계속 근무하고 있다면 신설회사가 구 회사와는 별개 독립의 법인체로서 그 권리의무를 포괄승계하지 않은 경우라 할지라도 구 회사에 속한 근로자에 대한 근로관계는 신설회사에 포괄 승계되어 근로의 계속성이 유지된다"고 하고,73) 상법상 영업양도의 요건을 갖추지 못한 경우라도 "기업의 인적·물적 조직이 흡수통합되거나 조직변경을 거친다 하더라도 그 기업 자체가 폐지됨이 없이 동일성을 유지하면서 존속되고 있는 한, 이는 경영주체의 변경에 불과하여 근로관계는 새로운 경영주에게 승계된다"고 보았다.74) 이러한 판례가 어느 견해를 바탕으로 하였는지는 명백하지 않지만, 근로관계가 승계되기 위한 요건으로 영업양도의 합의를 요하지 아니하고, 상법상 영업양도에 해당하지 않는 사업주 변경의 경우라도 기업의 동일성이 유지되면 그 실질을 사업주의 교체에 불과한 것으로 보아 근로관계의 포괄승계를 인정하는 점에 비추어 당연승계설에 가까운 것으로 보인다.

그런데 대법원 1994. 6. 28. 선고 93다33173 판결은 "영업의 양도라 함은 일정한 영업목적에 의하여 조직화된 업체, 즉 인적·물적 조직을 그 동일성은 유지하면서 일체로서 이전하는 것을 말하고, 영업이 포괄적으로 양도되면, 반대의 특약이 없는 한, 양도인과 근로자 간의 근로관계도 원칙적으로 양수인에게 포괄적으로 승계된다. 영업양도 당사자 사이에 근로관계의 일부를 승계의 대상에서 제외하기로 하는 특약이 있는 경우에는 그에 따라 근로관계의 승계가 이루어지지 않을 수 있으나, 그러한 특약은 실질적으로 해고나 다름이 없으므로 근기법 27조 1항(현행 23조 1항) 소정의 정당한 이유가 있어야 유효하며, 영업양도 그 자

72) 대법원 1991. 8. 9. 선고 91다15225 판결.
73) 대법원 1987. 2. 24. 선고 84다카1409 판결.
74) 대법원 1991. 3. 22. 선고 90다6545 판결, 대법원 1997. 6. 27. 선고 96다49674 판결, 대법원 1999. 6. 11. 선고 98다18353 판결.

체만을 사유로 삼아 근로자를 해고하는 것은 정당한 이유가 있는 경우에 해당한다고 볼 수 없다"라고 판시하였고, 그 이후 같은 취지의 판결[75]이 계속되어 주류적 판례는 원칙승계설을 채택하고 있다.

### 다. 근로관계 이전의 요건

#### (1) 영업의 동일성 유지

##### (가) 일 반 론

현재의 학설·판례상 영업의 전부 또는 일부가 양도되면, 특별한 사정이 없는 한 근로관계가 포괄적으로 승계된다는 데에는 이론이 없고, 다만 그러한 영업양도가 인정되기 위한 요건과 판단기준이 무엇인지에 관하여 견해가 나뉘고 있을 뿐이다.

영업을 구성하는 모든 요소가 빠짐없이, 즉 전체로서의 영업이 양도되어야만 근로관계가 이전되는지, 아니면 사업의 구성요소 중 일부가 제외되어도 근로관계의 승계를 가져오는 영업양도가 인정되는지, 나아가 후자의 견해를 택할 경우 어떠한 구성요소를 본질적인 부분으로 볼 것인지가 문제된다. 이는 단순한 영업용 재산의 양도와 영업양도를 어떠한 기준으로 구별하여 근로관계의 승계 여부를 판단할 것인가 하는 문제이다.[76]

일반적으로 근로관계가 이전되는 영업양도가 인정되려면 '영업의 동일성'이 유지되어야 한다는 기준이 제시된다. 판례도 "영업양도라 함은 일정한 영업목적에 의하여 조직화된 총체, 즉 인적·물적 조직을 그 동일성을 유지하면서 일체로서 이전하는 것을 말하고, 영업의 일부만의 양도도 가능하지만 이 경우에도 해당 영업 부문의 인적·물적 조직이 그 동일성을 유지한 채 일체로서 이전되어야 하는 것"[77]이라고 하여 같은 입장을 취한다.

##### (나) 판단의 기준과 방법

종래 판례는 영업의 동일성 유지라는 일반적 기준만을 제시하다가, 이른바

---

75) 대법원 1995. 9. 29. 선고 94다54245 판결, 대법원 2002. 3. 29. 선고 2000두8455 판결, 대법원 2005. 6. 9. 선고 2002다70822 판결, 대법원 2012. 5. 10. 선고 2011다45217 판결, 대법원 2015. 6. 11. 선고 2013다98468 판결 등.

76) 이승욱a, 46면 이하.

77) 대법원 1991. 8. 9. 선고 91다15225 판결, 대법원 1994. 11. 18. 선고 93다18938 판결, 대법원 1995. 7. 14. 선고 94다20198 판결, 대법원 2001. 7. 27. 선고 99두2680 판결(삼미특수강 사건), 대법원 2003. 5. 30. 선고 2002다23826 판결(한미은행 사건), 대법원 2015. 6. 11. 선고 2013다98468 판결(포항선린병원 사건) 등.

삼미특수강 사건에서 "영업의 동일성 여부는 일반 사회관념에 의하여 결정되어져야 할 사실인정의 문제이기는 하지만, 문제의 행위(양도계약관계)가 영업의 양도로 인정되느냐 안되느냐는 단지 어떠한 영업재산이 어느 정도로 이전되어 있는가에 의하여 결정되어져야 하는 것이 아니고 거기에 종래의 영업조직이 유지되어 그 조직이 전부 또는 중요한 일부로서 기능할 수 있는가에 의하여 결정되어져야 하는 것이므로, 예컨대 영업재산의 전부를 양도했어도 그 조직을 해체하여 양도했다면 영업의 양도는 되지 않는 반면에 그 일부를 유보한 채 영업시설을 양도했어도 그 양도한 부분만으로도 종래의 조직이 유지되어 있다고 사회관념상 인정되면 그것을 영업의 양도라 볼 것이다"[78]라고 판시하여 상법상 영업양도와 같은 판단기준을 제시하였고, 그 후에도 같은 취지의 판결[79]이 이어지고 있다.[80]

영업의 동일성이 유지되는지는 계약의 형식적인 명칭이나 내용만으로 판단하는 것은 적절하지 않고, 계약 체결 전후의 사정과 경위, 당사자의 의사, 현실적으로 이전된 물적·인적 조직의 범위와 내용 등을 종합적으로 고찰하여 판단하여야 한다.[81]

이러한 판단에서 고려하여야 할 요소로서는 사업목적이 동일한지 여부, 기존의 고객관계가 유지되고 있는지 여부, 생산시설이나 생산수단 및 생산목적이 동일한지 여부, 자산 및 부채가 어느 정도 이전되었는지, 지적재산권·영업권 등이 이전되었는지 여부,[82] 근로자의 상당수가 양수인에게 계속 고용되었는지

78) 대법원 2001. 7. 27. 선고 99두2680 판결.

79) 대법원 2002. 3. 29. 선고 2000두8455 판결(한국오므론전장 사건), 대법원 2003. 5. 30. 선고 2002다23826 판결(한미은행 사건), 대법원 2005. 6. 9. 선고 2002다70822 판결(북부운수 사건).

80) 이에 대한 비판적 견해는 이승욱e, 14면 이하. 이 견해의 요지는 다음과 같다. 사업의 동일성에 대한 기준은 '기능의 동일성'으로 설정하는 것이 바람직하다. '기능의 동일성'이란 사업양도에도 불구하고 사업의 객관적 기능이 그대로 유지되고 있는지 여부에 따라 결정되는데, 일차적으로는 당해 기능의 유지에 본질적 사업수단이 양도되었는지 여부를 판단하고, 이것이 긍정되면 다음으로, 기타의 사업수단과 함께 사실상 승계된 인적 요소를 부수적으로 고려하여 종합적으로 판단하면 된다. 일반적으로 제조업에서는 물적 사업수단이 본질적 사업수단으로 인정될 가능성이 많고 서비스업에서는 고객관계, 거래처, 노하우 등 비물질적 사업수단이 본질적 사업수단으로 인정될 가능성이 많다.

81) 서울고법 1999. 1. 22. 선고 97구53801 판결(삼미특수강 사건), 서울행법 1999. 9. 21. 선고 98구24880 판결(한국오므론전장 사건); 물적 동일성 → 인적 동일성 → 조직적 통일성의 유무라는 3단계의 순차적 판단을 거쳐 영업양도의 해당 여부에 대한 결론을 내리고 있다. 이러한 판단 기준 내지 방법을 긍정적으로 평가하여 선례로서 작용하기를 기대하는 견해도 있다(이승욱k, 181면).

82) 물적 동일성의 판단기준을 제시한 견해로는 이승욱b, 11면 이하(물적 동일성의 존부는 본

여부,[83] 경영조직이 그대로 유지되고 있는지 여부 등을 들 수 있다.[84]

㈐ 영업양도 형식의 사업이전에 관한 사례[85]

① **영업의 동일성을 긍정한 경우**[86] 대법원 1991. 8. 9. 선고 91다15225 판결(선경 사건)은 사무실 등 물적 시설의 인수, 사업 내용의 동일, 근로자들에 대한 동일한 근로조건의 적용(퇴직금 포함)을 영업의 동일성을 인정할 적극적 자료로 보았다.[87]

그리고 대법원 1987. 2. 24. 선고 84다카1409 판결(일신방직 사건), 대법원 1991. 3. 22. 선고 90다6545 판결(강원산업 사건), 대법원 1992. 7. 14. 선고 91다40276 판결(한국항공 사건), 대법원 1997. 6. 27. 선고 96다38551 판결(애경산업 사건), 대법원 1997. 12. 26. 선고 97다17575 판결(MBC예술단 사건), 대법원 1998. 3. 13. 선고 97다57122 판결(한일개발 사건), 대법원 2005. 2. 25. 선고 2004다34790 판결(춘천문화방송 사건), 대법원 2005. 3. 11. 선고 2003다44691 판결(부산문화방송 사건), 대법원 2005. 7. 8. 선고 2003다40798, 40804 판결(충주문화방송 사건), 대법원 2006. 4.

---

질적 사업수단이 양도되었는지 여부를 우선적으로 판단한 후 징표적 효력을 가지는 그 밖의 사업수단을 부수적으로 고려하여 종합적으로 판단하여 한다. 본질적인 사업수단의 양도는 사업이 양도되어 사업주가 교체된 이후에도 동일하거나 유사한 사업을 계속 운영하기 위한 '필요조건'이라고 할 수 있다).

83) EC 법원은 지속적인 경제적 통일체의 양도가 있는 경우에 비로소 영업양도가 인정될 수 있다고 보며, 경제적 통일체란 독자적 목적에 따라 경제적 활동을 수행하기 위해 조직된 인적·물적 요소의 총체라고 정의한다. 주된 종업원(Hauptbelegschaft)의 인수 여부가 영업양도(경제적 통일체) 여부 판단을 위한 하나의 기준이 되고, 주된 종업원인지 여부는 그 수와 전문지식에 비추어 사업수행상 본질적인 것으로 볼 수 있을 정도의 인원수를 말한다. 이러한 판단기준은 용역서비스 분야의 양도에서 주요한 판단기준으로 작용한다(하경효a, 233면 이하); 일부 근로관계를 배제하고서도 당해 사업을 '계속운영'할 수 있는지 여부로 인적 동일성 여부를 판단하되, 그 범위는 사업의 성질, 규모, 종류에 따라서 각각 달리 판단되어야 한다는 견해도 같은 취지로 보인다(이승욱b, 11면).

84) 서울고법 1999. 1. 22. 선고 97구53801 판결(삼미특수강 사건), 서울행법 1999. 9. 21. 선고 98구24880 판결(한국오므론전장 사건).

85) 근로관계의 승계에 관한 (i) 명시적 내지 (ii) 묵시적(특약이 없으면 묵시적 합의가 있는 것으로 추정) 합의가 있거나 (iii) 근로관계의 일부만을 배제한다는 특약이 있는 경우이고, 근로관계의 전부를 승계하지 않는다는 특약은 아래의 삼미특수강 사건 이후에 나타났다. 이와 같이 영업양도계약의 당사자의 의사를 중심으로 판례를 분석한 자료는 이승욱c, 143면 이하. 사안별로 심층적 분석을 한 자료는 최윤성, 737면 이하.

86) 이 가운데 근로관계의 승계에 관한 명시적 합의가 있었던 사안은, 그 합의에 기하여 근로관계가 이전된다고 보면 족하므로 영업의 동일성이 유지되는지 여부가 문제로 되지 않기에 분석 대상에서 제외하였다.

87) 명시적인 영업양도의 합의는 없었으나 피고들이 공동하여 영업을 포괄적으로 양수한 것으로 보아 양도인의 피용인에 대하여 연대하여 임금지급채무가 있다고 본 사례.

27. 선고 2004다4683 판결(전주문화방송 사건), 대법원 2015. 6. 11. 선고 2013다98468 판결(포항선린병원 사건)은 사업의 일부를 분리하여 새로이 설립한 자회사나 계열회사에 양도하였지만 그 영업의 일부에 속한 물적 시설과 인적 조직이 해체됨이 없이 하나의 조직체로서 이전되었고, 근로자의 승급과 승진 등에 소속 변경 전의 근속연수를 포함하였다는 점을 중시하여 영업의 동일성이 유지되는 것으로 파악하였다.

② **영업의 동일성을 부정한 경우** 이에 관한 판례들은 영업의 동일성이 유지되었다고 하려면 물적 시설에서 나아가 인적 조직도 동일성을 유지한 채 인수되어야 한다는 점을 강조하면서 퇴사와 신규 입사라는 형식적 징표를 중시하여 그 동일성을 부정하고, 자산과 부채의 일부를 인수하지 않은 것도 동일성 인정의 소극적 요소로 파악하고 있다.

이에 따라 대법원 1994. 11. 18. 선고 93다18938 판결(롯데칠성음료 사건)은 제조업체로서 생산시설과 판매망이 그대로 인수되고 생산목적이 동일하며 근로자들의 대부분이 인수되었음에도 사업양도에 관한 합의가 인정되지 않고 기존 근로자들을 신규입사의 형식으로 채용하였으며 기타 자산·부채의 전부를 인수하지 아니한 점을 들어, 대법원 1995. 7. 14. 선고 94다20198 판결(삼표산업 사건)과 대법원 2005. 6. 9. 선고 2002다70822 판결(북부운수 사건)도 위와 같은 사유 및 기존 사업의 폐지에 따른 자산의 인수라는 점을 중시하여, 대법원 1995. 7. 25. 선고 95다7987 판결(대창운수 사건)은 무엇보다도 근로자들을 인수한 방식을 중시하여, 물적 시설이 그대로 인수되고 종전 근로자들도 모두 인수되었음에도 근로자들이 퇴직금을 정산 수령한 다음 신규채용의 형식으로 재입사하였다는 점을 들어, 대법원 1997. 6. 24. 선고 96다2644 판결(해운산업연구원 사건), 대법원 1997. 10. 28. 선고 96다13415 판결(부산문화방송 사건)은 업무위탁계약 또는 그 계약의 종료에 따라 그 소속 근로자들의 인수가 이루어진 사안으로서 그 사업의 물적 시설에 대한 소유권이 위탁자에게 남겨진 채 수탁자에게 그 관리권만이 이전되었다는 점을 중시하고, 이에 근로자들이 신규채용의 형식으로 인수되었다는 점을 부가하여 영업의 동일성을 부정하였다.

#### ㈑ 자산양수도에 관한 사례

① **영업의 동일성을 긍정한 경우** 대법원 2002. 3. 29. 선고 2000두8455

판결(한국오므론전장 사건)은 한국오므론전장이 계열회사인 동해로부터 전장사업부문과 관련된 일체의 자산을 271억 원에 인수하되, 부채와 종업원을 인수하지 아니하기로 하는 자산매매계약을 체결하고, 근로자 199명 중 재취업신청서를 제출한 176명을 신규입사 형식으로 모두 채용한 사안에서 전장사업부 사업에 필요한 일체의 유형·무형의 재산 및 거래처에 대한 계약자로서의 지위까지 인수한 점(물적 조직), 사실상 대부분의 근로자가 다시 채용되고 또 종전의 직급을 유지하며 동일한 업무를 계속하여 인적 조직도 그 동일성을 유지한 채 승계된 점 및 한국오므론전장이 동해로부터 승계한 물적·인적 조직을 이용하여 동해가 영위하던 전장사업부문의 기본 골격을 그대로 유지한 채 이를 토대로 그 사업을 수행하고 있는 점에 비추어 한국오므론전장이 동해로부터 전장사업부문을 사업목적으로 하여 일체화된 물적·인적 조직을 그 동일성을 유지한 채 포괄적으로 이전받음으로써 사업을 양수하였다고 보았다.[88]

② **영업의 동일성을 부정한 경우** 포철의 자회사인 창원특수강이 1997. 2. 14. 삼미특수강과 사이에 창원 공장의 봉강 및 강관사업부문[89]의 자산을 7,194억 원에 인수하기로 하는 내용의 자산매매계약을 체결하면서 부채,[90] 거래처 등과 맺은 계약상 지위, 종업원을 인수 대상에서 제외하기로 하는 특약[91]을 하였고, 종업원 가운데 75.6%가 다시 채용된 사안[92]에서 대법원 2001. 7. 27. 선

88) 부가하여 자산매매계약에서 자산만을 인수할 뿐 인적 조직을 인수하지 아니할 것을 명시적으로 밝혔다거나, 직원을 채용함에 있어 사직 및 신규채용의 절차를 밟았고, 채권의 전부와 채무의 일부를 인수하지 않았으며, 조직의 일부가 영업양도 이후에 달라진 사실이 있다 하더라도 그러한 점만으로는 달리 볼 수 없다고 판단하였다.

89) 삼미특수강은 원래 서울에 본사를 두고, 창원·울산·부산 세 곳에 공장을, 인천과 하남 두 곳에 하치장을 설치하여 강판·봉강 및 강관을 생산·판매하는 특수강산업을 영위하여 왔다. 부산과 울산 공장에서는 강판만을, 창원 공장에서는 강판 외에도 봉강과 강관을 생산하여 왔는데, 봉강·강관 사업부문은 강판 사업부문과 그 공정이 다르다. 창원 공장의 봉강·강관 사업부문(토지 648,967㎡, 건물 220,304㎡)과 강판 사업부문(토지 213,769㎡, 건물 80,752㎡)은 공장 정문과 연결되는 사내도로를 경계로 나뉘어져 있었고, 각 사업부문에 근무하는 근로자들도 구분되어 있었다.

90) 다만, 매매물건이 담보로 제공된 금융기관에 대한 부채 및 리스회사에 대한 리스료지급의무는 금융기관 및 리스회사와 협의하여 계약의 조건에 따라 매매대금의 일부로서 인수할 수 있었다. 이 사건 공장과 직간접적으로 관련된 당시 부채는 약 1조 142억 원 상당에 이르렀다.

91) 창원특수강은 본 매매물건의 매수와 관련하여 삼미의 근로자를 인수할 의무를 부담하는 것은 아니다. 또한, 본 계약상의 어떠한 조항도 삼미의 근로자를 인수할 의무를 창원특수강에게 부담시키는 것으로 해석될 수 없으며, 창원특수강이 본건 매매물건과 관련하여 종업원을 신규채용하는 과정에서 창원특수강으로의 입사를 원하는 삼미의 종업원이 채용되지 않는 경우에도 삼미와 삼미의 종업원과의 근로관계가 단절되지 아니한다.

92) 원심(서울고법 1999. 1. 22. 선고 97구53801 판결)은 근로자의 승계를 특약으로 배제하고 일

고 99두2680 판결(삼미특수강 사건)은 영업의 동일성이 유지되지 않은 것으로 보았다.

그 이유는 삼미가 당시 과대한 부채와 생산성 부진으로 도산지경에 이르러 이 사건 공장의 적극자산만을 양도할 수밖에 없는 사정,[93] 포항제철이 공장의 갱생을 위하여는 적극자산을 인수할 수밖에 없었고 그 과정에서 종업원들에 대한 고용은 이를 승계하지 않음을 명백히 하고 종업원들에게 주지시킨 점, 종업원들을 신규 공개채용의 방식으로 일부인 60.6%를 입사시켰고 신규 채용되지 아니한 삼미의 종업원들은 삼미에 그대로 잔류하도록 한 점, 종전의 직급 및 급여체계, 근무시간 등에 따라 재배치함으로써 종전 삼미의 인적 조직을 해체하여 재구성한 점, 장치산업인 특수강 산업에서 숙련공이 차지하는 위상이 절대적은 아닌 점, 생산전략 등이 일부 수정된 점, 특히 채권은 물론 1조 원이 넘는 부채도 인수하지 않았고 대부분의 거래처를 새로이 개척한 점 등을 종합하여 창원특수강이 실질적으로 삼미로부터 봉강·강관 사업부문의 영업상 인적·물적 조직을 그 동일성을 유지하면서 일체로서 포괄적으로 이전받음으로써 영업을 양도받은 것으로 보기에 부족하다는 것이다.

#### ㈒ 입법, 업무위탁 등에 의한 사업이관에 관한 사례

① **법률에 의한 경우** 법률의 제정 내지 개정에 의하여 공공기관이 통

부만을 공채형식으로 채용하였지만, 사실상 인수의 대상에서 제외한 채용 직원 중 관리직은 471명 중 254명이, 기능직은 1,871명 중 1,516명이 채용되어 공장을 운영하기 위한 기능직의 비율이 월등히 높으며, 특히 기술직 관리사원 64명 중 고령 및 투병 중인 2명을 제외한 62명 전원을 채용한 점, 즉 영업활동에 필수적인 핵심인력을 대부분 그대로 채용한 점을 중시하였고, 이에 더하여 인수대상에서 배제한 기존 거래처를 대체로 유지하고 있는 점, 새로이 유입된 직원들은 모회사인 포항종합제철에 재직하던 자들로서 임직원 또는 노무관리직을 맡고 있을 뿐인 점, 채용되지 아니한 삼미 직원들은 원고가 봉강 및 강관 부문을 인수함에 따라 정리해고될 운명인데 만일 근로관계가 승계되지 않는다고 한다면 사업을 폐지하면서 자산양도방식을 취하기만 하면 사업폐지의 경우 노동조합과 합의하여야 한다는 단체협약상의 노동조합의 권리 및 회사 재산에 의하여 담보되는 퇴직금 등 임금채권의 우선변제권을 해하게 되는 점과 자산매매계약 직후에 인수한 물적 자산에 삼미로부터 채용한 인적 자산을 투입하여 삼미와 동일한 생산방식으로 특수강을 생산하고 있는 점 등을 종합하여 비록 자산매매계약을 체결하면서 자산만을 인수할 뿐 인적 조직을 인수하지 아니할 것을 명시적으로 밝혔으며, 직원을 채용하면서 신규채용 및 퇴직의 절차를 밟았고, 채권의 일부 및 채무 전부를 인수하지 않았다든지 조직이나 제도가 일부 달라졌으며 일부 기술을 개선하였다고 하더라도, 실질적으로 삼미로부터 봉강 및 강관 부문에 관한 영업상의 물적·인적 조직을 그 동일성을 유지하면서 일체로서 포괄적으로 이전받음으로써 영업을 양도받았다고 판단하였다.

93) 그 이면에는 포철이 이 사건 공장을 인수한 배경, 즉 삼미의 도산으로 인한 대규모 실업과 이로 인한 창원 지역의 사회경제적 불안정을 고려하여 관련 기관들이 포철로 하여금 이 사건 공장의 인수를 요구하였던 점도 작용하였을 것으로 보인다.

폐합되거나 업무가 이관되는 경우 또는 새로운 특수법인이 설립되어 종전에 동일한 기능을 수행하던 법인 등 단체의 기능을 흡수하는 경우 등에 있어서 판례는 해당 법률에 근로관계의 승계에 관한 규정이 있는지 여부에 따라 달리 판단하고 있다.

법률에 직원의 승계에 관한 규정을 두고 있는 경우에는 근로관계의 포괄승계를 긍정한다.

전파법 개정으로 한국무선종사자협회의 총회 결의에 의해 무선국관리사업단(재단법인)이 설립된 사안에서 그 부칙에 근로관계의 승계에 관한 규정[94]을 두고 있음을 근거로 승계를 긍정하였고,[95] 한국철도공사의 설립 당시 철도청 소속 공무원에서 공사의 직원으로 임용된 자의 근로관계도 그 승계에 관한 규정[96]에 따라 당연히 승계된다고 보았다.[97]

이와 달리 법률 등에 직원의 승계에 관한 별도의 규정을 두지 않은 경우는 포괄승계를 부정한다.

법률의 제정이나 개정으로 새로운 특수법인이 설립되어 종전에 동일한 기능을 수행하던 법인 등 단체의 기능을 흡수하면서도 해산되는 종전 단체에 소속된 직원들과의 근로관계가 승계되는지의 여부에 관하여 별도의 규정을 두지 아니한 채, 단순히 새로 설립되는 법인이 종전 단체에 속하였던 모든 재산과 권리·의무를 승계한다는 경과규정만 두고 있는 경우에는 이러한 경과규정은 해산되는 단체의 재산상 권리·의무를 새로 설립되는 법인이 승계하도록 하여 그 해산에 따른 절차를 용이하게 함으로써 해산되는 종전 단체의 해산 및 청산절차를 특별히 규율할 목적으로 규정된 것일 뿐이고 해산되는 단체의 직원들의 근로관계를 당연히 새로 설립되는 법인에 승계하도록 하기 위한 것이 아니라는

---

94) 1989. 12. 30. 법률 4193호로 개정된 전파법 부칙 7조 3항: 이 법에 의한 사업단 설립 당시 협회의 직원은 사업단의 직원으로 임명된 것으로 본다.

95) 대법원 1994. 8. 26. 선고 93다58714 판결(무선국관리사업단 사건).

96) 철도산업발전기본법(2003. 7. 29. 법률 6955호) 25조 1항과 한국철도공사법(2003. 12. 31. 법률 7052호) 부칙 7조. 그 외에 국민건강보험법(1999. 2. 8. 법률 5854호) 부칙 8조, 한국공항공사법(2002. 1. 14. 법률 6607호) 부칙 6조도 근로관계의 승계를 규정하고 있다.

97) 대법원 2011. 3. 24. 선고 2008다92022 판결, 대법원 2011. 4. 14. 선고 2009다33730 판결(한국철도공사 사건). 이 경우에 승계되는 근로관계는 구 한국철도공사법(2007. 4. 6. 법률 8339호로 개정되기 전의 것) 시행일인 2005. 1. 1. 현재 철도청 공무원 신분을 갖고 있는 자와의 근로관계만을 의미하고 그 시점에 이미 철도청 공무원 신분을 상실한 자로서 사실상 근무해 온 자의 근로관계까지 승계하는 것은 아니라고 보았다. 자세한 내용은 박순영, 856면 이하 참조.

이유로 종전 단체에 소속된 직원들의 근로관계 승계를 부정하고 있다.[98)]

또한, 국가 또는 지방자치단체가 수행하던 특정 사업을 법률에 의하여 새로 설립되는 공사에 이관하면서도 근로관계의 승계 여부를 규정하지 아니한 사안에서도 "인적 조직에 신분상의 변동이 있고 물적 조직도 그것을 규율하는 법률 등에 차이가 있는 점에 비추어 볼 때 입법정책적 판단에 의하여 새로 설립되는 공사에 승계되는 권리 · 의무의 범위를 정할 수 있다고 할 것이고, 따라서 공사의 설립에 관한 법률에서 이관되는 업무에 관한 권리 · 의무를 공사가 승계한다는 규정만을 두고 그 근로관계의 승계 여부에 관한 별도의 규정을 두지 아니한 때에는 공사 설립 전 해당 공무원들의 근로관계가 새로 설립되는 공사에 당연 승계된다고 볼 수는 없다"고 하였고,[99)] 수출보험법의 개정으로 인하여 국가수출보험사업의 대행업무가 대한재보험공사에서 한국수출입은행으로 이관된 사안에서도 이러한 경우에는 "두 단체 사이의 약정에 의한 영업양도라고 볼 수는 없으므로 대한재보험공사에서 그 대행업무에 종사하던 직원들의 근로관계가 새로이 그 업무를 맡게 된 한국수출입은행에 포괄적으로 승계된다고 할 수 없고, 이러한 경우에 있어 근로관계의 승계가 있다고 보기 위하여는 법의 부칙이나 한국수출입은행의 정관, 취업규칙 등에 근로관계의 승계에 관한 경과규정을 두던가 두 단체 사이에 직원들의 근로관계의 승계에 관한 별개의 약정이 있어야 할 것이다"라는 이유로 근로관계의 승계를 인정하지 않았다.[100)]

② **행정기관 내부의 업무처리방침 등에 의한 경우** 법률의 제정이나 개정 또는 이와 동등한 효력이 있는 법규에 의하지 아니하고, 행정기관 내부의 업무처리방침 또는 행정조치 등에 의하여 새로운 법인이 설립되어 종전에 동일한 기능을 수행하던 법인 등 단체의 기능을 흡수하면서 그 권리 · 의무를 승계함과 아울러 동일성을 유지하면서 일정한 사업 목적을 위한 인적 · 물적 조직을 일체로서 이전받는 등으로 종래의 사업조직이 유지되어 그 조직이 전부 또는 중요

98) 대법원 1995. 7. 25. 선고 95다14404 판결(석탄산업합리화사업단 사건), 대법원 1998. 10. 23. 선고 98다33932 판결(한국국제교류재단 사건), 대법원 2002. 5. 14. 선고 2001두6579 판결(한국보건산업진흥원 사건), 대법원 2018. 9. 28. 선고 2018다207588 판결(아시아문화원 사건, 종전 단체의 재산과 권리 · 의무는 포괄적으로 승계되므로 종전 단체의 해산 시까지 발생한 근로자의 임금이나 퇴직금 등 채무도 종전 단체의 의무에 해당하여 근로관계 승계 여부에 관계없이 새로 설립되는 특수법인에 승계된다).

99) 대법원 2005. 3. 25. 선고 2003다39644 판결(한국방송공사 사건).

100) 대법원 2000. 12. 12. 선고 99다66373 판결(한국수출보험공사 사건).

한 일부로서 기능을 할 수 있다면, 반대의 특약이 없는 한 해산되는 종전 단체에 소속된 직원들과의 근로관계는 원칙적으로 새로 설립되는 법인에게 포괄적으로 승계된다.[101]

③ **부실금융기관에 대한 계약이전결정의 경우** 부실금융기관에 대한 금융감독위원회의 계약이전결정과 이에 부수한 별도의 계약으로 자산과 부채의 일부를 인수한 사안에서 대법원 2000. 11. 28. 선고 2000다43932 판결(국민은행 사건), 대법원 2003. 5. 30. 선고 2002다23826 판결(한미은행 사건), 대법원 2004. 3. 12. 선고 2003다44363 판결(충청은행 사건)은 계약이전결정에 의하여 고용승계를 수반하는 영업양도의 효과가 발생하였다고 볼 수 없고 별도 약정에 의하여 일부 고정자산을 양수하고 직원의 일부를 새로 채용하였다 하여도 이는 부실금융기관의 은행업 인가가 취소되어 그 조직이 해체되는 과정에서 이루어진 것으로서 영업양도라고 할 수 없다고 하였다.[102]

④ **업무위탁 등의 경우** 판례는 방송 송신·중계소의 위탁운영에 관한 사안에서 "원래 회사와 다른 회사 사이의 위탁협정에 따른 법률관계는 이관되는 물적 시설의 소유권을 원래 회사가 계속 보유하고 있고 그에 관한 권리·의무도 포괄적으로 다른 회사에게 승계되지 않았다는 점 등에 비추어 볼 때 영업양도나 기업합병에 해당하지 아니함은 물론 기업의 일부가 분리 독립한 경우나 계열기업 사이에 조직 변경이나 사업의 이관이 있었던 경우 등과 같이 근로관계가 포괄적으로 승계되는 법률관계에 해당한다고 볼 수 없다"고 하였다.[103]

그리고 국가 소유의 기중기선단에 대한 보관위탁의 수탁자가 변경된 사안에서 수탁자들 사이에 명시적 또는 묵시적인 계약(영업양도)이 없었다는 이유로 근로관계의 승계를 부정하였다.[104]

공개입찰을 통해 아파트 관리의 수탁업체가 변경된 사안에서도 종전 수탁업체와 입주자대표회의 사이에서 이루어진 아파트 관리업무 인계·인수의 경위와 신규 수탁업체가 입주자대표회의와 새로운 경비용역 계약을 체결한 점에 비추어 그 경비업무와 종전의 경비업무내용이 동일하다는 점만으로 근로관계를

---

101) 대법원 2007. 12. 27. 선고 2007다51017 판결(한국문화관광연구원 사건, 이에 관한 평석으로는 이동훈 291면 이하 및 전형배 344면 이하).

102) 자세한 내용은 오형동, 150면 이하; 이승욱e, 3면 이하; 조한창, 683면 이하.

103) 대법원 1997. 10. 28. 선고 96다13415 판결(문화방송 사건).

104) 대법원 1997. 6. 24. 선고 96다2644 판결(해운산업연구원 사건).

승계하였다고 볼 수 없다[105]고 판단하였다.[106]

㈓ **판례의 흐름**

물적 시설뿐만 아니라 인적 조직도 해체됨이 없이 하나의 조직체로서 이전되어야 사업의 동일성이 유지된다고 보며, 그 동일성을 부정한 사례에서는 인적 조직이 어떠한 방식으로 인수되었는가라는 형식적 징표를 중시하였다.

그리고 근로자의 승계와 부채의 인수를 특약으로 배제한 자산양수도 방식에 의하여 영업의 전부 또는 일부가 양도된 사례에서도 대체로 종전과 같은 판단기준에 의하여 사업의 동일성이 유지되는지 여부를 판단하는 것으로 보이고, 다만 이러한 계약이 나타나게 된 배경, 즉 1997년 말 외환위기 이후의 경제사정과 이로 인한 노동시장의 유연성 확보에 무게를 두고 있는 것으로 보인다.

이러한 판례에 대하여 근로관계의 존속보호라는 노동법적 요청[107]을 소홀히 하고, 영업의 동일성 판단에서 인적 조직의 승계 형식과 범위[108] 및 부수적

105) 대법원 2000. 3. 10. 선고 98두4146 판결(무림산업 사건): 이러한 사안에서 종래 노동부는 "업무내용 등이 동일하고 수회 반복적으로 공개 경쟁입찰 과정에서 새로운 사업주체가 별도의 근로자 확보 없이 회사명의만 응찰하였다면 기존의 근로관계는 새로운 사업주체에게 계속 승계되는 것으로 보아야 한다(근기 01254-14762, 1991. 10. 14.)"고 해석하였으나, 이후 위수탁(용역)계약을 새로이 체결하고 일부 직원에 대하여만 근로계약을 체결한 사례에 대해서는 "영업양도로 보기 어려울 것이므로 기존에 고용되었던 근로자를 계속 고용할 의무가 있다고 하기 어려울 것임(근기-3257, 2004. 6. 29.)"이라고 하여 판례와 같은 입장을 취하고 있다.

106) 아파트 관리업체가 교체되는 과정에서 고용승계가 이루어지지 않은 근로자들이 입주자대표회의의 사용자성을 문제 삼는 경우가 있다. 자세한 내용은 대법원 1999. 7. 12.자 99마628 결정(은마아파트 사건)과 이에 대한 평석 박제성b 참조.

107) 영업양도에서 근로관계의 이전을 인정하는 것은 그렇지 아니할 경우 발생하는 해고 제도의 흠결을 보충하여 근로관계의 존속을 보호하는 데 그 목적이 있다. 사업이 양도되면 양도인은 더 이상 사업을 운영할 수 없게 되므로 그 영업에 속한 근로자에게 고용의 기회를 부여하는 것이 불가능하게 되고, 그 결과 사업과 더불어 양수인에게 이전되지 아니한 근로자들은 정리해고될 운명에 처한다. 한편, 양수인이 인수한 사업을 종전과 마찬가지로 운영할 수 있음에도 당해 영업에 결합되어 있는 근로자를 합리적인 이유 없이 배제하는 것은 근로관계의 존속보호라는 노동법적 요청에 반한다. 이와 같이 일반적인 해고제한의 법리를 보완하기 위해 사업이 그 동일성을 유지하면서 양도되는 경우 그에 수반한 근로관계의 이전을 인정하여 근로관계의 존속을 보장하려는 것이므로 어떠한 사업의 이전이 사업양도에 해당하는지 여부도 이러한 노동법적 요청을 염두에 두고 판단하여야 한다.

108) 영업양도에서 근로관계의 포괄적 이전을 인정하는 목적은 영업양도를 계기로 하여 뛰어난 근로자만을 인수하고 그 나머지를 인수 대상에서 배제하는 이른바 부정적 선택을 금지하고 근로관계의 이전에 대한 당사자의 의사에 의하여 사업양도의 존부가 좌우되는 것을 막는 데 있고 이러한 점을 고려할 때 사업양도계약에서 근로관계의 승계를 배제하였는지 여부나 실제로 승계된 근로자들의 범위, 나아가 신규 채용의 형식을 거쳤는지 여부를 사업의 동일성을 판단하는 요소로 삼는 것은 부적절하다. 따라서 독일연방대법원의 판례와 같이 인적 요소를 사업양도의 요건으로 보지 않거나 미국 연방대법원 판례처럼 고용의 연속성이 인정되기 위하여 전체 종업원(full complement)이 승계될 필요는 없고 상당수의, 그리고 대표적인 종업원

인 자산과 부채 등의 승계 여부[109]를 지나치게 중시하고 있다는 등의 비판이 제기된다.[110]

(2) 근로관계 승계의 합의

㈎ 학설 및 판례

당연승계설에서는 영업양도가 이루어지면 당사자 사이의 의사와 무관하게 근로관계가 전체로서 법률상 당연히 양수인에게 승계되므로 영업양도계약의 당사자 사이의 근로관계 승계의 합의는 근로관계 이전의 요건이 될 수 없음은 당연하다.[111]

이에 반하여 근로관계 승계의 근거를 영업양도 당사자 사이의 합의에서 구하는 원칙승계설(판례)에 의하면, 영업양도 당사자 사이에 근로관계의 일부를 승계의 대상에서 제외하기로 하는 특약이 있는 경우에는 그에 따라 근로관계의 승계가 이루어지지 않을 수 있으므로 근로관계 승계의 합의가 있어야 한다. 다만, 영업양도 계약에 그에 관한 명시적 약정이 있는 경우는 물론이고, 그러한 약정이 없거나 불분명한 경우에도 영업양도를 전후하여 영업의 동일성이 유지되고 있으면 원칙적으로 영업양도 계약 당시 근로관계의 포괄 이전에 관한 합의가 있는 것으로 해석하여야 한다.[112]

㈏ 근로관계의 일부 또는 전부의 승계를 배제하는 특약의 효력

당연승계설의 경우 신·구 사업주가 사업양도 과정에서 근로자의 전부 또는 일부를 승계하지 않기로 하는 특약을 하더라도 아무런 효력이 없다.[113]

---

(substantial and representative complement)이 승계되면 족하다고 보아야 한다. 자세한 내용은 이승욱a, 31~32면과 94면 이하.

109) 근로관계의 승계를 부정한 판례에서는 영업의 동일성 유지의 소극적 사정의 하나로서 부수적인 자산·부채 등이 인수되지 않았음을 들고 있는데, 과연 이러한 요소들이 노동법상 사업을 구성할 수 있는지 문제가 되고, 노동법상 사업이 그러한 요소와 무관하게 존립할 수도 있는데, 위 판례들은 그 논거를 명시하지 아니한 채 이를 주요한 판단요소로 삼은 것은 부적절하다. 그 해결방안으로는 독일 연방노동법원이 채택하는 입장을 좇아, 영업의 동일성은 양수인에 의한 영업의 계속 운영 가능성에 있으며, 이는 첫째 본질적인 사업수단을 이전하고, 둘째 사업으로서 기능 능력을 가진 채 양도하면 된다는 두 가지 요건으로 족하다는 견해가 제시된다(이승욱a, 55면 이하).

110) 자세한 내용은 김선수, 188면 이하; 이승욱c, 143면 이하; 이승재, 48면 이하; 이홍재, 205면 이하.

111) 김유성, 348~349면; 임종률, 540면.

112) 김지형, 616면 이하; 김형배, 640~641면; 이상윤, 463면; 대법원 1994. 6. 28. 선고 93다33173 판결, 대법원 1995. 9. 29. 선고 94다54245 판결, 대법원 1997. 4. 25. 선고 96누19314 판결, 대법원 2002. 3. 29. 선고 2000두8455 판결.

113) 김유성, 348~349면. 독일, 프랑스 등과 같이 실정법에서 사업양도에 따른 근로관계의 포괄

그러나 원칙승계설(판례)에 의하면, 영업양도 당사자 사이에 근로관계의 일부를 승계의 대상에서 제외하기로 하는 특약이 있는 경우에는 그에 따라 근로관계의 승계가 이루어지지 않을 수 있으나, 그러한 특약은 실질적으로 해고나 다름이 없으므로 법 23조 1항 소정의 정당한 이유가 있어야 유효하며, 영업양도 그 자체만을 사유로 삼아 근로자를 해고하는 것은 정당한 이유가 있는 경우에 해당한다고 볼 수 없다.[114] 영업양도와 정리해고의 법리를 접목하여 양도회사에서 근로계약의 존속이 불가능한 영업양도의 경우에는 특정 근로계약의 승계배제도 인정되지만 이에는 정리해고의 판단기준에 준하는 합리성이 요구된다는 견해도 제시되고 있다.[115]

근로관계의 전부를 승계의 대상에서 제외하기로 하는 특약도 있을 수 있으나, 이러한 사례의 대부분은 도산기업의 정리 등과 같이 사실상 사업이 폐지되고 그 자산만을 처분하는 경우로서 주된 쟁점이 영업의 동일성이 유지되는지 여부이다.[116] 이러한 특약에도 불구하고 실제로 대부분의 근로자가 신규입사의 방식으로 종전과 다름없이 근로를 제공하는 등으로 사업의 동일성이 유지되는 경우라면 일부 근로자들을 신규입사의 대상에서 제외하는 것은 영업양도에서 일부 근로자를 승계의 대상에서 제외하는 특약과 같다고 보아야 할 것이다.[117]

### (3) 근로자의 동의(거부권)[118]

경영합리화를 위하여 채산성이 없는 일부 사업의 분리, 신규 사업에의 진출, 사업의 다각화를 위한 일부 사업의 조직변경 또는 자회사의 설립, 모회사나 지배기업에 의한 계열·하도급 기업의 정리나 통합 등의 과정에서 영업의 양도와 그에 따라 소속이 변경된 근로자들이 종전 기업에서 그대로 근무하기를 원하며 근로관계의 승계를 거부하는 경우가 있을 수 있다.

이와 같이 영업의 양도에 따라 근로관계가 포괄적으로 이전함에 있어서 근로자의 동의가 필요한지 여부가 문제된다.

---

승계를 규정한 경우에도 이 규정을 강행규정으로 해석하고 그에 반하는 특약을 무효로 봄은 앞서 본 바와 같다.

114) 대법원 1994. 6. 28. 선고 93다33173 판결, 대법원 1995. 9. 29. 선고 94다54245 판결, 대법원 1997. 4. 25. 선고 96누19314 판결, 대법원 2002. 3. 29. 선고 2000두8455 판결.

115) 注釋(上), 193면.

116) 앞서 본 삼미특수강 사건 등 자산양수도에 관한 사례.

117) 대법원 2002. 3. 29. 선고 2000두8455 판결(한국오므론전장 사건).

118) 자세한 내용은 김형배, 642면 이하; 김홍준, 40면 이하; 이승욱f, 403면 이하.

(가) 학 설

① **동의필요설**[119] 노무제공의 인신전속성을 규정한 민법 657조의 취지, 근로조건에 대한 근로자의 자기결정권(법 4조), 영업의 일부 양도에서 선택권 보장의 필요, 헌법상 보장된 직업선택의 자유와 인간의 존엄성 등을 근거로 근로관계의 이전에는 해당 근로자의 동의가 필요하다는 견해이다.

② **동의불요설**[120] 민법 657조는 개별적인 고용관계의 이전에 필요한 것이고 근로관계가 포괄적으로 이전하는 영업양도 등에는 적용의 여지 내지 필요가 없고, 근로관계의 당연승계나 원칙적 승계를 인정함으로써 양도 당사자의 의사를 실질적으로 배제하고 근로관계의 강행적 이전을 전제로 하면서 이에 근로자의 동의가 필요한지 여부를 논하는 것은 논리적으로 타당하지 않거나 실익이 없다는 견해이다.

이 견해에 따르면 근로자의 의사를 영업양도의 요건으로 파악하는 것은 부적절하고, 근로자에게 거부권[121] 내지 해지권을 인정하여 선택권을 보장하면 족하다고 본다.[122]

(나) 판 례

영업양도에 의하여 양도인과 근로자 사이의 근로관계는 원칙적으로 양수인에게 포괄승계되지만, 근로자는 반대의 의사를 표시하여 양수기업에 승계되는 대신 양도기업에 잔류하거나 양도기업과 양수기업 모두에서 퇴직할 수도 있고, 영업이 양도되는 과정에서 근로자가 일단 양수기업에의 취업을 희망하는 의사를 표시하였다고 하더라도 그 승계취업이 확정되기 전이라면 취업희망 의사표시를 철회하는 방법으로 위와 같은 반대의사를 표시할 수 있다.[123]

근로관계 승계에 반대하는 의사는 근로자가 영업양도가 이루어진 사실을 안 날부터 상당한 기간 내에 양도기업 또는 양수기업에 표시하여야 하고, 상당

119) 김영훈, 713면; 김유성, 349면; 김지형a, 1055면; 김홍준, 41면; 해고와 임금, 298~299면.
120) 김형배, 643면; 이승욱a, 121면; 임종률, 543면.
121) 거부권의 근거와 행사방법 등에 관한 자세한 내용은 이승욱f, 403면 이하.
122) 이승욱a, 121면 이하: 독일의 판례·통설 및 EC 법원도 근로자의 거부권을 인정한다. 그 논거는 근로자의 반대의사에도 불구하고 근로관계의 이전을 인정하게 되면, 근로자를 다른 영업재산과 동일하게 취급하는 결과가 되어 인간의 존엄성에 반할 뿐만 아니라 근로자의 자기결정권과 계약의 자유를 침해하게 된다는 것이다.
123) 대법원 2000. 10. 13. 선고 98다11437 판결, 대법원 2002. 3. 29. 선고 2000두8455 판결, 대법원 2010. 9. 30. 선고 2010다41089 판결, 대법원 2012. 5. 10. 선고 2011다45217 판결.

한 기간 내에 표시하였는지는 양도기업 또는 양수기업이 근로자에게 영업양도 사실, 양도 이유, 양도가 근로자에게 미치는 법적 · 경제적 · 사회적 영향, 근로자와 관련하여 예상되는 조치 등을 고지하였는지 여부, 그와 같은 고지가 없었다면 근로자가 그러한 정보를 알았거나 알 수 있었던 시점, 통상적인 근로자라면 그와 같은 정보를 바탕으로 근로관계 승계에 대한 자신의 의사를 결정하는 데 필요한 시간 등 제반 사정을 고려하여 판단하여야 한다.[124)]

근로자가 승계를 거부하여 양도기업에 잔류하는 경우, 원래의 사용자는 영업 일부의 양도로 인한 경영상의 필요에 따라 감원이 불가피하게 되는 사정이 있어 정리해고로서의 정당한 요건이 갖추어져 있다면 그 절차에 따라 승계를 거부한 근로자를 해고할 수 있다.[125)]

㈐ 검 토

영업양도에 따른 근로관계의 승계를 규율하는 법률이 없음에도 근로관계의 존속보호라는 요청을 받아들여 영업이 동일성을 유지한 채 이전되었다는 사실에 터잡아 근로관계의 포괄적 승계를 인정하는 것이므로 근로자의 동의라는 별도의 요건을 부가할 이유가 있는지 의문이다.

근로자는 언제든지 근로계약을 해지할 수 있고, 근로자의 선택권이 필요한 국면은 기업이 부실한 사업 부문을 정리하기 위한 방편으로 그 부문을 양도하거나 양도하는 사업 부문에 속하지 않는 근로자를 승계의 대상에 포함시켰을 때인데, 이러한 경우에는 거부권을 행사하여 양도기업에 잔류하면 그 목적을 달성할 수 있으므로 근로자의 동의권을 인정할 실익도 크지 않다.

### 2. 회사의 합병

상법은 합병의 효과에 관하여 "합병 후 존속한 회사 또는 합병으로 인하여 설립된 회사는 합병으로 인하여 소멸된 회사의 권리의무를 승계한다"(235조, 530조 2항, 603조)고 규정하고 있다. 회사 합병으로 포괄 승계되는 권리 · 의무에 근로관계도 포함되고, 따라서 소멸회사의 근로관계는 존속회사 또는 신설회사에 포괄적으로 승계된다(당연승계)는 데에 별다른 이론이 없다.[126)]

124) 대법원 2012. 5. 10. 선고 2011다45217 판결(안산의료재단 사건).
125) 대법원 2002. 3. 29. 선고 2000두8455 판결, 대법원 2010. 9. 30. 선고 2010다41089 판결. 영업 전부의 양도의 경우에도 양도기업의 사업이 폐지되므로 잔류 근로자와의 근로관계는 대부분 정리해고나 해산 등의 절차를 거쳐 종료될 것으로 예상된다.

판례도 같은 전제에서 "회사의 합병에 의하여 근로관계가 승계되는 경우에는 종전의 근로계약상의 지위가 그대로 포괄적으로 승계되는 것"127)이라고 하여 합병의 법률상 효과로서 근로관계의 포괄승계를 긍정한다.128)

따라서 합병계약에서 일부 근로자의 승계를 배제하는 특약을 맺으면 이 특약은 강행법규 위반으로서 무효가 된다.129)

소멸회사의 근로자가 근로관계의 승계를 반대하는 것은 근로관계 자체의 거부와 다름없고,130) 근로자는 언제든지 근로계약을 해지할 수 있으므로 근로자의 거부권 내지 선택권을 논할 실익이 없다.131)

### 3. 회사의 분할132)

#### 가. 근로관계의 이전 여부와 범위

##### (1) 사실상의 분할

1998. 12. 28. 상법의 개정으로 회사분할제도가 새로이 도입되었지만(530조의2 내지 530조의12),133) 이전에도 수개의 사업부문을 운영하는 대기업이 특정 사업부문을 분리하고 이를 우회적인 방법으로 새로이 설립한 자회사에 인수시켜 운영하게 하는 사실상 분할이 빈번하게 이루어졌다.

그 방법으로는 (i) 모회사가 그 사업의 일부분을 현물출자하여 자회사를 설립하는 방법(상법 290조 2호), (ii) 모회사가 자회사의 신주발행 시에 당해 사업부문을 현물출자하는 방법(상법 416호 4호), (iii) 자회사의 설립 당시 재산인수의 형태로 모회사의 사업부문을 양수하는 방법(상법 290조 3호), (iv) 자회사의 설립 후

126) 다만, 승계의 근거를 상법 규정 밖에서 찾는 견해 및 반대설(사업양도와 유사하게 보는 견해)에 관한 자세한 내용은 김지형c, 88면 이하.

127) 대법원 1994. 3. 8. 선고 93다1589 판결, 대법원 2004. 5. 14. 선고 2002다23185, 23192 판결.

128) 대법원 1980. 3. 25. 선고 77누265 판결, 대법원 2004. 7. 8. 선고 2002두1946 판결(회사합병이 있는 경우에는 피합병회사의 권리·의무는 사법상의 관계나 공법상의 관계를 불문하고 그 성질상 이전을 허용하지 않는 것을 제외하고는 모두 합병으로 인하여 존속한 회사에 승계된다).

129) 이승욱i, 406면. 권리·의무의 일부를 합병에 의하여 승계되는 것에서 제외하여 해산회사에 유보할 뜻의 합병 당사자 간의 합의는 합병의 취지에 반하여 무효라고 보는 것이 일반적이다(오세립, 445면).

130) 회사 소멸은 근로관계의 당연 종료사유이다(대법원 1991. 12. 24. 선고 91누2762 판결).

131) 자세한 내용은 김지형c, 89면 이하.

132) 실태·입법론 등 자세한 내용은 노상헌, 151면 이하; 박종희·이승욱, 10면 이하; 최석환, 225면 이하. 회사의 분할은 경영다각화, 사업부문의 독립, 경영효율 향상을 위한 조직 재편 외에 사업매각이나 기업제휴의 수단으로도 이용된다.

133) 강대섭, 132면 이하; 이승욱i, 407면 이하.

사후설립의 형태로 모회사의 사업부문을 양수하는 방법(상법 375조) 등이 이용되었는데, 이 가운데 (i) 내지 (iii)의 방법은 법원이 선임한 감사인의 조사를 받아야 하기 때문에(상법 299조 1항) 주로 (iv)의 방법을 이용해 사실상 회사분할의 효과를 얻었다.[134)]

이와 같이 사실상의 회사 분할은 주로 영업양도의 방식으로 이루어진 것이므로 그 과정에서의 근로관계의 승계에 관하여는 영업양도의 법리가 그대로 적용되어야 하고, 따라서 사업의 동일성이 유지되면 당해 사업부문에 속한 근로관계가 자회사에 포괄승계된다는 데에 별다른 이론이 없다.[135)]

판례[136)]도 "기업의 일부가 분리 독립하여 새로운 회사가 성립되었다 하더라도 신설회사와 구 회사 사이에 기업의 동일성을 유지하고 있고 구 회사에 속했던 근로자가 그 회사에서의 퇴직이나 신설회사에 신규입사절차를 거침이 없이 신설회사에 소속되어 계속근무하고 있다면 신설회사가 구 회사와는 별개 독립의 법인체로서 그 권리의무를 포괄승계하지 않은 경우라 할지라도 구 회사에 속한 근로자에 대한 근로관계는 신설회사에 포괄승계되어 근로의 계속성이 유지된다"라고 하여 영업양도와 같은 법리에 따라 근로관계의 포괄승계를 인정하고 있다.

#### (2) 상법상의 회사분할

##### ㈎ 문제의 소재

회사 분할은 분할의 대상이 되는 회사(피분할회사)의 적극재산과 소극재산의 총체 및 주주가 분리되어 적어도 하나 이상의 신설회사 또는 존속회사(분할회사)에 승계되고 그 대가로 분할회사의 주식이 원칙적으로 피분할회사의 주주에게 부여되는 회사법상의 제도이다.[137)]

상법 530조의10은 회사 분할의 효과로서 "분할 또는 분할합병으로 인하여 설립되는 회사 또는 존속하는 회사는 분할하는 회사의 권리와 의무를 분할계획서 또는 분할합병계약서가 정하는 바에 따라 승계한다"라고 규정하여 합병과 유사한 포괄승계를 인정한다.

그러나 근로관계는 분할계획서 또는 분할합병계약서의 필요적 기재사항이

134) 노상헌, 155면 이하; 이승욱i, 408면 이하.
135) 김영훈, 713면; 김지형a, 1031면; 김형배, 632면 이하; 류재율, 268면; 이승욱i, 408면.
136) 대법원 1987. 2. 24. 선고 84다카1409 판결.
137) 강대섭, 132면 이하; 이승욱i, 407면 이하.

아니고(상법 530조의5, 530조의6), 회사분할에 따른 근로관계의 승계를 규율하는 법률도 없다.

분할계획서 등에 승계할 근로자의 범위를 기재한 경우에 상법 530조의10에 따라 분할회사가 그 근로관계를 승계하는지, 근로자의 자기결정권과 근로관계의 존속보호라는 관점에서 근로자의 선택권(동의권 내지 거부권)이 어느 범위에서 인정되는지, 나아가 승계 대상에서 제외된 근로자가 어떠한 경우에 승계를 주장할 수 있는지 등의 여러 문제가 제기된다.[138)]

㈏ 학 설

학설은 회사 분할의 효과로서 권리·의무의 부분적 포괄승계를 인정하는 상법 530조의12의 규정을 확대적용하거나 회사의 분할과 합병이 상법상 동일한 조직법적 원리가 적용되는 등으로 성질상 유사성이 있음을 근거로 회사 분할의 경우도 합병과 마찬가지로 분할되는 사업 부문에 속한 근로관계[139)]의 포괄승계를 긍정한다.[140)]

그러므로 분할계획서 등에서 승계의 대상에서 배제된 경우 당해 근로자는 포괄승계의 법리를 내세워 피분할회사 및 분할회사에 근로관계의 승계를 주장할 수 있고, 그 주장이 받아들이지 않을 경우 분할회사를 상대로 근로관계의 존재확인 내지 해고무효확인을 구할 수 있다. 다만, 승계의 대상에서 배제된 근로자가 이의를 제기하지 않을 경우에는 사적자치의 원칙상 이를 부정할 이유가 없다.

㈐ 판 례

① 하 급 심　　민법 657조 1항 등을 근거로 또는 그 실질이 전적(轉籍)이라는 등의 이유로 근로관계의 승계에 근로자의 동의가 필요하다는 견해[141)]와

138) 분할계획서 등에 승계의 대상으로 기재된 근로자가 피분할회사에 잔류할 것을 희망하는 경우에 그 근로관계가 승계되는지 여부도 문제로 되는데, 이는 근로자의 선택권 내지 거부권에 관한 것이므로 다음 항에서 논한다.

139) 분할되는 사업부문에 속하는지는 당해 근로자가 1차적으로 현재의 업무와 부차적으로 과거의 업무 등을 종합하여 그 사업부문에 주로 종사하였는지 여부에 의하여 결정하여야 할 것이고(일본의 노동계약승계법도 같은 취지로 규정), 이것이 불분명한 경우에는 근로자에게 선택권을 주어야 할 것이다(이승욱i, 409면 이하).

140) 강대섭, 132면 이하; 김형배, 633면 이하; 박수근, 268면; 이승욱i, 410면 이하.

141) 서울중앙지법 2006. 2. 9. 선고 2004가합84103 판결(한국전력 사건). 이 판결은 서울고법 2006. 9. 22. 선고 2006나33021 판결의 항소기각, 대법원 2007. 1. 25.자 2006다66968 판결의 심리불속행 상고기각으로 확정됨. 서울행법 2010. 6. 17. 선고 2009구합52028 판결(현대백화점 사건).

회사분할은 그 성질상 포괄승계에 해당한다는 등의 이유로 분할대상이 되는 사업에 종사하던 근로자들의 근로관계는 원칙적으로 신설회사에 포괄적으로 승계되고 예외적으로 근로자가 거부권을 행사하는 경우에는 거부권을 행사한 근로자의 근로관계는 승계대상에서 제외된다는 견해[142)]로 나뉘었다.

② **대 법 원** 대법원 2013. 10. 11. 선고 2012다13491(대우송도개발 사건) 판결은 회사분할의 경우 분할계획서 또는 분할합병계약서에서 고용관계에 관하여 별도의 정함이 없는 한 근로관계는 신설회사에 원칙적으로 승계되나, 근로관계의 승계를 거부하는 근로자에 대하여는 그 근로관계가 신설회사에 승계되지 아니하고 여전히 존속회사와 사이에 존속하는 것으로 보았다.[143)]

그런데 대법원 2013. 12. 12. 선고 2011두4282 판결(현대그린푸드 사건)은 분할하는 회사의 근로관계도 상법 530조의10에 따른 승계의 대상에 포함될 수 있고, 다만 근로자의 이해와 협력을 구하는 등 절차적 정당성을 갖춘 경우에 한하여 허용되며,[144)] 이러한 절차를 거쳤다면[145)] 그 승계되는 사업에 관한 근로관계는 해당 근로자의 동의를 받지 못한 경우라도 신설회사에 승계되는 것이 원칙이고, 회사의 분할이 해고 제한을 회피하기 위한 방편으로 이용되는 등의 특별한 사정이 있는 경우에 한하여 예외적으로 해당 근로자에게 거부권이 인정된다고 판단하였다.[146)]

---

142) 서울행정법원 2008. 9. 11. 선고 2007구합45583 판결(대우자동차판매 사건). 이 판결은 서울고법 2009. 5. 22. 선고 2008누28648 판결의 항소기각, 대법원 2009. 9. 24.자 2009두9796 판결의 심리불속행 상고기각으로 확정됨.

143) 이 경우 존속회사는 회사분할로 인한 경영상의 필요에 따라 감원이 불가피하게 되는 사정이 있어 정리해고로서의 정당한 요건이 갖추어져 있어야만 그 절차에 따라 승계를 거부한 근로자를 해고할 수 있다.

144) 헌법이 직업선택의 자유를 보장하고 있고 근기법이 근로자의 보호를 도모하기 위하여 근로조건에 관한 근로자의 자기결정권(4조), 강제 근로의 금지(7조), 사용자의 근로조건 명시의무(17조), 부당해고 등의 금지(23조) 또는 경영상 이유에 의한 해고의 제한(24조) 등을 규정한 취지에 근거한다.

145) 그 절차는 분할하는 회사가 분할계획서에 대한 주주총회의 승인을 얻기 전에 이루어져야 하고, 노동조합과 근로자들에게 회사 분할의 배경, 목적 및 시기, 승계되는 근로관계의 범위와 내용, 신설회사의 개요 및 업무 내용 등을 설명하고 이해와 협력을 구하여야 한다.

146) 대법원 판결의 파기환송 이후 서울고법 2014. 10. 23. 선고 2014누10333 판결은 분할에 관하여 근로자들에게 설명 및 이해와 협력을 구하는 절차를 이행하였고, 정리해고를 목적으로 이 사건 회사분할을 한 것이라는 근로자 측의 주장을 인정하기엔 부족하고, 정리해고를 목적으로 회사분할을 한 것이라는 참가인의 주장을 인정할 증거가 부족하며, 근로자가 회사분할로 인하여 통상 예상할 수 있는 범위를 벗어나는 현저한 근로조건의 저하 등의 불이익을 입게 되는 경우에는 분할로 인한 근로관계의 승계에 대하여 거부권을 행사할 수 있지만 그러한 사정이 인정되지 않는다는 이유로 원고인 회사 측의 청구를 인용하였다.

이처럼 판례는 근로자의 자기결정권을 중시하는 전자의 판결과 회사분할의 실효성 보장을 중시하는 후자의 판결로 나뉜다.

후자의 판결에는 다음과 같은 비판이 제기된다. 해당 사건은 근로관계가 분할되는 사업 부분에 속하고 분할계획서에 승계의 대상으로 기재된 경우인데, 분할계획서에 근로관계가 기재되지 않는 경우에는 상법 530조의10이 적용될 여지가 없으므로, 그리고 분할되는 사업 부문에 속하지 않는 근로관계를 분할계획서의 승계 대상에 포함시킨 경우에는 그 실질이 전적에 유사하므로 판례 법리를 그대로 적용하기는 어렵다. 근로자의 이해와 협력을 구하는 절차를 거쳤다는 절차적 정당성을 근거로 재산법상 권리의무의 승계를 규정한 상법 530조의10에 의하여 근로관계까지 승계되는 것으로 보는 것은 논리적 비약이고,[147] 회사의 분할은 사업주의 지위(법인격)가 변경되는 합병과 달리 종전 사업주인 분할 회사가 그대로 존속하고 그 실질이 영업의 일부 양도와 다를 바가 없음에도 근로자의 선택권[148]을 예외적인 경우에만 인정하는 것은 받아들이기 어렵다.[149]

### 나. 근로자의 선택권(동의권 내지 거부권)

#### (1) 분할된 사업에 속하지 않는 근로자

사실상 분할의 양도계약이나 상법상 회사 분할의 분할계획서 등에서 분할된 사업에 속하지 않는 근로자를 승계대상자로 선정한 경우에는 실질적으로 전적(轉籍)과 동일한 효과를 가지므로 당해 근로자의 동의를 받아야 근로관계가 승계된다.[150]

#### (2) 분할된 사업에 속하는 근로자

##### ㈎ 사실상 분할의 경우

민법상 근로관계는 근로자의 동의 없이 타인에게 양도할 수 없으므로 영업의 일부 양도와 마찬가지로 근로자의 선택권을 인정하여야 한다. 이 경우에는 그 사업 부분의 폐지를 이유로 승계를 거부하는 근로자를 해고할 수 있는지 여부가 문제된다.

---

147) 기업변동 과정에서 근로관계의 승계를 인정하는 것은 고용의 존속보호와 해고제한 법리의 잠탈 방지라는 노동법적 요청에 따른 것이다.

148) 노무제공의 일신전속성과 근로자의 자기결정권에 근거하여 인정되는 항변권이다.

149) 자세한 내용은 권오성a, 105면 이하; 류재율, 250면 이하; 박수근, 187면 이하; 최석환, 207면 이하 참조.

150) 이승욱i, 410면 이하.

(나) 상법상 회사 분할의 경우

① 학 설 영업의 일부 양도와 마찬가지로 대부분의 학설은 근로자의 선택권(동의권 내지 거부권)을 긍정한다.

그 논거는 분할계획서 등에 기재된 근로관계는 회사 분할의 효과로서 법률상 당연히 분할회사에 승계된다고 한다면 근로자를 다른 사업수단과 같은 의미로 취급하는 결과에 이르러 인간의 존엄성에 반할 뿐 아니라 근로자 의사의 관여 없이 특정 사용자에 대한 근로를 사실상 강제함으로써 근로자의 직업선택의 자유에 대한 침해 내지는 강제 근로금지원칙의 침해를 야기한다거나,[151] 회사의 분할은 영업 일부의 양도와 경제적 실질이 동일하므로 양자를 달리 취급할 이유가 없다는 것이다.[152]

② 판 례 종래 하급심은 근로자의 선택권(동의권[153] 내지 거부권[154])을 인정하였다. 대법원은 근로자의 거부권을 폭넓게 인정한 판결[155]과 회사분할을 해고의 제한을 회피하기 위한 방편으로 이용하는 등의 특별한 사정이 있는 경우만 예외적으로 인정하는 판결[156]로 나뉜다.

### (3) 분할된 사업에 속하는지 여부가 불분명한 근로자

특정한 부서에서 일하지 않고 사업상 필요에 따라 여러 부서에서 일하는 근로자와 같이 분할대상이 된 사업부문에 속하는지 여부가 불명확한 근로자에 대하여는 그 승계 여부가 문제된다.

이에 관하여 근로자 또는 사용자의 선택권에 따라야 한다는 견해, 승계 여부가 불분명할 때에는 근로관계가 승계되는 것으로 보는 견해, 분할 이후 근로관계의 기초가 존재하는 곳에 따라야 한다는 견해 등으로 나뉜다.[157]

### (4) 근로자의 선택권 행사시기

해당 근로자는 근로관계의 승계를 통지받거나 이를 알게 된 때부터 사회통

---

151) 박수근 201면; 이승욱i, 411면.
152) 권오성a, 116면 이하.
153) 서울중앙지법 2006. 2. 9. 선고 2004가합84103판결(한국전력 사건), 서울행정법원 2010. 6. 17. 선고 2009구합52028 판결(현대그린푸드 사건).
154) 서울행정법원 2008. 9. 11. 선고 2007구합45583 판결(대우자동차판매 사건).
155) 대법원 2013. 10. 11. 선고 2012다13491(대우송도개발 사건).
156) 대법원 2013. 12. 12. 선고 2011두4282 판결(현대그린푸드 사건).
157) 이승욱i, 409면 이하.

념상 상당한 기간 내에 반대 의사를 표시함으로써 근로관계의 승계를 거부하고 분할하는 회사에 잔류할 수 있다.[158)]

### (5) 비교법적 검토

#### (가) 독 일

회사분할의 결과 사업 또는 사업의 일부가 이전되면 민법 613조a에 따라 당해 사업 혹은 사업의 일부에 속한 근로자의 근로관계는 승계회사로 이전된다.[159)]

근로자가 속한 사업부문을 어떠한 기준으로 판단할 것인가? 판례와 다수설에 따르면, 근로자가 구체적으로 수행하는 직무의 중점도라는 객관적 기준으로 근로자의 사업 소속을 확정하고, 직무의 중점도를 판단함에 있어서는 주로 종사한 노동제공의 장소, 대부분의 근로시간을 보낸 업무가 속한 사업, 개별 직무활동이 전체 기업 차원에서 가지는 의미, 종사한 근로자의 수 등이 종합적 · 탄력적으로 고려된다.[160)]

기업의 분할 시에도 민법 613조a 6항이 적용되어 근로자는 자신의 근로관계 승계에 대해 거부권을 행사할 수 있다.[161)]

#### (나) 일 본[162)]

2000년의 상법개정으로 기업조직 재편의 하나로서 회사분할이 정비되었고, 이와 관련하여 노동자 보호를 도모할 목적으로 '회사의 분할에 수반하는 노동계약의 승계 등에 관한 법률(노동계약승계법)'이 제정되었다.

회사분할 시에 분할하는 회사는 노동자와 협의하여 이해와 협력을 얻도록 노력하여야 하고(7조 및 상법 부칙 5조),[163)] 다음의 기준에 의하여 회사분할에 의

---

158) 대법원 2013. 12. 12. 선고 2011두4282 판결(현대그린푸드 사건).

159) 회사의 합병과 분할에도 사업양도 시의 근로관계 승계를 규정한 민법 613조a 규정이 적용된다[조직변경법(Umwandlungsgesetz) 324조].

160) 박종희a, 267면 이하. 객관적 기준으로 근로자의 소속 사업을 확정하기가 어려운 경우에 견해가 나뉘는데 다수설은 근로관계 승계에 관한 별도의 법적인 근거가 필요하다고 본다.

161) 박종희a, 267면 이하; 박진호, 322면. 조직변경법(Umwandlungsgesetz)의 제정 · 시행으로 회사의 합병과 분할에도 민법 613조a 규정이 적용되게 되었다(324조).

162) 자세한 내용은 권오성a, 111면 이하; 박진호, 322면 이하; 이승욱h, 378면 이하; 최석환, 221면 이하 참조.

163) 노동계약승계법 7조(노동자의 이해와 협력) 분할회사는 당해 분할에 있어서 후생노동장관이 정하는 바에 따라 그가 고용하는 노동자의 이해와 협력을 얻도록 노력하여야 한다.

상법(2000. 5. 31. 법률 90호) 부칙 5조(노동계약의 취급에 관한 조치) 회사법 규정에 따른 회사분할에서 노동계약의 승계에 관하여는 분할을 하는 회사는 회사의 분할에 수반하는 노동계약의 승계 등에 관한 법률 2조 1항의 규정에 따른 통지를 하여야 하는 날까지 노동자와

한 설립회사(신설분할의 경우)나 흡수회사(흡수분할의 경우)에의 노동계약 승계가 결정된다(3~5조).

(i) 승계가 예정된 영업에 주로 종사하였고[164] 분할계획서·분할계약서에 노동계약이 승계되는 취지로 기재된 노동자에 관하여는 그 노동계약은 당연히 승계된다(3조). (ii) 승계가 예정된 영업에 주로 종사하였지만, 분할계획서 등에 노동계약이 승계되는 취지가 기재되지 않은 노동자에 관하여는 그 노동자가 분할회사가 정한 기한까지 이의를 신청하면 그 노동계약은 승계된다(4조). (iii) 승계가 예정되어 있는 영업에 종(從)되게 종사하였음에도 분할계획서 등에 노동계약이 승계되는 취지로 기재된 노동자에 관하여는 그 노동자가 위 기한까지 이의를 신청하면 노동계약은 승계되지 않는다(5조). (iv) (iii)에 속하는 노동자로서 분할계획서 등에 승계되지 않는다고 기재된 노동자에 관하여는 회사분할의 효과로서 승계되지 않음은 당연하다.

일본의 판례[165]는 회사 분할에 따른 노동자와의 협의가 없거나 협의가 있었더라도 분할회사의 설명과 협의의 내용이 현저히 부족하여 상법 부칙 5조에서 협의를 요구한 취지에 반하는 것이 명백한 경우에는 노동계약 승계의 효력을 다툴 수 있다고 본다.

---

협의하여야 한다.

164) 주로 종사하였는지 여부는 후생노동성령으로 정하도록 되어 있고(노동계약승계법 2조 1호), 이에 따라 제정된 분할회사의 노동승계지침은 그 영업에 종사한 시간, 당해 노동자에게 부과된 역할 등을 종합적으로 판단하여 결정하도록 하고 있다[注釋(上), 193면 이하].

165) 最高裁 2010. 7. 12. 判決(일본 IBM 사건, 民集 64권 5호, 1333면). 일본 IBM은 적자를 보는 하드디스크 사업을 분할하여 히타치제작소와 합작하여 ST사를 설립하면서 그 사업 부문에 소속된 노동자 전부가 신설회사에 승계된다는 취지를 분할계획서에 기재하고 노동자들에게 열람시켰다. 이에 노동자들은 일본 IBM을 상대로 노동계약승계법 7조 및 상법 부칙 5조 소정의 협의의무 위반을 이유로 한 노동계약 승계의 무효 및 직업선택의 자유 등에 기한 선택권(승계거부권) 행사를 주장하면서 노동자지위확인과 손해배상을 청구한 사안이다. 원심은 헌법상 직업선택의 자유에 사용자선택의 자유가 포함되지만, 회사분할의 경우 근로계약이 승계되는 근로자의 담당 업무나 근로조건에는 변화가 없음을 들어 "퇴사의 자유"가 인정되는 것에 그치고 승계 거부권까지는 인정되지 않는다고 판단하였으며, 이 부분 상고는 받아들여지지 않았다. 이에 대한 평석은 노상헌, 168면 이하; 최석환, 225면 이하.

## Ⅳ. 근로관계 이전의 시기와 효과

### 1. 근로관계 이전의 시기[166)]

영업양도나 사실상 회사의 분할로 인한 근로관계의 이전(사업주 변경)은 양도계약 등의 체결시점이 아니라 양수인이 양도인으로부터 현실적으로 영업을 인수하여 사실상 운영할 수 있는 때에 이루어진다.[167)]

근로관계의 배제(해고)도 영업의 인수 시에 종국적으로 이루어지므로 이를 기준으로 승계된 근로관계에 대한 사업주와 부당해고 구제신청기간의 기산일을 판정하여야 한다.[168)]

회사의 합병과 분할에 있어서는 그 등기일에 효력이 발생하므로(상법 234조, 530조, 530조의11) 이때에 근로관계가 이전된다.

### 2. 이전되는 근로관계의 내용과 범위

#### 가. 이전되는 근로관계의 내용

기업변동에 따라 승계되는 근로관계에는 근로계약상의 지위만이 아니라 근로계약의 내용도 포함되고, 따라서 근로조건 등 개별적 근로관계의 내용은 그대로 새로운 사업주에게 포괄적으로 이전되어 존속하는 것이며,[169)] 근로자가 신 사업주의 사업에 편입되어 새롭게 근로관계를 형성하여 나가는 것이 아니다.[170)]

판례도 “영업양도가 이루어진 경우에는 원칙적으로 해당 근로자들의 근로

---

166) 이는 사업양도 과정의 근로관계에서 발생한 권리·의무(해고 등의 인사권을 포함하여)가 양도인과 양수인 가운데 누구에게 귀속되는가, 그 과정에서 승계가 배제된 근로자의 부당해고신청기간의 기산일을 언제로 볼 것인가라는 문제와 직결된다.

167) 김지형a, 1054~1055면; 김형배, 648면(양수인이 경영조직에 편입하는 때). 또한 독일의 통설·판례의 입장이다(자세한 내용은 이승욱i, 417면 이하).

168) 영업양도에서 근로관계의 승계가 배제되었는지 여부가 불분명한 경우가 많다. 특히 양도인 회사에서 퇴직하고 양수인 회사에 시험이나 면접을 거쳐 신규로 입사하는 형식을 취한 경우, 휴직 등으로 현업을 떠난 근로자의 경우에 그러하다. 전자의 경우에는 신규채용을 거부한 때를(서울고법 1999. 1. 22. 선고 97구53801 판결), 후자의 경우에는 양수인이 복직신청을 거절한 때를(서울행법 2006. 9. 29. 선고 2005구합34763 판결) 기산점으로 삼아야 할 것이다.

169) 신 사업주는 구 사업주가 종래 근로자에 대하여 갖고 있던 사업주로서의 지위를 그대로 인수하게 된다.

170) 김유성, 354면 이하; 김지형a, 1056면 이하; 김형배, 649면 이하; 이승욱g, 16면 이하; 임종률, 543면 이하.

관계가 양수하는 기업에 포괄적으로 승계된다."[171]거나, "영업양도나 기업합병 등에 의하여 근로계약 관계가 포괄적으로 승계된 경우에 근로자의 종전 근로계약상의 지위도 그대로 승계되는 것"[172]이라 하여 같은 입장을 취한다.

다만, 기업변동 과정에서 근로관계에 터잡아 발생한 권리·의무에 대하여 신·구 사업주가 어떠한 범위의 책임을 부담하는지, 신 사업주에게 기존의 사업이 있는 경우 또는 사업의 일부 양도나 회사 분할의 경우 이전되는 사업장의 취업규칙·단체협약·노동조합의 지위가 그대로 존속할 것인지 여부 등이 문제된다. 이에 관하여는 3.항 이하에서 설명한다.

### 나. 이전되는 근로관계의 범위 — 영업양도 당시 실제 근무하지 않는 근로자의 승계 여부

합병의 경우에는 법률에 의하여 근로관계를 포함하여 모든 권리의무가 포괄적으로 승계되므로 별문제가 없다.

그런데 영업양도가 이루어지면 양도인과 근로자 간의 근로관계도 원칙적으로 양수인에게 포괄적으로 승계되는데, 이와 같이 승계되는 근로관계는 영업양도 당시 실제로 근무하고 있는 근로자의 근로관계에 한정되는 것인가, 아니면 실제로 근무하고 있지는 않지만 유효한 근로관계에 있는 모든 근로자의 근로관계를 포함하는 것인가가 문제된다.[173]

영업양도는 일정한 영업목적에 의하여 조직화된 총체, 즉 물적·인적 조직을 그 동일성을 유지하면서 일체로서 이전하는 것이므로 실제로 그 사업에서 근무하고 있는지 여부를 묻지 않고 양도 당시 양도인과 유효한 근로관계[174]를

171) 대법원 2003. 5. 30. 선고 2002다23826 판결, 대법원 2005. 2. 25. 선고 2004다34790 판결.

172) 대법원 1995. 12. 26. 선고 95다41659 판결, 대법원 2004. 5. 14. 선고 2002다23185, 23192 판결, 대법원 2010. 1. 28. 선고 2009다32362 판결.

173) 이는 영업양도 이전에 해고된 근로자가 양도인과 양수인 가운데 누구를 상대로 해고무효확인의 소를 제기하여야 하는가 하는 문제와도 직결된다.

174) 정당한 해고라면 그 근로관계는 이미 해소되었으므로 근로관계의 승계 여부가 다투어질 여지가 없다. 일본 하급심판례 가운데, 廣島高裁岡山支部 1955. 6. 20. 判決(兩備버스 事件, 勞民集 6권 3호, 359면)은 신청인들이 피신청인 양비버스가 강산버스로부터 영업을 양수하여 신청인들과 양비버스 사이의 근로관계는 당연히 피신청인에게 승계되었다고 주장하면서 근로자지위의 확인을 구하는 가처분을 신청한 사안에서 "가사 이 사건 영업양도에 관하여 항소인들의 주장과 같이 고용관계의 당연승계의 효과가 뒤따른다고 하더라도 그 효과를 당사자 사이의 합의에 의하여 배제하는 것은 하등의 방해를 받지 않고, … 항소인들이 강산버스의 해고를 승인하고 강산버스로부터 퇴직금과 해고예고수당을 수령하였으므로 그 고용관계는 영업양도에 의하여 피항소인 회사에 당연승계되지 않았던 것으로 해석함이 상당하다"는 이유로 신청을 각하하였고, 東京高裁 1950. 12. 13. 判決(三稜化工機 사건)도 영업양도 전에 이

맺고 있는 모든 근로자의 근로관계가 그대로 양수인에게 승계된다고 보는 것이 일반적이다.[175] 따라서 현실적으로 근무하는 근로자들만을 승계의 대상으로 삼는 것은 실제 근무하지 않지만 유효한 근로관계에 있는 근로자의 승계를 배제하는 특약과 다름이 없어 해고에 해당하므로 정당한 사유가 있어야만 유효하다.[176] 다만, 영업의 일부 양도에서 근로자가 승계를 거부하고 양도하지 않은 영업 부문으로의 배치전환을 통하여 당해 근로자를 계속 근무하게 할 수 있는 경우에는 그 근로관계의 승계를 부정하여도 별문제가 없을 것이다.

그런데 판례는 "영업양도 계약에 따라 승계되는 근로관계는 계약 체결일 현재 실제로 근무하고 있는 근로자와의 근로관계만을 의미하고 계약 체결일 이전에 근무하다가 해고된 근로자로서 해고의 효력을 다투는 근로자와의 근로관계까지 승계되는 것은 아니고",[177] 다만, 영업양도 당시에 해고가 무효임이 확정되었거나[178] 영업양수인이 승계의 대상에서 배제한 일부 근로관계가 유효하게 존속하고 있음을 알고 있었다는 등의 사정이 있는 경우[179]에만 근로관계가 승계된다고 본다.[180]

---

루어진 해고의 유효성이 인정된다는 이유로 해고의 효력을 다투면서 양수회사를 상대로 근로자지위보전의 가처분을 구하는 신청을 각하하였다.

175) 최윤성, 760면 이하. 일본의 하급심판례 가운데 東京地裁 1950. 7. 6. 決定(濟生會 事件, 勞民集 1권 4호, 646면); 松山地裁 1965. 5. 26. 判決(松山市民病院不當解雇 事件, 勞民集 16권 3호, 394면); 福岡地裁 1973. 1. 31. 判決(九州電力 事件, 勞働判例 172호, 72면); 大阪高裁 1963. 3. 26. 判決(播磨鉄鋼解雇 事件, 勞民集 14권 2호, 439면) 등도 같은 취지이다. 東京地裁 1963. 3. 26. 決定(中日新聞社 事件, 判例時報 742호, 140면)은 양도회사와의 징계해고무효소송의 승소를 정지조건으로 양수회사에 근로관계가 승계된다고 판시하였다. 이승욱j, 259면 이하도 양수인은 계속 중인 재판에서 근로자가 승소하는 것을 정지조건으로 근로관계를 승계하는 것이 타당하다는 견해를 표시하고 있다.

176) 김건일, 527면 이하; 김지형a, 1051면 이하; 최윤성, 763면 이하.

177) 대법원 1993. 5. 25. 선고 91다41750 판결(문화방송 사건. 해고된 근로자가 해고무효확인의 소를 제기하여 다투자 문화방송이 당해 영업부문이 자회사에 양도되어 그 근로관계가 승계되었다는 이유로 피고 적격을 문제삼은 사안. 자세한 내용은, 김지형b, 14~23면), 대법원 1995. 9. 29. 선고 94다54245 판결, 대법원 2002. 6. 14. 선고 2002다14488 판결.

178) 대법원 1994. 6. 28. 선고 93다33173 판결.

179) 대법원 1996. 4. 26. 선고 95누1972 판결(유한여객자동차 사건, 감천여객이 사업을 폐업하면서 수차에 걸쳐 다른 회사에 버스를 양도하면서 해당 운전사들에게 양수회사로 전적명령을 발하였으나 일부 운전사들이 동의하지 않자 나머지 버스를 양도하면서 이들을 승계 대상에서 제외하였고, 이들이 최종 양수회사를 상대로 부당해고구제신청을 한 사안), 대법원 1996. 5. 31. 선고 95다33238 판결, 대법원 1997. 4. 25. 선고 96누19314 판결.

180) 이러한 판례는 그 논거가 제시되지 않아 정확히 알 수는 없지만, 기업이 근로자를 해고하여 그 영업부문에 근무시키지 아니하면 당해 근로자는 이미 그 기업의 영업목적을 위한 유기적 조직체에서 제외된 것이고, 따라서 그 후 영업양도가 이루어지더라도 당해 근로자가 해고의 효력을 다투고 있는지의 여부에 관계없이 당해 근로자의 근로관계는 영업양수인에게

이러한 판례의 견해에 대하여는 영업양도로 인하여 양도인의 당해 사업이 폐지된 경우 근로자로서는 양도인을 상대로 해고무효소송 등을 제기하여 승소하더라도 복직할 사업장이 없게 되어 구제받을 수 없는 결과가 되고,[181] 또 양도 당사자들이 영업양도의 기회를 이용하여 일부 근로자들의 승계를 배제하는 것을 아무런 제한 없이 용인하는 결과에 이를 수 있다는 비판이 있다.[182]

그런데 최근 판례는, 해고 이후에 영업이 전부 양도된 경우에 양수인으로서는 양도인으로부터 정당한 이유 없이 해고된 근로자와의 근로관계를 원칙적으로 승계하고, 그러한 근로자를 승계 대상에서 제외하기로 한 특약은 법 23조 1항에 따른 정당한 이유가 있어야만 유효하다고 판단하였다.[183] 이 판례는 근로자가 영업양도 이전에 정당한 이유 없이 해고된 경우 양도인과 근로자 사이의 근로관계는 여전히 유효하고, 해고 이후 영업 전부의 양도가 이루어진 경우라면 해고된 근로자로서는 양도인과의 사이에서 원직 복직도 사실상 불가능하게 된다는 점을 논거로 한다. 이러한 판례의 태도는, 앞서 언급한 종래의 판결들을 영업의 일부 양도에 관련한 선례들로 보아, 영업의 전부 양도에 관하여 그대로 적용할 것은 아니라는 취지로 이해할 수 있다.

### 3. 신 · 구 사업주의 책임범위[184]

#### 가. 신 사업주

영업을 양수한 신 사업주는 종전의 근로관계에서 형성된 사용자의 지위를

---

승계되지 아니하는 것이라는 논거를 바탕으로 한 것이 아닌가 생각된다. 영업 일부만을 양도하기로 하면서 그 물적 시설과 함께 그 영업부문에 근무하는 근로자들에 대한 권리 · 의무도 함께 이전하기로 약정한 경우에는, 당사자 의사표시의 해석상 위 양도계약체결일 이전에 해당 영업부문에서 근무하다가 해고 등을 당한 근로자의 근로관계는 그 해고 등의 유 · 무효와 관계없이 승계의 대상에서 제외되고 계약체결일 현재 실제로 그 영업부문에 근무하고 있는 근로자의 근로관계만을 승계하기로 하였다고 보는 것이 영업양도 당사자 사이의 의사에 부합한다고 볼 수 있다는 견해도 있다(김지형c, 20면).

181) 부당해고구제신청의 경우 구제이익이 부정되는 결과에 이를 수 있다.

182) 최윤성, 764면. 이러한 영업양도 당사자 사이의 합의가 유효한 것이라고 하려면 영업양도인이 그 근로자에 대하여 한 해고가 무효인 것으로 인정될 경우 양도된 영업부문에서 다른 영업부문으로 배치전환 등의 합리적인 조치를 통하여 영업양도인과 맺은 근로관계를 계속 유지할 수 있는 경우라야 한다는 견해도 있다(김지형a, 1050면 이하).

183) 대법원 2020. 11. 5. 선고 2018두54705 판결.

184) 모든 또는 부분적인 권리 · 의무가 법률상 당연히 이전하는 상법상의 회사 합병 · 분할의 경우는 별문제가 없다. 영업양도와 사실상 회사분할의 경우 신 · 구 사업주의 책임범위만을 고찰한다.

구 사업주로부터 포괄적으로 넘겨받으므로 영업양도 이전의 근로관계에서 발생한 책임(근로계약상의 책임, 법상의 재해보상책임 등)도 그대로 인수하여 부담한다.[185]

다만, 사업양도 이전에 퇴직하였거나 그 밖의 사유로 근로관계가 종료된 근로자는 승계의 대상에서 제외되므로 이들 근로자에 대하여 구 사업주가 부담하는 체불임금, 퇴직금 또는 해고예고수당 등의 지급의무는 신 사업주에게 승계되지 않는다.[186]

### 나. 구 사업주

영업양도가 이루어지면 구 사업주와 근로자 사이의 근로관계는 종료되지만, 이로 인하여 구 사업주가 근로자에 대하여 부담하고 있는 채무가 면책되는 것은 아니고 신 사업주와 연대하여 그 채무를 부담한다.[187]

영업양도 이전에 발생한 채무는 양도 시에 이행기에 도달하였는지 여부를 불문하고 구 사업주에게 여전히 그 이행책임이 남아 있고 그 책임은 신 사업주의 책임과 부진정연대의 관계에 있다.[188]

영업양도 이후에 퇴직한 근로자의 퇴직금에 대하여 구 사업주가 양도 시까지의 근속연수에 상응하는 부분의 지급의무를 부담하는지에 관하여 이를 긍정하는 견해[189]와 부정하는 견해[190]가 나뉜다. 근로계약이 존속하는 한 사업주의 퇴직금 지급의무는 발생할 여지가 없고 근로계약이 종료되는 때에 비로소 그 지급의무가 생긴다는 판례[191]의 입장에 서는 한 긍정설을 따르기는 어렵다.

---

185) 근로관계를 둘러싼 소송이 계속된 경우에 신 사업주가 스스로 소송에 참가하거나 또는 신 사업주로 하여금 소송을 인수하게 할 수 있다(민소법 81조, 82조).

186) 김지형a, 1057면 이하 참조.

187) 김지형a, 1057면 이하; 김형배, 652~653면; 독일, 프랑스 등도 사업양도 시에 성립한 근로자의 청구권에 대하여 양도인과 양수인의 연대책임을 인정한다. 퇴직금의 후불임금적 성격을 고려할 때 체불 퇴직금도 체불 임금과 같이 보아야 한다는 견해도 있다(임종률, 544면).

188) 채무인수가 면책적인지 중첩적인지 분명하지 아니한 때에는 이를 중첩적으로 인수한 것으로 보아야 하고(대법원 2002. 9. 24. 선고 2002다36228 판결, 대법원 2013. 9. 13. 선고 2011다56033 판결), 면책적 채무인수에는 채권자의 동의가 필요하므로, 영업양도의 과정에 근로자의 동의가 있다는 등의 특별한 사정이 없다면, 중첩적·병존적 채무인수로서 신구 사업자가 연대책임을 부담한다고 보아야 할 것이다.

189) 김영훈, 709면.

190) 김지형a, 1061면; 김형배, 653면.

191) 대법원 1991. 6. 28. 선고 90다14560 판결, 대법원 2003. 5. 16. 선고 2001다54977 판결.

### 다. 영업양도가 무효 내지 취소된 경우[192)]

이에 따라 구 사업주가 영업을 다시 인수한 경우에는 양도 이후 재인수 시까지 발생한 채무에 대하여 신·구 사업주가 연대하여 그 이행책임을 부담한다(부진정연대).[193)]

## 4. 취업규칙

영업양도나 합병 등 기업변동에 의하여 근로관계가 승계되는 경우 근로조건 등 개별적 근로관계의 내용만이 승계되는 것인지, 아니면 취업규칙도 승계되는 것인지 문제된다.[194)] 이 쟁점은 기업변동 시 취업규칙 자체가 아니라 근로조건의 내용만이 승계된다면 새로운 사업주는 근기법 94조 1항 단서가 규정하는 집단적 동의의 절차를 거치지 않고서도 종전의 근로조건을 하향조정할 수 있게 되기 때문에 중요한 의미를 가지게 된다.[195)]

### 가. 학　　설

다수의 견해는 영업양도나 합병에 의하여 개별적이든 집단적이든 기존의 근로관계가 포괄적으로 승계하므로 취업규칙 자체의 승계를 긍정한다.[196)]

소수의 견해는 직장질서를 규율하는 취업규칙 부분까지 그대로 승계되어야 할 이유가 없고, 하나의 사업장에 2개의 규범이 존재할 수 없다는 판례의 태도에 비추어 보더라도 취업규칙 자체는 승계되지 않으며, 다만 실체적 근로조건을 정한 취업규칙 부분은 근로관계의 내용으로서 승계한다고 본다.[197)]

### 나. 판　　례

판례는 취업규칙의 승계를 전제로 하여 영업양도나 합병 이후에도 종전의

---

192) 사실적 근로관계(faktisches Arbeitsverhaltnis)의 법리에 따라 신 사업주가 현실적으로 사업을 인수받아 경영한 기간 근로자로부터 제공받은 노무와 관련하여서는 신 사업주가 그 책임을 부담한다. 자세한 내용은 김지형a, 1060면 이하.

193) 김지형a, 1061면; 김형배, 653면.

194) 사업의 일부가 양도되거나 회사가 분할된 경우에도(여전히 취업규칙이 양도인에게 존속하므로) 양도회사 등의 취업규칙이 양수회사 등으로 승계되는지 여부가 문제되는데, 사업양도상 근로관계 승계 법리는 단지 '근로관계의 존속'만을 보호할 뿐만 아니라 '근로관계의 내용'도 보호하는 것이라는 관점에서 보면, 사업의 일부가 양도되거나 분할된다고 하여도 달리 볼 것은 아니라는 견해가 있다(이승욱d, 125~126면).

195) 김경태, 183면.

196) 김영훈, 727면; 김지형a, 1057면; 이용구, 139면; 임종률, 544면.

197) 김형배, 660~661면; 박종희 · 김소영, 180면.

취업규칙이 그대로 적용된다고 본다.198)

따라서 승계 후의 퇴직금 규정이 승계 전의 퇴직금 규정보다 근로자에게 불리하다면 근기법 94조 1 항 소정의 당해 근로자 집단의 집단적인 의사결정 방법에 의한 동의 없이는 승계 후의 퇴직금 규정을 적용할 수 없고,199) 취업규칙의 개정이나 단체협약의 체결 등을 통하여 근로관계의 내용을 단일화하기로 변경·조정하는 새로운 합의가 없는 한 종전의 취업규칙이 그대로 적용되며,200) 이 경우에는 퇴직금 차등금지제도 등에 위반되는 것은 아니라고 본다.201)

### 5. 단체협약

#### 가. 승계 여부

##### (1) 학　　설

합병과 영업양도를 구별하지 않고 단체협약의 승계를 긍정하는 견해(다수설),202) 이를 모두 부정하는 견해,203) 양자를 구별하여 합병에 있어서만 단체협약의 승계를 인정하고 영업양도의 경우에는 인수에 관한 합의를 기초로 포괄적용된다는 견해204)로 대별할 수 있다.

승계부정설도 근로자의 기존 단체협약상 근로조건은 개별 근로계약의 내용으로 되어 유지된다고 보므로 학설 대립의 실질적 차이는 단체협약의 채무적 부분이 승계되는지 여부이고,205) 이는 노동조합의 지위가 유지되는지 여부와 직

198) 대법원 1995. 12. 26. 선고 95다41659 판결, 대법원 1997. 12. 26. 선고 97다17575 판결, 대법원 2001. 4. 24. 선고 99다9370 판결, 대법원 2010. 1. 28. 선고 2009다32362 판결.

199) 대법원 2001. 4. 24. 선고 99다9370 판결.

200) 대법원 1995. 12. 26. 선고 95다41659 판결, 대법원 1997. 12. 26. 선고 97다17575 판결, 대법원 2001. 4. 24. 선고 99다9370 판결, 대법원 2010. 1. 28. 선고 2009다32362 판결.

201) 대법원 1995. 12. 26. 선고 95다41659 판결, 대법원 1997. 12. 26. 선고 97다17575 판결.

202) 김기덕, 186면 이하; 김유성Ⅱ, 206면 이하; 김지형a, 앞의 논문, 1058면; 김홍준, 32면; 이병태, 631면; 이승욱b, 25면 이하; 임종률, 545면.

203) 김형배, 653면 이하; 박종희a, 63면 이하.

204) 하경효b, 89면.

205) 상법상 회사의 분할과 관련한 일본의 노동계약승계법에 의하면, 피분할회사는 분할계획서 등에 피분할회사와 노동조합 사이에 체결되어 있는 단체협약 중 설립회사 등이 승계하는 부분을 기재할 수 있고(6조 1항), 피분할회사와 노동조합 간에 체결되어 있는 단체협약에 채무적 부분에 관한 규정이 있는 경우에 설립회사와 노동조합 간에 분할계획서 등의 기재에 따라 설립회사 등에 승계시킨다는 합의가 있었을 때에는 합의와 관련되는 부분은 분할의 효력이 발생한 때 설립회사 등에 승계되며(6조 2항), 분할계획서 등에 승계에 관한 기재를 두고 있지 않은 단체협약 부분에 대해서는 노동조합의 조합원인 근로자와 피분할회사 간에 체결되어 있는 근로계약이 설립회사 등으로 승계된 때는 분할의 효력이 발생한 때에 설립회사 등과 노동조합 사이에 당해 단체협약과 동일한 내용의 단체협약이 체결된 것으로 간주한다(6

결된 문제이므로 이와 관련하여 해결하여야 할 것이다.[206)]

영업의 일부 양도나 회사의 분할의 경우도 근로관계의 포괄승계가 이루어진다는 점에서 영업양도나 회사의 합병과 다를 바가 없으므로 같은 기준으로 판단하여야 할 것이다.[207)]

#### (2) 판　　례

다수설과 같이 승계를 긍정한다. 영업양도에 의하여 승계되는 근로관계에는 사용자와 근로자 사이의 개별적 근로관계뿐만 아니라 양도인과의 관계에서 형성된 집단적 노동관계도 포함되고, 따라서 양도인과 노동조합 사이에 체결된 단체협약도 규범적 부분과 채무적 부분을 구별하지 않고 승계된다.[208)] 회사 합병의 경우에도 마찬가지이다.[209)]

### 나. 기업변동 과정에서 노동조합이 합병하거나 해산한 경우

영업양도나 합병으로 하나의 사업장에 복수의 노동조합이 병존하게 되면 합병하거나 어느 조합이 해산하고 그 조합원이 다른 조합에 일괄하여 가입하는 것이 보통이다.[210)] 이 경우 노동조합과 사용자 사이에 단체협약의 적용 등에 관한 합의가 이루어지면 그에 따라 처리하면 되지만, 노동조합만에 의하여 위와 같은 해산과 합병이 이루어질 경우 흡수되거나 해산한 노동조합이 체결한 단체

---

조 3항).

206) 이승욱b, 25면 이하 참조.

207) 이와 달리 서울중앙지법 2017. 9. 11.자 2017카합80551 결정(현대중공업 사건, 항고취하로 확정됨)은 "회사의 분할은 회사조직의 규모, 자산 등이 변경될 수밖에 없어 영업양도와 성질을 달리하는 것이므로, 영업양도의 경우에 단체협약의 승계가 인정된다는 사정만으로 회사분할의 경우에도 당연히 단체협약이 승계된다고 볼 수 없다"고 보았다. 이에 대한 평석으로 권오성b, 117면 이하; 방준식, 63면 이하.

208) 대법원 1989. 5. 23. 선고 88누4508 판결(대한중기공업 사건); 서울지법 남부지원 1998. 11. 24. 선고 98가단28156 판결, 서울지법 1999. 12. 3. 선고 99나1702 판결, 대법원 2002. 3. 26 선고 2000다3347 판결(한국오므론전장 사건, 양도인과 노조 사이의 단체협약에서 인정한 노조사무실 점유사용권의 승계 여부가 다투어진 사안).

209) 대법원 2004. 5. 14. 선고 2002다23185, 23192 판결(동방생활산업 사건, 복수의 회사가 합병되더라도 피합병회사와 그 근로자 사이의 집단적인 근로관계나 근로조건 등은 합병회사와 합병 후 전체 근로자들을 대표하는 노동조합과 사이에 단체협약의 체결 등을 통하여 합병 후 근로자들의 근로관계 내용을 단일화하기로 변경·조정하는 새로운 합의가 있을 때까지는 피합병회사의 근로자들과 합병회사 사이에 그대로 승계된다), 이에 대한 평석은 최종길, 535~550면.

210) 노동조합의 합병은 기존의 기업별 단위노동조합을 산업별 단위노동조합 등으로 개편하기 위한 방법으로 사용되거나, 회사의 합병에 상응하여 이루어지는 것이 보통이다. 사법연수원, 125면.

협약의 존속이 문제된다.

당사자 노동조합 가운데 일방이 해산한 후 합병하는 경우에는 일반적으로 노조가 해산하면 단체협약은 실효되므로 해산되는 노동조합이 체결한 단체협약은 당연히 실효되고 존속하는 노동조합의 단체협약만이 적용된다는 견해도 있지만, 노동조합의 합병이나 조직변경과 마찬가지로 실질적으로 동일성이 유지되는 이상 합병 후의 노동조합이 각각의 단체협약의 당사자로서 지위를 승계하는 것으로 보아 단체협약이 그대로 존속하고, 그 유효기간의 만료 등으로 단체협약의 효력이 종료되면 그때에 비로소 하나의 단체협약을 체결하여 근로관계를 통일적으로 규율할 수 있다고 보아야 한다는 견해가 대부분이다.[211)]

판례도 같은 취지에서 "합병회사의 노동조합이 유니언 숍의 조직형태를 취하고 있었다고 하더라도 피합병회사의 근로자들까지 아우른 노동조합과 합병회사 사이의 새로운 합의나 단체협약이 있을 때까지는 피합병회사의 근로자들이 자동적으로 합병회사의 노동조합의 조합원으로 되는 것은 아니다"라고 본다.[212)]

### 6. 노동조합

#### 가. 학설과 판례[213)]

노동조합은 기업과는 독립하여 근로자들이 주체가 되어 설립하는 것이므로 영업양도나 합병 등에 의하여 이미 설립된 노동조합의 존립이 영향을 받거나 조직형태가 변경[214)]되어야 하는 것은 아니다. 이를 근거로 다수의 학설은 기업변동 과정에서 노동조합의 지위는 양수회사 내지 존속회사에 그대로 이전된다고 보며,[215)] 판례도 같은 견해를 취한다.[216)]

---

211) 김지형a, 1059면; 박귀천, 89면.

212) 대법원 2004. 5. 14. 선고 2002다23185, 23192 판결.

213) 기업변동 과정에서의 노동조합의 지위에 관한 자세한 내용은 김기덕, 166면 이하.

214) 기업별 노조가 설립된 사업의 일부 양도나 회사 분할의 경우 그 조직 대상이 달라질 수밖에 없으므로 조합원의 범위를 변경하는 조직변경이 뒤따를 수밖에 없다. 이러한 조직변경의 허용범위에 관하여 판례는 "변경 후의 조합이 변경 전의 조합의 재산관계 및 단체협약의 주체로서의 지위를 그대로 승계한다는 조직변경의 효과에 비추어 볼 때 변경 전후의 조합의 실질적 동일성이 인정되는 범위 내에서 인정된다"라고 하여 조합의 실질적 동일성을 판단기준으로 제시한다(대법원 1997. 7. 25. 선고 95누4377 판결, 대법원 2002. 7. 26. 선고 2001두5361 판결), 자세한 내용은 문영화, 925~944면; 박종희b, 94면 이하.

215) 김유성Ⅱ, 207면; 김지형a, 1058면; 임종률, 545면.

216) 서울지법 남부지원 1998. 11. 24. 선고 98가단28156 판결, 서울지법 1999. 12. 3. 선고 99나1702 판결, 대법원 2002. 3. 26 선고 2000다3347 판결(한국오므론전장 사건). 이미 설립된 노동조합은 영업양도에 의하여 그 존립에 영향을 받지 않고 양수인 사업장의 노동조합으로 존

따라서 양도되는 영업의 사업장에 설립된 노동조합은 해산하거나 양수인의 사업장에 설립된 노동조합과 합병하지 않는 한 그대로 존속하게 되므로,[217] 하나의 사업장에 복수의 노동조합이 병존할 수 있다. 현실적으로 이러한 경우는 드물고, 어느 조합이 해산하고 그 조합원이 다른 조합에 일괄하여 가입하거나 복수 노동조합이 합병하는 것이 보통이다.[218]

### 나. 사업의 일부 양도와 회사 분할의 경우

이 경우 양도된 사업에 속한 근로자들의 근로관계는 포괄적으로 승계되지만, 양도인에게 그 나머지 사업부문이 남아 있으므로 언제나 노동조합이 양수인의 사업으로 이전한다고 볼 수는 없다.

이러한 경우는 이전된 사업부문과 남는 사업부문의 규모, 그에 대응한 조합원의 분포 등을 종합적으로 고려하여 양도된 사업부문과 그 소속 근로자들이 종전 기업의 주요 부분으로 인정되는 경우에는 노동조합도 그 영업부분의 양도와 더불어 양수인의 사업 안으로 이전되고, 그 반대의 경우는 양도인의 기업에 그대로 존속하는 것으로 보아야 한다.

노동조합이 양도인의 기업에 잔류한 경우, 대부분 기업별 노동조합 형태를 취하면서 조합원 자격을 그 회사의 정규 종업원에 한정하는 우리의 노동조합 현실에 비추어 양도되는 사업 부분에 속한 근로자들은 종전 노동조합의 조합원 자격을 상실하고, 그 단체협약의 규범적 부분만이 근로계약의 내용으로 되어 그 한도에서 승계된다고 보아야 할 것이다.[219]

[민 중 기]

---

속한다.

217) 행정해석도 영업양도나 조직변경 등의 기업변경 시 기업이 동일성이 유지되고 경영주가 교체되는 것에 불과하므로 기존 노동조합은 규약 및 법상 해산사유가 발행하지 아니하는 한 기업변경에 관계없이 존속할 수 있다고 하여 같은 견해를 취한다(노정도 14525-3859, 1964. 5. 4.).

218) 기업별 노조가 대부분인 우리나라나 일본의 경우 노동조합이 그 조직력을 강화하기 위하여 합병하는 사례는 드물고, 대부분 기업 합병과 영업양도가 이루어지면 이것이 직접 원인이 되어 기업별 노동조합이 합병한다.

219) 김기덕, 176면 이하; 박귀천, 85면 이하.

## 근로계약 후론(後論) 2: 도산절차와 근로관계

〈세 목 차〉



[참고문헌]


**강성태a**, “지금 왜 사용자인가?”, 노동법연구 24호, 서울대학교 노동법연구회(2008); **강성태b**, “사용자도산시 근로채권의 보호”, 대구법학 2호, 대구대학교(2000); **고원석**, “임금채권의 변제와 파산법상의 고의부인”, 민사재판의 제문제 11권(변재승선생 권광중선생 화갑기념), 한국사법행정학회(2002); **권영준**, “통정허위표시로 인한 법률관계에 있어서 파

산관재인의 제 3 자성", 법조 608호, 법조협회(2007); **김교창**, "정리회사와 관리인과의 관계", 대한변호사협회지 105호, 대한변호사협회(1985); **김선수**, "정리해고요건으로서의 긴박한 경영상의 필요성", 노동법연구 3호, 서울대학교노동법연구회(1993); **노태악**, "기업구조조정 관련 최근 판례의 동향", BFL 38호, 서울대학교 금융법센터(2009); **도재형a**, "청산과정에서 근로자를 해고하는 것이 정리해고에 해당하는지 여부", 2002 노동판례비평, 민주사회를 위한 변호사모임(2002); **도재형b**, "기업 구조조정과 정리해고", BFL 70호, 서울대학교 금융법센터(2015); **박은정**, "경영상 해고를 위한 '긴박한 경영상의 필요'", 노동리뷰 118호, 한국노동연구원(2015); **서울회생법원 재판실무연구회a**, 개인파산 · 회생실무(제 6 판), 박영사(2022); **서울회생법원 재판실무연구회b**, 법인파산실무(제 5 판), 박영사(2019); **서울회생법원 재판실무연구회c**, 회생사건실무(상)(제 5 판), 박영사(2019); **서울회생법원 재판실무연구회d**, 회생사건실무(하)(제 5 판), 박영사(2019); **선재성**, "파산과 근로관계", 재판자료 83집: 파산법의 제문제(상), 법원도서관(1999); **양형우**, "회생 · 파산절차 개시가 근로계약과 단체협약에 미치는 영향", 노동정책연구 8권 4호, 한국노동연구원(2008); **오수근**, 도산법개혁 1998~2007, 두솔(2007); **윤남근a**, "일반환취권과 관리인 · 파산관재인의 제 3 자적 지위", 인권과 정의 386호, 대한변호사협회(2008); **윤남근b**, "파산관재인 — 그 법률상 지위와 권한을 중심으로 —", 재판자료 82집: 파산법의 제문제(상), 법원도서관(1999); **윤창술**, "파산절차에서의 단체협약과 근로계약", 인권과 정의 281호, 대한변호사협회(2000); **이동원**, "청산과정에서의 해고와 정리해고의 차이", 대법원판례해설 38호, 법원도서관(2002); **이민걸**, "회사정리절차와 강제집행과의 관계, 재판자료 72집: 민사집행에 관한 제문제(하), 법원도서관(1996); **이범균**, "사용자가 파산한 경우의 근로관계 종료와 부당해고 등", 행정재판실무편람(Ⅲ), 서울행정법원(2003); **이승욱**, "기업의 도산과 관련한 노동법상 쟁점과 과제", 법학연구 46권 1호, 부산대학교(2005); **이철수**, 임금에 관한 법리, 한국노동연구원(1993); **이홍재**, "도산절차와 근로관계", 도산법강의, 법문사(2005); **임채홍 · 백창훈a** 집필대표, 회사정리법(상)(제 2 판), 한국사법행정학회(2002); **임채홍 · 백창훈b** 집필대표, 회사정리법(하)(제 2 판), 한국사법행정학회(2002); **임치용**, "파산절차의 개시가 고용계약에 미치는 영향", 파산법연구2, 박영사(2006); **정준영**, "파산절차가 계속중인 민사소송에 미치는 영향", 재판자료 83집: 파산법의 제문제(하), 법원도서관(1999); **최승록**, "파산채권과 재단채권", 재판자료 82집: 파산법의 제문제(상), 법원도서관(1999); **최유경**, "파산선고 전에 생긴 근로자의 임금 · 퇴직금 및 재해보상금에 대한 지연손해금 채권이 재단채권에 해당하는지 여부", 재판과 판례, 대구판례연구회(2016); **황경남**, "정리회사의 관리인", 재판자료 86집: 회사정리법 · 화의법상의 제문제, 법원도서관(2000); 倒産と労働實務研究會(編), **詳說倒産と勞働**, 商事法務(2013); **伊藤眞a**, 破産法 · 民事再生法(第 3 版), 有斐閣(2014); **伊藤眞b**, 破産法(第 4 版補訂版), 有斐閣(2006); **戸谷義治**, "會社倒産と解雇", 季刊勞働法[224호(2009년 춘계)]; **黒木和彰**, "租税債權, 勞働債權の破産手続における取り扱い", 自由と正義(Vol. 59 No. 12), 일본변호사연합회(2008. 12.); **DAVID**

**G. EPSTEIN**, Bankruptcy and Related Law in a Nutshell (Seventh Editon), THOMSON WEST(2005).

## Ⅰ. 도산절차의 개요

채무자회생법에 정해진 도산절차는 회생절차, 파산절차, 개인회생절차가 있다. 회생절차와 개인회생절차는 재건형 절차이고, 파산절차는 청산형 절차이다.

### 1. 회생절차

#### 가. 의 의

회생절차는 이해관계인의 법률관계를 조정하여 채무자 또는 그 사업의 회생을 꾀하는 절차로서, 개인·법인을 불문하고 모든 채무자가 법 적용 대상이 된다. 회생절차는 개인회생절차와 명칭이 유사하지만 개인회생절차와는 매우 다른 제도이다. 개인회생절차는 개인만이 신청할 수 있고 개인회생절차를 신청할 수 있는 채무자의 채무액에 제한이 있지만, 회생절차는 개인 및 법인이 모두 신청할 수 있고 채무자의 채무액에 관한 제한이 없다.

#### 나. 회생절차의 내용

(1) 신청 후 개시결정 전

① 사업의 계속에 현저한 지장을 초래하지 아니하고는 변제기에 있는 채무를 변제할 수 없는 경우 또는 ② 채무자에게 파산의 원인인 사실이 생길 염려가 있는 경우에는 채무자는 회생절차개시의 신청을 할 수 있다(채무자회생법[1] 34조. ②의 경우 일정 요건을 갖춘 채권자 또는 주주·지분권자도 신청가능하다). 회생절차개시결정을 하기 전에 채무자 재산의 산일을 방지하기 위하여, 채무자의 업무 및 재산에 관한 가압류·가처분 그 밖에 필요한 보전처분을 할 수 있고, 보전관리인에 의한 관리를 명할 수 있으며(43조), 제 3 자에 대하여 강제집행이나 경매절차 등 강제적인 권리실현을 금지하는 중지명령 또는 취소명령을 할 수 있다(44조). 위 중지명령에 의하여는 회생절차의 목적을 충분히 달성하지 못할 우려가 있다고 인정할 만한 특별한 사정이 있는 때에는 모든 회생채권자 및 회생담

1) 이하 'Ⅰ. 도산절차의 개요'에서 인용하는 조문은 모두 채무자회생법이므로, 따로 법률 표시를 하지 아니한다.

보권자에 대하여 회생채권 또는 회생담보권에 기한 강제집행등의 금지를 명하는 포괄적 금지명령을 할 수 있다(45조 내지 47조).

(2) 회생절차개시결정 후 인가결정 전

법원은 회생절차개시의 원인인 사실이 있다고 인정되고, 달리 신청기각사유가 없다고 판단한 경우에는 회생절차개시결정을 한다. 회생절차개시결정은 그 결정시부터 효력이 발생한다(49조 3항). 회생절차개시결정이 있으면, 채무자는 업무의 수행권한과 재산의 관리처분권을 상실하고 이러한 권한은 관리인에게 전속하게 된다(56조 1항). 관리인의 행위는 법원의 감독 아래 놓이게 되고 법원의 허가를 받도록 정한 사항에 관하여는 법원의 허가결정을 받은 경우에만 유효하게 된다(61조).

회생절차개시결정 후 회생채권자, 회생담보권자, 주주 · 지분권자의 목록 제출 및 회생채권, 회생담보권, 주식 · 출자지분의 신고, 조사 · 확정의 절차가 진행된다. 관리인은 채무자의 재산을 조사하고, 취임 후 지체 없이 채무자에게 속하는 모든 재산의 회생절차개시 당시의 가액을 평가하여야 하고(90조), 회생절차개시 당시 채무자의 재산목록 및 대차대조표를 작성하여 법원에 제출하여야 한다(91조).

법원은 필요하다고 인정하는 때에는 조사위원을 선임하여 채무자에게 속하는 모든 재산의 회생절차개시 당시의 가액을 평가하게 하고, 회생절차개시 당시 채무자의 재산목록 및 대차대조표를 작성하여 법원에 제출하게 할 수 있다(87조 이하).

법원은 채무자의 사업을 계속할 때의 가치가 채무자의 사업을 청산할 때의 가치보다 크다고 인정하는 때에는 제 1 회 관계인집회의 기일 또는 그 후 지체 없이 관리인에게 사업의 계속을 내용으로 하는 회생계획안의 제출을 명하여야 하고(220조), 관리인은 법원이 정한 기간 안에 회생계획안을 법원에 제출하여야 한다.

(3) 회생계획안의 결의 · 인가 · 수행 및 종결

회생계획은 채무자의 사업 재구축과 그 수익의 예측에 근거하여 회생채권자등의 이해관계인의 권리를 변경하여 이익의 분배를 꾀하는 것을 내용으로 한다. 회생계획이 인가되면, 관리인은 지체 없이 회생계획을 수행하여야 한다(257

조 1항). 회생계획이 인가된 경우에는 회생절차의 종결결정, 회생절차의 폐지결정(283조 1항, 288조 1항)의 확정 등에 의하여 회생절차는 종료한다.

## 2. 파산절차

### 가. 파산절차의 의의

파산절차는 채무자에게 파산의 원인이 있을 때 파산선고를 하고 채권조사절차를 통하여 채권자의 권리를 확정한 다음, 채무자의 재산을 환가하여 권리의 우선순위와 채권액에 따라 환가된 금원을 분배하는 과정이다. 채무자가 법인인 경우 통상 파산관재인을 선임하여 환가·배당 등의 절차를 거치게 되고, 채무자가 개인인 경우에는 파산선고와 동시에 파산절차가 폐지되는 경우가 많다. 이하에서는 법인파산과 개인파산의 경우를 나누어 그 전형적 절차를 살펴본다.

### 나. 법인파산절차의 내용

#### (1) 파산선고 요건

채권자 또는 채무자의 신청이 있고 채무자가 지급불능(지급을 할 수 없는 때) 또는 채무초과의 상태에 있다고 인정되면 파산선고를 한다. 채무자가 지급을 정지한 때에는 지급을 할 수 없는 것으로 추정한다(305조, 306조).

#### (2) 파산관재인의 선임

파산재단으로 파산절차의 비용을 충당하기에 부족하다고 인정하여 동시폐지를 하는 경우를 제외하고는 파산선고시에 파산관재인이 선임된다(355조). 파산관재인은 법원(감사위원이 설치되어 있는 경우에는 감사위원)의 감독을 받으며(358조) 파산재단을 관리하고 처분할 권한을 가진다(384조).

#### (3) 제 1 회 채권자집회

파산선고일부터 4개월 이내에 제 1 회 채권자집회를 개최하여 파산관재인의 업무보고를 받고, 감사위원의 설치가 필요하다는 제안이 있는 경우에는 그 설치여부 등을 의결할 수 있다.

#### (4) 채권조사

장래 배당의 기초로 될 채권액을 확정하는 절차로서 채권 조사를 거치게 된다. 채무자에 대하여 파산선고전의 원인으로 생긴 재산상의 청구권은 파산채권으로 한다(423조). 파산채권자는 법원이 정하는 기간 안에 채권 신고를 하여야 한다(447조).

#### (5) 환　　가

파산관재인은 취임 후 즉시 파산재단에 속하는 재산의 점유 및 관리에 착수하여야 하고(479조), 파산재단의 현상을 파악한 후 즉시 파산재단 소속 재산의 환가에 착수하여야 한다. 민사집행법에서 환가방법을 정한 권리의 환가는 민사집행법에 따르되(496조 1항), 위 규정에 불구하고 파산관재인은 법원의 허가를 얻어 영업양도 등 다른 방법으로 환가할 수 있다(496조 2항).

#### (6) 배당, 종결 및 폐지

파산관재인은 채권조사와 환가를 마치면 배당하기에 적당한 금전이 있을 때마다 지체 없이 배당을 하여야 하고, 파산관재인이 최후의 배당을 하는 경우에는 감사위원의 동의가 있는 때에도 법원의 허가를 받아야 한다(505조, 520조). 최후 배당 후 채권자집회를 열어 계산보고를 하고, 채권자의 이의가 없으면 법원이 파산종결 결정을 한다. 절차비용이 없는 경우와 채권자의 동의가 있는 경우에 폐지를 한다. 파산선고와 동시에 폐지결정을 하는 경우에는 그것으로써 파산절차는 종결한다.

### 다. 개인파산 · 면책절차의 내용

개인파산의 경우에도 파산관재인을 선임하여 환가 · 배당 등을 거치는 경우는 법인파산의 경우와 절차가 동일하다. 서울중앙지방법원의 경우 2007. 3.경까지는 서류심사만으로 파산선고 여부를 결정하는 불심문 파산사건을 확대하는 등으로 급증하는 개인파산사건의 효율적인 처리를 꾀하여 원칙적으로 파산선고와 동시에 파산절차를 폐지하는 동시폐지결정을 하여 오다가 2007. 3.경 파산신청 요건과 채무자의 재산 · 소득관계에 대한 심사를 강화하고 파산관재인 제도를 적극 활용하는 방안을 시행하였으며 2010. 4.경부터는 파산절차와 면책절차의 동시진행, 파산관재인 선임사건의 대폭 확대 등 방안을 마련하여 시행하였다. 그러다가 서울중앙지방법원은 2012. 2.경부터는 원칙적으로 모든 사건에 파산관재인을 선임하고, 파산관재인 선임을 위한 절차비용을 합리화하는 등의 새로운 실무방식을 채택하고 있다.[2)] 위와 같은 새로운 실무방식에 따른 절차는

2) 서울회생법원 재판실무연구회a, 32~34면.

다음과 같다.

(1) 신 청

채권자 또는 채무자가 신청할 수 있고, 외국인도 아무런 제한 없이 개인파산신청을 할 수 있다. 채무자가 파산신청을 한 경우에는 채무자가 반대의 의사표시를 한 경우를 제외하고, 파산신청과 동시에 면책신청을 한 것으로 본다(556조 3항).

(2) 신청서에 대한 법원의 심리

신청서를 접수한 법원은 관할, 인지와 송달료 등에 대한 서면심사를 하고 필요한 경우 보정명령을 하거나 채무자를 심문한다.

(3) 예납명령

서면심사 또는 채무자심문을 마친 후 파산원인이 소명되면 법원은 신청인에 대하여 파산관재인 선임을 위한 예납명령을 한다. 예외적으로 파산관재인을 선임하지 않는 경우 예납명령을 하지 않고 파산선고와 동시에 파산절차를 폐지하는 폐지결정을 한다.

(4) 파산선고결정

예납금이 납입되면 채무자에 대하여 파산을 선고하면서 파산관재인을 선임하고, 면책신청에 대한 이의신청기간(또는 면책심문기일)을 정하며, 제 1 회 채권자집회 및 의견청취기일을 정한다.

(5) 채권자집회 및 의견청취기일

파산관재인은 채무자의 재산 · 소득 관계, 면책불허가사유 유무 등을 조사한 후 채권자집회 및 의견청취기일에 출석하여 조사결과를 보고한다.

(6) 파산절차의 종결 · 폐지

채무자에 대한 조사 결과 환가 · 배당할 재산이 있으면 법원은 파산채권조사, 파산재단의 환가 · 배당 등의 절차를 마친 후 파산종결결정을 하고, 파산선고 후에 파산재단으로써 파산절차의 비용을 충당하기에 부족하다고 인정되면 파산폐지결정을 한다.

(7) 면책결정

법원은 564조 1항 각호의 면책불허가사유가 있는 때를 제외하고는 면책을 허가하여야 하고, 면책불허가 사유가 있는 경우라도 파산에 이르게 된 경위, 그 밖의 사정 등을 고려하여 면책을 허가할 수 있다.

3. 개인회생절차

가. 의 의

개인회생절차는 총채무액이 무담보채무는 5억 원, 담보부채무는 10억 원 이하인 개인채무자로서 장래 계속적으로 또는 반복하여 수입을 얻을 가능성이 있는 사람이 원칙적으로 3년간 일정한 금액을 변제하면, 채무 잔액을 면제받을 수 있는 절차이다.

나. 개인회생절차의 내용

(1) 신청 및 개인회생절차개시결정

개인 채무자만이 신청할 수 있다(588조). 법원은 절차개시의 원인인 사실이 있다고 인정되고, 달리 신청기각사유가 없다고 판단한 경우 개시결정을 한다(596조, 595조).

개인회생절차개시결정이 있으면 이미 계속중인 강제집행 · 가압류 또는 가처분은 중지되고 새로이 강제집행 등을 하는 것은 금지되며, 소송행위를 제외하고 개인회생채권자목록에 기재된 개인회생채권을 변제받거나 변제를 요구하는 일체의 행위가 금지된다(600조).

(2) 변제계획안의 제출

채무자는 자신의 가용소득을 일정액 투입하여 일정 기간 채권자들에게 변제를 하겠다는 변제계획안을 제출한다(610조).

변제계획은 법률의 규정에 적합하고, 공정하고 형평에 맞아야 하며, 수행가능하여야 하고, 변제계획의 인가결정일을 기준일로 하여 평가한 개인회생채권에 대한 총변제액이 채무자가 파산하는 때에 배당받을 총액보다 적지 아니하여야 하며(614조 1항), 변제기간은 원칙적으로 3년을 초과하여서는 안 된다(611조 5항).[3)]

---

3) 611조 5항은 '변제계획에서 정하는 변제기간은 변제개시일부터 5년을 초과하여서는 아니된다.'는 내용이었는데, 2017. 12. 12. 법률 15185호로 '변제계획에서 정하는 변제기간은 변제개시일부터 3년을 초과하여서는 아니된다. 다만, 614조 1항 4호의 요건을 충족하기 위하여

#### (3) 채권자집회

채무자는 채권자집회에서 변제계획안에 대한 설명을 하고 개인회생채권자 또는 회생위원이 이의 여부를 진술한다(613조). 만약에 개인회생채권자 또는 회생위원의 이의가 있는 경우에는 그 채권자에 대하여 청산가치를 보장하여야 하고, 가용소득 전부가 변제에 제공되어야 하며, 일정한 최저변제액이 제공되어야 한다(614조 2항).

#### (4) 변제계획 인가

법원은 제출된 변제계획에 대하여 그 인가 여부를 결정한다(614조). 변제계획은 인가의 결정이 있은 때부터 효력이 생긴다. 다만, 변제계획에 의한 권리의 변경은 면책결정이 확정되기까지는 생기지 아니한다(615조 1항). 변제계획인가결정이 있는 때에는 개인회생재단에 속하는 모든 재산은 채무자에게 귀속된다. 다만, 변제계획 또는 변제계획인가결정에서 다르게 정한 때에는 그러하지 아니하다(615조 2항).

#### (5) 변제계획의 수행 및 면책

변제계획이 인가되면 채무자는 인가된 변제계획의 내용에 따라 개인회생채권자에게 변제하여야 할 금원을 회생위원에게 임치하여야 하고, 회생위원은 그 임치된 금원을 변제계획 내용대로 각 개인회생채권자에게 지급하여야 한다(617조).

법원은 채무자가 변제계획에 따른 변제를 완료한 때에는 당사자의 신청에 의하거나 직권으로 면책 결정을 하여야 한다(624조).

## Ⅱ. 도산절차 개시로 인한 노동관계의 변화

### 1. 관리인 또는 파산관재인의 사용자성

#### 가. 개 요

회생절차가 개시되면 관리인이 선임되고, 파산이 선고되는 경우에도 동시폐지가 되지 않는 한 파산관재인이 선임된다. 관리인 또는 파산관재인이 사용자의 지위를 가지는지에 관하여 살펴본다.

---

필요한 경우 등 특별한 사정이 있는 때에는 변제개시일부터 5년을 초과하지 아니하는 범위에서 변제기간을 정할 수 있다.'는 내용으로 개정되어 2018. 6. 13.부터 시행되었다.

### 나. 회생절차

#### (1) 관리인의 지위

채무자회생법 56조 1항은 '회생절차개시결정이 있는 때에는 채무자의 업무의 수행과 재산의 관리 및 처분을 하는 권한은 관리인에게 전속한다.'고 규정하고 있다. 관리인은 회생절차개시결정이 있으면 채무자의 업무의 수행과 재산의 관리 및 처분을 하는 권한을 갖게 되고, 그 후의 절차 진행 과정에서도 회생계획안을 작성·제출하고 회생계획안이 인가되면 그 계획을 수행해 나가는 등 회생절차에서 중추적인 역할을 수행한다.

##### ㈎ 학 설

회생절차의 관리인의 지위에 대하여는 회사정리절차의 관리인의 지위에 관한 논의가 유효하다고 본다. 회생절차가 기본적으로는 회사정리절차와 구조가 유사하기 때문이다. 회사정리절차의 관리인의 실체법상 지위에 관하여는 아래와 같은 여러 학설 대립이 있었다.[4)]

① 이해관계인단체의 집행기관이라는 설: 회사정리절차개시결정이 있게 되면 정리회사의 이해관계인(정리채권자, 정리담보권자 및 주주)들은 하나의 정리단체(이해관계인단체)를 형성하고 정리회사는 이 단체의 관리하에 들어가게 되며, 관계인집회는 이 단체의 의사결정기관으로서 정리계획안을 의결하고, 관리인은 이 단체의 집행기관이 되어 회사사업을 경영하고 재산을 관리하며 정리계획을 수행한다고 보는 견해

② 기업재단의 법정대리인이라는 설: 회사정리절차개시결정이 있으면 그 정리회사의 재산은 파산재단과 같은 일종의 기업재단을 형성한다고 보고 여기에 법주체성을 인정하면서 관리인은 이 재단의 법정대리인 내지 그 대표자가 된다고 해석하는 견해

③ 총채권자와 총주주를 위하여 회사재산의 관리를 위탁받은 공적 수탁자로 보는 설[5)]: 정리회사의 관리인이 회사의 총채권자와 총주주를 위하여 정리회사와는 별개로 그 회사의 사업경영권과 회사재산의 관리·처분권을 위탁받아 수행하는 회사정리절차상의 공적수탁자라고 보는 견해

---

4) 포괄적인 설명으로 황경남, 127면 이하 참조.
5) 임채홍·백창훈a, 305면.

④ 정리회사의 기관이라는 설[6]: 회사정리절차상의 관리인은 바로 정리회사 그 자체의 집행기관이라고 해석하는 견해

위 ①설에 대하여는, 이해관계인은 채권자, 주주 등으로서 이해관계가 대립하고 있으므로 이해관계인이 하나의 단체를 구성한다는 것은 의제적이라는 비판이, 위 ②설에 대하여는 파산재단에 준하여 기업재단이라는 주체를 인정하기 어렵다는 비판이, 위 ④설에 대하여는 관리인은 채권자, 주주 등 모든 이해관계인의 이익을 고려하여 업무를 수행하여야 할 것이므로 정리회사의 기관에 불과하다고 보기는 어렵다는 비판이 가능하다. 관리인이 가지는 복합적 성격에 비추어 총채권자와 총주주를 위하여 회사재산의 관리를 위탁받은 공적 수탁자로 보는 설이 타당하다.

#### ㈏ 판 례

판례는 회사정리절차의 관리인에 관하여, 대법원 1974. 6. 25. 선고 73다692 판결이 "관리인의 지위는 정리회사와 그 채권자 및 주주로 구성되는 소외 이해관계인단체의 관리자로서 일종의 공적수탁자라고 할 것"이라고 판시한 이래 위 ③설인 공적 수탁자설을 취하고 있었고,[7] 회생절차의 관리인에 관하여도, 대법원 2013. 3. 28. 선고 2010다63836 판결이 "관리인은 채무자나 그의 기관 또는 대표자가 아니고 채무자와 그 채권자 등으로 구성되는 이른바 이해관계인 단체의 관리자로서 일종의 공적 수탁자에 해당한다."고 한 이후 공적 수탁자설을 취하고 있다.[8]

### (2) 관리인의 사용자성

근기법의 "사용자"는 사업주 또는 사업 경영 담당자, 그 밖에 근로자에 관한 사항에 대하여 사업주를 위하여 행위하는 자를 말하고(법 2조 1항 2호), 노조법의 "사용자"는 사업주, 사업의 경영담당자 또는 그 사업의 근로자에 관한 사항에 대하여 사업주를 위하여 행동하는 자를 말한다(노조법 2조 2호). 위 각 정의 규정은 사용자의 3가지 유형을 나타내고 있을 뿐이고 사용자의 개념을 규정하고 있는 것은 아니며 다른 규정에서 별도로 사업주 등에 대해 개념 정의를 하고

---

6) 김교창, 14면.

7) 대법원 1988. 8. 9. 선고 86다카1858 판결, 대법원 1988. 10. 11. 선고 87다카1559 판결, 대법원 1989. 7. 25. 선고 88누10961 판결, 대법원 1994. 10. 28.자 94모25 결정, 대법원 1995. 6. 30. 선고 94누149 판결 등.

8) 대법원 2015. 2. 12. 선고 2014도12753 판결.

있지는 않다.[9] 근기법의 사용자는 법이 근로자 보호를 위하여 정하고 있는 근로조건에 관한 사항에 대하여 강제적으로 이를 준수하지 않으면 안 되는 민·형사상의 법적 책임을 부담하는 자를 뜻한다.[10] 근기법과 노조법의 사용자는 문언상 동일한 취지로 규정되어 있으나, 근기법과 노조법의 입법 목적이 다르므로 그 개념과 범위는 차이가 있을 수밖에 없다.[11] 여기서는 관리인이 위 3가지 유형의 사용자 중 하나에 해당하는지에 관하여 살펴본다.

사업주란 사업 또는 사업장의 경영 주체를 말하고, '경영 주체'라 함은 개인사업체에서는 개인, 회사 기타 법인체에서는 법인을 뜻한다.[12] 관리인이 위와 같은 사업주에 해당한다고 보기는 어렵다. 사업 경영 담당자란 사업주가 아니면서도 사업 경영 일반에 관하여 책임을 지는 자로서 사업주로부터 사업 경영의 전부 또는 일부에 대하여 포괄적인 위임을 받고 대외적으로 사업을 대표하거나 대리하는 자를 말한다.[13] 통상 주식회사의 대표이사, 합명회사나 합자회사의 업무집행사원, 유한회사의 이사, 상법상의 지배인 등이 이에 해당한다.[14] 관리인은 회사의 기관이 아니고 사업주로부터 위임을 받은 것도 아니지만, 법원의 선임 결정에 의하여 선임됨으로써 법에 정해진 바에 따라 포괄적인 업무수행권과 재산의 관리처분권을 가지게 되며 대외적으로 사업을 대표하게 되므로 '사업 경영 담당자'로서 사용자에 해당한다고 봄이 타당하다.[15]

판례도 관리인의 사용자성을 긍정하고 있다.[16] 회사정리절차에 관하여, 대법원은 "회사정리개시결정이 있는 경우 회사정리법 제53조 제1항에 따라 회사사업의 경영과 재산의 관리 및 처분을 하는 권한이 관리인에게 전속되므로 정리회사의 대표이사가 아니라 관리인이 노동관계상 사용자의 지위에 있게 되고 따라서 단체협약의 사용자측 체결권자는 대표이사가 아니라 관리인이므로, 정리회사에 대한 회사정리절차가 진행 중 노조와 정리회사의 대표이사 사이에 이루어진 약정은 단체협약에 해당하지 아니하여 그 효력이 근로자 개인에게 미칠

9) 강성태a, 4면.
10) 김지형, 139면; 근기법주해(초판) I, 125면.
11) 노조법주해 I, 152면.
12) 근기법주해(초판) I, 126면; 注釋(上), 166면.
13) 근기법주해(초판) I, 127면; 노조법주해 I, 159면.
14) 근기법주해(초판) I, 127면; 노조법주해 I, 159면; 注釋(上), 166면.
15) 근기법주해(초판) I, 127면; 노조법주해 I, 159면; 양형우, 86면; 이흥재, 196면.
16) 대법원 2015. 2. 12. 선고 2014도12753 판결. 관리인이 사용자에 해당함을 전제로 임금 및 퇴직금 등의 기일 내 지급의무 위반죄의 책임조각 여부에 관하여 판시하고 있다.

수 없다"[17]고 판시하였고, "퇴직금 등 체불로 인한 근로기준법 제109조 위반죄는 지급사유 발생일로부터 14일이 경과하는 때에 성립한다고 할 것이고, 따라서 사업주가 법인일 경우에는 위 14일이 경과할 당시에 퇴직금 등의 지급권한을 갖는 대표자가 그 체불로 인한 죄책을 짐이 원칙이고 14일이 경과하기 전에 퇴직 등의 사유로 그 지급권한을 상실하게 된 대표자는 특별한 사정이 없는 한 그 죄책을 지지 않는다"[18]고 판시하여, 회사정리절차개시결정 후에야 지급사유 발생일인 퇴직일로부터 14일이 경과되는 임금이나 퇴직금 등의 체불에 관하여는 정리회사의 대표이사에 대하여 그 체불로 인한 죄책을 물을 수 없음을 명확히 하였다.

또한, 대법원은 "회생절차에서의 관리인의 지위 및 역할, 업무수행의 내용 등에 비추어 보면, 관리인이 채무자회생법 등에 따라 이해관계인의 법률관계를 조정하여 채무자 또는 그 사업의 효율적인 회생을 도모하는 업무를 수행하는 과정에서 자금 사정의 악화나 관리인의 업무수행에 대한 법률상의 제한 등에 따라 불가피하게 근로자의 임금 또는 퇴직금을 지급기일 안에 지급하지 못한 것이라면 임금 및 퇴직금 등의 기일 내 지급의무 위반죄의 책임조각사유로 되는 하나의 구체적인 징표가 될 수 있다. 나아가 관리인이 그 업무수행 과정에서 임금이나 퇴직금을 지급기일 안에 지급할 수 없었던 불가피한 사정이 있었는지 여부는 채무자가 회생절차의 개시에 이르게 된 사정, 법원이 관리인을 선임한 사유, 회생절차개시결정 당시 채무자의 업무 및 재산의 관리상태, 회생절차개시결정 이후 관리인이 채무자 또는 그 사업의 회생을 도모하기 위하여 한 업무수행의 내용과 근로자를 포함한 이해관계인과의 협의 노력, 회생절차의 진행경과 등 제반 사정을 종합하여 개별 · 구체적으로 판단하여야 한다"[19]고 판시하였다.

### 다. 파산절차

#### (1) 파산관재인의 지위

파산관재인은 파산절차를 수행하기 위하여 필수적이고 가장 중요한 기관으로서, 채무자의 포괄승계인과 같은 지위를 가지게 되지만, 파산이 선고되면 파산채권자는 파산절차에 의하지 아니하고는 파산채권을 행사할 수 없고, 파산관

17) 대법원 2001. 1. 19. 선고 99다72422 판결.
18) 대법원 1995. 11. 10. 선고 94도1477 판결.
19) 대법원 2015. 2. 12. 선고 2014도12753 판결 참조.

재인이 파산채권자 전체의 공동의 이익을 위하여 선량한 관리자의 주의로써 그 직무를 행하므로, 파산관재인은 파산선고에 따라 채무자와 독립하여 그 재산에 관하여 이해관계를 가지게 된 제 3 자로서의 지위도 가지게 된다.[20]

(가) 학 설

파산관재인의 법률상 지위에 관하여는 주로 일본에서 논의되어 왔는데, 여러 학설 대립이 있다.[21] 파산관재인의 법률상 지위에 관한 논의는, 첫째 파산법률관계에서의 파산관재인의 지위에 관련되고, 둘째 파산관재인의 직무수행에 관한 지도이념을 어디서 구할지에 관련되며, 셋째 외부자와의 실체적 법률관계와 관련된다.[22] 다음과 같은 견해는 위 첫째 논점과 관련된 것이다. 구체적으로는 ① 대리설로서, 누구를 대리하느냐에 따라 채무자를 대리한다는 채무자대리설, 파산채권자 또는 파산채권자단체를 대리한다는 파산채권자대리설, 채무자 및 채권자 모두를 대리한다는 파산채권자·채무자대리설, ② 법원에 의하여 파산관재인으로 선임된 사인이 그 직무로서 파산재단에 속한 재산의 관리·처분권을 자신의 명의로 행사하는 것이라는 직무설(법적인 주체는 사인이지만, 그 직무로서 파산법상의 권능을 행사한다는 견해로서 그 직무의 성격에 따라 공법상의 직무설과 사법상의 직무설로 나뉨), ③ 파산재단에 대하여 파산적 청산을 위한 독립한 목적재산으로서의 법주체성 내지 법인격을 인정하는 것을 전제로 파산관재인을 그 대표자로 보는 파산재단대표설, ④ 파산채권자와 채무자에 의하여 구성되고 파산적 청산을 목적으로 하는 파산단체인 사단의 성립을 인정하고, 파산관재인을 그 대표기관으로 보는 파산단체대표설, ⑤ 파산관재인을 파산재단의 관리기구로서의 파산관재인과 그 담당자로서의 파산관재인으로 구분하여, 관리기구로서의 파산관재인은 법인격을 가지고 채무자나 채권자와는 독립되어 있으며, 채무자회생법상 각종 권능을 행사하는 주체이고, 파산선고에 의하여 성립되는 파산재단의 관리·처분권의 귀속주체라는 관리기구인격설, ⑥ 파산선고에 의하여 채무자와 파산관재인 사이에 재산정리를 목적으로 하는 일종의 법정신탁관계가 성립한다는 수탁자설 등이 있다.

위 ①설에 대하여는, 파산관재인을 단지 대리 관계로 파악하기는 어렵다는

20) 서울회생법원 재판실무연구회b, 115면.
21) 자세한 내용은 윤남근a, 101~104면.
22) 伊藤眞a, 199~200면.

비판이, 위 ②설은 파산관재인으로 선임된 사인이 법률상 주체가 된다는 것을 전제로 한 것인데 그 중 공법상의 직무설에 대하여는, 파산관재인이 집행관과 같이 강제력을 행사할 수 있는 것도 아니고, 파산관재인이 집행기관의 지위에 있으면서 다른 한편으로 파산재단에 관한 소송에서 당사자적격을 갖는다고 하는 것은 모순이라는 비판이, 사법상의 직무설에 대하여는 파산재단에 대한 관리·처분권, 쌍방미이행의 쌍무계약에 대한 해제권, 부인권 등이 파산관재인에게 귀속되는 반면에, 파산관재인의 법률행위의 효과는 파산재단에 귀속되는 점을 설명할 수 없다는 비판이 가능하다.[23] 위 ③설에 대하여는 명문의 규정없이 파산재단에 법주체성을 인정하는 것이 가능한가 하는 비판이,[24] 위 ④설에 대하여는 파산선고를 받은 채무자 및 파산채권자를 포섭하는 파산단체의 법주체성을 인정하는 것에 의문이 있다는 비판이,[25] 위 ⑤설은 관리기구라는 개념을 도입하여 이에 독립한 법인격이 있다고 인정하여 법률관계를 설명하는 점에서 타당한 점이 있으나, 관리기구라는 개념은 파산관재인의 역할을 풀어서 설명하는 정도에 불과하고, 법률적 지위에 관한 특별한 의미를 가지지 않는 것이 아닌가 하는 비판이 가능하다. 위 ⑥설에 대하여는 법정신탁 성립에 관한 명문의 근거 없이 이를 인정할 수 있는가 하는 비판이 제기되고 있으나,[26] 회생절차에서의 관리인의 지위와 파산절차에서의 파산관재인의 지위를 정합적으로 설명할 수 있는 점, 파산재단에 관한 소송에 있어서 파산관재인이 당사자가 되는 것과 조화되고, 파산관재인은 형식적으로는 파산재단에 관한 권리의무자로서 자기의 이름으로 법률행위를 하지만 실질적으로는 타인의 재산을 제 3 자를 위하여 관리·처분하는 것이므로 이를 일종의 법정신탁관계로 파악하는 것은 이론적으로도 무리가 없어 보인다는 점 등에서 위 ⑥설이 타당하다.[27]

㈏ **판 례**

파산관재인의 법적 지위에 관한 판례의 입장은 명확하지 않은 것으로 보인다.[28] 대법원 1990. 11. 13. 선고 88다카26987 판결은 "구 파산법 7조에 의하면

23) 윤남근a, 102면.
24) 伊藤眞b, 291면.
25) 伊藤眞b, 139면.
26) 伊藤眞b, 139면.
27) 윤남근a, 103면.
28) 윤남근a, 103면.

파산재단을 관리 및 처분하는 권리는 파산관재인에 속한다고 되어 있고, 같은 법 152조에 의하면 파산재단에 관한 소송에 있어서는 파산관재인이 원고 또는 피고가 된다고 규정하고 있으므로 파산관재인은 파산선고를 받은 채무자나 파산채권자 등의 대리인이라거나 그 이해관계인 단체의 대표자라 할 수 없고 파산절차에서 법원에 의하여 선임되어 법률상의 직무로서 파산재단에 관한 관리 처분의 권능을 자기의 이름으로 행사하는 지위에 있는 자라고 풀이한 것인바, 파산법이 파산관재인에게 파산재단에 관한 소에 있어 원고 또는 피고가 된다고 한 것은 파산관재인이 단지 파산선고를 받은 채무자의 이익뿐만 아니라 파산채권자의 이익도 보호하여야 하고, 나아가 파산관재인의 개인적 이익을 넘어 파산목적의 수행상 공정한 입장에 서서 경우에 따라서는 서로 모순되는 이해의 조정을 꾀하여야 하는 지위에 있음을 감안하여 소송법상의 법기술적인 요청에서 당사자적격을 인정한 것뿐이지, 자기의 이름으로 소송행위를 한다고 하여도 파산관재인 스스로 실체법상이나 소송법상의 효과를 받는 것은 아니고 어디까지나 타인의 권리를 기초로 하여 실질적으로는 이것을 대리 내지 대표하는 것에 지나지 않는 것이고"라고 판시하였다. 위 "파산자나 파산채권자 등의 대리인이라거나 그 이해관계인 단체의 대표자라 할 수 없고"라는 문언에 비추어 대리설이나 파산단체대표설이라고 보기는 어렵고, 판례의 입장이 직무설에 가까운 것으로 보는 견해가 있다.[29)]

한편 파산관재인의 외부자와의 실체적 법률관계에 관하여, 판례는 "파산자가 파산선고시에 가진 모든 재산은 파산재단을 구성하고, 그 파산재단을 관리 및 처분할 권리는 파산관재인에게 속하므로, 파산관재인은 파산자의 포괄승계인과 같은 지위를 가지게 되지만, 파산이 선고되면 파산채권자는 파산절차에 의하지 아니하고는 파산채권을 행사할 수 없고, 파산관재인이 파산채권자 전체의 공동의 이익을 위하여 선량한 관리자의 주의로써 그 직무를 행하므로, 파산관재인은 파산선고에 따라 파산자와 독립하여 그 재산에 관하여 이해관계를 가지게 된 제3자로서의 지위도 가지게 되며, 따라서 파산자가 상대방과 통정한 허위의 의사표시를 통하여 가장채권을 보유하고 있다가 파산이 선고된 경우 그 가장채권도 일단 파산재단에 속하게 되고, 파산선고에 따라 파산자와는 독립한 지위에서 파산채권자 전체의 공동의 이익을 위하여 직무를 행하게 된 파산관재인은

29) 권영준, 64면; 윤남근a, 104면.

그 허위표시에 따라 외형상 형성된 법률관계를 토대로 실질적으로 새로운 법률상 이해관계를 가지게 된 민법 제108조 제 2 항의 제 3 자에 해당한다"[30]고 함으로써 제 3 자성을 긍정한 바 있다.[31]

(2) 파산관재인의 사용자성

사용자가 파산하였다는 이유만으로 당연히 근로관계가 해소되는 것은 아니므로 근로계약의 민법상의 당사자는 여전히 파산선고를 받은 채무자이다. 이 경우 파산관재인도 사용자로서의 지위를 가지는지가 문제된다.

앞에서 살펴본 바와 같이, 근기법상 "사용자"란 사업주 또는 사업 경영 담당자, 그 밖에 근로자에 관한 사항에 대하여 사업주를 위하여 행위하는 자를 말하고(2조 1항 2호), 노조법상 "사용자"란 사업주, 사업의 경영담당자 또는 그 사업의 근로자에 관한 사항에 대하여 사업주를 위하여 행동하는 자를 말한다(2조 2호).

사업주란 사업 또는 사업장의 경영 주체를 말하고, '경영 주체'라 함은 개인사업체에서는 개인, 회사 기타 법인체에서는 법인을 뜻한다.[32] 파산관재인이 위와 같은 사업주에 해당한다고 보기는 어렵다. 사업 경영 담당자란 사업주가 아니면서도 사업 경영 일반에 관하여 책임을 지는 자로서 사업주로부터 사업 경영의 전부 또는 일부에 대하여 포괄적인 위임을 받고 대외적으로 사업을 대표하거나 대리하는 자를 말하는바,[33] 파산선고에 의하여 채무자가 파산선고 당시에 가진 모든 재산은 파산재단에 속하는 점(채무자회생법 382조 1항), 파산관재인은 파산재단을 관리하고 처분하는 권한을 가지게 되는 점(채무자회생법 384조), 파산관재인은 미이행 쌍무계약을 해제 또는 해지할 권한을 가지는 점(채무자회생법 335조 1항), 민법상 사용자가 파산선고를 받은 경우 파산관재인에게 고용계약에

30) 대법원 2003. 6. 24. 선고 2002다48214 판결. 또한, 대법원 2006. 11. 10. 선고 2004다10299 판결은, "파산관재인이 민법 제108조 제 2 항의 경우 등에 있어 제 3 자에 해당된다고 한 것은, 파산관재인은 파산채권자 전체의 공동의 이익을 위하여 선량한 관리자의 주의로써 그 직무를 행하여야 하는 지위에 있기 때문에 인정되는 것이므로, 그 선의·악의도 파산관재인 개인의 선의·악의를 기준으로 할 수는 없고, 총파산채권자를 기준으로 하여 파산채권자 모두가 악의로 되지 않는 한 파산관재인은 선의의 제 3 자라고 할 수밖에 없다"라고 판시하였다.

31) 대법원 2006. 11. 10. 선고 2004다10299 판결은 나아가, "파산관재인은 파산채권자 전체의 공동의 이익을 위하여 선량한 관리자의 주의로써 그 직무를 행하여야 하는 지위에 있기 때문에 인정되는 것이므로, 그 선의·악의도 파산관재인 개인의 선의·악의를 기준으로 할 수는 없고, 총파산채권자를 기준으로 하여 파산채권자 모두가 악의로 되지 않는 한 파산관재인은 선의의 제 3 자라고 할 수밖에 없다."고 판시하였다.

32) 근기법주해(초판) I, 166면.

33) 근기법주해(초판) I, 127면; 노조법주해 I, 159면.

대한 해지권을 부여한 점(민법 663조 1항) 등에 비추어 파산관재인은 '사업 경영 담당자'로서 사용자에 해당한다고 봄이 타당하다.[34] 파산관재인의 이러한 법적 지위에 기초하여 파산관재인을 근로관계에서 사용자로 보고 부당노동행위의 주체로서의 적격성도 인정하는 것이 일반적이다.[35]

일본의 경우 파산절차 개시후의 고용관계 자체는 파산자와 노동자를 계약 주체로 하는 것이지만, 파산관재인은 고용관계에서의 관리처분권에 근거하여 사용자로서의 지위를 인정받는다고 보고 있다.[36] 따라서 파산관재인은 파산재단의 관리나 환가에 필요한 범위에서 사용자로서의 파산자가 가지고 있는 권한, 즉 노동협약이나 취업규칙에 근거한 권한 또는 노사관행에 근거한 배전·출향 명령권 등을 행사한다. 해고권 등에 관하여도 동일하다.

#### 라. 개인회생절차

개인회생절차에서는 관리인이나 파산관재인과 같은 지위의 사람이 선임되지 않으므로 채무자 이외의 다른 제 3 자의 사용자성이 문제되지 않는다. 개인회생절차개시결정을 받은 채무자가 여전히 사용자로서의 지위를 가진다. 변제계획인가결정이 있으면 개인회생재단에 속하는 모든 재산은 채무자에게 귀속되고(채무자회생법 615조 2항), 채무자 스스로 인가된 변제계획에 따라 개인회생채권자에게 변제할 금원을 회생위원에게 임치하는 방식으로 변제를 수행하는 것이 원칙이다(채무자회생법 617조 1항).

### 2. 단체협약의 존속 여부

#### 가. 회생절차

원칙적으로 쌍무계약에 관하여 채무자와 그 상대방이 모두 회생절차개시 당시에 아직 그 이행을 완료하지 아니한 때에는 관리인은 계약을 해제 또는 해지하거나 채무자의 채무를 이행하고 상대방의 채무이행을 청구할 수 있다(채무자회생법 119조 1항). 그러나 위 규정은 단체협약에 관하여는 적용되지 않는다(채무자회생법 119조 4항). 계속적 급부를 목적으로 하는 쌍무계약에 관한 채무자회생법 122조 1항[37]의 규정 역시 단체협약에 관하여는 적용되지 않는다(채무자회생법 122

34) 양형우, 87면; 이흥재, 195면.
35) 윤남근b, 196면.
36) 伊藤眞b, 291면.
37) 채무자에 대하여 계속적 공급의무를 부담하는 쌍무계약의 상대방은 회생절차개시 신청전

조 2항). 이는 단체협약을 단순한 민법상 고용계약과 동일시하는 것은 부당하므로 가능한 한 종래의 노동관계를 유지·존속시키고자 하는 취지의 규정이다.[38] 단체협약을 체결한 근로자는 사용자인 채무자가 체불임금을 지급하지 아니한 것을 이유로 근로의 제공을 거부할 수 있다.[39] 다만, 근로자의 임금은 공익채권이므로 채무자회생법 122조 2항이 적용될 여지는 별로 없다.[40] 관리인은, 회생절차개시 전에 체결된 단체협약이 회생절차를 진행하는 데에 지장이 있다고 하여도 그 내용을 변경하여 새로운 단체협약을 조합과 체결하였거나, 기존 단체협약의 유효기간이 경과하지 않는 한 기존 단체협약에 구속된다.[41]

### 나. 파산절차

쌍무계약에 관하여 채무자 및 그 상대방이 모두 파산선고 당시 아직 이행을 완료하지 아니한 때에는 파산관재인은 계약을 해제 또는 해지하거나 채무자의 채무를 이행하고 상대방의 채무이행을 청구할 수 있다(채무자회생법 335조 1항). 회생절차와 달리 단체협약에 관한 별도의 규정은 두고 있지 않다.

실무상으로는 단체협약이 파산관재인의 업무수행에 지장을 초래할 수도 있고, 파산의 본질은 기업의 해체·청산에 있으므로, 파산관재인은 채무자회생법 335조에 따라 단체협약을 해제할 수 있다고 보고 있다.[42] 이에 대하여 파산선고 후에도 채무자의 사업이 계속되는 경우가 있을 수 있다는 점, 파산선고 후에도 일정기간 사업을 계속할 사회적 필요가 있거나 영업을 축소하여 이를 제 3 자에게 양도하는 방법으로 환가하려는 경우에는 영업존속기간에 차이가 있음을 제외하고는 회생절차와 별다른 차이가 없는 점 등을 고려하면 파산선고 자체가 단체협약의 해지사유는 되지 않는다고 할 것이므로 파산관재인이 단체협약을 해지할 수 없다는 단체협약 해지 부정설,[43] 원칙적으로 파산관재인이 단체협약을 해지할 수 있되, 근로계약의 내용을 직접 규정하는 효력을 가지는 규범적 부분의 특수한 효력에 비추어 규범적 부분은 임의로 해지할 수 없다는 제한적 해

---

의 공급으로 발생한 회생채권 또는 회생담보권을 변제하지 아니함을 이유로 회생절차개시 신청후 그 의무의 이행을 거부할 수 없다.

38) 서울회생법원 재판실무연구회c, 173면.

39) 서울회생법원 재판실무연구회c, 173면.

40) 서울회생법원 재판실무연구회c, 173면.

41) 서울회생법원 재판실무연구회c, 173면.

42) 서울회생법원 재판실무연구회b, 219면.

43) 이승욱, 302면.

지 긍정설,[44] 단체협약의 해지가 실익이 있는 경우는 파산선고 후 사업의 일부를 계속하여 근로관계가 존속되는 예외적인 경우에 한하여 그 논의의 실익이 있는 점, 단체협약의 규범적 부분은 법규와 같은 효력이 있고 노동조합과 사용자간의 계약적 사항에 관한 채무적 부분에 대해서만 채무적 효력이 있을 뿐이므로 단체협약 전체를 쌍무계약으로 파악하는 것은 문제가 있다는 점 등을 고려하여 단체협약은 파산선고 후에도 그대로 유지되는 것이 원칙이나, 단체협약의 해지 문제를 파산관재인의 일방적 권한행사로 접근할 것이 아니라 청산목적에 어긋나는 단체협약 부분에 대해서는 합의해지를 하도록 하는 것이 보다 현실적 접근이라는 견해[45] 등이 있다.

실무상 파산관재인은 근로자 전원을 해고하고 있으므로, 단체협약의 해지가 실익이 있는 경우는 파산선고 후 사업의 일부를 계속하여 근로관계가 존속되는 예외적인 경우에 한정된다 할 것인데, 사업의 일부를 계속하여 근로관계가 존속된다 하더라도 이는 기업의 해체·청산이라는 목표를 위한 과도기적 과정에 불과하므로, 회생절차와 같은 특별한 규정이 없는 이상 원칙적으로 파산관재인이 단체협약을 해지할 수 있다고 보아야 할 것이다.

일본의 경우, 회사정리법에서와 같은 제한규정이 없고 파산절차에서는 사용자의 사업자체를 종료하고 청산하게 된다는 이유로 관재인의 단체협약 해제권을 그대로 인정하는 견해가 다수이나, 기업의 존속을 전제로 하지 않는 퇴직금조항 등에 관하여는 해제권을 부정하는 견해, 단체협약도 원칙적으로 해제권의 대상으로 되나 실질적으로 근로계약의 일부를 이루는 것으로 보이는 부분에 대하여는 근로계약을 계속 유지하면서 단체협약을 해제하게 될 경우 이는 구 파산법 50조가 예정하지 아니한 근로계약의 부분적 수정으로 되므로 이를 해제할 수 없다는 견해, 관재인이 기업의 청산해체를 목표로 하는 전형적인 파산사건의 경우에는 협약의 각 조항이 어떻게 관재사무의 부담으로 되는지를 밝히고 사정변경의 원칙에 따라 이를 해제할 수 있는 한편, 파산자의 사업을 계속하려는 예외적인 사안에서는 당연히 사정변경이 있었다고는 볼 수 없으나 사업을 축소, 계속하는 데에 협약의 조항이 부담으로 되는 점을 밝히고 해제할 수 있다는 견해 등으로 나뉘어져 있다고 한다.[46]

---

44) 선재성, 525면; 윤창술, 78면.

45) 이홍재, 208면.

46) 선재성, 522~523면.

### 다. 개인회생절차

개인사업자인 채무자에 대하여 개인회생절차가 개시된 경우 그 채무자와 그에게 고용된 근로자들 사이의 단체협약은 개인회생절차 개시로 인하여 영향을 받지 않는다 할 것이다.

## Ⅲ. 도산절차 진행과 관련한 노동법적 문제

### 1. 근로계약의 해지

#### 가. 개 요

도산절차가 개시된 경우의 근로계약의 해지와 관련한 법 규정으로는 쌍방미이행 쌍무계약에 관한 선택의 규정인 채무자회생법 119조, 335조와 사용자파산과 고용계약의 해지통고에 관한 규정인 민법 663조 등이 있다. 채무자회생법 119조, 335조가 근로계약의 해지에 관하여 적용되는지, 파산절차의 경우 민법 663조와의 관계는 어떠한지가 문제된다.

#### 나. 회생절차

채무자회생법은 사용자에 대하여 회생절차가 개시된 경우의 근로계약 존속 여부에 관하여 직접적인 규정을 두고 있지는 않다. 회생절차는 파산절차처럼 채무자의 사업을 청산하는 것이 아니라 채무자의 사업을 계속하여 그 재건을 도모하는 것을 목적으로 하는 절차이므로 개시결정에 의하여 회생절차가 개시되더라도 채무자와 근로자 사이의 근로계약은 바로 영향을 받아 당연 소멸하는 것이 아니다.[47] 다만, 채무자회생법 119조 1항 본문은 '쌍무계약에 관하여 채무자와 그 상대방이 모두 회생절차개시 당시에 아직 그 이행을 완료하지 아니한 때에는 관리인은 계약을 해제 또는 해지하거나 채무자의 채무를 이행하고 상대방의 채무이행을 청구할 수 있다.'는 규정을 두고 있는바, 근로계약도 쌍무계약의 일종이므로 관리인이 위 규정에 따라 일방적으로 근로계약을 해지할 수 있는지 여부가 문제된다. 근로계약에 관하여는 근기법 23조, 24조가 해고 등 불이익처분을 제한하는 규정을 두고 있으므로, 채무자회생법 119조에 따라 관리인이 일방적으로 근로계약을 해지할 수는 없다고 봄이 타당하다. 회생절차와 정리

---

47) 서울회생법원 재판실무연구회c, 173면.

해고에 관하여는 항을 달리하여 살펴보기로 한다.

한편, 파견근로자와 관련하여, 대법원은 사용사업주에 대한 회생절차개시결정이 있는 경우, 회생절차개시결정 전에 발생한 파견근로자의 직접고용청구권이 소멸하는 것으로 봄이 타당하고, 다만 사용사업주의 회생절차가 종결되면 파견근로자는 그때부터 새로 발생한 직접고용청구권을 행사할 수 있다고 판시하였다.[48]

### 다. 파산절차

사용자가 파산선고를 받은 경우 당시까지 계속된 근로계약이 당연 소멸하는 것은 아니고 근로자나 파산관재인의 근로계약 해지가 있는 때 등 다른 근로계약 종료 원인이 있어야 근로계약이 소멸할 것이다.[49] 실무상으로는 채무자의 종업원이 해고되지 않고 남아 있으면 파산관재인은 파산선고일에 즉시 해고의 절차를 밟도록 하고 있다.[50] 이는 정리해고가 아닌 통상해고이고 단체협약에 정리해고에 관하여 노동조합과 협의하도록 정해져 있다 하더라도 파산관재인은 이에 구속되지 않는다.[51] 해고예고를 하여 해고예고기간의 경과로 해고의 효력이 발생하게 하거나 해고예고수당을 지급하고 즉시 해고할 수 있다.[52] 이 때 해고예고기간 중의 임금 또는 해고예고수당은 재단채권이 된다(채무자회생법 473조 8호).

#### (1) 근로계약 해지에 관하여 적용할 규정

사용자가 파산선고를 받아 파산관재인이 선임된 경우 파산관재인은 통상 근로계약을 해지하게 된다. 이러한 근로계약 해지에는 어떠한 법리가 적용될 것인가?

##### ㈎ 민법의 특칙

민법은 고용계약에 관하여 사용자파산시에 관한 규정을 두고 있다. 민법 663조에 따르면, 사용자가 파산선고를 받은 경우에는 고용기간의 약정이 있는 때에도 노무자 또는 파산관재인은 계약을 해지할 수 있고, 그 경우에 각 당사자는 계약해지로 인한 손해의 배상을 청구하지 못하도록 되어 있다. 근로자와 파

---

48) 대법원 2023. 4. 27. 선고 2021다229601 판결, 대법원 2023. 4. 27. 선고 2021다213477 판결.
49) 선재성, 503면; 임치용, 150면.
50) 서울회생법원 재판실무연구회b, 217면.
51) 서울회생법원 재판실무연구회b, 217면.
52) 서울회생법원 재판실무연구회b, 218면.

산관재인 쌍방에게 계약 해지권이 인정되어 있고, 파산관재인이 해지를 선택한 경우에도 근로자가 손해배상청구를 할 수 없다는 점에서 파산절차상의 미이행 쌍무계약의 법리와 차이가 있다.[53)]

위 민법 규정과 관련하여 채무자회생법 335조[54)]가 근로계약에도 적용되는지에 관하여 견해가 나뉘고 있다. 첫째, 민법 663조가 채무자회생법 335조의 특칙이나 채무자회생법 규정의 적용을 배제하지는 않고 있으므로 근로계약이 해지될 때에는 위 조항들이 경합하여 민법 규정이 적용되지만 근로계약이 파산선고 후에도 계속될 때에는 민법 663조는 적용이 되지 않고 채무자회생법 335조만이 적용되고 파산관재인이 이행의 선택권을 행사한 것으로 보아야 한다는 견해,[55)] 둘째, 채무자회생법 335조에 의하여 민법 663조가 전면적으로 배제된다고 볼 것이 아니라 사용자가 파산하면 근로자도 계약해지권을 갖되, 파산에도 불구하고 사업의 계속이 행해지는 예외적인 경우에 한하여 채무자회생법 335조가 적용된다고 보는 견해,[56)] 셋째, 파산관재인은 근기법상 사용자의 지위에 있고 파산관재인에 의한 근로계약의 해지도 근로자의 의사에 반하는 근로계약의 종료라는 점, 민법 663조가 채무자회생법 335조의 특칙이며 채무자회생법 335조는 파산선고 후 예외적인 경우에 적용된다는 점 등을 고려하여 파산관재인에 의한 해고에는 근기법 규정이 원칙적으로 적용된다고 하는 견해,[57)] 넷째, 특별법 우선의 원칙에 따라 근로계약에도 채무자회생법 335조가 적용되고, 채무자회생법에 특별규정이 없는 한 노동관계법, 민법 등이 보충적으로 적용되지만, 파산절차 중에도 근로자는 부당한 해고에 대해서는 구제받을 수 있어야 한다는 점 등을 고려할 때 파산관재인에 의한 해고에도 근기법상 해고 제한의 법리가 적용된다고 하는 견해[58)] 등이 있다.

채무자회생법 335조는 모든 쌍무계약에 관한 규정이고, 민법 663조는 쌍무

53) 임치용, 150면.

54) 335조(쌍방미이행 쌍무계약에 관한 선택) ① 쌍무계약에 관하여 채무자 및 그 상대방이 모두 파산선고 당시 아직 이행을 완료하지 아니한 때에는 파산관재인은 계약을 해제 또는 해지하거나 채무자의 채무를 이행하고 상대방의 채무이행을 청구할 수 있다.

② 제 1 항의 경우 상대방은 파산관재인에 대하여 상당한 기간을 정하여 그 기간안에 계약의 해제 또는 해지나 이행 여부를 확답할 것을 최고할 수 있다. 이 경우 파산관재인이 그 기간안에 확답을 하지 아니한 때에는 계약을 해제 또는 해지한 것으로 본다.

55) 임치용, 151면.

56) 윤남근b, 195면.

57) 이흥재, 197면.

58) 양형우, 92면.

계약 중 고용계약에 관한 규정이므로 쌍무계약 중 고용계약에 관하여는 민법 663조를 특별 규정으로 볼 수 있는 점, 채무자회생법 339조는 '제335조 제 2 항의 규정은 민법 제663조(사용자파산과 해지통고) 제 1 항의 규정에 의하여 상대방 또는 파산관재인이 갖는 해지권 또는 해제권의 행사에 관하여 준용한다.'고 규정하고 있는바, 이는 민법 663조에 의한 해지권 또는 해제권 행사를 전제로 한 규정으로 보이는 점, 채무자회생법 339조가 335조 1항은 준용하도록 하고 있지 않으면서 335조 2항만 준용하도록 하고 있는 점 등을 종합하여 보면, 민법 663조가 채무자회생법 335조에 우선하여 적용되는 특칙 규정이라 생각되고, 다만 채무자회생법 339조에 의하여 민법 663조에 의한 해지시에 채무자회생법 335조 2항만 준용되므로(즉 채무자회생법 339조는 민법 663조가 적용되는 것을 전제로 그 경우 채무자회생법 335조 2항을 준용하도록 하는 취지로 해석됨), 상대방인 근로자는 파산관재인에 대하여 상당한 기간을 정하여 그 기간 안에 계약의 해제 또는 해지나 이행 여부를 확답할 것을 최고할 수 있고, 파산관재인이 그 기간 안에 확답을 하지 아니한 때에는 계약을 해제 또는 해지한 것으로 보게 될 것이다.

㈏ 근로기준법에 의한 해고 제한 규정 적용 여부

근기법 23조에 따르면, 사용자는 근로자에게 정당한 이유 없이 해고, 휴직, 정직, 전직, 감봉, 그 밖의 징벌을 하지 못하도록 되어 있고, 근기법 24조에 따르면 경영상 이유에 의한 해고를 하려는 경우 긴박한 경영상의 필요가 있어야 하고 그 밖의 요건이 필요한바, 민법 663조의 특칙과 관련하여 정당한 이유 없이 해고를 할 수 있는지, 또는 사용자가 파산선고를 받은 경우 파산관재인이 민법 663조에 근거하여 근로자를 해고하는 것은 항상 정당한 이유가 있는 것인지, 근기법 24조에 의한 경영상 이유에 의한 해고의 제한에 관한 요건을 충족하지 않아도 되는지가 문제된다.

① 학 설 파산관재인이 파산을 이유로 하여 근로자를 해고하는 것이 정리해고에 해당하여 근기법 24조에 정해진 요건을 갖추어야 하는지에 관하여 견해가 나뉜다.

㉠ 소 극 설 소극설[59]은, 민법 663조의 특칙은 근기법 23조 또는 24조에 관한 특칙으로 볼 수 있는 점, 정리해고는 기업을 회생시키기 위한 것임에 반하

59) 선재성, 505면; 이동원, 562~566면; 이범균, 599~601면; 임치용, 152면.

여 파산절차는 민·상법상의 청산절차보다 강력한 청산절차이므로 재건을 전제로 하는 정리해고의 요건과 절차를 따를 필요가 없는 점, 청산인과 달리 파산관재인은 종전 채무자의 지위를 승계하는 면 외에 총채권자의 지위를 아울러 가지고 있으므로 해고제한에 관한 기존 근로계약상의 의무를 그대로 부담한다고 보기 어려운 점, 사용자가 파산한 경우 더 이상 사업을 유지할 수가 없고 다만 사용자의 재산을 공정하게 환가·배당하기 위한 절차가 진행될 뿐이므로 논리적으로 사업 유지를 전제로 한 근기법 23조, 24조의 규정을 적용하기 어렵다는 점 등을 근거로 한다.

㉡ 적 극 설 이에 반하여 파산을 원인으로 하여 근로자를 해고하는 경우에도 정리해고에 관한 요건을 갖추어야 한다는 적극설[60]은, 파산절차에서 필요한 '현존사무의 종결, 채권의 추심과 채무의 변제, 재산의 환가처분, 잔여재산의 분배 등으로 이루어지는 청산업무'는 상당한 기간을 필요로 하기 때문에 그 기간 동안 근로관계가 계속되는 자와 그렇지 않은 자 사이에는 이익조정의 여지가 존재하므로 '합리적이고 공정한 해고의 기준을 정하고 이에 따라 그 대상자를 선정하여야 하는' 정리해고의 요건이 지켜질 필요가 있는 점, 사업활동의 정지가 인정되지 않는 경우에는 파산선고 그 자체가 바로 경영상 해고를 정당화하는 것은 아니며 특히 영업의 계속이 이루어지는 경우에는 해고대상자의 선별과 관련하여서는 일반적인 기준에 따라야 한다는 점 등을 근거로 한다.

㉢ 검 토 기본적으로 민법 663조의 특칙은 근기법 23조 또는 24조에 관한 특칙으로 보는 것이 타당하다. 근기법이 고용계약에 관하여는 민법의 특칙을 규정하고 있지만, 사용자가 파산한 경우에 관하여는 아무런 규정을 두고 있지 않으므로, 파산이라는 상황이 발생한 경우에는 다시 민법 663조가 근기법의 특칙으로서 작용한다고 보는 것이 타당하다. 또한, 사용자가 파산한 경우 더 이상 사업을 유지할 수가 없고, 다만 사용자의 재산을 공정하게 환가·배당하기 위한 절차가 진행될 뿐이므로, 채무자회생법상 파산절차의 취지에 비추어 보더라도 사업 유지를 전제로 한 근기법 23조, 24조의 규정을 적용하기는 어렵다.

② 판 례 판례는 "정리해고는 긴급한 경영상의 필요에 의하여 기업에 종사하는 인원을 줄이기 위하여 일정한 요건 아래 근로자를 해고하는 것으로서 기업의 유지·존속을 전제로 그 소속 근로자들 중 일부를 해고하는 것을

60) 도재형a, 189면; 윤창술, 81면; 이승욱, 294면.

가리키는 것이고, 이와 달리 기업이 파산선고를 받아 사업의 폐지를 위하여 그 청산과정에서 근로자를 해고하는 것은 위장폐업이 아닌 한 기업경영의 자유에 속하는 것으로서 파산관재인이 파산선고로 인하여 파산자 회사가 해산한 후에 사업의 폐지를 위하여 행하는 해고는 정리해고가 아니라 통상해고"라고 판시하여,[61] 소극설의 견해를 취하고 있다. 따라서 위와 같은 경우 "정리해고에 관한 근로기준법 규정이 적용될 여지가 없고, 또한 파산관재인의 근로계약 해지는 해고만을 목적으로 한 위장파산이나 노동조합의 단결권 등을 방해하기 위한 위장폐업이 아닌 한 원칙적으로 부당노동행위에 해당하지 아니한다"고 보고 있다.[62] 위 판결 이유 중에 기재된 것처럼, ① 근로계약관계가 기업의 존속을 전제로 하는 것임에 반하여 파산은 사업의 폐지와 청산을 목적으로 하는 것이어서 파산이 선고된 경우 파산관재인은 재산관리업무를 수행하는 데 필요한 한도 내에서 파산자와 제 3 자 사이의 법률관계를 청산하여야 할 직무상의 권한과 의무를 갖고 또 파산재단을 충실하게 관리하여야 할 의무를 부담하는 등 파산의 본질은 기본적으로 기업의 청산이고 파산관재인이 그 직무수행의 일환으로 행하는 근로계약의 해지는 근로관계가 계속되는 기업에서 행하여지는 해고와는 그 본질을 달리하는 것인 점, ② 파산관재인은 이해관계인의 이익을 조정하여야 할 일반적인 강제집행기관에 불과한 점, ③ 파산선고 후 모든 사업을 즉시 폐지하지 아니하고 파산재단의 충실을 기하기 위하여 기존의 영업을 일부 계속하면서 사업장의 일부를 그대로 존치함에 따라 근로자를 계속하여 보조인으로 사용하는 경우, 이는 파산재단을 충실하게 하기 위한 잠정적인 조치이며 사업이 완료됨에 따라 사업장은 점차 축소되어 마침내는 전부 소멸하게 될 것이라는 점, ④ 사업장이 축소될 때마다 수시로 정리해고를 할 경우 그 정리해고의 정당성을 둘러싼 분쟁으로 인하여 파산절차의 신속한 진행이 어려워지고 임금채권이 과다하게 발생하는 등으로 인하여 종국적으로는 파산재단의 건전성이 해쳐질 염려가 있는 점, ⑤ 채무자회생법 335조와 민법 633조 이외에 채무자회생법 등이 일정한 경우 정리해고의 기준을 적용하여 근로계약을 해지하여야 한다는 예외적인 조항을 두지 않고 있는 점 등에 비추어 보면, 파산법인이 청산절차와 병행하여 기존의 사업을 계속한다고 하더라도 파산관재인에게 근로관계의 해지에 관한 광범

61) 대법원 2003. 4. 25. 선고 2003다7005 판결.
62) 대법원 2004. 2. 27. 선고 2003두902 판결.

위한 재량을 부여하여 탄력적으로 근로관계를 유지하도록 함으로써 파산절차의 신속과 파산재단의 충실을 기하도록 하는 것이 바람직하다고 할 것이므로, 정리해고에 관한 규정의 적용이 배제된다고 본 판례의 입장이 타당하다.

(2) 근로계약 해지에 관한 제한

㈎ 즉시해고의 제한

법 26조는 '사용자는 근로자를 해고(경영상 이유에 의한 해고를 포함한다)하려면 적어도 30일 전에 예고를 하여야 하고, 30일 전에 예고를 하지 아니하였을 때에는 30일분 이상의 통상임금을 지급하여야 한다. 다만, 천재·사변, 그 밖의 부득이한 사유로 사업을 계속하는 것이 불가능한 경우 또는 근로자가 고의로 사업에 막대한 지장을 초래하거나 재산상 손해를 끼친 경우로서 고용노동부령으로 정하는 사유에 해당하는 경우에는 그러하지 아니하다.'고 규정하고 있는바, 사용자가 파산한 경우가 '부득이한 사유로 사업을 계속하는 것이 불가능한 경우'에 해당하는지 여부가 문제된다. 문언상으로는 파산에 이른 정도라면 '부득이한 사유로 사업을 계속하는 것이 불가능한 경우'라고 볼 여지가 있으나, 위 규정의 부득이한 사유는 조문의 규정 형식에 비추어 '천재·사변'에 준하는 부득이한 사유로 봄이 타당한 점, 사용자가 파산한 경우는 통상적으로 사용자에게 경영상의 귀책사유가 있는 경우가 많은 점, 사용자가 파산하였다고 하여 아무런 예고 절차 없이 바로 해고할 수 있다고 보는 것은 근로자 보호를 위한 해고예고 제도의 취지에 부합하지 않는 점 등을 종합하여 보면, '부득이한 사유'를 제한적으로 해석하여 돌발적이고 불가항력적인 사유로 봄이 타당하고, 따라서 사용자에 대하여 파산절차가 개시된 경우는 이에 해당하지 않는다고 봄이 타당하다.[63]

㈏ 해고시기의 제한

근기법 23조 2항은 '사용자는 근로자가 업무상 부상 또는 질병의 요양을 위하여 휴업한 기간과 그 후 30일 동안 또는 산전(産前)·산후(産後)의 여성이 이 법에 따라 휴업한 기간과 그 후 30일 동안은 해고하지 못한다. 다만, 사용자가 제84조에 따라 일시보상을 하였을 경우 또는 사업을 계속할 수 없게 된 경우에는 그러하지 아니하다.'고 규정하고 있다. 사용자가 파산한 경우가 '사업을 계속

63) 양형우, 96면.

할 수 없게 된 경우'에 해당하는지 여부가 문제된다. 위 규정은 업무상 부상 또는 질병으로 인하여 치료를 받아야 하는 근로자, 출산을 위하여 휴업한 근로자를 보호하기 위한 것인바, '사업을 계속할 수 없게 된 경우'에 관하여 제한을 두고 있지 아니하고, 일반적으로 파산절차의 경우 사업을 계속하지 못하고 청산절차를 밟게 되는 것이므로, 사용자에 대하여 파산절차가 개시된 경우는 사업을 계속할 수 없게 된 경우에 해당한다고 봄이 타당하다. 따라서 파산관재인은 근기법 84조에 따른 일시보상을 하지 않더라도 근기법 23조 2항에 해당하는 근로자를 해고할 수 있다 할 것이다.[64)]

일본 학설은 관재인이 하는 해고에 관하여, 해고권남용법리가 적용되는지에 관하여는 다툼이 있지만, 그 밖의 노동기준법의 제규정이 적용된다는 것에 관하여는 거의 다툼이 없다고 한다.[65)]

### 라. 개인회생절차

사용자에 대하여 개인회생절차가 개시된 경우 사용자는 영업을 계속하여 자신의 변제능력 범위 내에서 변제를 해야 하므로 사용자와 근로자 사이의 근로관계는 영향을 받지 않는다.

개인회생절차에 관하여는 민법에 별도의 특칙이 없고, 미이행 쌍무계약의 해제 또는 해지에 관한 특별 규정도 두고 있지 않다. 사용자 또는 근로자가 근로계약을 해지하려면 근기법 또는 민법의 일반 원칙에 따라야 할 것이다.

### 마. 근로자에 대하여 도산절차가 개시된 경우

회생절차는 법인뿐만 아니라 개인도 이용할 수 있지만, 개인회생제도를 이용할 수 있는 채무액 한도를 넘지 않는 채무를 부담하는 개인은 개인회생제도를 이용할 것이므로 회생절차를 이용하는 경우가 거의 없다. 다만, 위 채무액 한도를 초과하는 개인은 간혹 회생절차를 이용하는 경우가 있다. 주로 전문직에 종사하는 근로자로서 고액의 급여를 지급받는 경우이다.

한편 근로자가 파산선고를 받는 경우는 흔히 예상할 수 있다. 채무자회생법은 '누구든지 이 법에 따른 회생절차·파산절차 또는 개인회생절차 중에 있다는

64) 서울회생법원 재판실무연구회b, 218면; 양형우, 97면.

65) 戸谷義治, 81면. 다만, 일본 노동기준법 19조 단서는 '천재·사변, 그 밖의 부득이한 사유로 사업을 계속하는 것이 불가능한 경우'를 예외사유로 하고 있어서, '사업을 계속할 수 없게 된 경우'를 예외사유로 하고 있는 근기법과 규정 내용이 다르다.

이유로 정당한 사유 없이 취업의 제한 또는 해고 등 불이익한 처우를 받지 아니한다.'(32조의2)고 규정함으로써 근로자가 도산절차 중에 있다는 이유로 해고 등 불이익한 처우를 받지 아니한다는 점을 명확히 하였다.

### 2. 회생절차와 정리해고

#### 가. 회생절차와 정리해고 법리 적용 여부

회생절차가 개시된 대부분의 채무자의 경우 고용인원의 합리적 감축이 회생절차의 성공적 수행을 위하여 필요할 수 있으나, 그렇다고 하여 회생절차가 개시되었다는 것만으로 바로 제한 없이 인력 구조조정을 할 수는 없다. 기본적으로 근로자에 대한 해고의 권한은 관리인의 전권사항인 채무자의 업무의 수행권, 재산의 관리처분권에 속하는 법률관계를 처리하는 것이기 때문에 미이행 쌍무계약 해제에 관한 규정이 단체협약에 적용되지 않는 것과 관계없이 관리인은 근기법 등에 정해진 요건에 따라 근로자를 정리해고할 수 있다 할 것이나,[66] 인원 삭감 규모에 관하여 회생계획에서 검토되고 회생법원의 회생계획인가가 있고 정리해고를 시행하는 데 대한 회생법원의 허가가 있었다고 하더라도 회생절차에서 이루어지는 해고에 관하여는 정리해고 제한 법리가 적용된다.[67]

이하 정리해고 법리의 전개 과정과 정리해고의 정당성 요건에 관하여 간략히 살펴본다. 보다 자세한 내용은 법 24조에 대한 해설 참조.

#### 나. 정리해고 법리의 전개 과정과 정리해고의 정당성 요건

##### (1) 정리해고 법리의 전개 과정

일반적으로 해고는 그 사유에 따라 통상해고, 징계해고, 정리해고로 구분한다. 사용자가 근로자의 일신상의 사유를 들어 하는 해고를 통상해고라고 하고, 사용자가 징계의 사유를 들어 징계의 절차를 거쳐 하는 해고를 징계해고라고 하며, 사용자가 긴박한 경영상의 필요성에 따라 하는 해고를 정리해고라 한다. 정리해고라는 용어는 근기법에 규정된 용어가 아니다. 근기법 24조는 '경영상 이유에 의한 해고'라는 용어를 사용하고 있다. '경영상 해고' 또는 '경영해고'라는 용어를 사용하자는 제안도 있다.

정리해고의 유효요건에 관한 대법원 판례는 원래 엄격한 4요건설을 중심으

66) 서울회생법원 재판실무연구회c, 174면.

67) 도재형b, 16면.

로 발전해 왔다. 그 요건을 보면, 첫째, 해고를 하지 않으면 기업경영이 위태로울 정도의 긴박한 경영상의 필요성이 존재해야 하고(긴박한 경영상의 필요성), 둘째, 경영방침이나 작업방식의 합리화, 신규채용의 금지, 일시 휴직 및 희망퇴직의 활용 등 해고 회피를 위한 노력을 다했어야 하며(해고 회피의 노력), 셋째, 합리적이고 공정한 기준을 설정하여 이에 따라 해고 대상자를 선별해야 하고(해고 대상자 선별의 합리·공정성), 넷째, 해고에 앞서 노동조합이나 근로자 측과 성실한 협의를 거쳐야 한다(사전 협의 절차)는 4가지 요건을 모두 갖추어야 정리해고가 유효하다는 것이다.[68]

대법원의 엄격한 4요건설과 달리 그 요건을 완화하는 판례들[69]이 정리해고의 법제화 직전에 나오기 시작했고, 이러한 대법원 판결들은 긴박한 경영상의 필요성 요건에 관하여 점차 완화된 태도를 보이다가 4가지 요건을 모두 구비해야 정리해고가 유효하다고 보지 않고 4가지 요건 등 제반 사정을 전체적, 종합적으로 고려하여 그 해고가 객관적 합리성과 사회적 상당성을 지닌 것으로 인정될 수 있으면, 사전협의절차 등을 거치지 않아도 유효하다고 보았다. 정리해고가 법제화된 후에도 '판단요소설'을 가미한 형태로 4요건설의 완화를 시도하는 대법원 판결들이 계속 나오고 있다.

#### (2) 정리해고의 정당성 요건

##### ㈎ 긴박한 경영상의 필요성

대법원은 초기에는 "해고를 하지 않으면 기업경영이 위태로울 정도의 급박한 경영상의 필요성",[70] "기업이 일정 수의 근로자를 정리해고하지 않으면 경영악화로 사업을 계속할 수 없거나 적어도 기업재정상 심히 곤란한 처지에 놓일 개연성이 있을 것"[71]을 요구하였다. 이 판례는 이른바 '도산회피설'의 입장을 취한 것이라고 평가된다.[72]

---

68) 대법원 1989. 5. 23. 선고 87다카2132 판결, 대법원 1990. 1. 12. 선고 88다카34094 판결, 대법원 1990. 3. 13. 선고 89다카24445 판결, 대법원 1991. 9. 24. 선고 91다13533 판결, 대법원 1991. 12. 10. 선고 91다8647 판결, 대법원 1992. 3. 31. 선고 90다8763 판결, 대법원 1992. 5. 22. 선고 91다22100 판결, 대법원 1993. 12. 28. 선고 92다34858 판결.

69) 대법원 1995. 12. 5. 선고 94누15783 판결, 대법원 1995. 12. 22. 선고 94다52119 판결, 대법원 1997. 9. 5. 선고 96누8031 판결.

70) 대법원 1989. 5. 23. 선고 87다카2132 판결, 대법원 1990. 3. 13. 선고 89다카24445 판결.

71) 대법원 1990. 1. 12. 선고 88다카34094 판결.

72) 김유성, 292면.

그 후 판례는, "기업의 인원삭감 조치가 영업성적의 악화라는 기업의 경제적인 이유뿐만 아니라 생산성의 향상, 경쟁력의 회복 내지 증강에 대처하기 위한 작업 형태의 변경, 신기술의 도입이라는 기술적인 이유와 그러한 기술 혁신에 따라 생기는 산업의 구조적 변화도 이유로 하여 실제 이루어지고 있고, 또한 그럴 필요성이 충분히 있다는 점에 비추어 보면 반드시 기업의 도산을 회피하기 위한 것에 한정할 필요는 없고, 인원 삭감이 객관적으로 보아 합리성이 있다고 인정될 때에는 '긴박한 경영상의 필요성'이 있는 것으로 넓게 보아야 한다"는 것으로 바뀌었다.[73] 이른바 '합리성필요설' 또는 '합리성설'을 취한 것이라고 평가된다.[74]

최근에는 "장래에 올 수도 있는 위기에 미리 대처하기 위하여 인원 삭감이 객관적으로 보아 합리성이 있다고 인정되는 경우도 포함되는 것으로 보아야 한다"[75]라는 내용으로 완화되었다. 합리성설 중 가장 완화된 것으로 감량경영설 또는 장래대비설로 부르기도 한다. 장래의 위기에 대처하기 위한 경영합리화를 위한 공격적 정리해고를 인정할 것인지에 관하여, 도산회피설과 합리성필요설(합리성설) 내지 장래대비설의 차이가 있다.[76]

---

73) 대법원 1991. 12. 10. 선고 91다8647 판결, 대법원 1992. 5. 12. 선고 90누9421 판결, 대법원 1992. 8. 14. 선고 92다16973 판결, 대법원 1993. 1. 26. 선고 92누3076 판결, 대법원 1995. 12. 22. 선고 94다52119 판결.

74) 근기법주해(초판) Ⅱ, 239면. 경영상 필요성의 정도에 관하여 일본의 논의를 기초로 이를 유형화한 글로 김선수, 78면. 위 글은 첫째, 인원삭감에 대한 기업경제상 합리성이 인정되면 충분하며, 방어적 성격 외에 생산성향상을 위한 신규기계의 도입도 인정된다는 견해, 둘째, 기업 전체로서는 흑자라도 채산성이 없는 부문의 폐쇄는 인정된다는 견해, 셋째, 기업 전체로서 적자이고 정리해고 외의 위기타개책이 없는 경우에 인정된다는 견해, 넷째, 정리해고를 하지 않으면 도산을 회피할 수 없는 경우에 인정된다는 견해로 나누고 있다. 위 글은 保原喜志夫, "整理解雇をめぐる判例の法理", 判例時報 1020号(1982. 1.)를 참조하되, 다섯 가지 유형 중 제 4 유형과 제 5 유형의 실질적인 차이점을 찾기가 곤란하다고 보고 네 가지 유형으로 구분하였다.

75) 대법원 2002. 7. 9. 선고 2001다29452 판결, 대법원 2003. 9. 26. 선고 2001두10776, 10783 판결, 대법원 2003. 11. 13. 선고 2003두4119 판결, 대법원 2004. 1. 15. 선고 2003두11339 판결, 대법원 2004. 10. 15. 선고 2001두1154등 판결, 대법원 2005. 6. 9. 선고 2004도7218 판결, 대법원 2013. 6. 13. 선고 2011다60193 판결, 대법원 2014. 11. 13. 선고 2014다20875, 20882 판결(쌍용자동차 사건). 마지막 쌍용자동차 사건 판결에 대하여, 박은정, 75면은 "긴박한 경영상 필요를 넓게 해석하던 흐름으로부터 벗어나지 않는다고 말할 수 있다."는 평가를 하였는데, 도재형b, 13면, 박은정 76면은, "대법원이 정리해고를 기업의 유지·존속을 전제로 한다고 파악하고 있음에도 위 사건의 피고가 대규모 정리해고 후 여러 차종을 단종하면서 향후 신차종을 개발·판매하지도 않는다고 가정한 것을 '합리적이고 객관적인 가정'이라고 볼 수는 없다."는 취지로 비판하고 있고, 도재형b, 16~17면은 위 판결의 긴박한 경영상의 필요에 대한 판단은 정리해고 법리에 어긋난다고 비판하고 있다.

㈏ 해고 회피 노력

사용자는 정리해고를 할 때 해고를 피하기 위한 노력을 다하여야 한다(법 24조 2항 전문 전단). 해고 회피를 위한 노력을 다하여야 한다는 것은 "사용자가 해고 범위를 최소화하기 위하여 경영 방침이나 작업 방식의 합리화, 신규 채용의 금지, 일시 휴직 및 희망 퇴직의 활용, 전근 등의 가능한 조치를 취하는 것을 의미"하고,[77] 그러한 모든 조치를 강구하였으나 해고 이외의 다른 경영상 조치를 취할 수 없어 부득이 정리해고를 할 수밖에 없다고 인정될 경우에 한하여 해고 회피 노력을 다한 것으로 인정할 수 있다.[78]

㈐ 해고 대상자 선정의 합리성과 공정성

사용자가 정리해고를 하기 위해서는 합리적이고 공정한 해고의 기준을 정하고 이에 따라 그 대상자를 선정하여야 한다. 이 경우 남녀의 성을 이유로 차별하여서는 아니 된다(법 24조 2항 전문 후단, 후문). 근로자 중 누군가를 정리해고하지 않으면 안 될 국면에서 사용자가 해고 대상자를 마음대로 골라서는 안 되고 합리적이고 공정한 기준을 정하여 이를 적용해야 한다는 것을 의미한다.[79] 대법원 판례에 의하면, "합리적이고 공정한 해고의 기준 역시 확정적·고정적인 것은 아니고 당해 사용자가 직면한 경영 위기의 강도와 정리해고를 실시해야 하는 경영상의 이유, 정리해고를 실시한 사업 부문의 내용과 근로자의 구성, 정리해고 실시 당시의 사회 경제 상황 등에 따라 달라진다."[80] 그리고 사용자가 해고의 기준에 관하여 노동조합 또는 근로자대표와 성실하게 협의하여 합의에 이르렀다면 이러한 사정도 해고 대상자 선정의 합리성과 공정성을 판단할 때 참작하여야 한다.[81]

㈑ 사전 통보와 협의절차 등

사용자는 정리해고를 피하기 위한 방법과 정리해고의 기준 등에 관하여 그 사업 또는 사업장에 근로자의 과반수로 조직된 노동조합이 있는 경우에는 그 노동조합, 근로자의 과반수로 조직된 노동조합이 없는 경우에는 근로자의 과반

76) 근기법주해(초판) Ⅱ, 239면.
77) 대법원 1992. 12. 22. 선고 92다14779 판결, 대법원 2004. 1. 15. 선고 2003두11339 판결.
78) 근기법주해(초판) Ⅱ, 247면.
79) 근기법주해(초판) Ⅱ, 250면.
80) 대법원 2002. 7. 9. 선고 2001다29452 판결.
81) 대법원 2002. 7. 9. 선고 2001다29452 판결, 대법원 2003. 9. 26. 선고 2001두10776, 10783 판결.

수를 대표하는 자(이하 '근로자대표')에 해고를 하려는 날의 50일 전까지 통보하고 성실하게 협의하여야 한다(법 24조 3항). 2007. 1. 26. 근기법 개정으로 2007. 7. 1.부터 60일 전에서 50일 전으로 단축되었다. 정리해고가 근로자의 귀책사유 없이 경영상 사유에 의해서 이루어지고 그 대량성으로 말미암아 사회문제화할 수 있다는 특수성이 있기 때문에 그 실체적 적정성을 보증하기 위하여 절차적 정당성을 확보하도록 한 것이다.82)

### 3. 인수합병과 근로관계

#### 가. 개 요

인수합병(Merger and Acquisition, 이하 M&A로 부른다)은 합병과 매수(또는 인수)를 포괄하는 개념으로서, 회사의 합병, 영업의 양수, 지배주식의 취득 등의 방법으로 회사의 지배권 내지 경영권을 직접 혹은 간접으로 취득하는 여러 가지 형태의 행위를 총칭한다.83) 회생절차에서 주로 이용되는 M & A는 그 내용에 따라 제 3 자 배정 신주인수방식에 의한 M & A, 영업양도방식에 의한 M & A로 크게 나눌 수 있다.84)

#### 나. 근로관계의 승계

제 3 자 배정 신주인수 방식은 제 3 자에게 유상증자를 통하여 채무자의 신주를 배정 · 발행하는 방식으로서 주식회사 M & A 유형 중 가장 널리 활용되고 있는 방식이다. 제 3 자 배정 신주인수방식은 채무자를 직접 경영할 의사와 능력이 있는 제 3 자에게 신주를 배정, 발행하여 지배주주가 되도록 하고 그가 납입한 유상증자대금으로 회생채무를 일시에 변제함으로써 개선된 재무구조를 바탕으로 채무자가 회생절차에서 조기에 벗어나는 것을 목적으로 한다.85) 영업양도방식은 채무자의 영업의 전부 또는 일부에 관하여 이를 해체하지 않고 조직화된 총체, 즉 인적 · 물적 조직을 그 동일성을 유지하면서 일체로서 제 3 자에게 이전하는 방식이다.86)

실무상 우선협상대상자 선정 기준을 작성할 때 고용승계 여부도 배점기준

---

82) 근기법 주해(초판) Ⅱ, 257면.
83) 서울회생법원 재판실무연구회d, 190면.
84) 서울회생법원 재판실무연구회d, 191면.
85) 서울회생법원 재판실무연구회d, 193면.
86) 서울회생법원 재판실무연구회d, 193면.

의 하나로 포함시킨다.[87] 제3자 배정 신주인수방식에 의한 M&A의 경우 주주가 변경될 뿐이므로 고용승계의 문제는 발생하지 않는다.

영업양도 방식의 경우에도 특별한 사정이 없는 한 근로관계는 양수인에게 포괄적으로 승계된다.[88] 그러나 기업이 사업부문의 일부를 양도하면서 그 물적 시설과 함께 양도하는 사업부문의 근로자들의 소속도 변경시킨 경우 해당 근로자가 자의로 계속근로관계를 단절할 의사로 사업을 양도하는 기업에 사직서를 제출하고 퇴직금을 지급받은 다음, 사업을 양수하는 기업에 입사하였다면 계속근로관계가 단절된다고 보는 경우도 있다.[89]

### 4. 임금채권의 보호

#### 가. 임금채권 보호의 필요성

사용자에 대하여 도산절차가 개시된 경우 근로자들이 임금채권을 받을 수 있느냐가 가장 중요한 문제 중 하나이다. 임금은 근로자들의 거의 유일한 생계수단이므로 근기법에서는 임금의 지급방법, 가산임금에 관한 최저기준 등 여러 가지 보호규정을 두고 있는데, 그와 같이 주로 기업이 정상적으로 활동하고 있는 경우 외에 기업이 도산하거나 채무부담능력을 상실한 사태에 대비하여 임금채권을 다른 채권보다 우선하여 변제받을 수 있도록 하는 우선변제조항을 두고 있다.[90] 이 경우 임금채권 보호를 위한 장치로서 근기법상의 임금채권 우선변제제도와 채무자회생법상 임금채권에 대하여 우선적 권리를 부여하는 제도 등이 있다.

#### 나. 근로기준법상 임금채권 우선변제

법 38조에 대한 해설 참조.

#### 다. 회생절차상 임금채권의 보호

##### (1) 규 정

채무자회생법 179조 1항[91] 10호에 의하여 '채무자의 근로자의 임금 · 퇴직금

87) 서울회생법원 재판실무연구회d, 210면.
88) 대법원 2003. 5. 30. 선고 2002다23826 판결, 대법원 2005. 2. 25. 선고 2004다34790 판결 등.
89) 노태악, 90면; 대법원 2005. 2. 25. 선고 2004다34790 판결.
90) 이철수, 91면.
91) 2009. 10. 21. 개정 법률 9804호에 의하여 2항이 신설되면서 기존 제목 외 부분이 1항이 되었다.

및 재해보상금'은 공익채권으로 취급된다. 연혁에 관하여 살펴보면, 1962. 12. 12. 제정 회사정리법에는 '근로자의 급료 및 퇴직금'이 공익채권에 포함되어 있지 않았으나, 1981. 3. 5. 법률 3380호에 의하여 회사정리법이 개정되면서 '근로자의 급료 및 퇴직금'이 공익채권으로 포함되었고, 1999. 12. 31. 법률 6085호로 회사정리법이 개정되면서 '재해보상금'이 공익채권으로 추가되었다.

(2) 공익채권의 의의

공익채권이란 회생절차의 수행에 필요한 비용을 지출하기 위하여 인정된 채무자에 대한 청구권으로서 공익채권에 대한 일반규정인 채무자회생법 179조에 의하여 인정되는 채권이거나 개별적인 규정에 의하여 공익채권으로 인정된 청구권을 말한다.[92] 공익채권은 원칙적으로는 회생절차 개시 후에 발생한 것이지만, 회생절차개시 전의 원인으로 발생한 것 중에서도 채무자의 회생이라는 목표를 달성하기 위하여 회생채권과 회생담보권에 우선하여 수시로 변제할 필요가 있는 채권은 예외적으로 공익채권으로 규정한 것이다. '채무자의 근로자의 임금·퇴직금 및 재해보상금'은 회생절차개시 전의 원인으로 생긴 것인지 회생절차개시 후의 원인으로 생긴 것인지를 구별하지 아니하고 모두 공익채권에 해당한다(채무자회생법 179조 10호).

근기법 46조 1항에서 정한 "사용자의 귀책사유로 휴업하는 경우"에 지급하는 휴업수당은 비록 현실적 근로를 제공하지 않았다는 점에서는 근로 제공과의 밀접도가 약하기는 하지만, 근로자가 근로 제공의 의사가 있는데도 자신의 의사와 무관하게 근로를 제공하지 못하게 된 데 대한 대상으로 지급하는 것이라는 점에서 임금의 일종으로 보아야 하므로 휴업수당청구권은 채무자회생법에서 정한 공익채권에 해당한다.[93]

(3) 공익채권의 지위

공익채권은 회생절차에 의하지 아니하고 수시로 변제하며(채무자회생법 180조 1항), 회생채권과 회생담보권에 우선하여 변제한다(채무자회생법 180조 2항). 회생계획에는 공익채권에 관하여 이미 변제한 것을 명시하고 장래 변제할 것에 관하여 정하여야 하지만(채무자회생법 199조), 공익채권에 관하여 그 변제기의 유예 또는 채권의 감면 등 공익채권자의 권리에 영향을 미치는 규정을 정할 수 없고,

92) 서울회생법원 재판실무연구회c, 483면.
93) 대법원 2013. 10. 11. 선고 2012다12870 판결.

설령 회생계획에서 그와 같은 규정을 두었더라도 공익채권자가 이에 대하여 동의하지 아니하는 한 그 권리변경의 효력이 공익채권자에게 미치지 아니한다.[94)]

(4) 공익채권 사이의 우선순위

원래 공익채권 사이에는 우열이 없었으나, 2009. 10. 21.과 2010. 6. 10. 법 개정에 의하여, 다음과 같이 개정이 되었다.

〈표〉 [공익채권에 관한 채무자회생법 개정 내용]

| 2009. 10. 21. 개정 전 | 2009. 10. 21. 개정 후 | 2010. 6. 10. 개정 후 |
|---|---|---|
| 채무자회생법 제180조<br>⑦ 채무자의 재산이 공익채권의 총액을 변제하기에 부족한 것이 명백하게 된 때에는 공익채권은 법령에 정하는 우선권에 불구하고 아직 변제하지 아니한 채권액의 비율에 따라 변제한다. 다만, 공익채권을 위한 유치권·질권·저당권·전세권 및 우선특권의 효력에는 영향을 미치지 아니한다. | 채무자회생법 제180조<br>⑦ 채무자의 재산이 공익채권의 총액을 변제하기에 부족한 것이 명백하게 된 때에는 제179조 제1항 제5호 및 제12호의 청구권 중에서 채무자의 사업을 계속하기 위하여 법원의 허가를 받아 차입한 자금에 관한 채권을 우선적으로 변제하고 그 밖의 공익채권은 법령에 정하는 우선권에 불구하고 아직 변제하지 아니한 채권액의 비율에 따라 변제한다. 다만, 공익채권을 위한 유치권·질권·저당권·전세권 및 우선특권의 효력에는 영향을 미치지 아니한다. | 채무자회생법 제180조<br>⑦ 채무자의 재산이 공익채권의 총액을 변제하기에 부족한 것이 명백하게 된 때에는 제179조 제1항 제5호 및 제12호의 청구권 중에서 채무자의 사업을 계속하기 위하여 법원의 허가를 받아 차입한 자금에 관한 채권을 우선적으로 변제하고 그 밖의 공익채권은 법령에 정하는 우선권에 불구하고 아직 변제하지 아니한 채권액의 비율에 따라 변제한다. 다만, 공익채권을 위한 유치권·질권·저당권·「동산·채권 등의 담보에 관한 법률」에 따른 담보권·전세권 및 우선특권의 효력에는 영향을 미치지 아니한다. |

채무자의 재산이 공익채권을 변제하기에도 부족한 것이 명백하게 된 경우,[95)] 채무자회생법 197조 1항 5호 '채무자의 업무 및 재산에 관하여 관리인이 회생절차개시 후에 한 자금의 차입 그 밖의 행위로 인하여 생긴 청구권' 및 12호 '채무자 또는 보전관리인이 회생절차개시신청 후 그 개시 전에 법원의 허가를 받아 행한 자금의 차입, 자재의 구입 그 밖에 채무자의 사업을 계속하는 데

94) 대법원 2010. 1. 28. 선고 2009다40349 판결, 대법원 2017. 5. 31. 선고 2013다45075 판결.
95) 통상 이런 상태에 이르면 회생절차가 폐지되고, 파산선고가 될 가능성이 높다.

에 불가결한 행위로 인하여 생긴 청구권' 중에서 채무자의 사업을 계속하기 위하여 법원의 허가를 받아 차입한 자금을 우선적으로 변제하는 것으로 개정된 것이다. 그 취지는 '종전에는 회생 절차 중에 있는 기업의 신규자금을 공익채권으로 취급하도록 하였으나 공익채권 사이에는 우선순위를 인정하지 않고 있어 기업 회생에 필요한 자금의 원활한 조달에는 한계가 있으므로, 기업 회생에 필요한 운영자금을 원활하게 조달할 수 있도록 회생 절차 중에 있는 기업에게 필수적인 신규 자금을 지원하는 경우에는 공익채권 중에서도 우선적으로 회수할 수 있는 지위를 부여하려는 것'[96]이다.

먼저, 채무자회생법 180조 7항 단서 중 '공익채권을 위한 우선특권의 효력에는 영향을 미치지 아니한다.'와 관련하여, 임금채권 우선특권이 위 단서의 우선특권에 해당하는지 여부가 문제된다. 일본 회사갱생법[97] 133조 1항[98] 단서가 '공익채권에 관하여 존재하는 특별 선취특권[99] 등의 효력을 방해하지 아니한다.'는 취지로 규정하고 있는 것과는 달리 채무자회생법은 일반 우선특권, 특별 우선특권의 구별을 두고 있지 아니한 점, 최우선변제권이 있는 최종 3개월분의 임금채권 등에 관한 임금채권 우선특권 제도는 근로자의 생활안정, 특히 사용자가 파산하거나 사용자의 재산이 다른 채권자에 의해 압류되었을 경우에 사회·경제적 약자인 근로자의 최저생활보장을 확보하기 위한 사회정책적 고려에서 일반 담보물권자 등의 희생 아래 인정된 제도로서 그 공익적 성격이 매우 강한 점[100] 등에 비추어 볼 때, 채무자회생법 180조 7항 본문의 내용은 최종 3개월분의 임금채권 등의 최우선변제권의 효력에는 영향을 미치지 아니한다고 봄이 타당하다.

---

96) 법제처(http://www.law.go.kr) 국가법령정보센터에서 검색된 개정이유; 서울회생법원 재판실무연구회c, 497면도 같은 취지.

97) 도산법제 개혁의 일환으로 2002. 12. 13. 법률 154호로 전문개정되었고, 2003. 4. 1.부터 시행되고 있다.

98) (更生会社財産不足の場合の弁済方法等)
第百三十三条 更生会社財産が共益債権の總額を弁済するのに足りないことが明らかになった場合における共益債権の弁済は、法令に定める優先権にかかわらず、債権額の割合による。ただし、共益債権について存する留置権、特別の先取特権、質権及び抵当権の効力を妨げない。

99) 일본 민법은 306조부터 310조까지 일반 선취특권에 관하여 규정하고 있고, 311조부터 328조까지 특별 선취특권에 관하여 규정하고 있다.

100) 대법원 2005. 10. 13. 선고 2004다26799 판결.

### 라. 파산절차상 임금채권의 보호

#### (1) 재단채권 취급에 의한 보호

##### ㈎ 규 정

채무자회생법 473조 10호는 '채무자의 근로자의 임금·퇴직금 및 재해보상금'을 재단채권으로 규정하고 있다. 연혁에 관하여 살펴보면, 위와 같이 '채무자의 근로자의 임금·퇴직금 및 재해보상금'이 재단채권에 포함된 것은 2000. 1. 12. 법률 6111호로 파산법이 개정[101]되면서부터이다. 개정 이유는 근로자의 임금등을 재단채권에 포함시켜 우선 지급할 수 있도록 하여 근로자보호를 강화하기 위한 것이다.

##### ㈏ 재단채권의 의의

재단채권의 본래적 의미는 파산선고 후에 파산채권자 공동의 이익을 위하여 파산절차의 수행으로 인하여 생기는 채권인 공익적 채권만을 말하나, 일반적으로는 널리 파산절차에 의하지 아니하고 파산재단으로부터 파산채권에 우선하여 수시로 변제받을 수 있는 채권을 재단채권이라 한다.[102]

판례에 따르면 파산선고 전에 생긴 근로자의 임금·퇴직금 및 재해보상금에 대하여 파산관재인이 파산선고 후 변제할 의무의 이행을 지체함으로써 생긴 지연손해금 채권은 채무자회생법 473조 4호 소정의 재단채권에 해당한다.[103]

##### ㈐ 재단채권의 지위

재단채권은 파산절차에 의하지 아니하고 수시로 변제하며(채무자회생법 475조), 파산채권보다 먼저 변제한다(채무자회생법 476조). 파산재단이 재단채권의 총액을 변제하기에 부족한 것이 분명하게 된 때에는 재단채권의 변제는 다른 법령이 규정하는 우선권에 불구하고 아직 변제하지 아니한 채권액의 비율에 따라 한다. 다만, 재단채권에 관하여 존재하는 유치권·질권·저당권 및 전세권의 효력에는 영향을 미치지 아니한다(채무자회생법 477조 1항). 회생절차와 다른 점은 파

101) 개정과정에 관하여는 오수근, 40면. 위 글에 의하면, 1998년 7월 정부가 세계은행(IBRD)과 2차 구조조정차관(SAL Ⅱ) 협상을 하면서 도산관련법의 추가 개정을 합의하였고, 이에 따라 법무부는 1998년 9월 17일부터 12월 17일까지 실무위원회를 구성하여 개정시안을 작성하였으며, 이어 회사정리관련법률개정특별분과위원회를 구성하여 개정시안을 검토하였고, 1999. 4. 19. 개정시안에 대한 공청회를 개최하는 등으로 의견을 수렴하였다.

102) 최승록, 331면.

103) 대법원 2014. 11. 20. 선고 2013다64908 전원합의체 판결. 여기에 대한 평석으로 최유경.

산재단이 재단채권의 총액을 변제하기에 부족한 것이 분명하게 된 때, 일부 재단채권(채무자회생법 473조 1호 내지 7호 및 10호에 열거된 채권)은 다른 재단채권에 우선하도록 규정하고 있는 점인데(채무자회생법 477조 2항), '채무자의 근로자의 임금·퇴직금 및 재해보상금'도 우선적인 재단채권의 하나로 되어 있다.

㈑ 입 법 례

① 일 본 일본 파산법[104)] 149조[105)] 1항은 "파산절차개시전 3개월간의 파산자의 사용인의 급료청구권은 재단채권으로 한다."고 규정하고 있고, 제 2 항은 "파산절차종료전에 퇴직한 파산자의 사용인의 퇴직수당청구권(해당 청구권의 전액이 파산채권이라고 한 경우에 열후적 파산채권으로 되어야 할 부분을 제외한다)은 퇴직전 3개월간의 급료의 총액(그 총액이 파산절차 개시전 3개월간의 급료의 총액보다 적은 경우에는 파산절차 개시전 3개월간의 급료 총액)에 상당하는 액을 재단채권으로 한다."고 규정하고 있다. 위 규정은 일본 파산법이 2004년 개정되면서 신설되었고 사용인의 생활유지의 관점에서 급료 및 퇴직수당의 일부를 재단채권으로 한 것이다.[106)] 위 각 채권이 재단채권으로 된 것은 파산재단 직전의 노무의 제공이 파산재단 소속 재산의 형성이나 유지에 기여하고 있는 것을 중시하였기 때문이라고 한다.[107)] 일본 파산법 149조의 '사용인'은 일본 민법 308조의 '사용인'과 같은 뜻의 용어이고, 노무를 제공하여 그 대가를 얻는 것에 의해 생활을 영위하는 자를 말한다.[108)] 노동자는 그 채권에 관하여 재단채권과 우선적 파산채권으로 나뉘어져 재단채권으로서의 청구와 파산채권으로서의 채권신고를 할 필요가 있다. 그러나 노동자측에는 임금대장등의 자료가 없으므로, 그 신고가 곤란하다. 그래서 파산관재인은 노동자에 대하여 정보제공노력의무를 부담하고 있다. 이 노력의무는

---

104) 도산법제 개혁의 일환으로 개정 파산법이 2004. 6. 2. 법률 75호로 개정, 공포되어 2005. 1. 1.부터 시행되고 있다.

105) (使用人の給料等)
第百四十九条　破産手続開始前三月間の破産者の使用人の給料の請求権は、財団債権とする。
2　破産手続の終了前に退職した破産者の使用人の退職手当の請求権(当該請求権の全額が破産債権であるとした場合に劣後的破産債権となるべき部分を除く。)は、退職前三月間の給料の總額(その總額が破産手続開始前三月間の給料の總額より少ない場合にあっては、破産手続開始前三月間の給料の總額)に相当する額を財団債権とする。

106) 詳說倒産と勞働, 44면.

107) 伊藤眞b, 217~218면.

108) 黑木和彰, 69면.

훈시적 의무로 해석되고 있다.[109] 퇴직수당청구권이 파산법상의 재단채권 또는 우선적 파산채권으로 취급되기 위해서는 취업규칙, 노동협약 등에 급부조건을 명시하고 있는 경우이든지, 일정의 지급기준에 의한 퇴직금지급의 관행이 성립하여 있는 것을 필요로 한다[最高裁 1968. 5. 28. 判決(最高裁判所裁判集民事 91호, 133면)].[110]

② 미　국　미국 연방도산법(United States Bankruptcy Code) 507조(§ 507. Priorities)는 파산절차에서 배당을 실시할 경우의 우선순위에 대하여 규정하고 있는데, 1순위는 "가정 부양 의무"(domestic support obligations)에 관한 채권이고, 2순위는 절차적, 관리적 비용 채권이며, 3순위는 비자발적 파산의 경우에만 발생하는 채권으로서 채권자들이 파산신청을 한 후 아직 파산절차개시결정이나 파산관재인 선임이전에 채무자의 통상적인 사업 과정에서 발생한 채권이고, 4순위가 임금채권 등이다.[111] 4순위인 임금채권 등은 wages, salaries, commissions 등을 포함한다. 다만, 모든 채권이 해당되지 않고, 파산신청일로부터 180일 이내(만약 채무자의 사업이 파산신청 전에 중단되었다면 그 중단일로부터 180일 이내)에 발생한 것이어야 하고 그 액수는 1인당 10,000달러에 한정된다. 미국 연방도산법 507조는 그 뒤로도 제10순위까지 각 채권에 관한 우선순위를 규정해 두고 있다.[112] 각 카테고리의 채권이 전부 배당될 때까지는 다음 카테고리의 채권은 조금도 배당을 받을 수 없다.

(2) 비면책채권 취급에 의한 보호

면책을 받은 채무자는 파산절차에 의한 배당을 제외하고는 파산채권자에 대한 채무의 전부에 관하여 그 책임이 면제된다(채무자회생법 566조). 면책을 받을 수 있는 것은 개인채무자에 한정되므로,[113] 주식회사 · 유한회사 · 민법상 사단법인 등의 각종 법인은 파산절차를 거쳤다고 하여 면책을 받을 수 없다. 다만, 일부 채권에 대하여는 책임이 면제되지 아니하는데, 통상 이를 비면책채권이라 한다.

109) 黑木和彰, 68면.
110) 詳說倒産と勞働, 47면; 黑木和彰, 69면.
111) DAVID G. EPSTEIN, 312면.
112) 참고로 2005년 미국 연방도산법 개정시에 "채무자가 음주 또는 다른 약의 영향 아래 자동차, 보트, 비행기를 작동함으로 인하여 야기된 개인 상해 또는 사망에 관한 청구권"이 제10순위 채권으로 신설되었다.
113) 채무자회생법 556조(면책신청) ① 개인인 채무자는 파산신청일부터 파산선고가 확정된 날 이후 1개월 이내에 법원에 면책신청을 할 수 있다.

채무자회생법 566조 5호는 '채무자의 근로자의 임금·퇴직금 및 재해보상금'을 비면책채권의 하나로 규정하고 있다. 연혁에 관하여 살펴보면, 구 파산법은 '최후의 6월분의 고용인의 급료'만 비면책채권으로 규정하고 있었는데, 채무자회생법이 제정되면서 '채무자의 근로자의 임금·퇴직금 및 재해보상금' 전부가 비면책채권으로 되었다.

일본의 경우 비면책채권에 관하여 개정 전 파산법 166조의12 3호로 "용인의 급료. 다만 일반의 선취특권을 가지는 부분"을, 4호로 "용인의 예금 및 신원보증금"을 각 규정하고 있었는데, 개정 파산법 253조 5호는 "고용관계에 기하여 생긴 사용인의 청구권 및 사용인의 예금반환청구권"을 비면책채권으로 규정하고 있다. 일본의 경우 임금채권 중 재단채권으로 인정되는 범위는 제한적이지만 비면책채권의 범위는 제한을 두지 않은 것이다.

#### (3) 재단채권 사이의 우선순위

채무자회생법 477조 1항은 '파산재단이 재단채권의 총액을 변제하기에 부족한 것이 분명하게 된 때에는 재단채권의 변제는 다른 법령이 규정하는 우선권에 불구하고 아직 변제하지 아니한 채권액의 비율에 따라 한다. 다만, 재단채권에 관하여 존재하는 유치권·질권·저당권·「동산·채권 등의 담보에 관한 법률」에 따른 담보권 및 전세권의 효력에는 영향을 미치지 아니한다.'고 규정하고 있고, 같은 조 2항은 '제473조 제 1 호 내지 제 7 호 및 제10호에 열거된 재단채권은 다른 재단채권에 우선한다.'고 규정하고 있다. 회생절차의 공익채권에 관한 채무자회생법 180조 7항과 유사하나, 회생절차와 달리 473조 1호 내지 7호 및 10호에 열거된 재단채권이 다른 재단채권보다 우선하도록 하였고, 477조 1항 단서에서 '우선특권'에 관하여는 규정하고 있지 않다.

### 마. 개인회생절차상 임금채권의 보호

개인회생절차는 개인채무자에 대하여만 적용되므로 법인에 대하여는 개인회생절차가 개시되는 경우가 있을 수 없다. 개인 사업자에 대하여 개인회생절차가 개시된 경우, 개인 사업자에 고용된 근로자의 임금 채권 보호 문제가 제기된다.

개인회생절차에는 파산절차의 재단채권에 관한 규정을 준용하도록 하고 있다. 채무자회생법 583조 1항 3호는 '채무자의 근로자의 임금·퇴직금 및 재해보상금'을 개인회생재단채권으로 규정하고 있다. 개인회생재단채권은 개인회생절차에 의하지 아니하고 수시로 변제하며(채무자회생법 583조 2항, 475조), 개인회생채권보다 먼저 변제한다(채무자회생법 583조 2항, 476조). 채무자회생법 625조 2항 6호는 '채무자의 근로자의 임금·퇴직금 및 재해보상금'을 비면책채권으로 규정하여 임금채권을 보호하고 있다.

### 바. 근로기준법상 우선변제규정과 도산절차의 공익채권, 재단채권, 개인회생재단채권 규정과의 관계

근기법상 최우선변제 규정과 공익채권, 재단채권 우선변제 규정은 동일하게 규정되어 있지 않다. 즉, 근기법상 최우선변제 규정과 같은 취지의 규정이 채무자회생법에는 규정되어 있지 않고, 앞에서 살펴본 바와 같이 최종 3개월분 또는 최종 3년간 등의 구분 없이 임금·퇴직금 및 재해보상금은 공익채권, 재단채권 또는 개인회생재단채권 등으로 규정되어 있을 뿐이다. 실체법인 근기법과 광의의 집행법인 도산법 사이에 괴리가 있는 경우라고 할 수 있다. 근기법상 우선변제규정과 도산절차의 공익채권, 재단채권, 개인회생재단채권 규정과의 관계를 어떻게 해석해야 할 것인지와 관련하여, ① 공익채권, 재단채권, 개인회생재단채권에 기한 강제집행을 할 수 있는지, ② 최우선임금채권과 별제권자 사이의 우선순위는 어떻게 되는지 등이 문제된다. 먼저, 공익채권, 재단채권, 개인회생재단채권에 근거하여 이행청구의 소를 제기할 수 있다는 것은 일반적으로 인정되고 있다.[114)]

#### (1) 공익채권, 재단채권, 개인회생재단채권에 기한 강제집행 허용 여부

공익채권, 재단채권, 개인회생재단채권에 근거한 강제집행이 허용되는지가 문제된다. 개인회생재단채권은 재단채권에 관한 규정을 준용하고 있으므로, 공익채권과 재단채권으로 나누어 살펴본다. 이 점에 관하여 공익채권과 재단채권이 동일한 취급을 받아야 하는 것은 아니다.

##### ㈎ 공익채권의 경우

먼저 공익채권에 관하여는 회사정리법이 있던 당시부터 회사정리절차상의 공익채권에 기한 강제집행이 허용된다고 보는 것이 일반적이었다.[115)] 일본의 경우 1967년의 회사갱생법 개정에서 210조의2를 신설하여 강제집행의 길을 명문

114) 고원석, 356면.
115) 이민걸, 650면; 임채홍·백창후b, 98면; 정준영, 214면.

화하면서 법원이 필요한 경우에 강제집행 등을 중지 또는 취소할 수 있도록 하였다. 회사정리법 하에서는 공익채권에 기한 강제집행으로 인하여 채무자의 회생에 지장을 초래하는 경우에도 이를 저지할 법률적 근거가 없어 입법론적으로 재검토를 요한다는 지적이 있었고, 이러한 지적 등을 반영하여 채무자회생법은, 법원이 ① 그 강제집행 또는 가압류가 회생에 현저하게 지장을 초래하고 채무자에게 환가하기 쉬운 다른 재산이 있는 때, ② 채무자의 재산이 공익채권의 총액을 변제하기에 부족한 것이 명백하게 된 때에는 공익채권에 기한 강제집행 또는 가압류의 중지나 취소를 명할 수 있도록 하였다(180조 3항).[116)]

㈏ 재단채권의 경우

재단채권에 기한 강제집행이 허용되는지에 관하여는 부정설과 긍정설이 대립된다.[117)] 부정설은 강제집행을 긍정하게 되면 특정한 재단채권자가 강제집행에 의하여 만족을 얻거나 재단채권 사이의 우선순위에 의한 변제가 불가능해질 염려가 있고, 관리인이나 파산관재인이 임의로 변제를 하지 않은 경우에는 파산법원에 감독권의 발동을 구하여 지급하도록 할 수 있다는 점에 비추어 강제집행을 허용하지 않는 것이 타당하다고 한다.[118)] 이에 대하여 긍정설은, 파산관재인이 재단채권의 존부, 액수에 관한 소송의 상대방이 될 수 있다면 그 소송의 목적인 재단채권의 실현절차에서도 상대방이 되지 않을 이유가 없고, 재단채권자는 파산절차에 의하지 아니하고 변제를 요구할 수 있으며, 파산채권보다 우선하는 재단채권의 실현을 파산관재인의 재량에 맡긴다는 것은 있을 수 없다는 점 등을 근거로 강제집행이 허용된다고 한다.

판례는 "파산절차는 파산자에 대한 포괄적인 강제집행절차로서 이와 별도의 강제집행절차는 원칙적으로 필요하지 않는 것인바, 구 파산법(2005. 3. 31. 법률 제7428호 채무자 회생 및 파산에 관한 법률 부칙 제 2 조로 폐지)에 강제집행을 허용하는 특별한 규정이 있다거나 구 파산법의 해석상 강제집행을 허용하여야 할 특별한 사정이 있다고 인정되지 아니하는 한 파산재단에 속하는 재산에 대한 별도의 강제집행은 허용되지 않고, 이는 재단채권에 기한 강제집행에 있어서도 마찬가지로서 재단채권자의 정당한 변제요구에 대하여 파산관재인이 응하지 아

116) 서울회생법원 재판실무연구회c, 508면.
117) 이에 관한 상세한 논의는 최승록, 351면 이하.
118) 정준영, 214면.

니하면 재단채권자는 법원에 대하여 구 파산법 제151조, 제157조에 기한 감독권 발동을 촉구하든지, 파산관재인을 상대로 불법행위 손해배상청구를 하는 등의 별도의 조치를 취할 수는 있을 것이나, 그 채권 만족을 위해 파산재단에 대해 개별적 강제집행에 나아가는 것은 구 파산법상 허용되지 않는다"고 판시하여 부정설의 입장을 취하고 있다.[119)]

한편, 임금채권 등 재단채권에 기한 강제집행이 파산선고로 그 효력을 잃는지에 관하여, 판례는 "파산관재인의 파산재단에 관한 관리처분권이 개별집행에 의해 제약을 받는 것을 방지함으로써 파산절차의 원만한 진행을 확보함과 동시에, 재단채권 간의 우선순위에 따른 변제 및 동순위 재단채권 간의 평등한 변제를 확보할 필요성이 있는 점, 파산선고 후 재단채권에 기하여 파산재단에 속하는 재산에 대한 별도의 강제집행은 허용되지 않는 점, 강제집행의 속행을 허용한다고 하더라도 재단채권에 대한 배당액에 관하여는 재단채권자가 직접 수령하지 못하고 파산관재인이 수령하여 이를 재단채권자들에 대한 변제자원 등으로 사용하게 되므로, 재단채권자로서는 단지 강제집행의 대상이 된 파산재산의 신속한 처분을 도모한다는 측면 외에는 강제집행을 유지할 실익이 없을 뿐 아니라, 파산관재인이 강제경매절차에 의한 파산재산의 처분을 선택하지 아니하는 한 강제집행절차에 의한 파산재산의 처분은 매매 등의 통상적인 환가 방법에 비하여 그 환가액의 측면에서 일반적으로 파산재단이나 재단채권자에게 모두 불리한 결과를 낳게 되므로, 강제집행을 불허하고 다른 파산재산과 마찬가지로 파산관재인이 환가하도록 함이 상당하다고 인정되는 점 등을 고려할 때, 임금채권 등 재단채권에 기하여 파산선고 전에 강제집행이 이루어진 경우에도, 그 강제집행은 파산선고로 인하여 그 효력을 잃는다고 보아야 할 것이다"고 판시하였다.[120)]

그렇다면, 위와 같은 경우 재단채권자인 임금채권자의 정당한 변제요구에 대하여 파산관재인이 응하지 아니하면 임금채권자는 어떠한 방법을 취할 수 있는가? 앞서 본 위 2006마1277 결정의 판시 내용과 같이 재단채권자인 임금채권자는 법원에 대하여 채무자회생법 358조, 364조(구 파산법 151조, 157조)에 기한 감독권 발동을 촉구하든지, 파산관재인을 상대로 불법행위로 인한 손해배상청구를

119) 대법원 2007. 7. 12.자 2006마1277 결정.
120) 대법원 2008. 6. 27.자 2006마260 결정.

하는 등의 별도의 조치를 취할 수 있을 것이다.[121)]

### (2) 최우선임금채권과 별제권의 우선순위

파산재단에 속하는 재산상에 존재하는 유치권 · 질권 · 저당권 · 「동산 · 채권 등의 담보에 관한 법률」에 따른 담보권 또는 전세권을 가진 자는 그 목적인 재산에 관하여 개별적 권리행사금지원칙의 예외로서 파산절차의 영향을 받지 않고 개별적으로 권리를 실행하여 변제를 받을 권리, 즉 별제권을 가지므로(채무자회생법 411조), 파산절차 외에서 위와 같은 담보권이 실행되는 수가 있고, 그 담보권실행절차에서 최우선임금채권자의 변제순위가 어떻게 되는지가 문제될 수 있다. 구 채무자회생법은 근기법 38조 2항 및 퇴직급여법 11조 2항에 따른 최우선임금채권과 동일한 취지의 규정을 두고 있지 않아서 그에 관한 학설 대립이 있었으나, 2014. 12. 30. 법 개정에 의하여 채무자회생법 415조의2가 신설됨으로써 입법적으로 해결이 되었다. 채무자회생법 415조의2(임금채권자 등)는 '「근로기준법」 제38조 제 2 항 각 호에 따른 채권과 「근로자퇴직급여 보장법」 제12조 제 2 항에 따른 최종 3년간의 퇴직급여등 채권의 채권자는 해당 채권을 파산재단에 속하는 재산에 대한 별제권 행사 또는 제349조 제 1 항의 체납처분에 따른 환가대금에서 다른 담보물권자보다 우선하여 변제받을 권리가 있다. 다만, 「임금채권보장법」 제 8 조에 따라 해당 채권을 대위하는 경우에는 그러하지 아니하다.' 라고 규정하였다. 위와 같은 조항을 신설한 이유는 최우선임금채권에 대하여 우선 배당을 하더라도 파산관재인이 그 배당금을 수령하여 재단채권자에게 안분변제해야 하는 상황을 개선하여 근로자의 최우선임금채권을 두텁게 보장하기 위하여 근로자가 행사하는 최우선임금채권에 대한 최우선변제권을 별제권 행사에 따른 경매절차에서도 인정하려는 데 있다. 따라서 근로자는 이 사건 조항 본문에 따라 별제권 행사에 따른 경매절차에서 최우선임금채권에 대하여 배당요구를 하여 다른 담보물권자보다 우선하여 배당을 받고 그 배당금을 직접 수령할 수 있다. 한편 단서 조항, 즉 "다만 임금채권보장법 8조에 따라 해당 채권을 대위하는 경우에는 그러하지 아니하다."라는 규정을 어떻게 해석할 것인지 문제된다. 이것은 고용노동부장관의 위탁을 받은 근로복지공단이 사업주를 대신하여 지급한 최우선임금채권에 대해서는 이 사건 조항 본문의 적용을 배제함으로써

121) 대법원 2007. 7. 12.자 2006마1277 결정.

임금채권보장법 8조 2항의 규정에도 불구하고 근로복지공단이 우선변제권을 가지는 배당금을 직접 수령하여 변제받을 수 없다는 의미로 보아야 하고, 여기에서 나아가 이 사건 조항 신설 전과 달리 근로복지공단이 임금채권보장법 8조 2항의 규정에 따른 우선 변제를 받을 권리(다만 그 배당금은 파산관재인에게 교부된다)조차도 행사할 수 없도록 하여 담보물권자가 파산으로 말미암아 파산 전보다 더 유리하게 되는 결과를 허용하고자 하는 취지는 아니라고 봄이 타당하다.[122]

### 사. 임금채권보장법상의 대지급금에 의한 임금채권 보호

이에 대한 자세한 내용은 법 38조에 대한 해설 Ⅳ. 참조.

[김 진 석]

---

122) 대법원 2022. 8. 31. 선고 2019다200737 판결, 대법원 2022. 12. 1. 선고 2018다300586 판결.

# 사항색인

제 2 판(수정증보판)

근로기준법 주해 II

초판발행 2010년 9월 15일
제 2 판발행 2020년 1월 30일
수정증보판발행 2025년 4월 30일

지은이 노동법실무연구회
펴낸이 안종만 · 안상준

편 집 한두희
기획/마케팅 조성호
표지디자인 이수빈
제 작 고철민 · 김원표

펴낸곳 (주) 박영사
서울특별시 금천구 가산디지털2로 53, 210호(가산동, 한라시그마밸리)
등록 1959. 3. 11. 제300-1959-1호(倫)
전 화 02)733-6771
f a x 02)736-4818
e-mail pys@pybook.co.kr
homepage www.pybook.co.kr
ISBN 979-11-303-4741-7 94360
979-11-303-4739-4(세트)



정 가 54,000원